ARBEITSRECHT

in der betrieblichen Praxis

2018

Hans Peter Viethen
Angelika Wascher

Der Verlag weist darauf hin , dass zur sprachlichen Vereinfachung in der Regel die männliche Schreibweise verwendet wurde, die Formulierungen aber selbstverständlich alle Geschlechter einbeziehen.

Dieser Ratgeber wurde mit großer Sorgfalt bearbeitet. Eine Gewähr für die Richtigkeit und Vollständigkeit kann dennoch nicht übernommen werden.

Bei der Herstellung des Buches haben wir uns bewusst für umweltverträgliche und wiederverwertbare Materialien entschieden. Der Inhalt wurde auf elementar chlorfreiem Papier gedruckt, der Umschlag nicht zellophaniert, sondern mit biologisch abbaubarem Lack behandelt.

Satz: Klaudia Gottwald, Wien
Druck: Bosch, Landshut

2018 Dr. F. Weiss Verlag GmbH,
Josephspitalstraße 15,
Postfach 20 21 31, 80021 München
Telefon 089/7916004, Telefax 089/792293
office@weissverlag.de, www.weissverlag.de

ISBN: 978-3-937015-60-6

Vorwort

Dieses jährlich aktualisierte Handbuch gibt in verständlicher Form Antworten auf die Fragen, die mit der Einstellung und Entlassung von Arbeitnehmern und der Durchführung des Arbeitsverhältnisses in Zusammenhang stehen. Aus Anlass des **30. Erscheinungsjahres** haben wir das Handbuch Arbeitsrecht komplett überarbeitet. Es präsentiert sich jetzt mit vergrößertem Format auf 568 Seiten. Ein umfangreiches Stichwortverzeichnis ermöglicht das rasche Aufsuchen der gewünschten arbeitsrechtlichen Information.

Die Neuauflage des Buches ist in der gewohnten Konzeption erstellt und enthält aktualisierte Erläuterungen der arbeitsrechtlichen Fragen – mit dem Rechtsstand 1. Februar 2018. Wichtige Neuregelungen für die betriebliche Praxis sind eingehend dargestellt, z. B. das neue für die Gleichstellung von Frauen und Männern relevante Entgelttransparenzgesetz ebenso wie das Gesetz zur Neuregelung des Mutterschutzes sowie die durch die EU-Datenschutzgrundverordnung bedingten Neuregelungen des Beschäftigtendatenschutzes. Berücksichtigt sind auch die Neufassung des SGB IX (Rehabilitation und Teilhabe von Menschen mit Behinderungen), das Gesetz zur Stärkung der betrieblichen Altersversorgung sowie das Sozialkassenverfahrenssicherungsgesetz.

Soweit die arbeitsrechtlichen Vorschriften unverändert geblieben sind, sind die Erläuterungen unter Berücksichtigung der aktuellen höchstrichterlichen Rechtsprechung, der neuen Fachliteratur, der Tarifentwicklung und der Betriebspraxis überarbeitet worden.

Im Februar 2018

Hans Peter Viethen
Angelika Wascher

25. Abfindung **422**

26. Zeugnis und Arbeitspapiere **430**

27. Arbeitnehmerüberlassung, Leiharbeit **436**

28. Jugendliche und Auszubildende **447**
A Jugendarbeitsschutz 447
B Ausbildungsrecht 452

29. Behinderte Menschen **463**

30. Ausländische Arbeitnehmer **477**

31. Freiwilligen-Wehrdienst **482**

32. In Heimarbeit Beschäftigte **484**

33. Tarifrecht, Arbeitskampfrecht **489**

34. Betriebsverfassungsrecht **504**
A Betriebsverfassung 504
B Sprecherausschuss der leitenden Angestellten 542

35. Arbeitsgerichte, Schiedsgerichte und vorgerichtliche Rechtsberatung **544**
A Arbeitsgerichte 544
B Schiedsverfahren 549
C Vorgerichtliche Rechtsberatung 549

Stichwortverzeichnis **551**

Abkürzungsverzeichnis

A. A.	Anderer Ansicht
AAG	Arbeitgeberausgleichsgesetz
AEntG	Arbeitnehmer-Entsendegesetz
AEUV	Vertrag über die Arbeitsweise der Europäischen Union
a. F.	alte Fassung
AFG	Arbeitsförderungsgesetz
AGB	Arbeitsgesetzbuch der DDR
AGG	Allgemeines Gleichbehandlungsgesetz
AiB	Arbeitsrecht im Betrieb
AIDS	Acquired Immune Deficiency Syndrome (dt. Erworbenes Immundefektsyndrom)
Alt.	Alternative
AP	Arbeitsrechtliche Praxis
ArbG	Arbeitsgericht
ArbGG	Arbeitsgerichtsgesetz
ArbNerfG	Gesetz über Arbeitnehmererfindungen
ArbPlSchG	Arbeitsplatzschutzgesetz
ArbSchG	Arbeitsschutzgesetz
ArbStättV	Arbeitsstättenverordnung
ArbuR	Arbeit und Recht
ArbZG	Arbeitszeitgesetz
ASiG	Arbeitssicherheitsgesetz
AT	Außertariflich
AtG	Altersteilzeitgesetz
AVG	Angestelltenversicherungsgesetz
AuA	Arbeit und Arbeitsrecht
AÜG	Arbeitnehmerüberlassungsgesetz
AZO	Arbeitszeitordnung
BA	Bundesagentur für Arbeit
BAG	Bundesarbeitsgericht
BAT	Bundes-Angestelltentarifvertrag
BB	Betriebs-Berater
BBiG	Berufsbildungsgesetz
BDSG	Bundesdatenschutzgesetz
BEEG	Bundeselterngeld- und Elternzeitgesetz
BEM	Betriebliches Eingliederungsmanagement
BErzGG	Bundeserziehungsgeldgesetz
BeschFG	Beschäftigungsförderungsgesetz
BetrAVG	Gesetz zur Verbesserung der betrieblichen Altersversorgung
BetrVG	Betriebsverfassungsgesetz
BFDG	Bundesfreiwilligendienstgesetz
BFG	Bildungsfreistellungsgesetz (Rheinland-Pfalz)
BFH	Bundesfinanzhof
BGB	Bürgerliches Gesetzbuch
BGBl.	Bundesgesetzblatt
BGH	Bundesgerichtshof
BMF	Bundesministerium der Finanzen
BPersVG	Bundespersonalvertretungsgesetz
BRTV	Bundesrahmentarifvertrag für das Baugewerbe
BSeuchG	Bundesseuchengesetz
BSG	Bundessozialgericht
BSHG	Bundessozialhilfegesetz
BStBl.	Bundessteuerblatt
BUrlG	Bundesurlaubsgesetz
BVerfG	Bundesverfassungsgesetz
CR	Computer und Recht
DB	Der Betrieb
DEVO	Datenerfassungs-Verordnung
DRdA	Das Recht der Arbeit
DRK	Deutsches Rotes Kreuz
DSGVO	Datenschutzgrundverordnung
DÜVO	Datenübermittlungs-Verordnung
DVBl.	Deutsches Verwaltungsblatt
DVO	Durchführungsverordnung
EFZG	Entgeltfortzahlungsgesetz
EG	Europäische Gemeinschaft
EGBGB	Einführungsgesetz zum BGB
EGVO	Verordnung der Europäischen Gemeinschaft
EGRL	Richtlinie der Europäischen Gemeinschaft
EntgTranspG	Entgelttransparentzgesetz
EStG	Einkommensteuergesetz
EU	Europäische Union
EuGH	Europäischer Gerichtshof
EWG	Europäische Wirtschaftsgemeinschaft
EzA	Stahlhacke, Entscheidungssammlung zum Arbeitsrecht
f., ff.	folgende
FPfZG	Familienpflegezeitgesetz
FreizügigkeitsG	Gesetz über die allgemeine Freizügigkeit von Unionsbürgern
Gbl.	Gesetzblatt der DDR
GenDG	Gendiagnostikgesetz
GewO	Gewerbeordnung
GG	Grundgesetz
GmbH	Gesellschaft mit beschränkter Haftung
GRC	Grundrechtecharta
grds.	grundsätzlich
GS	Großer Senat
HAG	Heimarbeitsgesetz
HandwO	Handwerksordnung
HGB	Handelsgesetzbuch
H IV	Humanes Immundefizienz-Virus
InsO	Insolvenzordnung
i. d. R.	in der Regel
i. S. d.	im Sinne des
i. S. v.	im Sinne von
i. V. m.	in Verbindung mit
JArbSchG	Jugendarbeitsschutzgesetz
JFDG	Jugendfreiwilligendienstegesetz
KO	Konkursordnung
KSchG	Kündigungsschutzgesetz
LAG	Landesarbeitsgericht
LohnFG	Lohnfortzahlungsgesetz
LStR	Lohnsteuer-Richtlinien
MiLoG	Mindestlohngesetz
MuSchG	Mutterschutzgesetz
NachwG	Nachweisgesetz
Nr.	Nummer
NJW	Neue Juristische Wochenschrift
NZA	Neue Zeitschrift für Arbeitsrecht
NZA-RR	Neue Zeitschrift für Arbeitsrecht/Rechtsprechung
NZS	Neue Zeitschrift für Sozialrecht
OLG	Oberlandesgericht
PflegeZG	Pflegezeitgesetz

Rn.	Randnummer
RVO	Reichsversicherungsordnung
SAE	Sammlung arbeitsrechtlicher Entscheidungen
SeeArbG	Seearbeitsgesetz
SGB	Sozialgesetzbuch
SGB II	Sozialgesetzbuch Zweites Buch
SGB III	Sozialgesetzbuch Drittes Buch
SGB IV	Sozialgesetzbuch Viertes Buch
SGB V	Sozialgesetzbuch Fünftes Buch
SGB VI	Sozialgesetzbuch Sechstes Buch
SGB VII	Sozialgesetzbuch Siebtes Buch
SGB IX	Sozialgesetzbuch Neuntes Buch
sogen.	sogenannt
StGB	Strafgesetzbuch
st. Rspr.	ständige Rechtsprechung
StVG	Straßenverkehrsgesetz
TVG	Tarifvertragsgesetz
TzBfG	Teilzeit- und Befristungsgesetz
u. a.	unter anderem
UmwG	Umwandlungsgesetz
u. U.	unter Umständen
UWG	Gesetz gegen den unlauteren Wettbewerb
VermbG	Gesetz zur Förderung der Vermögensbildung der Arbeitnehmer
VdK	Sozialverband VdK Deutschland e.V.
v. H.	vom Hundert
vgl.	vergleiche
VO	Verordnung
WisszeitVG	Wissenschaftzeitvertragsgesetz
ZAV	Zentrale Auslands- und Fachvermittlung
z. B.	zum Beispiel
ZPO	Zivilprozessordnung
ZTR	Zeitschrift für Tarifrecht
zzt.	zurzeit

1. Grundbegriffe des Arbeitsrechts

1. Welche Begriffe sind für das Arbeitsrecht besonders wichtig?

Für die Anwendung des Arbeitsrechts bedeutsam sind vor allem die Begriffe des Arbeitsverhältnisses und des Arbeitsvertrages sowie des Arbeitnehmers und des Arbeitgebers. Soweit die arbeitsrechtlichen Regelungen diese Begriffe nicht für ihren Geltungsbereich festlegen, ergibt sich die Definition dieser Begriffe aus der klarstellenden gesetzlichen Regelung des § 611a BGB (in Kraft getreten am 1.4.2017) – vgl. im Einzelnen Nr. 2 bis 6.

2. Wann liegt ein Arbeitsverhältnis vor?

Ein **Arbeitsverhältnis** liegt vor, wenn jemand (der Arbeitnehmer) aufgrund eines privatrechtlichen Vertrages (des Arbeitsvertrages) im Dienste eines anderen (des Arbeitgebers) weisungsgebundene, fremdbestimmte Arbeit in persönlicher Abhängigkeit leistet.

Ein Arbeitsverhältnis kann ebenso bei einer hauptberuflichen wie bei einer nebenberuflichen Tätigkeit angenommen werden. Die Höhe des Arbeitsentgelts, die Tatsache einer Aushilfstätigkeit, die Vertragsdauer oder der Umfang der Arbeitsleistung ist nicht allein dafür maßgebend, ob ein Arbeitsverhältnis vorliegt oder nicht (vgl. BAG vom 13.3.1987, DB 1987, S. 1320). Auch bei geringfügigen und kurzfristigen Beschäftigungsverhältnissen wird i. d. R. ein Arbeitsverhältnis vorliegen (vgl. Kapitel 7 Nr. 2). Ein Arbeitsverhältnis kann auch dann gegeben sein, wenn es von der BA durch Zuschüsse zum Arbeitsentgelt gefördert wird (vgl. Nr. 6).

3. Was ist der Arbeitsvertrag?

Der Arbeitsvertrag ist ein privatrechtlicher Vertrag zwischen Arbeitgeber und Arbeitnehmer. Durch den Arbeitsvertrag verpflichtet sich der Arbeitnehmer zur Leistung weisungsgebundener, fremdbestimmter Arbeit in persönlicher Abhängigkeit (§ 611a Abs. 1 BGB). Das Weisungsrecht des Arbeitgebers kann nach § 611a Abs. 1 Satz 2 BGB Inhalt, Durchführung, Zeit und Ort der Tätigkeit betreffen (vgl. Kapitel 8 Nr. 2). Weisungsgebunden ist nach § 611a Abs. 1 Satz 3 BGB, wer nicht im Wesentlichen frei seine Tätigkeit gestalten und seine Arbeitszeit bestimmen kann. Der Grad der persönlichen Abhängigkeit hängt dabei auch von der Eigenart der jeweiligen Tätigkeit ab (§ 611a Abs. 1 Satz 4 BGB). Für die Feststellung, ob ein Arbeitsvertrag vorliegt, ist eine Gesamtbetrachtung aller Umstände vorzunehmen (§ 611a Abs. 1 Satz 5 BGB). Der objektive Geschäftsinhalt ist den ausdrücklich getroffenen Vereinbarungen und der praktischen Durchführung des Vertrages zu entnehmen. Dabei kommt es maßgeblich jedoch weniger auf vertragliche Formulierungen als auf die tatsächliche Ausgestaltung und Durchführung des Vertragsverhältnisses an. Zeigt die tatsächliche Durchführung des Vertragsverhältnisses, dass es sich um ein Arbeitsverhältnis handelt, kommt es auf die Bezeichnung im Vertrag nicht an (§ 611a Abs. 1 Satz 6 BGB). Es zählen nur echte Fakten und keine „alternative Fakten". Unerheblich ist, ob die Vertragsparteien irrtümlich oder bewusst dem Arbeitsvertrag bzw. dem Arbeitsverhältnis eine andere Bezeichnung gegeben haben. Zwingende gesetzliche Regelungen für Arbeitsverhältnisse können nicht dadurch abbedungen werden, dass die Parteien ihrem Arbeitsverhältnis eine andere Bezeichnung geben (BAG vom 9.4.2014 – 10 AZR 590/13). Auch wenn sich Vereinbarung und tatsächliche Durchführung widersprechen, ist letztere maßgebend, weil sich aus der praktischen Handhabung der Vertragsbeziehungen am ehesten Rückschlüsse darauf ziehen lassen, von welchen Rechten und Pflichten die Vertragspartner ausgegangen sind, was sie also wirklich gewollt haben (st. Rspr., zuletzt BAG vom 17.1.2017 – 9 AZR 76/16).

Durch den Arbeitsvertrag ist der Arbeitgeber vor allem zur Zahlung der vereinbarten Vergütung verpflichtet (§ 611a Abs. 2 BGB), ausführlich vgl. Kapitel 10.

4. Wodurch unterscheidet sich der Arbeitsvertrag vom (freien) Dienstvertrag?

Das maßgebende Unterscheidungsmerkmal zum freien oder selbstständigen Dienstvertrag ist die sogen. persönliche Abhängigkeit des Arbeitnehmers im Arbeitsvertrag, die sich aus seiner Weisungsbindung ergibt (vgl. Nr. 3). Zwar bringt jede Dienstleistung eine gewisse Abhängigkeit mit sich, im freien Dienstvertrag kann der Dienstnehmer jedoch seine Tätigkeit im Wesentlichen frei gestalten und seine Arbeitszeit bestimmen. Im Arbeitsvertrag hingegen ist der Arbeitnehmer an arbeitsvertragliche Weisungen seines Arbeitgebers gebunden; d. h. er kann im Wesentlichen seine Tätigkeit nicht frei gestalten und seine Arbeitszeit nicht frei bestimmen (§ 611a Abs. 1 Satz 3 BGB). Ein freier Dienstvertrag kommt deshalb nicht in Betracht bei Tätigkeiten, die ihrer Art nach weisungsgebunden sind, oder wenn der „Dienstgeber" in der Vertragspraxis für ein Arbeitsverhältnis typische Weisungsrechte tatsächlich wahrnimmt.

Ein „echter" Dienstvertrag zur Erbringung von Dienstleistungen durch Mitarbeiter eines externen Unternehmens muss Vorgaben für die Durchführung der Dienstleistung im Betrieb des Auftraggebers enthalten. Wenn diese fehlen oder ein vertraglich vereinbartes Verfahren für konkretisierende dienstvertragsbezogene Anordnungen in der Vertragspraxis nicht durchgeführt wird, handelt es sich bei den tätigkeits- und ablaufbezogenen Weisungen, die Arbeitnehmer des Auftraggebers dem Drittpersonal während gemeinsamer Leistungserbringung erteilen, um solche arbeitsvertraglicher Art (BAG vom 12.12. 2016 – 1 – ABR 59/14). Bei entsprechender Eingliederung dieser Arbeitnehmer in den Betrieb des Auftraggebers ist von Arbeitnehmerüberlassung auszugehen.

5. Wodurch unterscheidet sich der Arbeitsvertrag vom Werkvertrag?

Die Erfüllung eines **Werkvertrages** stellt eine selbstständige Tätigkeit dar, bei der ein bestimmter Erfolg geschuldet ist, ohne dass es auf die dafür notwendige Arbeit ankommt. Demgegenüber ist der Arbeitsvertrag durch eine abhängige Dienstleistung gekennzeichnet. Der Arbeitnehmer ist nur zu einer bestimmten Tätigkeit verpflichtet, also zu einem „Wirken", nicht aber zur Herstellung eines Werkes (vgl. BAG vom 25.9.2013 – 10 AZR 282/12).

6. Welche Personen sind Arbeitnehmer?

Arbeitnehmer sind Personen, die aufgrund eines privatrechtlichen Vertrages (des Arbeitsvertrages) einem anderen zur Leistung weisungsgebundener, fremdbestimmter Arbeit in persönlicher Abhängigkeit verpflichtet sind. Diese Definition ergibt sich auch aus § 611a Abs. 1 BGB.

Keine Arbeitnehmer in diesem Sinne sind:

a) Zur Berufsbildung Beschäftigte, wie Auszubildende, Praktikanten, Volontäre oder Umschüler (die Regelungen des Arbeitsverhältnisses sind auf sie jedoch grundsätzlich ergänzend anzuwenden, vgl. Kapitel 28; zur Anwendung des MiLoG auf Praktikanten vgl. Kapitel 10a Nr. 8c).

b) Beamte, Richter und Soldaten – auch soweit sie einen freiwilligen Wehrdienst leisten – (sie haben ein öffentlich-rechtliches Dienstverhältnis).

c) Vorstandsmitglieder von Aktiengesellschaften und Geschäftsführer von Gesellschaften mit beschränkter Haftung.

d) Personen, die zur Vertretung einer offenen Handelsgesellschaft oder einer Kommanditgesellschaft berufen sind.

e) Personen, die aufgrund der Mitgliedschaft in einem Verein beschäftigt sind, wenn die arbeitsrechtlichen Schutzbestimmungen nicht umgangen werden und sie als Vereinsmitglieder Einfluss auf die Arbeitsorganisation nehmen können.

f) Freiwillige, die einen Jugendfreiwilligendienst (freiwilliges soziales oder ökologisches Jahr) oder einen Bundesfreiwilligendienst leisten (Die Regelungen des Arbeitsschutzes, des Jugendarbeitsschutzgesetzes, des Bundesurlaubsgesetzes und der Beschränkung der Arbeitnehmerhaftung sind jedoch entsprechend anzuwenden).

g) Entwicklungshelfer im Sinne des Entwicklungshelfergesetzes.

h) Zivile Personen mit Sekundierungsverträgen im Rahmen eines internationalen Einsatzes der zivilen Krisenprävention.

i) Ehrenamtlich tätige Personen (z. B. bei der freiwilligen Feuerwehr, in der Flüchtlingshilfe oder in der Sterbebegleitung)

j) Personen, die ohne Entgelterwartung in der Nachbarschaft helfen.

k) Personen, die vorwiegend aus medizinischen oder erzieherischen Gründen sowie zur sittlichen Besserung beschäftigt sind.

l) Beschäftigte in Einrichtungen der beruflichen Rehabilitation.

m) Beschäftigte in Werkstätten für Behinderte, wenn ihre Beschäftigung nicht vorrangig dem Erwerb, sondern der Betreuung dient (sie sind dann jedoch arbeitnehmerähnliche Personen, vgl. dazu Nr. 10).

n) Personen, die die Arbeit im Rahmen einer Anstaltsgewalt leisten (z. B. Strafgefangene, in Sicherungsverwahrung Genommene, in einer Heil- und Pflegeanstalt Untergebrachte); nicht jedoch Strafgefangene, die aufgrund eines Arbeitsvertrages in einem freien Beschäftigungsverhältnis arbeiten.

o) 1-Euro-Jobber: Erwerbsfähige Leistungsberechtigte, die zur Erhaltung oder Wiedererlangung der Beschäftigungsfähigkeit in Arbeitsgelegenheiten zugewiesen werden (§ 16 d SGB II). Wenn jedoch zwischen Arbeitgeber und zugewiesenem erwerbsfähigen Leistungsberechtigten ein Arbeitsverhältnis begründet wird, das durch Zuschüsse zum Arbeitsentgelt gefördert wird (§ 16 e SGB II) handelt es sich um Arbeitnehmer.

p) Personen in Einfühlungsverhältnissen, die nur wenigen Tage dauern und in denen keine Pflicht zur Arbeitsleistung besteht (Personen im Probearbeitsverhältnis sind jedoch Arbeitnehmer vgl. Kapitel 3 Nr. 20).

q) Forscher, die sich aufgrund eines Vertrages vorwiegend einer Dissertation widmen und dafür ein Stipendium erhalten (Doktorandenvertrag).

r) Mithelfende Familienangehörige, die die Arbeit allein aufgrund der familienrechtlichen Beziehung und nicht aufgrund einer arbeitsvertraglichen Vereinbarung leisten.

s) In Heimarbeit Beschäftigte, sie sind jedoch arbeitnehmerähnliche Personen (vgl. Nr. 10 und Kapitel 32).

t) Amtswalter wie Insolvenz-, Nachlass- Testamentsverwalter (Sie sind Parteien kraft Amtes.).

u) Händler (Vertragshändler), die Waren auf eigenem Namen und auf eigene Rechnung verkaufen, insoweit grundsätzlich auch Franchisenehmer.

v) Personen, die sich zur Erfüllung eines bestimmten Werkes (Werkvertrages) oder zur Leistung selbstständiger Dienste (freier Dienstvertrag) verpflichtet haben (vgl. Nr. 4 ff.), auch selbstständige Vertreter.

7. Welche Personen gelten im Arbeitsrecht als Beschäftigte?

Im Arbeitsrecht fallen unter den Begriff „Beschäftigte" alle Arbeitnehmer (vgl. Nr. 6), die zur Berufsbildung Beschäftigten (vgl. Kapitel 28) und die Personen, die wegen ihrer wirtschaftlichen Unselbständigkeit und wegen ihrer gleichfalls sozialen Schutzbedürftigkeit als arbeitnehmerähnliche Personen (vgl. Nr. 10) anzusehen sind.

8. Wie unterscheidet sich insbesondere der selbstständige vom angestellten Vertreter?

Handelsvertreter ist, wer als selbstständiger Gewerbetreibender ständig damit betraut ist, für einen anderen Geschäfte zu vermitteln oder in dessen Namen abzuschließen (§ 84 Abs. 1 Satz 1 HGB). Angestellter Vertreter ist dagegen, wer diese Aufgaben hat, ohne selbstständig zu sein (§ 84 Abs. 2 HGB). Nach § 84 Abs. 1 Satz 2 HGB ist selbstständig, wer im Wesentlichen frei seine Tätigkeit gestalten und seine Arbeitszeit bestimmen kann (vgl. § 611a Abs. 1 Satz 3 BGB). Andere Kriterien sind zwar gesetzlich nicht vorgesehen (vgl. BAG-Urteile vom 13.12.1999 – u. a. 5 AZR 169/199). Bei der Zuordnung unter diesen Kriterien sind aber die eigene Unternehmensorganisation mit dem Auftreten unter eigener Firma und der Übernahme des Unternehmerrisikos, die Vertretung mehrerer Unternehmen und das Recht zur Bestellung von Untervertretern zu berücksichtigen. Entscheidend ist die tatsächliche Ausgestaltung und Durchführung des Vertragsverhältnisses.

Dasselbe gilt auch für die Unterscheidung des angestellten vom selbstständigen **Versicherungsvertreter**; denn dieser ist ein Handelsvertreter, der damit betraut ist, Versicherungsverträge zu vermitteln oder abzuschließen (§ 92 Abs. 1 HGB).

9. Was ist Scheinselbstständigkeit? Welche Regelungen gelten für Scheinselbstständige?

Von **Scheinselbstständigkeit** spricht man, wenn Beschäftigungsverhältnisse (teils irrtümlich, teils absichtlich) formal als selbstständige Rechtsverhältnisse bezeichnet und behandelt, obwohl sie in der tatsächlichen Ausgestaltung und Durchführung des Vertragsverhältnisses als Arbeitsverhältnis angesehen werden müssen. Auf die Bezeichnung im Vertrag kommt es dann nicht an (§ 611a Abs. 1 Satz 6 BGB). Diese „Scheinselbständigen" sind als Arbeitnehmer anzusehen.

10. Welche Grundsätze gelten für die arbeitnehmerähnlichen Personen?

Arbeitnehmerähnliche Personen sind zwar wegen ihrer fehlenden Eingliederung in eine betriebliche Organisation und im Wesentlichen freien Zeitbestimmung nicht in gleichem Maße persönlich abhängig wie Arbeitnehmer, also selbstständig tätig, wirtschaftlich aber abhängig und einem Arbeitnehmer vergleichbar sozial schutzbedürftig. Sie sind aufgrund eines Dienstvertrages (§ 611 BGB) oder Werkvertrages (§ 631 BGB) für einen Auftraggeber tätig und für eine bestimmte Dauer auf die Inanspruchnahme ihrer Arbeitskraft und die Einkünfte daraus angewiesen. Sie erbringen die geschuldete Leistung persönlich und in der Regel ohne Mitarbeit von Arbeitnehmern. Arbeitnehmerähnliche Personen sind insbesondere die in Heimarbeit Beschäftigten (mit Sonderregelungen, vgl. Kapitel 32), die Einfirmenvertreter und die freien Mitarbeiter. Deshalb sind auf sie viele arbeitsrechtlichen Vorschriften aufgrund eines Gesetzes oder einer Analogie anzuwenden. So können für sie unter bestimmten Voraussetzungen Tarifverträge geschlossen werden. Sie haben Anspruch auf den gesetzlichen Mindesturlaub (vgl. Kapitel 15 Nr. 2), auf Arbeitsschutz (vgl. Kapitel 18 Nr. 3), auf Mutterschutz (vgl. Kapitel 19 Nr. 2) sowie auf Schutz vor Benachteiligung, Belästigung und sexueller Belästigung (vgl. Kapitel 20 Nr. 11 f.). Bei Kündigung haben sie Anspruch auf Einhaltung von Kündigungsfristen und auf Zeugniserteilung.

11. Wer ist Arbeitgeber?

Arbeitgeber ist jede Person, die eine andere Person beschäftigt. Für die Arbeitgebereigenschaft ist es unerheblich, ob der Arbeitgeber eine natürliche oder juristische Person (z. B. GmbH) oder eine rechtsfähige Personengesellschaft, eine Privatperson oder eine öffentlich-rechtliche Person (z. B. Bundesland) ist. Arbeitgeber kann auch sein, wer selbst als Arbeitnehmer oder Beamter bei einem anderen Arbeitgeber oder Dienstherrn beschäftigt ist.

12. Was wird im Arbeitsrecht unter einem Betrieb bzw. unter einem Unternehmen verstanden?

a) Unter einem **Betrieb** ist die organisatorische Einheit zu verstehen, mit der ein Unternehmer allein oder mit seinen Mitarbeitern bestimmte arbeitstechnische Zwecke auf eine gewisse Dauer verfolgt (vgl. Kapitel 34 Nr. 2). Zunehmend wird auch aus dem Sinn und Schutzgedanken einer gesetzlichen Regelung der Begriff „Betrieb" im Sinne von „Arbeitgeber" verstanden.

b) Unter dem Begriff des **Unternehmens** ist die organisatorische Einheit zu verstehen, die unter dem Zweck der Gewinnerzielung steht. Zu einem Unternehmen können mehrere Betriebe gehören.

13. Was ist ein Betriebsrat?

Der Betriebsrat ist der von den Arbeitnehmern des Betriebs gewählte „Repräsentant" der Belegschaft in Betrieben der Privatwirtschaft. Er nimmt die im Betriebsverfassungsgesetz vorgesehenen Aufgaben, insbesondere die Beteiligungsrechte, im eigenen Namen eigenverantwortlich wahr (vgl. Kapitel 34).

14. Was ist eine Betriebsvereinbarung?

Die Betriebsvereinbarung ist in der Privatwirtschaft eine Einigung zwischen Arbeitgeber und Betriebsrat (§ 77 BetrVG) über Arbeitsbedingungen der Arbeitnehmer. In einer Betriebsvereinbarung können neben der Einigung in den der Mitbestimmung des Betriebsrats obliegenden Fällen auch nicht mitbestimmungspflichtige Fragen (sog. freiwillige Betriebsvereinbarungen) geregelt werden.

15. Was ist eine Dienstvereinbarung?

Die Dienstvereinbarung ist im öffentlichen Dienst einen Einigung zwischen Dienststelle und Personalrat (§ 73 BPersVG); sie entspricht grundsätzlich der Betriebsvereinbarung.

16. Was ist ein Tarifvertrag?

Der Tarifvertrag ist ein Vertrag zwischen den Tarifvertragsparteien (vgl. insoweit ausführlich Kapitel 33 Nr. 3).

2. Die rechtlichen Grundlagen

1. Woraus ergeben sich die Rechte und Pflichten im Arbeitsverhältnis?

Arbeitsrechtliche Rechte und Pflichten lassen sich im Wesentlichen ableiten aus:

a) einer **gesetzlichen Regelung** (z. B. das MiLoG), einer Rechtsverordnung (z. B. eine Mindestlohnverordnung) oder einer unmittelbar geltenden EU-Regelung (jeweils in den einzelnen Kapiteln dargestellt)

b) einem auf das Arbeitsverhältnis anwendbaren **Tarifvertrag** (vgl. Nr. 2)

c) einer zwischen dem Arbeitgeber und dem Betriebsrat abgeschlossenen **Betriebsvereinbarung** (vgl. Nr. 3)

d) einer zwischen dem Arbeitgeber und dem **Sprecherausschuss** abgeschlossenen Vereinbarung (vgl. Kapitel 34 Nr. 31)

e) dem zwischen Arbeitgeber und Arbeitnehmer geschlossenen **Arbeitsvertrag** (vgl. Kapitel 1 Nr. 3 und Kapitel 3 Nr. 17–20)

f) einer **betrieblichen Übung** (vgl. Nr. 4)

g) dem **arbeitsrechtlichen Gleichbehandlungsgrundsatz** (vgl. Kapitel 20 Nr. 1–9)

h) einer im sog. **Dritten Weg** zustande gekommenen **kircheneigenen Arbeitsvertragsregelung**, auf die im Arbeitsvertrag Bezug genommen wurde.

2. Wann gelten die Bestimmungen eines Tarifvertrages für ein Arbeitsverhältnis?

a) Die in Tarifverträgen (vgl. Kapitel 33 Nr. 3) vereinbarten Arbeitsbedingungen gelten grundsätzlich **nur für die Arbeitsverhältnisse der tarifgebundenen Arbeitnehmer und Arbeitgeber**, also wenn der Arbeitnehmer Mitglied der tarifschließenden Gewerkschaft und der Arbeitgeber Mitglied des tarifschließenden Arbeitgeberverbandes oder beim Firmentarifvertrag selbst Tarifvertragspartner ist. Nach dem Wegfall der Tarifgebundenheit, z. B. als Folge eines Austritts aus dem Arbeitgeberverband, gelten die Tarifverträge aufgrund der Nachbindung des § 3 Abs. 3 TVG bis zur Beendigung des Tarifvertrages weiter (BAG vom 1.7.2009 - 4 AZR 261/08).

b) Sie gelten auch für Arbeitnehmer und Arbeitgeber, die nicht den tarifschließenden Verbänden angehören, wenn das Arbeitsverhältnis unter den Geltungsbereich eines Tarifvertrages fällt, der vom Bundesminister für Arbeit und Soziales oder vom örtlich zuständigen Landesarbeitsminister für allgemein verbindlich erklärt wurde (vgl. Kapitel 33 Nr. 6) oder wenn die Einhaltung der tarifvertraglichen Regelungen durch Rechtsverordnung des Bundesministeriums für Arbeit und Soziales zwingend vorgeschrieben wurde (vgl. Kapitel 10 Nr. 6 b).

c) Die tarifvertraglichen Bestimmungen gelten für die nach a) und b) erfassten Arbeitnehmer und Arbeitgeber **unmittelbar und zwingend** (§§ 4 Abs. 1 und Abs. 5 TVG). Abweichende Vereinbarungen sind nur zulässig, soweit sie durch Tarifvertrag gestattet sind oder eine Änderung der Regelungen zugunsten des Arbeitnehmers enthalten (§ 4 Abs.3 TVG). Die zwingende Wirkung verbietet damit eine ungünstigere Behandlung, als im Tarifvertrag vorgesehen. Führt ein Günstigkeitsvergleich nicht zweifelsfrei zu dem Ergebnis, dass die vom normativ geltenden Tarifvertrag abweichende arbeitsvertragliche Regelung für den Arbeitnehmer günstiger ist, bleibt es bei der zwingenden, normativen Geltung des Tarifvertrags (BAG vom 10.12.2014 – 4 AZR 503/12). Eine konstitutive „Ernennung" zum **außertariflichen Angestellten** beinhaltet bei beiderseitiger Tarifgebundenheit eine arbeitsvertragliche Zusicherung, diesen Status durch Zahlung einer der Tarifentwicklung und ggf. einer tarifvertraglichen Abstandsklausel entsprechenden außertariflichen Vergütung zu erhalten (BAG vom 3.9.2014 – 5 AZR 1020/12).

Die tarifvertraglichen Bestimmungen werden allerdings nicht ohne besondere Vereinbarung Bestandteil des Arbeitsvertrages. Sind arbeitsvertragliche Vereinbarungen ungünstiger als die tarifvertraglich begründeten Ansprüche des Arbeitnehmers werden die arbeitsvertraglichen Vereinbarungen lediglich für die Dauer der Wirksamkeit des Tarifvertrages verdrängt. Endet die Wirksamkeit des Tarifvertrages, können die arbeitsvertraglichen Vereinbarungen erneut Wirkung erlangen (BAG vom 12.12.2007 – 4 AZR 998/06). Eine für den Arbeitnehmer günstigere arbeitsvertragliche Vereinbarung wird durch die tarifvertragliche Bestimmung nicht verdrängt.

d) Selbstverständlich kann die Anwendung von tarifvertraglichen Regelungen auch **einzelvertraglich** zwischen Arbeitgeber und Arbeitnehmer **vereinbart** werden, tarifvertragliche Regelungen sind außerdem anzuwenden, wenn ihre Anwendung im Betrieb üblich ist.

e) Der Arbeitgeber kann an mehrere Tarifverträge unterschiedlicher Gewerkschaften gebunden sein. Soweit sich die Geltungsbereiche nicht inhaltsgleicher Tarifverträge verschiedener Gewerkschaften überschneiden (kollidierende Tarifverträge) sind nach der Tarifeinheitsregelung des § 4a Abs. 2 Satz 2 TVG im Betrieb nur die Rechtsnormen des Tarifvertrags derjenigen Gewerkschaft anwendbar, die zum Zeitpunkt des Abschlusses des zuletzt abgeschlossenen kollidierenden Tarifvertrages im Betrieb die meisten in einem Arbeitsverhältnis stehenden Mitglieder hat: D.h. bei einer Tarifkollision wird der „Minderheitstarifvertrag" durch den „Mehrheitstarifvertrag" verdrängt. Bis zu einer ergänzenden Neuregelung gilt dies jedoch nur, wenn plausibel dargelegt ist, dass die Mehrheitsgewerkschaft die Belange der Angehörigen der Minderheitsgewerkschaft ernsthaft und wirksam in ihrem Tarifvertrag berücksichtigt hat (BVerfG vom 11.7.2017; vgl. Kapitel 33 Nr. 5).

3. Welche Rechtswirkung haben Betriebsvereinbarungen?

a) Die Betriebsparteien (Arbeitgeber und Betriebsrat) besitzen eine umfassende Kompetenz, durch Betriebsvereinbarungen Regelungen über Arbeitsbedingungen zu treffen. Die Betriebsvereinbarungen gelten in aller Regel unmittelbar und zwingend für alle Arbeitnehmer des Betriebes (§ 77 Abs. 4 Satz 1 BetrVG). Zu den Voraussetzungen einer wirksamen Betriebsvereinbarung vgl. Kapitel 34 Nr. 20.

b) Sehr wichtig ist aber, dass in der Betriebsvereinbarung nur geregelt werden darf, was nicht durch Tarifvertrag geregelt ist und auch üblicherweise nicht durch Tarifvertrag geregelt wird (§ 77 Abs. 3 BetrVG). Das hat u. a. zur Folge, dass dort, wo sowohl Tarifvertrag als auch Betriebsvereinbarung eine Regelung über bestimmte Arbeitsbedingungen enthalten (z. B. über Arbeitsentgelt), die Regelung des Tarifvertrages – auch wenn sie für die Arbeitnehmer ungünstiger ist – vorgeht (vgl. Kapitel 34 Nr. 19, 20).

Bei tarifwidrigen betrieblichen Regelungen ergibt sich aus § 1004 Abs. 1, § 823 Abs. 1 BGB i. V. m. Art. 9 Abs. 3 GG ein gegen den Arbeitgeber gerichteter Anspruch der Gewerkschaften auf Beseitigung und Unterlassung weiterer Beeinträchtigungen. Der Beseitigungsanspruch der Gewerkschaft umfasst jedoch nicht die Wiederherstellung des tarifkonformen Zustands durch Nachzahlung der tariflichen Leistungen an die Arbeitnehmer (BAG vom 17.5.2011 - 1 AZR 473/09).

c) Durch eine Betriebsvereinbarung können zwar Ansprüche, die auf einer arbeitsvertraglichen Einheitsregelung, einer Gesamtzusage des Arbeitgebers oder einer betrieblichen Übung beruhen, neu geregelt werden, wenn ein Änderungsvorbehalt besteht oder wenn die Neuregelung in der Betriebsvereinbarung insgesamt bei kollektiver Betrachtung günstiger ist (kollektiver Günstigkeitsvergleich) und die Änderung auch die Grundsätze der Verhältnismäßigkeit und des Vertrauensschutzes beachtet (BAG vom 23.10.2001, DB 2002, S. 1383).

d) Durch eine Betriebsvereinbarung kann eine arbeitsvertragliche Vereinbarung zwischen Arbeitgeber und Arbeitnehmer nicht geändert werden. Soweit Normen einer Betriebsvereinbarung für den Arbeitnehmer günstiger sind als die arbeitsvertragliche Vereinbarung, verdrängen sie diese lediglich für die Dauer ihrer Wirkung, machen diese aber nicht nichtig (BAG vom 21.9.1989, DB 1990, S. 692; zuletzt BAG vom 28.3.2000, DB 2001, S. 47). Eine für den Arbeitnehmer günstigere arbeitsvertragliche Vereinbarung wird jedoch nicht durch diese Regelung der Betriebsvereinbarung verdrängt.

4. Welche Rechtswirkung hat die betriebliche Übung?

a) Auch ohne ausdrückliche Vereinbarung oder Regelung kann ein Arbeitnehmer durch eine betriebliche Übung Rechte im Arbeitsverhältnis erwerben und Pflichten begründen. Von betrieblicher Übung spricht man bei einer regelmäßigen Wiederholung bestimmter Verhaltensweisen des Arbeitgebers, aus denen die Arbeitnehmer schließen können, ihnen soll eine Leistung oder eine Vergütung auf Dauer gewährt werden. In der Regel reicht eine dreimalige vorbehaltlose Gewährung einer Leistung (Gratifikation, z. B. Weihnachtsgratifikation, Zusatzurlaub, Urlaubsgeld, Zulage, Prämie, z. B. Treueprämie). Aus einer dem Arbeitnehmer günstigen Betriebsübung kann sich für die Zukunft ein Rechtsanspruch auf die Leistung ergeben, aber nur wenn es an einer Grundlage für die Leistungsgewährung im Tarifvertrag, in einer Betriebsvereinbarung oder im Arbeitsvertrag fehlt (BAG vom 24.11.2004, BB 2005, S. 1745). Der Arbeitgeber kann das Entstehen einer betrieblichen Übung ausschließen, wenn er bei der Gewährung zusätzlicher Leistungen oder Vergünstigungen ausdrücklich darauf hinweist, dass sie freiwillig erfolgt und daraus kein Rechtsanspruch für die Zukunft hergeleitet werden kann. Dieser Hinweis kann auch in einem Formulararbeitsvertrag erfolgen (BAG vom 21.1.2009 – 10 AZR 219/08). Eine unklare oder intransparente Klausel im Arbeitsvertrag kann das Entstehen eines zukünftigen Rechtsanspruchs allerdings nicht verhindern (BAG vom 8.12.2010 – 10 AZR 671/09). Eine einmal entstandene betriebliche Übung kann nicht durch eine geänderte betriebliche Übung aufgehoben werden (BAG vom 16.3.2009 – 10 AZR 281/08).

b) Bei der Gewährung von freiwilligen zusätzlichen Leistungen hat der Arbeitgeber einen Gestaltungs- bzw. Ermessenspielraum. Die Leistungsvoraussetzungen müssen jedoch dem Grundsatz der Gleichbehandlung Rechnung tragen (BAG vom 19.8.2008 – 3 AZR 194/07).

c) Eine bestehende betriebliche Übung kommt auch neu eingestellten Arbeitnehmern zu Gute, mit denen unter der Geltung der Übung ein Arbeitsverhältnis begründet wird (BAG vom 10.8.1988, BB 1989, S. 356). Wenn der Arbeitgeber verhindern will, dass aus der bereits bestehenden betrieblichen Übung eine Bindung auch gegenüber neu eingestellten Arbeitnehmern eintritt, muss er die betriebliche Übung vertraglich ausschließen. Eine dem Arbeitnehmer ungünstige Betriebsübung muss auch der neu Eintretende gegen sich gelten lassen, wenn sie ihm bei Abschluss des Arbeitsvertrages bekannt war und davon auszugehen ist, dass er in sie einwilligt.

d) Die betriebliche Übung dient aber nicht nur als Grundlage stillschweigender Vereinbarungen, sondern sie wird auch zur Auslegung von Vereinbarungen und vor allem zur Ausfüllung der das Arbeitsverhältnis beherrschenden Pflicht zur gegenseitigen Rücksichtnahme herangezogen.

5. Wo gelten die kircheneigenen Arbeitsvertragsregelungen?

In der evangelischen und der katholischen Kirche sowie in den den Kirchen zugeordneten Einrichtungen (wie z. B. Diakonie oder Caritas) gilt im Arbeitsrecht der sog. „Dritte Weg“. Dabei handeln Arbeitgeber und Arbeitnehmer in „Arbeitsrechtlichen Kommissionen“ die Arbeitsentgelte und sonstigen Arbeitsbedingungen für die Beschäftigten aus. Kommt keine Einigung zustande, tritt eine Schiedskommission zusammen, deren Spruch verbindlich ist. Beim „Dritten Weg“ sind nach dem Selbstverständnis der Kirchen Streiks ebenso wie Aussperrungen ausgeschlossen.

3. Der Arbeitsvertrag

A Stellenausschreibung

1. Was hat der Arbeitgeber bei einer Stellenausschreibung zu beachten?

a) Der Arbeitgeber hat Arbeitsplätze, die besetzt werden sollen, allgemein oder für bestimmte Arten von Tätigkeiten vor ihrer Besetzung **innerhalb des Betriebes** auszuschreiben, wenn der Betriebsrat dies verlangt (§ 93 BetrVG).

b) Der Arbeitgeber hat einen Arbeitsplatz, den er öffentlich oder innerhalb des Betriebes ausschreibt, auch **als Teilzeitarbeitsplatz** auszuschreiben, wenn sich der Arbeitsplatz hierfür eignet (§ 7 Abs. 1 TzBfG). Außerdem hat der Arbeitgeber einen Arbeitnehmer, der ihm gegenüber den Wunsch nach einer Veränderung der Dauer seiner Arbeitszeit (z. B. Teilzeit- statt Vollzeitarbeit) oder der Lage seiner Arbeitszeit (z. B. vormittags statt nachmittags) angezeigt hat, über entsprechende im Betrieb oder Unternehmen zu besetzende Arbeitsplätze zu informieren (§ 7 Abs. 2 TzBfG).

c) Der Arbeitgeber darf nach § 11 AGG weder innerhalb noch außerhalb des Betriebes so ausschreiben, dass Bewerber aus Gründen der Rasse oder wegen der ethnischen Herkunft, des Geschlechts, der Religion oder der Weltanschauung, einer Behinderung, des Alters oder der sexuellen Identität benachteiligt werden (vgl. Kapitel 20 Nr. 13). Zulässig können jedoch Quotenregelungen (z. B. Frauenquote mit Einzelfallprüfung) sein, die das Ziel haben, die Beseitigung faktischer Nachteile zu bewirken (vgl. Kapitel 20 Nr. 16).

d) Arbeitgeber sind verpflichtet zu prüfen, ob sie freie Arbeitsplätze mit schwerbehinderten Menschen besetzen können. Um auch arbeitslose oder arbeitssuchend gemeldete schwerbehinderte Menschen zu berücksichtigen, müssen sie frühzeitig Verbindung mit der Agentur für Arbeit aufnehmen. Diese in § 164 Abs. 1 SGB IX geregelte gesetzliche Pflicht trifft alle Arbeitgeber, nicht nur die des öffentlichen Dienstes (BAG vom 13.10.2011 – 8 AZR 608/10). Zu den Konsequenzen bei Verletzung dieser Pflicht siehe Kapitel 20 Nr. 15.

B Einstellungsverhandlungen

2. Welche Pflichten hat der Arbeitgeber bei den Einstellungsverhandlungen zu beachten?

a) Bei den mündlichen oder schriftlichen Vorverhandlungen, die dem Abschluss des Arbeitsvertrages vorausgehen, haben sowohl der Arbeitgeber als auch der Arbeitnehmer bestimmte Pflichten, insbesondere den Vertragspartner zu **informieren**. So hat der Arbeitgeber den Arbeitnehmer über dessen Aufgabe und Verantwortung sowie über die Art seiner Tätigkeit und ihre Einordnung in den Ablauf des Betriebes zu unterrichten (§ 81 Abs. 1 Satz 1 BetrVG). Vor Beginn der Beschäftigung hat er den Arbeitnehmer auch über die Unfall- und Gesundheitsgefahren, denen dieser bei der Beschäftigung ausgesetzt ist, sowie über die Maßnahmen und Einrichtungen zur Abwendung dieser Gefahren (z. B. Rettungsgeräte, Alarmsignale etc.) und die vom Arbeitgeber benannten Beschäftigten, die Aufgaben der ersten Hilfe, Brandbekämpfung und Evakuierung der Beschäftigten übernehmen, zu belehren (§ 81 Abs. 1 Satz 2 BetrVG; § 12 Arbeitsschutzgesetz; vgl. auch Kapitel 18 Nr. 4 und Kapitel 34 Nr. 29).

b) Wenn **überdurchschnittliche Anforderungen** gestellt werden (z. B. außergewöhnlicher zeitlicher Einsatz oder häufige Abwesenheit vom Wohnort) oder besondere gesundheitliche Belastungen zu erwarten sind, hat er auch über die Anforderungen zu unterrichten, die der künftige Arbeitsplatz an den Arbeitnehmer stellt. Auf die üblichen Anforderungen muss der Arbeitgeber grundsätzlich nicht, wohl aber dann hinweisen, wenn er erkennt, dass der Arbeitnehmer besondere Wünsche und Erwartungen hat.

c) Er darf bei den Einstellungsverhandlungen keine falschen Erwartungen erwecken, insbesondere wenn eine Entscheidung noch offen ist, dass es zum Abschluss des Arbeitsvertrags kommt und der Arbeitnehmer ohne großes Risiko seine bisherige Stellung kündigen könne. Anderenfalls hat er dem Arbeitnehmer den Schaden zu ersetzen, den dieser dadurch erlitten hat, dass er im Vertrauen auf die zugesagte Einstellung sein bestehendes Arbeitsverhältnis gekündigt hat (BAG vom 15.5.1974, DB 1974, S. 2060). Der Arbeitgeber haftet in solchen Fällen auch für das Verschulden eines mit den Vorverhandlungen beauftragten Angestellten (z. B. des Personalchefs).

d) Der Arbeitgeber hat die zugesandten **Bewerbungsunterlagen** sorgfältig zu behandeln und aufzubewahren. Über den Inhalt dieser Bewerbungsunterlagen hat der Arbeitgeber Stillschweigen zu bewahren; er darf sie nur solchen Personen zugänglich machen, die mit dem Einstellungsvorgang befasst sind. Sobald feststeht, dass ein Arbeitsverhältnis nicht zustande kommt, oder soweit die Bewerbungsunterlagen im Falle des Vertragsabschlusses für den Arbeitgeber nicht mehr erforderlich sind, hat er sie dem Arbeitnehmer wieder unverzüglich auszuhändigen. Dies gilt grundsätzlich auch bei Bewerbungen auf Chiffre-Anzeigen.

e) Wenn der Arbeitgeber **Bewerberdaten erheben, verarbeiten und nutzen** will, so hat er die Vorschriften des Bundesdatenschutzgesetzes zu beachten. Zulässig ist dies nur, wenn dies für die Entscheidung über die Begründung des Beschäftigungsverhältnisses erforderlich ist (vgl. § 32 BDSG). Dem Arbeitgeber und den von ihm bei der Datenverarbeitung beschäftigten Personen ist untersagt, diese Daten unbefugt zu erheben, zu verarbeiten oder zu nutzen (§ 5 Satz 1 BDSG). Diese Personen hat der Arbeitgeber bei der Aufnahme ihrer Tätigkeit auf dieses Datengeheimnis zu verpflichten (§ 5 Satz 2 BDSG). Er hat ferner die technischen und organisatorischen Maßnahmen zu treffen, die zur Ausführung des Bundesdatenschutzgesetzes erforderlich sind (§ 9 Satz 1 BDSG). Der Arbeitgeber hat diese Daten zu löschen, sobald feststeht, dass ein Arbeitsvertrag nicht zustande kommt, die weitere Verarbeitung der Bewerberdaten für einen Rechtsstreit über die Einstellungsentscheidung nicht mehr erforderlich ist und der Arbeitnehmer auch nicht mit einer Speicherung für eine mögliche spätere Einstellung einverstanden ist. Im Falle einer für den Bewerber positiven Einstellungsentscheidung hat er dessen Bewerberdaten zu löschen, soweit sie nach dem Abschluss des Arbeitsvertrages für die Durchführung oder die Beendigung des Arbeitsverhältnisses nicht mehr erforderlich sind (§ 35 Abs. 2 Nr. 3 BDSG). Ab 25.5.2018 sind die unmittelbar geltende Datenschutzgrundverordnung der EU und die ergänzenden und konkretisierenden Vorschriften des neu gefassten BDSG (insbes. § 26 BDSG n. F.) zu beachten (vgl. Kapitel 18 Nr. 14 ff., insbesondere Nr. 16).

3. Welche Pflichten hat der Arbeitnehmer bei den Einstellungsverhandlungen?

a) Der Arbeitnehmer hat ebenso wie der Arbeitgeber bei den Einstellungsverhandlungen bestimmte **Informationspflichten**. So muss der Arbeitnehmer den Arbeitgeber von sich aus über Tatsachen informieren, die ihn für die künftige Stelle schlechthin ungeeignet erscheinen lassen oder die ihm die Aufnahme der Tätigkeit zum vereinbarten Termin unmöglich machen (z. B. wegen einer bereits feststehenden Rehabilitationsmaßnahme) oder die ihn rechtlich hindern, die Stelle zu übernehmen (beispielsweise bei einem Wettbewerbsverbot). Der Arbeitnehmer ist nur dann von sich aus verpflichtet, seine Schwerbehinderteneigenschaft oder eine Gleichstellung zu offenbaren, wenn er erkennen muss, dass er wegen der Behinderung die vorgesehene Arbeit nicht zu leisten vermag oder eine deswegen beschränkte Leistungsfähigkeit für den vorgesehenen Arbeitsplatz von ausschlaggebender Bedeutung ist (BAG vom 1.8.1985, DB 1986, S. 2238).

b) Darüber hinaus ist der Arbeitnehmer verpflichtet auf **zulässige Fragen** des Arbeitgebers im Personalfragebogen oder im Vorstellungsgespräch wahrheitsgemäß zu antworten.

4. Was bedeutet die Verwendung eines Personalfragebogens?

In einem Personalfragebogen werden dem Bewerber alle wesentlichen Fragen zu seiner Person in sachlicher Form vorgelegt. Der Arbeitgeber kann so vermeiden, dass er im Einzelfall wesentliche Fragen an den Bewerber vergisst. Der Personalfragebogen erleichtert die Vorauslese der Bewerber. Dabei darf der Arbeitgeber jedoch keine Fragen verwenden, die nicht auch bei der mündlichen Befragung zulässig wären (vgl. Nr. 5).

Zudem bedürfen Personalfragebögen sowie der Teil von schriftlichen allgemein im Betrieb verwandten Arbeitsverträgen, der persönliche Angaben betrifft und über die reinen Personalien hinausgeht, der Zustimmung des Betriebsrats (§ 94 Abs. 1 Satz 1 und Abs. 2 BetrVG). Kommt eine Einigung über ihren Inhalt nicht zustande, so entscheidet die Einigungsstelle; ihr Spruch ersetzt dann die Einigung zwischen Arbeitgeber und Betriebsrat (§ 94 Abs. 1 Satz 2 und 3 BetrVG). Diesem Mitbestimmungsrecht unterliegen auch persönliche Angaben, die allgemein im Betrieb erhoben werden, z. B. standardisierte Tests oder Gespräche sowie das Sammeln von bestimmten personenbezogenen Daten für ein automatisiertes Personalinformationssystem.

Wenn der Bewerber einen Personalfragebogen mit Angaben über seine Privatsphäre ausgefüllt hat, hat er einen Anspruch auf dessen Vernichtung (analog § 1004 BGB), wenn seine Bewerbung erfolglos geblieben ist (BAG vom 6.6.1984, DB 1984, S. 2626).

5. Welche Fragen an den Bewerber sind zulässig?

Sowohl beim Vorstellungsgespräch als auch bei der Verwendung eines Personalfragebogens sind zum Schutz des Persönlichkeitsrechts des Arbeitnehmers nur solche Fragen zulässig, deren Beantwortung für die Entscheidung über die Begründung des Beschäftigungsverhältnisses, also zur Beurteilung der Eignung und Befähigung des Arbeitnehmers (BAG vom 7.6.1984, DB 1984, S. 2706) erforderlich ist (§ 32 Abs. 1 Satz 1 BDSG; ab 25.5.2018 § 26 Abs. 1 Satz 1 BDSG).

Insoweit ist nach der Rechtsprechung des Bundesarbeitsgerichts zwischen Fragen nach dem persönlichen und beruflichen Werdegang des Arbeitnehmers einerseits und Fragen mit einem direkten Bezug zur Intimsphäre, die einen besonderen Schutz genießt, zu unterscheiden:

a) So darf der Arbeitgeber uneingeschränkt nach **beruflichen und fachlichen Fähigkeiten, Kenntnissen und Erfahrungen** sowie nach dem bisherigen beruflichen Werdegang, nach Prüfungs- und Zeugnisnoten fragen, um die Eignung des Bewerbers für die angebotene Tätigkeit festzustellen. Auch nach der Einstellung kann der Arbeitgeber Fragen nach der Vor- und Ausbildung des Arbeitnehmers stellen, wenn die bei der Einstellung abgegebenen Erklärungen und danach erfolgten Ergänzungen nicht mehr vollständig vorhanden sind (BAG vom 7.9.1995, DB 1996, S. 634).

b) Die Frage nach dem **Familienstand** bzw. nach dem Bestehen einer eingetragenen Lebenspartnerschaft dürfte nicht mehr zulässig sein, weil der Arbeitgeber einen Bewerber nach § 7 Abs. 1 AGG wegen der sexuellen Identität auch mittelbar nicht benachteiligen darf.

c) Die häufig gestellte Frage nach **bestehenden Krankheiten** nach der Rechtsprechung des Bundesarbeitsgerichts (Urteil vom 7.6.1984, DB 1984, S. 2706) auf folgende Punkte beschränkt:

   - Liegt eine Krankheit oder Beeinträchtigung des Gesundheitszustandes vor, durch die die Eignung für die vorgesehene Tätigkeit auf Dauer oder in periodisch wiederkehrenden Abständen eingeschränkt ist?
   - Liegen ansteckende Krankheiten vor, die zwar nicht die Leistungsfähigkeit beeinträchtigen, jedoch die zukünftigen Kollegen oder Kunden gefährden?
   - Ist zum Zeitpunkt des Arbeitsantritts oder in absehbarer Zeit mit einer Arbeitsunfähigkeit zu rechnen, zum Beispiel durch eine geplante Operation, eine bewilligte Kur oder auch durch eine zurzeit bestehende Krankheit?

d) Die Frage nach dem Vorliegen einer **Behinderteneigenschaft** (i. S. d. neuen § 2 Abs. 1 Satz 1 SGB IX) bzw. einer **Schwerbehinderteneigenschaft** oder einer Gleichstellung ist unzulässig, weil dem Arbeitgeber nach § 7 Abs. 1 AGG auch schon bei der Begründung des Arbeitsverhältnisses verboten ist, einen behinderten Bewerber wegen seiner Behinderung zu benachteiligen. Jedoch darf der Arbeitgeber nach dem Vorliegen einer bestimmten körperlichen Funktion, geistigen Fähigkeit oder seelischen Gesundheit fragen, soweit dieses eine wesentliche und entscheidende berufliche Anforderung für die auszuübende Tätigkeit ist (vgl. § 8 Abs. 1 AGG).

e) Die vom Arbeitgeber gestellte Frage nach dem Bestehen einer **Schwangerschaft** der Bewerberin ist unzulässig. Sie ist eine unzulässige Benachteiligung wegen des Geschlechts (§ 3 Abs. 1 Satz 2 AGG) und verstößt damit gegen das Diskriminierungsverbot des § 7 Abs. 1 AGG, gleichgültig, ob sich nur Frauen oder auch Männer um den Arbeitsplatz bewerben (BAG vom 15.10.1992, DB 1993, S. 435) und ob der Arbeitsvertrag für unbestimmte Zeit oder für eine bestimmte Zeit geschlossen werden soll (EuGH vom 4.10.2001 – C-109/00) sowie unabhängig davon, ob die

Aufnahme der Tätigkeit von vornherein unmöglich sein könnte, etwa wegen sogleich eintretender Mutterschutzfristen (BAG vom 6.2.2003 – 2 AZR 621/01).

f) Die Frage des Arbeitgebers nach der bei dem früheren Arbeitgeber bezogenen **Vergütung** ist unzulässig, wenn die bisherige Vergütung keine Aussagekraft über die erforderliche Qualifikation für den zu besetzenden Arbeitsplatz hat und der Bewerber sie auch nicht von sich aus als Mindestvergütung für die neue Stelle gefordert hat (BAG vom 19.5.1983, DB 1984, S. 298). Auch nach den **Vermögensverhältnissen** des Bewerbers darf der Arbeitgeber nur dann fragen, wenn es sich bei dem künftigen Arbeitsplatz um eine besondere Vertrauensstellung handelt.

g) Der Arbeitgeber darf nach strafrechtlichen Verurteilungen, **Vorstrafen**, nur fragen, wenn und soweit die Art des zu besetzenden Arbeitsplatzes dies erfordert (BAG vom 20.5.1999, DB 1999, S. 1859; vom 6.9.2013, NZA 2013, S.1115 ff.), die Vorstrafen also einschlägig wären (z. B. Eigentums- oder Vermögensdelikte bei Kassierern, Verkehrsdelikte bei Kraftfahrern). Außerdem kann sich der Arbeitnehmer als unbestraft bezeichnen und braucht den einer Verurteilung zugrunde liegenden Sachverhalt nicht zu offenbaren, wenn die Verurteilung wegen Geringfügigkeit oder Zeitablauf nicht in ein Führungszeugnis aufzunehmen ist (§ 53 Bundeszentralregistergesetz).

   Nach anhängigen **Ermittlungsverfahren** darf der Arbeitgeber dann fragen, wenn auch ein Ermittlungsverfahren Zweifel an der persönlichen Eignung des Arbeitnehmers begründen kann (BAG vom 20.5.1999, DB 1999, S. 1859 und vom 16.11.2012, BB 2012, S. 3007 f.), z. B. ein Ermittlungsverfahren wegen sexuellen Missbrauchs von Kindergartenkindern in dem vorhergehenden Arbeitsverhältnis eines Kindergärtners. An der Informationsbeschaffung durch eine unspezifizierte Frage nach eingestellten Ermittlungsverfahren an den Stellenbewerber besteht grundsätzlich kein berechtigtes Interesse des potentiellen Arbeitgebers. Eine solche Frage ist damit im Regelfall nicht erforderlich i. S. d. § 32 BDSG. Das ergibt sich aus den Wertentscheidungen des § 53 BZRG (BAG vom 15.11.2012 – 6 AZR 339/11).

h) Grundsätzlich ist die Frage nach der **Partei- und Gewerkschaftszugehörigkeit** unzulässig (Ausnahme z. B. in Tendenzbetrieben). Der Arbeitgeber darf die Einstellung eines Bewerbers nicht davon abhängig machen, dass dieser nicht Gewerkschaftsmitglied ist (BAG vom 28.3.2000 – 1 ABR 16/99). Auch darf der Arbeitgeber die Einstellung eines Arbeitnehmers nicht von dessen Austritt aus einer Gewerkschaft abhängig machen (BAG vom 2.6.1987, DB 1987, S. 2312).

i) Die an einen Bewerber gerichtete Frage nach seiner **Religionszugehörigkeit** ist nach § 7 Abs. 1 AGG unzulässig (Ausnahme: Beschäftigung durch Religionsgemeinschaften oder Weltanschauungsvereinigungen).

j) Auf **zulässigerweise gestellte Fragen** des Arbeitgebers ist der Arbeitnehmer verpflichtet, wahrheitsgemäß zu antworten. Die bewusst falsche Antwort auf eine zulässige Frage berechtigt den Arbeitgeber zur Anfechtung des Arbeitsvertrages wegen arglistiger Täuschung (§§ 123, 142 BGB), wenn diese Tatsache für die Einstellung des Bewerbers ursächlich war. Dies setzt jedoch voraus, dass der getäuschte Arbeitgeber sich aufgrund der Täuschung in einem Irrtum befand (BAG vom 18.10.2000, DB 2000, S. 2171). Zur Wirkung der Anfechtung vgl. Kapitel 23 Nr. 9.

k) Auf **unzulässige Fragen** braucht der Arbeitnehmer nicht zu antworten; er kann die Beantwortung unzulässiger Fragen ablehnen. Auch eine wahrheitswidrige Antwort auf eine unzulässige Frage hat für den Arbeitnehmer keinerlei negative rechtliche Konsequenzen. Eine allein auf die wahrheitswidrige Beantwortung einer unzulässigen Frage gestützte Kündigung verstößt gegen die objektive Wertordnung des Grundgesetzes, wie sie im Recht auf informationelle Selbstbestimmung zum Ausdruck kommt, und ist nach § 138 Abs. 1 BGB unwirksam (BAG vom 15.112012 - 6 AZR 339/11).

6. Hat der Arbeitgeber die Vorstellungskosten des Bewerbers zu ersetzen?

Fordert der Arbeitgeber einen Bewerber zur Vorstellung auf, so hat er die Vorstellungskosten (Fahrtkosten, Mehrkosten für Übernachtung und Verpflegung und Verdienstausfall) zu ersetzen (BAG vom 14.2.1977, AP Nr. 8 zu § 196 BGB). Zu den erstattungsfähigen Vorstellungskosten zählen grundsätzlich auch Fahrtkosten mit dem eigenen Kraftfahrzeug; diese können - soweit keine andere Vereinbarung getroffen wurde - nach den einschlägigen Vorschriften über Kilometersätze bei Benutzung eines eigenen Fahrzeuges zu Dienstreisen abgerechnet werden (LAG Frankfurt vom 6.8.1980, DB 1981, S. 1000). Dies gilt unabhängig davon, ob ein Arbeitsverhältnis zustande kommt oder nicht. Ausschließen kann der Arbeitgeber diesen Anspruch nur, wenn er dies dem Bewerber bei der Aufforderung zur Vorstellung mitteilt.

Keinen derartigen Ersatzanspruch gegen den Arbeitgeber hat der Arbeitnehmer, wenn er sich vorstellt, ohne vom Arbeitgeber dazu aufgefordert worden zu sein, etwa aufgrund einer Zeitungsanzeige oder einer Vorschlagskarte durch die Agentur für Arbeit.

7. Wann kann der Arbeitgeber vom Bewerber eine gesundheitliche Untersuchung verlangen?

a) **Vor dem Abschluss des Arbeitsvertrages** kann der Arbeitgeber eine gesundheitliche Untersuchung verlangen, soweit sie für die Entscheidung über die Begründung des Beschäftigungsverhältnisses, also **zur Beurteilung gesundheitlicher Eignung** für den zu besetzenden Arbeitsplatz oder die zu leistende Arbeit erforderlich ist (§ 32 Abs. 1 Satz 1 BDSG; ab 25.5.2018 § 26 Abs. 1 Satz 1 BDSG). Grundsätzlich unzulässig sind deshalb umfassende und solche gesundheitlichen Untersuchungen, die im Hinblick auf die Feststellung der aktuellen Eignung für die angestrebte Stellung nicht erforderlich sind. Bei der Feststellung der Eignung durch gesundheitliche Untersuchung und Tests dürfen keine gesundheitlichen Eigenschaften und Krankheiten zum Nachteil des Bewerbers berücksichtigt werden, nach denen der Arbeitgeber auch nicht fragen dürfte.

b) Im Rahmen der gesundheitlichen Einstellungs- oder Eignungsuntersuchungen vor dem Abschluss des Arbeitsvertrages darf der Arbeitgeber weder die Vornahme **genetischer Untersuchungen** oder Analysen noch die Mitteilung von Ergebnissen bereits vorgenommener genetischer Untersuchungen oder Analysen verlangen, sowie solche Ergebnisse auch nicht entgegennehmen oder verwenden (§ 19 Gendiagnostikgesetz).

c) **Vor Beginn der vorgesehenen Beschäftigung** kann der Arbeitgeber eine gesundheitliche Untersuchung verlangen, soweit sie nach einer **Rechtsvorschrift** vorgesehen ist.

Beispiele:

- *Jugendliche unter 18 Jahren (§§ 32–35, 42 JArbSchG)*
- *für die Beförderung von Fahrgästen durch Busfahrer im Personennahverkehr, Taxifahrer usw. (§ 48 Abs. 4 Nr. 3, § 11 Fahrerlaubnisverordnung /Anlage 5)*
- *für Piloten von Flugzeugen und Hubschraubern (§ 2 Abs. 1 der 1. Durchführungsverordnung zur Luftverkehrs-Zulassungs-Ordnung /Anlage 1 i. V. m. § 32 Abs. 1 Nr. 4, 5 Luftverkehrsgesetz und § 20 Abs. 6 Luftverkehrs-Zulassungs-Ordnung).*

d) Die gesundheitlichen Untersuchungen dürfen **nur von einem Arzt** bzw. unter seiner Aufsicht und nur durchgeführt werden, **wenn der Arbeitnehmer** nach Aufklärung über Art und Umfang ausdrücklich darin **eingewilligt hat**. Zugleich entbindet er damit in der Regel den Arzt von der Schweigepflicht hinsichtlich des Ergebnisses der Untersuchung. Das dem Arbeitgeber mitgeteilte Ergebnis darf jedoch nur Aufschluss darüber geben, ob der Arbeitnehmer für den **Arbeitsplatz** und für die zu leistende Arbeit geeignet ist oder ob und inwieweit Bedenken gegen eine Beschäftigung bestehen. Die einzelnen Befunde oder Auswertungen der Untersuchungen darf der Arzt nur dem Arbeitnehmer mitteilen.

Die Kosten der gesundheitlichen Untersuchungen hat der Arbeitgeber zu tragen.

e) Auch für Blutentnahmen und Urinuntersuchungen im Rahmen von Einstellungs- und Eignungsuntersuchungen müssen die unter a) – d) genannten Voraussetzungen vorliegen.

f) Auch **Psychologische Tests** dürfen nur mit ausdrücklicher Zustimmung des Bewerbers von einem Fachpsychologen und nur dann und in dem Umfang vorgenommen werden, wie sie für die Entscheidung über die Begründung des Beschäftigungsverhältnisses, also zur Beurteilung der Eignung für die angestrebte Tätigkeit, erforderlich sind (§ 32 Abs. 1 Satz 1 BDSG; ab 25.5.2018 § 26 Abs. 1 Satz 1 BDSG).

C Abschluss und Form des Arbeitsvertrages

8. Ist der Arbeitgeber frei, mit wem er den Arbeitsvertrag abschließt?

Der Arbeitgeber ist grundsätzlich in seiner Entscheidung frei, mit wem er den Arbeitsvertrag (vgl. Kapitel 1 Nr. 3) abschließt (§ 105 Satz 1 GewO). Von diesem Grundsatz der Abschlussfreiheit gibt es folgende **Ausnahmen**:

a) **Ausländische Arbeitnehmer** aus Nicht-EU-Ländern dürfen grundsätzlich nur beschäftigt werden, wenn sie über einen entsprechenden Aufenthaltstitel verfügen (vgl. Kapitel 30).

b) **Staatsangehörige der Mitgliedsstaaten der Europäischen Union** dürfen bei der Begründung des Arbeitsverhältnisses gegenüber deutschen Arbeitnehmern nicht benachteiligt werden (EGVO Nr. 1612/68). Entgegenstehende Bestimmungen in Tarifverträgen, Betriebsvereinbarungen oder auch Einzelarbeitsverträgen sind nichtig. Auch Staatsangehörige aus Ländern außerhalb der EU, die über einen entsprechenden Aufenthaltstitel für Deutschland verfügen (sog. legale Drittstaatsangehörige), müssen bei der Begründung des Arbeitsverhältnisses mit deutschen Arbeitnehmern gleichbehandelt werden.

c) Der Arbeitgeber darf einen Arbeitnehmer auch bei der Begründung des Arbeitsverhältnisses nicht aus Gründen der **Rasse** oder wegen der **ethnischen Herkunft**, des **Geschlechts**, der **Religion oder Weltanschauung**, einer **Behinderung**, des Alters oder der **sexuellen Identität** benachteiligen (§ 7 Abs. 1 AGG), also einen Bewerber nicht allein deswegen ablehnen (vgl. Kapitel 20 Nr. 11–13). Auch wenn der Arbeitgeber die Einstellung einer Frau wegen ihrer **Mutterschaft** oder **Schwangerschaft** ablehnt, ist dies eine unmittelbare Diskriminierung aufgrund des Geschlechts (§ 3 Abs. 1 Satz 2 AGG), selbst wenn sie während der Schwangerschaft wegen eines aus dem Mutterschutzgesetz folgenden Beschäftigungsverbots auf dem vorgesehenen Arbeitsplatz von Anfang an nicht beschäftigt werden darf (EuGH vom 3.2.2000 - C-207/98).

   Der benachteiligte Arbeitnehmer hat bei der Benachteiligung jedoch keinen Anspruch auf Einstellung, sondern auf angemessenen Schadensersatz in Geld (vgl. Kapitel 20 Nr. 18).

d) Der Arbeitgeber darf einen behinderten Menschen auch bei der Begründung des Arbeitsverhältnisses nicht wegen seiner Behinderung benachteiligen (§ 7 Abs. 1 AGG), also einen Bewerber nicht allein deswegen ablehnen, weil er behindert (i. S. d. § 2 Abs. 1 Satz 1 SBG IX) bzw. schwerbehindert ist (vgl. Kapitel 29 Nr. 1–3). Ein Arbeitgeber mit mehr als 20 Arbeitsplätzen ist verpflichtet, auf einem bestimmten Anteil dieser Arbeitsplätze **schwerbehinderte Menschen** (mit einem Grad der Behinderung von wenigstens 50 %) zu beschäftigen; dabei sind schwerbehinderte Frauen besonders zu berücksichtigen (§ 154 SGB IX). Ein Arbeitgeber, der diese Pflicht nicht erfüllt, hat vielmehr eine Ausgleichsabgabe zu zahlen (vgl. Kapitel 29 Nr. 7 ff.). Der einzelne behinderte Mensch hat jedoch keinen Einstellungsanspruch sondern ggf. einen Schadensersatzanspruch (vgl. c) gegen einen einzelnen Arbeitgeber, der diese Pflicht nicht erfüllt.

e) **Beschäftigungsverbote für bestimmte Arbeitgeber**: Personen mit schweren oder einschlägigen Vorstrafen nach den Vorschriften des Jugendarbeitsschutzgesetzes und des Berufsbildungsgesetzes ist es verboten, Jugendliche oder Auszubildende zu beschäftigen, auszubilden oder zu beaufsichtigen (insbes. §§ 25, 27 Abs. 2 JArbSchG). Die Arbeitsverträge sind zwar auch bei Verstoß gegen diese Beschäftigungsverbote wirksam, der Arbeitgeber macht sich jedoch schadensersatzpflichtig, und der Arbeitnehmer kann unter Umständen außerordentlich kündigen. Zudem kann die Aufsichtsbehörde die Einhaltung der Verbote erzwingen und den Arbeitgeber mit Bußgeld belegen (§§ 27, 58 JArbSchG).

f) Bei der Einstellung von **Betriebsärzten** und **Fachkräften für Arbeitssicherheit** hat der Arbeitgeber nur solche Bewerber zu berücksichtigen, die die vom Gesetz geforderte Berufsbezeichnung (Ingenieur, Arzt) und die berufliche Fachkunde und Zuverlässigkeit haben (§§ 4, 7 ASiG). Dasselbe gilt für die Einstellung eines Arbeitnehmers, der zum **betrieblichen Datenschutzbeauftragten** bestellt werden soll (§ 4f Abs. 2 BDSG; ab 25.5.2018: § 38 BDSG).

g) Die Abschlussfreiheit kann auch durch Bestimmungen eines **anwendbaren Tarifvertrages** oder einer **Betriebsvereinbarung** beschränkt sein (vgl § 105 Satz 1 GewO), z. B. durch die generelle Pflicht zur vorrangigen Berücksichtigung interner Bewerber vor externen Bewerbern oder wenn darin die Beschäftigung nur unter bestimmten Bedingungen erlaubt ist – sog. qualitative Besetzungsregelungen (BAG vom 18.3.2008 – 1 ABR 81/06)

h) Zu beachten hat der Arbeitgeber auch die **Beteiligungsrechte des Betriebsrats** nach dem Betriebsverfassungsgesetz (vgl. Kapitel 34 Nr. 25). Sie können in der Weise durch Tarifvertrag erweitert oder verstärkt sein, dass dem Betriebsrat ein echtes Mitbestimmungsrecht bei der Frage zusteht, welcher Bewerber einzustellen ist, und dass im Streitfall die Einigungsstelle nach den Bestimmungen des Betriebsverfassungsgesetzes entscheiden soll (BAG vom 10.2.1988, DB 1988, S. 1397).

9. Was ist bei Abschluss eines Arbeitsvertrages mit einem minderjährigen Arbeitnehmer zu beachten?

Der Abschluss eines Arbeitsvertrages mit einem minderjährigen Arbeitnehmer, also einem, der noch nicht das 18. Lebensjahr vollendet hat, bedarf der Zustimmung des gesetzlichen Vertreters (§§ 106, 113 BGB) – normalerweise Vater und Mutter (§§ 1626, 1629 BGB). Mit Kindern (unter 15 Jahren) kann in der Regel überhaupt kein Arbeitsvertrag abgeschlossen werden (§ 5 JArbSchG).

Jugendliche zwischen 15 und 18 Jahren können von ihrem gesetzlichen Vertreter auch ermächtigt worden sein, ein Arbeitsverhältnis einzugehen. Eine solche Ermächtigung kann dem Jugendlichen ausdrücklich erteilt worden sein oder sich aus dem Verhalten des gesetzlichen Vertreters, also auch durch bloßes Dulden, ergeben (§ 113 BGB). Im Zweifel ist anzunehmen, dass eine für den Einzelfall erteilte Ermächtigung als allgemeine Ermächtigung gilt, Arbeitsverhältnisse der gleichen Art einzugehen (§ 113 Abs. 4 BGB). Wenn die Ermächtigung vom gesetzlichen Vertreter nicht eingeschränkt ist, ist der jugendliche Arbeitnehmer für alle Rechtsgeschäfte, die ein Arbeitsverhältnis der gestatteten Art mit sich bringt, unbeschränkt geschäftsfähig (z. B. den Lohn entgegenzunehmen, zu kündigen oder einer Gewerkschaft beizutreten).

10. Wann muss der Arbeitsvertrag schriftlich abgeschlossen werden?

Gesetzlich ist die **schriftliche Form** für den Arbeitsvertrag **nicht vorgeschrieben** (Ausnahme: Arbeitsverträge mit Betriebsärzten und Fachkräften für Arbeitssicherheit). Ein Arbeitsvertrag kommt grundsätzlich auch formlos zustande. Die übereinstimmenden Willenserklärungen von Arbeitgeber und Arbeitnehmer können auch mündlich, ausdrücklich oder durch schlüssiges Verhalten (z. B. durch Aufnahme der Arbeit mit Einverständnis des Arbeitgebers) abgegeben werden. Die Unterzeichnung eines in deutscher Sprache abgefassten schriftlichen Arbeitsvertrags darf der Arbeitgeber auch dann als Annahmeerklärung verstehen, wenn der Arbeitnehmer der deutschen Sprache nicht oder nicht ausreichend mächtig ist (BAG vom 19.3.2014 – 5 AZR 252/12 (B)). Das Erfordernis der Schriftform für den gesamten Arbeitsvertrag oder einzelne Vertragsbedingungen kann sich jedoch aus einem auf das Arbeitsverhältnis anwendbaren Tarifvertrag oder aus einer Betriebsvereinbarung ergeben. Die vereinbarte schriftliche Form kann durch die elektronische Form ersetzt werden (§§ 126 Abs. 3, 127 BGB), soweit diese nicht in dem Tarifvertrag oder der Betriebsvereinbarung ausgeschlossen ist. Soll die schriftliche Form des Arbeitsvertrages durch die elektronische Form ersetzt werden, müssen Arbeitgeber und Arbeitnehmer ein gleichlautendes Dokument mit einer qualifizierten elektronischen Signatur versehen (§§ 126 a, 127 BGB).

Auch **einzelne Arbeitsbedingungen** können ebenso wie der gesamte Arbeitsvertrag mündlich vereinbart werden, wenn nicht abweichende Vereinbarungen der Arbeitsvertragsparteien, Bestimmungen einer Betriebsvereinbarung oder eines einschlägigen Tarifvertrages entgegenstehen. Wenn jedoch ein **Wettbewerbsverbot** für die Zeit der Beendigung des Arbeitsverhältnisses vereinbart werden soll, muss diese Vereinbarung **schriftlich** erfolgen (§ 110 GewO, § 74 HGB).

Im Übrigen bedarf nach § 14 Abs. 4 TzBfG die **Befristung eines Arbeitsvertrages** der Schriftform; sie kann durch die elektronische Form ersetzt werden. Sie gilt für alle Formen der Befristung (auch für die Zweckbefristung) und deren Verlängerung – unabhängig von der jeweiligen Rechtsgrundlage (vgl. Kapitel 4 Nr. 2). Das Schriftformerfordernis gilt nicht für den der Befristung zugrunde liegenden sachlichen Grund (BAG vom 23.6.2004 – 7 AZR 636/03). Bei der Zweckbefristung muss jedoch der Vertragszweck schriftlich vereinbart werden (BAG vom 21.12.2005 – 7 AZR 541/04). Unterzeichnen die Arbeitsvertragsparteien nach Vertragsbeginn einen schriftlichen Arbeitsvertrag mit einer Befristung, die inhaltlich von einer vor Vertragsbeginn mündlich vereinbarten Befristung abweicht, enthält der schriftliche Arbeitsvertrag eine eigenständige Befristungsabrede, die dem Schriftformgebot des § 14 Abs. 4 TzBfG genügt (BAG vom 13.6.2007 – 7 AZR 700/06).

Auch wenn für den Abschluss eines Arbeitsvertrages keine Schriftform vorgeschrieben ist, empfiehlt sich aus Beweisgründen sowie wegen der ohnehin bestehenden Pflicht des Arbeitgebers zur schriftlichen Mitteilung der wesentlichen Arbeitsbedingungen (vgl. Nr. 11) der Abschluss eines von Arbeitgeber und Arbeitnehmer unterschriebenen schriftlichen Arbeitsvertrages, in dem alles festgehalten wird, was für die Durchführung des Arbeitsverhältnisses wichtig ist. Deshalb sollte der Arbeitsvertrag neben einer kurzen Charakterisierung oder Beschreibung der zu leistenden Tätigkeit insbesondere Angaben über die Höhe des Arbeitsentgelts, des Urlaubs, zusätzlicher Sonderzahlungen (Weihnachts-, Urlaubs-, Jubiläumsgeld) und über die anderen Arbeitsbedingungen enthalten.

Bei Abschluss eines Arbeitsvertrages kann der Arbeitgeber davon ausgehen, dass der ausländische Arbeitnehmer die erforderlichen Sprachkenntnisse hat. Wenn der Arbeitgeber jedoch erkennt, dass der ausländische Arbeitnehmer kein Deutsch spricht, empfiehlt es sich, den Arbeitsvertrag in die Muttersprache des Arbeitnehmers zu übersetzen. Eine dahingehende Verpflichtung hat die Rechtsprechung bisher nicht angenommen (LAG Rheinland-Pfalz vom 2.2.2012 – 11 Sa 569/11).

11. Pflicht zur schriftlichen Mitteilung der wesentlichen Arbeitsbedingungen

Spätestens einen Monat nach dem vereinbarten Beginn des Arbeitsverhältnisses ist der Arbeitgeber verpflichtet, die **wesentlichen Vertragsbedingungen schriftlich niederzulegen, die Niederschrift zu unterzeichnen und sie dem Arbeitnehmer auszuhändigen.** Der Nachweis der wesentlichen Vertragsbedingungen in elektronischer Form ist ausgeschlossen (§ 2 Abs. 1 NachwG).

Die Verpflichtung gilt nicht für die Beschäftigung von Arbeitnehmern, die nur zur vorübergehenden Aushilfe von höchstens einem Monat eingestellt werden (§ 1 NachwG). Sie entfällt auch, wenn dem Arbeitnehmer ein schriftlicher Arbeitsvertrag mit diesen Angaben ausgehändigt worden ist (§ 2 Abs. 4 NachwG). Enthält allerdings der Arbeitsvertrag nicht alle im Nachweisgesetz geforderten Angaben, so bleibt die Nachweispflicht hinsichtlich dieser nicht im Arbeitsvertrag festgelegten Angaben bestehen.

Für Arbeitsverhältnisse, die bereits bei In-Kraft-Treten des Nachweisgesetzes am 28.7.1995 bestanden, gilt, dass der Arbeitnehmer, der bislang keine Niederschrift seiner wesentlichen Vertragsbedingungen erhalten hat, jederzeit noch eine solche verlangen kann. In diesem Fall hat der Arbeitgeber die entsprechende Niederschrift innerhalb von zwei Monaten dem Arbeitnehmer auszuhändigen (§ 4 NachwG).

Für Ausbildungsverhältnisse, Praktikantenverhältnisse (vgl. Kapitel 28 Nr. 17 und 27), Leiharbeitsverhältnisse (vgl. Kapitel 27 Nr. 11 g) sowie Heuerverhältnisse von Seeleuten bestehen spezialgesetzliche Bestimmungen.

12. Was muss der Arbeitgeber in die Niederschrift aufnehmen?

In die Niederschrift sind mindestens aufzunehmen

a) der Name und die **Anschrift der Vertragsparteien**,

b) der Zeitpunkt des **Beginns des Arbeitsverhältnisses**,

c) bei befristeten Arbeitsverhältnissen: die vorhersehbare **Dauer des Arbeitsverhältnisses** (Bei datummäßig oder sonst zeitlich befristeten Arbeitsverträgen ist das Enddatum oder die vereinbarte Dauer, z. B. vier Monate, anzugeben. Bei zweckbefristeten Arbeitsverträgen ist, falls die Dauer absehbar ist, die etwaige Dauer anzugeben. Ist die Dauer nicht absehbar, z. B. bei längerfristigen Vertretungen denkbar, empfiehlt es sich, den Zweck anzugeben.),

d) der **Arbeitsort** oder, falls der Arbeitnehmer nicht nur an einem bestimmten Arbeitsort tätig sein soll, ein Hinweis darauf, dass der Arbeitnehmer an verschiedenen Orten beschäftigt werden kann,

e) eine kurze **Charakterisierung oder Beschreibung der** vom Arbeitnehmer **zu leistenden Tätigkeit** (Die Kennzeichnung der Tätigkeit fordert keine detaillierten Ausführungen. Es reicht die Angabe eines der Tätigkeit entsprechenden charakteristischen Berufsbildes (z. B. Schlosser, Tischler), die Angabe des Aufgabenbereichs (z. B. Schlosserarbeiten) oder eine sonstige Beschreibung der zu leistenden Tätigkeit. Soll der Arbeitnehmer aufgrund vertraglicher Vereinbarung darüber hinaus vorübergehend auch zur Leistung einer anderen, insbesondere einer geringerwertigen Tätigkeit verpflichtet sein, muss die Niederschrift auch die Angabe über die Art und das Ausmaß dieser Leistungsverpflichtung enthalten.),

f) die **Zusammensetzung** und die **Höhe des Arbeitsentgelts** einschließlich der Zuschläge, der Zulagen, Prämien und Sonderzahlungen sowie anderer Bestandteile des Arbeitsentgelts und deren Fälligkeit (in Fällen, in denen das Arbeitsentgelt nicht durch eine konkrete Summe im Voraus bestimmbar ist, z. B. bei Akkordlohnvereinbarungen oder gewinnorientierter Entlohnung, sind die für die Berechnung des Arbeitsentgelts maßgeblichen Berechnungsfaktoren anzugeben. Soweit die

Berechnungsfaktoren jährlich, z. B. je nach Ertragslage des Unternehmens, neu bestimmt werden, genügt der Hinweis, dass derartige Entgeltbestandteile Teile der Grundvergütung sind oder zu der Grundvergütung hinzutreten können. Angesichts des berechtigten Interesses des Arbeitnehmers an einer durchschaubaren Auflistung seiner Arbeitsvergütung sollte der Arbeitgeber diesem Teil der Niederschrift besondere Aufmerksamkeit widmen. Soweit das Arbeitsentgelt in einem Tarifvertrag, einer Betriebsvereinbarung, einer Dienstvereinbarung oder in einer ähnlichen Regelung, z. B. der Kirchen geregelt ist, reicht in der Niederschrift der Hinweis auf die einschlägige Regelung.),

g) die **vereinbarte Arbeitszeit** (Hier sind vor allem die besonderen Ausgestaltungen der Arbeitszeitvereinbarungen bei bestimmten Arbeitnehmergruppen, z. B. bei den leitenden Angestellten, sowie die verschiedenen Formen flexibler Arbeitszeitgestaltung, z. B. im Rahmen von Jahresarbeitszeitverträgen oder Verträgen auf Abruf, zu beachten. Fehlt eine Vereinbarung der Arbeitszeit völlig, insbesondere bei leitenden Angestellten denkbar, so entfällt auch eine entsprechende Angabe in der Niederschrift. Soweit die Arbeitszeit in einem Tarifvertrag, in einer Betriebsvereinbarung oder einer ähnlichen Regelung die für das Arbeitsverhältnis gilt, geregelt ist, kann hierauf verwiesen werden.),

h) die **Verpflichtung zur Leistung von Überstunden** auf bloße Anordnung des Arbeitgebers (soweit die Pflicht auch in einem Tarifvertrag, in einer Betriebsvereinbarung oder einer ähnlichen Regelung, die für das Arbeitsverhältnis gilt, geregelt ist, kann hierauf verwiesen werden – siehe EuGH vom 8.2.2001 – 2001/C 173/08),

i) die **Dauer des jährlichen Erholungsurlaubs** (soweit die Dauer des Erholungsurlaubs in einem Tarifvertrag oder einer ähnlichen Regelung, die für das Arbeitsverhältnis gilt, geregelt ist, kann hierauf verwiesen werden. Soweit dem Arbeitnehmer lediglich der gesetzliche Mindesturlaub von 24 Werktagen nach dem Bundesurlaubsgesetz oder bei Jugendlichen der nach dem Alter gestaffelte Mindesturlaub des § 19 JArbSchG zusteht, reicht der Verweis auf die entsprechenden gesetzlichen Regelungen aus.),

j) die vom Arbeitgeber und vom Arbeitnehmer einzuhaltenden **Kündigungsfristen** (soweit die Kündigungsfristen in einem Tarifvertrag oder einer ähnlichen Regelung, die für das Arbeitsverhältnis gilt, geregelt ist oder die gesetzliche Regelung des § 622 BGB gilt, kann hierauf verwiesen werden.),

k) ein in allgemeiner Form gehaltener **Hinweis auf** die **Tarifverträge, Betriebs- und Dienstvereinbarungen**, die auf das Arbeitsverhältnis anzuwenden sind. Eine detaillierte Einzelauflistung aller auf das Arbeitsverhältnis anwendbaren Tarifverträge, Betriebsvereinbarungen oder Dienstvereinbarungen unter Angabe der jeweiligen Kollektivvertragsparteien, des Abschlussdatums und des Regelungsinhalts ist nicht erforderlich (vgl. BAG vom 17.4.2002, DB 2003, S. 560). Es dürfte z. B. folgende Angabe genügen: „Für das Arbeitsverhältnis sind ergänzend die für Betriebe des Baugewerbes/Betriebe des Gerüstbaugewerbes geltenden Tarifverträge sowie die für den Betrieb X geltenden Betriebsvereinbarungen anzuwenden, die im Personalbüro ausliegen".),

l) umfassende **Ausschluss- und Verfallfristen**, die die gesetzlichen Verjährungsfristen wesentlich unterschreiten (vgl. BAG vom 17.4.2002 – 5 AZR 89/01). Bei tarifvertraglichen Ausschluss- und Verfallfristen genügt auch ein Hinweis auf die Anwendbarkeit des einschlägigen Tarifvertrages (BAG vom 23.1.2002 – 4 AZR 56/01).

m) Bei einem **Auslandseinsatz**, der länger als einen Monat dauert, und bei dem das Arbeitsverhältnis mit dem bisherigen Arbeitgeber – zumindest in Form eines Rumpfarbeitsverhältnisses – fortbesteht und auch weiterhin dem deutschen Arbeitsrecht unterliegt, hat der Arbeitgeber gegenüber dem Arbeitnehmer weitere Mitteilungspflichten: In die Niederschrift, die dem Arbeitnehmer vor der Abreise auszuhändigen ist, hat der Arbeitgeber zusätzlich folgende Angaben aufzunehmen:

- Die Dauer der im Ausland auszuübenden Tätigkeit,
- die Währung, in der das Arbeitsentgelt ausgezahlt wird,
- ein zusätzliches mit dem Auslandsaufenthalt verbundenes Arbeitsentgelt und damit verbunden andere zusätzliche Sachleistungen (z. B. Zurverfügungstellen einer Wohnung, Trennungsentschädigung, Währungsausgleich),
- die vereinbarten Bedingungen für die Rückkehr des Arbeitnehmers.

13. Was gilt bei Änderungen der wesentlichen Arbeitsbedingungen?

Ändern sich im Verlauf des bestehenden Arbeitsverhältnisses wesentliche Vertragsbedingungen, muss der Arbeitgeber diese Neuerungen spätestens einen Monat nach der **Änderung** dem Arbeitnehmer schriftlich mitteilen (§ 3 NachwG). Dies ist eine Dauerverpflichtung, für die er deshalb die organisatorischen Voraussetzungen schaffen sollte. Dem Arbeitnehmer muss nur die konkrete Änderung schriftlich mitgeteilt werden und nicht einer erneute umfassende Niederschrift des Vertragsinhalts ausgehändigt werden. Die erneute schriftliche Mitteilung ist nicht erforderlich bei Änderung der gesetzlichen Vorschriften, Tarifverträge, Betriebs- und Dienstvereinbarungen, auf die der Arbeitgeber in der Niederschrift verwiesen hat.

14. Welche Folgen kann die Nichtbeachtung der Nachweispflicht haben?

Der Arbeitnehmer kann den Anspruch gegen den Arbeitgeber auf den schriftlichen Nachweis der Arbeitsbedingungen gerichtlich geltend machen und durchsetzen. Darüber hinaus sollte der Arbeitgeber schon deshalb seiner Verpflichtung nachkommen, weil er einerseits zum Ersatz der eventuellen Schäden verpflichtet ist, die durch den unterbliebenen, verspäteten oder unrichtigen Nachweis entstehen (vgl. BAG vom 17.4.2002 – 5 AZR 89/91), und sich andererseits seine beweisrechtliche Stellung bei der Auseinandersetzung über Ansprüche aus dem Arbeitsverhältnis verschlechtert.

Der Arbeitgeber, der keinen schriftlichen Arbeitsvertrag abschließt, und es darüber hinaus entgegen § 2 Abs. 1 NachwG unterlässt, die dort geforderte Niederschrift zu erstellen und auszuhändigen, so dass der Arbeitnehmer für die von ihm behauptete Lohnvereinbarung keinen Urkundenbeweis führen kann, ist im Rahmen der Beweiswürdigung so zu behandeln, als hätte er ein zunächst vorhandenes Beweismittel beseitigt. Das führt unter dem Gesichtspunkt der Beweisvereitelung wenn schon nicht zu einer Beweislastumkehr, so doch jedenfalls zu einer erheblichen Erleichterung der Beweisführungslast zugunsten des Arbeitnehmers. Der Beweis für eine streitige Lohnvereinbarung kann z. B. dann schon als geführt angesehen werden, wenn sie aufgrund von Indizien plausibel erscheint (LAG Köln vom 31.7.1998, NZA 1999, S. 545).

15. Welche weiteren Pflichten hat der Arbeitgeber bei Beginn der Beschäftigung?

Der Arbeitgeber muss seine sozialversicherungsrechtlichen Meldepflichten (vgl. SGB IV, 3. Abschnitt) erfüllen. Der Arbeitnehmer hat ihm alle dazu erforderlichen Angaben zu machen.

16. Welche Pflichten hat der Arbeitnehmer bei Beginn der Beschäftigung?

Der Arbeitnehmer hat bei Beginn der Beschäftigung seinen **Sozialversicherungsausweis** dem Arbeitgeber **vorzulegen**. Kann er seinen Sozialversicherungsausweis bei Beschäftigungsbeginn nicht vorlegen, hat er dies unverzüglich nachzuholen (§ 18h Abs. 2 SGB IV).

D Inhalt des Arbeitsvertrages

17. Können Arbeitgeber und Arbeitnehmer den Inhalt des Arbeitsvertrages frei vereinbaren?

Arbeitgebern und Arbeitnehmern steht es zwar grundsätzlich frei, welchen Inhalt sie dem Arbeitsvertrag geben, insbesondere welche Arbeitsbedingungen (insbes. Arbeitsort, zu leistende Tätigkeit, Arbeitsentgelt, Arbeitszeit, Urlaub) sie vereinbaren (§ 105 Satz 1 GewO). Zum Schutz des Arbeitnehmers ist diese Gestaltungsfreiheit jedoch durch vertraglich nicht abänderbare Gesetze (wie z. B. Bundesurlaubsgesetz oder Entgeltfortzahlungsgesetz), Tarifverträge und Betriebsvereinbarungen eingeschränkt. Eine arbeitsvertragliche Bestimmung, die gegen eine zwingende gesetzliche Regelung verstößt, ist nichtig (§ 134 BGB). Auch die Normen eines Tarifvertrages und die Normen der Betriebsvereinbarungen gelten „unmittelbar und zwingend" für die davon erfassten Arbeitsverhältnisse (§ 4 Abs. 3 TVG, § 77 Abs. 4 Satz 1 BetrVG). Entgegenstehende ungünstigere Vereinbarungen im Arbeitsvertrag sind wirkungslos – nur zugunsten der Arbeitnehmer ist eine vertragliche Abweichung möglich.

Auch Individualabreden zwischen Arbeitgeber und Arbeitnehmer (z. B. über die zu leistende Arbeitszeit) gehen vom Arbeitgeber formulierten allgemeinen vertraglichen Arbeitsbedingungen vor (BAG vom 24.8.2016 – 5 AZR 129/16).

Außerdem unterliegen alle vom Arbeitgeber vorformulierten, allgemeinen vertraglichen Arbeitsbedingungen der **Inhaltskontrolle** nach den §§ 305 bis 310 BGB. Verboten sind u. a. **überraschende Klauseln** (§ 305 Abs. 1 BGB). Überraschenden Charakter hat eine Bestimmung, wenn sie von den Erwartungen des Vertragspartners deutlich abweicht und dieser mit ihr den Umständen nach vernünftigerweise nicht zu rechnen braucht. Zwischen den durch die Umstände bei Vertragsschluss begründeten Erwartungen und dem tatsächlichen Vertragsinhalt muss ein deutlicher Widerspruch bestehen. Die Erwartungen des Vertragspartners werden von allgemeinen und individuellen Begleitumständen des Vertragsschlusses bestimmt. Hierzu zählen u. a. der Gang und der Inhalt der Vertragsverhandlungen einerseits sowie der äußere Zuschnitt des Vertrages andererseits (BAG vom 15.2.2007 – 6 AZR 286/06). Im Einzelfall kann der Arbeitgeber gehalten sein, auf die Klausel besonders hinzuweisen oder die Klausel drucktechnisch hervorzuheben (BAG vom 27.7.2005 – 7 AZR 443/04 und vom 8.8.2007 – 7 AZR 605/06). So wird eine allgemeine Ausgleichsklausel, nach welcher sämtliche Ansprüche „gleich nach welchem Rechtsgrund sie entstanden sein mögen, abgegolten und erledigt sind", nicht Vertragsinhalt, wenn der Verwender sie in eine Erklärung mit falscher oder missverständlicher Überschrift ohne besonderen Hinweis oder drucktechnische Hervorhebung einfügt (BAG vom 23.2.2005, DB 2005, S. 2025). Zweifel bei der Auslegung mehrdeutiger Klauseln im Arbeitsvertrag gehen zu Lasten des Arbeitgebers (§ 305 c Abs. 2 BGB), z. B. bei einer Bezugnahmeklausel auf die einschlägigen Tarifverträge/Gleichstellungsabrede, wenn diese nur für die Dauer der Tarifbindung gelten soll (BAG vom 14.12.2005 – 4 AZR 536/04) bzw. wenn die Tragweite der Verweisung (dynamisch oder statisch) auf Tarifverträge zweifelhaft ist (BAG vom 9.11.2005 –5 AZR 128/05). Wird in einem vom Arbeitgeber vorformulierten Arbeitsvertrag in einer Klausel eine Probezeit und in einer anderen Klausel eine Kündigungsfrist festgelegt, ohne dass unmissverständlich deutlich wird, dass diese ausdrücklich genannte Frist erst nach dem Ende der Probezeit gelten soll, ist dies von einem durchschnittlichen Arbeitnehmer regelmäßig dahin zu verstehen, dass der Arbeitgeber schon von Beginn des Arbeitsverhältnisses an nur mit dieser Kündigungsfrist, nicht aber mit der zweiwöchigen Kündigungsfrist des § 622 Abs. 3 BGB kündigen kann (BAG vom 23.3.2017 – 6 AZR 705/15). Allgemeine Vertragsbestimmungen sind unwirksam, wenn sie den Arbeitnehmer entgegen den Geboten von Treu und Glauben **unangemessen benachteiligen** (§ 307 Abs. 1 Satz 1 BGB). Eine unangemessene Benachteiligung kann sich nach § 307 Abs. 1 Satz 2 BGB auch daraus ergeben, dass die Bestimmung **nicht klar und verständlich ist**. Dieses Transparenzgebot schließt das Bestimmtheitsgebot ein. Dieses ist verletzt, wenn die Vertragsklausel vermeidbare Unklarheiten und Spielräume enthält (BAG vom 31.8.2005– 5 AZR 545/04). Ebenso ist eine arbeitsvertragliche Formulierung weder klar noch verständlich, wenn sie im Widerspruch zu einer anderen arbeitsvertraglichen Bestimmung steht (BAG vom 20.2.2013 –10 AZR 177/12). Im Übrigen sind bestimmte **Klauseln** (§§ 308, 309 BGB) **generell verboten**. Bei der Anwendung dieser Vorschriften auf Arbeitsverträge sind jedoch die im Arbeitsrecht geltenden Besonderheiten zu berücksichtigen.

Nicht anwendbar sind die Vorschriften über die Inhaltskontrolle auf Tarifverträge oder Betriebsvereinbarungen, z. B. die Regelung eines Widerrufvorbehalts in einer Betriebsvereinbarung (BAG vom 1.2.2006 – AZR 187/05). Ebenfalls unterliegen Vertragsklauseln in Einzelarbeitsverträgen, die Bezug auf einen Tarifvertrag nehmen, ohne dass eine beiderseitige Tarifbindung besteht, oder die mit Kollektivverträgen übereinstimmen und lediglich deren gesamten Inhalt wiedergeben, nicht der Inhaltskontrolle (§ 310 Abs. 4 BGB; vgl. BAG vom 18.9.2007 – 9 AZR 822/06). Auf die Möglichkeit des Arbeitnehmers, bei Vertragsschluss von den für ihn künftig geltenden Tarifverträgen inhaltlich Kenntnis zu nehmen, kommt es für die Einbeziehung der Tarifverträge durch die arbeitsvertragliche Bezugnahmeklausel nicht an (BAG vom 14.11.2012 – 5 AZR 107/11). Belassen es nicht tarifgebundene Arbeitsvertragsparteien nicht dabei, ihr Arbeitsverhältnis pauschal einem bestimmten Tarifregime zu unterwerfen, sondern vereinbaren sie zu einzelnen Gegenständen darüber hinaus im Arbeitsvertrag ausformulierte Regelungen, bringen sie damit typischerweise zum Ausdruck, dass unabhängig von dem in Bezug genommenen Tarifwerk jedenfalls auch die in den Arbeitsvertrag aufgenommenen Bestimmungen für das Arbeitsverhältnis geltenden sollen (BAG vom 24.9.2014 – 5 AZR 506/12). Ob ein Arbeitsvertrag eine eigenständige, bei Unwirksamkeit der in Bezug genommenen „Tarifverträge" oder bei einer unwirksamen Bezugnahme auf Tarifverträge zum Tragen kommende vertragliche Ausschlussfristenregelung enthält, kann dahin gestellt bleiben, wenn sie als solche einer AGB-Kontrolle nicht standhalten (BAG vom 24.9.2014 – 5 AZR 254/13). Die §§ 305 ff. finden grundsätzlich auch auf **kirchliche Arbeitsvertragsregelungen**, die im Arbeitsvertrag in Bezug genommen werden, Anwendung (BAG vom 17.11.2005 – 6 AZR 160/05). Bei der Inhaltskontrolle kirchlicher Arbeitsvertragsregelungen ist jedoch nach § 310 Abs. 4 Satz 2 BGB als im Arbeitsrecht geltende Besonderheit angemessen zu berücksichtigen, dass kirchliche Arbeitsvertragsregelungen auf dem sog. Dritten Weg entstehen und von einer paritätisch besetzten Arbeitsrechtlichen Kommission beschlossen werden (BAG vom 19.11.2009 – 6 AZR 561/68 und vom 22.7.2010 – 6 AZR 847/07). Die Inhaltskontrolle bei arbeitsvertraglich in Bezug genommenen kirchlichen Arbeitsvertragsregelungen beschränkt sich wie bei Tarifverträgen auf eine Rechtskontrolle. Maßstab der Rechtskontrolle ist wie bei Tarifverträgen, ob die Regelung gegen die Verfassung, höherrangiges zwingendes Recht oder die guten Sitten verstößt (BAG vom 19.4.2012 – 6 AZR 677/10).

18. Welche allgemeinen Vertragsklauseln sind zulässig?

- **Altersgrenze**: Die Beendigung des Arbeitsverhältnisses durch eine Altersgrenze stellt keine überraschende Klausel dar (BAG vom 27.7.2005 – 7 AZR 443/04). Im Übrigen unterliegt die Altersgrenze als Befristungsregelung keiner Inhaltskontrolle nach § 307 BGB.
- **Anrechnungsvorbehalt (z. B. bei Lohnerhöhungen):** Wird eine Zulage unter dem Vorbehalt der Anrechnung gewährt, ohne dass die Anrechnungsgründe näher bestimmt sind, führt dies grundsätzlich nicht zur Unwirksamkeit nach § 308 Nr. 4 BGB (vgl. jedoch Widerrufsvorbehalt). Eine solche Klausel verstößt auch nicht gegen das Transparenzgebot des § 307 Abs. 1 Satz 2 BGB (BAG vom 1.3.2006 – 5 AZR 363/05, vom 20.8.2008 – 1 AZR 354/07).
- **Änderungsvorbehalt (z. B. hinsichtlich der Arbeitszeit)**: Eine vorformulierte Klausel, nach welcher ein Arbeitgeber eine andere als die vertraglich vereinbarte Tätigkeit einem Arbeitnehmer „falls erforderlich" und nach „Abstimmung der beiderseitigen Interessen" einseitig zuweisen kann, ist jedenfalls dann als unangemessene Benachteiligung i. S. v. § 307 BGB anzusehen, wenn nicht gewährleistet ist, dass die Zuweisung eine mindestens gleichwertige Tätigkeit zum Gegenstand haben muss (BAG vom 9.5.2006 – 9 AZR 424/05). Vgl. auch **Widerrufsvorbehalt**.
- **Arbeit auf Abruf**: Eine Klausel über die Vereinbarung von Arbeit auf Abruf ist wegen Verstoßes gegen § 307 Abs. 1 BGB unwirksam, wenn die vom Arbeitgeber einseitig abrufbare Arbeit des Arbeitnehmers mehr als 25 % der vereinbarten wöchentlichen Mindestarbeitszeit beträgt oder betragen kann (BAG vom 7.12.2005 – 5 AZR 535/04).
- **Arbeitszeitregelungen**: Klauseln, die den Umfang der Arbeitszeit und die Höhe der Vergütung regeln, unterliegen grundsätzlich nicht der Angemessenheitskontrolle nach § 307 Abs. 1 Satz 1 BGB (BAG vom 17.10.2012 – 5 AZR 792/11). Eine Arbeitszeitregelung in einem Formulararbeitsvertrag, die den Arbeitnehmer „verpflichtet, im monatlichen Durchschnitt 150 Stunden zu arbeiten" ist jedoch infolge Intransparenz unwirksam. Bei Fehlen einer wirksamen Teilzeitvereinbarung, wie in diesem Fall, wird im Zweifel ein Vollzeitarbeitsverhältnis begründet. Der vom

Arbeitnehmer geschuldete Beschäftigungsumfang ist in einem solchen Fall unter Rückgriff auf das Tarifrecht zu bestimmen (BAG vom 21.6.2011 - 9 AZR 238/10 und 9 AZR 236/10).

- **Eine aufschiebende Bedingung** (zweijährige Vertragslaufzeit) für ein nachvertragliches Wettbewerbsverbot stellt keine überraschende Klausel dar (BAG vom 13.7.2005 - 10 AZR 532/04).

- **Ausschlussfristen**: Die Zulässigkeit von Ausschlussfristen hat das BAG ausdrücklich bejaht (BAG vom 25. 5. 2005 - 5 AZR 572/04; vom 28. 9. 2005 - 5 AZR 52/05). Die im Arbeitsrecht geltenden Besonderheiten (§ 310 Abs. 4 Satz 2 Halbsatz 1 BGB) gebieten z. B. die Zulassung zweistufiger Ausschlussfristen (schriftliche Geltendmachung, Klage). Sie dienen seit langem der im Arbeitsrecht anerkanntermaßen besonders gebotenen raschen Klärung von Ansprüchen und der Bereinigung offener Streitpunkte. Die Ausschlussfrist ist allerdings nach § 307 BGB auf ihre Angemessenheit zu prüfen und kann je nach Ausgestaltung eine überraschende Klausel darstellen (BAG vom 31.8.2005 - 5 AZR 545/04: Ausschlussfrist unter der Überschrift "Schlussbestimmungen"). Für die gerichtliche Geltendmachung von Ansprüchen ist eine Mindestfrist von drei Monaten zu fordern. Eine kürzere Frist benachteiligt den Arbeitnehmer unangemessen und ist unwirksam (BAG vom 25.5. 2005 - 5 AZR 572/04). Das Gleiche gilt für eine Frist zur schriftlichen Geltendmachung von Ansprüchen (BAG vom 28.9.2005 - 5 AZR 52/05). Eine einseitige Ausschlussfrist, die nur für den Arbeitnehmer zum Anspruchsverlust führt, ist unwirksam (BAG vom 31.8. 2005 - 5 AZR 545/04). Ebenso hält das BAG eine Klausel, die für den Beginn der Ausschlussfrist nicht die Fälligkeit der Ansprüche berücksichtigt, sondern allein auf die Beendigung des Arbeitsverhältnisses abstellt, für unangemessen und damit unwirksam (BAG vom 1.3.2006 - 5 AZR 511/05). Enthält eine Verfallklausel - sprachlich verschränkt - inhaltlich trennbare Ausschlussfristenregelungen für verschiedene Arten von Ansprüchen, kann der Vertragstext des unwirksamen Teils der Klausel zur Auslegung der verbleibenden Regelung herangezogen werden (BAG vom 27.1.2016- 5 AZR 279/14). Gilt in einem Arbeitsverhältnis eine tarifliche Ausschlussfrist, innerhalb derer ein Anspruch gegenüber dem Vertragspartner schriftlich geltend gemacht werden muss, reicht es zur Fristwahrung nicht aus, dass das Anspruchsschreiben vor Ablauf der Frist bei Gericht eingegangen ist und dem Anspruchsgegner ggf. später zugestellt wird. Entscheidend ist der Zugang beim Anspruchsgegner selbst (BAG vom 16.3.2016 - 4 AZR 421/15). Führt bei einer **zweistufigen Ausschlussfrist** die objektive Auslegung zu dem Ergebnis, dass die vom Arbeitgeber verwendete Klausel nach dem Wortlaut und unter Berücksichtigung ihres nach verständiger Würdigung zu ermittelnden Sinns und Zwecks objektiv mehrdeutig ist und die Mehrdeutigkeit nicht beseitigt werden kann, greift nach § 305c Abs. 2 BGB die arbeitnehmerfreundlichste Auslegung ein (BAG vom 24.10.2007 - 10 AZR 825/06, vom 19.3.2008 - 5 AZR430/07). Nach Inkrafttreten des Mindestlohngesetzes ist außerdem zu beachten, dass die Vereinbarung einer Ausschlussfrist insoweit unwirksam ist, als durch sie die Geltendmachung des gesetzlichen Mindestlohns beschränkt oder ausgeschlossen wird.

- **Befristung und Probezeit**: Enthält ein Formulararbeitsvertrag neben einer drucktechnisch hervorgehobenen Befristung für die Dauer eines Jahres im nachfolgenden Vertragstext ohne besondere Hervorhebung eine weitere Befristung zum Ablauf der sechsmonatigen Probezeit, wird die Probezeitbefristung als überraschende Klausel nach § 305c Abs. 1 BGB nicht Vertragsbestandteil (BAG vom 16.4.2008 – 7 AZR 132/07).

- **Befristung einzelner Arbeitsbedingungen:** Die Befristung einzelner Arbeitsbedingungen unterliegt nicht der Befristungskontrolle nach den Vorschriften des Teilzeit- und Befristungsgesetzes, sondern der Inhaltskontrolle nach §§ 305 ff. BGB (BAG vom 23.3.2016 – 7 AZR 828/13).
- **Befristete Erhöhung der regelmäßigen Arbeitszeit:** Die formularmäßig vereinbarte nur befristete Erhöhung der regelmäßigen Arbeitszeit von teilzeitbeschäftigten Arbeitnehmern kann dann eine unangemessene Benachteiligung darstellen, wenn sie allein wegen der Ungewissheit über den künftigen Arbeitskräftebedarf erfolgt (BAG vom 27.7.2005 – 7 AZR 486/04; vom 18.1.2006 – 7 AZR 191/05), nicht aber wenn die Befristung der Arbeitszeiterhöhung auf Umständen beruht, die die Befristung eines Arbeitsvertrages insgesamt nach § 14 Abs. 1 Satz 2 TzBfG sachlich rechtfertigen könnte (BAG vom 8.8.2007 – 7 AZR 855/06 und vom 15.12.2011 – 7 AZR 394/10), z. B. wegen Vertretung eines anderen Arbeitnehmers oder weil der Arbeitnehmer den Wunsch nach einer Verlängerung seiner vertraglichen vereinbarten Arbeitszeit angezeigt hat und ein freier Arbeitsplatz vorhanden war, den er nach Maßgabe § 9 TzBfG hätte einnehmen können (BAG vom 2.9.2009 – 7 AZR 233/08). Die befristete Erhöhung der Arbeitszeit in erheblichem Umfang erfordert zur Annahme einer nicht unangemessenen Benachteiligung des Arbeitnehmers i. S. v. § 307 Abs. 1 BGB Umstände, die die Befristung eines über das erhöhte Arbeitsvolumen gesondert abgeschlossenen Arbeitsvertrags nach § 14 Abs. 1 TzBfG rechtfertigen würden. Eine Arbeitszeiterhöhung in erheblichem Umfang liegt in der Regel vor, wenn sich das Erhöhungsvolumen auf mindestens 25 % eines entsprechenden Vollzeitarbeitsverhältnisses beläuft (BAG vom 23.3.2016 – 7 AZR 828/13).
- **Bezugnahmeklauseln**: Bei einer arbeitsvertraglichen Regelung, nach welcher auf das Arbeitsverhältnis die für den Betrieb oder Betriebsteil, in dem der Arbeitnehmer beschäftigt ist, betrieblich / fachlich jeweils einschlägigen Tarifverträge in ihrer jeweils gültigen Fassung Anwendung finden, handelt es sich um eine dynamische Bezugnahmeklausel / Tarifwechselkausel (BAG vom 21.11.2012 – 4 AZR 85/11). Auch das Fehlen des Zusatzes „in seiner jeweiligen Fassung" in einer arbeitsvertraglichen Regelung reicht zur Annahme einer statischen Bezugnahme nicht aus (BAG vom 20.4.2012 – 9 AZR 504/10). Erhält ein Arbeitnehmer nach dem Wortlaut der Klausel im Arbeitsvertrag nicht nur einen festen Euro-Betrag, sondern soll dieser ein „Tarifentgelt" sein, ist die Bezeichnung als „Tarifentgelt" so zu verstehen, dass der in der Klausel festgehaltene Euro-Betrag für die Dauer des Arbeitsverhältnisses nicht statisch sein soll, sondern sich entsprechend den Tariferhöhungen entwickeln soll (BAG vom 13.2.2013 – 5 AZR 2/12). Bei der Auslegung einer Bezugnahmeklausel ist im Zweifel eine dynamische Verweisung anzunehmen (BAG vom 9.11.2005 – 5 AZR 128/05). Eine einzelvertraglich vereinbarte dynamische Bezugnahme auf einen bestimmten Tarifvertrag wird durch einen Verbandsaustritt des Arbeitgebers oder einen sonstigen Wegfall seiner Tarifgebundenheit nicht berührt. Dies gilt jedenfalls dann, wenn die Tarifgebundenheit des Arbeitgebers an den im Arbeitsvertrag genannten Tarifvertrag nicht in einer für den Arbeitnehmer erkennbaren Art und Weise zur auflösenden Bedingung der Vereinbarung gemacht worden ist (BAG vom 22.10.2008 – 4 AZR 793/07 und

vom 22.4.2009 – 4 ABR 14/08). Enthält eine solche Bezugnahmeklausel keine von Rechtsvorschriften abweichende oder diese ergänzende Regelung, unterliegt sie nicht einer uneingeschränkten Inhaltskontrolle nach § 307 Abs. 3 Satz 1 BGB. Eine dynamische Verweisung auf ein anderes tarifliches Regelungswerk enthält kein Änderungsvorbehalt i. S. d. § 308 Nr. 4 BGB (BAG vom 21.11.2012 – 4 AZR 85/11). Werden Satzung und Richtlinien einer Unterstützungskasse ausdrücklich oder stillschweigend in Bezug genommen, müssen die Arbeitnehmer schon aufgrund des Ausschlusses des Rechtsanspruchs stets mit einer Abänderung der Versorgungsordnung rechnen. Bei der dynamischen Bezugnahme auf die Versorgungrichtlinien einer Unterstützungskasse handelt es sich deshalb nicht um eine überraschende Klausel i. S. d. § 305c Abs. 1 BGB. Die dynamische Bezugnahme auf die Versorgungsrichtlinien einer Unterstützungskasse ist auch nicht wegen eines Verstoßes gegen das Transparenzgebot des § 307 Abs. 1 Satz 2 BGB unwirksam (BAG vom 16.2.2010 – 3 AZR 181/08).

- **Dienstwagen**: Allgemeine Geschäftsbedingungen i. S. d. § 305 Abs. 1 Satz 1 BGB in einem Dienstwagenvertrag oder als Klausel im Arbeitsvertrag, nach der sich der Arbeitgeber vorbehalten hatte, die Überlassung des Dienstwagens zu widerrufen, wenn und solange der Pkw für dienstliche Zecke seitens des Arbeitnehmers nicht benötigt werde, was insbesondere dann der Fall sei, wenn der Arbeitnehmer nach Kündigung des Arbeitsverhältnisses von der Arbeitsleistung freigestellt werde, ist wirksam (BAG vom 21.3.2012 – 5 AZR 651/10).

- **Fingierte Erklärungen** (§ 308 Nr. 4 BGB) und die **Fiktion des Zugangs** einer Erklärung (§ 308 Nr. 6 BGB) sind unwirksam, z. B. wenn auf Zugang der Erklärung beim Arbeitnehmer ganz verzichtet wird und stattdessen die Abgabe der Willenserklärung des Arbeitgebers am Schwarzen Brett treten soll.

- **Freiwilligkeitsvorbehalt (bei Leistungszulagen, Sonder- und Bonuszahlungen)**: Ein vertraglicher Freiwilligkeitsvorbehalt, der alle zukünftigen Leistungen unabhängig von ihrer Art und ihrem Entstehungsgrund erfasst, benachteiligt den Arbeitnehmer regelmäßig unangemessen i. S. v. § 307 Abs. 1 Satz1, Abs.2 Nr. 1 und Nr. 2 BGB und ist deshalb unwirksam (BAG vom 14.09.2011 – 10 AZR 526/10). Sieht ein vom Arbeitgeber vorformulierter Arbeitsvertrag eine monatlich zu zahlende **Leistungszulage** unter Ausschluss jeden Rechtsanspruchs vor, benachteiligt dies den Arbeitnehmer ebenfalls unangemessen. Eine solche Klausel ist unwirksam (BAG vom 25.4.2007 – 5 AZR 627/06). Weist der Arbeitgeber in einem vorformulierten Arbeitsvertrag darauf hin, dass die Gewährung einer **Sonderzahlung** keinen Rechtsanspruch des Arbeitnehmers auf die Leistung für künftige Bezugszeiträume begründet (vgl. Kapitel 2 Nr. 4), benachteiligt ein solcher Freiwilligkeitsvorbehalt den Arbeitnehmer jedoch nicht unangemessen. Die Klausel ist auch dann wirksam, wenn die Sonderzahlung ausschließlich im Bezugszeitraum geleistete Arbeit zusätzlich vergütet (BAG vom 30.7.2008 – 10 AZR 606/07). Die Bezeichnung im Arbeitsvertrag als „freiwillige soziale Leistung" genügt allerdings nicht, um einen Rechtsanspruch auf die Leistung auszuschließen (BAG vom 20.2.2013 –10 AZR 177/12). Mit dieser Bezeichnung wird lediglich zum Ausdruck gebracht, dass der Arbeitgeber nicht durch Tarifvertrag, Betriebsvereinbarung oder Gesetz zu dieser Leistung verpflichtet ist (zuletzt BAG vom 3.9.2014 – 5 AZR 1020/12). Der Freiwilligkeitsvorbehalt darf auch nicht mehrdeutig sein, sondern muss klar und verständlich im Sinne des § 307 BGB sein. Unklar und nicht eindeutig ist eine

Klausel, nach der die Zahlung einer Sonderzahlung einerseits freiwillig und ohne jede rechtliche Verpflichtung erfolge, sie andererseits jederzeit ohne Wahrung einer besonderen Frist widerrufbar sei (BAG vom 8.12.2010 – 10 AZR 671/09). Ebenso unklar und nicht verständlich ist eine arbeitsvertragliche Formulierung eines Freiwilligkeitsvorbehalts in Bezug auf Sondervergütungen, die in Widerspruch zu einer anderen arbeitsvertraglichen Formulierung steht (BAG vom 20.2.2013 – 10 AZR 177/12). Eine solche Situation ist bei einer Kombination eines Freiwilligkeits- mit einem Widerrufsvorbehalt regelmäßig gegeben (BAG vom 14.9.2011 – 10 AZR 526/10). Ein Verstoß gegen das in § 307 Abs. 1 Satz 2 verankerte Transparenzgebot, Vertragsklauseln klar und verständlich zu formulieren, liegt auch vor, wenn der Arbeitgeber in einem von ihm vorformulierten Arbeitsvertrag sich zu einer **Bonuszahlung** verpflichtet und im Widerspruch dazu in einer anderen Vertragsklausel einen Anspruch des Arbeitnehmers auf eine Bonuszahlung ausschließt. In einem solchen Fall ist die Bonuszahlung nicht insgesamt unwirksam, sondern nur insoweit, als der Arbeitnehmer durch den Ausschluss eines Rechtanspruchs auf die Bonuszahlung benachteiligt wird (BAG vom 24.10.2007 – 10 AZR 825/06). Es ist nicht unangemessen benachteiligend im Sinne von § 307 Abs. 1 BGB, die Zahlung einer Jahressonderzahlung, z. B. einer Abschlussvergütung an AT- Mitarbeiter, von der Zahlung einer Dividende an die Aktionäre abhängig zu machen (BAG vom 18.1.2012 – 10 AZR 670/10). Das Leistungsversprechen eines Arbeitgebers, dass die Vergütung des Arbeitnehmers aus einem Grundgehalt und einem auf das Geschäftsjahr bezogenen Bonus/Total Incentive Award besteht, wird jedoch nicht durch den Vorbehalt, der Bonus werde auf der Grundlage einer Betriebsvereinbarung als „freiwillige variable Vergütung" gezahlt, eingeschränkt. Diese Formulierung kann angesichts des weiteren Vertragsinhalts von einem rechtskundigen Vertragspartner nicht als Ausschluss eines Rechtsanspruchs auf die Zahlung einer erfolgsabhängigen Vergütung verstanden werden (BAG vom 7.6.2011 – 1 AZR 807/09 und vom 5.7.2011 – 1 AZR 94/10). Eine Regelung, nach der die tatsächliche Auszahlung eines Bonus voraussetzt, dass der Vorstand ein ausreichendes Bonusvolumen zur Verfügung stellt und die Feststellung des Bonusvolumens der Entscheidung des Vorstandes vorbehalten bleibt, ist jedoch gegenüber einer Führungskraft im Bankgewerbe weder inhaltlich noch nach der äußeren Vertragsgestaltung überraschend und hält auch der Inhaltskontrolle nach § 307 BGB stand (BAG vom 29.8.2012 – 10 AZR 385/11). Zulässig ist auch eine Klausel, mit der sich der Arbeitgeber zur Zahlung eines Leistungsbonus nach billigem Ermessen verpflichtet und nicht das Recht vorbehält, Vergütungschancen zu entziehen. Die Leistungsbestimmung unterliegt der vollen gerichtlichen Kontrolle (BAG vom 20.3.2013 – 10 AZR 8/12).

- **Mankohaftung**, bei der die Beweislast abweichend von § 619a BGB zum Nachteil des Arbeitnehmers geregelt ist (§ 309 Nr. 12 BGB) ist unwirksam.

- **Pauschale Vergütungsabrede für Reisezeiten:** Eine in Allgemeinen Geschäftsbedingungen des Arbeitgebers enthaltene Klausel, Reisezeiten seien mit der Bruttomonatsvergütung abgegolten, ist intransparent, wenn sich aus dem Arbeitsvertrag nicht ergibt, welche „Reisetätigkeit" von ihr in welchem Umfang erfasst werden soll. Diese Klausel ist unwirksam, § 307 Abs. 1 Satz 2 BGB. Der Arbeitnehmer hat dann nach § 611 Abs. 1 BGB i. V. m. dem Arbeitsvertrag Anspruch auf zusätzliche Vergütung (ggf. als Überstundenvergütung) auch für Reisezeiten z. B. als Beifahrer auf dem LKW (BAG vom 20.4.2011 – 5 AZR 200/10).

- **Pauschale Vergütungsabrede für Überstunden:** Eine die pauschale Vergütung von Überstunden regelnde Klausel ist nur dann wirksam, wenn sich aus dem Arbeitsvertrag selbst ergibt, welche Arbeitsleistungen in welchem zeitlichen Umfang von ihr erfasst werden sollen (BAG vom 22.2.2012 – 5 AZR 765/10). Eine Klausel, nach der in dem monatlichen Gehalt die ersten zwanzig Überstunden im Monat „mit drin" sind, ist klar und verständlich. Eine eindeutige Klausel, die ausschließlich die Vergütung von Überstunden, nicht aber die Anordnungsbefugnis des Arbeitgebers zur Leistung von Überstunden regelt, ist eine Hauptleistungsabrede und deshalb von der Inhaltskontrolle nach § 307 Abs. 1 Satz 1 BGB ausgenommen (BAG vom 16.5.2012 – 5 AZR 331/11). Die Klausel „erforderliche Überstunden sind mit dem Monatsgehalt abgegolten" ist dagegen unwirksam (§ 307 Abs. 1 Satz 1 BGB); sie genügt nicht dem Transparenzgebot (§ 307 Abs. 1 Satz 2 BGB), weil sich der Umfang der danach ohne zusätzliche Vergütung zu leistenden Überstunden nicht hinreichend deutlich aus dem Arbeitsvertrag ergibt. Wenn eine in bestimmter Höhe gewährte Arbeitsvergütung nicht eindeutig den vollen Gegenwert für die erbrachte Arbeitsleistung darstellt, ist entsprechend § 612 BGB für die Überstunden die übliche Vergütung als vereinbart anzusehen (BAG vom 1.9.2010 – 5 AZR 517/09). Ebenso wegen Intransparenz (§ 307 Abs. 1 Satz 2 BGB) unwirksam ist ein **vertraglicher Ausschluss jeder zusätzlichen Vergütung von Mehrarbeit;** der Arbeitsvertrag lässt aus der Sicht eines verständigen Arbeitnehmers nicht erkennen, welche Arbeitsleistung der Kläger für das regelmäßige Bruttoentgelt schuldet. Deshalb muss auch in diesem Fall der Arbeitgeber dem Arbeitnehmer nach § 612 BGB die übliche Überstundenvergütung zahlen (BAG vom 22.2.2012 – 5 AZR 765/10).

- **Pensionszusage:** Die in einer Pensionszusage enthaltene allgemeine Geschäftsbedingung, nach der die Gewährung einer Witwenrente voraussetzt, dass der Versorgungsberechtigte „den Unterhalt der Familie überwiegend bestritten hat", ist wegen Verstoß gegen das Transparenzgebot nach § 307 Abs. 1 Satz 1 i. V. m. Satz 2 BGB unwirksam (BAG vom 30.9.2014 – 3 AZR 930/12).

- **Provision:** Vermindert eine vom Arbeitgeber vorformulierte Klausel die bereits erarbeitete, aber erst nach Beendigung des Arbeitsverhältnisses fällige Provision (Überhangprovision) ohne Ausgleich pauschal auf die Hälfte der vereinbarten Provision, benachteiligt dies den Arbeitnehmer unangemessen und ist nach § 307 BGB unwirksam (BAG vom 20.2.2008 – 10 AZR 125/07).

- **Rücktrittsvorbehalt**: Behält sich der Arbeitgeber in einem Vorvertrag zu einem Arbeitsvertrag vor, dass über die Einstellung des Klägers erst nach Prüfung seiner Nachweise und Qualifikationen entschieden werden soll, stellt dies einen Rücktrittsvorbehalt dar. Der Rücktrittsvorbehalt ist nur wirksam, wenn in dem Vorbehalt der Grund für die Lösung vom Vertrag mit hinreichender Deutlichkeit angegeben ist und ein sachlich gerechtfertigter Grund für seine Aufnahme in die Vereinbarung besteht, § 308 Nr. 3 BGB (BAG vom 27.7.2005 – 7 AZR 488/04).

- **Rückzahlungsklauseln:**

  Für **Fortbildungskosten:**
  Es ist grundsätzlich zulässig, in vom Arbeitgeber gestellten Allgemeinen Geschäftsbedingungen die Rückzahlung von Fortbildungskosten zu vereinbaren und die Höhe des Rückzahlungsbetrages davon abhängig zu machen, ob der

Arbeitnehmer das Arbeitsverhältnis innerhalb einer bestimmten Bindungsdauer beendet (vgl. im Einzelnen Kapitel 28 Nr. 28). Eine Klausel in einer vorformulierten Vereinbarung, wonach der Arbeitnehmer die Kosten der Aus- oder Fortbildung zu erstatten hat, wenn er vor dem Abschluss der Ausbildung auf eigenen Wunsch oder aus seinem Verschulden aus dem Arbeitsverhältnis ausscheidet, benachteiligt den Arbeitnehmer regelmäßig nicht unangemessen i. S. d. § 307 Abs. 1 BGB (BAG vom 19.1.2011 - 3 AZR 621/08). Eine Klausel über die Erstattung von Ausbildungskosten genügt dem Transparenzgebot in § 307 Abs. 1 Satz 2 BGB nur dann, wenn die entstehenden Kosten dem Grunde und der Höhe nach im Rahmen des Möglichen und Zumutbaren angegeben sind. Ist eine Vertragsklausel über die Rückzahlung von Fortbildungskosten wegen eines Verstoßes gegen das Transparenzgebot in § 307 Abs. 1 Satz 2 BGB unwirksam, hat der Arbeitgeber regelmäßig auch keinen Anspruch auf Erstattung der Fortbildungskosten nach §§§ 812 ff. BGB (BAG vom 21.8.2012 - 3 AZR 698/10). Gibt der Arbeitgeber eine zu lange Bindungsdauer vor, ist die daran geknüpfte Rückzahlungsklausel grundsätzlich insgesamt unwirksam (BAG vom 14.1.2009 - 3 AZR 900/07). Ein Rückzahlungsanspruch besteht dann nicht. Jedoch kann im Wege der ergänzenden Vertragsauslegung die unzulässige Bindungsdauer auf eine zulässige zurückgeführt werden, wenn es wegen der einzelfallbezogenen Betrachtung für den Arbeitgeber objektiv schwierig war, die zulässige Bindungsdauer im Einzelfall zu bestimmen. Bei einer Fortbildungsmaßnahme von etwas mehr als einer Arbeitswoche, durch die der Arbeitnehmer keine besonders bedeutsamen Arbeitsmarktchancen erworben hat und die Gesamtkosten für das Unternehmen auch keinen besonders erheblichen Mehraufwand darstellen, kommt lediglich eine zulässige Bindung von sechs Monaten in Betracht (BAG vom 15.9.2009 - 3 AZR 173/08). Die Vereinbarung einer Rückzahlungsklausel, nach der ein Arbeitnehmer bei Beendigung des Arbeitsverhältnisses vom Arbeitgeber übernommene Ausbildungskosten zurückzahlen muss, ohne dass es auf den Grund der Beendigung des Arbeitsverhältnisses ankommt, ist nach § 307 Abs. 1 Satz 1 BGB unwirksam (BAG vom 11.4.2006 - 9 AZR 610/05). Ein Arbeitnehmer wird auch unangemessen benachteiligt nach § 307 Abs. 1 Satz1 BGB, wenn er ohne Ausnahme für jeden Fall der Beendigung des Arbeitsverhältnisses durch Eigenkündigung verpflichtet wird, Ausbildungskosten zurückzuzahlen. Unwirksam ist deshalb eine Bestimmung, die nicht danach unterscheidet, ob der Grund für die Beendigung des Arbeitsverhältnisses durch den Arbeitgeber mitveranlasst wurde, zum Beispiel durch Eigenkündigung des Arbeitnehmers wegen vertragswidrigen Verhaltens des Arbeitgebers (BAG vom 13.12.2011 - 3 AZR 791/09 und vom 28.5.2013 - 3 AZR 103/12).

Für **Provisionsvorschüsse:**
Eine Vertragsklausel in allgemeinen Geschäftsbedingungen, die nicht näher benannte Provisions- und Stornohaftungsbedingungen in Bezug nimmt und den Provisionsanspruch daran knüpft, dass der Arbeitnehmer diese Bedingungen „anerkennt und als vertragsgemäß akzeptiert", hält einer Transparenzkontrolle nach § 307 Abs. 3 Satz 2 i. V. m. Abs. 1 Satz 2 BGB nicht stand (BAG vom 21.1.2015 - 10 AZR 84/14).

Für **Sonderzahlungen:**
Sowohl Klauseln, in denen sich der Arbeitnehmer verpflichtet, erfolgte Sonderzahlungen zurückzuerstatten, wenn er vor einem bestimmten Zeitpunkt das Arbeits-

verhältnis von sich aus kündigt, als auch Regelungen, nach denen die Leistung der Sonderzahlung voraussetzt, dass der Arbeitnehmer zu einem bestimmten Zeitpunkt noch im ungekündigten Arbeitsverhältnis steht, dürfen den Arbeitnehmer nicht unangemessen benachteiligen. Das kann der Fall sein, wenn dem Arbeitnehmer durch eine Bestandsklausel bereits verdiente Arbeitsvergütung entzogen würde (BAG vom 22.7.2014 – 9 AZR 981/12).

- **Ruhensvereinbarung**: Die Vereinbarung des Ruhens des Arbeitsverhältnisses während der Schulferienzeiten benachteiligt die Arbeitnehmer nicht unangemessen im Sinne von § 307 BGB (BAG vom 10.1.2007 – 5 AZR 84/06 und – 5 AZR 115/06).

- **Stichtagsregelung:** Eine vom Arbeitgeber vorformulierte Klausel, die den Anspruch des Arbeitnehmers auf eine gewinn- und leistungsabhängige Bonuszahlung an ein an einem bestimmten Stichtag ungekündigtes Arbeitsverhältnis knüpft, unterliegt der Inhaltskontrolle nach § 307 BGB. Eine Stichtagsregelung, die unabhängig von der Höhe der Bonuszahlung den Arbeitnehmer bis zum 30.9. des Folgejahres bindet, ist zu weit gefasst und benachteiligt den Arbeitnehmer entgegen den Geboten von Treu und Glauben unangemessen im Sinne von § 307 BGB und ist deshalb unwirksam (BAG vom 24.10.2007 – 10 AZR 825/06).

- **Schriftform: Strengere Form als Schriftform** (z. B. Einschreiben) oder **Bindung an besondere Zugangserfordernisse für Anzeigen und Erklärungen** gegenüber dem Arbeitgeber, z. B. für Kündigungen, Mahnungen, Fristsetzungen (§ 309 Nr. 13 BGB) kann als Klausel nicht vereinbart werden.

  Doppelte Schriftformklausel: ist eine Schriftformklausel, die nicht nur für Vertragsänderungen die Schriftform vorschreibt, sondern auch Änderungen der Schriftformklausel ihrerseits der Schriftform unterstellt. Sie erweckt den unzutreffenden Eindruck, jede spätere mündliche Abrede sei nach § 125 Satz 2 BGB nichtig; denn auch gegenüber solchen vom Arbeitgeber im Formulararbeitsvertrag aufgestellten doppelten Schriftformklauseln setzt sich das Prinzip des Vorrangs (mündlicher) individueller Vertagsabreden nach § 305b BGB durch. Eine zu weitgehend gefasste doppelte Schriftformklausel ist irreführend und benachteiligt den Vertragspartner deshalb unangemessen im Sinne von § 307 Abs. 1 BGB. Sie wird nicht auf das richtige Maß zurückgeführt, sondern muss insgesamt als unwirksam angesehen werden (BAG vom 20.5.2008 – 9 AZR 382/07).

  Hinweis: Arbeitsvertragsklauseln, die vom Arbeitnehmer nach erfolgloser schriftlicher Geltendmachung seiner Forderungen in der zweiten Stufe die gerichtliche Geltendmachung verlangt, sind zulässig.

- **Tarfwechselklausel**: siehe Bezugnahmeklauseln

- **Versetzungsklausel**: Bei der Prüfung der Wirksamkeit einer arbeitsvertraglichen Versetzungsklausel ist zunächst der Inhalt durch Auslegung unter Berücksichtigung aller Umstände des Einzelfalles zu ermitteln (BAG vom 19.1. 2011 – 10 AZR 738/09). In einer vorformulierten arbeitsvertraglichen Versetzungsklausel, die eine Versetzung nach billigem Ermessen des Arbeitgebers ermöglicht, ist es nach § 307 BGB nicht zwingend erforderlich, Ankündigungsfristen oder den zulässigen Entfernungsradius aufzunehmen. Die Leistungsbestimmung nach billigem Ermessen verlangt jedoch eine Abwägung der wechselseitigen Interessen im Einzelfall (BAG vom 13.4.2010 – 9 AZR 36/09). Legt der Arbeitsvertrag den Ort der Arbeitsleistung nicht fest, so unterliegt ein zusätzlich im Arbeitsvertrag enthaltener Versetzungsvorbehalt keiner gesonderten Inhaltskontrolle, sondern nur den Grenzen des Weisungsrechts aus § 106 GewO (BAG vom 13.6.2012 – 10 AZR 296/11).

- **Vertragsstrafe**: Vertragsstrafenvereinbarungen in Formulararbeitsverträgen sind nicht nach § 309 Nr. 6 BGB generell unzulässig. Ihre Unwirksamkeit kann sich jedoch aus § 307 BGB ergeben (BAG vom 28.5.2009 – 3 AZR 896/07). Eine Vertragsstrafe muss der Höhe nach angemessen sein und darf nicht unverhältnismäßig sein. Maßstab für die Höhe einer angemessenen Vertragsstrafe ist nach dem BAG (vom 4.3.2004 – 8 AZR 196/03) in der Regel ein Monatsgehalt. Beträgt allerdings die Kündigungsfrist in der Probezeit nur zwei Wochen, sei auch eine Vertragsstrafe von einem Monat in der Regel unangemessen hoch. Auch eine Vertragsstrafe, die höher ist als die Arbeitsvergütung, die für die Zeit zwischen einer tatsächlichen Beendigung und dem rechtlich zulässigen Beendigungszeitpunkt zu zahlen wäre, ist nur ausnahmsweise angemessen im Sinne des § 307 Abs. 1 Satz 1 BGB (BAG vom 18.12.2008 – 8 AZR 81/08). Eine Vertragsstrafe kann auch wegen mangelnder Bestimmtheit oder inhaltlicher Unangemessenheit unwirksam sein. Daher muss eine Vertragsstrafe nicht nur die zu leistende Strafe, sondern auch die sie auslösende Pflichtverletzung so klar bezeichnen, dass sich der Arbeitnehmer in seinem Verhalten darauf einstellen kann. Inhaltlich unangemessen ist eine Vertragsstrafe, die durch jegliches schuldhafte vertragswidrige Verhalten des Arbeitnehmers, das den Arbeitgeber zur fristlosen Kündigung veranlasst, verwirkt ist (BAG vom 21.4.2005 – 8 AZR 425/04; s. auch BAG vom 18.8.2005 – 8 AZR 65/05). Unangemessen ist auch eine Vertragsstrafe, nach der ein Arbeitgeber für jeden Einzelfall eines Wettbewerbsverstoßes eine Vertragsstrafe in Höhe von bis zu drei Monatsgehältern festlegen kann (BAG vom 18.8. 2005 – 8 AZR 65/05).
- **Weihnachtsgratifikation**: Der Anspruch auf Weihnachtsgratifikation kann von einem ungekündigten Bestehen des Arbeitsverhältnisses zum Auszahlungszeitpunkt abhängig gemacht werden. Es kommt nicht darauf an, wer das Arbeitsverhältnis gekündigt hat. Eine entsprechende Bestimmung in den Allgemeinen Geschäftsbedingungen hält einer Inhaltskontrolle nach § 307 Abs. 1 Satz 1 BGB stand. Voraussetzung ist allerdings, dass nicht die Vergütung von Arbeitsleistungen bezweckt ist (BAG vom 18.1.2012 – 10 AZR 667/10). Zur Zulässigkeit bei Sonderzahlungen mit Mischcharakter vgl. Kapitel 10 Nr. 16. Auch verstößt eine arbeitsvertragliche Klausel, nach der der Arbeitgeber jährlich jeweils neu über die Höhe der Gratifikation entscheidet, weder gegen das Transparenzgebot noch liegt darin eine unangemessene Benachteiligung (BAG vom 16.1.2013 – 10 AZR 26/12).
- **Weisungsrecht**: Das Transparenzgebot des § 307 Abs. 1 Satz 2 BGB verlangt vom Arbeitgeber nicht, alle möglichen Konkretisierungen der Arbeitspflicht und des Weisungsrechts ausdrücklich zu regeln. Vielmehr ist das gesetzliche Weisungsrecht (§ 106 GewO) Ausfluss und Folge der vertraglichen Festlegung der Arbeitspflicht (BAG vom 13.6.2007 – 5 AZR 564/06).
- **Widerrufsvorbehalte** (z. B. beim Arbeitsentgelt) sind unwirksam, wenn diese Vereinbarungen auch unter Berücksichtigung des Arbeitgeberinteresses für den Arbeitnehmer nicht zumutbar sind (§ 308 Nr. 4 BGB), z. B. ein Widerruf mehr als 30 % der Gesamtvergütung erfasst oder der Widerruf ohne Grund erfolgen kann (BAG vom 12.1.2005, NZA 2005, S. 465 ff.). Die Vereinbarung des Widerrufsrechts

ist nach § 308 Nr. 4 BGB nur dann zumutbar, wenn es für den Widerruf einen sachlichen Grund gibt und dieser sachliche Grund bereits in der Änderungsklausel beschrieben ist (BAG vom 13.4.2010 - 9 AZR 113/09). Seit dem 1.1.2002 müssen die Widerrufsgründe in der Vertragsklausel angegeben werden. Fehlt diese Angabe, ist diese Klausel nach § 308 Nr. 4, § 307 BGB unwirksam. Die hierdurch entstandene Vertragslücke kann in vor dem 1.1.2002 vereinbarten Klauseln im Wege der ergänzenden Vertragsauslegung geschlossen werden (BAG vom 20.4.2011 - 5 AZR 191/10).

19. Welche Aufgabe hat der Betriebsrat bei der Verwendung von Formulararbeitsverträgen?

Verwendet ein Arbeitgeber Formulararbeitsverträge, müssen die darin enthaltenen allgemeinen Arbeitsbedingungen sich ebenfalls im Rahmen der zwingenden Gesetze, der auf das Arbeitsverhältnis anwendbaren Tarifverträge und Betriebsvereinbarungen halten.

Es zählt zu den gesetzlichen Aufgaben des Betriebsrats nach § 80 Abs. 1 Nr. 1 BetrVG, die in Formulararbeitsverträgen enthaltenen Bestimmungen auf ihre Vereinbarkeit insbes. mit den Vorgaben des Nachweisgesetzes sowie mit dem Recht der allgemeinen Vertragsbedingungen (§§ 305–310 BGB) zu überwachen. Das Überwachungsrecht umfasst keine Zweckmäßigkeitskontrolle, sondern nur eine Rechtskontrolle der in den Formulararbeitsverträgen enthaltenen Vertragsklauseln (BAG vom 16.11.2005 - 7 ABR 12/05).

E Probearbeitsverhältnis

20. Was ist ein Probearbeitsverhältnis?

Die Probezeit gibt einerseits dem Arbeitgeber die Gelegenheit, die Leistungsfähigkeit und Eignung des Arbeitnehmers kennen zu lernen, und andererseits dem Arbeitnehmer die Möglichkeit, sich über die Anforderungen des Arbeitsplatzes zu informieren. Es bestehen zwei Möglichkeiten für die Gestaltung des Probearbeitsverhältnisses:

a) Zunächst kann eine nach § 14 Abs. 1 Nr. 4 TzBfG zulässige echte Befristung vorliegen (vgl. auch das Muster Nr. 7, www.weissverlag.de/pdf/Mustervertraege.pdf). Soll das befristete Probearbeitsverhältnis in ein endgültiges Arbeitsverhältnis umgewandelt werden, ist grundsätzlich eine ausdrückliche Vereinbarung erforderlich. Weder Arbeitgeber noch Arbeitnehmer müssen eine Begründung für die Nichtübernahme in ein unbefristetes Arbeitsverhältnis geben. Allerdings führt auch die stillschweigende Fortsetzung des Arbeitsverhältnisses über den Fristablauf hinaus zu einem unbefristeten Arbeitsverhältnis. Zweckmäßigerweise wird bereits im Arbeitsvertrag festgelegt, dass die Vertragspartner einander eine angemessene Zeit vor Ablauf der Probezeit, z. B. zwei Wochen vorher, informieren, ob ein endgültiges Arbeitsverhältnis entstehen soll. Bei der Überleitung in ein unbefristetes Arbeitsverhältnis sind die **Beteiligungsrechte des Betriebsrats** zu beachten. Auch im Probearbeitsverhältnis bedarf die Befristungsabrede als solche der Schriftform; dagegen ist Schriftform für den sachlichen Grund der Einstellung zur Probe nicht erforderlich (BAG vom 23.6.2004, EzA § 14 TzBfG Nr. 10).

b) Das Arbeitsverhältnis kann auch von vornherein unbefristet mit einer lediglich **vorgeschalteten Probezeit** abgeschlossen werden. Die von beiden Seiten einzuhaltende Kündigungsfrist während einer vereinbarten Probezeit, soweit sie sechs Monate nicht übersteigt, beträgt **zwei Wochen** (einzelvertraglich ist eine Verlängerung, tarifvertraglich auch eine Abkürzung zulässig).

Wie lange eine Probezeit vereinbart werden kann, hängt von den Umständen des Einzelfalles ab, insbesondere von der Art der in Aussicht genommenen Tätigkeit. Die Dauer muss sich am Sachgrund der Befristung orientieren und so mit ihm im Einklang stehen, dass sie nicht gegen das Vorliegen des Sachgrundes spricht. Aus der vereinbarten Vertragsdauer darf sich nicht ergeben, dass der Sachgrund tatsächlich nicht besteht oder nur vorgeschoben ist. Im Allgemeinen werden nach dem Vorbild des § 1 KSchG und der Kündigungsfristenregelung für Kündigungen während der Probezeit (§ 622 Abs. 3 BGB) sechs Monate als Erprobungszeit ausreichen. Für einfache Tätigkeiten kann aber bereits eine Dauer von drei Monaten als Faustregel gelten. Einschlägige Tarifverträge können Anhaltspunkte geben, welche Probezeit angemessen ist. Längere Befristungen zur Erprobung aufgrund besonderer Einzelfallumstände sind aber – vorbehaltlich entgegenstehender einschlägiger und für das Arbeitsverhältnis geltender Tarifvorschriften – möglich. An einem sachlichen Grund der Erprobung fehlt es hingegen, wenn der Arbeitnehmer bereits ausreichende Zeit bei dem Arbeitgeber mit den von ihm zu erfüllenden Aufgaben beschäftigt war und der Arbeitgeber die Fähigkeiten des Arbeitnehmers hinreichend beurteilen kann. Ein vorheriges befristetes oder unbefristetes Arbeitsverhältnis, in dem der Arbeitnehmer mit den gleichen Arbeitsaufgaben betraut war, spricht daher regelmäßig gegen den Sachgrund der Erprobung.

Während der Probezeit ist eine **außerordentliche Kündigung** zulässig, wenn ein wichtiger Grund vorliegt. Sie ist allerdings auf Ausnahmefälle beschränkt, weil mangelhafte Leistungen im Allgemeinen keinen wichtigen Kündigungsgrund darstellen; es ist gerade Zweck der Probezeit, die Leistungsfähigkeit des Arbeitnehmers zu erproben. Die Zulässigkeit einer vorzeitigen ordentlichen Kündigung ergibt sich auch ohne ausdrückliche Vereinbarung aus dem **Charakter** des Probearbeitsverhältnisses. Dennoch sollte aus Sicherheitsgründen die Zulässigkeit einer ordentlichen Kündigung während des befristeten Probearbeitsverhältnisses **ausdrücklich** vereinbart werden. Nach § 15 Abs. 3 TzBfG unterliegt nämlich ein befristetes Arbeitsverhältnis vor Ablauf der Befristungsdauer nur dann der ordentlichen Kündigung, wenn dies ausdrücklich vereinbart oder im anwendbaren Tarifvertrag festgelegt ist.

Gesetzlich ist eine Probezeit für **Berufsausbildungsverhältnisse** vorgeschrieben. Gemäß § 13 BBiG beträgt die Probezeit mindestens einen Monat und höchstens vier Monate.

4. Befristetes Arbeitsverhältnis

1. Was versteht man unter einem befristeten Arbeitsverhältnis?

Das befristete Arbeitsverhältnis ist im **Teilzeit- und Befristungsgesetz** zusammenhängend geregelt. Befristet beschäftigt ist danach ein Arbeitnehmer mit einem auf bestimmte Zeit geschlossenen Arbeitsvertrag (§ 3 Abs. 1 TzBfG).

a) Das befristete Arbeitsverhältnis endet automatisch, ohne dass es – wie beim unbefristeten Arbeitsverhältnis – einer Kündigung durch den Arbeitnehmer oder Arbeitgeber bedarf (§ 15 TzBfG). Dies bedeutet, dass am Ende des Arbeitsverhältnisses der Betriebsrat nicht nach § 102 BetrVG zu beteiligen ist, es auch keinen Kündigungsschutz gibt und das Arbeitsverhältnis daher z. B. auch dann ausläuft, wenn die Arbeitnehmerin zu diesem Zeitpunkt unter den gesetzlichen Mutterschutz fällt. Auch eine dem Arbeitgeber bei Abschluss des Arbeitsvertrages bekannte Schwangerschaft hindert nicht die Befristung des Arbeitsvertrages (BAG vom 6.11.1996, DB 1996, S. 2391). Dies gilt nur dann nicht, wenn allein die bestehende Schwangerschaft Grund für die Befristung ist. Dies würde eine nach § 3 Abs. 1 Satz 2 AGG verbotene Diskriminierung wegen des Geschlechts darstellen. Auch die nach § 14 Abs. 2 TzBfG sachgrundlos befristeten Arbeitsverhältnisse von Betriebsratsmitgliedern enden ebenso wie diejenigen anderer Arbeitnehmer mit Ablauf der vereinbarten Befristung (BAG vom 5.12.2012, NZA 2013, S. 515). Ein Arbeitgeber kann ausnahmsweise verpflichtet sein, einen an sich wirksam befristeten Arbeitsvertrag auf unbestimmte Zeit fortzusetzen, wenn er bei einem Arbeitnehmer die Erwartung geweckt und bestätigt hat, er werde bei Eignung und Bewährung unbefristet weiterbeschäftigt, und der Arbeitgeber sich mit einer Ablehnung damit in Widerspruch zu seinem früheren Verhalten und dem von ihm geschaffenen Vertrauenstatbestand setzt (BAG vom 16.3.1989, DB 1989, S. 1728). Übernimmt der Arbeitgeber allein wegen der Schwangerschaft eine befristet Beschäftigte nicht in ein unbefristetes Arbeitsverhältnis, liegt darin ebenfalls eine unzulässige Diskriminierung (so schon EuGH vom 4.10.2001, NJW 2002, S. 125).

b) Der befristete Arbeitsvertrag unterliegt, wenn er vom Arbeitgeber vorformuliert ist, als Allgemeine Geschäftsbedingung der Inhaltskontrolle nach §§ 305 ff. BGB, und zwar auch dann, wenn er nur zur einmaligen Verwendung bestimmt ist. Enthält z. B. ein Formulararbeitsvertrag neben einer drucktechnisch hervorgehobenen Befristung für die Dauer eines Jahres im nachfolgenden Text ohne drucktechnische Hervorhebung eine weitere Befristung zum Ablauf einer sechsmonatigen Probezeit, ist die Probezeitbefristung eine überraschende Klausel, die nach § 305c Abs. 1 BGB nicht Vertragsinhalt wird (BAG vom 16.4.2008, DB 2008, S. 2256). Die Besonderheit des befristen Arbeitsvertrages liegt darin, dass nach § 3 Abs. 1 TzBfG die Dauer des Arbeitsverhältnisses

- entweder kalendermäßig bestimmt sein muss (**kalendermäßige Befristung**; vgl. auch das Muster Nr. 7 (www.weissverlag.de/pdf/Mustervertraege.pdf))

Beispiele:

- *Der Arbeitnehmer wird vom 1. Februar bis zum 31. Mai eingestellt.*
- *Der Arbeitnehmer wird vom 1. Februar an für 6 Monate eingestellt.*

oder

- sich aus der Beschaffenheit, Art, Zweck oder der vereinbarten Arbeitsleistung ergeben muss (**Zweckbefristung**; vgl. auch das Muster Nr. 8 (www. weissverlag.de/pdf/Mustervertraege.pdf)).

Beispiel:

Der Arbeitnehmer wird für die Dauer der Vertretung eines erkrankten Arbeitnehmers eingestellt.

An die Zweckbefristung sind besonders **strenge Anforderungen** zu stellen. Zum einen muss der Zweck oder die Beschaffenheit der Arbeitsleistung ausdrücklich zum Inhalt des Arbeitsvertrages gemacht werden. Zum anderen endet der zweckbefristete Arbeitsvertrag zwar mit dem Erreichen des Zwecks, frühestens jedoch **zwei Wochen** nach Zugang der schriftlichen Unterrichtung des Arbeitnehmers durch den Arbeitgeber über den Zeitpunkt der Zweckerreichung (§ 15 Abs. 2 TzBfG).

Es ist auch eine Kombination von Zweck- und Zeitbefristung möglich (BAG vom 29.6.2011, NZA 2011, S. 1346).

2. Wie wird der befristete Arbeitsvertrag abgeschlossen?

Wie der auf Dauer abgeschlossene Arbeitsvertrag kann auch der befristete Arbeitsvertrag schriftlich oder mündlich abgeschlossen werden. Lediglich die **Befristungsabrede** als solche bedarf der Schriftform (vgl. unten). Darüber hinaus besteht aber die Verpflichtung des Arbeitgebers, innerhalb eines Monats nach Vertragsbeginn den wesentlichen Inhalt des Arbeitsverhältnisses schriftlich niederzulegen und die Niederschrift dem Arbeitnehmer auszuhändigen (§ 2 des Nachweisgesetzes); davon ausgenommen sind Einstellungen zur vorübergehenden Aushilfe von höchstens einem Monat (vgl. Kapitel 3 Nr. 11).

Die **Befristungsabrede** bedarf der Schriftform, es sei denn, ein auf das Arbeitsverhältnis insgesamt anwendbarer einschlägiger Tarifvertrag sieht eine Befristung oder eine auflösende Bedingung des Arbeitsverhältnisses vor (BAG vom 23.7.2014 – 7 AZR 771/12). Wird der lediglich mündlich mit der Befristungsabrede abgeschlossene Arbeitsvertrag nach Arbeitsantritt schriftlich niedergelegt, reicht dies nicht; es entsteht ein unbefristeter Arbeitsvertrag (BAG vom 1.12.2004, NZA 2005, S. 1116). Übersendet allerdings der Arbeitgeber dem Arbeitnehmer vor Vertragsbeginn einen von ihm bereits unterzeichneten Arbeitsvertrag mit der Bitte um Unterzeichnung und baldige Rückgabe, ist die Schriftform auch dann gewahrt, wenn der Arbeitnehmer den unterzeichneten Arbeitsvertrag erst nach Arbeitsbeginn übergibt (BAG vom 16.4.2008, DB 2008, S. 2255). Von dem Schriftformerfordernis sind alle Arten der Befristung erfasst, z. B. auch die Befristung nach dem Bundeselterngeld- und Elternzeitgesetz. Die Schriftform muss bei kalendermäßig befristeten Arbeitsverträgen die **Aussage der Befristung** sowie **deren zeitliche Dauer** betreffen. Bei zweckbefristeten Arbeitsverhältnissen muss der **Vertragszweck/Vertragsgrund** schriftlich festgelegt sein (BAG, Urteil vom 21.12.2005, NZA 2006, S. 321). Dagegen ist bei kalendermäßig befristeten Arbeitsverträgen die Angabe des Befristungsgrundes nicht Wirksamkeitsvoraussetzung für den befristeten Arbeitsvertrag (z. B. BAG vom 13.10.2004, NZA 2005, S. 401), es sei denn, in einem Tarifvertrag ist die Angabe des Sachgrundes vorgeschrieben. Auch wenn ein Sachgrund für die Befristung genannt ist, schließt dies nicht aus, dass sich der Arbeitgeber auf einen anderen Sachgrund beruft, z. B. nach § 14 Abs. 2 TzBfG (BAG vom 12.8.2009 – 7 AZR 270/08). Wenn damit auch weiterhin die sonstigen Einzelheiten des Arbeitsvertrages **mündlich** vereinbart werden können (z. B. die Höhe des Gehalts oder die Dauer der Arbeitszeit), ist dies angesichts der sich ohnehin aus dem Nachweisgesetz ergebenden Pflicht zur schriftlichen Bestätigung der Arbeitsbedingungen (vgl. oben) nicht zu empfehlen. Nachdem für die Befristungsabrede Schriftform erforderlich ist, sollte der befristete Arbeitsvertrag daher **insgesamt schriftlich** abgeschlossen werden. Aus Gründen der Beweissicherung empfiehlt sich auch die Angabe der Rechtsgrundlage des befristeten Arbeitsverhältnisses, z. B. des sachlichen Grundes.

Die Beachtung der Schriftform setzt voraus, dass die Vertragsurkunde von beiden Seiten handschriftlich oder mittels notariell beglaubigten Handzeichens unterzeichnet ist. Werden gleichlautende Urkunden aufgenommen, genügt die Unterzeichnung der für die andere Vertragspartei bestimmten Vertragsurkunde (§ 126 BGB). Nicht ausreichend ist damit ein Bestätigungsschreiben für eine mündlich geschlossene Vereinbarung. Ein Ersatz durch die elektronische Form gemäß § 126 Abs. 3 BGB ist zulässig (vgl. Kapitel 3 Nr. 10).

3. Wann kann das befristete Arbeitsverhältnis ordentlich gekündigt werden?

Der befristete Arbeitsvertrag kann nur dann ordentlich gekündigt werden, wenn dies ausdrücklich, z. B. für eine auch innerhalb eines befristeten Arbeitsvertrages mögliche Probezeit, einzelvertraglich oder im anwendbaren Tarifvertrag **vereinbart** wird (§ 15 Abs. 3 TzBfG). Besteht eine solche Vereinbarung nicht, ist gegen eine verbotswidrig ausgesprochene Kündigung innerhalb der 3-Wochenfrist des § 4 KSchG Klage zu erheben (BAG vom 22.7.2010 – 6 AZR 480/09). Die 3-wöchige Klagefrist ist auch einzuhalten, wenn der Arbeitnehmer lediglich die Nichteinhaltung einer Kündigungsfrist geltend machen will. Der Arbeitnehmer, der lediglich die Einhaltung der Kündigungsfrist verlangt, stellt nicht in Frage, dass das Arbeitsverhältnis durch die Kündigung als solche aufgelöst wird. Er strebt nur die Beendigung des Arbeitsverhältnisses zu einem anderen Zeitpunkt als der Arbeitgeber an.

4. Wann sind befristete Arbeitsverträge zulässig?

Hinsichtlich der Zulässigkeit befristeter Arbeitsverträge sind nach § 14 TzBfG kalendermäßig und zweckbefristete Arbeitsverträge **mit sachlichem Grund** und kalendermäßig befristete Arbeitsverträge **ohne sachlichen Grund** bis zur **Höchstdauer von zwei Jahren** (bei Neueinstellungen) zu unterscheiden.

a) Kalendermäßig befristete und zweckbefristete Arbeitsverträge bedürfen eines **sachlichen Grundes** (§ 14 Abs. 1 TzBfG), und zwar auch dann, wenn sie im Haushalt oder in Betrieben abgeschlossen werden, in denen in der Regel 10 oder weniger Arbeitnehmer beschäftigt sind oder wenn der Arbeitsvertrag die Dauer von sechs Monaten nicht übersteigt und daher das Kündigungsschutzgesetz nicht gilt (vgl. Kapitel 24 Nr. 33).

b) Die im Einzelfall vereinbarte **Vertragsdauer** muss sich ebenfalls am Sachgrund der Befristung orientieren. Aus ihr darf sich nicht ergeben, dass der Sachgrund nicht besteht oder nur vorgeschoben ist (z. B. BAG vom 26.8.1988, BB 1989, S. 1409). So rechtfertigt die Erprobung für eine einfache Tätigkeit keine einjährige Befristung. Auch die nachträgliche Befristung eines unbefristeten Arbeitsvertrages bedarf eines sachlichen Grundes, der nicht allein darin bestehen darf, dass der neue befristete Arbeitsvertrag für den Arbeitnehmer günstigere Bedingungen vorsieht und der Arbeitnehmer zwischen diesem neuen Arbeitsvertrag und der Fortsetzung seines bisherigen unbefristeten Arbeitsverhältnisses wählen konnte (BAG vom 26.8.1998, AP Nr. 203 zu § 620 BGB). Ebenso bedarf ein Aufhebungsvertrag (vgl. Kapitel 23 Nr. 10), der seinem Regelungsgehalt nach nicht auf die alsbaldige Beendigung, sondern auf eine befristete Fortsetzung des Arbeitsverhältnisses gerichtet ist, zu seiner Wirksamkeit eines sachlichen Grundes im Sinne des Befristungskontrollrechts (BAG vom 12.1.2000, NZA 2000, S. 718).

c) Auch die altersmäßige Befristung, z. B. auf eine bestimmte Altersgrenze, bedarf eines sachlichen Grundes, der beim Abstellen auf Erreichen des Rentenalters gegeben ist, wenn der Arbeitnehmer auf Grund der Beschäftigung eine Altersrente erwerben kann (vgl. BAG vom 18.1.2017 – 7 AZR 236/15, Rn. 24, Rn. 36). Zu Altersgrenzen vgl. im Übrigen Nr. 4 f. sowie Kapitel 20 Nr. 16.

d) Kraft ausdrücklicher gesetzlicher Regelung gelten als sachliche Gründe folgende Fälle, wobei entscheidend die Verhältnisse bei **Vertragsabschluss** sind (BAG vom 29.6.2011, NZA 2011, S. 1346 sowie BAG vom 4.12.2013 – 7 AZR 277/12).

   - Der betriebliche Bedarf an der Arbeitsleistung besteht nur **vorübergehend**. Daran fehlt es vor allem, wenn dem Arbeitnehmer Daueraufgaben übertragen werden, die von dem Stammpersonal wegen einer von vornherein unzureichenden Personalausstattung nicht erledigt werden können (BAG vom 27.3.2010 – 7 AZR 640/08 sowie vom 15.10.2014 – 7 AZR 893/12). Bei diesem im Übrigen sehr weit gefassten Befristungsgrund geht es um die Erledigung einer bestimmten Arbeitsaufgabe, die von vornherein zeitlich begrenzt und in ihrer Dauer voraussehbar oder abschätzbar ist, also z. B. die Durchführung eines bestimmten Projektes (Einführung eines neuen EDV-Systems), und um die Erledigung eines vorübergehenden zusätzlichen Arbeitsanfalls, wenn mit hinreichender Sicherheit, d. h. im Allgemeinen aufgrund greifbarer Tatsachen zu erwarten ist, dass für eine Beschäftigung über das vorgesehene Befristungsende hinaus kein Bedarf besteht, z. B. wegen der Anschaffung einer neuen Maschine (vgl. BAG vom 17.1.2007, NZA 2007, S. 563). Über den künftigen Bedarf ist eine Prognose anzustellen, der konkrete Anhaltspunkte zu Grunde liegen müssen; die Prognose ist Teil des Sachgrunds (zuletzt BAG vom 15.10.2014 – 7 AZR 893/12). Die bloße Unsicherheit über den künftigen Arbeitskräftebedarf und die künftige wirtschaftliche Entwicklung des Unternehmens reicht nicht (BAG vom 22.3.2000, NZA 2001, S. 801 und vom 15.10.2014 – 7 AZR 893/12); hier kann nur auf § 14 Abs. 2 TzBfG zurückgegriffen werden (vgl. Buchst. e). Die vereinbarte Dauer eines befristeten Arbeitsvertrages bedarf keiner eigenen Rechtfertigung. Die Prognose des Arbeitgebers muss sich lediglich darauf beziehen, dass die von dem Arbeitnehmer zu erledigenden Aufgaben nach Ablauf der vereinbarten Vertragslaufzeit wegfallen wird, nicht aber auf den Zeitpunkt, an dem dies der Fall sein wird.

- Die Befristung erfolgt im **Anschluss an eine Ausbildung** oder ein Studium, um den Übergang des Arbeitnehmers in eine Anschlussbeschäftigung zu erleichtern. Damit soll der Berufsstart erleichtert werden. Z. B. für den Fall, dass ein Arbeitnehmer, der als Werkstudent bei einem Arbeitgeber beschäftigt war, nach dem Studium bei diesem Arbeitgeber erneut befristet beschäftigt werden kann. Ein unmittelbarer Anschluss ist nicht erforderlich. Die Vorschrift ermöglicht nur den einmaligen Abschluss eines befristeten Arbeitsvertrages nach dem Ende der Ausbildung (BAG vom 10.10.2007, DB 2008, S. 131).

- Der Arbeitnehmer wird zur **Vertretung** eines anderen Arbeitnehmers beschäftigt, insbesondere bei einer Erkrankung, beim Freiwilligen-Wehrdienst, bei Abstellung eines Arbeitnehmers zur Weiterbildung, bei Beurlaubungen oder bei vorübergehender Abordnung einer Stammkraft (BAG vom 16.1.2013, NZA 2013, S. 614 sowie BAG vom 10.7.2013 – 7 AZR 761/11). Entscheidend ist, dass der Arbeitgeber mit der Rückkehr des vertretenen Arbeitnehmers rechnen und deshalb **bei Vertragsabschluss** mit der Vertretungskraft die Prognose stellen kann, dass lediglich ein **zeitlich begrenzter Bedarf** besteht (BAG vom 29.4.2015 – 7 AZR 310/13). Entsteht der Vertretungsbedarf für den Arbeitgeber „fremdbestimmt", weil der Ausfall der Stammkraft – z. B. durch Krankheit, Urlaub oder Freistellung – nicht in erster Linie auf seiner Entscheidung beruht, kann der Arbeitgeber regelmäßig damit rechnen, dass der Vertretene seine arbeitsvertraglichen Pflichten wieder erfüllen wird (BAG vom 11.2.2015 – 7 AZR 113/13). Nähere Erkundigungen muss der Arbeitgeber weder einholen, noch muss sich seine Prognose auf den genauen Rückkehrzeitpunkt erstrecken (z. B. BAG vom 4.6.2003, EzA § 620 BGB 2002 Nr. 2, und vom 6.12.2000, DB 2001, S. 870). Auch ist es grundsätzlich unerheblich, ob sich die Prognose eines zeitlich begrenzten Bedarfs im Nachhinein bewahrheitet oder ob dies wegen später eintretender, bei Vertragsabschluss nicht vorhersehbarer Umstände nicht der Fall ist (BAG vom 13.10.2004, NZA 2005, S. 401). Die befristete Einstellung als Ersatzkraft ist einerseits auch dann zulässig, wenn der Zeitraum kürzer als die Abwesenheit des zu Vertretenden ist, andererseits muss die Vertretungskraft nicht unmittelbar mit den Aufgaben beschäftigt werden, die der zu Vertretende erledigt hat; es reicht, dass ein vorübergehender zusätzlicher Beschäftigungsbedarf besteht und der Arbeitnehmer gerade aus diesem Grund eingestellt wird; die Vertretungskette hat der Arbeitgeber darzulegen (mittelbare Vertretung; vgl. BAG vom 10.3.2004 – 7 AZR 403/03 und vom 15.2.2006, MDR 2006, S. 1238). Eine Vertretungskette setzt eine geschlossene Kette bei der Aufgabenübertragung voraus. Die Beschäftigten, die die Kette bilden, müssen die Arbeitsaufgaben des jeweils in der Kette „vorgelagerten" Beschäftigten übernommen haben und diese Aufgabenübertragung muss eine Verbindung zwischen dem abwesenden Beschäftigten und dem zur Vertretung eingestellten Arbeitnehmer begründen (BAG vom 6.11.2013 – 7 AZR 96/12). Werden dem befristet beschäftigten Arbeitnehmer ohne tatsächliche Neuverteilung der Arbeitsaufgaben Tätigkeiten zugewiesen, die der vertretene Mitarbeiter zu keinem Zeitpunkt ausgeübt hat, besteht der erforderliche Kausalzusammenhang, wenn der Arbeitgeber tatsächlich und rechtlich in der Lage wäre, dem vorübergehend abwesenden Arbeitnehmer im Falle seiner Weiterarbeit nicht seine bisherigen Tätigkeiten, sondern den Aufgabenbereich des Vertreters zu übertragen (BAG vom 11.2.2015 – 7 AZR 113/13). Der Sachgrund der Vertretung kommt bei einem anderweitigen Einsatz eines Stammarbeitnehmers im Unternehmen allerdings nur in Betracht, wenn der Arbeitgeber die damit verbundene Umorganisation unmittelbar oder mittelbar mit einer befristeten Neueinstellung verknüpft, der befristet beschäftigte Arbeitnehmer also unmittelbar für die anderweitig eingesetzte Stammkraft beschäftigt wird oder sich die Verbindung zu diesem anderweitigen Einsatz durch eine Vertretungskette vermittelt. Es reicht hingegen nicht aus, wenn die Einstellung des befristet beschäftigten Arbeitnehmers wegen der „gedanklichen Zuordnung" dem vorübergehend im Unternehmen anderweitig eingesetzten Beschäftigten zugeordnet werden kann (BAG vom 10.7.2013 – 7 AZR 761/11).

So liegt im Allgemeinen eine unzulässige Dauervertretung vor, wenn der Arbeitnehmer von vornherein nicht lediglich zur Vertretung eines bestimmten vorübergehend an der Arbeitsleistung verhinderten Arbeitnehmers eingestellt wird, sondern beabsichtigt ist, ihn für eine zum Zeitpunkt des Vertragsabschlusses noch nicht absehbare Vielzahl von Vertretungsfällen auf Dauer zu beschäftigen; in diesem Fall ist der Sachgrund der Vertretung nur vorgeschoben (siehe unten). Dabei führt die große Anzahl der mit einem Arbeitnehmer abgeschlossenen befristeten Arbeitsverträge nicht dazu, dass an die Prüfung, ob der Sachgrund der Vertretung vorliegt, jedenfalls besonders strenge Anforderungen zu stellen sind. Für den Sachgrund der Vertretung ist es unerheblich, ob der befristet eingestellte Arbeitnehmer bereits zuvor im Rahmen befristeter Arbeitsverträge bei dem Arbeitgeber beschäftigt war oder nicht (BAG vom 25.3.2009, DB 2009, S. 2272).

Der Europäische Gerichtshof hat am 26.1.2012 in der Rechtssache C-586/10 (EzA TzBfG § 14 Nr. 80) entschieden, dass der vorübergehende Bedarf an Vertretungskräften – wie es im deutschen Recht vorgesehen ist – sowohl einen sachlichen Grund für die erstmalige Befristung des Arbeitsvertrages abgeben kann als auch für seine weiteren Verlängerungen. Allerdings dürfen sich die nationalen Gerichte bei der Befristungskontrolle nicht nur auf die Prüfung des geltend gemachten Sachgrunds der Vertretung beschränken. Vielmehr obliegt es den Gerichten, stets alle Umstände des Einzelfalls zu prüfen (so auch BAG vom 29.4.2015 – 7 AZR 310/13) und dabei namentlich die Zahl der mit derselben Person oder zur Verrichtung der gleichen Arbeit geschlossenen aufeinander folgenden befristeten Verträge zu berücksichtigen, um auszuschließen, dass Arbeitgeber missbräuchlich auf befristete Arbeitsverträge oder Arbeitsverhältnisse zurückgreifen. Das BAG folgert daraus (BAG vom 18.7.2012, NZA 2012, S. 1351), dass allein die große Anzahl, der mit einem Arbeitnehmer abgeschlossenen Arbeitsverträge oder die Gesamtdauer der „Befristungskette" nicht dazu führen, dass an den Sachgrund der Vertretung „strengere Anforderungen" zu stellen sind. Allerdings kann eine missbräuchliche Ausnutzung der an sich eröffneten Möglichkeit zur Sachgrundbefristung indiziert sein, wenn die in § 14 Abs. 1 Satz 1 TzBfG genannten Grenzen alternativ oder insbesondere kumulativ in gravierendem Ausmaß überschritten werden (BAG vom 29.4.2015 – 7 AZR 310/13). Die zusätzliche Missbrauchskontrolle ist im deutschen Recht nach den Grundsätzen des institutionellen Rechtsmissbrauchs (§ 242 BGB) vorzunehmen. Eine umfassende Kontrolle eines institutionellen Rechtsmissbrauchs ist in der Regel geboten, wenn die Gesamtdauer des befristeten Arbeitsverhältnisses acht Jahre überschreitet und mehr als zwölf Verlängerungen des befristeten Arbeitsvertrags vereinbart wurden oder wenn die Gesamtdauer des befristeten Arbeitsverhältnisses sechs Jahre überschreitet und mehr als neun Vertragsverlängerungen vereinbart wurden. Unter diesen Voraussetzungen hängt es von weiteren zunächst vom Arbeitnehmer vorzutragenden Umständen ab, ob ein Missbrauch der Befristungsmöglichkeit anzunehmen ist (BAG vom 26.10.2016 – 7 AZR 135/15). Bei einer Abordnungsvertretung hat der Arbeitgeber zum Zeitpunkt der Befristungsabrede unter Berücksichtigung aller Umstände des Einzelfalls eine Prognose über die voraussichtliche Rückkehr der Stammkraft vorzunehmen. Erforderlich ist, dass er berechtigterweise mit der Rückkehr der Stammkraft rechnen durfte (BAG vom 26.1.2013, NZA 2013, S. 614).

Unzulässig ist bereits nach geltender Rechtslage die befristete Einstellung eines Vollzeitbeschäftigten, wenn der Vertretene teilzeitbeschäftigt war, oder die befristete Einstellung einer Ersatzkraft, wenn der zu Vertretende erklärt, dass er die Arbeit nicht wieder aufnehmen wird (vgl. BAG vom 6.11.2013 – 7 AZR 96/12). Auch die für einen späteren Zeitpunkt geplante Besetzung eines Arbeitsplatzes mit einem Leiharbeitnehmer ist kein Sachgrund für die Befristung des Arbeitsvertrages mit einem vorübergehend auf diesem Arbeitsplatz eingesetzten Arbeitnehmer (BAG vom 17.1.2007, NZA 2007, S. 563).

- Die **Eigenart der Arbeitsleistung** rechtfertigt die Befristung. Hier geht es insbesondere um Arbeitsverträge mit Programm gestaltenden Mitarbeitern im Bereich des Rundfunks und des Fernsehens (BAG vom 4.12.2013 – 7 AZR 457/12) und in Saisonbetrieben. Bei Abschluss eines befristeten Arbeitsvertrages mit einem programmgestaltenden Mitarbeiter mit einer Rundfunkanstalt ist eine einzelfallbezogene Abwägung zwischen dem Bestandsschutz des Arbeitnehmers und den bei der Bejahung des Bestandsschutzes zu erwartenden Auswirkungen auf die Rundfunkfreiheit vorzunehmen. Dazu sind die Belange der Rundfunkanstalt und des Arbeitsnehmers im Einzelfall abzuwägen, wobei den Rundfunkanstalten die zur Erfüllung ihres Programmauftrags notwendige Freiheit und Flexibilität nicht genommen werden darf. Im Einzelfall kommt es insbesondere darauf an, mit welcher Intensität der betroffene Mitarbeiter auf das Programm der Rundfunk- und Fernsehanstalten Einfluss nehmen kann und wie groß die Gefahr im Falle eines unbefristeten Arbeitsverhältnisses ist, dass die Rundfunkanstalt nicht mehr den Erfordernissen eines vielfältigen Programms und den sich künftig ändernden Informationsbedürfnissen und Publikumsinteressen gerecht werden kann (BAG vom 4.12.2013 – 7 AZR 457/12).
- Die Befristung erfolgt zur **Erprobung** (vgl. Kapitel 3 Nr. 20).
- Die Befristung erfolgt aus in der **Person des Arbeitnehmers** liegenden Gründen, insbesondere sozialer Natur, z. B. weil für den Arbeitnehmer erkennbar der Vertragszweck im Wesentlichen darin besteht, ihm die Suche nach einem neuen Arbeitsplatz zu erleichtern und die sofortige Arbeitslosigkeit zu vermeiden oder die Zeit bis zum Beginn einer bereits feststehenden anderen Beschäftigung, des Wehrdienstes oder eines Studiums zu überbrücken (vgl. BAG vom 7.7.1999, NZA 1999, S. 1335). Der Bezug einer gesetzlichen Altersrente rechtfertigt allein die nachträgliche Befristung eines zuvor langjährig unbe-

fristet bestehenden Arbeitsverhältnisses aus in der Person des Arbeitnehmers liegenden Gründen nicht. Erforderlich ist in diesem Fall vielmehr zusätzlich, dass die Befristung einer konkreten Nachwuchsplanung des Arbeitgebers dient (BAG vom 11.2.2015 – 7 AZR 17/13).

- Der Arbeitnehmer wird **aus Haushaltsmitteln** vergütet, die haushaltsrechtlich für zeitlich begrenzte Tätigkeiten bestimmt sind und er entsprechend beschäftigt wird (zu europarechtlichen Bedenken vgl. Vorabentscheidungsersuchen des BAG an den EuGH vom 27.10.2010 – 7 AZR 485/09, NZA 2011, S. 34). Erforderlich ist eine Vergütung des Arbeitnehmers aus Haushaltsmitteln, die vom Haushaltsgeber für eine Aufgabe von vorübergehender Dauer mit einer konkreten Sachregelung auf der Grundlage einer nachvollziehbaren Zwecksetzung versehen sind. Diesen Anforderungen genügt z. B. die Ausbringung eines kw-Vermerks nicht (z. B. BAG, Urteile vom 18.10.2006, NZA 2006, S. 592; vom 18.4.2007 – 7 AZR 316/06 und vom 2.9.2009 – 7 AZR 162/08). Einer Haushaltsbefristung nach § 14 Abs. 1 Satz 2 Nr. 7 TzBfG steht nicht entgegen, wenn im Arbeitsvertrag niedergelegt ist, der Befristungsgrund beruhe auf dem Vertretungsbedarf aufgrund von Elternzeit einer anderen Mitarbeiterin. Der Arbeitgeber kann sich auf einen Sachgrund auch dann stützen, wenn im Arbeitsvertrag kein oder ein anderer Sachgrund oder etwa § 14 Abs. 2 TzBfG als Rechtfertigung für die Befristung genannt ist. Anders als beim Sachgrund der Vertretung nach § 14 Abs. 1 Satz 2 Nr. 3 TzBfG ist aber kein Kausalzusammenhang zwischen der befristeten Beschäftigung der Aushilfskraft und dem durch die vorübergehende Abwesenheit des Planstellen- oder Stelleninhabers in der Dienststelle entstehenden Arbeitskräftebedarfs erforderlich (BAG vom 13.2.2013 – 7 AZR 225/11).
- Die Befristung beruht auf einem **Vergleich**. Die Befristung durch einen gerichtlichen Vergleich kann nach § 14 Abs. 1 Satz 2 Nr. 8 TzBfG nur gerechtfertigt sein, wenn der Vergleich zur Beilegung einer Streitigkeit über den Fortbestand oder die Fortsetzung des Arbeitsverhältnisses geschlossen wird (BAG vom 12.11.2014 – 7 AZR 891/12).

Diese gesetzliche Aufzählung der Befristungsmöglichkeiten ist **nicht abschließend.** Auch Sicherheitsbedürfnisse können eine Befristung rechtfertigen, z. B. bei Piloten, dürfen aber nicht unverhältnismäßig sein, also insbesondere nicht über nationale oder internationale Rechtsvorschriften hinausgehen (EuGH vom 13.9.2011 – C-447/09, NZA 2011, S. 1039). Ein weiterer von der Rechtsprechung anerkannter Befristungsgrund ist es, wenn die Befristung auf einen ausdrücklichen Wunsch des Arbeitnehmers zurückgeht, den dieser ohne Druck des Arbeitgebers geäußert hat, z. B. weil der Arbeitgeber auch zu einer unbefristeten Einstellung bereit gewesen wäre (BAG vom 10.11.2004, NZA 2005, S. 514). Die mit einer Wiedereinstellungszusage eingegangene Verpflichtung des Arbeitgebers gegenüber einem ausgeschiedenen Arbeitnehmer kann ebenfalls als sonstiger, in § 14 Abs. 1 Satz 2 Nr. 1 – 8 TzBfG nicht genannter Sachgrund die Befristung des Arbeitsvertrages mit einem anderen Arbeitnehmer rechtfertigen, wenn nach dem Inhalt der Wiedereinstellungszusage mit der Geltendmachung des Wiedereinstellungsanspruchs in absehbarer Zeit ernsthaft zu rechnen ist und die befristete Einstellung einer Ersatzkraft geeignet ist, eine Beschäftigungsmöglichkeit für den Fall der Wiedereinstellung des ausgeschiedenen Arbeitnehmers freizuhalten (BAG vom 1.6.2010 – 7 AZR 85/09). Schließlich kann die für einen späteren Zeitpunkt geplante anderweitige Besetzung des Arbeitsplatzes als sonstiger in § 14 Abs. 1 Satz 2 Nr. 1 bis 8 TzBfG nicht erwähnter Sachgrund geeignet sein, die befristete Einstellung eines Arbeitnehmers bis zu diesem Zeitpunkt zu rechtfertigen. Dies setzt jedoch voraus, dass der Arbeitgeber bei Abschluss des befristeten Arbeitsvertrags mit dem anderen als Dauerbesetzung vorgesehenen Arbeitnehmer bereits vertraglich gebunden ist (BAG vom 9.12.2009 – 7 AZR 389/08).

In Tarifverträgen finden sich häufig Vorschriften zum Abschluss befristeter Arbeitsverträge, z. B. zur Höchstdauer von Aushilfs- oder Probearbeitsverhältnissen. Diese sind von tarifgebundenen Arbeitgebern und Arbeitnehmern zu beachten.

e) **Wichtig**: Die kalendermäßige Befristung eines Arbeitsvertrages bedarf **keines sachlichen Grundes**, wenn der Arbeitsvertrag und seine höchstens dreimalige Verlängerung die Gesamtdauer von **zwei Jahren** nicht überschreitet (§ 14 Abs. 2 TzBfG). Die Befristung ohne Sachgrund ist nach dem gesetzlichen Wortlaut **unzulässig**, wenn mit derselben natürlichen oder juristischen Person bereits zuvor ein befristetes oder unbefristetes Arbeitsverhältnis bestanden hat, und zwar unabhängig davon, wie lange es zurückliegt (Vorbeschäftigungsverbot). Dabei stellt ein Heimarbeitsverhältnis nach § 2 Abs. 1 HAG jedoch kein Arbeitsverhältnis i. S. v. § 14 Abs. 2 TzBfG dar (BAG vom 24.8.2016 – 7 AZR 342/14). Das Bundesarbeitsgericht hat diese Regelung im Rahmen einer verfassungskonformen Auslegung dahin korrigiert, dass eine Zuvorbeschäftigung ausscheidet, wenn ein früheres Arbeitsverhältnis mehr als drei Jahre zurückliegt (Urteil vom 6.4.2011, NZA 2011, S. 905). Im Einzelnen gilt Folgendes:

- Die Dauer der Befristung darf **zwei Jahre** nicht überschreiten. Eine kürzere Befristungsdauer ist zulässig.
- Innerhalb der zweijährigen Höchstdauer sind bis zu drei sich aneinander unmittelbar anschließende Verlängerungen des befristeten Arbeitsvertrages zulässig; die Verlängerung muss vor Ablauf des zu verlängernden Vertrages in schriftlicher Form vereinbart werden und darf grundsätzlich nicht mit einer Änderung des bisherigen Vertragsinhalts verbunden sein, z. B. eine geringere oder längere Arbeitszeit oder ein niedrigeres oder höheres Entgelt vorsehen oder auch nur im Folgevertrag auf die Vereinbarung eines im Ausgangsvertrag vorgesehenen Kündigungsrechts nach § 15 Abs. 3 TzBfG verzichten. Allerdings können die Parteien anlässlich der Verlängerung Anpassungen des Vertragstextes an die zum Zeitpunkt der Verlängerung geltende Rechtslage vornehmen, z. B., wenn der Arbeitgeber mit der Veränderung der Arbeitszeit einem Verlangen des Arbeitnehmers auf Verlängerung der Arbeitszeit nach § 9 TzBfG Rechnung trägt (BAG vom 23.8.2006, NZA 2007, S. 204 und vom 16.1.2008, DB 2008, S. 1323), oder Arbeitsbedingungen vereinbaren, auf die der befristet beschäftigte Arbeitnehmer einen Anspruch hat (BAG vom 4.12.2013 – 7 AZR 468/12), z. B. weil bei einem Teilzeitbeschäftigten sonst eine Diskriminierung gegenüber den Vollzeitbeschäftigten vorliegen würde (vgl. auch BAG vom 16.1.2008, AP TzBfG § 9 Nr. 5).
- Das Anschlussverbot des § 14 Abs. 2 Satz 2 TzBfG ist nicht mit dem Beschäftigungsbetrieb oder dem Arbeitsplatz verknüpft. Eine Vorbeschäftigung i. S. v. § 14 Abs. 2 Satz 2 TzBfG liegt daher auch dann vor, wenn ein Arbeitneh-

mer vor der sachgrundlosen Befristung in einem anderen Betrieb oder einer anderen Dienststelle desselben Arbeitgebers beschäftigt war, es sei denn, das Ende des vorangegangenen Arbeitsverhältnisses liegt mehr als drei Jahre zurück (BAG vom 4.12.2013 – 7 AZR 290/12).

- Zur Rechtfertigung einer sachgrundlosen Befristung kann sich ein Vertragsarbeitgeber dann nicht auf § 14 Abs. 2 Satz 1 TzBfG berufen, wenn er den Vertrag in bewusstem und gewolltem Zusammenwirken mit dem letzten Vertragsarbeitgeber des Arbeitnehmers ausschließlich deshalb vereinbart hat, um das Anschlussverbot des § 14 Abs. 2 Satz 2 TzBfG zu umgehen. Bei einer solchen rechtsmissbräuchlichen Vertragsgestaltung kommt aber kein – unbefristeter – Arbeitsvertrag mit dem letzten Vertragsarbeitgeber zustande (BAG vom 15.5.2013 – 7 AZR 525/11, vom 23.9.2014 – 9 AZR 1025/12).
- Darlegungs und beweispflichtig für das Vorliegen einer missbräuchlichen Vertragsgestaltung ist derjenige, der eine solche geltend macht, bei einer Befristungsabrede also regelmäßig der Arbeitnehmer. Allerdings ist insoweit den Schwierigkeiten, die sich aus den fehlenden Kenntnismöglichkeiten des Arbeitnehmers ergeben, durch die Grundsätze der abgestuften Darlegungs- und Beweislast Rechnung zu tragen (BAG vom 4.12.2013 – 7 AZR 290/12).
- Eine Befristung, mit der die Laufzeit eines nach § 14 Abs. 2 TzBfG sachgrundlos befristeten Arbeitsvertrags verkürzt wird, bedarf eines sachlichen Grundes gemäß § 14 Abs. 1 TzBfG (BAG vom 14.12.2016 – 7 AZR 49/15).
- Zulässig ist es, im Anschluss an einen ohne sachlichen Grund für nicht länger als zwei Jahre abgeschlossenen Arbeitsvertrag einen befristeten Arbeitsvertrag mit sachlichem Grund anzuschließen, z. B. auch nach § 21 BEEG (vgl. Nr. 9).
- Mit Auszubildenden kann für die Zeit nach Abschluss der Ausbildung ebenfalls eine befristete Übernahme in ein Arbeitsverhältnis bis zur Dauer von zwei Jahren vereinbart werden (§ 5 Abs. 1 Satz 2 BBiG).
- Auch die Arbeitsverträge von Betriebsratsmitgliedern können nach Maßgabe des § 14 Abs. 2 TzBfG wirksam ohne Sachgrund befristet werden. Die Weigerung des Arbeitgebers nach Ablauf der Befristung mit dem Betriebsratsmitglied einen Anschlussvertrag abzuschließen, stellt eine unzulässige Benachteiligung dar, wenn sie wegen der Betriebsratstätigkeit erfolgt. Das Betriebsratsmitglied hat in einem solchen Fall einen Anspruch auf Abschluss eines Folgevertrags (BAG vom 25.6.2014 – 7 AZR 847/12).
- Es ist nicht erforderlich, im Arbeitsvertrag auf § 14 Abs. 2 TzBfG, der die erleichterte Befristung erlaubt, Bezug zu nehmen. Auch wenn im Arbeitsvertrag ausdrücklich ein Sachgrund für die Befristung genannt ist, schließt dies nicht aus, dass sich der Arbeitgeber bei einer Auseinandersetzung über die Wirksamkeit der Befristung auf § 14 Abs. 2 TzBfG beruft (BAG vom 4.12.2002, EzA § 14 TzBfG Nr. 1).

Zu beachten ist, dass **tarifvertraglich** eine andere (höhere oder niedrigere) Anzahl von zulässigen Verlängerungen sowie eine andere (kürzere oder längere) Höchstbefristungsdauer eines befristeten Arbeitsvertrages ohne sachlichen Grund festgelegt werden kann. Es können durch Tarifvertrag nicht nur entweder die Höchstdauer der Befristung oder die Anzahl der Verlängerungen sachgrundlos befristeter Arbeitsverträge, sondern kumulativ beide Vorgaben abweichend von § 14 Abs. 2 Satz 1 TzBfG geregelt werden. Diese Möglichkeit besteht für die Tarifvertragsparteien jedoch nicht unbeschränkt. Der systematische Gesamtzusammenhang und Sinn und Zweck des TzBfG, aber auch verfassungs- und unionsrechtliche Gründe gebieten eine immanente Beschränkung der durch § 14 Abs. 2 Satz 3 TzBfG eröffneten Regelungsbefugnis (BAG vom 18.3.2015 – 7 AZR 272/13). Der durch § 14 Abs. 2 Satz 1 TzBfG eröffnete Gestaltungsrahmen der Tarifvertragsparteien ermöglicht nur Regelungen, durch die die in § 14 Abs. 2 Satz 1 TzBfG genannten Werte für die Höchstdauer eines sachgrundlos befristeten Arbeitsvertrages und die Anzahl der möglichen Vertragsverlängerungen nicht um mehr als das Dreifache überschritten werden (BAG vom 26.10.2016 – 7 AZR 140/15). Die nicht tarifgebundenen Arbeitgeber und Arbeitnehmer im Geltungsbereich eines solchen Tarifvertrages können die Anwendung der abweichenden Tarifregelung einzelvertraglich vereinbaren. Der Arbeitgeber muss daher prüfen, ob in seinem Tarifbereich solche Regelungen bestehen.

f) Für **ältere Arbeitnehmer** sieht § 14 Abs.3 TzBfG folgende erleichterte Regelung vor: Die kalendermäßige Befristung eines Arbeitsvertrages ist bis zur Dauer von fünf Jahren ohne Sachgrund mit einem Arbeitnehmer zulässig, der bei Beginn des befristeten Arbeitsverhältnisses das 52. Lebensjahr vollendet hat und unmittelbar vor Beginn des befristeten Arbeitsverhältnisses mindestens vier Monate – im Grundsatz – ununterbrochen beschäftigungslos gewesen ist, also z. B. auch in keinem geringfügigen Beschäftigungsverhältnis gestanden hat, Kurzarbeitergeld bezogen oder an einer öffentlich geförderten Beschäftigungsmaßnahme nach dem SGB II oder III teilgenommen hat; bis zu der Gesamtdauer von fünf Jahren ist auch die mehrfache Verlängerung des Arbeitsvertrages zulässig. Diese Regelungen sind – soweit es um die erstmalige Anwendung zwischen denselben Arbeitsvertragsparteien geht – sowohl mit Unionsrecht als auch deutschem Verfassungsrecht vereinbar (BAG vom 28.5.2014 – 7 AZR 360/12).

g) In den ersten vier Jahren nach der Gründung eines Unternehmens ist die kalendermäßige Befristung eines Arbeitsvertrages ohne Vorliegen eines sachlichen Grundes bis zur Dauer von vier Jahren zulässig; bis zu dieser Gesamtdauer ist auch die mehrfache Verlängerung eines kalendermäßig befristeten Arbeitsvertrages zulässig. Dies gilt nicht für Neugründungen im Zusammenhang mit der rechtlichen Umstrukturierung von Unternehmen und Konzernen (§ 14 Abs. 2 a TzBfG). Das obige durch die Rechtsprechung eingeschränkte Vorbeschäftigungsverbot nach § 14 Abs. 2 Satz 2 TzBfG gilt auch hier.

5. Sind Kettenarbeitsverträge zulässig?

Mehrere hintereinander geschaltete befristete Arbeitsverträge, sogen. Kettenarbeitsverträge, können ebenfalls zulässig sein. Entscheidend ist nach der bisherigen Rechtsprechung, dass der zuletzt abgeschlossene Arbeitsvertrag durch einen sachlichen Grund gerechtfertigt ist; dies ist insbesondere in Vertretungsfällen von Bedeutung (z. B. BAG vom 25.3.2009 – 7 AZR 34/08, DB 2009, S. 2272). Damit stellen die Parteien – so die Begründung – ihr Arbeitsverhältnis auf eine neue Rechtsgrundlage, die für ihre künftige Vertragsbeziehung allein entscheidend sein soll. Mehrere aufeinander folgende Vertretungsbefristungen sind zulässig. Anzahl und Gesamtdauer der Befristungskette führen nicht zu strengeren Anforderungen an den Sachgrund. Derartige Kettenbefristungen unterliegen neben der Befristungskontrolle aber auch der Missbrauchskontrolle nach den Grundsätzen des institutionellen Rechtsmissbrauchs (BAG vom 18.7.2012 – 7 AZR 443/09 und 7 AZR 783/10). Von einem indizierten Rechtsmissbrauch ist i.d.R. auszugehen, wenn die Gesamtdauer des Arbeitsverhältnisses zehn Jahre überschreitet oder mehr als 15 Vertragsverlängerungen vereinbart wurden oder wenn mehr als zwölf Vertragsverlängerungen bei einer Gesamtdauer von mehr als acht Jahren vorliegen. In einem solchen Fall hat der Arbeitgeber aber die Möglichkeit, die Annahme des indizierten Gestaltungsmissbrauchs durch den Vortrag besonderer Umstände zu entkräften (BAG vom 26.10.2016 – 7 AZR 135/15). Der Arbeitgeber kann sich nicht mehr auf den Sachgrund der Vertretung berufen, wenn die fortlaufende Beschäftigung des Arbeitnehmers den Schluss auf einen dauerhaften Bedarf an dessen Beschäftigung zulässt (BAG vom 17.5.2017 – 7 AZR 420/15). Besteht in Wahrheit ein dauerhafter Bedarf an der Beschäftigung, kommt ein unbefristetes Arbeitsverhältnis zustande, selbst wenn damit die Gefahr eines zeitweisen Personalüberhangs nicht völlig auszuschließen und bei den Personalplanungen zu berücksichtigen sein mag (vgl. BAG vom 7.10.2015 – 7 AZR 944/13 und vom 17.5.2017 – 7 AZR 420/15, vgl. auch Nr. 4 Buchst. d).

6. Welche Folgen hat eine unzulässige Befristung?

a) Ist eine Befristungsabrede unzulässig, so führt dies zu ihrer Nichtigkeit. Der Vertrag gilt als auf unbestimmte Zeit abgeschlossen und kann nur nach den üblichen Regeln, z. B. durch Kündigung, falls eine solche vereinbart ist (vgl. Nr. 3), oder Aufhebungsvertrag beendet werden. Ist für die Dauer des unzulässig befristeten Arbeitsvertrages eine ordentliche Kündigung ausgeschlossen, so kann der nunmehrige unbefristete Arbeitsvertrag vom **Arbeitgeber** frühestens zum Zeitpunkt des ursprünglich vorgesehenen Fristablaufs gekündigt werden. Ist die Befristung nur wegen des Mangels der Schriftform unwirksam, kann der Arbeitsvertrag auch vor dem vereinbarten Ende ordentlich gekündigt werden (§ 16 TzBfG). Eine Feststellungsklage des Arbeitgebers, die die Wirksamkeit der Befristung eines Arbeitsvertrages oder – im Fall einer Zweckbefristung – den Streit über den Eintritt der Zweckerreichung oder dessen Zeitpunkt klären soll, ist unzulässig (BAG vom 15.2.2017 – 7 AZR 153/15). Vom **Arbeitnehmer** kann der unzulässig befristete Arbeitsvertrag jederzeit gekündigt werden.

b) Der Arbeitnehmer muss die Unwirksamkeit der Befristung innerhalb von drei Wochen nach Auslaufen des befristeten Arbeitsvertrages geltend machen (§ 17 TzBfG). Dies gilt nicht für die Befristung einzelner Arbeitsbedingungen, z. B. der Arbeitszeit; sie unterliegt nicht der Befristungskontrolle, sondern der Kontrolle nach § 307 Abs. 1 Satz 1 BGB (BAG vom 15.11.2011, NZA 2011, S. 674), also darauf, ob die Arbeitnehmer durch die Befristung der Arbeitszeiterhöhung entgegen den Geboten von Treu und Glauben unangemessen benachteiligt sind (BAG vom 27.7.2005, AuA 2006, S. 236). Dies bedeutet vor allem auch, dass keine Schriftform für die Befristungsabrede erforderlich ist. Die Regelungen der §§ 5 bis 7 KSchG über die Erhebung der Kündigungsschutzklage gelten entsprechend (vgl. Kapitel 24 Nr. 66). Bei mehreren aufeinanderfolgenden Befristungsabreden wird die Drei-Wochen-Frist des § 17 Satz 1 TzBfG für jede Befristungsabrede mit dem Ablauf der darin vereinbarten Befristung und nicht erst mit dem Ablauf der letzten Befristung in Lauf gesetzt. Bereits der erstmals sachgrundlos befristete Arbeitsvertrag und nicht erst die ihm nachfolgende Verlängerungsabrede muss daher mit der Befristungskontrollklage in der Frist des § 17 Satz 1 TzBfG angefochten werden, wenn die Fiktionswirkung des § 17 Satz 2 TzBfG i. V. m. § 7 Halbs. 1 KSchG nicht eintreten soll (BAG vom 4.12.2013 – 7 AZR 468/12). Wird das Arbeitsverhältnis nach dem vereinbarten Ende fortgesetzt (vgl. Nr. 8), so beginnt die Ausschlussfrist mit dem Zugang der schriftlichen Erklärung des Arbeitgebers, dass das Arbeitsverhältnis aufgrund der Befristung beendet sei. Ein Verzicht des Arbeitnehmers auf die Befristungskontrolle ist unzulässig (BAG vom 19.1.2005, DB 2005, S. 1171).

7. Welche Besonderheiten hat der Arbeitgeber beim Abschluss befristeter Arbeitsverträge zu beachten?

a) Es sind wie beim unbefristeten Arbeitsvertrag die Diskriminierungsverbote des Allgemeinen Gleichbehandlungsgesetzes zu beachten (vgl. Kapitel 20 Nr. 11 ff.). Darüber hinaus darf ein befristet beschäftigter Arbeitnehmer wegen der Befristung des Arbeitsvertrages nicht schlechter behandelt werden als ein vergleichbarer unbefristet beschäftigter Arbeitnehmer, es sei denn, dass **sachliche Gründe** eine unterschiedliche Behandlung rechtfertigen (besonderes Benachteiligungsverbot; vgl. § 4 Abs. 2 TzBfG). Vergleichbar ist ein unbefristeter Arbeitnehmer des Betriebes mit der gleichen oder einer ähnlichen Tätigkeit. Gibt es im Betrieb keinen vergleichbaren unbefristet beschäftigten Arbeitnehmer, so ist der vergleichbare unbefristet beschäftigte Arbeitnehmer aufgrund des anwendbaren Tarifvertrages zu bestimmen. In allen anderen Fällen ist darauf abzustellen, wer im jeweiligen Wirtschaftszweig üblicherweise als vergleichbarer unbefristet beschäftigter Arbeitnehmer anzusehen ist.

   Ebenso wie die allgemeinen Diskriminierungsverbote gilt das besondere Benachteiligungsverbot auch für Regelungen in Tarifverträgen und Betriebsvereinbarungen. Es bedeutet, dass der Arbeitgeber einen befristet Beschäftigten **wegen der Befristung** weder geringer entlohnen noch hinsichtlich anderer Beschäftigungsbedingungen (z. B. der Dauer der Arbeitszeit oder des Urlaubs) benachteiligen darf. Arbeitsentgelt oder eine andere teilbare geldwerte Leistung, die für einen bestimmten Bemessungszeitraum gewährt wird, z. B. ein nach Beschäftigungsmonaten gestaffeltes 13. Monatsgehalt, ist mindestens in dem Umfang zu gewähren, der dem Anteil der Beschäftigungsdauer im Bemessungszeitraum entspricht (pro-rata-temporis-Grundsatz). Ein sachlich gerechtfertigter Grund für eine unterschiedliche Behandlung kann dabei z. B. darin liegen, dass Beträge entstehen, die mit dem Zweck der Leistung nicht in einem angemessenen Verhältnis stehen, z. B. bei der betrieblichen Altersversorgung. Eine vertragliche Regelung, die gegen das besondere Benachteiligungsverbot verstößt, ist zwar unwirksam, aber als Rechtsfolge ist die leistungsgewährende Bestimmung grundsätzlich durch „Anpassung nach oben" mit dem jeweiligen Inhalt anzuwenden, der die Benachteiligung entfallen lässt. Danach hat der benachteiligte Arbeitnehmer Anspruch auf Nachzahlung des Arbeitsentgelts bis zu der Höhe, die dem Umfang des Anteils seiner Arbeitszeit an der Arbeitszeit eines vergleichbaren vollzeitbeschäftigten Arbeitnehmers entspricht (BAG vom 22.10.2015 – 8 AZR 168/14). Ausdrücklich geregelt ist bei Beschäftigungsbedingungen, deren Gewährung von einer bestimmten Dauer des Bestehens des Arbeitsverhältnisses abhängt (z. B. der Anspruch auf vollen Jahresurlaub von einer sechsmonatigen Wartezeit oder tarifliche Entgelt- oder Urlaubsansprüche von zurückzulegenden Beschäftigungszeiten), dass für befristet Beschäftigte dieselben Zeiten wie für unbefristet beschäftigte Arbeitnehmer zu berücksichtigen sind (§ 4 Abs. 2 Satz 3 TzBfG).

b) Der Arbeitgeber hat die befristet beschäftigten Arbeitnehmer über unbefristete Arbeitsplätze zu informieren, die besetzt werden sollen. Die Information kann durch allgemeine Bekanntgabe an geeigneter, den Arbeitnehmern zugänglicher Stelle im Betrieb und Unternehmen erfolgen (§ 18 TzBfG).

c) Der Arbeitgeber hat Sorge zu tragen, dass auch befristet beschäftigte Arbeitnehmer an angemessenen Aus- und Weiterbildungsmaßnahmen zur Förderung der beruflichen Entwicklung und Mobilität teilnehmen können, es sei denn, dass dringende betriebliche Gründe oder Aus- und Weiterbildungswünsche anderer Arbeitnehmer entgegenstehen (§ 19 TzBfG).

d) Der Arbeitgeber hat den Betriebsrat über die Anzahl der befristet beschäftigten Arbeitnehmer und ihren Anteil an der Gesamtbelegschaft des Betriebes und des Unternehmens zu informieren (§ 20 TzBfG).

e) Der Arbeitgeber darf einen Arbeitnehmer wegen der Inanspruchnahme von Rechten aus dem Teilzeit- und Befristungsgesetz nicht benachteiligen (§ 5 TzBfG).

8. Was geschieht, wenn ein befristetes Arbeitsverhältnis stillschweigend fortgesetzt wird?

Wird das befristete Arbeitsverhältnis unmittelbar nach Ablauf von dem Arbeitnehmer mit Wissen des Arbeitgebers fortgesetzt, so gilt es als auf unbestimmte Zeit verlängert, sofern nicht der Arbeitgeber **unverzüglich** widerspricht, z. B. weil er nur eine befristete Verlängerung will (§ 15 Abs. 5 TzBfG). Der Widerspruch kann schon vor Ablauf des befristeten Arbeitsvertrages im Zusammenhang mit Verhandlungen über eine Fortsetzung des Arbeitsverhältnisses erklärt werden (BAG vom 11.7.2007 – 7 AZR 501/06). Bei einer Kombination von auflösender Bedingung und zeitlicher Höchstbefristung ist Rechtsfolge der widerspruchslosen Weiterarbeit i. S. v. §§ 21, 15 Abs. 5 TzBfG über den Befristungseintritt hinaus nicht die unbefristete Fortdauer des Arbeitsverhältnisses. Die Fiktionswirkung ist nach Sinn und Zweck der §§ 21, 15 Abs. 5 TzBfG auf den nur befristeten Fortbestand des Arbeitsverhältnisses beschränkt (BAG vom 29.6.2011, NZA 2011, S. 1346).

9. Gibt es sonstige gesetzliche Regelungen für befristete Arbeitsverhältnisse?

a) Für das wissenschaftliche Personal sind im Wissenschaftszeitvertragsgesetz (WissZeitVG) in der Qualifizierungsphase an **Hochschulen** und überwiegend staatlich geförderten Forschungseinrichtungen in sehr weitem Umfang befristete Arbeitsverträge zugelassen. Eine Befristung nach dem WissZeitVG kann anders als nach § 14 Abs. 2 Satz 1 TzBfG auch nach Beendigung der Laufzeit verlängert werden. Der neue Vertrag muss sich auch nicht unmittelbar an die Laufzeit des vorherigen Vertrags anschließen. Innerhalb der Höchstbefristungsdauer ist auch der mehrfache Neuabschluss befristeter Arbeitsverträge zulässig (BAG vom 9.12.2015 – 7 AZR 117/14).

b) Das Gesetz über befristete Arbeitsverträge mit Ärzten in der Weiterbildung regelt die befristete Beschäftigung von **Ärzten**, wenn sie z. B. der Weiterbildung zum Facharzt, dem Erwerb einer Anerkennung für ein Teilgebiet oder dem Erwerb einer Zusatzbezeichnung dient. Voraussetzung ist, dass die beabsichtigte Weiterbildung die Beschäftigung des Arztes prägt (BAG vom 14.6.2017 – 7 AZR 597/15).

c) § 21 BEEG lässt die kalendermäßig bestimmte oder bestimmbare Befristung von Ersatzkräften für die Dauer der Beschäftigungsverbote nach dem **Mutterschutzgesetz**, der gesetzlich vorgesehenen **Elternzeit** sowie einer darüber hinaus vereinbarten Elternzeit und für die erforderlichen **Einarbeitungszeiten** zu (vgl. Kapitel 19 Nr. 46). Daneben ist eine allgemeine am Sachgrund der Vertretung für Mutterschutz- oder Elternzeitfälle und die erforderlichen Einarbeitungszeiten ausgerichtete Zweckbefristung zulässig (§ 21 Abs. 3 BEEG).

d) Nach § 6 PflegeZG liegt ein sachlicher Grund für die Befristung eines Arbeitsverhältnisses vor, wenn zur Vertretung eines Beschäftigten, der zur Organisation der Pflege nach § 2 PflegeZG oder zur Übernahme der Pflege nach § 3 PflegeZG freigestellt ist, eine Ersatzkraft eingestellt wird (vgl. Kapitel 19 Nr. 53). Dies gilt wie bei der Elternzeit auch für ggfls. erforderliche Einarbeitungszeiten.

Die allgemeinen Befristungsregelungen des Teilzeit- und Befristungsgesetzes finden auf diese Sondergesetze ergänzend Anwendung.

10. Was gilt für unter einer auflösenden Bedingung abgeschlossene Arbeitsverträge?

Von den befristeten Arbeitsverträgen sind die Arbeitsverträge zu unterscheiden, die unter einer **auflösenden Bedingung** geschlossen werden. Im Unterschied zu einem zweckbefristeten Arbeitsvertrag, bei dem nur der Zeitpunkt des Eintritts der Zweckerreichung und damit der Zeitpunkt des Endes des Arbeitsverhältnisses ungewiss ist, ist bei einem auflösend bedingten Arbeitsverhältnis der Eintritt des zukünftigen Ereignisses selbst ungewiss. Die Parteien wollen aber bei Nichteintritt der Bedingung das Arbeitsverhältnis fortsetzen (Beispiele: Das Arbeitsverhältnis endet mit dem Bezug einer unbefristeten Rente wegen völliger Erwerbsminderung, vgl. BAG vom 18.10.2006 – 7 AZR 662/05; das Arbeitsverhältnis endet, wenn der Betriebsrat seine Zustimmung zu der Einstellung verweigert). Der Eintritt der auflösenden Bedingung muss unzweifelhaft sein und darf nicht vom Willen der Vertragsparteien abhängig sein. § 21 TzBfG schreibt vor, dass die Vorschriften über befristete Arbeitsverträge weitgehend Anwendung finden, z. B. hinsichtlich der Schriftform, des Diskriminierungsverbotes und des Vorliegens eines sachlichen Grundes, wobei allerdings strengere Anforderungen zu stellen sind (vgl. die vorhergehenden Nrn. sowie Kapitel 23 Nrn. 3 bis 6).

5. Arbeitspflicht, Arbeitsort

A Arbeitspflicht

1. Woraus ergibt sich die Arbeitspflicht des Arbeitnehmers?

Die Vorschrift des § 611a Abs. 1 BGB (Inkrafttreten 1.4.2017) stellt klar, dass der Arbeitnehmer durch den **Arbeitsvertrag** (vgl. Kapitel 1 Nr. 3) im Dienste eines Anderen zur Leistung weisungsgebundener, fremdbestimmter Arbeit in persönlicher Abhängigkeit verpflichtet ist (Arbeitspflicht).

2. Welche Tätigkeiten muss der Arbeitnehmer im Einzelnen ausüben?

Es ergibt sich zunächst aus dem **Arbeitsvertrag** und den dort getroffenen Regelungen, welche Arbeit bzw. welche Tätigkeiten der Arbeitnehmer im Einzelnen zu leisten hat. Die kurze Charakterisierung oder Beschreibung der vom Arbeitnehmer zu leistenden Tätigkeit kann aus einem schriftlichen Arbeitsvertrag bzw. aus der vom Arbeitgeber nach § 2 NachwG zu erstellenden Niederschrift (vgl. Kapitel 3 Nr. 12) entnommen werden. Zur Konkretisierung der geschuldeten Tätigkeit sind auch die gesetzlichen und tarifvertraglichen Vorschriften sowie die Betriebsvereinbarungen und betriebliche Übungen heranzuziehen. Soweit Inhalt, Ort und Zeit der Arbeitsleistung nicht durch den Arbeitsvertrag, Bestimmungen einer Betriebsvereinbarung, eines anwendbaren Tarifvertrags oder gesetzliche Vorschriften festgelegt sind, kann der Arbeitgeber diese Arbeitsbedingungen nach billigem Ermessen näher bestimmen (§ 106 GewO). In diesem Fall kann der Arbeitgeber dem Arbeitnehmer aufgrund seines Weisungsrechts konkrete Arbeiten bzw. Tätigkeiten zuweisen (vgl. Kapitel 8 Nr. 2).

a) Wenn der Arbeitnehmer für eine **bestimmte Tätigkeit** (z. B. als Spielwarenverkäufer) angestellt ist, darf der Arbeitgeber ihn auch nur mit allen dabei anfallenden Arbeiten beschäftigen (ausgenommen kurzfristige andere Arbeiten in Notfällen wie bei Brand und Überschwemmung).

b) Meist wird im Arbeitsvertrag lediglich die **fachliche Tätigkeit** des Arbeitnehmers umschrieben (z. B. „Verkäufer"): Diesem Arbeitnehmer kann der Arbeitgeber sämtliche Arbeiten zuweisen, die dem vereinbarten Berufsbild zuzuordnen sind (also nicht dem Verkäufer das Hoffegen).

c) Ist die **Tätigkeit** des Arbeitnehmers jedoch nur **ganz allgemein umschrieben** (z. B. „Hilfsarbeiter"), muss er alle hierunter fallenden Tätigkeiten ausüben, bzw. der Arbeitgeber kann kraft seines Weisungsrechts nach § 106 GewO dem Arbeitnehmer alle Tätigkeiten zuweisen, die dem generell umschriebenen Tätigkeitsbereich unterfallen (vgl. Kapitel 8 Nr. 2), d. h., der Arbeitnehmer muss jede Arbeit übernehmen, die billigem Ermessen entspricht und bei Vertragsabschluss voraussehbar war (BAG vom 27.3.1980, DB 1980, S. 1603); z. B. muss der Hilfsarbeiter auch den Hof fegen.

   Auch wenn das Tätigkeitsfeld des Arbeitnehmers zunächst ganz allgemein umschrieben ist, kann dieses anfänglich weitgehende Weisungsrechts des Arbeitgebers jedoch nachträglich aufgrund stillschweigender Vereinbarung zwischen den Arbeitsvertragsparteien dahingehend eingeschränkt werden, dass die Arbeitspflicht auf eine bestimmte Tätigkeit konkretisiert wird. Eine solche Konkretisierung des Arbeitsvertrages, sodass die Tätigkeit nicht mehr geändert werden kann, tritt aber nicht allein dadurch ein, dass der Arbeitnehmer längere Zeit in derselben Weise eingesetzt wurde (z. B. langjährige Beschäftigung an einem bestimmten Arbeitsplatz). Zum reinen Zeitablauf müssen vielmehr besondere Umstände hinzutreten, die erkennen lassen, dass der Arbeitnehmer nur noch verpflichtet sein soll, seine Arbeit so wie bisher zu erbringen (BAG vom 12.2.1998, DB 1998, S. 2325) und nicht mehr in anderer Weise eingesetzt werden soll (BAG vom 29.9.2004, NZA-RR 2005, S. 616).

3. Wie kann der Arbeitgeber eine Änderung der vereinbarten Tätigkeit herbeiführen?

Zwingen betriebliche Notwendigkeiten zu einer Änderung der vereinbarten Tätigkeit des Arbeitnehmers, die der Arbeitgeber dem Arbeitnehmer nicht im Rahmen seines Weisungsrechts zuweisen kann (vgl. Nr. 2 und Kapitel 8 Nr. 2), kann der Arbeitgeber sie nicht einseitig herbeiführen: Der Arbeitnehmer muss sich damit einverstanden erklären. Auch wenn der Arbeitgeber den Arbeitnehmer für eine vertraglich nicht geschuldete Tätigkeit einsetzt, der Arbeitnehmer dann aber widerspruchs- und vorbehaltslos weiterarbeitet, liegt darin eine stillschweigende Annahme der vom Arbeitgeber angebotenen neuen Arbeitsbedingungen (BAG vom 19.6.1986, DB 1986, S. 2604). Wenn der Arbeitnehmer jedoch nicht einverstanden ist, bedarf es zur Änderung der vereinbarten Tätigkeit der sogen. Änderungskündigung (vgl. Kapitel 24 Nr. 68–71).

Auch dann, wenn der Arbeitgeber kraft seines Weisungsrechts grundsätzlich befugt ist, den Arbeitsbereich des Arbeitnehmers zu verändern, z. B. zu vergrößern oder zu verkleinern, muss seine Maßnahme billigem Ermessen entsprechen (§ 106 Satz 1 GewO). Dazu gehört, dass alle wesentlichen Umstände des Einzelfalles abgewogen und die beiderseitigen Interessen angemessen berücksichtigt werden (BAG vom 23.6.1993, DB 1994, S. 482) und dabei auch auf Behinderungen des Arbeitnehmers Rücksicht zu nehmen (§ 106 Satz 3 GewO).

4. In welcher Intensität ist der Arbeitnehmer zur Arbeitsleistung verpflichtet?

Der Arbeitnehmer hat im Rahmen der gesetzlichen, tarifvertraglichen, betrieblichen oder einzelvertraglichen Arbeitszeit Arbeit in einer Intensität zu leisten, die nach Treu und Glauben von ihm erwartet werden kann. Er muss unter Anspannung seiner Kräfte und Fähigkeiten arbeiten. Jedoch braucht er sich bei der Arbeit nicht zu verausgaben und mit seinen Kräften Raubbau zu betreiben. Andererseits darf er seine Arbeitskraft auch nicht bewusst zurückhalten. Der Arbeitnehmer muss tun, was er nach dem Arbeitsvertrag tun soll, und so gut wie er kann. Arbeitnehmer, die quantitative oder qualitative Defizite bei der Erfüllung ihrer Leistungspflicht zeigen, werden oft als **Low-Performer** bezeichnet. Die Leistungspflicht ist aber nicht starr, sondern dynamisch und orientiert sich an der Leistungsfähigkeit des Arbeitnehmers. Ein Arbeitnehmer genügt mangels anderer Vereinbarungen seiner Vertragspflicht, wenn er unter angemessener Ausschöpfung seiner persönlichen Leistungsfähigkeit arbeitet. Er verstößt gegen seine Arbeitspflicht nicht allein dadurch, dass er die durchschnittliche Fehlerhäufigkeit aller Arbeitnehmer überschreitet. Allerdings kann die längerfristige deutliche Überschreitung der durchschnittlichen Fehlerquote je nach tatsächlicher Fehlerzahl, Art, Schwere und Folgen der fehlerhaften Arbeitsleistung ein Anhaltspunkt dafür sein, dass der Arbeitnehmer vorwerfbar seine vertraglichen Pflichten verletzt. Legt der Arbeitgeber dies im Prozess dar, so muss der Arbeitnehmer erläutern, warum er trotz erheblich unterdurchschnittlicher Leistungen seine Leistungsfähigkeit ausschöpft (BAG vom 17.1.2008 – 2 AZR 536/06). Zur Verpflichtung zur Leistung von Überstunden vgl. Kapitel 6 Nr. 5 und zur Unzulässigkeit einer Nebentätigkeit vgl. Nr. 5.

5. Wann ist dem Arbeitnehmer eine Nebentätigkeit erlaubt?

Der Arbeitnehmer ist grundsätzlich berechtigt, mehrere sich zeitlich nicht überschneidende Arbeitsverhältnisse abzuschließen oder auch eine selbstständige Nebentätigkeit auszuüben. Unzulässig ist eine Nebentätigkeit jedoch, wenn

a) sie die Arbeitskraft des Arbeitnehmers in solchem Umfang beeinträchtigt, dass er zur Leistung der vertraglichen Arbeit gegenüber dem ersten Arbeitgeber nicht oder nicht mehr ausreichend in der Lage ist,

b) der Arbeitnehmer seinem Arbeitgeber mit der Nebentätigkeit unlautere Konkurrenz macht,

c) sie eine dem Urlaubszweck widersprechende Erwerbstätigkeit während des Urlaubs (§ 8 BurlG) darstellt,

d) der Arbeitnehmer damit die im Arbeitszeitgesetz vorgeschriebenen Höchstarbeitszeiten überschreitet, wobei die Beschäftigungszeiten in allen Arbeitsverhältnissen zusammenzurechnen sind, oder

e) der Arbeitnehmer sich rechtswirksam zur Unterlassung von Nebentätigkeiten verpflichtet hat.

Ein vertraglich vereinbartes Nebentätigkeitsverbot ist nur wirksam, wenn es berechtigte Interessen des Arbeitgebers schützt (BAG vom 15.3.1990 – 2 AZR 484/89). Wenn der Arbeitnehmer sich verpflichtet hat, jede nicht genehmigte Nebentätigkeit zu unterlassen, so ist eine solche Klausel dahin auszulegen, dass dem Arbeitnehmer nicht jede Nebentätigkeit verboten ist, sondern dass er lediglich zuvor die Zustimmung des Arbeitgebers einzuholen hat. Ein solcher Erlaubnisvorbehalt berechtigt den Arbeitgeber nicht, die Aufnahme einer Nebentätigkeit willkürlich zu verweigern. Sofern keine Beeinträchtigung der betrieblichen Interessen des Arbeitgebers zu erwarten ist, hat der Arbeitnehmer Anspruch auf Erteilung der Zustimmung (BAG vom 11.12.2001, DB 2002, S. 1507).

6. Kann der Arbeitnehmer sich bei der Arbeitsleistung vertreten lassen?

a) Der Arbeitnehmer hat im Zweifel, also wenn nichts anderes vereinbart ist, die Arbeit **persönlich** zu leisten (§ 613, Satz 1 BGB). Er kann sich also grundsätzlich nicht (auch nicht vorrübergehend!) durch eine Ersatzkraft vertreten lassen. Wenn der Arbeitnehmer nicht selbst seiner Arbeitspflicht nachkommt, gerät er in Leistungsverzug. Andererseits ist der Arbeitnehmer im Falle der Leistungsverhinderung nicht verpflichtet, eine Ersatzkraft zu stellen.

b) Auch im Falle der **Arbeitsplatzteilung** (Jobsharing) sind bei Ausfall eines Arbeitnehmers die anderen nicht generell zur Vertretung verpflichtet (im Einzelnen vgl. Kapitel 7 Nr. 10).

c) Eine besondere Form der Arbeitspflicht ergibt sich im Rahmen eines Gruppenarbeitsverhältnisses. Die **Gruppenarbeit** ist dadurch gekennzeichnet, dass die

Arbeitsleistung nicht von einem Arbeitnehmer allein – so der Normalfall –, sondern von mehreren Arbeitnehmern in einer Gruppe erbracht wird. Der einzelne Arbeitnehmer hat keine abgegrenzte Aufgabe, sondern muss **seinen Teil zur gemeinsamen Arbeitsaufgabe erfüllen**.

Ein Unterfall der Gruppenarbeit ist das sog. **mittelbare Arbeitsverhältnis**. Es liegt vor, wenn jemand in ein Arbeitsverhältnis zu einem anderen tritt, der seinerseits Arbeitnehmer eines Dritten (mittelbarer Arbeitgeber) ist und die Arbeit unmittelbar für den mittelbaren Arbeitgeber mit dessen Wissen ausgeführt wird.

7. Kann der Arbeitgeber den Anspruch auf die Arbeitsleistung auf einen anderen Arbeitgeber übertragen?

a) Der Anspruch auf die Arbeitsleistung ist im Zweifel **nicht** auf einen anderen Arbeitgeber **übertragbar** (§ 613 Satz 2 BGB); er steht, wenn nichts anderes vereinbart ist, nur dem Arbeitgeber selbst zu.

b) Eine **Ausnahme** von diesem Grundsatz besteht beim **Tod des Arbeitgebers**. Dann geht der Anspruch auf den Erben des Arbeitgebers über, wenn die Arbeitsleistung nicht aufgrund der Vereinbarung ausschließlich oder überwiegend dem Arbeitgeber persönlich zu erbringen ist (z. B. bei einer persönlichen Krankenpflege). Auch bei einem rechtsgeschäftlichen **Betriebsinhaberwechsel** (§ 613a BGB) geht der Anspruch auf die Arbeitsleistung auf den Erwerber über, wenn der Arbeitnehmer nicht widerspricht (vgl. Kapitel 22 Nr. 1, 8).

c) Außerdem ist die Übertragung des Anspruchs auf die Arbeitsleistung zulässig, wenn dies im Arbeitsvertrag ausdrücklich festgelegt ist (Leiharbeit). Bei einem **Leiharbeitsverhältnis** wird der Arbeitnehmer in den Betrieb des entleihenden Arbeitgebers in der Weise eingegliedert, dass er für den Entleiher nach dessen Weisungen zu arbeiten hat (im Einzelnen vgl. Kapitel 27). Davon zu unterscheiden sind die Fälle, in denen Arbeitnehmer zur Erfüllung eines zwischen ihrem Arbeitgeber und einem Dritten geschlossenen Dienst- oder Werkvertrages eingesetzt sind und dabei ihre Arbeitsleistungen nach Weisungen ihres eigenen Arbeitgebers in dem Unternehmen des Dritten erbringen.

8. In welchen Fällen entfällt die Arbeitspflicht?

Die Arbeitspflicht des Arbeitnehmers entfällt in folgenden Fällen:

a) bei Unmöglichkeit der Arbeitsleistung (§ 275 Abs. 1 BGB) oder Verweigerung der Arbeitsleistung wegen Unzumutbarkeit (§ 275 Abs. 3 BGB), insbesondere bei einer konkreten gesundheitlichen Gefährdung am Arbeitsplatz, bei persönlicher Arbeitsverhinderung (Kapitel 13 Nr. 35–40) und bei Arbeitsunfähigkeit wegen Krankheit (vgl. Kapitel 13 Nr. 6–30)

b) bei wirksamer Einführung von Kurzarbeit (vgl. Kapitel 6 Nr. 8)

c) bei Annahmeverzug des Arbeitgebers (vgl. Kapitel 13 Nr. 41)

d) bei Bestehen eines Zurückbehaltungsrechts des Arbeitnehmers (vgl. Nr. 9)

e) bei Urlaub (vgl. Kapitel 15)

f) bei Arbeitsbefreiung aufgrund eines Gesetzes, z. B. des Mutterschutzgesetzes (vgl. Kapitel 19 Nr. 4, 5, 9)

g) bei unbilliger Ausübung des Weisungsrechts (BAG vom 14.9.2017 – 5 AS 7/17) und bei Überschreitung des Weisungsrechts, insbes. bei Weisungen des Arbeitgebers, die den Bestimmungen des Arbeitsvertrages, einer Betriebsvereinbarung, eines anwendbaren Tarifvertrages oder gesetzlichen Vorschriften widersprechen (vgl. § 106 Satz 1 BGB).

9. Wann hat der Arbeitnehmer ein Recht zum Zurückhalten seiner Arbeitsleistung?

a) Wenn der Arbeitnehmer einen **fälligen Anspruch aus dem Arbeitsverhältnis** gegen den Arbeitgeber hat, den dieser noch nicht erfüllt hat, hat der Arbeitnehmer das Recht, seine Arbeitsleistung zurückzuhalten (sog. **Zurückbehaltungsrecht**, § 273 BGB). Übt der Arbeitnehmer sein Zurückbehaltungsrecht aus, wird er von seiner Verpflichtung zur Arbeitsleistung frei, ohne seinen Lohnanspruch zu verlieren (§§ 295, 298, 615 BGB).

   Ein Zurückbehaltungsrecht kann der Arbeitnehmer vor allem geltend machen, wenn der Arbeitgeber seine Lohnzahlungspflicht nicht erfüllt. Es kommt ferner in Betracht, wenn der Arbeitgeber fällige Ansprüche auf Schadensersatz oder auf Aufwendungsersatz nicht bezahlt sowie wenn er seine Fürsorgepflicht (§ 618 BGB) verletzt oder Vorschriften des Arbeitsschutzes missachtet (z. B. Schutzvorrichtungen an Maschinen nicht anbringt). Der Arbeitnehmer muss sein Zurückbehaltungsrecht jedoch unter Beachtung von Treu und Glauben (§ 242 BGB) ausüben, d. h., er darf die Arbeit nicht verweigern,

   a) wenn der Lohnrückstand verhältnismäßig gering ist,

   b) wenn nur eine kurzfristige Verzögerung der Lohnzahlung zu erwarten ist,

   c) wenn dem Arbeitgeber ein unverhältnismäßig hoher Schaden entstehen kann

   oder

   d) wenn der Lohnanspruch auf andere Weise gesichert ist, wozu aber ein zu erwartender Anspruch auf Insolvenzgeld nicht ausreicht.

b) Ergreift der Arbeitgeber keine oder offensichtlich ungeeignete Maßnahmen zur Unterbindung einer Belästigung oder sexuellen Belästigung am Arbeitsplatz, sind die betroffenen Beschäftigten berechtigt, ihre Tätigkeit ohne Verlust des Arbeitsentgelts einzustellen, soweit dies zu ihrem Schutz erforderlich ist (§ 14 AGG).

B Arbeitsort

10. Wo muss der Arbeitnehmer seine Arbeit leisten?

Nach § 106 Satz 1 GewO kann der Arbeitgeber den Ort der Arbeitsleistung nach billigem Ermessen näher bestimmen, soweit dieser nicht durch Arbeitsvertrag, Bestimmungen einer Betriebsvereinbarung, eines anwendbaren Tarifvertrages oder gesetzliche Vorschriften festgelegt ist. Grundsätzlich hat der Arbeitnehmer seine Arbeit in einem konkreten Betrieb (i.d.R. der Betriebssitz des Arbeitgebers) zu leisten, es sei denn, dass sich aus dem Arbeitsvertrag bzw. aus der vom Arbeitgeber nach § 2 NachwG zu erstellenden Niederschrift, in der der Arbeitsort aufzunehmen ist, ein anderer Arbeitsort ergibt (z. B. bei Telearbeit zu Hause oder in einer anderen selbst gewählten Arbeitsstätte), oder wenn der Arbeitnehmer frei ist, wo er die Arbeitsleistung erbringt (mobile Arbeit). Falls der Arbeitnehmer nicht nur an einem bestimmten Arbeitsort tätig sein soll (z. B. bei Handwerkern auf wechselnden Baustellen, bei Montagearbeiten, bei Vertretern), muss der Arbeitgeber in einem schriftlichen Arbeitsvertrag bzw. in der vom Arbeitgeber nach § 2 NachwG zu erstellenden Niederschrift einen Hinweis darauf aufnehmen, dass der Arbeitnehmer an verschiedenen Orten beschäftigt werden kann (§ 2 Abs. 1 Satz 2 Nr. 4 NachwG). In diesem Rahmen kann der Arbeitgeber aufgrund seines Direktionsrechts nach § 106 GewO den Arbeitsort zuweisen, wobei er jedoch auf die Interessen des Arbeitnehmers Rücksicht zu nehmen hat. So kommt im Allgemeinen ein Arbeitseinsatz im Ausland nur dann in Betracht, wenn dies ausdrücklich vereinbart ist oder sich von vornherein aus der Art der vereinbarten Tätigkeit ergibt. In diesem Fall hat der Arbeitgeber in der dem Arbeitnehmer vor der Abreise auszuhändigenden Niederschrift zusätzliche Angaben zu machen (vgl. im Einzelnen Kapitel 3 Nr. 12).

11. Wann ist der Arbeitgeber berechtigt, den Arbeitnehmer zu versetzen?

a) Im Sinne des allgemeinen Arbeitsvertragsrechts versteht man unter Versetzung jede nicht nur vorübergehende Zuweisung eines anderen Arbeitsplatzes, d. h. eines anderen als des vertraglich geschuldeten Tätigkeitsbereiches (nach Art, Umfang und Ort). Ob der Arbeitgeber die Versetzung einseitig aufgrund des Weisungsrechts nach § 106 GewO anordnen kann, hängt vom Inhalt des Arbeitsvertrages ab. Durch Auslegung des Arbeitsvertrages ist deshalb zunächst festzustellen, ob ein bestimmter Tätigkeitsinhalt und Tätigkeitsort vertraglich festgelegt sind und welchen Inhalt ein ggf. vereinbarter Versetzungsvorbehalt hat (BAG vom 19.1.2011 – 10 AZR 738/09). Selbst wenn die Arbeitsleistung nur allgemein umschrieben ist und der Arbeitgeber aufgrund des Weisungsrechts grundsätzlich befugt ist, dem Arbeitnehmer einen anderen Arbeitsplatz zuzuweisen, darf er das Weisungsrecht nur nach billigem Ermessen ausüben. So darf er den Arbeitnehmer nicht auf einen geringer entlohnten Arbeitsplatz versetzen, selbst wenn die Vergütung weitergezahlt wird. Auch wenn ein Arbeitnehmer lange (z. B. 25 Jahre) an einem Arbeitsplatz beschäftigt war, muss er sich nicht allein aufgrund des Weisungsrechts des Arbeitgebers versetzen lassen. Etwas anderes gilt nur, wenn dies im Arbeitsvertrag oder in einer auf das Arbeitsverhältnis anwendbaren Bestimmung des Tarifvertrags vereinbart ist. Der Arbeitnehmer darf sich über eine unbillige Ausübung des Weisungsrechts hinwegsetzen und ist an eine entsprechende Versetzung nicht gebunden (BAG vom 14.9.2017 – 5 AS 7/17).

b) Ist nach dem Inhalt des Arbeitsvertrages eine Versetzung aufgrund des Direktionsrechts nicht möglich, bedarf eine Versetzung der Zustimmung des Arbeitnehmers im Einzelfall. Im Übrigen ist eine Versetzung unzulässig, wenn sie eine unberechtigte Maßregelung (vgl. Kapitel 20 Nr. 39, 40) des Arbeitnehmers darstellt oder gegen den Gleichbehandlungsgrundsatz verstößt (vgl. Kapitel 20 Nr. 1–3).

c) Soll dem Arbeitnehmer ein anderer Arbeitsbereich für voraussichtlich länger als einen Monat zugewiesen werden oder ist die Änderung (auch bei kürzerer Dauer) mit einer erheblichen Änderung der äußeren Umstände der Arbeitsleistung verbunden, so hat der Arbeitgeber in Betrieben mit mehr als zwanzig Arbeitnehmern den Betriebsrat zu unterrichten, ihm unter Vorlage der erforderlichen Unterlagen

Auskunft über die Auswirkung der Versetzung zu geben und seine Zustimmung einzuholen (§ 99 BetrVG; zum Beteiligungsverfahren vgl. Kapitel 34 Nr. 25). Die ordnungsgemäße Beteiligung des Betriebsrats kann eine erforderliche Zustimmung des Arbeitnehmers jedoch nicht ersetzen.

12. Wann ist eine Versetzung des Arbeitnehmers in eine andere Stadt oder andere Filiale in derselben Stadt zulässig?

Bei der Prüfung der Zulässigkeit einer Versetzung an einen anderen Tätigkeitsort ist zunächst durch Auslegung des Arbeitsvertrages der Inhalt der vertraglichen Vereinbarungen zu ermitteln. Festzustellen ist, ob im Arbeitsvertrag ein bestimmter Tätigkeitsort vertraglich festgelegt ist und welchen Inhalt ein ggf. vereinbarter Versetzungsvorbehalt hat. Dabei macht es keinen Unterschied, ob in den Vertragsregelungen auf eine konkrete Festlegung des Orts der Arbeitsleistung verzichtet wurde und diese dem Arbeitgeber vorbehalten bleiben sollte oder ob der Ort der Arbeitsleistung zwar bestimmt, die Möglichkeit der Zuweisung eines anderen Ortes aber vereinbart wurde – Versetzungsvorbehalt (BAG vom 19.1.2011 – 10 AZR 738/09).

Beispiel eines Versetzungsvorbehalts:

Im Arbeitsvertrag ist festgelegt, dass der Arbeitgeber den Arbeitnehmer „auch vorübergehend oder auf Dauer an einem anderen Ort einsetzen" kann.

Enthält der Arbeitsvertrag keine Festlegung des Arbeitsortes oder einen wirksamen Versetzungsvorbehalt (vgl. dazu Kapitel 3 Nr. 18) kann der Arbeitgeber im Rahmen seines Weisungsrechts nach § 106 GewO an einen anderen Ort versetzen. Diese Leistungsbestimmung des neuen Arbeitsorts nach billigem Ermessen (§ 106 Satz1 GewO, § 315 BGB) verlangt aber eine Abwägung der wechselseitigen Interessen nach verfassungsrechtlichen und gesetzlichen Wertentscheidungen, den allgemeinen Wertungsgrundsätzen der Verhältnismäßigkeit und Angemessenheit sowie der Verkehrssitte und Zumutbarkeit (BAG vom 13.6.2012 – 10 AZR 296/11). In die Abwägung sind alle Umstände des Einzelfalles einzubeziehen. Hierzu gehören die Vorteile einer Regelung, die Risikoverteilung zwischen den Vertragsparteien, die beiderseitigen Bedürfnisse, außervertragliche Vor- und Nachteile, Vermögens- und Einkommensverhältnisse sowie soziale Lebensverhältnisse wie familiäre Pflichten und Unterhaltsverpflichtungen (BAG vom 26.9.2012 – 10 AZR 311/11, vom 10.7.2013 – 10 AZR 915/12). Ob die Entscheidung des Arbeitgebers der Billigkeit entspricht, unterliegt der vollen gerichtlichen Kontrolle, § 315 Abs. 3 Satz 2 BGB (BAG vom 14.11.2012 – 10 AZR 783/11).

Fehlt ein Versetzungsvorbehalt, ist die Versetzung nur zulässig, wenn der Arbeitnehmer im Einzelfall einverstanden ist. Der Arbeitnehmer braucht sich nicht in eine andere Stadt versetzen zu lassen, wenn dies nicht ausdrücklich oder stillschweigend vereinbart ist.

Ein Arbeitnehmer, der für einen bestimmten Betrieb eingestellt ist, kann im Rahmen der von ihm geschuldeten Leistung innerhalb des Betriebes eingesetzt werden. Dies gilt auch für den Wechsel von einer Betriebsstätte (Filiale) zu einer anderen in ein und derselben Stadt, wenn damit keine besonderen Beschwernisse für den Arbeitnehmer verbunden sind.

Die Beteiligungsrechte des Betriebsrats bei einer Versetzung sind zu beachten (vgl. Nr. 11).

6. Arbeitszeit

A Regelmäßige Arbeitszeit

1. Woraus ergibt sich, wie viele Arbeitsstunden und wann der Arbeitnehmer seine Arbeit zu leisten hat?

a) Die regelmäßige Dauer und Lage der Arbeitszeit wird wie die übrigen Arbeitsbedingungen grundsätzlich durch **Arbeitsvertrag** bestimmt. Dies gilt grundsätzlich auch für die Frage, ob der Arbeitnehmer zu gesetzlich und kollektivrechtlich zulässigen Sonn- und Feiertagsarbeit, Nacht- oder Schichtdiensten verpflichtet ist. Soweit kein schriftlicher Arbeitsvertrag vorliegt, kann die vereinbarte Arbeitszeit der vom Arbeitgeber nach § 2 NachwG zu erstellenden Niederschrift entnommen werden. Ebenso kann die regelmäßige Dauer der Arbeitszeit dem einschlägigen Tarifvertrag entnommen werden, soweit dieser auf das Arbeitsverhältnis anwendbar ist. Im schriftlichen Arbeitsvertrag wie in der Niederschrift kann auf die einschlägigen Tarifverträge und Betriebs- oder Dienstvereinbarungen verwiesen werden oder in seltenen Fällen auch die arbeitszeitrechtlich erlaubte Arbeitszeit (vgl. d) als vertragliche Arbeitszeit vereinbart werden (BAG vom 18.4.2012 – 5 AZR 195/11). Aus diesen Rechtsgrundlagen ergibt sich dann, wie viele Stunden ein Arbeitnehmer zu leisten hat und in der Regel auch, wann er zur Arbeit verpflichtet ist.

b) Soweit Arbeitgeber und Arbeitnehmer jedoch noch keine ausdrückliche Vereinbarung über deren Dauer und Lage getroffen haben, ergibt die Vertragsauslegung **im Zweifel**, dass die **betriebsübliche Arbeitszeit** vereinbart ist (BAG vom 15.5.2013 – 10 AZR 325/12). Wenn Arbeitgeber und Arbeitnehmer bei einer Arbeit auf Abruf die Dauer der wöchentlichen Arbeitszeit nicht festgesetzt haben, gilt nach § 12 Abs. 1 TzBfG eine wöchentliche Arbeitszeit von 10 Stunden als vereinbart.

c) Soweit Arbeitgeber und Arbeitnehmer zwar die Dauer aber nicht die Lage der Arbeitszeit vereinbart haben, kann der Arbeitgeber die genaue Lage aufgrund seines Weisungsrechts aus § 106 Satz 1 GewO im Rahmen der vereinbarten oder betriebsüblichen Arbeitszeit nach billigem Ermessen bestimmen. Die Grenzen billigen Ermessens sind gewahrt, wenn der Arbeitgeber bei der Bestimmung der Zeit der Arbeitsleistung nicht nur eigene, sondern auch berechtigte Interessen des Arbeitnehmers angemessen berücksichtigt hat. Auf schutzwürdige familiäre Belange des Arbeitnehmers hat er Rücksicht zu nehmen, soweit einer vom Arbeitnehmer gewünschten Verteilung der Arbeitszeit nicht betriebliche Gründe oder berechtigte Belange anderer Arbeitnehmer entgegenstehen (BAG vom 23.9.2004 – 6 AZR 567/03). So kann der Arbeitgeber, vorbehaltlich der Mitbestimmungsrechte des Betriebsrats nach § 87 Abs. 1 Nr. 2 BetrVG, nach billigem Ermessen (§ 106 GewO) die wöchentliche **Arbeitszeit auf die einzelnen Wochentage verteilen**, Beginn und Ende der täglichen Arbeitszeit, die Pausen sowie gesetzlich vorgeschriebene Ausgleichszeiträume festlegen. Der Arbeitgeber kann auch kraft seines Weisungsrechts nach § 106 GewO die Anzahl der in Folge zu leistenden Nachtschichten festlegen, soweit durch Arbeitsvertrag, Betriebsvereinbarung oder Tarifvertrag keine Regelung getroffen ist und die Regelungen des Arbeitszeitgesetzes beachtet sind (vgl. Kapitel 6 Nr. 10). Auch über die Verteilung der Arbeitszeit im

Teilzeitmodell eines Altersteilzeitarbeitsverhältnisses entscheidet der Arbeitgeber nach billigem Ermessen gemäß § 106 Satz 1 GewO, § 315 Abs. 1 BGB (BAG vom 12.4.2011 – 9 AZR 19/10).

d) Die gesetzlichen, öffentlich-rechtlichen **Arbeitszeit-Schutzvorschriften**, wie das Arbeitszeitgesetz, das Jugendarbeitsschutzgesetz, das Mutterschutzgesetz, beschränken die Freiheit der Vertragspartner zur Festlegung der Arbeitszeit (vgl. im Einzelnen Nr. 10 ff. sowie Kapitel 19 und 28). Soweit vertragliche Vereinbarungen diesen Arbeitszeit-Schutzvorschriften entgegenstehen, sind sie unwirksam, wobei die übrigen Vertragsbestimmungen aufrechterhalten bleiben.

B Arbeitszeitkonten, Gleitzeit

2. Was sind Arbeitszeitkonten und wie sind angesammelte Wertguthaben abzusichern?

a) Neben den traditionellen Überstunden- und Gleitzeitkonten haben sich Konten-Modelle entwickelt, bei denen die angesparte Arbeitszeit oder angespartes Arbeitsentgelt nicht nur für längerfristige Freistellungen von der Arbeit, sondern auch für Weiterbildung, Kinderbetreuung und Pflege von Angehörigen, Übergang in die Altersrente oder Aufstockung von Teilzeitarbeit verwendet werden können. Gerade die tarifvertraglichen Arbeitszeitverkürzungen früherer Jahre haben zudem zur häufigen Trennung von **Betriebszeiten** und **persönlichen Arbeitszeiten geführt**, die vielfach ungleichmäßig auf eine Woche, mehrere Wochen, mehrere Monate, ein Jahr oder auf einen noch längeren Zeitraum (bis zur Lebensarbeitszeit als Konzept für die Zukunft) verteilt werden oder aber auch zur Einführung sogen. Arbeitszeitkorridore. Dabei ist die Führung von Geldkonten (Zeitguthaben und Zeitverluste werden in Geldbeträgen ausgewiesen), vor allem aber die Führung von **Arbeitszeitkonten** vorgesehen, mit denen der Ausgleich der Arbeitszeit des Arbeitnehmers überwacht werden kann. Die Vereinbarung von Vertrauensarbeitszeit steht weder der Führung eines Arbeitszeitkontos entgegen noch schließt sie die Abgeltung eines aus Mehrarbeit des Arbeitnehmers resultierenden Zeitguthabens aus (BAG vom 23.9.2015 – 5 AR 767/13). Der Spielraum für das Über- und Unterschreiten der Regelarbeitszeit ist im Allgemeinen sehr groß.

b) Der gesetzliche Rahmen für flexible Arbeitszeiten steht mit dem Arbeitszeitgesetz (vgl. Nr. 10 ff.) und den sozialversicherungsrechtlichen Regelungen des SGB IV in ausreichender Weise zur Verfügung. Das **Gesetz zur Verbesserung der Rahmenbedingungen für die Absicherung flexibler Arbeitszeitregelungen** und zur Änderung anderer Gesetze sieht seit dem 1.1.2009 in den §§ 7 ff. SGB IV im Wesentlichen eine Definition der zu schützenden Wertguthaben in Form einer praxisorientierten Abgrenzung zu anderen Formen von Arbeitszeitflexibilisierungen wie Überstundenausgleich und gleitende Arbeitszeit, eine Konkretisierung von Pflichten bei der Führung von Wertguthaben, die Verbesserung des Insolvenzschutzes von Wertguthaben, die Freistellungen, für die das Wertguthaben verwendet werden kann (Beispiel: Zeiten der Pflege naher Angehöriger) und die Einführung einer beschränkten Portabilität von Wertguthaben vor.

Allerdings stellt sich bei **Langzeitarbeitskonten** das Problem, wie die vom Arbeitnehmer angesammelten Wert(Arbeitszeit)guthaben gegen die **Insolvenz**

des Arbeitgebers abgesichert werden. Die individuelle Absicherung muss den besonderen in § 7d SGB IV genannten Anforderungen und Qualitätskriterien entsprechen. Das Wertguthaben ist durch einen Dritten zu führen, der im Fall der Insolvenz des Arbeitgebers für die Erfüllung der Ansprüche aus dem Wertguthaben für den Arbeitgeber einsteht, insbesondere in einem Treuhandverhältnis, das die unmittelbare Übertragung des Wertguthabens in das Vermögen des Dritten und die Anlage des Wertguthabens auf einem offenen Treuhandkonto oder in anderer geeigneter Weise sicherstellt. Die Vertragsparteien können in der Vereinbarung nach § 7b ein anderes, einem Treuhandverhältnis gleichwertiges Sicherungsmittel vereinbaren, insbesondere ein Versicherungsmodell oder ein schuldrechtliches Verpfändungs- oder Bürgschaftsmodell mit ausreichender Sicherung gegen Kündigung. Keine geeigneten Vorkehrungen sind bilanzielle Rückstellungen.

- Ausweitung des Insolvenzschutzes auf den Gesamtsozialversicherungsbeitrag.
- Ausschluss unsicherer Insolvenzschutzmaßnahmen. Kündigungsmöglichkeit der Wertguthabenvereinbarung des Beschäftigten bei fehlendem Insolvenzschutz des Arbeitgebers. Prüfung des Insolvenzschutzes durch die Deutsche Rentenversicherung Bund und Unwirksamkeitsfolge.
- Schadensersatzanspruch des Beschäftigten bei ungenügendem Insolvenzschutz, Verbot der vorfristigen Beendigung des Insolvenzschutzes.
- Übertragungsmöglichkeit des Wertguthabens bei Arbeitgeberwechsel auf den neuen Arbeitgeber oder die Deutsche Rentenversicherung Bund.
- Führung und Verwaltung der an die Deutsche Rentenversicherung Bund übertragenen Wertguthaben. Übertragung der Arbeitgeberpflichten bei auf die Deutsche Rentenversicherung Bund übertragenen Wertguthaben auf diese.

3. Was bedeutet gleitende Arbeitszeit mit Zeitausgleich?

Der Arbeitnehmer hat aufgrund betrieblicher Regelung die Möglichkeit, außerhalb einer **Kernarbeitszeit**, bei der er im Betrieb anwesend sein muss (z. B. zwischen 9 und 16 Uhr), an jedem Tag innerhalb bestimmter zeitlicher Grenzen (z. B. zwischen 7 und 19 Uhr) **Arbeitsbeginn** und **Arbeitsende** selbst zu bestimmen. Darüber hinaus ist ihm gestattet, eine begrenzte Anzahl von Arbeitsstunden auf andere Arbeitstage zu übertragen. Er kann also „Zeitschulden" machen oder „Zeitguthaben" ansammeln und dies im Ausgleichszeitraum durch längere oder kürzere Arbeitszeiten ausgleichen. Charakteristisch ist also das Selbstbestimmungsrecht des Arbeitnehmers bei Festlegung seiner individuellen Arbeitszeit, wobei im Übrigen zahlreiche Varianten möglich sind. Die Regelungen unterliegen der Mitbestimmung des Betriebsrats.

4. Welche arbeitszeitlichen Höchstgrenzen gelten bei der Gleitzeitarbeit?

a) Die tägliche Arbeitszeit darf 10 Stunden nicht überschreiten (§ 3 ArbZG). Es ist eine ununterbrochene Ruhezeit von 11 Stunden einzuhalten (§ 5 ArbZG).

b) Die Vor- oder Nacharbeit der an einem Tage ausfallenden Arbeitszeit ist nur innerhalb von sechs Kalendermonaten oder innerhalb von 24 Wochen zulässig (§ 3 ArbZG). Eine tarifvertragliche Verlängerung des Ausgleichszeitraums ist möglich.

c) Für jugendliche Arbeitnehmer ist eine gleitende Arbeitszeit mit Zeitausgleich durch Mehrarbeit an anderen Tagen nur in derselben Woche bis zu 8½ Stunden am Tag zulässig. Durch Tarifvertrag kann der Rahmen bis zu neun Stunden täglich, 44 Stunden wöchentlich und bis zu 5½ Tagen wöchentlich in einem Ausgleichszeitraum von zwei Monaten ausgedehnt werden (§ 21a JArbSchG).

C Überstunden, Kurzarbeit

5. Wann ist der Arbeitnehmer verpflichtet, Überstunden zu leisten?

a) Überstunden sind die Arbeitsstunden, die die für dieses Arbeitsverhältnis regelmäßige Arbeitszeit überschreiten. Bestimmt der Arbeitgeber, dass die Arbeit im unmittelbaren Anschluss an die Beendigung der regelmäßigen Arbeitszeit fortzusetzen ist, so liegt darin die Anordnung von Überstunden. Auch wenn der Arbeitnehmer im Anschluss an die regelmäßige Arbeitszeit dienstplanmäßig zur Rufbereitschaft eingeteilt ist, stellt eine solche Anordnung an den noch im Betrieb befindlichen Arbeitnehmer eine Änderung des Dienstplans und damit eine Anordnung von Überstunden dar, die auch entsprechend zu vergüten sind (z. B. BAG vom 26.11.1992, DB 1993, S. 692). Überstunden werden geleistet, wenn die kalendertäglich vereinbarte Arbeitszeit überschritten wird. Ist keine kalendertägliche Arbeitszeit vereinbart, kann der Arbeitgeber die Lage der Arbeitszeit aufgrund seines Weisungsrechts (§ 106 Satz1 GewO) nach billigem Ermessen innerhalb des vereinbarten Zeitrahmens bestimmen; Überstunden werden dann erst geleistet, wenn der Zeitrahmen überschritten ist (BAG vom 18.4.2012 – 5 AZR 195/11).

b) Ein Arbeitnehmer muss Überstunden leisten, wenn sich eine derartige Verpflichtung aus einem Tarifvertrag, einer Betriebsvereinbarung, aus einer arbeitsvertraglichen Vereinbarung, einer dem Arbeitnehmer bekannten Betriebsüblichkeit oder aus der Nebenpflicht des Arbeitnehmers ergibt, die Interessen des Arbeitgebers im Rahmen des Zumutbaren zu fördern. Die Nebenpflicht zur Leistung zusätzlicher Arbeit gilt nicht nur für ausgesprochene Notfälle, sondern schon immer dann, wenn durch die geforderte Mehrarbeit ein sonst dem Arbeitgeber drohender Schaden, der auf andere Weise nicht abgewendet werden kann, vermieden wird. Ob der Arbeitnehmer danach im Einzelfall zu Überstunden verpflichtet ist, lässt sich nur unter Berücksichtigung aller Umstände des Einzelfalles feststellen. Es kommt auch darauf an, ob der Arbeitnehmer durch bestimmte Gründe, wie durch einen wichtigen Termin oder eine sonstige Verpflichtung, gehindert ist, Überstunden zu leisten, und ob die zusätzliche Arbeit rechtzeitig angekündigt worden ist, sodass der Arbeitnehmer sich darauf einrichten konnte (zur Verpflichtung bei Teilzeitarbeit vgl. Kapitel 7 Nr. 4).

c) Zudem sind Überstunden nur im Rahmen des Arbeitszeitgesetzes und der sonstigen Arbeitszeit-Schutzvorschriften zulässig. Wenn die dort festgesetzten Grenzen für die zulässige Höchstarbeitszeit erreicht sind, kann der Arbeitnehmer jede – wie auch immer begründete – Leistung von Überstunden ablehnen. Verweigert der Arbeitnehmer diese unzulässigen Überstunden, darf der Arbeitgeber ihn nicht wegen Arbeitsverweigerung kündigen.

d) Sind die geforderten Überstunden erlaubt und für den Arbeitnehmer zumutbar, kann die Weigerung ein Grund für eine ordentliche, gegebenenfalls sogar außerordentliche Kündigung sein. In der Regel aber wird vorher eine Abmahnung durch den Arbeitgeber erforderlich sein.

6. Wer darf Überstunden anordnen?

Die Befugnis zum Anordnen von Überstunden ergibt sich aus der Betriebshierarchie. Soll nicht die Arbeitszeit für einen oder mehrere einzelne Arbeitnehmer vorübergehend geändert, sondern vorübergehend die betriebsübliche Arbeitszeit ganz generell verlängert werden, also Überstunden für den ganzen Betrieb oder einzelne Betriebsabteilungen (unabhängig von der Zahl der betroffenen Arbeitnehmer) angeordnet werden, dann hat der Betriebsrat mitzubestimmen (§ 87 Abs. 1 Nr. 3 BetrVG), soweit eine gesetzliche oder tarifliche Regelung nicht besteht.

7. Was bedeutet Kurzarbeit?

Unter Kurzarbeit versteht man die **vorübergehende Verkürzung der betriebsüblichen Arbeitszeit**. Dabei ist es unerheblich, ob an einzelnen Tagen kürzer als üblich oder an bestimmten Tagen überhaupt nicht und an anderen Tagen voll gearbeitet wird oder ob beide Formen miteinander kombiniert werden.

Grundsätzlich sind es wirtschaftliche Gründe, die zur Einführung von Kurzarbeit führen; denn so können bei einem vorübergehenden Arbeitsmangel Entlassungen vermieden werden und eine geringere Arbeitsmenge auf die Arbeitnehmer des Betriebes verteilt werden.

8. Wann kann der Arbeitgeber Kurzarbeit einführen?

Die Einführung von Kurzarbeit steht nicht im Belieben des Arbeitgebers. Die Arbeitnehmer haben aufgrund ihres Arbeitsvertrages Anspruch darauf, die vereinbarte betriebsübliche bzw. tarifübliche Arbeitszeit beschäftigt zu werden und das dafür versprochene Arbeitsentgelt zu erhalten. Die Verkürzung der Arbeitszeit mit entsprechender Minderung des Arbeitsentgelts setzt daher eine besondere Rechtsgrundlage voraus (BAG vom 18.10.1994, NZA 1995, S.1064):

a) Praktisch bedeutsam sind **Ermächtigungsgrundlagen** in vielen **Tarifverträgen**, nach denen Kurzarbeit durch eine Betriebsvereinbarung oder bei Vorliegen bestimmter betrieblicher Gründe durch einseitige Anordnung des Arbeitgebers eingeführt werden kann.

b) Wenn die Einführung von Kurzarbeit tarifvertraglich nicht geregelt ist und tarifvertragliche Kurzarbeitsklauseln nicht üblich sind (§ 77 Abs. 3 BetrVG), kann die Kurzarbeit auch **aufgrund einer Betriebsvereinbarung** eingeführt werden (§ 87 Abs. 1 Nr. 3 BetrVG). Diese muss aber die sich aus der Einführung der Kurzarbeit ergebenden Rechte und Pflichten so deutlich regeln, dass diese für die Arbeitnehmer zuverlässig zu erkennen sind. Erforderlich sind mindestens die Bestimmung von Beginn und Dauer der Kurzarbeit, die Regelung der Lage und Verteilung der Arbeitszeit sowie die Auswahl der betroffenen Arbeitnehmer (BAG vom 18.11.2015 – 5 AZR 491/14).

c) Auch aufgrund einer Ermächtigungsgrundlage im **Einzelarbeitsvertrag** kommt die Einführung von Kurzarbeit in Betracht (in der Praxis jedoch selten!).

d) Fehlt es an einer solchen besonderen Rechtsgrundlage, kann Kurzarbeit nur **durch Vereinbarung mit jedem einzelnen Arbeitnehmer** eingeführt werden.

   Wird die Zustimmung des Arbeitnehmers nicht erteilt, bleibt dem Arbeitgeber nur die Möglichkeit der **Änderungskündigung**, die der Arbeitnehmer allerdings mit der Kündigungsschutzklage anfechten kann und die wegen der einzuhaltenden Kündigungsfristen schon aus Zeitgründen im Allgemeinen ausscheidet.

e) Wenn der Arbeitgeber aufgrund einer solchen Ermächtigungsgrundlage oder einer Individualvereinbarung grundsätzlich zur Einführung der Kurzarbeit berechtigt ist, so bedarf die konkrete Entscheidung doch der **Zustimmung des Betriebsrats** (§ 87 Abs. 1 Nr. 3 BetrVG), nicht aber der des Personalrats (BAG vom 10.10.2006 – 1 AZR 811/05). Das Mitbestimmungsrecht des Betriebsrats bei der Einführung von Kurzarbeit entfällt jedoch dann, wenn der Anlass für die Kurzarbeit arbeitskampfbedingte Fernwirkungen sind, die nach den Grundsätzen über das Tragen des Arbeitskampfrisikos dazu führen, dass die betroffenen Arbeitnehmer keinen Beschäftigungs- und Vergütungsanspruch haben, oder wenn der Betrieb selbst sich im Arbeitskampf befindet. In allen Fällen – also auch bei arbeitskampfbedingten Fernwirkungen – hat der Betriebsrat mitzubestimmen bei der Frage, wie die verkürzte Arbeitszeit auf die einzelnen Tage der Woche zu verteilen ist und wann sie beginnen und enden soll (§ 87 Abs. 1 Nr. 2 BetrVG).

f) Eine spezielle Ermächtigung zur Einführung von Kurzarbeit enthält auch § 19 KSchG. Wenn die Bundesagentur für Arbeit bei anzeigepflichtigen Massenentlassungen eine Sperrfrist anordnet, so kann es gleichzeitig zulassen, dass der Arbeitgeber für die Zeit der Sperrfrist Kurzarbeit einführt, wenn ihm die volle Beschäftigung der Arbeitnehmer bis zum Ablauf der Sperrfrist nicht möglich ist.

   Soweit eine solche besondere Rechtsgrundlage gegeben ist, kann der Arbeitgeber Kurzarbeit einführen, auch wenn die Arbeitnehmer nicht die Voraussetzungen der §§ 59 ff.SGB III für den Bezug von Kurzarbeitergeld erfüllen (vgl. Nr. 9).

9. Wer kann Kurzarbeitergeld beantragen?

Anspruch auf **Kurzarbeitergeld** haben die Arbeitnehmer, wenn ein erheblicher Arbeitsausfall mit Entgeltausfall vorliegt, die betrieblichen und persönlichen Voraussetzungen für den Bezug von Kurzarbeitergeld (§§ 97, 98 SGB III) erfüllt sind und der Arbeitsausfall der Agentur für Arbeit angezeigt worden ist (§ 95 Satz 1 Nr. 4 SGB III). Ein Arbeitsausfall ist erheblich, wenn er auf wirtschaftlichen Gründen oder einem unabwendbaren Ereignis beruht, er vorübergehend ist, er nicht vermeidbar ist und im jeweiligen Kalendermonat mindestens ein Drittel der in dem Betrieb beschäftigten Arbeitnehmer von einem Entgeltausfall von jeweils mehr als 10 % ihres monatlichen Bruttoentgelts betroffen ist (§ 96 Abs. 1 SGB III). Zu den Sonderformen Saison-Kurzarbeitergeld siehe § 101 SGB III und Transferkurzarbeitergeld siehe § 111 SGB III.

D Höchstarbeitszeit, Pausen, Mindestruhezeiten

10. Welche Bedeutung hat der gesetzliche Arbeitszeitschutz?

a) Der im Wesentlichen im **Arbeitszeitgesetz** geregelte Arbeitszeitschutz errichtet bestimmte am Gesundheitsschutz ausgerichtete **zeitliche Schranken** für die Arbeitsleistung des Arbeitnehmers durch Festlegung einer Höchstarbeitszeit, von Pausen und Mindestruhezeiten. Das Arbeitszeitgesetz legt dagegen nicht fest, ob, wann und wie lange der Arbeitnehmer im Einzelfall arbeiten muss. Der einzelne Arbeitnehmer kann die Arbeitsleistung verweigern, wenn ihn der Arbeitgeber zu Arbeiten heranzieht, die die gesetzlich zulässigen Arbeitszeiten überschreiten. Von dem Arbeitszeitgesetz nicht erfasst sind nach § 18 ArbZG im Wesentlichen die jugendlichen Arbeitnehmer, für die Sonderregelungen bestehen, sowie die Arbeitnehmer, die in häuslicher Gemeinschaft mit den ihnen anvertrauten Personen zusammenleben und sie eigenverantwortlich erziehen, pflegen und betreuen, sowie die leitenden Angestellten im Sinne des Betriebsverfassungsgesetzes (vgl. Kapitel 34 Nr. 30).

b) Der Arbeitgeber hat

- einen Abdruck des Arbeitszeitgesetzes, der einschlägigen Rechtsverordnungen und der für den Betrieb geltenden Tarifverträge und Betriebsvereinbarungen über abweichende Arbeitszeitregelungen an geeigneter Stelle im Betrieb zur Einsichtnahme auszulegen,
- die über acht Stunden werktäglich hinausgehende Arbeitszeit aufzuzeichnen (§ 16 ArbZG). Die Aufzeichnungen über die Arbeitszeiten sind personenbezogene Daten i. S. des Datenschutzrechts der EU. Dieses steht der Verpflichtung des Arbeitgebers, die Aufzeichnungen über die Arbeitszeiten der für die Überwachung der Arbeitsbedingungen zuständigen Stelle zur Erfüllung ihrer Überwachungsaufgaben zur Verfügung zu stellen, nicht entgegen (EuGH vom 30.5.2013 - C-342/12).

c) Die Gewerbeaufsichtsämter bzw. die Ämter für Arbeitsschutz als zuständige Länderaufsichtsbehörden **überwachen** die Einhaltung der Bestimmungen des Arbeitszeitgesetzes (§ 17 ArbZG).

d) Verstöße gegen das Arbeitszeitgesetz sind mit Bußgeldern und in bestimmten Fällen mit Freiheits- oder Geldstrafen zu ahnden (§§ 22 und 23 ArbZG).

e) Bei der Festlegung und Überwachung der Arbeitszeiten sind die **Rechte des Betriebsrats** zu beachten (vgl. Kapitel 34 Nr. 18 Buchst. a und Nr. 21 Buchst. b). So hat der Betriebsrat bei der Festlegung von Beginn und Ende der Rufbereitschaft ein erzwingbares Mitbestimmungsrecht (BAG vom 23.1.2001, DB 2001, 1371).

11. Wie hoch ist die tägliche Höchstarbeitszeit?

Die werktägliche Arbeitszeit darf ohne Pausen die Dauer von **acht Stunden** nicht überschreiten (§ 3 in Verbindung mit § 2 Abs. 1 ArbZG). Dadurch ist von Montag bis einschließlich Samstag eine regelmäßige Wochenarbeitszeit von 48 Stunden zulässig.

12. Was ist im Sinne der Höchstarbeitszeit als tägliche Arbeitszeit anzusehen?

Arbeitszeit im Sinne des Arbeitszeitgesetzes ist „die Zeit vom Beginn bis zum Ende der Arbeit ohne Ruhepausen". Entscheidend sind, soweit wie im öffentlichen Dienst tarifvertragliche Regelungen bestehen, diese Regelungen (vgl. BAG vom 18.1.1990, DB 1990, S. 331), sonst die betrieblichen oder einzelvertraglichen Regelungen. Werden im Betrieb Stechuhren oder sonstige Kontrolleinrichtungen verwendet, so ist auf den Zeitpunkt des Benutzens dieser Kontrolleinrichtungen abzustellen; aber auch sonst wird häufig aufgrund betrieblicher Übung für die Arbeitszeit das Betreten und Verlassen des Betriebes entscheidend sein, sodass jedenfalls Wasch- und Umkleidezeiten in die Arbeitszeit fallen. Dies muss aber nicht so sein. Die betriebliche Regelung kann auch dahin gehen, dass die tägliche Arbeitszeit erst mit dem Eintreffen am unmittelbaren Arbeitsplatz beginnt und dann endet, wenn der Arbeitsplatz verlassen wird. Es genügt, dass der Arbeitnehmer dem Arbeitgeber im Betrieb zur Arbeitsleistung zur Verfügung steht. Das An- und Ablegen auffälliger Dienstkleidung innerhalb des Betriebs ist eine ausschließlich fremdnützige Tätigkeit und gehört damit zur Arbeitszeit (BAG vom 12.11.2013 – 1 ABR 59/12). Die Zurücklegung des Weges zum und vom Betrieb ist dagegen mangels abweichender vertraglicher Regelungen keine Arbeitszeit.

Die bei Dienstreisen anfallenden Fahrtzeiten sind nach dem geltenden Arbeitszeitschutzrecht ebenfalls keine Arbeitszeit, und zwar jedenfalls dann, wenn der Arbeitgeber dem Arbeitnehmer nicht die Benutzung eines selbst zu lenkenden Fahrzeugs vorschreibt und dem Arbeitnehmer auch überlassen bleibt, wie er die Fahrtzeit gestaltet. Fahrtzeiten sind dann Ruhezeiten im Sinne des Arbeitszeitgesetzes (BAG vom 11.7.2006 – 9 AZR 519/05, DB 2007, S. 115). Reisezeit als Beifahrer ist jedoch als Arbeitszeit zu werten. Arbeit ist auch die vom Arbeitgeber veranlasste Untätigkeit, während derer der Arbeitnehmer am Arbeitsplatz anwesend sein muss und nicht frei über die Nutzung des Zeitraums bestimmen kann, er also weder Pause im Sinne des ArbZG noch Freizeit hat (BAG vom 20.4.2011, NZA 2011, S. 917).

13. Sind die Arbeitsbereitschaft, der Bereitschaftsdienst und die Rufbereitschaft Arbeitszeit und welche Besonderheiten gelten?

a) Rufbereitschaft, Bereitschaftsdienst und die Anordnung von Überstunden unterscheiden sich insbesondere nach dem Grad der dem Arbeitnehmer obliegenden Pflichten, der von der bloßen Erreichbarkeit bis zur vollen Arbeitsleistung geht. Die **Arbeitsbereitschaft** ist als Zeit wacher Aufmerksamkeit im Zustand der Entspannung zu verstehen, in der Regel verbunden mit gewissen Beobachtungspflichten, um erforderlichenfalls **von sich aus** tätig zu werden (BAG vom 12.12.2012 – 5 AZR 918/11). Eine Arbeitsbereitschaft liegt danach vor, wenn der Arbeitgeber den Arbeitnehmer dadurch in der freien Wahl des Aufenthaltsortes beschränkt, dass er die Zeit zwischen Abruf und Aufnahme der Arbeit genau vorgibt; der Unterschied zur Pause liegt darin, dass er sich in ihr nicht zur Arbeitsleistung bereithalten muss (BAG vom 19.12.1991, NZA 1992, 560 und vom 24.9.2008, DB 2008, S. 2657).

Beispiele:
Kraftfahrer, die auf Ladung warten, oder Rettungssanitäter oder Disponent im Rettungsdienst zwischen den Einsätzen. Ein Schulhausmeister kann Arbeitsbereitschaft auch in seiner Dienstwohnung auf dem Schulgelände leisten.

Beim **Bereitschaftsdienst** muss der Arbeitnehmer **auf Anforderung** den Dienst aufnehmen (BAG vom 12.12.2012 – 5 AZR 918/11). Er muss sich, ohne dass von ihm wache Aufmerksamkeit gefordert wird, an einem vom Arbeitgeber bestimmten oder zumindest mit ihm abgestimmten Ort innerhalb oder außerhalb des Betriebes aufhalten, um bei Bedarf **unverzüglich** Arbeitsleistungen erbringen zu können (BAG vom 28.1.2004, NZA 2004, S.446). Der Arbeitnehmer kann die Ruhezeit frei nutzen, z. B. auch schlafen, muss aber zum jederzeitigen Einsatz bereit sein. Bereitschaftsdienst darf nur angeordnet werden, wenn zu erwarten ist, dass zwar Arbeit anfällt, erfahrungsgemäß aber die Zeit ohne Arbeitsleistung überwiegt (VG Düsseldorf vom 22.2.2011 – 3 K 8454/09).

Beispiel:
Bereitschaftsdienste der Ärzte und der Feuerwehr.

Die **Rufbereitschaft** unterscheidet sich vom Bereitschaftsdienst dadurch, dass der Arbeitnehmer den Ort, an dem er erreichbar sein muss (die Verpflichtung zur Einschaltung des Mobiltelefons reicht, vgl. BAG vom 29.6.2000, AP Nr. 41 zu § 15 BAT), selbst bestimmen kann und sich darüber hinaus lediglich innerhalb **angemessener Zeit** zur **Arbeitsleistung** zur Verfügung stellen muss. Damit erbringt der Arbeitnehmer während der Rufbereitschaft nicht die nach dem Arbeitsvertrag geschuldete, sondern eine andere zusätzliche Leistung, die darin besteht, dass er seinem Arbeitgeber den Aufenthaltsort anzuzeigen und so zu wählen hat, dass er die Arbeit auf Abruf innerhalb angemessener Zeit aufnehmen kann.

b) **Arbeitsrechtlich** sind die **Arbeitsbereitschaft** und der **Bereitschaftsdienst** grundsätzlich der Vollarbeit gleichzustellen. Dies gilt z. B. auch für die Bestimmung der Dauer der gesetzlich vorgesehenen Pausen (BAG vom 16.12.2009 – 5 AZR 157/09). Es ist aber, weil es sich um keine volle Arbeitsleistung, sondern eher um eine Aufenthaltsbeschränkung handelt, gerechtfertigt, für sie im Einzelvertrag oder im Tarifvertrag Abschläge vorzusehen oder im Verhältnis zur Normalvergütung geringere Pauschalabgeltungen zu vereinbaren. Dies gilt insbesondere auch für den Bereitschaftsdienst (BAG vom 28.1.2004, NZA 2004, S. 656 und vom 25.4.2007, NZA 2007, S. 446 sowie EuGH vom 1.2.2005 – C-14/04). Auch eine Abgeltung der Arbeitsbereitschaft durch Freizeit ist möglich und z. B. bei Ärzten auch üblich (vgl. BAG vom 22.7.2010 – 6 AZR 78/09). Der Freizeitausgleich kann in die gesetzliche Ruhezeit gelegt werden (BAG 22.7.2010 – 6 AZR 78/09). Bei der **Rufbereitschaft** wird die zusätzliche Belastung durch die innerhalb der Rufbereitschaftszeit tatsächlich geleistete Arbeit durch die Bezahlung dieser Arbeit, einschließlich der Mehr- und Nachtarbeitszuschläge ausgeglichen (BAG vom 13.12.2007 – 6 AZR 197/07). Betriebsverfassungsrechtlich gilt die Arbeitsbereitschaft, der Bereitschaftsdienst und die Arbeitsbereitschaft als Arbeitszeit im Sinne des § 87 Abs. 1 Nr. 2 BetrVG.

c) Während bei der Rufbereitschaft nur die tatsächlich geleistete Arbeit im Sinne des **öffentlich-rechtlichen Arbeitszeitrechts** als Arbeitszeit gilt, ist die Arbeitsbereitschaft und der Bereitschaftsdienst voll als Arbeitszeit zu berücksichtigen, einschließlich der Zeiten der Untätigkeit (vgl. EuGH vom 2.10.2000 – C-303/98 – und vom 9.9.2003 – C-151/02, denen sich der Gesetzgeber mit Wirkung vom **1.1.2004** an ausdrücklich angeschlossen hat. Dies gilt z. B. auch beim Verbot der Mehrarbeit für Schwerbehinderte (BAG vom 21.11.2006 – 9 AZR 176/06).

d) Die **Tarifvertragsparteien** haben die Möglichkeit zu folgender abgestuften Regelung:

- Sie können von § 3 ArbZG (werktägliche Arbeitszeit), § 5 Abs. 1 ArbZG (Ruhezeit) und § 6 ArbZG (Nachtarbeit) abweichen, wenn in die Arbeitszeit regelmäßig und in erheblichem Umfang **Arbeitsbereitschaft** oder **Bereitschaftsdienst** fällt, also insbesondere, wenn der regelmäßige Anfall dieser Dienste zur Eigenart einer Berufstätigkeit gehört. Spätestens innerhalb von 12 Monaten muss ein Zeitausgleich auf acht Stunden werktäglich erfolgen. Außerdem muss durch besondere Regelungen im Tarifvertrag oder in einer Betriebsvereinbarung sichergestellt sein, dass die Gesundheit der Arbeitnehmer nicht gefährdet wird (BAG vom 26.6.2010 – 10 AZR 544/09).
- Darüber hinaus können unter den zuvor genannten Voraussetzungen die Tarifvertragsparteien vereinbaren, dass die Arbeitszeit auch ohne Zeitausgleich über acht Stunden je Werktag hinaus verlängert werden darf. Bei Zulassung einer solchen Arbeitszeitverlängerung muss durch besondere Regelungen sichergestellt werden, dass die Gesundheit der Arbeitnehmer nicht gefährdet wird. Eine derartige Verlängerung der Arbeitszeit ohne Zeitausgleich darf nur dann erfolgen, wenn der einzelne Beschäftigte schriftlich einwilligt. Willigt er nicht ein oder widerruft er unter Einhaltung einer Mindestfrist von sechs Monaten seine einmal erteilte Einwilligung, darf er deshalb nicht benachteiligt werden.

14. Wann darf die tägliche Höchstarbeitszeit von acht Stunden überschritten werden?

a) Die werktägliche Arbeitszeit darf bis auf **10 Stunden** verlängert werden, wenn innerhalb von **sechs Kalendermonaten** oder innerhalb von **24 Wochen** ein Ausgleich auf eine Arbeitszeit von im Durchschnitt acht Stunden werktäglich erfolgt (§ 3 Satz 2 ArbZG). Eine Verlängerung des Ausgleichszeitraumes insbesondere durch Tarifverträge, wie sie z. B. in der Metall- und Chemieindustrie bestehen, ist möglich.

b) Weitere Arbeitszeitverlängerungen sind zulässig:

- **Bei vorübergehenden Arbeiten** in **Notfällen** und in **außergewöhnlichen Fällen**, die unabhängig vom Willen der Betroffenen eintreten und deren Folgen nicht auf andere Weise zu beseitigen sind, besonders wenn Rohstoffe oder Lebensmittel zu verderben oder Arbeitsergebnisse zu misslingen drohen (§ 14 Abs. 1 ArbZG),
- wenn eine verhältnismäßig geringe Zahl von Arbeitnehmern **vorübergehend** mit Arbeiten beschäftigt wird, deren Nichterledigung das Ergebnis der **Arbeit gefährden** oder einen **unverhältnismäßigen Schaden** zur Folge haben würde und dem Arbeitgeber andere Vorkehrungen nicht zugemutet werden können (§ 14 Abs. 2 ArbZG),
- bei Forschung und Lehre, bei **unaufschiebbaren Vor- und Abschlussarbeiten** sowie bei unaufschiebbaren Arbeiten zur Behandlung, Pflege und Betreuung von Personen und Tieren an einzelnen Tagen, wenn dem Arbeitgeber andere Vorkehrungen nicht zugemutet werden können (§ 14 Abs. 2 ArbZG),

- **nach Bewilligung** der zuständigen Aufsichtsbehörde des Landes in kontinuierlich arbeitenden Schichtbetrieben zur Erreichung zusätzlicher Freischichten und auf Bau- und Montagestellen,
- **nach Bewilligung** der zuständigen Aufsichtsbehörde des Landes für die Zeit der Saison oder Kampagne, wenn die Verlängerung der Arbeitszeit über acht Stunden werktäglich durch eine entsprechende Verkürzung der Arbeitszeit an anderen Tagen ausgeglichen wird,
- **nach Bewilligung** der zuständigen Aufsichtsbehörde des Landes, wenn die Arbeitszeitverlängerung **im öffentlichen Interesse** dringend nötig ist (§ 15 ArbZG).

15. Welche Ruhepausen sind einzuhalten?

Länger als **sechs Stunden hintereinander** dürfen Arbeitnehmer nicht ohne Pausen beschäftigt werden. § 4 ArbZG entbindet im Umfang der gesetzlichen Mindestpausen den Arbeitgeber von der Verpflichtung, Arbeitsleistung des Arbeitnehmers anzunehmen, und setzt zugleich den Arbeitnehmer außerstande, die Arbeitsleistung zu bewirken – § 297 BGB – (BAG vom 25.2.2015 – 5 AZR 886/12 und 5 AZR 847/13).

Folgende Pausen sind einzuhalten (§ 4 ArbZG):

a) Bei einer Arbeitszeit von mehr als 6 bis 9 Stunden: 30 Minuten oder 2-mal 15 Minuten.

b) Bei eine Arbeitszeit von mehr als 9 Stunden: 45 Minuten; eine Aufteilung in mehrere Zeitabschnitte von jeweils 15 Minuten ist möglich.

c) Der Arbeitgeber ist berechtigt, unabhängig von der Dauer der individuell geschuldeten arbeitstäglichen Arbeitszeit, unter Wahrung der Interessen des Arbeitnehmers und des betrieblichen Interesses eine Pause von mehr als 30 Minuten Dauer anzuordnen. Die gesetzlich geregelten Ruhepausen stellen lediglich das Mindestmaß dar und verwehren es dem Arbeitgeber nicht, kraft seines Weisungsrechts längere Pausen vorzusehen (BAG vom 16.12.2009 – 5 AZR 157/09). Die Anordnung einer Pause verstößt gegen § 4 ArbZG, wenn sie nicht im Voraus festgelegt wird. Eine Festlegung von Lage und Dauer der gesetzlichen Pausen vor Beginn der täglichen Arbeitszeit verlangt § 4 Satz 1 ArbZG nicht. Es genügt, wenn dem Arbeitnehmer Beginn und Dauer der Pause zu Beginn der täglichen Arbeitszeit mitgeteilt werden (BAG vom 25.2.2015 – 1 AZR 642/13).

Zu den Pausen für jugendliche Arbeitnehmer vgl. Kapitel 28 Nr. 5.

16. Welche Mindestruhezeiten sind einzuhalten?

Nach Beendigung der täglichen Arbeitszeit ist dem Arbeitnehmer eine ununterbrochene Ruhezeit von **11 Stunden** zu gewähren (§ 5 ArbZG). Während dieser Zeit darf der Arbeitnehmer zu keinen Arbeiten herangezogen werden, auch nicht zur Arbeitsbereitschaft oder zu Arbeiten zuhause. Ausnahmen bestehen unter anderem in Krankenhäusern, in Pflegeeinrichtungen, im Gaststättengewerbe, im Beherbergungswesen, in der Landwirtschaft sowie im Verkehrswesen.

E Schicht- und Nachtarbeit

17. Was ist bei der Schichtarbeit zu beachten?

Schichtarbeit liegt vor, wenn eine bestimmte Arbeitsaufgabe über einen längeren Zeitraum als die wirkliche Arbeitszeit eines Arbeitnehmers hinaus anfällt und daher von mehreren Arbeitnehmern oder Arbeitnehmergruppen in einer im Allgemeinen in einem sogenannten Schichtplan geregelten zeitlichen Reihenfolge erbracht wird (BAG vom 18.7.1990, DB 1990, S. 551). Die Arbeitszeit der Schichtarbeitnehmer ist nach den gesicherten arbeitsmedizinischen Erkenntnissen über die menschengerechte Gestaltung der Arbeit festzulegen (§ 6 Abs. 1 ArbZG), insbesondere durch den Abbau von Mehrfachbelastungen und ausreichende Gesundheitsvorsorge. Die zuständige Aufsichtsbehörde hat die Möglichkeit, zur Herbeiführung eines regelmäßigen wöchentlichen Schichtwechsels Abweichungen von der elfstündigen Ruhezeit zu bewilligen, und zwar zweimal innerhalb eines Zeitraums von drei Wochen (§ 15 Abs. 1 Nr. 4 ArbZG). Den Tarifvertragsparteien steht es frei, ob und gegebenenfalls unter welchen Voraussetzungen sie an die Verrichtung von Schichtarbeit Zulagen knüpfen. Sie können z. B. eine Schichtzulage daran binden, dass nach einem Schichtplan ununterbrochen bei Tag und Nacht, werktags, sonntags und feiertags gearbeitet wird und der Arbeitnehmer wiederkehrend nach einem festen Muster in denselben Schichten eingesetzt wird (BAG vom 26.9.2007 AP TVG § 1 Bezugnahme auf Tarifvertrag Nr. 58). Für Teilzeitbeschäftigte gilt für die Entlohnung das Pro-rata-temporis-Prinzip (BAG vom 24.9.2008 – 10 AZR 634/07).

18. Was gilt bei der Nachtarbeit?

Für Nachtarbeitnehmer, also Personen, die an mehr als zwei Stunden während der Nachtzeit **von 23 bis 6 Uhr** ihre Arbeitsleistung normalerweise in Wechselschicht oder an mindestens 48 Tagen im Kalenderjahr erbringen (vgl. die gesetzliche Definition in § 2 ArbZG), gelten zur Sicherung des Gesundheitsschutzes **folgende Regelungen**:

a) Bei Festlegung der Arbeitszeit der **Nacht- und Schichtarbeitnehmer** sind die **gesicherten** arbeitswissenschaftlichen Erkenntnisse über die menschengerechte Gestaltung der Arbeit sowie die Grenzen für die Öffnung von Ladengeschäften zu berücksichtigen.

b) Die tägliche Arbeitszeit der Nachtarbeitnehmer darf **acht Stunden** nicht überschreiten. Eine Verlängerung **auf 10 Stunden** ist zulässig, wenn die werktägliche Durchschnittsgrenze innerhalb eines **Ausgleichszeitraums** von einem Kalendermonat oder vier Wochen erreicht wird. Bei Arbeitnehmern, die längere Zeit nicht zur Nachtarbeit herangezogen werden, kann die über acht Stunden hinausgehende Nachtarbeit innerhalb von sechs Kalendermonaten oder 24 Wochen ausgeglichen werden.

c) Jeder Nachtarbeitnehmer hat das Recht, sich vor Aufnahme einer mit Nachtarbeit verbundenen Tätigkeit und danach in regelmäßigen Zeitabständen von drei Jahren auf Kosten des Arbeitgebers von einem Arbeitsmediziner **ärztlich** untersuchen zu lassen.

d) Bei durch einen Arbeitsmediziner ärztlich festgestellten gesundheitlichen Beeinträchtigungen, bei der Betreuung eines Kindes unter 12 Jahren oder bei der Versorgung von schwer pflegebedürftigen Angehörigen ist der Nachtarbeitnehmer – soweit dem nicht dringende betriebliche Erfordernisse entgegenstehen – auf einen für ihn **geeigneten Tagesarbeitsplatz** umzusetzen. Voraussetzung ist, dass die Betreuung des Kindes durch eine andere im Haushalt lebende Person bzw. die Versorgung des Angehörigen durch einen anderen im Haushalt lebenden Angehörigen nicht möglich ist. Stehen nach Auffassung des Arbeitgebers der Umsetzung dringende betriebliche Erfordernisse entgegen, ist der Betriebsrat anzuhören; dieser kann Vorschläge für eine Umsetzung machen.

e) Nachtarbeitnehmer haben, soweit keine tarifvertragliche Regelung besteht, Anspruch darauf, dass sie für die während der Nachtzeit geleisteten Arbeitsstunden eine **angemessene Zahl bezahlter freier Tage** (Zusatzurlaub) oder einen **angemessenen Zuschlag** auf ihr Bruttoarbeitsentgelt erhalten. Dabei zählt zur zuschlagspflichtigen Nachtarbeit zwar der Bereitschaftsdienst, aber nicht die Pausen (BAG, Urteile vom 15.7.2009 – 5 AZR 892/08, 18.11.2009 – 5 AZR 774/08 sowie 12.12.2012 – 10 AZR 192/11). Der in § 6 Abs. 5 ArbZG nur allgemein geregelte Ausgleichsanspruch kann durch einzelvertragliche Vereinbarung, auch durch Allgemeine Geschäftsbedingungen, die die besonderen gesetzlichen Anforderungen des §§ 305 ff. BGB einzuhalten haben, näher ausgestaltet werden (BAG vom 15.7.2009, AP ArbZG § 6 Nr. 10). Im Übrigen hat der Arbeitgeber ein Wahlrecht, das auch auf eine Kombination zwischen Zuschlag und Freizeitgewährung hinauslaufen kann (BAG vom 1.2.2006, NZA 2006, S. 494). Eine Vorgabe, was „angemessen" ist, enthält das Arbeitszeitgesetz nicht. Angemessen ist ein Zuschlag in Höhe von 25 v. H. auf den Bruttostundenlohn bzw. die entsprechende Anzahl freier Tage für die zwischen 23:00 Uhr und 6:00 Uhr geleisteten Nachtarbeitsstunden. Bei Dauernachtarbeit erhöht sich dieser Anspruch regelmäßig auf 30 v. H. (BAG vom 9.12.2015 – 10 AZR 423/14). Für Angehörige eines Rettungsdienstes ist regelmäßig ein Zuschlag in Höhe von 10 Prozent des Arbeitsverdienstes angemessen. Durch den Zuschlag soll für diesen Personenkreis nur die mit der Nachtarbeit verbundene Erschwernis abgegolten werden. Der ansonsten mit dem Zuschlag verbundene Zweck, Nachtarbeit einzuschränken, kommt hier nicht zum Tragen (BAG vom 31.8.2005 – 5 AZR 545/04). Ein Nachtarbeitszuschlag kann auch in einem einheitlichen Gehalt enthalten sein. In diesem Fall ist die Pauschalabgeltung gemäß § 307 Abs. 3 Satz 2 BGB einer Inhaltskontrolle nach § 307 Abs. 1 Satz 2 BGB zu unterziehen. Bei der Prüfung, ob die pauschale Abgeltung des Nachtschwerarbeitszuschlags klar und verständlich geregelt ist, sind gemäß § 310 Abs. 3 Nr. 3 BGB auch die den Vertragsabschluss begleitenden individuellen Umstände zu berücksichtigen. Bei der Ausgestaltung des Ausgleichs hat der Betriebsrat ein Mitbestimmungsrecht, soweit keine tarifliche Regelung eingreift (BAG vom 17.1.2012, NZA 2012, S. 513). Unabhängig hiervon ist den Nachtarbeitnehmern der gleiche Zugang zur betrieblichen Weiterbildung und zu aufstiegsfördernden Maßnahmen wie den übrigen Arbeitnehmern zu gewähren.

f) In Bäckereien und Konditoreien ist der Zeitraum für Nachtarbeit abweichend vom generell für Nachtarbeit geltenden Zeitraum (23 Uhr bis 6 Uhr) auf die Zeit von 22 Uhr bis 5 Uhr festgesetzt (§ 2 Abs. 3 ArbZG). Damit gelten die Vorschriften des ArbZG für Nachtarbeitnehmer in Bäckereien und Konditoreien nur, wenn die Arbeit vor drei Uhr beginnt.

19. Wann gelten Ausnahmeregelungen ?

Das Arbeitszeitgesetz sieht vor, dass von den arbeitszeitrechtlichen Grundnormen (Höchstdauer der werktäglichen Arbeitszeit, Mindestdauer der Pausen und Ruhezeiten, Einschränkung der Nachtarbeit) zur Anpassung an die konkreten betrieblichen Erfordernisse insbesondere durch die Tarifvertragsparteien, unter bestimmten Voraussetzungen durch die Betriebspartner (Arbeitgeber und Betriebsrat oder Arbeitgeber und Arbeitnehmer), durch die Aufsichtsbehörden oder durch die Bundesregierung bzw. Landesregierungen (durch Rechtsverordnung) **in weitem Umfang Ausnahmen** zugelassen werden können (vgl. § 7 ArbZG sowie Nr. 14). **Wichtig** ist, dass bei allen Verlängerungen der Arbeitszeit ein Durchschnitt von 48 Stunden wöchentlich nicht überschritten werden darf, und zwar einschließlich Bereitschaftsdienst, Arbeitsbereitschaftsdienst und Überstunden. Der Zeitraum für diesen Zeitausgleich beträgt 12 Monate und, wenn die Verlängerung durch die Aufsichtsbehörde zugelassen ist, 6 Kalendermonate oder 24 Wochen. Die zeitliche Obergrenze ist durch europäisches Recht (Art. 6 Buchst. b der Richtlinie 2003/88 zwingend vorgegeben. Nach Auffassung des Europäischen Gerichtshofs (Urteil vom 25.11.2010 – C-429/09) kann sich der Arbeitnehmer, wenn der Arbeitgeber eine längere Arbeitszeit festsetzt, unmittelbar auf EU-Recht berufen und Ersatz des Schadens verlangen, der ihm durch den Verstoß entstanden ist. Die Form der Entschädigung ist Sache des Mitgliedstaates und muss dem erlittenen Schaden angemessen sein. Dabei ist sowohl Freizeitausgleich als auch eine finanzielle Zahlung möglich.

F Arbeitsverbot an Sonntagen und gesetzlichen Feiertagen

20. Wann ist eine Arbeit an Sonntagen und gesetzlichen Feiertagen verboten?

a) Der Arbeitgeber darf nach § 9 ArbZG an Sonntagen und gesetzlichen Feiertagen Arbeitnehmer im Allgemeinen nicht beschäftigen; allerdings gibt es zahlreiche Ausnahmen, z. B. beim Besatzungspersonal von Seeschiffen und Flugzeugen sowie bei leitenden Angestellten im Sinne des Betriebsverfassungsrechts (vgl. im Einzelnen Nrn. 22 und 24). Maßgeblich z. B. für die Einordnung als gesetzlicher Feiertag ist das im jeweiligen Beschäftigungsbetrieb geltende Feiertagsrecht. Mit der Anknüpfung an den Betrieb wird der regional unterschiedlichen Ausgestaltung des Feiertagsrechts Rechnung getragen und eine Gleichbehandlung der im Betrieb beschäftigten Arbeitnehmer gewährleistet (BAG, Urteil vom 14.6.2006, DB 2006, S. 2016). Ostersonntag und Pfingstsonntag sind im Allgemeinen keine gesetzlichen Feiertage. Zur Entgeltzahlung für Arbeitszeit, die infolge eines gesetzlichen Feiertages ausfällt, ist auf Kapitel 13 Nr. 1 ff. zu verweisen.

b) Arbeitnehmer, die an Sonn- und Feiertagen arbeiten, haben keinen gesetzlichen Anspruch auf einen Zuschlag zur Arbeitsvergütung. Ein Arbeitnehmer kann allerdings dann einen Zuschlag verlangen, wenn er an Sonn- oder Feiertagen **Nachtarbeit** leistet. Sieht ein Tarifvertrag Zuschläge für Feiertagsarbeit vor, wird der Zuschlag regelmäßig nur für die Arbeit an gesetzlichen Feiertagen ausgelöst (BAG vom 17.8.2011 – 10 AZR 347/10). Für die an Sonn- oder Feiertagen geleistete Arbeit ist gem. § 11 Abs. 3 ArbZG ein Ersatzruhetag zu gewähren (BAG vom 11.1.2006, NJW 2006, S. 1229).

c) Der Arbeitgeber ist berechtigt, kraft seines Direktionsrechts aus § 106 GewO ebenso wie z. B. Schichtarbeit auch Sonn- und Feiertagsarbeit anzuordnen, wenn sie gesetzlich erlaubt ist und auch keine kollektivrechtliche oder vertragliche Einschränkung des Weisungsrechts vorliegt. Wollen die Parteien trotz Fehlen einer ausdrücklichen Regelung im Arbeitsvertrag das Weisungsrecht für die Verteilung der Arbeitszeit einschränken, müssen hierfür besondere Anhaltspunkte bestehen (BAG vom 15.9.2009, AP GewO § 106 Nr. 7).

d) Zu den Feiertagen in den einzelnen Bundesländern vgl. die folgende Tabelle

	Baden-Württemberg	Bayern	Berlin	Brandenburg	Bremen	Hamburg	Hessen	Mecklenburg-Vorpommern	Niedersachsen	Nordrhein-Westfalen	Rheinland-Pfalz	Saarland	Sachsen	Sachsen-Anhalt	Schleswig-Holstein	Thüringen
Neujahr	x	x	x	x	x	x	x	x	x	x	x	x	x	x	x	x
Hl. Drei Könige (6.1.)	x	x												x		
Karfreitag	x	x	x	x	x	x	x	x	x	x	x	x	x	x	x	x
Ostermontag	x	x	x	x	x	x	x	x	x	x	x	x	x	x	x	x
1. Mai	x	x	x	x	x	x	x	x	x	x	x	x	x	x	x	x
Christi Himmelfahrt	x	x	x	x	x	x	x	x	x	x	x	x	x	x	x	x
Pfingstmontag	x	x	x	x	x	x	x	x	x	x	x	x	x	x	x	x
Fronleichnam	x	x					x			x	x	x	k			k
Friedensfest (8.8.)	Stadt Augsburg															
Mariä Himmelfahrt (15.8.)		k										x				
Tag d. deut. Einheit (3.10.)	x	x	x	x	x	x	x	x	x	x	x	x	x	x	x	x
Reformationstag (31.10.)				x		x		x					x	x	x	x
Allerheiligen (1.11.)	x	x								x	x	x				
Buß- und Bettag													x			
1. Weihnachtstag	x	x	x	x	x	x	x	x	x	x	x	x	x	x	x	x
2. Weihnachtstag	x	x	x	x	x	x	x	x	x	x	x	x	x	x	x	x

Die allgemein geltenden Feiertage sind mit x, die für Gemeinden mit überwiegend katholischer Bevölkerung geltenden Feiertage mit k gekennzeichnet.

21. Welche Ruhezeiten sind an Sonntagen und gesetzlichen Feiertagen einzuhalten?

Arbeitnehmer dürfen **an Sonn- und gesetzlichen Feiertagen in der Zeit von 0 bis 24 Uhr** nicht beschäftigt werden. Das gilt auch für die Weiterbeschäftigung mit Tagesabschlussarbeiten an Samstagen und vor Feiertagen (VG Berlin vom 30.11. 2011 – 35 K 388.09). In mehrschichtigen Betrieben mit regelmäßiger Tag- und Nachtschicht kann Beginn oder Ende der Sonn- und Feiertagsruhe um bis zu sechs Stunden vor- oder zurückverlegt werden, wenn für die auf den Beginn der Ruhezeit folgenden 24 Stunden der Betrieb ruht. Für Kraftfahrer und Beifahrer kann der Beginn der 24-stündigen Sonn- und Feiertagsruhe um bis zu zwei Stunden vorverlegt werden (§ 9 ArbZG).

22. Welche Ausnahmen von der Sonntags- und Feiertagsruhe gibt es?

Arbeitnehmer dürfen nach § 10 Abs. 1 ArbZG an Sonn- und Feiertagen, sofern die Arbeiten nicht an Werktagen vorgenommen werden können, beschäftigt werden

a) in **Krankenhäusern** und anderen Einrichtungen zur Behandlung, Pflege und Betreuung von Personen,

b) in **Gaststätten** und anderen Einrichtungen zur **Bewirtung und Beherbergung** sowie im **Haushalt**,

c) bei Musikaufführungen, Theatervorstellungen, Filmvorführungen, Schaustellungen, Darbietungen und anderen ähnlichen Veranstaltungen,

d) bei nichtgewerblichen Aktionen und Veranstaltungen der Kirchen, Religionsgesellschaften, Verbände, Vereine, Parteien und anderer ähnlicher Vereinigungen,

e) beim **Sport und in Freizeit-, Erholungs- und Vergnügungseinrichtungen**, beim **Fremdenverkehr** sowie in Museen und wissenschaftlichen Präsenzbibliotheken,

f) beim Rundfunk, bei der Tages- und Sportpresse, bei Nachrichtenagenturen sowie bei den der Tagesaktualität dienenden Tätigkeiten für andere Presseerzeugnisse, einschließlich des Austragens von Presseerzeugnissen, bei der Herstellung von Satz, Filmen und Druckformen für tagesaktuelle Nachrichten und Bilder, bei tagesaktuellen Aufnahmen auf Ton- und Bildträger sowie beim Transport und Kommissionieren von Presseerzeugnissen, deren Ersterscheinungstag am Montag oder am Tag nach einem Feiertag liegt,

g) bei **Messen, Ausstellungen und Märkten** im Sinne des Titels IV der Gewerbeordnung sowie bei Volksfesten,

h) in **Verkehrsbetrieben**,

i) in der Landwirtschaft und in der Tierhaltung sowie in Einrichtungen zur Behandlung und Pflege von Tieren,

j) im Bewachungsbereich,

k) bei der **Reinigung und Instandhaltung von Betriebseinrichtungen**, soweit hierdurch der regelmäßige Fortgang des eigenen oder eines fremden Betriebs bedingt ist, bei der Vorbereitung der Wiederaufnahme des vollen werktägigen Betriebs sowie bei der Kontrolle der Funktionsfähigkeit von Datennetzen und Rechnersystemen,

l) zur Vermeidung einer Zerstörung oder erheblichen Beschädigung der Produktionseinrichtungen,

m) zur **Verhütung des Verderbens von Naturerzeugnissen oder Rohstoffen oder des Misslingens von Arbeitsergebnissen** sowie bei kontinuierlich durchzuführenden Forschungsarbeiten; ein **Misslingen von Arbeitsergebnissen** liegt insbesondere dann vor, wenn wegen der Unterbrechung am Sonn- oder Feiertag nicht oder fehlerhaft gelungene Arbeitserzeugnisse in Höhe von 5 % einer Wochenproduktion an fehlerfreien Arbeitserzeugnissen anfallen (bezogen auf die sechs Werktage von Montag bis Samstag mit 144 Arbeitsstunden).

n) Arbeitnehmer in Bäckereien und Konditoreien dürfen an Sonn- und Feiertagen bis zu 3 Stunden mit der Herstellung und dem Austragen oder Ausfahren von Konditorwaren und mit dem Verkauf von an diesem Tag zum Verkauf kommenden Bäckerwaren beschäftigt werden (§ 10 Abs. 3 ArbZG).

Darüber hinaus dürfen Arbeitnehmer an Sonn- und Feiertagen mit den sonst verbotenen **Produktionsarbeiten** beschäftigt werden, wenn die zur Vermeidung der Unterbrechung der Produktion an sich zulässigen Reinigungs-, Instandhaltungs- und

Vorbereitungsarbeiten (vgl. oben Buchst. k) den Einsatz von mehr Arbeitnehmern als bei durchgehender Produktion erfordern (§ 10 Abs. 2 ArbZG).

23. Welche Schutzregelungen gelten für an Sonn- und gesetzlichen Feiertagen arbeitende Arbeitnehmer?

Durch **folgende Regelungen** ist der Arbeitnehmer geschützt (§ 11 ArbZG):

a) Mindestens **15 Sonntage** im Jahr müssen beschäftigungsfrei sein, wobei eine Verringerung dieser Zahl in bestimmten Bereichen, z. B. in Krankenhäusern oder Gaststätten, zulässig ist.

b) Die zeitlichen Beschränkungen für die Arbeit an Werktagen gelten auch an **Sonn- und Feiertagen**. Dies bedeutet, das die Arbeitszeit auch an Sonn- und Feiertagen grundsätzlich acht Stunden nicht überschreiten darf; sie kann auf 10 Stunden verlängert werden, wenn diese Verlängerung innerhalb von sechs Kalendermonaten oder 24 Wochen ausgeglichen wird. Im Durchschnitt dieses Ausgleichszeitraums darf die Arbeitszeit von 48 Stunden pro Woche (einschließlich des Sonntags) nicht überschritten werden.

c) Werden Arbeitnehmer an einem **Sonntag** beschäftigt, müssen sie einen **Ersatzruhetag** haben, der innerhalb eines den Beschäftigungstag einschließenden Zeitraums von zwei Wochen zu gewähren ist. Werden Arbeitnehmer an einem auf einen Werktag fallenden **Feiertag** beschäftigt, müssen sie einen Ersatzruhetag haben, der innerhalb eines den Beschäftigungstag einschließenden Zeitraums von acht Wochen zu gewähren ist. Der Ersatzruhetag kann nach dem Wortlaut des § 11 Abs. 3 ArbZG auch auf einen ohnehin arbeitsfreien oder einen schichtplanmäßig arbeitsfreien sonstigen Werktag gelegt werden. Eine bezahlte Freistellung kann also nicht verlangt werden (z. B. BAG vom 12.12.2001, BAGE 100, S. 124).

d) Die Sonn- oder Feiertagsruhe oder der Ersatzruhetag ist den Arbeitnehmern **unmittelbar in Verbindung mit einer 11-stündigen Ruhezeit nach § 5 ArbZG** zu gewähren, soweit dem technische oder arbeitsorganisatorische Gründe, z. B. in Form eines Schichtwechsels, nicht entgegenstehen; damit ist grundsätzlich eine wöchentliche Mindestruhezeit von 35 Stunden für die Arbeitnehmer sichergestellt.

24. Worauf muss besonders geachtet werden?

a) Tarifvertragsparteien und Betriebspartner haben das Recht, unter bestimmten Voraussetzungen die **Dauer der Arbeitszeit** bei gesetzlich zugelassener Sonn- und Feiertagsarbeit festzulegen sowie die Zahl der **arbeitsfreien Sonntage** und die **Ersatzruhetage** zu variieren. Insbesondere kann in einem Tarifvertrag oder in einer Betriebsvereinbarung, wenn ein Tarifvertrag dies zulässt, die Beschäftigung von Arbeitnehmern in einigen Monaten im Jahr an **jedem Sonn- und Feiertag** zugelassen werden (von Bedeutung z. B. für saisonabhängige Betriebe im Gaststättengewerbe). Eine bestimmte Mindestzahl von Sonntagen im Jahr muss allerdings beschäftigungsfrei bleiben. Ferner haben die Tarifvertragsparteien die Möglichkeit, den Wegfall von Ersatzruhetagen für auf Werktage fallende Feiertage zu vereinbaren oder einen **anderen Ausgleichszeitraum** für den Ersatzruhetag festzulegen und in vollkontinuierlichen Schichtbetrieben die Arbeitszeit an Sonn- und Feiertagen auf bis zu **12 Stunden zu verlängern**, wenn dadurch zusätzlich Freischichten an Sonn- und Feiertagen erreicht werden (§ 12 ArbZG).

b) Durch Rechtsverordnung der Bundesregierung sind unter anderen aus Gründen des Gemeinwohls Ausnahmen vom Beschäftigungsverbot möglich. Diese umfassen auch gesamtwirtschaftliche Gründe, z. B. die Existenzgefährdung von Betrieben und den damit verbundenen drohenden Verlust von Arbeitsplätzen sowie die angespannte internationale Wettbewerbsfähigkeit in einer Branche (§ 13 Abs. 1 ArbZG).

c) **Die zuständige Aufsichtsbehörde des Landes** hat die Möglichkeit, bei Auslegungszweifeln, ob eine Beschäftigung an Sonn- und Feiertagen zulässig ist, im Einzelfall durch Verwaltungsakt eine schnelle Klärung herbeizuführen. Darüber hinaus ist ihr in § 13 Abs. 3 – 5 ArbZG die Befugnis eingeräumt, die **Beschäftigung an Sonn- und Feiertagen** zu bewilligen, wenn

   - im **Handelsgewerbe** besondere Verhältnisse einen erweiterten Geschäftsverkehr erforderlich machen (bis zu 10 Sonn- und Feiertage im Jahr),
   - besondere Verhältnisse zur Verhütung eines **unverhältnismäßigen Schadens** dies erfordern (bis zu fünf Sonn- und Feiertage im Jahr),
   - Arbeiten aus chemischen, biologischen, technischen oder physikalischen Gründen einen **ununterbrochenen Fortgang** auch an Sonn- und Feiertagen erfordern (Sollregelung) oder
   - nachweisbar die **Konkurrenzfähigkeit** gegenüber dem Ausland wegen längerer Betriebszeiten oder anderer Arbeitsbedingungen im Ausland unzumutbar beeinträchtigt ist und durch die Genehmigung von Sonn- und Feiertagsarbeit die **Beschäftigung gesichert** werden kann (Mussregelung).

d) Der Arbeitgeber kann auch ohne vorherige Genehmigung der Aufsichtsbehörde Sonn- und Feiertagsarbeit anordnen bei **vorübergehenden Arbeiten in Notfällen** und in außergewöhnlichen Fällen, die **unabhängig vom Willen** der Betroffenen eintreten und deren Folgen nicht auf andere Weise zu beseitigen sind, besonders wenn Rohstoffe oder Lebensmittel zu verderben oder Arbeitsergebnisse zu misslingen drohen (§ 14 Abs. 1 ArbZG).

G Regelungen für besondere Personengruppen

25. Für welche Arbeitnehmergruppen gelten besondere Regelungen?

Besondere Regelungen der Arbeitszeit bestehen für **jugendliche Arbeitnehmer** (vgl. Kapitel 28 Nr. 7) und – durch das Recht der Europäischen Union vorgegeben – für **Kraftfahrer** (vgl. § 21a ArbZG) sowie für Beschäftigte im Handel (vgl. dazu Nr. 26).

26. Welche besonderen arbeitszeitrechtlichen Regelungen gelten hinsichtlich der Beschäftigung im Handel?

Das in **Bayern** weiter geltende **Bundesladenschlussgesetz**, sowie die in den anderen Bundesländern geltenden Landesgesetze enthalten insbesondere Regelungen über die Zeiten, in denen Ladengeschäfte aller Art **geschlossen** sein müssen und damit auch Arbeitnehmer **nicht beschäftigt** werden dürfen.

7. Teilzeitarbeit, flexible Arbeit

1. Was bedeutet Teilzeitarbeit?

Teilzeitarbeit ist jede Arbeit, für die eine **kürzere regelmäßige Arbeitszeit** als die Arbeitszeit vergleichbarer vollzeitbeschäftigter Arbeitnehmer des Betriebs vereinbart ist (§ 2 Abs. 1 TzBfG). Dies gilt auch, wenn der Arbeitgeber die regelmäßige Arbeitszeit im Betrieb erhöht. Die Arbeitnehmer, die z. B. auf eigenen Wunsch ihre bisherige Arbeitszeit beibehalten, sind dann Teilzeitarbeitnehmer. Zurzeit überwiegt noch die Teilzeitarbeit mit täglich verkürzter Arbeitszeit, vor allem in Form der Halbtagsarbeit mit bis zu 4-stündiger Arbeitszeit am Tag. Daneben gibt es zunehmend flexible Formen, in denen die Teilzeitarbeit entweder täglich mit ungleichmäßiger Dauer oder aber nur an einigen Tagen in der Woche oder mit längeren Freizeitphasen (z. B. eine Woche Arbeit und anschließend eine Woche Freizeit) geleistet wird. Wie bei der Arbeitszeit Vollzeitbeschäftigter ist auch bei Teilzeitbeschäftigten das **Mitbestimmungsrecht des Betriebsrats** nach § 87 Abs. 1 Nr. 2 BetrVG zu beachten (z. B. BAG vom 13.10.1987, BB 1988, S. 270; vgl. Kapitel 34 Nr. 21).

Teilzeitbeschäftigte haben dieselben Rechte und Pflichten wie Vollzeitbeschäftigte. Verhinderungen aus persönlichen Gründen, z. B. Arztbesuche, sind wie bei Vollzeitbeschäftigten möglichst in die Freizeit zu legen (vgl. auch Nr. 3).

2. Was ist bei geringfügigen und kurzfristigen Beschäftigungsverhältnissen zu beachten?

a) Es können Teilzeitarbeiten mit sehr unterschiedlicher Arbeitszeitdauer mit nahezu null Stunden und nahezu der Regelarbeitszeit vereinbart werden, was sich insbesondere in der Höhe des erzielten Arbeitsentgelts auswirkt. Steuerliche und sozialversicherungsrechtliche Besonderheiten gelten für sogen. **Mini-Jobs**:

- **Mini-Jobs bis 450 Euro (geringfügige Beschäftigung):** Der **Arbeitgeber** muss hierfür eine **Pauschalabgabe von 31,20 % leisten** (15 % Rentenversicherung, 13 % Krankenversicherung – entfällt bei Personen, die nicht in der gesetzlichen Krankenversicherung versichert sind –, 2 % Pauschalsteuer des Arbeitgebers und 1,20 % an sonstigen Umlagen für Krankheit, Mutterschaft und Insolvenz). Die Pauschalabgabe wird an die Bundesknappschaft abgeführt, die die Teilbeträge auf Sozialversicherungsträger und Finanzverwaltung verteilt. Personen, die nach dem 1.1.2013 einen geringfügig entlohnten Minijob aufgenommen haben, unterliegen grundsätzlich der Versicherungspflicht in der gesetzlichen Rentenversicherung. Eine Ausnahme hiervon bilden Minijobber, die bereits eine Vollrente wegen Alters oder eine Beamtenversorgung wegen Erreichens einer Altersgrenze beziehen. Dem Beschäftigten steht es frei, sich auf Antrag von der Versicherungspflicht befreien zu lassen (sog. Opt-Out). Für geringfügige Beschäftigungsverhältnisse, die bereits vor dem 1.1.2013 begonnen haben, besteht weiterhin Versicherungsfreiheit in der Rentenversicherung, solange das Arbeitsentgelt 400 Euro pro Monat nicht übersteigt.
- **Mini-Jobs zwischen 450,01 Euro und 850 Euro (Gleitzone/Progressionszone):** Auch die Gleitzone ist seit dem 1.1.2013 um 50 Euro verschoben. Es müssen weniger Sozialversicherungsbeiträge gezahlt werden, weil nur ein nach einer bestimmten Formel berechneter Teil des Arbeitsentgelts der Bei-

tragspflicht unterliegt. Die Besteuerung erfolgt individuell nach den allgemeinen Regelungen.

- **Mini-Jobs im Privathaushalt (haushaltsnahe Dienstleistungen):** Es gelten erheblich reduzierte Pauschalabgaben an Sozialversicherung und Steuern sowie eine steuerliche Förderung der die Dienstleistung in Anspruch nehmenden Haushalte. Bei Einkommen bis 450 Euro (seit 1.1.2013) ist eine **Pauschalabgabe des Arbeitgebers in Höhe von 14,74 %** zu leisten (5 % Rentenversicherung, 5 % Krankenversicherung, 2 % Pauschalsteuer des Arbeitgebers, 0,9 % Umlage U1 – Lohnfortzahlung bei Krankheit – und 0,24 % Umlage U 2 – Ausgleich der Mutterschutzaufwendungen – sowie 1,6 % Unfallversicherung). Die Vordrucke für das vereinfachte Verfahren stehen im Internet unter www.minijob-zentrale.de zur Verfügung, werden aber auf Aufforderung auch durch die Minijobzentrale zugeschickt.

- **Steuerliche Förderung der haushaltsnahen Dienstleistungen:** Als Abzug von der Steuerschuld sind je nach Art der Dienstleistung vorgesehen:

  - Mini-Jobs in Höhe von 20 % (max. 510 Euro/Jahr)
  - sozialversicherungspflichtiges Beschäftigungsverhältnis in Höhe von 12 % (max. 2.400 Euro)
  - durch Unternehmen/Agenturen in Höhe von 20 % (max. 600 Euro).

- **Nebentätigkeiten / Zusammenrechnung**

  Ein Arbeitnehmer kann bei einem anderen Arbeitgeber neben seiner hauptberuflichen Tätigkeit **einen** Mini-Job bis zu einem Einkommen von 450 Euro ausüben. Darüber hinaus werden geringfügig entlohnte Beschäftigungen mit nicht geringfügigen Beschäftigungen zusammengerechnet. Im Übrigen werden alle geringfügigen Beschäftigungen zusammengerechnet und führen bei Überschreiten der Entgeltgrenze von 450 Euro zur Versicherungspflicht in allen Zweigen der Sozialversicherung.

b) **Wichtig: Arbeitsrechtlich** sind die in Mini-Job-Verhältnissen stehenden Arbeitnehmer wie andere Teilzeitarbeitnehmer zu behandeln (§ 2 Abs. 2 TzBfG). Ihnen stehen insbesondere auch Anspruch auf Mindestlohn, **Urlaubsanspruch**, **Entgeltfortzahlungsanspruch** im Krankheitsfall und an Feiertagen (vgl. Nr. 3) sowie im Allgemeinen Anspruch auf betriebliche Renten zu. Lediglich bei einzelnen arbeitsrechtlichen **Schwellenwerten**, z. B. bei der für den gesetzlichen Kündigungsschutz erforderlichen Beschäftigtenzahl von 10 Arbeitnehmern oder im Rahmen des Umlage- und Ausgleichsverfahrens für die Entgeltfortzahlung im Krankheitsfalle werden geringfügig beschäftigte Arbeitnehmer wie andere teilzeitbeschäftigte Arbeitnehmer nur anteilig berücksichtigt (vgl. Kapitel 24 Nr. 34).

c) Steuerliche und sozialversicherungsrechtliche Besonderheiten gelten auch für die ebenfalls unter die geringfügigen Beschäftigungsverhältnisse zusammengefassten **kurzfristigen Beschäftigungen**.

- Kurzfristige Beschäftigungen sind **versicherungsfrei**, wenn sie auf zwei Monate oder 50 Arbeitstage im Laufe eines Kalenderjahres – in der Zeit vom 1.1.2015 bis 31.12.2018 auf längstens drei Monate oder 70 Arbeitstage – nach ihrer Eigenheit oder im Voraus vertraglich auf diese Zeitdauer begrenzt sind und nicht berufsmäßig ausgeübt werden (Ausnahme: Das Arbeitsentgelt überschreitet monatlich nicht 450 Euro).

- Eine pauschale Versteuerung des Arbeitslohns mit 25 v. H. ist unter den Voraussetzungen des § 40a EStG zulässig, wenn der Arbeitnehmer bei dem Arbeitgeber gelegentlich, also nicht regelmäßig wiederkehrend beschäftigt wird, die Dauer der Beschäftigung 18 zusammenhängende Arbeitstage nicht übersteigt und der Arbeitslohn während der Beschäftigungsdauer nicht höher als 62 Euro durchschnittlich je Arbeitstag ist oder die Beschäftigung zu einem unvorhergesehenen Zeitpunkt sofort erforderlich war. Zugleich darf der Arbeitslohn während der Beschäftigungsdauer durchschnittlich 12 Euro je Arbeitsstunde nicht übersteigen. Im Innenverhältnis kann der Arbeitnehmer zur ganzen oder teilweisen Übernahme der Pauschallohnsteuer verpflichtet sein.
- Wenn sowohl die Voraussetzungen für eine kurzfristige Beschäftigung als auch die Voraussetzungen für eine geringfügige Dauerbeschäftigung vorliegen, besteht wegen Kurzfristigkeit der Beschäftigung Versicherungsfreiheit.

Wegen der steuerlichen und sozialversicherungsrechtlichen Einzelheiten kann auf das im Dr. F. Weiss Verlag erschienene Buch „Praktische Lohnabrechnung 2018" verwiesen werden.

3. Muss der Arbeitgeber Vollzeitbeschäftigte und Teilzeitbeschäftigte gleich behandeln?

Einem in Teilzeit beschäftigten Arbeitnehmer ist nach § 4 Abs. 1 TzBfG Arbeitsentgelt oder eine andere teilbare geldwerte Leistung, z. B. an die Dauer der Betriebszugehörigkeit geknüpfte Zuschläge, mindestens in dem Umfang zu gewähren, der dem Anteil seiner Arbeitszeit an der Arbeitszeit eines vergleichbaren vollzeitbeschäftigten Arbeitnehmers entspricht **(pro-rata-temporis-Grundsatz)**. Eine Ungleichbehandlung wegen Teilzeitarbeit liegt vor, wenn die Dauer der Arbeitszeit das Kriterium darstellt, an welches die unterschiedliche Behandlung bei den Arbeitsbedingungen anknüpft (BAG vom 24.9.2008 AP TzBfG § 4 Nr. 17). Vollzeit- und Teilzeitkräfte werden daher ungleich vergütet, wenn für jeweils die gleiche Stundenzahl nicht die gleiche Gesamtvergütung gezahlt wird. Teilzeitbeschäftigte **Arbeiter** haben dementsprechend grundsätzlich Anspruch auf denselben Stundenlohn wie vollzeitbeschäftigte Arbeiter, teilzeitbeschäftigte **Angestellte** auf ein entsprechend der Verminderung der Arbeitszeit reduziertes Gehalt des vollzeitbeschäftigten Angestellten und teilzeitbeschäftigte Arbeitnehmer in Leistungslohnsystemen auf ein Arbeitsentgelt, das nach den gleichen Grundsätzen wie bei vollbeschäftigten Arbeitnehmern errechnet ist. Verstößt eine vertragliche Vergütungsabrede hiergegen, hat der Arbeitnehmer, solange die Benachteiligung besteht, Anspruch auf die übliche Vergütung (BAG vom 17.4.2002, AP BeschFG 1985 § 2 Nr. 84). Droht einem teilzeitbeschäftigten Arbeitnehmer im Laufe des Vertragsverhältnisses aufgrund unterschiedlicher Vertragsgestaltung des Arbeitsgebers bei Voll- und Teilzeitbeschäftigten eine schlechtere Behandlung, ist der Arbeitgeber nach § 4 Abs. 1 Satz 1 TzBfG verpflichtet, den Teilzeitbeschäftigten so zu stellen, dass eine schlechtere Behandlung unterbleibt (BAG vom 14.12.2011, NZA 2012, S. 663). Die Kürzung einer arbeitstäglich gezahlten Zulage setzt voraus, dass die tägliche Arbeitszeit des Teilzeitbeschäftigten die tägliche Arbeitszeit vergleichbarer Vollzeitbeschäftigter unterschreitet. Entsprechen sich die täglichen Arbeitszeiten vergleichbarer Teilzeit- und Vollzeitbeschäftigter, arbeitet der Teilzeitbeschäftigte aber an weniger Arbeitstagen, ist eine Kürzung ausgeschlossen (BAG vom 23.2.2011, NZA 2011, S. 1484).

Aber auch sonst darf der teilzeitbeschäftigte Arbeitnehmer **nicht schlechter behandelt** werden als ein vergleichbarer vollzeitbeschäftigter Arbeitnehmer (§ 4 Abs. 1 TzBfG). Folgende Ausnahmen bestehen:

a) Die unterschiedliche Behandlung erfolgt nicht wegen der Teilzeitarbeit, sondern **aus anderen Gründen** (z. B. wegen der Arbeitsleistung, der Qualifikation, der Berufserfahrung oder unterschiedlichen Anforderungen am Arbeitsplatz (BAG vom 18.3.2014 – 9 AZR 694/12)).

b) Es **liegen sachliche Gründe** für eine unterschiedliche Behandlung vor. Dabei stellt es keinen sachlichen Grund für die schlechtere Bezahlung eines teilzeitbeschäftigten Arbeitnehmers dar, wenn er neben der Teilzeitbeschäftigung einem Hauptberuf nachgeht, aus dem er eine gesicherte Existenzgrundlage hat oder hieraus Versorgungsleistungen bezieht (so schon zum früheren Recht BAG vom 1.11.1995, BB 1996, S. 1385). Geeignete Gründe für eine ungleiche Behandlung hat der Arbeitgeber darzulegen (BAG vom 16.1.2003 – 6 AZR 222/01).

   Wichtig ist, dass auch bei **Teilzeitbeschäftigten** die im Allgemeinen Gleichbehandlungsgesetz geregelten Diskriminierungsverbote (vgl. Kapitel 20 Nr. 11 ff.) zu berücksichtigen sind. Da es sich bei den Teilzeitbeschäftigten gegenwärtig weit überwiegend um Arbeitnehmerinnen handelt, ist insbesondere das **Diskriminierungsverbot** wegen des Geschlechts zu beachten. Es muss also zugleich immer geprüft werden, ob nicht in Wirklichkeit die unterschiedliche Behandlung zwischen Voll- und Teilzeitbeschäftigten des Betriebes **ohne zwingenden Grund** mittelbar oder unmittelbar am Geschlecht anknüpft und damit unzulässig ist.

   Eine schlechtere Behandlung eines Teilzeitbeschäftigten gegenüber einem vergleichbaren Vollzeitbeschäftigten liegt in der Regel nicht vor, wenn der Teilzeitbeschäftigte zum Ausgleich des entstandenen Nachteils einen Vorteil erhält, der geeignet ist, die bestehende Schlechterstellung des Teilzeitbeschäftigten auszugleichen. Berücksichtigt werden können aber nur solche Leistungen, die in einem sachlichen Zusammenhang stehen. Insoweit kann auf die Grundsätze zurückgegriffen werden, die das Bundesarbeitsgericht beim Günstigkeitsvergleich zwischen tariflichen und vertraglichen Regelungen nach § 4 Abs. 3 TVG herausgearbeitet hat. Danach betreffen z. B. Arbeitszeit und Arbeitsentgelt einerseits und eine Beschäftigungsgarantie andererseits unterschiedlich geartete Regelungsgegenstände, für deren Bewertung es keinen gemeinsamen Maßstab gibt. Eine Beschäftigungsgarantie ist daher nicht geeignet, Verschlechterungen beim Arbeitsentgelt oder bei der Arbeitszeit zu rechtfertigen (BAG vom 16.9.2008, DB 2008, S. 3432).

c) Auch in **Tarifverträgen** dürfen keine Regelungen zum **Nachteil der Teilzeitbeschäftigten** vereinbart werden, sofern sie nicht sachlich begründet sind (§ 22 Abs. 1 TzBfG). Dabei ist es unerheblich, ob die Ungleichbehandlung durch Einschränkung des persönlichen Geltungsbereichs eines Tarifvertrages oder durch eine ausdrückliche Ausnahmeregelung erreicht wird (z. B. BAG vom 29.8.1989,

DB 1989, S. 2338). Dasselbe gilt für Betriebsvereinbarungen. Lässt § 8 TzBfG eine weitaus größere Bandbreite von Teilzeitmodellen als die im Betrieb gültige Betriebsvereinbarung zur Teilzeit zu, ist die hierin liegende Beschränkung unzulässig, da sie die Wahlmöglichkeiten, die das TzBfG dem Arbeitnehmer eröffnet, zu seinen Lasten beschränkt. § 22 Abs. 1 TzBfG erfasst alle Regelungen, die den Inhalt des Anspruchs zum Nachteil des Arbeitnehmers verändern (BAG vom 20.1.2015 – 9 AZR 735/13).

4. Müssen Teilzeitbeschäftigte Überstunden leisten?

Teilzeitbeschäftigte sind zur Leistung von Überstunden nur verpflichtet, wenn dies ausdrücklich **vereinbart** ist. Sie haben ohne besondere Vereinbarung auch keinen Anspruch auf Überstundenzuschlag, wenn sie zwar über die für sie geltende Teilzeitarbeit hinaus Überstunden leisten, diese aber nicht über die betriebsübliche Arbeitszeit hinausgehen (z. B. EuGH vom 15.12.1994 – C-399/92 – und BAG vom 20.6.1995, BB 1996, S. 1277). Dementsprechend sehen auch die Tarifverträge im Allgemeinen Überstundenzuschläge erst vor, wenn die wöchentlichen oder täglichen Vollarbeitszeitgrenzen überschritten werden (zur Zulässigkeit BAG vom 16.6.2004 – 5 AZR 448/03).

5. Welchen Urlaubsanspruch haben Teilzeitarbeitnehmer?

Es ist zu unterscheiden, ob Teilzeitarbeitnehmer an **allen Arbeitstagen** mit lediglich verkürzter Arbeitszeit oder nur an **einzelnen Tagen** der Woche arbeiten. Im ersten Fall wirkt sich die Teilzeitarbeit entsprechend dem pro-rata-temporis-Grundsatz in einem niedrigen Urlaubsentgelt aus, im zweiten Fall verringert sich der nach Arbeitstagen zu berechnende Urlaub entsprechend den arbeitsfreien Tagen (vgl. Kapitel 15 Nr. 8 und 31).

Auch tarifliches Urlaubsgeld ist als Gegenleistung zur Arbeitsleistung entsprechend der geringeren Arbeitszeit eines Teilzeitbeschäftigten proportional zu kürzen, da es als zusätzliches Entgelt an die tatsächlich erbrachte Arbeitsleistung anknüpft (BAG vom 21.1.2014 – 9 AZR 134/12).

6. Welche besonderen Pflichten treffen den Arbeitgeber bei der Teilzeitarbeit?

a) Der Arbeitgeber hat den Arbeitnehmern, auch in leitenden Positionen, Teilzeitarbeit zu ermöglichen (§ 6 TzBfG). Hierbei handelt es sich allerdings lediglich um einen Programmsatz, der noch keine unmittelbaren Ansprüche auf Teilzeitarbeit begründet (vgl. aber Nr. 7).

b) Der Arbeitgeber, der freie Arbeitsplätze öffentlich oder innerhalb des Betriebes ausschreibt, hat diese Arbeitsplätze auch als Teilzeitarbeitsplätze auszuschreiben, sofern diese hierfür **geeignet** sind (§ 7 Abs. 1 TzBfG). Zweifelhaft, aber eher zu verneinen ist die Frage, ob der Betriebsrat nach § 99 BetrVG einer Einstellung widersprechen kann, wenn der Arbeitgeber die Stelle nur für Vollzeit ausgeschrieben hat, sie nach Auffassung des Betriebsrats aber auch für Teilzeit geeignet ist.

c) Der Arbeitgeber hat einen (voll- oder teilzeitbeschäftigten) Arbeitnehmer, der ihm gegenüber den Wunsch nach einer Veränderung von Dauer und Lage seiner vertraglich vereinbarten Arbeitszeit angezeigt hat, über **entsprechende Arbeits-**

plätze zu informieren, die im Betrieb oder Unternehmen besetzt werden sollen (§ 7 Abs. 2 TzBfG). Ein allgemeiner Aushang im Betrieb reicht nicht.

d) Der Arbeitgeber hat den **Betriebsrat** über Teilzeitarbeit im Betrieb und Unternehmen zu informieren, insbesondere über vorhandene oder geplante Teilzeitarbeitsplätze und über die Umwandlung von Teilzeit- in Vollzeitarbeitsplätze oder umgekehrt. Dem Betriebsrat sind auf Verlangen die erforderlichen Unterlagen zur Verfügung zu stellen (§ 7 Abs. 3 TzBfG).

e) Der Arbeitgeber hat dafür Sorge zu tragen, dass auch teilzeitbeschäftigte Arbeitnehmer an **Aus- und Weiterbildungsmaßnahmen** zur Förderung der beruflichen Entwicklung und Mobilität teilnehmen können, es sei denn, dass dringende betriebliche Gründe oder Aus- und Weiterbildungswünsche anderer teilzeit- oder vollzeitbeschäftigter Arbeitnehmer entgegenstehen (§ 10 TzBfG).

f) Die **Kündigung eines Arbeitsverhältnisses** wegen der Weigerung eines Arbeitnehmers, von einem Vollzeit- in ein Teilzeitarbeitsverhältnis oder umgekehrt zu wechseln, ist unwirksam (§ 11 TzBfG). Das Recht zur Kündigung des Arbeitsverhältnisses aus anderen Gründen bleibt unberührt; hierzu gehören wirtschaftliche, technische oder organisatorische Gründe, die zur Änderung oder Beendigung des Arbeitsverhältnisses führen können.

g) Versicherte, die wegen der beabsichtigen Inanspruchnahme einer Teilrente ihre Arbeitsleistung verringern wollen, haben gegen den Arbeitgeber Anspruch darauf, dass er mit ihnen die Möglichkeit einer Einschränkung der Arbeitszeit erörtert (§ 42 Abs. 3 SGB IV).

7. Wann hat der Arbeitnehmer einen Anspruch auf Verringerung seiner Arbeitszeit?

Der Arbeitnehmer hat einen **Anspruch auf Teilzeitarbeit** (§ 8 TzBfG). Dies gilt unabhängig davon, ob es sich um wöchentlich vereinbarte Arbeitszeiten oder um Arbeitszeiten handelt, die z. B. in flexibler Form auf einen längeren Zeitraum verteilt sind, ob der Arbeitnehmer bisher voll- oder teilzeitbeschäftigt war (vgl. BAG vom 13.11.2012, DB 2013, S. 760) oder in welchem Umfang die Arbeitszeit verringert werden soll. Dies bewirkt, dass ein Arbeitnehmer grundsätzlich auch Anspruch auf eine verhältnismäßig geringfügige Verringerung seiner Arbeitszeit haben kann. Liegen allerdings im Einzelfall besondere Umstände vor, die darauf schließen lassen, der Arbeitnehmer wolle die ihm gemäß § 8 TzBfG zustehenden Rechte zweckwidrig dazu nutzen, unter Inkaufnahme einer unwesentlichen Verringerung der Arbeitszeit und der Arbeitsvergütung eine bestimmte Verteilung der Arbeitszeit zu erreichen, auf die er ohne Arbeitszeitreduzierung keinen Anspruch hätte, kann dies die Annahme eines gemäß § 242 BGB rechtsmissbräuchlichen Verringerungsverlangens rechtfertigen (BAG vom 11.6.2013 – 9 AZR 786/11). Der gesetzliche Anspruch auf unbefristete Verringerung der Arbeitszeit kann nach § 22 Abs. 1 TzBfG grundsätzlich nicht zeitlich beschränkt werden. Die Tarifvertragsparteien, Betriebsparteien und Arbeitsvertragsparteien können aber zugunsten des Arbeitnehmers zusätzlich zum gesetzlichen Anspruch die Möglichkeit vorsehen, die Arbeitszeit für eine begrenzte Dauer zu reduzieren. Die Wirksamkeit einer arbeitsvertraglich vereinbarten Befristung einer Arbeitszeitverringerung hängt davon ab, ob die Vertragsparteien mit dieser Abrede den gesetzlichen Anspruch auf Verringerung der Arbeitszeit nach § 8 TzBfG zeitlich beschränkt haben oder lediglich eine von der gesetzlichen Regelung unabhängige Vereinbarung getroffen haben. Das richtet sich danach, ob der Arbeitnehmer über diese Befristungsabrede hinaus die unbefristete Verringerung seiner Arbeitszeit geltend gemacht hat und die Voraussetzungen des § 8 TzBfG vorlagen. Steht dem Arbeitnehmer kein Anspruch auf eine unbefristete Verringerung der Arbeitszeit nach § 8 TzBfG zu, ist eine Befristung der Arbeitszeitverringerung nicht unangemessen im Sinne des § 307 Abs. 1 Satz 1 BGB (BAG vom 10.12.2014 – 7 AZR 1009/12).

Der Anspruch auf Teilzeitarbeit gilt auch für Arbeitnehmer in leitenden Funktionen und ist im Übrigen an **folgende Voraussetzungen** geknüpft:

a) Das Arbeitsverhältnis muss bei Geltendmachung des Anspruchs länger als **sechs Monate** bestanden haben und der Arbeitgeber muss, unabhängig von der Zahl der in der Berufsausbildung befindlichen Personen, in der Regel mehr als **15 Arbeitnehmer** beschäftigen.

b) Es dürfen zum Zeitpunkt der Entscheidung des Arbeitgebers keine **betrieblichen Gründe** der Verringerung der Arbeitszeit und auch nicht ihrer Verteilung entsprechend den Wünschen des Arbeitnehmers entgegenstehen. Mit dem Begriff der betrieblichen Gründe, die den Arbeitgeber berechtigen, das Verringerungsbegehren abzulehnen, nimmt § 8 Abs. 4 Satz 1 TzBfG auf den Betrieb als organisatorische Einheit Bezug, nicht auf den einzelnen Arbeitsplatz, den der Arbeitgeber dem Arbeitnehmer zugewiesen hat (BAG vom 13.11.2012, DB 2013, S. 760). Dringlichkeit ist nicht erforderlich, sodass **rationale und nachvollziehbare** Gründe ausreichen (BAG vom 20.1.2015 – 9 AZR 735/13), die vom Arbeitgeber allerdings konkret vorzutragen und nachzuweisen sind. Betriebliche Gründe stehen der Verringerung und/oder der gewünschten Verteilung der Arbeitszeit insbesondere entgegen, wenn dadurch die Organisation, der Arbeitsablauf oder die Sicherheit im Betrieb wesentlich beeinträchtigt oder unverhältnismäßige Kosten, z. B. in Form der Anschaffung eines zweiten Dienstwagens oder in Form von Kosten für Einarbeitung und laufende Schulungen für eine erforderliche Ersatzkraft (vgl. BAG vom 21.6.2005, NZA 2006, S. 316), entstehen würden. Es reicht z. B. aus, wenn der Arbeitgeber nachweist, dass eine geeignete Teilzeitarbeitskraft auf dem für ihn maßgeblichen Arbeitsmarkt nicht zur Verfügung steht; eine Ersatzkraft ist geeignet, wenn sie die für den Arbeitsplatz notwendigen Kenntnisse und Fähigkeiten hat und dem Arbeitgeber zuzumuten ist, sie entsprechend zu schulen. Die Schulung darf keine unverhältnismäßigen Kosten verursachen (BAG vom 14.10.2003, DB 2004, S. 986).

   Auch genügt es, wenn ein stimmiges und damit nachvollziehbares unternehmerisches Konzept über die Organisation des Betriebes (der Arbeitgeber will sicherstellen, dass der Kunde immer nur einen Ansprechpartner hat) oder ein entsprechendes pädagogisches Konzept dem Teilzeitanspruch entgegensteht. Dies gilt insbesondere, wenn die Betriebsorganisation, die dem Verringerungs- und/oder Verteilungsverlangen entgegensteht, mit dem Betriebsrat abgestimmt ist.

   Nach der Rechtsprechung des Bundesarbeitsgerichts erfolgt die Prüfung der Ablehnungsgründe des Arbeitgebers dabei regelmäßig in drei Stufen. Zunächst ist festzustellen, ob der vom Arbeitgeber als erforderlich angesehenen Arbeitszeitregelung überhaupt ein betriebliches Organisationskonzept zugrunde liegt und – wenn das zutrifft – um welches Konzept es sich handelt (erste Stufe). In der

Folge ist zu untersuchen, inwieweit die Arbeitszeitregelung dem Arbeitszeitverlangen tatsächlich entgegensteht (zweite Stufe). Schließlich ist in einer dritten Stufe das Gewicht der entgegenstehenden betrieblichen Gründe zu prüfen. Dabei ist die Frage zu klären, ob das betriebliche Organisationskonzept oder die zugrunde liegende unternehmerische Aufgabenstellung durch die vom Arbeitnehmer gewünschte Abweichung wesentlich beeinträchtigt werden (z. B. Urteile vom 8.5.2007, NJW 2007, S. 3661, und vom 13.10.2009 – 9 AZR 910/08). Maßgeblich für das Vorliegen der betrieblichen Gründe ist der Zeitpunkt der Ablehnung des Arbeitszeitwunschs durch den Arbeitgeber.

Dabei unterscheiden sich die Gründe zur Ablehnung der Arbeitszeitreduzierung danach, ob es sich um die Reduzierung als solche oder um die gewünschte Verteilung der Arbeitszeit handelt. Z. B. kann eine Betriebsvereinbarung, die die Verteilung der Arbeitszeit auf fünf Arbeitstage festlegt, die Ablehnung des Wunsches des Arbeitnehmers rechtfertigen, nur an vier Tagen zu arbeiten (LAG Berlin vom 18.1.2002 – 19 Sa 1982/01; vgl. auch BAG vom 18.2.2003 DB 2003, S. 2442 und vom 24.6.2008 EzA TzBfG § 8 Nr. 2). Sonst kann der Neuverteilungswunsch des Arbeitnehmers nicht mit der Begründung abgelehnt werden, dass bisher ein bestimmtes Arbeitszeitmodell gilt, z. B. die Fünftagewoche. § 7 TzBfG begründet nicht nur für die Verringerung der Arbeitszeit, sondern auch für ihre Verteilung bis zu den **Grenzen des Rechtsmissbrauchs** einen Anspruch auf Vertragsänderung. Der bisher von Montag bis Freitag beschäftigte Arbeitnehmer kann also z. B. verlangen, von Montag bis Donnerstag beschäftigt zu werden. Er kann dabei verlangen, auch an neun Stunden beschäftigt zu werden (BAG vom 18.8.2009, NZA 2009, S. 1207). Die Ablehnungsgründe können durch Tarifvertrag festgelegt werden. Im Geltungsbereich eines solchen Tarifvertrages können nicht tarifgebundene Arbeitgeber und Arbeitnehmer die Anwendung der tariflichen Regelungen über die Ablehnungsgründe vereinbaren. Die arbeitsvertragliche Bezugnahme auf eine Betriebsvereinbarung zur Teilzeit ist unwirksam, soweit dadurch zuungunsten des Arbeitnehmers von den Vorschriften des TzBfG abgewichen wird (BAG vom 20.1.2015 – 9 AZR 735/13).

c) Im Allgemeinen ist bei dem Wunsch nach einer Neuverteilung der Arbeitszeit von einem kollektiven Bezug auszugehen und deshalb das Mitbestimmungsrecht des Betriebsrats nach § 87 Abs. 1 Nr. 2 BetrVG zu beachten (BAG vom 18.8.2009, NZA 2009, S. 1207).

d) Der Arbeitnehmer muss die Verringerung seiner Arbeitszeit und den Umfang der Verringerung spätestens **drei Monate** vor deren Beginn geltend machen. Er soll dabei die gewünschte **Verteilung der Arbeitszeitverringerung** angeben. Ein zu kurzfristig gestelltes Teilzeitverlangen, das die Ankündigungsfrist des § 8 Abs. 2 TzBfG nicht wahrt, ist der Auslegung zugänglich. Es kann so ausgelegt werden, dass es sich hilfsweise auf den Zeitpunkt richtet, zu dem der Arbeitnehmer die Verringerung frühestens verlangen kann (BAG vom 20.7.2004 – 9 AZR 626/03). Der Antrag auf Verringerung der Arbeitszeit ist auf den Abschluss eines Änderungsvertrags gerichtet und damit ein Angebot i. S. v. § 145 BGB. Ein Verringerungsangebot muss so formuliert sein, dass es durch ein schlichtes „ja" angenommen werden kann. Der Inhalt des Angebots auf Veränderung muss deshalb so bestimmt sein, dass keine Unklarheiten über den Inhalt des geänderten Vertrags bestehen (BAG vom 15.11.2011 – 9 AZR 729/07). Der Arbeitnehmer ist bis zur Entscheidung des

Arbeitgebers an seinen Wunsch gebunden. Konkretisiert der Arbeitnehmer sein Verlangen auf Verringerung der Arbeitszeit nicht auf einen bestimmten zeitlichen Umfang und räumt er dem Arbeitgeber kein Recht zur Bestimmung des Umfangs der Verringerung ein, so liegt kein gültiges Verringerungsverlangen vor (BAG vom 16.10.2007, NJW 2008, S. 936). Macht der Arbeitnehmer sowohl einen Verringerungs- als auch einen Verteilungswunsch geltend, hängen beide regelmäßig voneinander ab (einheitliches Vertragsangebot). Es kann nur einheitlich abgelehnt werden (BAG vom 18.8.2009, NZA 2009, S. 1207). Die Klage auf Verringerung der Arbeitszeit ist in diesem Fall schon dann unbegründet, wenn der Anspruch auf Verteilung der Arbeitszeit nicht besteht. Hat der Arbeitgeber das Angebot auf Verringerung und Verteilung der Arbeitszeit abgelehnt, kann der Arbeitnehmer ab diesem Zeitpunkt seinen Verteilungswunsch nicht mehr ändern (BAG vom 24.6.2008, DB 2008, S. 2543).

e) Der Arbeitgeber hat mit dem Arbeitnehmer die gewünschte Verringerung der Wochenarbeitszeit mit dem Ziel zu erörtern, zu einer **Vereinbarung** zu gelangen. Spätestens zu diesem Zeitpunkt muss der Arbeitnehmer die gewünschte Verteilung der Arbeitszeit einbringen (BAG vom 23.11.2004, NZA 2005, S. 770). Die Verletzung der Verhandlungsobliegenheit durch den Arbeitgeber hat allerdings keine rechtlichen Folgen (BAG vom 18.2.2003, EzA § 8 TzBfG Nr. 2). Er kann die Lage der verringerten Arbeitszeit bestimmen, ist dabei aber auf das **Einvernehmen des Arbeitnehmers** und, sofern die Regelung auch andere Arbeitnehmer betrifft und damit einen kollektiven Bezug hat, des **Betriebsrats** (§ 87 Abs. 1 Nr. 2 BetrVG; vgl. Kapitel 34 Nr. 21 Buchst. b) angewiesen.

f) Die Entscheidung über den Wunsch des Arbeitnehmers, die Wochenarbeitszeit zu verringern, und über die vom Arbeitnehmer gewünschte Verteilung der Arbeitszeit hat der Arbeitgeber dem Arbeitnehmer spätestens **vier Wochen** vor dem gewünschten Beginn der Verringerung **schriftlich** mitzuteilen (BAG vom 20.1.2015 – 9 AZR 860/13). Ist für den Arbeitgeber erkennbar, dass der Arbeitnehmer die Verringerung der Arbeitszeit von der gewünschten Verteilung der Arbeitszeit abhängig macht, ist nur eine einheitliche Entscheidung möglich. Die **Versäumnis der Frist** hat erhebliche Auswirkungen. Dabei ist zu **unterscheiden**:

   - Haben sich Arbeitgeber und Arbeitnehmer nicht über die Verringerung der Arbeitszeit geeinigt und hat der Arbeitgeber die Arbeitszeitverringerung nicht spätestens einen Monat vor dem Beginn schriftlich abgelehnt, verringert sich die Arbeitszeit in dem vom Arbeitnehmer gewünschten Umfang (BAG vom 20.1.2015 – 9 AZR 860/13).

   - Haben Arbeitnehmer und Arbeitgeber über die Verteilung der Arbeitszeit kein Einvernehmen erzielt und hat der Arbeitgeber nicht spätestens einen Monat vor dem gewünschten Beginn der Arbeitszeitverringerung die gewünschte Verteilung der Arbeitszeit schriftlich abgelehnt, gilt die Verteilung der Arbeitszeit entsprechend den Wünschen des Arbeitnehmers als festgelegt (BAG vom 20.1.2015 – 9 AZR 860/13). Infolge der Fiktion muss sich der Arbeitgeber so behandeln lassen, als hätte er der angetragenen Vertragsänderung zugestimmt. Dies gilt bei einem – im Regelfall gegebenen – kollektiven Bezug allerdings vorbehaltlich der **Zustimmung des Betriebsrats** (vgl. Buchst. c und Nr. 1).

- Hat der Arbeitgeber die Verringerung der Arbeitszeit und deren Verteilung rechtzeitig abgelehnt, ist der Arbeitnehmer, um seinen Teilzeitanspruch durchzusetzen, **auf den Rechtsweg** angewiesen (Leistungsklage auf Abgabe einer Willenserklärung; § 894 ZPO). Hat der Arbeitgeber zwar der Verringerung der Arbeitszeit nicht widersprochen, aber die vom Arbeitnehmer gewünschte Verteilung der Arbeitszeit abgelehnt, beschränkt sich die gerichtliche Auseinandersetzung auf die Verteilung der Arbeitszeit. Eine einstweilige Verfügung zur Durchsetzung des Teilzeitanspruchs scheidet im Allgemeinen aus.

g) Der Arbeitgeber hat die Möglichkeit, die vereinbarte oder aufgrund der Versäumnis der Ablehnungsfrist festgelegte **Verteilung der Arbeitszeit** zu ändern, wenn die betrieblichen Interessen die Interessen des Arbeitnehmers an der Beibehaltung der bisherigen Verteilung **erheblich überwiegen**.

h) Der Arbeitnehmer kann eine erneute **Verringerung der Arbeitszeit** frühestens nach Ablauf von zwei Jahren verlangen, nachdem der Arbeitgeber einer Verringerung zugestimmt oder sie berechtigt abgelehnt hat.

i) Der Arbeitnehmer ist grundsätzlich nicht verpflichtet, bei der Einstellung darauf hinzuweisen, dass er später die Absicht hat, seine Arbeitszeit zu verringern.

j) Auch Arbeitnehmer, die einen Anspruch auf Verringerung der Arbeitszeit nach § 15 BEEG (vgl. Kapitel 19 Nr. 38) oder nach § 164 Abs. 5 SGB IX (vgl. Kapitel 29 Nr. 11) haben, können den allgemeinen Anspruch auf Verringerung ihrer Arbeitszeit geltend machen.

8. Wann besteht ein Anspruch auf Verlängerung der Arbeitszeit?

a) Der Arbeitgeber hat einen teilzeitbeschäftigten Arbeitnehmer, der ihm gegenüber den Wunsch nach einer **Verlängerung** seiner vertraglich vereinbarten Arbeitszeit angezeigt hat, bei der Besetzung eines entsprechenden freien Arbeitsplatzes bei gleicher Eignung **bevorzugt** zu berücksichtigen, es sei denn, dass dringende betriebliche Gründe oder Arbeitszeitwünsche anderer teilzeitbeschäftigter Arbeitnehmer entgegenstehen (§ 9 TzBfG). Der Arbeitgeber muss damit ein verfügbares Zeitkontingent grundsätzlich einem Teilzeitarbeitnehmer mit einem fortbestehenden Grundarbeitsverhältnis antragen, wenn dieser die unbefristete Erhöhung seiner Grundarbeitszeit geltend gemacht hat. Voraussetzung für einen Anspruch auf Erhöhung der Arbeitszeit nach § 9 TzBfG ist aber stets das Vorhandensein verfügbarer Beschäftigungskapazitäten („freier Arbeitsplatz"). Dabei unterliegt es der unternehmerischen Entscheidung, ob der Arbeitgeber Aufgaben durch freie Mitarbeiter oder durch Arbeitnehmer erfüllen lässt, sofern er sich dabei durch plausible wirtschaftliche oder unternehmenspolitische Überlegungen leiten lässt (BAG vom 2.9.2009, 7 AZR 233/08). Es besteht ein einklagbarer Rechtsanspruch (BAG vom 8.5.2007 – 9 AZR 874/06). Berücksichtigt ein Arbeitgeber einen teilzeitbeschäftigten Arbeitnehmer, der ihm den Wunsch nach einer Verlängerung seiner vertraglich vereinbarten Arbeitszeit angezeigt hat, trotz dessen Eignung nicht bei der Besetzung eines entsprechenden freien Arbeitsplatzes, geht der Anspruch des Arbeitnehmers auf Verlängerung seiner Arbeitszeit gemäß § 275 Abs. 1 BGB unter, sobald der Arbeitgeber den Arbeitsplatz mit einem anderen Arbeitnehmer besetzt. Hat der Arbeitgeber den Untergang des Anspruchs des Arbeitnehmers zu vertreten, hat dieser Anspruch auf Schadensersatz (§ 275 Abs. 1

und 4, § 280 Abs. 1 und Abs. 3, § 281 Abs. 2, § 283 Satz 1 BGB). § 249 Abs. 1 BGB, dem zufolge der Zustand herzustellen ist, der bestehen würde, wenn der zum Ersatz verpflichtende Umstand nicht eingetreten wäre, führt jedoch nicht dazu, dass der Arbeitgeber verpflichtet wird, mit dem Arbeitnehmer die Verlängerung der Arbeitszeit zu vereinbaren. Nach Auffassung des 9. Senats des BAG steht einem solchen Anspruch die Wertung des Gesetzgebers in § 15 Abs. 6 AGG entgegen, wonach der Arbeitnehmer selbst bei einem Verstoß des Arbeitgebers gegen das Benachteiligungsverbot des § 7 Abs. 1 AGG grundsätzlich keinen Anspruch auf Begründung eines Arbeitsverhältnisses oder einen beruflichen Aufstieg hat (BAG vom 18.7.2017 – 9 AZR 259/16). Die regelmäßige Arbeitszeit des Vollzeitbeschäftigten bildet die Obergrenze des Arbeitszeitverlängerungsanspruchs nach § 9 TzBfG. Die Vorschrift gewährt vollzeitbeschäftigten Arbeitnehmern keinen Anspruch gegen den Arbeitgeber, die vertragliche Arbeitszeit zu verlängern (BAG vom 21.6.2011 – 9 AZR 236/10).

b) Der Anspruch auf Verlängerung der Arbeitszeit setzt voraus, dass ein „entsprechender Arbeitsplatz" mit längerer Arbeitszeit frei ist. Dabei ist das Erfordernis eines „entsprechenden Arbeitsplatzes" regelmäßig nur dann gewahrt, wenn die zu besetzende Stelle inhaltlich vergleichbar ist mit dem Arbeitsplatz, auf dem der teilzeitbeschäftigte Arbeitnehmer seine vertraglich geschuldete Tätigkeit ausübt. Beide Tätigkeiten müssen in der Regel dieselben Anforderungen an die persönliche und fachliche Eignung des Arbeitnehmers stellen. Nur ausnahmsweise besteht ein Anspruch auf Verlängerung der Arbeitszeit auch dann, wenn dies mit einem Wechsel auf einen Arbeitsplatz mit einer höherwertigen Tätigkeit verbunden ist. Ein solcher Ausnahmefall ist zu bejahen, wenn die Personalorganisation des Arbeitgebers Teilzeitarbeit lediglich auf einer niedrigeren Hierarchiestufe als der bisher eingenommenen zulässt. Das bewirkt eine Selbstbindung: Die Grenze zwischen den beiden Hierarchieebenen wird für den späteren Verlängerungswunsch des teilzeitbeschäftigten Arbeitnehmers durchlässig. In diesem Fall gilt auch der Arbeitsplatz mit der höherwertigen Tätigkeit als „entsprechender Arbeitsplatz" im Sinne von § 9 TzBfG (BAG vom 16.9.2008, DB 2008, S. 3432). Dem Aufstockungsverlangen nach § 9 TzBfG kann nur dann die unternehmerische Entscheidung, einen entsprechenden Arbeitsbereich generell nur mit Teilzeitstellen auszustatten, entgegengehalten werden, wenn dies durch arbeitsplatzbezogene Gründe gerechtfertigt ist (LAG Köln vom 22.11.2011 – 11 Sa 1406/10).

c) Außergewöhnliche Umstände, die eine „nur" befristete Aufstockung der Arbeitszeit nach § 307 Abs. 1 Satz 1 BGB als unangemessen erscheinen lassen, obwohl ein Sachgrund vorliegt, der die Befristung des Arbeitsvertrages insgesamt nach § 14 Abs. 1 Satz 2 TzBfG sachlich rechtfertigen würde, könnten z. B. darin liegen, dass der Arbeitnehmer den Wunsch nach einer Verlängerung seiner vertraglich vereinbarten Arbeitszeit angezeigt hat und ein freier Arbeitsplatz vorhanden war, den er nach Maßgabe des § 9 TzBfG auf Dauer hätte einnehmen können. Auf die „nur" befristete Verlängerung der Arbeitszeit sind die Vorschriften des TzBfG grundsätzlich nicht anzuwenden. Die gerichtliche Kontrolle erfolgt nach §§ 305 ff. BGB. Bei einer befristeten Arbeitszeiterhöhung in einem erheblichen Umfang bedarf es zur Annahme einer nicht ungerechtfertigten Benachteiligung des Arbeitnehmers i. S. v. § 307 Abs. 1 Satz 1 BGB solcher Umstände, die auch bei einem gesonderten Vertrag über die Arbeitszeitaufstockung dessen Befristung nach § 14 Abs. 1 TzBfG rechtfertigen würden (BAG vom 15.12.2011, DB 2012, S. 1442).

9. Was ist bei der Arbeit auf Abruf zu beachten?

Bei der **Arbeit auf Abruf** wird die konkrete Lage der Arbeitszeit nicht von vorneherein vereinbart. Der Arbeitgeber kann den Arbeitnehmer entsprechend dem **jeweiligen Arbeitsbedarf** zur Arbeitsleistung abrufen. Hierbei ist zu beachten (vgl. § 12 TzBfG):

a) In dem Arbeitsvertrag muss eine **Mindestdauer** der wöchentlichen und täglichen Arbeitszeit festgelegt sein. Die Arbeitsvertragsparteien können wirksam vereinbaren, dass der Arbeitnehmer über die vertragliche Mindestarbeitszeit hinaus Arbeit auf Abruf leisten muss. Die bei einer Vereinbarung von Arbeit auf Abruf einseitig vom Arbeitgeber abrufbare Arbeit des Arbeitnehmers darf nicht mehr als 25 % der vereinbarten wöchentlichen Mindestarbeitszeit betragen (BAG, Urteil vom 7.12.2005, DB 2006, S. 897). Nur innerhalb dieses Arbeitszeitvolumens darf der Arbeitgeber den Arbeitnehmer entsprechend dem Arbeitsbedarf einsetzen. Wird ein Arbeitszeitvolumen nicht vereinbart, gilt eine wöchentliche Arbeitszeit von 10 Stunden als vereinbart (BAG vom 24.3.2014 – 5 AZR 1024/12). Gelegentliche unvorhersehbare Überstunden bleiben zulässig, sofern sie den Grundsatz einer vereinbarten Stammarbeitszeit nicht verletzen, z. B. dadurch, dass die vereinbarte Arbeitszeit wöchentlich 10 Stunden beträgt und regelmäßig 10 weitere Stunden als Überstunden zu leisten sind.

b) Der Arbeitnehmer ist zur Arbeitsleistung nur verpflichtet, wenn ihm der Arbeitgeber die Lage seiner Arbeitszeit mindestens **vier Kalendertage** im Voraus mitteilt (für eine Arbeitsleistung am Montag – Mitteilung spätestens am Mittwoch, für Dienstag – spätestens am Donnerstag, für Mittwoch, Donnerstag und Freitag – spätestens am Freitag, für Samstag – spätestens am Montag und für Sonntag – spätestens am Dienstag). Freiwillig kann der Arbeitnehmer die Arbeitsleistung auch dann erbringen, wenn der Arbeitgeber die Abruffrist nicht eingehalten hat.

c) Ist die tägliche Dauer der Arbeitszeit nicht vorher vereinbart, muss der Arbeitgeber den Arbeitnehmer, wenn er ihn zur Arbeit heranzieht, zumindest an drei aufeinander folgenden Stunden beschäftigen bzw. bezahlen.

d) Tarifvertragliche Abweichungen auch zuungunsten des Arbeitnehmers sind zulässig, wenn sie Regelungen über die tägliche und wöchentliche Arbeitszeit und die Vorankündigungsfrist vorsehen.

10. Was ist bei der Arbeitsplatzteilung zu beachten?

Bei der Arbeitsplatzteilung (Jobsharing) haben die Partner entweder allein oder nach Abstimmung mit dem Arbeitgeber die Aufteilung der Arbeitszeit an einem Arbeitsplatz untereinander abzustimmen. Im Verhältnis zum Arbeitgeber bestehen selbstständige Arbeitsverträge, sodass jeder Partner nur für die Mängel seiner eigenen Arbeitsleistung haftet. Folgendes ist zu beachten (§ 13 TzBfG):

a) Die Arbeitsplatzpartner können nicht bereits im Arbeitsvertrag verpflichtet werden, bei Ausfall des einen den anderen zu vertreten. Dazu bedarf es vielmehr, wenn der konkrete Vertretungsfall eintritt, einer ausdrücklichen Vereinbarung. Ausnahmsweise kann im Voraus eine Vertretungspflicht für den Fall festgelegt werden, dass die Vertretung durch dringende betriebliche Erfordernisse bedingt ist. Aber auch dann dürfen bei dem späteren Vertretungsfall sachliche Gründe, insbesondere familiärer Art, der Vertretung nicht entgegenstehen.

b) Die Kündigung eines Arbeitnehmers durch den Arbeitgeber allein wegen des Ausscheidens des Arbeitsplatzpartners ist unwirksam. Nur wenn der ausgeschiedene Partner nicht durch einen anderen ersetzt werden kann oder wenn die Arbeitsplatzteilung im Betrieb aufgegeben wird und für den verbleibenden Arbeitsplatzpartner Arbeitsplätze der bisherigen Art nicht vorhanden sind, kommt eine Änderungs- oder betriebsbedingte Beendigungskündigung in Betracht.

c) Tarifvertragliche Abweichungen auch zuungunsten des Arbeitnehmers sind zulässig, wenn sie Regelungen über die Vertretung der Arbeitnehmer enthalten.

11. Was ist ein Jahresarbeits(zeit)vertrag?

Beim Jahresarbeitsvertrag wird ein **jährliches Arbeitszeitvolumen** mit einer bestimmten Stundenzahl vereinbart, ohne dass hiermit eine entsprechende Befristung des gesamten Arbeitsverhältnisses verbunden wäre. Ein solcher Jahresarbeitsvertrag bietet sich vor allem dann an, wenn die Arbeitszeit von Teilzeitbeschäftigten unregelmäßig anfällt oder auf bestimmte Perioden mit längeren Freizeitintervallen beschränkt ist.

12. Worauf sollte bei unregelmäßiger Teilzeitarbeit geachtet werden?

Wird ein Teilzeitarbeitnehmer unregelmäßig eingesetzt, z. B. entsprechend dem Arbeitsanfall (vgl. Nr. 9), so steht bei **Arbeitsausfällen** infolge gesetzlicher Feiertage oder Erkrankungen häufig nicht fest, ob und wie lange der Arbeitnehmer an dem Tag sonst gearbeitet hätte. Dies ist aber für seinen Vergütungsanspruch entscheidend. Um hier zu befriedigenden Ergebnissen zu gelangen, empfiehlt es sich, jeden Ausfalltag als potenziellen Arbeitstag zu werten und die Vergütung auf der Basis der durchschnittlich erbrachten Arbeitszeit festzulegen.

Beispiel:

Der Teilzeitarbeitnehmer, der im Durchschnitt wöchentlich – wenn auch unregelmäßig – auf 30 % der Arbeitszeit eines vollbeschäftigten Arbeitnehmers kommt, erhält einen auf einen Wochentag fallenden gesetzlichen Feiertag mit 30 % vergütet.

13. Zusammengefasst: Was gehört in einen Teilzeitarbeitsvertrag?

a) Dauer der (täglichen, wöchentlichen, monatlichen oder jährlichen) Arbeitszeit.

b) Lage und Verteilung der Arbeitszeit.

c) Höhe des Arbeitsentgelts (völliger, anteiliger oder ausgeschlossener Anspruch bei zusätzlichen Leistungen).

d) Bei unregelmäßiger Arbeitszeit Regelung der Vergütung und der bezahlten Ausfallzeiten (z. B. nach dem Durchschnittslohnprinzip). Bei unregelmäßiger Arbeitszeit Berechnung des Urlaubsanspruchs (anteilig zum Urlaubsanspruch vollzeitbeschäftigter Arbeitnehmer).

e) Regelung der Überstunden.

14. Welche Möglichkeiten ergeben sich aus dem neuen Flexirentengesetz?

Durch das Gesetz zur Flexibilisierung des Übergangs vom Erwerbsleben in den Ruhestand und zur Stärkung von Prävention und Rehabilitation im Erwerbsleben (Flexirentengesetz) vom 8.12.2016 werden die Möglichkeiten, eine Teilzeitarbeit durch eine Teilrente zu ergänzen, verbessert. Teilrente und Hinzuverdienst werden flexibler miteinander kombinierbar. Die bisherigen monatlichen Hinzuverdienstgrenzen für die Vollrente und die drei bisherigen Teilrenten entfallen zugunsten einer kalenderjährlichen Hinzuverdienstgrenze mit stufenloser Anrechnung. Damit kommt es nicht mehr dazu, dass die Rente schon bei geringfügigem Überschreiten einer Hinzuverdienstgrenze unverhältnismäßig stark gekürzt wird.

8. Nebenpflichten des Arbeitnehmers

1. Welche Nebenpflichten hat der Arbeitnehmer?

Der Arbeitnehmer hat neben der wichtigsten Pflicht aus dem Arbeitsverhältnis, der Arbeitspflicht, eine Reihe anderer Pflichten, die sich zum Teil aus dem Gesetz ergeben, zum Teil aber auch von der Rechtsprechung aus dem Arbeitsverhältnis als besonders langfristiger und persönlicher Beziehung gefolgert werden. Sie dienen vor allem der Wahrung der Interessen und dem Schutz des Arbeitgebers und umfassen Handlungs- und Unterlassungspflichten. Dazu gehören u.a.:

a) das Befolgen von Weisungen (vgl. Nr. 2)
b) das Einhalten der betrieblichen Ordnung (vgl. Nr. 3)
c) die Verschwiegenheitspflicht (vgl. Nr. 4, 5)
d) das Unterlassen von ruf- und kreditschädigenden Mitteilungen und Anzeigen (vgl. Nr. 6)
e) das Unterlassen von Wettbewerb (vgl. Nr. 7–11)
f) das Verbot der Annahme von Schmiergeldern (vgl. Nr. 12, 14)
g) die Pflicht zur Anzeige drohender Schäden (vgl. Nr. 15)

2. Was bedeutet das Weisungsrecht (Direktionsrecht) des Arbeitgebers?

Das Weisungsrecht des Arbeitgebers kann Inhalt, Durchführung, Zeit und Ort der Tätigkeit betreffen (§ 611a Abs. 1 Satz 2 BGB). Es ermöglicht dem Arbeitgeber, die im Arbeitsvertrag nur rahmenmäßig umschriebene Leistungspflicht nach Inhalt, Ort und Zeit näher zu bestimmen, soweit diese Arbeitsbedingungen nicht bereits durch Gesetz, Tarifvertrag, Betriebsvereinbarung oder Einzelvertrag festgelegt sind. Dies gilt auch hinsichtlich der Ordnung und des Verhaltens der Arbeitnehmer im Betrieb. Auch soweit das Weisungsrecht danach besteht, darf es nur nach billigem Ermessen i. S. des § 315 Abs. 3 BGB ausgeübt werden (§ 106 Satz 1 GewO). Der Arbeitnehmer darf sich über eine unbillige Ausübung des Weisungsrechts hinwegsetzen und ist an eine entsprechende unbillige Weisung auch dann nicht gebunden, wenn keine dementsprechende Entscheidung der Gerichte für Arbeitssachen vorliegt (BAG vom 14.9.2017 – 5 AS 7/17 i. V. m. BAG vom 14.6.20017 – 10 AZR 330/16(A)). Ein durch Arbeitsunfähigkeit infolge Krankheit an seiner Arbeitsleistung verhinderter Arbeitnehmer ist regelmäßig nicht verpflichtet, auf Weisung des Arbeitgebers im Betrieb zu erscheinen, um dort an einem Gespräch zur Klärung der weiteren Beschäftigungsmöglichkeiten teilzunehmen (BAG vom 2.11.2016 – 10 AZR 596/15).

Bei der Ausübung des Ermessens hat der Arbeitgeber auch auf Behinderungen des Arbeitnehmers (§ 106 Satz 3 GewO), auf familiäre Verpflichtungen des Arbeitnehmers sowie auf ernsthafte innere Glaubenskonflikte des Arbeitnehmers Rücksicht zu nehmen. Beruft sich der Arbeitnehmer gegenüber einer Arbeitsanweisung des Arbeitgebers auf einen ihr entgegenstehenden, ernsthaften inneren Glaubenskonflikt, kann das Beharren des Arbeitgebers auf Vertragserfüllung ermessensfehlerhaft i. S. v. § 106 Satz 1 GewO i. V. m. Art. 4 Abs. 1 GG sein (BAG vom 24.11.2011 – 2 AZR 636/09).

3. Welche Pflichten hat der Arbeitnehmer in Bezug auf die betriebliche Ordnung?

a) Der Arbeitnehmer hat Verhaltensanordnungen und Regeln zur Ordnung des Betriebes einzuhalten. Zu diesen Regeln der Ordnung im Betrieb gehören u. a. Vorschriften über Stechuhren, Passierscheine, Torkontrollen, Leibesvisitationen, Durchleuchten von Taschen, Abstellen von Fahrzeugen, Belegungsanordnungen für Werksparkplätze, Benutzung des Telefons sowie von Internet und E-Mail, einheitliche Arbeitskleidung, Rauchverbot, Alkoholverbot, Urlaubsvertretung, Behandlung der Arbeitsmittel und Arbeitsschutz.

b) Der Arbeitgeber kann die Ordnung des Betriebes und das Verhalten des Arbeitnehmers im Betrieb nach billigem Ermessen näher bestimmen, soweit diese nicht bereits durch Arbeitsvertrag, Bestimmungen einer Betriebsvereinbarung, eines anwendbaren Tarifvertrages oder gesetzliche Vorschriften festgelegt sind (§ 106 Satz 2 GewO). Sie können im Arbeitsvertrag stillschweigend vereinbart sein, wenn solche Vorschriften betriebs- oder branchenüblich sind. In diesen Fragen der Ordnung des Betriebs und des Verhaltens der Arbeitnehmer im Betrieb hat der **Betriebsrat mitzubestimmen** (§ 87 Abs. 1 Nr. 1 BetrVG), so z. B. wenn der Arbeitgeber in einem Verhaltenskodex bzw. durch sog. Ethik-Richtlinien das Verhalten der Beschäftigten und die betriebliche Ordnung regeln will. Kein Mitbestimmungsrecht besteht bei Vorgaben, mit denen lediglich die geschuldete Arbeitsleistung konkretisiert werden soll. Der Mitbestimmung entzogen sind auch Angelegenheiten, die gesetzlich abschließend geregelt sind (BAG vom 22.7.2008 – 1 ABR 40/07). Auch wenn kein Betriebsrat besteht, kann der Arbeitgeber bestimmte Verhaltensanordnungen, z. B. über Torkontrollen und Leibesvisitationen, **nicht einseitig** kraft seines Direktionsrechts erlassen, es sei denn, dass wegen sich häufender Diebstähle eine Notlage entstanden ist (vgl. Kapitel 18 Nr. 25, 30).

4. Was bedeutet die Verschwiegenheitspflicht des Arbeitnehmers?

a) Die arbeitsrechtliche Verschwiegenheitspflicht verbietet dem Arbeitnehmer **Geschäfts- und Betriebsgeheimnisse** Dritten gegenüber unbefugt mitzuteilen. Betriebs- und Geschäftsgeheimnisse sind Tatsachen im Zusammenhang mit einem Geschäftsbetrieb, die nur einem eng begrenzten Personenkreis bekannt und nicht offenkundig sind und nach dem Willen des Arbeitgebers und im Rahmen eines berechtigten wirtschaftlichen Interesses geheim gehalten werden sollen (z. B. BAG vom 16.3.1982, BB 1982, S. 1792), z. B. Absatzgebiete, Kundenlisten, Preislisten, Bilanzen, technisches Know-how, Diensterfindungen des Arbeitnehmers sowie die Kreditwürdigkeit.

b) Die Pflicht des Arbeitnehmers zur Verschwiegenheit betrifft auch die **persönlichen Umstände und Verhaltensweisen** des Arbeitgebers, wenn dieser durch die Preisgabe geschädigt oder in der öffentlichen Meinung herabgewürdigt würde (vgl. auch Nr. 6). Arbeitnehmer sind jedoch berechtigt über Missstände zu informieren, wenn das öffentliche Interesse an Informationen über die Mängel beim Arbeitgeber (z. B. Mängel in der institutionellen Altenpflege in einem staatlichen Unternehmen) so wichtig ist, dass es gegenüber dem Interesse dieses Unternehmens am Schutz seines Rufes und seiner Geschäftsinteressen überwiegt (EGMR vom 21.7.2011 – Heinisch gegen Deutschland, NZA 2011, S. 1269).

c) Die Verschwiegenheitspflicht des Arbeitnehmers kann **vertraglich erweitert** sein und auch persönliche Rechtsverhältnisse des Arbeitnehmers (z. B. Höhe des Arbeitsentgelts oder sonstige Ansprüche) erfassen. Eine vertragliche Verpflichtung des Arbeitnehmers zur Verschwiegenheit über betriebliche Tatsachen ist jedoch nur wirksam, wenn und soweit dies durch die Belange des Betriebes gerechtfertigt ist. Fehlt es daran, ist die Vereinbarung unwirksam (LAG Hamm vom 5.10.1988, DB 1989, S. 783). Auch können Arbeitgeber und Arbeitnehmer vereinbaren, dass der Arbeitnehmer bestimmte Betriebsgeheimnisse, die er aufgrund seiner Tätigkeit erfährt, nach Beendigung des Arbeitsverhältnisses nicht nutzen oder weitergeben darf (BAG vom 16.3.1982, BB 1982, S. 1792). Im Rahmen des **Verhältnismäßigkeitsgrundsatzes** ist dabei zugunsten des Arbeitnehmers zu berücksichtigen, dass es ihm nicht verwehrt ist, seine Kenntnisse und Erfahrungen in einer neuen Stellung zu verwerten und auch Kunden des früheren Arbeitgebers zu umwerben. Will der Arbeitgeber dies verhindern, muss er mit dem Arbeitnehmer eine **Wettbewerbsvereinbarung** treffen (vgl. Nr. 7).

d) Weitergehende und **besondere Verschwiegenheitspflichten** gelten auch für Betriebs- und Personalräte, Jugend- und Auszubildendenvertreter, Mitglieder des Wirtschaftsausschusses, Mitglieder der Einigungsstellen und Arbeitnehmervertreter im Aufsichtsrat.

5. Welche Folgen kann eine Verletzung der Verschwiegenheitspflicht haben?

a) Wenn der Arbeitnehmer seine Pflicht zur Verschwiegenheit verletzt, kann der Arbeitgeber einen Schadensersatzanspruch geltend machen. Dieser kann, wenn der Arbeitnehmer ein Betriebsgeheimnis verraten hat, im Wege der Lizenzanalogie berechnet werden; d. h., der Arbeitgeber kann vom Arbeitnehmer Lizenzgebühren verlangen, die bei einer Lizenzvergabe erzielt worden wären (BAG vom 24.6.1986, DB 1986, S. 2289).

b) Der Arbeitnehmer macht sich außerdem strafbar, wenn er ein Geschäfts- oder Betriebsgeheimnis, das ihm wegen des Arbeitsverhältnisses anvertraut worden oder zugänglich geworden ist, während der Dauer des Arbeitsverhältnisses unbefugt an jemanden zu Zwecken des Wettbewerbs, aus Eigennutz, zugunsten eines Dritten oder in der Absicht, dem Arbeitgeber einen Schaden zuzufügen, mitteilt (§ 17 Abs. 1 UWG). Ebenso wird bestraft, wer zu diesen Zwecken ein Geschäfts- oder Betriebsgeheimnis, dessen Kenntnis er aufgrund des Arbeitsverhältnisses erlangt hat oder durch eigenes oder fremdes Ausspähen sich unbefugt verschafft oder gesichert hat, unbefugt verwertet oder jemandem mitteilt (§ 17 Abs. 2 UWG). Ein besonders schwerer strafverschärfender Fall liegt in der Regel vor, wenn der Arbeitnehmer bei der Mitteilung weiß, dass das Geheimnis im Ausland verwertet werden soll, oder wenn er es selbst im Ausland verwertet (§ 17 Abs. 4 UWG).

6. Verbietet die Verschwiegenheitspflicht dem Arbeitnehmer auch Mitteilungen und Anzeigen bei staatlichen Behörden?

Der Arbeitnehmer hat ruf- und kreditschädigende Mitteilungen über den Arbeitgeber an Dritte – auch an staatliche Behörden – grundsätzlich selbst dann zu unterlassen, wenn sie erweislich wahr sind. Nach der Rechtsprechung ist der Arbeitnehmer zu einer Anzeige gegen den Arbeitgeber bei staatlichen Behörden (z. B. bei der Polizei, dem Finanzamt oder dem Gewerbeaufsichtsamt) oder anderen außerbetrieblichen Stellen im Allgemeinen nur berechtigt, wenn er Kenntnis von schweren Straftaten oder von Straftaten hat, deren Nichtanzeige ihn selbst der Strafverfolgung aussetzt, oder wenn er zuvor auf innerbetrieblichen Wegen (z. B. durch Hinweise oder Vorhaltungen) versucht hat, den Arbeitgeber von seiner Handlungsweise abzubringen oder wenn Abhilfe berechtigterweise nicht zu erwarten ist (BAG vom 3.7.2003 – 2 AZR 235/02). Anzeigen gegen den Arbeitgeber in anderen Fällen können eine Kündigung des Arbeitnehmers wegen seines Verhaltens rechtfertigen (vgl. Kapitel 24 Nr. 51). Zur Anzeige bei Verstößen des Arbeitgebers gegen die Sicherheit und Gesundheit der Arbeitnehmer vgl. Kapitel 18 Nr. 2 und 5.

7. Für welche Arbeitnehmer besteht während des Arbeitsverhältnisses ein gesetzliches Wettbewerbsverbot?

Alle Arbeitnehmer haben während des Arbeitsverhältnisses grundsätzlich **Wettbewerb** gegenüber dem Arbeitgeber auch ohne ausdrückliche Vereinbarung im Arbeitsvertrag **zu unterlassen**:

a) Der Handlungsgehilfe (= kaufmännische Angestellte) darf ohne Einwilligung des Arbeitgebers weder ein Handelsgewerbe (derselben Art wie das des Arbeitgebers) betreiben noch in dem Handelszweige des Arbeitgebers für eigene oder fremde Rechnung Geschäfte machen (§ 60 Abs. 1 HGB). Die Einwilligung zum Betrieb des Handelsgewerbes gilt jedoch als erteilt, wenn dem Arbeitgeber bei der Anstellung des Gehilfen bekannt ist, dass er das Gewerbe betreibt, und der Arbeitgeber die Aufgabe des Betriebs nicht ausdrücklich vereinbart (§ 60 Abs. 2 HGB).

b) Für die **übrigen Arbeitnehmer** (und die Auszubildenden) außerhalb des Handelsgewerbes (z. B. in den freien Berufen) ergibt sich die Pflicht, dem Arbeitgeber während des Arbeitsverhältnisses keine Konkurrenz zu machen, als Nebenpflicht aus dem Arbeitsvertrag (BAG vom 16.1.1975, BB 1975, S. 1018), weil die Arbeitnehmer auf die Rechte, Rechtsgüter und Interessen der Arbeitgeber nach der ausdrücklichen Regelung in § 241 Abs. 2 BGB Rücksicht nehmen müssen (BAG vom 20.9.2006 – 10 AZR 439/05). Das Wettbewerbsverbot der §§ 60, 61 HGB gilt für alle Arbeitnehmer (BAG vom 26.9.2007 –10 AZR 511/06). Bei der Bestimmung der Reichweite des im laufenden Arbeitsverhältnis bestehenden Wettbewerbsverbots muss die durch Art. 12 Abs. 1 GG geschützte Berufsfreiheit des Arbeitnehmers stets Berücksichtigung finden. Daher ist im Rahmen einer Gesamtwürdigung aller Umstände des Einzelfalls festzustellen, ob die anderweitige Tätigkeit zu einer Gefährdung oder Beeinträchtigung der Interessen des Arbeitgebers führt. Es spricht viel dafür, dass bloße Hilfstätigkeiten ohne Wettbewerbsbezug nicht erfasst werden (BAG vom 24.3.2010 – 10 AZR 66/09).

8. Welche Folgen kann ein Verstoß gegen das Wettbewerbsverbot haben?

Wenn der Arbeitnehmer gegen das Wettbewerbsverbot verstößt, kann der Arbeitgeber je nach den Umständen des Einzelfalles das Arbeitsverhältnis kündigen und Schadensersatz fordern oder stattdessen verlangen, selbst in die vom Arbeitnehmer eingegangenen Verträge einzutreten (§ 61 Abs. 1 HGB). Ein Anspruch aus § 60 i. V. m. § 61 Abs. 1 Halbs. 2 HGB auf Herausgabe bezogener Vergütung setzt voraus, dass diese unmittelbar aus Drittgeschäften erzielt wird, die der Arbeitnehmer unter Verstoß gegen das Wettbewerbsverbot am Markt tätigt (BAG vom 17.10.2012 – 10 AZR 809/11). Für die Verjährung der Ansprüche gilt die dreimonatige Verjährungsfrist ab Kenntnis (§ 61 Abs. 2 HGB). Auch Arbeitgeber, die kein Handelsgewerbe betreiben, können die bei einem Wettbewerbsverstoß zustehenden Ansprüche in entsprechender Anwendung von § 61 HGB geltend machen (BAG vom 26.9.2007 – 10 AZR 511/06).

9. Wann besteht auch nach Beendigung des Arbeitsverhältnisses ein Wettbewerbsverbot für den Arbeitnehmer?

a) Da die Pflicht des Arbeitnehmers, seinem Arbeitgeber keine Konkurrenz zu machen, grundsätzlich auch mit dem Ende des Arbeitsverhältnisses endet, muss ein solches Wettbewerbsverbot **ausdrücklich** vereinbart werden.

b) Nach §§ 74 ff. HGB, § 110 GewO ist eine **Vereinbarung eines nachvertraglichen Wettbewerbsverbotes nur verbindlich**,

- wenn es **schriftlich** (Unterschrift von Arbeitgeber und Arbeitnehmer) erfolgt und der Arbeitgeber dem Arbeitnehmer eine von ihm unterzeichnete Urkunde, die die vereinbarten Bestimmungen enthält, **aushändigt** (§ 74 Abs. 1 HGB),
- wenn der Arbeitgeber sich verpflichtet, für die Dauer des Verbotes eine **Entschädigung** (sog. Karenzentschädigung) zu zahlen, die für jedes Jahr des Verbots mindestens die Hälfte der von dem Arbeitnehmer zuletzt bezogenen vertragsmäßigen Leistungen erreicht (§ 74 Abs. 2 HGB), auch bei hochbezahlten leitenden Angestellten (BAG vom 2.10.1975, BB 1975, S. 1636),
- wenn das Wettbewerbsverbot einem **berechtigten geschäftlichen Interesse des Arbeitgebers dient** (§ 74a Abs. 1 Satz 1 HGB), also wenn der Arbeitnehmer bei dem Arbeitgeber Gelegenheit hat, Kenntnisse oder Erfahrungen zu erwerben oder geschäftliche Beziehungen herzustellen oder zu festigen, sodass der Arbeitgeber die Weitergabe von Geschäftsgeheimnissen oder einen Einbruch in den Kundenstamm oder Lieferantenkreis fürchten muss – das bloße Interesse, Konkurrenz einzuschränken, genügt nicht (BAG vom 1.8.1995, DB 1996, S. 481),
- wenn das Wettbewerbsverbot unter Berücksichtigung der gewährten Entschädigung nach Ort, Zeit oder Gegenstand **keine unbillige Erschwerung des Fortkommens** des Arbeitnehmers enthält (§ 74a Abs. 1 Satz 2 HGB),
- wenn das Wettbewerbsverbot auf einen Zeitraum von **nicht mehr als zwei Jahren** von der Beendigung des Arbeitsverhältnisses an erstreckt wird (§ 74a Abs. 2 Satz 1 HGB),
- wenn der Arbeitnehmer zur Zeit des Abschlusses des Wettbewerbsverbots **nicht minderjährig** (§ 74a Abs. 2 Satz 2 HGB) und nicht **Auszubildender** (§ 5 Abs. 1 BBiG) ist,
- wenn der Arbeitgeber sich die Erfüllung des Wettbewerbsverbots nicht auf **Ehrenwort** und nicht unter ähnlichen Versicherungen versprechen lässt (§ 74a Abs. 2 Satz 1 HGB) und
- wenn das Wettbewerbsverbot **nicht gegen die guten Sitten** verstößt (§ 74a Abs. 3 HGB, § 138 BGB), z. B. nicht wucherisch oder knebelnd abgefasst ist.

Ein nachvertragliches Wettbewerbsverbot ist nichtig, wenn die Vereinbarung entgegen § 110 GewO i. V. m. § 74 Abs.2 HGB **keinen Anspruch des Arbeitnehmers auf Karenzentschädigung** vorsieht. Weder Arbeitgeber noch Arbeitnehmer können aus einer solchen Vereinbarung Rechte herleiten. Eine in Allgemeinen

Geschäftsbedingungen enthaltene salvatorische Klausel führt nicht – auch nicht einseitig zugunsten des Arbeitnehmers – zur Wirksamkeit des Wettbewerbsverbots (BAG vom 22.3.2017 – 10 AZR 448/15). Eine für den Verlust des Arbeitsplatzes zugesagte Abfindung ist keine Karenzentschädigung i. S. d. § 74 Abs. 2 HGB (BAG vom 3.5.1994, DB 1995, S. 50).

Vereinbaren Arbeitsvertragsparteien ein tätigkeitsbezogenes Wettbewerbsverbot, so ist im Zweifel davon auszugehen, dass es nur dann Gültigkeit erlangen soll, wenn der Arbeitnehmer seine Tätigkeit aufgenommen hat. Wird das Arbeitsverhältnis vor der Arbeitsaufnahme gekündigt und der Arbeitnehmer für die Dauer der Kündigungsfrist von der Arbeit freigestellt, besteht regelmäßig kein Anspruch auf Karenzentschädigung (BAG vom 26.5.1992, DB 1992, S. 2300).

Unverbindlich ist die Vereinbarung eines **bedingten Wettbewerbsverbots**, nach dem der Arbeitgeber nach Beendigung des Arbeitsverhältnisses nur dann an den Arbeitnehmer die Hälfte der zuletzt bezogenen Leistungen zu zahlen hat, wenn der Arbeitgeber das Wettbewerbsverbot in Anspruch nimmt (BAG vom 13.5.1986, DB 1986, S. 2288), die Wettbewerbstätigkeit von der Zustimmung des Arbeitgebers abhängig macht (BAG vom 4.6.1985, DB 1986, S. 1476) oder das Wettbewerbsverbot auf die Fälle der Eigenkündigung des Arbeitnehmers oder der fristlosen Kündigung durch den Arbeitgeber beschränkt wird (BAG vom 10.12.1985, DB 1986, S. 1829).

Nichtig ist auch eine Vereinbarung, durch die sich ein **Dritter** (z. B. der Ehepartner oder der gesetzliche Vertreter) verpflichtet, auf den Arbeitnehmer einzuwirken, damit dieser keinen Wettbewerb betreibt (§ 74a Abs. 2 Satz 3 HGB).

10. Was muss sich der Arbeitnehmer auf die Karenzentschädigung des Arbeitgebers anrechnen lassen?

Der Arbeitnehmer muss sich auf die fällige Karenzentschädigung anrechnen lassen, was er während des Zeitraums, für den die Entschädigung gezahlt wird, durch anderweitige Verwertung seiner Arbeitskraft erwirbt oder zu erwerben böswillig unterlässt. Anrechnungsfrei bleiben jedoch 110 % der Gesamtbezüge aus dem Arbeitsentgelt im neuen Arbeitsverhältnis und aus der vom bisherigen Arbeitgeber zu zahlenden Karenzentschädigung.

War der Arbeitnehmer zum Umzug gezwungen, so erhöht sich die Anrechnungsfreigrenze auf 125 % (§ 74c Abs. 1 HGB). Ein Arbeitnehmer ist durch das Wettbewerbsverbot gezwungen, seinen Wohnsitz zu verlegen, wenn er nur außerhalb seines bisherigen Wohnorts eine Tätigkeit ausüben kann, die nach Art, Vergütung und beruflichen Chancen seiner bisherigen Tätigkeit nahekommt. Mit dieser erhöhten Anrechnungsgrenze werden die Mehraufwendungen ausgeglichen, die der Arbeitnehmer durch den Umzug erleidet. Außerdem wird ein Anreiz geschaffen, sich nach einer neuen Arbeit umzusehen und so den Arbeitgeber durch den anderweitigen Erwerb von der vollen Zahlung der Karenzentschädigung zu entlasten (BAG vom 23.2.1999, DB 1999, S. 1711).

Der Arbeitnehmer muss dem bisherigen Arbeitgeber auf dessen Verlangen Auskunft über die Höhe seines Arbeitsentgelts im neuen Arbeitsverhältnis geben (§ 74c Abs. 2 HGB).

11. Wie kann ein Arbeitgeber bei einem Verstoß gegen das nachvertragliche Wettbewerbsverbot gegen den Arbeitnehmer vorgehen?

Wenn der Arbeitnehmer gegen das für die Zeit nach Beendigung des Arbeitsverhältnisses vereinbarte Wettbewerbsverbot verstößt, kann der Arbeitgeber dessen Erfüllung durch Klage auf Unterlassung der Wettbewerbstätigkeit bzw. durch eine einstweilige Verfügung sowie Ersatz des durch die Wettbewerbstätigkeit entstandenen Schadens geltend machen. Außerdem kann er, solange der Arbeitnehmer gegen das Wettbewerbsverbot verstößt, die Zahlung der Karenzentschädigung verweigern (§ 320 BGB) oder nach erfolgloser Fristsetzung zum Einhalten des Wettbewerbsverbotes sogar vom Vertrag zurücktreten (§ 323 BGB) und sich damit von der weiteren Zahlung der Karenzentschädigung befreien.

12. Darf der Arbeitnehmer Geschenke von Lieferanten oder Kunden annehmen?

Der Arbeitnehmer darf keine Geschenke oder sonstige Vorteile annehmen, die ihn zu einer pflichtwidrigen Handlung veranlassen oder dafür nachträglich belohnen sollen (sogenannte **Schmiergelder**). Nicht entscheidend ist, ob der Arbeitnehmer tatsächlich pflichtwidrig gehandelt hat, sondern ob ihm der Vorteil in der erkennbaren Absicht gewährt wird, seine Entscheidungen nicht nach den Interessen des Arbeitgebers zu treffen. Auch kommt es für die Annahme eines Verstoßes gegen das Schmiergeldverbot nicht darauf an, dass durch die Annahme des Vorteils der Arbeitgeber nicht geschädigt wird. Das Angebot von Schmiergeldern muss der Arbeitnehmer zurückweisen.

Erlaubt sind jedoch die in bestimmten Berufen **üblichen Trinkgelder** sowie gebräuchliche **Gelegenheitsgeschenke** (z. B. Kalender, Feuerzeuge usw.) und übliche Einladungen zu **Geschäftsessen**.

13. Welche Konsequenzen kann die Annahme von Schmiergeldern haben?

Nimmt der Arbeitnehmer Schmiergelder an, kann dies seine **fristlose Kündigung** rechtfertigen, ihn zum Schadensersatz und gegebenenfalls auch zur **Herausgabe des erlangten Vorteils** an den Arbeitgeber verpflichten.

Außerdem macht sich ein Angestellter **strafbar**, der im geschäftlichen Verkehr einen Vorteil als Gegenleistung dafür fordert, sich versprechen lässt oder annimmt, dass er einen anderen bei dem Bezug von Waren oder gewerblichen Leistungen im Wettbewerb in unlauterer Weise bevorzuge (§ 299 Abs. 1 StGB); er wird mit Freiheitsstrafe bis zu drei Jahren oder mit Geldstrafe bestraft. Ebenso macht sich auch der Bestechende strafbar (§ 299 Abs. 2 StGB). In besonders schweren Fällen werden diese Taten mit Freiheitsstrafe von drei Monaten bis zu fünf Jahren bestraft. Ein besonders schwerer Fall liegt in der Regel vor, wenn die Tat sich auf einen Vorteil großen Ausmaßes bezieht oder der Täter gewerbsmäßig oder als Mitglied einer Bande handelt, die sich zur fortgesetzten Begehung solcher Taten verbunden hat (§ 300 StGB).

14. Darf der Arbeitnehmer Vorteile, z. B. Bonusmeilen, behalten?

Der Arbeitnehmer ist entsprechend § 667 2. Alt. BGB verpflichtet, seinem Arbeitgeber alles aus der Geschäftsbesorgung Erworbene, z. B. Edelmetallrückstände aus Krematoriumsasche oder die aus einem Vielfliegerprogramm erworbenen Bonusmeilen für dienstlich veranlasste und vom Arbeitgeber bezahlte Flüge, herauszugeben oder zu ersetzen (BAG vom 21.8.2014 – 8 AZR 655/13). Insbesondere darf der Arbeitgeber verlangen, dass der Arbeitnehmer diese Bonusmeilen im Interesse des Arbeitgebers einsetzt (BAG vom 11.4.2006 – 9 AZR 500/05).

15. Welche Betriebsstörungen hat der Arbeitnehmer dem Arbeitgeber mitzuteilen?

Wenn der Arbeitnehmer bei seiner Arbeit Störungen bemerkt oder voraussieht, hat er – soweit möglich und zumutbar – drohende Schäden vom Arbeitgeber oder anderen Arbeitnehmern abzuwenden. Das heißt, soweit der Arbeitnehmer es kann und es ihm zumutbar ist, hat er die Störung zu beheben und drohende Schäden dem Arbeitgeber zu melden. Wenn Schäden von Arbeitskollegen verursacht werden (z. B. Diebstähle, Unterschlagungen oder Verletzungen der Unfallverhütungsvorschriften), ist der Arbeitnehmer gegenüber dem Arbeitgeber nur bei Personen- oder schweren Schäden zur Anzeige verpflichtet, oder wenn er zur Aufsicht und Kontrolle anderer Arbeitnehmer eingestellt ist.

9. Arbeitnehmerhaftung

1. Welche Möglichkeiten hat der Arbeitgeber bei einer Schlechtleistung des Arbeitnehmers?

Als Schlechtleistung des Arbeitnehmers wird hier verstanden, dass der Arbeitnehmer zwar seiner Arbeitspflicht nachkommt, seine Arbeitsleistung aber nur mangelhaft ist und dem Arbeitgeber dadurch ein Schaden entsteht, z. B. zu langsames Arbeiten, fehlerhaftes Arbeitsergebnis, Beschädigung von Fahrzeugen, Maschinen, Werkzeugen oder anderen Arbeitsmitteln oder Verletzung von Arbeitskollegen oder Kunden.

a) **Keine Lohnminderung**: Ein gesetzliches Recht, bei mangelhafter Arbeitsleistung das Arbeitsentgelt zu kürzen besteht im Arbeitsrecht (§§ 611 ff. BGB) anders als im Werkvertrags-, Miet- und Kaufrecht (§§ 633 ff., 537 ff., 459 ff. BGB) nicht.

b) **Schadensersatz**: Der Arbeitgeber kann vom Arbeitnehmer **Schadensersatz wegen Pflichtverletzung** verlangen, wenn der Arbeitnehmer eine Pflicht aus dem Arbeitsverhältnis verletzt hat, dadurch dem Arbeitgeber ein Schaden entstanden ist (§ 280 Abs. 1 Satz 1 BGB) und der Arbeitnehmer die Pflichtverletzung zu vertreten hat (§ 619a BGB). Daneben können dem Arbeitgeber Ansprüche auf **Schadensersatz wegen unerlaubter Handlung** (§§ 823 ff. BGB) zustehen.

c) **Kündigung**: Verschuldete, unter Umständen auch eine unverschuldete Schlechtleistung können eine ordentliche, möglicherweise sogar eine außerordentliche Kündigung des Arbeitnehmers rechtfertigen (vgl. dazu Kapitel 24 Nr. 23, 38, 47).

2. Wann liegt eine schuldhafte Verletzung der Pflichten aus dem Arbeitsverhältnis vor?

Bei der Frage, ob eine Verletzung der arbeitsvertraglichen Pflichten vorliegt, besteht kein genereller Maßstab, der an alle Arbeitnehmer in gleicher Weise angelegt werden muss. Vielmehr ist auf die in der jeweiligen Berufsgruppe üblichen Fertigkeiten und Kenntnisse in Bezug auf bestimmte Tätigkeiten abzustellen.

Die Pflichtverletzung hat der Arbeitnehmer zu vertreten, wenn er vorsätzlich oder fahrlässig gehandelt hat (§ 276 Abs. 1 BGB). Bei der Frage, ob der Arbeitnehmer fahrlässig gehandelt hat, ist auch auf die in der Berufsgruppe und für die Gruppe des Arbeitnehmers erforderliche Sorgfalt abzustellen.

Der **Arbeitgeber** trägt grundsätzlich die **Beweislast** dafür, dass der Arbeitnehmer den behaupteten Schaden durch eine Pflichtverletzung verursacht hat und dass der Arbeitnehmer die Pflichtverletzung zu vertreten hat (vgl. § 619a BGB). Vielfach werden sich Beweiserleichterungen für den Arbeitgeber nach den Grundsätzen des Beweises des ersten Anscheins ergeben.

3. Wann ist die grundsätzlich bestehende Haftung des Arbeitnehmers ausgeschlossen oder eingeschränkt?

Der nach den vorangegangenen Nummern grundsätzlich bestehende Schadensersatzanspruch des Arbeitgebers kann in folgenden Fällen ausgeschlossen oder beschränkt sein:

a) durch Bestimmung einer milderen Haftung des Arbeitnehmers (z. B. nur bei Vorsatz und grober Fahrlässigkeit) in Tarifvertrag, Betriebsvereinbarung oder Arbeitsvertrag;

b) nach Ablauf einer im Tarifvertrag oder in einer Betriebsvereinbarung bestimmten Verfallfrist;

c) bei fahrlässigem Verhalten des Arbeitnehmers und einer möglichen Zahlungspflicht eines Dritten (z. B. bei einem Verkehrsunfall); in solchen Fällen muss der Arbeitgeber zunächst den Versuch machen, den Dritten zur Zahlung zu veranlassen. Bei vorsätzlichem Verhalten des Arbeitnehmers ist der Arbeitnehmer dagegen nicht berechtigt, den Arbeitgeber auf einen Prozess gegen den Dritten zu verweisen.

d) bei Mitverschulden des Arbeitgebers (vgl. dazu Nr. 4)

e) bei allen Arbeiten, die durch den Betrieb veranlasst sind und aufgrund eines Arbeitsverhältnisses geleistet werden (BAG (GS) vom 27.9.1994, NZA 1994, S. 1083); vgl. dazu Nr. 5.

   Der Haftungsausschluss bzw. die Haftungsbeschränkung gilt bei Arbeitnehmerüberlassung auch gegenüber dem Entleiher, wenn der Leiharbeitnehmer diesem einen Schaden zufügt.

4. Wann liegt ein Mitverschulden des Arbeitgebers vor, das die Haftung des Arbeitnehmers mindert?

Die Verpflichtung des Arbeitnehmers zum Ersatz des von ihm verursachten Schadens sowie dessen Umfang hängt davon ab, inwieweit bei der Entstehung des Schadens ein Verschulden des Arbeitgebers mitgewirkt hat (§ 254 Abs. 1 BGB). Ein Mitverschulden des Arbeitgebers kommt in vielen Fällen in Betracht, weil der Arbeitnehmer bei der Arbeitsleistung Weisungen des Arbeitgebers unterliegt und dessen Arbeitsmittel und Arbeitsmaterialien verwendet, sowie weil der Arbeitgeber auf die dem Arbeitnehmer nicht bekannte Gefahr eines ungewöhnlich hohen Schadens nicht aufmerksam gemacht hat. Ein Mitverschulden kann sich auch daraus ergeben, dass der Arbeitgeber den drohenden Schaden nicht abgewendet oder den eingetretenen Schaden nicht gemindert hat (§ 254 Abs. 2 Satz 1 BGB). Für Verschulden von Vorgesetzten des Arbeitnehmers haftet der Arbeitgeber wie für eigenes Verschulden (§§ 254 Abs. 2 Satz 2, 278 BGB).

5. Wie ist die Haftung des Arbeitnehmers bei betrieblicher Tätigkeit beschränkt?

Soweit nicht der Tarifvertrag, eine Betriebsvereinbarung oder einzelvertragliche Vereinbarung zwischen Arbeitgeber und Arbeitnehmer weiter gehende Haftungserleichterungen für den Arbeitnehmer enthalten, ist die Haftung des Arbeitnehmers bei betrieblicher Arbeit nach folgenden von der Rechtsprechung aufgestellten Grundsätzen (BAG vom 24.11.1987, DB 1988, S. 1603 ff.; BAG (GS) vom 27.9.1994, NZA 1994, S. 1083) eingeschränkt:

a) Bei **leichtester Fahrlässigkeit** des Arbeitnehmers haftet er dem Arbeitgeber überhaupt nicht; der Arbeitgeber trägt den Schaden. Dabei gilt als leichteste Fahrlässigkeit ein typisches „Abirren" bei der Arbeit (z. B. Danebengreifen).

b) Bei **mittlerer (normaler) Fahrlässigkeit** haftet der Arbeitnehmer nur für einen Teil des Schadens (innerbetrieblicher Schadensausgleich). Dabei gilt als mittlere Fahrlässigkeit das Außerachtlassen der im Verkehr erforderlichen Sorgfalt (§ 276 Abs. 2 BGB). Der Schaden wird also in der Regel zwischen dem Arbeitnehmer und Arbeitgeber geteilt. Für die Frage, zu welchen Anteilen der Schaden zwischen Arbeitnehmer und Arbeitgeber geteilt wird, sind die Gesamtumstände von Schadensanlass und Schadensfolgen abzuwägen. Dazu gehören u.a.:

- Grad des dem Arbeitnehmer zur Last fallenden Verschuldens
- Gefahrgeneigtheit der Arbeit (Größe der Gefahr nach Häufigkeit und Schwere, Voraussehbarkeit, Monotonie der Arbeitsleistung)
- Stellung des Arbeitnehmers im Betrieb
- Höhe des Arbeitsentgelts, in dem möglicherweise eine Risikoprämie enthalten ist

Zulasten des Arbeitgebers kann auch ins Gewicht fallen, dass der Schaden in einer den Rückgriff des Versicherers ausschließenden Weise hätte versichert werden können. Dem Arbeitgeber kann im Einzelfall entgegengehalten werden, er habe versäumt, sich gegen den Schaden zu versichern. Dies kann dazu führen, dass der Arbeitnehmer nur in Höhe einer Selbstbeteiligung haftet, die bei Abschluss einer Kaskoversicherung zu vereinbaren gewesen wäre (BAG vom 24.11.1987, DB 1988, S. 1606 f.).

Auch können unter Umständen die persönlichen Verhältnisse des Arbeitnehmers, wie die Dauer seiner Betriebszugehörigkeit, sein Lebensalter, seine Familienverhältnisse und sein bisheriges Verhalten, zu berücksichtigen sein.

c) Bei **grober Fahrlässigkeit** und **Vorsatz** hat der Arbeitnehmer in aller Regel den gesamten Schaden zu tragen (BAG vom 15.11.2012 – 8 AZR 705/11). Bei grober Fahrlässigkeit handelt es sich um eine Sorgfaltspflichtverletzung in ungewöhnlich hohem Maße, wobei eine grobe und auch subjektiv schlechthin unentschuldbare Pflichtverletzung gegeben sein muss, die das gewöhnliche Maß der Fahrlässigkeit i. S. des § 276 BGB erheblich übersteigt (BAG vom 1.12.1988, DB 1989, S. 1727 f.). Als Vorsatz gilt, wenn der Arbeitnehmer bewusst und gewollt den Erfolg will oder in Kauf nimmt.

Haftungserleichterungen zugunsten des Arbeitnehmers sind jedoch auch bei **grober Fahrlässigkeit** nicht ausgeschlossen, es sei denn, dass der Arbeitnehmer mit besonders grober (gröbster) Fahrlässigkeit handelte (BAG vom 25.9.1997 – 8 AZR 288/96). Die Entscheidung ist nach Abwägung aller Umstände des Einzelfalles zu treffen, wobei es entscheidend darauf ankommen kann, dass der Verdienst des Arbeitnehmers in einem deutlichen Missverhältnis zum Schadensrisiko der Tätigkeit steht. Eine allgemeine Haftungsbeschränkung auf drei Bruttomonatsverdienste des Arbeitnehmers besteht dabei aber nicht (BAG vom 15.11.2012 – 8 AZR 705/11). Die auch bei grober Fahrlässigkeit des Arbeitnehmers ausnahmsweise möglichen Haftungserleichterungen sind nicht bereits deshalb ausgeschlossen, weil der Arbeitnehmer freiwillig eine Berufshaftpflichtversicherung abgeschlossen hat, die auch im Falle grober Fahrlässigkeit für den Schaden eintritt (BAG vom 25.9.1997 – 8 AZR 288/96).

Ein Arbeitnehmer haftet auch dann nicht automatisch für den vollen Schaden, wenn er **vorsätzlich gegen generelle Anweisungen** des Arbeitgebers verstoßen hat, um seinen betrieblichen Aufgaben nachzukommen. Hält der Arbeitnehmer bei einem solchen Verstoß gegen arbeitsrechtliche Pflichten einen Schadenseintritt zwar für möglich, vertraut er aber darauf, der Schaden werde nicht eintreten, sind die Grundsätze der Haftungserleichterung bei grober Fahrlässigkeit anzuwenden (BAG vom 18.4.2002 – 8 AZR 348/01).

6. Wie haftet der Arbeitnehmer, wenn er bei seiner dienstlichen Tätigkeit einen Dritten schädigt?

Schädigt ein Arbeitnehmer bei seiner Arbeit einen Kunden oder einen anderen betriebsfremden Dritten, so haftet er diesem nach den allgemeinen zivilrechtlichen Grundsätzen; insbesondere nach §§ 823 ff. BGB und § 18 StVG. Im Verhältnis zum Dritten haften Arbeitnehmer und Arbeitgeber als Gesamtschuldner (BAG vom 24.4.1986, NJW 1986, S. 3104). Die von der Rechtsprechung erarbeiteten Grundsätze zur Haftungsbeschränkung wirken nur im Verhältnis Arbeitnehmer zum Arbeitgeber.

Bei betrieblicher Arbeit hat der Arbeitgeber deshalb den Arbeitnehmer je nach dem Grad seines Verschuldens von der Haftung **freizustellen**. Das heißt, bei leichtester Fahrlässigkeit hat der Arbeitgeber den Arbeitnehmer von der Haftung gegenüber Dritten völlig freizustellen. Bei normaler Fahrlässigkeit ist der Arbeitgeber verpflichtet, den Arbeitnehmer je nach den Umständen des Falles teilweise von der Haftung freizustellen. Bei Vorsatz oder grober Fahrlässigkeit kommt in der Regel eine Freistellung des Arbeitnehmers von der Haftung nicht in Betracht. Der Arbeitgeber ist aber kraft seiner Fürsorge gehalten, dafür zu sorgen, dass der Arbeitnehmer aus einem Verkehrsunfall möglichst nicht in Anspruch genommen wird. Er hat deshalb grundsätzlich dafür einzustehen, dass ein Kfz, das der Arbeitnehmer dienstlich zu nutzen hat, mit einer ausreichenden Kfz-Haftpflicht, die die gesetzliche Mindestdeckungssumme abdeckt, versichert ist. Der Arbeitgeber ist somit aus Billigkeitsgründen verwehrt, sich gegenüber dem Arbeitnehmer auf einen im Rahmen der gesetzlichen Haftpflichtversicherung vereinbarten Selbstbehalt zu berufen (BAG vom 13.12.2012 – 8 AZR 432/11).

Der Dritte kann den Freistellungsanspruch, den der Arbeitnehmer gegen den Arbeitgeber hat, pfänden und sich zur Einziehung überweisen lassen und sodann unmittelbar gegen den Arbeitgeber rechtlich vorgehen. Der Freistellungsanspruch verwandelt sich dann in einen Zahlungsanspruch (BAG vom 24.8.1983, DB 1983, S. 2781).

Wenn jedoch der Arbeitnehmer dem Dritten vollen Schadensersatz geleistet hat, kann der Arbeitnehmer von seinem Arbeitgeber soweit vollen oder teilweisen Ersatz verlangen, wie bei unmittelbarer Schädigung des Arbeitgebers seine Haftung beschränkt war.

7. Wie haftet der Arbeitnehmer, wenn er bei einem Arbeitsunfall einen Arbeitskollegen schädigt?

Schädigt der Arbeitnehmer bei seiner Arbeit einen in demselben Betrieb beschäftigten Kollegen (z. B. durch eine fahrlässige Fehlbedienung einer Maschine wird ein Kollege verletzt), so ist für die Haftung zwischen dem Personen- und Sachschaden zu unterscheiden:

a) Für **Personenschäden** bei einem Arbeitsunfall haftet der Arbeitnehmer grundsätzlich nicht; seine Haftpflicht wird durch die Leistungen der gesetzlichen Unfallversicherung abgelöst (§ 105 Abs. 1 SGB VII). Zum Ersatz von Personenschäden ist er nur dann verpflichtet, wenn er den Arbeitsunfall (Verletzungshandlung und Verletzungserfolg) vorsätzlich herbeigeführt hat oder wenn der Arbeitsunfall bei der Teilnahme am allgemeinen Verkehr eingetreten ist. Unter allgemeinem Verkehr ist der Verkehr auf öffentlichen Straßen, Plätzen und in öffentlichen Gebäuden im Gegensatz zum innerbetrieblichen Verkehr auf dem Werksgelände sowie auf Dienst- und Geschäftsreisen zu verstehen (BAG vom 8.12.1970, BB 1971, S. 351).

b) Für **Sachschäden** gilt die Beschränkung der Haftung (§ 105 Abs. 1 SGB VII) nicht. Der Arbeitnehmer ist gegenüber dem Arbeitskollegen zum Schadensersatz nach den allgemeinen Vorschriften, insbesondere nach §§ 823 ff. BGB, verpflichtet. Jedoch hat der schadensersatzpflichtige Arbeitnehmer gegen den Arbeitgeber einen Anspruch auf Freistellung von der Haftung, soweit der Arbeitgeber bei seiner unmittelbaren Schädigung den Schaden selbst zu tragen hätte (vgl. dazu Nr. 5 und 6).

8. Wann hat der Arbeitnehmer ein Manko zu ersetzen?

a) Voraussetzung für die Geltendmachung der Mankohaftung durch den Arbeitgeber ist zunächst die Tatsache, dass er dem Arbeitnehmer im Rahmen seines Arbeitsverhältnisses Waren oder Geld anvertraut hat, die später fehlen.

Beispiele:

- *Fehlbestand in einem dem Arbeitnehmer anvertrauten Warenbestand*
- *Fehlbetrag in einer von dem Arbeitnehmer geführten Kasse*

b) Der Arbeitnehmer hat dem Arbeitgeber ein Manko zu ersetzen, wenn eine wirksame Mankovereinbarung zwischen Arbeitnehmer und Arbeitgeber getroffen wurde. An die Wirksamkeit einer solchen Mankovereinbarung werden von der Rechtsprechung strenge Anforderungen gestellt:

- Die Mankovereinbarung muss klar und eindeutig sein.
- Sie darf den Arbeitnehmer nicht übermäßig benachteiligen (§ 138 BGB). Dies ist vor allem der Fall, wenn dem erhöhten Risiko des Arbeitnehmers kein angemessener wirtschaftlicher Ausgleich, z. B. in Höhe eines zusätzlichen der Höhe der Haftung entsprechenden Entgelts, gegenübersteht oder wenn der Arbeitnehmer keine Möglichkeit hat, den Mankoschäden insbesondere durch Kontrollen wirksam entgegenzuwirken.
- Sie darf auch nicht zu einer Unterschreitung des dem Arbeitnehmer zustehenden tariflichen Arbeitsentgelts führen.

c) Ohne eine ausdrückliche Vereinbarung, ein etwaiges Manko zu ersetzen, haftet der Arbeitnehmer für ein Manko nur bei Verschulden, das der Arbeitgeber zu beweisen hat. Das setzt voraus, dass der Arbeitgeber eine Tatsachenlage geschaffen hat, nach der er nicht Besitzer der Sache war. Für die Frage der Darlegungs- und Beweislast kommt es zudem darauf an, ob der Arbeitnehmer Alleinbesitzer war (BAG vom 22.5.1997, DB 1998, S. 135).

d) Den Ansprüchen des Arbeitgebers aus der Mankovereinbarung kann der Arbeitnehmer unter Umständen den Einwand des Mitverschuldens des Arbeitgebers (§ 254 BGB analog) entgegensetzen.

10. Vergütung, Arbeitsentgelt

A Allgemeine Grundsätze

1. Anspruch auf Vergütung/Arbeitsentgelt

Die Zahlung der vereinbarten **Vergütung** ist die Hauptpflicht des Arbeitgebers aus dem Arbeitsvertrag (vgl. § 611a Abs. 2 BGB). Die nach § 611a Abs. 2 BGB vom Arbeitgeber zu zahlende Vergütung wird in vielen arbeitsrechtlichen Gesetzen als **Arbeitsentgelt** oder Entgelt teilweise auch als Bezüge bezeichnet.

Der Anspruch auf die vereinbarte Vergütung ist die Gegenleistung des Arbeitgebers für die Arbeitsleistung des Arbeitnehmers. Für die Entstehung des Anspruchs ist deshalb erforderlich, dass der Arbeitnehmer die Arbeitsleistung erbracht hat oder die Voraussetzungen erfüllt sind, unter denen aus sonstigem Rechtsgrund Arbeitsentgelt ohne Arbeitsleistung beansprucht werden kann, z. B. im Fall der Entgeltfortzahlung im Krankheitsfall (BAG vom 22.10.2014 – 5 AZR 731/12).

2. Formen der Vergütung/des Arbeitsentgelts

Die Vergütung/das Arbeitsentgelt wird bei Arbeitern i. d. R. Lohn, bei Angestellten i. d. R. **Gehalt**, bei Auszubildenden **Ausbildungsvergütung** und bei Künstlern meist **Gage** genannt.

Außer Lohn und Gehalt kommen als Formen der Vergütung u. a. in Betracht:

a) Sachbezüge (vgl. Nr. 29)

b) Akkordlohn (vgl. Nr. 30)

c) Provision (vgl. Nr. 31) oder Umsatz- und Gewinnbeteiligung (vgl. Nr. 33)

d) Prämie (vgl. Nr. 32)

e) Gratifikation oder andere Sondervergütung (vgl. Nr. 34–37)

f) Zulagen und Zuschläge (vgl. Nr. 38, 39) sowie Antrittsgebühren für Sonn- und Feiertagsarbeit

g) Bonuszahlungen (vgl. Nr. 40)

h) Vermögenswirksame Leistungen (BAG vom 19.9.2012 – 5 AZR 628/11; vgl. Kapitel 11)

i) Überlassung eines Dienstwagens zur privaten Nutzung (vgl. Nr. 41)

Keine Form der Vergütung ist das **Trinkgeld**. Trinkgeld ist ein Geldbetrag, den ein Dritter ohne rechtliche Verpflichtung dem Arbeitnehmer zusätzlich zu einer dem Arbeitgeber geschuldeten Leistung zahlt. Die Zahlung einer regelmäßigen Vergütung kann nicht für die Fälle ausgeschlossen werden, in denen der Arbeitnehmer für seine Tätigkeit von Dritten ein Trinkgeld erhält (§ 107 Abs. 3 GewO).

3. Was gilt als vergütungspflichtige Arbeit?

Vergütungspflichtige Arbeit ist nicht nur die **eigentliche Tätigkeit** sondern jede vom Arbeitgeber verlangte Tätigkeit oder Maßnahme, die mit der eigentlichen Tätigkeit oder der Art und Weise ihrer Erbringung unmittelbar zusammenhängt; also alle Dienste, die der Arbeitgeber dem Arbeitnehmer aufgrund seines Weisungsrechts abverlangt. Vergütungspflichtige Arbeit ist jede Tätigkeit, die als solche der Befriedung eines fremden Bedürfnisses dient (BAG vom 19.9.2012 – 5 AZR 678/11 vom 12.12.2012 – 5 AZR 355/12, vom 19.3.2014 – 5 AZR 954/12). Zur vergütungspflichtigen Arbeit gehören auch das **Umkleiden** und die Zeiten für das Zurücklegen der damit verbundenen innerbetrieblichen Wege, wenn der Arbeitgeber das Tragen einer bestimmten Kleidung vorschreibt, die im Betrieb an- und abgelegt werden muss, und er das Umkleiden nicht am Arbeitsplatz ermöglicht, sondern dafür eine getrennte Umkleidestelle einrichtet (BAG vom 19.9.2012 – 5 AZR 678/11, vom 17.11.2015 – 1 ABR 76/13, vom 26.10.2016 – 5 AZR 168/16).

Als vergütungspflichtige Arbeit zählt aber nicht nur jede Tätigkeit, die als solche der Befriedigung eines fremden Bedürfnisses dient, sondern auch eine vom Arbeitgeber veranlasste oder ihm zuzurechnende Untätigkeit, während derer der Arbeitnehmer am Arbeitsplatz oder einer vom Arbeitgeber bestimmten Stelle anwesend sein muss und nicht frei über die Nutzung seiner Zeit bestimmen kann, er also weder Pause (§ 4 ArbZG) noch Freizeit hat. Diese Voraussetzung ist auch bei Arbeitsbereitschaft und Bereitschaftsdienst erfüllt (BAG vom 19.11.2014 – 5 AZR 1101/12 und vom 29.6.2016 – 5 AZR 716/15) und zwar auch dann, wenn sich die Notwendigkeit von **Arbeitsbereitschaft oder Bereitschaftsdienst** aus Verzögerungen im Betriebsablauf eines zu beliefernden Kunden ergibt. Deshalb sind auch **Wartezeiten** von Fahrern und Beifahrern beim Be- und Entladen vergütungspflichtige Arbeitszeit, obwohl diese Zeit nach § 21a Abs. 3 ArbZG keine Arbeitszeit im Sinne des Arbeitszeitrechts ist (BAG vom 21.12.2016 – 5 AZR 362/16).

4. Wonach richtet sich die Höhe der Vergütung?

a) Arbeitgeber und Arbeitnehmer können die Höhe der Vergütung grundsätzlich **frei vereinbaren** (§ 105 Satz 1 GewO), soweit sich aus Nr. 6 nichts anderes ergibt. Die Vereinbarung des Arbeitsentgelts kann ausdrücklich oder auch stillschweigend durch eine längere betriebliche Übung erfolgen. Der Arbeitgeber ist dann verpflichtet, als Gegenleistung für die geleistete Arbeit das Arbeitsentgelt in der vereinbarten Höhe zu zahlen (§ 611a Abs. 2 BGB).

b) Die Höhe und die Zusammensetzung der vereinbarten Vergütung, einschließlich der Zuschläge, Zulagen, Prämien und Sonderzahlungen sowie anderer Bestandteile des Arbeitsentgelts, und deren Fälligkeit hat der Arbeitgeber in die dem Arbeitnehmer auszuhändigende **Niederschrift** (vgl. Kapitel 3 Nr. 12) aufzunehmen (§ 2 Abs. 1 Satz 2 Nr. 6 NachwG), soweit diese Angaben nicht bereits in einem dem Arbeitnehmer ausgehändigten schriftlichen Arbeitsvertrag enthalten sind. Diese Angaben können auch durch einen Hinweis auf die einschlägigen Tarifverträge, Betriebs- oder Dienstvereinbarungen gemacht werden.

c) Die bezifferte Höhe der Vergütung ist grundsätzlich ein **Bruttobetrag**. Der Zusatz „brutto" bei der vereinbarten Vergütungshöhe weist nur auf die regelmäßige Rechtslage hin (vgl. BAG vom 21.12.2016 – 5 AZR 273/16). D. h. der Arbeitgeber muss als ihm obliegende Verpflichtung die Einkommensteuer (Lohnsteuer), die durch Abzug vom Arbeitsentgelt erhoben wird (§ 38 Abs. 1 Satz 1 EStG), für Rechnung des Arbeitnehmers bei jeder Entgeltzahlung vom Arbeitsentgelt einbehalten (§ 38 Abs. 3 Satz 1 EStG) und den Gesamtsozialversicherungsbeitrag an die Einzugsstelle zahlen (§ 28 Abs. 1 Satz 1 SGB IV); der Arbeitnehmer muss aber im Innenverhältnis zum Arbeitgeber den ihn treffenden Teil des Gesamtsozialversicherungsbeitrags tragen (§ 28 SGB IV).

Unter einer Nettolohnvereinbarung ist eine Abrede zwischen Arbeitgeber und Arbeitnehmer zu verstehen, nach der der Arbeitgeber – gegebenenfalls neben der Übernahme von Arbeitnehmerbeiträgen zur Sozialversicherung – dem Arbeitnehmer dadurch zusätzlich Lohn zuwendet, dass er auch die Lohnsteuer trägt (vgl. BFH 28.2. 1992 – VI R 146/87). Im Ergebnis bedeutet der Begriff „netto" nach allgemeinem Sprachgebrauch im Zusammenhang mit einer Vergütungsvereinbarung, dass der Arbeitnehmer den genannten Betrag in der angegebenen Höhe vom Arbeitgeber ausbezahlt erhält und keine Abgaben auf diesen ausbezahlten Betrag mehr zu leisten hat. Wird die Höhe der Vergütung durch Vereinbarung eines bezifferten Nettolohns festgelegt **(Nettolohnabrede)**, dann umfasst also die gemäß § 611a Abs. 2 BGB geschuldete Vergütung auch die vom Arbeitgeber abzuführenden Geldbeträge; das Risiko einer Mehrbelastung durch eine spätere Gesetzesänderung trägt der Arbeitgeber.

d) Haben Arbeitgeber und Arbeitnehmer keine Vereinbarung über die Höhe der Vergütung getroffen und ergibt sich die Höhe des Arbeitsentgelts auch nicht aus einem auf das Arbeitsverhältnis anwendbaren Tarifvertrag, so ist die **übliche Vergütung** als vereinbart anzusehen (§ 612 Abs. 2 BGB). Üblich ist die Vergütung, mit der entweder eine im Betrieb vergleichbare Tätigkeit vergütet wird, oder, wenn eine vergleichbare Tätigkeit im Betrieb nicht besteht, eine, die in einem gleichartigen Betrieb an demselben Ort oder im nächstgelegenen Ort für eine vergleichbare Tätigkeit bezahlt wird. Besteht ein Tariflohn, so wird er im Allgemeinen als ortsüblich anzusehen sein – jedenfalls dann, wenn für nichttarifgebundene Arbeitnehmer in dem betreffenden Betrieb allgemein so verfahren wird. Besteht ein Mindestlohn für die Branche, kann sich daraus die übliche Vergütung ergeben, wenn im vergleichbaren Wirtschaftskreis tatsächlich keine höhere Vergütung gewährt wird. (BAG vom 20.4.2011 – 5 AZR 171/10).

5. Wann ist die vereinbarte Höhe der Vergütung sittenwidrig?

Die Vereinbarung der Vergütung kann wegen so genannten Lohnwuchers (§ 138 Abs. 2 BGB) sittenwidrig und damit unwirksam sein, wenn ein auffälliges Missverhältnis von Arbeitsleistung und Arbeitsentgelt vorliegt und der Arbeitgeber eine Zwangslage, die Unerfahrenheit, einen Mangel an Urteilsvermögen oder eine erhebliche Willensschwäche des Arbeitnehmers ausnutzt (sittenwidriger Lohn). Das für ein wucherähnliches Geschäft erforderliche auffällige Missverhältnis liegt u. a. vor, wenn der Arbeitnehmer ohne Anspruch auf Vergütung zur Arbeitsleistung in einer 40-Stunden-Woche verpflichtet sein soll (BAG vom 18.3.2014 – 9 AZR 694/12). Die Rechtsprechung des BAG geht davon aus, dass die Vereinbarung einer Vergütung, die nicht einmal 2/3 eines in der betreffenden Branche und Wirtschaftsregion üblicherweise gezahlten Arbeitsentgelts (Tariflohnes) erreicht, sittenwidrig ist (BAG vom 22.4.2009 – 5 AZR 436/08). Das gilt auch bei der Beschäftigung angestellter Rechtsanwälte (BAG vom 17.12.2014 – 5 AZR 663/13). Die Vergütungsvereinbarung einer Lehrkraft an einer staatlich anerkannten Privatschule ist nach § 134 BGB bereits nichtig, wenn die Vergütung 80 vom Hundert der Vergütung einer vergleichbaren Lehrkraft an einer öffentlichen Schule unterschreitet (BAG vom 19.8.2015 – 5 AZR 500/14). Zudem sind nach der Rechtsprechung auch unregelmäßige und überlange Arbeitszeiten bei der Beurteilung der Sittenwidrigkeit einer Vergütungsvereinbarung zu berücksichtigen. Nach der Rechtsprechung ist eine Vereinbarung nicht allein schon deshalb sittenwidrig, weil einzelne Arbeitsstunden – scheinbar – unentgeltlich zu erbringen sind, z. B. dass die nach der Rechtsprechung regelmäßige Arbeitszeit 40 Stunden wöchentlich beträgt, von denen aber nur 35 Stunden vergütet werden. Ob der Wert der Arbeitsleistung in einem auffälligem Missverhältnis zur versprochenen Vergütung steht, kann nur im Rahmen einer Gesamtbetrachtung beurteilt werden (BAG vom 17.10.2012 – 5 AZR 792/11). Beträgt die Entlohnung lediglich 50 Prozent des branchenüblichen Lohnes oder weniger, besteht darüber hinaus eine durch den Arbeitgeber widerlegbare Vermutung der für die Annahme des Lohnwuchers weiter erforderlichen verwerflichen Gesinnung (BAG vom 16.5.2012 – 5 AZR 268/11). Im Falle einer sittenwidrig niedrigen Vergütungsvereinbarung besteht ein Anspruch auf die übliche Vergütung nach § 612 BGB (vgl. Nr. 4 d).

6. Welche Vergütung ist mindestens zu zahlen?

a) Der Arbeitgeber hat zumindest die tarifvertragliche Vergütung/das tarifliche Arbeitsentgelt **(Tariflohn, Tarifentgelt)** zu zahlen, soweit tarifvertragliche Regelungen auf das Arbeitsverhältnis Anwendung finden, also wenn Arbeitgeber und Arbeitnehmer tarifgebunden sind oder der Tarifvertrag für allgemeinverbindlich erklärt worden ist (vgl. dazu Kapitel 2 Nr. 2). Nichttarifgebundene Arbeitnehmer und Arbeitgeber können vereinbaren, dass die Regelungen über das Arbeitsentgelt in einschlägigen Tarifverträgen ganz oder teilweise auf das Arbeitsverhältnis Anwendung finden (z. B. Klausel „Tarifentgelt" und „übertarifliche Zulage"). In diesen Fällen ist ein Unterschreiten des tarifvertraglichen Arbeitsentgelts nicht zulässig. Das tarifvertragliche Arbeitsentgelt ist ein mindestens zu zahlendes Arbeitsentgelt, aber kein Festlohn. Arbeitgeber und Arbeitnehmer können deshalb durchaus auch ein höheres Arbeitsentgelt als das tarifvertragliche vereinbaren. Wird eine Vergütung vereinbart, das sich aus einem Tarifentgelt und einer Zulage zusammensetzt und erweist sich später dieses Tarifentgelt aus Rechtsgründen als zu niedrig angesetzt, besteht ein Anspruch des Arbeitnehmers auf Leistung der unverminderten Zulage neben dem erhöhten Tarifentgelt nur dann, wenn die Zulage als selbständiger, anrechnungsfester Bestandteil der Gesamtvergütung vereinbart ist (BAG vom 3.9.2014 – 5 AZR 109/13).

b) In einzelnen Branchen sind zumindest die aufgrund des Arbeitnehmerentsendegesetzes festgesetzten **Branchen-Mindestlöhne** zu zahlen – unabhängig davon, ob der Arbeitgeber seinen Sitz im Inland oder Ausland hat. Einen Rechtsrahmen, um höhere branchenspezifische Mindestlöhne für alle in Deutschland beschäftigten Arbeitnehmer einer Branche verbindlich zu machen, bietet das **Arbeitnehmer-Entsendegesetz (AEntG)**. Der höhere Mindestlohn ergibt sich für diese Branchen jedoch nicht unmittelbar aus dem AEntG. Es muss für eine der genannten Branchen ein Mindestlohntarifvertrag abgeschlossen worden sein und dieser muss auf alle Arbeitnehmer dieser Branche durch Rechtsverordnung staatlich erstreckt worden sein. Dasselbe gilt, wenn ein Tarifvertrag des Bauhauptgewerbes oder Baunebengewerbes (§ 4 Abs. 1 Nr. 1 AEntG) für allgemeinverbindlich erklärt worden ist. Nur in der Pflegebranche ist die Grundlage der Erstreckung von Mindestlöhnen nicht eine tarifvertragliche Regelung sondern die Empfehlung einer aus acht Branchenvertretern bestehenden Kommission.

Alle aktuellen Branchenmindestlöhne sind auf den Internetseiten des BMAS (www.bmas.de) und der Zollbehörden (www.zoll.de) veröffentlicht. Sie werden durch die Behörden der Zollverwaltung kontrolliert.

c) In der Zeitarbeitsbranche müssen die Verleiher den Leiharbeitnehmern mindestens das **im Entleiherbetrieb übliche Entgelt** zahlen, sofern nicht ein anwendbarer Tarifvertrag eine im AÜG für einen begrenzten Zeitraum zugelassene andere Regelung enthält (vgl. Kapitel 27 Nr. 12 f.). Jedenfalls gilt als Mindeststundenentgelt eine durch Rechtsverordnung des BMAS bestimmte Lohnuntergrenze bzw. der allgemeine gesetzliche Mindestlohn.

d) Alle Arbeitgeber haben -unabhängig davon, ob sie ihren Sitz im Inland oder Ausland haben-, allen in Deutschland tätigen Arbeitnehmern **mindestens den allgemeinen gesetzlichen Mindestlohn** von 8,84 Euro/Brutto zu zahlen. Rechtsgrundlage ist das Mindestlohngesetz (ausführlich in Nr. 7 ff.).

B Gesetzlicher Mindestlohn

7. Was regelt das neue MiLoG?

Das Mindestlohngesetz (MiLoG) enthält in seinem ersten Teil zivilrechtliche Vorschriften über den vom Arbeitnehmer vor den Arbeitsgerichten einklagbaren Anspruch auf den **allgemeinen Mindestlohn**. In seinem zweiten Teil finden sich die Vorschriften zur zivilrechtlichen Durchsetzung des Mindestlohnes bei Auftraggebern. In seinem darauf aufbauenden dritten Teil sind hingegen öffentlich-rechtliche Vorschriften enthalten, die die korrekte Auszahlung des Mindestlohns, das Erstellen und Bereithalten von Dokumenten durch den Arbeitgeber sowie die Kontrollbefugnisse und die Sanktionsmöglichkeiten der Zollbehörden regeln.

8. Wer hat Anspruch auf den gesetzlichen Mindestlohn? Für wen gilt das MiLoG?

a) Das Mindestlohngesetz gilt für alle **Arbeitnehmer** – auch wenn ihre durch Arbeits- oder Tarifvertrag geregelte Vergütung über dem gesetzlichen Mindestlohn liegt (BAG vom 25.5.2016 – 5 AZR 135/16). Der allgemeine Mindestlohn gilt für alle Arbeitnehmer in allen Branchen, im gesamten Bundesgebiet, in Ost und West und bei allen Formen von Arbeitsverhältnissen. Das heißt, der Mindestlohn gilt gleichermaßen für befristet wie unbefristet Beschäftigte, für Teilzeitbeschäftigte wie für Vollzeitbeschäftigte. Vom Mindestlohn erfasst werden auch Leiharbeitsverhältnisse, geringfügige, kurzfristige und Saisonarbeitsverhältnisse. Der Mindestlohn-Anspruch ist auch unabhängig von der steuerrechtlichen oder sozialversicherungsrechtlichen Behandlung des Arbeitnehmers. Auch der Status als Flüchtling, Rentner, Student oder Hausfrau, die in einem Arbeitsverhältnis beschäftigt sind, führt nicht zu einer Beschränkung des Geltungsbereichs.

Das MiLoG gilt nicht für jugendliche Arbeitnehmer ohne abgeschlossene Berufsausbildung. Eine solche Ausnahme gibt es jedoch für junge Menschen, die 18 Jahre oder älter sind, nicht- auch dann nicht, wenn sie noch keine Berufsausbildung abgeschlossen haben und auch dann nicht, wenn sie in ihrer Leistungsfähigkeit

– etwa wegen einer starken Lernbehinderung oder einer emotionalen Störung – beeinträchtigt sind. Keine Ausnahmen gibt es auch für behinderte Menschen, für Menschen mit psychischen Handicaps in einem Arbeitsverhältnis oder für Arbeitnehmer in den Integrationsunternehmen.

Das MiLoG enthält keine eigene Definition des Arbeitnehmer-Begriffs. Zur Abgrenzung von anderen Rechtsverhältnissen ist auf die Definition in § 611a BGB abzustellen. Deshalb gilt das MiLoG nicht für selbständige Tätigkeiten, auch nicht von Soloselbständigen und freien Mitarbeitern, es sei denn, es handelt sich um Fälle von Scheinselbständigkeit (vgl. Kapitel 1 Nr. 9). Auch für in Heimarbeit Beschäftigte oder andere arbeitnehmerähnliche Personen findet das MiLoG keine Anwendung. Ebenso fallen echte ehrenamtliche Tätigkeiten (z. B. bei der freiwilligen Feuerwehr oder bei Sterbebegleitung) nicht unter das MiLoG (§ 22 Abs. 3 MiLoG). Gleiches gilt für Freiwillige, die einen Jugendfreiwilligendienst oder einen Bundesfreiwilligendienst leisten. Ebenso werden nicht erfasst mithelfende Familienangehörige, die die Arbeit allein auf Grund der familienrechtlichen Beziehung und nicht aufgrund einer arbeitsvertraglichen Vereinbarung leisten. Ebenso fallen nicht unter den Geltungsbereich des Gesetzes Strafgefangene, die die Arbeit im Rahmen einer Anstaltsgewalt leisten.

b) Genauso wenig fällt unter den Geltungsbereich des Gesetzes eine **Berufsausbildung**, (§ 22 Abs. 3 MiLoG). Ebenso soll für **Jugendliche** bis 18 Jahren (§ 2 Abs. 1 und 2 JArbSchG) ohne abgeschlossene Berufsausbildung der Mindestlohn nicht greifen (§ 22 Abs. 2 MiLoG).

c) **Praktikanten** i. S. d. § 26 BBiG werden jedoch grds. vom Geltungsbereich des Gesetzes erfasst. Näheres bestimmt § 22 Abs. 1 MiLoG. Pflicht-Praktika im Rahmen der Ausbildung oder eines Studiums fallen jedoch nicht unter den Mindestlohn; dies sind Praktika, die verpflichtend aufgrund einer schulrechtlichen Bestimmung, einer Ausbildungsordnung, einer hochschulrechtlichen Bestimmung oder im Rahmen einer Ausbildung an einer gesetzlich geregelten Berufsakademie geleistet werden. Auch kurze ausbildungsbezogene Praktika, d. h. Praktika, die höchstens bis zu drei Monate dauern und die der Orientierung für eine Berufsausbildung oder für die Aufnahme eines Studiums dienen, oder die begleitend zu einer Berufs- oder Hochschulausbildung erfolgen, werden nicht vom Geltungsbereich des MiLoG erfasst. Für darüberhinausgehende Praktika und für freiwillige Praktika nach Ausbildung oder Studium muss jedoch der Mindestlohn gezahlt werden. Dies ergibt sich aus der ausdrücklichen Regelung in § 22 Abs. 1 Satz 2 MiLoG, die bestimmt, dass diese Praktikanten als Arbeitnehmer i. S. des MiLoG gelten. Die Definition des Praktikantenbegriffs enthält § 22 Abs. 1 Satz 3 des MiLoG.

9. Welche Regelung gilt für Langzeitarbeitslose?

Für Arbeitsverhältnisse von Arbeitnehmerinnen und Arbeitnehmern, die unmittelbar vor Beginn der Beschäftigung langzeitarbeitslos im Sinne des § 18 Abs. 1 des Dritten Buches Sozialgesetzbuch waren, gilt der Mindestlohn in den ersten sechs Monaten der Beschäftigung nicht (§ 22 Abs. 4 Satz 1 MiLoG). Ab dem siebten Monat des Arbeitsverhältnisses des ehemals Langzeitarbeitslosen ist dann das MiLoG anzuwenden. Die Sonderregelung für ehemals Langzeitarbeitslose ist somit eine Wartefrist und keine generelle Ausnahme.

10. Was bedeutet der Mindestlohnanspruch?

Der Anspruch auf den allgemeinen Mindestlohn nach § 1 Abs. 1 MiLoG ist ein gesetzlicher Anspruch, der eigenständig neben den arbeits- oder tarifvertraglichen Entgeltanspruch tritt (BAG vom 25.5.2016 – 5 AZR 135/16). Das Mindestlohngesetz ist so angelegt, dass alle Arbeitnehmerinnen und Arbeitnehmer, für jede Arbeitsstunde einen eigenständigen einklagbaren zivilrechtlichen Anspruch auf ein Arbeitsentgelt in Höhe des Mindestlohnes haben – auch die, deren Arbeitsentgelte nicht im Niedriglohnbereich liegen. D. h., auch Arbeitnehmer, die einen vertraglichen Vergütungsanspruch von 8,84 € oder mehr haben, können für jede geleistete Arbeitsstunde den gesetzlichen Mindestlohnanspruch und die Rechte dieses Gesetzes geltend machen (BAG vom 25.5.2016 – 5 AZR 135/16). Das Mindestlohngesetz setzt damit – vergleichbar wie das Bundesurlaubsgesetz für den Urlaub – auch eine untere Grenze für die Entlohnung, die in Vereinbarungen der Tarifvertragsparteien oder der Arbeitsvertragsparteien nicht abbedungen werden darf.

Der gesetzliche Mindestlohn ist das als Gegenleistung für die Arbeit mindestens zu erbringende Entgelt (BAG vom 25.5.2016 – 5 AZR 135/16). Die gesetzliche Vergütungspflicht nach dem MiLoG differenziert dabei nicht nach dem Grad der tatsächlichen Inanspruchnahme. Sämtliche Zeiten, die dem Grunde nach als vergütungspflichtige Arbeitszeit anerkannt sind, sind mit dem ungeschmälerten Mindestlohn zu vergüten. Dazu gehören nach der Rechtsprechung des BAG auch Zeiten der Arbeitsbereitschaft und Bereitschaftsdienste (bestätigt durch BAG vom 29.6.2016 – 5 AZR 716/15) sowie alle beruflichen Fahrzeiten. Auch Leerfahrten können insofern mit dem Mindestlohn zu vergüten sein. Demgegenüber sind Wegezeiten, d. h. die Zeiten, die die Arbeitnehmer aufwenden, um den Arbeitsplatz zu erreichen, grundsätzlich nicht vergütungspflichtig. Anders kann dies bei Außendienstmitarbeitern und in den Fällen sein, in denen der Arbeitnehmer eine auswärtige Arbeitsstelle aufsuchen muss.

Der Mindestlohnanspruch besteht für jede geleistete Arbeitsstunde. Auch für die Vergütung ausgefallener Arbeitsstunden ist der Mindestlohn jedoch von Bedeutung, wenn dem Arbeitnehmer das Arbeitsentgelt zu zahlen ist, das er ohne den Arbeitsausfall erhalten hätte und sich die Höhe des Arbeitsentgelts nach dem MiLoG bestimmt. Ein Rückgriff des Arbeitgebers auf eine vertraglich vereinbarte niedrigere Vergütung scheidet aus (BAG vom 20.9.2017 – 10 AZR 171/16). Dies bedeutet: Soweit der Arbeitgeber bei Arbeitsausfall zur Fortzahlung des Arbeitsentgelts (z. B. nach §§ 615, 616 BGB oder §§ 2, 3, 3a EFG) verpflichtet ist, ist bei deren Berechnung mindestens der Betrag von 8,84 € pro Zeitstunde zugrunde zu legen. Dies gilt auch für die Berechnung von Urlaubsentgelt nach § 11 BUrlG.

11. Wie hoch ist der Mindestlohn?

Seit Beginn des Jahres 2017 haben grundsätzlich alle Arbeitnehmerinnen und Arbeitnehmer den Anspruch auf einen Stundenlohn von 8,84 € Brutto (zu den bis 31.12.2017 geltenden Übergangsregelungen vgl. Vorauflage, Kapitel 10 a Nr. 19).

12. Wann und wie kann der Mindestlohn erhöht werden?

Erstmals wurde 2016 die Mindestlohnhöhe für den Zeitraum ab 2017 neu festgelegt. Die Anpassung der Mindestlohnhöhe soll danach alle zwei Jahre erfolgen. Eine Änderung der Mindestlohnhöhe kann durch Rechtsverordnung der Bundesregierung auf

Vorschlag der Mindestlohn-Kommission erfolgen. Die rechtlichen Grundlagen dazu finden Sie in § 1 Abs. 2, §§ 4 bis 11 Mindestlohngesetz. Diese Vorschriften beschreiben auch die Aufgaben der Mindestlohn-Kommission sowie Beschlussfassung und Verfahren.

13. Wann ist der Mindestlohn fällig? Inwieweit sind Arbeitszeitkonten zulässig?

Der Arbeitgeber ist verpflichtet, den Mindestlohn zum Zeitpunkt der vereinbarten Fälligkeit zu zahlen, spätestens aber am letzten Bankarbeitstag (Frankfurt am Main) des Monats, der auf den Monat folgt, in dem die Arbeitsleistung erbracht wurde. Für den Fall, dass keine Vereinbarung über die Fälligkeit getroffen worden ist, gilt § 614 BGB; d. h. der Mindestlohn ist in der Regel am Ende des Monats fällig, in dem die Arbeitsleistung erbracht wurde (§ 2 Abs. 1 MiLoG). Leistet der Arbeitgeber den Mindestlohn nach Fälligkeit, kann der Arbeitnehmer Verzugszinsen sowie Ersatz eines sonstigen Verzugsschadens nach §§ 288, 286 Abs. 2 Nr. 1 BGB verlangen (BAG vom 25.5.2016 – 5 AZR 135/16).

Abweichend von dieser Fälligkeitsregelung lässt § 2 Abs. 2 MiLoG **Arbeitszeitkontenregelungen** unter folgenden Voraussetzungen zu:

- das Arbeitszeitkonto muss schriftlich vereinbart sein,
- nur über die vertraglich vereinbarte Arbeitszeit hinausgehende Arbeitsstunden dürfen auf das Arbeitszeitkonto eingestellt werden,
- die auf das Arbeitszeitkonto eingestellten Arbeitsstunden dürfen monatlich jeweils 50 Prozent der vertraglich vereinbarten Arbeitszeit nicht übersteigen,
- die entsprechend auf das Arbeitszeitkonto eingestellten Arbeitsstunden sind spätestens innerhalb von zwölf Kalendermonaten nach ihrer monatlichen Erfassung durch bezahlte Freizeitgewährung oder Zahlung des Mindestlohnes auszugleichen,
- bzw. im Falle der Beendigung des Arbeitsverhältnisses sind die nicht ausgeglichenen Arbeitsstunden spätestens in dem auf die Beendigung folgenden Kalendermonat auszugleichen.

Diese Arbeitszeitkonten-Regelung macht keine allgemeinen Vorgaben für sämtliche Arbeitszeitkonten. Die Führung eines Arbeitszeitkontos unterfällt nicht den Vorgaben des Mindestlohngesetzes, wenn bereits durch das verstetigte Monatseinkommen für sämtliche geleistete Arbeitsstunden einschließlich der Überstunden der vom Arbeitgeber geschuldete Mindestlohn erfüllt wird.

Die Fälligkeits- und Arbeitszeitkontenregelungen gelten nicht für Wertguthabenvereinbarungen i. S. d. SGB IV oder vergleichbaren ausländischen Regelungen.

14. Welchen Anspruch hat der Arbeitnehmer, wenn die tatsächlich gezahlte Vergütung den Mindestlohn unterschreitet?

Erreicht die vom Arbeitgeber tatsächlich gezahlte Vergütung den gesetzlichen Mindestlohn nicht, begründet dies von Gesetzes wegen einen Anspruch des Arbeitnehmers auf die Differenzvergütung (BAG vom 29.6.2016 – 5 AZR 716/15). Erfüllt ist der Anspruch auf den gesetzlichen Mindestlohn allerdings auch dann, wenn die für den Kalendermonat gezahlte Bruttovergütung den Betrag erreicht, der sich aus der Multiplikation der Anzahl der in diesem Monat tatsächlich geleisteten Arbeitsstunden mit dem gesetzlichen Mindestlohn ergibt (BAG vom 25.5.2016 –- 5 AZR 135/16). Erfüllung tritt allerdings erst mit Zahlung des vollen Bruttoarbeitsentgelts ein. Auch verspätete Zahlungen können jedoch noch Erfüllungswirkung haben (BAG vom 25.5.2016 – 5 AZR 135/16).

15. Kann in Arbeitsverträgen oder Tarifverträgen vom MiLoG abgewichen werden?

Aus § 3 MiLoG ergibt sich die Unabdingbarkeit des Mindestlohnes. D. h. der gesetzliche Mindestlohn ist zwingend und kann nicht einzel- oder tarifvertraglich gemindert oder abbedungen werden. Das MiLoG greift in die Entgeltvereinbarungen der Arbeitsvertragsparteien und in anwendbare Entgelttarifverträge jedoch nur insoweit ein, als sie den Anspruch auf Mindestlohn unterschreiten. Vereinbarungen, die den Anspruch auf Mindestlohn unterschreiten oder seine Geltendmachung beschränken oder ausschließen – und dazu gehören auch vertragliche bzw. tarifvertragliche Ausschlussfristen –, kann der Arbeitgeber dem Mindestlohnanspruch des Arbeitnehmers nicht entgegenhalten (§ 3 Satz 1 MiLoG). § 3 MiLoG führt bei Unterschreiten des Mindestlohns zu einem Differenzanspruch (BAG vom 25.5.2016 – 5 AZR 135/16).

Beispielhafte Vereinbarungen:

- Vereinbarungen einer unter Mindestlohnniveau liegenden Vergütung
- Vereinbarungen einer Absenkung des Lohnes unter Mindestlohnniveau in den ersten sechs Monaten des Arbeitsverhältnisses (außer bei Langzeitarbeitslosen)
- Vereinbarungen einer Absenkung des Lohnes unter Mindestlohnniveau für bestimmte vergütungspflichtige Arbeitszeiten (Arbeitsbereitschaft und Bereitschaftsdienst, Reisezeiten, Wartezeiten, Hilfstätigkeiten, Notarbeiten)
- Vereinbarungen von Abzügen bei Minderleistungen oder bei Abweichung von Durchschnittsleistungen bzw. Normalleistungen, wenn dadurch das Mindestlohnniveau unterschritten wird
- Vereinbarungen der Unentgeltlichkeit des Arbeitsverhältnisses
- Vereinbarungen der Unentgeltlichkeit bestimmter Arbeitsstunden (berufliche Fahrzeiten, Bereitschaftszeiten, Wartezeiten, Überstunden, Vor- und Nacharbeiten, Rüstzeiten)

  Beispiel:

  Vertragsklausel: „Mit der Gehaltszahlung sind eventuelle Überstunden abgegolten!" (siehe Tatbestand BAG vom 17.04.2013 – 10 AZR 281/12). Diese Klausel ist insoweit unwirksam, als mit der Gehaltszahlung der Euro-Betragt nicht erreicht wird, der sich aus der Gesamtstundenzahl multipliziert mit dem Mindeststundenlohn von 8,84 Euro ergibt.

- Vereinbarungen einer zum Nachteil des Arbeitnehmers von § 2 abweichenden Regelung der Fälligkeit oder der Führung von Arbeitszeitkonten.

Vereinbarungen nach § 1a Betriebsrentengesetz sind keine Vereinbarungen, die zu einer Unterschreitung oder Beschränkung des Mindestlohnanspruchs führen. Eine Entgeltumwandlung nach dem Betriebsrentengesetz bleibt weiterhin möglich. Auch die Vereinbarung von Stücklöhnen und Akkordlöhnen bleiben nach der Einführung des Mindestlohnes wirksam, wenn gewährleistet ist, dass der Mindestlohn für die geleisteten Arbeitsstunden erreicht werden kann.

Ein Arbeitgeber kann sich nicht auf entgegenstehende arbeitsvertragliche oder tarifvertragliche Ausschlussfristen berufen, wenn der Arbeitnehmer den Mindestlohnanspruch geltend macht. Ein Verzicht auf den Mindestlohnanspruch oder seine Geltendmachung ist ebenfalls nach § 3 Satz 2 MiLoG grundsätzlich ausgeschlossen. Nur durch gerichtlichen Vergleich und nur auf nur einen bereits entstandenen Mindestlohnanspruch kann der Arbeitnehmer verzichten. Das heißt auch, dass durch einen außergerichtlichen Vergleich im Kündigungsschutzprozess, in einem Auflösungsvertrag, in einer Ausgleichsklausel, die ausdrücklich auch unbekannte Ansprüche erfasst (vgl. BAG vom 23.10.2013 – 5 AZR 135/12) oder in einer sogenannten Ausgleichsquittung **nicht** auf den Mindestlohn verzichtet werden kann.

Die **Verwirkung** des Mindestlohnanspruchs ist ebenfalls ausgeschlossen (§ 3 Satz 3 MiLoG). Bis zum Eintritt der gesetzlichen Verjährungsfrist von drei Jahren (§195 BGB) kann der Arbeitnehmer den Mindestlohnanspruch geltend machen; der Arbeitgeber kann ihm also keine vom Gesetz abweichende Vereinbarungen entgegenhalten.

16. Was bedeutet die Zahlungspflicht des Arbeitgebers?

§ 20 MiLoG verpflichtet alle Arbeitgeber, ihren im Inland beschäftigten Arbeitnehmern ein Arbeitsentgelt mindestens in Höhe des Mindestlohnes und spätestens zum o. g. Fälligkeitszeitpunkt zu zahlen. Diese Pflicht gilt für alle Arbeitgeber, die Arbeitnehmer in Deutschland beschäftigen, unabhängig davon, ob sie ihren Sitz im In- oder Ausland haben.

17. Welche Arbeitgeberleistung kann auf den Mindestlohn angerechnet werden?

Nach einer national bindenden Entscheidung des Europäischen Gerichtshofs (EuGH vom 12.2.2015 – C-396/13) sind alle zwingend und transparent geregelten Gegenleistungen des Arbeitgebers für die Arbeitsleistung des Arbeitnehmers Bestandteile des Mindestlohnes (BAG vom 21.12.2016 – 5 AZR 374/16). Der Arbeitgeber erfüllt den Anspruch auf den gesetzlichen Mindestlohn also nur durch Entgeltzahlungen, die als Gegenleistung für die geleistete Arbeit erbracht werden und die dem Arbeitnehmer endgültig verbleiben (vgl. BAG vom 25.5.2016 – 5 AZR 135/16). Zahlungen des Arbeitgebers, die unabhängig von der tatsächlichen Arbeitsleistung des Arbeitnehmers monatlich erfolgen, führen nicht zur Erfüllung der Pflicht zur Zahlung des Mindestlohns (vgl. BAG vom 10.12.2013 – 9 AZR 279/12). Eine Erfüllungswirkung fehlt folglich bei solchen im arbeitsvertraglichen Austauschverhältnis erbrachten Entgeltzahlungen, die der Arbeitgeber ohne Rücksicht auf die tatsächliche Arbeitsleistung erbringt, oder die auf einer besonderen Zweckbestimmung beruhen z. B. § 6 Abs. 5 ArbZG, der einen Zuschlag auf das dem Arbeitnehmer zustehende Bruttoarbeitsentgelt vorsieht (vgl. BAG vom 16.4.2014 – 4 AZR 802/11). Nicht auf den Mindestlohn anrechenbar sind deshalb auch Zahlungen des Arbeitgebers, mit denen nicht die erbrachte Arbeitsleistung, sondern sonstige Leistungen, wie erwiesene oder künftige Betriebstreue, vergütet werden sollen (vgl. BAG vom 3.9.2014 – 5 AZR 1020/12). Angerechnet werden können nur Vergütungsbestandteile, die Lohn im eigentlichen Sinne sind, also nicht vermögenswirksame Leistungen.

18. Welche Zulagen, Zuschläge können angerechnet werden?

Angerechnet werden kann ein persönlicher Leistungsbonus, z. B. von einem Euro pro Arbeitsstunde. Auch Zahlungen, die ein Arbeitnehmer als Ausgleich für zusätzliche Leistungen erhält, wenn er auf Verlangen ein Mehr an Arbeit oder Arbeitsstunden unter besonderen Bedingungen leistet (Sonntags-, Feiertags-, Nachtarbeits-, Überstundenzuschläge), sind anrechenbar (BAG vom 25.5.2016 – 5 AZR 135/16). Auch eine Treueprämie und eine Schichtzulage, die der Arbeitgeber für jede tatsächlich geleistete Arbeitsstunde an den Arbeitnehmer vorbehaltlos zahlt, sind anrechenbar (vgl. BAG vom 22.3.2017 – 5 AZR 424/16). Ebenso ist eine Leistungszulage oder eine Wechselschichtzulage, die ohne Rücksicht auf die Lage der Arbeitszeit monatlich in gleichbleibender Höhe ausgezahlt wird, eine Gegenleistung für die Arbeitsleistung und damit anrechenbar (BAG vom 21.12.2016 – 5 AZR 374/16).

19. Können Sonderzahlungen angerechnet werden?

Durch den EuGH ist geklärt, dass Sonderzahlungen, Leistungen wie Weihnachtsgeld oder ein zusätzliches Urlaubsgeld nur dann als Bestandteil des Mindestlohnes gewertet werden können, wenn der Arbeitnehmer den anteiligen Betrag jeweils zu dem für den Mindestlohn maßgeblichen Fälligkeitsdatum tatsächlich und unwiderruflich ausbezahlt erhält. Nach BAG (vom 25.5.2016 – 5 AZR 135/16) kommt deshalb auch den neben dem monatlichen Bruttogehalt vorbehaltlos und unwiderruflich in jedem Kalendermonat geleisteten Jahressonderzahlungen Erfüllungswirkung zu. Jedoch kann ein tarifvertragliches Urlaubsgeld auf den Mindestlohn nicht angerechnet werden, wenn der Tarifvertrag darauf einen eigenständigen Anspruch gibt und es sich nicht um Entgelt für geleistete Arbeit handelt (BAG vom 20.9.2017 – 10 AZR 171/16).

20. Kann Kost und Logis angerechnet werden?

Der Mindestlohn wird im Grundsatz als Geldzahlung geschuldet; d. h. dass der Anspruch des Arbeitnehmers auf den Mindestlohn vom Arbeitgeber grundsätzlich nicht durch die Gewährung von Kost und Logis oder andere Sachleistungen erfüllt werden kann. Entsprechend einer Verständigung im Gesetzgebungsverfahren (BT-Drs.18/2010, S. 18) können bei **Saisonarbeitnehmern** mit Rücksicht auf die Besonderheiten der Saisonarbeit Kost und Logis auf den Mindestlohn angerechnet werden. Diese Möglichkeit besteht insbesondere bei Saisonarbeitnehmern in der Landwirtschaft (z. B. bei Erntehelfern), in der Forstwirtschaft, im Gartenbau und auch im Hotel- und Gaststättengewerbe, z. B. bei Kellnern, Küchenpersonal und Zimmermädchen, insbesondere in Biergärten, Skihütten oder Ausflugslokalen. Es gelten bestimmte Grenzen (Höchstgrenzen nach der Sozialversicherungsentgeltverordnung) und Vorgaben für die Anrechnung nach § 107 GewO (insbesondere Beachtung der Pfändungsfreigrenze).

21. Können Aufwandsentschädigungen, Mankogelder oder Trinkgelder angerechnet werden?

Zahlungen des Arbeitgebers, die unabhängig von der tatsächlichen Arbeitsleistung des Arbeitnehmers monatlich erfolgen, können grundsätzlich nicht auf den Mindestlohn angerechnet werden (vgl. Nr. 17); also **nicht anrechenbar** sind

- Leistungen des Arbeitgebers für im Interesse des Arbeitgebers gemachte Aufwendungen (**Aufwendungsersatz**), bei denen der Anspruch davon abhängig ist, dass dem Arbeitnehmer entsprechende Aufwendungen tatsächlich entstanden sind, ggfls. aber auch pauschaliert, so z. B. auch ein Wegegeld, durch das ein besonderer Fahrtaufwand des Arbeitnehmers abgegolten wird.
- **Mankovergütungen**, die einen angemessenen Ausgleich dafür darstellen, dass der Arbeitnehmer ohne Rücksicht auf Verschulden für eingetretenes Manko einstehen muss (BAG vom 2.12.1999, NZA 2000, S. 715).
- **Trinkgelder**, d. h. Geldbeträge, die ein Dritter (Kunde) ohne rechtliche Verpflichtung dem Arbeitnehmer zusätzlich zu seiner dem Arbeitgeber geschuldeten Leistung zahlt; der Arbeitgeber kann in diesen Fällen die Zahlung des regelmäßigen Arbeitsentgelts, mindestens in Höhe des Mindestlohns, nicht ausschließen (§ 107 Abs. 3 GewO).
- **Geldwerte Vorteile** (z. B. Bonusmeilen).

22. Welche sonstigen Pflichten treffen den Arbeitgeber?

Nach § 17 MiLoG muss ein Arbeitgeber, der Arbeitnehmer geringfügig nach § 8 Abs. 1 des SGB IV (Minijob) oder in den in § 2a Schwarzarbeitsbekämpfungsgesetzes genannten Wirtschaftsbereichen oder Wirtschaftszweigen beschäftigt, Beginn, Ende und Dauer der täglichen Arbeitszeit dieser Arbeitnehmer spätestens bis zum Ablauf des siebten auf den Tag der Arbeitsleistung folgenden Kalendertages aufzeichnen und diese Aufzeichnung mindestens zwei Jahre beginnend ab dem für die Aufzeichnung maßgeblichen Zeitpunkt aufbewahren. Eine Übertragung der Pflicht zur Stundenaufzeichnung auf Dritte – etwa den Arbeitnehmer selbst – dürfte zulässig sein, weil es sich nicht um eine höchstpersönliche Pflicht des Arbeitgebers handelt.

Nach der am 1.8.2015 in Kraft getretenen Mindestlohndokumentationspflichtenverordnung ist der Arbeitgeber von dieser Aufzeichnungspflicht in folgenden drei Fällen befreit:

- Der Arbeitnehmer erhält ein verstetigtes regelmäßiges Monatsentgelt von mehr als 2958 € brutto oder
- der Arbeitnehmer erhält ein verstetigtes regelmäßiges Monatsentgelt von mehr als 2000 € brutto und der Arbeitgeber hat dieses Monatsentgelt für die letzten vollen 12 Monate nachweislich gezahlt oder
- der Arbeitnehmer ist ein enger Familienangehöriger (Ehegatte, eingetragener Lebenspartner, Kind oder Elternteil) des Arbeitgebers.

Nach § 16 MiLoG ist der Arbeitgeber mit Sitz im Ausland, der einen oder mehrere Arbeitnehmer in den in § 2a des Schwarzarbeitsbekämpfungsgesetzes genannten Wirtschaftsbereichen oder Wirtschaftszweigen in Deutschland beschäftigt, verpflichtet, vor jeder Werk- oder Dienstleistung eine schriftliche Anmeldung in deutscher Sprache bei der zuständigen Behörde der Zollverwaltung vorzulegen, die die für die Prüfung wesentlichen Angaben enthält (ausführlich dazu § 16 MiLoG).

23. Durch wen wird die Einhaltung der Arbeitgeberpflichten kontrolliert?

Die Befugnisse der Behörden der Zollverwaltung und anderer Behörden zur Kontrolle ergeben sich aus §§ 14, 15 sowie § 18 MiLoG und dem Schwarzarbeitsbekämpfungsgesetz.

24. Welche Sanktionen drohen bei Verstößen gegen die Arbeitgeberpflichten?

Wer vorsätzlich oder fahrlässig gegen die o. g. Vorschriften des MiLoG verstößt, handelt ordnungswidrig (§ 21 Abs. 1 MiLoG). Diese Ordnungswidrigkeiten können mit einer Geldbuße bis 500.000 € geahndet werden (§ 21 Abs. 2 MiLoG). Bei einem mit wenigstens 2.000 € belegten Verstoß sollen die Unternehmen von der Vergabe öffentlicher Aufträge ausgeschlossen werden (§ 19 MiLoG). In Betracht kommen kann auch Strafbarkeit nach § 266a StGB.

25. Welche Verantwortung hat ein Auftraggeber für die Zahlung des Mindestlohns durch beauftragte Subunternehmer?

Hinsichtlich der **Haftung von Auftraggebern** verweist § 13 MiLoG auf die Regelung in § 14 AEntG, der lautet: „Ein Unternehmer, der einen anderen Unternehmer mit der Erbringung von Werk- oder Dienstleistungen beauftragt, haftet für die Verpflichtungen dieses Unternehmers, eines Nachunternehmers oder eines von dem Unternehmer oder einem Nachunternehmer beauftragten Verleihers zur Zahlung des Mindestentgelts an Arbeitnehmer oder Arbeitnehmerinnen oder zur Zahlung von Beiträgen an eine gemeinsame Einrichtung der Tarifvertragsparteien nach § 8 wie ein Bürge, der auf die Einrede der Vorausklage verzichtet hat."

Nach dem Wortlaut des § 14 AEntG würden daher umfassend Unternehmer, die einen Nachunternehmer beauftragen, für dessen Mindestlohnverpflichtungen einstehen müssen; denn Unternehmer ist nach § 14 Abs. 1 BGB an sich jede natürliche oder juristische Person oder rechtsfähige Personengesellschaft, die bei Abschluss eines Rechtsgeschäfts in Ausübung ihrer gewerblichen oder selbständigen beruflichen Tätigkeit handelt. Das BAG hat den Unternehmerbegriff des § 14 Satz 1 AEntG mit Blick auf Sinn und Zweck der Vorschrift allerdings einschränkend ausgelegt. Der Gesetzgeber habe nicht jeden Unternehmer i. S. d. § 14 Abs. 1 BGB in die Haftung einbeziehen wollen. Entscheidend sei vielmehr, dass sich ein Unternehmer zur Erfüllung eigener Verpflichtungen eines oder mehrerer Nachunternehmer bedient. Eine einschränkende Auslegung des Unternehmerbegriffs dürfte auch im Rahmen von § 13 MiLoG erfolgen.

Daneben sieht § 21 Abs. 2 MiLoG einen Ordnungswidrigkeits-Tatbestand für einen Unternehmer vor, der Werk- oder Dienstleistungen in erheblichem Umfang ausführen lässt, indem er einen anderen Unternehmer beauftragt, von dem er weiß oder fahrlässig nicht weiß, dass dieser bei der Erfüllung dieses Auftrags den Mindestlohn nicht zahlt oder seinerseits einen Nachunternehmer einsetzt, der den Mindestlohn nicht zahlt.

C Gleichbehandlung

26. Kann ein Arbeitnehmer bei gleicher Arbeit auch das gleiche Arbeitsentgelt verlangen?

a) Grundsätzlich nur wenn das Arbeitsentgelt (z. B. eine Zulage) nach einem allgemeinen Prinzip bezahlt wird, in dem bestimmte Voraussetzungen oder Zwecke festgelegt sind (BAG vom 13.2.2002, DB 2002, S. 1381). **Bei allgemeinen Regelungen der Entlohnung** durch den Arbeitgeber gilt der Gleichbehandlungsgrundsatz (vgl. Kapitel 20). Eine **unterschiedliche Lohnhöhe** für gleiche Arbeit, die sich aufgrund einer zwischen Arbeitgeber und Arbeitnehmer nur **individuell ausgehandelten Vereinbarung** ergibt, ist allerdings durch den arbeitsrechtlichen Gleichbehandlungsgrundsatz nicht ausgeschlossen. Unzulässig ist jedoch eine sachlich nicht gerechtfertigte unterschiedliche Bezahlung von verschiedenen **Gruppen von Arbeitnehmern**. Ist die Anzahl der begünstigten Arbeitnehmer im Verhältnis zur Gesamtzahl der betroffenen Arbeitnehmer aber sehr gering (z. B. weniger als 5 % der insgesamt betroffenen Arbeitnehmer), kann ein nicht begünstigter Arbeitnehmer aus dem Gleichbehandlungsgrundsatz keinen Anspruch auf Vergütung herleiten (BAG vom 13.2.2002, DB 2002, S. 1381). Es verstößt auch nicht gegen den Gleichbehandlungsgrundsatz, wenn der Arbeitgeber auf sachgerecht gebildete Gruppen von Arbeitnehmern unterschiedliche Vergütungsgrundsätze anwendet (BAG vom 20.11.1996 – 5 AZR 401/95).

b) Unzulässig ist allerdings, aus Gründen der Rasse oder wegen der ethnischen Herkunft, des Geschlechts, der Religion oder Weltanschauung, einer Behinderung, des Alters oder der sexuellen Identität eine unterschiedliche Lohnhöhe zu vereinbaren. Für gleiche oder gleichwertige Arbeit darf wegen eines dieser Gründe keine geringere Vergütung vereinbart werden (§ 7 Abs. 1 AGG). Ausdrücklich bestimmt das neue Entgelttransparenzgesetz, dass für gleiche oder gleichwertige Arbeit nicht **wegen des Geschlechts** des Beschäftigten ein geringeres Entgelt vereinbart oder gezahlt werden darf als bei einem Beschäftigten des anderen Geschlechts (§ 7 EntgTranspG). Auch rechtfertigen Schutzvorschriften für Frauen (wie der Mutterschutz), für behinderte Menschen oder für ältere Arbeitnehmer nicht die Vereinbarung einer geringeren Vergütung (§ 8 Abs. 2 AGG). Vgl. auch Kapitel 20 Nr. 16.

c) Ein **teilzeitbeschäftigte Arbeitnehmer** darf bei der Vergütung wegen der Teilzeitarbeit nicht schlechter behandelt werden als ein vergleichbarer vollzeitbeschäftigter Arbeitnehmer, es sei denn, dass sachliche Gründe eine unterschiedliche Behandlung rechtfertigen (§ 4 Abs. 1 Satz 1 TzBfG). Vollzeit- und Teilzeitbeschäftigte werden ungleich vergütet, wenn für die gleiche Stundenzahl nicht die gleiche Gesamtvergütung gezahlt wird (EuGH vom 15.12.1994 – C-399/92; BAG vom 5.11.2003 – 5 AZR 8/03). **Teilzeitbeschäftigte** haben nach § 4 Abs. 1 Satz 2 TzBfG für die gleiche Arbeit (in zeitlich gleichem Umfang und zum gleichen Zeitpunkt) Anspruch auf das Arbeitsentgelt oder auf eine andere teilbare geldwerte Leistung in dem Umfang, der dem Anteil ihrer Arbeitszeit an der Arbeitszeit eines vergleichbaren vollzeitbeschäftigten Arbeitnehmers entspricht. Dies gilt auch für einen Anspruch auf Weihnachtsgeld (BAG vom 24.5.2000 – 10 AZR 629/99). Eine generelle Verweigerung der Gewährung einer Sonderzahlung an Teilzeitbeschäftigte verstößt gegen das Gebot, Teilzeitbeschäftigte nicht zu benachteiligen. Das Benachteiligungsverbot und der Pro-rata-temporis-Grundsatz des § 4 Abs. 1 Satz 2 gilt auch für tarifvertragliche Regelungen (BAG vom 24.9.2008 – 6 AZR 657/07). Teilzeitbeschäftigte, die ständig Schicht- und Wechselschichtarbeit leisten, haben zwar keinen Anspruch auf eine tarifliche Schicht- und Wechselschichtzulage in voller Höhe. Diese Zulagen stehen Teilzeitbeschäftigten aber anteilig in Höhe der Quote zwischen vereinbarter und regelmäßiger tariflicher Arbeitszeit zu (BAG vom 24.9.2008 – 10 AZR 634/07).

d) Auch ein **befristet beschäftigter Arbeitnehmer** hat nach § 4 Abs. 2 Satz 2 TzBfG Anspruch auf Arbeitsentgelt oder eine andere geldwerte Leistung, die für einen bestimmten Bemessungszeitraum gewährt wird, mindestens in dem Umfang, der dem Anteil seiner Beschäftigungsdauer am Bemessungszeitraum entspricht, wenn nicht sachliche Gründe eine unterschiedliche Behandlung rechtfertigen (BAG vom 11.12.2003 – 6 AZR 64/03). Dasselbe gilt für eine sachlich nicht gerechtfertigte unterschiedliche Bezahlung von Arbeitnehmern mit auflösend bedingtem Arbeitsvertrag und unbedingt beschäftigten Arbeitnehmern (vgl. Kapitel 23 Nr. 6)

e) Auch wenn der Arbeitgeber Zulagen allgemeiner Art (z. B. Erschwerniszulagen) oder andere freiwillige betriebliche Sozialleistungen einführt, darf er davon nicht einzelne Arbeitnehmer ohne sachlichen Grund (z. B. wegen Gewerkschaftszugehörigkeit, religiöser oder politischer Anschauungen oder vorangegangener Krankheit, BAG vom 9.6.1982, DB 1982, S. 2192) ausschließen. Zur allgemeinen betrieblichen Lohnerhöhung vgl. Nr. 27, 28.

f) **Nichttarifgebundene Arbeitnehmer** können grundsätzlich nicht unter Berufung auf den arbeitsrechtlichen Gleichbehandlungsgrundsatz die gleiche Entlohnung (Tariflohn) wie die tarifgebundenen Arbeitnehmer verlangen (BAG vom 20.7.1960, DB 1960, S. 1131), ausgenommen bei außertariflichen Leistungen des Arbeitgebers. Wendet der tarifgebundene Arbeitgeber jedoch auf die Arbeitsverhältnisse der Arbeitnehmer unabhängig von deren Tarifbindung den einschlägigen Vergütungstarifvertrag an, kann er von dieser Regel nicht ohne Sachgrund hinsichtlich der nicht tarifgebundenen Angehörigen einer einzelnen Arbeitnehmergruppe (z. B. Werkstudenten) abweichen (BAG vom 11.11.2008 – 1 ABR 68/07).

27. Wann kann der Arbeitnehmer eine Lohnerhöhung verlangen?

Bestehen keine tarifvertraglichen Lohnansprüche, gibt es aufgrund Gesetzes oder allgemeiner Rechtsgrundsätze keinen Anspruch auf Lohnerhöhung. Diese ist vielmehr Sache der Vereinbarung zwischen den Arbeitsvertragsparteien. Der arbeitsrechtliche Gleichbehandlungsgrundsatz kommt nicht zur Anwendung, wenn der Arbeitgeber ausschließlich normative oder vertragliche Verpflichtungen erfüllt (BAG vom 21.9.2011 – 5 AZR 520/10).

Der arbeitsrechtliche Gleichbehandlungsgrundsatz ist jedoch trotz der Vorrangs der Vertragsfreiheit anwendbar und eine Lohnerhöhung kann dann verlangt werden, wenn der Arbeitgeber zu einem bestimmten Zeitpunkt die Arbeitsentgelte seiner Arbeitnehmer allgemein, z. B. durch eine betriebliche Einheitsregelung, anhebt und der Arbeitgeber die Leistungen nach einem bestimmten erkennbaren und generalisierenden Prinzip gewährt, in dem er bestimmte Voraussetzungen oder Zwecke festlegt (BAG vom 14.12.2011 – 5 AZR 675/10). Aufgrund des arbeitsrechtlichen

Gleichbehandlungsgrundsatzes ist es dem Arbeitgeber verwehrt, die Arbeitnehmer insoweit ohne sachlichen Grund unterschiedlich zu behandeln (vgl. auch Nr. 28c und Kapitel 20 Nr. 4).

28. Wann besteht Anspruch auf eine Tariflohnerhöhung?

a) Vereinbaren die Tarifvertragsparteien eine Erhöhung des tariflichen Arbeitsentgelts, so besteht **in einem Arbeitsverhältnis, auf das der Tarifvertrag anwendbar ist** (vgl. Kapitel 2 Nr. 2), ein Anspruch auf das höhere Arbeitsentgelt, wenn bisher genau der Tariflohn gezahlt wurde. Wenn das bisher gezahlte Arbeitsentgelt über dem Tariflohn lag, so führt eine tarifliche Lohn- und Gehaltserhöhung nicht automatisch zu einem höheren Arbeitsentgelt; denn, soweit im Einzelfall mit dem Arbeitnehmer nicht anderes vereinbart ist, kann der Arbeitgeber ein bisher übertariflich gezahltes Arbeitsentgelt bei Beachtung der Mitbestimmungsrechte des Betriebsrats (vgl. Nr. .52) grundsätzlich auf die Tariflohnerhöhung anrechnen, sodass unter Umständen ein bisher den Tariflohn übersteigender Lohnbestandteil ganz oder zum großen Teil „aufgesogen" wird (vgl. auch Kapitel 33 Nr. 7).

Beispiel:

Ein Arbeitnehmer hat einen tariflichen Stundenlohn von 20,– € und eine allgemeine übertarifliche Zulage von 1,– €. Nach einer Tariflohnerhöhung um 5 % entspricht der bisher gezahlte Lohn dem neuen Tariflohn.

Auch wenn der Arbeitgeber seit vielen Jahren die Tariflohnerhöhung nicht auf übertarifliche Bestandteile des Arbeitsentgelts angerechnet hat, ist er deshalb noch nicht verpflichtet, stets so zu verfahren (vgl. zuletzt BAG vom 7.2.1995, DB 1995, S. 1769, i. V. m. BAG vom 8.12.1982, DB 1983, S. 997).

Dasselbe gilt für Gehaltsangleichung außertariflicher Angestellter an die Tarifentwicklung: Erhöht der Arbeitgeber die Gehälter seiner außertariflichen Angestellten während mehrerer Jahre jeweils zum 1. Januar in Anlehnung an die Tarifentwicklung im Vorjahr, so entsteht daraus noch keine Verpflichtung auf entsprechende Gehaltserhöhungen in den Folgejahren (BAG vom 4.9.1985, DB 1986, S. 1627).

Eine Anrechnung ist jedoch ausgeschlossen, wenn die Lohnerhöhung dem ganzen oder teilweisen Ausgleich von Arbeitszeitverkürzungen dient oder die Zulage dem Arbeitnehmer aufgrund einer vertraglichen Abrede als selbstständiger Lohnbestandteil neben dem jeweiligen Tariflohn zustehen soll (ständige Rechtsprechung; z. B. BAG vom 7.2.1995, DB 1995, S. 1769).

Eine Tariflohnerhöhung führt weiterhin zu einer automatischen Erhöhung des vereinbarten Arbeitsentgelts, wenn ein Gesamtlohn mit einem festen Betrag oder Prozentsatz über dem jeweiligen Tariflohn vereinbart ist, oder wenn neben dem Tariflohn eine im Tarifvertrag nicht enthaltene Zulage für besondere Leistungen, Erschwernisse oder Funktionen, für den Familienstand oder aus einem anderen eigenständigen Grund vereinbart ist.

Die Betriebsparteien können wegen des Tarifvorbehalts in § 77 Abs. 3 Satz 1 BetrVG keine Regelungen über die Weitergabe von Tariferhöhungen treffen. Sie sind jedoch nicht gehindert zu regeln, ob und inwieweit Tariferhöhungen auf übertarifliche Zulagen angerechnet werden können (BAG vom 30.5.2006 – 1 AZR 111/05).

b) Auch wenn ein nicht tarifgebundener Arbeitgeber in der Vergangenheit die Löhne und Gehälter entsprechend der Tarifentwicklung erhöht hat, kann eine betriebliche Übung und damit ein Anspruch der Arbeitnehmer auf die Erhöhung der Löhne und Gehälter entsprechend der Tarifentwicklung nur angenommen werden, wenn es deutliche Anhaltspunkte im Verhalten des Arbeitgebers dafür gibt, dass er auf Dauer die von den Tarifvertragsparteien ausgehandelten Tariflohnerhöhungen übernehmen will (BAG vom 16.1.2002 – 5 AZR 715/00).

c) Ein Anspruch auf tarifvertragliche Erhöhung des Arbeitsentgelts kann sich auch aus dem allgemeinen arbeitsrechtlichen Gleichbehandlungsgrundsatz ergeben. Zwar kann der Arbeitnehmer nicht allein mit der Begründung ein höheres Arbeitsentgelt verlangen, anderen Arbeitnehmern gewähre der Arbeitgeber bei gleicher und vergleichbarer Arbeitsleistung ein höheres Entgelt. Eine Pflicht zur Gleichbehandlung besteht jedoch bei Lohnerhöhungen, bei denen sämtliche Arbeitnehmer des Betriebes oder ein abgegrenzter Teil des Betriebes oder der Belegschaft betroffen sind. Wird die tarifvertragliche Erhöhung des Arbeitsentgelts allgemein im Betrieb übernommen, so verbietet der allgemeine Gleichbehandlungsgrundsatz dem Arbeitgeber, einzelne Arbeitnehmer aus sachfremden oder sachwidrigen Gesichtspunkten von einer solchen Lohnerhöhung auszunehmen, sie also willkürlich ungleich zu behandeln. Ob das Ausnehmen eines Mitarbeiters aus einer festen Gruppe bei einer Regelung als willkürlich in diesem Sinne angesehen werden kann, ist wesentlich von dem Grund abhängig, aus dem der Arbeitnehmer die Tariflohnerhöhung nicht erhalten sollte.

D Sachbezüge

29. Welche Sachbezüge können als Arbeitsentgelt gewährt werden?

a) Zwar wird das Arbeitsentgelt normalerweise in Geld gezahlt, aber in bestimmten Berufen (z. B. bei Haushaltshilfen) oder in bestimmten Branchen (z. B. im Gaststättengewerbe) werden Teile des Arbeitsentgelts als Sachbezüge gewährt (z. B. Verpflegung, Unterkunft, Überlassung eines Dienstwagens zur privaten Nutzung). Arbeitgeber und Arbeitnehmer können Sachbezüge als Teil des Arbeitsentgelts vereinbaren, wenn dies dem Interesse des Arbeitnehmers oder der Eigenart des Arbeitsverhältnisses entspricht. Der Arbeitgeber darf dem Arbeitnehmer keine Waren auf Kredit überlassen. Er darf ihm nach Vereinbarung Waren in Anrechnung auf das Arbeitsentgelt überlassen, wenn die Anrechnung zu den durchschnittlichen Selbstkosten erfolgt. Die geleisteten Gegenstände müssen mittlerer Art und Güte sein, soweit nicht ausdrücklich eine andere Vereinbarung getroffen worden ist. Der Wert der vereinbarten Sachbezüge oder die Anrechnung der überlassenen Waren auf das Arbeitsentgelt darf die Höhe des pfändbaren Teils des Arbeitsentgelts nicht übersteigen (§ 107 Abs. 2 GewO), d. h. der Arbeitnehmer muss Arbeitsentgelt mindestens in Höhe des Pfändungsfreibetrags in Geld erhalten.

b) Ist der Arbeitnehmer berechtigt, einen PKW betrieblich und privat unbeschränkt nutzen zu können und entzieht der Arbeitgeber dem Arbeitnehmer mit der betrieblichen die vertragsgemäß eingeräumte Privatnutzung, kann der Arbeitnehmer als Schadensersatz unter Beachtung seiner Schadensminderungspflicht mindestens den Geldbetrag verlangen, der aufzuwenden ist, um einen entsprechenden PKW privat nutzen zu können (BAG vom 23.6.1994, DB 1994, S. 2239). Im Wege der abstrakten Schadensberechnung kann der Arbeitnehmer Schadensersatz in Geld in Höhe der steuerlichen Bewertung der privaten Nutzungsmöglichkeit verlangen (BAG vom 27.5.1999, DB 1999, S. 1759; vom 14.12. 2010 – 9 AZR 631/09).

E Akkordlöhne, Provisionen, Prämien

30. Wie wird der Akkordlohn bemessen?

Während der Arbeitnehmer bei Stunden-, Tages-, Wochen- oder Monatsentgelt nach der geleisteten Arbeit bezahlt wird, erhält der Arbeitnehmer bei Akkordlohn ein **von der Arbeitsmenge abhängiges Arbeitsentgelt**. Die Arbeitsmenge kann dabei nach Stückzahlen, Gewicht, Flächengröße, Längenmaß oder nach einzelnen Arbeitsaufgaben gemessen werden. Beim **Geld- oder Stückakkord** ist für jede messbare Arbeitsmenge ein bestimmter Geldbetrag (Akkordsatz) zu zahlen. Beim **Zeitakkord** wird mit Hilfe von Zeitmessungen die von einem durchschnittlichen Arbeitnehmer für die betreffende Arbeitsleistung benötigte Zeit zugrunde gelegt (Zeitfaktor, Vorgabezeit) und für jede Minute der vorgegebenen Zeit ein bestimmter Geldbetrag (Geldfaktor) gezahlt, unabhängig davon, ob der Arbeitnehmer diese festgelegte Zeit unter- oder überschritten hat. Das tatsächliche Arbeitsentgelt ergibt sich deshalb aus der Multiplikation von Arbeitsmenge, Vorgabezeit und Geldfaktor. Unzulässig ist die Einführung eines Akkordlohnes für Schwangere (§ 11 Abs. 6 MuSchG), Jugendliche (§ 23 JArbSchG) oder Fahrpersonal (§ 3 Fahrpersonalgesetz).

31. Unter welchen Voraussetzungen besteht Anspruch auf eine Provision?

Die Provision ist ein Arbeitsentgelt, das in einem bestimmten Prozentsatz vom Wert eines vom Arbeitnehmer abgeschlossenen oder vermittelten Geschäftes bemessen wird. Wenn der Arbeitgeber mit einem kaufmännischen Angestellten vereinbart, dass er für Geschäfte, die von ihm abgeschlossen oder vermittelt werden, eine Provision erhalten soll, sind folgende Regelungen anzuwenden:

a) Der Angestellte hat Anspruch auf Provision **für alle** während des Arbeitsverhältnisses abgeschlossenen **Geschäfte**, die auf seine Tätigkeit zurückzuführen sind oder mit Dritten abgeschlossen worden sind, die er als Kunden für Geschäfte der gleichen Art geworben hat (§§ 65, 87 Abs. 1 HGB). Ein Anspruch auf Provision besteht jedoch dann nicht, wenn die Provision einem ausgeschiedenen kaufmännischen Angestellten zusteht (vgl. b).

b) Für ein Geschäft, das erst **nach Beendigung des Arbeitsverhältnisses** abgeschlossen ist, hat der ausgeschiedene kaufmännische Angestellte nur dann Anspruch auf eine Provision, wenn er es vermittelt, eingeleitet oder so vorbereitet hat, dass der Abschluss überwiegend auf seine Tätigkeit zurückzuführen ist, und wenn das Geschäft innerhalb einer angemessenen Frist nach Beendigung des Arbeitsverhältnisses abgeschlossen worden ist (§§ 65, 87 Abs. 3 HGB).

c) Der Angestellte hat den **Anspruch auf Provision**, sobald und soweit der Arbeitgeber das Geschäft ausgeführt hat. Eine abweichende Vereinbarung kann getroffen werden (z. B. Entstehen des Provisionsanspruchs erst nach Ausführung des Geschäfts durch einen Dritten); in diesem Fall hat der kaufmännische Angestellte aber jedenfalls nach der Ausführung des Geschäfts durch den Arbeitgeber Anspruch auf einen angemessenen Vorschuss, der spätestens am letzten Tag des folgenden Monats fällig ist. Unabhängig von einer Vereinbarung hat jedoch der kaufmännische Angestellte Anspruch auf Provision, sobald und soweit der Dritte das Geschäft ausgeführt hat. Der Anspruch auf Teilprovision für ein nur teilweise ausgeführtes Geschäft kann ausgeschlossen werden, wenn vereinbart ist, dass der Arbeitgeber dem kaufmännischen Angestellten Provision für das ganze Geschäft gewährt, sobald dieses in bestimmtem Umfange ausgeführt ist (§§ 65, 87a Abs. 1 HGB). Wenn feststeht, dass der Dritte nicht leistet, entfällt der Anspruch auf Provision; bereits empfangene Beträge sind zurückzugewähren (§§ 65, 87a Abs. 2 HGB).

d) **Fällig** wird die Provision am letzten Tag des Monats, in dem über den Anspruch abzurechnen ist (§§ 65, 87a Abs. 4 HGB). Der Arbeitgeber hat über die Provision monatlich abzurechnen; der Abrechnungszeitraum kann auf höchstens drei Monate gestreckt werden. In diesem Falle hat die Abrechnung unverzüglich, spätestens bis zum Ende des nächsten Monats zu erfolgen (§§ 65, 87c Abs. 1 HGB).

e) Die **Höhe** des Provisionsanspruchs kann grundsätzlich frei vereinbart werden. Wenn eine Vereinbarung über die Höhe der Provision nicht getroffen wurde, gilt die übliche Provision als vereinbart (§§ 65, 87b Abs. 1 HGB). Dies ist in der Regel die Provision, die von vergleichbaren Unternehmen für Geschäfte dieser Art und Güte üblicherweise bezahlt wird. Die Provision ist von dem Entgelt zu berechnen, das der Dritte oder der Arbeitgeber zu leisten hat. Nachlässe bei Barzahlung sind ebenso wenig abzuziehen wie Nebenkosten, insbesondere Fracht, Verpackung, Zoll und Steuern, es sei denn, dass die Nebenkosten dem Dritten gesondert in Rechnung gestellt werden (§§ 65, 87b Abs. 2 HGB).

32. Unter welchen Voraussetzungen wird dem Arbeitnehmer eine Prämie gewährt?

a) Mit einer Prämie wird ähnlich wie beim Akkord eine überdurchschnittliche Leistung des Arbeitnehmers vergütet. Sie wird in der Regel zusätzlich zum garantierten Zeit- oder Akkordlohn gezahlt und soll der Steigerung der Arbeitsmenge oder der Arbeitsqualität dienen. Unzulässig ist jedoch eine Beschäftigung von Schwangeren (§ 11 Abs. 6 MuSchG), Jugendlichen (§ 23 JArbSchG) oder Fahrpersonal (§ 3 FahrpersonalG) im Prämienlohnsystem.

Als **Prämien** kommen in Betracht: Mengenprämien, Ersparnisprämien, Qualitätsprämien, Terminprämien, Pünktlichkeitsprämien und Anwesenheitsprämien (vgl. unten b). Anspruch auf Zahlung einer solchen Prämie kann sich aus einem Tarifvertrag, einer Betriebsvereinbarung oder einer einzelvertraglichen Vereinbarung ergeben. Die Betriebsparteien können den Anspruch auf eine im Synallagma stehende variable Erfolgsvergütung aber nicht davon abhängig machen, dass das Arbeitsverhältnis zu einem Auszahlungstag außerhalb des Bezugszeitraums vom Arbeitnehmer nicht gekündigt wird (BAG vom 12.4.2011 – 1 AZR 412/09).

b) **Anwesenheitsprämien** sollen die durchgehende Erfüllung der arbeitsvertraglichen Pflichten sicherstellen. Der Anspruch des Arbeitnehmers auf die Prämie soll deshalb grundsätzlich nach der getroffenen Vereinbarung entfallen, wenn er der Arbeit fernbleibt. Eine Anwesenheitsprämie, deren Zweck es ist, die Arbeitnehmer zu motivieren, die Zahl der Fehltage möglichst gering zu halten, kann ihren Zweck nur erreichen, wenn sie auf zukünftige Fehltage abstellt. Eine Regelung, die auf Fehltage abstellt, die vor dem Bekanntwerden der Regelung liegen, kann ihren Zweck nicht erreichen. Eine Differenzierung, die auf die Zahl der in der Vergangenheit liegenden Fehltage abstellt, ist daher unwirksam, wenn sie nicht durch andere Sachgründe gerechtfertigt ist (BAG vom 26.10.1994, DB 1995, S. 830). Für das Entfallen bzw. die Kürzung der Anwesenheitsprämien wegen krankheitsbedingter Fehlzeiten wurden durch § 4a EFZG und wegen der übrigen Fehlzeiten durch die Rechtsprechung Grenzen gezogen (vgl. dazu Nr. 36), die vom Arbeitgeber zu beachten sind.

33. Welche Bedeutung hat eine Gewinn- und Umsatzbeteiligung?

Eine **Gewinnbeteiligung** (bei leitenden Angestellten meist Tantieme genannt) ist eine Beteiligung des Arbeitnehmers am Geschäftsergebnis des Unternehmens. Sie ist Teil des Arbeitsentgelts. Je nach Vereinbarung knüpft sie an dem in Steuer- oder Handelsbilanz ausgewiesenen Gewinn, am ausgeschütteten Gewinn, am Umsatz, an Kostersparnissen oder am Produktionsergebnis an. Der Arbeitgeber muss dem Arbeitnehmer die Auskünfte erteilen, die dieser benötigt, um beurteilen zu können, ob und in welchem Umfang ihm ein Gewinnbeteiligungsanspruch zusteht.

Auch eine zusätzlich zum Gehalt gewährte prozentuale Beteiligung an dem vom Arbeitnehmer erzielten Umsatz, sog. **Umsatzbeteiligung**, ist Teil des Entgelts für die vertraglich geschuldete Arbeitsleistung und keine widerrufbare Sonderleistung. Sie ist auch dann noch zu zahlen, wenn die Umsatzbeteiligung nach der Vereinbarung erst im Folgejahr ausgezahlt werden sollte und das Arbeitsverhältnis im folgenden Jahr nicht mehr besteht (BAG vom 8.9.1998, DB 1999, S. 804).

F Gratifikationen, Sondervergütungen

34. Welche Bedeutung hat eine Sondervergütung bzw. eine Gratifikation?

Eine **Sondervergütung** ist eine Leistung des Arbeitgebers, die er einmal oder mehrmals im Jahr zusätzlich zum laufenden Arbeitsentgelt erbringt.

Die Gratifikation ist die **Sondervergütung**, die aus einem besonderen Anlass (z. B. Weihnachten, Urlaub, Jubiläum) zusätzlich zum Arbeitsentgelt gezahlt wird. Sie kann Anerkennung für geleistete Dienste und Anreiz weiterer Dienstleistungen sein. In der Praxis kommen die **Weihnachtsgratifikation** und das **Urlaubsgeld** am häufigsten vor. Daneben sind besondere Jahressonderzahlungen oder Abschlussvergütungen für AT-Mitarbeiter üblich.

35. Wann besteht ein Rechtsanspruch auf eine Gratifikation oder sonstige Sondervergütung?

Ein Anspruch des Arbeitnehmers auf Weihnachtsgeld, Urlaubsgeld oder eine andere Gratifikation oder Sondervergütung ist gesetzlich nicht geregelt. Ein solcher Anspruch kann sich aus Tarifvertrag, betrieblicher Regelung, arbeitsvertraglicher Vereinbarung oder dem Grundsatz der Gleichbehandlung ergeben. Die Zahlung einer Gratifikation bzw. Sondervergütung kann aber auch als **freiwillige Leistung** (vgl. Kapitel 3 Nr. 18) des Arbeitgebers gewährt werden.

Aus der jeweiligen Rechtsquelle ist dann auch zu entnehmen, unter welchen **Voraussetzungen** und in welcher **Höhe** der Anspruch besteht. Von besonderer Bedeutung ist der Zweck der Gratifikationsgewährung. Dieser Zweck wird grundsätzlich vom Arbeitgeber festgelegt:

a) Eine **Sondervergütung mit „reinem Entgeltcharakter"** belohnt ausschließlich die tatsächlich erbrachte Arbeitsleistung im Bezugsjahr. Sie zeichnet sich also dadurch aus, dass sie in unmittelbarem Gegenseitigkeitsverhältnis zur Arbeitsleistung steht. Diese Art der Sondervergütung, z. B. in Form des sogen. 13. Monatsgehalts, wird deshalb – wie die laufende Arbeitsvergütung – in den jeweiligen Abrechnungsmonaten zeitanteilig verdient, jedoch angesammelt und erst am vereinbarten Fälligkeitstag ausgezahlt. Sie kann nachträglich nicht mehr entzogen werden. Solche arbeitsleistungsbezogene Sonderzahlungen mit reinem Entgeltcharakter sind grundsätzlich auch für Zeiten zu zahlen, in denen dem Arbeitnehmer aufgrund gesetzlicher, tarifvertraglicher oder sonstiger Regelungen das Arbeitsentgelt auch ohne tatsächliche Arbeitsleistungen fortzuzahlen ist, wie z. B. im Fall des Urlaubs, der unverschuldeten krankheitsbedingten Arbeitsunfähigkeit (BAG vom 25.11.1998, DB 1999, S. 1119) oder während der Beschäftigungsverbote nach § 3 Abs. 1 und 2, §§ 4 bis 6 Abs. 1 sowie § 16 MuSchG. Eine Kürzung für Fehlzeiten, für die dem Arbeitnehmer ein Anspruch auf Entgeltfortzahlung gegen den Arbeitgeber zusteht, kommt nur in Betracht, wenn in der Gratifikationsregelung eine solche Kürzungsmöglichkeit ausdrücklich auch für diese Fälle vorgesehen ist (vgl. Nr. 36).

b) Die Gewährung der Sonderzuwendung kann auch an eine bestimmte Dauer des Arbeitsverhältnisses geknüpft werden und so die vergangene oder künftige **Betriebstreue** des Arbeitnehmers zur Anspruchsvoraussetzung machen (Jahresleistung mit Bindungswirkung). Eine tatsächliche Arbeitsleistung im Bezugszeitraum bildet in diesem Fall keine Anspruchsvoraussetzung. Die Entstehung des Anspruchs wird aber im Regelfall an das Bestehen eines (ungekündigten) Arbeitsverhältnisses zum Zeitpunkt der Zahlung geknüpft.

   Beispiel:

   Ein Weihnachtsgeld wird für den Fall ausgeschlossen, dass der Arbeitnehmer vor Weihnachten aus dem Betrieb ausscheidet (LAG Rheinland Pfalz vom 8.12.2011 – 6 Sa 115/11).

   Es kommt nicht darauf an, wer das Arbeitsverhältnis gekündigt hat. Eine entsprechende Bestimmung in den Allgemeinen Geschäftsbedingungen hält einer Inhaltskontrolle nach § 307 Abs. 1 Satz 1 BGB stand. Voraussetzung ist allerdings, dass die Sonderzuwendung nicht die Vergütung von Arbeitsleistungen bezweckt. Knüpft die Zahlung nur an den Bestand des Arbeitsverhältnisses an, ist eine entsprechende Klausel zulässig (BAG vom 18.1.2012 – 10 AZR 667/10).

c) Schließlich können die Sonderzuwendungen einen **„Mischcharakter"** aufweisen, also neben der reinen Arbeitsleistung auch die Betriebstreue vergüten. Eine solche Sonderzuwendung kann nach der neueren BAG- Rechtsprechung (BAG vom 18.1.2012 – 10 AZR 612/10) in Allgemeinen Geschäftsbedingungen nicht vom ungekündigten Bestand des Arbeitsverhältnisses zu einem Zeitpunkt außerhalb des Bezugszeitraums der Sonderzahlung abhängig gemacht werden. Jedoch kann eine tarifvertragliche Bestimmung einen Arbeitnehmer vom Bezug einer Gratifikation für den Fall ausschließen, dass er im Laufe des Bezugszeitraums aus dem Arbeitsverhältnis ausscheidet. Das gilt auch für eine entsprechende Bestimmung in einer Betriebsvereinbarung (BAG vom 25.4.1991, DB 1991, S. 1574) oder in einem Arbeitsvertrag (BAG vom 25.4.1991, DB 1991, S. 1575). Die Zahlung der Gratifikation kann weiterhin von dem Bestand des ungekündigten Arbeitsverhältnisses und/oder der Erfüllung einer bestimmten Wartezeit zu einem bestimmten Stichtag abhängig gemacht werden. In diesem Fall entfällt der Anspruch des Arbeitnehmers auf die Gratifikation, auch wenn er aufgrund einer betriebsbedingten Kündigung des Arbeitgebers ausgeschieden ist. Dies gilt sowohl bei entsprechenden Klauseln in Tarifverträgen (BAG vom 4.9.1985, DB 1986, S. 382) und in Betriebsvereinbarungen (BAG vom 25.4.1991, S. 1574, 1575) wie auch in einzelvertraglichen Zusagen (BAG vom 19.11.1992, DB 1993, S. 688). Eine Sonderzahlung mit Mischcharakter, die jedenfalls auch Vergütung für bereits erbrachte Arbeitsleistung darstellt, kann in Allgemeinen Geschäftsbedingungen nicht vom Bestand des Arbeitsverhältnisses am 31. Dezember des Jahres abhängig gemacht werden, in dem Arbeitsleistung erbracht wurde (BAG vom 31.11.2013 – 10 AZR 848/12).

d) Soweit Gratifikationen als **freiwillige Leistungen** des Arbeitgebers gewährt werden, entsteht ein Anspruch auf eine Gratifikation, wenn der Arbeitgeber diese wiederholt und vorbehaltslos gewährt und hierdurch für die Arbeitnehmer ein Vertrauenstatbestand entsteht, der Arbeitgeber wolle sich auch für die Zukunft binden. Ein derartiger Vertrauenstatbestand ist nach der ständigen Rechtsprechung des Bundesarbeitsgerichts regelmäßig nach dreimaliger Zahlung anzunehmen, falls nicht besondere Umstände hiergegen sprechen oder der Arbeitgeber bei jeder Zahlung einen Bindungswillen für die Zukunft ausgeschlossen hat.

Beispiel:

„Die Gratifikation ist eine freiwillige einmalige Zahlung, die die Firma zu einer jährlich wiederkehrenden Zahlung nicht verpflichtet."

Enthält eine Gratifikationszusage den Freiwilligkeitsvorbehalt (zur Wirksamkeit vgl. Kapitel 3 Nr. 18), dass Ansprüche für die Zukunft auch aus wiederholten Zahlungen nicht hergeleitet werden können, dann schließt dieser Vorbehalt nicht nur Ansprüche für die Zukunft, sondern auch für den laufenden Bezugszeitraum aus. Der Arbeitgeber ist aufgrund eines solchen Vorbehalts jederzeit frei, erneut zu bestimmen, ob und unter welchen Voraussetzungen er eine Gratifikation gewähren will (BAG vom 5.6.1996, NZA 1996, S. 1028). Auch wenn – für den Arbeitnehmer erkennbar – die Zuwendung nach Gutdünken des Arbeitgebers dreimalig in unterschiedlicher Höhe gezahlt wird, muss der Arbeitnehmer davon ausgehen, dass der Arbeitgeber die Zuwendung nur für das jeweilige Jahr gewähren will (BAG vom 28.2.1996, DB 1996, S. 1242).

Besteht wegen der wiederholten vorbehaltlosen Zahlung aufgrund betrieblicher Übung ein Anspruch auf Gratifikation, so ist dieser als Teil des Arbeitsvertrages anzusehen und kann deshalb – ebenso wie eine vertragliche Vereinbarung – nicht einseitig vom Arbeitgeber widerrufen werden. Auch die – pauschale – Behauptung, die wirtschaftliche Lage des Unternehmens habe die Senkung der Personalkosten notwendig gemacht, rechtfertigt den Widerruf einer vorbehaltlos erteilten Zusage nicht (BAG vom 14.6.1995, DB 1995, S. 2273). Will der Arbeitgeber die betriebliche Übung abschaffen, das heißt, eine sich daraus ergebende Leistung kürzen oder völlig entfallen lassen, so kann er dies nur im Einvernehmen mit dem jeweiligen Arbeitnehmer über eine Änderungskündigung erreichen. Hat ein Arbeitgeber einem Arbeitnehmer jahrelang vorbehaltlos eine Gratifikation gezahlt, wird der Anspruch des Arbeitnehmers auf die Gratifikation aus betrieblicher Übung nicht dadurch aufgehoben, dass der Arbeitgeber später bei der Leistung der Gratifikation erklärt, die Zahlung der Gratifikation sei eine freiwillige Leistung und begründe keinen Rechtsanspruch und der Arbeitnehmer der neuen Handhabung über einen Zeitraum von drei Jahren hinweg nicht widerspricht (BAG vom 18.3.2009 – 10 AZR 281/08).

e) Der Arbeitgeber, der in seinem Betrieb nach von ihm gesetzten allgemeinen Regeln eine Gratifikation gewährt, ist an den arbeitsrechtlichen **Gleichbehandlungsgrundsatz** gebunden. Der in den Vorjahren regelmäßig erklärte Freiwilligkeitsvorbehalt schließt die Bindung an den Gleichbehandlungsgrundsatz im jeweiligen Jahr der Zahlung nicht aus. So ist es nicht zu rechtfertigen, wenn ein Arbeitgeber, der seinen Arbeitern ein Urlaubs- und Weihnachtsgeld zahlt, um deren erhöhten Bedarf während der Urlaubs- und Weihnachtszeit teilweise abzugelten, eine Gruppe von Arbeitern (z. B. gering qualifizierte Obstsortiererinnen) von diesen Sonderzahlungen völlig ausschließt (BAG vom 27.10.1998, DB 1999, S. 1118). Dagegen kann der Arbeitgeber bei der Gewährung einer freiwilligen Leistung Arbeitnehmer, die im Laufe des Bezugsjahres ausgeschieden sind, auch dann von der Leistung ausnehmen, wenn er den im Laufe des Bezugsjahres neu eingetretenen Arbeitnehmern die Leistung anteilig gewährt (BAG vom 8.3.1995, BB 1996, S. 378).

   In einem Unternehmen mit mehreren Betrieben ist der Arbeitgeber frei, den Belegschaften betriebsratsloser Betriebe die Zahlung von Umsatzprämien zuzusagen. In Betrieben mit Betriebsrat bedarf er dazu jeweils der Zustimmung des Betriebsrats. Eine (überbetriebliche) Gleichbehandlung von Arbeitnehmern in Betrieben mit Betriebsrat, in denen bisher noch keine Einigung über die Einführung von Umsatzprämien erfolgt ist, mit Arbeitnehmern in betriebsratslosen Betrieben, in denen der Arbeitgeber die Zahlung von Umsatzprämien zugesagt hat, ist arbeitsrechtlich nicht geboten (BAG vom 25.4.1995, DB 1996, S. 278).

36. Kann der Anspruch auf eine Gratifikation oder sonstige Sondervergütung bei Fehlzeiten gemindert oder ausgeschlossen werden?

Eine Anspruchsminderung wegen Fehlzeiten kommt bei Sondervergütungen, durch die nur die Betriebstreue entlohnt werden soll, grundsätzlich nicht in Betracht, denn hier ist allein der Bestand des Arbeitsverhältnisses ausschlaggebend (vgl. Nr. 37). Im Übrigen ist zu unterscheiden zwischen einer Kürzung wegen **krankheitsbedingter Fehlzeiten** und **anderer Fehlzeiten**.

a) Zur Frage der **Anspruchsminderung wegen krankheitsbedingter Fehlzeiten** gilt die abschließende Regelung des § 4a EFZG. Danach ist eine **Vereinbarung über die Kürzung** von Leistungen, die der Arbeitgeber zusätzlich zum laufenden Arbeitsentgelt erbringt (Sondervergütungen), auch für Zeiten der Arbeitsunfähigkeit infolge Krankheit zulässig (§ 4a Satz 1 EFZG). Der Arbeitgeber darf die Sondervergütung für jeden Tag der Arbeitsunfähigkeit infolge Krankheit jedoch höchstens um ein Viertel des Arbeitsentgelts kürzen, das im Jahresdurchschnitt auf einen Arbeitstag entfällt (§ 4a Satz 2 EFZG).

Beispiel:

Wenn die Sondervergütung das Zehnfache des durchschnittlichen Tagesentgelts beträgt, kann die Sondervergütung nach 20 Krankheitstagen um die Hälfte gekürzt werden und nach 40 Krankheitstagen ganz entfallen.

Soweit Tarifverträge, Betriebsvereinbarungen oder einzelvertragliche Vereinbarungen höhere Kürzungsraten für krankheitsbedingte Fehlzeiten als nach der Regelung in § 4a EFZG vorsehen, verstoßen sie gegen § 12 EFZG, nach dem von den Vorschriften dieses Gesetzes nicht zuungunsten des Arbeitnehmers abgewichen werden kann. Gewährt der Arbeitgeber eine Anwesenheitsprämie für ein Quartal nur dann, wenn in diesem Zeitraum kein krankheitsbedingter Fehltag liegt, enthält diese Zusage die Kürzung einer Sondervergütung i. S.v. § 4a EFZG. Dem Arbeitnehmer steht deshalb bei krankheitsbedingten Fehlzeiten ein der gesetzlichen Kürzungsmöglichkeit entsprechender, anteiliger Anspruch auf die Anwesenheitsprämie zu (BAG vom 25.7.2001, DB 2001, S. 2608).

Auch wenn ein Arbeitgeber ohne Rechtspflicht und ohne Rechtsbindung für die Zukunft eine Sondervergütung zahlt, kann er diese bei Arbeitnehmern, die im Bezugszeitraum Fehlzeiten haben, in den Grenzen des § 4a Satz 2 EFZG kürzen (BAG vom 7.8.2002 - 10 AZR 709/01).

b) Hinsichtlich der **Anspruchsminderung wegen sonstiger Fehlzeiten** (Mutterschutzfristen, Erholungsurlaub, Elternzeit u.a.) ist die Rechtsprechung des BAG zu beachten. Danach ist auf den **Zweck der Sondervergütung** abzustellen. **Sondervergütungen mit reinem Entgeltcharakter** können wegen der Fehlzeiten grundsätzlich gekürzt werden; für Fehlzeiten mit Anspruch auf Entgeltfortzahlung jedoch nur bei ausdrücklicher Vereinbarung der Kürzungsmöglichkeit. Bei **Sondervergütungen**, die die **Betriebstreue** belohnen oder mit **Mischcharakter** können Fehlzeiten nur bei **ausdrücklicher Vereinbarung** anspruchsmindernd berücksichtigt werden. Im Einzelnen gilt Folgendes:

   - Eine tarifliche Regelung über die Gewährung einer jährlichen Sonderzahlung, deren Zweck es auch ist, im Bezugszeitraum für den Betrieb geleistete Arbeit zusätzlich zu vergüten, kann im Einzelnen bestimmen, welche Zeiten ohne tatsächliche Arbeitsleistung sich anspruchsmindernd oder anspruchsausschließend auf die Sonderzahlung auswirken sollen.
   - Das Erfordernis einer tatsächlichen Arbeitsleistung ist einer tarifvertraglichen Sonderzahlung aber nur dann zugrunde zu legen, wenn die Tarifvertragsparteien dies ausdrücklich geregelt haben bzw. ausdrücklich bestimmt haben, für welche Zeiten ohne tatsächliche Arbeitsleistungen der Anspruch auf die tarifvertragliche Sonderzahlung gemindert oder ausgeschlossen werden soll (BAG vom 11.10.1995, DB 1996, S. 1041).
   - Eine tarifvertragliche Regelung verstößt nicht gegen höherrangiges Recht, soweit sie eine Verminderung der Einmalzahlung um ein Viertel für jeden Kalendermonat vorschreibt, für den der Arbeitnehmer keinen Anspruch auf Vergütung oder Urlaubsvergütung gehabt hat (BAG vom 14.12.1995, DB 1996, S. 2341). 157 AEUV verbietet es jedoch einem Arbeitgeber generell (auch bei Sondervergütungen mit reinem Entgeltcharakter) die Zeiten der Beschäfti-

gungsverbote nach dem MuSchG anspruchsmindernd zu berücksichtigen (EuGH vom 21.10.1999 – C-333/97).

- Eine tarifvertragliche Regelung, die die Kürzung einer Sonderzahlung für Zeiten vorsieht, in denen das Arbeitsverhältnis kraft Gesetzes ruht, verstößt auch dann nicht gegen höherrangiges Recht, wenn sie Zeiten des Erziehungsurlaubs erfasst (BAG vom 24.5.1995, NZA 1996, S. 31; EuGH vom 21.10.1999 – C-333/97; BAG vom 12.1.2000 – 10 AZR 840/98).

37. Unter welchen Voraussetzungen kann der Arbeitgeber die Rückzahlung einer Gratifikation bzw. einer sonstigen Sondervergütung verlangen?

Der Arbeitnehmer kann bei Auszahlung der Gratifikation bzw. der Sondervergütung grundsätzlich durch sogenannte Rückzahlungsklauseln (zur Zulässigkeit vgl. Kapitel 3 Nr. 18) verpflichtet werden, die Gratifikation bzw. die Sondervergütung zurückzuzahlen, wenn er vor einer bestimmten Frist aus dem Arbeitsverhältnis ausscheidet. Für einzelvertraglich festgelegte Rückzahlungsklauseln hat das Bundesarbeitsgericht allerdings folgende Grundsätze aufgestellt:

a) Unzulässig sind Rückzahlungsklauseln bei Gratifikationen bis etwa 100 Euro.

b) Gratifikationen über 100 Euro, aber weniger als ein Monatsgehalt, lassen Rückzahlungsklauseln mit einer Bindung bis zum 31.3. des Folgejahres zu. In diesen Fällen besteht keine Rückzahlungspflicht, wenn der Arbeitnehmer zum 1.4. des Folgejahres kündigt.

c) Bei Gratifikationen von einem Monatsgehalt oder mehr ist eine Rückzahlungsklausel mit einer Bindung bis nach dem 31.3. zulässig, bei Gratifikationen von weniger als zwei Monatsgehältern jedoch grundsätzlich nicht über den 30.6. hinaus. Dies bedeutet: Hat der Arbeitnehmer bis zum 31.3. des Folgejahres nur eine Kündigungsmöglichkeit, so ist ihm zuzumuten, diese auszulassen, wenn er die Gratifikation behalten will. Hat er bis zum 31.3. mehrere Kündigungsmöglichkeiten, so ist ihm zuzumuten, den Betrieb erst nach dem 31.3. des Folgejahres zu verlassen, wenn er die Gratifikation behalten will.

d) Bei Gratifikationen von zwei Monatsgehältern sind Rückzahlungsklauseln zulässig, nach denen bei Ausscheiden bis zum 31.3. eineinhalb Monatsgehälter, bis zum 30.6. ein Monatsgehalt und zum 30.9. ein halbes Monatsgehalt zurückzuzahlen sind.

Wenn zu lange Rückzahlungsfristen vereinbart sind, ist im Zweifel nicht die gesamte Gratifikationszusage unwirksam, sondern nur die zu lange Bindung.

G Zulagen, Zuschüsse

38. In welchen Fällen besteht ein Anspruch auf Zulagen oder Zuschläge zum Arbeitsentgelt?

a) **Zulagen** sind Leistungen des Arbeitgebers, die zusätzlich zum vereinbarten Grundlohn oder Grundgehalt gezahlt werden. Gebräuchlich sind:

- Erschwerniszulagen (zum Ausgleich für besondere Belastungen, z. B. Hitzezulagen, Schmutzzulagen)

- Funktionszulagen (wegen der Übernahme zusätzlicher Verantwortung, z. B. bei Aufsichts- und Koordinierungsarbeiten)
- Leistungszulagen (nach Bewertung der Arbeitsleistung)
- Persönliche Zulagen
- Sozialzulagen (z. B. Kinder- und Ortszulagen)

b) **Zuschläge** sind ebenfalls zusätzliche Zahlungen des Arbeitgebers. Mit ihnen werden besondere Leistungen oder Belastungen des Arbeitnehmers abgegolten, wobei die Abgrenzung zu den Zulagen fließend ist. Gebräuchlich sind Zuschläge für Nachtarbeit, Überstunden sowie Sonn- und Feiertagsarbeit.

c) Mit Ausnahme des Zuschlags für Nachtarbeit (vgl. Kapitel 6 Nr. 18) besteht kein gesetzlicher Anspruch auf Zulagen oder Zuschläge. Ein entsprechender Anspruch des Arbeitnehmers kann sich nur aus einem Tarifvertrag, einer Betriebsvereinbarung, einer betrieblichen Übung oder einer einzelvertraglichen Vereinbarung ergeben. Selbstverständlich sind auch bei der Zahlung von Zulagen und Zuschlägen der arbeitsrechtliche Gleichbehandlungsgrundsatz (vgl. Nr. 26) und das Verbot der Benachteiligung wegen des Geschlechts, einer Befristung oder der Teilzeitarbeit zu beachten.

39. Wie müssen Überstunden ausgeglichen bzw. vergütet werden?

Eine gesetzliche Regelung, wonach Überstunden (zum Begriff vgl. Kapitel 5 Nr. 11a) durch **Freizeitgewährung**, speziell zusätzliche Urlaubstage, auszugleichen wären, gibt es nicht. Die Abgeltung von Überstunden durch Arbeitsbefreiung kann tarifvertraglich oder einzelvertraglich vereinbart werden. Kommt keine Vereinbarung zustande, kann der Arbeitgeber einen bereits entstandenen Anspruch auf Bezahlung der geleisteten Überstunden nicht einseitig durch Anordnung der Freistellung von der Arbeit erfüllen (BAG vom 18.9.2001, NZA 2002, S. 268).

Auch für die Bezahlung von **Überstunden** gibt es keine gesetzlichen Regelungen. Besteht weder ein Tarifvertrag oder eine Betriebsvereinbarung noch eine einzelvertragliche Regelung für die Vergütung von Überstunden, kann der Arbeitnehmer regelmäßig die Grundvergütung für die Überstunden verlangen (§ 612 BGB). Ein besonderer Zuschlag ist nur dann zu zahlen, wenn dieser vereinbart oder betriebs- und branchenüblich ist.

Der Anspruch auf Überstundenvergütung setzt voraus, dass die Überstunden vom Arbeitgeber angeordnet, gebilligt oder geduldet wurden oder jedenfalls zur Erledigung der geschuldeten Arbeit notwendig waren. Im Streitfall muss der Arbeitnehmer in Einzelnen darlegen, an welchen Tagen und zu welchen Tageszeiten er über die übliche Arbeitszeit hinaus gearbeitet hat (BAG vom 17.4.2002 – 5 AZR 644/00).

Nach der Rechtsprechung des Bundesarbeitsgerichts ist aber eine vertragliche Vereinbarung mit **Angestellten** zulässig, wonach Überstunden oder Mehrarbeit bereits **durch das Gehalt abgegolten** werden und somit ein zusätzliches Arbeitsentgelt nicht mehr dafür zu leisten ist (BAG vom 16.11.1961, DB 1962, S. 243, vom 16.1.1965, DB 1965, S. 1918). Während bei leitenden Angestellten unter Umständen für eine solche Arbeitspflicht ohne zusätzlichen Arbeitsentgeltsanspruch keine besondere Vereinbarung notwendig ist (BAG vom 17.11.1966, DB 1966, S. 1853), besteht bei sonstigen Angestellten eine solche nicht besonders zu vergütende Arbeitspflicht regelmäßig nur, wenn dies ausdrücklich vereinbart ist. Die pauschale Klausel „erforderliche Überstunden sind mit dem Monatsgehalt abgegolten" ist jedoch unwirksam, wenn sich der Umfang der danach ohne zusätzliche Vergütung zu leistenden Überstunden nicht hinreichend deutlich aus dem Arbeitsvertrag ergibt (vgl. Kapitel 3 Nr. 18). Für Arbeiter, die kein fixes Monatsentgelt erhalten, kann eine Überstundenvergütung ohnehin nicht ausgeschlossen werden, weil ihnen die geleisteten Arbeitsstunden zu vergüten sind.

H Bonuszahlungen

40. Wann hat der Arbeitnehmer Anspruch auf eine Bonuszahlung?

In einer Bonusregelung wird eine Abrede uber den Abschluss von Zielvereinbarungen getroffen und der Arbeitgeber verpflichtet, dem Arbeitnehmer einen Bonus zu zahlen unter der Bedingung, dass dieser die vereinbarten Ziele erreicht. Haben die Vertragsparteien durch Zielvereinbarung die Voraussetzungen für die Zahlung einer zusätzlichen Vergütung abschließend festgelegt, so kann sich der Arbeitgeber von der Zahlungspflicht nicht mehr einseitig durch anderweitige Leistungsbestimmung befreien. Zulässig ist aber eine Regelung, nach der die tatsächliche Auszahlung eines Bonus voraussetzt, dass der Vorstand ein ausreichendes Bonusvolumen zur Verfügung stellt und die Feststellung des Bonusvolumens der Entscheidung des Vorstandes vorbehalten bleibt (vgl. auch Kapitel 3 Nr. 18 – Freiwilligkeitsvorbehalt). Behält sich der Arbeitgeber vertraglich vor, über die Höhe eines Bonusanspruchs nach billigem Ermessen zu entscheiden, unterliegt diese Entscheidung der vollen gerichtlichen Überprüfung. Entspricht die Entscheidung nicht billigem Ermessen, ist sie gemäß § 315 Abs. 3 BGB unverbindlich und die Höhe des Bonus durch das Gericht auf Grundlage des Vortrags der Parteien festzusetzen (BAG vom 3.8.2016 – 10 AZR 710/14).

Der Arbeitgeber darf, soweit die Maßstäbe für die Ausübung für die Leistungsbestimmung nach billigem Ermessen in der Zielvereinbarung festgelegt sind, von ihnen nicht mehr abweichen, es sei denn dass besonders gewichtige, außerhalb der durch die Zielvereinbarung abgedeckten Umstände vorlagen. Solche außergewöhnlichen Umstände liegen vor, wenn die Existenz eines durch desaströse Verluste geschwächten Arbeitgebers u. a. mit massiven staatlichen Finanzhilfen gewährleistet wird, die allein dem öffentlichen Interesse an der Abwehr schwerer Gefahren für die Volkswirtschaft dienen (BAG vom 29.8.2012 – 10 AZR 385/11).

Hat der Arbeitnehmer aufgrund einer Rahmenvereinbarung im Arbeitsvertrag Anspruch auf einen Bonus in bestimmter Höhe, wenn er die von den Arbeitsvertragsparteien für jedes Kalenderjahr gemeinsam festzulegenden Ziele erreicht, steht ihm wegen entgangener Bonuszahlung Schadensersatz zu, wenn aus vom Arbeitgeber zu vertretenden Gründen für ein Kalenderjahr keine Zielvereinbarung getroffen wurde. Der für den Fall der Zielerreichung zugesagte Bonus bildet die Grundlage für die Schadensermittlung. Trifft auch den Arbeitnehmer ein Verschulden am Nichtzustandekommen der Zielvereinbarung, ist dieses Mitverschulden angemessen zu berücksichtigen (BAG vom 12.12.2007 – 10 AZR 97/07).

I Überlassung eines Dienstwagens zur privaten Nutzung

41. Wann kann der Arbeitgeber den zur privaten Nutzung überlassenen Dienstwagen zurückfordern?

Die Überlassung eines Dienstwagens auch zur privaten Nutzung ist Teil der Vergütung. Sie ist in der Regel eine zusätzliche Gegenleistung für die geschuldete Tätigkeit (BAG vom 24.3.2009 - 9 AZR 733/03). Deshalb wird sie – mangels anderweitiger vertraglicher Abrede – nur solange geschuldet, wie der Arbeitgeber zur Zahlung des Arbeitsentgelts oder zur Fortzahlung des Arbeitsentgelts (z. B. Entgeltfortzahlung im Krankheitsfall) ohne Erhalt einer Gegenleistung verpflichtet ist.

Überlässt der Arbeitgeber einen Dienstwagen auch zur privaten Nutzung, wird in der Praxis ganz überwiegend auf das Halten eines zusätzlichen privaten Pkw verzichtet. Dies wird dann zum Problem, wenn der Arbeitgeber ohne oder mit sehr kurzer Ankündigungsfrist den Dienstwagen zurückfordert, etwa im Zusammenhang mit einem krankheitsbedingten Ausfall des Arbeitnehmers, einer Kündigung oder etwa einer Freistellung aufgrund eines Betriebsratsmandats. Hält der Arbeitgeber bei der berechtigten Rückforderung eines Dienstwagens keine angemessene Ankündigungsfrist ein, ist er zwar nicht verpflichtet, eine Nutzungsausfallentschädigung zu zahlen. Er hat aber denjenigen Verfrühungsschaden zu ersetzen, der entstanden ist, weil der Arbeitnehmer sich nicht rechtzeitig auf den Nutzungsentzug hat einstellen können, z. B. Mietwagenkosten (BAG vom 14.12.2010 – 9 AZR 631/09).

42. Welche Aufwendungen hat der Arbeitgeber dem Arbeitnehmer bei Dienstreisen zu ersetzen?

Soweit ein Arbeitnehmer auf Veranlassung seines Arbeitgebers Dienstreisen mit seinem privaten PKW unternimmt, hat er für die ihm daraus erwachsenden Aufwendungen gegen seinen Arbeitgeber einen Anspruch auf Ersatz dieser Aufwendungen (§§ 670, 675 BGB). Die Höhe dieses Aufwendungsersatzes ist gesetzlich weder für diesen noch für andere Tatbestände ziffernmäßig geregelt. Sie kann durch Tarifvertrag, Betriebsvereinbarung oder Arbeitsvertrag geregelt werden. Es kann auch eine Pauschalierung dieses Aufwendungsersatzes vereinbart werden. Der vereinbarte Aufwendungsersatz muss nicht notwendigerweise der Höhe der tatsächlichen Aufwendungen entsprechen. Die vereinbarte Pauschalierung kann jedoch nichtig sein (§ 138 BGB), wenn sie unverhältnismäßig gering angesetzt ist, bzw. kann der Arbeitgeber in diesem Fall aufgrund seiner Fürsorgepflicht zu einer Erhöhung der Auslagenpauschale verpflichtet sein.

Ein Anspruch des Arbeitnehmers auf Auslagenersatz besteht jedoch insoweit nicht, als nach den getroffenen Vereinbarungen bereits die Arbeitsvergütung zur Abgeltung dieser Aufwendungen bestimmt ist.

J Berechnung und Auszahlung des Arbeitsentgelts

43. Wie ist das Arbeitsentgelt zu berechnen und auszuzahlen?

Das Arbeitsentgelt ist in Euro zu berechnen und auszuzahlen (§ 107 Abs. 1 GewO). Grundsätzlich ist das Arbeitsentgelt als „Bruttobetrag" vereinbart. D. h. der Arbeitnehmer hat die darauf entfallende Lohnsteuer, sowie die Arbeitnehmeranteile zur Sozialversicherung zu tragen (vgl. Nr. 4).

Dem Arbeitnehmer ist bei Zahlung des Arbeitsentgelts eine Abrechnung in Textform zu erteilen. Die Abrechnung muss mindestens Angaben über Abrechnungszeitraum und Zusammensetzung des Arbeitsentgelts enthalten. Hinsichtlich der Zusammensetzung sind insbesondere Angaben über Art und Höhe der Zuschläge, Zulagen, sonstige Vergütungen, Art und Höhe der Abzüge, Abschlagszahlungen sowie von Vorschüssen erforderlich. Die Verpflichtung zur Abrechnung entfällt, wenn sich die Angaben gegenüber der letzten ordnungsgemäßen Abrechnung nicht geändert haben (§ 108 GewO).

44. Wann ist das Arbeitsentgelt auszuzahlen?

a) Die **Fälligkeit** des Arbeitsentgelts bestimmt sich nach den in Kollektiv- oder Einzelverträgen getroffenen Vereinbarungen; in Ermangelung solcher Vereinbarungen kann die Orts- oder Branchenüblichkeit maßgebend sein. Wenn auch diese fehlt oder sich nicht feststellen lässt, ist das Arbeitsentgelt nach der Leistung der Arbeit zu entrichten. Ist die Vergütung nach Zeitabschnitten bemessen (z. B. nach Monaten), so ist sie nach dem Ablauf der einzelnen Zeitabschnitte zu entrichten (§ 614 BGB). Zur Fälligkeit des Mindestlohnes vgl. Nr. 13.

b) Für **kaufmännische Angestellte** hat die Gehaltszahlung am Schluss eines jeden Monats zu erfolgen. Eine Vereinbarung, nach der die Zahlung des Gehaltes später erfolgen soll, ist unwirksam (§ 64 HGB). Diese Regelung gilt nicht in den neuen Bundesländern.

c) **Auszubildenden** ist die Vergütung für den laufenden Kalendermonat spätestens am letzten Tag des Monats zu zahlen (§ 11 Abs. 2 BBiG).

45. Welche Konsequenzen kann die verspätete Auszahlung des Arbeitsentgelts haben?

Ist das Arbeitsentgelt fällig und zahlt der Arbeitgeber nach dem Eintritt der Fälligkeit nicht, kommt er mit dem gesamten Bruttoarbeitsentgelt nach § 284 BGB in Verzug. Der Arbeitnehmer kann dann nach § 288 Abs. 1 Satz 1 BGB Verzugszinsen aus dem gesamten Bruttoarbeitsentgelt verlangen (BAG vom 7.3.2001, DB 2001, S. 2196).

Der Verzugszinssatz für Entgeltforderungen beträgt nach § 288 Abs. 1 Satz 2 BGB fünf Prozentpunkte über dem Basiszinssatz (§ 247 BGB). Praktisch bedeutet dies, dass jede verspätete Auszahlung des fälligen Arbeitsentgelts für den Arbeitgeber sehr teuer werden kann.

46. Unter welchen Voraussetzungen kann der Arbeitgeber die bargeldlose Lohnzahlung einführen?

Die weitgehend übliche bargeldlose Zahlung des Arbeitsentgelts (z. B. durch Überweisung oder durch Scheck) bedarf der vertraglichen Vereinbarung durch einen Tarifvertrag, eine Betriebsvereinbarung oder eine einzelvertragliche Regelung. Soweit keine entsprechende tarifvertragliche Regelung besteht, kann der Arbeitgeber die bargeldlose Lohnzahlung nur im Einvernehmen mit dem Betriebsrat einführen oder bei Scheitern einer Vereinbarung die Einigungsstelle anrufen (§ 87 Abs. 1 Nr. 4

BetrVG). Dabei erstreckt sich das Mitbestimmungsrecht auch auf die Frage, ob und in welchem Umfang die für die Überweisung auf Bankkonten der Arbeitnehmer entstehenden Kosten vom Arbeitgeber zu erstatten sind (BAG vom 24.11.1987, DB 1988, S. 813). Der Arbeitgeber ist nur verpflichtet die den Arbeitnehmern bei der Bank entstehenden Kosten zu erstatten, soweit eine entsprechende Regelung in Tarifvertrag, Betriebsvereinbarung oder einer einzelvertraglichen Vereinbarung enthalten ist (BAG vom 15.12.1976, DB 1977, S. 679).

47. Wo hat die Auszahlung des Arbeitsentgelts zu erfolgen?

Soweit keine Vereinbarung über den Zahlungsort getroffen ist und sich dieser auch nicht aus den Umständen des Einzelfalls ergibt, ist der Zahlungsort der Betriebssitz des Arbeitgebers (§ 269 BGB). Der Arbeitnehmer hat deshalb das Arbeitsentgelt abzuholen, wenn nicht die bargeldlose Lohnzahlung vereinbart ist (vgl. Nr. 46).

48. Kann der Arbeitgeber zu viel bezahltes Arbeitsentgelt zurückfordern?

Wenn der Arbeitgeber unbewusst oder irrtümlich ein zu hohes Arbeitsentgelt gezahlt hat, ist der Arbeitnehmer grundsätzlich zur Rückzahlung verpflichtet (§§ 812 Abs. 1, 814 BGB), und zwar in Höhe des Bruttobetrages. Deshalb muss der Arbeitnehmer seinen Anspruch gegenüber der Sozialversicherung auf Erstattung der zu Unrecht entrichteten Sozialversicherungsbeiträge an den Arbeitgeber abtreten oder ihm den erstatteten Betrag herausgeben (BAG vom 29.3.2001 – 6 AZR 653/99). Nur dann, wenn der Arbeitnehmer gutgläubig war (§ 819 BGB) und wenn die Bereicherung inzwischen weggefallen ist, kann er die Rückzahlung verweigern (§ 818 Abs. 3 BGB). Gutgläubig ist er u.a., wenn er glaubt, dass es sich um eine Lohnerhöhung handelt. Nicht bereichert ist er, wenn er den zu viel erhaltenen Teil des Arbeitsentgelts für nicht notwendige Dinge ausgegeben hat. Wenn der Arbeitnehmer jedoch mit dem zu viel erhaltenen Teil des Arbeitsentgelts Anschaffungen gemacht oder Schulden getilgt hat, ist er noch bereichert und muss zurückzahlen.

Ein Arbeitnehmer, der gegen den Anspruch des Arbeitgebers auf Rückzahlung zu viel gezahlter Arbeitsvergütung (§ 812 Abs. 1 BGB) den Wegfall der Bereicherung geltend macht (§ 818 Abs. 3 BGB), hat darzulegen und ggf. zu beweisen, dass er nicht mehr bereichert ist. Der Arbeitnehmer kann sich für den Wegfall der Bereicherung auf die Grundsätze des Anscheinsbeweises berufen. Dazu ist erforderlich:

a) Es muss sich um eine geringfügige Überzahlung handeln. Ob eine Überzahlung geringfügig ist, kann nach den Richtlinien beurteilt werden, die im öffentlichen Dienst gelten.

b) Die Lebenssituation des Arbeitnehmers muss so sein, dass erfahrungsgemäß ein alsbaldiger Verbrauch der Überzahlung für die laufenden Kosten der Lebenshaltung anzunehmen ist.

Im Übrigen kann auch vereinbart werden, dass der Arbeitnehmer zur Rückzahlung überzahlten Arbeitsentgelts unabhängig vom Wegfall der Bereicherung verpflichtet ist.

49. Wann verjähren Ansprüche auf Arbeitsentgelt?

Der Anspruch auf Arbeitsentgelt, einschließlich Provision, Prämie, Gratifikation usw., **verjährt drei Jahre** nach Schluss des Kalenderjahres, in dem der Anspruch entstanden ist (§§ 195,199 BGB).

Beispiel
Der Anspruch auf Arbeitsentgelt ist am 31. Juli 2014 entstanden: war verjährt am 31. Dezember 2017.

Wenn der Anspruch auf Arbeitsentgelt verjährt ist, kann der Arbeitgeber die Zahlung verweigern. Wenn er jedoch trotz Verjährung das Arbeitsentgelt gezahlt hat, kann er diesen Betrag nicht zurückfordern. Eine etwaige Verjährung muss der Arbeitgeber im Prozess geltend machen, nur dann und nicht von Amts wegen ist sie durch das Arbeitsgericht zu berücksichtigen.

50. Was bedeuten Ausschlussfristen?

In Arbeitsverträgen und Betriebsvereinbarungen, besonders aber in Tarifverträgen werden häufig Ausschlussfristen (auch Verwirkungs-, Verfall- oder Präklusivfristen genannt) vereinbart. Danach erlöschen Ansprüche aus dem Arbeitsvertrag, wenn sie nicht innerhalb der vereinbarten Frist (in der Regel zwischen einem und sechs Monaten nach Entstehen des Anspruchs) gegenüber dem Vertragspartner geltend gemacht werden. Häufig ist auch die schriftliche Form der Geltendmachung, zum Teil sogar gerichtliche Geltendmachung vereinbart. Zur Zulässigkeit einer Ausschlussfrist vgl. auch Kapitel 10 Nr. 15 und Kapitel 33 Nr. 7d.

51. Unter welchen Voraussetzungen kann der Arbeitgeber das Arbeitsentgelt kürzen?

Wenn der Arbeitgeber ein anderes (geringeres) als das bisher vereinbarte Arbeitsentgelt zahlen will, so kann er dies nur durch eine einvernehmliche vertragliche Änderung oder durch eine Änderungskündigung erreichen, gegen die der Arbeitnehmer gegebenenfalls durch eine Klage nach § 2 KSchG vorgehen kann (vgl. Kapitel 24 Nr. 68).

K Mitbestimmung des Betriebsrats

52. In welchen Fällen hat der Betriebsrat bei der Festlegung des Arbeitsentgelts Mitbestimmungsrechte?

Soweit eine tarifvertragliche Regelung nicht besteht, hat der Betriebsrat mitzubestimmen (vgl. Kapitel 34 Nr. 21j)

a) bei Fragen der betrieblichen Lohngestaltung, insbesondere die Aufstellung von Entlohnungsgrundsätzen und die Einführung und Anwendung von neuen Entlohnungsmethoden sowie deren Änderung (§ 87 Abs. 1 Nr. 10 BetrVG), und

b) bei der Festsetzung der Akkord- und Prämiensätze und vergleichbarer leistungsbezogener Entgelte, einschließlich der Geldfaktoren (§ 87 Abs. 1 Nr. 11 BetrVG), insbesondere bei der Festlegung des Verhältnisses von Festgehalt zu den variablen Einkommensbestandteilen sowie bei der Festlegung des Verhältnisses der variablen Einkommensbestandteile untereinander (BAG vom 6.12.1988, DB 1989, S. 984).

Bei der Anrechnung einer Tariflohnerhöhung auf über- und außertarifliche Zulagen hängt das Mitbestimmungsrecht des Betriebsrats nach § 87 Abs. 1 Nr. 10 BetrVG von zwei Voraussetzungen ab: Werden die Verteilungsgrundsätze (z. B. das Verhältnis der Zulagen untereinander) geändert und besteht ein Regelungsspielraum für eine anderweitige Anrechnung bzw. Kürzung (BAG vom 3.12.1991, DB 1991, S. 2593, und vom 14.2.1995, DB 1995, S. 1917).

Einzelvertraglich vereinbarte Vergütungsleistungen sind unter Beachtung der im Betrieb oder der Dienststelle geltenden Entlohnungsgrundsätze zu gewähren. Dies kann dazu führen, dass vom Arbeitgeber Leistungen erbracht werden müssen, die als solche vertraglich nicht sonderlich ausgewiesen sind (BAG vom 15.4.2008 – 1 AZR 65/07). Will ein nicht tarifgebundener Arbeitgeber einzelne Vergütungsbestanteile beseitigen und verändert sich dadurch die Vergütungsstruktur, hat er den Betriebsrat nach § 87 Abs. 1 Nr. 10 BetrVG zu beteiligen. Ändern sich durch die Kündigung einer Betriebsvereinbarung über einen Vergütungsbestandteil die Entlohnungsgrundsätze im Betrieb, wirkt die Betriebsvereinbarung nach § 77 Abs. 6 BetrVG nach (BAG vom 26.8.2008 – 1 AZR 354/07).

11. Vermögenswirksame Leistungen, Überlassung von Beteiligungen an Arbeitnehmer

1. Welche gesetzlichen Regelungen gelten?

a) Das **Fünfte Vermögensbildungsgesetz** fördert vermögenswirksame Leistungen, die der Arbeitgeber entweder zusätzlich zum laufenden Arbeitslohn (z. B. aufgrund von Tarifverträgen oder Einzelverträgen) oder auf entsprechenden Antrag hin aus dem laufenden Arbeitslohn für seine Arbeitnehmer anlegt, durch **staatliche Arbeitnehmer-Sparzulagen.**

b) **§ 3 Nr. 39** des Einkommensteuergesetzes fördert die unmittelbare Überlassung von Vermögensbeteiligungen durch den Arbeitgeber an seine Arbeitnehmer mit steuerlichen und sozialversicherungsrechtlichen Begünstigungen. Der dem Arbeitnehmer mit der Überlassung von Beteiligungswerten zugewendete Vorteil ist bis zu **360 Euro** im Kalenderjahr steuer- und sozialabgabenfrei. Die frühere Begrenzung auf den halben Wert der Beteiligung ist weggefallen, d. h. die steuerliche Förderung ist nicht mehr daran geknüpft, dass der Arbeitnehmer parallel zum Arbeitgeberzuschuss einen gleich hohen Anteil aus seinem eigenen Arbeitseinkommen erbringt. Darüberhinaus ist erforderlich, dass die Vermögensbeteiligung einerseits als freiwillige Leistung zusätzlich zum ohnehin geschuldeten Arbeitslohn überlassen und nicht auf bestehende oder künftige Ansprüche angerechnet wird und dass andererseits das Angebot allen Mitarbeitern offen steht, die mindestens ein Jahr im Unternehmen ununterbrochen beschäftigt sind. Schließlich sind bestimmte branchenübergreifende oder auch auf einzelne Branchen beschränkte Mitarbeiterbeteiligungsfonds in die Förderung einbezogen. Bei diesen Fonds muss ein Rückfluss in die Unternehmen, deren Mitarbeiter sich am Fonds beteiligen, in Höhe von 60 Prozent garantiert sein. Das Investmentgesetz ist entsprechend geändert worden, um insbesondere für Mitarbeiter kleiner und mittlerer Unternehmen die Möglichkeit der Anlage von Kapital in einen Mitarbeiterbeteiligungsfonds zu schaffen.

   Für laufende Beteiligungen galt Bestandsschutz bis Ende 2015.

c) Die für die Praxis wichtigen Einzelheiten des Fünften Vermögensbildungsgesetzes sind in dem Schreiben des Bundesministeriums der Finanzen (BMF) vom 27.11.2017 zur Anwendung des Fünften Vermögensbildungsgesetzes (BStBl. I 2017, S. 1626) und in der Durchführungsverordnung zum Fünften Vermögensbildungsgesetz, geregelt.

A Vermögenswirksame Leistungen

2. Wer ist begünstigt?

Vermögenswirksame Leistungen können nur Personen erhalten, die Arbeitnehmer im arbeitsrechtlichen Sinne sind, d. h. alle voll- und teilzeitbeschäftigten Arbeiter und Angestellten, einschließlich der zu ihrer Berufsbildung Beschäftigten. Im Allgemeinen kann davon ausgegangen werden, dass Personen, die steuerlich Arbeitslohn beziehen, arbeitsrechtlich ebenfalls als Arbeitnehmer anzusehen sind. Begünstigt sind auch

a) Arbeitnehmer, die ihren Wohnsitz im Ausland haben, deren Arbeitsverhältnis aber deutschem Arbeitsrecht unterliegt;

b) Arbeitnehmer, deren Arbeitsverhältnis ruht, z. B. während der Elternzeit oder des freiwilligen Wehrdienstes (nicht dagegen Ruheständler);

c) Kommanditisten oder Stille Gesellschafter, wenn sie im Rahmen eines Arbeitsvertrages tätig sind (als Indiz gilt hier das Bestehen der Sozialversicherungspflicht);

d) in Heimarbeit Beschäftigte;

e) Beamte, Richter, Berufssoldaten und Soldaten auf Zeit.

3. Was sind vermögenswirksame Leistungen?

Vermögenswirksame Leistungen sind Geldleistungen, die der Arbeitgeber für den Arbeitnehmer vermögenswirksam anlegt. Sie sind insgesamt, d. h. auch soweit sie auf einem vom Arbeitgeber zusätzlich zum Lohn gezahlten Zuschuss beruhen, arbeitsrechtlich Bestandteil der Vergütung, sie gehören im Sinne der Sozialversicherung zum Arbeitsentgelt und steuerrechtlich zu den Einkünften aus nichtselbständiger Arbeit (BAG vom 19.9.2012, NZA 2013, S. 330). Der Arbeitnehmer kann dabei im Allgemeinen unter folgenden Anlageformen wählen:

a) Einzahlung auf einen Sparvertrag;

b) Erwerb von Wertpapieren oder Beteiligungen;

c) Anlage nach dem Wohnungsbau-Prämiengesetz;

d) Verwendung zum Wohnungsbau;

e) Einzahlung auf einen Lebensversicherungsvertrag gegen laufenden Beitrag.

4. Wann liegt eine Einzahlung auf einen Sparvertrag vor?

Zwar können vermögenswirksame Leistungen auch zu Einzahlungen auf Geldsparverträge verwandt werden. Sie sind aber nicht zulagebegünstigt. Im Sparvertrag verpflichtet sich der Arbeitnehmer gegenüber einem Kreditinstitut, einmalig oder laufend für die Dauer von sechs Jahren vermögenswirksame Leistungen überweisen zu lassen oder eigene Beiträge einzuzahlen (§ 2 Abs. 1 Nr. 6 und 8 5. VermBG). Die jährlichen Beiträge brauchen nicht jeweils in derselben Höhe und in gleichmäßigen Abständen gezahlt zu werden. Allerdings muss in jedem Jahr zumindest eine Einzahlung entweder als vermögenswirksame Leistung oder als eigener Beitrag des Arbeitnehmers beim Kreditinstitut eingehen. Es ist eine Sperrfrist von sieben Jahren einzuhalten, die jeweils am 1.1. des Kalenderjahres beginnt, in dem die erste Einzahlung beim Kreditinstitut eingeht. Die Zulässigkeit einer vorzeitigen Verfügung ist an enge Voraussetzungen gebunden, z. B. an den Erwerb von Wertpapieren (Aktien, Investmentzertifikate, Anleihen), an die Einzahlung der angesammelten Summe auf einen Bausparvertrag, an eine Arbeitslosigkeit, an den Tod oder die völlige Erwerbsunfähigkeit des Sparers oder seines Ehegatten oder an eine Heirat.

5. Wann liegt ein Erwerb von Wertpapieren oder Beteiligungen vor?

In Betracht kommen vor allem

a) **an Wertpapieren:** Aktien des Arbeitgebers oder Aktien, die an einer deutschen Börse zugelassen sind, Gewinnschuldverschreibungen des Arbeitgebers, Anteilscheine an Kapitalgesellschaften (der Wert der Aktien und stillen Beteiligungen muss mindestens 60 % betragen) und Genussscheine des Arbeitgebers oder Genussscheine eines deutschen Unternehmens, die an einer deutschen Börse zugelassen sind, wenn der Arbeitnehmer nicht als Mitunternehmer im Sinne des Einkommensteuergesetzes anzusehen ist; in die Förderung einbezogen sind auch Anteilscheine an bestimmten Mitarbeiterbeteiligungsfonds. Bei diesen Fonds muss ein Rückfluss in die beteiligten Unternehmen in Höhe von 60 Prozent garantiert werden (vgl. Nr. 1 Buchst. b).

b) **an Beteiligungen:** Anteile an einer Genossenschaft und Geschäftsanteile an einer inländischen GmbH, sofern es sich um das Unternehmen des Arbeitgebers handelt, stille Beteiligungen am inländischen Unternehmen des Arbeitgebers, Darlehensforderungen gegen den Arbeitgeber (Voraussetzung: Bürgschaft durch ein inländisches Kreditinstitut oder Versicherungsunternehmen) und Genussrechte am inländischen Unternehmen des Arbeitgebers, wenn der Arbeitnehmer nicht als Mitunternehmer im Sinne des Einkommensteuergesetzes anzusehen ist.

Diese Wertpapiere und Beteiligungen können wie folgt erworben werden:

a) Im **Sparvertrag über Wertpapiere und Beteiligungen** (§ 4 5.VermBG) verpflichtet sich der Arbeitnehmer gegenüber einem Kreditinstitut, zum Erwerb der Vermögensbeteiligungen vermögenswirksame Leistungen einmalig oder für die Dauer von sechs Jahren laufend überweisen zu lassen oder eigene Beiträge einzuzahlen. Es ist ebenfalls eine Sperrfrist von sieben Jahren einzuhalten. Dabei ist an eine Verfügung vor Ablauf der siebenjährigen Sperrfrist auch dann unschädlich, wenn der Arbeitnehmer den Erlös innerhalb der folgenden drei Monate unmittelbar für die eigene Weiterbildung oder für die seines von ihm nicht dauernd getrennt lebenden Ehegatten einsetzt und die Maßnahme außerhalb des Betriebes, dem er oder der Ehegatte angehört, durchgeführt wird, Kenntnisse und Fertigkeiten vermittelt werden, die dem beruflichen Fortkommen dienen und über arbeitsplatzbezogene Anpassungsfortbildungen hinausgehen; für vermögenswirksame Leistungen, die der Arbeitgeber für den Arbeitnehmer in Wertpapieren angelegt hat und die Rechte am Unternehmen des Arbeitgebers begründen, gilt dies nur bei Zustimmung des Arbeitgebers. Die Vermögensbeteiligungen müssen jeweils bis zum Ende des folgenden Kalenderjahres erworben werden, es sei denn, die nichtvertragsgemäß verwendeten Einzahlungen übersteigen am Ende eines Kalenderjahres insgesamt 150 Euro nicht.

b) Bei einem **Wertpapier-Kaufvertrag**, den der Arbeitnehmer unmittelbar mit dem Arbeitgeber abschließt, wird der dem Arbeitgeber für die Wertpapiere geschuldete Kaufpreis vom Arbeitgeber mit den dem Arbeitnehmer geschuldeten vermögenswirksamen Leistungen verrechnet oder vom Arbeitnehmer mit eigenen Beiträgen gezahlt (§ 5 5. VermBG). Der Arbeitnehmer muss das Wertpapier spätestens bis zum Ablauf des folgenden Kalenderjahres erhalten. Es ist eine Sperrfrist von sechs Jahren einzuhalten, die am 1.1. des Kalenderjahres beginnt, in dem das Wertpapier erworben wird.

c) Beim **Beteiligungs-Vertrag** ist zu unterscheiden (vgl.§ 6 5.VermBG): Soll die Beteiligung am **Unternehmen des Arbeitgebers** begründet werden, so verrechnet der Arbeitgeber den Kaufpreis mit den vermögenswirksamen Leistungen oder erhält ihn vom Arbeitnehmer zur Verfügung gestellt. Beim Beteiligungs-Vertrag mit einem **Dritten** ist die zur Begründung von Genossenschaftsanteilen, GmbH-Anteilen oder stillen Beteiligungen geschuldete Geldsumme vom Arbeitgeber mit vermögenswirksamen Leistungen oder vom Arbeitnehmer mit eigenen Beiträgen zu zahlen.

d) Der **Beteiligungs-Kaufvertrag** unterscheidet sich vom Beteiligungs-Vertrag dadurch, dass er den Erwerb bereits **bestehender** nicht verbriefter Beteiligungen ermöglicht (§ 7 5.VermBG).

Bei der Anlage im eigenen Unternehmen hat der Arbeitgeber in Zusammenarbeit mit dem Arbeitnehmer eine **insolvenzrechtliche Absicherung** vorzunehmen; entsprechende Vorkehrungen gegen Insolvenz sind aber nicht Voraussetzung für den Anspruch auf Arbeitnehmer-Sparzulage.

6. Wann liegt eine Anlage nach dem Wohnungsbau-Prämiengesetz vor?

Es geht hier im Wesentlichen um eine Einzahlung der vermögenswirksamen Leistungen auf einen **Bausparvertrag**. Anspruch auf Arbeitnehmer-Sparzulagen hat der Arbeitnehmer allerdings nur, soweit er für seine Einzahlungen keine Wohnungsbauprämie in Anspruch nimmt. Es ist bei vor dem 1.1.2009 abgeschlossenen Bausparverträgen eine Sperrfrist von sieben Jahren einzuhalten, die u. a. entfällt, wenn bei vorheriger Auszahlung der Bausparsumme, der Beleihung oder der Abtretung der Ansprüche aus dem Bausparvertrag die empfangenen Beträge unverzüglich und unmittelbar zum Wohnungsbau verwendet werden. Bei nach dem genannten Zeitraum abgeschlossenen Bausparverträgen gilt dies nur dann, wenn der Sparer bei Abschluss des Vertrages das 25. Lebensjahr noch nicht vollendet hatte. In allen anderen Fällen, also auch nach Ablauf von sieben Jahren, führt künftig eine vorzeitige Verwendung, die nicht zum Wohnungsbau erfolgt, zum Verlust der Arbeitnehmer-Sparzulage.

7. Wann liegt eine Verwendung zum Wohnungsbau vor?

Hier kann sich der Arbeitnehmer die vermögenswirksamen Leistungen entweder bar auszahlen lassen und sie anschließend zum Bau oder Erwerb eines Wohngebäudes oder einer Eigentumswohnung verwenden oder sie im Rahmen der Entschuldung, z. B. im Zusammenhang mit einer aufgenommenen Hypothek, unmittelbar an den Gläubiger überweisen lassen.

8. Wann liegt eine Einzahlung auf einen Lebensversicherungsvertrag gegen laufenden Beitrag vor?

Für Lebensversicherungsverträge wird keine Arbeitnehmer-Sparzulage gewährt. Im Übrigen müssen folgende Voraussetzungen erfüllt sein (vgl. § 9 5.VermBG):

a) Die **Mindestdauer** des Versicherungsvertrages muss 12 Jahre betragen; eine vorzeitige Verfügung ist nur ausnahmsweise zulässig, z. B. im Falle der Aussteuerversicherung bei einer Heirat des im Vertrag begünstigten Kindes sowie allgemein bei längerer Arbeitslosigkeit.

b) Die Versicherungsbeiträge dürfen **keine Anteile** für Zusatzleistungen und besondere Risiken, wie Unfall, Invalidität oder Krankheit enthalten.

c) Bereits im ersten Jahr der Vertragsdauer muss der bei einer Aufhebung des Vertrages **nicht kürzbare Sparanteil** mindestens 50 % der gezahlten Beiträge betragen.

d) Die **Gewinnanteile** dürfen grundsätzlich nur zur Erhöhung der Versicherungsleistung verwendet werden.

Nicht erforderlich ist, dass für die Vertragsdauer auch laufend Beiträge gezahlt werden. Der Arbeitgeber braucht das Vorliegen der Voraussetzungen des vermögenswirksamen Versicherungsvertrages nicht im Einzelnen zu prüfen.

9. Wie kommt der Arbeitnehmer zu vermögenswirksamen Leistungen?

a) Vermögenswirksame Leistungen können zusätzlich zum normalen Arbeitslohn gewährt werden. Sie bedürfen dann wie andere Zusatzleistungen des Arbeitgebers einer **besonderen Rechtsgrundlage** (Tarifvertrag, Betriebsvereinbarung, Einzelzusage oder für in Heimarbeit Beschäftigte bindende Festsetzungen). Aufgrund des auch hier zu beachtenden arbeitsrechtlichen Gleichbehandlungsgrundsatzes hat der Arbeitgeber den begünstigten Personenkreis so abzugrenzen, dass nicht einzelne Arbeitnehmer oder Arbeitnehmergruppen ohne sachlichen Grund von den vermögenswirksamen Leistungen ausgeschlossen werden können. Ebenso gelten die im AGG geregelten Diskriminierungsverbote, z. B. wegen des Geschlechts.

   Bei tariflichen vermögenswirksamen Leistungen ist zu berücksichtigen, dass eine Barleistung des Arbeitgebers nicht als Erfüllung des Anspruchs auf die vermögenswirksame Leistung gilt (§ 10 5.VermBG).

b) Damit auch die Arbeitnehmer die Vorteile des Fünften Vermögensbildungsgesetzes in Anspruch nehmen können, die keine zusätzlichen vermögenswirksamen Leistungen bis zu den begünstigten Höchstbeträgen aufgrund besonderer Rechtsgrundlage erhalten, muss der Arbeitgeber auf schriftliches Verlangen des Arbeitnehmers mit ihm einen Vertrag über die **vermögenswirksame Anlage von Teilen des laufenden Arbeitslohns** abschließen (§ 11 5.VermBG). Für diesen Antrag stellen die Anlageinstitute Formulare zur Verfügung.

   Im Einzelnen gilt Folgendes:

   - Der Arbeitgeber ist nur dann zur Annahme des Antrags verpflichtet, wenn der Arbeitnehmer die vermögenswirksame Anlage von Lohnteilen in monatlichen, der Höhe nach gleichbleibenden Beträgen von mindestens 13 Euro oder in vierteljährlichen, der Höhe nach gleichbleibenden Beträgen von mindestens 39 Euro oder einmal im Kalenderjahr in Höhe eines Betrages von mindestens 39 Euro verlangt. Dies gilt nur dann nicht, wenn der Arbeitnehmer die anzulegenden Lohnteile zur Aufstockung anderer vermögenswirksamer Leistungen verwenden will, die der Arbeitgeber ohnehin an dasselbe Anlageinstitut oder auf denselben Anlagevertrag zu überweisen hat.
   - Der Arbeitnehmer kann bei der Anlage in monatlichen Beträgen während des Kalenderjahres die Art der vermögenswirksamen Anlage und das Anlageinstitut nur mit Zustimmung des Arbeitgebers wechseln.
   - Der Arbeitgeber kann mit Zustimmung des Betriebsrats einen Termin im Kalenderjahr bestimmen, zu dem die Arbeitnehmer die einmalige Anlage von Teilen

des Arbeitslohns verlangen können. Dieser Termin ist in jedem Kalenderjahr im Betrieb in geeigneter Form bekannt zu geben. Unabhängig hiervon ist immer eine einmalige vermögenswirksame Anlage zum Jahresende zulässig.

- Der Arbeitnehmer kann nur einmal im Kalenderjahr die Aufhebung, Erweiterung oder Einschränkung des Vertrages über die vermögenswirksame Anlage verlangen.
- Dem Arbeitgeber steht zur Annahme des Antrags eine angemessene Bearbeitungszeit bis zu einem Monat zu.

10. Wie hat der Arbeitgeber vermögenswirksame Leistungen zu behandeln?

a) Der Arbeitgeber hat im Allgemeinen die vermögenswirksamen Leistungen mit entsprechender Kennzeichnung und unter Angabe der Kontonummer (Vertragsnummer) ohne Abzug **direkt** an die vom Arbeitnehmer benannten Anlageinstitute zu überweisen, die ihrerseits die Art der vermögenswirksamen Anlage zu kennzeichnen haben.

b) Für vermögenswirksame Leistungen sind Lohnsteuern und Sozialabgaben zu zahlen (§ 2 Abs. 6 5. VermBG). Diese Abgaben werden von dem **übrigen Arbeitslohn** abgezogen. Im Übrigen sind vermögenswirksame Leistungen arbeitsrechtlich Bestandteil des Lohns oder Gehalts (§ 2 Abs. 7 5. VermBG). Der Anspruch auf sie ist nicht übertragbar und damit auch nicht verpfändbar und pfändbar.

11. Wie fördert der Staat vermögenswirksame Leistungen?

Der Arbeitnehmer erhält für vermögenswirksame Leistungen, einschließlich der vermögenswirksam angelegten Lohnteile, bei der Verwendung zum Bausparen und Wohnungsbau (vgl. Nrn. 6 und 7) bis zu einem Höchstbetrag von **470 Euro** und beim Erwerb von Beteiligungen (vgl. Nr. 5) bis zu einem zusätzlichen Höchstbetrag von **400 Euro** im Jahr **Arbeitnehmer-Sparzulagen**. Voraussetzungen sind:

a) Der Arbeitnehmer muss Einkünfte aus nichtselbstständiger Arbeit haben.

b) Das **zu versteuernde Einkommen** des Arbeitnehmers, also das Einkommen nach Abzug von Freibeträgen, Werbungskosten, Sonderausgaben, Abschreibungen usw., darf in dem Kalenderjahr, in dem die vermögenswirksamen Leistungen erbracht werden, 20.000 Euro und für Verheiratete 40.000 Euro nicht übersteigen. Da auf das zu versteuernde Einkommen abgestellt ist, liegt das Bruttoeinkommen, bis zu dem der Arbeitnehmer Arbeitnehmer-Sparzulagen erhalten kann, erheblich höher.

Der Anspruch auf eine Arbeitnehmer-Sparzulage hängt von der gewählten Anlageform ab (vgl. § 13 Abs. 2 und 3 5.VermBG):

a) Die Arbeitnehmer-Sparzulage beträgt 20 % für vermögenswirksame Leistungen von höchstens **400 Euro jährlich**, die in Wertpapieren und Beteiligungen angelegt sind, und **9 %** für zusätzliche vermögenswirksame Leistungen bis zu **470 Euro**, die nach dem Wohnungsbau-Prämiengesetz angelegt oder zum Wohnungsbau verwendet werden.

b) Für vermögenswirksame Leistungen, die auf einen Kontensparvertrag oder Lebensversicherungsvertrag angelegt sind, wird keine Arbeitnehmer-Sparzulage gezahlt.

Der Arbeitnehmer, der gleichzeitig bei mehreren Arbeitgebern beschäftigt ist, kann zwar vermögenswirksame Leistungen in jedem der Arbeitsverhältnisse erhalten, die Zulage begünstigten vermögenswirksamen Leistungen dürfen aber die Höchstgrenzen nicht übersteigen.

12. Wann wird die Arbeitnehmer-Sparzulage gezahlt?

Die Arbeitnehmer-Sparzulage ist auf volle Euro aufzurunden. Der Antrag auf sie ist spätestens bis zum Ablauf des 2. Kalenderjahres nach dem Anlagejahr mittels amtlich vorgeschriebenen Vordrucks zu stellen. Die festgesetzten Arbeitnehmer-Sparzulagen werden regelmäßig erst mit Ablauf der für die vermögenswirksamen Leistungen geltenden Sperrfrist an das Kreditinstitut, die Kapitalanlagegesellschaft, die Bausparkasse, das Unternehmen oder den Arbeitgeber überwiesen, mit denen der Anlagevertrag abgeschlossen worden ist (§ 7 Abs. 2 VermBDV). Die Anlageinstitute haben die überwiesenen Arbeitnehmer-Sparzulagen an die Arbeitnehmer auszuzahlen; dabei kann im Innenverhältnis zwischen Anlageinstitut und Arbeitnehmer vereinbart werden, dass die an das Anlageinstitut überwiesenen Arbeitnehmer-Sparzulagen in einer der in § 2 Abs. 1 VermBG genannten Anlageformen angelegt werden. Lediglich bei der Verwendung der vermögenswirksamen Leistung zum Wohnungsbau oder wenn über die angelegten vermögenswirksamen Leistungen unschädlich vorzeitig verfügt oder der Bausparvertrag zugeteilt worden ist, wird die Arbeitnehmer-Sparzulage unmittelbar an den Arbeitnehmer ausgezahlt, und zwar bei der Anlage zum Wohnungsbau einmal jährlich.

13. Wann sind Arbeitnehmer-Sparzulagen zurückzuzahlen?

Die Zulagen sind vom Arbeitnehmer zurückzuzahlen, wenn die vorgesehenen Sperrfristen sowie die Abtretungs- und Beleihungsverbote verletzt werden. Einzelheiten sind in § 13 5. VermBG der Durchführungsverordnung zum Fünften Vermögensbildungsgesetz und in den BMF-Schreiben vom 27.11.2017 geregelt (vgl. Nr. 1).

14. Welchen Charakter hat die Arbeitnehmer-Sparzulage?

Die Arbeitnehmer-Sparzulagen sind keine Einnahmen im Sinne des Steuer-, Sozialversicherungs- und Arbeitsrechts (§ 13 Abs. 3 5.VermBG). Für sie sind daher keine Steuern und Beiträge zur Sozialversicherung und Bundesagentur für Arbeit zu zahlen. Der Anspruch auf die Arbeitnehmer-Sparzulage ist nicht übertragbar und damit auch nicht pfändbar und verpfändbar.

B Überlassung von Vermögensbeteiligungen

15. Wann liegt eine steuerbegünstigte Überlassung von Vermögensbeteiligungen vor?

Nach § 3 Nr. 39 EStG ist die unmittelbare Überlassung von Vermögensbeteiligungen durch den Arbeitgeber an seine Arbeitnehmer dann **steuerlich begünstigt**, wenn

a) es sich um folgende **Beteiligungen** handelt: Aktien, Gewinnschuldverschreibungen, Anteilscheine an Aktienfonds, Beteiligungsfonds und Mitarbeiterbeteiligungsfonds, Genossenschaftsanteile, GmbH-Anteile, stille Beteiligungen, gesicherte Darlehensforderungen, Genussscheine und Genussrechte (vgl. Nr. 5),

b) als Rechtsgrundlage eine Einzelzusage, eine Betriebsvereinbarung oder ein Tarifvertrag vorliegt; Voraussetzung ist, dass die Beteiligung **zusätzlich** zum ohnehin geschuldeten Arbeitslohn überlassen wird und mindestens allen offensteht die im Zeitpunkt der Bekanntgabe des Angebots ein Jahr oder länger ununterbrochen beschäftigt sind. Dies schließt allerdings nicht aus, dass auch Arbeitnehmer steuerbegünstigt Vermögensbeteiligungen erhalten, die kürzer als ein Jahr in einem Dienstverhältnis zum Unternehmen stehen. Ebenso kann die zusätzliche Leistung des Arbeitgebers von einer Eigenleistung des Arbeitnehmers abhängig gemacht werden oder der Arbeitgeber lediglich einen verbilligten Erwerb anbieten.

Die Steuerbegünstigung ist anders als der Anspruch auf die Arbeitnehmer-Sparzulage für vermögenswirksame Leistungen (vgl. Nr. 11) nicht an Einkommensgrenzen geknüpft.

16. Welche Vorteile ergeben sich für den Arbeitnehmer?

Bei der Überlassung von Vermögensbeteiligungen sind jährlich 360 Euro **steuer**- und damit auch **sozialabgabenfrei**, d. h. es sind vom Arbeitnehmer keine Lohnsteuer, kein Solidarzuschlag, keine Kirchensteuer und keine Arbeitnehmeranteile zur Renten-, Kranken- und Pflegeversicherung und zur Bundesagentur für Arbeit zu zahlen.

17. Wie wird der Wert der Vermögensbeteiligung ermittelt?

§ 19 EStG knüpft an die Grundsätze des Bewertungsgesetzes an.

18. Kann der Arbeitnehmer sowohl vermögenswirksame Leistungen als auch Vermögensbeteiligungen erhalten?

Die Förderung nach dem Fünften Vermögensbildungsgesetz und nach § 3 Nr. 39 EStG ist nebeneinander möglich.

12. Sicherung des Arbeitseinkommens

1. Auf welche Weise ist das Arbeitseinkommen des Arbeitnehmers gesichert?

a) Besitzt ein Gläubiger gegenüber dem Arbeitnehmer einen vollstreckbaren Titel über eine Geldforderung (z. B. ein Gerichtsurteil), so kann er beim zuständigen Amtsgericht einen **Pfändungs- und Überweisungsbeschluss** hinsichtlich der Lohnforderung des Arbeitnehmers beantragen. Hierdurch wird der Arbeitgeber verpflichtet, den Lohn nicht an den Arbeitnehmer, sondern an dessen Gläubiger so lange zu zahlen, bis dessen Vollstreckungsforderung nebst Zins- und Kostenforderung gegen den Arbeitnehmer vollständig gedeckt ist (§§ 828 ff. ZPO). Um dem Arbeitnehmer das Arbeitseinkommen als Lebensgrundlage nicht völlig zu entziehen, sind bestimmte Teile des Einkommens gänzlich **unpfändbar**, andere sind nur **unter bestimmten Voraussetzungen**, wieder andere nur **in bestimmter Höhe pfändbar** (vgl. Nr. 2).

b) Soweit eine Lohnforderung nicht pfändbar ist, kann der Arbeitnehmer sie auch nicht an einen Dritten **abtreten** (§ 400 BGB). Ebenso ist eine **Aufrechnung** durch den Arbeitgeber mit eigenen Forderungen gegenüber dem Lohnanspruch unzulässig, soweit die Lohnforderung nicht der Pfändung unterworfen ist (§ 394 BGB). Darüber hinaus kann die Aufrechnung durch Tarifvertrag, Betriebsvereinbarung oder Einzelvertrag ausgeschlossen sein. Ausnahmsweise kann allerdings die Berufung auf das Aufrechnungsverbot gegen den Grundsatz von Treu und Glauben verstoßen, wenn die Forderung des Arbeitgebers auf einer vorsätzlichen unerlaubten Handlung des Arbeitnehmers, z. B. einer vorsätzlichen Sachbeschädigung, beruht.

c) **Vorschüsse** des Arbeitgebers sind vorweggenommene Lohntilgungen. Sie können daher ohne Aufrechnungserklärung bei der Lohnabrechnung verrechnet werden, und zwar auch mit dem unpfändbaren Teil der Arbeitsvergütung. Dem Arbeitnehmer muss jedoch ein Mindestbetrag zur Bestreitung des notwendigen Lebensunterhalts verbleiben. Das ist im Allgemeinen der Betrag, der auch dem Unterhaltsschuldner bei einer Lohnpfändung (§ 850 ZPO) zu verbleiben hat. Nicht abgerechnete Lohnvorschüsse werden bei nachfolgendem Pfändungs- und Überweisungsbeschluss grundsätzlich auf den pfändungsfreien Betrag und nur mit dem Überschuss auf den Rest angerechnet (BAG vom 11.2.1987, DB 1987, S. 1306).

d) Die Sicherung der rückständigen Lohnforderungen des Arbeitnehmers bei **Insolvenz des Arbeitgebers** ist umso stärker, je kürzer der Zeitraum zurückliegt, für den die Rückstände bestehen.

- Arbeitnehmer haben gegenüber der Agentur für Arbeit Anspruch auf ein **Insolvenzgeld** als Ausgleich ihres ausgefallenen Arbeitsentgelts für die vorausgehenden drei Monate des Arbeitsverhältnisses (§§ 183 ff. SGB III). Es ist nicht erforderlich, dass das Arbeitsverhältnis im Augenblick der Insolvenzeröffnung, der Abweisung des Antrags auf Eröffnung des Insolvenzverfahrens oder der vollständigen Beendigung der Betriebstätigkeit, wenn ein Insolvenzverfahren offensichtlich mangels Masse nicht in Betracht kommt, noch besteht. Hat ein Arbeitnehmer in Unkenntnis eines Insolvenzereignisses weitergearbeitet oder die Arbeit aufgenommen, besteht der Anspruch für die dem Tag der Kenntnisnahme vorausgehenden drei Monate des Arbeitsverhältnisses. Als Insolvenzgeld wird das vom Arbeitgeber geschuldete Nettoarbeitsentgelt gezahlt.

- Forderungen auf Arbeitsentgelt aus der Zeit vor Eröffnung des Insolvenzverfahrens sind normale Insolvenzforderungen.
- Entgeltzahlungen sind kongruent und darum nicht nach § 131 InsO anfechtbar, wenn sie in für das Arbeitsverhältnis üblicher Weise über das Geschäftskonto des Arbeitgebers erfolgen. Das gilt auch dann, wenn es sich bei dem Geschäftskonto um das Konto eines Dritten handelt (BAG vom 22.10.2015 - 6 AZR 538/14).
- Sozialplanansprüche sind unter den in § 123 der Insolvenzordnung genannten Voraussetzungen vorweg aus der Insolvenzmasse zu befriedigen.
- Führt der Insolvenzverwalter noch nach Insolvenzeröffnung das Arbeitsverhältnis fort, so müssen diese Lohnforderungen – ebenso wie Urlaubsabgeltungsansprüche – als Masseschuld vorweg aus der Insolvenzmasse befriedigt werden (§ 55 InsO). Das gilt auch für Ansprüche auf Differenzvergütung im Fall der vorzeitigen Beendigung einer Altersteilzeit infolge Kündigung des Arbeitsverhältnisses aus Anlass der Insolvenz (BAG vom 27.7.2017 – 6 AZR 801/16).

e) Betriebliche Versorgungsleistungen sind über den Pensions-Sicherungsverein in Köln umfassend abgesichert (vgl. Kapitel 14 Nr. 16).

f) Seit dem 1.7.2010 besteht die Möglichkeit, sich ein sogen. Pfändungsschutzkonto einrichten zu lassen. Dies ist ein Konto, das es dem Schuldner im Falle einer Pfändung ermöglicht, über den monatlich pfändungsfreien Betrag zu verfügen (§ 850 k ZPO). Seit dem 1.1.2012 wird der Pfändungsschutz auf privaten Konten nur noch gewährt, wenn das Konto als Pfändungsschutzkonto eingerichtet ist. Zur entsprechenden Einrichtung ist das Kreditinstitut verpflichtet. Der Kontoinhaber hat zu versichern, dass er über kein weiteres Pfändungsschutzkonto verfügt. Wird der monatlich pfändungsfreie Betrag nicht ausgeschöpft, erfolgt eine einmalige Übertragung auf den nächsten Monat.

2. Wie errechnet der Arbeitgeber das der Pfändung unterliegende Nettoarbeitseinkommen des Arbeitnehmers?

a) **Arbeitseinkommen** sind alle in Geld zahlbaren wiederkehrenden Vergütungen aus dem Arbeitsverhältnis, einschließlich des Urlaubsentgelts und der Urlaubsabgeltung bei Beendigung des Arbeitsverhältnisses. Bezieht der Arbeitnehmer auch von einem anderen Arbeitgeber Arbeitseinkommen, braucht dies bei Feststellung des pfändbaren Teils des Arbeitseinkommens nicht berücksichtigt zu werden, solange nicht ein auf Antrag des Gläubigers ergangener **Zusammenrechnungsbeschluss** des Vollstreckungsgerichts dem Arbeitgeber zugestellt ist (§ 850e Nr. 2 ZPO). Während wiederkehrende Leistungen von vornherein den Pfändungsschutz genießen, setzt die Pfändungseinschränkung bei Einmalvergütungen eine auf Antrag des Arbeitnehmers ergangene Entscheidung des Gerichts nach § 850i Abs. 1 ZPO voraus.

b) Der **Arbeitgeber** als sogen. Drittschuldner muss das für die Pfändung allein maßgebliche **Nettoarbeitseinkommen** ermitteln. Die Berechnung des pfändbaren Einkommens gemäß § 850e Nr. 1 Satz 1 ZPO erfolgt nach der sog. Nettomethode (BAG vom 17.4.2013 – 10 AZR 59/12). Hierfür hat der Arbeitgeber vom Bruttoeinkommen zunächst folgende Beträge abzuziehen:

- Die Hälfte der Vergütung für Mehrarbeit (§ 850a Nr. 1 ZPO);
- Weihnachtszuwendungen, Jahresabschlussvergütungen und dreizehnte Monatsgehälter, soweit sie die Hälfte des Bruttomonatseinkommens nicht übersteigen, höchstens 500 Euro (§ 850a Nr. 4 ZPO); bei Zahlung des Arbeitseinkommens nach Wochen muss das monatliche Einkommen in der Weise errechnet werden, dass 4 Wochenlöhne oder 26 Tageslöhne einem Monatslohn entsprechen;
- die für die Dauer eines Urlaubs über das normale Arbeitseinkommen hinaus gewährten besonderen Bezüge, soweit sie das Übliche nicht übersteigen;
- Zuwendungen aus Anlass eines besonderen Betriebsereignisses (z. B. Firmenjubiläum) und Treuegelder (als Anreiz für das Festhalten am Arbeitsverhältnis), soweit sie den Rahmen des Üblichen nicht übersteigen;
- Aufwandsentschädigungen (z. B. Fahrgelder, Reisekosten, Trennungsentschädigungen) sowie Gefahren-, Schmutz- und Erschwerniszulagen, soweit sie den Rahmen des Üblichen nicht übersteigen (§ 850a Nr. 3 ZPO). Zulagen für Sonntags-, Feiertags- und Nachtarbeit sind Erschwerniszulagen i. S. v. § 850a Nr. 3 ZPO, Zulagen für Schicht-, Samstags- und sog. Vorfestarbeit dagegen nicht, sie unterliegen somit der Pfändung (BAG vom 23.8.2017 – 10 AZR 859/16).

Hinsichtlich der Frage, was als „im Rahmen des Üblichen" anzusehen und damit unpfändbar i. S. v. § 850a Nr. 3 ZPO ist, kann nach der Rechtsprechung des BAG an die Regelung in § 3b EStG angeknüpft werden. Soweit der Gesetzgeber Zuschläge in § 3b EStG in einem bestimmten Umfang steuerfrei gestellt hat, sind diese Zuschläge im Rahmen des § 850a Nr. 3 ZPO als unpfändbar anzusehen (BAG vom 23.8.2017 – 10 AZR 859/16).

Danach sind lediglich die Lohnsteuer, die Kirchensteuer, der Solidaritätszuschlag und die Arbeitnehmeranteile zur Renten-, Kranken- und Pflegeversicherung und zur Bundesagentur für Arbeit in Abzug zu bringen, die auf das ohne die unpfändbaren Bezüge verbleibende Bruttoeinkommen zu zahlen sind.

c) Naturalbezüge sind mit dem ortsüblichen Wert zu berechnen (z. B. nach den Richtsätzen des Steuer- oder Sozialversicherungsrechts) und mit dem in Geld zahlbaren Arbeitseinkommen zusammenzuzählen und vorweg auf den unpfändbaren Grundbetrag zu verrechnen (§ 850e Nr. 3 ZPO).

d) Werden bei Akkordarbeit zunächst nur Abschlagszahlungen geleistet, muss das bei der jeweiligen Endabrechnung sich ergebende Arbeitseinkommen auf die Lohnzahlungszeiträume, in denen der Akkordlohn verdient wurde, umgelegt und für jeden dieser Zeiträume die Pfändungsgrenze berechnet werden.

e) Mit dem Arbeitseinkommen sind auf Antrag des Gläubigers auch Ansprüche auf laufende Geldleistungen nach dem Sozialgesetzbuch zusammenzurechnen, soweit dies der Billigkeit entspricht (§ 850e Nr. 2a ZPO).

f) Haben mehrere Gläubiger gepfändet, so kann der Arbeitgeber den pfändbaren Teil des Arbeitseinkommens bei Gericht hinterlegen. Auf Verlangen eines der Gläubiger ist er zu einer solchen Hinterlegung verpflichtet (§ 853 ZPO).

3. Wie stellt der Arbeitgeber den unpfändbaren Teil des Arbeitslohns fest?

a) **Anhand der amtlichen Lohnpfändungstabelle** kann der Arbeitgeber durch einfaches Ablesen den pfändbaren Teil des Arbeitseinkommens in den Fällen feststellen, in denen durch einen normalen Gläubiger und nicht durch einen gesetzlichen Unterhaltsgläubiger gepfändet wird.

b) Die Tabelle unterscheidet zwischen monatlicher, wöchentlicher und täglicher Nettozahlung. Sie ist so aufgebaut, dass zunächst ein **Grundbetrag** unpfändbar ist, der sich dann entsprechend der Zahl der Personen, denen der Arbeitnehmer unterhaltspflichtig ist, erhöht. Darüber hinausgehende Teile des Arbeitseinkommens sind normalerweise voll pfändbar. Die Pfändungsfreigrenzen sind dynamisiert und werden alle zwei Jahre überprüft. Das Bundesministerium der Justiz und für Verbraucherschutz (BMJV) gibt die jeweils maßgebenden Beträge rechtzeitig im Bundesgesetzblatt bekannt. Sie sind auch mit dem Stichwort „Pfändungsfreigrenzen" unter www.bmjv.de zu finden. In der Pfändungsfreigrenzenbekanntmachung 2017 (BGBl. I 2017, S. 750) ist festgelegt, dass seit dem **1.7.2017** der Grundpfändungsfreibetrag **1133,80 € monatlich**, 262,49 € wöchentlich und 52,49 € täglich beträgt.

c) Die Tabelle geht bis zu einem Nettoarbeitseinkommen von monatlich 3475,79 €, von wöchentlich 799,91 € und von täglich155,98 €. Darüber hinausgehende Teile des Arbeitseinkommens sind normalerweise voll pfändbar. Die Tabelle berücksichtigt die **gesetzlichen Unterhaltspflichten**, die der Arbeitnehmer gegenüber Ehegatten, früheren Ehegatten, den Lebenspartnern, früheren Lebenspartnern, Verwandten in gerader Linie und der Mutter eines nicht ehelichen Kindes (zeitlich begrenzter Anspruch für frühestens vier Monate vor und höchstens 12 Monate nach der Entbindung) hat, und zwar bis zu fünf Unterhaltsberechtigten. Solange der Schuldner mit seiner früheren Ehefrau in häuslicher Gemeinschaft lebt, ist davon auszugehen, dass die Ehegatten nach § 1360 BGB, § 1360a BGB einander Naturalunterhalt leisten und die Ehefrau als unterhaltsberechtigte Person im Rahmen von § 850c Abs. 1 Satz 2 ZPO zu berücksichtigen ist. Mit der Auflösung der häuslichen Gemeinschaft ist die getrennt lebende Ehefrau nur dann als unterhaltsberechtigte Person zu berücksichtigen, wenn der Schuldner ihr tatsächlich Unterhalt leistet (BAG vom 28.8.2013 – 10 AZR 323/12). Hat ein Unterhaltsberechtigter eigene Einkünfte, so kann das Vollstreckungsgericht auf Antrag des Gläubigers nach billigem Ermessen bestimmen, dass diese Person bei der Berechnung des unpfändbaren Teils des Arbeitseinkommens ganz oder teilweise unberücksichtigt bleibt (§ 850c Abs. 4 ZPO).

d) Das Vollstreckungsgericht kann dem Arbeitnehmer auf Antrag einen weiteren Teil seines Arbeitseinkommens pfändungsfrei belassen, wenn besondere Bedürfnisse aus persönlichen oder beruflichen Gründen, z. B. bei zusätzlichen Aufwendungen für eine Erkrankung, oder der besondere Umfang der gesetzlichen Unterhaltspflichten des Schuldners, insbesondere die Zahl der Unterhaltsberechtigten (mehr als die fünf in der Tabelle berücksichtigten Unterhaltsberechtigten), dies erfordern und überwiegende Belange des Gläubigers nicht entgegenstehen (§ 850f Abs. 1 ZPO).

e) Die Pfändungstabelle ist nicht anwendbar, wenn es sich um die Pfändung von Arbeitseinkommen durch einen gesetzlichen **Unterhaltsgläubiger** handelt;

hier ist dem Arbeitnehmer nur so viel zu belassen, als er für seinen notwendigen Unterhalt und zur Erfüllung seiner laufenden gesetzlichen Unterhaltspflichten bedarf (§ 850b ZPO).

f) Ist bei bargeldloser Lohnzahlung der Arbeitslohn bereits auf das Bankkonto des Arbeitnehmers überwiesen, so ist auf Antrag des Arbeitnehmers eine Pfändung des Guthabens vom Vollstreckungsgericht insoweit aufzuheben, als das Bankguthaben dem pfändungsfreien Teil des Lohns entspricht (§ 850k ZPO).

g) Ist das Arbeitseinkommen des Arbeitnehmers gepfändet und einem Gläubiger zur Einziehung überwiesen, erfasst der Pfändungs- und Überweisungsbeschluss auch einen Schadensersatzanspruch des Arbeitnehmers gegen seinen Arbeitgeber, wenn dieser seine Nachweispflicht (vgl. Kapitel 3 Nr. 11) verletzt hat, Vergütungsansprüche des Arbeitnehmers deshalb aufgrund einer tariflichen Ausschlussfrist verfallen sind und der Arbeitgeber dem Arbeitnehmer Schadensersatz in Höhe der verfallenen Vergütungsansprüche zu leisten hat (BAG. Urteil vom 6.5.2009 – 10 AZR 834/08).

h) Sind die in Geld geleistete Nettovergütung und der Sachbezug aus der Überlassung eines Dienstwagens zur privaten Nutzung in ihrer Summe nach § 850c Abs. 1, § 850e Nr. 3 ZPO unpfändbar, verstößt eine Anrechnung des Sachbezugs auf das Arbeitseinkommen gegen das Verbotsgesetz des § 107 Abs. 2 Satz 5 GewO (BAG, Urteil vom 24.3.2009, NZA 2009, S. 861).

i) Vereinbaren die Arbeitsvertragsparteien, dass der Arbeitgeber für den Arbeitnehmer eine Direktversicherung abschließt und ein Teil der künftigen Entgeltansprüche des Arbeitnehmers durch Entgeltumwandlung für seine betriebliche Altersversorgung verwendet wird (§ 1a Abs. 1 BetrAVG), liegt insoweit kein pfändbares Arbeitseinkommen mehr vor.

j) Die Pfändung verschleierter Arbeitsvergütung wirkt nicht für die Vergangenheit und erfasst damit nicht fiktiv aufgelaufene Lohn- oder Gehaltsrückstände. Im Insolvenzverfahren unterfällt der pfändbare Teil des verschleierten Arbeitseinkommens gemäß § 36 Abs. 1 Satz 2 InsO dem Massebeschlag. Deshalb wird die zukünftige Wirkung eines Pfändungs- und Überweisungsbeschlusses gemäß § 114 Abs. 3 InsO für die Zwecke und die Dauer des Insolvenzverfahrens durchbrochen. Insoweit wird der Prioritätsgrundsatz des § 804 Abs. 3 ZPO durch das Prinzip der Gläubigergleichbehandlung ersetzt (BAG vom 16.5.2013 – 6 AZR 556/11).

k) Der Pfändungsschutz für Arbeitseinkommen darf nicht durch eine Vereinbarung umgangen werden, in der dem Arbeitgeber die Befugnis eingeräumt wird, eine monatliche Beteiligung des Arbeitnehmers an der Reinigung und Pflege der Berufskleidung mit dem monatlichen Bruttoentgelt ohne Rücksicht auf Pfändungsgrenzen zu verrechnen (BAG vom 17.2.2009, NZA 2009, S. 99).

4. Was hat der Arbeitgeber bei der Pfändung von Arbeitseinkommen zu beachten?

Häufig wird der Gläubiger nicht wissen, was der Arbeitnehmer verdient, ob er noch bei dem Arbeitgeber beschäftigt ist und ob nicht bereits andere vorhergehende Pfändungen oder Abtretungen des Arbeitseinkommens vorliegen. Hier hilft dem Gläubiger, dass der Arbeitgeber auf ein entsprechendes Ersuchen im Pfändungsantrag

verpflichtet ist, binnen zwei Wochen von der Zustellung des Pfändungsbeschlusses an, zu erklären (sogen. Drittschuldnererklärung),

a) ob und inwieweit er den Anspruch des Arbeitnehmers aus dem Arbeitseinkommen als begründet anerkennt und bereit ist, Zahlungen zu leisten,

b) ob und welche Ansprüche andere Personen an das Arbeitseinkommen, z. B. aus einer Abtretung oder Verpfändung, geltend machen und

c) ob und wegen welcher Ansprüche das Arbeitseinkommen bereits für andere Gläubiger gepfändet ist (§ 840 ZPO).

Der Pfändungsgläubiger ist nicht verpflichtet, dem Arbeitgeber die Kosten zu ersetzen, die diesem durch die Auskunftserteilung entstehen (BAG, Urteil vom 30.10.1984, DB 1985, S. 766).

Kommt der Drittschuldner dem Auskunftsersuchen des Gläubigers schuldhaft nicht nach, haftet er für den entstandenen Schaden (§ 840 Abs. 2 ZPO). Dieser kann z. B. darin bestehen, dass der Gläubiger zu einer aussichtslosen Klage auf Zahlung von bereits gepfändetem Lohn veranlasst worden ist und ihm dadurch Rechtsanwaltskosten entstanden sind (BAG, Urteil vom 16.5.1990, BB 1990, S. 2122).

5. Wer trägt die Kosten der Lohnpfändung?

Die bei der Bearbeitung von Lohnpfändungen beim Arbeitgeber anfallenden Kosten hat dieser selbst zu tragen. Er hat weder einen gesetzlichen Erstattungsanspruch gegen den Arbeitnehmer, noch kann ein solcher Anspruch durch Betriebsvereinbarung begründet werden (BAG vom 18.7.2006, DB 2007,S. 227). Jedoch kann ein solcher Anspruch vertraglich, insbesondere auch im Einstellungsvertrag, vereinbart werden.

6. Was gilt für Selbständige?

Nimmt einen Selbständigen, z. B. einen Handels- und Versicherungsvertreter, die selbständige Tätigkeit vollständig oder zu einem wesentlichen Teil in Anspruch und bestehen die Bezüge in laufenden oder wiederkehrenden Leistungen, so steht ihnen der allgemeine Pfändungsschutz für Arbeitseinkommen zu (§ 850i ZPO). Seit dem 1.4.2007 gilt auch für die Altersrenten der Selbständigen ein dem Pfändungsschutz von Arbeitseinkommen nachgebildeter Pfändungsschutz, der ihnen das Existenzminimum sichern soll (§ 851c Abs. 1 ZPO).

13. Entgeltfortzahlung

A Feiertage

1. Welchen Anspruch hat der Arbeitnehmer bei Arbeitsausfall am Feiertag?

Für die Arbeitszeit, die infolge eines gesetzlichen Feiertags ausfällt, ist vom Arbeitgeber den Arbeitnehmern, auch den teilzeitbeschäftigten, der Arbeitsverdienst zu zahlen, den sie ohne den Arbeitsausfall erhalten hätten (§ 2 Abs. 1 EFZG). Bei Arbeitsausfall an Feiertagen hat der Arbeitnehmer einen Anspruch auf Entgeltzahlung an Feiertagen, auch Feiertagsvergütung oder Feiertagslohn genannt.

Welche Tage gesetzliche Feiertage sind, wird für den Tag der deutschen Einheit (3. Oktober) durch Art. 2 Abs. 2 des Einigungsvertrages und im Übrigen durch die Feiertagsgesetze der Länder geregelt und ist daher für eine Reihe von Feiertagen regional unterschiedlich (im Einzelnen vgl. Kapitel 6 Nr. 20).

2. Feiertag als Ursache des Arbeitsausfalls

Die Anspruchsvoraussetzung des feiertagsbedingten Arbeitsausfalls ist erfüllt, wenn an einem Tag, an dem der Arbeitnehmer **sonst regelmäßig zur Arbeitsleistung verpflichtet** ist, für ihn infolge eines Feiertags die Arbeit ausfällt. Auch wenn die Arbeit am Vortage infolge eines Feiertages ausfällt, besteht Anspruch auf Feiertagsvergütung (LAG München vom 11.4.1991, DB 1991, S. 2193).

Ist der wesentliche Grund für den Arbeitsausfall nicht der Feiertag, sondern wäre an dem Feiertag aus anderen Gründen ohnehin nicht gearbeitet worden, so hat der Arbeitnehmer keinen Anspruch auf die Feiertagsvergütung. Fällt ein gesetzlicher Feiertag z. B. in einen Zeitraum, in dem das Arbeitsverhältnis und die sich daraus ergebenden Arbeits- und Lohnzahlungspflichten ruhen, besteht kein Anspruch auf Feiertagsvergütung, weil eine Arbeitspflicht an diesem Feiertag ohnehin nicht bestanden hätte (vgl. BAG vom 10.1.2007 – 5 AZR 84/06; vom 26.10.2016 – 5 AZR 456/15). Auch besteht kein Anspruch auf Feiertagsvergütung, wenn ein Feiertag auf einen nach Dienstplan regelmäßig für den Arbeitnehmer arbeitsfreien Tag fällt (BAG vom 24.1.2001, DB 2001, S. 1889); dann fällt nämlich an diesem Tag die Arbeit infolge des Dienstplans aus und nicht infolge des Feiertags. Die dienstplanmäßige Freistellung des Arbeitnehmers am Feiertag schließt dessen Anspruch auf Entgeltfortzahlung allerdings nur dann aus, wenn sich die Arbeitsbefreiung aus einem Schema ergibt, das von der Feiertagsruhe an bestimmten Tagen unabhängig ist (BAG vom 9.10.1996, DB 1997, S. 480). Entscheidend ist in diesem Zusammenhang, ob der Wochentag nach der Dienstplaneinteilung **regelmäßig** für den Arbeitnehmer **arbeitsfrei** ist. Das ist nicht der Fall, wenn nur für Wochen mit einem gesetzlichen Feiertag der Dienstplan geändert und sonst auf den Feiertag entfallende Arbeitszeit auf andere Wochentage verlegt wird. So kann nach der ständigen Rechtsprechung des Bundesarbeitsgerichts Feiertagsbezahlung nicht durch die Vereinbarung umgangen werden, dass der Arbeitnehmer die infolge des Feiertags ausfallende Arbeitszeit an einem sonst arbeitsfreien Tag vor- oder nacharbeitet. Vielmehr ist die Arbeit an dem sonst freien Tag dann zusätzlich zu vergüten. Dies gilt jedoch nur dann, wenn die Arbeitszeit regelmäßig auf den Wochentag gelegt war, auf den der Wochenfeiertag fällt.

Einen Anspruch auf Feiertagsvergütung haben auch Arbeitnehmer, die **Arbeit auf Abruf** nach § 12 TzBfG leisten, wenn die Arbeit für den Arbeitnehmer tatsächlich wegen des Feiertags ausfällt, der Arbeitnehmer also ohne die gesetzlich angeordnete Feiertagsruhe regelmäßig arbeiten würde (BAG vom 3.5.1983, DB 1983, S. 2784). Gibt es für den Arbeitsausfall keinen objektiven Grund außer dem, dass an einem Feiertag nicht gearbeitet werden darf, ist davon auszugehen, dass die Arbeit wegen des Feiertages ausgefallen ist. In diesem Fall besteht ein Anspruch auf Feiertagsvergütung (BAG vom 24.10.2001, DB 2002, S. 1110). Der Arbeitgeber kann sich der gesetzlichen Verpflichtung zur Zahlung von Feiertagsvergütung nicht dadurch entziehen, dass er für jeden Feiertag von vornherein keine Arbeit einplant (BAG vom 26.3.1985, NZA 1986, S. 397).

Die Frage, ob in **rollierenden Freizeitsystemen** Freizeittage, die auf einen Wochenfeiertag fallen würden, auf einen anderen Tag gelegt werden sollen, unterliegt der Mitbestimmung des Betriebsrats nach § 87 Abs. 1 Nr. 2 BetrVG (BAG vom 25.7.1989, DB 1990, S. 791).

Fällt ein gesetzlicher **Feiertag in einen Urlaubszeitraum**, besteht für den Feiertag Anspruch auf Feiertagsvergütung nach § 2 Abs. 1 EFZG. Hier ist die Wertung des § 3 Abs. 2 BUrlG zu berücksichtigen, nach dem an einem gesetzlichen Feiertag, für den nicht ausnahmsweise eine Arbeitsleistung angeordnet worden ist, kein Urlaub gewährt werden kann (BAG vom 26.10.2016- 5 AZR 456/15).

Wenn die Arbeitszeit gleichzeitig auch infolge von **Kurzarbeit** ausfällt, für die an anderen Tagen als dem gesetzlichen Feiertag Kurzarbeitergeld geleistet wird, gilt die Arbeit als infolge des Feiertags ausgefallen (§ 2 Abs. 2 EFZG). Der Arbeitnehmer hat Anspruch auf Feiertagsvergütung in Höhe des Kurzarbeitergeldes.

Fällt ein gesetzlicher Feiertag in die Zeit eines **Streiks**, so ist der Arbeitsausfall an diesem Feiertag durch den Arbeitskampf verursacht; ein Anspruch auf Feiertagsvergütung besteht nicht. Andererseits muss die Feiertagsvergütung gezahlt werden, wenn der Arbeitskampf unmittelbar vor dem Feiertag endet oder sich unmittelbar an ihn anschließt. In beiden Fällen ist als einzige Ursache für den Arbeitsausfall der gesetzliche Feiertag anzusehen (BAG vom 11.5.1993, AP Nr. 63 zu § 1 Feiertagslohnzahlungsgesetz; vom 1.3.1995 – 1 AZR 970/94, nicht amtlich veröffentlicht). Soll ein Streik vor einem Feiertag beendet werden, so muss dies dem Arbeitgeber von der streikführenden Gewerkschaft oder den streikbeteiligten Arbeitnehmern mitgeteilt werden. Im Konflikt um einen Verbandstarifvertrag kann die Mitteilung auch gegenüber dem Arbeitgeberverband erfolgen. Eine öffentliche Verlautbarung über die Medien kann eine unmittelbare Mitteilung nur ersetzen, wenn sie vor dem Feiertag zur Kenntnis des betroffenen Arbeitgebers gelangt (BAG vom 23.10.1996, DB 1997, S. 479).

3. Verlust der Feiertagsvergütung bei unentschuldigtem Fehlen

Arbeitnehmer, die am letzten Arbeitstag vor oder am ersten Arbeitstag nach dem Feiertag unentschuldigt der Arbeit fern bleiben, haben keinen Anspruch auf Bezahlung für diesen Feiertag (§ 2 Abs. 3 EFZG).

4. Wie wird die Feiertagsvergütung berechnet?

Die Höhe der Feiertagsvergütung richtet sich nach dem Entgeltausfallprinzip. D.h., der Arbeitnehmer hat Anspruch auf die Vergütung, einschließlich aller Bestandteile, die er erhalten hätte, wenn er gearbeitet hätte (§ 2 Abs. 1 EFZG). Dies gilt auch dann, wenn sich die Höhe des Arbeitsentgelts nach dem MiLoG bestimmt (BAG vom 20.9.2017 –10 AZR 171/16).

Für die Berechnung der Feiertagsvergütung ist die bei Arbeitsleistung je Zeitstunde geschuldete Vergütung und für jeden Feiertag die Stundenzahl zugrunde zu legen, die der Arbeitnehmer ohne den Feiertag hätte arbeiten müssen. Der Arbeitnehmer ist so zu stellen, als hätte er an dem Feiertag die schichtplanmäßige Arbeitszeit gearbeitet, sowohl im Hinblick auf die Vergütung als auch im Hinblick auf die Zeitbuchung auf einem Arbeitszeitkonto (BAG vom 13.2.2002, NZA 2002, S. 683). Dies gilt auch in Betrieben, in denen die tarifvertragliche Arbeitszeitverkürzung auf 38,5 Stunden dazu geführt hat, dass tatsächlich nicht nur 38,5 Stunden, sondern aufgrund einer Betriebsvereinbarung 40 Stunden (5 Tage mit je acht Stunden) gearbeitet werden und die Arbeitszeitverkürzung in Form von für das laufende Jahr festgelegten Freischichten verwirklicht wird. Sind in einem solchen Fall infolge des Feiertags tatsächlich acht Stunden Arbeitszeit ausgefallen, führt dies auch zu einem Anspruch auf Feiertagsvergütung für acht Stunden und nicht nur für 7,7 Stunden (BAG vom 14.12.1988, DB 1989, S. 1677).

Erbringt ein Arbeitnehmer aufgrund einer Vereinbarung regelmäßig zusätzlich vergütete Arbeitsleistungen (z. B. Fahrleistungen), hat der Arbeitgeber nach § 2 EFZG das hierfür vereinbarte Arbeitsentgelt zu bezahlen, wenn die Arbeit infolge eines Feiertags ausfällt. Die Arbeitsvertragsparteien können den Vergütungsanspruch des Arbeitnehmers für regelmäßige zusätzliche Arbeitsleistungen nicht für Tage, an denen die Arbeit wegen eines Feiertags ausfällt oder an denen der Arbeitnehmer wegen Arbeitsunfähigkeit an der Arbeitsleistung verhindert ist, ausschließen. Hierin läge eine nach § 12 EFZG unzulässige Abweichung von der Entgeltfortzahlungspflicht nach § 2 EFZG (BAG vom 16.1.2002, DB 2002, S. 950).

Auch Auslösungen sind von der Feiertagsvergütung nicht ausgenommen, wenn der Anspruch auf Auslösung im Falle der tatsächlichen Arbeitsleistung nicht davon abhing, ob und in welchem Umfang Aufwendungen tatsächlich entstanden wären. Umgekehrt sind Auslösungen kein Bestandteil der Feiertagsvergütung, wenn sie Aufwendungsersatz für konkrete Mehraufwendungen des Arbeitnehmers waren, die nur an den Tagen entstehen, an denen er tatsächlich arbeitet (BAG vom 1.2.1995, DB 1996, S. 790).

5. Welchen Anspruch hat der Arbeitnehmer bei Arbeit am Feiertag?

Wenn der Arbeitnehmer an dem Feiertag arbeiten musste, hat er zunächst Anspruch auf das normale Arbeitsentgelt. Ob er darüber hinaus Anspruch auf Zuschläge für die Feiertagsarbeit oder Anspruch auf bezahlte Freistellung an einem anderen Tag (sog. Ersatzfeiertag) hat, ist gesetzlich nicht geregelt. Ein solcher Anspruch kann sich jedoch aus einem Tarifvertrag, einer Betriebsvereinbarung oder einer einzelvertraglichen Vereinbarung ergeben. Ein solcher Zuschlag für Feiertagsarbeit wird regelmäßig nur für die Arbeit an gesetzlichen Feiertagen ausgelöst, nicht aber wenn nach dem Landesrecht diese Tage am Beschäftigungsort nicht als Feiertage bestimmt sind –

z. B. Ostersonntag und Pfingstsonntag nicht in Sachsen-Anhalt (BAG vom 17.8.2011 – 10 AZR 347/10). Dies gilt nur dann nicht, wenn die Vertragsparteien ein weitergehendes Verständnis des „Feiertages" haben (BAG vom 17.8. 2010 – 10 AZR 347/10).

B Krankheit und Kuren

6. Welchen Anspruch hat der Arbeitnehmer im Krankheitsfall?

Der **Arbeitnehmer** hat gegen den Arbeitgeber einen Anspruch auf Entgeltfortzahlung im Krankheitsfall in Höhe von 100 Prozent für die Zeit der Arbeitsunfähigkeit bis zur Dauer von sechs Wochen, wenn er durch Arbeitsunfähigkeit infolge Krankheit an seiner Arbeitsleistung gehindert ist, ohne dass ihn ein Verschulden trifft (§ 3 Abs. 1 Satz 1 EFZG). Die Anspruchsberechtigung ist jedoch abhängig von einer vierwöchigen Wartezeit. Die Darlegungs- und Beweislast für die Anspruchsvoraussetzungen des § 3 Abs. 1 Satz 1 EFZG trägt im Streitfall – nach allgemeinen Grundsätzen – der Arbeitnehmer. Ebenso wie er für die Tatsache der Arbeitsunfähigkeit als solcher beweispflichtig ist, trifft ihn auch für deren Beginn und Ende die objektive Beweislast (BAG vom 25.5.2016 – 5 AZR 318/15).

7. Was bedeutet die Wartezeit von Wochen bei neu begründeten Arbeitsverhältnissen?

Entgeltfortzahlung im Krankheitsfall setzt unabhängig von dem Beginn der Arbeitsunfähigkeit erst nach vierwöchiger ununterbrochener Dauer des Arbeitsverhältnisses ein (§ 3 Abs. 3 EFZG). Dies bedeutet für die Praxis:

a) Kein Anspruch auf Entgeltfortzahlung besteht in den ersten vier Wochen eines Arbeitsverhältnisses in Fällen, in denen der Arbeitnehmer bereits bei Abschluss des Arbeitsvertrages arbeitsunfähig war und die Arbeitsunfähigkeit auch noch in dem Zeitpunkt fortbesteht, zu dem er die Arbeit vereinbarungsgemäß antreten soll.

b) Kein Anspruch auf Entgeltfortzahlung besteht in den ersten vier Wochen eines Arbeitsverhältnisses auch in den Fällen, in denen der Arbeitnehmer nach Abschluss des Arbeitsvertrages und vor oder bei Beginn der vereinbarten Arbeitsaufnahme arbeitsunfähig erkrankt ist.

c) Ebenfalls keinen Anspruch auf Entgeltfortzahlung hat der Arbeitnehmer, der nach der Arbeitsaufnahme in den ersten vier Wochen eines Arbeitsverhältnisses erkrankt ist.

d) Zudem besteht kein Anspruch auf Entgeltfortzahlung in Arbeitsverhältnissen, die zulässigerweise für eine Dauer bis zu vier Wochen eingegangen worden sind, also wirksam **auf vier Wochen oder kürzer befristet** sind.

e) Folgen mehrere bis zu vier Wochen befristete Arbeitsverhältnisse mit demselben Arbeitgeber aufeinander oder schließt sich an ein befristetes ein unbefristetes Arbeitsverhältnis mit demselben Arbeitgeber an, werden sie zur Berechnung der Wartezeit zusammengerechnet; der Anspruch auf Entgeltfortzahlung setzt in diesen Fällen somit dann ein, wenn die Arbeitsverhältnisse zusammengenommen die Vier-Wochen-Frist überschreiten. Mit mehrfach hintereinander geschalteten, kurzfristigen Arbeitsverhältnissen von bis zu vier Wochen tritt somit keine Verlängerung der vierwöchigen Wartezeit ein. Selbst für den Fall, dass ein geringerer zeitlicher Abstand zwischen zwei aufeinander folgenden Arbeitsverhältnissen bei demselben Arbeitgeber vorliegt, sind diese Zeiten zusammenzurechnen, wenn ein enger sachlicher Zusammenhang zwischen früheren und dem neu gegründeten Arbeitsverhältnis besteht. Der Lauf der Wartezeit wird dann in dem neuen Arbeitsverhältnis nicht erneut ausgelöst (BAG vom 22.8.2001, DB 2002, S. 640). Jedoch ist im Allgemeinen bei einem Zeitraum von mehr als drei Wochen zwischen den Arbeitsverhältnissen von einer ins Gewicht fallenden Unterbrechung auszugehen.

f) Hat der Arbeitnehmer die Wartezeit erfüllt – das Arbeitsverhältnis also ununterbrochen vier Wochen bestanden, beginnt der Anspruch auf maximal sechs Wochen Entgeltfortzahlung – unabhängig vom Beginn der Arbeitsunfähigkeit. Der Anspruch auf Entgeltfortzahlung wird für die Dauer der ersten vier Wochen des Bestehens des Arbeitsverhältnisses gehemmt, nicht aber gekürzt. D.h. in Fällen, in denen der Arbeitnehmer während der Wartezeit erkrankt, kann er bei einer lang andauernden Arbeitsunfähigkeit noch nach Ende der Wartefrist Entgeltfortzahlung bis zur Dauer von sechs Wochen verlangen, also vom Beginn der fünften bis zum Ende der zehnten Woche des Arbeitsverhältnisses ohne Anrechnung von Krankheitszeiten während der ersten vier Wochen. An diesem Ergebnis ändert sich nichts dadurch, dass der Arbeitgeber das Arbeitsverhältnis aus Anlass der Arbeitsunfähigkeit wirksam kündigt und es noch innerhalb der Wartefrist endet. Nach § 8 Abs. 1 EFZG wird der Anspruch auf Fortzahlung des Arbeitsentgelts durch eine solche Kündigung nicht berührt (BAG vom 26.5.1999, DB 1999, S. 1170).

g) Die Arbeitnehmer sind auch während der Wartefrist nicht generell ohne Einkommenssicherung im Krankheitsfall: Erkrankt ein Arbeitnehmer nach dem Beginn der Beschäftigung, kann er von der gesetzlichen Krankenkasse Krankengeld erhalten, wenn er in der gesetzlichen Krankenversicherung versichert ist. Anspruch auf Verletztengeld der Unfallversicherung kann der Arbeitnehmer in diesen Fällen bei einem Arbeitsunfall oder einer Berufskrankheit haben.

8. Haben geringfügig Beschäftigte Anspruch auf Entgeltfortzahlung?

Auch geringfügig Beschäftigte haben Anspruch auf Entgeltfortzahlung im Krankheitsfalle – unabhängig von der Höhe des Arbeitsentgelts (vgl. Kapitel 7 Nr. 2b).

9. Haben befristet Beschäftigte Anspruch auf Entgeltfortzahlung?

Auch befristet Beschäftigte – ebenso zur Probe Beschäftigte – haben grundsätzlich Anspruch auf Entgeltfortzahlung. Dies gilt jedoch nicht für kurzfristig beschäftigte Arbeitnehmer, deren Arbeitsverhältnis auf höchstens vier Wochen im Voraus wirksam befristet ist (vgl. Nr. 7).

10. Wann liegt eine Arbeitsunfähigkeit infolge Krankheit vor?

Krankheit im Sinne des EFZG ist ein regelwidriger körperlicher oder geistiger Zustand, der eine Arbeitsunfähigkeit herbeiführt oder eine Heilbehandlung erforderlich macht (BAG vom 17.11.1960, DB 1961, S. 101). Art und Ursache der Krankheit sind unerheblich. Anspruch auf Entgeltfortzahlung kommt deshalb auch in Betracht bei:

a) Arbeitsunfall
b) Unfall im privaten Bereich (Sport und Straßenverkehr)
c) Verletzung durch Dritte
d) Erkrankung (z. B. Depressionen) aufgrund einer Mobbingsituation
e) Gesundheitsstörung aufgrund einer Erbanlage
f) eigener Empfängnis- und Zeugungsunfähigkeit bei erwachsenen Menschen im fortpflanzungsfähigen Alter; nicht aber bei einem durch die Zeugungsunfähigkeit des Partners bedingten unerfüllten Kinderwunsch einer Arbeitnehmerin (BAG vom 26.10.2016 – 5 AZR 167/16).
g) Alkoholabhängigkeit

Die Krankheit muss **Arbeitsunfähigkeit** zur Folge haben. Diese liegt vor, wenn der Arbeitnehmer infolge der Krankheit seine vertragsgemäße Arbeitsleistung nicht mehr erbringen kann. Dies ist nicht nur dann der Fall, wenn die Arbeitsleistung tatsächlich nicht mehr möglich ist (wegen Arm- oder Beinbruchs oder stationärer Behandlung), sondern bereits dann, wenn die Gefahr besteht, dass sich der Zustand bei Weiterarbeit verschlimmert oder wenn zur Vermeidung eines Rückfalls ärztlich die Arbeitsenthaltung angeraten oder eine Operation empfohlen wird (BAG vom 17.3.1960, DB 1960, S. 554). Für die Frage, ob Arbeitsunfähigkeit vorliegt oder nicht, ist aber auf objektive Gesichtspunkte abzustellen. Die Kenntnis oder die subjektive Wertung des Arbeitnehmers kann für die Frage der Arbeitsunfähigkeit nicht ausschlaggebend sein. Maßgebend ist vielmehr die vom Arzt nach objektiven medizinischen Kriterien vorzunehmende Bewertung (BAG vom 26.7.1989, DB 1990, S. 229). Über die Dauer krankheitsbedingter Arbeitsunfähigkeit und damit über das Ende des Verhinderungsfalles entscheidet ebenfalls der Arzt. Gibt die ärztliche Bescheinigung für das Ende der Arbeitsunfähigkeit lediglich einen Kalendertag an, wird damit in der Regel Arbeitsunfähigkeit bis zum Ende der üblichen Arbeitszeit des betreffenden Arbeitnehmers an diesem Kalendertag bescheinigt (BAG vom 12.7.1989, DB 1990, S. 178). Für Darlegung und Nachweis von Beginn und Ende einer auf einer bestimmten Krankheit beruhenden Arbeitsunfähigkeit kann sich der Arbeitnehmer zunächst auf die ärztliche Arbeitsunfähigkeitsbescheinigung stützen (BAG vom 25.5.2016 – 5 AZR 318/15). Arbeitsunfähigkeit ist auch gegeben, wenn sich der Arbeitnehmer auf ärztlichen Rat nach Ausheilen der Krankheit einer Nachbehandlung unterziehen muss (z. B. operatives Entfernen von Nägeln oder Fäden).

Dagegen liegt im Allgemeinen keine Arbeitsunfähigkeit bei Schönheitsoperationen oder bei Krankheiten vor, die nur dazu führen, dass der Arbeitnehmer den Weg zur Arbeitsstelle nicht zurücklegen kann.

11. Arbeitsunfähigkeit als Ursache der Arbeitsverhinderung

Der Anspruch auf Entgeltfortzahlung setzt weiterhin voraus, dass die krankheitsbedingte Arbeitsunfähigkeit die maßgebende Ursache für die Arbeitsverhinderung ist. Das heißt, dass ein Arbeitnehmer Entgeltfortzahlung im Krankheitsfalle nicht beanspruchen kann, wenn er im Falle der Gesundheit keinen Vergütungsanspruch hätte.

Beispiele:

a) während eines unbezahlten Urlaubs
b) während der Elternzeit

c) *während des Arbeitskampfes für den Streikenden oder Ausgesperrten*
d) *an einem, infolge wirksamer Verlegung der Arbeitszeit, arbeitsfreien Tag*
e) *an den ohnehin arbeitsfreien Tagen eines Teilzeitbeschäftigten*
f) *bei nicht bezahlter Arbeitsunterbrechung wegen Schlechtwetterzeiten (aber Anspruch auf Saisonkurzarbeitergeld, soweit sonst Entgeltfortzahlung)*
g) *für den Arbeitsausfall bei Kurzarbeit (aber Anspruch auf Kurzarbeitergeld, soweit sonst Entgeltfortzahlung)*
h) *bei Beschäftigungsverboten nach dem Mutterschutzgesetz oder dem Infektionsschutzgesetz*

Kein Anspruch auf Entgeltfortzahlung im Krankheitsfall besteht, wenn die Arbeitsunfähigkeit auf einen in einem bekannt gegebenen Dienstplan eingearbeiteten Tag der Arbeitsbefreiung (z. B. wegen des vorgesehenen Abbaus eines Arbeitszeitguthabens) fällt; dann fällt die Arbeit infolge des Dienstplans aus und nicht infolge der Arbeitsunfähigkeit. Der Arbeitnehmer hat in diesem Fall Anspruch auf Arbeitsentgelt, das ihm für den Tag der Arbeitsbefreiung zustand. Sein Arbeitszeitguthaben wird durch die in einem bekannt gegebenen Dienstplan eingearbeitete Arbeitsbefreiung abgebaut, auch wenn das dem Arbeitnehmer wegen eintretender oder fortbestehender Arbeitsunfähigkeit nicht zu Gute kommt, der Arbeitgeber damit aber bei Aufstellung des Dienstplans nicht zu rechnen brauchte (LAG Rheinland-Pfalz vom 30.9.1999 – 6 Sa 566/99).

12. Wann liegt eine verschuldete Erkrankung vor, die zum Ausschluss der Entgeltfortzahlung führt?

Bezugspunkt des anspruchsausschließenden Verschuldens im Sinne von § 3 Abs. 1 Satz 1 Halbs. 2 EFZG ist das Interesse des Arbeitnehmers seine Gesundheit zu erhalten und zur Arbeitsunfähigkeit führende Erkrankungen zu vermeiden (BAG vom 26.10.2016 – 5 AZR 167/16). Deshalb liegt ein Verschulden nicht schon dann vor, wenn der Arbeitnehmer aus Unachtsamkeit krank wird oder einen Unfall erleidet. Erforderlich ist vielmehr ein leichtfertiges vorwerfbares Verhalten des Arbeitnehmers. Ein Verschulden im Sinne des EFZG bedeutet nach ständiger Rechtsprechung, dass die Arbeitsunfähigkeit auf einen groblichen Verstoß gegen das von einem verständigen Menschen im eigenen Interesse zu erwartende Verhalten zurückzuführen ist und es unbillig wäre, die Folgen dieses groblichen Verstoßes auf den Arbeitgeber abzuwälzen (BAG vom 13.11.1974, BB 1975, S. 471). In einem Rechtsstreit über die Entgeltfortzahlung müsste der Arbeitgeber das grobe Verschulden des Arbeitnehmers darlegen und beweisen (BAG vom 23.11.1971, DB 1972, S. 394).

Beispiele selbst verschuldeter Arbeitsunfähigkeit:

a) *Verkehrsunfall infolge Trunkenheit oder sonst grob fahrlässigen Verhaltens im Straßenverkehr*

b) *Verletzung infolge schuldhafter Beteiligung an einer tätlichen Auseinandersetzung*

c) *Arbeitsunfall infolge vorsätzlicher oder grob fahrlässiger Verstöße gegen Unfallverhütungsvorschriften oder darauf beruhender Anordnungen*

d) *Verletzung bei einer verbotenen oder besonders gefährlichen oder die Kräfte des Arbeitnehmers übersteigenden Nebentätigkeit*

e) *Rückfall nach Alkohol-Entziehungskur – aber nur dann, wenn ein fachmedizinisches Gutachten genauen Aufschluss über die willentliche Herbeiführung des Rückfalls gibt (BAG vom 18.3.2015 – 10 AZR 99/14).*

13. Wann gilt ein Sportunfall eines Arbeitnehmers als selbst verschuldet?

Bei Sportunfällen des Arbeitnehmers liegt nach der Rechtsprechung des Bundesarbeitsgerichts nur dann ein die Entgeltfortzahlung ausschließendes Verschulden vor, wenn der Arbeitnehmer in einer Weise Sport treibt, die seine Kräfte und Fähigkeiten deutlich übersteigt, oder wenn der Arbeitnehmer sich seine Arbeitsunfähigkeit bei der Teilnahme an einer besonders gefährlichen Sportart zugezogen hat (BAG vom 25.2.1972, DB 1972, S. 977). Wenn alle vorgeschriebenen Sicherheitsvorschriften der Sportverbände beachtet werden, werden folgende riskante Sportarten von der Rechtsprechung jedoch nicht generell als besonders gefährlich angesehen: Fußballspielen, Skispringen, Amateurboxen, Fallschirmspringen, Drachenfliegen und Moto-Cross-Fahren.

14. Besteht ein Entgeltfortzahlungsanspruch jeweils auch dann, wenn der Arbeitnehmer in demselben Jahr mehrmals arbeitsunfähig wird?

Bei solchen Mehrfacherkrankungen gilt grundsätzlich Folgendes:

a) Jede auf einer **neuen Krankheit** beruhende Arbeitsunfähigkeit begründet grundsätzlich auch einen neuen Entgeltfortzahlungsanspruch für die Dauer von sechs Wochen.

   Wird der Arbeitnehmer nach Ende der ersten Arbeitsunfähigkeit (also wenn der Arbeitnehmer wieder gesundgeschrieben ist) aufgrund einer anderen Krankheit erneut arbeitsunfähig, so beginnt ein neuer Bezugszeitraum von sechs Wochen.

   Tritt jedoch während einer Arbeitsunfähigkeit eine weitere neue Krankheit auf, so verlängert sich die Bezugsdauer von insgesamt sechs Wochen nicht – gerechnet vom Beginn der ersten Erkrankung.

b) Wird der Arbeitnehmer infolge **derselben Krankheit** mehrfach arbeitsunfähig, sogenannte Fortsetzungserkrankung, besteht ein Entgeltfortzahlungsanspruch grundsätzlich nur für insgesamt sechs Wochen. Besteht Streit zwischen Arbeitnehmer und Arbeitgeber darüber, ob eine Fortsetzungserkrankung vorliegt, hat der Arbeitnehmer den Arzt von der Schweigepflicht zu entbinden. Die Beweislast für das Vorliegen der Fortsetzungserkrankung hat jedoch der Arbeitgeber (BAG vom 13.7.2005 – 5 AZR 389/04).

c) Ist jedoch unstreitig oder bringt der Arbeitgeber gewichtige Indizien dafür vor, dass die erneute Arbeitsunfähigkeit auf einer Krankheit beruht, die bereits vor dem attestierten Beginn der Arbeitsunfähigkeit bestanden hat, und zu einer Krankheit, wegen derer der Arbeitnehmer bereits durchgehend sechs Wochen arbeitsunfähig war, hinzugetreten ist, muss der Arbeitnehmer als Voraussetzung des Entgeltfortzahlungsanspruchs den von ihm behaupteten Beginn der „neuen" krankheitsbedingten Arbeitsverhinderung beweisen. Dafür steht ihm das Zeugnis des behandelnden Arztes als Beweismittel zur Verfügung (BAG vom 25.5.2016 – 5 AZR 318/15).

d) War der Arbeitnehmer vor der erneuten Arbeitsunfähigkeit jedoch mindestens sechs Monate nicht infolge derselben Krankheit arbeitsunfähig, entsteht ein neuer Entgeltfortzahlungsanspruch von mindestens sechs Wochen. Für alle Arbeitnehmer besteht jedoch darüber hinaus ein neuer Entgeltfortzahlungsanspruch von bis zu sechs Wochen auch dann, wenn zwar dieser Zwischenraum von sechs Monaten nicht gegeben ist, aber seit dem Beginn der ersten Erkrankung eine Frist von zwölf Monaten abgelaufen ist.

   Eine Vorerkrankung kann dann nicht als Teil einer Fortsetzungserkrankung angesehen werden, wenn sie lediglich zu einer bereits bestehenden Krankheit hinzugetreten ist, ohne einen eigenen Anspruch auf Entgeltfortzahlung auszulösen (BAG vom 19.6.1991, DB 1991, S. 2291).

15. Welche Auswirkungen hat ein Arbeitgeberwechsel auf Entgeltfortzahlungsansprüche?

Bei einem Arbeitgeberwechsel ist es unerheblich, ob und in welchem Umfang der Arbeitnehmer in seinem früheren Arbeitsverhältnis arbeitsunfähig war. Der Anspruch auf Entgeltfortzahlung entsteht in jedem Arbeitsverhältnis neu.

16. Wann endet der Entgeltfortzahlungsanspruch, wenn das Arbeitsverhältnis vor Ablauf des sechswöchigen Entgeltfortzahlungsraums endet?

a) Der Entgeltfortzahlungsanspruch setzt grundsätzlich das Bestehen eines Arbeitsverhältnisses voraus und endet folglich grundsätzlich mit Beendigung des Arbeitsverhältnisses. Von diesem Grundsatz gibt es zwei wesentliche Ausnahmen (§ 8 EFZG):

   - Wenn der Arbeitgeber das Arbeitsverhältnis aus **Anlass der bestehenden bzw. bevorstehenden Arbeitsunfähigkeit** des Arbeitnehmers kündigt (**Anlasskündigung**), bleibt der Arbeitgeber über die Beendigung des Arbeitsverhältnisses hinaus zur Entgeltfortzahlung bis zur Dauer von sechs Wochen verpflichtet. Wenn der Arbeitgeber im zeitlichen Zusammenhang mit der Meldung über den Eintritt oder die Fortdauer der Arbeitsunfähigkeit kündigt, so spricht ein Beweis des ersten Anscheins dafür, dass die Arbeitsunfähigkeit oder deren Fortdauer Anlass der Kündigung war (BAG vom 2.12.1981, DB 1982, S. 910).
   - Dasselbe gilt, wenn der **Arbeitnehmer** das Arbeitsverhältnis **aus einem vom Arbeitgeber zu vertretenden Grunde kündigt**, der den Arbeitnehmer auch zur Kündigung aus wichtigem Grund ohne Einhaltung einer Kündigungsfrist berechtigt.

b) Die Ausnahme für die Anlasskündigung gilt entsprechend, wenn das Arbeitsverhältnis aus Anlass der Arbeitsunfähigkeit infolge eines Aufhebungsvertrages endet (BAG vom 20.8.1980, DB 1981, S. 221).

c) Der Anspruch auf Entgeltfortzahlung endet dagegen mit dem Ende des Arbeitsverhältnisses, wenn der Arbeitgeber aus anderen Gründen kündigt oder das Arbeitsverhältnis auf andere Art und Weise als durch Kündigung endet.

Beispiele:
- *Anfechtung des Arbeitsvertrages*
- *Nichtigkeit des Arbeitsvertrages*
- *Ablauf einer wirksamen Befristung*
- *Eintritt einer zulässigen auflösenden Bedingung*

17. Wie wird der Entgeltfortzahlungsanspruch berechnet?

Der Anspruch auf Entgeltfortzahlung ist der aufrechterhaltene Vergütungsanspruch. Das heißt, der Arbeitnehmer hat Anspruch auf die Vergütung, die der Arbeitnehmer ohne die Arbeitsunfähigkeit erhalten hätte. Die Höhe der Entgeltfortzahlung beträgt 100 Prozent des dem Arbeitnehmer bei der für ihn maßgebenden regelmäßigen Arbeitszeit zustehenden Arbeitsentgelts (§ 4 Abs. 1 EFZG). Dabei ist die vereinbarte Vergütung für jede regelmäßige Zeitstunde zugrunde zu legen (seit 1. Januar 2015 mindestens in Höhe des Mindestlohnes, vgl. Kapitel 10 Nr. 10).

Die für die gesetzliche Entgeltfortzahlung maßgebliche individuelle regelmäßige Arbeitszeit des Arbeitnehmers (§ 4 Abs. 1 EFZG) ergibt sich in erster Linie aus dem Arbeitsvertrag. Dabei ist auf das gelebte Rechtsverhältnis und nicht nur auf den Text des Arbeitsvertrags abzustellen. Wird regelmäßig eine bestimmte, erhöhte Arbeitszeit abgerufen und geleistet, ist dies Ausdruck der vertraglich geschuldeten Leistung. Schwankt die Arbeitszeit, weil der Arbeitnehmer stets seine Arbeitsaufgaben vereinbarungsgemäß zu erledigen hat, bemisst sich die Dauer nach dem Durchschnitt der vergangenen zwölf Monate (BAG vom 21.11.2001 – 5 AZR 296/00).

a) Uneingeschränkt gehören zum zugrunde zu legenden Arbeitsentgelt die effektiv gezahlten **Grundbezüge**, also Monatsgehalt, Wochen-, Tages-, Stunden- oder Akkordlohn, aber auch zusätzliche Vergütungen für regelmäßige zusätzliche Arbeitsleistungen (z. B. Fahrleistungen).

b) **Zulagen für Nacht-, Sonntags- oder Feiertagsarbeit, für Gefahren oder Erschwernisse** sind ebenfalls zum zugrunde zu legenden Arbeitsentgelt zu rechnen, wenn sie bei der Arbeit des erkrankten Arbeitnehmers angefallen wären.

c) **Überstundenvergütungen** gehören nicht zu dem zugrunde zu legenden Arbeitsentgelt (§ 4 Abs. 1a Satz 1 EFZG). Sowohl die Grundvergütung für die Überstunden, als auch die Überstundenzuschläge bleiben außer Betracht. Überstunden i. S. v. § 4 Abs. 1a EFZG liegen vor, wenn die individuelle regelmäßige Arbeitszeit des Arbeitnehmers überschritten wird. Überstunden werden wegen bestimmter besonderer Umstände vorübergehend zusätzlich geleistet (BAG vom 21.11.2001 – 5 ARZ 296/00).

d) Auch **vermögenswirksame Leistungen** sowie **Sozial- und Leistungszulagen** gehören zum **zugrunde zu legenden Arbeitsentgelt**.

e) Dagegen ist **Aufwendungsersatz** allenfalls dann zum zugrunde zu legenden Arbeitsentgelt zu zählen, wenn die Aufwendungen auch während der Krankheit anfallen. Nicht zum zugrunde zu legenden Arbeitsentgelt gehören aber **Auslösungen, Schmutzzulagen** und **ähnliche Leistungen**, wenn die damit abzugeltenden Aufwendungen im Falle der Arbeitsunfähigkeit nicht entstehen (§ 4 Abs. 1a Satz 1 EFZG).

f) Bei **ergebnisabhängiger Vergütung** erhält der Arbeitnehmer als Entgeltfortzahlung die durchschnittliche Vergütung, die er in der für ihn maßgebenden regelmäßigen Arbeitszeit erzielt hätte, wenn er gearbeitet hätte (§ 4 Abs. 1a Satz 2 EFZG). Empfänger von Provisionsfixum, Umsatz- und Abschlussprovisionen erhalten 100 % der **mutmaßlichen Provisionen**. Arbeiter im **Akkordlohn** haben Anspruch auf 100 % des von ihnen in der maßgebenden regelmäßigen Arbeitszeit erzielbaren Durchschnittsverdienstes.

g) **Trinkgelder** (§ 107 Abs. 3 Satz 2 GewO) gehören nicht zum zugrunde zu legenden Arbeitsentgelt, es sei denn, dass dies arbeitsvertraglich so vereinbart ist (BAG vom 28.6.1995, DB 1996, S. 226).

h) **Anwesenheitsprämien**, **Gratifikationen**, zusätzliches **Urlaubsgeld**, **Treueprämien** oder **andere Leistungen**, die der Arbeitgeber zusätzlich zum laufenden Arbeitsentgelt erbringt (Sondervergütungen), kann der Arbeitgeber für jeden Tag der Arbeitsunfähigkeit infolge Krankheit bis zur Höhe von einem Viertel des Arbeitsentgelts, das im Jahresdurchschnitt auf einen Arbeitstag entfällt, kürzen, soweit dies vorher vereinbart war (vgl. Kapitel 10 Nr. 36).

i) Allgemeine **Lohnerhöhungen** oder **Lohnminderungen**, die während der Zeit der Arbeitsunfähigkeit eintreten, treffen den arbeitsunfähigen Arbeitnehmer ebenso wie die gesunden Arbeitnehmer.

j) Ist der Arbeitnehmer an einem gesetzlichen **Feiertag** arbeitsunfähig erkrankt, an dem seine Arbeitszeit ohne die Krankheit auch infolge dieses Feiertages ausgefallen wäre, hat er Anspruch auf Entgeltfortzahlung im Krankheitsfall in Höhe der Feiertagsvergütung (§ 4 Abs. 2 EFZG; vgl. Nr. 4).

k) Fällt die Zeit der Arbeitsunfähigkeit ganz oder teilweise in eine **Kurzarbeit**periode, so ist bei der Berechnung der Entgeltfortzahlung von der verkürzten Arbeitszeit auszugehen (§ 4 Abs. 3 EFZG). Dies gilt nicht für den Fall, dass die Arbeitszeit gleichzeitig infolge eines gesetzlichen Feiertages ausgefallen ist; in diesem Fall bemisst sich die Höhe des fortzuzahlenden Arbeitsentgelts nach der Höhe der Feiertagsvergütung (§ 4 Abs. 3 i. V. m. § 4 Abs. 2 und § 2 EFZG).

l) Bei regelmäßiger Arbeitszeit ist für die Berechnung der Entgeltfortzahlung im Krankheitsfall für jeden Tag der Arbeitsunfähigkeit die Stundenzahl zugrunde zu legen, die der Arbeitnehmer ohne die Arbeitsunfähigkeit hätte arbeiten müssen. Dies gilt auch in den Betrieben, in denen die tarifvertragliche Arbeitszeitverkürzung auf 38,5 Stunden dazu geführt hat, dass tatsächlich nicht nur 38,5 Stunden, sondern aufgrund einer Betriebsvereinbarung 40 Stunden (Fünf Tage mit je acht Stunden) gearbeitet werden und die Arbeitszeitverkürzung in Form von für das laufende Jahr festgelegten **Freischichten** verwirklicht wird. Sind in einem solchen Fall infolge der Arbeitsunfähigkeit tatsächlich acht Stunden Arbeitszeit ausgefallen, führt dies auch zu einem Anspruch auf Entgeltfortzahlung für acht Stunden und nicht nur für 7,7 Stunden entsprechend der individuellen regelmäßigen wöchentlichen Arbeitszeit (BAG vom 2.12.1987, DB 1988, S. 1224). Andererseits hat ein Arbeitnehmer mit einer solchen Arbeitszeitgestaltung keinen Anspruch auf einen unbezahlten Freizeitausgleich, wenn er nach Zuteilung der Freischicht an dem dafür vorgesehenen Tag krank geworden ist. Wenn schon vor der Erkrankung für einen bestimmten Tag eine unbezahlte Arbeitsfreistellung vereinbart ist, dann ist damit der Freistellungsanspruch gewährt (BAG vom 2.12.1987, DB 1988, S. 1402).

m) Werden einem Arbeitnehmer, wenn er gearbeitet hätte, zusätzlich zu der Auszahlung des gleichbleibenden Monatslohns die Zusatzschichten und Schichtverlängerungen auf einem Arbeitszeitkonto gutgeschrieben, handelt es sich um eine Form von Arbeitsentgelt, das lediglich nicht sofort ausgezahlt, sondern verrechnet wird. Auch dieses Arbeitsentgelt ist im Krankheitsfall nach § 4 Abs. 1 EFZG fortzugewähren, d. h. **auf dem Arbeitszeitkonto gutzuschreiben**. Dies gilt unabhängig davon, ob das Arbeitszeitkonto ein Zeitguthaben oder eine Zeitschuld aufweist. Eine betriebliche Regelung, nach der eine bestehende Zeitschuld nur durch tatsächliche Arbeitsleistung, nicht aber bei krankheitsbedingter Arbeitsunfähigkeit auf dem Arbeitszeitkonto ausgeglichen werden kann, verstößt gegen § 4 Abs. 1 EFZG (BAG vom 13.2.2002, DB 2002, S. 1162) und ist deshalb unwirksam.

18. Darf der Arbeitnehmer während der Entgeltfortzahlung auch den überlassenen Dienstwagen weiter nutzen?

Ja. Die Überlassung des Dienstwagens auch zur privaten Nutzung stellt einen geldwerten Vorteil dar. Sie wird vom Arbeitgeber deshalb jedenfalls so lange geschuldet, wie er Arbeitsentgelt oder Entgeltfortzahlung im Krankheitsfall erbringen muss (BAG vom 14.12.2010 – 9 AZR 631/09).

19. Kann die Berechnung des fortzuzahlenden Arbeitsentgelts abweichend vereinbart werden?

Die Tarifvertragsparteien können in einem Tarifvertrag die Bemessungsgrundlage für das fortzuzahlende Arbeitsentgelt abweichend von der gesetzlichen Regelung vereinbaren (§ 4 Abs. 4 EFZG). Dies bedarf jedoch einer klaren Regelung im Tarifvertrag; anderenfalls verbleibt es beim Entgeltausfallprinzip (BAG vom 20.1.2010 – 5 AZR 53/09). Die Tarifvertragsparteien können z. B. das gesetzliche Entgeltausfallprinzip durch eine andere Berechnungsmethode ersetzen, die auf den täglichen Durchschnittslohn abstellt (BAG vom 8.3.1989, DB 1989, S. 638), oder bestimmte Vergütungsbestandteile wie z. B. besondere Zuschläge von der Entgeltfortzahlung ausnehmen (BAG vom 13.3.2002 – 5 AZR 648/00). Eine über- oder außertarifliche Vergütung kann jedoch durch eine tarifliche Regelung nach § 4 Abs. 4 Satz 1 EFZG nicht von der Entgeltfortzahlung im Krankheitsfall ausgenommen werden (BAG vom 27.4.2016 – 5 AZR 229/15). Im Geltungsbereich eines Tarifvertrages kann zwischen nicht tarifgebundenen Arbeitgebern und Arbeitnehmern die Anwendung der tarifvertraglichen Regelung über die Fortzahlung des Arbeitsentgelts im Krankheitsfalle vereinbart werden (§ 4 Abs. 4 EFZG).

20. Kann im Tarifvertrag oder Arbeitsvertrag eine niedrigere Höhe (z. B. nur Prozent) der Entgeltfortzahlung vereinbart werden?

Nein. Die Höhe der gesetzlichen Entgeltfortzahlung von 100 Prozent ist eine **Mindestregelung**, die auch in Tarifverträgen, Betriebsvereinbarungen oder Arbeitsverträgen nicht unterschritten werden darf. Verträge, die eine niedrigere Entgeltfortzahlungshöhe bestimmen, sind verboten. Dieses Verbot darf auch nicht durch eine Regelung umgangen werden, nach der für jeden Krankheitstag einige Stunden nachgearbeitet oder, sofern ein Arbeitszeitkonto vorhanden ist, von diesem Zeitkonto in Abzug gebracht werden sollen (BAG vom 26.9.2001, DB 2002, S. 795). Nachgewiesene Arbeitsunfähigkeitstage dürfen auch nicht auf den Erholungsurlaub angerechnet werden (vgl. Kapitel 15 Nr. 25).

21. Wann hat der Arbeitnehmer den Arbeitgeber über die Arbeitsunfähigkeit zu benachrichtigen?

Jeder Arbeitnehmer hat seinem Arbeitgeber die Arbeitsunfähigkeit sowie deren voraussichtliche Dauer unverzüglich, d. h. ohne schuldhaftes Zögern (§ 121 Abs. 1 BGB), **anzuzeigen** (§ 5 Abs. 1 EFZG). Die Unterrichtung ist möglichst umgehend, in der Regel am ersten Tag der Arbeitsunfähigkeit (Ausnahme: bei Bewusstlosigkeit, schweren Verletzungen usw.) vorzunehmen. Sie kann ohne besondere Form, also mündlich, auch telefonisch oder schriftlich durch den Arbeitnehmer selbst, durch Angehörige, Arbeitskollegen oder andere Dritte erfolgen. Der Arbeitnehmer braucht jedoch die Arbeitsunfähigkeit nicht mehr anzuzeigen, wenn der Arbeitgeber bereits auf andere Weise von der Arbeitsunfähigkeit Kenntnis hat (z. B. bei Arbeitsunfall).

22. Wann hat der Arbeitnehmer dem Arbeitgeber eine Arbeitsunfähigkeitsbescheinigung vorzulegen?

Jeder Arbeitnehmer, dessen Arbeitsunfähigkeit länger als drei Kalendertage dauert, ist verpflichtet, spätestens am darauf folgenden Arbeitstag dem Arbeitgeber eine ärztliche Bescheinigung über das Bestehen der Arbeitsunfähigkeit und deren voraussichtliche Dauer vorzulegen. In der Regel ist also bei einer mehr als dreitägigen Erkrankung die Frist zur Vorlage der Arbeitsunfähigkeitsbescheinigung am vierten Kalendertag; ist dieser Tag jedoch kein Arbeitstag (Samstag, Sonntag oder Feiertag), verschiebt sich das Fristende auf den nächsten Tag, der ein Arbeitstag ist (ggf. sogar auf den 6. Kalendertag).

Beispiele:

Beginn der Arbeitsunfähigkeit am:	*Fristende am:*
Sonntag	*Mittwoch*
Montag	*Donnerstag*
Dienstag	*Freitag*
Mittwoch	*Montag*
Donnerstag	*Montag*
Freitag	*Montag*
Samstag	*Dienstag*
Dienstag i.d. Karwoche	*Dienstag nach Ostern*

Der Arbeitgeber ist berechtigt, die Vorlage der ärztlichen Bescheinigung auch früher zu verlangen (§ 5 Abs. 1 EFZG) und unabhängig von der Dauer der Arbeitsunfähigkeit. Es ist auch zulässig, im Arbeitsvertrag oder im Tarifvertrag zu vereinbaren, dass eine ärztliche Arbeitsunfähigkeitsbescheinigung bereits für den ersten Tag krankheitsbedingter Arbeitsunfähigkeit beigebracht werden muss (BAG vom 1.10.1997, DB 1998, S. 580; vom 5.3.2003 – 5 AZR 112/02). Die Ausübung dieses Rechts steht im nicht gebundenen Ermessen des Arbeitgebers (BAG vom 14.11.2012 – 5 AZR 886/11). Die

Regelung des § 5 Abs. 1 Satz 3 EFZG eröffnet dem Arbeitgeber einen Regelungsspielraum hinsichtlich der Frage, ob und wann die Arbeitsunfähigkeit vor dem vierten Tag nachzuweisen ist. Bei dieser Regelung hat der Betriebsrat nach § 87 Abs. 1 Nr. 1 BetrVG mitzubestimmen (BAG vom 25.1.2000, DB 2000, S. 1128).

Bei jeder Verlängerung der Arbeitsunfähigkeit über die bescheinigte Dauer hinaus ist dem Arbeitgeber eine weitere ärztliche Bescheinigung vorzulegen (§ 5 Abs. 1 EFZG).

Durch Tarifvertrag, betriebliche Regelungen oder Arbeitsvertrag können für den Arbeiter auch günstigere Regelungen der Nachweispflicht getroffen werden (z. B. nur bei einer länger als drei Tage dauernden Arbeitsunfähigkeit).

23. Was kann der Arbeitgeber tun, wenn der Arbeitnehmer seiner Anzeigepflicht oder seiner Nachweispflicht nicht nachkommt?

a) Wenn der Arbeitnehmer dem Arbeitgeber die Arbeitsunfähigkeit **verspätet anzeigt**, hat dies allein keinen Einfluss auf die Entgeltfortzahlung.

b) Solange der Arbeitnehmer seiner gesetzlichen Pflicht zur Vorlage der ärztlichen Bescheinigung schuldhaft nicht nachkommt, ist der Arbeitgeber berechtigt, die Entgeltfortzahlung zu verweigern (§ 7 Abs. 1 Nr. 1 EFZG). Bis zur Erfüllung dieser Verpflichtung hat er ein **Zurückbehaltungsrecht**, es sei denn, er weiß aus eigener sicherer Kenntnis vom Bestehen der Arbeitsunfähigkeit oder der Arbeitnehmer beweist anderweitig, dass er arbeitsunfähig krank ist (BAG vom 1.10.1997, DB 1998, S. 580). Wenn der Arbeitnehmer seine versäumte Nachweispflicht später jedoch nachholt, hat er rückwirkend Anspruch auf Entgeltfortzahlung ab dem ersten Tag der Arbeitsunfähigkeit (BAG vom 23.1.1985, DB 1985, S. 1400). Auch wenn der Arbeitnehmer kein ärztliches Attest vorlegt, die krankheitsbedingte Arbeitsunfähigkeit aber unstreitig ist, hat er Anspruch auf Entgeltfortzahlung (BAG vom 12.6.1996, - 5 AZR 960/94).

c) Auch solange der Arbeitnehmer bei einer **Arbeitsunfähigkeit im Ausland** seinen Anzeige- und Mitteilungspflichten (§ 5 Abs. 2 EFZG) nicht nachkommt, hat der Arbeitgeber ein **Zurückbehaltungsrecht** (§ 7 Abs. 1 Nr. 1 EFZG). § 7 Abs. 1 Nr. 1 EFZG räumt dem Arbeitgeber nur das Recht ein, die Entgeltfortzahlung zeitweilig zu verweigern. Die Verletzung der Mitteilungspflichten des § 5 Abs. 2 Satz 1 EFZG kann jedoch je nach den Umständen des Einzelfalls dazu führen, dass der Beweis für das Vorliegen der krankheitsbedingten Arbeitsunfähigkeit als nicht erbracht anzusehen ist (BAG vom 19.2.1997, DB 1997, S. 1237).

d) Ein Leistungsverweigerungsrecht besteht jedoch nicht, wenn der Arbeitnehmer die Verletzung dieser ihm obliegenden Verpflichtungen nicht zu vertreten hat (§ 7 Abs. 2 EFZG).

e) Wenn die Pflicht zur Vorlage der ärztlichen Bescheinigung mehrfach verletzt wird, kann auch nach vorausgegangener Abmahnung eine **Kündigung** gerechtfertigt sein (BAG vom 15. 1. 1986, DB 1986, S. 2443).

24. Welche Möglichkeiten hat der Arbeitgeber bei Zweifeln an der Arbeitsunfähigkeit des Arbeitnehmers?

a) Die Krankenkassen sind nach § 275 Abs. 1 Nr. 3b SGB V verpflichtet, zur Beseitigung von Zweifeln an der Arbeitsunfähigkeit eine gutachtliche Stellungnahme des Medizinischen Dienstes der Krankenversicherung einzuholen. Der Arbeitgeber kann im Einzelfall von der Krankenkasse eine unverzügliche Überprüfung der Arbeitsunfähigkeit verlangen, ohne begründete Zweifel an der Arbeitsunfähigkeit darlegen zu müssen. Sollte jedoch der Arbeitgeber konkrete Anhaltspunkte haben, die Zweifel an der Arbeitsunfähigkeit des Arbeitnehmers stärken, sollte er diese vortragen.

Beispiel:

Der Arbeitgeber teilt der Krankenkasse Folgendes mit: Er hat gesehen, wie der bei ihm beschäftigte Bauarbeiter in der Zeit der Arbeitsunfähigkeit an einem Bauvorhaben seines Nachbarn mitarbeitet.

b) Des Weiteren kann der Arbeitgeber die Entgeltfortzahlung im Krankheitsfall **verweigern**, wenn er trotz Vorlage einer ärztlichen Arbeitsunfähigkeitsbescheinigung begründete Zweifel an der Arbeitsunfähigkeit hat. Hat der erkrankte Arbeitnehmer eine ärztliche Arbeitsunfähigkeitsbescheinigung vorgelegt, so kann zwar grundsätzlich von deren Richtigkeit ausgegangen werden. Eine ordnungsgemäß ausgestellte Bescheinigung über die Arbeitsunfähigkeit enthält jedoch nur eine tatsächliche Vermutung, die durch den Arbeitgeber vor Gericht entkräftet werden kann, soweit im Einzelfall begründete Zweifel an der Erkrankung des Arbeitnehmers bestehen. Nicht ausreichend allerdings sind lediglich allgemeine Zweifel oder der unbestimmte Verdacht, dass der Arbeitnehmer die Krankheit nur simuliert oder dass der behandelnde Arzt ein Gefälligkeitsattest ausgestellt hat. Der Arbeitgeber muss vor Gericht die begründeten Zweifel darlegen können. Solche Zweifel können sich unter anderem auch aus Erklärungen des Arbeitnehmers vor der Erkrankung oder aus seinem Verhalten während der bescheinigten Dauer der Arbeitsunfähigkeit ergeben.

Beispiele:

- *Der arbeitsunfähige Arbeitnehmer hat vorher angekündigt, „krank zu feiern".*
- *Der arbeitsunfähige Handwerker verrichtet genesungswidrige handwerkliche Arbeiten am eigenen Haus.*
- *Der arbeitsunfähige Bauarbeiter arbeitet bei der Konkurrenz (Schwarzarbeit).*
- *Der Arzt hat die Bescheinigung über die Arbeitsunfähigkeit ohne eigene Untersuchung oder für längere Zeit rückwirkend ausgestellt.*

In solchen Fällen ist der Arbeitgeber also nicht gehindert, dem vom Arbeitnehmer geltend gemachten Entgeltfortzahlungsanspruch den Einwand entgegenzusetzen, in Wahrheit liege eine Arbeitsunfähigkeit nicht vor. Dann ist es gegebenenfalls Sache der Gerichte für Arbeitssachen, darüber zu entscheiden, ob Arbeitsunfähigkeit vorlag oder nicht.

25. Welche Ansprüche hat der Arbeitgeber bei unbegründeter Arbeitsunfähigkeitsbescheinigung?

In den Fällen, in denen die Überprüfung der Arbeitsunfähigkeit ergibt, dass der Arzt dem Arbeitnehmer die Arbeitsunfähigkeit zu Unrecht bescheinigt hat, ergeben sich für den Arbeitgeber folgende Ansprüche:

a) Er hat gegenüber dem Arbeitnehmer, der während der Zeit der angeblichen Arbeitsunfähigkeit Entgeltfortzahlung erhalten hat, einen Anspruch auf Rückzahlung des bereits fortgezahlten Arbeitsentgelts aus ungerechtfertigter Bereicherung (§ 812 Abs. 1 Satz 1 1. Alt. BGB), unabhängig von einem möglichen Verschulden des Arbeitnehmers.

b) Soweit der Arbeitnehmer schuldhaft (vorsätzlich oder fahrlässig) handelte, hat der Arbeitgeber einen Anspruch auf Ersatz des gesamten Schadens, der dem Arbeitgeber aufgrund der unrichtigen Arbeitsunfähigkeitsbescheinigung entstanden ist (§§ 280, 281, 241 BGB). Handelt der Arbeitnehmer vorsätzlich, z. B. weil er dem Arzt bewusst falsche oder irreführende Tatsachen zu seinem Befinden mitgeteilt hat, hat der Arbeitgeber zusätzlich einen Schadensersatzanspruch wegen Betruges (§ 823 Abs. 2 BGB i. V. m. § 263 StGB).

c) Soweit ein Arzt vorsätzlich oder grob fahrlässig die Arbeitsunfähigkeit bescheinigt hat, obwohl die medizinischen Voraussetzungen dafür nicht vorlagen, kann der Arbeitgeber, der zu Unrecht das Arbeitsentgelt fortgezahlt hat, von dem Arzt Schadensersatz verlangen (§ 106 Abs. 3a SGB V). Diese Regelung gilt unabhängig von einem etwaigen Verschulden des Arbeitnehmers.

d) Außerdem kann nach der Rechtsprechung nach den Umständen des Einzelfalles die Kündigung des Arbeitsverhältnisses gerechtfertigt sein bei Vortäuschung einer Arbeitsunfähigkeit oder bei Verstoß gegen die Verpflichtung des arbeitsunfähig erkrankten Arbeitnehmers zu gesundheits- oder heilungsförderndem Verhalten. Dies gilt auch schon bei einem in eine dieser Richtungen gehenden begründeten Verdacht.

26. Welche Pflichten hat der Arbeitnehmer bei einer Arbeitsunfähigkeit im Ausland zu beachten?

a) Hält sich der Arbeitnehmer bei Beginn der Arbeitsunfähigkeit im Ausland auf, so ist er verpflichtet, dem Arbeitgeber die Arbeitsunfähigkeit, deren voraussichtliche Dauer und die Adresse am Aufenthaltsort mitzuteilen. Diese Mitteilung muss in der schnellstmöglichen Art der Übermittlung – in der Regel also durch **Telefon** – erfolgen. Die dadurch entstehenden Kosten hat der Arbeitgeber zu tragen (§ 5 Abs. 2 EFZG), es sei denn, dass er ausdrücklich auf die schnellstmögliche Art der Übermittlung verzichtet hat. Teilt der Arbeitnehmer dem Arbeitgeber seine im Ausland eingetretene Arbeitsunfähigkeit telefonisch mit und fragt der Arbeitgeber nicht nach der Urlaubsanschrift, so kann er die Entgeltfortzahlung nicht mit der Begründung verweigern, ihm sei dadurch die Möglichkeit genommen worden, die Arbeitsunfähigkeit überprüfen zu lassen (BAG vom 19.2.1997, DB 1997, S. 1237). Dauert die Arbeitsunfähigkeit länger als drei Kalendertage, hat der Arbeitnehmer auch aus dem Ausland eine ärztliche Bescheinigung über das Bestehen der Arbeitsunfähigkeit sowie deren voraussichtliche Dauer unverzüglich dem Arbeitgeber zuzusenden. Wenn der arbeitsunfähig erkrankte Arbeitnehmer in das Inland zurückkehrt, ist er darüber hinaus verpflichtet, dem Arbeitgeber seine Rückkehr unverzüglich anzuzeigen.

b) Darüber hinaus ist der im Ausland erkrankte Arbeitnehmer, wenn er Mitglied einer gesetzlichen Krankenkasse ist, verpflichtet, auch dieser die Arbeitsunfähigkeit und deren voraussichtliche Dauer unverzüglich anzuzeigen. Außerdem muss er, wenn die Arbeitsunfähigkeit länger als angezeigt andauert, der Krankenkasse auch die Fortdauer der Arbeitsunfähigkeit mitteilen. Diese Anzeige- und Mitteilungspflichten kann der erkrankte Arbeitnehmer auch gegenüber dem zuständigen ausländischen Sozialversicherungsträger erfüllen, soweit die hiesigen gesetzlichen Krankenkassen dies festgelegt haben. Kehrt der arbeitsunfähig erkrankte Arbeitnehmer in das Inland zurück, muss er auch der Krankenkasse seine Rückkehr unverzüglich anzeigen (§ 5 Abs. 2 EFZG).

27. Welchen Beweiswert hat eine im Ausland ausgestellte ärztliche Bescheinigung der Arbeitsunfähigkeit?

a) Erkrankt ein deutscher oder ausländischer Arbeitnehmer während eines Urlaubs oder einer Dienstreise **im Ausland (außerhalb der EU)** und legt er dem Arbeitgeber eine im Ausland von einem ausländischen Arzt ausgestellte Arbeitsunfähigkeitsbescheinigung vor, so kommt ihr im Allgemeinen der gleiche Beweiswert zu wie einer von einem deutschen Arzt ausgestellten Bescheinigung. Die ausländische Arbeitsunfähigkeitsbescheinigung muss jedoch erkennen lassen, dass der ausländische Arzt zwischen einer bloßen Erkrankung und einer mit Arbeitsunfähigkeit verbundenen Krankheit unterscheidet und damit eine den Begriffen des deutschen Arbeits- und Sozialrechts entsprechende Beurteilung vorgenommen hat (BAG vom 20.2.1985, DB 1986, S. 2618; BAG vom 19.2.1997, DB 1997, S. 1237). Den vorgenannten Anforderungen genügt eine Arbeitsunfähigkeitsbescheinigung nach Maßgabe des Deutsch-Türkischen Sozialversicherungsabkommens. Der Nachweis einer krankheitsbedingten Arbeitsunfähigkeit kann allerdings auch durch andere Beweismittel geführt werden; das gilt auch, wenn die Erkrankung im Ausland aufgetreten ist (BAG vom 1.10.1997, DB 1998, S. 582).

An eine ärztliche Arbeitsunfähigkeitsbescheinigung, die **im europäischen Ausland** erstellt worden ist, ist der deutsche Arbeitgeber in tatsächlicher und rechtlicher Hinsicht gebunden und deshalb auch zur Entgeltfortzahlung verpflichtet. Der Arbeitgeber kann jedoch das Vorliegen der Arbeitsunfähigkeit durch einen Arzt seiner Wahl vor Ort überprüfen lassen, wie Art. 18 Abs. 5 VO EWG 574/72 dies vorsieht (EuGH vom 6.6.1992, DB 1992, S. 1577). Der Arbeitgeber kann auch einen Rechtsmissbrauch geltend machen, den Missbrauchstatbestandmuss er aber beweisen, indem er nachweisen muss, dass der Arbeitnehmer entgegen dem vorgelegten ärztlichen Attest nicht krank gewesen ist (EuGH vom 2.5.1996, DB 1996, S. 1039). Der Arbeitnehmer hat dann keinen Anspruch auf Entgeltfortzahlung im Krankheitsfall, wenn er in Wirklichkeit nicht arbeitsunfähig krank war und sein Verhalten missbräuchlich oder betrügerisch war. Also in aller Regel, wenn er sich arbeitsunfähig krankschreiben lässt, obwohl er es nicht ist. Die Beweislast dafür, dass der Arbeitnehmer nicht arbeitsunfähig krank war, trägt der Arbeitgeber.

b) Bei Zweifeln an der Arbeitsunfähigkeit (z. B. bei wiederholter Arbeitsunfähigkeit eines ausländischen Arbeitnehmers am Ende eines Heimaturlaubs; vgl. auch Nr. 24) kann der Arbeitgeber eine – gegebenenfalls auch nachträgliche – Begutachtung durch den medizinischen Dienst der Krankenkasse verlangen (§ 275 Abs. 1 Nr. 3b SGB V). Die deutsche Krankenkasse ist allerdings im Bereich der Europäischen Gemeinschaft an die Entscheidung der ausländischen Krankenkasse gebunden, wenn diese die Arbeitsunfähigkeit anerkennt (EuGH vom 12.3.1987, BB 1987, S. 1254; BSG vom 10.9.1987, BB 1988, S. 485).

28. Kann der Arbeitgeber die Kosten für die Entgeltfortzahlung verlangen, wenn ein Dritter die Arbeitsunfähigkeit herbeigeführt hat?

Hat ein Dritter die Arbeitsunfähigkeit herbeigeführt und ist dieser dem Arbeitnehmer zum Schadensersatz verpflichtet, so bleibt der Arbeitgeber zwar zunächst zur Entgeltfortzahlung verpflichtet. Der Anspruch des **Arbeitnehmers** auf Schadensersatz wegen Verdienstausfalls gegen den Dritten – aus unerlaubter Handlung, aus Gefährdungshaftung oder aus Vertragsverletzung – geht aber auf den Arbeitgeber kraft Gesetzes über, soweit der Arbeitgeber Entgeltfortzahlung leistet und die darauf entfallenden Arbeitgeberbeiträge abführt (§ 6 Abs. 1 EFZG).

Soweit der Arbeitnehmer vom Arbeitgeber Entgeltfortzahlung in Höhe von 100 % ohne Berücksichtigung der Überstundenvergütung erhält, muss der Arbeitnehmer den Entgeltausfall in Höhe der Überstundenvergütung als Schadensersatzanspruch selbst gegenüber dem Dritten geltend machen; dabei hat er im Falle der eingeschränkten Zahlungsfähigkeit des Dritten nach § 6 Abs. 3 EFZG den Vorrang vor dem Arbeitgeber. Jedoch kann in einer Vereinbarung zwischen Arbeitgeber und Arbeitnehmer, in einer Betriebsvereinbarung nach § 88 BetrVG oder in einem Tarifvertrag vorgesehen werden, dass der Arbeitgeber in diesen Fällen das Arbeitsentgelt einschließlich Überstundenvergütung fortzahlt und der Arbeitnehmer den ihm zustehenden Teil des Schadensersatzanspruchs in Höhe der Überstundenvergütung an den Arbeitgeber abtritt, damit dieser sich allein mit dem Dritten auseinander setzt.

29. Welche Ansprüche bestehen bei Arbeitsunfähigkeit wegen einer Sterilisation oder eines Schwangerschaftsabbruchs?

Anspruch auf Entgeltfortzahlung bis zur Dauer von sechs Wochen haben Arbeitnehmer(innen) nach § 3 Abs. 2 EFZG auch, wenn die Arbeitsunfähigkeit wegen einer nicht rechtswidrigen Sterilisation oder eines nicht rechtswidrigen Abbruchs einer Schwangerschaft durch einen Arzt eingetreten ist. Dasselbe gilt für einen Abbruch einer Schwangerschaft, wenn diese innerhalb der ersten 12 Wochen durch einen Arzt abgebrochen wird, die schwangere Frau den Abbruch verlangt und dem Arzt durch eine Bescheinigung nachgewiesen hat, dass sie sich mindestens drei Tage vor dem Eingriff von einer anerkannten Beratungsstelle hat beraten lassen (§ 3 Abs. 2 EFZG).

30. Welche Ansprüche bestehen bei Arbeitsunfähigkeit wegen Organspende?

Wenn ein Arbeitnehmer aufgrund von Arbeitsunfähigkeit infolge eines ärztlichen Eingriffs, der zur Spende von Gewebe oder Organen unumgänglich ist, zur Erbringung der vertraglich geschuldeten Arbeitsleistung außerstande ist, ist er kraft Gesetzes von seiner Pflicht zur Arbeitsleistung befreit (§ 275 Abs. 1 BGB). Er hat in diesem Fall nach

§ 3a EFZG Anspruch auf Entgeltfortzahlung bis zur Dauer von sechs Wochen nach derselben Berechnungsmethode wie bei der Entgeltfortzahlung im Krankheitsfall. Voraussetzung für die Entgeltfortzahlungspflicht ist, dass die Arbeitsunfähigkeit auf einer Spende von Organen und Geweben i. S. d. §§ 8 und 8a des Transplantationsgesetzes beruht.

Dem Arbeitgeber sind von der gesetzlichen Krankenkasse des Empfängers von Organen oder Geweben das nach § 3a Abs. 1 EFZG an den Arbeitnehmer fort gezahlte Arbeitsentgelt sowie die hierauf entfallenden vom Arbeitgeber zu tragenden Beiträge zur Sozialversicherung und zur betrieblichen Alters- und Hinterbliebenenversorgung auf Antrag zu erstatten (§ 3a Abs. 2 EFZG). Auch, wenn der Empfänger von Organen oder Geweben nicht in der gesetzlichen Krankenkasse versichert ist, bestehen vergleichbare Möglichkeiten der Kostenerstattung nach § 3a Abs. 2 EFZG. Der Arbeitneh mer hat dem Arbeitgeber unverzüglich die zur Geltendmachung des Erstattungsanspruchs erforderlichen Angaben zu machen.

31. Unter welchen Voraussetzungen haben Arbeitnehmer Anspruch auf Entgeltfortzahlung bei Kuren?

Für die Zeit von Versorgungs-, Heil- oder Genesungskuren gelten folgende für alle Arbeitnehmer einheitliche Regelungen:

a) Anspruch auf Entgeltfortzahlung bis zur Dauer von sechs Wochen haben Arbeitnehmer auch für die Zeit einer **Maßnahme der medizinischen Vorsorge oder Rehabilitation**, die ein Träger der gesetzlichen Renten-, Kranken- oder Unfallversicherung, eine Verwaltungsbehörde der Kriegsopferversorgung oder ein sonstiger Sozialleistungsträger bewilligt hat, und wenn die Maßnahme in einer Einrichtung der Medizinischen Vorsorge oder Rehabilitation durchgeführt wird (§ 9 Abs. 1 EFZG). Das Erfordernis, in der Einrichtung auch untergebracht und gepflegt zu werden, ist entfallen (BAG vom 25.5.2016 – 5 AZR 298/15). Der Anspruch besteht auch bei einer Arbeitsverhinderung infolge einer ambulanten Leistung der medizinischen Rehabilitation. Der Arbeitnehmer hat dem Arbeitgeber den Zeitpunkt des Antritts der Maßnahme und die voraussichtliche Dauer unverzüglich mitzuteilen und ihm die Bewilligungsbescheinigung des Sozialleistungsträgers unverzüglich vorzulegen; wird die Maßnahme der Vorsorge oder Rehabilitation verlängert, ist der Arbeitnehmer verpflichtet, dem Arbeitgeber auch die Verlängerung der Maßnahme unverzüglich mitzuteilen (§ 9 Abs. 2 EFZG). Solange der Arbeitnehmer die Bescheinigung über die Bewilligung der Maßnahme durch den Sozialleistungsträger nicht vorlegt, ist der Arbeitgeber berechtigt, die Fortzahlung des Arbeitsentgelts zu verweigern (§ 9 Abs. 1 und 2 i. V. m. § 7 Abs. 1 Nr. 1 EFZG; vgl. auch Nr. 22).

b) Ist der Arbeitnehmer nicht Mitglied einer gesetzlichen Krankenkasse oder nicht in der gesetzlichen Rentenversicherung versichert, besteht ein Anspruch auf Entgeltfortzahlung auch dann, wenn eine Maßnahme der medizinischen Vorsorge oder Rehabilitation nur ärztlich verordnet worden ist und in einer Einrichtung der medizinischen Vorsorge oder Rehabilitation oder einer vergleichbaren Einrichtung durchgeführt wird (§ 9 Abs. 1 EFZG). Der Anspruch auf Entgeltfortzahlung besteht in diesen Fällen auch ohne staatliche Bewilligung und unabhängig davon, wer die Kosten der Maßnahme trägt.

Beispiele:

- *Die Maßnahme wurde von einem privaten Kurträger oder Versicherung bewilligt.*
- *Die Kosten wurden ganz oder teilweise vom Arbeitnehmer selbst getragen.*

Auch in diesen Fällen ist der Arbeitnehmer zur unverzüglichen Mitteilung des Zeitpunktes des Antritts der Maßnahme, der voraussichtlichen Dauer und gegebenenfalls einer Verlängerung der Maßnahme verpflichtet. Darüber hinaus hat er eine ärztliche Bescheinigung über die Erforderlichkeit der Maßnahme dem Arbeitgeber unverzüglich vorzulegen (§ 9 Abs. 2 EFZG). Solange der Arbeitnehmer diese Bescheinigung nicht vorlegt, hat der Arbeitgeber ein Zurückbehaltungsrecht (§ 9 Abs. 1 und 2 i. V. m. § 7 Abs. 1 Nr. 1 EFZG; vgl. auch Nr. 23).

c) Teilt ein Arbeitnehmer bei der Einstellung im Personalfragebogen nicht mit, dass er eine Kur bereits beantragt hat, kann der Arbeitgeber die Entgeltfortzahlung bei Bewilligung der Maßnahme trotzdem nicht als Schaden ersetzt verlangen (BAG vom 27.3.1991, DB 1991, S. 2144).

d) Soweit für die Kuren ein Anspruch auf Entgeltfortzahlung besteht, dürfen sie nicht auf den Urlaub angerechnet werden (vgl. Kapitel 15 Nr. 27).

32. Kann der Arbeitnehmer im Anschluss an eine Kur eine bezahlte Schonungszeit beanspruchen?

Im Anschluss an eine Maßnahme der Vorsorge oder Rehabilitation (vgl. Nr. 31) besteht nur dann ein Entgeltfortzahlungsanspruch, wenn der Arbeitnehmer arbeitsunfähig ist und der Anspruchszeitraum von sechs Wochen noch nicht ausgeschöpft ist. Darüber hinaus besteht kein Anspruch auf bezahlte Freistellung wegen einer ärztlich verordneten Schonungszeit. Allerdings ist der Arbeitgeber nach § 7 Abs. 1 Satz 2 BUrlG verpflichtet, dem Arbeitnehmer auf dessen Verlangen ihm zustehenden Urlaub im Anschluss an eine Maßnahme der Vorsorge oder Rehabilitation zu gewähren.

33. Kann in Vereinbarungen von den gesetzlichen Vorschriften über die Entgeltfortzahlung abgewichen werden?

Von den Vorschriften des EFZG kann grundsätzlich weder durch kollektiv- noch einzelvertragliche Vereinbarungen zuungunsten der Arbeitnehmer abgewichen werden (§ 12 EFZG). Die Entgeltfortzahlung des Arbeitnehmers darf deshalb nicht von zusätzlichen im Gesetz nicht geregelten Voraussetzungen abhängig gemacht werden. Unzulässig ist auch die Vereinbarung, die ausgefallene Arbeitszeit ohne zusätzliche Vergütung nachzuarbeiten. Abweichungen zugunsten des Arbeitnehmers sind dagegen zulässig (vgl. dazu auch Nr. 19 f.).

Es besteht jedoch insoweit eine Ausnahme, als in tariflichen Regelungen von der gesetzlichen Bemessungsgrundlage des fortzuzahlenden Arbeitsentgelts auch zum Nachteil des Arbeitnehmers abgewichen werden kann (§ 4 Abs. 4, § 12 EFZG; vgl. Nr. 18).

34. Welche Arbeitgeber können einen Ausgleich der gezahlten Entgeltfortzahlung verlangen?

a) Durch ein überbetriebliches Ausgleichsverfahren können Arbeitgeber von Kleinbetrieben, die in der Regel ohne die zu ihrer Berufsausbildung Beschäftigten nicht mehr als dreißig Arbeitnehmer haben, von den gesetzlichen Krankenkassen (mit Ausnahme der landwirtschaftlichen Krankenkassen) 80 % Rückerstattung folgender Kosten erhalten:

- die Entgeltfortzahlung an Arbeiter und seit 1.1.2006 auch an Angestellte bei Krankheit, Kur, Sterilisation und Schwangerschaftsabbruch (§ 3 Abs. 1 und 2 sowie § 9 EFZG),
- die Arbeitgeberanteile an den Arbeitslosen- und Sozialversicherungsbeiträgen.

Bei der Ermittlung der Betriebsgröße werden schwerbehinderte Menschen nicht mitgezählt.

Teilzeitbeschäftigte Arbeitnehmer, die wöchentlich regelmäßig nicht mehr als 10 Stunden zu leisten haben, werden mit 0,25, die nicht mehr als 20 Stunden zu leisten haben, werden mit 0,5 und diejenigen, die nicht mehr als 30 Stunden zu leisten haben, mit 0,75 berücksichtigt.

b) Volle Rückerstattung erhalten alle Arbeitgeber (unabhängig von der Zahl der Beschäftigten) für folgende Aufwendungen:

- die Zuschüsse zum Mutterschaftsgeld (§ 20 Abs. 1 MuSchG),
- den Mutterschutzlohn, d. h. die Entgeltfortzahlung bei Beschäftigungsverboten außerhalb der Schutzfristen nach dem Mutterschutzgesetz (§ 18 MuSchG), vgl. dazu auch Kapitel 19 Nr. 11 f..

c) Mittel zur Durchführung der Arbeitgeberaufwendungen werden durch Umlagen der am Ausgleich beteiligten Arbeitgeber aufgebracht (§ 7 AAG).

C Persönliche Arbeitsverhinderung

35. Unter welchen Voraussetzungen hat der Arbeitnehmer bei einer persönlichen Arbeitsverhinderung Anspruch auf Entgeltfortzahlung?

a) Ein Arbeitnehmer hat bei einer persönlichen Arbeitsverhinderung Anspruch auf Entgeltfortzahlung (bezahlte Freistellung), wenn er unverschuldet für eine verhältnismäßig nicht erhebliche Zeit durch einen in seiner Person liegenden Grund an der Arbeitsleistung verhindert ist (§ 616 BGB).

Eine solche persönliche Arbeitsverhinderung liegt nicht nur vor, wenn dem Arbeitnehmer die Arbeitsleistung tatsächlich unmöglich ist (§ 275 Abs. 1 BGB), sondern sie ihm unter Abwägung des entgegenstehenden Hindernisses mit dem Interesse des Arbeitgebers nicht zugemutet werden kann (§ 275 Abs. 3 BGB).

Beispiele:

- *Arztbesuch, der außerhalb der Arbeitszeit nicht möglich ist,*
- *eigene standesamtliche oder kirchliche Hochzeit,*
- *besondere Familienereignisse (Goldhochzeit der Eltern, Geburten sowie Kommunion- und Konfirmationsfeiern der Kinder, Todesfälle und Begräbnisse von Eltern, Geschwistern, Ehegatten oder Kindern),*
- *schwerwiegende Erkrankung naher Angehöriger,*
- *Ablegung von Prüfungen,*
- *Stellensuche, Vermittlungsaktivitäten, Teilnahme an einer Maßnahme der Eignungsfeststellung, Trainingsmaßnahme oder einer beruflichen Weiterbildungsmaßnahme der Bundesagentur für Arbeit nach einer Kündigung oder der Vereinbarung der Beendigung des Arbeitsverhältnisses,*
- *Wahrnehmung öffentlicher, politischer oder religiöser Ämter und Pflichten für nicht erhebliche Zeit, die nicht außerhalb der Arbeitszeit erfüllt werden kann (z. B. Laienrichteramt),*
- *Ladung zu Behörden, gerichtlichen Terminen oder unschuldig erlittene Untersuchungshaft,*
- *Umzug mit dem eigenen Hausstand,*
- *Versagen des eigenen Fahrzeugs oder eigener Unfall auf dem Weg zur Arbeit.*

b) Dieser gesetzliche Anspruch auf Entgeltfortzahlung kann allerdings durch einen Tarifvertrag oder Arbeitsvertrag eingeschränkt oder ausgeschlossen werden. Häufig wird in Tarifverträgen abschließend festgelegt, bei welchen Tatbeständen und in welchem Umfang jeweils der Arbeitnehmer unter Freistellung von seiner Verpflichtung zur Arbeitsleistung einen Anspruch auf Arbeitsentgelt erhält.

36. Welche Ansprüche hat der Arbeitnehmer, wenn die Arbeitsleistung wegen objektiver Hindernisse nicht erbracht werden kann?

Wenn der Arbeitsleistung des Arbeitnehmers objektive Hindernisse entgegenstehen, hat er keinen Anspruch auf Entgeltfortzahlung.

Beispiele:

a) Fehlen einer Erlaubnis zur Berufsausübung, wie fehlende Approbation eines Arztes,
b) Fehlen einer Arbeitsgenehmigung für einen ausländischen Arbeitnehmer,
c) Fehlen der Ausbildungsbefähigung eines Angestellten für Berufsausbildungsverhältnisse,
d) Fehlen des Führerscheins für einen LKW-Fahrer,
e) allgemeine Verkehrssperren oder Zusammenbruch der öffentlichen Verkehrsmittel (z. B. bei Schneekatastrophe, Überschwemmung oder Erdrutsch),
f) Verkehrseinstellung wegen Smogalarms,
g) Landestrauer.

37. Was gilt als verhältnismäßig nicht erhebliche Zeit der persönlichen Arbeitsverhinderung?

Für die Bemessung der nach § 616 BGB erforderlichen nicht erheblichen Zeit der persönlichen Arbeitsverhinderung kann nicht von einer festen Regel ausgegangen werden. Maßgebend sind die Umstände des Einzelfalles. Dabei kommen folgende Bestimmungsfaktoren in Betracht:

a) das Verhältnis der Zeit der Arbeitsverhinderung zur Gesamtdauer des Arbeitsverhältnisses,

b) die Länge der Kündigungsfrist,

c) die für die Arbeitsverhinderung objektiv notwendige Zeit.

38. Welche Ansprüche bestehen bei einer Arbeitsverhinderung wegen eines Arztbesuches?

Der Arbeitgeber ist verpflichtet, den Arbeitnehmer während der Arbeitszeit zum Arztbesuch unter Fortzahlung des Arbeitsentgelts freizustellen, wenn dieser nicht außerhalb der Arbeitszeit erfolgen kann (BAG vom 29.2.1984, DB 1984, S. 1405 und 1687). Dies ist dann der Fall, wenn der Arbeitnehmer den Arzt aus medizinischen Gründen während der Arbeitszeit aufsuchen muss oder wenn der Arzt den Arbeitnehmer während der Arbeitszeit zur Untersuchung oder Behandlung in seine Praxis bestellt und der Arbeitnehmer auf die Termingestaltung keinen Einfluss nehmen kann. Bei gleitender Arbeitszeit dürfte ein solcher Besuch innerhalb der Kernarbeitszeit erforderlich in dem angesprochenen Sinne nur sein, wenn er auch nicht während der Gleitzeit möglich ist. Ein Arztbesuch innerhalb der Gleitzeit dürfte als außerhalb der Arbeitszeit erfolgt anzusehen sein.

Führt der Arbeitgeber ein Formular ein, auf dem die Arbeitnehmer die Notwendigkeit eines Arztbesuchs während der Arbeitszeit vom Arzt bescheinigen lassen sollen, so trifft er damit eine Regelung der betrieblichen Ordnung, bei der der Betriebsrat nach § 87 Abs. 1 Nr. 1 BetrVG mitzubestimmen hat (BAG vom 21.1.1997 – 1 ABR 53/96).

§ 616 BGB ist zwar abdingbar. Ob der Anspruch auf Entgeltfortzahlung für eine persönliche Arbeitsverhinderung durch arbeitsvertragliche Regelungen aber für den Fall des Arztbesuchs völlig ausgeschlossen werden kann, hat das Bundesarbeitsgericht noch nicht entschieden; es hat diese Frage bisher ausdrücklich offen gelassen.

39. Welche Ansprüche können bei einer Arbeitsverhinderung des Arbeitnehmers wegen der Betreuung seines erkrankten Kindes bestehen?

a) Bei der Betreuung seines erkrankten Kindes kann sich ein **Anspruch auf bezahlte Freistellung** bzw. auf Entgeltfortzahlung aus dem Arbeitsvertrag oder einem auf das Arbeitsverhältnis anwendbaren Tarifvertrag ergeben.

b) Wenn ein Arbeitnehmer nach ärztlichem Zeugnis für eine verhältnismäßig nicht erhebliche Zeit ein krankes Kind betreuen muss und die Betreuung durch eine andere Person nicht möglich oder zumutbar ist, sind die Voraussetzungen des § 616 BGB für den Anspruch auf Entgeltfortzahlung erfüllt. Als verhältnismäßig nicht erheblich ist dabei von der Rechtsprechung in aller Regel ein Zeitraum bis zu fünf Arbeitstagen angesehen worden. In vom Regelfall abweichenden Fällen sind somit auch Ansprüche denkbar, die über den Zeitraum von fünf Arbeitstagen hinausgehen. Auch gibt es keine gesetzliche oder vom Bundesarbeitsgericht ausdrücklich festgelegte Grenze für das Alter des zu betreuenden Kindes, wenn auch bislang insoweit nur Fälle von Kindern bis zu acht Jahren zu entscheiden waren.

c) Besteht kein Anspruch nach Tarif- oder Arbeitsvertrag oder ist der Anspruch nach § 616 BGB abbedungen können im Übrigen Ansprüche nach § 45 SGB V bestehen. Nach dieser Bestimmung des § 45 Abs. 1–3 und 5 SGB V hat jeder Arbeitnehmer **Anspruch auf unbezahlte Freistellung** von der Arbeit gegenüber dem Arbeitgeber und ein in der gesetzlichen Krankenversicherung versicherter Arbeitnehmer auch auf Krankengeld gegenüber der Krankenkasse, wenn

   - es nach ärztlichem Zeugnis erforderlich ist, dass er zur Beaufsichtigung, Betreuung oder Pflege eines erkrankten und versicherten Kindes der Arbeit fernbleibt,
   - eine andere im Haushalt des Arbeitnehmers lebende Person die Beaufsichtigung, Betreuung oder Pflege nicht übernehmen kann und
   - das Kind das 12. Lebensjahr nicht überschritten hat oder behindert und auf Hilfe angewiesen ist.

   Diese Ansprüche bestehen in jedem Kalenderjahr für jedes Kind längstens für 10 Arbeitstage, bei allein erziehenden versicherten Arbeitnehmern sogar längstens für 20 Arbeitstage. Die Ansprüche kann jeder versicherte Elternteil unabhängig von der Anzahl der erkrankten Kinder jedoch nur für höchstens 25 Arbeitstage bzw. jeder Alleinerziehende für höchstens 50 Arbeitstage im Kalenderjahr geltend machen.

d) Ansprüche auf eine zeitlich nicht begrenzte unbezahlte Freistellung gegenüber dem Arbeitgeber und auf Krankengeld gegenüber der Krankenkasse bestehen nach § 45 Abs. 4 und 5 SGB V auch für die Fälle der Sterbebegleitung eines erkrankten, noch nicht dreizehnjährigen, oder behinderten, auf Hilfe angewiesenen Kindes.

e) Zu den weiteren Freistellungsmöglichkeiten zur **Betreuung minderjähriger pflegebedürftiger Angehöriger** oder zu den Ansprüchen auf Pflegezeit und Familienpflegezeit siehe Kapitel 19 Nr. 48 ff..

40. Unter welchen Voraussetzungen besteht Anspruch auf bezahlte Freistellung zur Stellensuche?

In einem gekündigten Arbeitsverhältnis stehende Arbeitnehmer haben **Anspruch auf Dienstbefreiung** zur Stellensuche in angemessenem Umfang, je nach Häufigkeit, Länge und Zeitpunkt (§ 629 BGB). Zur Stellensuche gehört nicht nur das Aufsuchen eines neuen Arbeitgebers, der Agentur für Arbeit oder einer gewerblichen Jobvermittlung, sondern auch die erforderliche oder vom zukünftigen Arbeitgeber gewünschte Vervollständigung der Bewerbungsunterlagen durch Eignungstests oder Untersuchungen sowie sonstige Vermittlungsaktivitäten, die Teilnahme an einer Maßnahme der Eignungsfeststellung, einer Trainingsmaßnahme oder einer beruflichen Weiterbildungsmaßnahme der Bundesagentur für Arbeit nach einer Kündigung oder der Vereinbarung der Beendigung des Arbeitsverhältnisses. (Soweit nach § 629 BGB kein

Anspruch auf Freistellung besteht, kommt ein Leistungsverweigerungsrecht des Arbeitnehmers nach § 275 Abs. 3 BGB in Betracht.) Dieser Anspruch kann vertraglich nicht eingeschränkt werden und besteht unabhängig davon, ob der Arbeitgeber oder der Arbeitnehmer das Arbeitsverhältnis gekündigt hat.

Die **Vergütungspflicht** während dieser Zeit der Stellensuche besteht nach § 616 BGB zwar grundsätzlich fort, diese kann aber – anders als die Verpflichtung des Arbeitgebers zur Freistellung des Arbeitnehmers nach § 629 BGB – vertraglich eingeschränkt werden.

D Annahmeverzug und Betriebsrisiko

41. Hat der Arbeitnehmer auch Anspruch auf Arbeitsentgelt für die vorgesehene Arbeitszeit, in der der Arbeitgeber ihn nicht beschäftigt?

Die finanzielle Absicherung bei Nichtbeschäftigung ist in § 615 Satz 1 BGB geregelt, der dem Arbeitnehmer unter den Voraussetzungen der §§ 293 ff. BGB den Entgeltanspruch trotz Nichtarbeit aufrechterhält (BAG vom 24.6.2015 – 5 AZR 225/14). Wenn der Arbeitgeber, ohne dass ihn betriebstechnische Gründe daran hindern, die vom Arbeitnehmer ordnungsgemäß und rechtzeitig angebotene Arbeitsleistung nicht annimmt oder wenn er eine für die Erbringung der angebotenen Arbeit notwendige Mitwirkungshandlung unterlässt, sodass der Arbeitnehmer seine Arbeitsleistung nicht erbringen kann, gerät der Arbeitgeber in **Annahmeverzug**.

Beispiele:

a) Der Arbeitgeber hindert nach Ausspruch der ordentlichen Kündigung einen Arbeitnehmer, der seine Arbeit ordnungsgemäß bis zum Ablauf der Kündigungsfrist anbietet, am weiteren Betreten des Betriebes.

b) Der Arbeitgeber weist einen neu eingestellten Arbeitnehmer am vereinbarten Tag der Arbeitsaufnahme keine Arbeit an, weil er ihn versehentlich noch nicht eingeplant hatte.

c) Der Arbeitgeber stellt die Rohstoffe, Werkzeuge, Maschinen oder den erforderlichen Arbeitsraum nicht zur Verfügung.

d) Der Arbeitgeber führt die vorgeschriebenen Sicherheitsmaßnahmen nicht durch.

In welchem zeitlichen Umfang der Arbeitgeber in Annahmeverzug geraten kann, richtet sich nach der arbeitsvertraglich vereinbarten oder – falls dies regelmäßig überschritten wird – nach der tatsächlich praktizierten Arbeitszeit (BAG vom 24.9.2014 – 5 AZR 1024/12). Bei Annahmeverzug des Arbeitgebers bleibt er zur Zahlung des vereinbarten Arbeitsentgelts verpflichtet (§ 615 Satz 1 BGB). Dabei spielt es keine Rolle, ob den Arbeitgeber ein Verschulden trifft oder nicht. Allerdings muss der Arbeitnehmer leistungswillig und leistungsfähig (§ 297 BGB) sein (BAG vom 13.7.2005 – 5 AZR 578/04). Ein Arbeitnehmer ist leistungsunfähig im Sinne von § 297 BGB, wenn er aus Gründen in seiner Person die vertraglich vereinbarten Tätigkeiten ausnahmslos nicht mehr verrichten kann. Deshalb muss die Arbeitsleistung tatsächlich und rechtlich möglich sein (vgl. dazu Nr. 35–40). Ob es sich um gesundheitliche, rechtliche oder andere Gründe handelt, ist nicht maßgebend. Das Unvermögen kann etwa auf einem gesetzlichen Beschäftigungsverbot oder auf dem Fehlen einer erforderlichen Erlaubnis beruhen (BAG vom 18.3.2009- 5 AZR 192/08). Ein vom Auftraggeber oder Kunden unter Berufung auf vertragliche Pflichten an den Arbeitgeber gerichtetes Verbot, einen bestimmten Arbeitnehmer einzusetzen, begründet grundsätzlich kein Unvermögen (§ 297 BGB) dieses Arbeitnehmers, seine Arbeitsleistung zu erbringen (BAG vom 21.10.2015 – 5 AZR 843/14). Ist ein Arbeitnehmer objektiv aus gesundheitlichen Gründen nicht in der Lage, die vereinbarte Leistung zu erbringen, so kann das fehlende Leistungsvermögen nicht allein durch den Willen des Arbeitnehmers ersetzt werden, trotz objektiver Leistungsunfähigkeit einen Arbeitsversuch zu unternehmen (BAG vom 29.10.1998, DB 1999, S. 805). Hat der Arbeitgeber den Arbeitnehmer rechtswirksam von der Arbeitspflicht befreit, etwa Urlaub erteilt oder Freizeitausgleich angeordnet, kommt der Arbeitgeber nicht in Annahmeverzug (BAG vom 23.1.2001, AuA 2001, S. 471). Auch wenn ein schwerbehinderter Mensch außerstande ist, die arbeitsvertraglich geschuldete Leistung zu erbringen, so gerät der Arbeitgeber nicht in Annahmeverzug (BAG vom 23.1.2001 – 9 AZR 287/99). Kann jedoch eine Krankenschwester aus gesundheitlichen Gründen keine Nachtschichten im Krankenhaus mehr leisten, ist sie deshalb nicht arbeitsunfähig krank. Sie hat Anspruch auf Beschäftigung, ohne in Nachtschichten eingeteilt zu werden. Wird die Arbeitsleistung dem Arbeitgeber mit dieser Einschränkung angeboten, handelt es sich um ein ordnungsgemäßes Angebot i. S. d. §§ 294, 295 BGB (BAG vom 9.4.2014 – 10 AZR 637/13). Der Anspruch auf Vergütung wegen Annahmeverzugs für die Zeit einer angeordneten und in Anspruch genommenen Ruhepause erfordert einen dagegen gerichteten, vorherigen Protest des Arbeitnehmers, der erkennen lässt, dass er – unter Beachtung des § 4 ArbZG – an dem betreffenden Arbeitstag eine Ruhepause zu einem anderen Zeitpunkt oder mit kürzerer Dauer in Anspruch nehmen will (BAG vom 25.2.2015 – 5 AZR 886/12).

Der Arbeitnehmer wird bei Annahmeverzug des Arbeitgebers von der Verpflichtung zur Arbeitsleistung frei. Er braucht die ausgefallene Arbeitszeit auch nicht nachzuholen (§ 615 Satz 1 BGB).

42. Welche Vorteile aus dem Arbeitsausfall muss sich der Arbeitnehmer anrechnen lassen?

Der Arbeitnehmer soll bei Annahmeverzug des Arbeitgebers nicht mehr erhalten, als er bei Arbeit verdient hätte. Er muss sich deshalb auf seinen Entgeltzahlungsanspruch das anrechnen lassen, das er durch den Wegfall der Arbeitsleistung erspart oder durch anderweitige Arbeit erwirbt oder zu erwerben böswillig unterlässt.

Beispiele:

a) ersparte Fahrtkosten zwischen Wohnung und Arbeitsplatz

b) Verdienst aus einem vorübergehend bei einem anderen Arbeitgeber eingegangenen Arbeitsverhältnis

c) mögliches Verdienst aus einer zumutbaren anderweitigen Arbeitsmöglichkeit

Nach § 615 Satz 2 BGB ist Zwischenverdienst auf den Vergütungsanspruch wegen Annahmeverzugs in dem Umfang anzurechnen, wie er dem Verhältnis der beim Arbeitgeber ausgefallenen Arbeitszeit zu der im neuen Dienstverhältnis geleisteten entspricht (BAG vom 24.2.2016 – 5 AZR 425/15).

Böswillig unterlässt der Arbeitnehmer eine mögliche Ersatzarbeit nur, wenn ihm diese zumutbar ist, also etwa gleichwertig und mit keinen wesentlichen Nachteilen verbunden ist. Bei einem **gekündigten Arbeitnehmer** handelt es sich um böswilliges Unterlassen, wenn er vorsätzlich untätig bleibt, er grundlos zumutbare Arbeit ablehnt, er vorsätzlich verhindert, dass ihm zumutbare Arbeit angeboten wird, oder er die Annahme der Arbeit bewusst verhindert (BAG vom 17.11.2011 – 5 AZR 564/10). Er ist nicht verpflichtet, die Vermittlung der Bundesagentur für Arbeit in Anspruch zu nehmen (BAG vom 16.5.2000, DB 2001, S. 154). Wenn ein Arbeitnehmer beim Arbeitsgericht die Verurteilung zur **vorläufigen Weiterbeschäftigung** bis zum rechtskräftigen Abschluss des Kündigungsrechtsstreits erwirkt, so ist ihm grundsätzlich zumutbar, der Aufforderung des Arbeitgebers nachzukommen, die Beschäftigung vorläufig wieder aufzunehmen (BAG vom 24.9.2003 – 5 AZR 500/02). Ein böswilliges Unterlassen von Erwerb im Sinne des § 615 Satz 2 BGB kann auch darin liegen, dass der Arbeitnehmer eine vertraglich nicht geschuldete aber zumutbare Arbeitsleistung ablehnt, die der Arbeitgeber von ihm in einem unstreitig bestehenden Arbeitsverhältnis verlangt (BAG vom 7.2.2007 – 5 AZR 422/06). Der Anspruch auf eine bestimmte Beschäftigung im bestehenden Arbeitsverhältnis bedingt als solcher nicht die Unzumutbarkeit jedweder anderen Tätigkeit im Rahmen einer Prozessbeschäftigung (BAG vom 17.11.2011 – 5 AZR 564/10). Der Arbeitnehmer kann die Annahme einer zumutbaren Arbeit dadurch böswillig unterlassen (§ 11 Satz 1 Nr. 2 KSchG), dass er ein im Zusammenhang mit einer Kündigung erklärtes Änderungsangebot nicht nach § 2KSchG unter Vorbehalt annimmt. Erklärt der Arbeitgeber anschließend eine Beendigungskündigung, ohne die auf der Änderungskündigung beruhende Arbeitsmöglichkeit weiter anzubieten, endet das böswillige Unterlassen mit Ablauf der Kündigungsfrist (BAG vom 26.9.2007 – 5 AZR 870/06).

Der Arbeitgeber kann Auskunft über die tatsächlichen Umstände einer anderweitigen anrechenbaren Erwerbstätigkeit verlangen und bis zur Erteilung der Auskunft die Leistung verweigern (BAG vom 19.3.2002, DB 2002, S. 1508).

43. Welche Entgeltansprüche hat der Arbeitnehmer, wenn das Arbeitsgericht die Unwirksamkeit seiner Kündigung feststellt?

Wenn das Arbeitsgericht entscheidet, dass das Arbeitsverhältnis durch die Kündigung nicht aufgelöst ist, befand sich der Arbeitgeber in Annahmeverzug, soweit er den Arbeitnehmer bei einer unberechtigten fristlosen Kündigung nicht sofort und bei einer unberechtigten ordentlichen Kündigung nicht nach Ablauf der Kündigungsfrist aufgefordert hat, die Arbeit wieder aufzunehmen. Ein wörtliches Angebot des arbeitswilligen und arbeitsfähigen Arbeitnehmers ist nicht erforderlich (BAG vom 21.3.1985, DB 1985, S. 1744). Auch wenn der Arbeitnehmer bei Ablauf der Kündigungsfrist arbeitsunfähig war, kommt der Arbeitgeber mit Herstellung der Arbeitsfähigkeit in Annahmeverzug, unabhängig davon, ob der arbeitsunfähig erkrankte Arbeitnehmer seine wiedergewonnene Arbeitsfähigkeit dem Arbeitgeber anzeigt (BAG vom 24.11.1994, DB 1995, S. 1181).

Der Arbeitnehmer muss sich auf seinen Entgeltzahlungsanspruch die Anrechnungsbeträge nach Nr. 42 sowie die infolge Arbeitslosigkeit gezahlten öffentlich-rechtlichen Leistungen anrechnen lassen. Der Arbeitgeber hat allerdings diese öffentlich-rechtlichen Leistungen den Stellen zu erstatten (§ 11 Nr. 3 KSchG), die sie geleistet haben.

44. Wer trägt das Lohnrisiko, wenn es dem Arbeitgeber unmöglich ist, den Arbeitnehmer zu beschäftigen?

a) Liegt ein Fall des Unvermögens des Arbeitnehmers i. S. d. § 297 BGB vor, regelt § 326 BGB, ob der Vergütungsanspruch aufrechterhalten bleibt (Abs. 2 Satz 1) oder entfällt (Abs. 1) – (BAG vom 28.9.2016 – 5 AZR 224/16). Wenn der Arbeitgeber für die Unmöglichkeit der Arbeitsleistung allein oder weit überwiegend verantwortlich ist (z. B. fahrlässige Schädigung der Maschine), hat er das Arbeitsentgelt fortzuzahlen nach § 615 BGB, § 326 Abs. 2 Satz 1 Alt 2, wenn sich der Arbeitgeber bei Eintritt der Unmöglichkeit im Annahmeverzug befindet, ansonsten nach § 326 Abs. 2 Satz 1 Alt. 1 BGB.

b) Ist die Arbeitsleistung aus Gründen unmöglich, die der Arbeitnehmer zu verantworten hat, verliert er seinen Anspruch auf Arbeitsentgelt (§§ 275, 326 Abs. 1 BGB).

c) Wenn weder der Arbeitgeber noch der Arbeitnehmer die Unmöglichkeit zu verantworten hat, hat der Arbeitnehmer grundsätzlich keinen Anspruch auf das Arbeitsentgelt (§§ 275, 326 Abs. 1 BGB). Fortzuzahlen ist jedoch das Arbeitsentgelt nicht nur an Feiertagen (vgl. Nr. 1 ff.), bei Arbeitsunfähigkeit wegen Krankheit (vgl. Nr. 6 ff.) oder persönlicher Arbeitsverhinderung des Arbeitnehmers (vgl. Nr. 35), sondern nach § 615 Satz 3 BGB auch in den Fällen, in denen der Arbeitgeber bei Betriebsstörungen das Risiko des Arbeitsausfalles trägt. Risiko des Arbeitsausfalls i. S. v. § 615 Satz 3 BGB meint die von der Rechtsprechung entwickelte Lehre vom Betriebsrisiko. Dies ist das Risiko des Arbeitgebers, seinen Betrieb betreiben zu können (BAG vom 23.9.2015 – 5 AZR 146/14).

d) Nach der Rechtsprechung trägt der Arbeitgeber das Betriebsrisiko und bleibt bei betriebstechnischen Störungen zur Fortzahlung des Arbeitsentgelts unter folgenden Voraussetzungen verpflichtet:

- Der Arbeitnehmer ist arbeitsfähig und arbeitsbereit.
- Der Arbeitgeber kann den Arbeitnehmer aus Gründen nicht beschäftigen, die in seiner betrieblichen Sphäre liegen.
- Das zu Betriebsstörung führende Ereignis ist weder vom Arbeitgeber noch vom Arbeitnehmer schuldhaft verursacht.
- Im einschlägigen Tarifvertrag, der Betriebsvereinbarung oder im Arbeitsvertrag bestehen keine abweichenden Regelungen über die Verteilung des Betriebsrisikos.

Beispiele:

- *Unterbrechung der Strom- oder Gasversorgung*
- *Betriebsstockung durch Brand*
- *Kohle- und Rohstoffmangel*
- *Betriebsstockung nach Maschinenschaden*
- *Betriebsstörung durch Witterungseinflüsse (Überschwemmung, Schneekatastrophe, Frost usw.)*

45. Wer trägt das Lohnrisiko, wenn die Arbeit zwar technisch möglich ist, sich für den Arbeitgeber aber wegen Absatz- oder Auftragsmangels nicht lohnt?

Der Arbeitgeber trägt das Risiko des Arbeitsausfalls und damit auch das Lohnrisiko, wenn er selbst den Betrieb aus Gründen, die in seinem betrieblichen oder wirtschaftlichen Verantwortungsbereich liegen, einschränkt oder stilllegt (BAG vom 9.7.2008 – 5 AZR 810/07).

Auch wenn die Arbeitsleistung aus Witterungsgründen oder wegen Verschlechterung der Wirtschaftslage, Absatz-, Auftrags- oder Geldmangels für den Arbeitgeber wirtschaftlich nicht mehr sinnvoll ist, trägt der Arbeitgeber dieses **Wirtschaftsrisiko** und damit das Lohnrisiko. Er bleibt zur Zahlung des vollen Arbeitsentgelts verpflichtet (§ 615 Satz 3 BGB), soweit die Tarifvertragsparteien die Vergütungspflicht nach § 615 BGB nicht modifiziert haben – z. B. BRTV bei Saisonkurzarbeit (BAG vom 25.1.2012 – 5 AZR 671/10). Zur Nachleistung der Arbeit ist der Arbeitnehmer nicht verpflichtet (BAG vom 9.7.2008 – 5 AZR 810/07). Das Lohnrisiko trägt jedoch in diesen Fällen der Arbeitnehmer, soweit rechtswirksam Kurzarbeit eingeführt worden ist (vgl. dazu Kapitel 6 Nr. 8).

46. Wer trägt das Lohnrisiko, wenn die Betriebsstörung auf einen Arbeitskampf in einem anderen Betrieb zurückzuführen ist?

a) Die Fortsetzung der Arbeit kann wegen eines Streiks oder einer Abwehraussperrung in einem anderen Betrieb ganz oder teilweise unmöglich oder wirtschaftlich sinnlos werden.

Beispiele:

- *Ausbleiben der Vorprodukte aus einem bestreikten Zulieferbetrieb.*
- *Der bestreikte Abnehmerbetrieb nimmt die hergestellten Produkte nicht ab.*

Wenn diese Fernwirkungen eines rechtmäßigen Arbeitskampfes das Kräfteverhältnis der kampfführenden Parteien (materielle Kampfparität) nicht berühren, bleibt das volle Risiko dieser Betriebsstörung beim Arbeitgeber. Er bleibt zur Zahlung des Arbeitsentgelts verpflichtet. Von der Belastung des Lohnrisikos kann er sich jedoch durch Einführung von Kurzarbeit mit Zustimmung des Betriebsrates nach § 87 Abs. 1 Nr. 3 BetrVG befreien.

b) Wenn jedoch durch die Fernwirkungen eines rechtmäßigen Arbeitskampfes das Kräfteverhältnis der kämpfenden Parteien beeinflusst werden kann, so tragen Arbeitnehmer und Arbeitgeber, also beide Seiten, das **Arbeitskampfrisiko.** Das bedeutet für den Arbeitgeber, dass er die fixen Kosten, die Gefährdung der Absatzchancen und der Geschäftsbeziehungen zu tragen hat, und für die betroffenen **Arbeitnehmer,** dass sie für die Dauer der Betriebsstörung **keine Beschäftigungs-** und **Vergütungsansprüche** haben (BAG vom 22.12.1980, BB 1981, S. 609). Eine solche mittelbare Störung des Kräfteverhältnisses der kämpfenden Parteien kann sich aus verschiedenen Interessenverbindungen zwischen den unmittelbar umkämpften und mittelbar betroffenen Betrieben ergeben.

Beispiele:

- *aus koalitionspolitischen Verbindungen*
- *aus wirtschaftlichen Abhängigkeiten im Konzern*

47. Wer trägt das Lohnrisiko im bestreikten Betrieb?

Während der Teilnahme an einem rechtmäßigen Streik sind die beiderseitigen Rechte und Pflichten aus dem Arbeitsverhältnis suspendiert. Die **streikenden Arbeitnehmer** sind also nicht zur Erbringung der Arbeitsleistung verpflichtet und verlieren gleichzeitig ihren Anspruch auf Arbeitsentgelt (vgl. im Einzelnen Kapitel 34 Nr. 9 b). Hat sich ein Arbeitnehmer im Rahmen einer Gleitzeitregelung in zulässiger Weise aus dem betrieblichen Zeiterfassungssystem abgemeldet und anschließend an einer Warnstreikkundgebung teilgenommen, vermindert sich seine vertragliche Sollarbeitszeit nicht um die Zeit der Kundgebungsteilnahme. Dementsprechend verringert sich der Lohnanspruch nicht (BAG vom 26.7.2005 - 1 AZR 133/04).

Die **nicht streikenden Arbeitnehmer** im aufrechterhaltenen Betrieb haben jedoch grundsätzlich Anspruch auf Arbeitsentgelt. Der Arbeitgeber ist allerdings nicht verpflichtet, einen bestreikten Betrieb oder Betriebsteil soweit als möglich aufrechtzuerhalten. Er kann ihn für die Dauer des Streiks ganz stilllegen mit der Folge, dass die beiderseitigen Rechte und Pflichten aus dem Arbeitsverhältnis suspendiert werden und auch arbeitswillige Arbeitnehmer ihren Lohnanspruch verlieren (BAG vom 22.3.1994, DB 1995, S. 100). Eine arbeitskampfbedingte Betriebsstilllegung setzt voraus, dass die betriebliche Tätigkeit des Arbeitgebers weder von diesem selbst noch von einem von ihm beauftragten Drittunternehmen ausgeführt wird. Eine suspendierende Betriebsstilllegung während eines Arbeitskampfes muss gegenüber Arbeitnehmern erklärt werden. Hierfür genügt die Bekanntgabe der Stilllegungsentscheidung in der üblichen Weise. Einer individuellen Benachrichtigung der betroffenen Arbeitnehmer bedarf es nicht (BAG vom 13.12.2011 - 1 AZR 495/10).

14. Betriebsrenten

1. Welches Ziel haben betriebliche Versorgungsleistungen?

a) Eine **betriebliche Altersversorgung** (im Sinne des Betriebsrentengesetzes) liegt vor, wenn folgende Voraussetzungen erfüllt sind: Der Arbeitgeber muss die Zusage aus Anlass eines Arbeitsverhältnisses oder eines arbeitnehmerähnlichen Verhältnisses erteilen (ein Gesellschafterverhältnis reicht nicht). Die Leistungspflicht muss nach dem Inhalt der Zusage durch ein im Gesetz genanntes biologisches Ereignis (Alter, Invalidität oder Tod) ausgelöst werden. Die zugesagte Leistung muss einem Versorgungszweck dienen. Unter einer „Versorgung" sind alle Leistungen zu verstehen, die den Lebensstandard des Arbeitnehmers oder seiner Hinterbliebenen im Versorgungsfall, wenn auch nur zeitweilig, verbessern sollen. Auf die Bezeichnung der Leistung und sonstige Formalien kommt es nicht an. Ebenso wenig spielt es eine Rolle, aus welchen Gründen und aus welchem Anlass die Versorgungsleistung versprochen wurde. Betriebliche Altersversorgung kann auch in einer Sachleistung bestehen. So liegt betriebliche Altersversorgung vor, wenn Hausbrand wegen des Bezuges einer Rente für Bergleute aus der gesetzlichen Rentenversicherung zu gewähren ist. Diese sichert das Invaliditätsrisiko ab (BAG vom 16.3.2010 – 3 AZR 594/09).

b) Der Arbeitnehmer erhält heute, wenn er aus dem Arbeitsleben ausscheidet, im Allgemeinen eine laufende Rente aus der gesetzlichen Sozialversicherung. Hinzu kommen in der betrieblichen Praxis als zweite Säule **betriebliche Renten,** deren Bedeutung insbesondere wegen der Möglichkeit der Entgeltumwandlung in eine Versorgung zunimmt. Dabei fallen unter die betriebliche Altersversorgung nicht nur laufende Renten, sondern auch einmalige Kapitalleistungen (vgl. aber Nr. 3). Das Bedürfnis nach einer betrieblichen Rente zeigt sich vor allem auch bei den leitenden Angestellten, bei denen die Differenz zwischen der gesetzlichen Rente und den letzten aktiven Bezügen besonders groß ist. Zahlreiche Versorgungsordnungen enthalten daher auch eine sogen. gespaltene Rentenformel. Danach sind für den Teil des versorgungsfähigen Einkommens oberhalb der Beitragsbemessungsgrenze in der gesetzlichen Rentenversicherung höhere Leistungen vorgesehen als für den Teil bis zur Beitragsbemessungsgrenze (vgl. auch BAG, Urteil vom 21.4.2009, DB 2009, S. 2162). Zu einer angemessenen Versorgung gehört nicht nur eine mit Erreichen der Pensionsgrenze fällige Altersrente, sondern auch eine Witwen/Witwer- und Waisenrente für die Hinterbliebenen und eine Invalidenrente für den Fall der vorzeitigen Minderung der Erwerbsfähigkeit. Dabei sind eingetragene Lebenspartner in der betrieblichen Altersversorgung hinsichtlich der Hinterbliebenenversorgung Ehegatten gleichzustellen, soweit am 1.1.2005 zwischen dem Versorgungsberechtigten und dem Versorgungsschuldner noch ein Rechtsverhältnis bestand (BAG vom 14.1.2009, BB 2009, S. 954). Eine Versorgungszusage kann den Anspruch auf Witwen-/Witwerversorgung davon abhängig machen, dass die Ehe vor dem (vorzeitigen) Ausscheiden aus dem Arbeitsverhältnis geschlossen wurde. Die einschränkende Voraussetzung, dass die Ehe vor dem Ausscheiden aus dem Arbeitsverhältnis geschlossen wurde, steht weder im Widerspruch zu Art. 6 Abs. 1 GG noch zur gesetzlichen Unverfallbarkeitsbestimmung des § 1b BetrAVG. Sie stellt auch keine unzulässige Benachteiligung/Diskriminierung wegen des Alters oder des Geschlechts dar (BAG vom 20.4.2010 – 3 AZR 509/08).

c) Eine gesetzliche Absicherung zugesagter betrieblicher Renten enthält das Gesetz zur Verbesserung der betrieblichen Altersversorgung (Betriebsrentengesetz); es findet in den neuen Bundesländern erst auf Zusagen betrieblicher Renten Anwendung, die **seit 1992** erteilt werden. Das Gesetz überlässt es zwar dem Arbeitgeber, ob, wann und in welcher Höhe er seinen Arbeitnehmern betriebliche Renten gewährt, schränkt aber die Regelungsbefugnisse des Arbeitgebers in wichtigen Punkten, z. B. hinsichtlich der Unverfallbarkeit der Versorgungsanwartschaft, ein. Dabei sind den geschützten Arbeitnehmern auch diejenigen Personen gleichgestellt, denen z. B. als Mitgliedern der Geschäftsführung von Gesellschaften oder als selbstständigen Handelsvertretern aus Anlass ihrer Tätigkeit Renten zugesagt worden sind. Bei der Ausgestaltung betrieblicher Versorgungswerke ist das Mitbestimmungsrecht des Betriebsrats nach § 87 BetrVG (vgl. Kapitel 34 Nr. 21) zu beachten.

d) In der Vergangenheit bestand nicht nur in kleinen und mittleren Betrieben, sondern auch in Großunternehmen eher eine Tendenz zum Abbau und zur Konsolidierung betrieblicher Versorgungssysteme als zu ihrem Ausbau. Um dem entgegenzuwirken, sind die Rahmenbedingungen für betriebliche Renten in der Vergangenheit bereits zum Teil verbessert worden. Vor allem wurde dem Arbeitnehmer ein **Rechtsanspruch auf Umwandlung des Arbeitsentgelts** in betriebliche Versorgungsleistungen eingeräumt. Der Anspruch auf Entgeltumwandlung ist gemäß § 19 Abs. 1 BetrAVG durch Tarifvertrag abdingbar. Nicht tarifgebundene Arbeitgeber und Arbeitnehmer müssen die Anwendung der abweichenden tariflichen Regelungen ausdrücklich vereinbaren (§ 19 Abs. 2 BetrAVG). Darüber hinaus hat auch das am 1.1.2005 in Kraft getretene Alterseinkünftegesetz zu Änderungen der steuerlichen Rahmenbedingungen geführt.

e) Für Beschäftigte, die bereits eine Betriebsrentenanwartschaft erworben haben, haben die ab 1.1.2018 geltenden Regelungen zur Umsetzung der EU-Mobilitätsrichtlinie (2014/50/EU) positive Auswirkungen. Für Beschäftigungszeiten ab 1.1.2018 wird die Unverfallbarkeitsfrist von fünf auf drei Jahre reduziert und das Unverfallbarkeitsalter auf das 21. Lebensjahr abgesenkt. Unverfallbare Anwartschaften von ausgeschiedenen Beschäftigten dürfen nicht schlechter behandelt werden als Anwartschaften der bei dem Arbeitgeber verbleibenden Kollegen. Neu geregelt sind auch die Abfindungsregelungen und die Auskunftsrechte.

f) Das am 1.1.2018 in Kraft getretene Betriebsrentenstärkungsgesetz soll die betriebliche Altersversorgung insbesondere für kleine Unternehmen und Beschäftigte mit niedrigem Einkommen attraktiv machen. Dazu wird den Sozialpartnern die Möglichkeit eröffnet, reine Beitragszusagen auf tarifvertraglicher Basis einzuführen (§§ 21, 22 BetrAVG). In diesem Fall sind keine Mindest- oder Garantieleistungen der durchführenden Einrichtungen mehr vorgesehen (§ 22 Abs. 1 BetrAVG). Bei dieser Form der Betriebsrente sind im Fall der Entgeltumwandlung die Arbeitgeber verpflichtet, die ersparten Sozialversicherungsbeiträge an die Beschäftigten weiter zu geben (§ 23 Abs. 2 BetrAVG). Darüber hinaus können die Sozialpartner künftig rechtssicher Modelle der automatischen Entgeltumwandlung (§ 20 Abs. 2 BetrAVG) regeln (sog. Optionsmodelle). Speziell für Geringverdiener wird ein neues steuerliches Fördermodell eingeführt (§ 100 EStG).

Insgesamt aber ist wegen der in der Zusage betrieblicher Renten liegenden **Dauerbelastung des Unternehmens** der Rat eines Fachmannes **unverzichtbar**.

2. Welche Durchführungsformen der betrieblichen Altersversorgung sind zu unterscheiden?

Zu unterscheiden sind Zusagen, für die der Arbeitgeber **unmittelbar haftet**, und Zusagen, die der Arbeitgeber über **selbstständige Versorgungsträger** erbringt. Allerdings muss der Arbeitgeber aufgrund des § 1 Abs. 1 Satz 3 BetrAVG für die Erfüllung der von ihm zugesagten Leistungen (**subsidiär**) auch dann eintreten, wenn die Durchführung nicht unmittelbar über ihn erfolgt; es sei denn, der Arbeitgeber ist aufgrund einer kollektivrechtlichen Vereinbarung (Tarifvertrag, Betriebsvereinbarung) verpflichtet, Beiträge zur betrieblichen Altersversorgung zu entrichten (§ 1 Abs. 2 Nr. 2a BetrAVG). Die Wahl der Versorgungsform hat nicht nur theoretischen Charakter, sondern entscheidet über den Zeitpunkt der Belastung für das Unternehmen, über die steuerliche Förderung für den Arbeitgeber und Arbeitnehmer sowie die Möglichkeit, die bereitzustellenden Mittel zunächst im Unternehmen zu belassen. Die einzelnen Durchführungsformen sind:

a) **Direktzusage**: Bei ihr erhalten die Arbeitnehmer unmittelbare Ansprüche gegen den Arbeitgeber. Die Direktzusage wird dadurch finanziert, dass der Arbeitgeber bereits während der Anwartschaftszeit den Gewinn mindernde und sich damit steuerlich auswirkende Rückstellungen bildet (§ 6a EStG). Die Direktzusage ist unter den Formen der betrieblichen Altersversorgung immer noch sehr verbreitet. Es gibt kaum ein Anliegen, das mit ihr nicht erfüllt werden kann. Ausgeschlossen ist lediglich eine Beitragsbeteiligung des Arbeitnehmers. Die Direktzusage bedarf aus steuerlichen Gründen insbesondere auch der Schriftform.

   Will sich der Arbeitgeber weiter absichern, hat er die Möglichkeit, eine **Rückdeckungsversicherung** bei einer Versicherungsgesellschaft abzuschließen. Zur Zahlung der Prämien ist dann der Arbeitgeber verpflichtet; dieser hat umgekehrt allein die Rechte aus dem Versicherungsvertrag, auch auf die Überschussanteile.

b) **Direktversicherung**: Hier schließt das Unternehmen mit einer Versicherungsgesellschaft einen Versicherungsvertrag ab, aus dem der Arbeitnehmer und bei entsprechender Gestaltung seine Angehörigen unmittelbar anspruchsberechtigt sind. Die Versicherungsgesellschaften haben für Gruppenversicherungen besondere Bedingungen vorgesehen. An der Aufbringung der Beiträge kann der Arbeitnehmer beteiligt werden; er hat dann insoweit einen unwiderruflichen Rechtsanspruch auf die Versicherungsleistungen. Die steuerliche Förderung setzt voraus, dass entweder eine lebenslange Rente oder ein Ausbildungsplan vorgesehen ist (§ 3 Nr. 63 EStG). Da bei der Direktversicherung sämtliche Risiken von einem außerhalb des Unternehmens stehenden Träger übernommen werden, hat sie zunehmend an Bedeutung gewonnen. Sie eignet sich für alle Unternehmen, vor allem aber auch dann, wenn nur für bestimmte Personen oder Arbeitnehmergruppen eine betriebliche Versorgung geschaffen werden soll. Für die Frage, ob dem Arbeitgeber oder dem Versorgungsberechtigten die Überschussanteile aus einer Direktversicherung zu Gute kommen sollen, ist der Inhalt der Versorgungszusage maßgebend (BAG vom 16.2.2010 – 3 AZR 479/08).

c) **Pensions- und Unterstützungskassen**: Sie lohnen sich wegen ihres Verwaltungsaufwandes nur in größeren Unternehmen oder als gemeinsame Einrichtung für mehrere Unternehmen. Auch bei den Pensions- oder Unterstützungskassen richtet sich der Anspruch allein gegen die Kassen. Die Pensionskassen gewähren einen Rechtsanspruch auf die Versorgungsleistungen. An den Beiträgen können die Arbeitnehmer beteiligt werden. Betriebliche Unterstützungskassen können nach ihrer steuerlichen Definition nur Leistungen ohne Rechtsanspruch gewähren und überdies die Arbeitnehmer an der Finanzierung der späteren Leistungen nicht beteiligen. Allerdings sind auch die Unterstützungskassen nach der Rechtsprechung des Bundesarbeitsgerichts an den Grundsatz von Treu und Glauben gebunden, sodass eine Kürzung oder Einstellung der Versorgung nur bei Vorliegen besonderer Gründe zulässig ist (z. B. Urteile vom 18.4.1989, DB 1989, S. 1876, und 17.11.1992, DB 1993, S. 1241). Bei der Unterstützungskasse kann sich eine Rückdeckungsversicherung empfehlen. Werden Satzung und Richtlinien einer Unterstützungskasse – ausdrücklich oder stillschweigend – in Bezug genommen, müssen die Arbeitnehmer schon aufgrund des Ausschlusses des Rechtsanspruchs stets mit einer Abänderung der Versorgungsordnung rechnen (BAG vom 16.2.2010 – 3 AZR 181/08).

d) **Pensionsfonds**: Diese Durchführungsform unterscheidet sich von der Pensionskasse vor allem durch eine größere Anlagefreiheit hinsichtlich des angesammelten Vermögens. Einzelheiten sind in folgenden Verordnungen geregelt: Pensionsfonds-Kapitalausstattungs-VO, Pensionsfonds-Kapitalanlagen-VO und Pensionsfonds-Deckungsrückstellungs-VO.

3. Welche Versorgungsmodelle gibt es?

Möglich ist nicht nur die Zusage **bestimmter Versorgungsleistungen** in Form laufender Renten oder in Form eines – allerdings weitgehend nicht steuerlich geförderten – einmaligen Kapitalbetrages bei Eintritt des Versorgungsfalles, sondern auch eine beitragsorientierte Leistungszusage, eine Beitragszusage mit Mindestleistung und die Umwandlung von Ansprüchen auf Arbeitsentgelt in wertgleiche Anwartschaften auf Versorgungsleistungen (**Entgeltumwandlung**). Die umgewandelten Teile des Arbeitsentgelts sind steuerfrei und darüber hinaus sozialabgabenfrei.

Vorsicht ist für den Arbeitgeber bei sogen. **Gesamtversorgungsmodellen** geboten. Hier wird dem Berechtigten ein bestimmter Prozentsatz des zuletzt bezogenen Einkommens zugesagt, wobei der Arbeitgeber die Differenz zur dem Arbeitnehmer zustehenden Sozialversicherungsrente trägt. Der Arbeitgeber hat damit nicht nur das volle Risiko der späteren Rentenentwicklung zu tragen, sondern auch das Risiko, das in der Ungewissheit über die Entwicklung der Gehälter liegt.

Sichere Abgrenzungen des Dotierungsrahmens bestehen in folgenden Fällen:

a) Der Arbeitgeber verpflichtet sich, bestimmte Beiträge in eine Anwartschaft auf Alters-, Invaliditäts- oder Hinterbliebenenversorgung umzuwandeln (**beitragsorientierte Leistungszusage**; vgl. § 1 Abs. 2 Nr. 1 BetrAVG). Es wird also keine feste Rente oder kein fester Rentenbetrag zugesagt.

b) Der Arbeitgeber verpflichtet sich, Beiträge zur Finanzierung von Leistungen der betrieblichen Altersversorgung an eine Direktversicherung, eine Pensionskasse oder einen Pensionsfonds zu zahlen und für Leistungen zur Altersversorgung das planmäßig zuzurechnende Versorgungskapital auf der Grundlage der gezahlten Beiträge (Beiträge und die daraus erzielten Erträge), mindestens aber die Summe der zugesagten Beiträge, soweit sie nicht rechnungsmäßig zur Absicherung des Invaliditäts- und Todesfallrisikos verbraucht wurden, zur Verfügung zu stellen (**Beitragszusage mit Mindestleistung**; vgl. § 1 Abs. 2 Nr. 2 BetrAVG). Hier ergibt sich allerdings für den Arbeitgeber ein Restrisiko daraus, dass er mindestens den Erhalt der gezahlten Nominalbeiträge zusagen und dementsprechend auch mit einer evtl. Nachschusspflicht eintreten muss, wenn der Versorgungsträger eine negative Rendite erwirtschaftet.

c) Seit 1.1.2018 kann der Arbeitgeber auch durch Tarifvertrag oder aufgrund eines Tarifvertrages in einer Betriebs- oder Dienstvereinbarung verpflichtet werden, Beiträge zur Finanzierung von Leistungen der betrieblichen Altersversorgung an einen Pensionsfond, eine Pensionskasse oder eine Direktversicherung nach § 22 BetrAVG zu zahlen (§ 1 Abs. 2 Nr. 2a BetrAVG). Dabei handelt es sich um eine **reine Beitragszusage** (§ 22 Abs. 1 BetrAVG). Der Arbeitgeber muss für die Leistungen aus den Beiträgen nicht subsidiär einstehen; es treffen ihn auch keine weiteren Pflichten nach dem BetrAVG, auch eine Insolvenzsicherung über den Pensionssicherungsverein findet nicht statt.

d) Betriebliche Altersversorgung liegt schließlich auch dann vor, wenn dem Arbeitnehmer zustehende Entgeltansprüche in eine wertgleiche Anwartschaft auf Versorgungsleistungen umgewandelt werden (vgl. § 1 Abs. 2 Nr. 3 BetrAVG). Hierfür kommen sämtliche Formen der betrieblichen Altersversorgung in Betracht. Meistens wurde aber bisher als Versorgungsform die Direktversicherung gewählt. Der Arbeitgeber zahlt in diesem Fall anstelle bereits vereinbarter, aber noch nicht entstandener Entgeltansprüche Beiträge an eine zugunsten des Arbeitnehmers mit unwiderruflichem Bezugsrecht abgeschlossene Direktversicherung, wobei der Arbeitnehmer die angefallene Pauschalsteuer (vgl. § 40b EStG) unter Umständen selbst trägt. Der Arbeitgeber kann die durch Entgeltumwandlung entstehenden Versorgungsansprüche durch die Zusage eigener Versorgungsleistungen ergänzen oder auch die Zusage eigener Beiträge an eine bestimmte Entgeltumwandlung knüpfen.

e) Schließlich ist eine betriebliche Altersversorgung auch dann anzunehmen, wenn der Arbeitnehmer unmittelbar an einen Pensionsfonds, eine Pensionskasse oder Direktversicherung aus seinem versteuerten und verbeitragten Arbeitsentgelt Einzahlungen erbringt, vorausgesetzt, die Zusage des Arbeitgebers erfasst auch die Leistungen aus diesen Beiträgen (Umfassungszusage; vgl. § 1 Abs. 2 Nr. 4 BetrAVG, der vor allem für die Zusatzversorgungssysteme des öffentlichen Dienstes stets Bedeutung hat). Danach ist es nicht nur erforderlich, dass der Arbeitnehmer Beiträge aus seinem Arbeitsentgelt zur Finanzierung von Leistungen der betrieblichen Altersversorgung u. a. an eine Pensionskasse erbringt; das Versorgungsversprechen des Arbeitgebers muss zusätzlich auch die Leistungen aus den Eigenbeträgen des Arbeitnehmers umfassen (BAG vom 15.3.2016 – 3 AZR 827/14). Der Arbeitgeber hat im Fall der Co-Finanzierung der Pensionskasse durch Arbeitgeber und Arbeitnehmer ein Wahlrecht, ob er eine entsprechende, auch die auf den Arbeitnehmerbeiträgen beruhenden Leistungen betreffende „Umfassungszusage" erteilt und damit korrespondierend die gesetzliche Einstandspflicht entsteht oder ob die Zusage die auf den Arbeitnehmerbeiträgen beruhenden Leistungen nicht umfassen soll. Für die Art der Zusage trägt der Versorgungsberechtigte, der Ansprüche aufgrund der Einstandspflicht nach § 1 Abs. 1 Satz 3 BetrAVG geltend macht, die Darlegungs- und Beweislast (BAG vom 10.2.2015 – 3 AZR 65/14). Bei beitragsbezogenen Versorgungsversprechen aus der Zeit vor dem Inkrafttreten von § 1 Abs. 2 Nr. 4 BetrAVG sind an die Annahme, das Versorgungsversprechen des Arbeitgebers umfasse auch die Leistungen aus vom Arbeitnehmer aufgewandten Eigenbeträgen, erhöhte Anforderungen zu stellen (BAG vom 15.3.2016 – 3 AZR 827/14). Die Regelungen zur Entgeltumwandlung gelten entsprechend.

4. Wie kommt der Arbeitnehmer zu betrieblichen Renten?

a) Wie bei anderen nicht gesetzlich oder tarifvertraglich vorgeschriebenen zusätzlichen Leistungen steht es dem Arbeitgeber frei, ob, wem und in welcher Höhe er betriebliche Renten gewährt (zur Ausnahme bei Entgeltumwandlung vgl. Nr. 5). Als Rechtsgrundlage kommt neben der Einzelzusage, der Betriebsvereinbarung und dem Tarifvertrag der Gleichbehandlungsgrundsatz (vgl. Buchst. d), die Gesamtzusage und die betriebliche Übung in Betracht, wenn also der Arbeitgeber während nicht unerheblicher Zeit den ausscheidenden Arbeitnehmern unter bestimmten Voraussetzungen betriebliche Renten gewährt hat (vgl. Kapitel 2 Nr. 4). Eine Umdeutung einer wirksamen Betriebsvereinbarung in eine Gesamtzusage nach § 140 BGB ist möglich, wenn hinreichende Anhaltspunkte für einen entsprechenden hypothetischen Verpflichtungswillen des Arbeitgebers bestehen. Der Umdeutung von Betriebsvereinbarungen über Leistungen der betrieblichen Altersversorgung steht keine gegenüber Betriebsvereinbarungen erschwerte Abänderungsmöglichkeit der Gesamtzusage entgegen; sie entsprechen sich im Wesentlichen (BAG vom 23.2.2016 – 3 AZR 960/13). Bei der Ausgestaltung seines Versorgungssystems hat der Arbeitgeber die Mitbestimmungsrechte des Betriebsrats nach § 87 Abs. 1 BetrVG zu beachten. Darüber hinaus sehen vielfach Tarifverträge, z. B. im öffentlichen Dienst, im Baugewerbe, in der chemischen Industrie und in der Metallindustrie betriebliche Renten vor, häufig verbunden mit Entgeltumwandlungen.

b) Die Versorgungszusage unterliegt der Billigkeitskontrolle nach §§ 305 ff. BGB, also darauf, ob sie angemessen, klar und eindeutig ist (BAG, Urteil vom 17.6.2008, DB 2008, S. 2491). So gibt es Anhaltspunkte dafür, dass bei einer Entgeltumwandlung die Verwendung (voll) gezillmerter Versicherungsverträge eine unangemessene Benachteiligung im Sinne des § 307 BGB darstellt. Angemessen könnte es sein, die Abschluss- und Vertriebskosten auf fünf Jahre zu verteilen. Soweit die vorgesehene Verrechnung der Abschluss- und Vertriebskosten einer Rechtskontrolle nicht standhält, führt dies nicht zur Unwirksamkeit der Entgeltumwandlungsvereinbarung, sondern zu einer höheren betrieblichen Altersversorgung (BAG vom 15.9.2009, BB 2009, S. 2085).

c) Bei der Zusage darf der Arbeitgeber nicht gegen die europarechtlich vorgegebenen Diskriminierungsverbote des Allgemeinen Gleichbehandlungsgesetzes verstoßen – also insbesondere Frauen anders behandeln als ihre männlichen Arbeitskollegen. Die europarechtlichen **Verbote von Diskriminierungen** wegen des Geschlechts, der Rasse, der ethnischen Herkunft, der Religion oder Weltanschauung, einer Behinderung, des Alters und der sexuellen Identität sind im Allgemeinen Gleichbehandlungsgesetz geregelt (vgl. Kapitel 20 Nr. 11 ff.). Zwar verweist § 2 Abs. 1 AGG für die betriebliche Altersversorgung auf die Geltung des Betriebsrentengesetzes; das bedeutet aber nach Auffassung des Bundesarbeitsgerichts (Urteil vom 11.12.2007, BB 2008, S. 557) nicht, dass das AGG auf Betriebsrenten überhaupt nicht zur Anwendung kommt. Nur soweit sich aus den Bestimmungen des Betriebsrentengesetzes Anknüpfungen an die vom AGG erfassten Merkmale ergeben, bleibt es beim Betriebsrentengesetz. Weil das Betriebsrentengesetz z. B den Abschluss von Versorgungsvereinbarungen aber nicht regelt, ist die Einbeziehung oder der Ausschluss von Arbeitnehmern aus der betrieblichen Altersversorgung am Maßstab des Allgemeinen Gleichbehandlungsgesetzes zu messen, also insbesondere auch an den oben genannten Diskriminierungsverboten. Allerdings ergibt sich aus § 10 Satz 3 Nr. 4 AGG, dass im Bereich der betrieblichen Altersversorgung sachlich begründete Altersgrenzen weiterhin zulässig sind. Sieht eine Versorgungsregelung vor, dass als Dienstzeit die bis zum 65. Lebensjahr zurückgelegten Dienstjahre angerechnet werden und dass bei der Ermittlung der anrechenbaren Dienstzeit höchstens 40 Dienstjahre berücksichtigt werden, liegt darin kein Verstoß gegen das Diskriminierungsverbot wegen des Alters. Die Regelung ist nicht nach § 7 Abs. 2 AGG unwirksam (BAG vom 11.12.2012, NZA 2013, S. 564). Auch das Erfordernis einer mindestens 15-jährigen Betriebszugehörigkeit bewirkt keine unzulässige Diskriminierung wegen des Alters (BAG vom 12.2.2013 – 3 AZR 100/11), ebenso verstößt eine Höchstaltersgrenze von 50 Jahren für die Aufnahme in den von der Versorgungsregelung begünstigten Personenkreis grundsätzlich nicht gegen das Verbot der Diskriminierung wegen des Alters (BAG vom 12.11.2013 – 3 AZR 356/12). Dagegen ist es unzulässig, bei einer zugesagten Altersversorgung über eine Direktversicherung für Männer und Frauen unterschiedlich hohe Prämien vorzusehen (EuGH vom 1.3.2011 – C-236/09).

d) Das Diskriminierungsverbot verbietet auch eine **mittelbare Diskriminierung**, z. B., wenn die Regelung von ihrem Text her zwar Frauen und Männer gleichbehandelt, letztlich aber wegen geschlechtsspezifischer Sonderheiten sich für wesentlich mehr Angehörige eines Geschlechts stärker nachteilig auswirkt als für die Angehörigen des anderen Geschlechts (vgl. § 3 Abs. 2 AGG). Der Europäische Gerichtshof und ihm folgend das Bundesarbeitsgericht (z. B. am 20.11.1990, DB 1991, S. 1330) haben daher den Ausschluss teilzeitbeschäftigter Mitarbeiter, z. B. in Kaufhäusern, von betrieblichen Versorgungsmaßnahmen als mittelbare Diskriminierung angesehen, da von dieser Maßnahme überproportional mehr Frauen – gemessen in Relation zu den vollzeitbeschäftigten Mitarbeitern – betroffen waren. Auch der Ausschluss von geringfügig Beschäftigten (vgl. Kapitel 7 Nr. 2), den das Bundesarbeitsgericht – jedenfalls im Rahmen von Gesamtversorgungsmodellen – zunächst als zulässig angesehen hatte (Urteil vom 27.2.1996, BB 1996, S. 99), dürfte mit europäischem Recht nicht vereinbar sein (vgl. BAG, Urteil vom 22.2.2000, BB 2000, S. 519).

e) Weiterhin ist der arbeitsrechtliche **Gleichbehandlungsgrundsatz** zu beachten (vgl. Kapitel 20 Nr. 1 ff.). Dieser ist z. B. verletzt, wenn der Arbeitnehmer nur deshalb aus einem Versorgungswerk ausgeschlossen ist, weil er in einem zweiten Arbeitsverhältnis steht (BAG vom 22.11.1994, BB 1995, S. 2011) oder wenn es sich um eine Nebentätigkeit handelt (BAG vom 9.10.1996, BB 1997, S. 1157), sowie wenn nach Arbeitern und Angestellten oder nach Arbeitnehmern im Innen- oder Außendienst unterschieden wird. Die Regelung einer tariflichen Versorgungsordnung, die bestimmt, dass zwar ein beim Versorgungsschuldner erzieltes eigenes Arbeitseinkommen des Hinterbliebenen die Hinterbliebenenrente mindert, nicht jedoch das Einkommen aus einer Tätigkeit für einen anderen Arbeitgeber, verstößt i.d.R. gegen den Gleichheitssatz des Art. 3 Abs. 1 GG (BAG vom 19.7.2011, DB 2012, S. 1214). Andererseits verbietet es der arbeitsrechtliche Gleichbehandlungsgrundsatz dem Arbeitgeber nicht, die Versorgungsleistungen und ihre Voraussetzungen so abzugrenzen, dass sie zu dem von ihm gewünschten Erfolg führen, z. B. nur den Arbeitnehmern in leitenden Funktionen eine Versorgungszusage zu geben, weil er sie besonders fest an den Betrieb binden will. Der Arbeitgeber darf bei einer Gruppenbildung auch auf den typisch unterschiedlichen Versorgungsbedarf der Arbeitnehmer oder auf ein unterschiedliches Vergütungssystem zwischen im Inland und Ausland eingesetzten Mitarbeitern abstellen. Ebenso kann es umgekehrt sachgerecht sein, Arbeitnehmer von der betrieblichen Altersversorgung auszuschließen, die durchschnittlich eine erheblich höhere Vergütung als die begünstigte Arbeitnehmergruppe beziehen und daher zur Eigenvorsorge eher in der Lage sind (BAG vom 21.8.2007 – 3 AZR 269/06).

f) Die Verletzung des Gleichbehandlungsgrundsatzes gibt dem ausgeschlossenen Arbeitnehmer einen Rechtsanspruch auf die betrieblichen Versorgungsleistungen. Dies gilt auch, wenn Rechtsgrundlage für die übrigen Arbeitnehmer des Betriebes nicht ausdrückliche Zusagen, sondern lediglich die betriebliche Übung ist (vgl. Kapitel 2 Nr. 4). In diesem Fall greifen **Vertrauensschutz** und **Gleichbehandlungsgrundsatz** ineinander über, um allen Arbeitnehmern einen Versorgungsanspruch zu gewähren (BAG vom 5.2.1971, DB 1971, S. 1117).

5. Wann besteht ein Anspruch auf Entgeltumwandlung?

Eine Ausnahme vom Freiwilligkeitsgrundsatz bei der Gewährung betrieblicher Renten enthält § 1a BetrAVG. Danach hat der in der gesetzlichen Rentenversicherung **pflichtversicherte Arbeitnehmer** einen **individuellen Anspruch** auf betriebliche Altersversorgung **durch Entgeltumwandlung**. Der Anspruch ist auf **4 Prozent** der jeweiligen Beitragsbemessungsgrenze in der Rentenversicherung der Arbeiter und Angestellten begrenzt (2018: monatlich 6500 Euro und in den neuen Bundesländern 5800 Euro). Der Arbeitgeber ist weder nach § 1a BetrAVG noch aufgrund seiner Fürsorgepflicht verpflichtet, den Arbeitnehmer von sich aus auf den Anspruch auf Entgeltumwandlung hinzuweisen (BAG vom 21.1.2014 – 3 AZR 807/11). Die Durchführung des Entgeltumwandlungsanspruchs wird durch Vereinbarung (individuell-rechtlich zwischen Arbeitnehmer und Arbeitgeber, Betriebsvereinbarung oder Tarifvertrag) geregelt. Ist der Arbeitgeber zu einer Durchführung über einen Pensionsfonds, eine Pensionskasse oder eine Versorgungseinrichtung nach § 22 BetrAVG bereit, ist die betriebliche Altersversorgung dort durchzuführen. Anderenfalls kann der Arbeitnehmer verlangen, dass der Arbeitgeber eine **Direktversicherung** abschließt. Ein gesetzliches Recht des Arbeitnehmers auch den Versicherungsträger auszuwählen, besteht dabei aber nicht (BAG vom 19.7.2005 – 3 AZR 502/04A). Für die dadurch begründeten Ansprüche auf betriebliche Altersversorgung hat der Arbeitgeber einzustehen, auch wenn im Falle der Direktversicherung diese nicht leistet. Die entsprechende Regelung ist verfassungsgemäß (BAG vom 12.6.2007 – 3 AZR 14/06).

Folgende weiteren Voraussetzungen müssen erfüllt sein:

a) Der Anspruch des Arbeitnehmers auf Entgeltumwandlung ist ausgeschlossen, soweit bereits eine durch Entgeltumwandlung finanzierte betriebliche Altersversorgung **besteht**.

b) Beruht der Entgeltanspruch auf einem Tarifvertrag und sind sowohl der Arbeitgeber als auch der Arbeitnehmer tarifgebunden, muss der Tarifvertrag ausdrücklich eine Entgeltumwandlung durch Betriebsvereinbarung oder Einzelvertrag zulassen (§ 20 Abs. 1 BetrAVG). Seit 1.1.2018 haben die Tarifvertragsparteien die Möglichkeit der rechtssicheren Einführung von betrieblichen Systemen automatischer Entgeltumwandlung (§ 20 Abs. 2 BetrAVG). Dadurch können grundsätzlich alle Beschäftigten oder Beschäftigte bestimmter Beschäftigtengruppen eines Unternehmens oder eines Betriebs in ein arbeitnehmerfinanziertes Betriebsrentensystem einbezogen werden. Beschäftigte können sich dem nur durch Widerspruch entziehen (Optout).

c) Der Arbeitnehmer muss jährlich einen Betrag in Höhe von mindestens **einem 160zigstel** der Bezugsgröße nach § 18 Abs. 1 SGB IV (2018: 228,38 Euro und in den neuen Bundesländern 202,13 Euro) aus seinem Barlohn für seine betriebliche Altersversorgung zur Verfügung stellen. Verwendet dabei der Arbeitnehmer Teile seines regelmäßigen Entgelts für die betriebliche Altersversorgung, kann der Arbeitgeber verlangen, dass während eines laufenden Kalenderjahres gleichbleibende Beträge verwendet werden.

d) Der Arbeitnehmer kann verlangen, dass bei Durchführung der Entgeltumwandlung über eine Direktversicherung, eine Pensionskasse oder einen Pensionsfonds die Beiträge die **Voraussetzungen der sehr vorteilhaften Zulagenförderung und des Sonderausgabenabzugs** nach § 10a EStG in Verbindung mit Abschnitt XI des EStG erfüllen. Dies bedeutet im Wesentlichen, der Arbeitnehmer kann verlangen, dass einerseits die Umwandlung aus Entgelt erfolgt, das voll versteuert und für das Versicherungsbeträge gezahlt worden sind, und andererseits, dass ihm gleichbleibende monatliche Altersleistungen oder zumindest Auszahlungen im Rahmen eines Auszahlungsplans mit einer Restverwendung ab dem 85. Lebensjahr zugesagt werden; eine einmalige Kapitalzahlung scheidet aus.

Falls der Arbeitnehmer bei fortbestehendem Arbeitsverhältnis kein Arbeitsentgelt erhält, z. B. während der Eltern- oder Pflegezeit, hat er das Recht, die Versorgung mit eigenen Beiträgen fortzuführen. Der Arbeitgeber steht außer bei der reinen Beitragszusage (§ 1 Abs. 2 Nr. 2a BetrAVG) auch für Leistungen aus diesen Beiträgen ein (§ 1a Abs. 4 BetrAVG). Besteht ein aus vorgeleisteter Arbeit angespartes Wertguthaben oder ein Teil davon noch bei Eintritt eines rentenversicherungsrechtlichen Versorgungsfalls, z. B. bei Tod, Invalidität oder Erreichen der Renteneintrittsphase, kann das Wertguthaben der Lebensarbeitszeitkonten auch für die betriebliche Altersversorgung genutzt werden, sofern der Arbeitgeber diesen Verwendungszweck zulässt. Die Umbuchung des Wertkontos in betriebliche Altersversorgung ist allerdings nur unter bestimmten Voraussetzungen lohnsteuer- und sozialversicherungsrechtlich begünstigt. Dies ist in der Regel insbesondere dann der Fall, wenn der Arbeitnehmer die für ihn einschlägigen Lohnsteuerfreibeträge nach § 3 Nr. 63 EStG noch nicht ausgeschöpft hat und er die Umwandlungsoption von Anfang an mit dem Arbeitgeber vereinbart hat. Das Wertguthaben kann im Übrigen grundsätzlich für jeden Durchführungsweg der betrieblichen Altersversorgung verwendet werden.

6. Wann ist der Versorgungsanspruch unverfallbar?

a) Eine Versorgungsanwartschaft ist **unverfallbar**, wenn das Arbeitsverhältnis nach Vollendung **des 21. Lebensjahres** endet und die Versorgungszusage zu diesem Zeitpunkt mindestens **drei Jahre** bestanden hat (§ 1b BetrAVG). Diese Regelung gilt aufgrund des Betriebsrentenstärkungsgesetzes seit 1.1.2018. Vor dem 1.1.2009 konnten die Arbeitnehmer ihre Anwartschaft auf betriebliche Versorgungsleistungen trotz 5-jährigen Bestehens der Versorgungszusage verlieren, wenn sie vor Erreichen des 30. Lebensjahres aus dem Unternehmen ausschieden.

b) Als weitere Übergangsregelung ist vorgesehen, dass die Versorgungsanwartschaft bei Versorgungsleistungen, die vor dem1.1.2009 und nach dem 31.12.2000 zugesagt wurden, auch dann erhalten bleibt, wenn das Arbeitsverhältnis vor Eintritt des Versorgungsfalls, jedoch vor Vollendung des 30. Lebensjahres endet und die Zusage seit 1.1.2009 fünf Jahre bestanden hat und bei Beendigung des Arbeitsverhältnisses das 25. Lebensjahr vollendet ist (§ 30 Abs. 2 BetrAVG).

c) Sieht die Versorgungsregelung vor, dass der Arbeitnehmer erst nach einer bestimmten Dauer der Betriebszugehörigkeit, z. B. erst nach drei Jahren, in die Versorgung aufgenommen wird und verbleibt dem Arbeitgeber kein Entscheidungsspielraum, ob er die Zusage erteilt oder nicht, beginnt die für die Unverfallbarkeit nach altem und neuem Recht entscheidende Dauer der Versorgungszusage dennoch bereits mit dem Einstellungstermin (z. B. BAG vom 24.2.2004, EzA § 1b BetrAVG Nr. 2).

d) Im Falle der **Entgeltumwandlung** behält der Arbeitnehmer seine Anwartschaft, wenn sein Arbeitsverhältnis vor Eintritt des Versorgungsfalls endet. Ist die Entgeltumwandlung über eine Direktversicherung, eine Pensionskasse oder einen Pensionsfonds durchgeführt,

- ist dem Arbeitnehmer mit Beginn der Entgeltumwandlung ein unwiderrufliches Bezugsrecht einzuräumen,
- dürfen die Überschussanteile nur zur Verbesserung der Leistung verwendet werden,
- muss dem ausgeschiedenen Arbeitnehmer das Recht zur Fortsetzung oder Versorgung mit eigenen Beiträgen eingeräumt werden und
- muss das Recht zur Verpfändung, Abtretung oder Beleihung durch den Arbeitgeber ausgeschlossen werden (§ 1 Abs. 5 BetrAVG).

e) Bei einem grenzüberschreitenden Wechsel des Arbeitsplatzes innerhalb der Europäischen Union bleiben Anwartschaften auf betriebliche Versorgungsleistungen in gleicher Weise wie bei einem Arbeitsplatzwechsel in Deutschland erhalten (§ 1b Abs. 1 letzter Satz BetrAVG).

f) Die im Rahmen einer reinen Beitragszusage über eine Versorgungszusage nach § 22 BetrAVG erworbene Anwartschaft ist sofort unverfallbar (§ 22 Abs. 2 BetrAVG), auch wenn sie vom Arbeitgeber finanziert worden ist. Die sofortige Unverfallbarkeit stellt eine gesetzliche Mindestschutznorm dar und ist auf die Altersrentenanwartschaft beschränkt.

Die gesetzlichen Unverfallbarkeitsregelungen sind nicht am Allgemeinen Gleichbehandlungsgesetz (AGG), sondern unmittelbar an den verfassungs- und unionsrechtlichen Vorgaben zu messen. Es geht nicht um die Vereinbarkeit einer Versorgungszusage, sondern der gesetzlichen Unverfallbarkeitsbestimmungen des Betriebsrentengesetzes mit höherrangigem Recht. Deshalb kommt nur eine Überprüfung der gesetzlichen Unverfallbarkeitsregelungen anhand des Verfassungs- und Unionsrechts in Betracht (BAG vom 28.5.2013 – 3 AZR 635/11).

Die Stichtagsregelungen des § 30f BetrAVG sind verfassungsrechtlich zulässig, da sich die Einführung sowie die Wahl des Zeitpunkts am gegebenen Sachverhalt orientieren und damit sachlich vertretbar sind (BVerfG vom 15.5.2014 – 1 BvR 2681/11).

7. Welchen Einfluss haben Wartezeiten auf die Versorgungsanwartschaft?

Die Unverfallbarkeit kann nicht dadurch unterlaufen werden, dass der Versorgungsanspruch an besonders lange Wartefristen geknüpft wird. Soll z. B. ein Versorgungsanspruch erst nach 25jähriger Betriebszugehörigkeit entstehen, so kann nach Eintritt der Unverfallbarkeit diese 25jährige Wartezeit auch in einem anderen Arbeitsverhältnis zurückgelegt werden. Allerdings muss bei Beginn des Arbeitsverhältnisses bis zum Versorgungsfall, z. B. Erreichen des 65. Lebensjahres, die Wartezeit noch erfüllt werden können.

8. Wie berechnet sich die unverfallbare Versorgungsanwartschaft?

a) Der ausgeschiedene Arbeitnehmer, dessen Versorgungsanwartschaft unverfallbar ist, erhält mit Eintritt des Versorgungsfalles den Teil der zugesagten Altersrente, der dem Verhältnis der tatsächlichen Dauer der Betriebszugehörigkeit zu der Zeit vom Beginn der Betriebszugehörigkeit bis zum Erreichen der Regelaltersgrenze entspricht (§ 2 BetrAVG); ist ein anderer Zeitpunkt vereinbart, z. B. das 63. Lebensjahr, tritt an die Stelle der Regelaltersgrenze dieser frühere Zeitpunkt.

   Beispiel für die ratierliche Berechnungsweise:

   Ein mit dem 35. Lebensjahr eingestellter Arbeitnehmer scheidet mit dem 50. Lebensjahr wieder aus. Ist die Endversorgung auf das 65. Lebensjahr abgestellt, so hat er die Hälfte der möglichen Betriebszugehörigkeit erreicht. Bei einer versprochenen Altersrente von monatlich 200 Euro steht dem Arbeitnehmer ein Teilanspruch in Höhe von 100 Euro zu.

b) Bei Anwartschaften aus Entgeltumwandlungen, aus Beiträgen im Rahmen einer beitragsorientierten Leistungszusage und aus Beitragszusagen mit Mindestleistung (vgl. Nr. 3) ist der Grundsatz der ratierlichen Berechnungsweise durchbrochen. Bei einer **Entgeltumwandlung** und bei einer **beitragsorientierten Leistungszusage** ist entscheidend die vom Zeitpunkt der Zusage auf betriebliche Altersversorgung bis zum Ausscheiden des Arbeitnehmers erreichte Anwartschaft aus bis dahin erbrachten Beiträgen (§ 2 Abs. 5 BetrAVG). Bei der Beitragszusage mit Mindestleistung errechnet sich die Anwartschaft aus dem dem Arbeitnehmer planmäßig zuzurechnenden Versorgungskapital auf der Grundlage der bis zu seinem Ausscheiden geleisteten Beiträge (Beiträge und die bis zum Eintritt des Versorgungsfalls erzielten Erträge), mindestens aber die Summe der bis dahin zugesagten Beiträge, soweit sie nicht rechnungsmäßig für einen biometrischen Risikoausgleich verbraucht wurden (§ 2 Abs. 6 BetrAVG).

9. Wie berechnet sich die unverfallbar gewordene Invaliden- oder Hinterbliebenenrente?

Diese ist nach der ratierlichen Methode wie folgt zu berechnen: Zunächst wird bestimmt, welche Rente der ausgeschiedene Arbeitnehmer oder seine Hinterbliebenen erhalten hätten, wenn das Arbeitsverhältnis noch im Zeitpunkt des Versorgungsfalls bestanden hätte. Die hiervon dem Arbeitnehmer oder seinen Hinterbliebenen zustehende Teilrente ist dann ebenfalls entsprechend dem Verhältnis der tatsächlichen Dauer der Betriebszugehörigkeit zu der Zeit vom Beginn der Betriebszugehörigkeit bis zur Vollendung der vorgesehenen Altersgrenze zu errechnen. Eine solche Kürzung ist grundsätzlich auch dann zulässig, wenn die Versorgungsordnung eine „aufsteigende Berechnung" der vollen Invalidenrente vorsieht, z. B. einen bestimmten Prozentsatz des letzten Gehalts pro Beschäftigungsjahr bis zum Versorgungsfall (BAG vom 15.2.2005, AP § 2 BetrAVG Nr. 4). Die dem Arbeitnehmer oder seinen Hinterbliebenen zustehende Rente ist aber immer auf den Betrag begrenzt, den sie erhalten hätten, wenn der Versorgungsfall im Zeitpunkt des Ausscheidens des Arbeitnehmers aus dem Betrieb eingetreten wäre.

Beispiel:

Ein Arbeitnehmer mit 40 möglichen Dienstjahren soll nach 20-jähriger Betriebszugehörigkeit eine Rente von 100 Euro und nach 30-jähriger Betriebszugehörigkeit von 200 Euro erhalten. Scheidet er nunmehr nach 20-jähriger Dienstzeit aus, so beträgt, falls er später erwerbsunfähig wird, seine Invalidenrente immer nur höchstens 100 Euro. Wird der Arbeitnehmer nunmehr unmittelbar nach seinem Ausscheiden erwerbsunfähig, so beträgt die Invalidenrente entsprechend dem Verhältnis von tatsächlicher zu möglicher Betriebszugehörigkeit die Hälfte der ohne vorzeitiges Ausscheiden vorgesehenen Rente, also 50 Euro. Tritt die Erwerbsunfähigkeit erst 10 Jahre nach dem Ausscheiden ein, so beträgt rein rechnerisch die Invalidenrente 75 % der möglichen Rente von 200 Euro, also 150 Euro. Wegen der Höchstgrenze erhält der Arbeitnehmer aber nur eine Teilrente von 100 Euro.

Sieht eine Versorgungsordnung einen Anspruch auf betriebliche Invalidenrente vor, besteht ein solcher Anspruch auch dann, wenn der begünstigte Arbeitnehmer vorzeitig, vor Eintritt der Invalidität, aus dem Arbeitsverhältnis ausgeschieden ist. Voraussetzung ist nur, dass der Arbeitnehmer im Arbeitsverhältnis eine bestimmte Mindestzeit, die so genannte Unverfallbarkeitsfrist, zurückgelegt hat (BAG vom 15.2.2005, AP § 2 BetrAVG Nr. 4).

10. Sind die Zahlung einer Abfindung und die Übernahme der Versorgungsanwartschaft zulässig?

Ja, jedoch gemäß §§ 3 und 4 BetrAVG nur unter Einschränkungen:

a) **Unverfallbare Versorgungsanwartschaften** im Falle der Beendigung des Arbeitsverhältnisses und laufende Renten kann der Arbeitgeber ohne Zustimmung des Arbeitnehmers **abfinden**, wenn der bei Erreichen der vorgesehenen Altersgrenze maßgebliche Monatsbetrag der laufenden Rente 1 % der monatlichen Bezugsgröße nach § 18 SGB IV (In den alten Bundesländern 2018 30,45 Euro und in den neuen Bundesländern 2018 26,95 Euro) und bei Kapitalleistungen 12 Zehntel dieser Bezugsgröße nicht überschreitet. Die Abfindung ist auch bei der sogen. versicherungsförmigen Lösung möglich. Sie ist unzulässig, wenn der Arbeitnehmer von seinem Recht auf Übertragung der Anwartschaft Gebrauch macht. Darüber hinaus ist auf Veranlassung des Arbeitnehmers die Versorgungsanwartschaft abzufinden, wenn die gesetzlichen Versicherungsbeiträge erstattet worden sind. Das Abfindungsverbot in anderen Fällen bedeutet zugleich, dass dann auch der entschädigungslose Verzicht auf eine Versorgungsanwartschaft, sofern sie im zeitlichen Zusammenhang mit dem Ausscheiden aus dem Arbeitsverhältnis erfolgt, unzulässig ist (vgl. BAG vom 22.7.1987, BB 1988, S. 831, und vom 21.1.2003, EzA § 3 BetrAVG Nr. 9). Die Abfindung wird nach dem Barwert der künftigen Versorgungsleistungen im Zeitpunkt der Beendigung des Arbeitsverhältnisses, bei Ansprüchen gegen eine Versicherungsgesellschaft, einen Pensionsfonds oder eine Pensionskasse nach dem geschäftsplanmäßigen Deckungskapital errechnet.

b) Die **Übernahme** aufrecht erhaltener Versorgungsanwartschaften ist im Wesentlichen in den zwei folgenden Fällen zulässig:

- Nach Beendigung des Arbeitsverhältnisses kann im Einvernehmen des ehemaligen mit dem neuen Arbeitgeber sowie dem Arbeitnehmer

  1. die Zusage vom neuen Arbeitgeber **übernommen** werden oder
  2. der Wert der vom Arbeitnehmer erworbenen unverfallbaren Anwartschaft auf betriebliche Altersversorgung (Übertragungswert) auf den neuen Arbeitgeber übertragen werden, wenn dieser eine wertgleiche Zusage erteilt; für die neue Anwartschaft gelten die Regelungen über Entgeltumwandlung entsprechend.

- Der Arbeitnehmer kann innerhalb eines Jahres nach Beendigung des Arbeitsverhältnisses von seinem ehemaligen Arbeitgeber verlangen, dass der Übertragungswert auf den neuen Arbeitgeber oder die Versorgungseinrichtung nach § 22 BetrAVG des neuen Arbeitgebers übertragen wird, wenn

  1. die betriebliche Altersversorgung über einen Pensionsfonds oder eine Direktversicherung durchgeführt worden ist und
  2. der Übertragungswert die Beitragsbemessungsgrenze in der Rentenversicherung der Arbeiter und Angestellten nicht übersteigt.

11. Kann der Arbeitnehmer Auskunft über die Versorgungsanwartschaft verlangen?

Ein Arbeitnehmer kann verlangen, von seinem Arbeitgeber oder dem sonstigen Versorgungsträger informiert zu werden, wie hoch seine Versorgungsleistungen aus der bisher erworbenen unverfallbaren Anwartschaft sind und bei Erreichen der in der Versorgungsregelung vorgesehenen Altersgrenze sein werden, wie sich eine Beendigung des Arbeitsverhältnisses auf die Anwartschaft auswirkt und wie sich die Anwartschaft nach Beendigung des Arbeitsverhältnisses weiter entwickeln wird (§ 4a BetrAVG). Bei einem Betriebsübergang richtet sich der Auskunftsanspruch im Allgemeinen gegen den Betriebserwerber (BAG vom 22.5.2007, DB 2008, S. 192).

12. Wann sind Versorgungsleistungen fällig?

In den betrieblichen Versorgungsregelungen ist im Allgemeinen festzulegen, dass die volle Altersrente mit Erreichen der Regelaltersgrenze fällig wird (vgl. Kapitel 4 Nr. 4 Buchst. c). Stellt eine vor dem RV-Altersgrenzenanpassungsgesetz entstandene Versorgungsordnung für den Eintritt des Versorgungsfalles auf die Vollendung des 65. Lebensjahres ab, so ist diese Versorgungsordnung regelmäßig dahingehend auszulegen, dass damit auf die Regelaltersgrenze in der gesetzlichen Rentenversicherung nach §§ 35, 235 Abs. 2 Satz 2 SGB VI Bezug genommen wird (BAG vom 15.5.2012, DB 2012, S. 1756). Darüber hinaus kann ein Arbeitnehmer, der die (vorzeitige) **gesetzliche Altersrente** in Anspruch nimmt, von diesem Zeitpunkt an auch die betriebliche Altersrente verlangen, vorausgesetzt, die in dem Versorgungswerk geforderte Wartezeit ist erfüllt (§ 6 BetrAVG). Die vorgezogene betriebliche Rente ist nach der ständigen Rechtsprechung des Bundesarbeitsgerichts (z. B. Urteile vom 7.9.2004, EzA BetrAVG § 6 Nr. 27, vom 19.5.2005, BAGE 114, S. 349 vom 12.12.2006 – 3 AZR 716/05 und vom 30.11.2010 – 3 AZR 475/09, NZA 2011, 748) wie folgt zu berechnen: Zunächst ist nach den Grundsätzen des § 2 Abs. 1 und 5 BetrAVG unter Berücksichtigung der dort vorgesehenen Veränderungssperre die fiktive Vollrente zu berechnen. Diese ist, weil der Arbeitnehmer die Betriebstreue nicht erbracht hat, im Verhältnis der tatsächlichen zur bis zum Erreichen der Altersgrenze möglichen Betriebszugehörigkeit zeitratierlich entsprechend den Grundsätzen des § 2 Abs. 1 BetrAVG zu kürzen. Weil der Arbeitnehmer darüber hinaus die erdiente Betriebsrente früher und länger als mit der Versorgungszusage versprochen in Anspruch nimmt, kann der Arbeitgeber in der Versorgungsordnung einen versicherungsmathematischen Abschlag in Form eines bestimmten Prozentsatzes des Erdienten pro Monat der vorgezogenen Inanspruchnahme vorsehen. Sieht die Versorgungsordnung wie in den meisten Fällen keinen versicherungsmathematischen Abschlag (im Allgemeinen 5 Prozent; vgl. BAG, Urteil vom 17.6.2008, DB 2008, S. 2316) vor, kann der Arbeitgeber einen sogen. untechnischen oder unechten versicherungsmathematischen Abschlag vornehmen; dazu ist die Zeit zwischen dem Beginn der Betriebszugehörigkeit bis zur vorgezogenen Inanspruchnahme der Betriebsrente ins Verhältnis zu setzen zur möglichen Betriebszugehörigkeit, im Allgemeinen also bis zum Erreichen der Regelaltersgrenze. Auch die Arbeitnehmer können die vorgezogene betriebliche Rente in Anspruch nehmen, die in dem alten Unternehmen oder in einem neuen Unternehmen weiterarbeiten, allerdings nur in dem eingeschränkten Umfang, der auch dem Bezug der vollen gesetzlichen Altersrente nicht entgegensteht.

13. Können Versorgungszusagen widerrufen werden?

Die Kürzung oder Einstellung zugesagter Versorgungsleistungen ist nur aus besonderen Gründen zulässig. Die Grundsätze der Billigkeit und des Vertrauensschutzes sind dabei zu beachten (BAG vom 11.9.1990, BB 1991, S. 72). Dies bedeutet:

a) Treueverstöße des Arbeitnehmers rechtfertigen die Verweigerung von Versorgungsleistungen nur, wenn sie so schwer wiegen, dass die Berufung auf die Versorgungszusage arglistig erscheint (z. B. BAG vom 19.6.1980, DB 1980, S. 2143, und BGH vom 3.12.1999, EzA § 1 BetrAVG Rechtsmissbrauch Nr. 4).

Beispiele:

- *Eine Versorgungsanwartschaft ist nur deshalb unverfallbar geworden, weil der Arbeitnehmer seine Verfehlungen, die eine fristlose Kündigung rechtfertigen, vor dem Arbeitgeber verheimlichen konnte.*
- *Wegen der infolge der Verfehlungen für den Arbeitgeber entstandenen Schäden ist die vom Arbeitnehmer erbrachte Betriebstreue wertlos geworden.*

Selbst bei schweren Pflichtverletzungen in Form strafbarer Handlungen kann der Anspruch auf betriebliche Versorgungsleistungen für den Zeitraum vor den Pflichtverletzungen erhalten bleiben (BAG vom 8.5.1990, NZA 1990, S. 807).

b) Seit dem 1.1.1999 übernimmt bei bloßen wirtschaftlichen Schwierigkeiten des Arbeitgebers der Pensions-Sicherungsverein in Köln nicht mehr automatisch die Versorgung. Dies bedeutet, dass ein Widerruf aus wirtschaftlichen Gründen heute grundsätzlich ausscheidet (BAG vom 17.6.2003, EzA § 7 BetrAVG Nr. 69).

c) Nach der Rechtsprechung des BAG kann sich eine Befugnis zur Anpassung eines Versorgungswerks wegen Störung der Geschäftsgrundlage dann ergeben, wenn sich die zugrunde gelegte Rechtslage nach Schaffung des Versorgungswerks wesentlich und unerwartet geändert und dies beim Arbeitgeber zu erheblichen Mehrbelastungen geführt hat (Äquivalenzstörung). So kann durch Änderungen des Steuer- und Sozialversicherungsrechts nach Schaffung des Versorgungswerks der ursprünglich zugrunde gelegte Dotierungsrahmen ganz wesentlich überschritten werden. Dabei braucht es sich nicht um einen einzigen gesetzgeberischen Eingriff zu handeln; die Geschäftsgrundlage kann auch durch eine Vielzahl von in diesem Umfang und mit diesen Konsequenzen nicht vorhersehbaren Verschiebungen gestört werden. Daneben oder im Zusammenhang damit kann es auch dadurch zu einer Störung der Geschäftsgrundlage kommen, dass aufgrund von Gesetzesänderungen der für den Arbeitnehmer bei Erteilung der Versorgungszusage erkennbar verfolgte Versorgungszweck nunmehr verfehlt wird (Zweckverfehlung). Dies ist dann der Fall, wenn die unveränderte Anwendung der Versorgungszusage zu einer gegenüber dem ursprünglichen Versorgungsziel planwidrig eintretenden Überversorgung führen würde (BAG vom 19.2.2008, DB 2008, S. 1387). Bei einer Gesamtversorgungszusage liegt eine Äquivalenzstörung erst vor, wenn die bei Schaffung des Versorgungswerks zugrunde gelegte Belastung z. B. wegen Änderungen im Sozialversicherungsrecht zum Anpassungsstichtag um mehr als 50 % überschritten wird. Der Arbeitgeber, der eine Gesamtversorgung zusagt, bringt damit zum Ausdruck, dass er für ein bestimmtes Versorgungsniveau einstehen will. Dies stellt die Übernahme eines gesteigerten Risikos dar. Hiervon kann der Arbeitgeber sich nur unter besonders strengen Voraussetzungen lösen. (BAG vom 19.2.2008, DB 2008, S. 1387).

d) Tarifliche Eingriffe in laufende Betriebsrenten für die Zukunft sind zulässig, soweit die Grundsätze des Vertrauensschutzes und der Verhältnismäßigkeit gewahrt sind. In die zum Zeitpunkt des Versorgungsfalls geschuldete Altersrente darf im Regelfall nicht eingegriffen werden (BAG vom 27.2.2007, DB 2007, S. 1763).

e) Schließt der Arbeitgeber als Versicherungsnehmer zu Gunsten des Arbeitnehmers eine Direktversicherung zur Durchführung der betrieblichen Altersversorgung ab, ist hinsichtlich der Rechtswirkungen zwischen dem Rechtsverhältnis des Arbeitgebers/Versicherungsnehmers zum Versicherer (Deckungsverhältnis) und dem Rechtsverhältnis zwischen Arbeitnehmer und Arbeitgeber (Versorgungsverhältnis, Valutaverhältnis) zu unterscheiden. Das Rechtsverhältnis des Arbeitgebers zum Versicherer richtet sich allein nach dem Versicherungsvertrag unabhängig von den im Arbeitsverhältnis bestehenden Verpflichtungen. Daher kann der Arbeitgeber die Rechte aus dem Versicherungsvertrag und damit den Rückkaufswert nur dann in Anspruch nehmen, wenn im konkreten Fall die Voraussetzungen einer Widerruflichkeit des Bezugsrechts vorliegen. Maßgeblich ist insoweit die Auslegung der Klausel im Versicherungsvertrag. Dabei gilt in der Regel, dass bei einer zur Durchführung der betrieblichen Altersversorgung abgeschlossenen Direktversicherung die Widerrufsklauseln in Übereinstimmung mit der betriebsrentenrechtlichen Rechtslage auszulegen sind. Nur dies entspricht der Interessenlage sowohl der Parteien des Versicherungsvertrages als auch der – bei der Auslegung mit zu berücksichtigenden – Interessenlage des Arbeitnehmers als Versichertem (BAG vom 15.6.2010 – 3 AZR 30/07). Dies gilt insbesondere bei einem an sich unwiderruflichen Bezugsrecht, das nur unter bestimmten Bedingungen doch widerrufen werden kann. Soll das Bezugsrecht widerruflich sein, falls der Arbeitnehmer aus dem Arbeitsverhältnis ausscheidet, ohne dass die Voraussetzungen einer gesetzlichen Unverfallbarkeit der Versorgungszusage vorliegen, kommt es darauf an, ob das Arbeitsverhältnis im betriebsrentenrechtlichen Sinne endet und ob zum Zeitpunkt der Beendigung eine gesetzlich unverfallbare Anwartschaft vorliegt.

14. Können z. B. Sozialversicherungsrenten auf Betriebsrenten angerechnet werden?

Eine Anrechnung von Sozialversicherungsrenten oder betrieblichen Versorgungsleistungen anderer Arbeitgeber, soweit sie sich durch Anpassung an die **wirtschaftliche Entwicklung** erhöhen, ist nach Eintritt des Versorgungsfalles unzulässig (§ 5 BetrAVG). Damit soll eine spätere Minderung oder sogar völlige Aufzehrung der bei Eintritt des Versorgungsfalls festgesetzten Renten verhindert werden. Darüber hinaus müssen Verrechnungsklauseln in einer die betriebliche Altersversorgung regelnden Betriebsvereinbarung dem betriebsverfassungsrechtlichen Gebot der angemessenen Behandlung aller Arbeitnehmer entsprechen. Das ist nicht mehr der Fall, wenn sie durch Verrechnungsklauseln andere Bezüge unverhältnismäßig entwerten. Eine unverhältnismäßige Entwertung liegt einmal vor, wenn auf eine betriebliche Altersrente vom Altersrentner anderweitig bezogene Hinterbliebenenversorgung, auch eine aus öffentlichen Kassen geleistete, zu mehr als 80 % angerechnet wird. Ebenso darf auf eine betriebliche Hinterbliebenenrente die eigene gesetzliche Altersrente des Hinterbliebenen nur zu 80 % angerechnet werden. Eine gesetzliche „Rente wegen Todes" darf dagegen bis zu 100 % angerechnet werden, wenn sie wegen des Todes der Person gezahlt wird, nach deren Ableben auch die betriebliche Hinterbliebenenversorgung geleistet wird (BAG vom 18.5.2010 – 3 AZR 97/08). Da auch einzelvertragliche Versorgungszusagen den Grundsätzen der Billigkeit entsprechen müssen (vgl. Kapitel 3 Nr. 17 ff.), dürften die genannten Grenzen einer Anrechnung allgemein zur Anwendung kommen.

15. Sind betriebliche Versorgungsleistungen an die wirtschaftliche Entwicklung anzupassen?

Der Arbeitgeber muss außer im Fall der reinen Beitragszusage (§ 1 Abs. 2 Nr. 2a BetrAVG) **in dreijährigen Abständen** eine Anpassung der laufenden betrieblichen Renten an die steigenden Lebenshaltungskosten prüfen und hierüber nach billigem Ermessen entscheiden (§ 16 BetrAVG). Diese Regelung ist im Einzelnen durch die Rechtsprechung wie folgt ausgestaltet worden (z. B. BAG vom 23.4.1985, DB 1985, S. 1642; vom 28.4.1992, BB 1992, S. 2292, 2296 und 2401; vom 17.10.1995, DB 1996, S. 1425; vom 16.7.1996, DB 1997, S. 631; vom 10.9.2002, EzA § 16 BetrAVG Nr. 41; vom 18.2.2003, EzA § 16 BetrAVG Nr. 42 und vom 13.12.2005, NZA 2007, S. 39; vom 8.12.2015 – 3 AZR 475/14):

a) Anzupassen sind in Höhe des vollen Kaufkraftverlustes alle laufenden betrieblichen Renten, nicht dagegen einmalige Kapitalbeträge. Entscheidend ist das Ausmaß der Verteuerung, wie sie sich widerspiegelt in dem Verbraucherpreisindex für Deutschland.

b) Bei der Anpassung bleibt die laufende Dynamisierung der Renten aus der Sozialversicherung außer Betracht. Erst wenn die noch aktiven Arbeitnehmer keinen vollen Lohnausgleich erhalten, weil die Nettolöhne weniger steigen als die Preise, müssen sich auch die Pensionäre mit einer entsprechend geringeren Anpassung begnügen.

c) Wurde in der Vergangenheit kein voller Geldwertausgleich gewährt, ist bei Folgeprüfungen der Kaufkraftverlust seit Rentenbeginn und nicht erst seit den letzten drei Jahren zu berücksichtigen **(nachholende Anpassung)**.

d) Der Anpassungsbedarf ist auch dann mit dem Kaufkraftverlust ab Rentenbeginn zu berechnen, wenn der Arbeitgeber die Betriebsrente **zunächst stärker** erhöht hatte, als er verpflichtet war. Hat also der Arbeitgeber in Jahren guter Ertragslage **freiwillig Anpassungen** vorgenommen, die über den Inflationsausgleich hinausgingen, so kann er diese Überzahlungen in Jahren schlechter Ertragslage auf den auszugleichenden Kaufkraftverlust anrechnen und eine entsprechend geminderte Anpassung vornehmen. Der Arbeitnehmer kann nicht verlangen, dass die Teuerung auf der Grundlage einer überhöhten Rentenzahlung ausgeglichen wird. Auch eine **gebündelte Anpassung** ist zulässig, selbst wenn dadurch im Einzelfall etwas mehr oder weniger Zeit als drei Jahre seit Zusage der Versorgung oder der letzten Anpassung verstrichen ist.

e) Der Teuerungsausgleich muss nicht rentenförmig erfolgen. **Einmalige Zahlungen** sind zulässig, wenn die wirtschaftliche Lage des Unternehmens nur diese Form der Anpassung erlaubt.

f) Die Anpassung an die Kaufkraftentwicklung kann ganz oder teilweise abgelehnt werden, wenn und soweit dadurch eine **übermäßige Belastung** des Unternehmens verursacht würde. Eine Notlage des Unternehmens ist nicht erforderlich. Als **übermäßig** ist die Belastung vielmehr dann anzusehen, wenn es mit einiger Wahrscheinlichkeit unmöglich wird, den Teuerungsausgleich aus dem Wertzuwachs des Unternehmens und dessen Erträgen in der Zeit nach dem Anpassungsstichtag aufzubringen. Die Wettbewerbsfähigkeit des Unternehmens darf nicht gefährdet werden; dies bedeutet, die Anpassung muss nicht aus der Unternehmenssubstanz finanziert werden. Sie kann unterbleiben, wenn kein ausreichendes Eigenkapital besteht oder die Eigenkapitalverzinsung ungenügend ist. Der am Anpassungsstichtag absehbare Investitionsbedarf, auch für Rationalisierungen und die Erneuerung der Betriebsmittel, ist dabei ebenso zu berücksichtigen wie eine angemessene Eigenkapitalverzinsung und eine angemessene Vergütung der als Geschäftsführer eingesetzten Gesellschafter einer GmbH (vgl. im Einzelnen BAG vom 21.1.2001, EzA § 16 BetrAVG Nr. 38). Die angemessene Eigenkapitalverzinsung besteht aus einem Basiszins und einem Risikozuschlag. Der Basiszins entspricht der Umlaufrendite öffentlicher Anleihen; der Risikozuschlag beträgt für alle Unternehmen einheitlich 2 %. Ein Geldentwertungsabschlag darf unterbleiben (BAG vom 23.5.2001, EzA § 16 BetrAVG Nr. 37 sowie BAG vom 11.11.2014 – 3 AZR 116/13). Ein Anspruch auf Anpassung der Betriebsrente kann sich, wenn die wirtschaftliche Lage des Arbeitgebers der Anpassung nach § 16 Abs. 1 und Abs. 2 BetrAVG entgegensteht, ausnahmsweise aus § 826 BGB ergeben. Denkbar ist ein solcher Schadensersatzanspruch, wenn der konzernangehörige Arbeitgeber sein operatives Geschäft innerhalb des Konzerns überträgt und dort die wirtschaftlichen Aktivitäten weitergeführt werden (BAG vom 15.9.2015 – 3 AZR 839/13).

g) Hat der Versorgungsempfänger die Anpassungsentscheidung rechtzeitig gerügt, muss er spätestens bis zum Ablauf des nächsten auf die Rügefrist folgenden Anpassungszeitraums Klage erheben; anderenfalls ist das Klagerecht verwirkt (BAG vom 25.4.2006, DB 2006, S. 2527).

Um die sich aus der Anpassungsrechtsprechung für den Arbeitgeber ergebenden Belastungen einzuschränken und auch berechenbarer zu machen, gilt seit dem 1.1.1999 ergänzend Folgendes (vgl. § 16 Abs. 2–4 BetrAVG):

a) Bei nach dem 31.12.1998 erteilten **Neuzusagen** ist die Anpassungspflicht des Arbeitgebers als erfüllt anzusehen, wenn sich der Arbeitgeber verpflichtet, die Betriebsrenten jährlich **um 1 % anzupassen**. Diese Verpflichtung bedeutet einerseits, dass sie unabhängig von der wirtschaftlichen Lage des Arbeitgebers zu erfüllen ist, andererseits, dass der Arbeitgeber bereits während der Anwartschaftsphase entsprechend höhere Gewinn mindernd wirkende Rückstellungen gemäß § 6a EStG bilden kann. Zudem ist eine solche vertragliche Anpassungspflicht im Gegensatz zur gesetzlichen Anpassungspflicht insolvenzgeschützt.

b) Weiterhin gilt die Anpassungsverpflichtung als erfüllt, wenn die Altersversorgung über eine **Direktversicherung** oder über eine **Pensionskasse** durchgeführt wird und ab Rentenbeginn sämtliche Überschussanteile zur Erhöhung der laufenden Rente verwendet werden.

c) Wird bei Neuzusagen eine entsprechend der Preisentwicklung vorzunehmende Anpassung wegen der wirtschaftlichen Lage des Arbeitgebers zu Recht unterlassen, braucht diese bei einer wirtschaftlichen Erholung des Arbeitgebers nicht mehr **nachgeholt** zu werden. Der seinerzeitige Anstieg des Verbraucherpreisindexes wie auch die für den Prüfungszeitraum zu verzeichnenden Reallohnerhöhungen dürfen dann bei späteren Anpassungsentscheidungen unberücksichtigt bleiben (BAG vom 30.8.2005, EzA BetrAVG § 16 Nr. 43). Die Frage, ob eine Anpassung zu Recht nicht erfolgt ist, hängt dabei von drei Kriterien ab: Der Arbeitgeber muss dem Versorgungsempfänger die wirtschaftliche Lage des Unternehmens schriftlich dargelegt haben, der Versorgungsempfänger darf binnen drei Kalendermonaten nach Zugang der Mitteilungen nicht schriftlich widersprochen haben und er muss auf die Rechtsfolgen eines nicht fristgemäßen Widerspruchs hingewiesen worden sein.

Bei seit 1.1.2001 erfolgten **Entgeltumwandlungen** ist der Arbeitgeber verpflichtet, die Leistungen mindestens um **ein Prozent** jährlich anzupassen. Bei der Durchführung über eine Direktversicherung oder eine Pensionskasse besteht auch die Möglichkeit, dass der Arbeitgeber sich verpflichtet, sämtliche Überschussanteile für die Leistungsanpassung zu verwenden (§ 16 Abs. 5 BetrAVG).

16. Wie sind Versorgungsansprüche bei Zahlungsunfähigkeit des Arbeitgebers geschützt?

Ohnehin sind die Arbeitnehmer geschützt, die Ansprüche gegen eine Versicherungsgesellschaft oder eine selbstständige Pensionskasse haben. In den übrigen Fällen – außer bei der reinen Beitragszusage nach § 1 Abs. 2 Nr. 2a BetrAVG – übernimmt anstelle **des zahlungsunfähigen Arbeitgebers**, eines **leistungsunfähigen Pensionsfonds** oder einer **leistungsunfähigen Unterstützungskasse** der von den Verbänden der Wirtschaft und der Versicherungsunternehmen gegründete **Pensions-Sicherungsverein** in Köln (50963 Köln, info@psvg.de) die Zahlung der bereits laufenden Renten und die künftig fällig werdenden Versorgungsanwartschaften. Dabei sind Versorgungsanwartschaften nur in Höhe des gesetzlichen Mindestschutzes insolvenzgesichert (BAG vom 30.5.2006, DB 2007, S. 1987). Im Einzelnen gilt nach §§ 7–15 BetrAVG:

a) Der Verein hat selbstständig die Ansprüche auf Insolvenzsicherung zu ermitteln und dem Berechtigten mitzuteilen. Unterbleibt die Mitteilung, so muss der Berechtigte seine Ansprüche spätestens innerhalb eines Jahres nach dem Sicherungsfall anmelden; anderenfalls können Leistungen erst vom Zeitpunkt der Anmeldung an verlangt werden (Ausnahme: Unverschuldete Versäumnis der Anmeldefrist).

b) Die Mittel für die Insolvenzsicherung werden durch Beiträge der Arbeitgeber, die die Versorgung ihrer Mitarbeiter nicht über Pensionskassen oder Direktversicherungen durchgeführt haben, aufgebracht. Durch das Zweite Gesetz zur Änderung des Betriebsrentengesetzes ist das Finanzierungsverfahren auf eine vollständige Kapitaldeckung umgestellt worden. Der Arbeitgeber hat dem Verein das Bestehen einer betrieblichen Altersversorgung innerhalb von drei Monaten nach der Versorgungszusage mitzuteilen.

c) Der Anspruch entsteht mit Beginn des Kalendermonats, der auf den Eintritt des Sicherungsfalls folgt. Er endet grundsätzlich mit Ablauf des Sterbemonats des Begünstigten. Umfasst sind auch rückständige Versorgungsleistungen, soweit sie bis zu 12 Monaten vor Beginn der Leistungspflicht des Trägers der Insolvenzsicherung entstanden sind. Das gilt nicht für Leistungen, die nach der Versorgungsregelung als Kapitalleistungen und nicht als Renten zu erbringen sind (BAG vom 20.9.2016 – 3 AZR 411/15).

d) Die Leistungen des Insolvenzschutzes sind auf das Dreifache der im Zeitpunkt der ersten Fälligkeit geltenden monatlichen Bezugsgröße gemäß § 18 SGB IV (monatliche Bezugsgröße 2018 3045 € und in den neuen Bundesländern 2018 2695 €) begrenzt. Sie greifen dann nicht ein, wenn die wirtschaftliche Lage bei der Zusage oder der Verbesserung der Versorgung es nicht erwarten lassen konnte, dass der

Arbeitgeber zur späteren Erfüllung seiner Pflichten in der Lage ist. Darüber hinaus werden generell solche Verbesserungen der Versorgung nicht berücksichtigt, die in den beiden Jahren vor Eintritt des Versorgungsfalls vereinbart worden sind (Ausnahme: Entgeltumwandlung). Der Missbrauchskontrolle unterliegt auch die Anpassungsentscheidung des Arbeitgebers nach § 16 BetrAVG (vgl. Nr. 15).

17. Sind Versorgungszusagen an den Ehegatten des Arbeitgebers zulässig?

Um **steuerlich anerkannt** zu werden, sind bei Versorgungszusagen, die an im Betrieb des Arbeitgebers tätige Ehegatten erteilt werden, an folgende Voraussetzungen geknüpft:

a) Es muss eine ernstlich gewollte, klar und eindeutig vereinbarte Verpflichtung des Arbeitgebers vorliegen.

b) Die Zusage muss dem Grunde nach üblich und in der Höhe angemessen sein.

c) Der Arbeitgeber-Ehegatte muss tatsächlich mit der Inanspruchnahme aus der Versorgungszusage rechnen.

Zur steuerlichen Förderung der privaten Altersvorsorge und betrieblichen Altersversorgung vgl. im Übrigen die Schreiben des Bundesministeriums der Finanzen vom 6.12.2017 – IV C 5 – S 2333/17/10002 und vom 21.12.2017 – IV C 3 – S 2015/17/1000:005.

15. Erholungsurlaub

1. Besteht ein gesetzlicher Anspruch auf Erholungsurlaub?

Bezahlter Erholungsurlaub ist die uneingeschränkte und unwiderrufliche **Freistellung des Arbeitnehmers** von allen Pflichten der Arbeitsleistung **unter Fortzahlung des Arbeitsentgelts (des Urlaubsentgelts**, vgl. dazu Nr. 28 ff.). Jeder erwachsene wie jugendliche Arbeitnehmer hat für jedes Kalenderjahr einen gesetzlichen Anspruch auf **bezahlten Erholungsurlaub** (§§ 1, 11 BUrlG, § 19 Abs. 1 JArbSchG). Der Anspruch auf Erholungsurlaub ist nur vom Bestehen des Arbeitsverhältnisses nicht aber von der Erbringung einer bestimmten Arbeitsleistung abhängig. Vereinbaren die Arbeitsvertragsparteien unbezahlten Sonderurlaub, hindert die Suspendierung der wechselseitigen Hauptpflichten aus dem Arbeitsverhältnis grundsätzlich nicht das Entstehen gesetzlicher Urlaubsansprüche (BAG vom 6.5.2014 – 9 AZR 678/12).

Der Zweck des Anspruchs auf bezahlten Jahresurlaub liegt darin, es dem Arbeitnehmer zu ermöglichen, sich zu erholen und über einen Zeitraum für Entspannung und Freizeit zu verfügen (st. Rspr. des EuGH, z. B. vom 20.1.2009 – C-350/06 und – C-520/06, vom 30.6.2016 – C-178/15 und vom 29.11.2017 – C-214/16).

2. Für wen gilt das Bundesurlaubsgesetz?

a) Das Bundesurlaubsgesetz gilt für alle Arbeitnehmer. Dies sind Arbeiter und Angestellte sowie die zu ihrer Berufsausbildung Beschäftigten(§ 2 Satz 1 BUrlG), also auch Anlernlinge, Praktikanten und Volontäre. Als Arbeitnehmer in diesem Sinne gelten auch Personen, die wegen ihrer wirtschaftlichen Unselbstständigkeit als arbeitnehmerähnlich anzusehen sind (§ 2 Satz 2 BUrlG).

b) Den **gesetzlichen Urlaubsanspruch** haben **auch:**

- teilzeitbeschäftigte Arbeitnehmer
- geringfügig beschäftigte Arbeitnehmer
- befristet, z. B. zur Aushilfe beschäftigte Arbeitnehmer
- Saisonarbeitnehmer

c) **Sondervorschriften** bestehen für:

- jugendliche Arbeitnehmer (§ 19 JArbschG)
- schwerbehinderte Arbeitnehmer (§ 208 SGB IX)
- Seeleute (§§ 56 ff. SeeArbG)

3. Wie hoch ist die Urlaubsdauer für erwachsene Arbeitnehmer?

a) Der bezahlte gesetzliche **Mindesturlaub** beträgt nach dem BUrlG **für alle erwachsenen Arbeitnehmer** 24 Werktage (= 4 Wochen).

b) Die meisten Arbeitnehmer haben darüber hinausgehende Urlaubsansprüche. Deren konkrete Dauer ergibt sich aus dem Arbeitsvertrag bzw. einem anwendbaren Tarifvertrag. Die durchschnittliche tarifvertragliche Urlaubsdauer beträgt rd. 30,5 Arbeitstage (rd. 6 Wochen). Hinzu treten teilweise noch zusätzliche Urlaubstage für Schicht- und Schwerarbeit (von bis zu fünf Arbeitstagen). Gewährt ein Arbeitgeber älteren Arbeitnehmern jährlich mehr Urlaubstage als den Jüngeren, kann diese unterschiedliche Behandlung wegen des Alters unter dem Gesichtspunkt des Schutzes älterer Beschäftigter nach § 10 Satz 3 Nr. 1 AGG zulässig sein (BAG vom 21.10.2014 – 9 AZR 956/12).

4. Was gilt als Urlaubstag?

a) Das Bundesurlaubsgesetz bemisst den Urlaub der Arbeitnehmer nach **Werktagen**. Als Werktage gelten alle Kalendertage, die nicht Sonn- oder gesetzliche Feiertage sind (§ 3 Abs. 2 BUrlG). Sonn- und gesetzliche Feiertage sind zwar grds. arbeitsfrei, aber rechtlich nicht als Urlaubstage anzusehen. Für einen gesetzlichen Feiertag, für den nicht ausnahmsweise eine Arbeitsleistung angeordnet worden ist, kann kein Urlaub gewährt werden. Fällt ein gesetzlicher Feiertag in einen Urlaubszeitraum, besteht für diesen Feiertag deshalb nicht Anspruch auf Urlaubsvergütung sondern auf Entgeltzahlung (Feiertagsvergütung) nach § 2 Abs. 1 EFZG (BAG vom 26.10.2016 – 5 AZR 456/15). Sofern an einem ges. Feiertag jedoch Arbeitspflicht besteht, ist er urlaubsrechtlich wie ein Werktag zu behandeln (zuletzt BAG vom 15.1.2013 – 9 AZR 430/11). Arbeitsfreie Werktage, z. B. der arbeitsfreie Samstag bei einer Fünf-Tage-Woche, sind ebenso wie Werktage mit Arbeitspflicht auf den Urlaubsanspruch anzurechnen, sodass ein Arbeitnehmer mit der Fünf-Tage-Woche ebenso wie ein Arbeitnehmer mit der Sechs-Tage-Woche einen Urlaubsanspruch von vier Wochen hat. Um diese Umrechnung zu verhindern, hat sich in der Praxis die Berechnung des Urlaubs in **Arbeitstagen** durchgesetzt. Wird in einem Tarifvertrag die Dauer des Urlaubs in Arbeitstagen festgelegt, so ist davon auszugehen, dass dem die Verteilung der Wochenarbeitszeit auf fünf Tage zugrunde liegt.

   Formulierungsbeispiel:
   „Der Jahresurlaub beträgt 31 Arbeitstage. Arbeitstage sind die Tage von Montag bis Freitag, ausgenommen gesetzliche Feiertage."

   Ändert sich das Schichtsystem und verteilt sich die regelmäßige Arbeitszeit auf mehr oder weniger als fünf Arbeitstage in der Woche, erhöht oder vermindert sich die Urlaubsdauer entsprechend (BAG vom 20.6.2000, DB 2001, S. 651).

b) Die Erfüllung eines Anspruchs auf Erholungsurlaub setzt voraus, dass der Arbeitnehmer im Voraus durch eine unwiderrufliche Freistellungserklärung des Arbeitgebers zu Erholungszwecken von seiner sonst bestehenden Arbeitspflicht befreit wird (BAG vom 16.7.2013 – 9 AZR 50/12). Eine Freistellungserklärung des Arbeitgebers kann also nach § 362 Abs. 1 BGB das Erlöschen des Urlaubsanspruchs nur bewirken, soweit für den Freistellungszeitraum eine Arbeitspflicht des Arbeitnehmers besteht (st. Rspr., z. B. BAG vom 10.2.2015 – 9 AZR 455/13; zuletzt BAG vom 9.8.2016 – 9 AZR 575/15). Dies ist auch an den gesetzlichen Feiertagen möglich und notwendig, an denen der Arbeitnehmer ansonsten dienstplanmäßig zur Arbeit verpflichtet wäre (BAG vom 15.1.2013 – 9 AZR 430/11). Eine Freistellungserklärung des Arbeitgebers kann für die Zeit des Beschäftigungsverbots des Mutterschutzgesetzes jedoch nicht zur Erfüllung des Anspruchs auf Erholungsurlaub führen, weil im fraglichen Zeitraum keine Arbeitspflicht besteht. Dies gilt auch dann, wenn der Urlaubszeitraum vor Eintritt eines Beschäftigungsverbots nach § 4 MuSchG (jetzt: unzulässige Tätigkeiten, § 11 MuSchG) festgelegt war und der Arbeitgeber der Arbeitnehmerin keine zumutbare Ersatztätigkeit zugewiesen hat (BAG vom 9.8.2016 – 9 AZR 575/16). Zur Erfüllung des Anspruchs auf Erholungsurlaub hat der Arbeitgeber den Arbeitnehmer an den Urlaubstagen **von jeder Arbeit freizustellen**. Dem Arbeitnehmer ist uneingeschränkt zu ermöglichen, die ihm aufgrund des Urlaubsanspruchs zustehende Freizeit selbstbestimmt zu nutzen (also keine Erfüllung des Erholungsurlaubanspruchs bei Rufbereitschaft).

Hat der Arbeitgeber den Arbeitnehmer freigestellt, kann er ihn nicht aus dem Urlaub zurückrufen. Eine Vereinbarung, in der sich der Arbeitnehmer gleichwohl verpflichtet, den Urlaub abzubrechen und die Arbeit wieder aufzunehmen, ist rechtsunwirksam (BAG vom 20.6.2000, DB 2000, S. 2327). Eine Freistellungserklärung des Arbeitgebers führt nur dann zur Erfüllung des Urlaubsanspruchs, wenn sie nicht unter einem Vorbehalt eines Widerrufs steht (BAG vom 19.3.2002 – 9 AZR 16/01) und wenn der Arbeitnehmer erkennen muss, dass der Arbeitgeber ihn zum selbstbestimmten Erholungsurlaub von der Arbeitspflicht freistellen will (BAG vom 20.1.2009 – 9 AZR 650/07 – und vom 19.5.2009 – 9 AZR 433/08). Der Erfüllungswirkung steht jedoch nicht entgegen, dass eine Freistellungserklärung nicht erkennen lässt, an welchen Tagen der Arbeitgeber den Arbeitnehmer zum Zwecke der Gewährung von Erholungsurlaub und an welchen Tagen er ihn zu anderen Zwecken freistellte. Einer nicht näher bestimmten Urlaubsfestlegung kann der Arbeitnehmer regelmäßig entnehmen, dass der Arbeitgeber es ihm überlässt, die zeitliche Lage seines Urlaubs innerhalb des Freistellungszeitraums festzulegen (BAG vom 16.7.2013 – 9 AZR 50/12). Ein Arbeitgeber gewährt durch eine Freistellungserklärung für den Zeitraum nach dem Zugang einer fristlosen Kündigung nur dann wirksam Urlaub, wenn er dem Arbeitnehmer die Urlaubsvergütung vor Antritt des Urlaubs zahlt oder vorbehaltlos zusagt (BAG vom 10.2.2015 – 9 AZR 455/13). Eine Freistellungserklärung des Arbeitgebers kann nach § 362 Abs. 1 BGB das Erlöschen des Urlaubsanspruchs nur bewirken, soweit für den Freistellungszeitraum eine Arbeitspflicht des Arbeitnehmers besteht. Wer arbeitsunfähig krank ist, kann durch Urlaubserteilung von seiner Arbeitspflicht nicht mehr befreit werden (BAG vom 18.3.2014 – 9 AZR 669/12). **Kein Erholungsurlaub** und deshalb auf diesen auch nicht anrechenbar sind Beurlaubungen oder Freistellungen, die nicht zur Erholung des Arbeitnehmers, sondern aus anderen Gründen (z. B. Erkrankung naher Angehöriger, Weiterbildung oder Einführung von Kurzarbeit) gewährt werden. Auch wenn der Arbeitgeber „Freischichttage" gewährt, erfüllt er nur durch Tarifvertrag oder Arbeitsvertrag begründete Ansprüche auf Zeitausgleich und nicht den Anspruch auf Erholungsurlaub (BAG vom 19.1.2010 – 9 AZR 246/09). Demgegenüber ist während sogenannter **Betriebsferien** gewährte Freizeit grundsätzlich Erholungsurlaub im Sinne der gesetzlichen Bestimmungen, bei dem lediglich der Urlaubszeitpunkt für alle Arbeitnehmer oder für bestimmte Arbeitnehmergruppen einheitlich festgelegt wird (vgl. Nr. 17). Der Arbeitgeber kann den Urlaubsanspruch auch dadurch erfüllen, dass er den Arbeitnehmer nach Ausspruch einer Kündigung bis zur Beendigung des Arbeitsverhältnisses unter Anrechnung auf den Urlaubsanspruch freistellt (vgl. Nr. 15).

Ein an einem **Streik** teilnehmender Arbeitnehmer kann Erholungsurlaub nur dann wirksam geltend machen, wenn er sich zumindest vorübergehend zur Wiederaufnahme der Arbeit bereit erklärt (BAG vom 24.9.1996, DB 1997, S. 679).

c) Hatte der Arbeitgeber vor Einführung von Kurzarbeit bereits Urlaub gewährt, wird ihm durch eine spätere Einführung der Kurzarbeit die Befreiung von der Arbeitspflicht für die Dauer des Urlaubs nachträglich unmöglich. Der Arbeitnehmer hat demgegenüber dem Arbeitgeber einen Anspruch auf Ersatzurlaub (BAG vom 16.12.2008 – 9 AZR 164/08).

5. Wie bemisst sich die Urlaubsdauer für jugendliche Arbeitnehmer?

a) Der bezahlte gesetzliche **Mindesturlaub** für zulässigerweise beschäftigte Kinder und für **Jugendliche** beträgt nach § 19 Abs. 2 JArbSchG

- mindestens 30 Werktage für das zulässigerweise beschäftigte Kind und für den Jugendlichen, der zu Beginn des Kalenderjahres noch nicht 16 Jahre alt ist,
- mindestens 27 Werktage, wenn der Jugendliche zu Beginn des Kalenderjahres noch nicht 17 Jahre alt ist,
- mindestens 25 Werktage, wenn der Jugendliche zu Beginn des Kalenderjahres noch nicht 18 Jahre alt ist.

Jugendliche, die im Bergbau unter Tage beschäftigt werden, erhalten in jeder Altersgruppe zusätzlich drei weitere Werktage Urlaub.

b) § 19 Abs. 3 JArbSchG bestimmt, dass der Urlaub den Berufsschülern in der Zeit der Berufsschulferien gegeben werden soll. Soweit er nicht in den Berufsschulferien gegeben wird (z. B. aus dringenden betrieblichen Erfordernissen), ist für jeden Berufsschultag, an dem die Berufsschule während des Erholungsurlaubs besucht wird, ein weiterer Urlaubstag zu gewähren.

c) Soweit im Hinblick auf das höhere Schutzbedürfnis des Jugendlichen in § 19 JArbSchG keine Sonderregelungen getroffen sind, z. B. im Bereich der Heimarbeit, sind die Vorschriften des Bundesurlaubsgesetzes auch auf den Urlaub des Jugendlichen anzuwenden (§ 19 Abs. 4 JArbSchG).

6. Welche Urlaubsansprüche hat der schwerbehinderte Arbeitnehmer?

Schwerbehinderte Menschen haben einen Anspruch auf bezahlten zusätzlichen Urlaub von fünf Arbeitstagen im Jahr. Wenn sich jedoch die regelmäßige Arbeitszeit des schwerbehinderten Menschen auf mehr oder weniger als fünf Arbeitstage in der Kalenderwoche verteilt, erhöht oder vermindert sich der Zusatzurlaub entsprechend (§ 208 SGB IX). Dabei gelten als Arbeitstage alle Tage, an denen im Betrieb oder der Dienststelle regelmäßig gearbeitet wird. Verlangt der schwerbehinderte Mensch erstmals diesen Zusatzurlaub, muss er ihn innerhalb des jeweiligen Urlaubsjahres unter Berufung auf seine Schwerbehinderteneigenschaft geltend machen (vgl. BAG vom 28.1.1982, DB 1982, S. 1329).

Dieser Zusatzurlaub tritt zu dem vertraglichen oder gesetzlichen Grundurlaub hinzu, den der Beschäftigte ohne Berücksichtigung seiner Schwerbehinderung beanspruchen kann (BAG vom 24.10.2006 – 9 AZR 669/05). Abweichende tarifliche, betriebliche oder sonstige Urlaubsregelungen für schwerbehinderte Menschen sind zulässig, soweit sie einen längeren Zusatzurlaub vorsehen (§ 208 SGB IX). Im Übrigen gelten auch für den Zusatzurlaub die Bestimmungen des Bundesurlaubsgesetzes (vgl. jedoch Kapitel 29 Nr. 11j). Dies bedeutet insbesondere, dass er bis zum Ende des Urlaubsjahres und des Übertragungsjahres (31.3. des folgenden Jahres) gewährt und genommen werden muss (BAG vom 13.2.1996, DB 1996, S. 1335). Kann der gesetzliche Zusatzurlaub für schwerbehinderte Menschen wegen Beendigung des Arbeitsverhältnisses nicht gewährt werden, ist er nach § 7 Abs. 4 BUrlG abzugelten. Der Abgeltungsanspruch entsteht auch ohne vorherige Geltendmachung des Freistellungsanspruchs bei Beendigung des Arbeitsverhältnisses. Das gilt auch, wenn der schwerbehinderte Mensch erstmals nach Beendigung des Arbeitsverhältnisses auf seine Schwerbehinderung hinweist (BAG vom 25.6.1996, DB 1996, S. 2290).

7. Welche Urlaubsansprüche haben Seeleute?

Ein **Besatzungsmitglied** hat für jedes Beschäftigungsjahr Anspruch auf bezahlten Urlaub (§ 56 Abs. 1 Satz 1 SeeArbG). Die Urlaubsdauer muss jährlich mindestens 30 Kalendertage betragen (§ 57 Abs. 1 SeeArbG). Jugendliche Besatzungsmitglieder haben in jedem Beschäftigungsjahr Anspruch auf bezahlten Urlaub von mindestens 34 Kalendertagen, wenn sie zu Beginn des Beschäftigungsjahres noch nicht 17 Jahre alt sind, und von 32 Kalendertagen, wenn sie zu Beginn des Beschäftigungsjahres noch nicht 18 Jahre alt sind (§ 57 Abs. 2 SeemG). Im Übrigen gelten nach § 56 Abs. 2 SeeArbG die Vorschriften des BUrlG, soweit in §§ 58-64 SeeArbG nichts anderes bestimmt ist.

8. Urlaubsdauer des Teilzeitbeschäftigten

a) Den Anspruch auf den bezahlten gesetzlichen Mindesturlaub haben auch teilzeitbeschäftigte Arbeitnehmer. Das Bundesurlaubsgesetz gewährt den teilzeitbeschäftigten Arbeitnehmern Urlaubsansprüche unter den gleichen Voraussetzungen und in entsprechendem Umfang wie vollzeitbeschäftigten Arbeitnehmern (BAG vom 21.10.1965, DB 1966, S. 35). Auch bei einem über den gesetzlichen Mindesturlaub hinaus gehenden Urlaub darf der Arbeitgeber die Teilzeitkräfte gegenüber den Vollzeitkräften wegen der Teilzeitbeschäftigung grundsätzlich nicht unterschiedlich behandeln (§ 4 Abs. 1 TzBfG). Dieser Gleichbehandlungsgrundsatz gilt auch im Hinblick auf Teilzeitkräfte untereinander, die in unterschiedlich zeitlichem Umfang beschäftigt werden; auch Tarifverträge sind an diesen Gleichbehandlungsgrundsatz gebunden.

b) Teilzeitbeschäftigte Arbeitnehmer, die an allen Arbeitstagen mit gleichmäßig verkürzter Arbeitszeit beschäftigt sind (z. B. Halbtagstätigkeit von Montag bis Samstag) haben deshalb ebenso viele Urlaubstage wie die vollzeitbeschäftigten Arbeitnehmer.

c) Teilzeitbeschäftigte Arbeitnehmer, die regelmäßig an weniger Arbeitstagen einer Woche als ein vollzeitbeschäftigter Arbeitnehmer beschäftigt sind, haben entsprechend der Zahl der für sie maßgeblichen Arbeitstage ebenso Anspruch auf Erholungsurlaub wie vollzeitbeschäftigte Arbeitnehmer. Enthält ein Tarifvertrag keine Regelung zur Umwandlung des Urlaubsanspruchs eines vollzeitbeschäftigten in den eines teilzeitbeschäftigten Arbeitnehmers, ist der Urlaub des teilzeitbeschäftigten Arbeitnehmers wie folgt zu berechnen: Die Gesamturlaubsdauer eines vollzeitbeschäftigten Arbeitnehmers berechnet in Werktagen/Arbeitstagen wird durch die Zahl 6/5 geteilt und mit der für den teilzeitbeschäftigten Arbeitnehmer maßgeblichen Zahl von Arbeitstagen einer Woche multipliziert. Das Ergebnis ist die Urlaubsdauer des Teilzeitbeschäftigten in Arbeitstagen berechnet. Ergeben sich dabei Bruchteile von Arbeitstagen, hat der Arbeitnehmer Anspruch auf Gewährung in diesem Umfang, es sei denn, der Tarifvertrag schließt dies ausdrücklich aus (BAG vom 14.2.1991, DB 1991, S. 1987).

Beispiel:

Der tarifvertragliche Urlaub eines vollzeitbeschäftigten Arbeitnehmers mit 5-Tage-Woche beträgt 28 Arbeitstage. Der teilzeitbeschäftigte Arbeitnehmer arbeitet 4 Tage pro Woche (Montag bis Donnerstag). Der Urlaubsanspruch des teilzeitbeschäftigten Arbeitnehmers ist somit 22,4 Arbeitstage (28 : 5 x 4).

d) Ist die regelmäßige Arbeitszeit eines Arbeitnehmers auf einen Zeitraum verteilt, der mit einer Kalenderwoche nicht übereinstimmt, muss für die Umrechnung eines nach Arbeitstagen bemessenen Urlaubsanspruchs auf längere Zeitabschnitte als eine Woche, ggf. auf ein Kalenderjahr, abgestellt werden (BAG vom 22.10.1991, DB 1993, S. 841).

e) Ändert sich die Verteilung der Arbeitszeit von Vollzeitbeschäftigung in 5-Tage-Woche in Teilzeit an weniger als fünf Tagen in der Woche, ändert sich ebenso im gleichen Verhältnis die Anzahl der Urlaubstage. Die Urlaubsdauer ist dann entsprechend umzurechnen. Daraus ergibt sich eine Verringerung der dem Arbeitnehmer aufgrund des Urlaubsanspruchs zustehenden Urlaubstage (BAG vom 28.4.1998, DB 1999, S 54). Ebenso kann sich jedoch auch eine Verlängerung der Urlaubsdauer ergeben, wenn sich eine Änderung der Verteilung der Arbeitszeit ergibt, nach der der Arbeitnehmer an mehr Arbeitstagen einer Kalenderwoche als bisher arbeiten muss.

f) Wechselt ein Mitarbeiter während des Urlaubsjahres von Vollzeit in Teilzeit, ist eine getrennte Berechnung des Urlaubsanspruchs für die Zeit der Vollzeitbeschäftigung bzw. der Teilzeitbeschäftigung vorzunehmen. Bestehen beim Wechsel in die Teilzeit noch Urlaubsansprüche aus der Vollzeit, bleiben diese im vollen Umfang erhalten. Eine nachträgliche Umrechnung von Urlaubsansprüchen, die ein Mitarbeiter in einer Zeit der Vollzeitbeschäftigung erworben hat, ist nicht zulässig (EuGH vom 13.6.2013 (Brandes) – C-415/12).

9. Was gilt als Urlaubsjahr?

Der bezahlte Erholungsurlaub ist dem Arbeitnehmer für jedes Kalenderjahr zu gewährleisten (§ 1 BUrlG). Als Ausnahme besteht im Bereich der Deutschen Bahn Aktiengesellschaft oder einer aus ihr ausgegliederten Gesellschaft sowie im Bereich der Nachfolgeunternehmen der Deutschen Bundespost die Möglichkeit, das Urlaubsjahr abweichend vom Kalenderjahr in Tarifverträgen festzulegen (§ 13 Abs. 3 BUrlG).

10. Ab wann kann der Arbeitnehmer den vollen Urlaub verlangen?

Der volle Urlaubsanspruch wird erstmalig erst nach sechsmonatigem Bestehen des Arbeitsverhältnisses erworben (§ 4 BUrlG), jedoch besteht, wenn das Arbeitsverhältnis vorher endet, ein Anspruch auf ein Zwölftel des Jahresurlaubs für jeden vollen Monat des Bestehens des Arbeitsverhältnisses (§ 5 Abs. 1a BUrlG).

Für den Beginn der **Wartezeit** ist auf den arbeitsvertraglich vereinbarten Tag der Arbeitsaufnahme und nicht den Tag des Vertragsabschlusses abzustellen. Entscheidend für die Berechnung der Wartezeit ist der ununterbrochene rechtliche Bestand des Arbeitsverhältnisses. Wird nach Beendigung des Arbeitsverhältnisses ein neues Arbeitsverhältnis mit demselben Arbeitgeber begründet, ist dies in der Regel urlaubsrechtlich eigenständig zu behandeln. Der volle Urlaubsanspruch wird erst nach (erneuter) Erfüllung der Wartezeit des § 4 BUrlG erworben (BAG vom 20.10.2015 – 9 AZR 224/14). Lediglich kurzfristige rechtliche Unterbrechungen sind für den Ablauf der Wartezeit ohne Bedeutung. Einzurechnen in die Wartezeit sind auch Zeiten, in denen sich der Arbeitnehmer in einem arbeitnehmerähnlichen Verhältnis oder in einem Ausbildungsverhältnis befand. Zeiten, in denen eine Beschäftigung gleich aus welchen Gründen (z. B. Zeiten der Arbeitsunfähigkeit, des Arbeitskampfes, der Kurzarbeit sowie sogar des unentschuldigten Fernbleibens von der Arbeit) tatsächlich nicht erfolgte, unterbrechen die Wartezeit nicht. Auch durch einen Betriebsinhaberwechsel (§ 613a Abs. 1 BGB) tritt keine Unterbrechung der Wartezeit ein.

Die Wartezeit ist nur einmal zu Beginn des Arbeitsverhältnisses und nicht in jedem Urlaubsjahr neu zurückzulegen. Die Wartezeit kann sich auch auf zwei Kalenderjahre verteilen; dann entsteht der volle Urlaubsanspruch für das Jahr, in dem die Wartezeit vollendet ist. Eine Verkürzung der Wartezeit kann tarifvertraglich oder einzelvertraglich vereinbart werden, nicht jedoch eine Verlängerung.

11. Wann besteht nur ein Anspruch auf Teilurlaub?

Keinen Anspruch auf den vollen Erholungsurlaub, sondern lediglich auf ein Zwölftel des Jahresurlaubs für jeden Monat des Bestehens des Arbeitsverhältnisses hat der Arbeitnehmer nur in folgenden drei Fällen:

a) Für Zeiten eines Kalenderjahres, für die der Arbeitnehmer wegen **Nichterfüllung der Wartezeit** in diesem Kalenderjahr keinen vollen Urlaubsanspruch erwirbt (§ 5 Abs. 1 Buchst. a BUrlG). Dies trifft grundsätzlich alle Arbeitnehmer, die am 1. Juli oder nach Beginn des 1. Juli ihr Arbeitsverhältnis beginnen. Wird ein Arbeitsverhältnis mit Wirkung zum 1. Juli eines Jahres begründet, kann der Arbeitnehmer in diesem Jahr nach § 4 BUrlG keinen Vollurlaubsanspruch erwerben (BAG vom 17.11.2015 – 9 AZR 179/15). Wenn das Arbeitsverhältnis vor Beginn des 1. Juli beginnt, erwirbt der Arbeitnehmer den vollen Urlaubsanspruch.

b) In dem Fall, dass der Arbeitnehmer **vor erfüllter Wartezeit** aus dem Arbeitsverhältnis **ausscheidet** und deshalb einen vollen Urlaubsanspruch noch nicht erwerben konnte(§ 5 Abs. 1 Buchst. b BUrlG). Das bedeutet, dass ein Arbeitnehmer, dessen Arbeitsverhältnis weniger als sechs Monate dauert, lediglich Anspruch auf Teilurlaub hat. Die Wartezeit ist aber auch erfüllt, wenn der Arbeitnehmer zugleich mit dem Ablauf der Wartezeit – also nach sechsmonatigem Bestehen des Arbeitsverhältnisses – ausscheidet. Anspruch auf Teilurlaub entsteht nur dann nicht, wenn das Arbeitsverhältnis weniger als einen Monat bestand.

c) Schließlich in dem Fall, in dem der Arbeitnehmer **nach erfüllter Wartezeit** in der ersten Hälfte des Kalenderjahres aus dem Arbeitsverhältnis **ausscheidet** (§ 5 Abs. 1 Buchst. c BUrlG). Dies gilt sowohl, wenn die Wartezeit bereits in einem vorangegangenen Urlaubsjahr erfüllt ist, als auch, wenn die Wartezeit in der ersten Hälfte des Kalenderjahres vor dem Ausscheiden erfüllt ist, sowie auch dann, wenn der Arbeitnehmer am 30.6. ausscheidet und gleichzeitig am 30.6. die Wartezeit erfüllt ist (BAG vom 16.6.1966, DB 1966, S. 1358). Hat der Arbeitnehmer, der nach erfüllter Wartezeit in der ersten Hälfte des Jahres aus dem Arbeitsverhältnis ausscheidet, bereits mehr als den ihm zustehenden Teilurlaub erhalten, so kann der Arbeitgeber das dafür gezahlte Urlaubsentgelt nicht zurückfordern (§ 5 Abs. 3 BUrlG). Im Umkehrschluss aus § 5 Abs. 1 Buchst. c BUrlG ergibt sich, dass eine Zwölftelung des gesetzlichen Mindesturlaubs nach §§ 1, 3 BUrlG bei Beendigung des Arbeitsverhältnisses in der zweiten Jahreshälfte nach erfüllter Wartezeit unzulässig ist (BAG vom 18.2.2014 – 9 AZR 765/12).

Die **Berechnung des Teilurlaubs** erfolgt durch Zwölftelung des vollen Urlaubsanspruchs und Addition von je einem Zwölftel dieses Jahresurlaubs für jeden vollen Monat des Bestehens des Arbeitsverhältnisses. Ergeben sich bei dieser Berechnung Bruchteile von Urlaubstagen, so sind diese auf volle Urlaubstage aufzurunden, wenn sie mindestens einen halben Tag ergeben (§ 5 Abs. 2 BUrlG); im Übrigen sind geringere Bruchteile dem Arbeitnehmer entsprechend ihrem Umfang zu gewähren oder nach dem Ausscheiden aus dem Arbeitsverhältnis abzugelten (BAG vom 16.1.1989, AP Nr. 13 zu § 5 BUrlG; BAG vom 14.2.1991, AP Nr. 1 zu § 3 BUrlG Teilzeit).

Die Tarifvertragsparteien sind jedoch nicht gehindert, für tarifliche Urlaubsansprüche andere Abrundungsregeln zu treffen, soweit davon nicht gesetzliche Urlaubsansprüche berührt werden (BAG vom 22.10.1991, DB 1993, S. 841).

12. Urlaubskürzung in besonderen Fällen

a) Elternzeit/Pflegezeit

Der Arbeitgeber kann den Erholungsurlaub, der dem Arbeitnehmer für das Urlaubsjahr zusteht, für jeden vollen Kalendermonat, für den der Arbeitnehmer Elternzeit oder volle Freistellung in der Pflegezeit nimmt, um ein Zwölftel kürzen (§ 17 Abs. 1 Satz 1 BErzGG; vgl. Kapitel 19 Nr. 39).

b) Freiwilliger Wehrdienst

Ebenso kann der Arbeitgeber den Erholungsurlaub, der dem Arbeitnehmer für das Urlaubsjahr zusteht, für jeden vollen Kalendermonat, den der Arbeitnehmer freiwilligen Wehrdienst leistet, um ein Zwölftel kürzen (§ 4 i. V. m. § 16 Abs. 7 ArbPlSchG).

c) Keine Kürzung

Unzulässig ist eine **Kürzung** des Erholungsurlaubs für die Ausfallzeiten wegen mutterschutzrechtlicher Beschäftigungsverbote (vgl. § 24 MuSchG), sowie für teilweise Freistellung nach Pflegezeitgesetz oder Familienpflegezeitgesetz.

13. Sind bei einem Arbeitgeberwechsel Doppelansprüche möglich?

a) Durch § 6 BUrlG werden bei einem Wechsel des Arbeitgebers während des Urlaubsjahres Doppelansprüche auf Urlaub ausgeschlossen. Der Anspruch des Arbeitnehmers auf Urlaub besteht danach nicht, soweit er bereits von einem früheren Arbeitgeber Urlaub für das laufende Kalenderjahr erhalten hat. Wenn der Arbeitnehmer bei dem bisherigen Arbeitgeber also nicht den vollen Urlaub (insbesondere bei dem Teilurlaubsanspruch nach § 5 BUrlG) erhalten hat, besteht ein Urlaubsanspruch gegenüber dem neuen Arbeitgeber in Höhe der Differenz. Anzurechnen ist nicht nur die bereits gewährte, bezahlte Freizeit, sondern auch eine erhaltene Abgeltung des Urlaubs. Dabei ist der jeweils im Arbeitsverhältnis zu gewährende und gewährte Gesamturlaub und nicht nur der gesetzliche Mindesturlaub in die Anrechnung mit einzubeziehen (BAG vom 25.6.1970, ArbuR 1970, S. 248).

b) Ist der Urlaub des Arbeitnehmers vom alten Arbeitgeber weder erteilt noch abgegolten worden, kann er den vollen Urlaubsanspruch gegenüber dem neuen Arbeitgeber geltend machen, soweit er bei diesem die Wartezeit erfüllt. Wenn der Arbeitnehmer in diesem Fall gleichwohl einen Abgeltungsanspruch gegen den bisherigen Arbeitgeber geltend macht, kann dieser ihn auf den bereits zum Zeitpunkt der Geltendmachung bestehenden Anspruch auf bezahlte Freizeit gegen den neuen Arbeitgeber verweisen. Urlaubsabgeltungsansprüche aufgrund eines früheren Arbeitsverhältnisses werden durch das Entstehen von Urlaubsansprüchen gegenüber dem neuen Arbeitgeber nicht berührt (BAG vom 28.2.1991, DB 1991, S. 1987).

c) Der bisherige Arbeitgeber ist verpflichtet, bei Beendigung des Arbeitsverhältnisses eine Bescheinigung über den im laufenden Kalenderjahr gewährten oder abgegoltenen Urlaub auszuhändigen (§ 6 Abs. 2 BUrlG), damit der Arbeitnehmer feststellen kann, wie viel bereits gewährten oder abgegoltenen Urlaub er sich beim neuen Arbeitgeber anrechnen lassen muss. Solange der Arbeitnehmer diese dem neuen Arbeitgeber nicht vorlegt oder anderweitig nachweist, ob und wie viel Urlaub ihm bereits gewährt worden ist, kann der neue Arbeitgeber die Urlaubsgewährung hinausschieben (vgl. BAG vom 16.12.2014 - 9 AZR 295/13).

14. Kann der Arbeitnehmer den Urlaub einseitig antreten?

Der Arbeitnehmer hat grundsätzlich kein Recht, sich seinen ihm zustehenden Urlaub „selbst zu nehmen". Ebenso darf der Arbeitnehmer einen angetretenen Urlaub nicht eigenmächtig verlängern, auch dann nicht, wenn er noch Resturlaub hat. Wenn der Arbeitgeber seine Pflicht zur Urlaubserteilung nicht erfüllt, kann der Arbeitnehmer seinen Urlaubsanspruch vor den Gerichten für Arbeitssachen geltend machen.

Die zeitliche Festlegung des Urlaubs erfolgt **durch den Arbeitgeber** aufgrund seiner Pflicht zur Urlaubserteilung. Er ist bei der Festlegung des Urlaubszeitpunktes jedoch nicht frei, sondern hat grundsätzlich die Urlaubswünsche des Arbeitnehmers zu berücksichtigen, soweit nicht dringende betriebliche Belange oder Urlaubswünsche anderer Arbeitnehmer, die unter sozialen Gesichtspunkten den Vorrang verdienen, entgegenstehen (§ 7 Abs. 1 Satz 1 BUrlG). Neben Alter, Betriebszugehörigkeit, Gesundheitszustand, z. B. der besonderen Erholungsbedürftigkeit nach längerer Krankheit oder nach einer Kur (§ 7 Abs. 1 Satz 2 BUrlG), sind insbesondere der Urlaub des Ehegatten und die Schulferien schulpflichtiger Kinder zu berücksichtigen. Wenn der Arbeitnehmer für einen Urlaub mit seiner Familie auf die Schulferien angewiesen ist, ist deshalb grundsätzlich seinem Urlaubswunsch zu entsprechen, es sei denn, dass der Arbeitnehmer gerade während dieser Zeit im Betrieb dringend benötigt wird oder auf dieselbe Zeit bezogene Urlaubswünsche anderer Arbeitnehmer vorrangiger sind. Letzterer Gesichtspunkt kann insbesondere dann Bedeutung erlangen, wenn nicht alle Elternteile mit schulpflichtigen Kindern aus betrieblichen Gründen während der Schulferien in Urlaub gehen können. Jedoch sind bei der im Rahmen von § 7 Abs. 1 BUrlG vorzunehmenden Sozialauswahl die Mitarbeiter, die schulpflichtige Kinder haben, und Mitarbeiter, deren Ehepartner Lehrer oder Studienreferendare sind, grundsätzlich gleich zu behandeln (ArbG Berlin vom 13.6.1988, DB 1988, S. 2316). Zudem ist bei der Interessenabwägung auch die Vorschrift des § 19 Abs. 3 Satz 1 JArbSchG zu beachten, nach der der Urlaub für Jugendliche, die die Berufsschule besuchen, während der Zeit der Berufsschulferien gegeben werden soll.

Der Arbeitgeber ist nach § 7 Abs. 1 Satz 2 BUrlG verpflichtet, dem Arbeitnehmer auf dessen Verlangen Urlaub im Anschluss an eine Maßnahme der Vorsorge oder Rehabilitation zu gewähren.

Der Arbeitgeber darf den Urlaub aus dringenden betrieblichen Gründen höchstens bis zum Jahresende verweigern. Dagegen hat er kein Recht, während des anschließenden Übertragungszeitraums bis Ende März den Anspruch für das vorangegangene Jahr abzulehnen (BAG vom 13.5.1982, DB 1982, S. 2193).

15. Kann der Arbeitgeber den Urlaub einseitig während der Kündigungsfrist gewähren?

Der Arbeitgeber erfüllt den gesetzlichen Urlaubsanspruch des Arbeitnehmers auch, wenn der Arbeitgeber während der Kündigungsfrist Urlaub gewährt bzw. den Arbeitnehmer unter Anrechnung auf Urlaubsansprüche von der Arbeit freistellt (BAG vom 14.3.2006 - 9 AZR 11/05). Bei einer jahresübergreifenden Kündigungsfrist kann der Arbeitgeber diese Freistellungserklärung sogar im Vorgriff auf das kommende Urlaubsjahr abgeben (BAG 17. 5.2011 – 9 AZR 189/10). Der Arbeitgeber ist rechtlich auch nicht gehindert, einem Arbeitnehmer in einem unwirksam gekündigten Arbeitsverhältnis Urlaub zu erteilen (BAG vom 13.12.2011 – 9 AZR 420/10).

Notwendig ist allerdings stets die endgültige, nicht unter Vorbehalt des Widerrufs stehende Befreiung des Arbeitnehmers von der Arbeitspflicht für einen bestimmten Zeitraum (BAG vom 19.3.2002 - 9 AZR 16/01). Ist der Arbeitnehmer bereits aus anderen Gründen von der Arbeitspflicht befreit, kommt eine nachträgliche Festlegung dieser Zeiten als Urlaub nicht in Betracht. Die Festlegung auf die Zeit der Kündigungsfrist ist ordnungsgemäß, wenn der Arbeitnehmer keine anderen Urlaubswünsche geltend macht (BAG vom 14.8.2007 - 9 AZR 934/06). Der Arbeitnehmer kann sich hiergegen wegen des Vorrangs der Urlaubsgewährung in natura gegenüber dem Abgeltungsanspruch nur wehren, wenn die Urlaubsgewährung für ihn unzumutbar ist, z. B. weil er die Zeit zur Stellungssuche benötigt oder weil er sich schon vor der Kündigung auf eine bestimmte Urlaubszeit nach Beendigung des Arbeitsverhältnisses festgelegt hat. Auch eine teilweise Gewährung des Urlaubsanspruchs während der Kündigungsfrist kann im Einzelfall unzumutbar sein.

Widerspricht der Arbeitnehmer nur dem Zeitraum der Urlaubsgewährung während der Kündigungsfrist, hat der Arbeitgeber die Wünsche des Arbeitnehmers nach einer anderen Festlegung des Urlaubszeitpunktes wie auch sonst (vgl. Nr. 14) zu berücksichtigen. Steht dem Arbeitnehmer mehr Urlaub als der gesetzliche Urlaub zu, können die Tarifvertragsparteien hierfür vereinbaren, dass er ohne Berücksichtigung entgegenstehender Wünsche des Arbeitnehmers während der Dauer der Kündigungsfrist zu gewähren ist (BAG vom 22.9.1992, AP Nr. 13 zu § 7 BUrlG).

Eine in einem Aufhebungsvertrag enthaltene Klausel, nach der alle gegenseitigen Forderungen erledigt sind, bewirkt jedoch nicht das Erlöschen des gesetzlichen Urlaubsanspruchs (BAG vom 9.6.1998, DB 1999, S. 52).

16. Ist die Eintragung in eine Urlaubsliste am Jahresanfang für den Arbeitnehmer verbindlich?

Zu der Feststellung der Urlaubswünsche der Arbeitnehmer ist es weitgehend üblich, dass die Arbeitgeber Urlaubslisten in Umlauf setzen, in die die Arbeitnehmer ihre Urlaubswünsche für das laufende Kalenderjahr eintragen. Mit dieser Eintragung liegt aber keineswegs stets schon auch sofort die Urlaubszeit fest. Besteht eine entsprechende betriebliche Übung, kann allerdings der Arbeitgeber den Urlaub des einzelnen Arbeitnehmers auch stillschweigend dadurch festlegen, dass er einem in der Urlaubsliste geäußerten Urlaubsanspruch nicht innerhalb einer bestimmten oder angemessenen Zeit widerspricht.

17. Ist die Anordnung einheitlicher Betriebsferien verbindlich?

Der Arbeitgeber ist befugt, für alle Arbeitnehmer des Betriebs oder Unternehmens oder einzelne Abteilungen Betriebsferien anzuordnen und den Betrieb oder das Unternehmen ganz oder zum Teil stillzulegen. Dabei hat der Arbeitgeber allerdings die Interessen der Arbeitnehmer angemessen zu berücksichtigen. Aus diesem Grund darf der Arbeitgeber die Betriebsferien nicht generell in die Wintermonate verlegen oder den gesamten Jahresurlaub durch Betriebsferien abdecken. Ebenso ist auch bei Betriebsferien eine Urlaubserteilung im Vorgriff auf die Urlaubsansprüche des kommenden Urlaubsjahres unzulässig (BAG vom 16.3.1972, BB 1972, S. 619).

18. Welche Mitwirkungsrechte haben Betriebs- oder Personalrat bei der Vereinbarung von Betriebsferien oder sonst bei der zeitlichen Festlegung des Urlaubs?

Besteht ein Betriebs- oder Personalrat, so hat dieser nach § 87 Abs. 1 Nr. 5 BetrVG bzw. § 75 Abs. 3 Nr. 3 BPersVG bzw. den entsprechenden Vorschriften in den Landespersonalvertretungsgesetzen ein Mitbestimmungsrecht sowohl bei der Aufstellung allgemeiner Urlaubsgrundsätze und des Urlaubsplans als auch bei der zeitlichen Festlegung des Urlaubs für einzelne Beschäftigte, wenn zwischen Arbeitgeber und Arbeitnehmer im Einzelfall kein Einverständnis erzielt wird. Die dabei zwischen Arbeitgeber und Betriebsrat bzw. Personalrat getroffenen Vereinbarungen sowie die Vereinbarung von Betriebsferien sind für den betroffenen Arbeitnehmer zwingend.

19. Ist eine Teilung des Urlaubs möglich?

Der Urlaub des Arbeitnehmers ist grundsätzlich zusammenhängend zu gewähren (§ 7 Abs. 2 BUrlG). Wenn jedoch dringende betriebliche oder in der Person des Arbeitnehmers liegende Gründe eine Teilung des Urlaubs erforderlich machen, so ist diese zulässig. In diesem Fall muss jedoch ein Urlaubsteil mindestens 12 aufeinanderfolgende Werktage umfassen. Als dringende betriebliche Gründe sind u. a. anzuerkennen: Notfälle, die die Anwesenheit des Arbeitnehmers erforderlich machen sowie eine zweckmäßige und gerechte Urlaubsabstimmung mit den übrigen Arbeitnehmern(insbesondere bei Arbeitnehmern mit schulpflichtigen Kindern). Als persönliche Gründe des Arbeitnehmers kommen u. a. in Betracht: gemeinsamer Urlaub mit Angehörigen mit geringerem Urlaubsanspruch, Teilurlaub zur Weiterbildung oder zur Nacherholung nach einer Kur nach § 7 Abs. 1 Satz 2 BUrlG.

20. Kann der Urlaub auch im folgenden Urlaubsjahr noch genommen werden?

Der Urlaub muss im laufenden Kalenderjahr genommen werden (§ 7 Abs. 3 BUrlG). Lediglich wenn er wegen dringender betrieblicher oder in der Person des Arbeitnehmers liegender Gründe nicht vor Ablauf des Kalenderjahres genommen werden kann (vgl. dazu Nr. 21) ist eine Übertragung des Urlaubs auf das nächste Kalenderjahr statthaft. Ein Urlaubsanspruch ist auch dann auf das nächste Kalenderjahr zu übertragen, wenn der Arbeitnehmer im Urlaubsjahr krankheitsbedingt nicht gearbeitet hat (BAG vom 24.11.1987, DB 1988, S. 447).

Zur Übertragung des Urlaubsanspruchs bedarf es grundsätzlich keiner Vereinbarung oder Handlung von Arbeitgeber oder Arbeitnehmer (BAG vom 25.8.1987, DB 1988, S. 447). Ist jedoch in einem Tarifvertrag die schriftliche Geltendmachung des aus dem Vorjahr übertragenen Urlaubs bis zum 31. März des Folgejahres vorgeschrieben, erlischt der Urlaubsanspruch, wenn der Arbeitnehmer ihn nicht rechtzeitig und formgerecht geltend macht (BAG vom 14.6.1994, DB 1995, S. 832). Im Fall der Übertragung muss er in den ersten drei Monaten des folgenden Kalenderjahres gewährt und genommen werden. Auf das gesamte nächste Kalenderjahr ist jedoch auf Verlangen des Arbeitnehmers ein wegen Nichterfüllung der Wartezeit entstehender Teilurlaubsanspruch (§ 5 Abs. 1a BUrlG) zu übertragen (§ 7 Abs. 3 Satz 4 BUrlG).

Außerdem kann durch Tarifvertrag ein über den 31. März des Folgejahres hinausgehender Übertragungszeitraum vereinbart werden (z. B. BAG vom 7.11.1985, DB 1986, S. 973 ff.) oder durch Arbeitsvertrag vereinbart werden, einen verfallenen Urlaub (vgl. Nr. 21) nach zu gewähren (BAG vom 18.10.2011 – 9 AZR 303/10).

21. Wann verfällt der Urlaubsanspruch?

Wenn der Urlaub nicht innerhalb des Urlaubsjahres oder bei Übertragung in den ersten drei Monaten des nächsten Kalenderjahres genommen wird, so **erlischt** er grundsätzlich **drei Monate nach Ende des Urlaubsjahres** (z. B. Urlaub aus dem Jahr 2016 am 31.3.2017).

Dies ist jedoch nach EuGH (vom 20.1.2009 C-350/06 und C-520/06) nicht zulässig, wenn der Arbeitnehmer nicht die Möglichkeit hatte, den Anspruch auf Urlaub auszuüben, z. B.

a) wenn ein Arbeitnehmer während des gesamten Urlaubsjahres und über den Übertragungszeitraum hinaus krank ist und zu keiner Zeit die Möglichkeit hat, in den Genuss seines bezahlten Jahresurlaubs zu kommen,

b) wenn der Arbeitnehmer nur während eines Teils des Urlaubjahres krankgeschrieben war und die Erkrankung bei Ablauf des Urlaubsjahres und/oder des Übertragungszeitraums fortbesteht oder

c) wenn das Arbeitsverhältnis eines erkrankten Arbeitnehmers endet.

Der Urlaub verfällt deshalb nicht drei Monate nach Ende des Urlaubsjahres in allen Fällen, in denen der Arbeitnehmer aus von ihm nicht zu vertretenden Gründen, etwa aufgrund von Arbeitsunfähigkeit, an der Urlaubnahme gehindert ist (BAG vom 10.7.2012 – 9 AZR 11/11). Er muss in diesen Fällen noch nach Wegfall des Hindernisses, z. B. Ende der langen Krankheit, gewährt und genommen bzw. bei Beendigung des Arbeitsverhältnisses abgegolten werden (BAG vom 24.3.2009 – 9 AZR 983/07 –

vgl. Nr. 33). Dies gilt auch, wenn der Arbeitnehmer eine befristete Rente wegen Erwerbsminderung bezogen hat und eine tarifliche Regelung bestimmt, dass das Arbeitsverhältnis während des Bezugs dieser Rente auf Zeit ruht. Allerdings kann nach BAG (vom 7.8.2012 – 9 AZR 353/10 – und vom 18.9.2012 – 9 AZR 623/10) im Anschluss an den EuGH vom 22.11.2011 (KHS) – C-214/10 dieser übertragene Urlaub **jedenfalls 15 Monate nach Ablauf des Urlaubsjahres verfallen.** Urlaubsansprüche verfallen gemäß § 7 Abs. 3 BUrlG bei andauernder Arbeitsunfähigkeit jeweils am 31. März des zweiten auf das jeweilige Urlaubsjahr folgenden Jahres. Ist ein Arbeitnehmer aus gesundheitlichen Gründen an seiner Arbeitsleistung gehindert, gehen seine gesetzlichen Urlaubsansprüche mit Ablauf des 31. März des zweiten auf das Urlaubsjahr folgenden Jahres unter. Der Verfall tritt nicht bereits vor diesem Zeitpunkt tageweise ein (BAG vom 22.9.2015 – 9 AZR 170/14). Dies gilt auch für gesetzlichen Zusatzurlaub und tariflichen Mehrurlaub, wenn der Tarifvertrag keine vom BUrlG abweichende, für den Arbeitnehmer günstigere Frist- oder Verfallbestimmungen vorsieht (BAG vom 12.11.2013 – 9 AZR 646/12).

Kehrt ein Arbeitnehmer nach Arbeitsunfähigkeit an den Arbeitsplatz genesen zurück und ist der Urlaub nach der o. g. Rechtsprechung noch nicht verfallen, so unterliegt auch der übertragene Urlaub der Verfallfrist des § 7 Abs. 3 BurlG des aktuellen Urlaubsjahres (BAG vom 9.8.2011 – 9 AZR 425/10). D. h., wird ein zunächst arbeitsunfähig erkrankter Arbeitnehmer so rechtzeitig gesund, dass er in der verbleibenden Zeit im Kalenderjahr oder bis 31.3. des Folgejahres seinen Urlaub nehmen kann, so erlischt der aus früheren Zeiträumen stammende Urlaubsanspruch genauso wie der Anspruch, der zu Beginn des Urlaubsjahres neu erstanden ist, am 31.3. des Folgejahres.

Der Urlaubsanspruch verfällt auch nicht, wenn der Arbeitnehmer den ihm zustehenden Urlaub im Bezugszeitraum oder bis zum 31.3. des Folgejahres nicht genommen hat, weil der Arbeitgeber die Vergütung des Urlaubs verweigert hat, der Arbeitnehmer ihn sonst aber genommen hätte; in diesem Fall sind die Ansprüche auf bezahlten Jahresurlaub, die in mehreren Bezugszeiträumen wegen der Weigerung des Arbeitgebers, diese Urlaubszeiten zu vergüten, vom Arbeitnehmer nicht geltend gemacht worden sind, bis zum Zeitpunkt der Beendigung des Arbeitsverhältnisses zu übertragen und gegebenenfalls anzusammeln (EuGH vom 29.11.2017 – C-214/16).

Weitere Ausnahmen: Der Urlaub aus dem Vorjahr erlischt am 31.3. auch nicht, wenn eine schwangere Arbeitnehmerin ihren Urlaub vor Beginn der **Beschäftigungsverbote des MuSchG** nicht oder nicht vollständig erhalten hat: Sie kann nach Ablauf der Fristen den Resturlaub im laufenden oder im nächsten Urlaubsjahr beanspruchen (§ 24 MuSchG). Auch wenn ein Arbeitnehmer vor dem Beginn der **Elternzeit** den ihm zustehenden Urlaub nicht oder nicht vollständig erhalten hat, hat der Arbeitgeber den Resturlaub nach der Elternzeit im laufenden oder im nächsten Urlaubsjahr zu gewähren (§ 17 Abs. 2 BEEG). Dieses ist dann das für das Fristenregime des § 7 Abs. 3 BUrlG maßgebliche Urlaubsjahr (BAG vom 15.12.2015 – 9 AZR 52/15). Schließt sich eine weitere Elternzeit unmittelbar an die erste Elternzeit an, dann wird der vor der ersten Elternzeit entstandene Anspruch auf Erholungsurlaub nach § 17 Abs. 2 BEEG auf die Zeit nach der weiteren Elternzeit übertragen (BAG vom 20.5.2008 – 9 AZR 219/07). Auch wenn ein Arbeitnehmer den ihm zustehenden Urlaub vor Beginn eines **freiwilligen Wehrdienstes** nicht oder nicht vollständig erhalten hat, so hat der Arbeitgeber den Resturlaub nach dem Wehrdienst im laufenden oder im nächsten Urlaubsjahr zu gewähren (§ 4 Abs. 2, §16 Abs. 7 ArbPlSchG).

22. Hat der Arbeitnehmer noch Anspruch auf den Urlaub aus dem vorausgegangenen Jahr, wenn der Arbeitgeber den vom Arbeitnehmer rechtzeitig geltend gemachten Urlaub im Urlaubsjahr oder dem Übertragungszeitraum nicht gewährt hat?

Hat der Arbeitnehmer den Urlaubsanspruch rechtzeitig gegenüber dem Arbeitgeber geltend gemacht, dieser aber den Urlaub vor Ablauf des Urlaubsjahres bzw. des Übertragungszeitraums nicht gewährt, obwohl ihm dies möglich war, so tritt nach Zeitablauf an die Stelle des erloschenen Urlaubsanspruchs als Schadensersatzanspruch (nach § 275 Abs. 1 und Abs. 4, § 280 Abs. 1 und Abs. 3, § 283 Satz 1, § 286 Abs. 1 Satz 1, § 287 Satz 2 und § 249 Abs. 1 BGB) ein Anspruch auf Gewährung eines **Ersatzurlaubs** in gleicher Höhe (st. Rspr., z. B. BAG vom 12.4.2016 – 9 AZR 659/ 14). Der Arbeitnehmer kann also in diesem Fall den Urlaub aus dem vorausgegangenen Jahr noch verlangen.

Der Ersatzurlaub ist nach § 7 Abs. 4 BurlG nur dann abzugelten, wenn er wegen Beendigung des Arbeitsverhältnisses ganz oder teilweise nicht mehr gewährt werden kann. Der Abgeltungsanspruch entsteht nur bei der rechtlichen Beendigung des Arbeitsverhältnisses, nicht aber bereit bereits beim Übergang von der Arbeits- in die Freistellungsphase bei Altersteilzeit im Blockmodell (BAG vom 16.5.2017 – 9 AZR 572/16).

Zu berücksichtigen ist auch das Urteil des EuGH vom 29.11.2017 – C-214/16 (vgl. Nr. 21).

23. Darf der Urlaub im laufenden Arbeitsverhältnis in Geld abgegolten werden?

Grundsätzlich gilt ein Verbot der Urlaubsabgeltung im bestehenden Arbeitsverhältnis (bei Beendigung des Arbeitsverhältnisses vgl. Nr. 33). Allerdings können die Tarifvertragsparteien eine Abgeltungsregelung für den über den gesetzlichen Urlaub hinausgehenden Teil des tariflichen Urlaubs treffen, wenn der Arbeitnehmer bei fortbestehendem Arbeitsverhältnis den Urlaub wegen Arbeitsunfähigkeit nicht vor Ablauf des Urlaubsjahres oder des Übertragungszeitraums im folgenden Jahr nehmen konnte (BAG vom 26.5.1983, BB 1983, S. 2259; vgl. auch BAG vom 9.11.1999 – 9 AZR 797/98). Bestimmt eine Tarifvorschrift, dass die Abgeltung des Urlaubsanspruchs bei längerer Krankheit möglich ist, so entsteht der Anspruch nicht erst, wenn der Arbeitnehmer sechs Wochen oder länger krank ist. Eine Krankheitsdauer von 24 Kalendertagen ist bereits als längere Krankheit im Sinne der Tarifbestimmung anzusehen (BAG vom 24.11.1992, DB 1993, S. 641). Auch eine tarifvertragliche Urlaubsabgeltungsregelung für bereits verfallenen Urlaub im fortbestehenden Arbeitsverhältnis ist zulässig (BAG vom 13.11.1986, AP Nr. 28 zu § 13 BUrlG).

24. Ist dem Arbeitnehmer erlaubt, während des Urlaubs zu arbeiten?

Ein Arbeitnehmer darf während des Urlaubs keine dem Urlaubszweck widersprechende Erwerbstätigkeit leisten (§ 8 BUrlG). Gefälligkeitsleistungen fallen schon deshalb nicht unter das Verbot, weil keine Erwerbstätigkeit im Vordergrund steht. Verboten sind nur solche Tätigkeiten, bei denen der Erwerbszweck im Vordergrund steht. Deshalb fallen Arbeiten, die primär aus ideellen Gründen erfolgen, z. B. gemeinnützige Arbeiten in internationalen Jugendlagern während des Urlaubs, nicht unter das Verbot. Als nicht dem Urlaubszweck widersprechend und damit ebenfalls erlaubt, sind solche Arbeiten des Arbeitnehmers anzusehen, die er auch ohne den Urlaub verrichtet hätte oder hätte verrichten können, insbesondere Arbeiten im eigenen Interesse sowie Arbeiten, die einen Ausgleich zur bisherigen Tätigkeit darstellen, z. B. körperliche Arbeit für kaufmännische Angestellte, soweit sie nicht im Übermaß erfolgen.

Über das Verbot der Erwerbstätigkeit (§ 8 BUrlG) hinaus gibt es grundsätzlich keine Verpflichtung des Arbeitnehmers, sich urlaubsgemäß zu verhalten und sich in seinem Urlaub zu erholen. Selbst wenn ein Arbeitnehmer durch eine weite Reise sich während des Urlaubs mehr anstrengt als erholt, ergibt sich daraus keine Folge für das Urlaubsentgelt. Verstößt ein Arbeitnehmer jedoch gegen das Verbot der dem Urlaubszweck widersprechenden Erwerbstätigkeit, so kann der Arbeitgeber auf Unterlassung der verbotenen Tätigkeit klagen und gegebenenfalls im Wege der einstweiligen Verfügung vorgehen.

25. Welche Folgen hat eine Erkrankung vor oder während des Urlaubs?

a) Wenn der Arbeitnehmer **vor oder bei Beginn des Urlaubs** arbeitsunfähig erkrankt, ist der Urlaub zu verschieben und vom Arbeitgeber neu festzusetzen (vgl. Nr. 21). Dies gilt auch für den Urlaub während der Betriebsferien (vgl. Nr. 17). Nach der Rechtsprechung des EuGH (vom 10.9.2009 – C-277/08) ergibt sich aus Art. 7 Abs. 1 der Arbeitszeitrichtlinie, dass ein Arbeitnehmer, der während eines im Voraus festgelegten Urlaubs arbeitsunfähig ist, nach Wiedererlangung der Arbeitsfähigkeit berechtigt ist, den Urlaub zu einem anderen als den ursprünglich festgelegten Zeitraum in Anspruch zu nehmen, auch noch nach Ablauf des Urlaubsjahres. Der EuGH hat klargestellt, dass der Arbeitnehmer nicht gegen seinen Willen verpflichtet werden kann, Urlaub während seiner Erkrankung in Anspruch zu nehmen.

b) Erkrankt der Arbeitnehmer **während des Urlaubs**, so werden die durch ärztliches Zeugnis (Arbeitsunfähigkeitsbescheinigung) nachgewiesenen Tage der Arbeitsunfähigkeit auf den Jahresurlaub nicht angerechnet (§ 9 BUrlG). Die Arbeitsunfähigkeitsbescheinigung kann auch von einem ausländischen Arzt ausgestellt sein. Für die durch ärztliches Zeugnis nachgewiesenen Tage der Arbeitsunfähigkeit ist der Urlaub nachzugewähren; der Urlaub verlängert sich jedoch nicht automatisch um diese Tage, sondern ist neu festzusetzen. Für die nach § 9 BUrlG nicht angerechneten Tage der Arbeitsunfähigkeit während des Urlaubs ist das vor Beginn des Urlaubs gewährte Urlaubsentgelt zurückzuzahlen bzw. – soweit für diese Zeit Anspruch auf Lohn- oder Gehaltsfortzahlung besteht – mit diesem zu verrechnen.

26. Darf der Arbeitgeber bei langandauernder Arbeitsunfähigkeit die Urlaubsgewährung verweigern oder den Urlaub entsprechend der Krankheitsdauer kürzen?

Der Arbeitgeber darf den Urlaub weder verweigern noch kürzen, wenn der Arbeitnehmer durch langandauernde Arbeitsunfähigkeit gehindert ist, den Urlaub im Urlaubsjahr oder im Übertragungszeitraum zu nehmen. Auch wenn der Arbeitnehmer krankheitsbedingt im Urlaubsjahr nur eine geringe oder gar keine Arbeitsleistung erbracht hat, verliert er dadurch grundsätzlich nicht den Anspruch auf Erholungsurlaub (BAG vom 28.1.1982 und vom 8.3.1984, AP Nr. 11 zu § 3 BUrlG und DB 1984, S. 1883 ff.).

27. Wann dürfen Kuren auf den Urlaub angerechnet werden?

Maßnahmen der medizinischen Vorsorge oder Rehabilitation dürfen nach § 10 BUrlG nicht auf den Urlaub angerechnet werden, soweit der Arbeitnehmer Anspruch auf Entgeltfortzahlung im Krankheitsfalle hat (vgl. Kapitel 13 Nr. 31).

Kein Anspruch auf Entgeltfortzahlung besteht u. a. bei:

- Kuren, die nicht in einer Einrichtung der medizinischen Vorsorge oder Rehabilitation durchgeführt werden,
- Kuren als Folge selbst verschuldeter Arbeitsunfähigkeit,
- Überschreiten der sechswöchigen Anspruchsdauer.

In diesen Fällen kann der Arbeitgeber Kuren grundsätzlich auf den Urlaub anrechnen, soweit der Arbeitnehmer seinen Jahresurlaub nicht bereits verbraucht hat und die Anrechnung durch den Arbeitgeber vor der Kur erklärt wird (vgl. BAG vom 26.11.1964, AP Nr. 2 zu § 611 BGB Urlaub und Kur).

28. Was und wie hoch ist das Urlaubsentgelt?

Das **Urlaubsentgelt** ist das Arbeitsentgelt, das während des Urlaubs des Arbeitnehmers gezahlt wird (BAG vom 20.6.2000, DB 2000, S. 2327); denn der gesetzliche Erholungsurlaub ist stets bezahlter Jahresurlaub. Das Urlaubsentgelt ist vor Antritt des Urlaubs auszuzahlen (§ 11 Abs. 2 BUrlG). Zulässig ist jedoch auch eine Vereinbarung, nach der mit der monatlichen Zahlung des Arbeitsentgelts zusätzlich ein Vorschuss auf das Urlaubsentgelt gezahlt wird (BAG vom 8.12.1998, DB 1999, S. 1761). Von einem Arbeitnehmer kann jedoch nicht verlangt werden, zunächst seinen Urlaub zu nehmen, ehe er feststellen kann, ob er für diesen Urlaub Anspruch auf Bezahlung hat. Dies wäre auch nicht mit EU-Recht vereinbar (EuGH vom 29. 11.2017 – C-214/16).

Durch das Erfordernis der Zahlung dieses Urlaubsentgelts soll der Arbeitnehmer während des Jahresurlaubs in eine Lage versetzt werden, die in Bezug auf das Entgelt mit den Zeiten geleisteter Arbeit vergleichbar ist (BAG vom 10.2.2015 – 9 AZR 455/13). Urlaubsentgelt ist ebenso wie Arbeitsentgelt und im gleichen Umfang pfändbar. Die Pflicht zur Fortzahlung des Entgelts bezieht sich auch auf Überstunden, die der Arbeitnehmer ohne Arbeitsbefreiung während des Urlaubszeitraums verrichtet hätte (BAG vom 9.11.1999 – 9 AZR 771/98). Die **Höhe** des Urlaubsentgelts bemisst sich für jeden Urlaubstag nach dem durchschnittlichen Arbeitsverdienst, den der Arbeitnehmer in den letzten dreizehn Wochen vor dem Beginn des Urlaubs erhalten hat (§ 11 Abs. 1 BUrlG) bzw. unter Zugrundelegung des Mindestlohns hätte erhalten müssen.

a) **Berechnung bei Fünf-Tage-Woche**

Der Gesamtarbeitsverdienst des Berechnungszeitraums wird durch 65 Arbeitstage (78 Werktage minus 13 arbeitsfreie Tage) geteilt; dieser Betrag ist dann an allen Urlaubstagen mit Ausnahme des arbeitsfreien Wochentages als Urlaubsentgelt zu zahlen.

b) **Berechnung bei Sechs-Tage-Woche**

Wird der Arbeitnehmer an sechs Tagen pro Woche beschäftigt, ist der Gesamtarbeitsverdienst des Berechnungszeitraums durch 78 Arbeitstage/Werktage zu teilen und mit der Anzahl der Urlaubstage zu multiplizieren.

Für die Berechnung des Urlaubsentgelts in sog. Freischichtenmodellen bleiben die in den Berechnungszeitraum fallenden Freischichttage unberücksichtigt, weil diese keine Arbeitstage sind (BAG vom 24.9.1996, DB 1997, S. 1038).

29. Was ist beim Arbeitsverdienst der letzten Wochen zu berücksichtigen?

Zu diesem Arbeitsverdienst der Bezugszeit gehören Lohn, Gehalt und Ausbildungsvergütung in dem 13-Wochen-Zeitraum vor Urlaubsbeginn, auch wenn sie nicht regelmäßig erzielt werden, sowie alle sonstigen Zahlungen, die nicht Ersatz für den Aufwand darstellen, den der Arbeitnehmer während des Urlaubs nicht betreiben muss. Zu den einzubeziehenden **Zulagen** gehören deshalb Leistungs-, Erschwernis-, Sozial-, Schmutz-, Gefahren- und Auslandszulagen, Zuschläge für Sonn- und Feiertagsarbeit sowie Rufbereitschaftsvergütungen (BAG vom 20.6.2000 – 9 AZR 437/99). **Nicht** zu berücksichtigen ist der zusätzlich für **Überstunden** gezahlte Arbeitsverdienst, soweit nicht im Arbeitsvertrag oder Tarifvertrag eine zugunsten des Arbeitnehmers günstigere als die gesetzliche Bemessungsvorschrift vorgesehen ist.

Erfolgsabhängige Vergütungen wie Akkordlohn, Provisionen für Vermittlung und Abschluss von Geschäften (BAG vom 11.4.2000, DB 2000, S. 2531) und Bedienungsprozente sind neben dem wirklichen während der letzten 13 Wochen vor Urlaubsbeginn gezahlten Arbeitsverdienst zu berücksichtigen. Gewinnbeteiligungen, Umsatzprovisionen und Gratifikationen erfolgen meist nicht für die unmittelbare tatsächliche Arbeitsleistung, sondern für die Gesamtleistung des Arbeitnehmers für einen längeren Zeitraum, meist eines Jahres. Sie bleiben deshalb in der Regel für die Berechnung des Urlaubsentgelts außer Ansatz. **Sachbezüge**, die Teil des Arbeitsentgelts sind, sind grundsätzlich für die Zeit des Urlaubs fortzugewähren. Ist dies nicht möglich, sind sie angemessen in bar abzugelten.

30. Wie wirken sich Verdiensterhöhungen oder Verdienstkürzungen während des Bezugszeitraums oder des Urlaubs aus?

a) Bei **Verdiensterhöhungen** nicht nur vorübergehender Natur, die während des Berechnungszeitraums oder des Urlaubs eintreten, ist von dem erhöhten Verdienst auszugehen (§ 11 Abs. 1 Satz 2 BUrlG). Hierzu zählen vor allem tarifvertragliche und einzelvertragliche Lohn- und Gehaltserhöhungen, aber auch Sozialzulagen sowie Provisionserhöhungen. Bei Verdiensterhöhungen während des Berechnungszeitraums ist die Berechnung so vorzunehmen, als sei die Erhöhung mit Beginn des Bezugszeitraums eingetreten (BAG vom 9.12.1965, AP Nr. 2 zu § 11 BUrlG). Wenn die Verdiensterhöhung während des Urlaubs eintritt, so ist das erhöhte Entgelt erst von diesem im Urlaub liegenden Zeitpunkt an zu berücksichtigen.

b) **Verdienstkürzungen**, die im Berechnungszeitraum infolge von Kurzarbeit, Arbeitsausfällen oder unverschuldeter Arbeitsversäumnis eintreten, bleiben für die Berechnung des Urlaubsentgelts außer Betracht (§ 11 Abs. 1 Satz 3 BUrlG).

31. Wie ist das Urlaubsentgelt eines teilzeitbeschäftigten Arbeitnehmers zu berechnen?

Die unter Nr. 28–30 dargestellte Berechnungsmethode gilt auch für den teilzeitbeschäftigten Arbeitnehmer. Arbeitet er an allen betrieblichen Arbeitstagen, aber nur für eine kürzere Stundenzahl, ist die Urlaubsentgeltberechnung also unverändert nach § 11 BUrlG vorzunehmen. Arbeitet er nicht an allen betrieblichen Arbeitstagen, so ist das in dem Berechnungszeitraum von 13 Wochen vor Beginn des Urlaubs tatsächlich verdiente Arbeitsentgelt durch die Zahl der tatsächlichen Arbeitstage dieses Zeitraums zu teilen. Der sich daraus ergebende durchschnittliche Tagesverdienst ist dann nur für die Urlaubstage zu zahlen, an denen der Arbeitnehmer effektiv von der Arbeit freigestellt wird.

32. Wann besteht Anspruch auf zusätzliches Urlaubsgeld?

Über die Zahlung eines zusätzlichen Urlaubsgeldes gibt es keine gesetzlichen Vorschriften. Diese Leistung wird aufgrund tarifvertraglicher, betrieblicher oder auch einzelvertraglicher Regelungen, aber auch als freiwillige Leistung des Arbeitgebers gewährt. Die Voraussetzungen, unter denen sie gewährt werden, ergeben sich aus der jeweiligen Rechtsgrundlage; z. B. ob die Verpflichtung unabhängig von der erbrachten Arbeitsleistung, der Dauer oder der Lage des Urlaubs ist (vgl. BAG vom 18.3.1997, DB 1997, S. 681; vgl. auch BAG vom 19.1.1999, DB 1999, S. 1761). Allerdings dürfen Teilzeitbeschäftigte nicht vom Bezug des Urlaubsgeldes ausgeschlossen werden (BAG vom 23.4.1996, DB 1996, S. 2290). Wenn der Anspruch auf Urlaubsgeld für jeden genommenen und damit entstandenen Urlaubstag besteht, teilt er damit den von einer Arbeitsleistung unabhängigen Charakter des Urlaubs (BAG vom 22.7.2014 – 9 AZR 981/12).

Insgesamt ist ein Urlaubsgeld für ca. 95 % der Arbeitnehmer in den Geltungsbereichen der Tarifverträge vorgesehen. Das zusätzliche Urlaubsgeld wird je nach Tarifvertrag entweder als Prozentsatz des Monatseinkommens, als Pauschbetrag für den gesamten Urlaub oder als Betrag je Urlaubstag berechnet. Ist ein tarifvertragliches Urlaubsgeld mit dem Urlaubsentgelt verknüpft (akzessorisch), ist es erst dann zu zahlen, wenn auch ein Anspruch auf Urlaubsentgelt fällig ist (BAG vom 19.5.2009 – 9 AZR 477/07).

33. Wann und in welcher Höhe erhält der Arbeitnehmer bei Beendigung des Arbeitsverhältnisses eine Urlaubsabgeltung?

a) Der Urlaub, der noch nicht verfallen ist (vgl. Nr. 21), ist **abzugelten**, wenn er **wegen Beendigung des Arbeitsverhältnisses** ganz oder teilweise nicht mehr gewährt werden konnte (§ 7 Abs. 4 BUrlG). Dies gilt auch für Ansprüche auf bezahlten Jahresurlaub, die vom Arbeitnehmer wegen der Weigerung des Arbeitgebers, diese Urlaubszeiten zu vergüten, nicht geltend gemacht worden sind und deshalb bis zum Zeitpunkt der Beendigung des Arbeitsverhältnisses zu übertragen waren (dazu vgl. Nr. 21). Mit der Beendigung des Arbeitsverhältnisses wandelt sich ein bis dahin noch nicht erfüllter Urlaubsanspruch des Arbeitnehmers in einen Abgeltungsanspruch um, ohne dass es weiterer Handlungen des Arbeitgebers oder des Arbeitnehmers bedarf. Einigen sich die Parteien in einem Vergleich über eine rückwirkende Auflösung des Arbeitsverhältnisses, ist der Abgeltungsanspruch bereits mit dem vereinbarten Ende des Arbeitsverhältnisses entstanden (BAG vom 21.9.1999 – 9 AZR 705/98). Bei Altersteilzeit im Blockmodell entsteht der Urlaubsabgeltungsanspruch nicht bereits bei Übergang von der Arbeits- in die Freizeitphase sondern erst mit dem vereinbarten Ende des Arbeitsverhältnisses (BAG vom 16.10.2012 – 9 AZR 234/11).

b) Der Anspruch auf Urlaubsabgeltung entsteht unabhängig davon, ob der Freistellungsanspruch bei Fortbestehen des Arbeitsverhältnisses hätte erfüllt werden können (BAG vom 23.3.2010 – 9 AZR 128/09). Der Urlaub ist bei Beendigung des Arbeitsverhältnisses auch dann abzugelten, wenn der Arbeitnehmer bei Beendigung des Arbeitsverhältnisses krank ist und deshalb seinen Urlaub nicht nehmen kann. Dies gilt entgegen der früheren BAG-Rechtsprechung selbst dann, wenn der Arbeitnehmer dauernd arbeitsunfähig ist (EUGH vom 20.1.09 – C-350/06 und C-520/06 und ihm folgend das BAG vom 24.3.2009 – 9 AZR 983/07) oder das Arbeitsverhältnis durch Tod des Arbeitnehmers endet (EuGH vom 12.6.2014 – C-118/13). Der Schwerbehindertenzusatzurlaub aus § 208 Abs. 1 Satz 1 SGB IX ist ebenso wie der Mindesturlaub nach dem Ende des Arbeitsverhältnisses abzugelten, wenn der Zusatzurlaub nicht gewährt werden konnte, weil der Arbeitnehmer arbeitsunfähig krank war (BAG vom 23.3.2010 – 9 AZR 128/09).

c) Der Anspruch auf Urlaubsabgeltung entsteht gemäß § 7 Abs. 4 BUrlG mit dem Ende des Arbeitsverhältnisses als **reiner Geldanspruch** und wird sofort fällig (BAG vom 6.5.2014 – 9 AZR 758/12). Dies gilt auch für den Fall, dass der der Arbeitnehmer zu diesem Zeitpunkt noch arbeitsunfähig ist (BAG vom 9.8.2011 – 9 AZR 352/10 – und BAG vom 21.2.2012 – 9 AZR 486/10); er unterfällt deshalb nicht dem Fristenregime des § 7 Abs. 3 BurlG (BAG vom 19.6.2012 – 9 AZR 652/10 –; vgl. auch Nr. 21). Vorbehaltlich abweichender Tarifbestimmungen unterfällt ein Urlaubsabgeltungsanspruch als reiner Geldanspruch denselben tariflichen Bedingungen wie alle übrigen Zahlungsansprüche der Arbeitsvertragsparteien (BAG vom 6.5.2014 – 9 AZR 758/12). Auf den Urlaubsabgeltungsanspruch sind wie bei anderen Geldansprüchen einzel- und tarifvertragliche Ausschlussfristen anzuwenden (BAG vom 9.8.2011 – 9 AZR 365/10); dies gilt auch für die Abgeltung des Zusatzurlaubs nach § 208 SGB IX (BAG vom 13.12.2011 – 9 AZR 399/10). Art. 7 EGRL 88/2003 gebietet nicht, dass eine Ausschlussfrist für den Urlaubsabgeltungsanspruch die Dauer des Bezugszeitraums des Urlaubsanspruchs deutlich übersteigt. Eine zweimonatige Ausschlussfrist genügt unionsrechtlichen Anforderungen an die Gleichwertigkeit und Effektivität der Regelung (BAG vom 6.5.2014 – 9 AZR 758/12). Auch der Anspruch auf Abgeltung des nach lang andauernder Arbeitsunfähigkeit bestehenden gesetzlichen Mindesturlaubs kann aufgrund tariflicher Ausschlussfristen verfallen (BAG vom 8.4.2014 – 9 AZR 550/12). Die Urlaubsabgeltung ist wie das Urlaubsentgelt (vgl. Nr. 28) pfändbar (BAG vom 28.8.2001 – 9 AZR 611/99).

d) In welcher Höhe im Zeitpunkt einer Beendigung des Arbeitsverhältnisses Urlaubsabgeltungsansprüche zustehen, hängt von der Höhe des Urlaubsanspruchs, der Lage des Beendigungszeitpunkts des Arbeitsverhältnisses sowie der tarifvertraglichen Regelung ab, wenn dem Urlaubsanspruch eine tarifvertragliche Regelung zugrunde liegt. Für die Höhe der Urlaubsabgeltung ist die Höhe des Urlaubsentgelts maßgebend, das während der Dauer des Urlaubs zu zahlen gewesen wäre. Der Arbeitnehmer soll so gestellt werden, als hätte er seinen Urlaubsanspruch während des Bestehens seines Arbeitsverhältnisses ausgeübt (EuGH vom 20.1.2009 – C-350/06 und C-520/06).

e) Nimmt der Arbeitgeber bei Zahlung der Urlaubsabgeltung keine nach Urlaubsjahren differenzierte Leistungsbestimmung i. S. v. § 366 Abs. 1 BGB vor, sondern gibt in der Abrechnung als Leistungszweck der Zahlung nur „Urlaubsabgeltung / Tag" an, ist dies nach §§ 133, 157 BGB so zu verstehen, dass jeglicher etwaig bestehender Abgeltungsanspruch erfüllt werden sollte (BAG vom 15.10.2013 – 9 AZR 302/12). Der Urlaubsabgeltungsanspruch nach § 7 Abs. 4 BUrlG ist nicht auf den gesetzlichen Mindesturlaub i. S. von §§ 1, 3 BUrlG beschränkt, sondern umfasst den gesamten Urlaubsanspruch des Arbeitnehmers, der bei der Beendigung noch nicht erfüllt ist. Dies gilt nicht nur für den den gesetzlichen Urlaubsanspruch übersteigenden tarifvertraglichen Urlaubsanspruch sondern auch für den über den Mindesturlaub hinausgehenden einzelvertraglichen Urlaubsanspruch, wenn keine besonderen Vereinbarungen getroffen wurden (BAG vom 22.10.2009 – 8 AZR 865/08).

f) **Teilurlaubsansprüche** sind unter den gleichen Voraussetzungen abzugelten wie Vollurlaubsansprüche (BAG vom 25.8.1987, DB 1988, S. 447 und vom 24.3.2009 – 9 AZR 983/07).

g) Schließt ein Arbeitsverhältnis an ein Berufsausbildungsverhältnis zu demselben Arbeitgeber an, ist die Abgeltung von noch nicht erfüllten (Teil-) Urlaubsansprüchen aus dem Berufsausbildungsverhältnis ausgeschlossen. Diese Urlaubsansprüche sind nach den für das Arbeitsverhältnis maßgebenden Vorschriften zu erfüllen (BAG vom 29.11.1984 – 6 AZR 238/82).

34. Urlaubsabgeltung in besonderen Fällen

a) Wenn das Arbeitsverhältnis während der **Elternzeit** endet (durch wirksame Befristung oder durch eine ausnahmsweise nach § 18 Abs. 1 Satz 2 BEEG für zulässig erklärte Kündigung) oder im Anschluss daran nicht fortgesetzt wird, hat der Arbeitgeber den noch nicht gewährten Urlaub abzugelten (§ 17 Abs. 3 BEEG).

b) Auch wenn das Arbeitsverhältnis während des **freiwilligen Wehrdienstes** endet oder der Arbeitnehmer das Arbeitsverhältnis nach Ende des Wehrdienstes nicht fortsetzt, ist der Resturlaub abzugelten (§ 4 Abs. 3 i. V. m. § 16 Abs. 7 ArbPlSchG).

35. Urlaubsabgeltungsanspruch für Erben?

Nach der Rechtsprechung des EuGH ist es europarechtlich unzulässig, dass der Anspruch auf bezahlten Jahresurlaub ohne Begründung eines Abgeltungsanspruchs für nicht genommenen Urlaub untergeht, wenn das Arbeitsverhältnis durch den Tod des Arbeitnehmers endet (so aber die frühere Rechtsprechung des BAG). Eine solche Abgeltung könne auch nicht davon abhängen, dass der Betroffene im Vorfeld einen Antrag gestellt hat (EuGH vom 12.6.2014 – C-118/13). Damit kann der Abgeltungsanspruch auch bei Beendigung des Arbeitsverhältnisses mit dem Tod entstehen und ist vererblich (anders jetzt aber BAG vom 16.5.2017 – 9 AZR 572/16, der die Frage erneut dem EuGH vorgelegt hat).

36. Kann von den Bestimmungen des Bundesurlaubsgesetzes durch Vereinbarungen abgewichen werden?

a) Abweichungen vom Bundesurlaubsgesetz sind in **Einzelarbeitsverträgen** oder **Betriebsvereinbarungen** nur zugunsten des Arbeitnehmers zulässig (§ 13 Abs. 1 Satz 3 BUrlG). Der Anspruch auf Mindestjahresurlaub nach §§ 1, 3 BUrlG ist arbeitsvertraglichen Dispositionen entzogen. Unwirksam ist deshalb eine arbeitsvertragliche Regelung, die abweichend von den §§ 4 und 5 BUrlG bei Eintritt oder

Ausscheiden während eines Kalenderjahres stets eine nur anteilige Urlaubsgewährung vorsieht (zuletzt BAG vom 16.12.2015 – 9 AZR 295/13). Die Parteien des Einzelarbeitsvertrages können jedoch Urlaub- und Urlaubsabgeltungsansprüche, die den von § 3 Abs. 1 BUrlG begründeten Mindestjahresurlaub von vier Wochen übersteigen, frei regeln (BAG vom 24.3.2009 – 9 AZR 983/07).

b) In **Tarifverträgen** kann von den Regelungen des Bundesurlaubsgesetzes abgesehen vom Urlaubsgrundsatz (§ 1 BUrlG), vom Geltungsbereich (§ 2 BUrlG) und der Mindestdauer (§ 3 Abs. 1 BUrlG) auch zuungunsten des Arbeitnehmers abgewichen werden (§ 13 Abs. 1 Satz 1 BUrlG). Die gesetzliche Unabdingbarkeit erstreckt sich auch auf den Urlaubabgeltungsanspruch nach § 7 Abs. 4 BUrlG (BAG vom 20.1.2009 – 9 AZR 650/07). Da nach § 13 Abs. 1 Satz 1 BUrlG in Tarifverträgen nicht von §§ 1, 2 und 3 Abs. 1 BUrlG abgewichen werden kann, vermindert sich trotz des Ruhens des Arbeitsverhältnisses und einer entsprechenden tarifvertraglichen Regelung der gesetzliche Urlaubsanspruch nicht (BAG vom 6.5.2014 – 9 AZR 678/12). Weiter gehende Tarifvorschriften können für das Baugewerbe und sonstige Wirtschaftszweige mit üblicherweise kurzfristigen Arbeitsverhältnissen in Folge eines häufigen Ortswechsels vereinbart werden, soweit dies zur Sicherung eines zusammenhängenden Jahresurlaubs für alle Arbeitnehmer erforderlich ist (§ 13 Abs. 2 BUrlG). Die Tarifverträge dürfen dabei jedoch nicht den durch das EU-Recht gewährleisteten Anspruch auf vier Wochen bezahlten Jahresurlaub antasten. Die abweichenden Tarifbestimmungen gelten auch zwischen nichtgebundenen Arbeitgebern und Arbeitnehmern, wenn zwischen diesen die Anwendung der einschlägigen tariflichen Urlaubsregelung vereinbart ist (§ 13 Abs. 1 Satz 2 BUrlG) oder dieser für allgemeinverbindlich erklärt worden ist.

Die **Tarifvertragsparteien** dürfen das Urlaubsentgelt nach dem konkreten Lohnausfall ebenso bemessen wie nach dem Durchschnitt der letzten vor der Urlaubsgewährung abgerechneten zwölf Kalendermonate (BAG vom 3.12.2002 – 9 AZR 535/01). Die Tarifvertragsparteien haben nur einen eingeschränkten Gestaltungsspielraum, wenn sie für den gesetzlichen Mindesturlaub von § 11 Abs. 1 BUrlG abweichende Bemessungsregeln aufstellen. Es muss mindestens das Entgelt sichergestellt sein, das bei Fortführung der Arbeit ohne urlaubsbedingte Freistellung gewöhnlich verdient würde (BAG vom 21.9.2010 – 9 AZR 510/09). Sie dürfen zwar jede Methode zur Berechnung des Urlaubsentgelts heranziehen, die ihnen geeignet erscheint, ein Urlaubsentgelt sicherzustellen, wie es der Arbeitnehmer bei Weiterarbeit ohne Freistellung voraussichtlich hätte erwarten können. Damit sind allerdings Regelungen nicht vereinbar, die das Ziel der **Kürzung des Urlaubsentgelts** im Vergleich zum Arbeitsentgelt verfolgen (BAG vom 22.1.2002 – 9 AZR 601/00). Überschreitet eine tarifvertragliche Regelung die Grenzen des Regelungsspielraums, steht dem Arbeitnehmer hinsichtlich des gesetzlichen Mindesturlaubsanspruchs nach § 611 Abs. 1 BGB in Verbindung mit § 11 Abs. 1 BurlG ein Urlaubsentgeltanspruch unter Berücksichtigung der im gesetzlichen Referenzzeitraums (letzte 13 Wochen vor Urlaubsbeginn) gezahlten Arbeitsentgelts (inkl. Prämien) zu (BAG vom 15.12.2009 – 9 AZR 887/08).

c) Über den gesetzlichen Mindesturlaub kann ein Arbeitnehmer weder durch Erlass-Vertrag noch durch negatives Schuldanerkenntnis verfügen (BAG vom 31.5.1990, DB 1991, S. 392). Gemäß § 13 Abs. 1 BUrlG kann von der Regelung in § 7 Abs. 4 BUrlG, wonach der Urlaub abzugelten ist, wenn er wegen Beendigung des Arbeitsverhältnisses ganz oder teilweise nicht mehr gewährt werden kann, nicht zu Ungunsten des Arbeitnehmers abgewichen werden. Diese Regelung hindert einzelvertragliche Abreden, die das Entstehen von Urlaubsabgeltungsansprüchen ausschließen, steht nach BAG einem Verzicht des Arbeitnehmers auf Urlaubsabgeltung jedoch nicht entgegen (BAG vom 14.5.2013 – 9 AZR 844/11).

16. Bildungsurlaub

1. Was bedeutet Anspruch auf einen Bildungsurlaub?

a) **Bildungsurlaub** bedeutet bezahlte oder unbezahlte Freistellung des Arbeitnehmers von der Arbeit zum Zwecke der beruflichen oder staatsbürgerlich-politischen, teilweise auch der allgemeinen Weiterbildung.

Ein bundeseinheitlicher gesetzlicher Anspruch auf einen bezahlten Bildungsurlaub besteht zwar nicht. Er ist aber für Arbeitnehmer, zur Ausbildung Beschäftigte und arbeitnehmerähnliche Personen in den meisten Landesgesetzen unter unterschiedlichen Voraussetzungen vorgesehen. Die Arbeitnehmer müssen die Inanspruchnahme und zeitliche Lage des Bildungsurlaubs dem Arbeitgeber so früh wie möglich, in der Regel zwischen vier und sechs Wochen vorher, mitteilen. Der Arbeitgeber darf den Bildungsurlaub im Allgemeinen nur aus betrieblichen Gründen oder bei entgegenstehenden Urlaubswünschen anderer Arbeitnehmer ablehnen. Überwiegend ist nur die Teilnahme an anerkannten Veranstaltungen der beruflichen und/oder politischen Weiterbildung möglich.

b) Einen bundesgesetzlichen Anspruch auf Teilnahme an Schulungs- und Bildungsveranstaltungen haben darüber hinaus:

- Mitglieder des Betriebsrats und der Jugend- und Auszubildendenvertretung (§§ 37, 65 BetrVG)
- Betriebsärzte und Fachkräfte für Arbeitssicherheit (§§ 2, 5 ASiG)
- Vertrauensmänner und Vertrauensfrauen der schwerbehinderten Menschen (§ 179 Abs. 4 SGB IX).

c) Auch in einer Reihe von Tarifverträgen ist ein Anspruch auf einen – allerdings vielfach unbezahlten – Bildungsurlaub vorgesehen.

d) Ferner haben Arbeitnehmer, die ehrenamtlich in der Jugendarbeit aktiv sind, einen gesetzlichen, teilweise tarifvertraglichen Anspruch auf einen weitgehend unbezahlten Sonderurlaub von 12 Arbeitstagen.

2. In welchen Bundesländern gibt es derzeit Bildungsurlaubsgesetze?

- Baden-Württemberg: Bildungszeitgesetz Baden-Württemberg
- Berlin: Berliner Bildungsurlaubsgesetz
- Brandenburg: Brandenburgisches Weiterbildungsgesetz
- Bremen: Bremisches Bildungsurlaubsgesetz
- Hamburg: Hamburgisches Bildungsurlaubsgesetz
- Hessen: Hessisches Gesetz über den Anspruch auf Bildungsurlaub
- Mecklenburg-Vorpommern: Bildungsfreistellungsgesetz Mecklenburg-Vorpommern
- Niedersachsen: Niedersächsisches Gesetz über den Bildungsurlaub für Arbeitnehmerinnen und Arbeitnehmer
- Nordrhein-Westfalen: Arbeitnehmerweiterbildungsgesetz Nordrhein-Westfalen
- Rheinland-Pfalz: Landesgesetz über die Freistellung von Arbeitnehmerinnen und Arbeitnehmern für Zwecke der Weiterbildung (Bildungsfreistellungsgesetz – BFG)
- Saarland: Saarländisches Bildungsfreistellungsgesetz

- Sachsen-Anhalt: Gesetz zur Freistellung von der Arbeit für Maßnahmen der Weiterbildung
- Schleswig-Holstein: Weiterbildungsgesetz
- Thüringen: Thüringer Bildungsfreistellungsgesetz

In Bayern und Sachsen gibt es keine Bildungsurlaubsgesetze.

17. Beschäftigungspflicht

1. Kann der Arbeitgeber den Arbeitnehmer ohne dessen Zustimmung unter Fortzahlung des Arbeitsentgelts freistellen?

a) Ein Arbeitnehmer hat nicht nur die Pflicht, sondern grundsätzlich auch einen Anspruch auf Beschäftigung (BAG GS vom 27.2.1985, DB 1985, S. 551, 2197, und DB 1986, S. 108, 692) und damit korrespondierend der Arbeitgeber eine Beschäftigungspflicht (BAG vom 24.6.2015 – 5 AZR 462/14). Der Arbeitnehmer kann also verlangen, dass der Arbeitgeber ihn mit der vereinbarten Arbeit beschäftigt, wenn sie dem Arbeitnehmer rechtlich und tatsächlich möglich ist (vgl. dazu Kapitel 13 Nr. 40). Der Beschäftigungsanspruch besteht nur dann nicht, wenn ihm überwiegende und schutzwürdige Interessen des Arbeitgebers entgegenstehen (BAG vom 19.8.1976, NJW 1977, S. 215).

Beispiel:

Wegen einer Betriebsstörung kann der Arbeitgeber den Arbeitnehmer zurzeit nicht beschäftigen.

b) Der Beschäftigungsanspruch besteht **auch** in dem in der Praxis bedeutsamen Fall nach Ausspruch einer Kündigung **während der Kündigungsfrist**. Auch in diesem Fall ist eine bezahlte Freistellung gegen den Willen des Arbeitnehmers nur ausnahmsweise bei überwiegenden schutzwürdigen Interessen des Arbeitgebers zulässig (BAG vom 19.8.1976, DB 1976, S. 2308).

Beispiel:

Der Arbeitgeber hat einen begründeten Verdacht, dass der Arbeitnehmer Geld oder Waren unterschlagen hat.

2. Unter welchen Voraussetzungen kann ein Arbeitnehmer auch während des Kündigungsrechtstreits Weiterbeschäftigung verlangen?

a) Sofern der Betriebsrat einer ordentlichen Kündigung frist- und ordnungsgemäß widersprochen und der Arbeitnehmer nach dem Kündigungsschutzgesetz Klage auf Feststellung erhoben hat, dass das Arbeitsverhältnis nicht durch die Kündigung aufgelöst ist, muss der Arbeitgeber auf Verlangen des Arbeitnehmers diesen nach Ablauf der Kündigungsfrist bis zum rechtskräftigen Abschluss des Rechtsstreites bei unveränderten Arbeitsbedingungen weiter beschäftigen (§ 102 Abs. 5 BetrVG). Jedoch kann das Gericht auf Antrag des Arbeitgebers durch einstweilige Verfügung den Arbeitgeber von der Verpflichtung zur Weiterbeschäftigung entbinden, wenn

- die Klage des Arbeitnehmers keine hinreichende Aussicht auf Erfolg bietet oder mutwillig erscheint oder
- die Weiterbeschäftigung des Arbeitnehmers zu einer unzumutbaren wirtschaftlichen Belastung des Arbeitgebers führen würde oder
- der Widerspruch des Betriebsrats offensichtlich unbegründet war.

b) Darüber hinaus hat der gekündigte Arbeitnehmer einen arbeitsvertraglichen Anspruch auf vertragsgemäße Beschäftigung über den Ablauf der Kündigungsfrist oder bei einer fristlosen Kündigung über deren Zugang hinaus bis zum rechtskräftigen Abschluss des Kündigungsprozesses, wenn die Kündigung offensichtlich unwirksam ist (z. B. bei Fehlen der Schriftform oder Nichtanhörung des Betriebsrats) oder die Kündigung nach einer noch nicht rechtskräftigen Entscheidung des Arbeits- oder Landesarbeitsgerichts unwirksam ist und überwiegende schutzwerte Interessen des Arbeitgebers einer solchen Beschäftigung nicht entgegenstehen (BAG GS vom 27.2.1985, DB 1985, S. 2197).

   Bei einer unter Vorbehalt angenommenen Änderungskündigung ist der Arbeitgeber grundsätzlich nicht aufgrund des allgemeinen Weiterbeschäftigungsanspruchs verpflichtet, den Arbeitnehmer vorläufig zu den bisherigen Bedingungen weiterzubeschäftigen. Der Arbeitnehmer gibt durch die Vorbehaltsannahme zu erkennen, dass ihm zunächst die Weiterbeschäftigung zu geänderten Bedingungen zumutbar erscheint (BAG vom 28.5.2009 – 2 AZR 844/07).

c) Der arbeitsvertragliche Beschäftigungsanspruch kann im Klagewege geltend gemacht werden. Eine Aussetzung des Verfahrens bis zum rechtskräftigen Abschluss eines anhängigen Rechtsstreits über die Wirksamkeit der Kündigung ist nicht zwingend. Ist die Wirksamkeit einer Kündigung nach den Vorschriften des Kündigungsschutzgesetzes zu beurteilen, so darf einer Beschäftigungsklage nur stattgegeben werden, wenn ein Gericht für Arbeitssachen auf eine entsprechende Kündigungsschutzklage des Arbeitnehmers hin festgestellt hat oder gleichzeitig feststellt, dass das Arbeitsverhältnis durch die Kündigung nicht aufgelöst worden ist. Der Arbeitnehmer kann auch im Kündigungsrechtsstreit den Antrag auf Weiterbeschäftigung für den Fall stellen, dass seiner Kündigungsschutzklage stattgegeben wird (BAG vom 8.4.1988, NZA 1988, S. 741).

d) Diese Grundsätze gelten auch, wenn Arbeitgeber und Arbeitnehmer über die Wirksamkeit einer Befristung des Arbeitsverhältnisses oder einer auflösenden Bedingung des Arbeitsverhältnisses streiten (BAG vom 13.6.1985, DB 1986, S. 1827).

e) Hat der Arbeitgeber mehrere Kündigungen nacheinander ausgesprochen, ist die Frage des Weiterbeschäftigungsanspruchs zwar nach jeder Kündigung neu zu prüfen, der Weiterbeschäftigungsanspruch wird aber dann nicht durch die zweite oder dritte Kündigung beendet, wenn diese offensichtlich unwirksam ist oder auf dieselben Gründe wie die erste Kündigung gestützt ist (BAG vom 19.12.1985, BB 1986, S. 1436).

3. Welche Ansprüche hat der Arbeitnehmer, soweit er zwar während des Kündigungsschutzprozesses weiterbeschäftigt wurde, aber die Wirksamkeit der Kündigung festgestellt wurde?

a) Wird ein gekündigter Arbeitnehmer während des Kündigungsschutzprozesses **aufgrund einer gerichtlichen Entscheidung weiterbeschäftigt**, so hat der Arbeitnehmer, wenn sich die Wirksamkeit der Kündigung im Prozess herausstellt, gegen den Arbeitgeber nur Anspruch auf Ersatz des Wertes der geleisteten Arbeit (§ 812 Abs. 1 Satz 1, § 818 Abs. 2 BGB). Der Wert der Arbeitsleistung bestimmt sich nach der üblichen Vergütung (BAG vom 10.3.1987, DB 1987, S. 1045).

Zu dieser Vergütung gehört ausnahmsweise auch eine zeitanteilige Jahressonderzahlung, wenn diese nach dem Inhalt der für das beendete Arbeitsverhältnis maßgebenden Tarifregelung als ein auf den Weiterbeschäftigungszeitraum entfallender Lohn anzusehen ist.

Nicht zu ersetzen ist der Urlaub, der dem Arbeitnehmer nicht gewährt worden ist.

b) Wenn jedoch Arbeitgeber und Arbeitnehmer das **gekündigte Arbeitsverhältnis einvernehmlich fortgesetzt haben**, stehen dem Arbeitnehmer aufgrund des faktischen Arbeitsverhältnisses die ursprünglichen arbeitsvertraglichen Ansprüche zu (BAG vom 15.1.1986, BB 1986, S. 1157).

18. Schutzpflichten

A Schutz für Leben und Gesundheit des Arbeitnehmers

1. Welche Schutzpflichten hat der Arbeitgeber für das Leben und die Gesundheit des Arbeitnehmers?

a) Der Arbeitgeber hat aufgrund der in § 241 Abs. 2 BGB verankerten Pflicht (sog. Fürsorgepflicht) im Rahmen des Arbeitsverhältnisses auf die Rechte, Rechtsgüter und Interessen der Arbeitnehmer Rücksicht zu nehmen. Danach ist der Arbeitgeber verpflichtet, insbesondere bei der Einrichtung und Unterhaltung des Betriebes, angemessene Maßnahmen zum Schutz des Lebens, der Gesundheit und der Persönlichkeit der Arbeitnehmer zu treffen. Ausprägungen dieser Schutzpflicht finden sich in §§ 617, 618 BGB.

b) Der Arbeitgeber ist verpflichtet, Räume, Vorrichtungen und Gerätschaften, die er zur Verrichtung der Dienste zu beschaffen hat, so einzurichten und zu unterhalten und die Dienstleistungen so zu regeln, dass der Arbeitnehmer gegen Gefahren für Leben und Gesundheit so weit geschützt ist, wie die Natur des Betriebes und der Arbeit es gestatten (§ 618 BGB, § 62 HGB). Insbesondere hat der Arbeitgeber den Arbeitnehmer vor Überanstrengungen zu bewahren; er darf daher von der Arbeitsleistung keinen unangemessenen Gebrauch machen (BAG vom 27.2.1980, AP Nr. 16 zu § 618 BGB). Im Allgemeinen wird der Arbeitgeber von einer normalen Leistungsfähigkeit ausgehen können. Ausnahmen können sich jedoch dann ergeben, wenn ihm eine Minderleistungsfähigkeit des Arbeitnehmers bekannt ist. Der Arbeitgeber ist auch nach § 618 Abs. 1 BGB und § 62 Abs. 1 HGB verpflichtet, die Arbeitsplätze möglichst frei von gesundheitsschädlichen Chemikalien und sonstigen Gefahrstoffen zu halten. Dieser Pflicht genügt der Arbeitgeber in aller Regel dadurch, dass er einen Arbeitsplatz zur Verfügung stellt, dessen Belastung mit Schadstoffen nicht über das in der Umgebung übliche Maß hinausgeht (BAG vom 8.5.1996 – 5 AZR 315/95).

c) Darüber hinaus hat der Arbeitgeber auch die arbeitsvertragliche Pflicht, die öffentlich-rechtlichen Arbeitsschutzvorschriften, insbesondere die §§ 3 ff. des Arbeitsschutzgesetzes, einzuhalten (vgl. Nr. 3 ff.). Arbeitnehmer haben nach § 5 Abs. 1 ArbSchG i. V. m. § 618 Abs 1 BGB Anspruch auf eine Beurteilung der mit der Beschäftigung verbundenen Gefährdung. § 5 Abs. 1 ArbSchG räumt dem Arbeitgeber bei dieser Beurteilung einen Spielraum ein. Der Betriebsrat hat bei dessen Ausfüllung nach § 87 Abs. 1 Nr. 7 BetrVG mitzubestimmen (BAG vom 12.8.2008 – 9 AZR 1117/06).

d) Besondere Schutzpflichten hat der Arbeitgeber gegenüber einem Arbeitnehmer, der auch in seiner häuslichen Gemeinschaft lebt (§§ 617, 618 Abs. 2 BGB) sowie gegenüber einem jugendlichen Arbeitnehmer (§§ 32 ff. JArbSchG).

e) Bei **betrieblichen Regelungen** über die Verhütung von Arbeitsunfällen und Berufskrankheiten sowie über den Gesundheitsschutz im Rahmen der gesetzlichen Vorschriften oder der Unfallverhütungsvorschriften hat der Betriebsrat nach § 87 Abs. 1 Nr. 7 BetrVG **mitzubestimmen**. Das Mitbestimmungsrecht bezieht sich auf Maßnahmen des Arbeitgebers zur Verhütung von Gesundheitsschäden, die Rahmenvorschriften konkretisieren. Es setzt ein, wenn eine gesetzliche Handlungspflicht objektiv besteht und mangels einer zwingenden gesetzlichen Vorgabe betriebliche Regelungen verlangt, um das vorgegebene Ziel des Arbeits- und Gesundheitsschutzes zu erreichen. Unerheblich ist, ob die Rahmenvorschriften dem Gesundheitsschutz mittelbar oder unmittelbar dienen (BAG vom 28.3.2017 – 1 ABR 25/15). So unterfallen z. B. solche Regelungen der Mitbestimmung, die Maßnahmen festlegen, um die aufgrund von Hitze oder Kälte in den Arbeitsräumen auftretenden Belastungen für die Arbeitnehmer zu verringern; es handelt sich um betriebliche Regelungen, welche die Pflichten des Arbeitgebers nach § 3a Abs. 1 Satz 1 ArbStättV näher ausgestalten (BAG vom 18.7.2017 – 1 ABR 59/15). Die Mitbestimmung des Betriebsrats nach § 87 Abs. 1 Nr. 7 BetrVG knüpft bei der Erfüllung der Grundpflichten des Arbeitgebers nach der Rahmenvorschrift des § 3 Abs. 1 ArbSchG an das Vorliegen von Gefährdungen an, die entweder feststehen oder im Rahmen einer Gefährdungsbeurteilung festzustellen sind (BAG vom 28.3.2017 – 1 ABR 25/15).

2. Was kann der Arbeitnehmer tun, wenn der Arbeitgeber die Schutzpflichten für Leben und Gesundheit des Arbeitnehmers verletzt?

Bei der Verletzung der Pflicht zum Schutz von Leben und Gesundheit des Arbeitnehmers durch den Arbeitgeber hat der Arbeitnehmer mehrere Reaktionsmöglichkeiten:

a) Verstößt der Arbeitgeber gegen Arbeitsschutzvorschriften oder sonstige Schutzpflichten, steht dem Arbeitnehmer nach § 273 Abs. 1 BGB ein Zurückbehaltungsrecht hinsichtlich der geschuldeten Arbeit zu, d. h. er kann die Arbeit verweigern (BAG vom 17.2. 1998 – 9 AZR 130/97). Der Arbeitnehmer ist deshalb berechtigt, die **Arbeit** in Räumen zu **verweigern**, die über das baurechtlich zulässige Maß hinaus mit Gefahrstoffen (z. B. Asbest) belastet sind (§ 618 Abs. 1, § 273 Abs. 1 BGB – so BAG vom 19.2.1997 – 5 AZR 982/94). Speziell geregelt ist das Recht des einzelnen Arbeitnehmers, die Arbeit zu verweigern, wenn durch die Überschreitung bestimmter Grenzwerte bei gefährlichen Stoffen eine unmittelbare Gefahr für Leben oder Gesundheit besteht (§ 21 Gefahrstoffverordnung). Auch § 9 Abs. 3 Arbeitsschutzgesetz geht davon aus, dass der Arbeitnehmer bei unmittelbarer erheblicher Gefahr das Recht hat, sich durch sofortiges Verlassen des Arbeitsplatzes in Sicherheit zu bringen (vgl. Nr. 4 Buchstabe e).

b) Wenn der Arbeitnehmer aufgrund konkreter Anhaltspunkte der Auffassung ist, dass die vom Arbeitgeber getroffenen Maßnahmen und bereitgestellten Mittel nicht ausreichen, um die Sicherheit und den Gesundheitsschutz bei der Arbeit zu gewährleisten, und hilft der Arbeitgeber einer darauf gerichteten Beschwerde des Arbeitnehmers nicht ab, kann sich dieser **an die zuständige Behörde wenden** (§ 17 Abs. 2 Satz 1 Arbeitsschutzgesetz).

c) Der Arbeitnehmer kann auch vor dem Arbeitsgericht **auf Erfüllung** der Schutzpflicht bzw. **Unterlassung** der Pflichtverletzung **klagen**.

d) Wenn der Arbeitgeber diese Schutzpflichten schuldhaft verletzt hat, kann der Arbeitnehmer auch Schadensersatzansprüche gegen den Arbeitgeber haben. Der Arbeitgeber haftet auch für das Verschulden seiner Erfüllungsgehilfen (§ 278 BGB). Bei Arbeitsunfällen haftet der Arbeitgeber jedoch wegen Personenschäden nur bei vorsätzlichem Handeln oder bei Teilnahme am allgemeinen Verkehr (§ 104 Abs. 1 SGB VII).

3. Was beinhaltet der öffentlich-rechtliche Arbeitsschutz?

a) Die Arbeitnehmer, zur Berufsbildung Beschäftigten und arbeitnehmerähnlichen Personen bedürfen **besonderer Schutzmaßnahme**n gegen Arbeitsunfälle und Berufserkrankungen sowie gegen vorzeitigen gesundheitlichen Verschleiß durch ungeeignete Arbeitsbedingungen und Beschäftigungsarten. Dies gilt in erhöhtem Maße für Jugendliche, Frauen, insbesondere bei einer Schwangerschaft, in Heimarbeit Beschäftigte und schwerbehinderte Menschen. Die Vorschriften, die einerseits die Pflichten des **Arbeitgebers** zu sicheren und menschengerechten Arbeitsbedingungen, zum gesundheitlichen Schutz des Arbeitnehmers und zum personenbezogenen Schutz festlegen, andererseits auch von dem **Arbeitnehmer** ein bestimmtes sicherheitsbezogenes Verhalten fordern, fallen unter den Begriff des **öffentlich-rechtlichen Arbeitsschutzes**. Dabei kann der Arbeitsschutz auch über die Verpflichtung anderer Personen, insbesondere der Hersteller, bewirkt werden. Die grundlegenden Pflichten von Arbeitgebern und Arbeitnehmern im betrieblichen Arbeitsschutz sind im Gesetz über die Durchführung von Maßnahmen des Arbeitsschutzes zur Verbesserung der Sicherheit und des Gesundheitsschutzes der Beschäftigten bei der Arbeit **(Arbeitschutzgesetz, ArbSchG)** zusammengefasst. Dabei wird der Arbeitsschutz viel weitgehender als sonstige Bereiche des Arbeitsrechts durch das Recht der Europäischen Union geprägt. Letzthin gehört zum Arbeitsschutz auch das betriebliche Eingliederungsmanagement, dessen Ziel es insbesondere ist, den Beschäftigten bei längerer Arbeitsunfähigkeit vor dem Verlust des Arbeitsplatzes zu schützen. Der Arbeitgeber soll die Möglichkeiten klären, wie die Arbeitsunfähigkeit der Beschäftigten überwunden, erneuter Arbeitsunfähigkeit vorgebeugt und der Arbeitsplatz erhalten werden kann (vgl. § 167 SGB IX sowie im Einzelnen Kapitel 29 Nr. 11 Buchst. h).

b) Die Besonderheit des Arbeitsschutzes zeigt sich darin, dass die Schutzpflichten durch die Arbeitsschutzbehörden der Länder (z. B. die **staatlichen Gewerbeaufsichtsämter** und Ämter für Arbeitsschutz) und die Träger der gesetzlichen Unfallversicherung **(Berufsgenossenschaften)** überwacht und ggfs. erzwungen werden. Dieser Zweigleisigkeit bei der Aufsicht entspricht es, dass einerseits der Staat durch Gesetze und Rechtsverordnungen und andererseits die fachlich gegliederten gewerblichen und landwirtschaftlichen Berufsgenossenschaften durch Unfallverhütungsvorschriften den technischen Arbeitsschutz regeln. Die Berufsgenossenschaften haben gemäß dem SGB VII neben der Aufgabe, mit allen geeigneten Mitteln Arbeitsunfälle, Berufskrankheiten und arbeitsbedingte Gesundheitsgefahren zu verhindern, die Verpflichtung, für eine wirksame erste Hilfe zu sorgen und im Schadensfall Leistungen für die Versicherten zu erbringen.

c) Der Arbeitgeber muss den Aufsichtsdiensten die Besichtigung seines Betriebes ermöglichen und sie auf Verlangen entweder selbst begleiten oder einen geeigneten Vertreter zur Verfügung stellen. Er hat die **erforderlichen Auskünfte** zu geben und die entsprechenden Unterlagen zu überlassen. Darüber hinaus kann die zuständige Behörde im Einzelfall die erforderlichen Arbeitsschutzmaßnahmen anordnen (§ 22 ArbSchG). Schließlich hat der Arbeitgeber der zuständigen Behörde zu einem von ihr bestimmten Zeitpunkt die Zahl der Beschäftigten sowie der Heimarbeiter (aufgegliedert nach Geschlecht, Alter und Staatsangehörigkeit), den Beschäftigungsbetrieb, seinen Namen und Anschrift sowie seinen Wirtschaftszweig mitzuteilen (§ 23 ArbSchG). Im Rahmen des § 89 BetrVG hat der Betriebsrat die zuständigen Behörden ebenfalls beim Arbeits- und Umweltschutz zu unterstützen.

4. Welche Pflichten enthält das Arbeitsschutzgesetz für den Arbeitgeber?

a) **Grundpflichten** (§§ 3–5 ArbSchG)

Der Arbeitgeber ist verpflichtet, die erforderlichen Maßnahmen des Arbeitsschutzes unter Berücksichtigung der Umstände zu treffen, die Sicherheit und Gesundheit der Beschäftigten bei der Arbeit beeinflussen. Er hat die Maßnahmen auf ihre Wirksamkeit zu überprüfen und sich ändernden Gegebenheiten anzupassen. Dabei hat er eine Verbesserung von Sicherheit und Gesundheitsschutz der Beschäftigten anzustreben. Die **Kosten** für Maßnahmen des Arbeitsschutzes darf der Arbeitgeber nicht den Beschäftigten auferlegen. Folgende **Grundsätze** sind vom Arbeitgeber zu beachten:

- Die Arbeit ist so zu gestalten, dass eine Gefährdung für Leben und Gesundheit möglichst vermieden und die verbleibende Gefährdung möglichst gering gehalten wird;
- Gefahren sind an ihrer Quelle zu bekämpfen;
- bei den Maßnahmen sind der Stand von Technik, Arbeitsmedizin und Hygiene sowie sonstige gesicherte arbeitswissenschaftliche Erkenntnisse zu berücksichtigen;
- spezielle Gefahren für besonders schutzbedürftige Beschäftigtengruppen sind zu berücksichtigen;
- den Beschäftigten sind geeignete Anweisungen zu erteilen;
- mittelbar oder unmittelbar geschlechtsspezifisch wirkende Regelungen sind nur zulässig, wenn dies aus biologischen Gründen zwingend geboten ist;
- durch Beurteilung der für die Beschäftigten mit ihrer Arbeit verbundenen Gefährdung ist zu ermitteln, welche Maßnahmen des Arbeitsschutzes erforderlich sind; diese Verpflichtung wird durch die Betriebssicherheitsverordnung und das Geräte- und Produktsicherheitsgesetz konkretisiert. Zwar haben die Arbeitnehmer nach § 5 Abs. 1 ArbSchG i. V. m. § 618 Abs. 1 Satz 1 BGB einen bürgerlich-rechtlichen Anspruch darauf, dass ihr Arbeitgeber eine Gefährdungsbeurteilung durchführt. Sie können jedoch keine bestimmten Überprüfungskriterien und -methoden für die Durchführung vorgeben. § 5 Abs. 1 ArbSchG eröffnet für den Arbeitgeber weite Beurteilungs- und Handlungsspielräume. Der Arbeitgeber muss auch nicht gegenüber dem Betriebsrat initiativ werden, um eine nach § 87 Abs. 1 Nr. 7 BetrVG mitbestimmte Durchführungsregelung der Gefährdungsbeurteilung herbeizuführen (BAG vom 12.8. 2008 – 9 AZR 1117/06). Dabei steht dem Betriebsrat kein Mitbestimmungsrecht nach § 87 Abs. 1 Nr. 7 BetrVG zu, wenn der Arbeitgeber externe Personen oder Stellen mit der Durchführung von Gefährdungsbeurteilungen oder Unterweisungen beauftragt. Er kann daher insbesondere nicht verlangen, dass der Arbeitgeber die Beauftragung externer Personen oder Stellen unterlässt (BAG vom 18.8.2009 – 1 ABR 43/08).

b) **Dokumentation** (§ 6 ArbSchG)

Arbeitgeber müssen über Unterlagen verfügen, aus denen das Ergebnis der Gefährdungsbeurteilung, die von ihnen festgelegten Maßnahmen des Arbeitsschutzes und das Ergebnis ihrer Überprüfung ersichtlich sind. Bei gleichartiger Gefährdungssituation ist es ausreichend, wenn die Unterlagen zusammengefasste Angaben enthalten. Insbesondere Unfälle, bei denen ein Beschäftigter getötet oder so verletzt wird, dass er stirbt oder für mehr als drei Tage völlig oder teilweise arbeits- oder dienstunfähig wird, sind zu erfassen. Das Gesetz entbindet Arbeitgeber mit mehr als 10 Beschäftigten (Teilzeitbeschäftigte sind anteilig zu berücksichtigen: bei bis zu 20 Wochenstunden mit 0,5 und bei 20 bis 30 Wochenstunden mit 0,75) von dieser Dokumentationspflicht, soweit nicht andere Rechtsvorschriften eine Dokumentation verlangen. Die Freistellungsmöglichkeit in Bezug auf Kleinbetriebe läuft seit dem Urteil des EuGH vom 7.2.2002 – C-5/00 praktisch ins Leere. Das Gericht hat festgestellt, dass die Dokumentationspflicht nach der EU-Arbeitsschutzrichtlinie unter allen Umständen (auch) für Arbeitgeber mit 10 oder weiniger Beschäftigten besteht.

c) **Übertragung von Aufgaben** (§ 7 ArbSchG)

Bei der Übertragung von Aufgaben auf Beschäftigte hat der Arbeitgeber je nach Art der Tätigkeiten zu berücksichtigen, ob die Beschäftigten befähigt sind, die für die Sicherheit und den Gesundheitsschutz bei der Aufgabenerfüllung zu beachtenden Bestimmungen und Maßnahmen einzuhalten.

d) **Unterweisung** (§ 12 ArbSchG)

Der Arbeitgeber hat die Beschäftigten über Sicherheit und Gesundheitsschutz bei der Arbeit während ihrer Arbeitszeit ausreichend und angemessen in einer auf den Arbeitsplatz ausgerichteten Weise zu **unterweisen**. Die Unterweisung muss bei der Einstellung, bei Veränderungen im Aufgabenbereich, bei der Einführung neuer Arbeitsmittel oder bei einer neuen Technologie vor Aufnahme der Tätigkeit der Beschäftigten erfolgen. Eine ähnliche Regelung enthält bereits § 81 BetrVG (vgl. Kapitel 3 Nr. 2 und Kapitel 34 Nr. 29).

e) **Besondere Gefahren** (§§ 9 –10 ArbSchG)

Der Arbeitgeber hat Maßnahmen zu treffen, damit nur Beschäftigte Zugang zu besonders gefährlichen Arbeitsbereichen haben, die zuvor geeignete Anweisungen erhalten haben. Er muss es den Beschäftigten bei **unmittelbarer erheblicher Gefahr** ermöglichen, sich durch sofortiges Verlassen der Arbeitsplätze in Sicherheit zu bringen. Den Beschäftigten dürfen hierdurch keine Nachteile entstehen. Hält die unmittelbare erhebliche Gefahr an, darf der Arbeitgeber die Beschäftigten nur in besonders begründeten Ausnahmefällen auffordern, ihre Tätigkeit wieder aufzunehmen. Er hat einerseits die Maßnahmen zu treffen, die zur Ersten Hilfe, Brandbekämpfung und Evakuierung der Beschäftigten erforderlich sind, und andererseits die zur Erfüllung dieser Aufgaben erforderlichen Beschäftigten zu benennen. Vor der Bestellung ist die Arbeitnehmer-Vertretung zu hören.

f) **Arbeitsmedizinische Vorsorge** (§ 11 ArbSchG)

Der Arbeitgeber hat es den Beschäftigten auf ihren Wunsch hin zu ermöglichen, sich je nach den Gefahren für ihre Sicherheit und Gesundheit bei der Arbeit regelmäßig **arbeitsmedizinisch** untersuchen zu lassen, es sei denn, aufgrund der Beurteilung der Arbeitsbedingungen und der getroffenen Schutzmaßnahmen ist nicht mit einem Gesundheitsschaden zu rechnen.

g) **Verantwortlichkeit** (§ 13 ArbSchG)

Neben dem kraft Gesetzes für die **Erfüllung der Arbeitsschutzpflichten** verantwortlichen Arbeitgeber, seinem gesetzlichen Vertreter und dem mit der Leitung des Unternehmens oder Betriebes Beauftragten kann der Arbeitgeber zuverlässige und fachkundige Personen schriftlich damit beauftragen, Arbeitsschutzaufgaben in eigener Verantwortung wahrzunehmen. Im Fall, dass Beschäftigte mehrerer Arbeitgeber an einem Arbeitsplatz tätig sind, verpflichtet § 8 ArbSchG die Arbeitgeber zur Zusammenarbeit bei den Arbeitsschutzmaßnahmen. Besondere Bedeutung erlangt diese Verpflichtung im Rahmen der Leiharbeit. Maßnahmen zur Arbeitssicherheit und des Gesundheitsschutzes für Leiharbeitnehmer richten sich immer zugleich an den Verleiher und an den Entleiher. Dabei hat der Verleiher allgemeine, abstrakte vom konkreten Arbeitsplatz losgelöste Gefährdungen zu beurteilen und die Beschäftigten darüber zu unterrichten und zu unterweisen und der Entleiher hat die konkreten Gefährdungen auf dem Einsatzarbeitsplatz zu beurteilen und die entsprechende Unterrichtung und Unterweisung vorzunehmen.

5. Welche Pflichten und Rechte enthält das Arbeitsschutzgesetz für den Arbeitnehmer?

a) **Pflichten** (§§ 15 und 16 ArbSchG)

Die Beschäftigten sind verpflichtet, nach ihren Möglichkeiten sowie gemäß der Unterweisung und Weisung des Arbeitgebers für ihre eigene Sicherheit und Gesundheit und für die Sicherheit und Gesundheit der Personen, die von ihren Handlungen oder Unterlassungen bei der Arbeit betroffen sind, Sorge zu tragen. Sie haben insbesondere Maschinen, Geräte, Werkzeuge, Arbeitsstoffe, Transportmittel und sonstige Arbeitsmittel sowie Schutzvorrichtungen und die ihnen zur Verfügung gestellte persönliche Schutzausrüstung bestimmungsgemäß zu verwenden. Darüber hinaus müssen die Beschäftigten dem Arbeitgeber oder dem zuständigen Vorgesetzten jede von ihnen festgestellte unmittelbare erhebliche Gefahr für die Sicherheit und Gesundheit sowie jeden an den Schutzsystemen festgestellten Defekt unverzüglich melden.

b) **Rechte** (§ 17 ArbSchG und § 81 Abs. 3 BetrVG)

Besteht in einem Betrieb kein Betriebsrat, sind die Arbeitnehmer zu allen Maßnahmen zu hören, die Auswirkungen auf Sicherheit und Gesundheit der Arbeitnehmer haben können. Unabhängig hiervon sind die Beschäftigten berechtigt, dem Arbeitgeber **Vorschläge** zu Fragen der Sicherheit und des Gesundheitsschutzes bei der Arbeit zu machen. Sind sie aufgrund konkreter Anhaltspunkte der Auffassung, dass die vom Arbeitgeber getroffenen Maßnahmen und bereitgestellten

Mittel nicht ausreichen, um die Sicherheit und den Gesundheitsschutz bei der Arbeit zu gewährleisten, und hilft der Arbeitgeber darauf gerichteten Beschwerden von Beschäftigten nicht ab, können sich diese an die **zuständige Behörde** wenden. Hierdurch dürfen den Beschäftigten keine Nachteile entstehen.

6. Wann sind Sicherheitsbeauftragte zu bestellen?

Der Arbeitgeber hat in Betrieben mit mehr als 20 Arbeitnehmern einen oder mehrere **Sicherheitsbeauftragte** zu bestellen (§ 22 SGB VII). Deren Aufgabe ist es, als Praktiker an der Basis den Arbeitgeber bei der Durchführung des Unfallschutzes zu unterstützen, vor allem, sich von dem Vorhandensein und der ordnungsgemäßen Benutzung der vorgeschriebenen Schutzeinrichtungen zu überzeugen. Die Sicherheitsbeauftragten erhalten in von der Berufsgenossenschaft durchgeführten Ausbildungslehrgängen die erforderliche Ausbildung. Der Arbeitgeber ist verpflichtet, den Sicherheitsbeauftragten für die Teilnahme an dem Lehrgang unter Fortzahlung des Arbeitsentgelts von der Arbeit freizustellen (§ 23 SGB VII).

7. Wann sind Betriebsärzte, Sicherheitsingenieure und Fachkräfte für Arbeitssicherheit zu bestellen?

Nach dem **Gesetz über Betriebsärzte, Sicherheitsingenieure und andere Fachkräfte für Arbeitssicherheit** (Arbeitssicherheitsgesetz – ASiG) sind die Betriebe verpflichtet, Betriebsärzte, Sicherheitsingenieure oder Sicherheitsmeister zu bestellen, und zwar im Einzelnen abgestellt auf die besonderen betrieblichen Verhältnisse, z. B. auf die Höhe der Unfall- und Gesundheitsgefahren im Betrieb, auf die Zahl der Arbeitnehmer, auf die Zusammensetzung der Arbeitnehmerschaft und auf die Betriebsorganisation.

Es soll hierdurch erreicht werden:

a) eine sachverständige Anwendung der Arbeitsschutz- und Unfallverhütungsvorschriften;

b) eine sachverständige Anwendung arbeitsmedizinischer und sicherheitstechnischer Erkenntnisse;

c) ein optimaler Einsatz der vorhandenen Mittel im Interesse des Arbeitsschutzes und der Unfallverhütung;

d) eine Beurteilung der für die Beschäftigten mit ihrer Arbeit verbundenen Gefährdung zur Ermittlung der erforderlichen Arbeitsschutzmaßnahmen.

Das Gesetz sieht nur **Rahmenverpflichtungen** vor, die durch Unfallverhütungsvorschriften der Berufsgenossenschaften konkretisiert werden. Die Betriebsärzte und Sicherheitsfachkräfte unterstehen direkt dem Arbeitgeber. Für ihre Bestellung gibt es folgende Möglichkeiten:

a) Die Betriebsärzte und Sicherheitsfachkräfte werden als **Angestellte des Betriebs eingestellt;**

b) der Arbeitgeber überträgt die Wahrnehmung der Aufgaben einem freiberuflichen Arzt oder einer freiberuflichen Sicherheitsfachkraft;

c) der Arbeitgeber überträgt einem außerbetrieblichen Dienst die Wahrnehmung der Aufgaben aus dem Gesetz.

8. Wann ist ein Arbeitsschutzausschuss zu bestellen?

In Betrieben mit mehr als 20 Beschäftigten sind als zentrale Stellen der innerbetrieblichen Arbeitsschutzorganisation **Arbeitsschutzausschüsse** zu bilden (§ 11 ASiG); Teilzeitbeschäftigte werden anteilig berücksichtigt (bei bis zu 20 Wochenstunden mit 0,5 und bei 20 bis 30 Wochenstunden mit 0,75). Kommt der Arbeitgeber dieser Verpflichtung nicht nach, kann sich der Betriebsrat nach § 89 Abs. 1 Satz 2 BetrVG an die zuständige Arbeitsschutzbehörde wenden. Diese hat die Errichtung eines Arbeitsschutzausschusses nach § 12 ASiG anzuordnen und kann im Weigerungsfall eine Geldbuße verhängen (§ 20 ASiG). Dem Betriebsrat steht kein Initiativrecht zur Bildung eines Arbeitsschutzausschusses zu (BAG vom 15.4.2014 – 1 ABR 82/12). Im Arbeitsschutzausschuss sind alle betrieblichen Stellen mit Arbeitsschutzaufgaben vertreten. Der Ausschuss hat die Aufgabe, Probleme des Arbeitsschutzes zu beraten. Er tritt mindestens einmal vierteljährlich zusammen. Ein Mitbestimmungsrecht des Betriebsrats bei der Teilnahmepflicht des Betriebsarztes und der Fachkraft für Arbeitssicherheit an den gesetzlich vorgesehenen Mindestsitzungen des Arbeitsschutzausschusses besteht nicht (BAG vom 8.12.2015 – 1 ABR 83/13).

9. Welche sonstigen Gesetze und wichtigen Vorschriften regeln den vor allem technischen Arbeitsschutz?

a) Auf Grund der Ermächtigung des Arbeitsschutzgesetzes sind z. B. folgende Rechtsverordnungen erlassen worden: **Arbeitsstättenverordnung, Gefahrstoffverordnung**, Betriebssicherheitsverordnung, Biostoffverordnung, Lastenhandhabungsverordnung, Baustellenverordnung, Lärm- und Vibrationsschutzverordnung und Verordnung zum Schutz der Beschäftigten vor Gefährdungen durch künstliche optische Strahlung. In der Arbeitsstättenverordnung ist in Form einheitlicher und flexibler Grundvorschriften geregelt, wie die Arbeitsstätte und die Arbeitsplätze mindestens ausgestattet sein müssen. Das gilt z. B. für Größe der Arbeitsräume, Beleuchtung, Lüftung, Raumtemperatur, Lärmpegel, Schutz gegen Gase, Dämpfe, Nebel und Stäube, **Schutz der Nichtraucher** sowie Verkehrswege, Flucht- und Rettungswege, Sozialräume und Einrichtungen zur ersten Hilfe. Die vom Bundeskabinett am 2.11.2016 beschlossene Arbeitsstättenverordnung enthält auch klare Regelungen für die Einrichtung von Telearbeitsplätzen durch den Arbeitgeber.

b) Weitere den Arbeitsschutz betreffende Gesetze sind das **Geräte- und Produktsicherheitsgesetz, das Chemikaliengesetz** sowie die aufgrund dieser Gesetze erlassenen Verordnungen.

10. Wer gibt in Arbeitsschutzfragen Auskunft?

In den einzelnen Bundesländern können die Gewerbeaufsichtsämter bzw. die Ämter für Arbeitsschutz (vgl. Nr. 3 Buchst. b) um Auskunft gebeten werden.

11. Wann muss der Arbeitgeber zum Gesundheitsschutz ein Rauchverbot im Betrieb verhängen?

Der Arbeitgeber muss die erforderlichen Maßnahmen treffen, damit die nichtrauchenden Beschäftigten in Arbeitsstätten wirksam vor den Gesundheitsgefahren durch Tabakrauch geschützt sind (§ 5 Abs. 1 Satz 1 Arbeitsstättenverordnung). Der Arbeitgeber ist grds. nur verpflichtet, die Belastung durch Passivrauchen zu minimieren, nicht aber sie gänzlich auszuschließen (BAG vom 10.5.2016 – 9 AZR 347/15). Soweit erforderlich, hat der Arbeitgeber jedoch ein allgemeines oder auf einzelne Bereiche der Arbeitsstätte beschränktes Rauchverbot zu erlassen (§ 5 Abs. 1 Satz 2 Arbeitsstättenverordnung). Diese Pflicht sowie auch ggf. Feuer- oder Explosionsgefahren erfordern praktisch stets ein Rauchverbot in Arbeitsräumen, die gemeinsam von Rauchern und Nichtrauchern benutzt werden sollen.

In Arbeitsstätten mit Publikumsverkehr hat der Arbeitgeber Nichtraucherschutzmaßnahmen nur insoweit zu treffen, als die Natur des Betriebes und die Art der Beschäftigung es zulassen (§ 5 Abs. 2 Arbeitsstättenverordnung). Ist es durch Landesgesetz verboten, in Gaststätten Tabak zu rauchen, und fällt ein dort beschäftigter Arbeitnehmer (außerhalb von Rauchergaststätten und Raucherräumen) in den Schutzbereich dieses Rauchverbots, kann er nach § 618 Abs. 1 BGB i. V. m. § 5 Abs. 1 ArbStättV verlangen, auf einem tabakrauchfreien Arbeitsplatz beschäftigt zu werden (BAG vom 19.5.2009 – 9 AZR 241/08).

Ein generelles Rauchverbot im Freien kann in der Regel nicht mit dem Gesundheitsschutz der Nichtraucher begründet werden. Ein Rauchverbot mit dem Ziel, Arbeitnehmer von gesundheitsschädlichen Gewohnheiten abzubringen, überschreitet die Regelungskompetenz der Betriebspartner (BAG vom 19.1.1999, DB 1999, S. 962).

12. Kann der Arbeitgeber ein Alkoholverbot im Betrieb verhängen?

Verboten ist dem Arbeitgeber die Abgabe von alkoholischen Getränken und Tabakwaren an jugendliche Arbeitnehmer unter 16 Jahren und von Branntwein an jugendliche Arbeitnehmer überhaupt (§ 31 JArbSchG). Diese Waren dürfen an jugendliche Arbeitnehmer auch nicht in einer Kantine oder durch einen Automaten abgegeben werden. Dieses Alkoholverbot hat der Arbeitgeber, u. a. durch Benutzerkontrollen bei Automaten, sicherzustellen. Allein ein Schild, dass Jugendlichen die Entnahme von Alkohol untersagt ist, genügt nicht.

Auch zum Schutz vor Unfallgefahren oder zur Aufrechterhaltung der Ordnung im Betrieb kann der Arbeitgeber ein allgemeines Alkoholverbot verhängen; dabei hat der Betriebsrat mitzubestimmen (§ 87 Abs. 1 Nr. 1 BetrVG). Auch über die Regelungen zur Überwachung des Alkoholverbots, z. B. zur Feststellung des Alkoholisierungsgrads, hat der Betriebsrat ein eigenständiges Mitbestimmungsrecht (BAG vom 13.2.1990, AiB 1991, S. 272 ff.).

13. Hat der Arbeitgeber besondere Maßnahmen zum Schutz vor einer Ansteckung mit HIV/AIDS im Betrieb zu treffen?

a) Nach dem gegenwärtigen medizinischen Erkenntnisstand wird HIV durch erregerhaltige Körperflüssigkeiten (insbesondere durch Blut oder Sperma eines Infizierten) übertragen, wenn diese mit einer verletzten Haut oder Schleimhaut eines gesunden Menschen in Berührung kommt oder unmittelbar in dessen Blutbahn gelangt.

b) Arbeitsbereiche, in denen deshalb eine konkrete Infektionsgefahr bei der betrieblichen Tätigkeit Schutzmaßnahmen erfordert, liegen vor allem im medizinischen Bereich, **insbesondere in Operationssälen, Laboren und Dialysestationen sowie bei zahnärztlichen Behandlungen**. Bei operativen Eingriffen, bei der Blutentnahme, bei Verbandswechsel oder Laborarbeiten besteht für den gesunden Arbeitnehmer eine Infektionsgefahr, wenn er sich selbst verletzt und seine Wunde mit infizierten Körperflüssigkeiten, insbesondere Blut eines Infizierten, in Berührung kommt.

   Zum Schutz des medizinischen Personals sind insbesondere erforderlich:

   - eine umfassende Information des Personals über die Übertragungswege des HIV-Virus und die Ansteckungsgefahren,
   - eine umfassende Schulung über geeignete Schutzmaßnahmen zur Verhütung von Infektionen,
   - die Beachtung der allgemeinen Vorschriften der Hygiene, der Schutzmaßnahmen zur Vermeidung von Ansteckung mit Hepatitis B und der vorgeschriebenen Regelungen der Instrumentendesinfektion.

c) Entsprechende **Schutzmaßnahmen** müssen auch für **Arbeitnehmer, die gelegentlich mit fremdem Blut in Kontakt kommen**, getroffen werden. Dies gilt insbesondere für Rettungssanitäter, Mitarbeiter der Feuerwehr, von Bestattungsinstituten, von Friseuren, in der Kosmetik, Fußpflege, medizinischen Massage und in der nichtärztlichen Akupunktur aber auch für die Beschäftigten in den Betrieben, die für „erste Hilfe" zuständig sind.

d) Auch bei **Tätigkeiten in nicht infektionsgefährdeten Bereichen** ist, um jedes Infektionsrisiko auszuschließen, dafür zu sorgen, dass bei Verletzungen die Wunde mit einem Verband oder Pflaster abgedeckt wird. Maschinen, Geräte, Werkzeuge und Arbeitsflächen, die mit menschlichem Blut in Berührung gekommen sind, sind mit einem Haushaltsreiniger zu reinigen.

B Schutz des Persönlichkeitsrechts, Arbeitnehmerdatenschutz

14. Welche Schutzpflichten hat der Arbeitgeber für das Persönlichkeitsrecht des Arbeitnehmers?

a) Das von der Verfassung garantierte allgemeine Persönlichkeitsrecht (Art. 1 und Art. 2 GG) schützt neben der Privat- und Intimspähre und seiner speziellen Ausprägung als Recht am eigenen Bild auch das Recht auf informationelle Selbstbestimmung und hat auch für das Arbeitsverhältnis und die sich daraus ergebenden Rechte und Pflichten Bedeutung.

   - Der Arbeitgeber hat ebenso wie der Betriebsrat die freie Entfaltung der Persönlichkeit der im Betrieb beschäftigten Arbeitnehmer zu schützen und zu fördern (§ 75 Abs. 2 BetrVG). Eine Beschränkung der freien Entfaltung der Persönlichkeit des Arbeitnehmers ist nur zulässig, soweit sie wegen überwiegender betrieblicher Interessen erforderlich ist.

- Die am 25.5.2018 in Kraft tretende EU-Datenschutzgrundverordnung (DSGV) und die ergänzenden und konkretisierenden Vorschriften des neugefassten Bundesdatenschutzgesetzes (insbes. § 26 BDSG n. F.) konkretisieren den Schutz auf informationelle Selbstbestimmung und am eigenen Bild.

Praktische Bedeutung hat das Persönlichkeitsrecht der Beschäftigten insbesondere
- bei der persönlichen Befragung von Bewerbern (vgl. Nr. 16 und Kapitel 3 Nr. 3–5)
- bei der Verarbeitung von Beschäftigtendaten (vgl. Nr. 17 ff.)
- bei der Verarbeitung besonderer Kategorien von Beschäftigtendaten (vgl. Nr.20)
- bei der Führung von Personalakten (vgl. Nr. 31–33)
- bei unzutreffenden oder abwertenden Äußerungen in der Personalakte (vgl. Nr. 33 und 34)
- bei der Erteilung von Zeugnissen (vgl. Kapitel 26) oder Auskünften an Dritte
- bei der Aufstellung von Beurteilungsgrundsätzen
- bei der Kontrolle und Überwachung des Arbeitnehmers im Betrieb (vgl. Nr. 17, 24–30)
- bei ungerechter Behandlung durch Arbeitskollegen oder andere Dritte (vgl. Nr. 35)

b) Verletzt der Arbeitgeber innerhalb des Arbeitsverhältnisses das Persönlichkeitsrecht des Arbeitnehmers, so liegt darin ein Verstoß gegen seine arbeitsvertraglichen Pflichten (BAG vom 15.7.1987, DB 1987, S. 2571).

Bei objektiv rechtswidrigen Eingriffen in sein Persönlichkeitsrecht hat der Arbeitnehmer Anspruch auf Beseitigung von fortwirkenden Beeinträchtigungen und auf **Unterlassung** weiterer Eingriffe (entsprechend §§ 12, 862, 1004 BGB; vgl. BAG vom 21.2.1979, DB 1979, S. 1513). Bei vorsätzlicher oder auch fahrlässiger Verletzung des Persönlichkeitsrechts und der darin liegenden Verletzung seiner arbeitsvertraglichen Pflichten kann der Arbeitgeber auch zum **Schadensersatz** nach § 280 Abs. 1 BGB verpflichtet sein, wobei der Arbeitgeber auch für das Verschulden seiner Mitarbeiter, insbesondere in der Personal- und EDV-Abteilung einzustehen hat (§ 278 BGB). Gegebenenfalls ist der Arbeitgeber auch zur Zahlung eines Schmerzensgeldes nach § 823 Abs. 1 i. V. m. Art. 1 und 2 Abs. 1 GG verpflichtet (BAG vom 18.2.1999, DB 1999, S. 1506).

Im Übrigen ist der Arbeitgeber dem Arbeitnehmer zum Schadensersatz nach BDSG verpflichtet, wenn der Arbeitgeber durch eine Verarbeitung der Beschäftigtendaten, die nach dem BDSG oder nach anderen auf die Verarbeitung anwendbaren Vorschriften rechtswidrig war, einen Schaden zufügt hat. Die Ersatzpflicht entfällt, soweit bei einer nichtautomatisierten Verarbeitung der Schaden nicht auf ein Verschulden des Arbeitgebers zurückzuführen ist (ab 25.5.2018: § 83 Abs. 1 BDSG n. F.; vgl. bis 24.5.2018 § 7 BDSG). Wegen eines Schadens, der nicht Vermögensschaden ist, kann der betroffene Arbeitnehmer eine angemessene Entschädigung in Geld verlangen (§ 83 Abs. 2 BDSG n. F.). Lässt sich bei einer automatisierten Verarbeitung der Arbeitnehmerdaten nicht ermitteln, welche von mehreren beteiligten Verantwortlichen (unter ihnen der Arbeitgeber) den Schaden verursacht hat, so haftet jeder Verantwortliche, also auch der verantwortliche Arbeitgeber

(§ 83 Abs. 3 BDSG n. F.). Hat bei der Entstehung des Schadens ein Verschulden des betroffenen Arbeitnehmers mitgewirkt (Mitverschulden), ist § 254 BGB entsprechend anzuwenden (§ 83 Abs. 4 BDSG n. F.).

15. Was regelt das Bundesdatenschutzgesetz für Beschäftigungsverhältnisse? Für wen gilt es?

Das Bundesdatenschutzgesetz regelt die Zulässigkeit der Verarbeitung personenbezogener Daten der Beschäftigten für Zwecke des Beschäftigungsverhältnisses (§ 32 BDSG; ab 25.5.2018: § 26 BDSG n. F.). Sie sind im Beschäftigungsverhältnis auch anzuwenden, wenn personenbezogene Daten von Beschäftigten (Beschäftigtendaten), einschließlich besonderer Kategorien von Daten, verarbeitet werden, ohne dass sie in einem Dateisystem gespeichert sind oder gespeichert werden sollen (ab 25.5.2018: § 26 Abs. 7 BDSG n. F.).

„Verarbeitung" ist jeder mit oder ohne Hilfe automatisierter Verfahren ausgeführte Vorgang oder jede solche Vorgangsreihe im Zusammenhang mit personenbezogenen Daten wie das Erheben, das Erfassen, die Organisation, das Ordnen, die Speicherung, die Anpassung oder Veränderung, das Auslesen, das Abfragen, die Verwendung, die Offenlegung durch Übermittlung, Verbreitung oder eine andere Form der Bereitstellung, den Abgleich oder die Verknüpfung, die Einschränkung, das Löschen oder die Vernichtung (Art. 4 Nr. 2 DSGVO).

Das Gesetz gilt für alle Beschäftigten in der Privatwirtschaft und im öffentlichen Dienst. Beschäftigte im Sinne dieses Gesetzes sind:

a) Arbeitnehmerinnen und Arbeitnehmer, einschließlich der Leiharbeitnehmerinnen und Leiharbeitnehmer im Verhältnis zum Entleiher,

b) zu ihrer Berufsbildung Beschäftigte,

c) Teilnehmerinnen und Teilnehmer an Leistungen zur Teilhabe am Arbeitsleben sowie an Abklärungen der beruflichen Eignung oder Arbeitserprobung (Rehabilitandinnen und Rehabilitanden),

d) in anerkannten Werkstätten für behinderte Menschen Beschäftigte,

e) Freiwillige, die einen Dienst nach dem Jugendfreiwilligendienstegesetz oder dem Bundesfreiwilligendienstgesetz leisten,

f) Personen, die wegen ihrer wirtschaftlichen Unselbständigkeit als arbeitnehmerähnliche Personen anzusehen sind; zu diesen gehören auch die in Heimarbeit Beschäftigten und die ihnen Gleichgestellten,

g) Beamtinnen und Beamte des Bundes, Richterinnen und Richter des Bundes, Soldatinnen und Soldaten sowie Zivildienstleistende. Bewerberinnen und Bewerber für ein Beschäftigungsverhältnis sowie Personen, deren Beschäftigungsverhältnis beendet ist, gelten als Beschäftigte.

16. Welche Daten eines Bewerbers darf der Arbeitgeber im Einstellungsverfahren verarbeiten?

Im Hinblick auf die Phase der Einstellungsverhandlungen bestimmt § 32 Abs. 1 Satz 1 BDSG (ab 25.5.2018: § 26 Abs. 1 Satz 1 BDSG), dass die personenbezogenen Daten der Bewerber verarbeitet werden dürfen, wenn dies **für die Entscheidung über die Begründung eines Beschäftigungsverhältnisses erforderlich** ist. Der Arbeitgeber darf Bewerber also z. B. nach fachlichen Fähigkeiten, Kenntnissen und Erfahrungen, beruflichem Werdegang fragen. Bei sonstigen Fragen nach persönlichen Verhältnissen der Bewerber (wie z. B. nach bestehenden Krankheiten, Vorstrafen oder Vermögensverhältnissen) ist stets zu prüfen, inwieweit diese personenbezogenen Daten eines Bewerbers im Hinblick auf seine Eignung für den vorgesehenen Arbeitsplatz relevant sind. Nur in diesem Umfang ist der Bewerber zur Auskunft verpflichtet. Vor diesem rechtlichen Hintergrund kann für bestimmte Tätigkeiten, bei denen eine Gefährdung Dritter ausgeschlossen werden muss, z. B. bei Piloten oder Busfahrern oder auch bei Schichtarbeiten, auch die Erhebung bestimmter krankheitsrelevanter Umstände wie Diabetes 1 erforderlich sein.

Auch wenn der Arbeitgeber von einem Bewerber ärztliche Untersuchungen oder Tests zur Eignungsfeststellung verlangt, sind diese derselben Erforderlichkeitsprüfung zu unterziehen. Damit gibt die Regelung auch eine Antwort auf die aktuell diskutierte Frage der Zulässigkeit von sog. Bluttests im Rahmen von Einstellungsuntersuchungen. Genetische Untersuchungen und Analysen, die während des Einstellungsverfahren erfolgen, sind im Gendiagnostikgesetz speziell geregelt: Der Arbeitgeber darf von Beschäftigten vor der Begründung des Beschäftigungsverhältnisses keine Vornahme genetischer Untersuchungen und Analysen verlangen. Er darf auch nicht die Mitteilung von Ergebnissen bereits vorgenommener genetischer Untersuchungen oder Analysen verlangen, solche Ergebnisse entgegennehmen oder verwenden (§ 19 GenDG). Davon zu unterscheiden sind diagnostische genetische Untersuchungen und Analysen im Rahmen von arbeitsmedizinischen Vorsorgeuntersuchungen, die nur unter den einschränkenden Voraussetzungen des § 20 GenDG zulässig sind.

Die Verarbeitung folgender Bewerberdaten (BAG vom 22.10.1986, DB 1987, S. 1048), wie Daten zur Person (Name, Anschrift, Telefonnummer), Geschlecht, Familienstand, Schule, Ausbildung in Lehr- und anderen Berufen, Fachschulausbildung/Fachrichtung/Abschluss und Sprachkenntnisse, kann grundsätzlich als für die Begründung des Beschäftigungsverhältnisses und ggf. als auch noch nach der Begründung des Beschäftigungsverhältnisses erforderlich angesehen werden.

17. Zu welchen Zwecken darf der Arbeitgeber Beschäftigtendaten verarbeiten?

a) Beschäftigtendaten dürfen nach Begründung des Beschäftigungsverhältnisses verarbeitet werden, wenn dies **für die Durchführung** oder Beendigung **des Beschäftigungsverhältnisses erforderlich** ist (§ 32 Abs. 1 Satz 1 BDSG; ab 25.5.2018: § 26 Abs. 1 Satz 1 BDSG n. F.). Es muss ein Zusammenhang zwischen der Erfüllung der vom Arbeitnehmer geschuldeten vertraglichen Leistung oder der Pflichtenbindung des Arbeitgebers bestehen. Ein bloßer allgemeiner Zweckzusammenhang mit dem Beschäftigungsverhältnis reicht nicht aus.

   Dazu darf der Arbeitgeber sich bei seinen Beschäftigten über personenbezogene Daten der Beschäftigten informieren und diese Beschäftigtendaten verarbeiten, soweit dies erforderlich ist um **vertragliche Pflichten gegenüber den Beschäftigten erfüllen** zu können, z. B. Pflichten im Zusammenhang mit der Personalverwaltung, Lohn- und Gehaltsabrechnung, unbaren Überweisung auf ein vom Beschäftigten benanntes Konto. Der Arbeitnehmer ist entsprechend verpflichtet, auch noch nach seiner Einstellung Fragen des Arbeitgebers, die für die Pflichterfüllung relevant sind, zu beantworten, wenn davon auszugehen ist, dass die bei der Einstellung abgegebenen Erklärungen und danach erfolgten Ergänzungen nicht mehr vollständig vorhanden sind.

Für die Durchführung des Beschäftigungsverhältnisses erforderlich und damit grundsätzlich zulässig ist das Verarbeiten von Beschäftigtendaten, um die **gesetzlichen** oder aufgrund eines Gesetzes bestehenden **Erhebungs-, Melde-, Auskunfts-, Offenlegungs- oder Zahlungspflichten erfüllen** zu können z. B. in der Sozialversicherung (u. a. §§ 28a ff. SGBIV) und bei der Lohn- und Einkommenssteuer. Zu diesen Beschäftigtendaten gehören z. B. die Angabe der Uhrzeit, zu der der Arbeitnehmer seinen Arbeitstag beginnt und beendet, sowie die Pausen bzw. der nicht in die Arbeitszeit fallenden Zeiten (vgl. EuGH vom 30.5.2013 – C-342/12).

Zur Durchführung des Beschäftigungsverhältnisses erforderlich kann das Verarbeiten der Beschäftigtendaten auch sein, um **im Rahmen einer Personalplanung** die Eignung des Arbeitnehmers für eine näher in Betracht gezogene Veränderung seines Arbeitsplatzes oder der von ihm zu leistenden Arbeit feststellen zu können z. B. bei der Bewerberauswahl, dem Personaleinsatz, der Personalauswahl für Aufstieg und Beförderung.

Gerechtfertigt kann die Verarbeitung der Beschäftigtendaten auch sein, soweit deren Kenntnis für den Arbeitgeber erforderlich ist, um im Zusammenhang mit der Durchführung des Beschäftigungsverhältnisses **bestehende Rechte wahrzunehmen,** z. B. um das Weisungsrecht wahrzunehmen, die Leistung des Beschäftigten festzustellen oder das vertragsgemäße Verhalten des Beschäftigten zu überwachen. Dazu gehört deshalb grds. auch die Kontrolle, ob der Arbeitnehmer seinen Pflichten nachkommt. Eine dazu eingesetzte verdeckte Überwachung ist jedoch eine sehr eingriffsintensive Maßnahme und kann nur darauf gestützt werden, dass ein auf konkrete Tatsachen begründeter Verdacht einer schwerwiegenden Pflichtverletzung (z. B. wettbewerbswidrige Konkurrenztätigkeit, Vortäuschen einer Krankheit etc.) besteht. Eine entsprechende verdeckte Ermittlung „ins Blaue hinein", ob der Arbeitnehmer sich pflichtwidrig verhält, ist nach § 32 Abs. 1 Satz 1 BDSG (ab 25.5.2018: § 26 Abs. 1 Satz 1 BDSG n. F) unzulässig (BAG vom 29.6.2017 – 2 AZR 597/16 und vom 27.7.2017 – 2 AZR 681/16). In diesem Kontext ist z. B. auch die Zulässigkeit der Verarbeitung von Beschäftigtendaten zu beurteilen, die zur Verhinderung von Straftaten oder sonstigen Rechtsverstößen, die im Zusammenhang mit dem Beschäftigungsverhältnis stehen, erfolgen. Hierzu gehört auch ein verdachtsunabhängiger Datenabgleich zur Verhinderung z. B. von Korruption (z. B. innerhalb eines „Compliance-Management"). Auch ein solcher Datenabgleich muss zur Wahrnehmung der Arbeitgeberrechte erforderlich und verhältnismäßig sein, er muss grundsätzlich vorher angekündigt werden und der Betriebsrat muss zustimmen.

b) Eine Sonderregelung gilt nach § 32 Abs. 1 Satz 2 (ab 25.5.2018: § 26 Abs. 1 Satz 2 BDSG n. F.) für Maßnahmen **zur Aufdeckung von Straftaten**, die im Beschäftigungsverhältnis begangen worden sind, so z. B. von Diebstahl oder Korruption. Es müssen tatsächliche Anhaltspunkte vorliegen, die vom Arbeitgeber dokumentiert werden und die den Verdacht begründen, dass der Beschäftigte im

Beschäftigungsverhältnis eine Straftat begangen hat. Eine Verarbeitung nach § 32 Abs. 1 Satz 2 (ab 25.5.2018: § 26 Abs. 1 Satz 2 BDSG n. F.) setzt einen „einfachen" Verdacht im Sinne eines Anfangsverdachts voraus, der über vage Anhaltspunkte und bloße Mutmaßungen hinausreichen muss (BAG vom 20.10.2016 – 2 AZR 395/15). Der Tatverdacht muss zudem auf Tatsachen beruhen (z. B. erhebliche Inventurdifferenzen). Bloße Gerüchte reichen nicht aus. Die Verarbeitung der Daten muss für die Aufdeckung der Straftat (z. B. Unterschlagung) erforderlich sein. Zudem darf das schutzwürdige Interesse des Beschäftigten an dem Ausschluss der Verarbeitung nicht überwiegen, insbesondere dürfen Art und Ausmaß der Verarbeitung im Hinblick auf den Anlass nicht unverhältnismäßig sein. Mit dem Anlass sind zum einen Art und Schwere der Straftat und zum anderen die Intensität des Verdachts gemeint. Mit dieser Abwägungsklausel wird der Tatsache Rechnung getragen, dass Maßnahmen zur Aufdeckung einer Straftat in der Regel besonders intensiv in das allgemeine Persönlichkeitsrecht eingreifen, z. B. vielfach heimlich durchgeführt werden.

c) Zulässig ist die Verarbeitung von Beschäftigtendaten auch, die **für die Beendigung (Kündigung) oder im Zusammenhang mit der Beendigung des Beschäftigungsverhältnisses erforderlich** sind (§ 32 Abs. 1 Satz 1 BDSG; ab 25.5.2018: § 26 Abs. 1 Satz 1 BDSG n. F.). Dazu gehört auch die Kündigungsvorbereitung, z. B. die Abmahnung oder die Aufdeckung einer Pflichtverletzung, die die Kündigung rechtfertigen kann. Der Arbeitgeber darf deshalb grds. alle Beschäftigtendaten verarbeiten, die er zur Erfüllung der ihm obliegenden Darlegungs- und Beweislast in einem Kündigungsschutzprozess benötigt. Eine verdeckte (Video-) Überwachung ist jedoch nur dann zulässig, wenn der konkrete Verdacht einer strafbaren Handlung besteht (vgl. b) oder bei einem konkreten Verdacht einer schweren Verfehlung zu Lasten des Arbeitgebers. Eine verdeckte Ermittlung ins Blaue hinein, ob ein Arbeitnehmer sich pflichtwidrig verhält, ist unzulässig. Der Verdacht muss sich in Bezug auf eine konkrete strafbare Handlung (vgl. b) oder eine andere konkrete schwere Verfehlung zu Lasten des Arbeitgebers gegen einen zumindest räumlich und funktional abgrenzbaren Kreis von Arbeitnehmern richten (BAG vom 29.6.2017 – 2 AZR 597/16). Ohne besondere rechtliche Grundlage ist der Arbeitnehmer auch nicht verpflichtet, außergerichtliche Erklärungen zu möglichen Kündigungsgründen abzugeben; denn die Darlegungs- und Beweissituation darf nicht durch die Gewährung materiell-rechtlicher Auskunftsansprüche unzulässig verändert werden. Für zulässig hält das BAG (vom 16.2.2012 – 6 AZR 553/10) allerdings die Frage nach der Schwerbehinderung im Vorfeld einer vom Arbeitgeber beabsichtigten Kündigung.

   Der Begriff der Beendigung umfasst auch die **Abwicklung eines Beschäftigungsverhältnisses und die Erfüllung nachvertraglicher Pflichten** gegenüber dem Beschäftigten; sie können deshalb ebenfalls die Erhebung, Verarbeitung und Nutzung der Beschäftigtendaten rechtfertigen. Dazu gehört die Erfüllung von gegenüber dem Arbeitnehmer bestehenden Pflichten und von gesetzlichen oder aufgrund eines Gesetzes bestehenden Melde-, Auskunfts-, Offenlegungs- oder Zahlungspflichten.

d) Personenbezogene Daten von Beschäftigten dürfen für Zwecke des Beschäftigungsverhältnisses auch verarbeitet werden, wenn dies für die **Erfüllung der** sich aus einem Gesetz oder einem Tarifvertrag, einer Betriebs- oder Dienstvereinbarung (Kollektivvereinbarung) ergebenden **Rechte und Pflichten der Interessenvertretung der Beschäftigten** erforderlich ist (ab 25.5.2018: § 26 Abs. 1 Satz 1 BDSG n. F.).

18. Wann ist die Verarbeitung aufgrund einer Einwilligung des Beschäftigten zulässig?

Die Verarbeitung von Beschäftigtendaten aufgrund einer Einwilligung des Beschäftigten kann ab 25.5.2018 unter folgenden engen Voraussetzungen des Art. 7 der EU-Datenschutzgrundverordnung und des für das Beschäftigungsverhältnisse konkretisierenden § 26 Abs. 2 BDSG n. F. zulässig sein: Beruht die Verarbeitung auf einer Einwilligung, muss der Arbeitgeber nachweisen können, dass die betroffene Person in die Verarbeitung ihrer personenbezogenen Daten eingewilligt hat (Art. 7 Abs. 1 DSGVO); die Einwilligung muss freiwillig erfolgt sein. Erfolgt die Verarbeitung personenbezogener Daten von Beschäftigten auf der Grundlage einer Einwilligung, so sind für die Beurteilung der **Freiwilligkeit der Einwilligung** insbesondere die im Beschäftigungsverhältnis bestehende Abhängigkeit der beschäftigten Person sowie die Umstände, unter denen die Einwilligung erteilt worden ist, zu berücksichtigen. Freiwilligkeit kann insbesondere vorliegen, wenn für die beschäftigte Person ein rechtlicher oder wirtschaftlicher Vorteil erreicht wird oder Arbeitgeber und beschäftigte Person gleichgelagerte Interessen verfolgen. Die Einwilligung bedarf der **Schriftform**, soweit nicht wegen besonderer Umstände eine andere Form angemessen ist. Der Arbeitgeber hat die beschäftigte Person über den Zweck der Datenverarbeitung und über ihr **Widerrufsrecht** nach Art. 7 Abs. 3 DSGVO in Textform aufzuklären: Der betroffene Beschäftigte hat das Recht, seine Einwilligung jederzeit zu widerrufen. Durch den Widerruf der Einwilligung wird die Rechtmäßigkeit der aufgrund der Einwilligung bis zum Widerruf erfolgten Verarbeitung nicht berührt. Der Beschäftigte muss vor Abgabe der Einwilligung von seiner Widerrufsmöglichkeit in Kenntnis gesetzt werden. Der Widerruf der Einwilligung muss so einfach wie die Erteilung der Einwilligung sein.

19. Ist die Verarbeitung aufgrund von Tarifverträgen oder Betriebsvereinbarungen zulässig?

Die Verarbeitung personenbezogener Daten, einschließlich besonderer Kategorien personenbezogener Daten von Beschäftigten für Zwecke des Beschäftigungsverhältnisses, ist **auf der Grundlage von Kollektivvereinbarungen** (Tarifverträgen, Betriebsvereinbarungen, Dienstvereinbarungen) zulässig. Dabei haben die Verhandlungspartner der Kollektivverträge Art. 88 Abs. 2 DSGVO zu beachten, wonach ihre Vorschriften angemessene und besondere Maßnahmen zur Wahrung der menschlichen Würde, der berechtigten Interessen und der Grundrechte der betroffenen Beschäftigten umfassen müssen, insbesondere im Hinblick auf die Transparenz der Verarbeitung, die Übermittlung personenbezogener Daten innerhalb einer Unternehmensgruppe oder einer Gruppe von Unternehmen, die eine gemeinsame Wirtschaftstätigkeit ausüben, und im Hinblick auf die Überwachungssysteme am Arbeitsplatz.

20. Was gilt für die Verarbeitung besonderer Kategorien von Beschäftigtendaten?

Grundsätzlich untersagt Art. 9 Abs. 1 DSGV die Verarbeitung personenbezogener Daten, aus denen die rassische und ethnische Herkunft, politische Meinungen, religiöse oder weltanschauliche Überzeugungen oder die Gewerkschaftszugehörigkeit hervorgehen, sowie die Verarbeitung von genetischen Daten, biometrischen Daten zur eindeutigen Identifizierung einer natürlichen Person, Gesundheitsdaten oder Daten zum Sexualleben oder der sexuellen Orientierung einer natürlichen Person. Davon abweichend ist nach § 26 Abs. 3 BDSG n. F. die **Verarbeitung dieser besonderen Kategorien** personenbezogener Daten **für Zwecke des Beschäftigungsverhältnisses** zulässig, wenn sie zur Ausübung von Rechten oder zur Erfüllung rechtlicher Pflichten aus dem Arbeitsrecht, dem Recht der sozialen Sicherheit und des Sozialschutzes erforderlich ist und kein Grund zu der Annahme besteht, dass das schutzwürdige Interesse der betroffenen Person an dem Ausschluss der Verarbeitung überwiegt. Abs. 2 gilt auch für die Einwilligung in die Verarbeitung besonderer Kategorien personenbezogener Daten; die Einwilligung muss sich dabei ausdrücklich auf diese Daten beziehen. Zudem gilt § 22 Abs. 2 BDSG n. F. entsprechend; d. h. bei der Verarbeitung der besonderen Kategorien von Beschäftigtendaten sind angemessene und spezifische Maßnahmen zur Wahrung der Interessen der betroffenen Person vorzusehen, insbesondere die im umfassenden Katalog des § 22 Abs. 2 BDSG n. F. aufgeführten Maßnahmen (z. B. Sicherstellung der Vertraulichkeit, Verschlüsselung, Pseudonymisierung etc.).

Spezialregelungen zur **Verarbeitung genetischer Daten** im Beschäftigungsverhältnis enthält das Gendiagnostikgesetz: Die Vornahme genetischer Untersuchungen und Analysen darf der Arbeitgeber auch nach der Begründung des Beschäftigungsverhältnisses weder verlangen noch die Mitteilung von Ergebnissen bereits vorgenommener genetischer Untersuchungen oder Analysen verlangen, solche Ergebnisse entgegennehmen oder verwenden (§ 19 GenDG). Hiervon zu unterscheiden sind diagnostische genetische Untersuchungen und Analysen im Rahmen von arbeitsmedizinischen Vorsorgeuntersuchungen, die nur unter den einschränkenden Voraussetzungen des § 20 GenDG zulässig sind (vgl. auch Nr. 16).

21. Welche Informationspflichten hat der Arbeitgeber gegenüber den Beschäftigten, wenn deren personenbezogene Daten erhoben werden?

Wenn der Arbeitgeber Beschäftigtendaten erstmals ohne Kenntnis des Arbeitnehmers (z. B. in einem automatisierten Personalinformationssystem) speichert, hat der Arbeitnehmer neben dem Einsichtsrecht **Anspruch auf Benachrichtigung** von der Speicherung und der Art der Daten, der Zweckbestimmung der Erhebung, Verarbeitung oder Nutzung und Identität der verantwortlichen Stelle (§ 33 Abs. 1 BDSG) sowie auf **unentgeltliche Auskunft** über die zu seiner Person gespeicherten Daten, auch soweit sie sich auf Herkunft beziehen, über den Zweck der Speicherung und über die Empfänger oder Kategorien von Empfängern, an die die Daten weitergegeben werden (§ 34 Abs. 1 Satz 1 BDSG). Voraussetzung für den Auskunftsanspruch ist, dass der Arbeitnehmer sie verlangt und dabei die Art der personenbezogenen Daten, über die Auskunft erteilt werden soll, näher bezeichnet (§ 34 Abs. 1 Satz 2 BDSG). Die Auskunft ist schriftlich zu erteilen, soweit nicht ausnahmsweise eine andere Form der Auskunftserteilung angemessen ist (§ 34 Abs. 3 BDSG), z. B. schnelle Einsichtnahme in eine Kartei.

Ab 25.5.2018 gilt:

a) Werden vom Arbeitgeber personenbezogene Daten von Beschäftigten erhoben, so hat der Arbeitgeber gegenüber dem einzelnen betroffenen Beschäftigten zum Zeitpunkt der Erhebung zahlreiche **Informationspflichten** (vgl. Art. 13 und

14 DSGVO). So hat er u. a. mitzuteilen: Kategorien, Zwecke und Rechtsgrundlagen der Datenverarbeitung, Dauer der Speicherung sowie seine Kontaktdaten und die seines Vertreters und des Datenschutzbeauftragten (Art. 13 Abs. 1 und Art. 14 Abs. 1 DSGVO). Zusätzlich hat der Arbeitgeber über die Rechte der Beschäftigten zu informieren, z. B. Recht auf Auskunft, Berichtigung, Löschung, Widerspruch oder Widerruf einer Einwilligung (Art. 13 Abs. 2 und Art. 14 Abs. 2 DSGVO). Beabsichtigt der Arbeitgeber, die personenbezogenen Daten der Beschäftigten für einen anderen Zweck weiterzuverarbeiten als den, für den die personenbezogenen Daten erlangt wurden, so hat er dem betroffenen Beschäftigten vor dieser Weiterverarbeitung Informationen über diesen anderen Zweck und alle anderen maßgeblichen Informationen zur Verfügung zu stellen (Art. 13 Abs. 3 und Art. 14 Abs. 4 DSGVO). Diese Informationspflichten entfallen jedoch, wenn der betroffene Beschäftigte über diese Information bereits verfügt (Art. 13 Abs. 4 und Art. 14 Abs. 5a DSGVO) sowie ggf. auch wenn die Erteilung der Information die Geltendmachung, Ausübung oder Verteidigung rechtlicher Ansprüche des Arbeitgebers beeinträchtigen würde (§ 32 Abs. 1 Nr. 4, § 33 Abs. 1 Nr. 2 BDSG n. F.).

b) Der Beschäftigte hat auch ein **Recht auf Auskunft** über die Verarbeitung der zu seiner Person gespeicherten Daten, insbesondere über alle Angaben, über die der Arbeitgeber auch nach Art. 13 und 14 DSGVO zu informieren hat (vgl. a) sowie über die Herkunft der nicht beim Beschäftigten erhobenen Daten (Art. 16 Abs. 1 DSGVO). Der Arbeitgeber hat kostenlos eine Kopie der verarbeiteten Beschäftigtendaten zur Verfügung zu stellen (Art. 16 Abs. 3 Satz 1 DSGVO). Stellt der Beschäftigte den Antrag elektronisch, so sind die Informationen grds. in einem gängigen elektronischen Format zur Verfügung zu stellen (Art. 16 Abs. 3 Satz 3 DSGVO).

22. Welche sonstige Pflichten hat der Arbeitgeber bei der Verarbeitung von Beschäftigtendaten einzuhalten?

a) Der Arbeitgeber muss geeignete Maßnahmen ergreifen, um sicherzustellen, dass ab 25.5.2018 insbesondere die in Art. 5 der EU-Datenschutzgrundverordnung (DSGVO) dargelegten Grundsätze für die Verarbeitung personenbezogener Daten der Beschäftigten eingehalten werden (§ 26 Abs. 5 BDSG n. F.). Personenbezogene Daten der Beschäftigten müssen danach

- auf rechtmäßige Weise, nach Treu und Glauben und in einer für die betroffene Person nachvollziehbaren Weise verarbeitet werden („Rechtmäßigkeit, Verarbeitung nach Treu und Glauben, Transparenz");
- für festgelegte, eindeutige und legitime Zwecke erhoben werden und dürfen nicht in einer mit diesen Zwecken nicht zu vereinbarenden Weise weiterverarbeitet werden; eine Weiterverarbeitung für im öffentlichen Interesse liegende Archivzwecke, für wissenschaftliche oder historische Forschungszwecke oder für statistische Zwecke gilt gemäß Art. 89 Abs. 1 DSGVO nicht als unvereinbar mit den ursprünglichen Zwecken („Zweckbindung");
- dem Zweck angemessen und erheblich sowie auf das für die Zwecke der Verarbeitung notwendige Maß beschränkt sein („Datenminimierung");
- sachlich richtig und erforderlichenfalls auf dem neuesten Stand sein; es sind alle angemessenen Maßnahmen zu treffen, damit personenbezogene Daten,

die im Hinblick auf die Zwecke ihrer Verarbeitung unrichtig sind, unverzüglich gelöscht oder berichtigt werden („Richtigkeit");

- in einer Form gespeichert werden, die die Identifizierung der betroffenen Personen nur so lange ermöglicht, wie es für die Zwecke, für die sie verarbeitet werden, erforderlich ist; personenbezogene Daten dürfen länger gespeichert werden, soweit die personenbezogenen Daten vorbehaltlich der Durchführung geeigneter technischer und organisatorischer Maßnahmen, die von der DGSVO zum Schutz der Rechte und Freiheiten der betroffenen Person gefordert werden, ausschließlich für im öffentlichen Interesse liegende Archivzwecke oder für wissenschaftliche und historische Forschungszwecke oder für statistische Zwecke gemäß Art. 89 Abs. 1 DSGVO verarbeitet werden („Speicherbegrenzung");
- in einer Weise verarbeitet werden, die eine angemessene Sicherheit der personenbezogenen Daten gewährleistet, einschließlich Schutz vor unbefugter oder unrechtmäßiger Verarbeitung und vor unbeabsichtigtem Verlust, unbeabsichtigter Zerstörung oder unbeabsichtigter Schädigung durch geeignete technische und organisatorische Maßnahmen („Integrität und Vertraulichkeit");
- Der Arbeitgeber, der die Beschäftigtendaten verarbeitet, ist für die Einhaltung dieser Grundsätze verantwortlich und muss dessen Einhaltung nachweisen können („Rechenschaftspflicht").

b) Der Arbeitgeber hat die Beteiligungsrechte der Interessenvertretungen der Beschäftigten zu beachten, insbesondere das Mitbestimmungsrecht des Betriebsrats nach § 87 Abs. 1 Nr. 6 BetrVG. Die Beteiligungsrechte der Interessenvertretungen der Beschäftigten bleiben auch dann unberührt, wenn die Voraussetzungen für die Zulässigkeit der Verarbeitung nach § 26 Abs. 1 bis 5 BDSG n. F. gegeben sind (§ 26 Abs. 6 BDSG n. F.).

23. Welche Tatsachen über den Arbeitnehmer hat der Arbeitgeber geheim zu halten?

a) Die Mitteilung einer Arbeitnehmerin über ihre Schwangerschaft darf der Arbeitgeber Dritten nicht unbefugt bekanntgeben (§ 27 Abs. 1 Satz 2 MuSchG).

b) Erfindungen eines Arbeitnehmers hat der Arbeitgeber solange geheim zu halten, wie dessen berechtigte Interessen es erfordern (§ 24 ArbNerfG).

c) Darüber hinaus ist der Arbeitgeber wegen des Persönlichkeitsrechts des Arbeitnehmers zur Verschweigung aller Tatsachen verpflichtet, an deren Geheimhaltung der Arbeitnehmer ein berechtigtes Interesse hat – und zwar unabhängig davon, auf welche Weise der Arbeitgeber sie erfahren hat. Dazu gehören vor allem: der Gesundheitszustand, das Einkommen und andere persönliche Verhältnisse des Arbeitnehmers.

Diese Verschwiegenheitspflicht gilt nicht nur gegenüber Außenstehenden, sondern auch gegenüber anderen Arbeitnehmern des Betriebes, soweit sie nicht als Vorgesetzte oder Personalsachbearbeiter diese Angaben benötigen.

24. Wann darf ein Arbeitgeber das Verhalten oder die Leistung seiner Arbeitnehmer durch eine technische Einrichtung überwachen?

a) Der Einsatz technischer Einrichtungen zur Überwachung der Beschäftigten ist nur zulässig, soweit das BDSG oder eine andere Rechtsvorschrift dies erlaubt oder anordnet. Der Arbeitgeber kann die von ihm so gewonnenen Erkenntnisse nur dann nutzen, wenn er die Voraussetzungen dieser Eingriffsnormen erfüllt.

b) Bei der Anwendung von technischen Einrichtungen, die dazu bestimmt sind, das Verhalten oder die Leistung der Arbeitnehmer zu überwachen, hat der Betriebsrat u. a. nach § 87 Abs. 1 Nr. 6 BetrVG **mitzubestimmen**.

Beispiele:

- *Betreiben einer **Facebookseite**, die es den Nutzern von Facebook ermöglicht, über die Funktion „Besucher-Beiträge“ Postings zum Verhalten und zur Leistung der beschäftigten Arbeitnehmer einzustellen.*
- *Einsatz einer **Videokamera** zur Überwachung der Arbeitnehmer.*
- *eine technische Einrichtung, durch die einzelnen Arbeitsschritte und damit das wesentliche Arbeitsverhalten der Arbeitnehmer anhand quantitativer Kriterien erfasst wird (**„Belastungsstatistik“**).*
- *Einsatz eines **Software-Keyloggers** durch den die Tastatureingaben am Dienst-PC der Arbeitnehmer aufgezeichnet und gespeichert sowie Screenshots gefertigt werden.*

Die auf technischem Wege erfolgende Ermittlung und Aufzeichnung von Informationen über Arbeitnehmer bei der Erbringung ihrer Arbeitsleistung bergen die Gefahr in sich, dass sie zum Objekt einer Überwachungstechnik gemacht werden, die anonym personen- oder leistungsbezogene Informationen erhebt, speichert, verknüpft und sichtbar macht (BAG vom 13.12.2016 – 1 ABR 7/15). Die Möglichkeiten, Einzeleingaben über eine Person zu erheben, sie zu speichern sowie jederzeit abzurufen, sind geeignet, bei den Betroffenen einen psychischen Anpassungsdruck zu erzeugen, durch den sie in ihrer Freiheit, ihr Handeln aus eigener Selbstbestimmung zu planen und zu gestalten, wesentlich gehemmt werden (BAG vom 26.8.2008 – 1 ABR 16/07). Die Arbeitnehmer sind deshalb vor solchen Beeinträchtigungen ihres Persönlichkeitsrechts ihres Persönlichkeitsrechts zu bewahren, die nicht durch schützenswerte Belange des Arbeitgebers zu rechtfertigen oder unverhältnismäßig sind (BAG vom 25.4.2017 – 1 ABR 46/15).

25. Darf der Arbeitgeber zur Überwachung der Arbeitnehmer eine verdeckte Kamera einsetzen?

Die Einführung einer Videoüberwachung am Arbeitsplatz unterfällt dem Mitbestimmungsrecht des Betriebsrats nach § 87 Abs. 1 Nr. 6 BetrVG (BAG vom 29.6.2004 – BB 2005, S. 102). Arbeitgeber und Betriebsrat sind grundsätzlich befugt, eine Videoüberwachung im Betrieb einzuführen. Die Zulässigkeit des damit verbundenen Eingriffs in die Persönlichkeitsrechte der Arbeitnehmer richtet sich jedoch nach dem Grundsatz der Verhältnismäßigkeit (BAG vom 26.8.2008 – 1 ABR 16/07), der die den Betriebsparteien nach § 75 Abs. 2 BetrVG auferlegte Verpflichtung zum Schutz und

Förderung der freien Entfaltung der Persönlichkeit der im Betrieb beschäftigten Arbeitnehmer konkretisiert (BAG vom 15.4.2014 – 1 ABR 2/13 (B)).

Bei einer heimlichen Überwachung des Arbeitnehmers am Arbeitsplatz mit einer **versteckt angebrachten Videokamera** wird in das Persönlichkeitsrecht (insbes. das Recht am eigenen Bild) des Arbeitnehmers eingegriffen. Eine solche Maßnahme des Arbeitgebers kann jedoch gerechtfertigt sein, wenn die Voraussetzungen des § 32 Abs. 1 BDSG (ab 25.5.2018 § 26.Abs. 1 BDSG n. F.) vorliegen. D. h., es müssen vom Arbeitgeber zu dokumentierende tatsächliche Anhaltspunkte vorliegen, die einen konkreten Verdacht begründen, dass ein Beschäftigter eine strafbare Handlung im Beschäftigungsverhältnis oder eine andere schwere Verfehlung zu Lasten des Arbeitgebers begangen hat. Die Videoüberwachung muss zur Aufdeckung der Straftat erforderlich sein. Weniger einschneidende Mittel müssen ergebnislos ausgeschöpft sein; die verdeckte Videoüberwachung muss damit das praktisch einzige Mittel darstellen und darf insgesamt nicht unverhältnismäßig sein (BAG vom 21.11.2013 – 2 AZR 797/11, vom 21.6.2012 – 2 AZR 153/11). Der Verdacht muss sich in Bezug auf eine konkrete strafbare Handlung oder eine andere schwere Verfehlung zu Lasten des Arbeitgebers gegen einen zumindest räumlich und funktional abgrenzbaren Kreis von Arbeitnehmern richten. Er darf sich einerseits nicht auf die allgemeine Mutmaßung beschränken, es könnten Straftaten begangen werden. Er muss sich andererseits nicht notwendig nur gegen einen einzelnen, bestimmten Arbeitnehmer richten. Auch im Hinblick auf die Möglichkeit einer weiteren Einschränkung des Kreises der Verdächtigen müssen weniger einschneidende Mittel als eine verdeckte Videoüberwachung zuvor ausgeschöpft worden sein (BAG vom 27.3.2003 – 2 AZR 51/02; vom 21.11.2013 – 2 AZR 797/11; vom 22.9.2016 – 2 AZR 848/15). Gab es z. B. kein milderes Mittel zur Aufklärung eines bestehenden Diebstahlverdachts gegen andere verdächtige Beschäftigte als die konkret durchgeführte heimliche Videoüberwachung, ist sie auch gegenüber einem bis dahin unverdächtigen Beschäftigten gerechtfertigt. Die Verwertung eines „Zufallsfundes" aus einer solchen gerechtfertigten verdeckten Videoüberwachung kann nach § 32 Abs. 1 Satz 1 BDSG (ab 25.5.2018 § 26 Abs. 1 Satz 1 BDSG n. F.) zulässig sein (BAG vom 22.9.2016 – 2 AZR 848/15).

Zwar ist bei einer **Videoüberwachung in öffentlich zugänglichen Räumen**, zu denen auch Verkaufsräume zählen können, nach § 6b Abs. 2 BDSG (ab 23.5.2018: § 4 Abs. 2 BDSG n. F.) erkennbar zu machen, dass beobachtet wird und wer beobachtet wird. Dieses Gebot der Kenntlichmachung ist aber nach BAG (zuletzt vom 22.9.2016 – 2 AZR 848/15) keine Voraussetzung für die Rechtmäßigkeit der Videoüberwachung.

26. Darf der Arbeitgeber Telefongespräche des Arbeitnehmers mit technischen Anlagen überwachen?

Hört der Arbeitgeber heimlich **Privatgespräche des Arbeitnehmers** im Betrieb ab, verletzt er die Persönlichkeitsrechte des Arbeitnehmers. Dies gilt nach einer Entscheidung des Bundesverfassungsgerichts (vom 19.12.1991, DB 1992, S. 786) grundsätzlich auch für Telefongespräche mit dienstlichem Inhalt. Der grundrechtliche Schutz des gesprochenen Wortes kann auch nicht durch die bloße Kenntnis von einer Mithörmöglichkeit beseitigt werden. Zulässig ist jedoch die Unterbrechung privater Telefongespräche des Arbeitnehmers durch eine Aufschaltanlage des Arbeitgebers, wenn dies angemessene Zeit vorher durch einen Summton angekündigt wird (BAG vom 1.3.1973, BB 1973, S. 3704).

Zulässig ist auch das **Registrieren** von Anlass, Datum, Uhrzeit und Dauer von **Dienstgesprächen oder Privatgesprächen aus dienstlichem Anlass** sowie von Datum, Uhrzeit und Dauer von Privatgesprächen, wenn eine entsprechende Betriebsvereinbarung zwischen Arbeitgeber und Betriebsrat zustande gekommen ist (BAG vom 27.5.1986, DB 1986, S. 2080). Bei bestimmten Arbeitnehmergruppen, wie z. B. Psychologen, darf die Zielnummer nicht erfasst werden (BAG vom 13.1.1987, DB 1987, S. 1153).

Das heimliche **Mithörenlassen von Telefongesprächen** zwischen Arbeitnehmer und Arbeitgeber ist im Allgemeinen ebenfalls unzulässig. Es verletzt das Persönlichkeitsrecht des Gesprächspartners. Auf diese Weise erlangte Beweismittel dürfen nicht verwendet werden. Wer jemanden mithören lassen will, hat seinen Gesprächspartner vorher darüber zu informieren. Dieser ist nicht gehalten, sich seinerseits vorsorglich zu vergewissern, dass niemand mithört (BAG vom 29.10.1997, DB 1998, S. 371). Das Persönlichkeitsrecht des Gesprächspartners eines Telefongesprächs ist verletzt, wenn der andere einen Dritten durch aktives Handeln zielgerichtet veranlasst, das Telefongespräch heimlich mitzuhören. Aus der rechtswidrigen Erlangung des Beweismittels folgt ein Beweisverwertungsverbot: Der Dritte darf nicht als Zeuge zum Inhalt der Äußerungen des Gesprächspartners vernommen werden, der von dem Mithören keine Kenntnis hat. Konnte ein Dritter zufällig, ohne dass der Beweispflichtige etwas dazu beigetragen hat, den Inhalt des Telefongesprächs mithören, liegt keine rechtswidrige Verletzung des Persönlichkeitsrechts des Geschäftspartners vor. In diesem Fall besteht deshalb auch kein Beweisverwertungsverbot (BAG vom 23.4.2009 – 6 AZR 189/09).

27. Darf der Arbeitgeber durch eine technische Einrichtung lückenlos und dauerhaft das wesentliche Arbeitsspektrum der Arbeitnehmer erfassen und als Belastungsstatistik auswerten?

Grundsätzlich handelt es sich um ein legitimes Anliegen eines Arbeitgebers, eine unterschiedliche Belastungssituation der Arbeitnehmer und deren Ursachen in Erfahrung zu bringen, um eine sach- und mitarbeitergerechte Arbeitssteuerung zu ermöglichen und die Effizienz der Arbeitsorganisation zu verbessern. Das **Erstellen einer „Belastungsstatistik"** durch eine technische Überwachungseinrichtung i. S. d. § 87 Abs. 1 Nr. 6 BetrVG, die lückenlos und dauerhaft die einzelnen Arbeitsschritte und damit das wesentliche Arbeitsverhalten der Arbeitnehmer anhand quantitativer Kriterien während ihrer gesamten Arbeitszeit erfasst, speichert und auswertet, stellt jedoch einen schwerwiegenden Eingriff in deren Persönlichkeit dar. Ein solcher Eingriff ist nicht durch überwiegend schutzwürdige Belange des Arbeitgebers gedeckt (BAG vom 25.4.2017 – 1 ABR 46/15).

28. Darf der Arbeitgeber durch verdeckten Einsatz eines Keyloggers Beschäftigtendaten erheben?

Die Aufzeichnung und Speicherung der Tastatureingaben am Dienst-PC eines Beschäftigten stellen Datenerhebungen i. S. d. BDSG dar. Mit einer ohne Einwilligung des Beschäftigten erfolgten Datenerhebung durch einen Keylogger greift der Arbeitgeber in dessen Recht auf informationelle Selbstbestimmung ein. Der Einsatz eines Software-Keyloggers ist auch nicht nach § 32 Abs. 1 BDSG (ab 25.5.2018 nach § 26 Abs. 1 Satz 1 BDSG n. F.) erlaubt, wenn kein auf den Arbeitnehmer bezogener, durch konkrete Tatsachen begründeter Verdacht oder anderen schwerwiegenden Pflichtverletzung besteht (BAG vom 27.7.2017 – 2 AZR 681/16). Wurden Daten unter Verstoß gegen diese zwingenden Voraussetzungen gewonnen, unterliegen sie arbeitsgerichtlich einem Beweisverwertungsverbot.

Arbeitgeber sollten deshalb sehr zurückhaltend im Einsatz von Keyloggern sein. Ggf. kommen als Alternative auch weniger intensiv in das allgemeine Persönlichkeitsrecht des Beschäftigten eingreifende Datenerhebungen in Betracht, um Zuwiderhandlungen gegen das Verbot oder die Beschränkung der Privatnutzung von IT-Einrichtungen zu kontrollieren, z. B. die stichprobenartige Kontrolle der Verlaufsdaten eines Internetbrowsers.

Schließlich ist auch das Mitbestimmungsrecht des Betriebsrats nach § 87 Abs. 1 Nr. 6 BetrVG zu beachten, weil durch eine entsprechende Datenerhebung jedenfalls die Möglichkeit zur Kontrolle von Leistung und Verhalten der Beschäftigten besteht.

29. Darf der Arbeitgeber eine Alkohol- oder Drogenkontrolle der Beschäftigten vornehmen?

Ohne besondere Rechtsgrundlage und ohne konkrete Anhaltspunkte können Arbeitgeber nicht das Blut ihrer Mitarbeiter auf möglichen Alkohol- oder Drogenmissbrauch untersuchen lassen. Eine allgemeine Bestimmung, nach der sich die Arbeitnehmer einer jährlichen Gesundheitsüberprüfung unterziehen müssen, reicht als Rechtsgrundlage nicht aus. Durch derartige Kontrollen können die Grundrechte der betroffenen Arbeitnehmer, z. B. das Recht auf körperliche Unversehrtheit, verletzt werden (BAG vom 12.8.1999 - 2 AZR 55/99).

30. Darf der Arbeitgeber Torkontrollen und Leibesvisitationen der Arbeitnehmer vornehmen?

Torkontrollen und Leibesvisitationen können aufgrund tarifvertraglicher, Betriebs- oder einzelvertraglicher Vereinbarung durchgeführt werden. Aufgrund seines Weisungsrechts kann der Arbeitgeber solche Maßnahmen nur dann anordnen, wenn sich wegen häufiger Diebstähle eine Notlage ergeben hat; dabei hat der Betriebsrat mitzubestimmen (§ 87 Abs. 1 Nr. 1 BetrVG). Von der Durchführung der **Torkontrollen** müssen alle Arbeitnehmer gleichmäßig betroffen sein. Wenn nicht alle Arbeitnehmer kontrolliert werden, muss die Auswahl der Kontrollierten unparteiisch erfolgen. Auch darf die Durchführung der Kontrolle das Ehrgefühl der Arbeitnehmer nicht verletzen. Im Allgemeinen ist deshalb die Kontrolle auf Öffnen der mitgeführten Taschen und Abtasten der Oberbekleidung zu beschränken. Auch aufgrund einer Betriebsvereinbarung sind Torkontrollen und Leibesvisitationen nur bei hinreichend begründetem Anlass zulässig, also wenn Diebstähle vorgekommen sind oder eine ernste Gefahr für wertvolles Material, Waren oder Maschinen besteht.

31. Was ergibt sich aus dem Persönlichkeitsrecht für die Führung von Personalakten?

a) Die **Personalakten** dürfen nicht allgemein zugänglich sein, sondern müssen sorgfältig verwahrt werden. Zudem muss der Arbeitgeber selbst bestimmte Informationen vertraulich behandeln und für eine vertrauliche Behandlung durch die Sachbearbeiter sorgen. Auch muss der Kreis der mit Personalakten Beschäftigten möglichst klein gehalten werden (BAG vom 15.7.1987, DB 1987, S. 2571).

b) Eines verstärkten Schutzes bedürfen **sensible Daten** des Arbeitnehmers. Dazu gehören insbesondere auch solche über den körperlichen, geistigen und seelischen Gesundheitszustand und allgemeine Aussagen über die Persönlichkeit des Arbeitnehmers. Die Personalakten werden zu den verschiedensten Anlässen herangezogen, in den wenigsten Fällen kommt es aber dabei auf die Kenntnis dieser sensiblen Daten an. Deshalb müssen diese Arbeitnehmerdaten nicht nur vor der Kenntnisnahme durch beliebige Dritte und unzuständige Sachbearbeiter geschützt werden, sondern auch davor, dass ein zuständiger Sachbearbeiter bei Heranziehung der Personalakte zufällig oder gewollt diese sensiblen Daten zur Kenntnis nehmen kann, obwohl er diese für die zu treffende Entscheidung nicht braucht (z. B. wenn derjenige, der irgendeinen Vorgang in der Personalakte abheftet, dabei Gutachten oder Vermerke über den Gesundheitszustand oder den Charakter des Arbeitnehmers lesen könnte). Wie der besondere Schutz für sensible Daten ausgestaltet sein muss, hängt von den Umständen des Einzelfalles ab. Als Schutzmaßnahmen können erforderlich sein:

   - die Führung besonderer Personalakten
   - die Verwendung verschlossener Umschläge in der Personalakte, die die zufällige Kenntnisnahme verhindert
   - die Aufbewahrung in besonders gesicherten Schränken
   - die Aufstellung besonderer Pflichten der Sachbearbeiter, etwa die Einsichtnahmen zu vermerken
   - je nach Datenart ein System abgestufter Zugangsmöglichkeiten

c) Nicht erst, wenn Unbefugte Kenntnis nehmen, sondern bereits dadurch, dass der Arbeitgeber bei der Führung der Personalakte die erforderlichen Schutzmaßnahmen unterlässt, verletzt er das Persönlichkeitsrecht des Arbeitnehmers (BAG vom 15.7.1987, DB 1987, S. 2571).

d) Bei der Personalaktenführung mittels EDV hat der Arbeitgeber auch die Vorschriften zur Datensicherung zu beachten.

32. Wie kann sich der Arbeitnehmer über den Inhalt seiner Personalakte informieren?

Ohne besonderen Anlass kann der Arbeitnehmer in die über ihn geführten Personalakten Einsicht nehmen und kann dabei ein Mitglied des Betriebsrats hinzuziehen (§ 83 Abs. 1 BetrVG). Der Arbeitgeber hat dazu dem Arbeitnehmer die nicht sichtbaren, insbesondere die in automatisierten Personalinformationssystemen gespeicherten personenbezogenen Daten des Arbeitnehmers, lesbar zu machen. Ist die Wiedergabe dieser Daten durch ein Datensichtgerät nicht verständlich, kann der Arbeitnehmer einen Ausdruck dieser Daten in einer entschlüsselten, d. h. für den Arbeitnehmer verständlichen Form, verlangen. Jedes Mitglied des Betriebsrats verfügt nach § 34 Abs. 3 BetrVG über ein unabdingbares Recht, auf Datenträgern gespeicherte Dateien und E-Mails des Betriebsrats auf elektronischem Wege zu lesen (BAG vom 12.8.2009 – 7 ABR 15/08). Der Arbeitnehmer hat gemäß § 241 Abs. 2 BGB i. V. m. Art. 2 Abs. 1 und Art. 1 Abs. 1 GG auch nach Beendigung des Arbeitsverhältnisses Anspruch auf Einsicht in seine vom ehemaligen Arbeitgeber weiter aufbewahrte Personalakte (BAG vom 16.11.2010 – 9 AZR 573/09).

33. Wann kann der Arbeitnehmer verlangen, dass missbilligende Äußerungen über ihn aus der Personalakte entfernt werden?

Der Arbeitgeber hat eine missbilligende Äußerung über das Verhalten des Arbeitnehmers (insbesondere eine Abmahnung, eine Verwarnung oder eine Rüge) aus der Personalakte zu entfernen, wenn durch sie das Persönlichkeitsrecht des Arbeitnehmers verletzt ist (entsprechend §§ 242, 1004 BGB). Dies ist dann anzunehmen, wenn

a) der angeführte Sachverhalt unrichtig ist, also die missbilligende Äußerung unrichtige Tatsachenbehauptungen enthält, die den Arbeitnehmer in seiner Rechtsstellung und seinem beruflichen Fortkommen beeinträchtigen können (BAG vom 21.2.1985, NZA 1986, S. 227 und vom 5.8.1992, DB 1993, S. 1677),

b) die Missbilligung in der Form ehrverletzende oder sonstige grob unsachliche Werturteile enthält (BAG vom 21.2.1979, DB 1979, S. 1513),

c) die Missbilligung (Abmahnung) unberechtigt ist, weil sie kein vertragswidriges Verhalten betrifft, insbesondere bei Arbeitsunfähigkeit oder entschuldigten Fehlzeiten (LAG Düsseldorf vom 6.3.1986, DB 1986, S. 431),

d) die ursprünglich berechtigte Missbilligung (speziell die Abmahnung) durch Zeitablauf wirkungslos geworden ist. Dies lässt sich jedoch nicht anhand einer bestimmten Regelfrist, sondern nur aufgrund aller Umstände des Einzelfalles beurteilen (BAG vom 18.11.1986, DB 1987, S. 1303).

Werden in einem Abmahnungsschreiben mehrere Pflichtverletzungen gleichzeitig gerügt und treffen davon nur einige (aber nicht alle) zu, so muss das Abmahnungsschreiben auf Verlangen des Arbeitnehmers vollständig aus der Akte entfernt werden und kann nicht teilweise aufrechterhalten bleiben. Es ist dem Arbeitgeber überlassen, ob er statt dessen eine auf die zutreffenden Pflichtverletzungen beschränkte Abmahnung aussprechen will (BAG vom 13.3.1991, DB 1991, S. 1527 f.).

Der Anspruch auf Entfernung einer Abmahnung aus der Personalakte verfällt nicht durch tarifvertragliche Ausschlussfristen (BAG vom 14.12.1994, DB 1995, S. 622).

Auch nach der Entfernung einer Abmahnung aus der Personalakte ist der Arbeitnehmer nicht gehindert, einen Anspruch auf Widerruf der in der Abmahnung abgegebenen Erklärungen gerichtlich geltend zu machen (BAG vom 15.4.1999, DB 1999, S. 1810).

34. Wann müssen Beschäftigtendaten in Personalakten oder Dateien korrigiert oder entfernt werden?

a) Arbeitnehmerdaten sind zu **berichtigen**, wenn sie unrichtig sind, gleichgültig ob sie in Dateien (z. B. in einem automatisierten Personalinformationssystem) gespeichert sind (§ 35 Abs. 1 BDSG) oder in einer herkömmlichen Personalakte enthalten sind (entsprechend § 1004 BGB). Daneben hat der Arbeitnehmer das Recht, zum Inhalt der Personalakten (insbesondere zu Beurteilungen) Erklärungen abzugeben, die auf sein Verlangen den Akten beizufügen sind (§ 83 Abs. 2 BetrVG).

b) **Bis 22.5.2018 gilt § 35 Abs. 2–4 BDSG:**

   In Dateien gespeicherte Arbeitnehmerdaten sind zu **löschen**, wenn ihre Speicherung unzulässig war (§ 35 Abs. 2 Nr. 1 BDSG) oder wenn sie für den Zweck der Speicherung nicht mehr erforderlich sind (§ 35 Abs. 2 Nr. 3 BDSG). Löschen bedeutet das Unkenntlichmachen gespeicherter Daten (§ 3 Abs. 4 Nr. 5 BDSG) ungeachtet der dabei angewendeten Verfahren.

Ferner sind Daten über Gesundheit, Sexualleben, strafbare Handlungen, Ordnungswidrigkeiten sowie religiöse oder politische Überzeugungen oder die Gewerkschaftszugehörigkeit des Arbeitnehmers zu löschen, wenn ihre Richtigkeit nicht bewiesen werden kann (§ 35 Abs. 2 Nr. 2 BDSG).

Darüber hinaus kann der Arbeitnehmer die Entfernung eines auf einer wahren Sachverhaltsdarstellung beruhenden Schreibens aus der Personalakte verlangen, wenn es für die weitere Beurteilung des Arbeitnehmers überflüssig geworden ist und ihn in seiner beruflichen Entwicklungsmöglichkeit fortwirkend beeinträchtigt (BAG vom 13.4.1988, DB 1988, S. 1702). Auch ein ursprünglich für die persönlichen Verhältnisse und für die dienstliche Beurteilung des Arbeitnehmers wichtiger Vorgang (z. B. Personalfragebogen) kann durch zeitliche Ereignisse (z. B. Nichteinstellung des Bewerbers oder Ausscheiden des Arbeitnehmers) entbehrlich werden.

c) Nicht mehr verarbeitet, insbesondere übermittelt oder sonst genutzt werden **(Sperren der Daten)** dürfen die in Dateien gespeicherten Arbeitnehmerdaten, wenn ihre Richtigkeit vom Arbeitnehmer bestritten wird und sich weder die Richtigkeit noch die Unrichtigkeit feststellen lässt (§ 35 Abs. 4 BDSG). Die Sperrung tritt auch an die Stelle einer Löschung, wenn die Kenntnis der Arbeitnehmerdaten nicht mehr für die Erfüllung des Zwecks der Speicherung erforderlich ist, aber einer Löschung gesetzliche oder vertragliche Aufbewahrungsfristen entgegenstehen (§ 35 Abs. 3 Nr. 1 BDSG), oder wenn Grund zu der Annahme besteht, dass durch die Löschung schutzwürdige Interessen des Arbeitnehmers beeinträchtigt würden (§ 35 Abs. 3 Nr. 2 BDSG), oder wenn eine Löschung wegen der besonderen Art der Speicherung nicht oder nur mit unverhältnismäßig hohem Aufwand möglich ist (§ 35 Abs. 3 Nr. 3 BDSG). Die so „gesperrten" Daten sind entsprechend zu kennzeichnen, um ihre weitere Verarbeitung oder Nutzung einzuschränken (§ 3 Abs. 4 Nr. 4 BDSG).

Ab 25. 5. 2018 gelten Art. 16, 17 und 18 DSGVO:

d) Der Beschäftigte hat das Recht, vom Arbeitgeber unverzüglich die **Berichtigung** ihn betreffender unrichtiger personenbezogener Daten zu verlangen. Unter Berücksichtigung der Zwecke der Verarbeitung hat der betroffene Beschäftigte das Recht, die Vervollständigung unvollständiger personenbezogener Daten – auch mittels einer ergänzenden Erklärung – zu verlangen (Art. 16 DSGVO).

e) Der Beschäftigte hat nach Art. 17 DSGVO das Recht, vom Arbeitgeber zu verlangen, dass ihn betreffende personenbezogene Daten unverzüglich **gelöscht** werden, und der Arbeitgeber ist verpflichtet, Beschäftigtendaten unverzüglich zu löschen, sofern insbesondere einer der folgenden Gründe zutrifft:

- Die personenbezogenen Beschäftigtendaten sind für die Zwecke, für die sie erhoben oder auf sonstige Weise verarbeitet wurden, nicht mehr notwendig.
- Der betroffene Beschäftigte widerruft seine Einwilligung, auf die sich die Verarbeitung stützte, und es fehlt an einer anderweitigen Rechtsgrundlage für die Verarbeitung.

- Die personenbezogenen Daten des Beschäftigten wurden unrechtmäßig verarbeitet.

Einschränkungen des Rechts auf Löschung können sich aus § 35 BDSG n. F. ergeben.

f) Der Beschäftigte hat nach Art. 18 DSGVO das Recht, vom Arbeitgeber die **Einschränkung der Verarbeitung** zu verlangen, wenn eine der folgenden Voraussetzungen gegeben ist:

- die Richtigkeit der personenbezogenen Daten von dem betroffenen Beschäftigten bestritten wird, und zwar für eine Dauer, die es dem Verantwortlichen ermöglicht, die Richtigkeit der personenbezogenen Daten zu überprüfen,
- die Verarbeitung unrechtmäßig ist und der betroffene Beschäftigte die Löschung der personenbezogenen Daten ablehnt und stattdessen die Einschränkung der Nutzung der personenbezogenen Daten verlangt;
- der Arbeitgeber die personenbezogenen Daten für die Zwecke der Verarbeitung nicht länger benötigt, der betroffene Beschäftigte sie jedoch zur Geltendmachung, Ausübung oder Verteidigung von Rechtsansprüchen benötigt,

Wurde die Verarbeitung gemäß Art. 18 Abs. 1 DSGVO eingeschränkt, so dürfen diese personenbezogenen Daten – von ihrer Speicherung abgesehen – nur mit Einwilligung des betroffenen Beschäftigten oder zur Geltendmachung, Ausübung oder Verteidigung von Rechtsansprüchen oder zum Schutz der Rechte einer anderen natürlichen Person (z. B. eines Kollegen) oder juristischen Person (z. B. eines Kunden) verarbeitet werden (Art. 18 Abs. 2 DSGVO). Ein betroffener Beschäftigter, der eine Einschränkung der Verarbeitung gemäß Art. 18 Abs. 1 DSGVO erwirkt hat, ist vom Arbeitgeber zu unterrichten, bevor die Einschränkung aufgehoben wird (Art. 18 Abs. 3 DSGVO).

35. Muss der Arbeitgeber den Arbeitnehmer vor ungerechter Behandlung durch Arbeitskollegen oder andere Dritte schützen?

Zum Schutz der Persönlichkeit hat der Arbeitgeber den Arbeitnehmer vor Beleidigungen, ehrverletzenden Berichten über Tatsachen aus seiner Intimsphäre, Körperverletzungen oder anderen rechtswidrigen Handlungen von Arbeitskollegen oder vor ungerechter Behandlung durch Vorgesetzte zu schützen.

Damit wird auch das in letzter Zeit viel diskutierte **„Mobbing"** erfasst. Unter Mobbing ist das systematische Anfeinden, Schikanieren und Diskriminieren von Arbeitnehmern untereinander oder durch Vorgesetzte zu verstehen (BAG vom 15.1.1997 – 7 ABR 14/96). Beispiele sind ständiges Unterbrechen bei der Arbeit, dauerndes Kritisieren und Abwerten, soziale und räumliche Isolation, ständiges Verleumden, Kränken oder Lächerlichmachen, unter- oder überfordernde sowie verwirrende oder sinnlose Aufträge, psychische und körperliche Gesundheitsschädigung und sexuelle Belästigung. Mobbing kann zu Erkrankung, innerer Kündigung oder zur Kündigung des Arbeitsverhältnisses durch den Arbeitnehmer führen. Die Arbeitnehmer sind verpflichtet, das Recht auf Achtung der Würde und der freien Entfaltung der Persönlichkeit der anderen bei ihrem Arbeitgeber beschäftigten Arbeitnehmer nicht durch Eingriffe in deren Persönlichkeits- und Freiheitssphäre zu verletzen (LAG Thüringen vom 15.2.2001, DB 2001, S. 1783). Der Arbeitgeber hat die Pflicht, seine Arbeitnehmer vor Belästigungen durch Vorgesetzte, Mitarbeiter oder Dritte, auf die er Einfluss hat, zu schützen und ihnen einen menschengerechten Arbeitsplatz zur Verfügung zu stellen (BAG vom 25.10.2007 – 8 AZR 593/06). Er ist verpflichtet, die erforderlichen Gegenmaßnahmen zu ergreifen, die von Ermahnung, Abmahnung oder Versetzung bis zur Kündigung des Mobbenden gehen können. Allerdings ist im Einzelfall die Feststellung des Mobbings sowie insbesondere die Abgrenzung zu einem zulässigen Verhalten am Arbeitsplatz (z. B. in Form der Kritik an einer schlechten Arbeitsleistung des Arbeitnehmers) schwierig. Der von Mobbing betroffene Arbeitnehmer kann sich ggf. gegen Mobbing mit folgenden Möglichkeiten wehren: Recht zur Beschwerde, Anspruch auf Unterlassung bzw. Beseitigung der Beeinträchtigung und Recht zur Leistungsverweigerung bei fortdauerndem Mobbing sowie Anspruch auf Schadensersatz und ggf. Schmerzensgeld nach §§ 823 Abs. 1, 253 Abs. 2 BGB i. V. m. Art. 1 Abs. 1 und Art. 2 Abs. 1 GG. Der Schmerzensgeldanspruch wegen Mobbings kann zwar verwirken, dafür genügen jedoch ein bloßes „Zuwarten" oder Untätigkeit des Anspruchsstellers nicht (BAG vom 11.12.2014 – 8 AZR 838/13). Der Arbeitgeber haftet dem betroffenen Arbeitnehmer gegenüber nach § 278 BGB für schuldhaft begangene Persönlichkeits- oder Gesundheitsverletzungen durch die von ihm als Erfüllungsgehilfen eingesetzte andere Arbeitnehmer und Vorgesetzte (BAG vom 25.10.2007 – 8 AZR 593/06). Wird die Würde eines Arbeitnehmers entgegen dem Benachteiligungsverbot des Allgemeinen Gleichbehandlungsgesetzes (AGG) verletzt, so stellt diese Belästigung dann eine die Entschädigungspflicht des Arbeitgebers auslösende Benachteiligung (§ 15 Abs. 2 AGG) dar, wenn durch die Belästigung ein von Einschüchterungen, Anfeindungen, Erniedrigungen, Entwürdigungen oder Beleidigungen gekennzeichnetes Umfeld geschaffen wird – z. B. durch ausländerfeindliche Parolen (BAG vom 24.9.2009 – 8 AZR 705/08).

Der Schutz vor Belästigung oder sexueller Belästigung am Arbeitsplatz ist im Allgemeinen Gleichbehandlungsgesetz ausdrücklich geregelt (vgl. Kapitel 20 Nr. 11 ff.)

C Schutz des Arbeitnehmereigentums

36. Muss der Arbeitgeber geeignete Aufbewahrungsmöglichkeiten für vom Arbeitnehmer mitgebrachte Sachen zur Verfügung stellen?

Für berechtigterweise in den Betrieb mitgebrachte Sachen des Arbeitnehmers, die dieser nicht selbst sicher verwahren kann, muss der Arbeitgeber sichere Aufbewahrungsmöglichkeiten schaffen (BAG vom 1.7.1965, BB 1965, S. 1147), z. B. durch einen verschließbaren Schrank, Spind, gesicherte Kleiderablage oder gesicherten Raum. Dies gilt für **persönlich unentbehrliche Gegenstände** (z. B. Brieftasche).

Ebenso sind nach Arbeitsschluss die **unmittelbar arbeitsdienlichen Sachen** (z. B. Arbeitskleidung) zu schützen, die der Arbeitnehmer auf Wunsch oder mit Kenntnis des Arbeitgebers in den Betrieb bringt.

37. Hat der Arbeitgeber auch Abstellplätze für Autos und Fahrräder zur Verfügung zu stellen?

Der Arbeitgeber hat grundsätzlich für Unterstellmöglichkeiten für **Fahrräder** und **Mopeds** zu sorgen. Wenn die Arbeitnehmer üblicherweise mit dem **Auto** zur Arbeitsstelle kommen, hat der Arbeitgeber auch einen Parkplatz zur Verfügung zu stellen, wenn die Einrichtung technisch nach den örtlichen Gegebenheiten möglich und dadurch der Arbeitgeber nicht übermäßig und unverhältnismäßig belastet wird (BAG vom 16.3.1966, BB 1966, S. 367). Wenn der Arbeitgeber einen Parkraum zur Verfügung stellt (auch wenn dazu keine Pflicht besteht), hat er ihn verkehrssicher zu halten (BAG vom 10.11.1960, DB 1961, S. 72).

38. Wann haftet der Arbeitgeber für Sachschäden des Arbeitnehmers?

Erleidet der Arbeitnehmer während der Arbeit einen Schaden an seinen Sachen, so haftet der Arbeitgeber, wenn

a) ihn daran ein Verschulden trifft,

b) er vom Arbeitnehmer den Einsatz dieser Sachen verlangt oder erwartet hat und sonst selbst hätte Betriebsmittel zur Verfügung stellen müssen (entspr. § 670 BGB) – z. B. wenn ein Fahrzeug des Arbeitnehmers mit Billigung des Arbeitgebers in seinem Betätigungsbereich eingesetzt war, allerdings nur im Umfang, in dem der Arbeitgeber eine Beschädigung seiner eigenen Sachmittel hinzunehmen hätte (vgl. BAG vom 22.6.2011 – 8 AZR 102/10), oder

c) der Schaden bei einer gefährlichen Arbeit entstanden ist und durchaus ungewöhnlich war (BAG vom 16.11.1978, DB 1979, S. 1091).

D Maßregelungsverbot

39. Was bedeutet das Maßregelungsverbot wegen Wahrnehmung von Rechten?

Nach dem **allgemeinen Maßregelungsverbot (§ 612a BGB)** darf der Arbeitgeber einen Arbeitnehmer bei einer Vereinbarung oder Maßnahme nicht benachteiligen, weil er in zulässiger Weise seine Rechte ausübt.

Beispiele:

a) Ausnahmen von der Zuweisung von Überstunden, weil der Arbeitnehmer nicht bereit ist, auf tarifliche Vergütungsansprüche zu verzichten (BAG vom 7.11.2002 – AZR 742/00).

b) Kündigung des Arbeitnehmers, weil er beim Arbeitsgericht Klage erhoben hat.

c) Nichtbeförderung des Arbeitnehmers wegen einer Beschwerde beim Vorgesetzten.

§ 612a BGB verbietet jede Benachteiligung des Arbeitnehmers, also nicht nur die unmittelbare, sondern auch die mittelbare. Ein Verstoß gegen § 612a BGB liegt deshalb nicht nur dann vor, wenn der Arbeitnehmer eine Einbuße erleidet, d. h. wenn sich seine Situation gegenüber dem bisherigen Zustand verschlechtert, sondern auch dann, wenn ihm Vorteile vorenthalten werden, welche der Arbeitgeber anderen Arbeitnehmern gewährt, wenn diese entsprechende Rechte nicht ausgeübt haben.

Beispiele:

a) Eine Treueprämie, die nach Beendigung des Arbeitskampfes Arbeitnehmern allein dafür zugesagt wird, dass sie sich nicht am Streik beteiligt haben (BAG vom 11.8.1992, DB 1993, S. 234).

b) Weigerung mit einem befristet Beschäftigten einen Folgevertrag abzuschließen, weil dieser auf einer Betriebsversammlung als gewerkschaftlicher Vertrauensmann gegenüber dem Arbeitgeber Kritik geäußert hat (BAG vom 21.9.2011 – 7 AZR 150/10)

c) Gruppiert ein Arbeitgeber alle Arbeitnehmer höher, die eine auf diese Höhergruppierung gerichtete Klage nicht erhoben bzw. eine solche zurückgenommen haben, und nimmt er nur diejenigen Arbeitnehmer von der Höhergruppierung aus, die ihre Klage nicht zurücknehmen, so verstößt dies gegen das Benachteiligungsverbot des § 612a BGB. Dieser Verstoß führt zu einem Anspruch der betreffenden Arbeitnehmer auf die höhere Vergütung (BAG vom 23.2.2000, DB 2000, S. 1921).

Selbstverständlich schützt das Maßregelungsverbot nicht die Verletzung gesetzlicher oder arbeitsvertraglicher Pflichten durch den Arbeitnehmer und auch nur eine Rechtsausübung in angemessener Form (nicht also eine Beleidigung des Arbeitgebers). Dagegen ist nicht erforderlich, dass dem Arbeitnehmer das geltend gemachte Recht auch wirklich zustand. Ausreichend ist, dass der Arbeitnehmer nach der Sachlage vom Bestehen seines Rechts ausgehen konnte. Nur eine völlig willkürliche Inanspruchnahme von Rechten schützt das Maßregelungsverbot nicht. Vom Schutzzweck des § 612 a BGB wird auch nicht der Fall der Rechtsausübung vor Begründung des Arbeitsverhältnisses erfasst, der erst im späteren Arbeitsverhältnis zu Nachteilen führt (BAG vom 15.11.2012 – 6 AZR 339/11).

Ein **besonderes Maßregelungsverbot** enthält der § 5 TzBfG. Danach darf ein Arbeitgeber einen Arbeitnehmer nicht wegen der Inanspruchnahme von Rechten nach dem Teilzeit- und Befristungsgesetz benachteiligen. Verboten ist insbesondere eine Benachteiligung eines Arbeitnehmers, der den Teilzeitanspruch (§ 8 TzBfG) oder die Rechtsunwirksamkeit der Befristung seines Arbeitsvertrages (§§ 14, 16, 17 TzBfG) geltend macht.

Ein besonderes Maßregelungsverbot enthält auch der § 7 Abs. 7 ArbZG. Danach darf der Arbeitgeber einen Arbeitnehmer nicht benachteiligen, weil dieser die Einwilligung zur Verlängerung der Arbeitszeit nicht erklärt oder eine solche widerrufen hat. Aufgrund des Maßregelungsverbots darf dieser Arbeitnehmer gegenüber anderen Arbeitnehmern nicht schlechter gestellt werden, weil er die beabsichtigte Arbeitszeitverlängerung abgelehnt hat. Einem Arbeitnehmer darf z. B. eine besser bezahlte Stelle nicht allein deshalb versagt werden, weil er nicht zu einer entsprechenden Verlängerung der Arbeitszeit bereit ist oder eine hierzu gegebene Einwilligung widerrufen hat. Auch eine hierauf gestützte Kündigung oder Versetzung auf einen anderen, geringer qualifizierten bzw. vergüteten Arbeitsplatz würde gegen das Maßregelungsverbot verstoßen. Unzulässig wäre es auch, einen solchen Arbeitnehmer generell von Überstunden auszunehmen.

Ein weiteres besonderes Maßregelungsverbot wegen der Inanspruchnahme der Rechte aus dem neuen Allgemeinen Gleichbehandlungsgesetz enthält § 16 AGG (vgl. Kapitel 20 Nr. 18).

40. Welche Folgen hat ein Verstoß gegen das Verbot?

Wenn der Arbeitgeber den Arbeitnehmer wegen der Wahrnehmung seiner Rechte benachteiligt, ihn z. B. kündigt, nicht befördert oder von freiwilligen Leistungen ausschließt, sind diese Maßnahmen unwirksam (§§ 134, 612a BGB). Der Arbeitnehmer hat den Anspruch, so behandelt zu werden, als ob die benachteiligende Maßnahme nicht ergangen wäre. Vorenthaltene Leistungen müssen ihm nachgewährt werden. Benachteiligende Weisungen kann er unbeachtet lassen. Gegen das Benachteiligungsverbot verstoßende Kündigungen sind unwirksam. Das Arbeitsgericht wird im Klageverfahren die Unwirksamkeit einer solchen Kündigung feststellen, auch wenn der Arbeitnehmer nicht unter den Geltungsbereich des Kündigungsschutzes fällt.

19. Familie und Beruf

A Mutterschutz

1. Was bezweckt das Mutterschutzrecht?

Der gesetzliche Mutterschutz ist im **Mutterschutzgesetz** geregelt, das mit dem Gesetz zur Neuregelung des Mutterschutzrechts mit Wirkung vom 1.1.2018 an die Veränderungen der gesellschaftlichen und rechtlichen Rahmenbedingungen angepasst wurde. Nach der nunmehr in § 1 Abs. 1 MuSchG formulierten Zielsetzung des Gesetzes soll es die Gesundheit der Frau und des Kindes während der Schwangerschaft, nach der Entbindung und in der Stillzeit schützen. Darüber hinaus soll es der Frau ermöglichen, in diesen Zeiten ihre Beschäftigung ohne Gefährdung ihrer Gesundheit fortzusetzen und Benachteiligungen während der Schwangerschaft, nach der Entbindung und während der Stillzeit entgegenwirken. Die Neuregelung des Mutterschutzes dient der Neuausrichtung der Abwägung zwischen Gesundheitsschutz von Mutter und Kind einerseits und einer Flexibilisierung zur Fortsetzung der Berufstätigkeit.

2. Für wen gilt der gesetzliche Mutterschutz?

Er gilt nach § 1 Abs. 2 MuSchG für alle Frauen, die in einem Beschäftigungsverhältnis im Sinne von § 1 Abs. 1 SGB IV stehen; auch bei nur geringfügiger, aushilfs- bzw. vertretungsweiser Beschäftigung. Dies ist eine Beschäftigung in nicht selbständiger Arbeit, insbesondere in einem Arbeitsverhältnis. Das Gesetz gilt unabhängig vom Bestehen eines Beschäftigungsverhältnisses auch für:

- Frauen in betrieblicher Berufsbildung und Praktikantinnen im Sinne von § 26 BBiG,
- behinderte Frauen, die in einer Werkstatt für Behinderte beschäftigt sind,
- Entwicklungshelferinnen im Sinne des EhfG mit der Maßgabe, dass die Vorschriften über den Mutterschutzlohn und das Mutterschaftsgeld (§§ 18 bis 22 MuSchG) auf sie nicht anzuwenden sind,
- Frauen, die als Freiwillige im Sinne des JFDG oder des BFDG tätig sind,
- Frauen, die als Mitglieder einer geistlichen Genossenschaft, Diakonissen oder Angehörige einer ähnlichen Gemeinschaft auf einer Planstelle oder aufgrund eines Gestellungsvertrages für diese tätig werden, auch während der Zeit ihrer dortigen außerschulischen Ausbildung,
- in Heimarbeit beschäftigte Frauen und ihnen Gleichgestellte im Sinne von § 1 Abs. 1 und 2 HAG, soweit sie am Stück mitarbeiten, mit der Maßgabe, dass die Vorschriften über die Beurteilung der Arbeitsbedingungen (§ 10 MuSchG) und deren Dokumentation (§ 14 MuSchG) durch den Arbeitgeber nicht und die Vorschrift über die arbeitsschutzrechtliche Gestaltung der Arbeitsbedingungen (§ 9 Abs. 1 bis 5 MuSchG) entsprechend anzuwenden sind,
- Frauen, die wegen ihrer wirtschaftlichen Unselbständigkeit als arbeitnehmerähnliche Personen anzusehen sind, mit der Maßgabe, dass sie keinen Mutterschaftslohn (§ 18 MuSchG), Mutterschaftsgeld nur nach § 19 Abs. 1 MuSchG und keinen Arbeitgeberzuschuss zum Mutterschaftsgeld (§ 20 MuSchG) erhalten,

- Schülerinnen und Studentinnen, soweit die Ausbildungsstelle Ort, Zeit und Ablauf der Ausbildung verpflichtend vorgibt oder die ein im Rahmen der schulischen oder hochschulischen Ausbildung ein sog. Pflichtpraktikum ableisten, mit der Maßgabe, dass auf sie die Vorschriften über den Kündigungsschutz und die Mutterschaftsleistungen (§§ 17 bis 24 MuSchG) nicht anzuwenden sind.

Damit ist der Anwendungsbereich des Gesetzes erheblich erweitert worden, wenn auch in Bezug auf einzelne Beschäftigungsarten ihrer Eigenart entsprechend Einschränkungen in der Anwendung gelten.

Spiegelbildlich zu § 1 Abs. 2 MuSchG definiert der neue § 2 Abs. 1 MuSchG, wer Arbeitgeber im Sinne des Gesetzes oder dem Arbeitgeber gleich zu setzen ist.

Das Mutterschutzgesetz gilt nicht für Beamtinnen, Richterinnen und Soldatinnen sowie Adoptivmütter. Endet die Schwangerschaft mit einer Fehlgeburt, so entfällt ebenfalls grds. der gesetzliche Mutterschutz, aber es gilt der besondere Kündigungsschutz (vgl. Nr. 18). Eine Fehlgeburt liegt vor, wenn sich außerhalb des Mutterleibs keine Lebensmerkmale gezeigt haben und die Leibesfrucht weniger als 500 Gramm wiegt. Das gilt auch bei einer medizinisch indizierten vorzeitigen Beendigung der Schwangerschaft (BAG vom 15.12.2005, DB 2006, S. 1435). Bei einem höheren Gewicht liegt eine Entbindung vor, die unabhängig davon, ob das Kind lebend oder tot geboren ist, zum gesetzlichen Mutterschutz führt.

3. Welche Mitteilungspflichten hat die schwangere Arbeitnehmerin in einem bestehenden Arbeitsverhältnis?

Die schwangere Frau **soll** dem Arbeitgeber (z. B. Personalsachbearbeiter, Filialleiter) ihre Schwangerschaft und den mutmaßlichen Tag der Entbindung mitteilen, sobald sie von ihrer Schwangerschaft weiß; eine stillende Mutter soll ihrem Arbeitgeber so früh wie möglich mitteilen, dass sie stillt (§ 15 Abs. 1 MuSchG). Eine Verletzung dieser Soll-Vorschrift hat allerdings im Allgemeinen keine rechtlichen Konsequenzen.

Der Arbeitgeber **kann** ein ärztliches Zeugnis oder das Zeugnis einer Hebamme oder eines Entbindungspflegers über die Schwangerschaft verlangen (§ 15 Abs. 2 MuSchG). Die Kosten trägt im Allgemeinen die Krankenkasse, sonst der Arbeitgeber (§ 9 Abs. 6 MuSchG). Die Arbeitnehmerin muss dem Verlangen des Arbeitgebers nur in besonders begründeten Fällen entsprechen. Letzthin liegt die Vorlage des Attestes aber in ihrem eigenen Interesse.

Eine Arbeitnehmerin, die dem Arbeitgeber ihre Schwangerschaft mitgeteilt hat, ist verpflichtet, ihn unverzüglich zu unterrichten, wenn die Schwangerschaft z. B. aufgrund einer Fehlgeburt vorzeitig endet.

Die Mitteilung einer Schwangerschaft vor Vertragsschluss ist nicht gefordert. Die Frage des Arbeitgebers nach der Schwangerschaft einer Bewerberin stellt eine unmittelbare Benachteiligung wegen des Geschlechts dar (vgl. Kapitel 3 Nr. 5 und Kapitel 20 Nr. 13).

4. Für welchen Zeitraum gilt vor und nach der Entbindung ein absolutes Beschäftigungsverbot?

a) Schwangere Frauen dürfen in den letzten **sechs Wochen** vor der Entbindung nicht beschäftigt werden – **Schutzfrist vor der Entbindung** – (§ 3 Abs. 1 MuSchG).

Erster Tag des Beschäftigungsverbotes ist der Wochentag, an dem sechs Wochen später mutmaßlich die Entbindung stattfindet.

Beispiel:

Ist der mutmaßliche Entbindungstag ein Dienstag, so beginnt die Schutzfrist am Dienstag der 6. Woche vor diesem Tag.

Für die Berechnung der Schutzfrist ist das Zeugnis eines Arztes, einer Hebamme oder eines Entbindungspflegers maßgebend. Es soll den mutmaßlichen Tag der Entbindung enthalten und darf nicht früher als eine Woche vor Beginn der Schutzfrist ausgestellt sein. Ein Irrtum des Arztes oder der Hebamme über den voraussichtlichen Tag der Entbindung ist für die Fristberechnung und damit den Beginn des Beschäftigungsverbots bedeutungslos.

Der **Arbeitgeber** hat das Beschäftigungsverbot von sich aus zu **beachten**. Ausnahmsweise darf der Arbeitgeber die Arbeitnehmerin weiterbeschäftigen, wenn diese sich ausdrücklich zur Arbeitsleistung während der Schutzfrist bereit erklärt. Der Arbeitgeber ist zu einer solchen Weiterbeschäftigung allerdings nicht verpflichtet. Die Erklärung kann jederzeit mit Wirkung für die Zukunft widerrufen werden. Der Arbeitgeber sollte sie sich schriftlich geben lassen.

b) Nach der Entbindung dürfen Mütter bis zum Ablauf von **acht Wochen – Schutzfrist nach der Entbindung** –, nicht beschäftigt werden (§ 3 Abs. 2 Satz 1 MuSchG). Nach **Früh- oder Mehrlingsgeburten** sowie, wenn vor Ablauf von acht Wochen nach der Entbindung bei dem Kind eine **Behinderung** ärztlich festgestellt wird und die Frau die Verlängerung der Schutzfrist beantragt, verlängert sich die Schutzfrist nach der Entbindung auf **12 Wochen**. Bei Frühgeburten und sonstigen vorzeitigen Entbindungen verlängert sich die Schutzfrist zusätzlich um den Zeitraum, um den wegen der vorzeitigen Geburt das 6-wöchige Beschäftigungsverbot vor der Entbindung gekürzt worden ist (§ 3 Abs. 2 Satz 2 MuSchG). Als **Frühgeburt** ist eine Entbindung zu verstehen, bei der das Kind (bei Mehrlingsgeburten: das schwerste der Kinder) ein Geburtsgewicht unter 2.500 Gramm hat (BAG vom 12.3.1997, DB 1997, S. 1337). Die Fristen beginnen mit dem Tag nach der Entbindung und enden acht bzw. 12 Wochen später mit dem Tag, der in der Woche dem Tag der Entbindung entspricht. Die Arbeit muss am nächsten Tag wieder aufgenommen werden, es sei denn, die Arbeitnehmerin hat Elternzeit genommen.

   Beispiel:

   Ist die Entbindung am Mittwoch, so endet die 8-wöchige Schutzfrist acht Wochen später, ebenfalls am Mittwoch. Der erste Arbeitstag ist der Donnerstag.

   Die Arbeitnehmerin darf während der Schutzfristen nach der Entbindung auch nicht mit ihrem Einverständnis beschäftigt werden. Beim **Tod des Kindes** kann die Mutter eine Beschäftigung vor Ablauf der Schutzfristen verlangen, wenn nach ärztlichem Zeugnis nichts dagegen spricht, allerdings nicht in den ersten zwei Wochen nach der Entbindung. Dieses Verlangen kann jederzeit mit Wirkung für die Zukunft widerrufen werden (§ 3 Abs. 4 MuSchG).

   Schülerinnen und Studentinnen (§ 1 Abs. 2 Nr. 8 MuSchG) können von ihrer Ausbildungsstelle verlangen, bereits in der Schutzfrist nach der Entbindung im Rahmen der schulischen oder hochschulischen Ausbildung tätig zu werden. Das Verlangen kann jederzeit mit Wirkung für die Zukunft widerrufen werden (§ 3 Abs. 3 MuSchG).

c) Der **bisherige konkrete Arbeitsplatz** bleibt der Arbeitnehmerin nach allgemeinen arbeitsrechtlichen Grundsätzen garantiert (§ 25 MuSchG), wenn Gegenstand, Umfang und Art der Arbeitsleistung vertraglich oder durch tatsächliche Übung genau begrenzt sind, z. B. als Kassiererin in einer bestimmten Zweigstelle einer Bank. Anderenfalls kann der Arbeitgeber im Rahmen seines Weisungsrechts unter Beachtung der Grenzen der von der Arbeitnehmerin vertraglich übernommenen Arbeitspflicht ihr nach Rückkehr in den Betrieb eine andere Tätigkeit der vereinbarten Art zuweisen, z. B. jede Tätigkeit, die den Merkmalen ihrer tariflichen Vergütungsgruppe und ihren Kräften und Fähigkeiten entspricht. Die Umsetzung muss aber für die Frau zumutbar sein.

5. Welche weiteren Beschäftigungsverbote hat der Arbeitgeber zu beachten?

Mehr-, Nacht-, sowie **Sonn-** und **Feiertagsarbeit** sind verboten (§§ 4, 5 und 6 MuSchG).

a) Unzulässige Mehrarbeit ist dabei jede Arbeit, die bei schwangeren und stillenden Frauen unter 18 Jahren acht Stunden täglich oder 80 Stunden in der Doppelwoche und bei schwangeren oder stillenden Frauen im Übrigen achteinhalb Stunden täglich oder 90 Stunden in der Doppelwoche überschreitet. Einer schwangeren oder stillenden Frau muss nach Beendigung der täglichen Arbeitszeit eine ununterbrochene Ruhezeit von mindestens elf Stunden gewährt werden (§ 4 MuSchG).

b) Als verbotene Nachtarbeit gilt die Arbeit zwischen 20 und 6 Uhr. Unter den Voraussetzungen des § 28 MuSchG darf der Arbeitgeber eine schwangere oder stillende Frau bis 22 Uhr beschäftigen (§ 5 Abs. 1 MuSchG). Schwangere oder stillende Schülerinnen und Studenten (§ 1 Abs. 2 Satz 2 Nr. 8 MuSchG) dürfen im Rahmen ihrer schulischen oder studentischen Ausbildung an Ausbildungsveranstaltungen bis 22 Uhr teilnehmen, wenn sie sich ausdrücklich dazu bereit erklären, die Teilnahme zu Ausbildungszwecken in dieser Zeit erforderlich ist und insbesondere eine unverantwortbare Gefährdung für die schwangere Frau oder ihr Kind durch Alleinarbeit (s. § 2 Abs. 4 MuSchG) ausgeschlossen ist. Die schwangere oder stillende Frau kann ihre Bereitschaft jederzeit für die Zukunft widerrufen (§ 5 Abs. 2 MuSchG).

c) Vom Verbot der Sonn- und Feiertagsarbeit ausgenommen sind schwangere und stillende Frauen nur dann, wenn sie sich zur Sonn- oder Feiertagsarbeit ausdrücklich bereit erklären, eine Ausnahme vom allgemeinen Verbot der Arbeit an Sonn- und Feiertagen nach § 10 ArbZG zugelassen ist, der Frau in jeder Woche im Anschluss an eine ununterbrochene Nachtruhezeit von mindestens elf Stunden ein Ersatzruhetag gewährt wird und insbesondere eine unverantwortbare Gefährdung für die schwangere Frau oder ihr Kind durch Alleinarbeit ausgeschlossen ist (§ 6 Abs. 1 MuSchG).

   Auch Schülerinnen oder Studentinnen (§ 1 Abs. 2 Satz 2 Nr. 8 MuSchG) dürfen an Ausbildungsveranstaltungen an Sonn- und Feiertagen im Rahmen ihrer schulischen oder hochschulischen Ausbildung nur teilnehmen, wenn sie ihre Bereitschaft dazu ausdrücklich erklärt haben, die Teilnahme zu Ausbildungszwecken zu dieser Zeit erforderlich ist, ihnen in jeder Woche im Anschluss an eine ununterbrochene Nachtruhezeit von mindestens elf Stunden ein Ersatzruhetag gewährt wird und insbesondere eine unverantwortbare Gefährdung für die schwangere Frau oder ihr Kind durch Alleinarbeit (s. § 2 Abs. 4 MuSchG) ausgeschlossen ist (§ 6 Abs. 2 MuSchG).

Die schwangere oder stillende Frau kann ihre Bereitschaft jederzeit für die Zukunft widerrufen.

Die zuständige Aufsichtsbehörde (in den einzelnen Bundesländern unterschiedlich geregelt: z. B. Amt für Arbeitsschutz oder Gewerbeaufsicht), kann im Einzelnen die Verbote konkretisieren, andererseits aber auch vom Verbot der Mehr-, Nacht- und der Sonn- und Feiertagsarbeit Ausnahmen zulassen (§§ 28, 29 MuSchG).

Eine schwangere Frau, die aufgrund eines gesetzlichen Beschäftigungsverbotes ihre vertraglich geschuldete Arbeitsleistung nicht erbringen darf, kann verpflichtet sein, vorübergehend eine andere ihr zumutbare Tätigkeit auszuüben. Die Zuweisung einer anderen Tätigkeit muss billiges Ermessen wahren und darf die Schwangere nicht über Gebühr belasten. Maßgebend sind die Umstände des Einzelfalls (BAG vom 22.4.1998, NZA 1998, S. 936).

6. Welche Mitteilungspflichten hat der Arbeitgeber?

Der Arbeitgeber **muss** die örtlich zuständige Aufsichtsbehörde (s. oben Nr. 5) unverzüglich unterrichten, sobald ihm die schwangere Frau mitgeteilt hat, dass sie schwanger ist oder dass sie stillt (§ 27 Abs. 1 MuSchG). In einigen Bundesländern stellen die Aufsichtsbehörden hierfür amtliche Meldeformulare zur Verfügung. Obwohl nicht vorgeschrieben, sollte die Mitteilung möglichst ausführliche Angaben über die Arbeitnehmerin und ihre bisherige Tätigkeit enthalten, z. B. über Art der Beschäftigung, Art ihrer Ausübung (Stehen, Sitzen), Lohnart (Zeitlohn, Akkordlohn), Prämienarbeit und Fließbandarbeit. Auf Verlangen der Aufsichtsbehörde muss der Arbeitgeber ohnehin die entsprechenden Angaben machen und Unterlagen vorlegen (vgl. Nr. 23). Der Arbeitgeber hat die Aufsichtsbehörde ebenfalls zu benachrichtigen, wenn er eine schwangere oder stillende Schülerin oder Studentin (§ 1 Abs. 2 Satz 2 Nr. 8 MuSchG) im Rahmen der schulischen oder hochschulischen Ausbildung bis 22 Uhr oder eine schwangere oder stillende Frau abweichend vom Verbot der Beschäftigung an Sonn- und Feiertagen nach § 6 Abs. 1 Satz 2 und 3 oder Abs. 2 Satz 2 und 3 MuSchG oder mit getakteter Arbeit (§ 11 Abs. 6 Nr. 3; § 12 Abs. 5 Nr. 3 MuSchG) beschäftigen will (§ 27 Abs. 1 Nr. 2 MuSchG). Die vorsätzliche oder fahrlässige Verletzung der Mitteilungspflichten kann mit einer Geldbuße geahndet werden (§ 32 MuSchG).

Dritte darf der Arbeitgeber über die Schwangerschaft nur unterrichten, wenn die schwangere Frau damit einverstanden ist und – auch gegen den Willen der Arbeitnehmerin – wenn die Weitergabe notwendig ist, um die gesetzlichen Vorschriften, insbesondere des Mutterschutzgesetzes, erfüllen zu können (Mitteilung an den unmittelbaren Vorgesetzten, an den Werksarzt, an Arbeitskollegen, wenn dies zur Verhinderung von Störungen des Arbeitsablaufs unumgänglich ist, und an den Betriebsrat).

7. Welche Pflichten hat der Arbeitgeber bei der Gestaltung des Arbeitsplatzes?

Die bisher in der Verordnung zum Schutze der Mütter am Arbeitsplatz (MuSchArbV) geregelten Verpflichtungen des Arbeitgebers in Hinblick auf den Gefährdungsschutz für schwangere und stillende Frauen sind in das neue Mutterschutzgesetz übernommen und an geänderte unionsrechtliche Vorgaben angepasst worden (§§ 9ff. MuSchG).

a) Aufgrund von § 10 MuSchG ist der Arbeitgeber nunmehr generell verpflichtet, im Rahmen der Beurteilung der Arbeitsbedingungen nach § 5 ArbSchG für jede Tätigkeit die Arbeitsbedingungen im Einzelnen zu beurteilen, um alle Risiken für Sicherheit und Gesundheit sowie Schwangerschaft und Stillzeit abzuschätzen und die notwendigen Schutzmaßnahmen zu bestimmen. Die aus der Beurteilung zu ziehenden Folgerungen reichen von der Umgestaltung der Arbeitsbedingungen, z. B. bei Bildschirmarbeit durch geeignete Pausenregelungen, über den möglicherweise notwendigen Arbeitsplatzwechsel bis zum unverzichtbaren Beschäftigungsverbot (§ 13 MuSchG).

b) Bei der Gestaltung der Arbeitsbedingungen hat der Arbeitgeber sämtliche aufgrund der Gefährdungsbeurteilung nach § 10 MuSchG für den Schutz der physischen und psychischen Gesundheit einer schwangeren oder stillenden Frau sowie der ihres Kindes erforderlichen Maßnahmen zu treffen. (§ 9 Abs. 1 MuSchG).

c) Die **Durchführung der Arbeit** und der **Arbeitsablauf** sind so zu gestalten, dass Gefährdungen einer schwangeren oder stillenden Frau oder ihres Kindes möglichst vermieden werden und eine **unverantwortbare Gefährdung** ausgeschlossen ist (§ 9 Abs. 2 MuSchG). Eine unverantwortbare Gefährdung liegt demnach vor, wenn die Wahrscheinlichkeit für den Eintritt einer Gesundheitsgefährdung in Anbetracht der zu erwartenden Schwere des möglichen Gesundheitsschadens nicht hinnehmbar ist (§ 9 Abs. 2 Satz 2 MuSchG). Hat der Arbeitgeber alle Vorgaben eingehalten, die nach dem Stand der Technik oder den sonstigen wissenschaftlichen Erkenntnissen die Gefährdung der Gesundheit einer schwangeren oder stillenden Frau oder ihres Kindes unwahrscheinlich erscheinen lassen, gilt eine unverantwortbare Gefährdung als ausgeschlossen (§ 9 Abs. 2 Satz 3 MuSchG). Schwangeren oder stillenden Frauen ist es darüber hinaus während der Pausen und, wenn es für sie erforderlich ist, auch außerhalb der Pausen zu ermöglichen, sich unter geeigneten Bedingungen hinzulegen, hinzusetzen und auszuruhen (§ 9 Ans. 3 MuSchG). Alle Maßnahmen des Arbeitgebers müssen dem Stand der Technik, der Arbeitsmedizin, und der Hygiene sowie den sonstigen gesicherten wissenschaftlichen Erkenntnissen entsprechen. Darüber hinaus hat der Arbeitgeber die von dem nach § 30 Abs. 4 MuSchG neu zu errichtenden Ausschuss für Mutterschutz veröffentlichten Regeln und Erkenntnisse zu berücksichtigen (§ 9 Abs. 4 MuSchG).

d) Der Arbeitgeber hat die Beurteilung der Arbeitsbedingungen nach § 10 MuSchG durch Unterlagen zu dokumentieren, insbesondere das Ergebnis der Gefährdungsbeurteilung, die Festlegung erforderlicher Schutzmaßnahmen, ein Gesprächsangebot an die Frau über weitere Anpassungen ihrer Arbeitsbedingungen sowie den Zeitpunkt eines solchen Gesprächs. Über die Ergebnisse und über die notwendigen Schutzmaßnahmen hat der Arbeitgeber sowohl die betroffenen Frauen als auch alle übrigen bei ihm beschäftigten Personen zu unterrichten (§ 14 MuSchG).

e) Der Arbeitgeber kann die ihm obliegenden Aufgaben und Pflichten zur Einhaltung des betrieblichen Gesundheitsschutzes von schwangeren oder stillenden Frauen und deren Kindern **schriftlich** auf zuverlässige und fachkundige Personen übertragen (§ 9 Abs. 5 MuSchG).

f) Im Einzelfall muss sich der Arbeitgeber darüber hinaus an die Verfügungen halten, die die zuständige Aufsichtsbehörde zur Konkretisierung der Arbeitgeberpflichten getroffen hat (§ 29 Abs. 3 MuSchG).

Die Kosten für Maßnahmen nach dem MuSchG sowie wie für auf Verlangen des Arbeitgebers vorzulegende Zeugnisse und Bescheinigungen trägt der Arbeitgeber (§ 9 Abs. 6 MuSchG).

8. Welche Tätigkeiten und Arbeitsbedingungen sind für schwangere Frauen nicht zulässig?

Arbeitgeber dürfen schwangere Frauen keine Tätigkeiten ausüben lassen und sie keinen Arbeitsbedingungen aussetzen, bei denen sie in einem Maß Gefahrstoffen (§ 11 Abs. 1 MuSchG), Biostoffen der Risikogruppe 2, 3, oder 4 nach § 3 Abs. 1 der Biostoffverordnung (§ 11 Abs. 2MuSchG), physikalischen Einwirkungen (§ 11 Abs. 3 MuSchG), einer belastenden Arbeitsumgebung (§ 11 Abs. 4 MuSchG) oder körperlichen Belastungen oder mechanischen Einwirkungen (§ 11 Abs. 5 MuSchG) in einem Maß ausgesetzt sind oder sein können, dass dies für sie oder ihr Kind eine unverantwortbare Gefährdung darstellt. Unzulässig sind insbesondere (vgl. § 11 Abs. 5MuSchG):

a) Tätigkeiten, bei denen regelmäßig Lasten von mehr als 5 kg Gewicht oder gelegentlich Lasten von mehr als 10 kg Gewicht ohne mechanische Hilfe von Hand gehoben, bewegt oder befördert werden müssen;

b) nach Ablauf des fünften Schwangerschaftsmonats Tätigkeiten überwiegend bewegungsarm in ständigem Stehen über vier Stunden hinaus;

c) Tätigkeiten, die mit häufigem erheblichen Strecken oder Beugen oder dauerndem Hocken, Bücken oder sonstigen Zwangshaltungen verbunden sind;

d) Einsatz auf Beförderungsmitteln, wenn dies für die schwangere Frau oder ihr Kind eine unverantwortbare Gefährdung darstellt;

e) Tätigkeiten, mit **erhöhter Unfallgefahr**, insbesondere durch Ausgleiten, Fallen oder Stürzen oder bei denen Tätlichkeiten zu befürchten sind, die für die schwangere Frau oder ihr Kind eine unverantwortbare Gefährdung darstellen;

f) Tätigkeiten, bei denen eine Schutzausrüstung getragen werden muss und dies für die schwangere Frau oder ihr Kind eine Belastung darstellt oder

g) Tätigkeiten, bei denen eine Erhöhung des Drucks im Bauchraum zu befürchten ist, insbesondere bei Tätigkeiten mit besonderer Fußbeanspruchung;

Der Arbeitgeber darf schwangere Frauen keine **Akkordarbeiten** und sonstige Arbeiten, bei denen durch ein gesteigertes Arbeitstempo ein höheres Entgelt erzielt werden soll, ausüben lassen. Auch Fließarbeit oder getaktete Arbeit mit vorgeschriebenem Arbeitstempo dürfen schwangere Frauen nicht ausüben, wenn die Art der Arbeit oder das Arbeitstempo für die schwangere Frau oder ihr Kind eine unverantwortbare Gefährdung darstellt (§ 11 Abs. 6 MuSchG). Die zuständige Aufsichtsbehörde kann

Ausnahmen zulassen, wenn die Art der Arbeit und das Arbeitstempo keine unverantwortbare Gefährdung für die schwangere Frau oder ihr Kind darstellen (§ 29 Abs. 3 Satz 2 Nr. 8 MuSchG).

9. Kann aufgrund eines ärztlichen Zeugnisses die Beschäftigung verboten werden?

a) **Schwangere Frauen** dürfen auch ohne, dass eine Krankheit vorliegt, nicht beschäftigt werden, soweit nach **ärztlichem Zeugnis** hierdurch die Gesundheit von Mutter oder Kind gefährdet ist (§ 16 Abs. 1 MuSchG). Es reichen psychische Belastungen (BAG vom 7.11.2007 – 5 AZR 883/06, NZA 2008, S. 551). Das Beschäftigungsverbot besteht von dem Zeitpunkt an, in dem die Arbeitnehmerin das ärztliche Zeugnis vorgelegt hat; das Zeugnis einer Hebamme reicht nicht. Legt die Arbeitnehmerin trotz Aufforderung des Arbeitgebers keine entsprechende ärztliche Bescheinigung vor, ist der Beweiswert eines zunächst nicht näher begründeten ärztlichen Beschäftigungsverbots erschüttert. Nur wenn der Arbeitgeber die tatsächlichen Gründe des Beschäftigungsverbots kennt, kann er prüfen, ob er der Arbeitnehmerin eine andere zumutbare Arbeit zuweisen kann, die dem Beschäftigungsverbot nicht entgegensteht (BAG vom 17.10.2013 – 8 AZR 742/12). In dem ärztlichen Zeugnis kann die Beschäftigung ganz oder teilweise, z. B. hinsichtlich der Arbeitszeit oder bestimmter Tätigkeiten, untersagt sein. Will der Arbeitgeber die Arbeitnehmerin mit anderen zumutbaren Arbeiten beschäftigen, so müssen diese sowohl nach der Arbeitszeit als auch nach ihrer Art für die Arbeitnehmerin zumutbar sein. Unerheblich ist dabei, ob die neuen Arbeiten niedriger als die bisherigen Arbeiten bezahlt werden. Auch eine verkürzte Arbeitszeit ist denkbar. Der Arbeitgeber muss ohnehin Lohnminderungen ausgleichen (§ 18 MuSchG). Der Arbeitnehmerin steht ein Leistungsverweigerungsrecht zu.

b) In den ersten Monaten nach der Entbindung dürfen Frauen, die nach **ärztlichem Zeugnis** nicht voll leistungsfähig sind, nicht zu einer ihre Leistungsfähigkeit übersteigenden Arbeit herangezogen werden (§ 16 Abs. 2 MuSchG). Auch hier sind Lohnminderungen auszugleichen. Eine völlige Freistellung von der Arbeit kann die Arbeitnehmerin nach Ablauf der Schutzfristen – außerhalb der Elternzeit – nur verlangen, wenn sie infolge Krankheit an der Arbeitsleistung gehindert ist.

10. Welche Rechte gelten für stillende Mütter?

Die für schwangere Frauen unzulässigen Tätigkeiten und Arbeitsbedingungen sind weitgehend auch für stillende Frauen unzulässig (§ 12 MuSchG) mit Ausnahme der in § 11 Abs. 5 MuSchG bezeichneten Tätigkeiten. Stillende Frauen können während der ersten zwölf Monate nach der Entbindung vom Arbeitgeber verlangen, **dass ihnen die zum Stillen erforderliche Zeit**, mindestens aber zweimal täglich eine halbe Stunde oder einmal täglich eine Stunde gewährt wird (§ 7 Abs. 2 MuSchG). Bei einer zusammenhängenden Arbeitszeit von mehr als acht Stunden sollen täglich zweimal mindestens 45 Minuten oder, wenn in der Nähe der Arbeitsstätte keine Stillgelegenheit vorhanden ist, einmal täglich mindestens 90 Minuten Stillzeit gewährt werden. Die Arbeitnehmerin muss bei der Inanspruchnahme der Stillzeiten den betrieblichen Belangen Rechnung tragen. Durch die Gewährung der Stillzeit darf **kein Verdienstausfall** eintreten.

11. Auf welche finanziellen Leistungen hat die Arbeitnehmerin während der Beschäftigungsverbote außerhalb der Schutzfristen vor und nach der Entbindung einen Anspruch?

a) Der Arbeitnehmerin hat der Arbeitgeber für Zeiten, in denen sie infolge eines **Beschäftigungsverbots** des Mutterschutzgesetzes außerhalb der Schutzfristen vor und nach der Entbindung (vgl. Nr. 5, 8 und 9) ganz oder teilweise mit der Arbeit aussetzen und deshalb einen Verdienstausfall oder eine Verdienstminderung hinnehmen muss, den bisherigen Durchschnittsverdienst als **Mutterschutzlohn** weiter zu zahlen (§ 18 MuSchG). Zu den Ansprüchen während der Schutzfristen vgl. im Folgenden Nrn. 13 ff..

b) Mutterschutzlohn wegen eines ärztlichen Beschäftigungsverbots (vgl. Nr. 9) wird nur geschuldet, wenn **allein** dieses Verbot für die Nichtleistung der Arbeit ursächlich ist und nicht eine zur Arbeitsunfähigkeit führende Erkrankung (BAG vom 17.10.2013 – 8 AZR 742/12). Schließlich fehlt die Ursächlichkeit auch dann, wenn die Arbeitnehmerin eine anderweitig angebotene zumutbare und mutterschutzrechtlich erlaubte Tätigkeit abgelehnt hat. Der Arbeitgeber kann über die Zuweisung einer Ersatztätigkeit nach billigem Ermessen entscheiden. Dabei kann im Rahmen eines Beschäftigungsverbotes nach dem Mutterschutzgesetz auch eine Tätigkeit zugewiesen werden, die nicht vom normalen Direktionsrecht gedeckt ist (BAG vom 22.4.1998, AuA 1999, S. 1983).

12. Wie wird der Mutterschutzlohn berechnet?

Der zu zahlende Mutterschutzlohn ist das durchschnittliche Arbeitsentgelt der letzten drei abgerechneten Kalendermonate vor dem Eintritt der Schwangerschaft. Das gilt auch, wenn wegen des Verbots die Beschäftigung oder die Entlohnungsart wechselt. Die Ermittlung des durchschnittlichen Arbeitslohns richtet sich nach § 21 MuSchG. Wenn die Arbeitnehmerin während des Berechnungszeitraums gleichbleibenden Zeitlohn (Wochen- oder Monatsverdienst) erzielt hat, ist dieser weiter zu zahlen. Sind unterschiedlich hohe Bezüge verdient worden, ist zunächst der für den Bezugszeitraum maßgebliche Gesamtbetrag zu ermitteln und sodann durch die Anzahl der Zeiteinheiten (Monate, Wochen, Tage oder Stunden), die die Arbeitnehmerin im Bezugszeitraum tätig war, zu teilen.

Von dem durchschnittlichen Monats-, Wochen-, Tages- oder Stundenverdienst ist, wenn die Beschäftigungsverbote nur zu einer Minderung des Arbeitsentgelts geführt haben, der erzielte geringere Lohn abzuziehen und der Restbetrag als Mutterschutzlohn zu zahlen. Ebenfalls sind die Beträge abzuziehen, die der Arbeitgeber freiwillig oder kraft vertraglicher Verpflichtung weiter erbringt, z. B. vermögenswirksame Leistungen.

Im Übrigen gilt Folgendes:

a) Für den **Durchschnittsverdienst** sind alle Einkünfte zu berücksichtigen, die der Arbeitnehmerin als Gegenleistung für ihre Arbeit gewährt wurden, nicht dagegen einmalige Zuwendungen oder Entschädigungen für tatsächliche Aufwendungen.

b) Der **Beginn der Schwangerschaft** ist dem von der Arbeitnehmerin vorzulegenden Zeugnis des Arztes oder der Hebamme zu entnehmen. Enthält das Attest lediglich den Tag der voraussichtlichen Niederkunft, so ist von diesem Tag um 280 Tage zurückzurechnen.

c) Beginnt das Arbeitsverhältnis erst nach Eintritt der Schwangerschaft, dann sind grundsätzlich die ersten 13 Wochen oder drei Monate der Beschäftigung der maßgebende Berechnungszeitraum. Bei kürzerer Dauer des Arbeitsverhältnisses ist der kürzere Zeitraum zugrunde zu legen.

d) Für die Ermittlung des durchschnittlichen Arbeitsentgelts ebenfalls außer Betracht bleibt in bestimmten Fällen Teilzeitentgelt aus einer Teilzeitbeschäftigung während einer beendeten Elternzeit (§ 21 Abs. 2 Nr. 3 MuSchG), soweit das durchschnittliche Arbeitsentgelt ohne die Berücksichtigung der Teilzeit hoher ist. Die Inanspruchnahme von Elternzeit soll keine Nachteile für die Betroffenen haben.

e) Bei **Verdiensterhöhungen und Verdienstkürzungen** nicht nur vorübergehender Art, die während oder nach Ablauf des Berechnungszeitraums eintreten, ist so zu verfahren, als wenn der erhöhte oder gekürzte Verdienst bereits während des ganzen Berechnungszeitraums vorgelegen hätte. Verdiensterhöhungen oder Verdienstkürzungen während des Bezugs des Mutterschaftslohnes sind vom Zeitpunkt der Erhöhung an zu berücksichtigen. Verdienstkürzungen, die im Berechnungszeitraum infolge von Kurzarbeit, Arbeitsausfällen oder unverschuldeter Arbeitsversäumnis eintreten, bleiben außer Betracht.

13. Welche finanziellen Leistungen kann die Arbeitnehmerin während der Schutzfristen verlangen?

Während der Schutzfristen vor und nach der Entbindung (vgl. Nr. 4) sowie für den Entbindungstag erhält die Arbeitnehmerin von den Krankenkassen oder dem Bundesversicherungsamt ein **Mutterschaftsgeld** ausgezahlt, das ggfs. durch einen vom Arbeitgeber zu zahlenden **Zuschuss** ergänzt wird (§§ 19 und 20 MuSchG). Der Anspruch auf den Zuschuss besteht nicht, wenn das Arbeitsverhältnis während einer im Zusammenhang mit der Geburt eines anderen Kindes genommenen Elternzeit ruht und auch keine Teilzeitarbeit geleistet wird (BAG vom 29.1.2003 – 5 AZR 701/01). Der Anspruch auf Zuschuss zum Mutterschaftsgeld entfällt nicht für den gesamten Zeitraum der Schutzfristen, wenn das Arbeitsverhältnis bei Beginn der Schutzfrist des § 3 Abs. 1 MuSchG wegen Elternzeit geruht hat. Er ist nur bis zum Ende der Elternzeit ausgeschlossen (BAG vom 22.8.2012, NZA 2012, S. 1277). Die Elternzeit kann allerdings wegen der Inanspruchnahme der Schutzfristen wegen der erneuten Schwangerschaft vorzeitig beendet werden (vgl. Nr. 37b). Eine Vergütungsregelung, die dazu führt, dass Mutterschutzfristen nicht in die Bemessungsgrundlage eines ergebnisbezogenen Entgelts einbezogen werden, verstößt gegen § 8 Abs. 2 AGG und ist damit unzulässig (BAG vom 2.8.2006, DB 2006, S. 2636, noch zur inhaltlich identischen Regelung des § 612 Ab. 3 BGB).

14. Wie wird das Mutterschaftsgeld errechnet?

a) Arbeitnehmerinnen, die in der gesetzlichen Krankenversicherung freiwillig oder pflichtversichert sind, erhalten von ihrer gesetzlichen Krankenkasse ein **Mutterschaftsgeld** von höchstens 13 Euro pro Kalendertag, also höchstens 390 Euro in einem Monat mit 30 Kalendertagen ausgezahlt (§ 24i Abs. 1, 2 Satz 1 bis 4 und Abs. 3 SGB V).

b) Arbeitnehmerinnen, die nicht in der gesetzlichen Krankenversicherung versichert sind, z. B. weil sie in einem sogen. geringfügigen Beschäftigungsverhältnis (vgl. Kapitel 7 Nr. 2) stehen, erhalten das **Mutterschaftsgeld** auf ihren Antrag hin vom Bundesversicherungsamt. Es beträgt höchstens jedoch insgesamt 210 Euro (§ 19 Abs. 2 und 3 MuSchG).

c) Die **Höhe des Mutterschaftsgeldes** richtet sich nach dem um die gesetzlichen Abzüge verminderten Arbeitsentgelt der letzten abgerechneten drei Monate vor Beginn der 6-wöchigen Schutzfristen. Für die Ermittlung des durchschnittlichen kalendertäglichen Arbeitsentgelts gilt § 21 MuSchG entsprechend.

Beispiel:

Bei Beginn der Schutzfrist am 15. Oktober sind die letzten abgerechneten Monate der Juli, August und September.

Es ist das gesamte im Bezugszeitraum erzielte Arbeitsentgelt ohne Abzüge zu errechnen. Hierzu gehören auch laufende vermögenswirksame Leistungen und ein evtl. Mutterschutzlohn. Zum im Bezugszeitraum verdienten Arbeitsentgelt rechnet jede geldwerte Gegenleistung des Arbeitgebers für die Erfüllung der arbeitsvertraglichen Pflichten durch die Arbeitnehmerin (BAG vom 14.12.2011, DB 2012, S. 864). Außer Betracht bleiben einmalige Zuwendungen aus besonderem Anlass, Ersatz besonderer Aufwendungen des Arbeitnehmers sowie Tage, an denen infolge Kurzarbeit, Arbeitsausfällen oder unverschuldeter Arbeitsversäumnis kein oder ein vermindertes Arbeitsentgelt erzielt wurde. Ist danach eine Berechnung nicht möglich, so ist das durchschnittliche kalendertägliche Arbeitsentgelt einer gleichartig Beschäftigten zugrunde zu legen. Das ermittelte **Bruttoarbeitsentgelt** wird um die gesetzlichen Abzüge entsprechend den Angaben auf der Lohnsteuerkarte gekürzt. Dabei ist ein kurzfristiger Wechsel der Steuerklasse mit dem Ziel, die für die Bemessung des Mutterschaftsgeldes günstigere Steuerklasse zu erhalten, unzulässig. Sodann ist das **Nettoarbeitsentgelt** des Bezugszeitraums in der Weise auf den Kalendertag umzurechnen, dass, wenn keine Ausfallzeiten vorliegen, das Entgelt durch 90 (3 Kalendermonate mal 30 Tage) zu teilen ist. Bei Ausfallzeiten ist der Divisor von 90 entsprechend zu verringern.

Beispiel:

Die Arbeitnehmerin hat im Bezugszeitraum von drei Monaten 20 Tage ohne Arbeitsentgelt gefehlt. Ihr stand für die Restzeit ein Nettoarbeitsentgelt von 2.100 Euro zu, das somit durch 70 (90 weniger 20) zu teilen ist.

d) Bei **gleich bleibendem Arbeitsentgelt** kann das tägliche Mutterschaftsgeld vereinfacht so errechnet werden, dass z. B. bei monatlicher Abrechnung das Nettoarbeitsentgelt durch 30 geteilt wird.

15. Wie ist der Arbeitgeberzuschuss zu berechnen?

Frauen, deren durchschnittliches kalendertägliches Nettoarbeitsentgelt während des dreimonatigen Bezugszeitraums mehr als 13 Euro beträgt, erhalten vom Arbeitgeber während der Schutzfristen einen **Zuschuss** in Höhe des über 13 Euro hinausgehenden Mehrbetrages (bei dem obigen Beispiel beträgt das kalendertägliche Nettoarbeitsentgelt 30 Euro, sodass die Arbeitnehmerin einen Arbeitgeberzuschuss von 17 Euro für den Kalendertag hat). Die Erteilung einer Abrechnung ist weder Voraussetzung für das Entstehen des Anspruchs nach § 20 Abs. 1 MuSchG noch bestimmen allein die in der Abrechnung ausgewiesenen Beträge die Höhe des Zuschusses. Die Höhe des Zuschusses ist vielmehr danach zu berechnen, was die Arbeitnehmerin durch ihre Arbeitsleistung in dem Berechnungszeitraum verdient hat (BAG vom 14.12.2011, DB 2012, S. 864). Bei der Berechnung sind nicht nur vorübergehende Erhöhungen des Arbeitsentgelts, die während der Schutzfristen wirksam werden, zu berücksichtigen. Ob Provisionsansprüche bei der Berechnung der Höhe des Zuschusses zum Mutterschaftsgeld zu berücksichtigen sind, hängt nicht davon ab, ob sie während des Berechnungszeitraums fällig geworden sind, sondern entscheidend ist vielmehr, ob ein Provisionsanspruch im Berechnungszeitraum aufschiebend bedingt entstanden ist (BAG vom 14.12.2011, DB 2012, S. 864). Frauen, die nicht gesetzlich versichert sind und deren Mutterschaftsgeld damit auf insgesamt 210 Euro begrenzt ist, können den täglichen Zuschuss ebenfalls nur in Höhe des über 13 Euro hinausgehenden Betrages verlangen. Übt die Arbeitnehmerin neben dem Hauptberuf noch eine Nebentätigkeit aus, so sind auch die Bezüge aus der Nebentätigkeit für die Berechnung des kalendertäglichen Arbeitsentgelts zu berücksichtigen. Der Zuschuss zwischen dem Nettoarbeitsentgelt und dem Mutterschaftsgeld ist von den Arbeitgebern anteilig in dem Verhältnis zu zahlen, in dem die Nettobezüge zueinander stehen (§ 20 Abs. 2 MuSchG). Der Arbeitgeberzuschuss ist lohnsteuer- und sozialabgabenfrei. Im Falle der Insolvenz wird er von der für die Auszahlung des Mutterschaftsgeldes zuständigen Krankenkasse gezahlt (§ 20 Abs. 3 MuSchG).

Der Anspruch auf den Zuschuss ist ein arbeitsrechtlicher Anspruch, der das Bestehen eines Arbeitsverhältnisses für die Dauer der Zahlung voraussetzt. Frauen, deren Arbeitsverhältnis während der Schwangerschaft oder der gesetzlichen Schutzfristen vom Arbeitgeber in zulässiger Weise aufgelöst worden ist, können die Auszahlung des Zuschusses zulasten des Bundes bei der für die Zahlung des Mutterschaftsgeldes zuständigen Stelle, im Allgemeinen bei der Krankenkasse, verlangen.

16. Wie werden die Belastungen der Betriebe in Grenzen gehalten?

Nach dem Aufwendungsausgleichgesetz (AAG) sind in das Ausgleichs- und Erstattungsverfahren für die Mutterschutzaufwendungen alle Betriebe, unabhängig von ihrer Größe, einbezogen (§ 1 Abs. 2 AAG). Die Umlage für die Zahlungen müssen alle Betriebe erbringen, auch soweit sie keine Frauen beschäftigen. Zuständig für das Ausgleichsverfahren sind die Orts-, Innungs-, Ersatz- und Betriebskrankenkassen. Bei privat versicherten Arbeitnehmern ist ggf. die Krankenkasse zuständig, bei der der Arbeitnehmer zuletzt versichert war (vgl. auch Kapitel 13 Nr. 34).

17. Welche sonstigen Freistellungsansprüche bestehen?

Der Arbeitgeber hat der Arbeitnehmerin die Freizeit zu gewähren, die zur Durchführung der Untersuchungen erforderlich ist. Ein Entgeltausfall darf hierdurch nicht eintreten (§ 7 Abs. 1MuSchG). Frauen, die in der gesetzlichen Krankenversicherung versichert sind, haben als sogen. Leistung der Mutterschaftshilfe Anspruch auf ärztliche Betreuung und Hebammenhilfe (Versorgung mit Arznei-, Verband- und Heilmitteln, stationäre Entbindung, häusliche Pflege, Haushaltshilfe) nach den Vorschriften des SGB V.

Eine stillende Frau hat der Arbeitgeber auf ihr Verlangen während der ersten zwölf Monate nach der Entbindung für die zum Stillen erforderliche Zeit freizustellen (§ 7 Abs. 2 MuSchG).

18. Wie ist die Arbeitnehmerin vor einer Kündigung geschützt?

Während der Schwangerschaft (die Schwangerschaft muss beim Zugang der Kündigung bestehen) und bis zum Ende der Schutzfrist nach der Entbindung, **mindestens jedoch bis zum Ablauf von vier Monaten nach der Entbindung** haben Arbeitnehmerinnen einen besonderen Kündigungsschutz in Form eines **Kündigungsverbots** (§ 17 Abs. 1 MuSchG). Führt die Schwangerschaft zu einer Fehlgeburt (vgl. Nr. 2) nach der zwölften Schwangerschaftswoche, so endet der Kündigungsschutz seit 1.1.2018 erst mit Ablauf von vier Monaten nach der Fehlgeburt (§ 17 Abs. 1 Nr. 2 MuSchG). Bei einer Fehlgeburt vor der zwölften Schwangerschaftswoche endet der Kündigungsschutz mit der Fehlgeburt. Bei einer Totgeburt oder bei dem Tod des Kindes innerhalb der vier Monate nach der Entbindung besteht ebenso Kündigungsschutz nach § 17 Abs. 1 MuSchG (BT.-Ds 18/8963, S. 87). Im Fall einer Schwangerschaft aufgrund einer Befruchtung außerhalb des Körpers (In-vitro-Fertilisation) greift das Kündigungsverbot des § 17 Abs. 1 MuSchG ab dem Zeitpunkt der Einsetzung einer befruchteten Eizelle in die Gebärmutter (Embryonentransfer). Wird eine Kündigung außerhalb des Geltungsbereichs KSchG wegen der beabsichtigten Durchführung einer In-vitro-Fertilisation und der damit einhergehenden Möglichkeit einer Schwangerschaft ausgesprochen, ist sie gemäß § 134 BGB i. V. m. § 7 Abs. 1, §§ 1, 3 AGG nichtig (BAG vom 26.3.2015 – 2 AZR 237/14). Das Kündigungsverbot greift seit 1.1.2018 auch, wenn der Arbeitgeber zwar nicht innerhalb der in § 17 Abs. 1 Satz 1 und 2 MuSchG genannten Fristen kündigt, aber bereits Vorbereitungsmaßnahmen zur Kündigung trifft, die z. B. in der Suche und Planung eines endgültigen Ersatzes für die betreffende Frau liegen können (§ 17 Abs. 1 Satz 3 MuSchG). Endet das Arbeitsverhältnis aus einem anderen Grund als durch eine Kündigung, z. B. durch Fristablauf bei Befristung, so entfällt ein gesetzlicher Arbeitsplatzschutz.

Das Verbot der Kündigung durch den Arbeitgeber betrifft sowohl ordentliche Kündigungen als auch außerordentliche Kündigungen aus wichtigem Grund. Es gilt für Änderungskündigungen, Kündigungen im Insolvenzverfahren und für Kündigungen anlässlich einer Massenentlassung. Unzulässig sind auch während der Schutzfristen ausgesprochene Kündigungen, die erst nach ihrem Ablauf wirksam werden. Ist die Kündigung dagegen bereits vor Beginn der Schwangerschaft ausgesprochen, so ist sie auch wirksam, wenn die tatsächliche Beendigung des Arbeitsverhältnisses erst während der Schwangerschaft eintritt. Die Unwirksamkeit der Kündigung muss innerhalb von drei Wochen nach Zugang der schriftlichen Kündigung gerichtlich geltend gemacht werden, und zwar auch dann, wenn die Arbeitnehmerin sich zur Unwirksamkeit der Kündigung auf andere Gründe als das Fehlen der sozialen Rechtfertigung beruft. (BAG vom 19.2.2009 – 2 AZR 268/07, NZA 2009, 980). So muss auch ein Verstoß der Kündigung gegen ein gesetzliches Verbot wie in § 17 Abs. 1 MuSchG innerhalb dieser Klagefrist gerichtlich geltend gemacht werden, wobei mit Zugang der Kündigung die Klagefrist des § 4 Satz 1 KSchG anläuft. Erhebt die Arbeitnehmerin keine Kündigungsschutzklage, obwohl sie den Arbeitgeber innerhalb der Zweiwochenfrist des § 17 Abs. 1 Satz 1 MuSchG von ihrer Schwangerschaft in Kenntnis gesetzt hat, so wird mit Ablauf der Dreiwochenfrist des § 4 Satz 1 KSchG nach § 7 KSchG die Kündigung als von Anfang an rechtswirksam fingiert (vgl. BAG vom 13.2.2008, AP SGB IX § 85 Nr. 5). Dies gilt allerdings nicht, wenn die Arbeitnehmerin von ihrer Schwangerschaft aus einem von ihr nicht zu vertretenden Grund erst nach Ablauf der dreiwöchigen Frist Kenntnis erlangt hat (vgl. §§ 4 Satz 1 und 5 Abs. 1 Satz 2 KSchG).

19. An welche Voraussetzungen ist das Kündigungsverbot geknüpft?

a) Das Kündigungsverbot gilt nur dann, wenn dem Arbeitgeber zum Zeitpunkt der Kündigung die Schwangerschaft, die Niederkunft oder die Fehlgeburt nach der zwölften Schwangerschaftswoche positiv **bekannt** war (bloße Gerüchte reichen nicht) oder **innerhalb von zwei Wochen** nach Zugang der Kündigung mitgeteilt worden ist. Die Frist endet mit Ablauf des Tages, der zwei Wochen später nach seiner Benennung dem Tag entspricht, an dem die Kündigung der Arbeitnehmerin zugegangen ist.

b) Ausnahmsweise steht der besondere Kündigungsschutz auch den Arbeitnehmerinnen zu, die im Zeitpunkt der Kündigung schwanger sind, ihren Arbeitgeber hierüber unverschuldet nicht innerhalb von zwei Wochen nach Zugang der Kündigung unterrichten, dies aber unverzüglich nach Kenntnis von ihrer Schwangerschaft (wobei eine Überlegungsfrist von einer Woche unschädlich ist, vgl. BAG vom 26.9.2002, EzA § 9 MuSchG Nr. 38) nachholen (§ 17 Abs. 1 Satz 2 MuSchG). Der Arbeitgeber braucht sich nicht mit der Mitteilung der Arbeitnehmerin zufrieden zu geben. Er kann vielmehr einen Nachweis in Form des Attestes eines Arztes, einer Hebamme oder eines Entbindungspflegers innerhalb angemessener Frist verlangen (§ 15 Abs. 2 MuSchG).

c) Wie für alle während der Schwangerschaft laufenden Fristen ist zur **Feststellung des Beginns** der Schwangerschaft und damit auch des Beginns des Kündigungsschutzes von dem Zeugnis eines Arztes oder einer Hebamme auszugehen. Von dem darin angegebenen voraussichtlichen Tag der Niederkunft ist um 280 Tage zurückzurechnen. Die Kündigungsschutzfrist endet vier Monate nach der Entbindung an dem Tage, der die gleiche Zahl wie der Tag der Entbindung trägt (§§ 187 Abs. 1 und 188 Abs. 2 BGB). Fehlt im vierten Monat der entsprechende Tag, dann endet die Frist schon mit Ablauf des vorhergehenden Tages.

20. Wann ist ausnahmsweise eine Kündigung zulässig?

a) Ausnahmsweise kann **in besonderen Fällen** auf formlosen Antrag des Arbeitgebers hin die oberste Landesbehörde oder die von ihr bestimmte Stelle (in den einzelnen Ländern unterschiedlich geregelt) die ordentliche oder außerordentliche Kündigung für **zulässig** erklären. Voraussetzung ist, dass die Kündigung nicht mit dem Zustand der Frau in der Schwangerschaft, nach einer Fehlgeburt nach der zwölften Schwangerschaftswoche oder nach der Entbindung im Zusammenhang steht. Die Kündigung bedarf der Schriftform und der Angabe des zulässigen Kündigungsgrundes, z. B. eine besonders schwerwiegende Pflichtverletzung, eine Betriebsstilllegung, eine teilweise Stilllegung des Betriebs (wenn keine Umsetzungsmöglichkeit besteht), die Insolvenz des Unternehmens oder in Kleinbetrieben die Einstellung einer zur Fortführung des Betriebes notwendigen Fachkraft. Zum Kündigungsschutz während der Elternzeit vgl. Nr. 42 ff.

b) Die Kündigung kann erst **nach** der Zulässigkeitserklärung durch die zuständige Behörde erklärt werden; eine bereits vorher ausgesprochene Kündigung ist nichtig und muss wiederholt werden. Dagegen ist Bestandsschutz der Zustimmungserklärung nicht erforderlich (BAG vom 17.6.2003 – 2 AZR 245/02). Die zuständige Behörde muss vor der Zulässigkeitserklärung die Arbeitnehmerin hören und ggfs. weitere Ermittlungen anstellen. Gegen die Entscheidung der Behörde können Rechtsmittel eingelegt werden.

c) Vor Kündigungen im Bereich Mutterschutz/Elternzeit ist unabhängig von der Zustimmung des Integrationsamts oder der zuständigen Behörde der Betriebsrat zu hören. Die Anhörung des Betriebsrats kann schon vor der Durchführung des Zustimmungsverfahrens erfolgen. Verfolgt der Arbeitgeber nach bereits abgeschlossener Anhörung seine ursprünglich gefasste Kündigungsabsicht weiter und hat sich der Sachverhalt nicht geändert, so muss der Arbeitgeber nach der Erteilung der Zustimmung den Betriebsrat nicht erneut anhören (z. B. BAG vom18.5.1994 – 2 AZR 626/93, AP BPersVG § 108 Nr. 3). In dieser Konstellation hat die Zustimmung des Integrationsamts/der zuständigen Behörde keinen inhaltlichen Einfluss auf die Kündigungsentscheidung des Arbeitgebers, sodass der Betriebsrat entsprechend dem Schutzzweck des § 102 Abs. 1 BetrVG auch ohne Kenntnis der Entscheidung des Integrationsamts/der zuständigen Behörde zur Kündigungsabsicht Stellung nehmen kann.

21. Kann die Arbeitnehmerin das Arbeitsverhältnis kündigen?

Das Kündigungsverbot betrifft nur den Arbeitgeber. Die Arbeitnehmerin kann das Arbeitsverhältnis unter Einhaltung der gesetzlichen oder vereinbarten Kündigungsfristen kündigen. Das Kündigungsrecht der Arbeitnehmerin kann vertraglich nicht ausgeschlossen werden. Zum Kündigungsrecht während der Elternzeit vgl. Nr. 42.

22. Welche Besonderheiten gelten beim Erholungsurlaub?

Nach § 24 MuSchG gelten für den Anspruch auf Erholungsurlaub und dessen Dauer die Ausfallzeiten wegen mutterschutzrechtlicher Beschäftigungsverbote als Beschäftigungszeiten. Hat die Arbeitnehmerin ihren Urlaub vor Beginn der Beschäftigungsverbote nicht oder nicht vollständig erhalten, so kann sie nach Ablauf der Fristen den Resturlaub im laufenden oder im nächsten Urlaubsjahr beanspruchen.

23. Welche Aushang- und Auskunftspflichten treffen den Arbeitgeber?

a) In Betrieben, in denen regelmäßig mehr als drei Frauen beschäftigt werden, ist ein Abdruck des Mutterschutzgesetzes an geeigneter Stelle zur Einsicht auszulegen oder auszuhängen (§ 26 Abs. 1 MuSchG), bzw. in einem elektronischen Verzeichnis zugänglich zu machen.

b) Der Arbeitgeber hat die Aufsichtsbehörde unverzüglich zu benachrichtigen, wenn eine Frau ihm mitgeteilt hat, dass sie schwanger ist oder dass sie stillt, es sei denn er hat bereits die Schwangerschaft dieser Frau mitgeteilt. Darüber hinaus hat er die Aufsichtsbehörde zu benachrichtigen, wenn er beabsichtigt, eine schwangere oder stillende Frau zu beschäftigen

- bis 22 Uhr nach den Vorgaben von § 5 Abs. 2 Satz 2 und 3 MuSchG,

- an Sonn- und Feiertagen nach den Vorgaben von § 6 Abs. 1 Satz 2 und 3 oder Abs. 2 Satz 2 und 3 MuSchG oder
- mit getakteter Arbeit im Sinne von § 11 Abs. 6 Nr. 3 oder § 12 Abs.5 Nr. 3 MuSchG.

c) Der Arbeitgeber ist verpflichtet, der Aufsichtsbehörde auf Verlangen

- die zur Erfüllung der Aufgaben dieser Behörde erforderlichen Angaben zu machen,
- die Unterlagen, aus denen Name, Beschäftigungsart und -zeiten der werdenden und stillenden Mütter sowie Lohn- und Gehaltszahlungen ersichtlich sind, sowie die Ergebnisse der Beurteilung der Arbeitsbedingungen nach § 10 MuSchG, zur Einsicht vorzulegen oder einzusenden.

Die Unterlagen sind mindestens bis zum Ablauf von zwei Jahren nach der letzten Eintragung aufzubewahren (§ 27 MuSchG).

24. Wie werden die Regelungen des Mutterschutzgesetzes sichergestellt?

Zuwiderhandlungen gegen die Vorschriften des Mutterschutzgesetzes können mit Geldbußen, bei Gesundheitsgefährdung auch mit Geld- und Freiheitsstrafen geahndet werden (§§ 32, 33 MuSchG).

25. Werden erwerbstätige Mütter auch außerhalb des Mutterschutzgesetzes geschützt?

Hier ist vor allem auf die Regelungen des Bundeselterngeld- und Elternzeitgesetzes über die Zahlung von Elterngeld und den Anspruch auf Elternzeit für beide Elternteile hinzuweisen (vgl. Nr. 26 ff.). Daneben enthalten das SGB V, die Arbeitsstättenverordnung und die Gefahrstoffverordnung Vorschriften zum Schutz werdender und stillender Mütter.

B Elternzeit

26. Was bedeutet Elternzeit?

Der Anspruch auf **Elternzeit** ist unabhängig vom Anspruch auf Elterngeld (früher: Erziehungsgeld). Er ist ein arbeitsrechtlicher Anspruch der Arbeitnehmerin/ des Arbeitnehmers auf Freistellung von der Arbeit, der im Bundeselterngeld- und Elternzeitgesetz (BEEG) geregelt ist. Die Elternzeit soll es den im Arbeitsverhältnis stehenden Eltern und auch Großeltern ermöglichen oder erleichtern, dass sie sich in der für die spätere Entwicklung entscheidenden ersten Lebensphase eines Kindes dessen Betreuung und Erziehung ohne Belastung durch Pflichten aus dem Arbeitsverhältnis widmen können, und zwar – im Grundsatz, vgl. Nr. 28 – bis zum Ende des dritten Lebensjahres des Kindes. Außerdem wird durch die Möglichkeit der Elternzeit auch für den Vater die Wahlfreiheit der Eltern, wer von ihnen das Kind betreuen soll, anerkannt und gefördert. Die Elternzeit kann von jedem Elternteil allein oder von beiden Elternteilen gemeinsam genommen werden. Sie kann zwischen beiden Elternteilen aufgeteilt werden. Beide können gegen ihren jeweiligen Arbeitgeber einen Anspruch auf Teilzeitarbeit geltend machen, der vom Arbeitgeber nur bei Vorliegen dringender betrieblicher Gründe abgelehnt werden darf.

Wichtig: Die Elternzeit ist im Allgemeinen bei der Berechnung der Betriebszugehörigkeit zu berücksichtigen. Durch die Elternzeit werden zwar die Hauptleistungspflichten aus dem Arbeitsverhältnis suspendiert, dieses selbst besteht jedoch mit seinen Nebenpflichten weiter. Wenn sich daher weder aus dem Arbeitsvertrag noch aus dem Gesamtzusammenhang ergibt, dass z. B. der Anspruch auf die Weihnachtsgratifikation entfällt oder gekürzt werden kann, falls der Arbeitnehmer Elternzeit in Anspruch nimmt und dementsprechend keine Arbeitsleistung erbringt, bleibt der Anspruch bestehen. Es ist unerheblich, dass die Arbeitsvertragsparteien nicht gehindert gewesen wären, Ruhenszeiten anspruchsmindernd zu berücksichtigen. Sie haben es nicht getan und dadurch den Zweck der Sonderleistung definiert (BAG vom 10.12.2008 – 10 AZR 35/08).

Ein Tarifvertrag, der vorsieht, dass Zeiten, in denen das Arbeitsverhältnis aufgrund von Elternzeit ruht, nicht oder nur in geringem Umfang als Beschäftigungszeit für den Stufenaufstieg zu berücksichtigen sind, verstößt nicht gegen höherrangiges Recht (BAG vom 21.11.2013 – 6 AZR 89/12).

27. Wer hat Anspruch auf Elternzeit?

a) Einen vertraglich nicht einschränkbaren Anspruch auf Elternzeit haben **alle Arbeitnehmerinnen/Arbeitnehmer** (§ 15 BEEG) unabhängig von der Art des Arbeitsverhältnisses (z. B. unbefristet, befristet oder Voll- oder Teilzeit). Anspruch auf Elternzeit haben ebenso die zu ihrer Berufsbildung Beschäftigten (§ 20 Abs. 1 BEEG) sowie die in Heimarbeit Beschäftigten (§ 20 Abs. 2 BEEG). Der Anspruch auf Elternzeit ist nicht vom Anspruch auf Elterngeld abhängig. § 15 Abs. 1 BEEG enthält eigene Anspruchsvoraussetzungen, die allerdings im Wesentlichen mit denen für das Elterngeld übereinstimmen. Im Grundsatz haben danach alle Eltern Anspruch auf Elternzeit, die mit dem Kind in einem Haushalt leben und als zusätzliche Voraussetzung das **Kind selbst betreuen und erziehen**. Anders als beim Elterngeldanspruch können die Anspruchsvoraussetzungen gegeben sein, ohne dass der Anspruchsberechtigte einen **Wohnsitz** oder seinen gewöhnlichen Aufenthaltsort in Deutschland hat.

b) Nach § 15 BEEG haben Anspruch auf Elternzeit auch Arbeitnehmer und Arbeitnehmerinnen, die mit ihrem **Enkelkind** in einem Haushalt leben und dieses selbst betreuen und erziehen und ein Elternteil des Kindes minderjährig ist oder ein Elternteil des Kindes als Minderjährige(r) sich in einer Schul- oder Berufsausbildung befindet, die vor Vollendung des 18. Lebensjahres begonnen wurde und die Arbeitskraft des Elternteils im Allgemeinen voll in Anspruch nimmt. Der Anspruch auf „Großelternzeit" besteht nur für Zeiten, in denen keiner der Elternteile des Kindes selbst Elternzeit beansprucht. Wie die Eltern haben die Großelternteile die Möglichkeit, sich die Betreuung ihres Enkelkindes zu teilen und gleichzeitig ihrer Beschäftigung in Teilzeit nachzugehen und so die Bindung an das Unternehmen aufrechtzuerhalten. Eine Änderung in der Anspruchsberechtigung hat der Arbeitnehmer dem Arbeitgeber unverzüglich zu melden.

28. Wie lange kann ein Arbeitnehmer Elternzeit in Anspruch nehmen?

Die Elternzeit **beginnt** an dem Tag, zu dem sie rechtzeitig (§ 16 Abs. 1 BEEG) vom Arbeitgeber verlangt worden ist, frühestens jedoch am Tag der Geburt, und für Arbeitnehmerinnen frühestens an dem Tag, der unmittelbar auf den letzten Tag der acht- bzw. zwölfwöchigen Schutzfrist nach der Geburt des Kindes folgt. Sie kann jedoch auch später beginnen, wenn sie zu einem späteren Zeitpunkt in Anspruch genommen wird.

Die Elternzeit **dauert** bis zur Vollendung des **dritten Lebensjahres** des Kindes (§ 15 Abs. 2 BEEG), endet also spätestens mit Ablauf des Tages, der dem 3. Geburtstag des Kindes vorausgeht (§ 187 Abs. 2 i. V. m. § 188 Abs. 2 BGB).

Beispiel:

Wenn das Kind am 1.1.2017 geboren ist, endet die Elternzeit spätestens mit Ablauf des 31.12.2019.

29. Muss die Elternzeit zusammenhängend genommen werden?

Eltern von Kindern, die **bis zum 30.6.2015 geboren** wurden, können **mit Zustimmung des Arbeitgebers** einen Anteil von bis zu **12 Monaten** auf die Zeit bis zur Vollendung des 8. Lebensjahres des Kindes übertragen. Dieser Anteil endet also spätestens mit dem Ablauf des Tages, der dem 8. Geburtstag des Kindes vorausgeht (§ 187 Abs. 2 i. V. m. § 188 Abs. 2 BGB).

Bei mehreren Kindern besteht der Anspruch auf die dreijährige Elternzeit mit der Übertragungsmöglichkeit von höchstens 12 Monaten auf die Zeit bis zur Vollendung des 8. Lebensjahres für jedes Kind, auch wenn sich die Zeiträume überschneiden.

Beispiel:

Die Mutter nimmt Elternzeit für die ersten 24 Monate nach der Geburt des Kindes und überträgt mit Zustimmung des Arbeitgebers die restlichen 12 Monate auf die Zeit nach Vollendung des 7. Lebensjahres des Kindes. Sie bekommt nach zwei Jahren ein weiteres Kind und kann nunmehr für dieses Kind Elternzeit bis zum 3. Lebensjahr des Kindes verlangen oder mit Zustimmung des Arbeitgebers 12 Monate auf später übertragen.

Für Kinder, die **ab dem 1.7.2015 geboren** sind, gilt für die Inanspruchnahme von Elternzeit Folgendes: Ein Anteil der Elternzeit von **bis zu 24 Monaten** kann auf die Zeit bis zur Vollendung des 8. Lebensjahres des Kindes übertragen werden. Eine **Zustimmung des Arbeitgebers** ist dafür **nicht** mehr **erforderlich.**

30. In welchem Zeitraum kann für angenommene Kinder Elternzeit genommen werden?

Bei einem angenommenen Kind und bei einem Kind in Vollzeit- oder in Adoptionspflege beginnt die Elternzeit frühestens mit dem Tag der Aufnahme bei der berechtigten Person unabhängig davon, ob dieser Tag in die Zeit der Mutterschutzfrist nach der Entbindung fällt oder später liegt. Sie **dauert höchstens drei Jahre** vom Tag der Inobhutnahme an und längstens bis zur Vollendung des 8. Lebensjahres des Kindes (§ 15 Abs. 2 Satz 5 BEEG).

31. Haben auch ausländische Arbeitnehmer Anspruch auf Elternzeit?

Für den Anspruch auf Elternzeit ist das Vorliegen eines Arbeitsverhältnisses entscheidend, auf das die arbeitsrechtlichen Vorschriften Deutschlands Anwendung finden. Damit haben Anspruch auf Elternzeit alle ausländischen Arbeitnehmer mit einem Arbeitsverhältnis im Bundesgebiet, und zwar auch dann, wenn sie als Grenzgänger ihren Wohnsitz im Ausland behalten haben.

32. Kann der Vater bereits Elternzeit in Anspruch nehmen, solange die Mutter noch in der Schutzfrist nach der Geburt zu Hause ist?

Die Elternzeit kann von jedem Elternteil allein oder von beiden Elternteilen gemeinsam genommen werden (§ 15 Abs. 3 BEEG). Daraus folgt, dass der Vater Elternzeit von der Geburt des Kindes an verlangen kann.

33. Hat ein Arbeitnehmer auch Anspruch auf Elternzeit, wenn der andere Elternteil nicht erwerbstätig ist?

Der Anspruch auf Elternzeit besteht auch dann, wenn der andere Elternteil nicht erwerbstätig ist.

34. Können beide berufstätigen Eltern gleichzeitig Elternzeit nehmen?

Die Elternzeit kann, auch anteilig, von **jedem Elternteil allein** oder von **beiden Elternteilen gemeinsam** genommen werden; sie ist jedoch auf drei Jahre für jedes Kind begrenzt. Dabei können beide Elternteile jeweils bis zu drei Jahre Elternzeit bei ihrem jeweiligen Arbeitgeber nehmen, und zwar auch gleichzeitig (§ 15 Abs. 3 BEEG).

35. Wann und wie muss der Arbeitnehmer den Anspruch auf Elternzeit geltend machen?

Die Elternzeit muss **schriftlich sieben Wochen** vor ihrem Beginn verlangt werden (bei dringenden Gründen ist ausnahmsweise eine kürzere angemessene Frist möglich); Arbeitnehmerin und Arbeitnehmer müssen zugleich erklären, für welche Zeiten **innerhalb von zwei Jahren** sie Elternzeit nehmen werden. Sie können dabei von vornherein den gesamten in Betracht kommenden Zeitraum ab Geburt bis zur Vollendung des dritten Lebensjahres des Kindes abdecken (BAG vom 19.4.2005, EzA BErzGG § 15 Nr. 15). Nimmt die Mutter die Elternzeit im Anschluss an die Mutterschutzfrist, wird die Zeit der Mutterschutzfrist auf den Zweijahreszeitraum angerechnet. Dies gilt entsprechend, wenn die Mutter die Elternzeit im Anschluss an einen auf die Mutterschutzfrist folgenden Erholungsurlaub nimmt. Die Elternzeit kann auf **zwei Zeitabschnitte** verteilt werden; bei **ab dem 1.7.2015 geborenen Kindern** kann die Elternzeit auf **drei Zeitabschnitte verteilt** werden. Soll der dritte Abschnitt zwischen dem 3. Geburtstag und dem vollendeten 8. Lebensjahr des Kindes liegen, kann der Arbeitgeber die Inanspruchnahme aus dringenden betrieblichen Gründen ablehnen. Wird Elternzeit für **Kinder, die ab dem 1.7.2015 geboren** sind, in Anspruch genommen und soll die Elternzeit auf den Zeitraum zwischen dem 3. Geburtstag und dem vollendeten 8. Lebensjahr des Kindes gelegt werden, muss diese **schriftlich 13 Wochen vor ihrem Beginn** verlangt werden. In dringenden Fällen ist ausnahmsweise eine kürzere angemessene Frist möglich. Der Arbeitgeber soll die Elternzeit bescheinigen (§ 16 Abs. 1 BEEG). Wird Elternzeit für ab dem 1.7.2015 geborene Kinder in Anspruch genommen, kann bei einem Arbeitgeberwechsel der neue Arbeitgeber bei Anmeldung von Elternzeit vom Arbeitnehmer die Vorlage einer Bescheinigung über die bereits in Anspruch genommene Elternzeit verlangen (§ 16 Abs. 1 BEEG).

Ohne Einhalten der Erklärungsfrist kann eine Arbeitnehmerin eine sich unmittelbar an das Beschäftigungsverbot des § 6 MuSchG anschließende Elternzeit antreten, wenn sie sie aus einem von ihr nicht zu vertretenden Grund nicht rechtzeitig verlangen konnte (§ 16 Abs. 2 BEEG), z. B. weil sie daran durch eine schwere Krankheit gehindert war. Sie muss in diesem Fall die Erklärung gegenüber dem Arbeitgeber innerhalb einer Woche nach Wegfall des Grundes nachholen.

36. Kann der Arbeitnehmer die noch nicht voll in Anspruch genommene Elternzeit noch einmal verlängern?

Ohne Zustimmung des Arbeitgebers ist eine Verlängerung der einmal in Anspruch genommenen Elternzeit grundsätzlich ausgeschlossen (§ 16 Abs. 3 BEEG). Dies gilt jedoch dann nicht, wenn ein vorgesehener Wechsel in der Anspruchsberechtigung aus einem wichtigen Grund nicht erfolgen kann (z. B. wenn dem Ehegatten wegen einer Krankheit die geplante Übernahme der Betreuung nicht möglich ist). Darüber hinaus muss der Arbeitgeber, wenn der Arbeitnehmer eine Verlängerung der Elternzeit bis zu der 6-monatigen Höchstdauer verlangt, hierüber nach billigem Ermessen entscheiden, also auch die Belange des Arbeitnehmers angemessen berücksichtigen (BAG vom 18.10.2011 – 9 AZR 315/10).

37. In welchen Fällen kann der Arbeitnehmer die angetretene Elternzeit vorzeitig beenden?

a) Nur mit Zustimmung des Arbeitgebers kann der Arbeitnehmer die Elternzeit vorzeitig beenden (§ 16 Abs. 3 BEEG) und an den Arbeitsplatz zurückkehren. Die vorzeitige Beendigung wegen der Geburt eines weiteren Kindes oder bei einem besonderen Härtefall kann der Arbeitgeber aber nur innerhalb von vier Wochen aus **dringenden betrieblichen Gründen** ablehnen. Lehnt der Arbeitgeber die vorzeitige Beendigung der Elternzeit nicht form- oder fristgerecht oder nicht aus dringenden betrieblichen Gründen ab, wird die Elternzeit aufgrund der Gestaltungserklärung des Arbeitnehmers beendet. Der Arbeitnehmer kann die ursprünglich festgelegte, aber wegen der vorzeitigen Beendigung nicht verbrauchte Restelternzeit gemäß § 15 Abs. 2 Satz 4 BEEG (a. F.) mit einem Anteil von bis zu zwölf Monaten mit Zustimmung des Arbeitgebers auf die Zeit nach Vollendung des dritten bis zur Vollendung des achten Lebensjahres des Kindes übertragen. Der Arbeitgeber hat nach § 315 Abs. 3 BGB seine Entscheidung über die Zustimmung zur Übertragung nach billigem Ermessen zu treffen (BAG vom 21.4.2009 – 9 AZR 391/08). Bei Elternzeit für **Kinder**, die **ab dem 1.7.2015 geboren** sind, kann die wegen der vorzeitigen Beendigung nicht verbrauchte Elternzeit gemäß § 15 Abs. 2 BEEG auch **ohne Zustimmung** des Arbeitgebers in dem Zeitraum zwischen dem 3. Lebensjahr bis zum vollendeten 8. Lebensjahr des Kindes in Anspruch genommen werden.

b) Die Elternzeit kann wegen der Inanspruchnahme der Mutterschutzfristen aus Anlass einer erneuten Schwangerschaft vorzeitig beendet werden; in diesen Fällen soll die Arbeitnehmerin dem Arbeitgeber die Beendigung der Elternzeit rechtzeitig mitteilen (§ 16 Abs. 3 Satz 3 BEEG).

Für den Fall, dass das Kind (bei Mehrlingsgeburten das letzte der Kinder) während der Elternzeit stirbt, besteht eine Sonderregelung (§ 16 Abs. 4 BEEG). In diesem Fall endet die Elternzeit grundsätzlich ohne Zustimmung des Arbeitgebers drei Wochen nach dem Tod des Kindes.

38. Darf der Arbeitnehmer während der Elternzeit Teilzeitarbeit leisten? Kann er vom Arbeitgeber eine Teilzeitbeschäftigung verlangen?

a) Während der Elternzeit ist Erwerbstätigkeit zulässig, wenn die vereinbarte wöchentliche Arbeitszeit für jeden Elternteil **30 Stunden** nicht übersteigt. Teilzeitarbeit bei einem anderen Arbeitgeber bedarf der Zustimmung des Arbeitgebers. Seine Zustimmung kann der Arbeitgeber nur innerhalb einer Frist von vier Wochen aus **dringenden betrieblichen Gründen** schriftlich verweigern (§ 15 Abs. 4 BEEG). Betriebliche Interessen stehen u. a. einer Teilzeitarbeit bei einem anderen Arbeitgeber entgegen, wenn eine realistische Gefahr besteht, dass dem anderen Arbeitgeber bei dieser Tätigkeit Betriebs- und Geschäftsgeheimnisse des bisherigen Arbeitgebers bekannt werden.

b) Der Arbeitnehmer oder die Arbeitnehmerin kann durch einseitige Erklärung ein Teilzeitarbeitsverhältnis von bis zu 30 Stunden wöchentlich auch während der Elternzeit fortsetzen. Für das Verlangen gelten dieselben Regelungen wie für die Mitteilung der Inanspruchnahme der Elternteilzeit (BAG vom 27.4.2004, EzA BErzGG § 15 Nr. 13).

c) Der Arbeitnehmer oder die Arbeitnehmerin kann **während** der Elternzeit zweimal eine Verringerung seiner Arbeitszeit verlangen (§ 15 Abs. 6 BEEG). Diese muss schriftlich sieben Wochen vor Beginn der verringerten Tätigkeit beantragt werden. Der Anspruch auf sogen. Elternteilzeit kann erstmals geltend gemacht werden, wenn der Arbeitnehmer verbindlich festgelegt hat, für welche Zeiträume Elternzeit verlangt wird (§ 16 Abs. 1 Satz 1 BEEG). Der Arbeitnehmer darf den Antrag auf Verringerung und Neuverteilung seiner Arbeitszeit bereits gleichzeitig mit dem eigentlichen Elternzeitverlangen stellen (BAG vom 15.4. 2008 BAGE 126, 276). Der Antrag auf Elternteilzeit **muss** die Dauer und den Umfang der verringerten Arbeitszeit enthalten. Das auf die Verringerung der Arbeitszeit während der Elternzeit gerichtete Angebot des Arbeitnehmers muss den Bestimmtheitsanforderungen entsprechen, wie sie allgemein an Vertragsanträge i. S. d. § 145 BGB gestellt werden (BAG vom 16.4.2013 – 9 AZR 535/11). Der Arbeitnehmer ist an diese Erklärung gebunden (BAG vom 9.5.2006 – 9 AZR 278/05). Die gewünschte Verteilung der Arbeitszeit **soll** angegeben werden. Voraussetzungen für den Anspruch sind, dass das Arbeitsverhältnis in demselben Betrieb oder Unternehmen ohne Unterbrechung länger als sechs Monate besteht, dass der Arbeitgeber ohne zur Berufsausbildung Beschäftigte in der Regel mehr als 15 Arbeitnehmer beschäftigt und dass nicht **dringende** betriebliche Gründe dem Verlangen entgegen stehen, insbesondere weil es dem Arbeitgeber nicht möglich ist, eine Ersatzkraft zu finden, und auch innerbetriebliche Umsetzungen oder andere Aufgabenzuteilungen nicht möglich sind, weil der Arbeitsplatz nicht teilbar ist, der Arbeitnehmer mit der verringerten Arbeitszeit nicht eingeplant werden kann oder keine Beschäftigungsmöglichkeit oder kein zusätzlicher Beschäftigungsbedarf besteht (BAG vom 5.6.2007 EzA BErzGG § 15 Nr. 16 und vom 15.4.2008, DB 2008, S. 1753). Die vertraglich vereinbarte regelmäßige Arbeitszeit soll dabei für mindestens zwei

Monate auf einen Umfang zwischen 15 und 30 Wochenstunden verringert werden (§ 15 Abs. 6 und 7 BEEG). Arbeitgeber und Arbeitnehmer sollen darüber hinaus zunächst versuchen, sich innerhalb einer Frist von vier Wochen zu einigen (Konsensverfahren). Im Konsensverfahren nach § 15 Abs. 5 Satz 1 und 2 BEEG getroffene einvernehmliche Elternzeitregelungen sind nicht auf den Anspruch gemäß § 15 Abs. 6 i. V. m. Abs. 7 BEEG auf zweimalige Verringerung der Arbeitszeit anzurechnen (BAG vom 19.2.2013, BB 2013, S. 499).

Weitergehend als beim allgemeinen Teilzeitanspruch (vgl. Kapitel 7 Nr. 7) muss der entgegenstehende Grund **„dringlich"** sein. Damit wird ausgedrückt, dass er notwendig, erforderlich oder sehr wichtig sein muss. Die entgegenstehenden betrieblichen Interessen müssen zwingende Hindernisse für die beantragte Verkürzung der Arbeitszeit sein. Der Hinweis des Arbeitgebers, der Arbeitsplatz sei nachbesetzt worden, genügt hierfür allein nicht. Dies gilt insbesondere dann, wenn der Arbeitgeber im Zusammenhang mit einer angekündigten Elternzeit den Personalbestand durch eine unbefristete Neueinstellung dauerhaft erhöht (BAG v. 5.6.2007, 9 AZR 82/07, MDR 2008, 1430). Ebensowenig reichen mit der teilweisen Abwesenheit verbundene Koordinationsprobleme oder eine erforderlich werdende Delegation von Aufgaben auf andere Arbeitnehmer (BAG v. 15.4.2008, 8 AZR 380/07, DB 2008, S. 1753 und v. 15.12.2009, 9 AZR 72/09, NZA 2010, 447). Der Arbeitgeber hat die Tatsachen, aus denen sich die negative Anspruchsvoraussetzung der entgegenstehenden dringenden betrieblichen Gründe ergeben soll, darzulegen und zu beweisen. Der Arbeitnehmer genügt seiner Darlegungslast schon dann, wenn er behauptet, solche Gründe bestünden nicht. Geht es um die Unteilbarkeit des Arbeitsplatzes oder die Unvereinbarkeit der gewünschten Teilzeitarbeit mit den betrieblichen Arbeitszeitmodellen, ist das Prüfungsschema anzuwenden, das das Bundesarbeitsgericht für die betrieblichen Ablehnungsgründe i. S. v. § 8 TzBfG entwickelt hat (vgl. Kapitel 7 Nr. 7). Das ergibt sich aus der vergleichbaren Interessenlage (BAG vom 15.12.2009 – 9 AZR 72/09).

39. Kann der Arbeitgeber den Erholungsurlaub wegen der Inanspruchnahme der Elternzeit kürzen?

a) Der Arbeitgeber kann den Erholungsurlaub für jeden vollen Kalendermonat, für den der Arbeitnehmer Elternzeit nimmt, um ein Zwölftel kürzen (vgl. auch BAG vom 17.5.2011, DB 2012, S. 182). Diese Kürzungsmöglichkeit besteht jedoch nicht, wenn der Arbeitnehmer während der Elternzeit bei seinem Arbeitgeber Teilzeitarbeit leistet (§ 17 Abs. 1 BEEG). Insoweit gelten dann die allgemeinen Urlaubsvorschriften.

b) Wenn der Arbeitnehmer bereits vor Beginn der Elternzeit mehr Erholungsurlaub erhalten hat, als ihm nach der Kürzungsvorschrift zustand, kann der Arbeitgeber den dem Arbeitnehmer nach Ende der Elternzeit zustehenden Erholungsurlaub um die zu viel gewährten Urlaubstage kürzen (§ 17 Abs. 4 BEEG). Eine nachträgliche Kürzung oder Rückforderung zu viel gezahlten Urlaubsentgelts ist nicht mehr möglich, wenn der Arbeitnehmer zum Ende der Elternzeit ausscheidet.

40. Kann der nicht gewährte Erholungsurlaub auch noch nach der Elternzeit genommen werden?

a) Soweit der Arbeitnehmer den ihm zustehenden Erholungsurlaub vor der Elternzeit nicht erhalten hat, ist ihm dieser nach der Elternzeit im laufenden oder nächsten Urlaubsjahr zu gewähren (§ 17 Abs. 2 BEEG); dies kann auch im vierten oder fünften Jahr nach der Geburt des Kindes sein. Dies gilt sowohl für den gekürzten Resturlaub als auch für den gesamten nicht gewährten Erholungsurlaub, wenn der Arbeitgeber eine Kürzung nicht vorgenommen hat. Der auf das laufende oder das nächste Jahr nach der Elternzeit übertragene Erholungsurlaub verfällt allerdings mit Ablauf des auf die Beendigung der Elternzeit folgenden Urlaubsjahres (vgl. Kapitel 15 Nr. 21).

b) Wenn das Arbeitsverhältnis während der Elternzeit endet oder im Anschluss daran nicht fortgesetzt wird, hat der Arbeitgeber den noch nicht gewährten Urlaub abzugelten (§ 17 Abs. 3 BEEG; vgl. auch Kapitel 15 Nrn. 33 u. 34).

Beispiele:

Abgeltung des nicht gewährten Erholungsurlaubs

- *bei Beendigung durch Auslaufen eines befristeten Arbeitsvertrages*
- *bei einer Kündigung des Arbeitgebers während der Elternzeit nach Zulässigkeitserklärung durch die für Arbeitsschutz zuständige oberste Landesbehörde (§ 18 BEEG)*
- *bei einer Kündigung des Arbeitnehmers zum Ende der Elternzeit (§ 19 BEEG)*

Soweit die Möglichkeit zur Kürzung des Erholungsurlaubs besteht, kann der Arbeitgeber auch bei der Abgeltung eine Kürzung vornehmen.

41. Kann der Arbeitnehmer das Arbeitsverhältnis zum Ende der Elternzeit kündigen?

Der Arbeitnehmer kann das Arbeitsverhältnis zum Ende der Elternzeit nur unter Einhaltung einer Kündigungsfrist von drei Monaten kündigen (§ 19 BEEG). Außerdem kann er zu anderen Zeitpunkten während oder nach Ende der Elternzeit unter Einhaltung der gesetzlichen bzw. vertraglichen Kündigungsfrist kündigen.

42. Kann der Arbeitgeber während der Elternzeit das Arbeitsverhältnis kündigen?

Der Arbeitgeber darf das Arbeitsverhältnis ab dem Zeitpunkt, von dem an Elternzeit verlangt worden ist, höchstens jedoch **acht Wochen** vor Beginn der Elternzeit, und während der gesamten Dauer der Elternzeit **nicht kündigen** (§ 18 Abs. 1 Satz 1 BEEG). Erfolgt das Verlangen der Elternzeit früher, so ist der Kündigungsschutz nach § 18 Abs. 1 Satz 1 BEEG nicht bereits im Zeitpunkt des Verlangens gegeben, sondern setzt erst acht Wochen vor Beginn der Elternzeit ein. Als Endtermin der achtwöchigen Vorfrist des § 18 Abs. 1 Satz 1 BEEG ist der Tag der prognostizierten Geburt maßgeblich, wenn dieser vor dem Tag der tatsächlichen Geburt liegt (BAG vom 12.5.2011, DB 2011, S. 2726). Wird die Elternzeit für Kinder, die ab dem 1.7.2015 geboren sind, in Anspruch genommen und liegt sie zwischen dem 3. Geburtstag und dem vollendeten 8. Lebensjahr des Kindes, gilt der besondere Kündigungsschutz frühestens 14 Wochen vor Beginn der Elternzeit (§ 18 Abs. 1 Satz 2 Nr. 2 BEEG). Dieses Kündigungsverbot gilt sowohl für ordentliche wie für außerordentliche Kündigungen als auch für Änderungskündigungen des Arbeitgebers. Voraussetzungen für das Kündigungsverbot sind, dass der Arbeitnehmer die Elternzeit wirksam geltend gemacht hat und dass zum Zeitpunkt des Zugangs der Kündigung sämtliche Anspruchsvoraussetzungen für die Elternzeit vorliegen (BAG vom 26.8.2008 – 2 AZR 22/07). § 18 Abs. 1 Satz 1 BEEG setzt voraus, dass tatsächlich Elternzeit genommen wird. Diese Voraussetzung ist nicht erfüllt, wenn der Arbeitnehmer Elternzeit nur unter der Bedingung beansprucht, dass der Arbeitgeber Elternzeit gewährt, und der Arbeitgeber das Teilzeitbegehren vor dem prognostizierten Geburtstermin wirksam ablehnt (BAG vom 12.5.2011, DB 2011, S. 2726). Zum Kündigungszeitpunkt müssen deshalb sowohl die Voraussetzungen des § 15 BEEG als auch die des § 16 BEEG erfüllt sein, also insbesondere auch die Elternzeit schriftlich und ordnungsgemäß verlangt worden sein. Dabei ist ohne Bedeutung, zu welchem Zeitpunkt gekündigt werden soll. Verboten ist deshalb während der Elternzeit auch eine Kündigungserklärung, bei der die Kündigung erst zu einem Zeitpunkt nach Beendigung der Elternzeit wirksam werden soll. Dem Arbeitgeber ist jedoch nicht verboten, sich auf die Nichtigkeit oder die Beendigung des Arbeitsverhältnisses aus anderen Gründen, z. B. durch Fristablauf oder durch Kündigung des Arbeitnehmers, zu berufen.

Eine entgegen dem Kündigungsverbot erklärte Kündigung ist nichtig (§ 134 BGB). Von diesem Kündigungsverbot kann der Arbeitgeber jedoch in besonderen Fällen ausnahmsweise durch eine Zulässigkeitserklärung der für den Arbeitsschutz zuständigen obersten Landesbehörde oder der von ihr bestimmten Stelle befreit werden (§ 18 Abs. 1 Satz 2 und 3 BEEG; vgl. Nr. 45). Es verstößt allerdings gegen Art. 3 Abs. 1 GG, wenn einer Arbeitnehmerin in Elternzeit aufgrund der besonderen Schutznormen des BEEG und der damit einhergehenden Durchführung eines behördlichen Verfahrens nicht im 30-Tages-Zeitraum des § 17 Abs. 1 KSchG gekündigt wird und sie dadurch vom Anwendungsbereich des Massenentlassungsschutzes ausgeschlossen wird (BVerfG vom 8.6.2016 – 1 BvR 2634/13).

Wird die Arbeitnehmerin während ihrer Elternzeit bei einem anderen Arbeitgeber in Teilzeitarbeit tätig, genießt die Arbeitnehmerin in diesem **„anderen Arbeitsverhältnis"** nicht den Sonderkündigungsschutz (BAG vom 2.2.2006 – 2 AZR 556/04).

43. Gilt das Kündigungsverbot auch, wenn der Arbeitnehmer bei seinem Arbeitgeber zulässige Teilzeitarbeit erbringt?

a) Das Kündigungsverbot gilt auch dann, wenn der Arbeitnehmer während der Elternzeit bei seinem Arbeitgeber Teilzeitarbeit leistet (§ 18 Abs. 2 Nr. 1 BEEG). Während der Elternzeit ist das gesamte Arbeitsverhältnis, und damit auch die Vereinbarung über die auf das Ende der Elternzeit befristete Teilzeitarbeit, gegen Kündigung des Arbeitgebers geschützt. Dies gilt auch, wenn Arbeitgeber und Arbeitnehmer für die Teilzeitarbeit während der Elternzeit eine andere als die bisherige Tätigkeit vereinbaren.

Beispiel:

Die ganztags beschäftigte Chefsekretärin arbeitet während der Elternzeit halbtags als Schreibkraft.

b) Das Kündigungsverbot gilt ebenfalls, wenn der Arbeitnehmer, ohne Elternzeit in Anspruch zu nehmen, bei seinem Arbeitgeber Teilzeitarbeit leistet und Anspruch auf Elterngeld hat oder nur wegen Übersteigens der Einkommensgrenzen nicht hat (§ 18 Abs. 2 Nr. 2 Satz 1 BEEG). Damit sind die Arbeitnehmer in den Kündigungsschutz einbezogen, die zwar Elterngeld beziehen, aber keine Elternzeit in Anspruch nehmen, weil sie bereits vorher eine zulässige Teilzeitarbeit (§ 2 Abs. 1 BEEG) ausgeübt haben und diese weiter ausüben wollen. Dieser Kündigungsschutz des weiterhin Teilzeitbeschäftigten besteht jedoch nicht, solange kein Anspruch auf Elternzeit nach § 15 BEEG besteht (§ 18 Abs. 2 Nr. 2 Satz 2 BEEG).

c) Der Sonderkündigungsschutz gilt auch für Teilzeitarbeitsverhältnisse, die nach Geburt des Kindes begründet worden sind, wenn bei Vertragsschluss ein zuvor bestehendes Arbeitsverhältnis bereits beendet war (BAG vom 27.3.2003 – 2 AZR 627/01).

Beispiel:

Eine Arbeitnehmerin bekommt nach Beendigung ihrer Ausbildung ein Kind. Sie bezieht Elterngeld. Nach der Geburt des Kindes tritt sie bei einem neuen Arbeitgeber ein Teilzeitarbeitsverhältnis an und genießt nunmehr den Sonderkündigungsschutz.

44. Ist die Kündigung auch nach Ende der Elternzeit beschränkt?

Das Kündigungsverbot (§ 18 BEEG) gilt bis zum Ende der Elternzeit. Der Arbeitnehmer ist jedoch auch danach im Rahmen des § 612a BGB gegen Kündigungen geschützt. Wenn der Arbeitgeber wegen der rechtmäßigen Inanspruchnahme der Elternzeit eine Kündigung nach Ende der Elternzeit ausspricht oder wenn der Arbeitgeber bei einer Kündigung aus dringenden betrieblichen Erfordernissen (§ 1 Abs. 1 KSchG) die beendete Elternzeit im Rahmen der erforderlichen Sozialauswahl zuungunsten des Arbeitnehmers berücksichtigt, wäre dies ein Verstoß gegen das Benachteiligungsverbot (§ 612a BGB). Eine solche Kündigung wäre wegen eines Verstoßes gegen ein gesetzliches Gebot nichtig (§ 134 BGB). Im Streitfall trifft den Arbeitgeber wegen der größeren Sachnähe die Beweislast dafür, dass er den Arbeitnehmer nicht wegen der Elternzeit gekündigt hat.

45. In welchen Fällen kann die Landesbehörde vom Kündigungsverbot befreien?

a) Die für den Arbeitsschutz zuständige oberste Landesbehörde oder die von ihr bestimmte Stelle kann in besonderen Fällen ausnahmsweise die Kündigung für zulässig erklären (§ 18 Abs. 1 Satz 2 BEEG), also vom Kündigungsverbot befreien. Zu deren Durchführung hat die Bundesregierung mit Zustimmung des Bundesrates Allgemeine Verwaltungsvorschriften zum Kündigungsschutz bei Elternzeit erlassen (nach § 18 Abs. 1 Satz 3 BEEG), an die die zuständigen Landesbehörden gebunden sind.

b) Sie bestimmen als besondere Fälle:

- Besonders schwere Verstöße des Arbeitnehmers gegen arbeitsvertragliche Pflichten oder vorsätzliche strafbare Handlungen des Arbeitnehmers, die dem Arbeitgeber die Aufrechterhaltung unzumutbar machen,

- die Stilllegung oder Verlagerung eines Betriebes oder Betriebsteils, wenn die Weiterbeschäftigung des Arbeitnehmers an anderer Stelle im Betrieb oder Unternehmen nicht möglich ist oder der Arbeitnehmer ein entsprechendes zumutbares Angebot ablehnt,
- die Gefährdung der wirtschaftlichen Existenz des Betriebs oder Arbeitgebers durch die Aufrechterhaltung des Arbeitsverhältnisses.

Auch eine unbillige Erschwerung der wirtschaftlichen Existenz kann ausnahmsweise ein Grund für die Zulässigkeitserklärung der Behörde sein, wenn der Arbeitgeber durch die Aufrechterhaltung des Arbeitsverhältnisses in die Nähe der Existenzgefährdung kommt. Dies ist u. a. in folgenden Fällen anzunehmen:

- Ein Arbeitgeber eines Kleinbetriebes mit fünf oder weniger Arbeitnehmern ist zur Fortführung des Betriebs während der Elternzeit dringend auf eine Ersatzkraft angewiesen, die er nur einstellen kann, wenn er mit ihr einen unbefristeten Vertrag abschließt.
- Ein Arbeitgeber (unabhängig von der Betriebsgröße) kann keine entsprechend qualifizierte Ersatzkraft für einen nur befristeten Arbeitsvertrag finden und deshalb müssen mehrere Arbeitsplätze wegfallen.

c) Stellt die Landesbehörde fest, dass ein besonderer Fall (§ 18 Abs. 1 Satz 2 BEEG) gegeben ist, so hat sie im Rahmen ihres pflichtgemäßen Ermessens zu entscheiden, ob das Interesse des Arbeitgebers an der Kündigung während der Elternzeit so erheblich überwiegt, dass ausnahmsweise insoweit das Kündigungsverbot aufzuheben ist. Die Zulässigkeit der Kündigung kann auch unter Bedingungen erklärt werden, z. B. dass sie erst am Ende der Elternzeit ausgesprochen wird. Die Zurückweisung des Antrags auf Zulässigkeitserklärung kann der Arbeitgeber und die Erteilung der Genehmigung zur Kündigung kann der Arbeitnehmer im Verwaltungsrechtsweg anfechten.

46. Kann für die Dauer der Elternzeit eine Ersatzkraft befristet eingestellt werden?

a) § 21 Abs. 1 BEEG nennt als sachlichen Grund, der die Befristung eines Arbeitsvertrages und dessen Dauer rechtfertigt, die Vertretung eines Arbeitnehmers für die Zeit der rechtmäßig verlangten Elternzeit und für die Dauer der Beschäftigungsverbote des Mutterschutzgesetzes. Darunter fallen sowohl die Zeiten der Schutzfristen vor und nach derEntbindung (§ 3 Abs. 1 und 2 MuSchG) als auch die Zeiten der weiteren Beschäftigungsverbote (§§ 11, 12 und § 16 MuSchG). Auch eine Arbeitsfreistellung zur Betreuung eines Kindes, die auf Tarifvertrag, Betriebsvereinbarung oder einzelvertraglicher Vereinbarung beruht, ist ein sachlicher Grund für die befristete Einstellung eines Vertreters. Die Befristung ist für die jeweilige Dauer dieser Ausfälle des Arbeitnehmers, für diese Zeiten zusammen oder nur für Teile davon zulässig. Soweit es sich bei den vom Vertreter zu verrichtenden Arbeitsleistungen um Tätigkeiten handelt, die eine Einarbeitung erfordern, ist darüber hinaus eine Verlängerung dieser Höchstdauer um die für die Einarbeitung notwendige Zeit zulässig (§ 21 Abs. 2 BEEG). Dies kann im Einzelfall auch einmal eine notwendig längere Einarbeitungszeit (z. B. für Spezialisten) sein. Der Grund für die Befristung liegt in Vertretungsfällen darin, dass der Arbeitgeber bereits zu einem vorübergehend an der Arbeitsleistung verhinderten Arbeitnehmer in einem Rechtsverhältnis steht, mit der Rückkehr dieses Arbeitnehmers rechnet und damit von vornherein nur ein zeitlich begrenztes Beschäftigungsbedürfnis besteht. Der Sachgrund der Vertretung setzt nicht voraus, dass der zur Vertretung eingestellte Mitarbeiter die Aufgaben der vorübergehend ausfallenden Stammkraft erledigt. Der Vertreter kann auch mit anderen Aufgaben betraut werden. Denn die befristete Beschäftigung zur Vertretung lässt die Versetzungs- und Umsetzungsbefugnisse des Arbeitgebers unberührt.

b) Die Dauer der Befristung muss **kalendermäßig** bestimmt oder bestimmbar oder den **zuvor genannten Zwecken** zu entnehmen sein (§ 21 Abs. 3 BEEG). Kalendermäßig bestimmt ist die Dauer der Befristung, wenn das befristete Arbeitsverhältnis zu einem bestimmten Datum endet. Kalendermäßig bestimmbar ist ein nach Kalendermonaten befristetes Arbeitsverhältnis ebenso wie eine Befristung auf die volle Dauer einer zu einem bestimmten Datum beginnenden Elternzeit. Die Zweckbefristung ist bis zu einem ungewissen Ende des Vertretungsfalles (Mutterschutzfrist und/oder Elternzeit) zulässig. Eine Zweckbefristung zur Elternzeitvertretung nach § 21 Abs. 1, Abs. 3 BEEG setzt nicht voraus, dass die Stammkraft zum Zeitpunkt des Vertragsschlusses mit der Vertretungskraft bereits ein den Anforderungen des § 16 Abs. 1 Satz 1 BEEG genügendes Elternzeitverlangen geäußert hat; die Ankündigung des Elternzeitverlangens reicht aus (BAG vom 9.9.2015 – 7 AZR 148/14). Die Befristungsabrede bedarf der Schriftform.

c) Der Arbeitgeber ist nicht gehindert, soweit verschiedene Möglichkeiten für eine zulässige Befristung vorliegen, einen befristeten Arbeitsvertrag auch nach anderen gesetzlichen Sonderregelungen (z. B. §§ 57 ff. Hochschulrahmengesetz) zu begründen. Bei Abschluss des Arbeitsvertrages sollte jedoch festgelegt werden, aus welchem sachlichen Grund gerade dieses Arbeitsverhältnis befristet werden soll. Dies ist sinnvoll, weil an die verschiedenen Befristungstatbestände unterschiedliche Rechtsfolgen geknüpft sind. So kann z. B. der Arbeitgeber vom Sonderkündigungsrecht (§ 21 Abs. 4 BEEG) nur Gebrauch machen, wenn es sich um eine nach § 21 Abs. 1 BEEG begründete Befristung handelt, nicht jedoch z. B. bei einer allgemeinen Befristung aus sachlichem Grund.

47. In welchen Fällen kann das befristete Arbeitsverhältnis mit der Ersatzkraft vorzeitig gekündigt werden?

Das Arbeitsverhältnis, das nach § 21 Abs. 1 bis 3 BEEG wirksam befristet ist, endet grundsätzlich mit Ablauf der Frist. Es kann jedoch vorzeitig nach § 626 BGB fristlos und im Falle der Vereinbarung auch ordentlich gekündigt werden. Darüber hinaus ist dem Arbeitgeber auch, wenn die Zulässigkeit der ordentlichen Kündigung nicht ausdrücklich vertraglich vereinbart ist, für den Fall der vorzeitigen Beendigung der Elternzeit die Möglichkeit zur Kündigung eingeräumt (§ 21 Abs. 4 BEEG). Bei einer solchen Kündigung ist auch das Kündigungsschutzgesetz nicht anwendbar (§ 21 Abs. 5 BEEG), d. h., die Kündigung ist stets wirksam, wenn der befristet eingestellte Arbeitnehmer nicht einen Sonderkündigungsschutz z. B. für Schwangere, schwerbehinderte Menschen oder Wehrpflichtige genießt. Ferner braucht der Arbeitgeber die jeweils anwendbaren gesetzlichen, tarifvertraglichen oder einzelvertraglichen Kündigungsfristen nicht anzuwenden; er kann der befristet eingestellten Ersatzkraft mit einer dreiwöchigen Kündigungsfrist zum Ende der Elternzeit kündigen.

C Pflegezeit

48. Was bedeutet Pflegezeit?

Um es den Beschäftigten zu erleichtern, die zeitweilige Pflege naher Angehöriger insbesondere auch in Form der häuslichen Pflege zu übernehmen, sind im **Pflegezeitgesetz** zwei unterschiedliche Freistellungsansprüche des Arbeitnehmers gegenüber dem Arbeitgeber vorgesehen (§ 2 PflegeZG), einmal die Freistellung zur Organisation der Pflege bis zur Dauer von 10 Arbeitstagen (kurzzeitige Arbeitsverhinderung, § 2 PflegeZG) und zum anderen die Freistellung zur Übernahme der Pflege bis zur Dauer von sechs Monaten (§ 3 PflegeZG). Beide Ansprüche bestehen nebeneinander. Nach der Pflege können die nahen Angehörigen, die die Organisation der Pflege oder die Pflege selbst übernommen haben, zu den alten Arbeitsbedingungen wieder in den Betrieb zurückkehren. Allerdings haben sie im Allgemeinen keinen Anspruch auf denselben früheren Arbeitsplatz. Von den Regelungen des Pflegezeitgesetzes kann nicht zu Ungunsten des Arbeitnehmers abgewichen werden (§ 8 PflegeZG).

49. Welche allgemeinen Voraussetzungen gelten für beide Freistellungsansprüche?

a) Die Freistellungsansprüche gelten vom ersten Beschäftigungstag an.

b) Anspruchsberechtigt sind nach § 7 Abs. 1 PflegeZG Arbeitnehmer und Arbeitnehmerinnen, die zu ihrer Berufsbildung Beschäftigten, einschließlich Auszubildende, zur Fortbildung und Umschulung Beschäftigte, Volontäre und Praktikanten, und die arbeitnehmerähnlichen Personen, einschließlich der in Heimarbeit Beschäftigten und ihnen Gleichgestellten. Die Pflegezeit wird auf Berufsbildungszeiten nicht angerechnet (§ 4 Abs. 1 PflegeZG).

c) Nahe Angehörige, für die Pflegezeit in Anspruch genommen werden kann, sind Großeltern, Eltern, Schwiegereltern, Ehegatten, Lebenspartner, Partner einer eheähnlichen oder lebenspartnerschaftsähnlichen Gemeinschaft, Geschwister, Kinder, Adoptivkinder- oder Pflegekinder, Kinder, Adoptiv- oder Pflegekinder des Ehegatten oder Lebenspartners, Schwiegerkinder oder Enkelkinder, Schwägerinnen und Schwäger sowie Stiefeltern (§ 7 Abs. 3 PflegeZG).

d) Die Pflegebedürftigkeit der zu betreuenden nahen Angehörigen richtet sich nach §§ 14 und 15 SGB XI. Danach ist pflegebedürftig, wer wegen einer körperlichen, geistigen oder seelischen Krankheit oder Behinderung für die gewöhnlichen und wiederkehrenden Verrichtungen des täglichen Lebens voraussichtlich für mindestens sechs Monate, in erheblichem oder höherem Maße der Hilfe bedarf.

50. Was bedeutet die Freistellung für eine kurzzeitige Arbeitsverhinderung?

Die Beschäftigten haben das Recht, unabhängig von der Größe des Betriebs **bis zu zehn** (zusammenhängende) Arbeitstage der Arbeit fernzubleiben, wenn dies erforderlich ist, um für einen pflegebedürftigen nahen Angehörigen in einer akut aufgetretenen Pflegesituation eine bedarfsgerechte Pflege zu organisieren oder eine pflegerische Versorgung in dieser Zeit sicherzustellen. Die Ausschöpfung dieser Höchstgrenze wird vielfach nicht erforderlich sein. Die Einwilligung des Arbeitgebers ist nicht erforderlich. Ausnahmsweise kommt bei einer neuen Pflegesituation des Angehörigen auch ein erneuter Freistellungsanspruch in Betracht. Es reicht aus, dass die Voraussetzungen der Pflegebedürftigkeit voraussichtlich erfüllt sind. Der Beschäftigte muss dem Arbeitgeber die Verhinderung an der Arbeitsleistung und deren voraussichtliche Dauer unverzüglich mitteilen und auf Verlangen eine ärztliche Bescheinigung über die Pflegebedürftigkeit des nahen Angehörigen und die Erforderlichkeit der genannten Maßnahmen vorlegen.

51. Was bedeutet die Freistellung zur Übernahme der Pflege?

a) Beschäftigte sind für jeden pflegebedürftigen nahen Angehörigen längstens **bis zu sechs Monate** von der Arbeitsleistung vollständig oder teilweise freizustellen, wenn sie diesen in häuslicher Umgebung pflegen; dies gilt unabhängig davon, ob die Pflege für diesen Angehörigen insgesamt länger dauert. § 3 Abs. 1 Satz 1 i. V. m. § 4 Abs. 1 Satz 1 PflegeZG eröffnet dem Arbeitnehmer nur die Möglichkeit, durch einmalige Erklärung bis zu sechs Monate Pflegezeit in Anspruch zu nehmen. Hat der Arbeitnehmer Pflegezeit durch Erklärung gegenüber dem Arbeitgeber in Anspruch genommen, ist er gehindert, von seinem Recht erneut Gebrauch zu machen, sofern sich die Pflegezeit auf denselben Angehörigen bezieht (einmaliges Gestaltungsrecht; BAG vom 15.11.2011, DB 2012, S. 751). Betreut ein Beschäftigter mehrere nahe Angehörige, z. B. zunächst die pflegebedürftige Mutter und sodann den pflegebedürftigen Vater, so kann er hintereinander nahtlos beide Pflegezeiten bis zu jeweils sechs Monaten in Anspruch nehmen. Umgekehrt ist es auch möglich, dass der Pflegebedürftige nacheinander durch mehrere nahe Angehörige gepflegt wird und diese die entsprechende Pflegezeit geltend machen.

b) Der Anspruch besteht nicht gegenüber Arbeitgebern mit in der Regel 15 oder weniger Beschäftigten. Dabei kommt es auf die Gesamtzahl der Arbeitnehmer in allen Betrieben des Arbeitgebers an. Teilzeitbeschäftigte und Auszubildende zählen voll mit. Ausgenommen sind nur Ersatzkräfte, die nach § 6 PflegeZG zur Vertretung des Pflegenden beschäftigt werden.

c) Die Pflegebedürftigkeit muss festgestellt sein. Die Beschäftigten haben die Pflegebedürftigkeit des nahen Angehörigen durch Vorlage einer Bescheinigung der Pflegekasse oder des Medizinischen Dienstes der Krankenversicherung nachzuweisen. Bei in der privaten Pflege-Pflichtversicherung versicherten Pflegebedürftigen ist ein entsprechender Nachweis zu erbringen. Die Kosten trägt der Arbeitnehmer. Für die Begutachtung steht dem Medizinischen Dienst ein Zeitraum von zwei Wochen zur Verfügung.

d) Wer Pflegezeit beanspruchen will, muss dies dem Arbeitgeber spätestens 10 Arbeitstage vor Beginn schriftlich ankündigen und gleichzeitig erklären, für welchen Zeitraum und in welchem Umfang die Freistellung von der Arbeitsleistung in Anspruch genommen werden soll. § 3 PflegeZG räumt dem Beschäftigten ein einseitiges Gestaltungsrecht ein. Durch die Erklärung, Pflegezeit in Anspruch zu nehmen, treten unmittelbar die gesetzlichen Rechtsfolgen der Pflegezeit ein, ohne dass es noch eines weiteren Handelns des Arbeitgebers bedürfte (BAG vom 15.11.2011, DB 2012, S. 751). Wird die Frist nicht eingehalten, beginnt die Pflegezeit erst nach Ablauf von 10 Arbeitstagen. Wenn nur eine teilweise Freistellung in Anspruch genommen wird, ist auch die gewünschte Verteilung der Arbeitszeit anzugeben. Über eine nur teilweise Verringerung der Arbeitszeit ist eine schriftliche Vereinbarung zu treffen. Hierbei hat der Arbeitgeber den Wünschen der Beschäftigten zu entsprechen, es sei denn, dass dringende betriebliche Belange entgegenstehen.

e) Wird die Pflegezeit zunächst nicht für die Höchstdauer in Anspruch genommen, kann sie mit Zustimmung des Arbeitgebers und ohne Zustimmung, wenn ein vorgesehener Wechsel in der Person des Pflegenden aus wichtigem Grund (Beispiel: Erkrankung der Person, die nach einem Monat die Pflege übernehmen soll) nicht erfolgen kann, auf bis zu sechs Monate verlängert werden. Ist der Angehörige nicht mehr pflegebedürftig oder die häusliche Pflege des nahen Angehörigen unmöglich oder unzumutbar (Beispiele: Der Angehörige wird in eine Pflegeeinrichtung aufgenommen oder der Beschäftigte ist aufgrund veränderter Umstände auf sein laufendes Arbeitsentgelt angewiesen), endet die Pflegezeit vier Wochen nach Eintritt der veränderten Umstände. Der Arbeitgeber ist über die veränderten Umstände unverzüglich zu unterrichten. Im Übrigen kann die Pflegezeit nur vorzeitig beendet werden, wenn der Arbeitgeber zustimmt (§§ 3 und 4 PflegeZG).

52. Gibt es eine finanzielle Absicherung für pflegende Beschäftigte während der Inanspruchnahme von Pflegezeit?

a) Während der **kurzzeitigen Arbeitsverhinderung** haben Beschäftigte Anspruch auf eine Lohnersatzleistung, das **Pflegeunterstützungsgeld**. Dieser Anspruch besteht gegen die Pflegeversicherung des pflegebedürftigen nahen Angehörigen. Anspruch auf Pflegeunterstützungsgeld besteht gemäß § 44a Abs. 3 Satz 1 SGB XI, wenn der Beschäftigte keine Entgeltfortzahlung vom Arbeitgeber und kein Kranken- oder Verletztengeld bei Erkrankung oder Unfall eines Kindes nach § 45 SGB V oder nach § 45 Abs. 4 SGB VII beanspruchen kann. Der Arbeitgeber ist während einer kurzzeitigen Arbeitsverhinderung zur Fortzahlung der Vergütung nur verpflichtet, wenn sich dies aus anderen gesetzlichen Regelungen, insbesondere für zur Berufsbildung Beschäftigte aus § 19 Abs. 1 Nr. 2b BBiG oder für die übrigen Beschäftigten aus § 616 BGB, der für die Arbeitsverhinderung aus einem in ihrer Person liegenden Grund von nicht erheblicher Dauer (allgemeine Faustregel bis zu fünf Tagen) eine vertraglich abdingbare Entgeltfortzahlung vorsieht, oder aber aufgrund besonderer Vereinbarung ergibt. Der Anspruch aus § 616 BGB kann jedoch tarif- oder arbeitsvertraglich eingeschränkt oder sogar ausgeschlossen sein. Der Arbeitgeber kann allerdings auch aufgrund eines Tarifvertrags, einer Betriebsvereinbarung oder einer arbeitsvertraglichen Vereinbarung zur Fortzahlung der Vergütung verpflichtet sein (§ 2 Abs. 3 PflegeZG). Bereits durch andere Regelungen, z. B. durch Tarifvertrag, für den Fall der Pflege gewährte bezahlte oder unbezahlte Freistellungsansprüche sind auf den 10-Arbeitstage-Zeitraum anzurechnen.

b) Beschäftigte, die nach dem Pflegezeitgesetz eine **bis zu sechsmonatige teilweise oder vollständige Freistellung** in Anspruch nehmen, haben Anspruch auf Förderung durch ein **zinsloses Darlehn**. Dieses Darlehn dient der besseren Absicherung des Lebensunterhalts und kann direkt beim Bundesamt für Familie und zivilgesellschaftliche Aufgaben beantragt werden. Das Darlehn wird in monatlichen Raten ausgezahlt und deckt grundsätzlich die Hälfte des durch die Arbeitsreduzierung fehlenden Nettogehalts ab. Auf Antrag kann das Darlehn auch auf einen niedrigeren Betrag bis zu einer Mindesthöhe von 50 € monatlich reduziert werden.

53. Unter welchen Voraussetzungen ist die Beschäftigung einer Ersatzkraft zulässig?

a) Es ist dem Arbeitgeber überlassen, wie er die ausgefallene Arbeitszeit überbrückt, z. B. durch Leiharbeit oder von den übrigen Arbeitnehmern zu leistende Überstunden. Wenn zur Vertretung einer Beschäftigten oder eines Beschäftigten für die Dauer der kurzzeitigen Arbeitsverhinderung oder der Pflegezeit eine Arbeitnehmerin oder ein Arbeitnehmer eingestellt wird, liegt – wie bei der Elternzeit – hierin ein sachlicher Grund für die Befristung des Arbeitsverhältnisses (§ 3 PflegeZG); dies gilt auch für die erforderlichen Einarbeitungszeiten. Die Dauer der Befristung muss kalendermäßig bestimmt oder bestimmbar sein oder sich aus den Vertretungszwecken ergeben (vgl. Nr. 46).

b) Endet die Pflegezeit vorzeitig, kann das Ersatzarbeitsverhältnis vorzeitig mit einer Frist von zwei Wochen gekündigt werden, ohne dass das KSchG eingreift. Ein vertraglicher Ausschluss dieser Kündigungsmöglichkeit ist zulässig. Für die Ersatzbefristung gelten ergänzend die Regelungen des Teilzeit- und Befristungsgesetzes, insbesondere auch zum Schriftformerfordernis. Wird bei arbeitsrechtlichen Bestimmungen auf die Zahl der Beschäftigten abgestellt, z. B. für das Eingreifen des gesetzlichen Kündigungsschutzes, und zählen dabei Ersatzbefristungen mit, sind die freigestellten Beschäftigten nicht zu berücksichtigen (§ 6 Abs. 3 PflegeZG). Dasselbe gilt, wenn in anderen Vorschriften auf die Zahl der Arbeitsplätze abgestellt wird.

54. Wie sind die pflegenden Arbeitnehmer vor Kündigungen geschützt?

Von der Ankündigung des Arbeitnehmers, die kurzfristige Arbeitsverhinderung oder die Pflegezeit in Anspruch zu nehmen, bis zur Beendigung der kurzfristigen Arbeitsverhinderung oder der Pflegezeit gilt ein umfassendes Kündigungsverbot für ordentliche, außerordentliche und Änderungskündigungen des Arbeitgebers (§ 5 PflegeZG). Der Kündigungsschutz greift allerdings frühestens 12 Wochen vor dem geplanten Beginn der Pflegezeit. Eine Ausnahme gilt nur in besonderen Fällen mit Zustimmung der für den Arbeitsschutz zuständigen obersten Landesbehörde.

D Familienpflegezeit

55. Was bedeutet Familienpflegezeit

Beschäftigte, die für die häusliche Pflege naher Angehöriger (Nr. 49 Buchst. c) eine längere Reduzierung ihrer Arbeitszeit benötigen, haben einen Anspruch auf eine teilweise Freistellung mit einer wöchentlichen Mindestarbeitszeit von 15 Stunden für einen Zeitraum von längstens bis zu 24 Monaten (§ 2 Abs. 1 FPfZG). Unter Familienpflegezeit ist die Verringerung der Arbeitszeit von Beschäftigten zu verstehen, die einen pflegebedürftigen nahen Angehörigen in häuslicher Umgebung pflegen.

56. Welche Voraussetzungen gelten?

a) Die beanspruchte Pflegezeit kann auch kürzer als 24 Monate sein. Die verringerte Arbeitszeit muss wöchentlich aber mindestens 15 Stunden betragen; bei unterschiedlichen wöchentlichen Arbeitszeiten oder einer unterschiedlichen Verteilung der wöchentlichen Arbeitszeit darf die wöchentliche Arbeitszeit im Durchschnitt eines Zeitraums von bis zu einem Jahr 15 Stunden nicht unterschreiten. Der Anspruch besteht anders als der Anspruch auf Pflegezeit in Unternehmen mit mehr als 25 Beschäftigten ausschließlich der zu ihrer Berufsbildung Beschäftigten. Die Familienpflegezeit muss acht Wochen vor ihrem Beginn dem Arbeitgeber gegenüber angekündigt werden (§ 2a Abs. 1 FPfZG). Die Pflegebedürftigkeit des nahen Angehörigen ist durch Vorlage einer Bescheinigung der Pflegekasse oder des medizinischen Dienstes der Krankenversicherung nachzuweisen.

b) Sowohl Pflegezeit als auch Familienpflegezeit können für denselben pflegebedürftigen nahen Angehörigen in Anspruch genommen werden. Die Gesamtdauer der Freistellungsansprüche beträgt aber höchstens 24 Monate. Die Freistellungen müssen unmittelbar aneinander anschließen, eine zeitliche Unterbrechung ist nicht zulässig. Bei einer Anschlussfreistellung sind die Ankündigungsfristen länger als bei einer erstmaligen Freistellung. Schließt an eine Pflegezeit eine Familienpflegezeit an, beträgt die Ankündigungsfrist drei Monate vor Beginn der Familienpflegezeit. Im umgekehrten Fall, Pflegezeit wird im Anschluss an eine Familienpflegezeit in Anspruch genommen, beträgt die Ankündigungsfrist acht Wochen vor Beginn der Pflegezeit. Über die teilweise Verringerung der Arbeitszeit bei der Familienpflegezeit ist eine schriftliche Vereinbarung zu treffen. Hierbei hat der Arbeitgeber den Wünschen der Beschäftigten zu entsprechen, es sei denn, dass dringende betriebliche Belange entgegenstehen (§ 2a Abs. 2 FPfZG). In der schriftlichen Vereinbarung zwischen Arbeitgeber und Arbeitnehmer über die Inanspruchnahme der Familienpflegezeit ist insbesondere die Dauer und die Verteilung der Familienpflegezeit anzugeben.

57. Was gilt für die Finanzierung der Familienpflegezeit?

Auch Beschäftigte, die Familienpflegezeit in Anspruch nehmen, haben Anspruch auf ein zinsloses Darlehen, das direkt beim Bundesamt für Familie und zivilgesellschaftliche Aufgaben beantragt werden kann (s. Nr. 52 Buchst. b).

58. Welche Rechte und Pflichten gelten für die Familienpflegezeit?

Das Beschäftigungsverhältnis darf während der Familienpflegezeit nicht gekündigt werden (§ 2 Abs. 3 FPfZG; vgl. auch Nr. 54). Im Einzelfall kann allerding eine Kündigung durch die für den Arbeitsschutz zuständige Behörde für zulässig erklärt werden.

E Weitere familienbedingte Freistellungsansprüche

59. Welche weiteren Freistellungsmöglichkeiten haben pflegende Angehörige?

a) Im Pflegezeitgesetz sowie im Familienpflegezeitgesetz ist eine besondere Freistellungsmöglichkeit zur **Betreuung pflegebedürftiger minderjähriger naher Angehöriger** geregelt (§ 3 Abs. 5 PflegeZG, § 2 Abs. 5 FPfZG). Eine häusliche Pflege ist nicht Voraussetzung. Die vollständige oder teilweise Freistellung kann auch während eines längeren Heim- oder Klinikaufenthalts des pflegebedürftigen minderjährigen nahen Angehörigen in Anspruch genommen werden. Beschäftigte können bei Vorliegen der Voraussetzungen von dieser Freistellung auch in Pflegezeit oder Familienpflegezeit oder umgekehrt wechseln. Dabei ist die jeweilige

Höchstdauer der Freistellungsmöglichkeiten zu beachten. Die Gesamtdauer aller Freistellungen darf – auch in Kombination mit Pflegezeit und Familienpflegezeit – 24 Monate nicht überschreiten.

Die arbeitsrechtlichen Regelungen für Pflegezeit und Familienpflegezeit geltend entsprechend. Für die Freistellung nach § 3 Abs. 5 PflegeZG und § 2 Abs. 5 FPfZG gilt der Kündigungsschutz nach § 5 PflegeZG i. V. m. § 2 Abs. 3 FPfZG.

b) Darüber hinaus haben Beschäftigte einen Anspruch auf eine vollständige oder teilweise Freistellung bis zu drei Monaten zur **Begleitung eines nahen Angehörigen** (s. Nr. 49 Buchst. c) **in der letzten Lebensphase** (§ 3 Abs. 6 PflegeZG). Auch bei diesem Freistellungsanspruch ist eine häusliche Pflege nicht Voraussetzung. Die fortschreitende Erkrankung des nahen Angehörigen muss dem Arbeitgeber gegenüber nachgewiesen werden. Der Anspruch besteht wie der Anspruch auf Pflegezeit bei Arbeitgebern mit mehr als 15 Beschäftigten. Die Ankündigungsfrist beträgt ebenfalls 10 Arbeitstage. Die Freistellung wird auf die Gesamtdauer aller Freistellungen (nach dem Pflegezeitgesetz und Familienpflegezeitgesetz) von 24 Monaten angerechnet. Dieser Freistellungsanspruch kann jedoch auch nach einer zeitlichen Unterbrechung von Pflegezeit oder Familienpflegezeit noch geltend gemacht werden.

Auch für diese Freistellungen besteht ein Anspruch auf ein zinsloses Darlehn nach § 3 Abs. 1 FPfZG (s. Nr. 52 Buchst. b).

c) Zu der Freistellungsmöglichkeit zur Betreuung eines erkrankten Kindes nach § 45 SGB V vgl. Kapitel 13. In den Fällen, in denen ein in der gesetzlichen Krankenversicherung versicherter Arbeitnehmer zur Pflege eines erkrankten und versicherten Kindes der Arbeit fern bleibt, kann unter den Voraussetzungen des § 45 SGB V ein Anspruch auf Krankengeld gegenüber der Krankenkasse bestehen (vgl. Kapitel 13 Nr. 39).

20. Gleichbehandlung im Unternehmen

A Arbeitsrechtlicher Gleichbehandlungsgrundsatz

1. Was versteht man unter dem arbeitsrechtlichen Gleichbehandlungsgrundsatz?

a) Der von der Rechtsprechung und Wissenschaft entwickelte arbeitsrechtliche Gleichbehandlungsgrundsatz verbietet dem Arbeitgeber eine sachfremde Differenzierung zwischen Arbeitnehmern einer bestimmten Ordnung (BAG vom 28.7.1992, DB 1993, S. 169); er besagt, dass einzelne Arbeitnehmer gegenüber anderen, die sich in vergleichbarer Lage befinden, nicht willkürlich, d. h. aus sachfremden Kriterien, schlechter behandelt (BAG vom 25.4.1995, DB 1995, S. 1868), z. B. nicht ohne sachlichen Grund von allgemeinen begünstigenden Regelungen ausgeschlossen werden dürfen. Dagegen verbietet er nicht die Bevorzugung einzelner Arbeitnehmer aufgrund einzelvertraglicher Abreden (BAG vom 28.4.1982, DB 1982, S. 1776).

Bildet der Arbeitgeber Gruppen von begünstigten und benachteiligten Arbeitnehmern, muss diese Gruppenbildung sachlichen Kriterien entsprechen (BAG vom 22.11.1994, DB 1995, S. 930; vom 25.4.1995, DB 1995, S. 1868). Der arbeitsrechtliche Gleichbehandlungsgrundsatz verbietet dem Arbeitgeber, durch eine sachfremde Gruppenbildung Arbeitnehmer von bestimmten Leistungen auszuschließen (BAG vom 11.8.1998, DB 1999, S. 695).

Der Anwendungsbereich des arbeitsrechtlichen Gleichbehandlungsgrundsatzes ist nicht auf den Betrieb beschränkt, sondern erstreckt sich betriebsübergreifend auf das ganze Unternehmen (BAG vom 17.11.1998, DB 1999, S. 637); er kann ausnahmsweise auch konzernbezogen wirken, wenn die Konzernspitze eine Verteilungskompetenz in Anspruch nimmt oder Regelungen trifft, die konzerndimensional gelten oder umgesetzt werden (LAG Köln vom 24.6.1999 – 6 Sa 241/99). Für die Anwendung des arbeitsrechtlichen Gleichbehandlungsgrundsatzes ist dagegen bei Vereinbarungen von tariffähigen Vertragspartnern kein Raum (BAG vom 21.5.2014 – 4 AZR 50/13; vgl. auch Kapitel 10 Nr. 26).

b) Die Arbeitsverhältnisse der miteinander verglichenen Arbeitnehmer müssen gleichartig sein, d. h. **Arbeitnehmer desselben Unternehmens, desselben Betriebes** oder **derselben Arbeitnehmergruppe des Betriebes** (z. B. kaufmännische Angestellte).

c) Der arbeitsrechtliche Gleichbehandlungsgrundsatz ist immer dann anwendbar, wenn ein Arbeitgeber seine betriebliche Regelungs- und Ordnungsaufgabe eigenständig wahrnimmt. Dies kann dadurch geschehen, dass er mit einem Teil seiner Arbeitnehmer die Anwendbarkeit eines Tarifvertrages und damit die Geltung der sich daraus ergebenden Rechte und Pflichten vereinbart, ohne selbst tarifgebunden zu sein (BAG vom 25.4.1995, DB 1995, S. 1868).

d) Das allgemeine Gebot der Gleichbehandlung wird im Hinblick auf den Schutz vor Benachteiligungen aus Gründen der Rasse oder wegen der ethnischen Herkunft, des Geschlechts, der Religion oder Weltanschauung, einer Behinderung, des Alters oder sexuellen Identität im Allgemeinen Gleichbehandlungsgesetz konkretisiert (vgl. Nr. 11 ff.) Auch das spezielle Verbot, Beschäftigte wegen ihrer genetischen

Eigenschaften oder wegen der Eigenschaften genetisch verwandter Personen zu benachteiligen (§ 21 Abs. 1 GenDG), konkretisiert das allgemeine Gebot der Gleichbehandlung.

e) Im Hinblick auf die gleiche Entlohnung von Männern und Frauen enthält auch das Entgelttransparenzgesetz (insbesondere §§ 3 und 7 EntgTranspG) eine Konkretisierung des allgemeinen Gebots der Gleichbehandlung – durch ein ausdrückliches Entgeltgleichheitsgebot und ein Verbot der Entgeltbenachteiligung wegen des Geschlechts (vgl. Nr. 23 ff.).

f) Eine weitere Konkretisierung des allgemeinen Gebots der Gleichbehandlung enthält für den Bereich der Teilzeitarbeit § 4 Abs. 1 TzBfG und für den Bereich der Befristung § 4 Abs. 2 TzBfG. Diese Regelungen verbieten eine Schlechterbehandlung der teilzeitbeschäftigten (einschließlich der geringfügig beschäftigten) Arbeitnehmer (vgl. dazu naher Kapitel 7 Nr. 3) sowie der befristet beschäftigten Arbeitnehmer (vgl. dazu näher Kapitel 4 Nr. 7). Deshalb müssen z. B. geringfügig Beschäftigte den gleichen Stundenlohn wie Vollzeitbeschäftigte bekommen. Ein Verstoß gegen das Verbot der Benachteiligung der Teilzeitbeschäftigten liegt auch vor, wenn ein Arbeitgeber die regelmäßige Arbeitszeit im Betrieb allgemein erhöht hat und den Mitarbeitern, die ihre bisherige Arbeitszeit beibehalten haben, eine Bonuszahlung verweigert (BAG vom 30.7.2008 – 10 AZR 496/06). Die Regelungen in § 4 Abs. 1 und § 4 Abs. 2 TzBfG sind Schutzgesetze im Sinne von § 823 Abs. 2 BGB (vgl. BAG vom 25.4.2001, DB 2001, 5. 2150). Darauf kann der einzelne Arbeitnehmer auch nicht verzichten. Zudem sind gegen § 4 Abs. 1 TzBfG bzw. gegen § 4 Abs. 2 TzBfG verstoßende Vereinbarungen nach § 134 BGB nichtig. Der Grundsatz der Gleichstellung der Leiharbeitnehmer mit den vergleichbaren Arbeitnehmern des Entleihers ist in § 8 AÜG geregelt (vgl. Kapitel 27 Nr. 12).

g) Zudem hat jeder Deutsche nach Art. 33 Abs. 2 GG nach seiner Eignung, Befähigung und fachlicher Leistung gleichen Zugang zu jedem öffentlichen Amt.

2. Welche Unterscheidung zwischen verschiedenen Arbeitnehmern ist willkürlich und sachfremd?

a) Sachfremd ist jede unterschiedliche Behandlung, die gegen die Benachteiligungsverbote des Allgemeinen Gleichbehandlungsgesetzes, des § 21 GenDG oder des § 4 TzBfG verstößt. Der arbeitsrechtliche Gleichbehandlungsgrundsatz begründet jedoch keinen Anspruch eines Arbeitnehmers auf Verlängerung eines nach § 14 Abs. 2 TzBfG sachgrundlos befristeten Arbeitsvertrages (BAG vom 13.8.2008 – 7 AZR 513/07).

b) Was willkürlich und sachfremd ist, bestimmt sich auch nach den Wertentscheidungen, die der gesamten Rechtsordnung von der Verfassung vorgegeben sind. Unzulässig ist deshalb eine Benachteiligung oder eine Bevorzugung wegen des Geschlechts, der Abstammung, der Sprache, der Heimat, der Herkunft, des Glaubens sowie der politischen oder religiösen Anschauungen. Auch darf niemand wegen seiner Behinderung benachteiligt werden (Art. 3 Abs. 3 GG).

c) Sachfremd ist auch jede unterschiedliche Behandlung von Arbeitnehmern wegen der politischen oder gewerkschaftlichen Betätigung (§ 75 BetrVG, § 67 BPersVG).

Beispiel:

Gewerkschaftlich aktive Arbeitnehmer dürfen nicht von einer generellen Vergünstigung aller übrigen Arbeitnehmer des Betriebs ausgenommen werden.

d) Sachfremd ist auch eine Diskriminierung von EU-Bürgern (Art. 45 Abs. 2 AEUV) oder von türkischen Staatsangehörigen (Art. 22 ff. Assoziierungsabkommen EWG — Türkei; Art. 10 Abs. 1 Assoziationsbeschluss EG — Türkei Nr. 1/80) wegen der Staatsangehörigkeit.

Beispiel:

Einstellung von Kapitänen und Schiffsoffizieren nur, wenn sie die deutsche Staatsangehörigkeit haben.

e) Sachfremd ist eine unterschiedliche Behandlung von Arbeitnehmern, die am 2.10.1990 ihren Wohnsitz in der DDR hatten, und Arbeitnehmern, die in diesem Zeitpunkt in den alten Bundesländern ansässig waren. Die Annahme eines Arbeitgebers, er sei auf Mitarbeiter angewiesen, die ihre berufliche Qualifikation in einem rechtsstaatlichen und marktwirtschaftlichen System erlangt haben, kann eine entsprechende Gehaltsdifferenzierung sachlich nicht mehr rechtfertigen (BAG vom 15.5.2001, DB 2002, S.273). Der Arbeitsrechtliche Gleichbehandlungsgrundsatz ist jedoch nicht verletzt, wenn der Arbeitgeber entsprechend einer tarifvertraglichen Regelung beim Arbeitsentgelt zwischen der Gruppe der in den alten Bundesländern eingestellten und der Gruppe der übrigen Arbeitnehmer differenziert (BAG vom 14.6.2006 – 5 AZR 584/05).

f) Sachfremd ist eine unterschiedliche Behandlung von Arbeitnehmern immer auch dann, wenn dafür keine sachlichen, billigenswerten Gründe bestehen, also sich kein vernünftiger, aus der Natur der Sache ergebender oder sonst wie sachlich einleuchtender Grund für eine Differenzierung finden lässt (BAG vom 14.2.1984, DB 1984, S. 1527; zuletzt BAG vom 22.11.1994, DB 1995, S. 930).

Beispiele:

- *hohe Weihnachtsgratifikationen für Angestellte, aber keine oder geringere für Arbeiter (BAG vom 12.10.2005 – 10 AZR 640/04).*
- *Ungleichbehandlung von Arbeitern und Angestellten in der betrieblichen Altersversorgung (BAG vom 10.12.2002 – 3 AZR 3/02), nicht sachfremd, wenn sie an die bei Erlass der Versorgungsordnung geltenden unterschiedlichen Vergütungssysteme für beide Beschäftigtengruppen anknüpft (BAG vom 10.11.2015 – 3 AZR 575/14).*
- *Ausschluss von Arbeitnehmern aus einem betrieblichen Versorgungswerk, weil sie in einem zweiten Arbeitsverhältnis stehen.*
- *Ausgabe von Job-Tickets nur für Arbeitnehmer der Hauptstelle, nicht für Arbeitnehmer der Außenstellen.*
- *Urlaubs- und Weihnachtgeld nicht für eine Gruppe von gering qualifizierten Arbeitern.*
- *Ungleichbehandlung von als Arbeitnehmern **beschäftigten beurlaubten***

Beamten; sie können aber in einem Sozialplan von Abfindungen ausgeschlossen werden, wenn dieser ausschließlich die wirtschaftlichen Nachteile der von Arbeitslosigkeit bedrohten Arbeitnehmer ausgleichen soll (BAG vom 8.12.2015 - 1 AZR 595/14).

3. Kann ein Arbeitnehmer aufgrund des Gleichbehandlungsgrundsatzes die Einstellung verlangen?

a) Die Anwendung des arbeitsrechtlichen Gleichbehandlungsgrundsatzes setzt eine Rechtsbeziehung zwischen Arbeitgeber und Arbeitnehmer voraus. Er ist deshalb grundsätzlich nicht anwendbar vor der Begründung des Arbeitsverhältnisses (anders das Benachteiligungsverbot des § 7 AGG). Ein Arbeitnehmer kann nicht aufgrund des Gleichbehandlungsgrundsatzes seine Einstellung auf eine freie Stelle erzwingen, weil der Arbeitgeber auch vergleichbare Arbeitnehmer eingestellt hat.

b) Ein Arbeitnehmer kann grundsätzlich auch keine Wiedereinstellung verlangen, wenn der Arbeitgeber nach vorübergehender Stilllegung nur einen Teil der Belegschaft wieder einstellt, wohl aber, wenn er nur einzelne Arbeitnehmer von der Wiedereinstellung ausschließt (BAG vom 15.3.1984, NZA 1984, 5. 226).

4. Kann der Arbeitnehmer aufgrund des Gleichbehandlungsgrundsatzes die gleiche Entlohnung verlangen?

Vgl. dazu ausführlich Kapitel 10 Nr. 26.

Wendet der tarifgebundene Arbeitgeber auf die Arbeitsverhältnisse der Arbeitnehmer unabhängig von deren Tarifbindung den einschlägigen Vergütungstarifvertrag an, kann er von dieser Regel nicht ohne Sachgrund hinsichtlich der nicht tarifgebundenen Angehörigen einer einzelnen Arbeitnehmergruppe abweichen (BAG vom 11.11.2008 – 1 ABR 68/07).

5. Ist der Arbeitgeber bei allgemeinen Lohnerhöhungen, freiwilligen Zulagen oder betrieblichen Sonderleistungen zur Gleichbehandlung verpflichtet?

Grundsätzlich ja; dies sind die Hauptanwendungsfälle des arbeitsrechtlichen Gleichbehandlungsgrundsatzes. Wenn der Arbeitgeber die Löhne zu einem bestimmten Zeitpunkt allgemein betriebseinheitlich oder für eine Gruppe einheitlich erhöht, nach objektiven Kriterien Zulagen (z. B. für Teuerung oder Erschwernis), Sonderzahlungen oder sonstige betriebliche Sonderleistungen freiwillig gewährt, darf er keine Arbeitnehmer ohne sachlichen Grund davon ausschließen. Der arbeitsrechtliche Grundsatz der Gleichbehandlung gilt für freiwillige Gehaltserhöhungen, soweit der Arbeitgeber dabei nach abstrakten Regeln verfährt (vgl. BAG vom 1.4.2009 – 10 AZR 569/06). Dies gilt auch dann, wenn der Arbeitgeber zwischen seiner Stammbelegschaft und den aufgrund eines Betriebsüberganges übernommenen Arbeitnehmern differenziert (BAG vom 14.3.2007 – 5 AZR 420/06). Der Grundsatz der Gleichbehandlung verpflichtet den Arbeitgeber aber nicht, abstrakte Regeln für Gehaltserhöhungen aufzustellen; er kann individuelle Gesichtspunkte, zum Beispiel die Gehaltsdifferenz zu anderen vergleichbaren Mitarbeitern, berücksichtigen (BAG vom 15.11.1994, BB 1995, S. 409). Jedoch kann ein von einer allgemeinen Lohnerhöhung ausgeschlossener Arbeitnehmer sich auf den arbeitsrechtlichen Gleichbehandlungsgrundsatz berufen, wenn mit der Lohnerhöhung lediglich die Preissteigerung ausgeglichen werden sollte

(BAG vom 11.9.1985, NZA 1987, S. 156). Dasselbe gilt, wenn ein Arbeitnehmer wegen der Gewerkschaftsmitgliedschaft, wegen religiöser oder politischer Anschauungen oder wegen vorangegangener Krankheiten von den Arbeitgeberleistungen ausgenommen wurde (BAG vom 9.6.1982, DB 1982, S. 2192). Zulässig ist jedoch eine einfache Differenzierungsklausel, durch die in einem Tarifvertrag die Mitgliedschaft in der tarifschließenden Gewerkschaft zum Tatbestandsmerkmal eines Anspruchs auf eine jährliche Sonderzahlung von 535 € gemacht wird (BAG vom 18.3.2009 – 4 AZR 64/08). Ein sachlicher Grund für eine Ungleichbehandlung ist der Ausgleich unterschiedlicher Arbeitsbedingungen zwischen verschiedenen Gruppen von Arbeitnehmern, solange ein solcher Ausgleich herbeigeführt wird und keine Überkompensation eintritt (BAG vom 13.4.2011 – 10 AZR 88/10). Ob eine Entgelterhöhung nachteilige Arbeitsbedingungen nicht nur ausgeglichen, sondern überkompensiert hat, bemisst sich nach einem Gesamtvergleich: Gegenüberzustellen ist das Arbeitsentgelt, das der auf Gleichbehandlung klagende Arbeitnehmer im maßgeblichen Zeitraum aufgrund der für ihn geltenden arbeitsvertraglichen Regelungen tatsächlich verdient hat, und dasjenige Arbeitsentgelt, das er erhalten hätte, wenn er zu den Konditionen der begünstigten Arbeitnehmer gearbeitet hätte (BAG vom 3.9.2014 – 5 AZR 6/13).

6. Wann verletzt ein Arbeitgeber den Gleichbehandlungsgrundsatz in einer Versorgungsordnung?

Will der Arbeitgeber im Einzelfall bestimmte Mitglieder einer grundsätzlich begünstigten Arbeitnehmergruppe von Leistungen der betrieblichen Altersversorgung ausnehmen, so muss er in einer allgemeinen Ordnung die Voraussetzungen festlegen, nach denen sich die Entscheidung richten soll. Dabei müssen die Voraussetzungen nach sachgerechten und objektiven Merkmalen bestimmt und abgestuft werden. Nur in diesem Rahmen steht dem Arbeitgeber in der Auswahl der Bedingungen ein Ermessenspielraum offen. Nicht objektive oder nicht hinreichend bestimmte Ermessenskriterien sind wegen des Verstoßes gegen den Gleichbehandlungsgrundsatz unverbindlich (BAG vom 19.8.2008 – 3 AZR 194/07). Der Gleichbehandlungsgrundsatz ist z. B. verletzt, wenn der Arbeitnehmer nur deshalb aus dem Versorgungswerk ausgeschlossen wird, weil er in einem zweiten Arbeitsverhältnis steht (BAG vom 22.11.1994, BB 1995, S.2011) oder wenn es sich um eine Nebentätigkeit handelt (BAG vom 9.10.1996, BB 1997, S. 1157), sowie wenn nach Arbeitern und Angestellten oder nach Arbeitnehmern im Innen- oder Außendienst unterschieden wird.

Unterschiedliche Vergütungssysteme können den Ausschluss von Versorgungsleistungen rechtfertigen, wenn die ausgeschlossene Arbeitnehmergruppe durchschnittlich eine erheblich höhere Vergütung als die begünstigte Arbeitnehmergruppe erhält (BAG vom 21.8.2007 – 3 AZR 269/06).

7. Ist der Arbeitgeber auch bei dienstlichen Anordnungen zur Gleichbehandlung verpflichtet?

Soweit der Arbeitgeber zu einseitigen Anordnungen zur Durchführung der Arbeit berechtigt ist, hat er auch den arbeitsrechtlichen Gleichbehandlungsgrundsatz zu beachten.

Beispiele:
a) Einführung und Durchführung von Torkontrollen
b) Alkohol- und Rauchverbot
c) Wirkung von allgemeinen Dienstvorschriften
d) Heranziehen zu Überstunden, Nacht-, Sonntags- oder Feiertagsarbeit

Allerdings wird der Arbeitgeber durch die Beachtung des Gleichbehandlungsgrundsatzes nicht gehindert, seine Anordnungen nach betriebswirtschaftlich vernünftigen Kriterien zu treffen.

8. Ist der Arbeitgeber bei der Kündigung zur Gleichbehandlung verpflichtet?

Der arbeitsrechtliche Gleichbehandlungsgrundsatz gilt zwar für den Gesamtbereich des Arbeitsverhältnisses, insbesondere für die Durchführung und die inhaltliche Ausgestaltung, nach herrschender Meinung aber nicht für die Kündigung des Arbeitsverhältnisses. Bei Überprüfung der Wirksamkeit einer fristlosen Kündigung durch das Arbeitsgericht kann der Gleichbehandlungsgrundsatz jedoch eine mittelbare Wirkung haben: Wenn der Arbeitgeber bei gleichartigen Pflichtverletzungen nicht allen beteiligten Arbeitnehmern kündigt, kann das Arbeitsgericht daraus schließen, dass es dem Arbeitgeber zuzumuten ist, auch das Arbeitsverhältnis mit dem gekündigten Arbeitnehmer fortzusetzen (BAG vom 22.2.1979, DB 1979, S. 1659). Zudem verstößt es gegen Art. 3 Abs. 1 GG, eine Arbeitnehmerin im Zusammenhang mit ihrer Elternzeit, die unmittelbar an die verfassungsrechtlich in Art. 6 Abs. 1 GG geschützte Elternschaft anknüpft, vom Anwendungsbereich des Massenentlassungsschutzes auszuschließen (BVerfG vom 8.6.2016 – 1 BvR 3634/13).

9. Kann ein Arbeitgeber bei Kündigungen die ausländischen Arbeitnehmer und die deutschen Arbeitnehmer unterschiedlich behandeln?

Wenn auch der arbeitsrechtliche Gleichbehandlungsgrundsatz nicht für die Kündigung gilt, so ist doch das Kündigungsschutzgesetz auf ausländische wie deutsche Arbeitnehmer gleich anzuwenden. Bei betriebsbedingten Kündigungen ist auch die Wertung des Artikels 3 GG zu beachten.

Die Zugehörigkeit zu einer bestimmten Rasse, ethnische Herkunft, Hautfarbe oder Staatsangehörigkeit ist allein kein Kündigungsgrund, der die Kündigung nach § 1 KSchG sozial rechtfertigen würde. Darüber hinaus ergibt sich ein weiterer Schutz vor Diskriminierung ausländischer Arbeitnehmer bei der Entlassung durch die Mitwirkungsrechte des auf das Benachteiligungsverbot des § 75 BetrVG verpflichteten Betriebsrats nach den § 102 ff. und 111 ff. BetrVG.

10. Wie kann der Arbeitnehmer zur Durchsetzung der Gleichbehandlung den Betriebsrat einschalten?

a) Ein Arbeitnehmer kann den Betriebsrat über eine willkürliche Benachteiligung informieren, denn der Betriebsrat (im öffentlichen Dienst der Personalrat) hat ebenso wie der Arbeitgeber darüber zu wachen, dass die im Betrieb tätigen Personen nach den Grundsätzen von Recht und Billigkeit behandelt werden. Dazu gehört insbesondere, dass jede unterschiedliche Behandlung von Personen aus Gründen ihrer Rasse oder wegen ihrer ethnischen Herkunft, ihrer Abstammung oder sonstigen Herkunft, ihrer Nationalität, ihrer Religion oder Weltanschauung, ihrer Behinderung, ihres Alters, ihrer politischen oder gewerkschaftlichen Betätigung oder Einstellung, wegen ihres Geschlechts oder ihrer sexuellen Identität unterbleibt (§ 75 Abs. 1 BetrVG, § 67 Abs. 1 BPersVG).

b) Der benachteiligte Arbeitnehmer kann sich auch offiziell beim Betriebsrat (Personalrat) beschweren (§ 85 BetrVG, § 68 Abs. 1 Nr. 3 BPersVG). Er kann sich auch beim Vorgesetzten oder anderen zuständigen Stellen des Betriebes beschweren und zur Unterstützung oder Vermittlung ein Mitglied des Betriebsrates hinzuziehen (§ 84 Abs. 1 BetrVG). Auch kann der Arbeitnehmer ein Mitglied des Betriebsrates hinzuziehen, wenn er sein Recht, in die über ihn geführten Personalakten Einsicht zu nehmen, wahrnimmt (§ 83 Abs. 1 BetrVG).

c) Geht der Arbeitnehmer von seinem ungerechtfertigten Ausschluss von Zulagen oder allgemeinen Lohnerhöhungen aus, kann er vom Arbeitgeber verlangen, dass ihm die Berechnung und Zusammensetzung seines Arbeitsentgelts erläutert wird. Außerdem kann er verlangen, dass ihm die Beurteilung seiner Leistungen sowie die Möglichkeiten seiner beruflichen Entwicklung im Betrieb erörtert werden. In beiden Fällen kann er ein Mitglied des Betriebsrates hinzuziehen (§ 82 Abs. 2 BetrVG).

B Allgemeines Gleichbehandlungsgesetz

11. Was regelt das Allgemeine Gleichbehandlungsgesetz?

Das AGG regelt den Schutz der Beschäftigten vor Benachteiligungen aus Gründen der Rasse oder wegen der ethnischen Herkunft, des Geschlechts, der Religion oder Weltanschauung, einer Behinderung, des Alters oder der sexuellen Identität (§ 1 AGG).

12. Für wen gilt das Allgemeine Gleichbehandlungsgesetz?

Vom AGG erfasst werden alle Beschäftigten in der Privatwirtschaft und im öffentlichen Dienst. Beschäftigte im Sinne des AGG (§ 6 Abs. 1) sind die Arbeitnehmerinnen und Arbeitnehmer(Nr. 1), die zur Berufsbildung Beschäftigten (Nr. 2) und die arbeitnehmerähnlichen Personen (Nr. 3), wie z. B. die in Heimarbeit Beschäftigten. Der Geltungsbereich der arbeitrechtlichen Vorschriften des AGG umfasst, wie § 6 Abs. 1 Satz 2 AGG ausdrücklich klarstellt, auch Bewerber und Bewerberinnen um ein Beschäftigungsverhältnis und solche Personen, deren Beschäftigungsverhältnis bereits beendet ist, weil bei diesen noch nachwirkende Folgen aus dem beendeten Beschäftigungsverhältnis eintreten können. Das Gesetz gilt aber nicht für eine Person, die mit ihrer Stellenbewerbung nicht die betreffende Stelle erhalten, sondern nur den formalen Status als Bewerber erlangen möchte, und zwar mit dem alleinigen Ziel, eine Entschädigung geltend zu machen (EuGH vom 28.7.2016 (Kratzer) – C-423/15 – sog. Scheinbewerber – vgl. dazu auch Nr. 18).

Nach § 6 Abs.3 AGG gelten auch für Selbständige, selbst wenn sie keine arbeitnehmerähnliche Personen sind, die arbeitsrechtlichen Vorschriften entsprechend, soweit es die Bedingungen für den Zugang zur Erwerbstätigkeit sowie den beruflichen Aufstieg betrifft. Dies gilt z. B. für selbständige Handelsvertreter, selbständige Versicherungsvertreter, selbständige Ärzte (auch wenn sie in einem Krankenhaus Belegbetten haben), Sozii in einer Rechtsanwaltskanzlei usw. Dasselbe gilt auch für Organmitglieder, insbesondere Geschäftsführer oder Geschäftsführerinnen einer GmbH (BGH vom 23.4.2012 – II ZR 163/10) und Vorstände.

Im Übrigen gelten nach § 24 AGG die arbeitsrechtlichen Vorschriften unter Berücksichtigung ihrer besonderen Rechtsstellung entsprechend für öffentlichrechtliche Dienstverhältnisse. Dies sind nach § 24 Nr. 1 AGG die Beamtinnen und Beamte des Bundes, der Länder, der Gemeinden, der Gemeindeverbände sowie der sonstigen der Aufsicht des Bundes oder eines Landes unterstehenden Körperschaften, Anstalten und Stiftungen des öffentlichen Rechts. Nach § 24 Nr. 2 AGG gehören dazu die Richterinnen und Richter des Bundes und der Länder. Für Soldaten ist jedoch der Benachteiligungsschutz in einem gesonderten Gesetz geregelt, dem Gesetz über die Gleichbehandlung der Soldatinnen und Soldaten.

13. Was besagt das Benachteiligungsverbot?

Das Benachteiligungsverbot des § 7 Abs. 1 AGG verbietet Beschäftigte aus Gründen der Rasse oder wegen der ethnischen Herkunft, des Geschlechts, der Religion oder der Weltanschauung, einer Behinderung, des Alters oder der sexuellen Identität zu benachteiligen. Als Geschlecht wird das männliche, das weibliche und das vom Bundesverfassungsgericht (BVerfG vom 8.11.2017 – 1 BvR 2019/16) anerkannte dritte Geschlecht (intersex,transgender) angesehen. Der Begriff der „Behinderung" wird in der Rechtsprechung des Europäischen Gerichtshofs so verstanden, dass er eine Einschränkung von Fähigkeiten erfasst, die u. a. auf langfristige physische, geistige oder psychische Beeinträchtigungen zurückzuführen ist, die den Betreffenden in Wechselwirkung mit verschiedenen Barrieren an der vollen und wirksamen Teilhabe am Berufsleben unter Gleichstellung mit den übrigen Arbeitnehmern hindern können (in diesem Sinne EuGH vom 9.3.2017 (Milkowa) – C-406/15 und aktuell bestätigt durch EuGH vom 18.1.2018 – C-270/16).

Das Benachteiligungsverbot verbietet jede Benachteiligung am Arbeitsplatz wegen eines dieser in § 1 AGG genannten Gründe, insbesondere bei der Einstellung, beim beruflichen Aufstieg, bei einer Weisung, bei den Arbeitsbedingungen oder einer Beendigung. Die benachteiligende Maßnahme darf nicht durch eines (oder mehrere) dieser Merkmale motiviert sein und der Arbeitgeber darf bei seinen Handlungen hieran nicht zum Nachteil der betroffenen Arbeitnehmer anknüpfen (BAG vom 20.3.2012 – 9 AZR 529/10). Ein Nachteil liegt im Rahmen einer Auswahlentscheidung, insbesondere bei einer Einstellung oder Beförderung, bereits dann vor, wenn der Beschäftigte nicht in die Auswahl einbezogen, sondern vorab ausgeschieden wird. Die Benachteiligung liegt in der Versagung einer Chance (BAG vom 23.8.2012 – 8 AZR 285/11). Ein Arbeitgeber benachteiligt einen Betroffenen auch dann, wenn er das Vorliegen eines in § 1 AGG genannten Grundes bei der Benachteiligung **irrig nur annimmt**, also auch, wenn der Arbeitgeber irrigerweise eine Weltanschauung vermutet und aufgrund dieser unzutreffenden Vermutung eine Person ungünstiger behandelt, als es eine andere Person ohne eine solche vermutete Weltanschauung erfahren würde (BAG vom 20.6.2013 – 8 AZR 482/12).

a) Verboten ist zum einen eine **unmittelbare Benachteiligung** der Beschäftigten. Der Nachteil besteht in einer Zurücksetzung oder Schlechterbehandlung des Beschäftigten. Sie liegt nach § 3 Abs. 1 AGG vor, wenn ein Beschäftigter eine weniger günstige Behandlung erfährt, als eine andere Person in einer vergleichbaren Situation erfährt, erfahren hat oder erfahren würde. Die Situationen müssen nicht identisch sondern nur vergleichbar sein! Dabei ist der benachteiligte Beschäftigte mit Personen zu vergleichen, die das konkrete Merkmal nicht haben.

Beispiel:

- *wenn für die Besetzung eines „normalen“ Arbeitsplatzes ein deutscher „Muttersprachler“ gesucht wird,*
- *wenn bei Auswahlentscheidungen das Geschlecht des ausgeschlossenen Arbeitnehmers zu dessen Lasten berücksichtigt wird (BAG vom 14.8.2007 – AZR 943/06),*
- *wenn durch eine arbeitgeberseitige Äußerung ausschließlich Arbeitnehmer eines Geschlechts betroffen sind und dem anderen Geschlecht gegenüber die Äußerung nicht erklärt worden wäre (BAG vom 18.9.2014 – 8 AZR 753/13),*
- *wenn eine Frau wegen Schwangerschaft oder Mutterschaft ungünstiger behandelt wird (§ 3 Abs. 1 Satz 2 AGG; EuGH vom 8.11.1990 (Decker) – C-177/88) oder unter Verstoß gegen das MuSchG gekündigt wird (BAG vom 12.12.2013 – 8 AZR 838/12),*
- *wenn eine Frau wegen ihres Geschlechts bzw. wegen ihres Status als Hausfrau ein geringeres Arbeitsentgelt als ein Mann erhält (vgl. auch §§ 3 und 7 EntgTranspG),*
- *wenn Frauen mit der Vollendung des 60. Lebensjahres und Männer mit der Vollendung des 65. Lebensjahres Anspruch auf eine Zusatzrente erlangen (EuGH vom 13.11.2008 (Kommission/Italien) – C-46/07),*
- *wenn Frauen mit einem geringeren Lebensalter und mit einer geringeren Wartezeit als Männer Anspruch auf eine Altersrente erwerben (EuGH vom 26.3.2009 (Kommission/Griechenland) – C-559/07),*
- *wenn ein Moslem von seinem Arbeitgeber wegen seiner Religion schlechter als ein Christ behandelt wird,*
- *wenn ein Behinderter schlechter als ein Nichtbehinderter behandelt würde und der Arbeitgeber diese unterschiedliche Behandlung nicht mit einer wesentlichen und entscheidenden beruflichen Anforderung rechtfertigen kann; dies setzt jedoch die Kenntnis von der (Schwer)-Behinderung voraus (BAG vom 18.9.2014 – 8 AZR 759/13),*
- *wenn in einer Stellenausschreibung eine Person gesucht wird, die „gerade frisch gebacken aus einer kaufmännischen Ausbildung kommt“ (BAG vom 15.12.2016 – 8 AZR 454/15),*
- *wenn eine Stellenausschreibung neben den Kriterien „Hochschulabsolvent“ und „Berufsanfänger“ auch das Kriterium „Young Professionels“ enthält (BAG vom 24.1.2013 – 8 AZR 429/11),*
- *wenn jüngere Arbeitnehmer geringere Ansprüche als ältere Arbeitnehmer erhalten, z. B. durch eine an das Lebensalter anknüpfende Differenzierung des Urlaubsanspruchs (BAG vom 20.3.2012 – 9 AZR 529/10) oder des Arbeitsentgelts nach Lebensaltersstufen (BAG 10.11.2011 – 6 AZR 481/09 und 148/09),*
- *wenn eine Spätehenklausel einem Arbeitnehmer Hinterbliebenenversorgung für seinen Ehegatten nur für den Fall zusagt, dass die Ehe vor Vollendung des 60. Lebensjahres des Arbeitnehmers geschlossen ist (BAG vom 4.8.2015 – 3 AZR 137/13),*

- *wenn Arbeitnehmer, die in einer Lebenspartnerschaft leben, Zusatzversorgungsbezüge in geringerer Höhe erhalten als Arbeitnehmer, die verheiratet sind und nicht dauernd getrennt leben (EuGH vom 10.5.2011(Römer) – C-147/08),*
- *wenn ein eingetragener Lebenspartner eines Beschäftigten in einem betrieblichen Versorgungssystem aus der Eheleuten zustehenden Hinterbliebenenversorgung ausgeschlossen wird (EuGH vom 1.4.2008 (Maruko) – C-267/06).*

Auch in der Kündigung eines Arbeitnehmers mit einer symptomlosen HIV-Infektion kann eine unmittelbare Benachteiligung wegen einer Behinderung liegen (BAG vom 19.12.2013 – 6 AZR 190/12; vgl. auch Kapitel 29). Die Frage nach der Schwerbehinderteneigenschaft im Vorfeld einer vom Arbeitgeber beabsichtigten Kündigung diskriminiert behinderte Arbeitnehmer nicht gegenüber solchen ohne Behinderung (BAG vom 16.2.2010 – 6 AZR 553/10).

Auch in der Kündigung eines Arbeitnehmers mit Adipositas kann eine unmittelbare Benachteiligung wegen einer Behinderung liegen, wenn die Adipositas des Arbeitnehmers eine „Behinderung" darstellt. Dies ist der Fall, wenn sie eine Einschränkung mit sich bringt, die u. a. auf physische, geistige oder psychische Beeinträchtigung von Dauer zurückzuführen ist, die ihn in Wechselwirkung mit verschiedenen Barrieren an der vollen und wirksamen Teilhabe am Berufsleben, gleichberechtigt mit anderen Arbeitnehmern, hindern können (EuGH vom 18.12.2014 (FOA) – C-354/13). Keine Diskriminierung wegen einer Schwerbehinderung liegt vor, wenn der Arbeitgeber es unterlässt ein Präventionsverfahren nach § 167 Abs. 1 SGB IX in den ersten sechs Monaten des Arbeitsverhältnisses durchzuführen (BAG vom 21.4.2016 – 8 AZR 402/14).

Eine Benachteiligung kann auch dann vorliegen, wenn der benachteiligte Beschäftigte nicht selbst sondern eine ihm nahestehende Person Träger des Merkmals ist, aufgrund dessen nicht differenziert werden darf (EuGH vom 17.7.2008 (Coleman) – C-303/06).

Beispiel:

- *wenn eine Beschäftigte im Rahmen des Arbeitsverhältnisses schlechter behandelt wird, weil sie ein behindertes Kind überwiegend selbst betreut, als andere Beschäftigte, die kein behindertes Kind betreuen müssen.*

Auch öffentliche Ankündigungen oder Äußerungen des Geschäftsführers eines Unternehmens können bereits eine Ungleichbehandlung z. B. wegen der ethnischen Herkunft darstellen (EuGH vom 10.7.2008 (Feryn) – C-54/07).

Die Aufforderung, den Bewerbungsunterlagen ein Lichtbild beizufügen ist nach dem AGG grundsätzlich nicht ausgeschlossen. Es gibt keinen allgemeinen Erfahrungssatz, dass Bewerbungsunterlagen mit Lichtbild generell zu einer Benachteiligung, zum Beispiel von Bewerbern mit bestimmter ethnischer Herkunft oder wegen des Alters, führen. Wird in einem anschließenden Auswahlverfahren der Bewerber, auf dessen Lichtbild bestimmte Diskriminierungsmerkmale erkennbar sind, nicht eingestellt, so kann allerdings das Verlangen nach Vorlage eines Lichtbildes bei Hinzutreten weiterer Anhaltspunkte im konkreten Einzelfall Indiz für eine ungerechtfertigte Benachteiligung sein (vgl. BT-Drucks. 16/6316, S. 8).

Auch die Aufforderung an den Arbeitnehmer, an einem Deutschkurs teilzunehmen, um arbeitsnotwendige Sprachkenntnisse für eine zulässigerweise angeordnete Tätigkeit zu erwerben, stellt keinen Verstoß gegen das AGG dar (BAG vom 22.6.2011 – 8 AZR 48/10).

Das Verbot, ein islamisches Kopftuch zu tragen, das sich aus einer internen Regel eines privaten Unternehmens ergibt, die das sichtbare Tragen jedes politischen, philosophischen oder religiösen Zeichens am Arbeitsplatz verbietet, ist keine unmittelbare Benachteiligung wegen der Religion oder der Weltanschauung (EuGH vom14.3.2017 – C-157/15), kann aber ggf. eine mittelbare Benachteiligung darstellen (vgl. dazu b).

Ältere Arbeitnehmer, die ein Arbeitgeber generell vom Personalabbau ausnimmt, werden grundsätzlich auch dann nicht unmittelbar gegenüber jüngeren Arbeitnehmern benachteiligt, wenn der Personalabbau durch freiwillige Aufhebungsverträge unter Zahlung attraktiver Abfindungen erfolgen soll (BAG vom 25.2.2010 – 6 AZR 911/08).

Verboten ist nach § 3 Abs. 1 Satz 1 AGG auch eine **verdeckte unmittelbare Diskriminierung**. Bei dieser erfolgt die Differenzierung zwar nicht ausdrücklich wegen eines in § 1 AGG genannten Grundes. Vielmehr wird an ein in dieser Vorschrift nicht enthaltenes Merkmal angeknüpft, das jedoch in einem untrennbaren Zusammenhang mit einem in dieser Vorschrift genannten Grund steht (vgl. BAG vom 7.6.2011 – 1 AZR 34/10).

Beispiele:

- *eine Benachteiligung knüpft nicht unmittelbar an die Schwerbehinderteneigenschaft, sondern an die gesetzlichen Voraussetzungen für den Bezug einer abschlagsfreien Altersrente an (BAG vom 12.11.2013 – 9 AZR 484/12)*
- *eine Benachteiligung nach einem Differenzierungskriterium, das zwar geschlechtsneutral formuliert ist, sich aber nur auf einen Mann (z. B. Bestehen der Wehrpflicht) oder eine Frau (z. B. Tragen eines frauentypischen Kleidungsstücks) beziehen kann.*

Eine unmittelbare Benachteiligung wegen des Geschlechts liegt auch im Falle einer **ungünstigeren Behandlung** einer Frau **wegen einer Schwangerschaft** und Mutterschaft vor, was § 3 Abs. 1 Satz 2 AGG ausdrücklich klarstellt. Besetzt der Arbeitgeber eine Beförderungsstelle mit einem männlichen Arbeitnehmer und nicht mit einer schwangeren Arbeitnehmerin, die eine mit diesem vergleichbare Stellung im Unternehmen innehatte, so stellt dies für sich allein betrachtet keine Tatsache dar, die eine Benachteiligung der Arbeitnehmerin wegen des Geschlechts vermuten lässt. Die Arbeitnehmerin muss für eine solche Vermutung weitere Tatsachen, so genannte Hilfstatsachen; darlegen und ggf. beweisen, an deren Vermutungswirkung allerdings kein zu strenger Maßstab anzulegen ist (BAG vom 27.1.2011 – 8 AZR 483/09). Es genügt, wenn nach allgemeiner Lebenserfahrung eine überwiegende Wahrscheinlichkeit für eine Diskriminierung besteht (BAG vom 24.4.2008 – 8 AZR 257/07). Die Kündigung einer schwangeren Arbeitnehmerin unter Verstoß gegen das MuSchG stellt eine unmittelbare Benachteiligung dar (BAG vom 12.12.2013 – 8 AZR 838/12). Die Kündigung einer schwangeren Arbeitnehmerin ist unabhängig von ihrer Unwirksamkeit gemäß § 9 MuSchG nicht diskriminierend, wenn der Arbeitgeber sie in Unkenntnis der Schwangerschaft ausgesprochen hat, da in diesem Fall die geschlechtsspezifische, nur Frauen betreffende Tatsache einer Schwangerschaft bei Ausspruch der Kündigung keine Rolle gespielt haben kann (BAG vom 17.10.2013 – 8 AZR 742/12).

b) Verboten ist auch die **mittelbare Benachteiligung**. Sie liegt nach § 3 Abs. 2 AGG vor, wenn dem Anschein nach neutrale Vorschriften, Maßnahmen, Kriterien oder Verfahren Personen oder Personengruppen, bei denen eines der in § 1 AGG genannten Merkmale vorliegt, in besonderer Weise gegenüber anderen Personen oder Personengruppen benachteiligen können, bei denen die in § 1 AGG genannten Merkmale nicht vorliegen (Bildung von Vergleichsgruppen), es sei denn, die betreffenden Vorschriften, Kriterien oder Verfahren sind durch ein rechtmäßiges Ziel gerechtfertigt und die Mittel sind zur Erreichung dieses Ziels angemessen und erforderlich. Dies kann der Fall sein, wenn Vorschriften im Wesentlichen oder ganz überwiegend Personen, die eines der verpönten Merkmale erfüllen, betreffen, wenn sie an Voraussetzungen anknüpfen, die von Personen, die von § 1 AGG erfasst sind, leichter erfüllt werden oder wenn sich die Tatbestandsvoraussetzungen einer Norm besonders zum Nachteil von Personen, für die ein Merkmal des § 1 AGG gilt, auswirken (BAG vom 12.12. 2012 – 10 AZR 718/11).

Eine mittelbare Ungleichbehandlung wegen eines in § 1 AGG genannten Merkmals kann durch ein legitimes Ziel und die Wahl von verhältnismäßigen Mitteln zu seiner Durchsetzung gerechtfertigt werden (BAG vom 18.8.2009 – 1 ABR 47/08). Die Darlegungs- und Beweislast für die die Rechtfertigung begründenden Tatsachen trägt der Arbeitgeber (BAG vom 15.12.2016 – 8 AZR 454/15).

Eine **mittelbare Benachteiligung wegen der ethnischen Herkunft** kann sich z. B. aus ungerechtfertigten Anforderungen des Arbeitgebers an Sprachkenntnisse eines Bewerbers ergeben.

Beispiel:

Fließende Deutschkenntnisse in Wort und Schrift sind keine wesentliche und erforderliche Bedingung für die Besetzung einer Hausmeisterstelle (Grundlegende Deutschkenntnisse können aber von jedem verlangt werden, da sie für einen ungestörten Betriebsablauf wesentlich und erforderlich sind).

Berücksichtigt eine tarifliche Regelung, die den Erwerb von Berufserfahrung mit Entgeltsteigerungen honoriert, Zeiten, in denen das Arbeitsverhältnis wegen Elternzeit ruht und deshalb keine Berufserfahrung erworben wird, nicht oder nur eingeschränkt, führt dies zu keiner mittelbaren Geschlechtsdiskriminierung (BAG vom 21.11.2013 – 6 AZR 89/12).

Eine **mittelbare Benachteiligung wegen des Geschlechts** ist grundsätzlich anzunehmen, wenn dem Anschein nach neutrale Vorschriften, Kriterien oder Verfahren einen wesentlich höheren Anteil der Angehörigen eines Geschlechts benachteiligen.

Beispiele:

- *ein unbegründetes Verlangen einer bestimmten Mindestgröße, die in der Regel nur Männer erreichen, weil Frauen von Natur aus kleiner als Männer sind (EuGH vom 18.10.2017 – C-409/16),*
- *das Zurverfügungstellen von Schutzhandschuhen nur in Männerhandgrößen.*

Die für den Tatbestand einer mittelbaren Benachteiligung wegen des Geschlechts erforderliche stärkere nachteilige Betroffenheit eines Geschlechts durch eine Regelung setzt voraus, dass der Anteil der Angehörigen dieses Geschlechts unter den nachteilig Betroffenen erheblich höher ist als unter den von der Regelung Begünstigten. Deshalb ist eine Benachteiligung wegen der Teilzeitbeschäftigung, die immer noch überwiegend von Frauen ausgeübt wird, nicht nur ein Verstoß gegen das Benachteiligungsverbot des § 4 Abs. 1 TzBfG sondern gleichzeitig auch eine mittelbare Benachteiligung von weiblichen Beschäftigten, die gegen das Benachteiligungsverbot des § 7 AGG verstößt. Wenn kein einleuchtender Grund für die Differenzierung zu finden ist, ist von einer mittelbaren Benachteiligung wegen des Geschlechts auszugehen.

Beispiele:

- *Weihnachtsgratifikationen nur für Vollzeitbeschäftigte, nicht aber für Teilzeitbeschäftigte,*
- *Ausgabe von Job-Tickets nur für Vollzeitbeschäftigte, nicht für Teilzeitbeschäftigte,*
- *Ausschluss von Teilzeitbeschäftigten oder Geringfügig Beschäftigten aus einem betrieblichen Versorgungswerk oder*
- *kein Urlaubs- und Weihnachtgeld für eine Gruppe von geringfügig Beschäftigten.*

Eine **mittelbare Benachteiligung wegen der Religion oder Weltanschauung** kann dann vorliegen, wenn eine dem Anschein nach neutrale Vorschrift, die das sichtbare Tragen jedes religiösen, politischen oder philosophischen Zeichens am Arbeitsplatz verbietet, tatsächlich dazu führt dass Personen mit einer bestimmten Religion oder Weltanschauung in besonderer Weise benachteiligt werden (z. B. Kopftuchverbot für eine Muslima), es sei denn, sie ist durch ein rechtmäßiges Ziel wie die Verfolgung einer Politik der politischen, philosophischen und religiösen Neutralität durch den Arbeitgeber im Verhältnis zu seinen Kunden sachlich gerechtfertigt, und die Mittel zur Erreichung dieses Ziels sind angemessen und erforderlich, z. B. Beschränkung der Regelung auf Arbeitnehmer mit Kundenkontakt (EuGH vom14.3.2017 – C-157/15). Dazu reicht es jedoch nicht, wenn der Arbeitgeber damit allein den Wünschen eines Kunden entsprechen will, die Leistungen dieses Arbeitgebers nicht mehr von einer Arbeitnehmerin ausführen zu lassen, die ein islamisches Kopftuch trägt (vgl. EuGH vom 14.3.2017 – C-188/15).

Eine **mittelbare Benachteiligung wegen der Behinderung** kommt U. a. in Betracht, wenn die vom Arbeitgeber angebotenen Bildungsmaßnahmen nicht barrierefrei ausgestaltet sind.

Beispiele:

- *Die Räume für die Bildungsmaßnahmen sind für Rollstuhlfahrer nicht zu erreichen.*
- *Für Menschen mit einer Hörbehinderung steht kein Gebärdendolmetscher zur Verfügung.*

Eine mittelbare Ungleichbehandlung wegen einer Behinderung kann auch vorliegen, wenn ein Arbeitnehmer wegen wiederkehrender Zeiten von Arbeitsunfähigkeit gekündigt wird, die die Folge von Krankheiten sind, die auf eine Behinderung zurückzuführen sind. Im Vergleich zu einem Arbeitnehmer ohne Behinderung trägt ein Arbeitnehmer mit Behinderung ein zusätzliches Risiko, wegen einer mit seiner Behinderung zusammenhängenden Krankheit abwesend zu sein. Er ist somit einem erhöhten Risiko ausgesetzt, krankheitsbedingte Fehlzeiten anzusammeln (EuGH vom 18.1.2018 – C-270/16).

Für die Annahme einer **mittelbaren Benachteiligung wegen des Alters** ist kein statistischer Nachweis erforderlich, dass eine bestimmte Altersgruppe durch die in Frage stehenden Kriterien tatsächlich wegen ihres Alters benachteiligt wird. Es ist ausreichend, wenn das Kriterium hierzu typischerweise geeignet ist (BAG vom 18.8.2009 – 1 ABR 47/08).

c) Eine von § 7 Abs. 1 AGG verbotene Benachteiligung eines Beschäftigten kann auch in einer **Belästigung** bei der beruflichen Tätigkeit bestehen, die mit einem der in § 1 AGG genannten Gründe in Zusammenhang steht. Eine solche Belästigung liegt nach der Legaldefinition in § 3 Abs. 3 AGG vor, wenn eine unerwünschte Verhaltensweise, die mit einem der in § 1 AGG genannten Diskriminierungsmerkmale in Zusammenhang steht, bezweckt oder bewirkt, dass die Würde der betreffenden Beschäftigten verletzt und ein von Einschüchterungen, Anfeindungen, Erniedrigungen, Entwürdigungen oder Beleidigungen gekennzeichneten Umfeldes geschaffen wird.

d) Eine ebenfalls verbotene Benachteiligung kann in einer **sexuellen Belästigung** einer oder eines Beschäftigten liegen. Eine sexuelle Belästigung liegt nach § 3 Abs. 4 AGG vor, wenn ein unerwünschtes sexuell bestimmtes Verhalten bezweckt oder bewirkt, dass die Würde der betreffenden Person verletzt wird, insbesondere wenn ein von Einschüchterungen, Anfeindungen, Erniedrigungen, Entwürdigungen oder Beleidigungen gekennzeichnetes Umfeld geschaffen wird. Auch einmalige sexuell bestimmte Verhaltensweisen können den Tatbestand einer sexuellen Belästigung erfüllen (BAG vom 20.11.2014 – 2 AZR 651/13). Die sexuelle Belästigung kann wie die Belästigung sowohl verbaler als auch nonverbaler Art sein. Als typische unerwünschte sexuell bestimmte Verhalten nennt § 3 Abs. 4 AGG exemplarisch unerwünschte sexuelle Handlungen und Aufforderungen zu diesen, unerwünschte sexuell bestimmte körperliche Berührungen oder Bemerkungen sexuellen Inhalts (auch per Telefonat oder SMS) sowie auch das unerwünschte Zeigen (auch per E-Mail) und sichtbare Anbringen von pornografischen Darstellungen (z. B. in Form von Fotografien, Zeichnungen (auch Comics), Gemälden, auch in Form von Kalendern).

e) Auch eine **Anweisung zu einer Benachteiligung** stellt nach § 3 Abs. 5 Satz 1 AGG eine Benachteiligung von Beschäftigten dar. Eine solche Anweisung liegt insbesondere vor, wenn der Arbeitgeber oder der Vorgesetzte eine Person innerhalb oder außerhalb des Unternehmens zu einem Verhalten bestimmt, das einen Beschäftigten oder eine Beschäftigte wegen eines in § 1 AGG genannten Grundes benachteiligt oder benachteiligen kann. Solche Anweisungen werden eher im Verhältnis von einem Arbeitgeber oder von einem Vorgesetzten zu einem Beschäftigten anzunehmen sein und weniger zwischen gleichrangigen Kollegen, wenn zwischen diesen keine Weisungsbefugnis und keine Weisungsgebundenheit besteht. Der Arbeitgeber oder der Vorgesetzte können sich nicht darauf berufen, dass sie nicht selbst sondern ein anderer benachteiligt habe, wenn sie ihn dazu veranlasst haben. Die Anweisung muss vorsätzlich erfolgen. Es ist hingegen nicht erforderlich, dass der Anweisende sich der Verbotswidrigkeit der Handlung bewusst ist, denn das gesetzliche Benachteiligungsverbot erfasst alle Benachteiligungen, ohne dass ein Verschulden erforderlich ist. Für das Vorliegen einer Anweisung kommt es nicht darauf an, ob die angewiesene Person die Benachteiligung tatsächlich ausführt.

14. Gilt das AGG auch für die betriebliche Altersversorgung?

Das AGG gilt trotz der in § 2 Abs. 2 Satz 2 enthaltenen Verweisung auf das Betriebsrentengesetz auch für die betriebliche Altersversorgung, soweit das Betriebsrentenrecht nicht vorrangige Sonderregelungen enthält. Insbesondere ist das Verbot der unmittelbaren wie der mittelbaren Diskriminierung wegen des Geschlechts oder des Alters zu beachten (vgl. Kapitel 14 Nr. 4 und Kapitel 20 Nr. 16 – Alter).

15. Gilt das AGG auch im Rahmen des Kündigungsschutzgesetzes?

Für Kündigungen gelten nach § 2 Abs. 4 AGG ausschließlich die Bestimmungen zum allgemeinen und besonderen Kündigungsschutz. Eine Kündigung, die ein Diskriminierungsverbot verletzt, kann jedoch sozialwidrig nach § 1 KSchG und damit unwirksam sein. Dem steht § 2 Abs. 4 AGG nicht entgegen (BAG vom 6.11.2008 – 2 AZR 523/07). So kann ein Verstoß gegen das Verbot der Altersdiskriminierung zu einer groben Fehlerhaftigkeit der Sozialauswahl führen. Das Lebensalter darf jedoch trotz des Verbots der Altersdiskriminierung als Auswahlkriterium im Rahmen der Sozialauswahl berücksichtigt werden (BAG vom 5.11.2009 – 2 AZR 676/08). Die Berücksichtigung des Lebensalters stellt eine an das Alter anknüpfende unterschiedliche Behandlung dar, die aber nach § 10 Sätze 1 und 2 AGG gerechtfertigt ist. Auch Punktesysteme und die Bildung von Altersgruppen bei der Sozialauswahl sind nach § 10 Sätze 1 und 2 AGG zulässig, wenn sie zu einem legitimen Zweck – wie einem konkreten betrieblichen Interesse am Erhalt einer ausgewogenen Altersstruktur – gebildet wurden und dabei die übrigen Sozialauswahlkriterien, insbesondere das Alter und die Betriebszugehörigkeit, nicht übergewichtet werden. Punktesysteme und Altersgruppenbildung sind jedoch mitbestimmungspflichtig (BAG vom 6.11.2008 – 2 AZR 701/07). Werden die Dauer des Arbeitsverhältnisses und dessen störungsfreier Verlauf im Rahmen der Interessenabwägung nach § 626 BGB berücksichtigt, so liegt darin auch keine unzulässige mittelbare Benachteiligung jüngerer Arbeitnehmer wegen des Alters (BAG vom 7.7.2011 – 2 AZR 355/10). Auch die durch § 125 Abs. 1 Satz 1 Nr. 2 InsO im Insolvenzverfahren eröffnete Möglichkeit der Schaffung einer ausgewogenen Personalstruktur durch Bildung von Altersgruppen verletzt nicht das unionsrechtliche Verbot der Altersdiskriminierung, sondern ist durch das legitime Ziel der Sanierung eines insolventen Unternehmens gerechtfertigt (BAG vom 19.12.2013 – 6 AZR 790/12).

Die Regelung des § 2 Abs. 4 AGG steht im Falle einer Benachteiligung einem Entschädigungsanspruch nach § 15 Abs. 2 AGG nicht entgegen.

Eine ordentliche Kündigung, die einen Arbeitnehmer, auf den das Kündigungsschutzgesetz keine Anwendung findet, aus einem der in § 1 AGG genannten Gründe diskriminiert, ist nach § 134 BGB i. V. m. § 7 Abs. 1, §§ 1, 3 AGG unwirksam. Ist z. B. bei einer Kündigung gegenüber einer Arbeitnehmerin aufgrund von ihr vorgetragener Indizien eine unmittelbare Benachteiligung wegen des Lebensalters nach § 22 AGG zu vermuten und gelingt es dem Arbeitgeber nicht, diese Vermutung zu widerlegen, ist die Kündigung auch im Kleinbetrieb nach § 134 BGB i. V. m. § 7 Abs. 1 AGG unwirksam (BAG vom 23.7.2015 - 6 AZR 457/14). § 2 Abs. 4 AGG steht dem nicht entgegen (BAG vom 19.12.2013 - 6 AZR 190/12). Bei diskriminierenden Kündigungen ist deshalb unbeschadet des § 2 Abs. 4 AGG ein Anspruch auf den Ersatz immaterieller Schäden nach § 15 Abs. 2 AGG (vgl. Nr. 18) grundsätzlich möglich. So hat das BAG entschieden, dass eine schwangere Arbeitnehmerin, der unter Verstoß gegen das MuSchG gekündigt wurde, einen Anspruch auf Entschädigung wegen Benachteiligung aufgrund des Geschlechts haben kann (BAG vom 12.12.2013 - 8 AZR 838/12).

16. In welchen Fällen ist eine unterschiedliche Behandlung zulässig?

Nach § 8 Abs. 1 AGG ist eine unterschiedliche Behandlung wegen eines in § 1 AGG genannten Grundes dann zulässig, wenn dieser Grund wegen der Art der auszuübenden Tätigkeit oder der Bedingungen ihrer Ausübung **eine wesentliche und entscheidende berufliche Anforderung** darstellt, sofern der Zweck rechtmäßig und die Anforderung angemessen ist. Dies hat das BAG angenommen für eine unterschiedliche Behandlung von männlichen gegenüber weiblichen Bewerbern für eine Stelle als Sozialpädagoge mit Nachtdienst im Mädcheninternat (BAG vom 28.5.2009 - 8 AZR 536/08).

Nicht als eine wesentliche und entscheidende berufliche Anforderung kann jedoch der Wille eines Arbeitgebers angesehen werden, den Wünschen eines Kunden zu entsprechen, die Leistungen dieses Arbeitgebers nicht mehr von einer Arbeitnehmerin ausführen zu lassen, die ein islamisches Kopftuch trägt (EuGH vom 14.3.2017 - C-188/15).

Zulässig ist eine **unterschiedliche Behandlung der Arbeitnehmer wegen ihres Geschlechts** bei Vereinbarungen oder Maßnahmen des Arbeitgebers, wenn dieser bei der Einstellung oder Beschäftigung Frauen wegen der für sie geltenden Arbeitsschutzvorschriften anders behandeln muss als Männer (z. B. keine Beschäftigung von Frauen in Bergwerken unter Tage) und die Einhaltung dieser Arbeitsschutzvorschriften damit eine wesentliche und entscheidende berufliche Anforderung darstellt. Besondere Schutzvorschriften, die wegen der in § 1 AGG genannten Merkmale gelten, können jedoch nicht als solche berufliche Anforderungen angesehen werden, die ein geringeres Arbeitsentgelt für gleiche oder gleichwertige Arbeit rechtfertigen(§ 8 Abs. 2 AGG).

Grundsätzlich kann bei einer **Beschäftigung durch eine Religionsgemeinschaft** eine **unterschiedliche Behandlung wegen der Religion oder Weltanschauung** zulässig sein. Voraussetzung dafür ist nach § 9 Abs. 1 AGG, dass eine bestimmte Religion oder Weltanschauung im Hinblick auf das Selbstbestimmungsrecht der Religionsgemeinschaft oder nach der Art der Tätigkeit eine gerechtfertigte berufliche Anforderung darstellt *(Beispiel: katholische Religion bei Beschäftigung als Lehrer an einer katholischen Schule)*. Zu beachten ist dabei das Selbstverständnis der jeweiligen Religionsgemeinschaft oder Weltanschauungsvereinigung. Diese Privilegierung gilt nicht nur bei einer Beschäftigung durch Religionsgemeinschaften selbst sondern auch bei einer Beschäftigung durch die ihnen zugeordneten Einrichtungen ohne

Rücksicht auf ihre Rechtsform (wie z. B. der Caritasverband oder die Diakonie) sowie bei einer Beschäftigung durch religiöse Vereinigungen oder bei einer Beschäftigung durch Weltanschauungsvereinigungen (wie anthroposophische Vereinigungen und Freimaurerlogen). So ist bei einer in einer Einrichtung der evangelischen Kirche tätigen Arbeitnehmerin das Tragen eines Kopftuches als Symbol der Zugehörigkeit zum islamischen Glauben und damit als Kundgabe einer anderen Religionszugehörigkeit regelmäßig mit ihrer arbeitsvertraglichen Verpflichtung zu einem zumindest neutralen Verhalten gegenüber der evangelischen Kirche nicht in Einklang zu bringen (BAG vom 24.9.2014 – 5 AZR 611/12).

Eine **unterschiedliche Behandlung wegen des Alters** in einzelvertraglichen als auch kollektivvertraglichen Regelungen sowie Maßnahmen des Arbeitgebers ist über die allgemeine Regelung in § 8 AGG hinaus nach § 10 Satz 1 AGG auch **zulässig**, wenn sie objektiv und angemessen und durch ein legitimes Ziel gerechtfertigt ist. Das zur Erreichung dieses Zieles angewandte Mittel muss nach § 10 Satz 2 AGG angemessen und erforderlich sein. Es müssen Ziele sein, die über die Eigeninteressen des Arbeitgebers, wie Kostenreduzierung und Verbesserung der Wettbewerbsfähigkeit hinausgehen (BAG vom 18.2.2016 – 6 AZR 700/14) und von allgemeinem Interesse sind, wie etwa Beschäftigungspolitik, Arbeitsmarkt, berufliche Bildung oder öffentliche Sicherheit sowie Schutz der Gesundheit. Eine unabhängig von Allgemeininteressen verfolgte Zielsetzung eines einzelnen Arbeitgebers kann keine Ungleichbehandlung rechtfertigen (BAG vom 23.7.2015 – 6 AZR 457/14). So kann ein Staat es im Rahmen des Gesundheitsschutzes für erforderlich halten, für die Ausübung eines „sensiblen" Berufes wie dem des Arztes eine Altersgrenze festzulegen, um die Gesundheit der Patienten zu schützen. Doch ein solches Ziel kann nur dann Grundlage für einen Rekurs auf das Alter sein, wenn es dem Anliegen gerecht wird, es in kohärenter und systematischer Weise zu erreichen (EuGH vom 12.1.2010 (Petersen) – C-341/08; EuGH vom 10.3.2009 (Hartlauer) – C-169/07). Kein solches legitimes Ziel liegt vor, wenn ein Tarifvertrag eine **Altersgrenze**, ab der Piloten als körperlich nicht mehr fähig zur Ausübung ihrer beruflichen Tätigkeit gelten, auf 60 Jahre festlegt, während die nationale und die internationale Regelung dieses Alter auf 65 Jahre festlegen (EuGH vom 13.9.2011 (Prigge u.a.) – C-447/09). Solche Altersgrenzen von 60 Jahren für Piloten sowie für Flugingenieure verstoßen gegen das Benachteiligungsverbot wegen des Alters in § 7 Abs. 1 i. V. m. § 1 AGG, können nicht nach § 10 Sätze 1 und 2 gerechtfertigt werden und sind deshalb nach § 7 Abs. 2 AGG unwirksam (BAG vom 18.1.2012 – 7 AZR 112/08 und 211/09 sowie vom 15.2.2012 – 7 AZR 904/08 und 946/07). Dasselbe gilt für eine tarifliche Altersgrenze von 60 Jahren für das Flugkabinenpersonal (vgl. BAG vom 23.6.2010 – 7 AZR 1021/08). Nicht zulässig ist auch eine unterschiedliche Behandlung älterer Arbeitnehmer mit der pauschalen Begründung einer geringeren Leistungsfähigkeit, eines erhöhten Krankenstandes oder höherer Lohnkosten. Das BAG hat jedoch bislang die Bildung von Altersgruppen zum Erhalt einer ausgewogenen Altersstruktur für zulässig gehalten, da der Erhalt einer altersgemischten Belegschaft sowohl im Interesse des Unternehmens als auch im Interesse der Beschäftigten liege (BAG vom 6.11.2008 – 2 AZR 523/07; LAG Rheinland-Pfalz vom 11.3.2010 – 10 Sa 581/09). Eine an das Alter anknüpfende unterschiedliche Behandlung stellt auch die in § 1 Abs. 3 Satz 1 KSchG vorgesehene Berücksichtigung des Lebensalters bei der sozialen Auswahl der betriebsbedingt zu kündigenden Arbeitnehmer dar; sie ist jedoch nach § 10 Satz 1, 2 AGG gerechtfertigt (BAG vom 6.11.2008 – 2 AZR 523/07 und vom 6.4.2011 – 7 AZR 524/09). Ebenso liegt darin auch keine unzulässige mittelbare Benachteiligung jüngerer Arbeitnehmer wegen des Alters, wenn die Dauer des Arbeitsverhältnisses und dessen störungsfreier Verlauf im Rahmen der Interessenabwägung nach § 626 BGB berücksichtigt werden (BAG vom 7.7.2011– 2 AZR 355/10). Auch die von der Beschäftigungsdauer abhängige Staffelung der Kündigungsfristen in § 622 Abs. 2 Satz 1 BGB verletzt das Verbot der Altersdiskriminierung nicht (BAG vom 18.9.2014 – 6 AZR 636/13).

Verfolgt eine Dienstvereinbarung über Umsetzungen das Ziel, Arbeitnehmer vor möglicherweise altersbedingt steigenden Belastungen zu schützen, stellt dies ein legitimes sozialpolitisches Ziel im Sinne von § 10 Satz 1 AGG dar. In der Rechtsprechung ist anerkannt, dass die physische Belastbarkeit mit zunehmendem Alter abnimmt. Es ist aber zweifelhaft, ob ein Erfahrungssatz besteht, nach dem es Arbeitnehmern mit zunehmenden Alter wegen sinkender Flexibilität regelmäßig schwerer fällt, nach einer Versetzung unter veränderten Umständen zu arbeiten (BAG vom 13.10.2009 – 9 AZR 722/08). Wird aufgrund einer beim Arbeitgeber geltenden, an das Lebensalter des Arbeitnehmers anknüpfenden Regelung mit diesem eine bestimmte Befristungsdauer vereinbart, liegt eine unmittelbare Benachteiligung wegen des Alters vor, wenn einem jüngeren, im Übrigen aber vergleichbaren Beschäftigten ein Vertrag mit längerer Vertragslaufzeit angeboten worden wäre. Eine solche unzulässige Benachteiligung des Arbeitnehmers bei der Befristungsdauer führt zur Unwirksamkeit der Befristungsabrede (BAG vom 6.4.2011 – 7 AZR 524/09).

Das AGG hat in § 10 Satz 3 einen nicht abschließenden Katalog möglicher unterschiedlicher Behandlungen wegen des Alters festgelegt. Als legitimes Ziel bezeichnet Nummer 1 die Förderung der beruflichen Eingliederung sowie den Schutz von jugendlichen und älteren Beschäftigten und von Personen mit Fürsorgepflichten. Diese Ziele erlauben die Festlegung besonderer Bedingungen für den Zugang zur Beschäftigung (z. B. Abschluss des Arbeitsvertrages von minderjährigen Beschäftigten nur mit Einwilligung ihres gesetzlichen Vertreters oder Eintritt in das Berufsleben von jugendlichen Beschäftigten nur nach ärztlicher Untersuchung). Ebenso gestatten diese Ziele besondere Beschäftigungs- und Arbeitsbedingungen (die sich z. B. auch aus der Beachtung der Vorschriften des Jugendarbeitsschutzgesetzes ergeben können), auch einschließlich der Bedingungen für Entlohnung und Beendigung des Arbeitsverhältnisses. Gewährt ein Arbeitgeber älteren Arbeitnehmern jährlich mehr Urlaubstage als den jüngeren, kann diese unterschiedliche Behandlung wegen des Alters unter dem Gesichtspunkt des Schutzes älterer Beschäftigter nach § 10 Satz 3 Nr. 1 AGG zulässig sein (BAG vom 21.10.2014 – 9 AZR 956/12). Auch Regelungen, die bezwecken, die berufliche Eingliederung arbeitsloser älterer Arbeitnehmer zu fördern, weil diese erhebliche Schwierigkeiten haben, wieder einen Arbeitsplatz zu finden, verfolgen grundsätzlich ein legitimes Ziel. Sie müssen aber zur Erreichung dieses legitimen Zieles angemessen und erforderlich sein (EuGH vom 22.11.2005 (Mangold) – C-144/04 – NZA 2005, S. 1345). Eine Bevorzugung älterer Arbeitnehmer gegenüber jüngeren Arbeitnehmern wegen ihrer schlechteren Chancen auf dem Arbeitsmarkt ist zulässig (ArbG Osnabrück vom 3.7.2007 – 3 Ca 199/07).

Nummer 2 nennt als mögliche zulässige Maßnahme die Festlegung von Mindestanforderungen an das Alter (also Bestimmung eines Mindestalters), die Berufserfahrung oder das Dienstalter für den Zugang zur Beschäftigung oder bestimmter mit der Beschäftigung verbundener Vorteile, z. B. in Entgeltregelungen. Auch sie müssen angemessen und erforderlich sein. Hinsichtlich des Entgelts ist etwa eine Anknüpfung an die Berufserfahrung eher zu rechtfertigen als an das bloße Lebensalter (EuGH vom 3.10.2006 (Cadmann), DB 2006, S. 2350). Unzulässig sind jedenfalls Regelungen (auch in Tarifverträgen), die Dienstzeiten oder Betriebszugehörigkeitszeiten, die vor Erreichen eines bestimmten Lebensalters zurückgelegt wurden, generell unberücksichtigt zu lassen (EuGH vom 18.6.2009 – C-88/08 und vom 19.1.2010 (Kücükdeveci) – C-555/07).

Nummer 3 lässt die Festsetzung eines Höchstalters für die Einstellung zu aufgrund der spezifischen Ausbildungsanforderungen eines bestimmten Arbeitsplatzes oder aufgrund der Notwendigkeit einer angemessenen Beschäftigungszeit vor dem Eintritt in den Ruhestand. Ebenso kann ein Höchsteinstellungsalter aufgrund der beruflichen Tätigkeit oder der Bedingungen ihrer Ausübung eine wesentliche und entscheidende berufliche Anforderung darstellen, z. B. für die Einstellung zum mittleren feuerwehrtechnischen Dienst (EuGH vom 12.1.2010 (Wolf/Frankfurt) – C-229/08); nicht aber, wenn die Einsatzbereitschaft und das ordnungsgemäße Funktionieren es nicht erfordert, eine bestimmte Altersstruktur zu erhalten, die es gebieten würde, ausschließlich Beamte unter 30 Jahren einzustellen (z. B. bei einer örtlichen Polizei – EuGH vom 13.11.2014 – C-416/13).

Nummer 4 stellt klar, dass die Festsetzung von Altersgrenzen bei den betrieblichen Systemen der sozialen Sicherheit als Voraussetzung für die Mitgliedschaft oder den Bezug von Altersrente oder von Leistungen bei Invalidität regelmäßig keine Benachteiligung wegen des Alters darstellt. Die Festsetzung von Altersgrenzen in den Betrieblichen Systemen der sozialen Sicherheit ist auch europarechtlich in der Regel zulässig (BAG vom 11.8.2009 – 3 AZR 23/08). Die in einer Versorgungsregelung bestimmte konkrete Altersgrenze muss nach § 10 Satz 2 AGG angemessen sein (BAG vom 17.9.2013 – 3 AZR 686/11). Eine in einer Versorgungsregelung geregelte Höchstaltersgrenze von 50 Jahren für die Aufnahme in den von der Versorgungsregelung begünstigten Personenkreis verstößt grundsätzlich nicht gegen das Verbot der Diskriminierung wegen des Alters (BAG vom 12.11.2013 – 3 AZR 356/12 und BAG vom 15.10.2013 – 3 AZR 10/12). Grundsätzlich zulässig ist, die Unverfallbarkeit von Anwartschaften auf Leistungen der betrieblichen Altersversorgung an das Erreichen eines bestimmten Mindestalters (z. B. 30 Jahre, früher 35 Jahre) zu knüpfen (BAG vom 28.5.2013 – 3 AZR 635/11). Zulässig sind auch unterschiedliche Altersgrenzen für bestimmte Beschäftigte oder Gruppen von Beschäftigten und die Verwendung von Alterskriterien im Rahmen dieser Systeme für versicherungsmathematische Berechnungen.

Nach Nummer 5 ist eine Vereinbarung (auch in einem Tarifvertrag) zulässig, die die Beendigung des Beschäftigungsverhältnisses ohne Kündigung zu einem Zeitpunkt vorsieht, zu dem der oder die Beschäftigte eine Rente wegen Alters beantragen kann (EuGH vom 16.10.2007 (Palacios) – C-411/05, NZA 2007, S. 1219; EuGH vom 12.10.2010 (Rosenbladt) – C-45/09) oder bei Vertragsschluss bereits die für den Bezug von Altersrente erforderliche rentenrechtliche Wartezeit erfüllt hat (BAG vom 18.6.2008 – 7 AZR 116/07). Tarifvertragliche Altersgrenzen, die eine automatische Beendigung des Arbeitsverhältnisses bei Erreichen des gesetzlichen Regelrentenalters des Beschäftigten vorsehen, sind deshalb auch nach § 10 Satz 3 Nr. 5 AGG zulässig (BAG vom 21.9.2011 – 7 AZR 134/10). Auch in Betriebsvereinbarungen können Altersgrenzen vereinbart werden, nach denen das Arbeitsverhältnis mit Erreichen der Regelaltersgrenze endet (BAG vom 5.3.2013 – 1 AZR 417/12). Eine solche Betriebsvereinbarung muss allerdings aus Gründen des Vertrauensschutzes Übergangsregelungen für die bei Inkrafttreten der Betriebsvereinbarung bereits rentennahen Arbeitnehmer vorsehen (BAG vom 21.1.2017 – 1 AZR 292/15). Nr. 5 bestimmt außerdem, dass § 41 des Sechsten Buches Sozialgesetzbuch unberührt bleibt. D. h., eine Vereinbarung, die die Beendigung des Arbeitsverhältnisses eines Arbeitnehmers ohne Kündigung zu einem Zeitpunkt vorsieht, zu dem der Arbeitnehmer vor Vollendung des 65. Lebensjahres eine Rente wegen Alters beantragen kann, gilt dem Arbeitnehmer gegenüber als auf Vollendung des 65. Lebensjahres abgeschlossen, es sei denn, dass die Vereinbarung innerhalb der letzten drei Jahre vor diesem Zeitpunkt abgeschlossen oder von dem Arbeitnehmer bestätigt worden ist.

Nummer 6 erlaubt in Sozialplänen Differenzierungen von Leistungen nach dem Alter. So dürfen Sozialpläne eine nach Lebensalter oder Betriebszugehörigkeit gestaffelte Abfindungsregelung vorsehen. Aktuelle BAG-Rechtsprechung: Die unmittelbar auf dem Merkmal des Alters beruhende Ungleichbehandlung von Arbeitnehmergruppen in einem Sozialplan ist nach § 10, Satz 3 Nr. 6 und Satz 2 AGG zulässig (BAG vom 23.4.2013 – 1 AZR 25/12). Eine Sozialplanabfindung von Arbeitnehmern, die sofort oder im Anschluss an Leistungen der Arbeitslosenversicherung – ggf. auch vorgezogenes – Altersruhegeld in Anspruch nehmen können (rentennahe Jahrgänge), darf im Vergleich zu den jüngeren Arbeitnehmern auf die Hälfte begrenzt werden (BAG vom 23.4.2013 – 1 AZR 25/12). Zulässig ist auch, wenn die betroffenen Arbeitnehmer zwar nicht unmittelbar nach dem Bezug von Arbeitslosengeld rentenberechtigt sind, die Abfindung aber ausreichend bemessen ist, um die wirtschaftlichen Nachteile auszugleichen, die sie in der Zeit nach der Erfüllung ihres Arbeitslosengeldanspruchs bis zum frühestmöglichen Bezug einer Altersrente erleiden. Dies ist stets der Fall, wenn die Abfindungshöhe für diesen Zeitraum den Betrag der zuletzt bezogenen Arbeitsvergütung erreicht (BAG vom 26.3.2013 – 1 AZR 857/11). In einem Sozialplan können auch von Abfindungsleistungen Arbeitnehmer ausgeschlossen werden, die nach dem Bezug von Arbeitslosengeld I rentenberechtigt sind und zuvor die Fortsetzung des Arbeitsverhältnisses an einem anderen Unternehmensstandort abgelehnt haben (BAG vom 9.12.2014 – 1 AZR 102/13). Eine an die Rentenberechtigung aufgrund der Schwerbehinderung anknüpfende Pauschalierung der Sozialplanabfindung benachteiligt schwerbehinderte Arbeitnehmer unmittelbar gegenüber nicht schwerbehinderten Arbeitnehmern, welche in gleicher Weise von dem sozialplanpflichtigen Arbeitsplatzverlust betroffen sind und eine höhere, nach ihren individuellen Betriebs- und Sozialdaten zu ermittelnde Sozialplanabfindung verlangen können (BAG vom 17.11.2015 – 1 AZR 938/13).

Darüber hinaus ist nach § 5 AGG eine Ungleichbehandlung von Beschäftigten zulässig, wenn dadurch bestehende Nachteile tatsächlicher oder struktureller Art wegen eines in § 1 AGG genannten Grundes verhindert oder ausgeglichen werden sollen, z. B. Maßnahmen zur Förderung der gleichberechtigten Teilhabe von Frauen und Männern, jüngeren und älteren Beschäftigten sowie behinderten Beschäftigten im Erwerbsleben. In Betracht kommen z. B. Maßnahmen zur Durchsetzung der tatsächlichen Gleichberechtigung, insbesondere **Quotenregelungen** mit Einzelfallprüfung, sowie Maßnahmen zur Förderung schwerbehinderter Menschen, insbesondere eine bevorzugte Einstellung Schwerbehinderter bei gleicher Eignung. Die Vorschrift lässt Maßnahmen zur Behebung bestehender Nachteile ebenso zu wie präventive Maßnahmen zur Vermeidung künftiger Nachteile. Die Maßnahmen müssen jedoch nach objektivem Maßstab geeignet und angemessen sein und bedürfen im konkreten Fall der Abwägung mit Rechtspositionen der von ihnen negativ Betroffenen. Das schließt nach der Rechtsprechung des Europäischen Gerichtshofes einen absoluten Vorrang der zu fördernden Gruppe aus (EuGH vom 17.10.1995 (Kalanke) – C-450/93).

Wenn eine unterschiedliche Behandlung wegen mehrerer der in § 1 AGG genannten Gründe erfolgt, kann diese unterschiedliche Behandlung nach den §§ 8 bis 10 AGG nur gerechtfertigt werden, wenn sich die Rechtfertigung auf alle diese Gründe erstreckt, derentwegen die unterschiedliche Behandlung erfolgt (§ 4 AGG). Ist eine unterschiedliche Behandlung möglicherweise im Hinblick auf einen der in § 1 genannten Gründe gerechtfertigt, liegt darin nicht zugleich die Rechtfertigung einer Benachteiligung wegen eines anderen in § 1 genannten – ebenfalls vorliegenden – Grundes.

17. Welche Pflichten hat der Arbeitgeber zur Verhinderung von Benachteiligungen?

§ 11 AGG verpflichtet den Arbeitgeber einen **Arbeitsplatz nicht unter Verstoß gegen das Benachteiligungsverbot des § 7 Abs. 1 AGG auszuschreiben**. Dies gilt sowohl für eine öffentliche Ausschreibung wie für eine Ausschreibung innerhalb des Betriebes. Der Arbeitgeber darf deshalb eine Stelle nicht nur für Männer oder Frauen ausschreiben, z. B. „junger Mann für den Außendienst gesucht". Die Tätigkeit muss geschlechtsneutral formuliert werden oder es muss sowohl die weibliche als auch die männliche Bezeichnung der Tätigkeit oder des Berufes aufgeführt werden. Die korrekte Bezeichnung wäre z. B. Sekretär/Sekretärin, Friseur/Friseurin, Monteur/Monteurin, Fahrer/Fahrerin, Referent/Referentin usw. oder auch Hotelfachfrau/Hotelfachmann. Damit bei der Ausschreibung eine Benachteiligung wegen des Alters unterbleibt, dürfen in den Ausschreibungstext grundsätzlich (d. h. außer in den Fällen des § 10 AGG) keine Altersangaben – weder eine obere noch eine untere Altersgrenze – aufgenommen werden, z. B. nicht die Formulierung „nicht älter als 35 Jahre". Zu vermeiden sind auch Formulierungen, die Hinweise darauf geben, dass ältere Bewerber von vornherein keine Chance haben, wie die Formulierung „Young professional gesucht". Unverändert zulässig ist es jedoch, in Stellenausschreibungen bestimmte Qualifikationen oder berufliche Erfahrungen (wie mehrmalige Auslandstätigkeiten) sowie eine Mindestdauer im entsprechenden Beruf zu fordern, die notwendigerweise bei jüngeren Bewerbern noch nicht gegeben sein können. Selbstverständlich zulässig ist es auch, in Stellenausschreibungen von den Bewerbern eine bestimmte körperliche Belastbarkeit oder eine besondere gesundheitliche Fitness zu verlangen, wenn die vorgesehene Tätigkeit diese erfordert, auch wenn viele potentielle ältere Bewerber (ggf. auch viele Bewerberinnen oder Menschen mit einer Behinderung) diese Voraussetzungen nicht erfüllen können. Der Arbeitgeber verstößt bei der Stellenausschreibung auch nicht gegen das Benachteiligungsverbot, wenn eine unterschiedliche Behandlung nach den §§ 8 bis 10 AGG oder als positive Maßnahme nach § 5 AGG zulässig ist. Weiterhin zulässig sind deshalb Klauseln in Stellenausschreibungen, durch die die tatsächliche Gleichstellung von Frauen oder schwerbehinderten Menschen gefördert werden soll, wie z. B. die Formulierung: „Bei gleicher Eignung werden Schwerbehinderte bevorzugt".

Der Arbeitgeber ist nach § 12 Abs. 5 AGG verpflichtet, die gesetzlichen **Vorschriften des AGG** und des § 61b Arbeitsgerichtsgesetz im Betrieb oder in der Dienststelle **bekannt** zu **machen**. Um Betroffenen die Wahrnehmung ihrer Rechte zu erleichtern, ist weiter vorgesehen, dass zugleich auch über die vorhandenen, für die Behandlung von Beschwerden (nach § 13 AGG) zuständigen Stellen, zu informieren ist. Die Bekanntmachung kann durch Aushang oder Auslegung an geeigneter Stelle oder entsprechend der neueren technischen Entwicklung auch unter Einsatz der in dem Betrieb oder der Dienststelle üblichen Informations- und Kommunikationstechnik, wie z. B. das Intranet, erfolgen.

§ 12 Abs. 1 AGG begründet im Rahmen einer Generalklausel die Verpflichtung des Arbeitgebers, konkrete geeignete **Maßnahmen zum Schutz der Beschäftigten vor Benachteiligungen** auch durch Arbeitskollegen oder Dritte, wie etwa Kunden, zu treffen. Dieser Schutz umfasst **auch vorbeugende Maßnahmen**. Welche Maßnahmen geboten sind, kann je nach der Größe des Betriebes unterschiedlich zu beurteilen sein. Im Hinblick auf adäquate Präventionsmöglichkeiten ist sowohl an organisatorische Maßnahmen zur Konfliktvermeidung, an den Aufbau von Organisationsstrukturen zur Konfliktbewältigung als auch an eine umfassende Aufklärung aller Beschäftigten über die Problematik der Benachteiligung zu denken. Die Verpflichtung kann aber immer nur so weit gehen, wie der Arbeitgeber rechtlich und tatsächlich zur Pflichterfüllung in diesem Bereich in der Lage ist.

Der Arbeitgeber soll nach § 12 Abs. 2 AGG in geeigneter Art und Weise, insbesondere im Rahmen der beruflichen **Aus- und Fortbildung**, auf die Unzulässigkeit solcher Benachteiligungen hinweisen und darauf hinwirken, dass diese unterbleiben. Wenn der Arbeitgeber seine Beschäftigten in geeigneter Weise zum Zwecke der Verhinderung der Benachteiligung geschult hat, gilt dies als Erfüllung seiner Schutzpflichten nach § 12 Abs. 1 AGG. Dies gilt nur dann nicht, wenn er weitere zumutbare und erforderliche Maßnahmen schuldhaft unterlassen hat.

Für den Fall dass ein Beschäftigter oder eine Beschäftigte Opfer einer Benachteiligung durch andere Beschäftigte geworden ist, verpflichtet § 12 Abs. 3 AGG den Arbeitgeber, zur Unterbindung der Benachteiligung die Im Einzelfall geeigneten, erforderlichen und angemessenen Maßnahmen wie **Abmahnung, Umsetzung, Versetzung oder Kündigung** zu ergreifen. Der Arbeitgeber ist verpflichtet, seine Arbeitnehmer vor Belästigungen durch Vorgesetzte, Mitarbeiter oder Dritte, auf die er Einfluss hat, zu schützen und ihnen einen menschengerechten Arbeitsplatz zur Verfügung zu stellen. Gegebenenfalls ist der Arbeitgeber auch verpflichtet, seine Betriebs- und/oder Arbeitsstrukturen so zu organisieren, dass seine Beschäftigten durch ihre Arbeitskollegen nicht belästigt, sexuell belästigt oder auf andere Weise benachteiligt werden. Das BAG (vom 25.10.2007, NZA 2008, S. 223) hat aus § 12 Abs. 3 AGG einen einklagbaren Anspruch des benachteiligten Arbeitnehmers abgeleitet. § 12 Abs. 4 AGG verpflichtet den Arbeitgeber im Einzelfall geeignete, erforderliche und angemessene Maßnahmen zum Schutz der Beschäftigten auch zu ergreifen, wenn ein Beschäftigter oder eine Beschäftigte in Ausübung seiner oder ihrer Tätigkeit von Dritten benachteiligt wird (z. B. ein Auslieferungsfahrer wird von Kunden wegen seiner ethnischen Herkunft regelmäßig schikaniert).

18. Welche Rechte hat ein benachteiligter Beschäftigter?

Die Beschäftigten haben das **Recht**, sich bei den zuständigen Stellen des Betriebs, des Unternehmens oder der Dienststelle bei der Arbeitnehmervertretung **zu beschweren**, wenn sie sich im Zusammenhang mit ihrem Beschäftigungsverhältnis vom Arbeitgeber, von Vorgesetzten, anderen Beschäftigten oder Dritten wegen eines in § 1 AGG genannten Grundes benachteiligt fühlen (§ 13 Abs. 1 Satz 1 AGG). Zuständige Stellen ist kann beispielsweise ein Vorgesetzter, eine Gleichstellungsbeauftragte oder eine bestehende betriebliche Beschwerdestelle sein. Bei der Frage, wo der Arbeitgeber die Beschwerdestelle errichtet und wie er diese personell besetzt, besteht kein Mitbestimmungsrecht des Betriebsrats. Bei der Einführung und Ausgestaltung des Verfahrens, in dem Arbeitnehmer ihr Beschwerderecht nach § 13 Abs. 1 Satz 1 AGG wahrnehmen können, hat der Betriebsrat jedoch nach § 87 Abs. 1 Nr. 1 BetrVG mitzubestimmen (BAG vom 21.7.2009 – 1 ABR 42/08). Die Beschwerde ist inhaltlich zu prüfen und dem Beschwerdeführer oder der Beschwerdeführerin das Ergebnis der Prüfung mitzuteilen (§ 13 Abs. 1 Satz 2 AGG).

§ 14 AGG berechtigt den Beschäftigten oder die Beschäftigte, die Tätigkeit ohne Verlust des Entgeltanspruchs einzustellen, wenn der Arbeitgeber bzw. Dienstvorgesetzte keine oder offensichtlich ungeeignete Maßnahmen ergreift, um eine Belästigung oder sexuelle Belästigung am Arbeitsplatz zu unterbinden. Das **Leistungsverweigerungsrecht** besteht allerdings nur, soweit es zum Schutz des oder der betroffenen Beschäftigten erforderlich ist. Das kann insbesondere der Fall sein, wenn der Arbeitgeber auf eine Beschwerde über eine Belästigung oder über eine sexuelle Belästigung durch einen Arbeitskollegen nicht ausreichend reagiert, und wenn diese noch andauert oder mit einer weiteren Belästigung oder sexuellen Belästigung zu rechnen ist. So kann zum Beispiel eine Beschäftigte den konkreten Arbeitsplatz verlassen, um einer drohenden sexuellen Belästigung durch einen Arbeitskollegen zu entgehen. Daneben bleibt das Zurückbehaltungsrecht des § 273 BGB unberührt.

Bestimmungen in Arbeitsverträgen, Ausbildungsverträgen, Praktikantenverträgen sowie allen sonstigen individualrechtlichen Vereinbarungen, die gegen das Benachteiligungsverbot des § 7 Abs. 1 AGG verstoßen, sind nach § 7 Abs. 2 AGG **unwirksam**. Dasselbe gilt auch im Falle einer benachteiligenden Regelung in einem Tarifvertrag, in einer Betriebsvereinbarung, in einer Dienstvereinbarung (BAG vom 13.10.2009 – 9 AZR 722/08) oder einer den Kollektivverträgen gleichgestellten kircheneigenen Regelung, die Beschäftigte wegen eines in § 1 AGG genannten Grundes benachteiligt. Im Falle einer unwirksamen benachteiligenden Klausel kann der benachteiligte Beschäftigte die volle Gleichstellung mit dem durch individualrechtlichen oder kollektivrechtliche Vereinbarung bevorzugten Beschäftigten verlangen. Werden z. B. bestimmte Arbeitnehmer im Hinblick auf die Höhe des Arbeitsentgelts wegen eines in § 1 AGG genannten Grundes benachteiligt, haben sie Anspruch auf das Arbeitsentgelt, das die Arbeitnehmer der bevorzugten Gruppe erhalten.

Handelt es sich nicht um benachteiligende Vereinbarungen sondern um sonstige Benachteiligungen, so gilt Folgendes: Wird ein Beschäftigter z. B. bei einer freiwillig, aber allgemein im Betrieb gezahlten Gratifikation dadurch benachteiligt, dass ihm diese Leistung ganz oder teilweise vorenthalten wird, kann er die **Leistung verlangen**, die die bevorzugten Beschäftigten erhalten haben. Für gleiche oder gleichwertige Arbeit hat der benachteiligte Beschäftigte Anspruch auf gleiches Entgelt (BAG vom 11.12.2007 – 3 AZR 249/06). Bei sonstigen Verstößen gegen das Benachteiligungsverbot können Beschäftigte die **Beseitigung ihrer Benachteiligung verlangen** (z. B. Entfernen eines diskriminierenden Plakats). Hat der Arbeitgeber **Weisungen** erteilt, die gegen das Benachteiligungsverbot verstoßen, so braucht der Arbeitnehmer sie nicht zu beachten; denn sie sind **nicht verbindlich.**

Wenn weitere Benachteiligungen zu erwarten sind, kann der benachteiligte Beschäftigte auch entsprechend § 1004 BGB **auf Unterlassung** der Benachteiligung **klagen**. Ein bloßer Verdacht der Wiederholung reicht allerdings nicht; eine bevorstehende Benachteiligung muss konkret drohen. Ein Anspruch auf Unterlassung kommt insbesondere bei Belästigungen oder sexuellen Belästigungen mit Wiederholungsgefahr in Betracht.

Das Gesetz sieht als zentrale Rechtsfolge einer Verletzung des Benachteiligungsverbotes in § 15 Abs.2 AGG einen **Anspruch auf angemessene Entschädigung** des Betroffenen in Geld vor. Der Anspruch kann nur gegen den Arbeitgeber gerichtet werden und nicht gegen den Personalvermittler (BAG vom 23.1.2014 – 8 AZR 118/13). Die Entschädigungspflicht trifft den Arbeitgeber, wenn er selbst die Beschäftigten benachteiligt, unabhängig davon ob er schuldhaft gehandelt hat (BAG vom 22.1.2009 – 8 AZR 906/07). Aber auch wenn Benachteiligungen im Betrieb oder in der Dienststelle von Vorgesetzten begangen werden, hat der Arbeitgeber mit der Rechtsfolge einer Entschädigungspflicht ohne Rücksicht auf ein eigenes Verschulden einzustehen. Benachteiligungen durch Vorgesetzte sind dem Arbeitgeber aber nur zuzurechnen, wenn diese Person in Ausübung der ihr zustehenden Weisungsbefugnisse gehandelt hat. Beispiele: Entschädigungspflicht für benachteiligende Weisungen, grundsätzlich aber nicht für sexuelle Belästigungen durch Vorgesetzte. Werden Benachteiligungen im Betrieb oder in der Dienststelle von Vorgesetzten außerhalb ihrer Weisungsbefugnis oder von Arbeitskollegen – dies werden überwiegend Fälle der Belästigung oder sexuellen Belästigung sein –, oder von sonstigen Dritten, etwa Kunden begangen, trifft den Arbeitgeber eine Entschädigungspflicht nur, wenn er seine Verpflichtung zum Ergreifen geeigneter Schutzmaßnahmen wenigstens fahrlässig verletzt hat. Da für einen Entschädigungsanspruch nach § 15 Abs. 2 AGG die Benachteiligung wegen eines in § 1 AGG genannten Grundes erfolgt sein muss, ist ein Kausalzusammenhang erforderlich. Dieser ist dann gegeben, wenn die Benachteiligung an einen der in § 1 AGG genannten oder mehrere der in § 1 AGG genannten Gründe anknüpft oder dadurch motiviert ist. Ausreichend ist, dass ein in § 1 AGG genannter Grund Bestandteil eines Motivbündels ist, das die Entscheidung beeinflusst hat (BAG vom 22.10.2009 – 8 AZR 642/08).

Die Entschädigung wird ausschließlich für **immaterielle Schäden** (Schäden, die nicht Vermögensschäden sind) gewährt, die regelmäßig bei einer ungerechtfertigten Benachteiligung aus den in § 1 AGG genannten Gründen vorliegen. Die Entschädigungspflicht besteht auch dann, wenn den Beschäftigten nur ein sehr geringfügiger oder sogar kein materieller Schaden entstanden ist. Voraussetzung für einen Entschädigungsanspruch nach § 15 Abs. 2 AGG ist auch nicht, dass der Arbeitnehmer in seinem allgemeinen Persönlichkeitsrecht verletzt worden ist (BAG vom 22.1.2009 – 8 AZR 906/07) oder eine erhebliche Benachteiligung vorliegt. § 15 Abs. 2 AGG enthält eine eigenständige Anspruchsgrundlage für einen Entschädigungsanspruch. Die Grundsätze, die für den Anspruch auf Schmerzensgeld bei Verletzung des allgemeinen Persönlichkeitsrechts gelten, sind nicht anzuwenden. Vielmehr ist vom Vorliegen eines immateriellen Schadens auszugehen, wenn ein Verstoß gegen das

Benachteiligungsverbot feststeht. Die objektive Eignung einer Bewerberin ist keine Tatbestandsvoraussetzung für einen Anspruch nach § 15 Abs. 2 i.V. m. § 6 Abs. 1 Satz 2 AGG (BAG vom 20.1.2016 – 8 AZR 194/14 und vom 22.10.2015 – 8 AZR 384/14). Dem Entschädigungsverlangen nach § 15 Abs. 2 AGG kann jedoch der Einwand des Rechtsmissbrauchs (§ 242 BGB) entgegengesetzt werden, sofern eine Person sich nicht beworben hat, um die ausgeschriebene Stelle zu erhalten, sondern es ihr darum gegangen ist, nur den formalen Status als Bewerber i. S. v. § 6 Abs. 1 Satz 2 AGG zu erlangen mit dem ausschließlichen Ziel, eine Entschädigung geltend zu machen (BAG vom 11.8.2016 – 8 AZR 4/15).

Die **Höhe der Entschädigung** muss angemessen sein. Bei der Frage, welche Entscheidung angemessen i. S. v. § 15 Abs. 2 AGG ist, besteht für die Gerichte ein Beurteilungsspielraum, innerhalb dessen sie die Besonderheiten jedes einzelnen Falles zu berücksichtigen haben (BAG vom 18.3.2010 – 8 AZR 1044/08). Die Entschädigung muss geeignet sein, eine wirklich abschreckende Wirkung zu haben und auf jeden Fall in einem angemessenen Verhältnis zum erlittenen Schaden stehen. So wird etwa eine erhöhte Entschädigung geboten sein, wenn ein Beschäftigter mehrfach oder aus mehreren Gründen unzulässig benachteiligt oder belästigt wird. Bei einer benachteiligenden Nichteinstellung darf jedoch die Entschädigung drei Monatsgehälter nicht übersteigen, wenn der Beschäftigte auch bei benachteiligungsfreier Auswahl nicht eingestellt worden wäre. In anderen Benachteiligungsfällen, z. B. im Fall einer Belästigung oder sexuellen Belästigung, ergibt eine derartige Unterscheidung keinen Sinn. Insoweit stellt das auch keine sachgerechte Bemessungsgröße für die angemessene Monatseinkommen Entschädigung dar.

Erfolgen Benachteiligungen im Betrieb oder in der Dienststelle durch die Anwendung **kollektivrechtlicher Vereinbarungen** (z. B. Betriebsvereinbarungen oder Tarifverträgen), trifft den Arbeitgeber nach § 15 Abs. 3 AGG eine Entschädigungspflicht nur, wenn er vorsätzlich oder grob fahrlässig handelt. Benachteiligende kollektive Regelungen sind jedoch nach § 7 Abs. 2 AGG unwirksam. Diese Grundsätze greifen auch dann, wenn – mangels Tarifbindung – die Geltung von Tarifverträgen im Arbeitsvertrag vereinbart ist, ferner wenn ein Tarifvertrag für allgemeinverbindlich erklärt ist.

Die Regelung des § 15 Abs. 4 Satz 1 AGG schreibt eine **Frist** von zwei Monaten (zur grds. Zulässigkeit vgl. EuGH vom 8.7.2010 (Bulicke) – C-246/09) zur **schriftlichen** Geltendmachung des Entschädigungsanspruchs als auch des Schadenersatzanspruchs fest, es sei denn, die Tarifvertragsparteien haben andere, längere Fristen vereinbart. Die nach § 15 Abs. 4 Satz 1 AGG erforderliche Schriftform zur Geltendmachung von Schadensersatz- und Entschädigungsansprüchen (§ 15 Abs. 1 und 2 AGG) kann auch durch eine Klage gewahrt werden (BAG vom 22.5.2014 – 8 AZR 662/13). Angesichts der in § 23 AGG geregelten Beweislastverteilung soll dem Arbeitgeber nicht zugemutet werden, Dokumentationen über Einstellungsverfahren etc. bis zum Ablauf der allgemeinen Verjährungsfrist von drei Jahren aufbewahren zu müssen. Die Frist beginnt nach § 15 Abs. 4 Satz 2 AGG mit dem Zeitpunkt, an dem der oder die Benachteiligte von der Benachteiligung Kenntnis erlangt; im Fall einer Bewerbung oder eines beruflichen Aufstiegs ist das der Zeitpunkt des Zugangs der Ablehnung durch den Arbeitgeber. Eine „Ablehnung durch den Arbeitgeber" i. S. v. § 15 Abs.4 Satz 2 AGG setzt eine auf den Beschäftigten bezogene ausdrückliche oder konkludente Erklärung des Arbeitgebers voraus, aus der sich für den Beschäftigten aus der Sicht eines objektiven Erklärungsempfängers eindeutig ergibt, dass seine Bewerbung keine Aussicht (mehr) auf Erfolg hat. Ein Schweigen oder ein sonstiges Untätigbleiben des Arbeitgebers reicht grundsätzlich nicht aus, um die Frist des § 15 Abs. 4 Satz 2 AGG in Lauf zu setzen (BAG vom 29.6.2017 – 8 AZR 402/15). In den Fällen, in denen das Schadensersatz- und/oder Entschädigungsverlangen auf eine verbotene Benachteiligung nach dem AGG in der Form der Belästigung i. S. v. § 3 Abs. 3 AGG gestützt wird, beginnt die Frist des § 15 Abs. 4 AGG wegen des typischerweise prozesshaften Charakters der Belästigung mit dem Abschluss des letzten vom belästigten Arbeitnehmer geschilderten Vorfalls zu laufen (BAG vom 18.5.2017 – 8 AZR 74/16).

Kommt der Arbeitgeber einem fristgemäß gestellten Anspruch auf Entschädigung nicht nach, kann der benachteiligte Beschäftigte nach der Bestimmung des § 61b des Arbeitsgerichtsgesetzes nur innerhalb einer weiteren Frist von drei Monaten, nach der er den Anspruch schriftlich geltend gemacht hat, Klage vor dem Arbeitsgericht auf Entschädigung erheben.

Der Arbeitgeber ist bei einem Verstoß gegen das Benachteiligungsverbot des § 7 Abs. 1 AGG auch verpflichtet, den hierdurch entstandenen **materiellen Schaden zu ersetzen** (§ 15 Abs. 1 Satz 1 AGG). Dies gilt nach § 15 Abs. 1 Satz 2 AGG nur dann nicht, wenn der Arbeitgeber die Pflichtverletzung zu vertreten hat. Damit wird die Formulierung von § 280 Abs. 1 Satz 1 und 2 BGB übernommen. D. h. die Verpflichtung des Arbeitgebers zum Ersatz eines materiellen Schadens ist nicht verschuldensunabhängig. Damit gelten insbesondere die Vorschriften der §§ 276 bis 278 BGB. Der Arbeitgeber haftet nur, wenn er vorsätzlich oder fahrlässig gehandelt hat (§ 276 BGB). Ein Verschulden seines gesetzlichen Vertreters oder eines Erfüllungsgehilfen, z. B. des Vorgesetzten des Beschäftigten, hat der Arbeitgeber in gleichem Umfang zu vertreten wie eigenes Verschulden.

Einen Anspruch auf Begründung eines Beschäftigungsverhältnisses oder auf einen beruflichen Aufstieg besteht nach der Vorschrift des § 15 Abs. 6 AGG nicht. Rechtsansprüche auf einen beruflichen Aufstieg, die sich aus anderen Gründen ergeben, etwa ein tariflicher Bewährungsaufstieg oder Verpflichtung zur Übernahme von Auszubildenden, bleiben jedoch unberührt.

Das AGG stellt in § 15 Abs. 5 AGG auch klar, dass sich aus sonstigen allgemeinen Rechtsvorschriften ergebende Ansprüche gegen einen benachteiligenden Arbeitgeber unberührt bleiben. In Betracht kommen insbesondere Ansprüche auf Ersatz des materiellen Schadens nach den §§ 252, 823 BGB oder auf Unterlassung nach § 1004 BGB.

Die Vorschrift des § 16 Abs. 1 Satz 1 AGG bestimmt, dass Beschäftigte **wegen der Inanspruchnahme ihrer Rechte** aus diesem Gesetz **nicht benachteiligt** werden dürfen. Dieser Schutz wird durch § 16 Abs. 1 Satz 2 AGG entsprechend der Vorgabe der Richtlinien auch auf Personen, die Beschäftigte unterstützen sowie auf Zeuginnen und Zeugen ausgedehnt. Die Ausführung einer Anweisung, die andere Beschäftigte benachteiligen würde, wäre nach § 7 Abs. 1 AGG ebenso rechtswidrig wie die Erteilung der Anweisung selbst. § 16 Abs. 1 Satz 1 AGG stellt deshalb auch ausdrücklich klar, dass die Weigerung, eine derartige Weisung auszuführen, vom Arbeitgeber nicht mit Sanktionen belegt werden darf. Außerdem bestimmt § 16 Abs. 2 AGG, dass der Arbeitgeber keine Folgen daraus ableiten darf, ob der oder die Benachteiligte die Benachteiligung geduldet oder zurückgewiesen hat. Gleiches gilt nach § 16 Abs. 2 Satz 2 AGG gegenüber Personen, die Beschäftigte unterstützen oder als Zeuginnen oder Zeugen aussagen.

19. Wer muss im Streitfall die Benachteiligung beweisen?

Wenn im Streitfall über die Rechte nach dem AGG ein Beschäftigter oder eine Beschäftigte Indizien beweist, die eine Benachteiligung wegen eines in § 1 AGG genannten Grundes vermuten lassen, trägt der Arbeitgeber **die Beweislast** dafür, dass kein Verstoß gegen die Bestimmungen zum Schutz vor Benachteiligungen vorgelegen hat (§ 22 AGG). Die Vermutung einer Benachteiligung wegen eines in § 1 AGG genannten Grundes besteht jedoch nur, wenn Indizien vorliegen, die mit „überwiegender Wahrscheinlichkeit" darauf schließen lassen, dass ein in § 1 AGG genannter Grund ursächlich für die Benachteiligung war; die reine „Möglichkeit" einer Ursächlichkeit reicht dagegen nicht aus (BAG vom 26.1.2017 – 8 AZR 736/15). Für die Vermutungswirkung des § 22 AGG ist es allerdings ausreichend, dass ein in § 1 AGG genannter Grund „Bestandteil eines Motivbündels" ist, das die Entscheidung beeinflusst hat (BAG vom 18.9.2014 – 8 AZR 753/13). Diese Beweiserleichterung des § 22 AGG gilt bei allen Formen der im AGG genannten Benachteiligungen, also auch bei Belästigungen und sexuellen Belästigungen. Jedoch reicht auch weiterhin die bloße Behauptung, „gemobbt" oder sexuell belästigt worden zu sein, nicht aus. Ein Indiz, das eine Benachteiligung wegen des Geschlechts vermuten lässt, ist eine der Ablehnung der Bewerberin vorausgehende öffentliche Erklärung des Arbeitgebers, dass er die Einstellung von Frauen grundsätzlich ablehne. Ein ebensolches Indiz für eine Benachteiligung **wegen des Geschlechts**, auf die sich eine abgelehnte Bewerberin berufen kann, ist die Tatsache, dass der Arbeitgeber die zu besetzende Stelle ohne rechtfertigenden Grund nur für Männer ausgeschrieben hat. Indizien können sich auch aus abfälligen Äußerungen während eines Bewerbungsgesprächs ergeben.

Wird einer Arbeitnehmerin gekündigt, ohne dass Kenntnis von ihrer Schwangerschaft bei Zugang der Kündigungserklärung besteht, so ist weder die Kündigung selbst noch ein „Festhalten" an der Kündigung Indiz für eine Benachteiligung wegen des Geschlechts (BAG vom 17.10.2013 – 8 AZR 742/12).

Verletzt ein Arbeitgeber seine nach § 164 Abs. 1 SGB IX bestehende Pflicht, zu prüfen, ob er freie Arbeitsplätze mit schwerbehinderten Menschen besetzen kann, so stellt dies ein Indiz dafür dar, dass er einen abgelehnten schwerbehinderten Menschen **wegen der Behinderung** benachteiligt hat, weil er seine Förderpflichten unbeachtet gelassen hat (BAG vom 13.10.2011– 8 AZR 608/10). Unterlässt der öffentliche Arbeitgeber entgegen § 165 Satz 3 SGB IX, einen geeigneten schwerbehinderten Bewerber zu einem Vorstellungsgespräch einzuladen, so ist dies eine geeignete Hilfstatsache („Indiz") nach § 22 AGG, die mit überwiegender Wahrscheinlichkeit für das Vorliegen einer diskriminierenden Benachteiligung spricht (BAG vom 22.8.2013 – 8 AZR 563/12), wenn dem schwerbehinderten Bewerber nicht offensichtlich die fachliche Eignung fehlte (BAG vom 11.8.2016 – 8 AZR 375/15). Allein die Tatsache, dass nach der ersten Ablehnung zwei Einladungen zu Vorstellungsgesprächen ausgesprochen worden sind, lässt die Vermutungswirkung nicht rückwirkend entfallen. Der Verfahrensfehler kann nicht nachträglich „geheilt", der Verstoß gegen § 165 Satz 3 SGB IX nicht „rückgängig" und quasi „ungeschehen" gemacht werden (BAG vom 22.8.2013 – 8 AZR 563/12). Wenn die festgestellten Tatsachen eine Benachteiligung wegen der Behinderung vermuten lassen, trägt der Arbeitgeber nach § 22 AGG die Beweislast dafür, dass eine solche Benachteiligung nicht vorgelegen hat. Er muss das Gericht davon überzeugen, dass die Benachteiligung nicht auf der Behinderung beruht hat. Damit muss er Tatsachen und Umstände vortragen und gegebenenfalls beweisen, aus denen sich ergibt, dass es ausschließlich andere Gründe waren als die Behinderung, die zu der weniger günstigen Behandlung geführt haben, und in seinem Motivbündel weder die Behinderung als negatives noch die fehlende Behinderung als positives Kriterium enthalten war (BAG vom 22.8.2013 – 8 AZR 563/12). Dies gilt jedoch nur, wenn dem Arbeitgeber die Schwerbehinderteneigenschaft oder die Gleichstellung des Bewerbers bekannt gewesen ist. Die Information über die Behinderung hat regelmäßig im Bewerbungsschreiben selbst unter Angabe des Grades der Behinderung, gegebenenfalls einer Gleichstellung zu geschehen, da der Arbeitgeber jedenfalls gehalten ist, bei jeder Bewerbung das eigentliche Bewerbungsschreiben zur Kenntnis zu nehmen. Wird die Information im Lebenslauf gegeben, so hat dies an hervorgehobener Stelle und deutlich, etwa durch eine besondere Überschrift hervorgehoben, zu geschehen. „Eingestreute" oder unauffällige Informationen, indirekte Hinweise in beigefügten amtlichen Dokumenten, eine in den weiteren Bewerbungsunterlagen befindliche Kopie des Schwerbehindertenausweises etc. sind keine ordnungsgemäße Information des angestrebten Vertragspartners (BAG vom 26.9.2013 – 8 AZR 650/12).

Ein Verstoß des Arbeitgebers gegen seine Verpflichtung, ein ordnungsgemäßes betriebliches Eingliederungsmanagement (BEM) nach § 167 Abs. 2 SGB IX durchzuführen, begründet jedoch allein keine Vermutung für eine Benachteiligung wegen einer Behinderung (BAG vom 28.4.2011 – 8 AZR 515/10). Auch der bloße Ausspruch einer personenbedingten Kündigung wegen häufiger und wieder zu erwartenden Arbeitsunfähigkeitszeiten ist in der Regel keine hinreichende Indiztatsache für die Benachteiligung wegen einer Behinderung. Das Vorliegen eines Diskriminierungsmerkmals in der Person des Benachteiligten reicht für die Annahme eines Kausalzusammenhangs prinzipiell nicht aus (BAG vom 22.10.2009 – 8 AZR 642/08).

Ein Indiz für die Vermutung einer unzulässigen altersbedingten Benachteiligung eines 36-jährigen Juristen mit Berufserfahrung ist gegeben, wenn der Arbeitgeber in einer Stellenausschreibung für ein Traineeprogramm „Hochschulabsolventen/Young Professionells" sucht und die Ausschreibung ausdrücklich an „Berufsanfänger" richtet (BAG vom 24.1.2013 – 8 AZR 429/11). Indizwirkung i. S. d. § 22 AGG können auch gegebene, jedoch falsche, wechselnde oder in sich widersprüchliche Begründungen für eine benachteiligende Maßnahmen haben (BAG vom 21.6.2012 – 8 AZR 364/11).

20. Welche Aufgaben haben die Arbeitnehmervertretungen?

Der Betriebsrat und im öffentlichen Dienst der Personalrat haben wie der Arbeitgeber darüber zu wachen, dass alle im Betrieb tätigen Personen nach den Grundsätzen von Recht und Billigkeit behandelt werden, insbesondere, dass jede Benachteiligung von Personen aus Gründen ihrer Rasse oder wegen ihrer ethnischen Herkunft, ihrer Abstammung oder sonstigen Herkunft, ihrer Nationalität, ihrer Religion oder Weltanschauung, ihrer Behinderung, ihres Alters, ihrer politischen oder gewerkschaftlichen Betätigung oder Einstellung oder wegen ihres Geschlechts oder ihrer sexuellen Identität unterbleibt (§ 75 Abs. 1 BetrVG, § 67 Abs. 1 BPersVG).

Außerdem ist der Betriebsrat nach § 17 AGG aufgefordert, im Rahmen seiner Aufgaben und Handlungsmöglichkeiten an der Verwirklichung der Gesetzesziele des AGG mitzuwirken. Das Gesetz kann etwa Anlass dafür sein, Personalprozesse in Unternehmen und Betrieben unter dem Gesichtspunkt des Benachteiligungsschutzes zu überprüfen und gegebenenfalls neu zu definieren oder Verhaltenskodizes zu vereinbaren. Im Übrigen hat der Betriebsrat beim Abschluss von Betriebsvereinbarungen die Benachteiligungsverbote zu beachten und seinen Beitrag zur Verwirklichung der Gesetzesziele zu leisten. Er trägt eine Mitverantwortung dafür, dass bestimmte Beschäftigte nicht durch den Inhalt einer Betriebsvereinbarung benachteiligt werden.

Zur Betonung seiner Verantwortlichkeit wird in § 17 Abs. 2 AGG in Betrieben, in denen die Voraussetzungen des § 1 Abs. 1 Satz 1 des Betriebsverfassungsgesetzes vorliegen, dem Betriebsrat ebenso wie den im Betrieb vertretenen Gewerkschaften bei einem groben Verstoß des Arbeitgebers gegen die arbeitsrechtlichen Vorschriften des AGG die Möglichkeit eröffnet, unter der Voraussetzung des § 23 Abs. 3 Satz 1 des Betriebsverfassungsgesetzes die dort genannten Rechte gerichtlich geltend zu machen

Wenn ein benachteiligter Arbeitnehmer sich offiziell beim Betriebsrat oder Personalrat beschwert, hat dieser die Beschwerde des Arbeitnehmers entgegenzunehmen und, falls sie berechtigt ist, beim Arbeitgeber auf Abhilfe hinzuwirken(§ 85 BetrVG, § 68 Abs. 1 Nr. 3 BPersVG). Wenn der Arbeitnehmer sich beim Vorgesetzen oder anderen zuständigen Stellen des Betriebs beschwert, kann er zur Unterstützung oder Vermittlung ein Mitglied des Betriebsrats hinzuziehen (§ 84 Abs. 1 BetrVG). Auch kann der Arbeitnehmer ein Mitglied des Betriebsrats hinzuziehen, wenn er sein Recht, in die über ihn geführten Personalakten Einsicht zu nehmen, wahrnimmt (§ 83 Abs. 1 BetrVG).

Der Betriebsrat hat nach § 87 Abs. 1 Satz 1 BetrVG mitzubestimmen bei der Einführung und Ausgestaltung des Verfahrens, in dem Arbeitnehmer ihr Beschwerderecht nach § 13 Abs. 1 Satz 1 AGG wahrnehmen können. Er hat insoweit auch ein Initiativrecht. Kein Mitbestimmungsrecht besteht bei der Frage, wo der Arbeitgeber die Beschwerdestelle errichtet und wie er diese personell besetzt (BAG vom 21.7.2009 – 1 ABR 42/08).

In Unternehmen mit in der Regel mehr als 20 wahlberechtigten Arbeitnehmern hat der Betriebsrat hat nach § 99 Abs. 1 BetrVG das Recht, seine Zustimmung zu einer Einstellung, Umgruppierung oder Versetzung zu verweigern, wenn die personelle Maßnahme des Arbeitgebers gegen das AGG verstößt. Der Arbeitgeber darf die personelle Maßnahme ohne Zustimmung des Betriebsrats grundsätzlich nicht durchführen.

21. Welche Pflichten haben die Tarifvertragsparteien

Auch die Tarifvertragsparteien werden nach § 17 Abs. 1 AGG aufgefordert, im Rahmen ihrer Aufgaben und Handlungsmöglichkeiten an der Verwirklichung des Gesetzeszieles mitzuwirken. Sie haben beim **Abschluss von Tarifverträgen** darauf zu achten, dass die Beschäftigten durch die tarifvertraglichen Bestimmungen nicht (auch nicht mittelbar) wegen eines in § 1 des AGG genannten Grundes benachteiligt werden (BAG vom 19.1.2011 – 3 AZR 29/09).

Eine besondere **soziale Verantwortung** überträgt § 17 Abs. 2 AGG in Betrieben, in denen wegen der Betriebsgröße die Voraussetzungen des § 1 Abs. 1 Satz 1 BetrVG (mindestens fünf Arbeitnehmer) vorliegen, auch der im Betrieb vertretenen Gewerkschaft: Bei einem groben Verstoß des Arbeitgebers gegen die arbeitsrechtlichen Vorschriften des Gesetzes kann die im Betrieb vertretene Gewerkschaft unter der Voraussetzung des § 23 Abs. 3 Satz 1 BetrVG ebenfalls die dort genannten Rechte geltend machen. Auch die im Betrieb vertretene Gewerkschaft darf jedoch nicht die Individualansprüche der benachteiligten Beschäftigten im eigenen Namen geltend machen.

Für die Mitgliedschaft und Mitwirkung in einer Tarifvertragspartei (einer Gewerkschaft oder einem Arbeitgeberverband) sowie in deren jeweiligen Zusammenschlüssen(z. B. DGB, BDA) gelten die arbeitsrechtlichen Vorschriften des AGG, also insbesondere die Regelungen über die Benachteiligungsverbote und deren Rechtsfolgen bei einem Verstoß, entsprechend wie im Beschäftigungsverhältnis (so § 18 Abs. 1 AGG). D. h. dass es verboten ist, jemandem die Mitgliedschaft wegen eines in § 1 AGG genannten Grundes zu verweigern oder ein Mitglied aus einem dieser Diskriminierungsgründe auszuschließen. Ebenso ist es verboten, jemandem aus einem der in § 1 AGG genannten Gründe die Mitwirkung in einer Tarifvertragspartei zu verweigern. Wenn die Ablehnung der Mitgliedschaft oder der Mitwirkung in der Tarifvertragspartei einen Verstoß gegen das Benachteiligungsverbot des § 7 Abs. 1 AGG darstellt, besteht nach § 18 Abs. 2 AGG ein Anspruch auf Mitgliedschaft oder auf Mitwirkung in der Tarifvertragspartei. Diese Regelungen gelten entsprechend auch für die Mitgliedschaft und die Mitwirkung in einem Berufsverband (z. B. Deutscher Journalistenverband, Realschullehrerverband usw.) oder einer Vereinigung, die eine überragende Machtstellung im wirtschaftlichen Bereich (z. B. BDI) oder im sozialen Bereich (z. B. VdK, DRK) innehat, sowie deren Zusammenschlüsse.

22. An wen können sich benachteiligte Beschäftigte wenden?

Beim Bundesministerium für Familie, Senioren, Frauen und Jugend ist eine Antidiskriminierungsstelle des Bundes (www.antidiskriminierungsstelle.de) eingerichtet, an die sich jeder, der sich diskriminiert fühlt, wenden kann (§§ 25 ff. AGG).

Zudem sind sogenannte Antidiskriminierungsverbände befugt, in gerichtlichen Verfahren, in denen keine anwaltliche Vertretung gesetzlich vorgeschrieben ist, als Beistände (nicht aber als Vertreter) benachteiligter Beschäftigter in der Verhandlung aufzutreten.

C Entgelttransparenzgesetz

23. Was regelt das neue Entgelttransparenzgesetz? Für wen gilt es?

Nach § 1 des Gesetzes ist es das Ziel, „das Gebot des gleichen Entgelts für Frauen und Männer bei gleicher oder gleichwertiger Arbeit durchzusetzen". Das EntgTranspG ist ein eigenständiges und aus 25 Paragraphen bestehendes Gesetz, das in folgende fünf Abschnitte gegliedert ist:

Abschnitt 1 (§§ 1 bis 9 EntgTranspG) enthält in § 3 EntgTranspG ein dem Diskriminierungsverbot des § 7 AGG nachgebildetes Verbot entgeltungleicher Bezahlung und in § 7 EntgTranspG ein Entgeltgleichheitsgebot sowie Begriffsbestimmungen etwa zur Frage des Vorliegens einer gleichen oder gleichwertigen Arbeit.

In dem zweiten Abschnitt (§§ 10 bis 16 EntgTranspG) kommt dem „Individuellen Verfahren zur Überprüfung von Entgeltgleichheit" besondere Bedeutung zu. Insbesondere der individuelle Auskunftsanspruch (§ 10 Abs. 1 EntgTranspG) ist das Kernstück des Gesetzes für Arbeitnehmer in Betrieben mit mehr als 200 Beschäftigten (§ 12 Abs. 1 EntgTranspG). Der Anspruch wird durch Kontrollrechte des Betriebsrats (§ 13 Abs. 3–5 EntgTranspG) flankiert.

Im dritten Abschnitt (§§ 17 bis 20 EntgTranspG) sind betriebliche Verfahren zur „Überprüfung und Herstellung von Entgeltgleichheit" geregelt; diese treffen aber erst Arbeitgeber ab 500 Beschäftigten (§ 17 Abs. 1 EntgTranspG).

Schließlich finden sich im vierten Abschnitt (§§ 21 f. EntgTranspG) umfangreiche Berichtspflichten für Arbeitgeber über getroffene Maßnahmen zur Gleichstellungs- und Entgeltgleichheitsförderung, die aber ebenfalls erst für Unternehmen mit regelmäßig mehr als 500 Beschäftigten anwendbar sind (§ 21 Abs. 1 EntgTranspG).

Im fünften Abschnitt (§§ 23 bis 25 EntgTranspG) finden sich die in neueren arbeitsrechtlichen Gesetzen wie auch dem MiLoG geregelten Evaluationspflichten zur Bewertung des Gesetzes (§ 23 EntgTranspG) sowie Übergangsvorschriften zum Inkrafttreten einzelner Bestimmungen (§ 25 EntgTranspG).

Das Gesetz gilt nach § 2 Abs. 1 EntgTranspG für das Entgelt von Beschäftigten (i. S. v. § 5 Abs. 2 EntgTranspG), die von Arbeitgebern (i.S. v. § 5 Abs. 3 EntgTranspG) beschäftigt sind. Beschäftigte im Sinne des Gesetzes sind:

- Arbeitnehmerinnen und Arbeitnehmer,
- Beamtinnen und Beamte des Bundes sowie der sonstigen der Aufsicht des Bundes unterstehenden Körperschaften, Anstalten und Stiftungen des öffentlichen Rechts,
- Richterrinnen und Richter des Bundes,
- die zu ihrer Berufsausbildung Beschäftigten sowie
- die in Heimarbeit Beschäftigten sowie die ihnen Gleichgestellten.

Arbeitgeber im Sinne des Gesetzes sind natürliche und juristische Personen sowie rechtsfähige Personengesellschaften, die die im Gesetz definierten Beschäftigten beschäftigen. Für die in Heimarbeit Beschäftigten und die Ihnen Gleichgestellten tritt an die Stelle des Arbeitgebers der Auftraggeber oder der Zwischenmeister.

24. Was bedeutet das Verbot der Entgeltbenachteiligung?

Das Gebot der **Entgeltgleichheit** zwischen Männern und Frauen ist auch in Deutschland nicht neu, sondern bereits seit langem in mehreren Rechtsgrundlagen verankert (Art. 3 GG, §§ 75 Abs. 1, 80 Abs. 1 und 2 BetrVG, §§ 7 Abs. 1 Satz 1 AGG). Das Benachteiligungsverbot des § 7 Abs. 1 AGG verbietet u.a., Beschäftigte wegen des Geschlechts zu benachteiligen. Dieses Benachteiligungsverbot verbietet jede Benachteiligung am Arbeitsplatz wegen des Geschlechts – auch die Vereinbarung oder Zahlung einer geringeren Entgelthöhe als bei Beschäftigten des anderen Geschlechts.

Das Entgelttransparenzgesetz enthält nun ein ausdrückliches **Verbot der** unmittelbaren und mittelbaren **Entgeltbenachteiligung** wegen des Geschlechts (§ 3 EntgTranspG). Nach § 3 Abs. 1 EntgTranspG ist bei gleicher oder gleichwertiger Arbeit eine unmittelbare oder mittelbare Benachteiligung wegen des Geschlechts im Hinblick auf sämtliche Entgeltbestandteile und Entgeltbedingungen verboten. Das neue Gesetz definiert. sodann den Begriff der Entgeltbenachteiligung und differenziert dabei– wie das AGG – zwischen der unmittelbaren (§ 3 Abs. 2 EntgTranspG) und der mittelbaren (§ 3 Abs. 3 EntgTranspG) Entgeltbenachteiligung und unterteilt danach, ob wegen des Geschlechts, einer Schwangerschaft oder Mutterschaft ein geringeres Entgelt gezahlt wird oder dem Anschein nach die Entgeltdifferenzierung auf vermeintlich neutrale Kriterien gestützt wird, aber Beschäftigte eines Geschlechts besonders benachteiligt.

Das Gesetz enthält auch ein ausdrückliches **Entgeltgleichheitsgebot** (§ 7 EntgTranspG): „Bei Beschäftigungsverhältnissen darf für gleiche oder für gleichwertige Arbeit nicht wegen des Geschlechts der oder des Beschäftigten ein geringeres Entgelt vereinbart werden als bei einer oder einem Beschäftigten des anderen Geschlechts".

Klar ist, dass das Entgeltgleichheitsgebot und das Verbot der Entgeltbenachteiligung des EntgTranspG als Spezialfall der Geschlechterdiskriminierung ihre Wurzeln im AGG haben. So weist § 2 Abs. 2 EntgTranspG darauf hin, dass die Regelungen des AGG unberührt bleiben (vgl. insbesondere Kapitel 20 Nr. 18).

25. Was ist als „Entgelt" anzusehen?

Entgelt im Sinne des Gesetzes sind alle Grund – oder Mindestarbeitsentgelte sowie alle sonstigen Vergütungen, die unmittelbar oder mittelbar in bar oder in Sachleistungen aufgrund eines Beschäftigungsverhältnisses gewährt werden (§ 5 Abs. 1 EntgTranspG).

26. Welche Arbeit ist als „gleich" und „gleichwertig" anzusehen?

Das EntgTranspG enthält je eine umfassende Definition der „gleichen" (vgl. § 4 Abs. 1 EntgTranspG) und der „gleichwertigen" (vgl. § 4 Abs. 2 EntgTranspG) Arbeit, die die notwendige Voraussetzung für eine Vergleichbarkeit der Entgelte ist. **Gleiche Arbeit** (Ausübung „einer identischen oder gleichartigen Tätigkeit") wird hierbei dann angenommen, wenn die Arbeitnehmer jeweils substituierbar sind (vgl. BT-Drs. 18/11133, S. 51).

Gleichwertige Arbeit („Arbeit in einer vergleichbaren Situation") soll dann vorliegen, wenn die Tätigkeiten von „gleichem Arbeitswert" (vgl. BT-Drs. 18/11133, S. 51) sind. Diese Definition hat der EuGH (vom 26.6.2001 – C-381/99, EuZW 2001, S. 568) bereits herangezogen und zieht als zu berücksichtigende Faktoren die Art der Arbeit, die Ausbildungsanforderungen sowie die Arbeitsbedingungen heran.

27. Was bedeutet der individuelle Auskunftsanspruch?

Der in § 10 EntgTranspG geregelte individuelle Auskunftsanspruch ist die „Zentralvorschrift" des neuen Gesetzes. Das Gebot der Entgeltgleichheit zwischen Männern und Frauen ist regelmäßig Gegenstand arbeitsgerichtlicher Verfahren (vgl. u. a. LAG Rheinland-Pfalz vom 13.5.2015 – 5 Sa 436/13, NZA-RR 2015, S. 517). Bislang fehlte allerdings den wegen ihres Geschlechts benachteiligten Personen eine Rechtsgrundlage, um prüfen zu können, ob überhaupt eine Ungleichbehandlung beim Entgelt vorliegt, und die Möglichkeit, die notwendigen Auskünfte hierzu einholen zu können. Schadensersatz- und Entschädigungsansprüche nach dem AGG sehen zwar gem. § 22 AGG eine Beweislastumkehr vor, erfordern aber zunächst das Darlegen von Diskriminierungsindizien.

Zur Überprüfung der Einhaltung des Entgeltgleichheitsgebots haben Beschäftigte jetzt einen Auskunftsanspruch zu den Kriterien und Verfahren der Entgeltfindung und auf Angabe zum Vergleichsentgelt nach Maßgabe der §§ 11 bis 16 EntgTranspG. Die Auskunftsverpflichtung zu den Kriterien und Verfahren der Entgeltfindung erstreckt sich auf die Information über die Festlegung des eigenen Entgelts sowie des Entgelts über die Vergleichstätigkeit (§ 11 Abs. 2 EntgTranspG). In Bezug auf das Vergleichsentgelt erstreckt sich die Auskunftsverpflichtung auf die Angabe des Entgelts für die Vergleichstätigkeit (§ 11 Abs. 3 EntgTranspG) – und zwar als Median – Entgelt in einer Vergleichsgruppe aus mindestens sechs Personen des jeweils anderen Geschlechts. Der Auskunftsanspruch umfasst die Auskunft zu dem durchschnittlichen **Bruttoentgelt** und zusätzlich bis **zu zwei weitere Entgeltbestandteile** (z. B. Boni, Dienstwagen). Bei der Beantwortung des Auskunftsverlangens sind sämtliche personenbezogenen Daten anderer Arbeitnehmer vom Arbeitgeber zu anonymisieren.

28. Wann besteht der Auskunftsanspruch?

Der Auskunftsanspruch steht nach § 12 Abs. 1 EntgTranspG nur solchen Beschäftigten zu, die in **Betrieben** (!) **mit in der Regel mehr als 200 Beschäftigten** bei demselben Arbeitgeber tätig sind.

Das Auskunftsverlangen darf **in Textform** gestellt werden. Es genügt also z. B. eine E-Mail. In dem Auskunftsverlangen ist die **Vergleichstätigkeit** (gleiche oder gleichwertige Tätigkeit) zu **benennen**. Voraussetzung für den individuellen Auskunftsanspruch ist gem. § 12 Abs. 3 EntgTranspG jedoch, dass **mindestens sechs Kollegen des anderen Geschlechts** diese Vergleichstätigkeit ausüben. Hierdurch sollen der Datenschutz der betroffenen Beschäftigten und möglichst aussagekräftige Vergleiche sichergestellt werden.

Zu beachten ist, dass der individuelle Auskunftsanspruch gem. § 25 Abs. 1 EntgTranspG erstmals sechs Kalendermonate nach Inkrafttreten des Gesetzes (also ab 1.7.2018) geltend gemacht werden kann. Eine neue Anfrage kann grundsätzlich erst alle zwei Jahre ab dem Tag des vorherigen Auskunftsverlangens gestellt werden und nur dann früher, wenn sich die Voraussetzungen (z. B. durch einen Stellenwechsel) in der Zwischenzeit wesentlich verändert haben.

29. An wen muss der Arbeitnehmer sein Auskunftsverlangen stellen?

Beschäftigte tarifgebundener und tarifanwendender Arbeitgeber stellen ihr Auskunftsverlangen an den Betriebsrat, der es anonymisiert weiterleitet (§ 14 Abs. 1 EntgTranspG). Besteht kein Betriebsrat, ist das Auskunftsverlangen direkt an den Arbeitgeber zu stellen (§ 14 Abs. 3 EntgTranspG).

Beschäftigte nicht tarifgebundener und nicht tarifanwendender Arbeitgeber wenden sich mit ihrem Verlangen direkt an den Arbeitgeber (§ 15 Abs. 1 EntgTranspG). Leitende Angestellte müssen sich mit ihrem Auskunftsverlangen auch stets an den Arbeitgeber wenden (§ 13 Abs. 4 EntgTranspG).

30. Wie ist der Betriebsrat beim Auskunftsverlangen beteiligt?

Besteht in dem Betrieb mit mehr als 200 Beschäftigten ein Betriebsrat, so ist dieser grundsätzlich für das Auskunftsverlangen und dessen Beantwortung zuständig. Nach § 13 Abs. 2 EntgTranspG sind demnach der Betriebsausschuss oder ein nach § 28 Abs. 1 Satz 3 BetrVG beauftragter Ausschuss für die Erfüllung dieser Aufgabe berechtigt, Einblick in die Listen über die Bruttolöhne und -gehälter zu nehmen. Dabei trifft den Arbeitgeber die Aufgabe die Entgeltlisten so für den Betriebsrat aufzubereiten, dass dieser seine Aufgaben in ordnungsgemäßer Form wahrnehmen kann. Insoweit ergänzt die Vorschrift den bereits bislang in § 80 Abs. 2 BetrVG vorgesehenen Auskunftsanspruch hinsichtlich der Bruttogehaltslisten.

Der Betriebsrat kann, wenn er dies aufgrund der Umstände des Einzelfalls für geboten hält, seine Pflicht zur Prüfung und Beantwortung des Auskunftsverlangens an den Arbeitgeber „delegieren" (§ 14 Abs. 1 Satz 4 EntgTranspG). Ein solcher Fall könnte z. B. eintreten, wenn ein Betriebsratsmitglied selbst einen Auskunftsanspruch geltend macht und diesen ganz bewusst durch den Arbeitgeber beantwortet sehen will. Im Gegenzug ist aber auch der Arbeitgeber bei Bestehen eines Betriebsrats gem. § 14 Abs. 2 Satz 1 EntgTranspG berechtigt, die Erfüllung der Auskunftsverpflichtung generell oder in bestimmten Fällen zu übernehmen (z. B. für AT-Angestellte).

31. Welche Folgen kann es haben, wenn der Arbeitgeber dem Auskunftsverlangen nicht nachkommt?

Kommt der Arbeitgeber dem Auskunftsverlangen nicht nach, so wird eine ungerechtfertigte Ungleichbehandlung des Arbeitnehmers durch den Arbeitgeber vermutet (§ 15 Abs. 5 EntgTranspG). Diese Regelung zur **Beweislastumkehr** ähnelt § 22 AGG, setzt aber noch einmal deutlich früher an, indem bereits ein reines „Nichthandeln" des Arbeitgebers zur Beweislastumkehr führt.

Der Arbeitgeber trägt dann im Streitfall die Beweislast dafür, dass kein Verstoß gegen das Entgeltgleichheitsgebot dieses Gesetzes vorliegt. Er ist berechtigt, **Rechtfertigungsgründe für eine ungleiche Bezahlung** vorzutragen; das Vorliegen arbeitsmarktbezogener Gründe für eine Ungleichbehandlung oder außergewöhnliche Leistungen des entgeltlich bevorzugten Mitarbeiters muss der Arbeitgeber darlegen und beweisen (§ 15 Abs. 4 EntgTranspG).

32. Welche Arbeitgeber sind zur Überprüfung der Entgeltgleichheit besonders aufgerufen?

Sollte der Arbeitgeber (d. h. das Unternehmen nicht der Betrieb!) regelmäßig mehr als 500 Beschäftigte haben, muss er mindestens alle fünf Jahre prüfen, ob er das Entgeltgleichheitsgebot einhält (§ 17 EntgTranspG). Der vorgenannte, von dem in § 12 Abs. 1 EntgTranspG (200) abweichende Schwellenwert soll sicherstellen, dass diese zusätzliche bürokratische Hürde nur solche Arbeitgeber (Unternehmen) trifft, bei denen aufgrund ihrer Größe angenommen wird, dass sie die erforderlichen Daten schnell und noch mit verhältnismäßigem Aufwand bereitstellen können. Bei Konzernunternehmen kann das herrschende Unternehmen das betriebliche Prüfverfahren für alle Konzernunternehmen durchführen, wenn das herrschende Konzernunternehmen entscheidenden Einfluss auf die Entgeltbedingungen der Konzerntöchter nimmt (§ 17 Abs. 1 Satz 2 EntgTranspG).

Wird ein betriebliches Prüfverfahren durchgeführt, hat dies der Arbeitgeber in eigener Verantwortung mit Hilfe der Verfahren nach § 18 und unter Beteiligung der betrieblichen Interessenvertretungen zu erfolgen (§ 17 Abs. 2 EntgTranspG). Sollten im Rahmen des freiwillig durchzuführenden betrieblichen Prüfverfahrens geschlechtsspezifische Benachteiligungen bzgl. des Entgelts identifiziert werden, so soll der Arbeitgeber entsprechende Maßnahmen zur Beseitigung dieser Ungleichbehandlung ergreifen (§ 19 EntgTranspG).

33. Welche Unternehmen haben eine Berichtspflicht zur Gleichstellungslage?

Um dem EntgTranspG zu einer bestmöglichen Verbreitung zu verhelfen und das Thema der Gleichstellung in der medialen Wahrnehmung zu halten, hat der Gesetzgeber für lageberichtspflichtige Unternehmen (§§ 264, 289 HGB) mit mehr als 500 Beschäftigten zusätzliche Berichtspflichten vorgesehen. Diese sind verpflichtet, einen Bericht zur Gleichstellung und Entgeltgleichheit zu erstellen, in dem Maßnahmen zur Förderung der Gleichstellung von Frauen und Männern dargestellt werden. Sollte das Unternehmen keine solche Maßnahmen ergreifen, muss es erklären, warum es keine Maßnahmen ergreift (§ 21 Abs. 1 Satz 2 EntgTranspG).

Tarifgebundene oder tarifanwendende Arbeitgeber müssen diesen Bericht alle fünf Jahre erstellen, alle anderen Arbeitgeber müssen diesen Bericht alle drei Jahre erstellen. Der Bericht ist dem Lagebericht nach § 289 HGB als Anlage beizufügen und im Bundesanzeiger zu veröffentlichen.

21. Arbeitnehmererfindungen und Verbesserungsvorschläge

1. Woraus ergeben sich Rechte und Pflichten des Arbeitgebers im Hinblick auf die vom Arbeitnehmer gemachten Erfindungen?

Rechte und Pflichten von Arbeitgeber und Arbeitnehmer hinsichtlich der schöpferischen Leistungen eines Arbeitnehmers, die als patentwürdig im Sinne des deutschen Patentgesetzes oder als gebrauchsmusterfähig nach deutschem Gebrauchsmusterrecht anzusehen sind, sind geregelt im Gesetz über Arbeitnehmererfindungen, in zwei Durchführungsverordnungen und den Richtlinien des Bundesministeriums für Arbeit und Soziales (BMA) für die Vergütung von Arbeitnehmererfindungen. Zu unterscheiden sind Diensterfindungen, d. h. Erfindungen, die während der Dauer des Arbeitsverhältnisses entweder maßgeblich auf Erfahrungen oder Arbeiten des Betriebes beruhen oder aus der dem Arbeitnehmer im Betrieb obliegenden Tätigkeit entstanden sind, sowie freie Erfindungen, d. h. Erfindungen, die weder im Rahmen der vertraglichen Aufgabe des Arbeitnehmers liegen noch maßgeblich mit Betriebserfahrungen zusammenhängen (§ 4 ArbNerfG). Für diese Unterscheidung ist es unerheblich, ob der Arbeitnehmer die Erfindung während der Dienststunden oder während seiner Freizeit oder im Urlaub gemacht hat.

2. Welche Pflichten hat der Arbeitnehmer gegenüber dem Arbeitgeber, wenn er eine Erfindung gemacht hat?

a) Der Arbeitnehmer, der eine Diensterfindung macht, ist verpflichtet, sie unverzüglich dem Arbeitgeber schriftlich (es reicht die Textform, vgl. Kapitel 3 Nr. 10) zu melden (§ 5 Abs. 1 Satz 1 ArbNerfG); der Arbeitgeber hat den Zeitpunkt des Eingangs der Meldung in derselben Form unverzüglich zu bestätigen. Die Meldepflicht beginnt, sobald die Erfindung fertig ist, d. h., der Erfinder die sich aus der Aufgabe und Lösung ergebende technische Lehre erkannt hat. Nicht entscheidend ist, ob die Erfindung bereits fabrikationsreif ist oder der Arbeitgeber von ihr Kenntnis genommen hat. In der Meldung hat der Arbeitnehmer die technische Aufgabe, ihre Lösung und das Zustandekommen, gegebenenfalls unter Beifügung von vorhandenen Aufzeichnungen, zu beschreiben. Sie soll ferner die dem Arbeitnehmer erteilten dienstlichen Weisungen oder Richtlinien, die benutzten Erfahrungen oder Arbeiten des Betriebes, die Mitarbeiter sowie Art und Umfang ihrer Mitarbeit angeben und den eigenen Anteil des Arbeitnehmers hervorheben (§ 5 Abs. 2 ArbNerfG). Eine fehlerhafte Meldung gilt als ordnungsgemäß, wenn der Arbeitgeber dies nicht innerhalb von zwei Monaten bemängelt.

b) Hat der Arbeitnehmer eine aus seiner Sicht freie Erfindung gemacht, so ist gleichwohl diese Tatsache und der Gegenstand der Erfindung dem Arbeitgeber mitzuteilen, damit dieser beurteilen kann, ob es sich tatsächlich um eine außerhalb des Aufgabengebietes des Arbeitnehmers liegende und nicht mit Betriebserfahrungen in Zusammenhang stehende Erfindung handelt (§ 18 Abs. 1 ArbNerfG). Dies gilt nur dann nicht, wenn die Erfindung offensichtlich im Arbeitsbereich des Arbeitgebers nicht verwendbar ist (§ 18 Abs. 3 ArbNerfG). Bevor der Arbeitnehmer eine solche freie Erfindung anderweitig verwertet, muss er seinem Arbeitgeber ein nicht ausschließliches Recht zur Benutzung der Erfindung zu angemessenen Bedingungen anbieten, wenn sie in den Arbeitsbereich des Arbeitgeberbetriebes fällt (§ 19 Abs. 1 ArbNerfG).

3. Welche Rechte hat der Arbeitgeber an der Diensterfindung?

a) Der Arbeitgeber kann die ihm gemeldete schutzwürdige Diensterfindung innerhalb einer Ausschlussfrist von vier Monaten nach Zugang der ordnungsgemäßen Meldung durch Erklärung gegenüber dem Arbeitnehmer in Anspruch nehmen (§ 6 ArbNerfG). Die Inanspruchnahme gilt als erklärt, wenn der Arbeitgeber die Diensterfindung nicht bis zum Ablauf von vier Monaten nach Eingang der Meldung freigibt.

b) Mit der Inanspruchnahme gehen alle vermögenswerten Rechte an der Diensterfindung auf den Arbeitgeber über (§ 7 Abs. 1 ArbNerfG); dem Arbeitnehmer verbleibt allein das Recht der Erfinderehre und der Vergütungsanspruch (vgl. Nr. 4).

c) Der Arbeitgeber ist allein berechtigt, aber auch verpflichtet, unverzüglich die Diensterfindung im Inland zur Erteilung eines Patents oder eines Gebrauchsmusters anzumelden (§ 13 Abs. 1 ArbNerfG).

4. Wie hat der Arbeitgeber die Inanspruchnahme der Diensterfindung zu vergüten?

Der Arbeitnehmer hat gegen den Arbeitgeber einen Anspruch auf angemessene Vergütung, sobald der Arbeitgeber die Diensterfindung in Anspruch genommen hat (§ 9 Abs. 1 ArbNerfG). Die Höhe der Vergütung bemisst sich insbesondere nach der wirtschaftlichen Verwertbarkeit der Erfindung, den Aufgaben und der Stellung des Arbeitnehmers im Betrieb sowie nach dem Anteil des Betriebes am Zustandekommen der Erfindung (§ 9 Abs. 2 ArbNerfG). Wesentliche Anhaltspunkte für die Ermittlung geben die vom BMA erlassenen Vergütungsrichtlinien. Die Art und Höhe der Vergütung soll in angemessener Zeit durch Vereinbarung festgesetzt werden; bei Nichteinigung erfolgt die Festsetzung durch den Arbeitgeber spätestens nach drei Monaten nach Aufnahme der Benutzung. Der Festsetzung kann der Arbeitnehmer innerhalb von zwei Monaten widersprechen (§ 12 ArbNerfG).

5. Welche Regelungen gelten für in der ehemaligen DDR gemachte Arbeitnehmererfindungen?

Für Arbeitnehmererfindungen, die vor dem 3. Oktober 1990 in der ehemaligen DDR gemacht worden sind, gilt das DDR-Recht weiter. Eine Beeinträchtigung der Interessen der betroffenen Arbeitnehmer ergibt sich dadurch nicht, weil die DDR durch Gesetz vom 29. Juni 1990 bereits die grundsätzlichen Regelungen des Bundesrechts über Arbeitnehmererfindungen eingeführt hatte und auch die Richtlinien des BMA zur Ermittlung einer angemessenen Vergütung Anwendung finden.

6. Wie hat der Arbeitgeber einen technischen Verbesserungsvorschlag des Arbeitnehmers zu vergüten?

Der Arbeitnehmer hat gegen den Arbeitgeber einen Anspruch auf angemessene Vergütung von technischen Verbesserungsvorschlägen, die zwar nicht patent- oder gebrauchsmusterfähig sind, dem Arbeitgeber aber eine ähnliche Vorzugsstellung wie Patent- oder Gebrauchsmusterrecht gewähren, sobald der Arbeitgeber sie verwertet (§ 20 Abs. 1 ArbNerfG).

7. Wie hat der Arbeitgeber sonstige Verbesserungsvorschläge des Arbeitnehmers zu vergüten?

a) Wie sonstige Verbesserungsvorschläge (sowohl technische Verbesserungsvorschläge, die keine Vorzugsstellung begründen, als auch kaufmännische oder organisatorische Verbesserungsvorschläge) zu vergüten sind, kann sich aus einer tarifvertraglichen Regelung oder (üblicherweise) aus einer Betriebsvereinbarung ergeben. Soweit eine gesetzliche oder tarifvertragliche Regelung nicht besteht, hat der Betriebsrat ein Mitbestimmungsrecht bei der Aufstellung von Grundsätzen über das betriebliche Vorschlagswesen (§ 87 Abs. 1 Nr. 12 BetrVG). Zum Abschluss einer Betriebsvereinbarung hat der Betriebsrat ein Initiativrecht (LAG Düsseldorf vom 24.1.1978, EzA 1 zu § 87 BetrVG 1972 Vorschlagwesen). Prämien für Verbesserungsvorschläge werden durchschnittlich in Höhe von 15–20 % des einjährigen Nettonutzens gezahlt.

b) Darüber hinaus hat der Arbeitnehmer jedenfalls dann einen Vergütungsanspruch, wenn der Arbeitgeber den Verbesserungsvorschlag verwertet, es sich um eine Sonderleistung des Arbeitnehmers handelt (also über seine normalen Vertragspflichten hinausgeht) und die Anwendung des Vorschlags dem Arbeitgeber einen nicht unerheblichen Vorteil bringt (z. B. BAG vom 28.3.1981, DB 1981, S. 1882). Da die Mehrheitsentscheidung einer durch Betriebsvereinbarung paritätisch besetzten Kommission zur Bewertung von Verbesserungsvorschlägen (BVW-Kommission) im Rahmen freiwilliger Mitbestimmung nach der Entscheidung des BAG vom 20.1.2004 - 9 AZR 393/03 das Privileg einer nur begrenzten gerichtlichen Überprüfbarkeit genießt, ist die der Abschluss einer Betriebsvereinbarung zur Einrichtung einer solchen Kommission den in Betracht kommenden Betrieben dringend zu empfehlen. Ärger, Arbeitsaufwand und Risiken eines langwierigen Gerichtsverfahrens werden so vermieden.

c) Prämien für betriebliche Verbesserungsvorschläge sind zumindest nach Ansicht des Landesarbeitsgerichts in Frankfurt in der Regel nicht gerichtlich einklagbar (13 Sa 1590/01). Bei Prämien für Verbesserungsvorschläge besteht danach nur ein eingeschränkter Rechtsschutz für den Arbeitnehmer. Eine Überprüfung ist nur auf offensichtliche Richtigkeit oder Willkür, nicht aber auf Originalität oder Nützlichkeit der Vorschläge möglich. Da es sich bei solchen Prämien um eine freiwillige Leistung des Arbeitgebers handele und die Mitarbeiter nicht zu Verbesserungsvorschlägen verpflichtet sind, besteht auch keine Notwendigkeit zur umfassenden gerichtlichen Kontrolle.

22. Betriebsinhaberwechsel, Betriebsübergang, Outsourcing

1. Was geschieht mit den Arbeitsverhältnissen, wenn ein Betrieb auf einen neuen Inhaber übergeht?

Geht ein Betrieb oder Betriebsteil durch Rechtsgeschäft auf einen neuen Inhaber über, tritt dieser in die Rechte und Pflichten aus dem im Zeitpunkt des Übergangs bestehenden Arbeitsverhältnis ein (§ 613a Abs. 1 BGB), nicht aber in den Anstellungsvertrag eines GmbH-Geschäftsführers (BAG vom 13.2.2003 – 8 AZR 654/01). Dabei ist ein Betrieb eine organisatorische Einheit, innerhalb derer der Inhaber allein oder mit seinen Mitarbeitern mit Hilfe technischer und immaterieller Mittel bestimmte arbeitstechnische Zwecke fortgesetzt verfolgt (BAG vom 15.11.2012 – 8 AZR 683/11). Als Rechtsfolge eines Betriebs- bzw. Betriebsteilübergangs ergibt sich ein Übergang des Arbeitsverhältnisses nur dann, wenn der Arbeitnehmer der wirtschaftlichen Einheit zum Zeitpunkt des Übergangs angehört (BAG vom 21.6.2012 – 8 AZR 181/11).Von einem Übergang eines Betriebs oder Betriebsteils werden nur diejenigen Arbeitnehmer erfasst, deren Arbeitsverhältnisse dem übergegangenen Betrieb oder Betriebsteil zugeordnet und tatsächlich eingegliedert waren. Dabei kommt es auf den ausdrücklichen oder konkludent erklärten Willen der Arbeitsvertragsparteien oder, wenn dieser nicht vorliegt, auf die Zuordnung durch den Arbeitgeber aufgrund seines Weisungsrechts an. Auf vertragliche Vereinbarungen zwischen Betriebsveräußerer und Betriebserwerber kommt es bei der Zuordnung eines Arbeitnehmers zu einem Betriebsteil nicht an (BAG vom 21.2.2013 – 8 AZR 877/11).

Der Übergang der Rechte und Pflichten aus dem Arbeitsverhältnis erfolgt unabhängig davon, ob der alte oder der neue Inhaber dies wollen oder nicht. Auch ist eine Erklärung des neuen Inhabers, die bisherigen Arbeitnehmer zu übernehmen, nicht erforderlich. Die Vorschrift des § 613a Abs. 1 Satz 1 BGB ist zwingendes Recht. Daraus folgt unmittelbar, dass der Eintritt des Erwerbers in die Rechte und Pflichten aus den betroffenen Arbeitsverhältnissen nicht durch Vertrag zwischen dem Betriebsveräußerer und dem Betriebserwerber ausgeschlossen werden kann (BAG vom 29.10.1985, DB 1986, S. 1779). Jedoch können die an sich unverändert übergeleiteten Rechte und Pflichten durch Vereinbarung des Arbeitnehmers mit dem alten oder neuen Inhaber geändert werden. So hindert § 613a BGB Arbeitnehmer und Betriebsübernehmer nicht, nach einem Betriebsübergang einzelvertraglich die mit dem Betriebsveräußerer vereinbarte Vergütung abzusenken (BAG vom 7.11.2007 – 5 AZR 1007/06).

§ 613a Abs. 1 Satz 1 BGB schützt Arbeitnehmer auch vor einer unberechtigten Änderung ihrer Arbeitsbedingungen durch Änderungs- und Erlassverträge. Erlassverträge, die abgeschlossen werden, um die zwingenden gesetzlichen Folgen des § 613a Abs. 1 zu umgehen, sind nach § 134 BGB nichtig (BAG vom 19.3.2009 – 8 AZR 722/07).

Die Verlagerung eines Betriebs oder Betriebsteils steht einem Betriebsübergang i. S. d. § 613 a BGB nicht entgegen, wenn die räumliche Entfernung zwischen alter und neuer Betriebsstätte nicht so erheblich ist (z. B. eine Wegstrecke von weniger als einer Autostunde), dass allein aus diesem Grund bereits die Wahrung der Identität bezweifelt werden kann (BAG vom 26.5.2011 – 8 AZR 37/10). Der Übergang der Rechte und Pflichten wird auch nicht dadurch ausgeschlossen, dass der Betriebserwerber den

Betrieb nur fortführen will, um die vorhandenen Rohstoffe und Halbfertigprodukte zu verwerten (BAG vom 29.11.1988, DB 1989, S. 1140).

Nach § 613a Abs. 1 BGB geht das Arbeitsverhältnis mit allen Rechten und Pflichten auf den Betriebserwerber über. Der neue Inhaber wird durch den rechtsgeschäftlichen Übergang neuer Arbeitgeber; er kann also von den Arbeitnehmern verlangen, dass sie die Arbeitsleistung nun für ihn erbringen. Andererseits ist er verpflichtet, die bisherigen Löhne und Gehälter weiterzuzahlen und die sonstigen Arbeitgeberpflichten zu erfüllen. Wenn die gesetzlichen Voraussetzungen vorliegen, kann auch der neue Inhaber nach dem Betriebsübergang das Arbeitsverhältnis kündigen, jedoch nicht aus Anlass des Betriebsübergangs (vgl. Nr. 10). Dem Arbeitnehmer bleiben jedoch auch dann gegenüber dem Betriebserwerber die Rechte erhalten, die ihm gegenüber dem Betriebsveräußerer zustanden. Das gilt gerade auch für bestehenden Sonderkündigungsschutz. § 613a BGB will verhindern, dass der Betriebserwerber bei der Übernahme der Belegschaft eine Auslese trifft; er soll sich insbesondere nicht von den besonders schutzbedürftigen älteren, schwerbehinderten, unkündbaren oder sonst sozial schwächeren Arbeitnehmern trennen können. Deshalb muss sich auch der Betriebserwerber die Kenntnis des Betriebsveräußerers von der Schwerbehinderteneigenschaft eines Arbeitnehmers zurechnen lassen (BAG vom 11.12.2008 – 2 AZR 395/07).

Ein Altersteilzeitarbeitsverhältnis eines sich bereits in der Freistellungsphase befindlichen Arbeitnehmers geht bei einem Betriebsübergang ebenfalls auf den neuen Betriebsinhaber über (BAG vom 31.1.2008 – 8 AZR 27/07). Auch soweit die Betriebszugehörigkeit für die Kündigungsfristen, Jubiläumszuwendungen oder ähnliche Sozialleistungen von Bedeutung ist, muss sich der neue Inhaber die beim bisherigen Inhaber zurückgelegte Betriebszugehörigkeit anrechnen lassen. Der im Arbeitsverhältnis mit dem Betriebsveräußerer aufgrund der Zahl der beschäftigten Arbeitnehmer erwachsene Kündigungsschutz geht nicht nach § 613a Abs. 1 Satz 1 BGB mit dem Arbeitsverhältnis auf den Betriebserwerber über, wenn in dessen Betrieb die Voraussetzungen des § 23 Abs. 1 KSchG nicht vorliegen (BAG vom 15.2.2007 – 8 AZR 397/06).

Ein Betriebsübergang nach § 613a BGB beeinflusst auch nicht die betriebsverfassungsrechtliche Rechtsstellung des für diesen Betrieb gewählten Betriebsrats (BAG vom 11.10.1995, DB 1996, S. 1190). Geht ein Betrieb während eines arbeitsgerichtlichen Beschlussverfahren gemäß § 613a BGB auf den Betriebserwerber über, so tritt dieser automatisch in die prozessuale Rechtsstellung des bisherigen Arbeitgebers ein (BAG vom 9.12.2008 –1 ABR 75/07).

Gehen nach einem Betriebsübergang Arbeitsverhältnisse vom Veräußerer auf den Erwerber über und gewährt der Erwerber den übernommenen Arbeitnehmern die mit dem früheren Arbeitgeber vereinbarten oder sich dort aus einer Betriebsvereinbarung ergebenden Arbeitsbedingungen weiter, können die übernommenen Arbeitnehmer aus dem Gleichbehandlungsgrundsatz keine Anpassung an die beim Erwerber bestehenden besseren Arbeitsbedingungen verlangen (BAG vom 31.8.2005 – 5 AZR 517/04).

2. Was geschieht mit den Arbeitsverhältnissen, wenn nur ein Betriebsteil auf einen neuen Inhaber übergeht?

Wird aus einem Betrieb eine wirtschaftliche Einheit übernommen, die die Voraussetzungen eines Betriebsteils im Sinne von § 613a BGB erfüllt, tritt der Erwerber in die Rechte und Pflichten der Arbeitsverhältnisse der Arbeitnehmer ein, die in dieser Einheit tätig waren. Wird nicht der gesamte Betrieb, sondern nur ein Betriebsteil übernommen, muss der Arbeitnehmer dem übertragenen Betriebsteil oder Bereich angehören, damit sein Arbeitsverhältnis gemäß § 613a BGB auf den Erwerber übergeht. Entscheidend für die Zuordnung ist der Tätigkeitsschwerpunkt. Zur Ermittlung ist in erster Linie auf den jeweiligen zeitlichen Aufwand und Arbeitseinsatz abzustellen (BAG vom 17.10.2013 – 8 AZR 763/12). Auch beim Erwerb eines Betriebsteils ist es erforderlich, dass die wirtschaftliche Einheit ihre Identität wahrt. Schon beim bisherigen Betriebsinhaber muss die Teileinheit des Betriebes die Qualität eines Betriebsteiles gehabt haben, also eine abgrenzbare wirtschaftliche Einheit, mit der ein Teilzweck verfolgt wurde. Die Selbständigkeit der schon beim Veräußerer abgrenzbaren wirtschaftlichen Einheit muss allerdings beim Betriebsveräußerer nicht mehr vollständig erhalten bleiben (BAG vom 10.11.2011 – 8 AZR 538/10). Für das Vorliegen eines Betriebsteilübergangs kommt es nur in sogenannten betriebsmittelarmen Teilbetrieben entscheidend auf den Übergang von Personal und Führungskräften an (BAG vom 27.1.2011 – 8 AZR 326/09).

Ist es infolge der Übernahme einer solchen Teileinheit nicht mehr möglich, den verbliebenen Betrieb sinnvoll zu führen, hat das nicht zur Folge, dass der Erwerber der Teileinheit in die Rechte und Pflichten aus den Arbeitsverhältnissen aller Arbeitnehmer des früheren Betriebs eintritt (BAG vom 13.11.1997, DB 1998, S. 372). Andererseits ist allein die Möglichkeit, einen Betrieb zu übernehmen, nicht mit der Betriebsübernahme gleichzusetzen. Die Betriebsübernahme setzt vielmehr die tatsächliche Wahrung der Identität voraus (BAG vom 18.3.1999, DB 1999, S. 2459).

3. Wann liegt ein Betriebsübergang vor?

Ein Betriebsübergang im Sinne von § 613a BGB liegt vor, wenn ein neuer Rechtsträger eine auf Dauer angelegte wirtschaftliche Einheit unter Wahrung ihrer Identität fortführt (st. Rspr.). Bei der Prüfung, ob eine solche Einheit ihre Identität bewahrt, müssen sämtliche den betreffenden Vorgang kennzeichnenden Tatsachen im Rahmen einer Gesamtbewertung berücksichtigt werden, ohne dass Teilaspekte isoliert betrachtet werden (BAG vom 25.8.2016 – 8 AZR 53/15).

Der Betriebsübergang tritt mit dem **Wechsel in der Person des Inhabers** des Betriebs ein. Der bisherige Inhaber muss seine wirtschaftliche Betätigung in dem Betrieb oder Betriebsteil einstellen. Einer besonderen Übertragung einer Leitungsmacht bedarf es daneben nicht. Allerdings tritt kein Wechsel der Inhaberschaft ein, wenn der neue Inhaber den Betrieb gar nicht fortführt (BAG vom 12.11.1998, DB 1999, S. 337). Ein Betriebsübergang im Sinne des § 613a BGB setzt die im Wesentlichen unveränderte Fortführung einer wirtschaftlichen Einheit unter Wahrung ihrer Identität durch einen anderen Inhaber voraus. Der bloße Erwerb von Anteilen an einer Gesellschaft und die Ausübung der Herrschaftsmacht über diese Gesellschaft durch eine andere Gesellschaft genügt nicht für die Annahme eines Betriebsübergangs i. S. v. § 613a BGB (BAG vom 23.3.2017 – 8 AZR 91/15).

Es gilt als Betriebsübergang der **Übergang einer ihre Identität bewahrenden wirtschaftlichen Einheit** im Sinne einer organisierten Zusammenfassung von Ressourcen zur Verfolgung einer wirtschaftlichen Haupt- oder Nebentätigkeit. Der Begriff der wirtschaftlichen Einheit bezieht sich auf eine organisierte Gesamtheit von Personen und Sachen zur Ausübung einer wirtschaftlichen Tätigkeit mit eigener Zielsetzung. Der bloße Umstand, dass die nacheinander von dem alten und dem neuen Auftragnehmer erbrachten Leistungen einander ähnlich sind, lässt nicht auf den Übergang einer solchen Einheit schließen (EuGH vom 10.12.1998 – verb. C-173/96 u. C-247/96). Ein Betrieb oder Betriebsteil kann jedoch auch dann übergehen, wenn die übergegangene Einheit ihre Selbständigkeit verliert und vollständig in die eigene Organisationsstruktur eines anderen Unternehmens eingegliedert wird (EuGH vom 12.2.2009 – C-466/07; a. A. zuvor BAG vom 6.4.2006 – 8 AZR 249/04).

Nach der Rechtsprechung des Europäischen Gerichtshofs (z. B. EuGH vom 11.3.1997, DB 1997, S. 628) liegt ein **Betriebsübergang** vor, wenn dieser Vorgang entweder mit einer Übertragung relevanter materieller oder immaterieller Betriebsmittel von dem einen auf den anderen Unternehmer oder mit der Übernahme eines nach Zahl und Sachkunde wesentlichen Teils des von dem einen Unternehmer zur Durchführung des Vertrages eingesetzten Personals auf den anderen Unternehmer verbunden ist (z. B. BAG vom 17.7.1997, DB 1997, S. 1875). Sächliche Betriebsmittel sind dann identitätsprägend, wenn ihr Einsatz bei wertender Betrachtung den eigentlichen Kern des zur Wertschöpfung erforderlichen Funktionszusammenhangs ausmacht und somit unverzichtbar zur auftragsgemäßen Verrichtung der Tätigkeit sind (BAG vom 15.12.2011 – 8 AZR 692/10). Ein Betriebsübergang liegt aber nicht vor, wenn das Personal eines betriebsmittelgeprägten Betriebs getrennt von den Betriebsmitteln von einem Dritten übernommen und sodann im Wege der nicht gewerbsmäßigen Arbeitnehmerüberlassung ausschließlich an den Übernehmer der Betriebsmittel verliehen wird (BAG vom 28.4.2011 – 8 AZR 709/09 – verfassungsrechtlich zulässig: BVerfG vom 15.1.2015 – 1 BvR 2796/13).

Übernahme des Personals: In Branchen, in denen es im Wesentlichen auf die menschliche Arbeitskraft ankommt, kann eine Gesamtheit von Arbeitnehmern, die durch ihre gemeinsame Tätigkeit dauerhaft verbunden ist, eine wirtschaftliche Einheit darstellen (BAG vom 21.6.2012 – 8 AZR 181/11). Die Wahrung der Identität einer wirtschaftlichen Einheit ist anzunehmen, wenn der neue Auftragnehmer nicht nur die betreffende Tätigkeit weiterführt, sondern aufgrund eigenen Willensentschlusses einen nach Zahl und Sachkunde wesentlichen Teil des Personals übernimmt, das sein Vorgänger gezielt bei dieser Tätigkeit eingesetzt hat (BAG vom 24.1.2013 – 8 AZR 706/11). Es hängt von der Struktur des Betriebes oder Betriebsteils ab, welcher nach Zahl und Sachkunde zu bestimmende Teil der Belegschaft übernommen werden muss, um die Rechtsfolgen des § 613a BGB auszulösen. Haben Arbeitnehmer einen geringeren Qualifikationsgrad, muss eine hohe Anzahl, z. B. 75 %, von Ihnen weiterbeschäftigt werden. Ist ein Betrieb dagegen stärker durch Spezialwissen und die Qualifikation der Arbeitnehmer geprägt, kann neben anderen Kriterien ausreichen, dass wegen ihrer Sachkunde wesentliche Teile der Belegschaft übernommen werden.

Beispiel:

Der neue Betriebsinhaber übernimmt mehr als die Hälfte der in einem IT-Service-Betrieb beschäftigten IT-Servicetechniker, EDV-Servicemitarbeiter und Führungskräfte.

Der bloße Verlust eines Auftrags an einen Mitbewerber stellt für sich genommen keinen Betriebsübergang dar. Bei Erhaltung der Arbeitsaufgabe kann je nach Ausgestaltung und Aufgabe bei personalintensiven Betrieben die Anzahl und Qualifikation der übernommenen Arbeitnehmer entscheidend sein (BAG vom 14.5.1998, NZA 1999, S. 483).

Auch in Zusammenhang mit einer **Umwandlung**, z. B. bei Ausgliederung zur Aufnahme durch eine Kapitalgesellschaft oder zur Neugründung einer Kapitalgesellschaft (§ 168 UmwG), kommt ein Betriebsübergang auf den übernehmenden Rechtsträger in Betracht (BAG vom 25.5.2000, DB 2000, S. 1966).

§ 613a BGB findet auch Anwendung, wenn die öffentliche Hand einen privaten Betrieb übernimmt oder ein Betriebsinhaberwechsel zwischen öffentlich-rechtlichen Körperschaften stattfindet (BAG vom 10.5.2012 – 8 AZR 434/11); allerdings keine unmittelbare Anwendung, wenn die Überleitung von Arbeitsverhältnissen direkt auf gesetzlicher Grundlage bzw. auf Grundlage eines Hoheitsaktes und ohne Zwischenschaltung eines Rechtsgeschäfts erfolgt (BAG vom 18.8.2011 – 8 AZR 230/10).

4. Was sind die Hauptanwendungsfälle des Betriebsübergangs?

Hauptanwendungsfall des rechtsgeschäftlichen Betriebsübergangs ist der Verkauf des Betriebs oder Betriebsteils. Auch die **Verpachtung** eines funktionsfähigen Betriebs stellt grundsätzlich einen rechtsgeschäftlichen Betriebsübergang dar. Die erforderliche Identität der betreffenden wirtschaftlichen Einheit ist jedoch nicht mehr gewahrt, mit der Konsequenz, dass § 613a BGB nicht eingreift, wenn der Betrieb gleichzeitig oder schon vorher stillgelegt wird (BAG vom 16.7.1998, NZA 1998, S. 1233). Ausreichend ist die Weiterverpachtung an einen neuen Pächter nach Beendigung des Pachtvertrages mit dem früheren Pächter (BAG vom 25.2.1981, DB 1981, S. 1140). Auch die Rückgabe eines verpachteten Betriebs an den Verpächter nach Ablauf des Pachtverhältnisses kann nur dann einen Betriebsübergang darstellen, wenn der Verpächter den Betrieb tatsächliche selbst weiterführt. Die bloße Möglichkeit, den Betrieb selbst unverändert weiterführen zu können, erlaubt nicht die Annahme eines Betriebsübergangs (BAG vom 18.3.1999, DB 1999, S. 1223).

Bei der **Neuvergabe eines Dienstleistungsauftrags** stellt die bloße Fortführung der Tätigkeit durch einen Auftragnehmer (Funktionsnachfolge) allein keinen Betriebsübergang gemäß § 613a BGB dar (BAG vom 24.5.2005, DB 2005, S. 2696). Für den Fall des Wechsels eines **Reinigungsauftrags** hat der EuGH ausdrücklich klargestellt, dass der Verlust eines Auftrags an einen Mitbewerber für sich genommen keinen Betriebsübergang darstellt (EuGH vom 11.3.1997, DB 1997, S. 628). Endet eine Reinigungsauftrag und übernimmt der neue Auftragnehmer keine sächlichen Betriebsmittel, setzt eine Betriebsübergang oder Teilbetriebsübergang gemäß § 613a BGB voraus, dass der neue Auftragnehmer kraft eigenen Willensentschlusses einen nach Zahl und Sachkunde wesentlichen Teil der bisher für die betreffenden Arbeiten eingesetzten Arbeitnehmer (**Hauptbelegschaft**) im Wesentlichen unverändert weiterbeschäftigt. Werden bei einer Fremdvergabe eines Reinigungsauftrags etwa 60 % der Reinigungskräfte, an deren Sachkunde keine besonderen Anforderungen zu stellen sind, übernommen, so handelt es sich nicht um die Übernahme der Hauptbelegschaft (BAG vom 24.5.2005, DB 2005, S. 2696). Für einen rechtgeschäftlichen Übergang bedarf es keines Vertrags zwischen den beiden Reinigungsunternehmen. Es genügt die Ausführung der Reinigungsarbeiten auf vertraglicher Grundlage in Verbindung mit der einvernehmlichen Weiterbeschäftigung der Arbeitnehmer (BAG vom 11.12.1997, DB 1998, S. 883). Ein Betriebsübergang liegt nicht vor, wenn ein **Bewachungsauftrag** auf einen neuen Auftragnehmer übergeht, ohne dass identitätsprägende Betriebsmittel oder ein wesentlicher Teil der Belegschaft übernommen wird (BAG vom 15.12.2011 – 8 AZR 197/11).

Übernimmt ein neu gegründetes Unternehmen die Aufgaben eines bisher für einen Konzern tätigen **Callcenters**, so kann auch ein Betriebsübergang vorliegen, wenn das neue Unternehmen wesentlich erweiterte und komplexere Callcenter-Dienstleistungen anbietet. Voraussetzung ist jedoch, dass ein nach Zahl und Sachkunde wesentlicher Teil des Personals übernommen wird. Dies gilt auch dann, wenn die übernommenen Mitarbeiter – aufbauend auf ihren bisherigen Fähigkeiten und Kenntnissen – noch zusätzlich geschult werden müssen (BAG vom 25.6.2009 – 8 AZR 258/08).

Neuvergabe eines Catering-Vertrags nach Ausschreibung: Einem Betrieb im Sinne von § 613a BGB sind auch solche Gebäude, Maschinen, Werkzeuge oder Einrichtungsgegenstände als sächliche Betriebsmittel zuzurechnen, die nicht im Eigentum des Betriebsinhabers stehen, sondern die dieser aufgrund einer mit Dritten getroffenen Nutzungsvereinbarung zur Erfüllung seines Betriebszwecks einsetzen kann. Die Nutzungsvereinbarung kann als Pacht, Nießbrauch oder als untypischer Vertrag ausgestaltet sein. Wesentlich ist, dass dem Berechtigten Betriebsmittel zur eigenwirtschaftlichen Nutzung überlassen sind. Erbringt ein Auftragnehmer dagegen nur eine (Dienst-)Leistung an fremden Geräten und Maschinen innerhalb fremder Räume, ohne dass ihm die Befugnis eingeräumt ist, über Art und Weise der Nutzung der Betriebsmittel in eigenwirtschaftlichem Interesse zu entscheiden, können ihm diese Betriebsmittel nicht als eigene zugerechnet werden (BAG vom 11.12.1997, DB 1998, S. 885).

Fremdvergabe der Kundendienstleistungen einer Kaufhauskette: Schließt eine Kaufhauskette in ihren Verkaufsstätten ihre technischen Kundendienstabteilungen und lässt sie die Kundendienste zentral von einem Fremdunternehmen ausführen, das weder Arbeitsmittel noch Personal übernimmt, liegt eine Betriebsübergang nach § 613a BGB nicht vor (BAG vom 21.1.1998, DB 1998, S. 930).

Von einem Betriebsübergang auszugehen ist auch, wenn ein Auftragnehmer zur **Durchführung der Ausbein-, Zerlege- und Schlachtarbeiten** die ihm vom Inhaber des Schlachthofes zur Verfügung gestellten technischen Einrichtungen nutzt und die Schlachtarbeiten ohne zeitliche Unterbrechung unverändert wie der bisherige Auftragnehmer fortführt (BAG vom 15.2.2007 – 8 AZR 431/06).

Ein rechtsgeschäftlicher Betriebsübergang ist auch bei einer **Betriebsaufspaltung** anzunehmen, bei der eine Besitzgesellschaft das gesamte Anlagevermögen übernehmen soll und eine andere Gesellschaft als Produktionsgesellschaft die Betriebsmittel pachtet, die Arbeitnehmer übernimmt und die bisherige Produktion in unveränderter Form weiterführt (BAG vom 17.2.1981, DB 1981, S. 1190; vom 19.1.1988, DB 1988, S. 1166).

Ein Betriebsübergang setzt auch nicht voraus, dass der bisherige Inhaber das gesamte Betriebsvermögen überträgt. Wenn alle Maschinen und Einrichtungsgegenstände verkauft werden und nur das Betriebsgrundstück zurückbehalten wird, kommt es darauf an, ob der Betrieb mit seinen Arbeitsplätzen vom neuen Arbeitgeber an einem anderen Ort weitergeführt werden kann. Auch der Eintritt in alle Liefer- und Abnehmerverträge kann für einen Betriebsübergang sprechen (BAG vom 15.5.1985, BB 1985, S. 1794).

Bei **Produktionsbetrieben** erfordert der rechtsgeschäftliche Übergang den Übergang der wesentlichen sachlichen und immateriellen Betriebsmittel. Je nach Größe und Organisation wird es dafür aber meist nicht ausreichend sein, wenn nur Büromöbel oder Maschinen für die Hauswerkstatt übernommen werden (BAG vom 22.5.1985, DB 1985, S. 2409; vom 3.7.1986, DB 1987, S. 99). Der Übergang eines Produktionsbetriebs scheitert bei Übernahme der sonstigen sächlichen und immateriellen Betriebsmittel nicht allein daran, dass die jederzeit ersetzbaren Bestände des Materiallagers ergänzt werden müssen, auch wenn dies erhebliche Investitionen erforderlich macht (BAG vom 22.9.1994, DB 1995, S. 432).

Ob bei Schließung und Neueröffnung von **Einzelhandelsgeschäften** ein rechtsgeschäftlicher Betriebsübergang vorliegt, hängt von einer Gesamtwürdigung aller Umstände ab. Neben der Übernahme der Geschäftsräume oder der Fortführung des Geschäfts in unmittelbarer Nähe kommt der Aufrechterhaltung der maßgebend durch Warensortiment und Betriebsform geprägten Kundenbeziehungen erhebliche Bedeutung zu. Ein weiterer wichtiger Gesichtspunkt ist die Übernahme des Personals und dessen im Wesentlichen unveränderte Weiterbeschäftigung. Geringe Bedeutung kommt meist dem Erwerb von Warenbeständen und dem Eintritt in Lieferantenbeziehungen zu. Die Übernahme der Ladeneinrichtung ist kaum wesentlich (BAG vom 2.12.1999, DB 2000, S. 622).

5. Gehen die Arbeitsverhältnisse auch bei einer Betriebsveräußerung im Insolvenzverfahren auf den neuen Inhaber über?

Geht ein Betrieb oder Betriebsteil **vor Insolvenzeröffnung** durch Rechtsgeschäft auf einen neuen Inhaber über und setzen die Arbeitnehmer des notleidenden Betriebs die Arbeit bei dem neuen Inhaber fort, tritt dieser in die Rechte und Pflichten aus den im Zeitpunkt des Übergangs bestehenden Arbeitsverhältnissen unbeschränkt ein (BAG vom 30.6.2002, DB 2003, S. 835), und auch dann, wenn die Arbeitnehmer später Antrag auf Insolvenzausfallgeld stellen und die Eröffnung des Insolvenzverfahrens über das Vermögen des bisherigen Inhabers nach dem Betriebsübergang beantragt und mangels Masse abgelehnt wird (BAG vom 27.4.1988, DB 1988, S. 1653).

Auch wenn ein Betrieb **im Rahmen eines Insolvenzverfahrens** vom Insolvenzverwalter veräußert wird, tritt der Erwerber grundsätzlich in die Rechte und Pflichten aus den zum Zeitpunkt der Veräußerung bestehenden Arbeitsverhältnissen ein (§ 613a BGB); jedoch haftet der Erwerber nicht für bereits bei Insolvenzeröffnung entstandene Ansprüche. Insoweit haben die Verteilungsgrundsätze des Insolvenzverfahrens Vorrang (BAG vom 17.1.1980, DB 1980, S. 308; vom 30.6.2002, DB 2003, S. 835). Das bedeutet für Versorgungsansprüche, dass der Betriebserwerber nur den Teil der Leistung schuldet, den der Arbeitnehmer bei ihm erdient hat; für die beim Veräußerer bis zum Insolvenzfall erdienten unverfallbaren Anwartschaften haftet der Träger der gesetzlichen Insolvenzsicherung (ständige Rechtsprechung, zuletzt BAG vom 4.7.1989, DB 1989, S. 2541). Die Haftungsbeschränkung betrifft nur die Insolvenzforderungen, nicht jedoch die Masseforderungen (BAG vom 14.11.2012 – 5 AZR 778/11). Diese durch die Eröffnung des Insolvenzverfahrens eingetretene Haftungsbeschränkung des Betriebserwerbers wird durch die spätere Einstellung des Insolvenzverfahrens mangels einer die Kosten des Verfahrens deckenden Masse nicht berührt (BAG vom 11.2.1992, DB 1992, S. 2559).

Diese Haftungsbeschränkung eines Betriebserwerbers im Insolvenzverfahren tritt jedoch nur dann ein, wenn der Übernehmer den Betrieb nach Eröffnung des Insolvenzverfahrens erworben hat. Maßgeblich für den Betriebsübergang ist der Zeitpunkt, in dem der Erwerber die Leitungsmacht im Betrieb im Einvernehmen mit dem Betriebsveräußerer ausüben kann (BAG Urteil vom 23.7.1991, DB 1992, S. 96). Die Leitungsmacht kann der Erwerber schon dann einvernehmlich ausüben, wenn ihm Nutzungsrechte an den Betriebsmitteln übertragen werden. Auf den Eigentumsübergang kommt es nicht an (BAG vom 12.11.1991, NJW 1992, S. 1388).

6. Was geschieht mit den Arbeitnehmerrechten in für den alten Inhaber geltenden Betriebsvereinbarungen oder Tarifverträgen?

Wenn die Rechte und Pflichten in Betriebsvereinbarungen oder Tarifverträgen geregelt sind, so werden sie auch Inhalt des Arbeitsverhältnisses zwischen dem neuen Inhaber und dem Arbeitnehmer. Dies gilt auch für Arbeitsbedingungen, die auf nachwirkenden Tarifnormen beruhen (BAG vom 27.11.1991, DB 1992, S. 1294). Die tarifvertraglichen Regelungen werden mit dem Inhalt und Rechtsstand, den sie im Zeitpunkt des Betriebsübergangs haben, Bestandteil des Arbeitsvertrages mit dem neuen nichttarifgebundenen Inhaber (BAG vom 4.8.1999, DB 1999, S. 2474; ebenso bei Firmentarifverträgen: BAG vom 20.6.2001, DB 2002, S. 800; BAG vom 29.8.2001, DB 2002, S. 431). Der Erwerber eines Betriebs ist auch aufgrund von § 613a Abs. 1 Satz 1 BGB an eine arbeitsvertragliche Vereinbarung, die auf Tarifverträge in ihrer jeweils geltenden Fassung Bezug nimmt und deren Regelungen aufgrund privatautonomer Willenserklärungen zum Inhalt des Arbeitsvertrags gemacht worden sind (sog. dynamische Bezugnahmeklausel), vertraglich so gebunden, als habe er diese Vertragsabrede selbst mit dem Arbeitnehmer getroffen (BAG vom 17.6.2015 – 4 AZR 61/14). Dies gilt auch für eine in den Tarifnormen bereits festgelegte dynamische Veränderung, die erst nach dem Betriebsübergang eintreten soll (BAG vom 22.4.2009 – 4 AZR 100/08), sowie in den Fällen, in denen die Rechte und Pflichten zwar in der Vergangenheit in einem Tarifvertrag geregelt worden sind, Wirksamkeit jedoch erst zu einem Zeitpunkt entfalten sollen, der nach dem Beriebsübergang liegt (BAG vom 19.9.2007 – 4 AZR 711/06). Sie dürfen nicht vor Ablauf eines Jahres nach dem Zeitpunkt des Betriebsübergangs zum Nachteil des Arbeitnehmers geändert werden (§ 613a Abs. 1 Satz 2 BGB).

Ausnahmen von diesem Grundsatz gelten in folgenden Fällen:

a) Die Regelungen der bisherigen Betriebsvereinbarungen und Tarifverträge werden nicht Inhalt des Arbeitsverhältnisses, wenn die Rechte und Pflichten bei dem neuen Inhaber ebenfalls durch Rechtsnormen eines anderen Tarifvertrages oder durch eine andere Betriebsvereinbarung geregelt werden (§ 613a Abs. 1 Satz 3 BGB), auch wenn sich dadurch die Ansprüche der Arbeitnehmer verschlechtern (BAG vom 19.11.1996, DB 1997, S. 1473). Ein aufgrund eines Betriebsübergangs nach § 613a Abs. 1 Satz 2 BGB fortgeltender Anspruch aus einer Betriebsvereinbarung kann auch durch eine beim Betriebserwerber abgeschlossene Betriebsvereinbarung abgelöst werden (BAG vom 13.3.2012 – 1 AZR 659/10). Die Regelung des § 613a Abs. 1 Satz 3 ist jedoch weder unmittelbar noch entsprechend anwendbar, wenn ein Tarifvertrag oder ein Tarifwerk durch Bezugnahme im Arbeitsvertrag vereinbart wurde. Der vertraglichen Weitergeltung eines solchen Tarifvertrags steht ein beim Betriebserwerber geltender Tarifvertrag nicht entgegen (BAG vom

17.11.2010 – 4 AZR 391/09). Die Transformation von Vergütungsregelungen eines Tarifvertrages in das Arbeitsverhältnis nach § 613a Abs. 1 Satz 2 BGB kann auch nicht durch ungünstigere Regelungen einer Betriebsvereinbarung im Erwerberbetrieb verhindert oder beseitigt werden (BAG vom 6.11.2007 – 1 AZR 862/06). Tariflich geregelte Ansprüche auf Versorgung können nicht durch eine beim Erwerber bestehende Betriebsvereinbarung abgelöst werden (BAG vom 13.11.2007 – 3 AZR 191/06).

b) Wenn der Tarifvertrag oder die Betriebsvereinbarung nicht mehr gilt, können die Rechte und Pflichten auch vor Ablauf eines Jahres geändert werden (§ 613a Abs. 1 Satz 4 BGB).

c) Wenn weder der neue Inhaber noch der Arbeitnehmer tarifgebunden (§ 3 Abs. 1 TVG) ist, können sie im Geltungsbereich eines anderen Tarifvertrages auch vor Ablauf eines Jahres dessen Anwendung vereinbaren (§ 613a Abs. 1 Satz 4 BGB).

d) Spätere tarifvertragliche Änderungen werden auch dann nicht mehr erfasst, wenn sie rückwirkend gelten sollen (BAG vom 13.9.1994, DB 1995, S. 1133).

e) Aus § 613a Abs. 1 Satz 2 BGB lässt sich nicht ableiten, dass Betriebsvereinbarungen nach einem Betriebsübergang nicht normativ fortwirken. Der Betriebserwerber tritt vielmehr in die betriebsverfassungsrechtliche Stellung des früheren Betriebsinhabers ein und ist an die im Betrieb geltenden Betriebsvereinbarungen jedenfalls so lange gebunden, bis sie ihr Ende finden, etwa dadurch, dass der Betrieb seine Identität verliert und deshalb aufhört zu bestehen (BAG vom 27.7.1994, DB 1995, S. 431).

7. Welche Informationsrechte haben die Arbeitnehmer vor dem Betriebsübergang?

§ 613a Abs. 5 BGB verpflichtet den bisherigen und den neuen Betriebsinhaber, die von einem Betriebsübergang betroffenen Arbeitnehmer über den genauen oder den geplanten Zeitpunkt und den Grund des Übergangs, die rechtlichen, wirtschaftlichen und sozialen Folgen des Übergangs für die Arbeitnehmer sowie über die für die Arbeitnehmer in Aussicht genommenen Maßnahmen zu unterrichten. Die rechtlichen, wirtschaftlichen und sozialen Folgen eines Betriebsüberganges betreffen vor allem das Weiterbestehen oder die Änderung der bisherigen Rechte und Pflichten aus dem Arbeitsverhältnis und das Zusammenspiel der Regelungen über die Verteilung der Haftung des bisherigen Arbeitgebers und des neuen Inhabers für noch nicht erfüllte Verpflichtungen gegenüber dem Arbeitnehmer sowie die Darstellung der begrenzten gesamtschuldnerischen Nachhaftung nach § 613a Abs. 2 BGB (BAG vom 26.5.2011– 8 AZR 18/10). Zu den hinsichtlich der Arbeitnehmer in Aussicht genommenen Maßnahmen, über die unterrichtet werden muss, gehören beispielsweise die notwendige Fortbildung im Zusammenhang mit geplanten Umstrukturierungen und andere Maßnahmen, die die berufliche Entwicklung der Arbeitnehmer betreffen.

Der Arbeitgeber hat die betroffenen Arbeitnehmer „in Textform“ zu unterrichten. Dies bedeutet, dass die Unterrichtung in Schriftzeichen lesbar sein muss, aber nicht der eigenhändigen Unterschrift bedarf: Der Arbeitgeber kann die Mitteilung also auch als Kopie, Telefax oder E-Mail übermitteln. Gleichermaßen betroffene Arbeitnehmer können durch einen gleich lautenden Text informiert werden.

Die Unterrichtungspflicht gilt gegenüber allen von einem Betriebsübergang betroffenen Arbeitnehmern unabhängig von der Größe des Betriebs und unabhängig davon, ob auch ein Betriebsrat über den Betriebsübergang informiert werden muss.

Diese Regelungen gelten nach § 324 des UmwG entsprechend auch im Falle einer Unternehmensumwandlung (Verschmelzung, Spaltung oder Vermögensübertragung).

8. Kann der Arbeitnehmer die Arbeit bei dem neuen Inhaber ablehnen?

Der Arbeitnehmer kann dem Übergang seines Arbeitsverhältnisses nach § 613a Abs. 6 BGB innerhalb eines Monats nach Zugang der Unterrichtung nach § 613a Abs. 5 BGB widersprechen. Der Widerspruch muss schriftlich gegenüber dem bisherigen Inhaber oder dem neuen Inhaber erfolgen. Jedoch setzt nur eine ordnungsgemäße Unterrichtung nach § 613a Abs. 5 BGB, insbesondere auch über die rechtlichen, wirtschaftlichen und sozialen Folgen des Übergangs für die Arbeitnehmer, die Widerspruchsfrist in Gang (st. Rspr., z. B. BAG vom 19.11.2015 – 8 AZR 773/14). So führt eine fehlende Information über die Sozialplanprivilegierung nach § 112a Abs. 2 Satz 1 BetrVG dazu, dass die Widerspruchsfrist nach § 613a Abs. 6 Satz 1 BGB nicht in Lauf gesetzt wird. Mit dem Ablauf des Priviligierungszeitraums von vier Jahren seit der Gründung des neuen Inhabers ist jedoch dieser Fehler in der Unterrichtung kraft Gesetzes geheilt. Zu diesem Zeitpunkt beginnt im Hinblick auf diesen Unterrichtungsfehler entsprechend § 613a Abs. 6 Satz 1 BGB eine Widerspruchsfrist von einem Monat zu laufen (BAG vom 15.12.2016 – 8 AZR 612/15).

Kommt es nach einem Betriebsübergang zu einem weiteren Betriebsübergang und hatte der Arbeitnehmer bis dahin dem infolge des vorangegangenen Betriebsübergangs eingetretenen Übergang seines Arbeitsverhältnisses nicht oder nicht wirksam widersprochen, findet kraft Gesetzes (§ 613a Abs. 1 Satz 1 BGB) ein weiterer Arbeitgeberwechsel auf den nunmehr neuen Inhaber statt. Auch der weitere Betriebsübergang löst nach § 613a Abs. 6 BGB ein Widerspruchsrecht aus, das ebenfalls in einem wechselseitigen Bezug zur Unterrichtungspflicht nach § 613a Abs. 5 BGB steht. In einer solchen Situation kann der Arbeitnehmer ein etwa noch bestehendes Recht, dem durch den vorangegangenen Betriebsübergang eingetretenen Übergang seines Arbeitsverhältnisses zu widersprechen, allerdings nur dann noch wirksam ausüben, wenn er erfolgreich dem mit dem weiteren Betriebsübergang verbundenen Übergang seines Arbeitsverhältnisses auf den neuen Inhaber i. S. v. § 613a Abs. 6 Satz 2 BGB widersprochen hat. Neuer Inhaber i. S. v. § 613a Abs. 6 Satz 2 BGB ist stets derjenige, der beim letzten Betriebsübergang den Betrieb erworben hat (vgl. BAG vom 24.4.2014 – 8 AZR 369/13). Da im Falle eines Betriebsübergangs die Arbeitsverhältnisse gemäß § 613a Abs. 1 Satz 1 BGB automatisch auf den neuen Inhaber übergehen, kann „bisheriger Arbeitgeber" i. S. v. § 613a Abs. 6 Satz 2 BGB nur derjenige sein, der bis zum letzten Betriebsübergang, also vor dem neuen Inhaber den Betrieb innehatte (vgl. BAG vom 24.4.2014 – 8 AZR 369/13) und nicht mehr der vormalige Arbeitgeber, mithin nicht mehr der Arbeitgeber, mit dem bis zu dem dem letzten Betriebsübergang vorangegangenen Betriebsübergang ein Arbeitsverhältnis bestand (BAG vom 19.11.2015 – 8 AZR 773/14).

Nach Zugang kann der Arbeitnehmer den Widerspruch nicht einseitig widerrufen. Das Widerspruchsrecht gilt nach § 324 des Umwandlungsgesetzes entsprechend auch im Falle einer Unternehmensumwandlung (Verschmelzung, Spaltung oder Vermögensübertragung).

Widerspricht der Arbeitnehmer dem Übergang des Arbeitsverhältnisses auf den neuen Inhaber, schließt dies den Übergang des Arbeitsverhältnisses auf den Erwerber des Betriebes aus; es bleibt das Arbeitsverhältnis zu dem Veräußerer bestehen. Auch durch eine Betriebsvereinbarung kann der **Widerspruch des Arbeitnehmers** nicht ausgeräumt werden (BAG vom 2.10.1974, DB 1975, S. 601). Das Widerspruchsrecht des Arbeitnehmers gegen den Übergang seines Arbeitsverhältnisses besteht auch bei einem Betriebsübergang im Zusammenhang mit einer Umwandlung (BAG vom 25.5.2000, DB 2000, S. 1966). Ein Widerspruchsrecht nach § 613a Abs. 6 BGB gegen den Übergang des Arbeitsverhältnisses besteht jedoch nicht in den Fällen, in denen ein Arbeitsverhältnis wegen Gesamtrechtsnachfolge infolge gesellschaftsrechtlicher Verschmelzung auf einen neuen Inhaber übergegangen ist (BAG vom 21.2. 2008 – 8 AZR 157/07).

Sobald der Arbeitgeber im Fall eines bevorstehenden Teilbetriebsübergangs damit rechnen muss, dass der davon betroffene Arbeitnehmer dem Übergang seines Arbeitsverhältnisses widersprechen werde, muss er ihm die Weiterbeschäftigung auf einem freien Arbeitsplatz anbieten (BAG vom 15.8.2002 – 2 AZR 195/01). Allerdings wird der Arbeitnehmer, der der Übertragung widerspricht, vom bisherigen Arbeitgeber häufig aus dringenden betrieblichen Gründen gekündigt werden können, weil der alte Betrieb vollständig auf den neuen Inhaber übergeht oder in dem alten verbliebenen Betriebsteil keine Beschäftigungsmöglichkeiten für den Arbeitnehmer bestehen. Der Arbeitgeber ist grundsätzlich nicht verpflichtet, dem Arbeitnehmer dieses Risiko dadurch zu nehmen, dass er ihn in einen anderen Betrieb seines Unternehmens versetzt (BAG vom 21.2.2013 – 8 AZR 877/11). Ein Arbeitgeber, der keine eigenen Arbeitnehmer mehr beschäftigen will, ist zur Vermeidung einer außerordentlichen betriebsbedingten Kündigung eines tariflich ordentlich unkündbaren Arbeitsverhältnisses grundsätzlich nicht verpflichtet, die Möglichkeit einer „Gestellung" des betreffenden Arbeitnehmers an einen anderen Arbeitgeber zu sondieren (BAG vom 24.9.2015 – 2 AZR 562/14).

Nimmt ein Sozialplan von seinem Geltungsbereich solche Mitarbeiter aus, die einen angebotenen zumutbaren Arbeitsplatz ablehnen, so gilt dies auch für den Fall, dass Arbeitnehmer dem Übergang ihres Arbeitsverhältnisses im Wege eines Betriebsüberganges nach § 613a BGB widersprechen. Die Weiterarbeit beim Betriebserwerber nach einem Betriebsübergang im Sinne von § 613a BGB ist dem Arbeitnehmer in der Regel zumutbar (BAG vom 5.2.1997, DB 1997, S. 1623).

Widerspricht der Arbeitnehmer bei einem Betriebsübergang dem Übergang seines Arbeitsverhältnisses, so läuft eine tarifliche Ausschlussfrist zur gerichtlichen Geltendmachung von Ansprüchen gegenüber dem bisherigen Arbeitgeber, die von dem Widerspruch abhängen, grundsätzlich erst ab dem Zugang des Widerspruchs (BAG vom 16.4.2013 – 9 AZR 731/11).

Für eine nach dem Betriebsübergang mögliche Ausübung des Widerspruchsrechts beginnt die Erklärungsfrist von einem Monat mit dem Zugang der ausreichenden Unterrichtung des Arbeitnehmers über den Betriebsinhaberwechsel. In einem solchen Fall ist es nicht erforderlich, dass der Betriebsveräußerer oder der Betriebserwerber dem widerspruchsberechtigten Arbeitnehmer noch eine Erklärungsfrist setzen. Der Arbeitnehmer muss unverzüglich dem Betriebsübergang widersprechen, spätestens innerhalb eines Monats (§ 613a Abs. 6 BGB). Die Ausübung des Widerspruchsrechts ist auch nicht missbräuchlich (§ 242 BGB), wenn der Arbeitnehmer keinen sachlichen Grund für den Widerspruch hat (BAG vom 19.2.2009 – 8 AZR 176/08).

Ein Arbeitnehmer, der von seinem Arbeitgeber nicht rechtzeitig über den bevorstehenden Betriebsübergang unterrichtet wurde, kann, ohne rechtsmissbräuchlich zu handeln, noch nach Betriebsübergang sein Widerspruchsrecht ausüben. Dieser Widerspruch, der auf den Zeitpunkt des Betriebsübergangs zurückwirkt, kann sowohl dem Betriebsveräußerer als auch dem Betriebserwerber gegenüber erklärt werden (BAG vom 22.4.1993, DB 1994, S. 943). Betriebsveräußerer und Betriebserwerber können sich jedoch bei Vorliegen besonderer Umstände darauf berufen, dass der Arbeitnehmer sein Widerspruchsrecht verwirkt hat (BAG vom 27.11.2008 – 8 AZR 174/07). Für die **Verwirkung** ist nicht auf eine feststehende Monatsfrist, z. B. sechs Monate, abzustellen, sondern auf die konkreten Umstände des Einzelfalles. Dabei ist davon auszugehen, dass bei schwierigen Sachverhalten die Rechte des Arbeitnehmers erst nach längerer Untätigkeit verwirken können. Außerdem ist die Länge des Zeitablaufs in Wechselwirkung zu den ebenfalls erforderlichen Umständen zu setzen. Je stärker das gesetzte Vertrauen oder die Umstände, die eine Geltendmachung für den Anspruchsgegner unzumutbar machen, sind, desto schneller kann ein Anspruch verwirken (BAG vom 24.2.2011 – 8 AZR 469/09). Umgekehrt gilt, je mehr Zeit seit dem Zeitpunkt des Betriebsübergangs verstrichen ist und je länger der Arbeitnehmer bereits für den Erwerber gearbeitet hat (z. B. 6 Jahre), desto geringer sind die Anforderungen an das Umstandsmoment (BAG vom 15.3.2012 – 8 AZR 700/10). Wurde der Arbeitnehmer zwar nicht ordnungsgemäß i. S. v. § 613a Abs. 5 BGB unterrichtet, aber im Rahmen einer Unterrichtung nach § 613a Abs. 5 BGB von dem bisherigen Arbeitgeber oder dem neuen Inhaber über den mit dem Betriebsübergang verbundenen Übergang seines Arbeitsverhältnisses unter Mitteilung des Zeitpunkts oder des geplanten Zeitpunkts sowie des Gegenstands des Betriebsübergangs und des Betriebsübernehmers (grundlegende Informationen) in Textform in Kenntnis gesetzt und über sein Widerspruchsrecht nach § 613a Abs. 6 BGB belehrt, führt eine widerspruchslose Weiterarbeit bei dem neuen Inhaber über einen Zeitraum von sieben Jahren regelmäßig zur Verwirkung des Widerspruchsrechts. Der für diese Verwirkung maßgebliche Zeitraum der widerspruchslosen Weiterarbeit bei dem neuen Inhaber beginnt frühestens mit dem Betriebsübergang. Läuft die Frist des § 613a Abs. 6 BGB erst nach dem Betriebsübergang ab, ist der Zeitpunkt des Ablaufs dieser Frist maßgeblich (BAG vom 24.8.2017 – 8 AZR 265/16). Die für die Verwirkung des Widerspruchsrechts erforderlichen Umstände liegen auch vor, wenn der Arbeitnehmer über den Bestand des Arbeitsverhältnisses disponiert hat, so dass der frühere Arbeitgeber auf die Nichtausübung des Widerspruchsrechts vertrauen durfte. Dies ist z. B. anzunehmen, wenn der Arbeitnehmer eine vom Betriebserwerber nach dem Betriebsübergang erklärte betriebsbedingte Kündigung hingenommen hat (BAG vom 22.4.2010 – 8 AZR 982/07), wenn der Arbeitnehmer eine vom Betriebserwerber ausgesprochene Kündigung nicht angreift (BAG vom 12.11.2009 – 8 AZR 718/07), also sie widerspruchslos hinnimmt, wenn der Arbeitnehmer seine Kündigungsschutzklage gegen eine vom Betriebserwerber nach dem Betriebsübergang erklärte betriebsbedingte Kündigung zurücknimmt (BAG vom 21.1.2010 – 8 AZR 977/07), wenn der Arbeitnehmer einen Aufhebungsvertrag mit dem Betriebserwerber geschlossen hat (BAG vom 22.4.2010 – 8 AZR 872/07), wenn der Arbeitnehmer selbst kündigt und mit einem dritten Arbeitgeber oder einer Beschäftigungs- und Qualifizierungsgesellschaft ein neues Arbeitsverhältnis eingeht (BAG vom 12.11.2009 – 8 AZR 530/07; vom 20.5.2010 – 8 AZR 872/08) oder wenn der Arbeitnehmer das Arbeitsverhältnis auf eine völlig neue rechtliche Grundlage stellt – z. B. durch Begründung eines Altersteilzeitarbeitsverhältnisses – (BAG vom 21.1.2010 – 8 AZR 870/07). Eine solche Disposition des Arbeitnehmers ist ebenfalls anzunehmen, wenn der Arbeitnehmer ein zunächst bekundetes Interesse an der Aufrechterhaltung seines Arbeitsverhältnisses aufgegeben und im Gegenzug eine Verlängerung des Arbeitsverhältnisses um weitere vier Monate akzeptiert hat (BAG vom 22.4.2010 – 8 AZR 872/07). Dasselbe gilt auch, wenn der Arbeitnehmer im Wege eines dreiseitigen Vertrages die Aufhebung des alten Arbeitsverhältnisses und die Begründung eines neuen Arbeitsverhältnisses mit einer Drittfirma vereinbart und von der Betriebserwerberin eine Abfindung gezahlt wird, die den gesamten Bestand des Arbeitsverhältnisses, auch die Zeit beim Betriebsveräußerer berücksichtigt (BAG vom 18.3.2010 – 8 AZR 840/08). Auch wenn ein Arbeitnehmer nach einem Betriebsübergang den Betriebserwerber auf Feststellung verklagt, dass zwischen ihnen ein Arbeitsverhältnis besteht, so kann er durch die Art und Weise der Prozessführung und Prozessbeendigung (mit Abfindungsvergleich) sein Recht zum Widerspruch gegen den Übergang seines Arbeitsverhältnisses gegenüber dem Betriebsveräußerer verwirken (BAG vom 17.10.2013 – 8 AZR 974/12). Hat der Betriebsveräußerer Kenntnis von den Umständen, die zur Verwirkung des Widerspruchsrechts führen, kann sich auch der Betriebserwerber hierauf berufen (BAG vom 18.3.2010 – 8 AZR 840/08).

9. Wie lange haftet noch der alte Arbeitgeber für seine arbeitsrechtlichen Verpflichtungen?

a) Wenn das Arbeitsverhältnis bereits vor dem Betriebsübergang beendet war, haftet der bisherige Inhaber allein.

b) Soweit das Arbeitsverhältnis mit dem Betriebsübergang übergegangen und die Ansprüche vor dem Betriebsübergang entstanden und fällig geworden sind, haften sowohl der bisherige als auch der neue Inhaber für die rückständigen Ansprüche jeweils in voller Höhe als Gesamtschuldner (§ 421 BGB).

c) Soweit das Arbeitsverhältnis mit dem Betriebsübergang übergegangen und die Ansprüche vor dem Betriebsübergang entstanden und binnen eines Jahres danach fällig geworden sind, haften auch der bisherige und der neue Inhaber für diese Verpflichtungen als Gesamtschuldner (§ 613a Abs. 2 Satz 1 BGB), der bisherige Inhaber jedoch nur in dem Umfang, der dem im Zeitpunkt des Betriebsübergangs abgelaufenen Teil ihres Bemessungszeitraums entspricht (§ 613a Abs. 2 Satz 2 BGB).

   Beispiel:

   Betriebsübergang am 1. Juli. Am Jahresende hat der Arbeitnehmer Anspruch auf die ganze Gratifikation, jeweils eine halbe Gratifikation vom alten und vom neuen Inhaber.

d) Soweit das Arbeitsverhältnis mit dem Betriebsübergang übergegangen, die Ansprüche vor dem Betriebsübergang entstanden, aber erst nach dem Ablauf eines Jahres fällig geworden sind, haftet der bisherige Inhaber überhaupt nicht mehr, sondern nur der neue Inhaber, der ja in alle Rechte und Pflichten des Arbeitsverhältnisses eingetreten ist.

10. Kann der Arbeitnehmer aus Anlass des Betriebsübergangs gekündigt werden?

a) Eine Kündigung des Arbeitsverhältnisses wegen des Überganges des Betriebs oder eines Betriebsteils ist unwirksam; **weder der bisherige noch der neue Inhaber dürfen** den Arbeitnehmer **wegen des Betriebsübergangs kündigen** (§ 613a Abs. 4 Satz 1 BGB). Wegen eines Betriebsübergangs erfolgt eine Kündigung nur dann, wenn der Betriebsübergang der Beweggrund für die Kündigung gewesen ist.

b) Der Betriebsübergang darf nicht wesentlich die Kündigung mitbestimmt haben (BAG vom 26.5.1983, DB 1983, S. 2690). So liegt auch dann eine verbotswidrige Kündigung wegen des Betriebsübergangs vor, wenn die Übernahme eines bestimmten Arbeitnehmers, dessen Arbeitsplatz erhalten bleibt, vom neuen Inhaber abgelehnt wird, weil er ihm zu teuer sei. Etwas anderes kann jedoch gelten, wenn der Betrieb bereits vor der Veräußerung überbesetzt ist oder sonst der Rationalisierung bedarf und auch der Erwerber nur einen Teil der Belegschaft beschäftigen kann oder will.

   Eine Kündigung wegen des Betriebsübergangs (§ 613a Abs. 4 Satz 1 BGB) liegt nicht vor, wenn sie der Rationalisierung (Verkleinerung) des Betriebs zur Verbesserung der Verkaufschancen dient. Ein Rationalisierungsgrund liegt vor, wenn der Betrieb ohne die Rationalisierung stillgelegt werden müsste (BAG vom 18.7.1996, DB 1996, S. 2288).

   Grundsätzlich hat zwar der Arbeitnehmer darzulegen und zu beweisen, dass der Betriebsübergang der wesentliche Beweggrund für die Kündigung war. Wenn aber die Kündigung und der Betriebsübergang zeitlich nahe beieinander liegen, spricht die Vermutung für eine „Kündigung wegen des Betriebsübergangs", die der Arbeitgeber nur durch Vortragen anderer Gründe entkräften kann (BAG vom 5.12.1985, NZA 1986, S. 522).

   Ein bevorstehender Betriebsübergang kann nur dann zur Unwirksamkeit der Kündigung nach § 613a BGB führen, wenn die den Betriebsübergang ausmachenden Tatsachen im Zeitpunkt des Kündigungsvorgangs bereits feststehen oder zumindest greifbare Formen angenommen haben (BAG vom 3.9.1998, NZA 1999, S. 147). Für die Prüfung, ob eine Kündigung wegen eines Betriebsübergangs nach § 613a Abs. 4 Satz 1 BGB vorliegt, ist auf die Verhältnisse bei Ausspruch der Kündigung abzustellen. Keine Kündigung wegen des Betriebsübergangs liegt vor, wenn erst nach Ausspruch der Kündigung eine Betriebsveräußerung in Erwägung gezogen und durchgeführt wird (BAG vom 28.4.1988, DB 1989, S. 430). Dieses Kündigungsverbot gilt auch für eine Änderungskündigung wegen des Betriebsübergangs.

c) Dagegen bleibt das **Recht zur Kündigung** des Arbeitsverhältnisses **aus anderen Gründen** unberührt (§ 613a Abs. 4 Satz 2 BGB). So kann auch eine Kündigung aus dringenden betrieblichen Gründen in Betracht kommen, wenn nach dem Betriebsübergang wegen einer Rationalisierung Arbeitnehmer entlassen werden müssen.

d) Die Regelung, nach der die Kündigung wegen des Übergangs eines Betriebes oder Betriebsteils unwirksam ist (§ 613a Abs. 4 Satz 1 BGB) enthält ein eigenständiges Kündigungsverbot im Sinne des § 13 Abs. 3 KSchG, § 134 BGB. Das heißt, das Kündigungsverbot wegen des Betriebsübergangs gilt auch für Kleinbetriebe mit weniger als elf Arbeitnehmern sowie für Arbeitnehmer mit weniger als sechs Monaten Betriebszugehörigkeit.

11. Kann ein Arbeitgeber die Wirkung des Kündigungsverbots durch Abschluss von Aufhebungsverträgen ausschließen?

Die Arbeitsvertragsparteien können ihr Rechtsverhältnis im Zusammenhang mit einem Betriebsübergang auch ohne Vorliegen eines sachlichen Grundes wirksam durch Aufhebungsvertrag lösen, wenn die Vereinbarung auf das endgültige Ausscheiden des Arbeitnehmers aus dem Betrieb gerichtet ist. Hingegen ist ein Aufhebungsvertrag wegen objektiver Gesetzesumgehung nichtig, wenn er lediglich die Beseitigung der Kontinuität des Arbeitsverhältnisses bei gleichzeitigem Erhalt des Arbeitsplatzes bezweckt. Diesem Zweck dient der Abschluss eines Aufhebungsvertrages, wenn zugleich ein neues Arbeitsverhältnis zum Betriebsübernehmer vereinbart oder zumindest verbindlich in Aussicht gestellt wird (BAG vom 10.12.1998, DB 1999, S. 537). Dies gilt auch, wenn es zwar nicht ausdrücklich ausgesprochen, aber nach den Umständen klar gewesen ist, dass er vom Erwerber eingestellt werde (BAG vom 25.10.2012 – 8 AZR 572/11). Diese Grundsätze sind für den Fall, dass der Arbeitnehmer vom Arbeitgeber von seinem Arbeitgeber vor einem Betriebsübergang zum Ausspruch einer Eigenkündigung veranlasst worden ist, entsprechend anzuwenden (BAG vom 27.9.2012 – 8 AZR 826/11). Wird ein Arbeitnehmer von einer Auffanggesellschaft nach Abschluss eines Aufhebungsvertrags zu verschlechterten Arbeitsbedingungen eingestellt, liegt hierin noch keine Umgehung des § 613a BGB, wenn die Änderung der Arbeitsbedingungen sachlich gerechtfertigt ist (BAG vom 18.8.2005 – 8 AZR 523/04).

Wer im Zusammenhang mit einem Betriebsübergang aus dem Arbeitsverhältnis aufgrund eines Aufhebungsvertrages ausgeschieden ist, hat keinen Fortsetzungsanspruch gegen den Betriebsübernehmer, solange die Wirksamkeit des Aufhebungsvertrages nicht wegen Anfechtung, Wegfalls der Geschäftsgrundlage oder aus einem anderen Grunde beseitigt worden ist (BAG vom 10.12.1998, DB 1999, S. 537).

Auch wenn die Arbeitnehmer mit dem Hinweis auf eine geplante Veräußerung des Betriebs und Arbeitsplatzgarantien des Erwerbers veranlasst werden, ihre Arbeitsverhältnisse mit dem bisherigen Betriebsinhaber zu kündigen, um dann mit dem neuen Inhaber neue Arbeitsverträge abschließen zu können, liegt darin eine Umgehung des Kündigungsverbots (§ 613a Abs. 4 BGB). Solche fristlosen Kündigungen oder Aufhebungsverträge sind unwirksam (BAG vom 28.4.1987, DB 1988, S. 400).

12. Kann ein Arbeitgeber dem Kündigungsverbot durch Befristung von Arbeitsverträgen ausweichen?

Untersagt sind Vereinbarungen zur Befristung eines Arbeitsverhältnisses wegen eines bevorstehenden rechtsgeschäftlichen Betriebsübergangs. Die Befristung ist sachlich nicht gerechtfertigt, wenn sie darauf abzielt, den durch § 613a BGB bezweckten Bestandsschutz bei rechtsgeschäftlichen Betriebsübergängen zu vereiteln (BAG vom 15.2.1995, DB 1995, S. 1916).

Auch die Befristung eines Arbeitsvertrags, bei der wegen der geringen Zahl der im Betrieb beschäftigten Arbeitnehmer eine Umgehung des allgemeinen Kündigungsschutzes nicht in Betracht kommt, bedarf eines sachlichen Grundes, wenn sie zur Umgehung des Kündigungsschutzes nach § 613a Abs. 4 Satz 1 BGB objektiv geeignet ist (BAG vom 2.12.1998, DB 1999, S. 1560).

13. Welche Regelungen gelten für die Rückübertragung von Betrieben an die ehemaligen Eigentümer?

Soweit Betriebsübergänge aufgrund des Gesetzes zur Regelung offener Vermögensfragen eine **Einigung zwischen den Betroffenen** zur Grundlage haben, ist § 613a BGB ebenfalls voll anwendbar. Erfolgt dagegen der Betriebsübergang nach diesem Gesetz ohne Einigung der Beteiligten durch **Verwaltungsakt** der Behörde, so liegt ein rechtsgeschäftlicher Betriebsübergang nicht vor und § 613a BGB ist nicht anzuwenden.

Allerdings tritt nach § 16 Abs. 2 des Gesetzes zur Regelung offener Vermögensfragen der Berechtigte mit der Rückübertragung von Eigentumsrechten oder der Aufhebung der staatlichen Verwaltung in alle in Bezug auf den jeweiligen Vermögenswert bestehenden Rechtsverhältnisse ein, worunter auch die Arbeitsverhältnisse fallen.

Wenn bei einer Rückübertragung Arbeitnehmer gekündigt werden sollen, sind die allgemeinen kündigungsschutzrechtlichen Vorschriften zu beachten. In diesem Fall gilt, dass allein die **Rückübertragung** von Eigentumsrechten oder die Aufhebung der staatlichen Verwaltung **kein Grund** wäre, eine **Kündigung** nach § 1 KSchG zu **rechtfertigen**. Ist jedoch ein Abbau der Belegschaft erforderlich, bleibt es dem Berechtigten unbenommen, Kündigungen unter Beachtung der allgemeinen kündigungsrechtlichen Vorschriften auszusprechen.

23. Beendigung des Arbeitsverhältnisses

A Beendigungsgründe

1. Wodurch wird das Arbeitsverhältnis beendet?

Das Arbeitsverhältnis kann aus folgenden Gründen beendet werden:

a) Kündigung durch den Arbeitgeber (vgl. Kapitel 24)

b) Kündigung durch den Arbeitnehmer (vgl. Kapitel 24)

c) Zeitablauf bei einem wirksam befristeten Arbeitsvertrag (vgl. Nr. 2)

d) Eintritt einer auflösenden Bedingung (vgl. Nr. 3)

e) Nichtigkeit des Arbeitsvertrages (vgl. Nr. 8)

f) Anfechtung des Arbeitsvertrages wegen Irrtums oder arglistiger Täuschung (vgl. Nr. 9)

g) Abschluss eines Auflösungs- bzw. Aufhebungsvertrages (vgl. Nr. 10–14)

h) gerichtliche Entscheidung (vgl. Kapitel 25 Nr. 2)

i) Tod des Arbeitnehmers (vgl. Nr. 15).

Grundsätzlich **keine Beendigungsgründe** sind:

a) Tod des Arbeitgebers (Ausnahmen: für das Arbeitsverhältnis eines Privatsekretärs oder eines persönlichen Pflegers)

b) Übergang des Betriebs auf einen neuen Inhaber (vgl. Kapitel 22)

c) Eröffnung des Insolvenzverfahrens über das Vermögen des Arbeitgebers

d) Einberufung zum Grundwehrdienst oder zu einer Wehrübung

e) Erwerbs- oder Berufsunfähigkeit, wenn nicht im Tarifvertrag ausdrücklich bestimmt (vgl. Nr. 4b)

f) Erreichen von Altersgrenzen (vgl. Nr. 16–17)

g) Streik oder suspendierende Aussperrung

h) Einseitige Versetzung eines Arbeitnehmers in den einstweiligen Ruhestand in Anlehnung an das Beamtenrecht, ohne dafür eine Kündigung zu erklären

B Fristablauf eines Arbeitsverhältnisses

2. Wie endet ein befristetes Arbeitsverhältnis?

Ein Arbeitsverhältnis, das zulässigerweise für eine bestimmte Zeit eingegangen worden ist, also wirksam befristet ist (vgl. dazu Kapitel 4 Nr. 1–9), endet mit dem **Ablauf der vereinbarten Zei**t (§ 15 Abs. 1 TzBfG), ohne dass es einer Kündigung bedarf; im Streit über eine Befristung hat derjenige sie zu beweisen, der sich auf eine durch Fristablauf ergebende Beendigung des Arbeitsverhältnisses beruft. Ein Arbeitgeber kann jedoch verpflichtet sein, einen an sich wirksam befristeten Arbeitsvertrag auf unbestimmte Zeit fortzusetzen, wenn er bei einem Arbeitnehmer die Erwartung geweckt und bestätigt hat, er werde bei Eignung und Bewährung unbefristet weiterbeschäftigt, und wenn der Arbeitgeber sich mit einer Ablehnung in Widerspruch zu seinem früheren Verhalten und dem von ihm geschaffenen Vertrauenstatbestand setzt (BAG vom 16.3.1989, DB 1989, S. 1728).

Ein zweckbefristeter Arbeitsvertrag endet mit Erreichen des Zwecks, frühestens jedoch zwei Wochen nach Zugang der schriftlichen Unterrichtung des Arbeitnehmers durch den Arbeitgeber über den Zeitpunkt der Zweckerreichung (§ 15 Abs. 2 TzBfG).

Wenn das wirksam befristete Arbeitsverhältnis jedoch nach dem Zeitablauf oder nach Zweckerreichung mit Wissen und ohne unverzüglichen Widerspruch des Arbeitgebers oder unverzügliche Mitteilung über die Zweckerreichung fortgesetzt wird, so gilt es als auf unbestimmte Zeit verlängert (§ 15 Abs. 5 TzBfG) und kann nur durch Kündigung oder Aufhebungsvertrag beendet werden.

Dasselbe gilt, wenn das Arbeitsverhältnis unzulässig befristet wurde und somit unbefristet fortbesteht (§ 16 Satz 1 TzBfG). In diesem Falle kann der Arbeitgeber auch unter Einhaltung der Kündigungsfrist und der sonstigen Kündigungsvorschriften frühestens zum vereinbarten Ende kündigen, sofern nicht eine frühere Kündigungsmöglichkeit einzelvertraglich oder im anwendbaren Tarifvertrag vereinbart ist. Dabei kann allein in der Mitteilung des Arbeitgebers, der Arbeitsvertrag solle nicht verlängert werden, noch keine vorsorgliche Kündigung gesehen werden; der Kündigungswille muss vielmehr eindeutig erkennbar sein. Ist die Befristung nur unwirksam, weil die Schriftform nicht eingehalten ist, hat der Arbeitgeber auch die Möglichkeit vor dem vereinbarten Ende unter Einhaltung der Kündigungsfrist und der sonstigen Kündigungsvorschriften zu kündigen (§ 16 Satz 2 TzBfG). Dasselbe gilt, wenn die Befristung deshalb unwirksam ist, weil der Befristungsablauf nicht hinreichend klar bestimmt ist (BAG vom 23.4.2009 – 6 AZR 533/08).

Während des befristeten Arbeitsverhältnisses ist die ordentliche Kündigung grundsätzlich ausgeschlossen, es sei denn, dass sie ausdrücklich vereinbart worden ist (§ 15 Abs. 3 TzBfG). Liegen die Voraussetzungen für eine außerordentliche Kündigung (§ 626 BGB) vor, ist diese im befristeten Arbeitsverhältnis auch ohne besondere Vereinbarung zulässig.

Will der Arbeitnehmer geltend machen, dass die Befristung eines Arbeitsvertrages rechtsunwirksam ist, muss er innerhalb von drei Wochen nach dem vereinbarten Ende des befristeten Arbeitsvertrages Klage beim Arbeitsgericht auf Feststellung erheben, dass das Arbeitsverhältnis aufgrund der Befristung nicht beendet ist (§ 17 TzBfG). Diese Klagefrist ist nicht nur bei Befristungen nach dem Teilzeit- und Befristungsgesetz, sondern auch bei Befristungen nach anderen Vorschriften zu beachten.

Bei einem Streit über die Dauer eines befristeten Arbeitsverhältnisses hat derjenige die Dauer der Befristung zu beweisen, der sich auf eine frühere Vertragsbeendigung beruft (BAG vom 12.10.1994, DB 1995, S. 980).

C Eintritt einer Bedingung

3. Unter welchen Voraussetzungen kann das Arbeitsverhältnis durch Eintritt einer vereinbarten auflösenden Bedingung beendet werden?

a) Die Vereinbarung einer auflösenden Bedingung (§ 158 Abs. 2 BGB) in einem Arbeitsvertrag bedarf zu ihrer Wirksamkeit eines sie sachlich rechtfertigenden Grundes (§ 21 i. V. m. § 14 Abs. 1 TzBfG). Dies gilt auch für Kleinbetriebe sowie für Arbeitnehmer mit weniger als sechs Monaten Betriebszugehörigkeit.

b) Die Vereinbarung einer auflösenden Bedingung in einem Arbeitsvertrag bedarf nach § 21 i. V. m. § 14 Abs. 4 TzBfG zu ihrer Wirksamkeit der Schriftform.

4. Welche auflösenden Bedingungen sind wirksam?

a) Die Vereinbarung, dass das Arbeitsverhältnis enden soll, wenn ein bestimmtes ungewisses Ereignis eintritt hat die Rechtsprechung bisher in folgenden Fällen als zulässig angesehen:

- wenn die auflösende Bedingung im Interesse des Arbeitnehmers liegt,
- wenn deren Eintritt vom Willen des Arbeitnehmers abhängt,
- wenn sie zur Beilegung eines Kündigungsrechtsstreits im Prozessvergleich abgeschlossen wurde (BAG vom 8.4.2014 – 9 AZR 856/11),
- wenn die Weiterbeschäftigung des gekündigten Arbeitnehmers unter der auflösenden Bedingung der Abweisung des Kündigungsschutzrechtsstreits steht,
- Rente auf unbestimmte Dauer wegen voller Erwerbsminderung (BAG vom 14.1.2015 – 7 AZR 880/13), nicht aber: wenn der Arbeitnehmer Widerspruch gegen den Rentenbescheid einlegt, den Arbeitgeber davon alsbald unterrichtet, den Rentenantrag vor Beendigung des Arbeitsverhältnisses zurücknimmt oder einschränkt und dem Arbeitgeber dies mitteilt (BAG vom 23.3.2016 – 7 AZR 827/13).

b) Jedenfalls **unzulässig** ist die Vereinbarung folgender auflösender Bedingungen:

- Eheschließung
- Schwangerschaft
- Nicht fristgemäße Rückkehr aus dem Urlaub
- Gewährung einer Erwerbsminderungsrente auf Zeit

5. Kann in einer Betriebsvereinbarung bestimmt werden, dass das Arbeitsverhältnis bei Erwerbsunfähigkeit endet?

Ist die Bestimmung einer Betriebsvereinbarung, das Arbeitsverhältnis ende durch Eintritt einer Erwerbsunfähigkeit des Arbeitnehmers, dahin auszulegen, das Arbeitsverhältnis solle zu dem Zeitpunkt enden, zu dem nach den rentenrechtlichen Vorschriften (§ 44 SGB VI) die Voraussetzungen einer Erwerbsunfähigkeit vorliegen, so ist diese Beendigungsklausel wegen nicht hinreichender Bestimmtheit des Auflösungszeitpunktes unwirksam (BAG vom 27.10.1988, DB 1989, S. 1730).

6. Wann endet der auflösend bedingte Arbeitsvertrag?

Ein **auflösend bedingter Arbeitsvertrag** endet, wenn die Bedingung eintritt und der Arbeitgeber den Arbeitnehmer darüber zwei Wochen vorher schriftlich unterrichtet hat. Unterrichtet der Arbeitgeber den Arbeitnehmer nicht oder nicht schriftlich, endet der Arbeitsvertrag erst zwei Wochen, nachdem der Arbeitgeber dem Arbeitnehmer den Eintritt der Bedingung schriftlich mitgeteilt hat (§ 21 i. V. m. § 15 Abs. 2 TzBfG). Ist die Bedingung eingetreten und wird das Arbeitsverhältnis danach mit Wissen des Arbeitgebers fortgesetzt, so gilt es als unbedingt und auf unbestimmte Zeit verlängert, wenn der Arbeitgeber nicht unverzüglich widerspricht oder dem Arbeitnehmer nicht unverzüglich mitteilt, dass die Bedingung eingetreten ist (§ 21 i. V. m. § 15 Abs. 5 TzBfG). Wird der Arbeitsvertrag unter einer auflösenden Bedingung geschlossen, kann das Arbeitsverhältnis bis zum Eintritt der Bedingung nur dann ordentlich gekündigt werden, wenn dies einzelvertraglich oder im anwendbaren Tarifvertrag vereinbart ist (§ 21 i. V. m. § 15 Abs. 3 TzBfG).

In der tatsächlichen Beschäftigung des Arbeitnehmers nach Ausspruch einer Kündigung und nach Ablauf der Kündigungsfrist kann die Vereinbarung liegen, dass das gekündigte Arbeitsverhältnis auflösend bedingt durch die rechtskräftige Abweisung der Kündigungsschutzklage fortgesetzt werden soll (BAG vom 8.4.2014 – 9 AZR 856/11).

Ist die **Vereinbarung einer auflösenden Bedingung** in einem Arbeitsvertrag **rechtsunwirksam**, weil ein sachlich rechtfertigender Grund nicht vorliegt oder die Schriftform nicht eingehalten ist, so gilt dieser Arbeitsvertrag als unbedingt und auf unbestimmte Zeit geschlossen. Er kann vom Arbeitgeber frühestens auch unter Einhaltung der Kündigungsfrist und der sonstigen Kündigungsvorschriften zum vereinbarten Ende, also zum Eintritt der Bedingung, gekündigt werden, sofern nicht eine frühere Kündigungsmöglichkeit einzelvertraglich oder im anwendbaren Tarifvertrag vereinbart ist. Ist die Vereinbarung der auflösenden Bedingung nur unwirksam, weil die Schriftform nicht eingehalten ist, hat der Arbeitgeber auch die Möglichkeit vor dem Eintritt der Bedingung den Arbeitsvertrag unter Einhaltung der Kündigungsfrist und der sonstigen Kündigungsvorschriften zu kündigen (§ 21 i. V. m. § 16 TzBfG).

Will der Arbeitnehmer geltend machen, dass die Vereinbarung der auflösenden Bedingung des Arbeitsvertrages unwirksam ist, so muss er innerhalb von drei Wochen nach dem Eintritt der Bedingung Klage beim Arbeitsgericht auf Feststellung erheben, dass das Arbeitsverhältnis wegen des Eintritts der Bedingung nicht beendet ist (§ 21 i. V. m. § 17 Satz 1 TzBfG). Versäumt der Arbeitnehmer diese Klagefrist, so gilt die Vereinbarung der auflösenden Bedingung als von Anfang an rechtswirksam (§ 21 i. V. m. § 17 Satz 2 TzBfG und § 7 KSchG). Zur Berechnung der dreiwöchigen Klagefrist und der Zulassung verspäteter Klagen vgl. Kapitel 24 Nr. 66.

Der Arbeitnehmer kann auch dann noch gerichtlich geltend machen, dass die Vereinbarung der auflösenden Bedingung rechtsunwirksam ist, wenn sich der Arbeitgeber erst nach Eintritt der Bedingung auf die Wirksamkeit dieser Vereinbarung beruft. In diesem Fall beginnt die dreiwöchige Klagefrist erst mit dem Zugang der schriftlichen Erklärung des Arbeitgebers, dass die Vereinbarung wirksam und das Arbeitsverhältnis wegen des Eintritts der Bedingung beendet sei (§ 21 i. V. m. § 17 Satz 3 TzBfG).

7. Welche Rechte hat ein Arbeitnehmer im auflösend bedingten Arbeitsvertrag?

Arbeitnehmer mit einem auflösend bedingten Arbeitsvertrag haben grundsätzlich dieselben Rechte wie andere Arbeitnehmer. Ein Arbeitnehmer darf nicht, nur weil sein Arbeitsvertrag unter einer auflösenden Bedingung geschlossen wurde, **schlechter behandelt werden als ein vergleichbarer Arbeitnehmer**, dessen Arbeitsvertrag nicht unter einer auflösenden Bedingung steht, es sei denn, dass sachliche Gründe eine unterschiedliche Behandlung rechtfertigen. Einem Arbeitnehmer mit einem auflösend bedingten Arbeitsvertrag ist Arbeitsentgelt oder eine andere teilbare geldwerte Leistung, die für einen bestimmten Bemessungszeitraum gewährt wird, mindestens in dem Umfang zu gewähren, der dem Anteil seiner Beschäftigungsdauer am Bemessungszeitraum entspricht, d. h., auch bei einem auflösend bedingten Arbeitsvertrag hat ein Mitarbeiter Anspruch auf denselben Stundenlohn, ein Angestellter auf dasselbe Monatsgehalt und ein Leistungslohnempfänger auf ein nach denselben Grundsätzen berechnetes Arbeitsentgelt wie andere vergleichbare Arbeitnehmer. Sind bestimmte Beschäftigungsbedingungen von der Dauer des Bestehens des Arbeitsverhältnisses in demselben Betrieb oder Unternehmen abhängig, so sind für Arbeitnehmer mit einem auflösend bedingten Arbeitsvertrag dieselben Zeiten zu berücksichtigen wie für unbedingt beschäftigte Arbeitnehmer, es sei denn, dass eine unterschiedliche Berücksichtigung aus sachlichen Gründen gerechtfertigt ist (§ 21 i. V. m. § 4 Abs. 2 TzBfG).

Im Übrigen darf ein Arbeitgeber einen Arbeitnehmer mit einem auflösend bedingten Arbeitsvertrag nicht **wegen der Inanspruchnahme von Rechten** nach dem Teilzeit- und Befristungsgesetz **benachteiligen** (§ 21 i. V. m. § 5 TzBfG). Verboten ist insbesondere eine Benachteiligung eines Arbeitnehmers, der geltend macht, dass die Vereinbarung der auflösenden Bedingung rechtsunwirksam ist. Wenn der Arbeitgeber den Arbeitnehmer in einem solchen Fall benachteiligt, ihn z. B. kündigt, unberechtigt nicht befördert oder von freiwilligen Leistungen bewusst ausschließt, sind diese Maßnahmen unwirksam (§ 134 BGB i. V. m. § 5 TzBfG).

Der Arbeitgeber hat Sorge zu tragen, dass auch Arbeitnehmer mit einem auflösend bedingten Arbeitsvertrag an angemessenen Aus- und Weiterbildungsmaßnahmen zur Förderung der beruflichen Entwicklung und Mobilität teilnehmen können, es sei denn, dass dringende betriebliche Gründe oder Aus- und Weiterbildungswünsche anderer Arbeitnehmer entgegenstehen (§ 21 i. V. m. § 19 TzBfG).

Der Arbeitgeber hat Arbeitnehmer mit einem auflösend bedingten Arbeitsvertrag über entsprechende Dauerarbeitsplätze zu informieren, die im Betrieb oder Unternehmen besetzt werden sollen. Diese Information kann der Arbeitgeber auch geben, indem er sie an geeigneter, den Arbeitnehmern zugänglicher Stelle im Betrieb und Unternehmen (z. B. am schwarzen Brett) allgemein bekannt macht (§ 21 i. V. m. § 18 TzBfG). Den Betriebsrat hat der Arbeitgeber über die Anzahl der Arbeitnehmer mit einem auflösend bedingten Arbeitsvertrag und ihren Anteil an der Gesamtbelegschaft des Betriebes und des Unternehmens zu informieren (§ 21 i. V. m. § 20 TzBfG).

D Nichtigkeit des Arbeitsvertrages

8. Wann endet das Arbeitsverhältnis wegen Nichtigkeit des Arbeitsvertrages?

Wenn der gesamte Arbeitsvertrag nichtig ist, ein wirksamer Arbeitsvertrag also nicht zustande gekommen ist, kann das Arbeitsverhältnis durch einfache Erklärung des Arbeitnehmers oder Arbeitgebers beendet werden, ohne dass es einer Kündigung bedarf.

Zur Nichtigkeit des Arbeitsvertrages führen:

a) Ein **Verstoß gegen gesetzliche Verbote** (§ 134 BGB)

Beispiele:

- *Verbot der Beschäftigung ausländischer Arbeitnehmer ohne entsprechenden Aufenthaltstitel*
- *Verbot der Beschäftigung von Kindern*
- *Umgehung der Vorschriften über den Befähigungsnachweis und der Eintragung in der Handwerksrolle (§ 7 HwO) durch Abschluss eines Arbeitsvertrages mit einem Meister über eine Tätigkeit als Betriebsleiter, ohne dass er tatsächlich im erforderlichen Umfang als Betriebsleiter tätig werden soll (BAG vom 18.3.2009 - 5 AZR 355/08)*

b) **Sittenwidrige Vereinbarungen** (§ 138 BGB)

Beispiele:

- *Begehung von Straftaten*
- *übermäßige Vertragsbindung des Arbeitnehmers*
- *unzulässige Übertragung des Geschäftsrisikos auf den Arbeitnehmer*

c) **Formmangel**

Beispiel:

- *Mündlicher statt – wie nach Tarifvertrag vorgeschrieben – schriftlicher Vertragsabschluss*

d) **Geschäftsunfähigkeit**

e) **Fehlende Einwilligung des gesetzlichen Vertreters bei Minderjährigen** (§ 107 BGB)

f) **Scheingeschäft** (§ 117 BGB)

- wenn Arbeitgeber und Arbeitnehmer nur den äußeren Schein eines Arbeitsvertrages hervorrufen, dagegen die mit dem Arbeitsvertrag verbundene Rechtswirkung nicht eintreten lassen wollen.

E Anfechtung des Arbeitsvertrages

9. Wann endet das Arbeitsverhältnis durch Anfechtung?

Der Arbeitsvertrag kann von Arbeitgeber oder Arbeitnehmer angefochten werden, d. h., es kann gegenüber dem Vertragspartner erklärt werden, dass der zunächst wirksame Arbeitsvertrag nicht mehr bestehen soll,

a) wenn er sich bei Vertragsabschluss in einem **Irrtum in der Erklärungshandlung**, z. B. Versprechen, Verschreiben, befand (§ 119 Abs. 1 BGB),

b) wenn er sich in einem **Irrtum über den Erklärungsinhalt** befand (§ 119 Abs. 1 BGB), wozu auch der Irrtum über wesentliche Eigenschaften der Person oder Sache gehört (§ 119 Abs. 2 BGB),

c) wenn er bei Abschluss des Arbeitsvertrages **arglistig getäuscht** worden ist (§ 123 BGB) oder

d) wenn der Abschluss des Arbeitsvertrages widerrechtlich durch **Drohung** herbeigeführt worden ist (§ 123 BGB).

Da die Anfechtung in der betrieblichen Praxis selten vorkommt, wird wegen der weiteren Einzelheiten (z. B. Anfechtungsfristen) auf Kommentare zum BGB verwiesen.

Die berechtigte Anfechtung des Arbeitsvertrages führt zur Nichtigkeit.

Dabei ist zu unterscheiden:

Wenn das angefochtene Arbeitsverhältnis noch nicht begonnen wurde, z. B. der Arbeitnehmer noch nicht am Arbeitsplatz erschienen ist, ist der Arbeitsvertrag von Anfang an nichtig. Wenn der Arbeitnehmer die Arbeit aber bereits aufgenommen hat, kann sich der anfechtende Arbeitnehmer oder Arbeitgeber erst für die Zukunft, d. h. vom Zugang der Anfechtungserklärung, von dem bis dahin geltenden faktischen Arbeitsverhältnis lösen (vgl. BAG vom 3.12.1998, DB 1999, S. 852). Die Ansprüche, z. B. auf Arbeitsentgelt und Urlaub für die Vergangenheit, bleiben bestehen.

F Auflösungsvertrag, Aufhebungsvertrag

10. Wann kommt es zu einer einvernehmlichen Auflösung des Arbeitsverhältnisses?

Durch einen Auflösungsvertrag bzw. Aufhebungsvertrag, worunter man alle einen bestehenden Arbeitsvertrag beendenden Vereinbarungen versteht, kann das Arbeitsverhältnis jederzeit für die Zukunft – mit oder ohne Abfindung – durch vertragliche Vereinbarung zwischen Arbeitgeber und Arbeitnehmer aufgehoben werden (§§ 241, 305 BGB). Dies kann auch noch durch einen außergerichtlichen Vergleich im Kündigungsschutzprozess geschehen. Die Arbeitsvertragsparteien können ihr Arbeitsverhältnis mit sofortiger Wirkung oder zu einem zukünftigen oder vergangenen Zeitpunkt auflösen. Eine rückwirkende Auflösungsvereinbarung ist jedoch nur dann zulässig, wenn das Arbeitsverhältnis bereits außer Vollzug gesetzt war (BAG vom 17.12.2009 – 6 AZR 242/09).

Die Beendigung eines Arbeitsverhältnisses durch einen **Aufhebungsvertrag** unterliegt wegen § 307 Abs. 3 BGB keiner Inhaltskontrolle, da es sich bei dem Aufhebungsvertrag um eine Vereinbarung über den unmittelbaren Gegenstand der Hauptleistung handelt (BAG vom 27.11.2003 – 2 AZR 135/03). Allerdings unterliegt ein **beiderseitiger Forderungsverzicht** in einem auf Wunsch des Arbeitnehmers geschlossenen, vom Arbeitgeber formulierten Aufhebungsvertrag als Nebenabrede der Inhaltskontrolle nach § 307 Abs. 1 Satz 1 BGB. Im Sinne dieser Norm benachteiligt er den Arbeitnehmer nur dann unangemessen, wenn der Arbeitgeber die Situation des Arbeitnehmers entgegen den Geboten von Treu und Glauben zur Durchsetzung eigener Interessen ausgenutzt hat (BAG vom 24.3.2016 – 5 AZR 258/14). Zur Wirksamkeit von Klageverzichtsvereinbarungen und Ausgleichsquittungen siehe auch Kapitel 26 Nr.11.

Der Aufhebungsvertrag entbindet von der Einhaltung der Kündigungsfrist. Auch gelten für den Abschluss des Aufhebungsvertrages weder die Mitwirkungsrechte des Betriebsrates noch die allgemeinen oder besonderen Kündigungsvorschriften. So bedarf der Aufhebungsvertrag auch nicht der für eine Kündigung erforderlichen behördlichen Genehmigung, z. B. bei einer schwangeren Arbeitnehmerin (BAG vom 16.2.1983, DB 1983, S. 1663).

Allerdings bedarf ein Aufhebungsvertrag, der seinem Regelungsgehalt nach nicht auf eine alsbaldige Beendigung, sondern auf eine befristete Fortsetzung des Arbeitsverhältnisses gerichtet ist, zu seiner Wirksamkeit eines sachlichen Grundes im Sinne des Befristungskontrollrechts (BAG vom 12.1.2000 – 7 AZR 48/99; vgl. auch Kapitel 4 Nr. 4). Ist die Beendigungsvereinbarung in einem vom Arbeitgeber für eine Vielzahl von Fällen vorformulierten Vertrag enthalten, kann es sich je nach den Umständen um eine ungewöhnliche Bestimmung handeln, die nach § 305c Abs. 1 BGB nicht Vertragsinhalt wird (BAG vom 15.2.2007 – 5 AZR 286/06).

Nach § 623 BGB bedarf die Beendigung eines Arbeitsverhältnisses durch einen Auflösungs-/Aufhebungsvertrag zu ihrer Wirksamkeit der **Schriftform**; die elektronische Form ist ausgeschlossen. Ein Auflösungsvertrag ist also nur gültig, wenn dieser schriftlich vereinbart wurde. Fehlt die Schriftform, ist ein Aufhebungsvertrag nach § 125 Satz 1 BGB nichtig, d. h. er gilt als nicht geschlossen. Auch ein Vorvertrag, der zum Abschluss eines Aufhebungsvertrages verpflichtet, bedarf der Schriftform (BAG vom 17.12.2009 – 6 AZR 242/09). Von dem Aufhebungsvertrag zu unterscheiden ist der Abwicklungsvertrag, welcher nicht der Schriftform nach § 623 BGB bedarf. Mit einem Abwicklungsvertrag vereinbaren die Parteien nach Erklärung einer Kündigung die Bedingungen, zu denen der Arbeitnehmer ausscheidet. Die Beendigung des Arbeitsverhältnisses wird nicht durch den Abwicklungsvertrag, sondern durch die Kündigung bewirkt. Wenn jedoch ein Abwicklungsvertrag für den Arbeitnehmer die Möglichkeit vorsieht, sein vorzeitiges Ausscheiden aus dem Arbeitsverhältnis zu erklären, bedarf eine solche Erklärung gemäß § 623 BGB zwingend der Schriftform (BAG vom 17.12.2015 – 6 AZR 709/14). Auch **Klageverzichtsvereinbarungen**, die im unmittelbaren zeitlichen und sachlichen Zusammenhang mit dem Ausspruch einer Kündigung getroffen werden, sind Auflösungsverträge im Sinne des § 623 BGB und bedürfen daher der Schriftform (BAG vom 19.4.2007 – 2 AZR 208/06). Die Einhaltung der Schriftform verlangt nach § 126 Abs. 1 BGB die eigenhändig geschriebenen Namen von Arbeitgeber und Arbeitnehmer unter den Auflösungsvertrag. Die Namen können zwar unleserlich, müssen aber vollständig sein, eine Buchstabenfolge erkennen lassen und zumindestens den Familiennamen wiedergeben. Es genügt auch ein die Identität des Unterschreibenden kennzeichnender Schriftzug, der einmalig ist und sich als Wiedergabe eines Namens darstellt. Ein bloßes Namenskürzel, eine „Paraphe" oder ein durch Fax übermitteltes Schreiben mit einer Kopie der Unterschrift reichen ebenso wenig aus wie eine E-Mail. Erforderlich ist nach § 126 Abs. 2 BGB die Unterschrift von Arbeitgeber und Arbeitnehmer auf derselben Urkunde des Auflösungsvertrages. Es reicht jedoch auch aus, wenn über den Auflösungsvertrag mehrere gleichlautende Urkunden aufgenommen werden und jede Partei die für die andere Partei bestimmte Urkunde unterzeichnet. Allerdings ist ein bloßer Briefwechsel oder der Austausch der Bestätigungsschreiben nicht ausreichend. Mehrere Blätter müssen zu einer Urkunde zusammengefasst werden. Der gesamte Inhalt des Auflösungsvertrages muss in die unterschriebene Urkunde aufgenommen sein. Nimmt man wesentliche Punkte der Auflösungsvereinbarung nicht in die Urkunde auf, z. B. Wettbewerbsverbot oder betriebliche Altersversorgung, und regelt sie gesondert, so kann dies zur Unwirksamkeit des gesamten Auflösungsvertrages führen, weil diese Nebenabreden von wesentlicher Bedeutung sind.

Auch wenn die Schriftform eingehalten ist, ist zu beachten, dass die Rechtsprechung wegen der weit reichenden Folgen des Aufhebungsvertrages an die Eindeutigkeit der Erklärung strenge Anforderungen stellt. Nicht als Aufhebungsvertrag wird deshalb angesehen:

a) die schriftliche Bestätigung, eine Kündigung erhalten zu haben,

b) die Unterzeichnung einer Ausgleichsquittung mit dem Zusatz „Aus Anlass der Beendigung des Arbeitsverhältnisses bestehen keine Ansprüche mehr".

Unwirksam sind Aufhebungsverträge, wenn durch ihre Ausgestaltung zwingende Bestimmungen des Kündigungsschutzrechts umgangen werden (BAG vom 13.12.1984, BB 1985, S. 930).

Beispiel:

Das Arbeitsverhältnis mit einem ausländischen Arbeitnehmer soll nach dem Auflösungsvertrag zum Ende des tariflichen Erholungsurlaubs aufgelöst werden. Gleichzeitig sagt der Arbeitgeber die Wiedereinstellung unter Anrechnung der bisher verbrachten Dienstzeit zu, wenn der Arbeitnehmer spätestens zwei Wochen nach Urlaubs- und Vertragsende in den Betrieb zurückkehrt.

Aufhebungsverträge, die gegen das Benachteiligungsverbot des § 7 Abs. 1 AGG verstoßen, sind nach § 7 Abs. 2 AGG unwirksam (vgl. Kapitel 20 Nr. 18).

Die Geschäftsgrundlage für einen betriebsbedingten Aufhebungsvertrag fällt nicht ohne weiteres weg (§ 242 BGB), wenn nach dessen Abschluss zum gleichen Auflösungszeitpunkt auch noch eine verhaltensbedingte ordentliche Kündigung ausgesprochen wird. Der Aufhebungsvertrag steht jedoch in der Regel unter der aufschiebenden Bedingung, dass das Arbeitsverhältnis bis zum vereinbarten Auflösungszeitpunkt fortgesetzt wird. Löst dann eine außerordentliche Kündigung das Arbeitsverhältnis vor dem vorgesehenen Auflösungszeitpunkt auf, wird der Aufhebungsvertrag – einschließlich einer darin vereinbarten Abfindung – gegenstandslos (BAG vom 29.1.1997 – 2 AZR 292/96).

11. In welchen Fällen kann der Arbeitnehmer sich noch nachträglich vom Aufhebungsvertrag lösen?

Wenn dies nicht ausdrücklich vereinbart ist, hat der Arbeitnehmer keine Möglichkeit, sein einmal gegebenes Einverständnis zum Aufhebungsvertrag zu widerrufen (BAG vom 7.11.2003, NZA 2004, S. 597). Der Arbeitnehmer kann jedoch den Aufhebungsvertrag wie jede andere Willenserklärung nach allgemeinen Rechtsgrundsätzen wegen Irrtum, rechtswidriger Drohung oder Täuschung anfechten (vgl. dazu Nr. 9).

Dies ist vor allem bedeutsam, wenn der Arbeitnehmer durch rechtswidrigen Druck (§ 123 BGB) des Arbeitgebers zur Abgabe einer Eigenkündigung oder zu seinem Einverständnis zur Vertragsbeendigung veranlasst wurde. So wird die Drohung mit einer Kündigung widerrechtlich sein, wenn ein verständiger Arbeitgeber eine Kündigung nicht ernsthaft in Betracht gezogen hätte (BAG vom 7.3.2002, DB 2002, S. 1997; vom 5.12.2002, DB 2003, S. 1685), um den Arbeitnehmer zum Abschluss eines Aufhebungsvertrages zu veranlassen.

Beispiele:

a) Ein Arbeitgeber hält einem Arbeitnehmer, der dreimal eine Viertelstunde zu spät zur Arbeit erscheint, die Verspätungen vor und droht ihm mit einer fristlosen Kündigung und einem schlechten Zeugnis, wenn er nicht einen vorgefertigten Aufhebungsvertrag unverzüglich unterschreibe.

b) Ist der Beweiswert einer ärztlichen Arbeitsunfähigkeitsbescheinigung nicht erschüttert, sondern besteht lediglich ein gewisser Anfangsverdacht, der Arbeitnehmer könne eine Erkrankung vorgetäuscht haben, so ist der Arbeitgeber regelmäßig verpflichtet, die Verdachtsmomente (z. B. durch eine Befragung des Arbeitnehmers über die Art der Erkrankung) näher aufzuklären, ehe er mit einer fristlosen Kündigung droht und den Arbeitnehmer dadurch zum Abschluss eines Aufhebungsvertrags veranlasst (BAG vom 21.3.1996, DB 1996, S. 1879).

Allein ein Zeitdruck beim Abschluss des Aufhebungsvertrages ohne gleichzeitige Kündigungsdrohung berechtigt allerdings noch nicht zur Anfechtung. Zudem führt auch die Tatsache, dass sich eine schwangere Arbeitnehmerin über die mutterschutzrechtlichen Folgen des Aufhebungsvertrages irrt, nicht zu einer berechtigten Anfechtung wegen Irrtums (BAG vom 16.2.1983, DB 1983, S. 1663).

Hat der Arbeitnehmer einen Aufhebungsvertrag wegen widerrechtlicher Drohung seines Arbeitgebers nach § 123 BGB wirksam angefochten, so kann das Recht des Arbeitnehmers, die Nichtigkeit des Aufhebungsvertrags klageweise geltend zu machen, im Hinblick auf den eigenen Verstoß des Arbeitgebers gegen Treu und Glauben nur unter ganz außergewöhnlichen Umständen verwirken. Bei der Überprüfung des erforderlichen Zeitmoments ist zu berücksichtigen, dass der Gesetzgeber dem Bedrohten schon für die Anfechtung in § 124 BGB eine Überlegungsfrist von einem Jahr einräumt. Der Drohende muss sich demnach nach Treu und Glauben regelmäßig damit abfinden, dass der Bedrohte die Nichtigkeit des Rechtsgeschäfts auch noch einige Monate nach der Anfechtung und Klageandrohung klageweise geltend macht (BAG vom 6.11.1997, DB 1998, S. 521). Die Widerrechtlichkeit einer Drohung wird nicht durch eine dem Arbeitnehmer vom Arbeitgeber eingeräumte Bedenkzeit beseitigt (BAG vom 28.11.2007 – 6 AZR 1108/06). Ein formularmäßiger Klageverzicht in einem Aufhebungsvertrag, der zur Vermeidung einer vom Arbeitgeber angedrohten außerordentlichen Kündigung geschlossen wird, benachteiligt den Arbeitnehmer unangemessen i. S. v. § 307 Abs. 1, Abs. 2 Nr. 1 BGB, wenn ein verständiger Arbeitgeber die angedrohte Kündigung nicht ernsthaft in Erwägung ziehen durfte, die Drohung also widerrechtlich i. S. d. § 123 BGB ist (BAG vom 12.3.2015 – 6 AZR 82/14).

12. Welche Folgen hat der Aufhebungsvertrag für das Arbeitsverhältnis?

Aufgrund des Aufhebungsvertrages endet das Arbeitsverhältnis zum vereinbarten Zeitpunkt. Der Arbeitnehmer **verliert** durch die einvernehmliche Auflösung des Arbeitsverhältnisses den gesamten **Kündigungsschutz**, auch die Möglichkeit nach § 9 KSchG eine Abfindung zu erhalten (vgl. dazu Kapitel 25).

Wegen der weit reichenden Konsequenzen des Aufhebungsvertrages auch im Steuerrecht und im Recht der Arbeitslosenversicherung (vgl. Nr. 13f. und Kapitel 25 Nr. 11f.) ist der Abschluss sowohl vom Arbeitnehmer als auch vom Arbeitgeber gründlich zu überlegen.

13. Hat der Arbeitgeber den Arbeitnehmer über die sozialrechtlichen Folgen des Aufhebungsvertrages vorher zu unterrichten?

Bei Abschluss eines vom Arbeitgeber veranlassten Aufhebungsvertrags sollte dieser dem Arbeitnehmer entweder durch Einräumung einer Überlegungs- oder Widerrufsfrist Gelegenheit geben, sich über die damit verbundenen Rechtsfolgen selbst zu erkundigen, oder vorher den Arbeitnehmer selbst vollständig und umfassend auf die arbeits- und sozialrechtlichen Rechtsfolgen hinweisen. Ein Rücktritts- oder Widerrufsrecht hat der Arbeitnehmer allerdings nicht (BAG vom 30.9.1993, DB 1994, S. 279).

Der Arbeitgeber hat jedenfalls nach § 2 Abs. 2 Satz 2 Nr. 3 SGB III jeden Arbeitnehmer vor der Beendigung des Arbeitsverhältnisses frühzeitig über die Notwendigkeit eigener Aktivitäten bei der Suche nach einer anderen Beschäftigung sowie über die Verpflichtung unverzüglicher Meldung bei der Agentur für Arbeit zu unterrichten.

Eine weitergehende Unterrichtungspflicht kann der Arbeitgeber im Hinblick auf sozialrechtliche Nachteile für den Arbeitnehmer haben (z. B. Sperrzeit oder Ruhen des Arbeitslosengeldanspruchs).Teilt der Arbeitgeber einem Arbeitnehmer, der von sich aus darum bittet, das Arbeitsverhältnis gegen Zahlung einer Abfindung aufzuheben, mit, dass mit einer Sperrzeit zu rechnen sei, über deren Dauer die Agentur für Arbeit entscheidet, so hat er seine Unterrichtungspflicht erfüllt (BAG vom 10.3.1988, DB 1988, S. 2006).

Gesteigerte Hinweispflichten können den Arbeitgeber vor allem treffen, wenn der Aufhebungsvertrag auf seine Initiative hin und in seinem Interesse zustande kommt (BAG vom 17.10.2000, DB 2001, S. 286). Wenn bei der Zusatzversorgung mit hohen Einbußen zu rechnen ist und dieses Risiko auf der angebotenen vorzeitigen Beendigung des Arbeitsverhältnisses beruht, muss der Arbeitgeber darauf wenigstens hinweisen. Der Arbeitgeber ist in diesem Fall jedoch nicht verpflichtet, dem Arbeitnehmer die genaue Höhe der drohenden Versorgungsnachteile mitzuteilen und ihm die versorgungsrechtlichen Einzelheiten wie z. B. die Abgrenzung von Versorgungs- und Versicherungsrente zu erläutern, sondern er darf insoweit den Arbeitnehmer an die Zusatzversorgungskasse verweisen (BAG vom 17.10.2000, DB 2000, S. 2174). Der Arbeitgeber muss aber wenigstens das Problembewusstsein des Arbeitnehmers wecken und ihn so beraten, dass er sich bei der Zusatzversorgungskasse sachgerecht erkundigen und Missverständnisse vermeiden kann (BAG vom 17.10.2000, DB 2001, S. 286).

14. Welche Folgen kann der Aufhebungsvertrag für den Arbeitgeber haben?

Ein Arbeitgeber, der das Arbeitsverhältnis mit einem langjährig beschäftigten Arbeitnehmer, der das 56. Lebensjahr vollendet hat, beendet, hat der Bundesagentur für Arbeit das an diesen Arbeitnehmer gezahlte **Arbeitslosengeld** unter den Voraussetzungen des § 147a SGB III zu **erstatten**. Die Agentur für Arbeit ist verpflichtet, den Arbeitgeber auf Verlangen über Voraussetzungen und Umfang der Erstattungspflicht im Einzelfall zu beraten.

G Tod des Arbeitnehmers

15. Welche Folgen hat der Tod des Arbeitnehmers für das Arbeitsverhältnis?

Aus dem Grundsatz der persönlichen Arbeitspflicht (§ 613 Satz 1 BGB) folgt auch, dass die Arbeitspflicht und damit das Arbeitsverhältnis mit dem Tode des Arbeitnehmers endet. Allerdings können die Erben Pflichten gegenüber dem Arbeitgeber (z. B. Herausgabe von dem Arbeitgeber gehörenden Arbeitsmaterial) sowie Ansprüche gegen den Arbeitgeber (z. B. nicht erfüllte Lohnansprüche) haben.

H Erreichen von Altersgrenzen

16. Endet das Arbeitsverhältnis automatisch mit Erreichen der Regelaltersgrenze?

Es gibt keine arbeitsrechtlichen Gesetzesvorschriften, die der Weiterarbeit eines Arbeitnehmers über die Regelaltersgrenze hinaus entgegenstehen oder denen zufolge ein bestehendes **Arbeitsverhältnis** mit der Erreichung des Rentenalters des Arbeitnehmers automatisch endet.

Allerdings kann durch Tarifvertrag, Betriebsvereinbarung und auch arbeitsvertragliche Vereinbarung grundsätzlich die automatische Beendigung des Arbeitsverhältnisses zum Zeitpunkt des Erreichens des gesetzlichen Regelrentenalters des Arbeitnehmers vereinbart werden (zur Zulässigkeit vgl. Kapitel 20 Nr. 16). Eine neue Betriebsvereinbarung, die auf das Erreichen des gesetzlichen Regelrentenalters abstellt, muss allerdings aus Gründen des Vertrauensschutzes Übergangsregelungen für die bei Inkrafttreten der Betriebsvereinbarung bereits rentennahen Arbeitnehmer vorsehen (BAG vom 21.1.2017 – 1 AZR 292/15). Alte Betriebsvereinbarungen, nach denen das Arbeitsverhältnis mit der Vollendung des 65. Lebensjahres endet, sind nach der Anhebung des Regelrentenalters regelmäßig dahingehend auszulegen, dass die Beendigung des Arbeitsverhältnisses erst mit der Vollendung des für den Bezug einer Regelaltersrente maßgeblichen Lebensalters erfolgen soll (BAG vom 13.10.2015 – 1 AZR 853/13).

Wenn ein Arbeitsverhältnis über eine ursprünglich vereinbarte Befristung hinaus fortgesetzt werden soll, ist der Betriebsrat nach § 99 BetrVG zu beteiligen. Dies gilt sowohl für Fälle, in denen das Arbeitsverhältnis mit Ablauf des Monats enden sollte, in dem der Arbeitnehmer die Regelaltersgrenze erreicht hat, als auch für Fälle, in denen sich ein befristetes Arbeitsverhältnis automatisch verlängert, wenn der Arbeitgeber keine Nichtverlängerungsanzeige abgibt (BAG vom 12.7.1988, DB 1989, S. 633). Eine Betriebsvereinbarung, nach der das Arbeitsverhältnis der im Betrieb beschäftigten Arbeitnehmer mit dem Ablauf des Monats endet, in welchem der Arbeitnehmer die Regelaltersgrenze erreicht, enthält jedoch kein Verbot der Weiterbeschäftigung eines Arbeitnehmers über die Altersgrenze hinaus. Deshalb ist der Betriebsrat in der Regel nicht berechtigt, seine Zustimmung zur Weiterbeschäftigung dieses Arbeitnehmers zu verweigern (BAG vom 10.3.1992, DB 1992, S. 1530).

17. Unter welchen Voraussetzungen endet das Arbeitsverhältnis automatisch bei Erreichen der flexiblen Altersgrenze?

Eine Vereinbarung, die die Beendigung des Arbeitsverhältnisses eines Arbeitnehmers ohne Kündigung zu einem Zeitpunkt vorsieht, in dem der Arbeitnehmer vor Vollendung der Regelaltersgrenze eine Rente wegen Alters beantragen kann, gilt dem Arbeitnehmer gegenüber als auf die Vollendung der Regelaltersgrenze abgeschlossen, es sei denn, dass die Vereinbarung innerhalb der letzten drei Jahre vor diesem vereinbarten Zeitpunkt des Ausscheidens geschlossen oder von dem Arbeitnehmer bestätigt worden ist (§ 41 Satz 2 SGB VI). Auch diese Altersgrenzenvereinbarung muss sachlich gerechtfertigt sein und darf den betroffenen Arbeitnehmer nicht diskriminieren oder ihn nicht dem allgemeinen Gleichbehandlungsgrundsatz zuwider benachteiligen (BAG vom 19.3.2003 – 7 AZR 296/03).

24. Kündigung

A Kündigungserklärung

1. Was versteht man unter Kündigung?

Die Kündigung ist eine einseitige **Erklärung** des Arbeitgebers oder Arbeitnehmers, durch die das **Arbeitsverhältnis** für die Zukunft **aufgelöst** werden soll. Sie ist als ordentliche Kündigung (unter Einhaltung einer Kündigungsfrist) oder als außerordentliche (fristlose) Kündigung möglich. Zur Bedeutung einer Änderungskündigung vgl. Nr. 68. Auch ruhende Arbeitsverhältnisse können, bei Vorliegen der allgemeinen gesetzlichen Voraussetzungen, gekündigt werden (BAG vom 9.9.2010 – 2 AZR 493/09).

Die Kündigungserklärung muss eindeutig und klar erkennen lassen, dass das Arbeitsverhältnis sofort oder nach einer bestimmten Frist beendet werden soll. Die Worte „Kündigung" oder „kündigen" brauchen aber nicht vorzukommen. Eine Kündigung ist allerdings nicht anzunehmen, wenn zwar der Wille des Erklärenden erkennbar ist, das Arbeitsverhältnis zu beenden, diese Erklärung aber die Deutungsmöglichkeit einschließt, diese Wirkung solle nicht durch eine Kündigung, sondern durch einen anderen Beendigungstatbestand eintreten, z. B. durch Ausübung eine Widerrufsrechts, Anfechtung, Dienstentlassung eines Dienstordnungsangestellten oder eine von dem Erklärenden für möglich gehaltene Beendigungserklärung eigener Art. So ist eine einseitige Versetzung des Arbeitnehmers in den einstweiligen Ruhestand in Anlehnung an das Beamtenrecht allein keine Kündigung (BAG vom 5.2.2009 – 6 AZR 151/08).

2. Muss die Kündigung schriftlich erfolgen?

Die Beendigung des Arbeitsverhältnisses oder des Berufsausbildungsverhältnisses durch Kündigung bedarf zu ihrer Wirksamkeit der Schriftform (§ 623 BGB, § 15 Abs. 3 BBiG). Die Beachtung der Schriftform bei der Kündigung bedeutet die Übergabe oder Übersendung eines **unterschriebenen** Briefes, und zwar im Original. Deshalb ist die Zeit für die Zustellung des Briefes einzukalkulieren. Die elektronische Form ist ausgeschlossen (§ 623 BGB). Die Übersendung eines Telefaxes oder einer E-Mail reicht nicht aus (vgl. auch Kapitel 23 Nr. 10).

Das Schriftformerfordernis gilt für alle Kündigungsarten (fristgemäße oder fristlose Kündigung, vorsorgliche Kündigung, Änderungskündigung einschließlich das Änderungsangebot) und unabhängig davon, ob sie vom Arbeitgeber oder vom Arbeitnehmer ausgesprochen wird. Das heißt, eine – fristgemäße oder fristlose – Kündigung durch den Arbeitgeber oder Arbeitnehmer ist nur dann **rechtswirksam, wenn** sie **schriftlich** erklärt worden ist (§ 125 Satz 1 BGB). Fehlt die Schriftform, gilt die Kündigung als nicht ausgesprochen. Will der Kündigende daran festhalten, muss er die Kündigung erneut unter Beachtung der Schriftform abgeben.

Beispiele für unwirksame Kündigungen:

- *Kündigung per Telefon*
- *Kündigung durch schlüssiges Verhalten (Herausfordern der Arbeitspapiere, Abgabe der Schlüssel usw.)*

Außerdem kann durch Tarifvertrag, Betriebsvereinbarung oder einzelvertragliche Vereinbarung eine über die **Schriftform** hinausgehende bestimmte Form (z. B. eingeschriebener Brief) für die Kündigung vereinbart sein. Wenn vereinbart ist, dass die Kündigung durch **eingeschriebenen Brief** erfolgen soll, ist im Zweifel von folgendem auszugehen: Nur die Nichteinhaltung der Schriftform soll zur Nichtigkeit der Kündigung führen, das Fehlen der Übersendungsform des Einschreibens dagegen nicht; denn sie soll nur Beweisfunktion haben (BAG vom 20.9.1979, BB 1980, S. 369).

3. Wann wird die Kündigung wirksam?

a) Die Kündigung wird wirksam, wenn sie dem, der gekündigt werden soll, zugeht (§ 130 BGB). Für den Zugang unerheblich ist es, ob der Gekündigte die Kündigung billigt oder sich mit ihr einverstanden erklärt.

Wenn der, dem gekündigt werden soll, anwesend ist, geht ihm die schriftliche Kündigung nicht schon mit der Übergabe des Kündigungsschreibens zu, sondern erst, sobald er sie verstehen kann. So geht die Kündigung einem ausländischen Arbeitnehmer, der die erforderlichen deutschen Sprachkenntnisse nicht hat, erst dann zu, wenn sie ihm übersetzt worden ist.

Eine gegenüber einem Geschäftsunfähigen abgegebene Willenserklärung geht im Sinne von § 131 Abs. 1 BGB dem gesetzlichen Vertreter nur zu, wenn sie nicht lediglich faktisch in dessen Herrschaftsbereich gelangt ist, sondern auch an ihn gerichtet oder zumindest für ihn bestimmt ist (BAG vom 28.10.2010 – 2 AZR 794/09).

b) Praktisch bedeutsam ist, wann einem Abwesenden die **schriftliche Kündigung** zugeht, dem die Kündigung durch einen einfachen Brief zugesandt wird. Der einfache Brief geht dem Gekündigten zu dem Zeitpunkt zu, zu dem er in der Wohnung oder im Betrieb ihm selbst oder einem empfangsberechtigten Dritten (z. B. Haushaltsangehörige, Vermieter, Mitmieter) ausgehändigt wird. Lehnt ein als Empfangsbote anzusehender Familienangehöriger des abwesenden Arbeitnehmers die Annahme eines Kündigungsschreibens des Arbeitgebers ab, so muss der Arbeitnehmer die Kündigung nur dann als zugegangen gegen sich gelten lassen, wenn er auf die Annahmeverweigerung, etwa durch vorherige Absprache mit dem Angehörigen, Einfluss genommen hat (BAG vom 11.11.1992, DB 1993, S. 487). Das Kündigungsschreiben geht dem Gekündigten bei Einwurf in den privaten Briefkasten zu dem Zeitpunkt zu, zu dem dieser üblicherweise geleert wird (BAG vom 8.12.1983, NJW 1984, S. 1651). Bei postlagernder Zusendung oder Übersendung an ein Postfach geht die Kündigung zu dem Zeitpunkt zu, zu dem die Post sie zur Abholung bereit hält bzw. sie in das Postfach einlegt und üblicherweise noch mit der Abholung gerechnet werden kann (BAG vom 24.10.1985, NJW 1986, S. 1373).

Grundsätzlich geht auch bei Krankheit, Kur, Urlaub oder sonstiger längerer Abwesenheit die schriftliche Kündigung nach Einwurf in den Briefkasten zum Zeitpunkt der üblichen Leerung zu. So geht ein an die Heimatanschrift des Arbeitnehmers gerichtetes Kündigungsschreiben diesem grundsätzlich auch dann zu, wenn dem Arbeitgeber bekannt ist, dass der Arbeitnehmer während seines Urlaubs verreist ist (BAG vom 16.3.1988, DB 1988, S. 2415) oder sich der Arbeitnehmer in Untersuchungshaft oder in Auslieferungshaft im Ausland befindet (BAG vom 2.3.1989, DB 1989, S. 2619).

c) Im Streitfall kann von Bedeutung sein, den Zugang der Kündigung zu beweisen. Deshalb kann es sich empfehlen, die schriftliche Kündigung **durch** einen **Boten** zu überreichen oder in den privaten Briefkasten des zu Kündigenden werfen zu lassen oder **durch Einschreibebrief** zu übersenden. Andererseits kann sich so der Zugang des Einschreibens gegenüber einem einfachen Brief verzögern. Die Kündigung durch Einschreibebrief ist zu dem Zeitpunkt zugegangen, zu dem das Einschreiben dem Empfänger ausgehändigt wird. Dies gilt auch für den Fall, dass der Postbote den Arbeitnehmer nicht antrifft und dieser das Einschreiben zwar nicht alsbald, aber noch innerhalb der ihm von der Post mitgeteilten Aufbewahrungsfrist beim zuständigen Postamt abholt oder abholen lässt (BAG vom 25.4.1996 – 2 AZR 13/95); jedoch nicht bereits, wenn die Post einen Benachrichtigungsschein in den Briefkasten geworfen hat mit der Aufforderung, den Einschreibebrief beim Postamt abzuholen (BAG vom 15.11.1962, DB 1963, S. 176). Der Empfänger ist allerdings verpflichtet, das Einschreiben so bald wie möglich beim Postamt abzuholen, weil anderenfalls die Kündigung als zu dem Zeitpunkt zugegangen gilt, zu dem er sie unter normalen Umständen hätte abholen können.

4. Hat der Kündigende den Kündigungsgrund anzugeben?

a) Die fristlose Kündigung im Berufsausbildungsverhältnis, die nach der Probezeit erfolgt, muss zu ihrer Wirksamkeit begründet sein (§ 15 Abs. 3 BBiG). Darüber hinaus ist weder für die fristgemäße noch für die fristlose Kündigung von Arbeitnehmern die Angabe des Kündigungsgrundes gesetzlich vorgeschrieben.

b) Allerdings kann in einem Tarifvertrag, in einer Betriebsvereinbarung oder einzelvertraglichen Vereinbarung eine Begründung vorgeschrieben sein, bei deren Nichtbeachtung die Kündigung unwirksam sein soll. Meist wird aber in diesen Vereinbarungen nur eine Mitteilungspflicht gewollt sein, deren Nichterfüllung nicht zu Unwirksamkeit führt.

c) Im Fall einer fristlosen Kündigung ist der Kündigende (Arbeitnehmer oder Arbeitgeber) verpflichtet, dem anderen auf dessen Verlangen den Kündigungsgrund unverzüglich, also ohne schuldhaftes Zögern, schriftlich mitzuteilen (§ 626 Abs. 2 Satz 3 BGB). Im Falle einer fristgemäßen Kündigung hat der Arbeitgeber auf Verlangen des Arbeitnehmers die Gründe anzugeben, die zu der getroffenen sozialen Auswahl geführt haben (§ 1 Abs. 3 Satz 1 2. Halbsatz KSchG). Bei schuldhafter Verletzung dieser Mitteilungspflichten sowie wenn im Kündigungsschutzprozess andere Gründe als die zunächst genannten angegeben werden, besteht lediglich ein Schadensersatzanspruch; an der Wirksamkeit der Kündigung ändert sich jedoch nichts.

5. Aus welchen Gründen kann eine Kündigung generell unwirksam sein?

Eine Kündigung kann **unwirksam** sein

a) wenn die **Kündigungserklärung** von dem Kündigenden wegen Irrtums (in der Praxis selten!) **wirksam angefochten** worden ist (§§ 119,142 BGB),

Beispiel:

Die Unkenntnis der Arbeitnehmerin von einer im Zeitpunkt des Ausspruchs einer Eigenkündigung bestehenden Schwangerschaft rechtfertigt in der Regel keine Irrtumsanfechtung (BAG vom 6.2.1992, DB 1992, S. 1529).

b) wenn die Kündigungserklärung wegen Täuschung oder Drohung wirksam angefochten worden ist (§§ 123, 142 BGB),

Beispiel:

Der Arbeitnehmer wird zu einer Eigenkündigung durch eine Drohung des Arbeitgebers mit einer fristlosen Kündigung veranlasst, die ein verständiger Arbeitgeber nicht ernsthaft erwogen hätte.

c) wenn die Kündigung **gegen ein gesetzliches Verbot**, insbesondere ein ausdrückliches Kündigungsverbot, **verstößt** (§ 134 BGB),

Beispiele:

- *Versäumen der Anhörung des Betriebsrats (§ 102 Abs. 1 Satz 2 BetrVG; vgl. Nr. 6 und Kapitel 34 Nr. 26)*
- *Verstoß gegen das Maßregelungsverbot (§ 612a BGB; vgl. Kapitel 18 Nr. 39, 40) oder gegen die Benachteiligungsverbote des § 5 TzBfG und des § 164 Abs. 2 SGB IX)*
- *Verstoß gegen das Verbot der Schlechterstellung von Teilzeitbeschäftigten oder befristet beschäftigten Arbeitnehmern (§ 4 TzBfG)*
- *Beschränkung eines Arbeitnehmers in der Ausübung des aktiven oder passiven Wahlrechts (§ 119 BertrVG)*
- *Verstoß gegen das Kündigungsverbot wegen der Weigerung des Arbeitnehmers von Vollzeit- zu Teilzeitarbeit zu wechseln (§ 11 TzBFG)*
- *Verstoß gegen das Kündigungsverbot wegen des Betriebsinhaberwechsels (§ 613a BGB; vgl. Kapitel 22 Nr. 10)*
- *Verstöße gegen die Kündigungsverbote für Betriebs- und Personalratsmitglieder (§ 15 KSchG; vgl. Kapitel 34 Nr. 13), für Schwangere und für Mütter bis vier Monate nach der Entbindung bzw. Fehlgeburt (§ 17 MuSchG; vgl. Kapitel 19 Nr. 18–20), für Arbeitnehmer während der Elternzeit (§ 18 BEEG; vgl. Kapitel 19 Nr. 42–45), für pflegende Arbeitnehmer während der Pflegezeit (§ 5 PflegeZG; vgl. Kapitel 19 Nr. 54) oder während der Familienpflegezeit (§ 2 Abs.3 FPfZG; vgl. Kapitel 19 Nr. 58); für schwerbehinderte Menschen (§ 168 SGB IX; vgl. Kapitel 29 Nr. 12)*
- *Verstöße gegen sonstige Verbote im Mutterschutzgesetz, Jugendarbeitsschutzgesetz, SGB IX und im Betriebsverfassungsgesetz*

d) wenn eine Kündigung wegen des Erwerbs, der Annahme oder Ausübung des Abgeordnetenmandats unzulässig ist (z. B. nach § 3 Europaabgeordnetengesetz – vgl. dazu BAG vom 18.5.2017 – 2 AZR 79/16)

e) wenn die Kündigung, für die der allgemeine Kündigungsschutz gilt (vgl. Nr. 33 ff.), sozial nicht gerechtfertigt ist,

f) wenn die Kündigung **gegen die guten Sitten** verstößt (§ 138 BGB; sehr selten),

Beispiele:

- *Kündigung aus Rachsucht oder Vergeltung*
- *Kündigung wegen Arbeitsunfähigkeit, die auf vorsätzliche Nichtbeachtung der berufsgenossenschaftlichen Sicherheitsvorschriften zurückzuführen ist*
- *Wahl des Kündigungszeitpunkts (unmittelbar nach dem Tod eines nahen Angehörigen) aufgrund einer auf Missachtung der persönlichen Belange der Gegenseite beruhenden Gedankenlosigkeit oder Absicht*

g) wenn die Kündigung **gegen Treu und Glauben verstößt** (§ 242 BGB), insbesondere wenn sich der Kündigende in Widerspruch zu seinem früheren Verhalten setzt,

Beispiele:

Kündigung des Arbeitgebers, obwohl er kurz zuvor einer Kündigung des Arbeitnehmers widersprochen hat.

Der Ausspruch einer Kündigung zur Unzeit oder in ehrverletzender Form und eine Kündigung, die den Arbeitnehmer (außerhalb des § 612a BGB) diskriminiert.

h) wenn die Kündigung **gegen** zulässige **vertragliche Kündigungsbeschränkungen verstößt**.

Beispiel:

Fristgemäße (ordentliche) Kündigung des Arbeitnehmers bei tarifvertraglichem Ausschluss der fristgemäßen (ordentlichen) Kündigung.

Allerdings kann die außerordentliche Kündigung gegenüber einem tariflich unkündbaren Arbeitnehmer aus betriebsbedingten Gründen ausnahmsweise unter Einhaltung der ordentlichen Kündigungsfrist zulässig sein, wenn der Arbeitsplatz des Arbeitnehmers weggefallen ist und der Arbeitgeber den Arbeitnehmer auch unter Einsatz aller zumutbaren Mittel, ggf. durch Umorganisation seines Betriebes, nicht weiterbeschäftigen kann (BAG vom 5.2.1998, DB 1998, S. 1035). Dem Arbeitnehmer ist dann regelmäßig eine Auslauffrist zu gewähren, die in ihrer Länge der sonst einschlägigen ordentlichen Kündigungsfrist entspricht (BAG vom 18.1.2001, DB 2002, S. 100). Außerdem kann die Auslegung der einschlägigen Tarifbestimmung ergeben, dass der Ausschluss ordentlicher Kündigungen nicht gilt, falls er bei der Sozialauswahl zu einem grob fehlerhaften Auswahlergebnis führen würde (BAG vom 20.6.2013 – 2 AZR 295/12).

Zum gerichtlichen Geltendmachen der Unwirksamkeit vgl. Nr. 66.

B Anhörung des Betriebsrats

6. Wie ist der Betriebsrat bei einer Kündigung zu beteiligen?

In jedem Betrieb mit **Betriebsrat** ist dieser vor jeder Kündigung **anzuhören** (§ 102 Abs. 1 BetrVG), auch bei einer zwischen Arbeitgeber und Arbeitnehmer verabredeten Kündigung (BAG vom 28.6.2005 – 1 ABR 25/04). Der Arbeitgeber hat ihm dazu vorher den Arbeitnehmer, der gekündigt werden soll, zu bezeichnen, die Art der Kündigung und bei der fristgemäßen Kündigung auch den Kündigungstermin anzugeben und die Kündigungsgründe mitzuteilen (BAG vom 27.6.1985, DB 1986, S. 332); dazu gehört jedoch im Allgemeinen nicht die Vorlage von Beweismaterial (BAG vom 26.1.1995, DB 1995, S. 1134). Die Umstände, aus denen der Arbeitgeber seinen Kündigungsentschluss herleitet, hat er dem Betriebsrat auch mitzuteilen bei einer Kündigung in den ersten sechs Monaten des Bestehens des Arbeitsverhältnisses, bei dem der Kündigungsschutz keine Anwendung findet (BAG vom 8.9.1988, DB 1989, S. 1575). Hat der Arbeitgeber die Kündigung auf Tatsachen gestützt, genügt die Anhörung den Anforderungen des § 102 BetrVG nur, wenn dem Betriebsrat die zugrunde liegenden Tatsachen bzw. Ausgangsgrundlagen mitgeteilt werden. Hat allerdings der Arbeitgeber keine auf Tatsachen gestützte und demgemäß durch die Mitteilung dieser Tatsachen konkretisierbaren Kündigungsgründe, so genügt es, wenn er dem Betriebsrat seine subjektiven Wertungen mitteilt, die ihn zur Kündigung veranlassen. Der Arbeitgeber ist aber in diesem Fall nicht verpflichtet, im Rahmen des Anhörungsverfahrens nach § 102 BetrVG sein Werturteil gegenüber der Arbeitnehmervertretung zu substantiieren oder zu begründen (BAG vom 12.9.2013 – 6 AZR 121/12). Bei der Unterrichtung über die Gründe für eine beabsichtigte krankheitsbedingte Kündigung nach § 102 Abs. 1 Satz 2 BetrVG darf der Arbeitgeber ihm bekannte Umstände, die sich bei objektiver Betrachtung zugunsten des Arbeitnehmers auswirken können, dem Betriebsrat nicht deshalb vorenthalten, weil sie für seinen eigenen Kündigungsentschluss nicht von Bedeutung waren (BAG vom 16.7.2015 – 2 AZR 15/15). Bei betriebsbedingten Kündigungen hat der Arbeitgeber dem Betriebsrat auch von vornherein die Gründe mitzuteilen, die ihn bei der sozialen Auswahl unter mehreren Arbeitnehmern zur Kündigung gerade dieses Arbeitnehmers veranlasst haben (BAG vom 29.3.1984, BB 1984, S. 1428). Verlangt der Betriebsrat vom Arbeitgeber, einen bestimmten Arbeitnehmer zu kündigen, und entschließt sich der Arbeitgeber, dem Wunsch des Betriebsrats aus den von diesem angegebenen Gründen zu entsprechen, so ist eine Anhörung des Betriebsrats nach § 102 BetrVG nicht mehr erforderlich (BAG vom 15.5.1997 – 2 AZR 519/96). Der Arbeitgeber ist auch bei einer Kündigung in der Wartezeit nicht verpflichtet, dem Betriebsrat Sozialdaten mitzuteilen, die bei vernünftiger Betrachtung weder aus seiner Sicht noch aus der Sicht der Arbeitnehmervertretung für die Beurteilung der Wirksamkeit der Kündigung eine Rolle spielen können: in der Regel Unterhaltspflichten des Arbeitnehmers sowie dessen Lebensalter (BAG vom 23.4.2009 – 6 AZR 516/08). Wird ein Arbeitnehmer eines öffentlichen Arbeitgebers von diesem einer in der Rechtsform einer GmbH gebildeten Arbeitsgemeinschaft zur Dienstleistung zugewiesen, ist grundsätzlich vor der Kündigung des Arbeitnehmers nicht der bei der Arbeitsgemeinschaft gebildete Betriebsrat gemäß § 102 Abs. 1 Satz 1 BetrVG anzuhören, sondern der beim Arbeitgeber errichtete Personalrat zu beteiligen (BAG vom 9.6.2011– 6 AZR 132/10).

Eine **ohne die Anhörung** vom Arbeitgeber vorgenommene Kündigung ist **unwirksam** (§ 102 Abs. 1 Satz 3 BetrVG) – gleichgültig, ob es sich um eine fristgemäße oder fristlose Kündigung oder um eine Änderungskündigung handelt und ob die materiellen Gründe für die Kündigung vorliegen oder nicht. Dies gilt auch dann, wenn die Anhörung des Betriebsrates nicht ordnungsgemäß ist (BAG vom 16.9.1993, DB 1994, S. 381). So stellt eine bewusst unrichtige und dadurch irreführende Darstellung des Kündigungssachverhalts keine ordnungsgemäße Anhörung dar und führt zur Unwirksamkeit der ausgesprochenen Kündigung (LAG Baden-Württemberg vom

24.6.1997, DB 1997, S. 1825). Wenn der Arbeitgeber ihm bekannte Kündigungsgründe nicht mitteilt, kann er sie auch dann nicht zur Rechtfertigung der Kündigung nachschieben, wenn ihr der Betriebsrat aufgrund der mitgeteilten anderen Gründe bereits zugestimmt hat (BAG vom 26.9.1991, DB 1992, S. 2196).

7. Wie lange hat der Betriebsrat Zeit, sich zu äußern?

a) Im Falle der fristgemäßen Kündigung beträgt die Frist eine Woche, innerhalb der der Betriebsrat Bedenken gegen die Kündigung dem Arbeitgeber schriftlich mitteilen muss.

b) Im Falle der fristlosen Kündigung hat der Betriebsrat eventuelle Bedenken unter Angabe der Gründe dem Arbeitgeber unverzüglich, spätestens jedoch innerhalb von drei Tagen, schriftlich mitzuteilen.

c) Für die Berechnung der Fristen gelten die §§ 186 ff. BGB. Wenn der Arbeitgeber aus eigener Initiative oder aufgrund einer Rückfrage des Betriebsrats die vollständige Unterrichtung nachholt, läuft die Äußerungsfrist für den Betriebsrat erst ab dem Zeitpunkt der vollständigen Unterrichtung durch eine kündigungsberechtigte Person (LAG Schleswig-Holstein vom 15.4.1997, DB 1997, S. 1339). Äußert er sich innerhalb dieser Fristen nicht, gilt seine Zustimmung als erteilt (§ 102 Abs. 2 BetrVG).

d) Eine abschließende, das Anhörungsverfahren nach § 102 BetrVG vorzeitig beendende Stellungnahme des Betriebsrats liegt nur vor, wenn der Arbeitgeber sich aufgrund besonderer Anhaltspunkte darauf verlassen darf, der Betriebsrat werde sich bis zum Ablauf der Frist des § 102 Abs. 2 Satz 1 und Abs. 3 BetrVG nicht mehr äußern (BAG vom 25.5.2016 – 2 AZR 345/15).

8. Aus welchen Gründen kann der Betriebsrat der Kündigung widersprechen?

Der Betriebsrat kann innerhalb der Frist von einer Woche der fristgemäßen Kündigung aus folgenden im Betriebsverfassungsgesetz (§ 102 Abs. 3) festgelegten Gründen widersprechen:

a) Der Arbeitgeber hat bei der Auswahl des zu kündigenden Arbeitnehmers soziale Gesichtspunkte nicht oder nicht ausreichend berücksichtigt.

b) Die Kündigung verstößt gegen Richtlinien, die über die personelle Auswahl bei Kündigungen zwischen Arbeitgeber und Betriebsrat vereinbart worden sind (§ 95 BetrVG).

c) Der zu kündigende Arbeitnehmer kann an einem anderen Arbeitsplatz desselben Betriebes oder in einem anderen Betrieb des Unternehmens weiterbeschäftigt werden. Für einen ordnungsgemäßen Widerspruch des Betriebsrates reicht es nicht aus, wenn der Betriebsrat nur allgemein auf eine anderweitige Beschäftigungsmöglichkeit im selben Betrieb oder in einem anderen Betrieb verweist; dem Betriebsrat ist vielmehr ein Mindestmaß an konkreter Argumentation abzuverlangen, d. h. der Arbeitsplatz, auf dem der zu kündigende Arbeitnehmer eingesetzt werden kann, ist in bestimmbarer Weise anzugeben (BAG vom 17.6.1999, DB 1999, S. 2012).

d) Die Weiterbeschäftigung des Arbeitnehmers ist nach für Arbeitgeber und Arbeitnehmer zumutbaren Umschulungs- oder Fortbildungsmaßnahmen möglich.

e) Eine Weiterbeschäftigung des Arbeitnehmers ist unter geänderten Vertragsbedingungen möglich, und der Arbeitnehmer hat hiermit sein Einverständnis erklärt.

9. Welche Wirkung hat der Widerspruch des Betriebsrates?

Hat der Betriebsrat aus den in Nr. 8 genannten Gründen der Kündigung frist- und ordnungsgemäß widersprochen, hat dies folgende Wirkungen:

a) Wenn der Arbeitgeber trotz des Widerspruchs des Betriebsrats kündigt, hat er dem Arbeitnehmer mit der Kündigung eine Abschrift der Stellungnahme des Betriebsrats zuzuleiten (§ 102 Abs. 4 BetrVG).

b) Der Arbeitnehmer, der Kündigungsschutzklage erhoben hat, kann verlangen, dass er auch nach Ablauf der Kündigungsfrist bis zum rechtskräftigen Abschluss des Rechtsstreits bei unveränderten Arbeitsbedingungen weiterbeschäftigt wird (§ 102 Abs. 5 Satz 1 BetrVG). Von dieser Weiterbeschäftigungspflicht kann das Arbeitsgericht den Arbeitgeber auf dessen Antrag durch eine einstweilige Verfügung befreien, wenn

   - die Klage des Arbeitnehmers keine hinreichende Aussicht auf Erfolg bietet oder mutwillig erscheint,
   - die Weiterbeschäftigung zu einer unzumutbaren wirtschaftlichen Belastung des Arbeitgebers führen würde oder
   - der Widerspruch des Betriebsrats offensichtlich unbegründet war (§ 102 Abs. 5 Satz 2 BetrVG).

10. Welche Pflichten hat der Arbeitgeber bei Massenentlassungen?

Der in § 17 KSchG geregelte besondere Kündigungsschutz bei Massenentlassungen unterfällt in zwei getrennt durchzuführende Verfahren mit jeweils eigenen Wirksamkeitsvoraussetzungen, nämlich die in § 17 Abs. 2 KSchG normierte Pflicht zur Konsultation des Betriebsrats einerseits und die in § 17Abs. 1, Abs. 3 KSchG geregelte Anzeigepflicht gegenüber der Agentur für Arbeit andererseits. Das Konsultationsverfahren mit dem Betriebsrat steht selbständig neben dem Anzeigeverfahren. Im Konsultationsverfahren soll der Betriebsrat konstruktive Vorschläge unterbreiten können, um die Massenentlassung zu verhindern oder jedenfalls zu beschränken. Ein Arbeitgeber darf das Konsultationsverfahren nach § 17 Abs. 2 KSchG als beendet ansehen, wenn der Betriebsrat keine weitere Verhandlungsbereitschaft über Maßnahmen zur Vermeidung oder Einschränkung von Massenentlassungen erkennen lässt (BAG vom 22.9.2016 – 2 AZR 276/16).

Erfolgt gleichwohl eine Massenentlassung, soll die Agentur für Arbeit durch die Anzeige der Massenentlassung in die Lage versetzt werden, Maßnahmen zur Vermeidung oder zum Aufschub von Belastungen des Arbeitsmarkts einzuleiten, die Folgen der Entlassungen für die Betroffenen zu mildern und für deren anderweitige Beschäftigung zu sorgen (BAG vom 20.1.2016 – 6 AZR 601/14).

C Kündigungsfristen

11. Was versteht man unter einer ordentlichen (fristgemäßen) Kündigung?

Die ordentliche (fristgemäße) Kündigung ist an das Einhalten einer bestimmten Frist (Kündigungsfrist) gebunden. Diese Kündigungsfrist ist der Zeitraum zwischen dem Zugang der Kündigung beim Gekündigten (Arbeitnehmer oder Arbeitgeber) und ihrem Wirksamwerden. In diesem Zeitraum soll der Gekündigte die Möglichkeit haben, einen neuen Arbeitsplatz bzw. einen neuen Arbeitnehmer zu finden oder sich gegen die Kündigung zu wehren.

Die Auslegung einer Kündigungserklärung als Kündigung zum richtigen Termin setzt aufgrund des Bestimmtheitsgebots voraus, dass sich aus der Kündigungserklärung ergibt, zu welchem Zeitpunkt das Arbeitsverhältnis beendet werden soll, ohne dass der Arbeitnehmer darüber rätseln muss, zu welchem anderen als in der Kündigungserklärung genannten Termin der Arbeitgeber die Kündigung gewollt haben könnte. Ob bei einer ordentlichen Kündigung die Nichteinhaltung der objektiv richtigen Kündigungsfrist mit der fristgebundenen Klage nach § 4 Satz 1 KSchG geltend gemacht werden muss, hängt davon ab, ob die Nichteinhaltung der Kündigungsfrist zur Unwirksamkeit der Kündigungserklärung führt. Das ist der Fall, wenn sich die mit zu kurzer Frist ausgesprochene Kündigung nicht als eine solche mit der rechtlich gebotenen Frist auslegen lässt. Eine vom Arbeitgeber mit fehlerhafter Kündigungsfrist zu einem bestimmten Datum erklärte Kündigung mit dem Zusatz „fristgemäß zum" kann als solche zum richtigen Zeitpunkt ausgelegt werden, wenn es dem Arbeitgeber, für den Arbeitnehmer erkennbar, wesentlich um die Einhaltung der maßgeblichen Kündigungsfrist ging und sich das in das Kündigungsschreiben aufgenommene Datum lediglich als das Ergebnis einer fehlerhaften Berechnung der zutreffenden Kündigungsfrist erweist (BAG vom 15.5.2013 – 5 AZR 130/12).

12. Wie werden die Kündigungsfristen berechnet?

Für die Berechnung der gesetzlichen bzw. vertraglichen Kündigungsfristen gelten die §§ 186 ff. BGB. Der Tag, an dem gekündigt wird, ist nicht in die Frist mit einzubeziehen; d. h., die Frist beginnt erst am folgenden Tag zu laufen (§ 187 Abs. 1 BGB).

Beispiel:

Gilt eine monatliche Kündigung zum Monatsschluss, so ist spätestens am letzten Tag des Vormonats zu kündigen.

Ist der letzte Tag, an dem gekündigt werden kann, ein Samstag, Sonntag oder gesetzlicher Feiertag, so ändert sich an der Berechnung der Frist nichts; die Kündigung kann also nicht noch am folgenden Werktag erfolgen. § 193 BGB ist bei der Kündigung von Arbeitsverhältnissen weder mittelbar noch unmittelbar anzuwenden.

Für die Berechnung des Fristendes der Grundfrist von vier Wochen oder der nach Monaten zu bemessenden verlängerten Kündigungsfrist vgl. Nr. 14 und 15.

13. Welche Grundkündigungsfrist ist gesetzlich vorgeschrieben?

Die gesetzliche **Grundkündigungsfrist** für die Kündigung jedes Arbeitnehmers (eines Arbeiters oder eines Angestellten) beträgt **vier Wochen zum fünfzehnten oder**

zum Ende eines Kalendermonats (§ 622 Abs. 1 BGB). Sie gilt sowohl für die Kündigung durch den Arbeitnehmer als auch für die Kündigung durch den Arbeitgeber.

Die Termine, zu denen der Arbeitnehmer oder der Arbeitgeber bei Einhaltung der Grundkündigungsfrist kündigen muss, zeigt folgende **Übersicht**:

Kündigung zum:	Zugang der Kündigung am:
15.01.	18.12.
31.01.	3.01.
15.02.	18.01.
28.02. (29.2.)	31.01. (1.02.)
15.03.	15.02.
31.03.	3.03.
15.04.	18.03.
30.04.	2.04.
15.05.	17.04.
31.05.	3.05.
15.06.	18.05.
30.06.	2.06.
15.07.	17.06.
31.07.	3.07.
15.08.	18.07.
31.08	3.08.
15.09.	18.08.
30.09.	2.09.
15.10.	17.09.
31.10.	3.10.
15.11.	18.10.
30.11.	2.11.
15.12.	17.11.
31.12.	3.12.

14. Wann gelten verlängerte Kündigungsfristen?

Wenn der Arbeitgeber das Arbeitsverhältnis eines Arbeitnehmers mit einer Beschäftigungsdauer von mehr als zwei Jahren im Betrieb oder im Unternehmen kündigt, gelten folgende gesetzliche Kündigungsfristen (§ 622 Abs. 2 BGB):

Nach einer **Betriebszugehörigkeit von zwei Jahren** beträgt die Kündigungsfrist einen Monat zum Ende eines Kalendermonats.

Die Kündigungsfrist verlängert sich nach einer Betriebszugehörigkeit von fünf Jahren auf zwei Monate zum Ende des Kalendermonats, nach einer Betriebszugehörigkeit von acht Jahren auf drei Monate, nach einer Betriebszugehörigkeit von zehn Jahren auf vier Monate, nach einer Betriebszugehörigkeit von zwölf Jahren auf fünf Monate, nach fünfzehn Jahren Betriebszugehörigkeit auf sechs Monate und nach einer Betriebszugehörigkeit von zwanzig Jahren auf sieben Monate, jeweils zum Ende eines Kalendermonats.

Die Regelung, dass bei der Berechnung der Beschäftigungsdauer Zeiten, die vor der Vollendung des fünfundzwanzigsten Lebensjahres des Arbeitnehmers liegen, nicht berücksichtigt werden, ist seit 2.12.2006 nicht mehr anzuwenden (EuGH vom 19.1.2010 – C-555/07; BAG vom 1.9.2010 – 5 AZR 700/ 09 –; vom 9.9.2010 – 2 AZR 714/08).

15. Welche Kündigungsfrist kann durch Tarifvertrag vereinbart werden?

Durch Tarifvertrag können die gesetzlichen Kündigungsfristen für Arbeiter und Angestellte **verlängert** oder auch **verkürzt** werden (§ 622 Abs. 4 Satz 1 BGB). Im örtlichen, fachlichen und persönlichen Geltungsbereich eines solchen Tarifvertrags können die tarifvertraglich vereinbarten kürzeren Kündigungsfristen (z. B. in der Bauindustrie) auch zwischen nicht tarifgebundenen Arbeitgebern und Arbeitnehmern vereinbart werden (§ 622 Abs. 4 Satz 2 BGB).

16. Welche Kündigungsfrist kann einzelvertraglich vereinbart werden?

Einzelvertraglich kann, abgesehen von der zulässigen Verweisung im Arbeitsvertrag (vgl. Nr. 15) auf entsprechende tarifvertragliche kürzere Kündigungsfrist und im Falle der vorübergehenden Aushilfe, die gesetzliche Grundkündigungsfrist (vgl. Nr. 13) nur unter folgenden Voraussetzungen verkürzt werden (§ 622 Abs. 5 Satz 1 Nr. 2 BGB):

a) Der Arbeitgeber darf in der Regel nicht mehr als zwanzig Arbeitnehmer beschäftigen. Bei der Feststellung der Zahl der beschäftigten Arbeitnehmer werden die zu ihrer Berufsbildung Beschäftigten nicht berücksichtigt und sind die teilzeitbeschäftigten Arbeitnehmer mit einer regelmäßigen wöchentlichen Arbeitszeit von nicht mehr 20 Stunden mit 0,5 und nicht mehr als 30 Stunden mit 0,75 zu berücksichtigen.

b) Die einzelvertraglich vereinbarte Kündigungsfrist darf vier Wochen nicht unterschreiten. Zulässig sind also Kündigungen mit einer Frist von vier Wochen zu jedem Zeitpunkt.

Beispiel:
Kündigung am 12. September zum 10. Oktober.

Durch einzelvertragliche Vereinbarung können die gesetzlichen Kündigungsfristen für Angestellte wie für Arbeiter nicht verkürzt aber **verlängert** werden (§ 622 Abs. 5 Satz 2 BGB); dabei darf für die Kündigung des Arbeitsverhältnisses durch den Arbeitnehmer einzelvertraglich keine längere Frist vereinbart werden als für die Kündigung durch den Arbeitgeber (§ 622 Abs. 6 BGB). Vereinbaren die Parteien unter Verstoß gegen § 622 Abs. 6 BGB für die Kündigung des Arbeitsverhältnisses durch den Arbeitnehmer eine längere Frist als für die Kündigung durch den Arbeitgeber, muss auch der Arbeitgeber bei Kündigung des Arbeitsverhältnisses die für den Arbeitnehmer vereinbarte (längere) Kündigungsfrist einhalten (§ 622 Abs. 6 BGB i. V. m. § 89 Abs. 2 HGB analog) – (BAG vom 2.6.2005 – 2 AZR 296/04). In der Regel stellen Kündigungsfrist und Kündigungstermin eine Einheit dar, so dass nur im Wege eines Gesamtvergleiches geprüft werden kann, ob die vertragliche oder die gesetzliche Regelung für den Arbeitnehmer günstiger ist (BAG vom 4.7.2001 – 2 AZR 469/00). Eine vertragliche Kündigungsfrist kann sich aber gegen die maßgebliche gesetzliche Kündigungsfrist nur durchsetzen, wenn sie in jedem Fall zu einer späteren Beendigung des Arbeitsverhältnisses führt. Es genügt nicht, dass die vertragliche Regelung für die längere Zeit innerhalb eines Kalenderjahres den besseren Schutz gewährt (BAG vom 29.1.2015 – 2 AZR 280/14). Wenn der Arbeitgeber mit einzelnen Arbeitnehmern längere als die gesetzlichen Kündigungsfristen vereinbart, ist er grundsätzlich nicht verpflichtet, diese mit allen Arbeitnehmern zu vereinbaren, es sei denn, dass ein Verstoß gegen die Gleichbehandlung vorliegt (LAG Schleswig-Holstein vom 4.9.1986, DB 1987, S. 442).

17. Wann beginnt die Kündigungsfrist bei einer Kündigung vor Arbeitsantritt?

Eine Kündigung vor Arbeitsantritt ist grundsätzlich zulässig, wenn sie vertraglich nicht ausgeschlossen worden ist. Für die Frage, ob die Kündigungsfrist sofort oder erst in dem Zeitpunkt zu laufen beginnt, in dem die Arbeit vertragsgemäß aufgenommen werden sollte, kommt es auf den übereinstimmenden Willen von Arbeitgeber und Arbeitnehmer an. Sofern keine ausdrückliche Vereinbarung getroffen worden ist, ist davon auszugehen, dass die Kündigungsfrist im Zweifel mit dem Zugang der Kündigungserklärung beginnt, wenn die ergänzende Vertragsauslegung nicht zu einem anderen Ergebnis führt (BAG vom 25.3.2004 – 2 AZR 324/03).

18. Welche Kündigungsfrist ist bei zu vorübergehender Aushilfe eingestellten Arbeitnehmern einzuhalten?

Zwischen Arbeitgeber und zur **vorübergehenden Aushilfe (nicht länger als drei Monate)** eingestellten Arbeitnehmern können ausnahmsweise auch einzelvertragliche, kürzere Kündigungsfristen als von vier Wochen zum Fünfzehnten oder zum Schluss des Kalendermonats vereinbart werden (§ 622 Abs. 5 Satz 1 Nr. 1 BGB). Dies gilt jedoch nicht, wenn das Arbeitsverhältnis über die Zeit von drei Monaten hinaus fortgesetzt wird; dann gelten wieder die gesetzlichen Mindestkündigungsfristen.

Die bei vorübergehender Aushilfe einzelvertraglich vereinbarte Kündigungsfrist darf für die Kündigung durch den Arbeitgeber länger sein als für die Kündigung durch den Arbeitnehmer, nicht aber umgekehrt (§ 622 Abs. 6 BGB).

19. Welche Kündigungsfrist ist in einer Probezeit einzuhalten?

Während einer vereinbarten Probezeit, längstens für die Dauer von sechs Monaten, kann das Arbeitsverhältnis mit einer Frist von zwei Wochen gekündigt werden (§ 622 Abs. 3 BGB).

Eine weiter gehende einzelvertragliche Kürzung der Kündigungsfrist während der Probezeit ist jedoch ausgeschlossen (LAG Hamm 22.5.1973, DB 1973, S. 1306). Nur durch Tarifvertrag können für die Probezeit sowohl des Angestellten als auch des Arbeiters kürzere Kündigungsfristen vereinbart werden.

20. Welche Kündigungsfrist ist bei der Kündigung eines schwerbehinderten Menschen einzuhalten?

Soweit für das Kündigen des Arbeitsverhältnisses des schwerbehinderten Menschen keine längeren gesetzlichen, tarifvertraglichen oder einzelvertraglichen Kündigungsfristen gelten, beträgt die Kündigungsfrist mindestens vier Wochen (§ 169 SGB IX; vgl. Kapitel 29 Nr. 12).

21. Welche Kündigungsfrist muss ein Elternzeitberechtigter einhalten?

Während die Kündigung des Arbeitsverhältnisses durch den Arbeitgeber während der Elternzeit (auch zum Ende der Elternzeit) grundsätzlich unzulässig ist (vgl. Kapitel 19 Nr. 42), kann der Arbeitnehmer **zum Ende der Elternzeit** nur unter Einhaltung einer Kündigungsfrist von **drei Monaten** kündigen (§ 19 BErzGG); vgl. Kapitel 19 Nr. 41.

22. Welche Kündigungsfrist gilt im Insolvenzfall?

Falls für das Arbeitsverhältnis außerhalb der Insolvenz nicht eine kürzere Frist maßgeblich ist, beträgt im Insolvenzfall die Kündigungsfrist drei Monate zum Monatsende, und zwar auch dann, wenn längere einzelvertragliche, tarifvertragliche oder gesetzliche Fristen vorgesehen sind (§ 113 InsO). Eine längere vertragliche Kündigungsfrist wird bei einer Kündigung durch den Insolvenzverwalter durch die in § 113 Abs. 1 Satz 2 InsO vorgesehene Höchstfrist von drei Monaten zum Monatsende verdrängt (BAG vom 16.6.1999, DB 1999, S. 2472). Ist arbeitsvertraglich eine längere als die gesetzliche Kündigungsfrist vereinbart, so ist bei einer Kündigung im Insolvenzfall bis zur Höchstfrist von drei Monaten zum Monatsende diese längere Frist maßgeblich (BAG vom 3.12.1998, DB 1999, S. 748). Dies gilt nicht für eine vom vorläufigen Insolvenzverwalter mit Verwaltungs- und Verfügungsbefugnis (§ 22 Abs. 1 InsO) ausgesprochene Kündigung (BAG vom 20.1.2005 – 2 AZR 134/04). Ist ein Arbeitsverhältnis im Zeitpunkt der Kündigung durch den Insolvenzverwalter ohne ordentliche Kündigungsmöglichkeit noch für zumindest weitere drei Monate befristet, so gilt die gesetzliche Höchstkündigungsfrist von drei Monaten zum Monatsende (BAG vom 6.7.2000, DB 2000, S. 2382).

D Fristlose Kündigung

23. Unter welchen Voraussetzungen ist die außerordentliche (fristlose) Kündigung zulässig?

Unter außerordentlicher (fristloser) Kündigung versteht man im Allgemeinen die sofortige Beendigung des auf bestimmte oder unbestimmte Zeit eingegangenen Arbeitsverhältnisses. Ohne Einhaltung einer Kündigungsfrist kann ein Arbeitsverhältnis **aus wichtigem Grund** gekündigt werden, wenn Tatsachen vorliegen, aufgrund deren dem Kündigenden unter Berücksichtigung aller Umstände des Einzelfalles und unter Abwägung der Interessen von Arbeitgeber und Arbeitnehmer die Fortsetzung des Arbeitsverhältnisses bis zum Ablauf der „fiktiven" Kündigungsfrist oder bis zur vereinbarten Beendigung des Arbeitsverhältnisses nicht zugemutet werden kann (§ 626 Abs. 1 BGB) – (BAG vom 27.4.2006 – 2 AZR 386/05). Die Umstände, anhand derer zu beurteilen ist, ob dem Arbeitgeber die Weiterbeschäftigung zumutbar ist oder nicht, lassen sich nicht abschließend festlegen. Zu berücksichtigen sind aber regelmäßig das Gewicht und die Auswirkungen einer Vertragspflichtverletzung – etwa im Hinblick auf das Maß eines durch sie bewirkten Vertrauensverlustes und ihre wirtschaftlichen Folgen –, der Grad des Verschuldens des Arbeitnehmers, eine mögliche Wiederholungsgefahr sowie die Dauer des Arbeitsverhältnisses und dessen störungsfreier Verlauf (BAG vom 10.6.2010 – 2 AZR 541/09; vom 7.7.2011– 2 AZR 355/10). Ein wichtiger Grund zur außerordentlichen Kündigung nach § 626 BGB kann auch vorliegen, wenn dem Arbeitgeber zwar zunächst eine Weiterbeschäftigung des Arbeitnehmers für einen bestimmten Zeitraum, nicht jedoch bis zum Ablauf der Kündigungsfrist oder bis zur vereinbarten Beendigung des Arbeitsverhältnisses zumutbar ist (BAG vom 13.4.2000, DB 2000, S. 1819). Eine außerordentliche Kündigung mit notwendiger Auslauffrist kommt allerdings auch dann in Betracht, wenn ein wichtiger Grund zur Kündigung gerade darin zu sehen ist, dass wegen des tariflichen Ausschlusses der ordentlichen Kündigung der Arbeitgeber den Arbeitnehmer notfalls bis zum Erreichen der Pensionsgrenze weiterbeschäftigen müsste und ihm dies unzumutbar ist. Eine solche außerordentliche Kündigung mit der nötigen Auslauffrist, die die tariflich ausgeschlossene ordentliche Kündigung ersetzt, kommt allerdings nur in Ausnahmefällen in Betracht. Es geht im Wesentlichen darum zu vermeiden, dass der tarifliche Ausschluss der ordentlichen Kündigung dem Arbeitgeber Unmögliches oder evident Unzumutbares aufbürdet (BAG vom 10.5.2007 – 2 AZR 626/05).

Ein wichtiger Grund für eine betriebsbedingte außerordentliche Kündigung eines ordentlich unkündbaren Arbeitnehmers kann sich auch aus dem Wegfall der Beschäftigungsmöglichkeit aufgrund innerbetrieblicher Maßnahmen des Arbeitgebers ergeben. Davon ist jedenfalls auszugehen, wenn der Sonderkündigungsschutz auf einer tarifvertraglichen Regelung beruht, die den Ausschluss der ordentlichen Kündigung an die Dauer der Betriebszugehörigkeit und das Lebensalter des Arbeitnehmers knüpft. Der Arbeitgeber muss grundsätzlich auch dann nicht von einem „Outsourcing" absehen, wenn dadurch einem Arbeitsverhältnis die Grundlage entzogen wird, das ordentlich nicht mehr kündbar ist. Die Vergabe der Aufgaben (nur) eines einzelnen – ordentlich unkündbaren – Arbeitnehmers an ein Drittunternehmen ist nicht schon per se rechtsmissbräuchlich (BAG vom 18.6.2015 – 2 AZR 480/14). Etwas anderes kann gelten, wenn der (befristete) Ausschluss betriebsbedingter Kündigungen die Gegenleistung des Arbeitgebers für einen Verzicht auf bestimmte Rechtsansprüche durch die Arbeitnehmer darstellt (BAG vom 20.6.2013 – 2 AZR 379/12).

Die fristlose Kündigung kommt für den Kündigungsberechtigten nach dem Grundsatz der Verhältnismäßigkeit nur als letztes Mittel in Betracht, wenn andere mildere Mittel (z. B. Verwarnung, Abmahnung, Betriebsbußen, einverständliche Vertragsänderung, außerordentliche Änderungskündigung, fristgemäße Kündigung) erschöpft sind oder nicht ausreichen (BAG vom 22.2.1980, DB 1980, S. 1446 und vom 27.9.1984, DB 1985, S. 1186). Auch schuldlose Pflichtverletzungen des Arbeitnehmers können ausnahmsweise einen wichtigen Grund zur verhaltensbedingten Arbeitgeberkündigung darstellen (BAG vom 21.1.1999, DB 1999, S. 1400). Auch vor Beginn des Arbeitsverhältnisses liegende, dem Arbeitgeber bei der Einstellung nicht bekannte Umstände oder Ereignisse können das Vertrauen des Arbeitgebers in die Zuverlässigkeit und Redlichkeit des Arbeitnehmers zerstören und deshalb einen wichtigen Grund zur außerordentlichen Kündigung darstellen (BAG vom 5.4.2001, DB 2001, S. 2052).

Eine **unwirksame außerordentliche (fristlose) Kündigung** kann nach § 140 BGB in eine ordentliche Kündigung umgedeutet werden, wenn dies dem mutmaßlichen Willen des Kündigenden entspricht und dieser Wille dem Kündigungsempfänger im Zeitpunkt des Kündigungszugangs erkennbar ist (BAG vom 12.5.2010 – 2 AZR 845/08) Findet auf ein Arbeitsverhältnis das KSchG – noch – keine Anwendung, ist regelmäßig davon auszugehen, dass bei Unwirksamkeit der außerordentlichen Kündigung der Arbeitgeber eine Beendigung zum nächst zulässigen Termin gewollt hat. Die Gerichte für Arbeitssachen müssen von sich aus prüfen, ob aufgrund der feststehenden Tatsachen eine **Umdeutung der außerordentlichen Kündigungserklärung** in Betracht kommt (BAG vom 15.11.2001, DB 2002, S. 1562).

24. Was sind die wichtigsten Gründe für eine außerordentliche (fristlose) Kündigung durch den Arbeitgeber?

In der Regel rechtfertigen folgende Gründe die außerordentliche (fristlose) Kündigung durch den Arbeitgeber:

a) **Abwerbung** von Arbeitskollegen für einen anderen Betrieb

b) schwerwiegender **Anstellungsbetrug** (z. B. Vorlage eines gefälschten Zeugnisses)

c) **Anzeigen gegen den Arbeitgeber** (z. B. bei den Steuerbehörden), nicht jedoch bei schwerwiegenden Straftaten oder wenn der Arbeitnehmer die innerbetrieblichen Beschwerdemöglichkeiten erfolglos ausgeschöpft hat

d) **Außerdienstliches Verhalten** nur, wenn es direkt oder indirekt auf den Arbeitsvertrag zurückwirkt (z. B. im öffentlichen Dienst, bei leitenden Angestellten mit Repräsentationspflichten, in Tendenzbetrieben)

e) **Beharrliche Arbeitsverweigerung**, nachhaltiger Verstoß der Arbeitnehmer gegen berechtigte Weisungen des Arbeitgebers (BAG vom 12.5.2010 – 2 AZR 845/08), wiederholte Ablehnung anderer Arbeiten in Notfällen, häufige Unpünktlichkeit trotz mehrfacher Abmahnung, Verlassen des Arbeitsplatzes trotz Verbotes, ein Berufen des Arbeitnehmers zu Unrecht auf ein Leistungsverweigerungsrecht nach § 275 Abs. 3 BGB und/oder ein Zurückbehaltungsrecht gemäß § 273 Abs. 1 BGB (BAG vom 22.10.2015 – 2 AZR 569/14).

f) **Beharrliche Verweigerung sonstiger Vertragspflichten**, (z. B. wenn der Arbeitnehmer **trotz Abmahnung** Schwarzarbeit leistet, einer unzulässigen Nebenbeschäftigung nachgeht, Arbeitsschutzvorschriften missachtet oder bei Arbeitsunfähigkeit seiner Nachweispflicht nicht nachkommt)

g) Besonders schwerwiegende und kränkende/erheblich ehrverletzende **Beleidigungen des Arbeitgebers,** seiner Vertreter oder Repräsentanten (auch durch herabsetzende Behauptungen im Internet) oder der Kollegen (auch durch wiederholte Belästigung mit Sex-SMS)

   Wichtig: Geschahen diese Beleidigungen in vertraulichen Gesprächen unter Arbeitskollegen, vermögen sie eine Kündigung nicht ohne weiteres zu rechtfertigen. Der Arbeitnehmer darf anlässlich solcher Gespräche regelmäßig darauf vertrauen, seine Äußerungen würden nicht nach außen getragen (BAG vom 10.12.2009 – 2 AZR 534/08)

h) **Vortäuschung der Arbeitsunfähigkeit** oder Erschleichen der Arbeitsunfähigkeitsbescheinigung (BAG vom 29.6.2017 – 2 AZR 597/16) oder „Androhung" einer künftigen Arbeitsunfähigkeit als Druckmittel „dann bin ich eben krank" (BAG vom 12.3.2009 – 2 AZR 251/07)

i) **Drogenkonsum**/Einnahme von Substanzen wie Amphetamin oder Metaamphetamin („Crystal Meth"), die die Fahrtüchtigkeit gefährden, durch einen Berufskraftfahrer (BAG vom 20.10.2016 – 6 AZR 471/15).

j) Übertretung eines betriebserheblichen **Rauchverbots** (z. B. Brandgefahr)

k) Verdacht der aktiven oder passiven **Bestechung** (Annahme von Schmiergeldern nicht aber von branchenüblichen Gelegenheitsgeschenken oder Trinkgeldern)

l) **sittliche Verfehlungen**, wenn dadurch das Arbeitsverhältnis oder die betriebliche Verbundenheit beeinträchtigt wird, insbesondere eine sexuelle Belästigung i. S. v. § 3 Abs. 4 AGG, allerdings abhängig von den Umständen des Einzelfalls, u. a. von ihrem Umfang und ihrer Intensität (BAG vom 20.11.2014 – 2 AZR 651/13), so z. B. eine absichtliche Berührung primärer oder sekundärer Geschlechtsmerkmale eines anderen (BAG vom 29.6.2017 – 2 AZR 302/16).

m) **Störung von Ordnung und Frieden im Betrieb** (z. B. durch Beschimpfen von Vorgesetzten und Kollegen in übelster Form, durch provozierende politische Aktionen im Betrieb, durch wiederholte Streitereien mit Arbeitskollegen; ständig sich wiederholende ausländerfeindliche Hetzparolen bis hin zu Gewaltaufrufen gegen Ausländer, die zu Beschwerden von Arbeitnehmern im Betrieb führen; LAG Hamm vom 11.11.1994, NZA 1994, S. 994; oder z. B. durch **Mobbing**, wenn dadurch das allgemeine Persönlichkeitsrecht, die Ehre oder die Gesundheit des Mobbingopfers in schwerwiegender Weise verletzt werden; LAG Thüringen vom 15.2.2001, DB 2001, S. 1783) oder z. B. Nachstellen einer Kollegin im Betrieb oder im Zusammenhang mit der dienstlichen Tätigkeit unter Missachtung ihres entgegenstehenden Willens (BAG vom19.4.2012 – 2 AZR 258/11).

n) **tätliche Auseinandersetzungen im Betrieb**

o) **unerlaubte Telefongespräche** trotz wiederholter Abmahnung

p) **Nutzung des Internet während der Arbeitszeit** zu privaten Zwecken in erheblichem zeitlichem Umfang (BAG vom 7.7.2005 – 7 AZR 581/04)

q) **unkorrekte Spesenabrechnung**

r) **Straftaten gegen den Arbeitgeber** (z. B. Eigentumsdelikte, Körperverletzungen)

s) **Straftaten außerhalb des Arbeitsverhältnisses,** wenn sie sich auf das Arbeitsverhältnis auswirken (z. B. erhebliche Verkehrsdelikte eines Kraftfahrers, Vermögensdelikte eines Angestellten in Vertrauensstellung)

t) **Trunkenheit im Betrie**b, u. a. wenn die Leistung gemindert und die Unfallgefahr erhöht ist (z. B. bei Busfahrern)

u) **Verrat von Betriebs- und Geschäftsgeheimnissen,** bewusste unrichtige schädliche Behauptungen über die wirtschaftliche und finanzielle Lage des Arbeitgebers oder Verbreiten von Gerüchten über die Geschäftsentwicklung des Arbeitgebers (BAG vom 10.12.2009 – 2 AZR 534/08)

v) **Konkurrenztätigkeit während des Arbeitsverhältnisses** (BAG vom 29.6.2017 – 2 AZR 597/16) sowie **Verstoß gegen das Wettbewerbsverbot** (BAG vom 23.10.2014 – 2 AZR 644/13) – auch wenn der Arbeitnehmer als Gesellschafter in die Kapitalgesellschaft einer Wettbewerberin des Arbeitgebers eintritt und diese Gesellschaft mit zusätzlichem Kapital ausstattet – (LAG Köln vom 29.4.1994, NZA 1995, S. 994)

w) **Illoyales Verhalten**, z. B. wenn eine Geschäftsführerin eines Vereins auf intrigante Weise zielgerichtet die Abwahl des Vereinsvorsitzenden betreibt (BAG vom 1.6.2017 – 6 AZR 720/15).

x) **Verdacht einer schwerwiegenden strafbaren Handlung** oder einer **schweren Vertragsverletzung** (z. B. einer vorgespielten Erkrankung, einer Weitergabe von Geschäftsgeheimnissen an Dritte, einer Verletzung des Wettbewerbsverbots, eines Missbrauchs schutzbefohlener Personen), wenn die Verdachtsmomente auf objektive Tatsachen gründen, die Verdachtsmomente geeignet sind, das für die

Fortsetzung des Arbeitsverhältnisses erforderliche Vertrauen zu zerstören, der Arbeitgeber alles Zumutbare zur Aufklärung getan hat, insbesondere den verdächtigen Arbeitnehmer vor Ausspruch der Kündigung angehört hat (BAG vom 13.9.1995, DB 1996, S. 96, vom 18.11.1999, DB 2000, S. 726), und der Verdacht durch objektive Tatsachen so sehr begründet ist, dass es ihm nicht zumutbar ist, den Arbeitnehmer, auf dessen Vertrauenswürdigkeit und Zuverlässigkeit er angewiesen ist, bis zum Ablauf der Kündigungsfrist noch weiter zu beschäftigen. Soweit der Arbeitnehmer zu seiner Entlastung Tatsachen vorträgt, die im Zeitpunkt der Kündigung vorlagen, sind diese unabhängig davon zu berücksichtigen, ob sie dem Arbeitgeber im Kündigungszeitpunkt bekannt waren oder bekannt sein konnten (BAG vom 14.9.1994, DB 1995, S. 534). Ist eine Verdachtskündigung als solche mangels Anhörung des Arbeitnehmers unwirksam, hat das Arbeitsgericht stets zu prüfen, ob die vom Arbeitgeber vorgetragenen Verdachtsmomente geeignet sind, die Überzeugung von einer entsprechenden Tat zu gewinnen und damit die Kündigung unter dem Gesichtspunkt einer Tatkündigung zu rechtfertigen (BAG vom 23.6.2009 – 2 AZR 474/07). In einem Rechtsstreit über die Wirksamkeit einer Verdachtskündigung sind nicht nur die dem Arbeitgeber bei Kündigungsausspruch bekannten tatsächlichen Umstände von Bedeutung. Es sind auch solche später bekannt gewordenen Umstände zu berücksichtigen – zumindest wenn sie bei Kündigungszugang objektiv bereits vorlagen –, die den ursprünglichen Verdacht abschwächen oder verstärken. Daneben können selbst solche Tatsachen in den Prozess eingeführt werden, die den Verdacht eines eigenständigen – neuen – Kündigungsvorwurfs begründen. Voraussetzung ist, dass der neue Kündigungsgrund bei Ausspruch der Kündigung schon gegeben, dem Arbeitgeber nur noch nicht bekannt war (BAG vom 23.5.2013 – 2 AZR 102/12).

y) Verbüßung einer langjährigen **Strafhaft**, wenn sich die Arbeitsverhinderung konkret nachteilig auf das Arbeitsverhältnis auswirkt und für den Arbeitgeber zumutbare Überbrückungsmöglichkeiten nicht bestehen (BAG vom 22.10.2015 – 2 AZR 381/14). Aufgrund seiner Fürsorgepflicht kann der Arbeitgeber gehalten sein, bei der Erlangung des Freigängerstatus mitzuwirken, um Störungen des Arbeitsverhältnisses zu vermeiden. Dies setzt allerdings voraus, dass der Arbeitnehmer den Arbeitgeber über die Umstände der Straftat, des Strafverfahrens und der Haft nicht täuscht bzw. im Unklaren lässt. Die Fürsorgepflicht gebietet eine solche Mitwirkung des Arbeitgebers in der Regel ferner dann nicht, wenn trotz der Bewilligung des Freigangs weitere Störungen des Arbeitsverhältnisses zu befürchten sind (BAG vom 9.3.1995, DB 1995, S. 1716).

z) **Androhung** (durch Belegschaft, Kunden, Gewerkschaft) von erheblichen betrieblichen **Nachteilen** (z. B. durch Eigenkündigung oder durch Abbruch der Geschäftsbeziehungen) nur, wenn der Arbeitgeber vorher alles ihm Mögliche und Zumutbare versucht hat, um die Drucksituation zu beseitigen, und er anderenfalls unzumutbare Nachteile zu erleiden hätte (sog. **Druckkündigung**).

oder:

Ernstliche und im Zustand freier Willensbetätigung abgegebene **Drohung mit Selbstmord** (BAG vom 29.6.2017 – 2 AZR 47/16).

25. Welche Gründe rechtfertigen grundsätzlich keine außerordentliche (fristlose) Kündigung durch den Arbeitgeber?

Grundsätzlich keine wichtigen Gründe für eine fristlose Kündigung durch den Arbeitgeber sind:

a) **Tod des Arbeitgebers**, ausgenommen wenn die Arbeitsleistung nicht mehr angenommen werden kann und die Fortzahlung der Vergütung für den Erben unzumutbar ist,

b) **Verletzung von Betriebsratspflichten** (vgl. § 23 BetrVG),

Auch nicht die Wahrnehmung des Amtes als Beisitzer von Einigungsstellen anderer Betriebe des Arbeitgebers durch ein Betriebsratsmitglied (BAG vom 13.5.2015 – 2 ABR 38/14).

c) **Teilnahme an einem legitimen Streik**, auch Warnstreik,

d) **Betriebsveräußerung,**

e) **Betriebseinstellung** oder Betriebsumstellung,

f) Eröffnung des **Insolvenzverfahrens,**

g) **Krankheitsbedingte Fehlzeiten** (Ausnahme nur, wenn eine ordentliche Kündigung tarifvertraglich oder arbeitsvertraglich ausgeschlossen ist, wobei dann grundsätzlich eine der ordentlichen Kündigung entsprechende Auslauffrist einzuhalten ist, BAG vom 18.10.2001, DB 2001, S. 338; oder wenn häufige Kurzerkrankungen den Schluss auf eine dauerhafte Krankheitsanfälligkeit zulassen und damit eine negative Gesundheitsprognose begründen, BAG vom 23.1.2014 – 2 AZR 582/13.),

h) Weigerung des Arbeitnehmers, eine Auflösungsvereinbarung mit dem Arbeitgeber abzuschließen (BAG vom 5.11.2009 – 2 AZR 609/08).

26. Was sind die wichtigsten Gründe für eine außerordentliche (fristlose) Kündigung durch den Arbeitnehmer?

Folgende Gründe rechtfertigen in der Regel die außerordentliche (fristlose) Kündigung durch den Arbeitnehmer:

a) erheblicher **Zahlungsverzug** des Arbeitgebers mit einem erheblichen Betrag,

b) vorsätzliche oder grob fahrlässige **Gefährdung von Leben und Gesundheit** des Arbeitnehmers (§§ 617, 618 BGB),

c) ständiges und erhebliches **Überschreiten der Höchstarbeitszeiten,**

d) **Straftaten des Arbeitgebers** gegen den Arbeitnehmer,

e) **Vertragsverletzungen des Arbeitgebers** nach vorheriger Abmahnung durch den Arbeitnehmer.

27. Welche Gründe rechtfertigen grundsätzlich keine außerordentliche (fristlose) Kündigung durch den Arbeitnehmer?

Grundsätzlich kein wichtiger Grund für eine außerordentliche (fristlose) Kündigung durch den Arbeitnehmer ist:

a) die **Eheschließung** des Arbeitnehmers,

b) ein besonders **günstiges Stellenangebot,**

c) ein **geringer Verdienst,**

d) der Abschluss eines **günstigeren Arbeitsvertrages mit einem anderen Arbeitgeber.**

28. Kann das Recht zur außerordentlichen (fristlosen) Kündigung vertraglich eingeschränkt oder erweitert werden?

Das gesetzliche Recht zur außerordentlichen (fristlosen) Kündigung kann weder durch Tarifvertrag noch durch Betriebsvereinbarung oder einzelvertragliche Vereinbarung ausgeschlossen oder unzumutbar beschränkt werden. Bei Vorliegen eines wichtigen Grundes im Sinn des § 626 BGB muss jeder Vertragspartner die Möglichkeit haben, das Arbeitsverhältnis fristlos zu beenden.

Zulässig ist jedoch eine Regelung in einer Vereinbarung zwischen Arbeitgeber und Betriebsrat, nach der Kündigungen der Zustimmung des Betriebsrats bedürfen und dass bei Meinungsverschiedenheiten über die Berechtigung der Nichterteilung der Zustimmung die Einigungsstelle entscheidet (§ 102 Abs. 6 BetrVG).

Auch kann das Recht zur fristlosen Kündigung nicht vertraglich erweitert werden, z. B. indem bestimmte Gründe als absolute Gründe für eine fristlose Kündigung vereinbart werden (BAG vom 22.11.1973, BB 1974, S. 463).

29. Wer hat das Vorliegen des wichtigen Grundes im Streitfall zu beweisen?

Im Streitfall hat der Kündigende die Tatsachen darzulegen und zu beweisen, auf die die außerordentliche (fristlose) Kündigung gestützt wird. Es kann sich deshalb empfehlen, das Arbeitsverhältnis ordentlich zu kündigen, wenn Zweifel am Vorliegen eines wichtigen Grundes bestehen oder der Beweis nur schwer zu führen ist. Auch kann in diesen Fällen die ordentliche (fristgemäße) Kündigung hilfsweise für den Fall erklärt werden, dass nicht bereits die außerordentliche (fristlose) Kündigung zur Beendigung des Arbeitsverhältnisses geführt hat.

30. Innerhalb welcher Frist muss die außerordentliche (fristlose) Kündigung erklärt sein?

Zwar braucht die außerordentliche (fristlose) Kündigung nicht unmittelbar nach Bekanntgabe des Kündigungsgrundes erklärt zu werden; aber sie muss **innerhalb einer Frist von zwei Wochen** erfolgen, d. h. dem Gekündigten zugehen. Diese Überlegungsfrist beginnt mit dem Zeitpunkt, in dem der Kündigungsberechtigte von den für die Kündigung maßgebenden Tatsachen Kenntnis erlangt (§ 626 Abs. 2 BGB).

Die Zwei-Wochen-Frist beginnt jedoch nicht, solange der Kündigungsberechtigte aus verständlichen Gründen mit der gebotenen Eile noch Ermittlungen anstellt, die ihm eine umfassende und zuverlässige Kenntnis des Kündigungssachverhalts verschaffen sollen (BAG vom 10.6.1988, DB 1989, S. 282). Der Beginn der zweiwöchigen Ausschlussfrist des § 626 Abs. 2 BGB ist nur gehemmt, solange der Kündigungsberechtigte die zur Aufklärung des Kündigungssachverhalts nach pflichtgemäßem Ermessen notwendig erscheinenden Maßnahmen mit der gebotenen Eile auch tatsächlich durchführt (BAG vom 31.3.1993, DB 1994, S. 839).

Bleibt der Arbeitnehmer unberechtigt und unentschuldigt längere Zeit der Arbeit fern, so handelt es sich um einen echten Dauertatbestand mit der Folge, dass diese Frist erst mit der Rückkehr, z. B. aus einem eigenmächtig angetretenen Urlaub, beginnt (BAG vom 25.2.1983, DB 1983, S. 1605). Weder der Verdacht strafbarer Handlungen noch eine begangene Straftat stellen Dauerzustände dar, die es dem Arbeitgeber ermöglichen, bis zur strafrechtlichen Verurteilung des Arbeitnehmers zu irgendeinem beliebigen Zeitpunkt eine fristlose Kündigung auszusprechen. Hält der Arbeitgeber einen bestimmten Kenntnisstand für ausreichend, eine fristlose Kündigung wegen Verdachts einer strafbaren Handlung oder wegen begangener Straftat auszusprechen, so muss er nach § 626 Abs. 2 BGB binnen zwei Wochen kündigen, nachdem er diesen Kenntnisstand erlangt hat. Entscheidet sich der Arbeitgeber, nachdem sich aufgrund konkreter Tatsachen bei ihm ein Anfangsverdacht entwickelt hat, selbst weitere Ermittlungen durchzuführen, so muss er diese Ermittlungen zügig durchführen und binnen zwei Wochen nach Abschluss der Ermittlungen, die seinen Kündigungsentschluss stützten, kündigen. Kündigt der Arbeitgeber nicht schon aufgrund des Verdachtes einer strafbaren Handlung, sondern wartet er das Ergebnis des Strafverfahrens ab, so wird die Ausschlussfrist des § 626 Abs. 2 BGB jedenfalls dann gewahrt, wenn der Arbeitgeber die außerordentliche Kündigung binnen zwei Wochen seit Kenntniserlangung von der Tatsache der Verurteilung ausspricht (BAG vom 18.11.1999, DB 2000, S. 725). Es steht dem Kündigenden zwar grundsätzlich frei, anstatt eigene Ermittlungen durchzuführen, den Ausgang des Ermittlungs- bzw. des Strafverfahrens abzuwarten. Das bedeutet aber nicht, dass der Arbeitgeber trotz eines hinlänglich begründeten Anfangsverdachts zunächst von eigenen weiteren Ermittlungen absehen und den Verlauf des Ermittlungs- bzw. Strafverfahrens abwarten darf, um dann spontan, ohne dass sich neue Tatsachen ergeben hätten, zu einem beliebigen, willkürlich gewählten Zeitpunkt außerordentlich zu kündigen (BAG vom 17.3.2005, DB 2005, S. 2642) oder auch zu einem willkürlich gewählten Zeitpunkt Monate später selbstständige Ermittlungen aufzunehmen und dann zwei Wochen nach Abschluss dieser Ermittlungen zu kündigen (BAG vom 29.7.1993, DB 1994, S. 146).

Für die Berechnung der Zwei-Wochen-Frist gelten die §§ 186 ff. BGB. Dabei wird der Tag, an dem der Kündigende von den Gründen Kenntnis erlangt, nicht mitgerechnet (§ 187 Abs. 1 BGB). Wenn der letzte Tag der Frist auf einen Samstag, Sonntag oder gesetzlichen Feiertag fällt, endet die Frist erst am nächsten Werktag (§ 193 BGB). Die Einhaltung der Frist hat der Kündigende im Streitfall darzulegen und zu beweisen.

Die Zwei-Wochen-Frist kann weder durch Tarifvertrag noch durch Betriebsvereinbarung oder einzelvertragliche Vereinbarung verlängert werden. Sie wird auch nicht um die dreitägige Frist zur Anhörung des Betriebsrats verlängert. Will der Kündigungsberechtigte jedoch den Sachverhalt durch Anhörung des zu Kündigenden noch aufklären und wird die Anhörung innerhalb einer Woche durchgeführt, beginnt die Zwei-Wochen-Frist (§ 626 Abs. 2 BGB) erst mit dieser Anhörung, gegebenenfalls mit einer noch notwendigen zweiten Anhörung.

Bei der außerordentlichen Kündigung eines schwerbehinderten Menschen verdrängt die Vorschrift des § 174 Abs. 2 Satz 1 SGB IX die Kündigungserklärungsfrist des § 626 Abs. 2 BGB nicht. Mit dem bestandskräftigen, zustimmenden Verwaltungsakt des Integrationsamtes steht auch nicht etwa zugleich fest, dass die 2-Wochen-Frist des § 626 Abs. 2 Satz 1 BGB gewahrt ist. Von den Gerichten für Arbeitssachen ist die Einhaltung der Frist des § 626 Abs. 2 Satz 1 BGB eigenständig zu prüfen (BAG vom 2.3.2006 – 2 AZR 46/05).

31. Welche Folge hat das Versäumen der Zwei-Wochen-Frist?

Versäumt der Kündigende die gesetzliche Ausschlussfrist von zwei Wochen (§ 626 Abs. 2 BGB), verliert er das Recht zur fristlosen Kündigung. Nach Ablauf dieser Frist wird unwiderlegbar vermutet, dass dem Kündigenden die Fortsetzung des Arbeitsverhältnisses zumutbar ist. Allerdings können nach Versäumen der Frist dieselben Gründe noch zum Anlass für eine fristgemäße Kündigung genommen werden (BAG vom 4.3.1980, DB 1980, S. 2529).

Wenn jedoch nach Ablauf der Zwei-Wochen-Frist noch die fristlose Kündigung erfolgt, kann der Gekündigte im arbeitsgerichtlichen Verfahren ihre Unwirksamkeit feststellen lassen.

32. Wie müssen fristlos gekündigte Arbeitnehmer ihre Rechte geltend machen?

Alle Arbeitnehmer können die Unwirksamkeit einer fristlosen Kündigung nur geltend machen, wenn sie innerhalb einer Frist von drei Wochen nach Zugang der Kündigung Klage bei dem zuständigen Arbeitsgericht erheben (§ 13 Abs. 1 Satz 2 i. V. m. § 4 Satz 1 KSchG). Es ist jedoch regelmäßig treuewidrig, wenn der Arbeitnehmer die Unwirksamkeit einer schriftlich von ihm erklärten Eigenkündigung geltend macht (BAG vom 12.3.2009 – 2 AZR 894/07).

E Allgemeiner Kündigungsschutz

33. Was bedeutet der allgemeine Kündigungsschutz?

Der allgemeine Kündigungsschutz beschränkt die Möglichkeit des Arbeitgebers, ein Arbeitsverhältnis im Wege der ordentlichen Kündigung zu beenden. Es macht die ordentliche Kündigung dem Arbeitgeber jedoch nicht unmöglich, bietet also keinen absoluten Kündigungsschutz, sondern lediglich die **gerichtliche Kontrolle**, ob die Kündigung durch betriebliche Gründe oder Gründe in der Person oder im Verhalten des Arbeitnehmers **sozial gerechtfertigt** ist.

Im Gegensatz zum Kündigungsschutz für besondere Personengruppen (sog. besonderer Kündigungsschutz) gilt der allgemeine Kündigungsschutz für alle Arbeitnehmer, die unter den Geltungsbereich des Kündigungsschutzgesetzes fallen.

34. Für welche Arbeitsverhältnisse gilt der allgemeine Kündigungsschutz?

Auf das Arbeitsverhältnis eines Arbeitnehmers findet der allgemeine Kündigungsschutz Anwendung, wenn das Arbeitsverhältnis zum Zeitpunkt der Kündigung **länger als sechs Monate** bestanden hat. § 193 BGB findet auf die Berechnung der Wartezeit i. S. v. § 1 Abs. 1 KSchG keine Anwendung. Der Zeitraum von sechs Monaten verlängert sich deshalb nicht, wenn sein letzter Tag auf einen Sonntag, einen allgemeinen Feiertag oder einen Sonnabend fällt (BAG vom 24.10.2013 – 2 AZR 1057/12). Die Zeit eines früheren Arbeitsverhältnisses zu demselben Arbeitgeber ist bei erneuter Begründung des Arbeitsverhältnisses auf die Wartezeit von sechs Monaten anzurechnen, wenn die Unterbrechung verhältnismäßig kurz war und zwischen beiden Arbeitsverhältnissen ein enger sachlicher Zusammenhang besteht (BAG vom 10.5.1989, DB 1990, S. 280). Hiervon ist regelmäßig auszugehen, wenn das Arbeitsverhältnis lediglich deshalb rechtlich unterbrochen ist, weil sich der Arbeitgeber (Land) bei einem Arbeitnehmer (Lehrer) dazu entschlossen hat, das Arbeitsverhältnis während der Zeit, in der keine Arbeitsleistung anfällt (Schulferien) nicht fortzuführen (BAG vom 19.6.2007 – 2 AZR 94/06). Ein enger sachlicher Zusammenhang liegt auch vor bei einem Betriebsinhaberwechsel, wenn zum Zeitpunkt des Betriebsübergangs das Arbeitsverhältnis kurzfristig unterbrochen war. Bei einem **Betriebsinhaberwechsel** sind die bei dem Betriebsveräußerer erbrachten Beschäftigungszeiten bei der Berechnung der Wartezeit für die vom Betriebsübernehmer ausgesprochene Kündigung zu berücksichtigen (BAG vom 27.6.2002 – 2 AZR 270/01).

Weitere Voraussetzung für die Anwendung des allgemeinen Kündigungsschutzes auf Arbeitsverhältnisse, die nach dem 31.12.2003 begonnen wurden, ist, dass der Betrieb zum Zeitpunkt der Kündigung in der Regel **mehr als 10 Arbeitnehmer** beschäftigt. Für Arbeitsverhältnisse, die vor dem 1.1.2004 begonnen wurden, gilt jedoch weiterhin, dass der Betrieb in der Regel mehr als fünf Arbeitnehmer beschäftigt; dabei sind die nach dem 31.12.2003 neu eingestellten Arbeitnehmer bis zur Beschäftigung von in der Regel 10 Arbeitnehmern nicht zu berücksichtigen (BAG vom 21.9.2006 – 2 AZR 840/05). Das heißt, Arbeitnehmer, die bereits vor dem 1.1.2004 in Betrieben mit mehr als fünf Arbeitnehmern beschäftigt waren, behalten ihren allgemeinen Kündigungsschutz. Für Arbeitnehmer, die vor dem 1.1.2004 jedoch in Betrieben mit fünf oder weniger Arbeitnehmern beschäftigt waren, führen Neueinstellungen nach dem 31.12.2003 erst dann zum allgemeinen Kündigungsschutz, wenn im Betrieb insgesamt mehr als 10 Arbeitnehmer beschäftigt werden; insoweit sind „Altarbeitnehmer" und „Neueingestellte" zusammenzurechnen. Der abgesenkte Schwellenwert des § 23 Abs. 1 Satz 2 KSchG kann auch dann maßgeblich sein, wenn es nach dem 31.12.2003 zwar rechtliche Unterbrechungen des zuvor begründeten Arbeitsverhältnisses gegeben hat, der Arbeitnehmer aber – zusammen mit einer ausreichenden Anzahl anderer „Alt-Arbeitnehmer" – ununterbrochen in den Betrieb eingegliedert war (BAG vom 23.5.2013 – 2 AZR 54/12).

Der Arbeitnehmer hat grundsätzlich die Darlegungs- und Beweislast für das Vorliegen dieser betrieblichen Voraussetzungen für die Geltung des Kündigungsschutzgesetzes (BAG vom 26.6.2008 – 2 AZR 264/07). Der Arbeitnehmer genügt regelmäßig seiner Darlegungslast, wenn er schlüssig dargelegt hat, dass zum Kündigungszeitpunkt mehr Arbeitnehmer im Betrieb beschäftigt worden sind. Es ist dann an dem sachnäheren Arbeitgeber, die erheblichen Tatsachen und Umstände darzulegen, aus denen sich ergibt, dass diese Beschäftigtenzahl nicht repräsentativ für den Betrieb ist (BAG vom 24.2.2005, DB 2005, S. 2030).

Diese **Kleinbetriebsklausel** gilt für alle Betriebe und Dienststellen des privaten und öffentlichen Rechts, auch für Arztpraxen, Anwalts- und Architekturbüros, nicht aber für private Haushalte. Nach einer Entscheidung des Bundesverfassungsgerichts (vom 27.1.1998, DB 1998, S. 826) ist der **Betriebsbegriff** auf die Einheiten zu beschränken, für deren Schutz die Kleinbetriebsklausel allein bestimmt ist und für die die Benachteiligung der betroffenen Arbeitnehmer sachlich begründet ist. Nach ArbG Hamburg (vom 10.3.1997, DB 1997, S. 2439) kommt es bei der Ermittlung der Mitarbeiterzahl nicht auf den Betrieb, sondern auf das Unternehmen an, wenn das Unternehmen des Schutzes der Kleinbetriebsklausel nicht bedarf. Das ist dann der Fall, wenn der Inhaber des Kleinbetriebs neben diesem Betrieb weitere Betriebe oder Betriebsteile unterhält und insgesamt mehr als die in § 23 Abs. 1 KSchG genannten Arbeitnehmer beschäftigt.

Ausnahmsweise gibt es auch einen **arbeitgeberübergreifenden Kündigungsschutz**, wenn sich zwei oder mehrere Unternehmer zur gemeinsamen Führung eines Betriebes zumindest konkludent verbunden haben. Ein solcher **Gemeinschaftsbetrieb** mehrerer rechtlich selbstständiger Unternehmen liegt vor, wenn die beteiligten Unternehmen einen einheitlichen Leitungsapparat zur Erfüllung der in der organisatorischen Einheit zu verfolgenden arbeitstechnischen Zwecke geschaffen haben. Ein gemeinschaftlicher Betrieb zwischen einer **Konzernholding** und einer Tochtergesellschaft liegt nicht bereits dann vor, wenn die Holding aufgrund ihrer konzernrechtlichen Leitungsmacht gegenüber dem Vorstand der Tochter-AG anordnet, die Tochter solle bestimmte Arbeiten (z. B. Schreibarbeiten) für die Holding miterledigen. Besteht kein Gemeinschaftsbetrieb zwischen Holding und Tochter, so genießt ein Arbeitnehmer der Holding nur dann Kündigungsschutz, wenn die Holding ihrerseits dem Kündigungsschutzgesetz unterliegt, insbesondere die erforderliche Anzahl von Arbeitnehmern beschäftigt (BAG vom 29.4.1999, DB 1999, S. 1710).Bei der Feststellung der Zahl der beschäftigten Arbeitnehmer sind **teilzeitbeschäftigte Arbeitnehmer** mit einer regelmäßigen wöchentlichen Arbeitszeit von nicht mehr als 20 Stunden mit 0,5 und nicht mehr als 30 Stunden mit 0,75 zu berücksichtigen (§ 23 Abs. 1 Satz 3 KSchG). Im Übrigen gilt der allgemeine Kündigungsschutz uneingeschränkt auch für teilzeitbeschäftigte Arbeitnehmer. Die im Betrieb beschäftigten Leiharbeitnehmer sind bei der Bestimmung der Betriebsgröße zu berücksichtigen, wenn ihr Einsatz auf einem in der Regel vorhandenen Personalbedarf beruht (BAG vom 24.1.2013 – 2 AZR 140/12).

Auf das Alter des Arbeitnehmers kommt es für die Anwendung des allgemeinen Kündigungsschutzes nicht an. Auch die **leitenden Angestellten** sind grundsätzlich in den allgemeinen Kündigungsschutz einbezogen; stellt das Arbeitsgericht im Kündigungsschutzverfahren fest, dass das Arbeitsverhältnis durch die Kündigung nicht aufgelöst ist, kann das Gericht auf Antrag des Arbeitgebers jedoch das Arbeitsverhältnis auflösen und den Arbeitgeber zur Zahlung einer angemessenen Abfindung verurteilen; der Antrag des Arbeitgebers auf Auflösung des Arbeitsverhältnisses gegen Zahlung einer angemessenen Abfindung (§ 9 Abs. 1 Satz 2 KSchG) bedarf keiner Begründung (§ 14 Abs. 2 KSchG).

35. Was ist bei einer Kündigung im Kleinbetrieb zu beachten?

Auch der Arbeitgeber im **Kleinbetrieb**, für den der allgemeine Kündigungsschutz nicht gilt, hat bei der Kündigung eines von mehreren Arbeitnehmern aufgrund Art. 12 GG ein **Mindestmaß an sozialer Rücksich**t zu nehmen. Eine dieser Anforderung nicht entsprechende Kündigung ist wegen Verstoßes gegen Treu und Glauben (§ 242 BGB) unwirksam. Es geht vor allem darum, Arbeitnehmer **vor willkürlichen** oder auf sachfremden Motiven beruhenden **Kündigungen** zu schützen, z. B. vor Diskriminierung i. S. d. Art. 3 Abs. 3 GG (BVerfG vom 27.1.1998, DB 1998, S. 826; BAG vom

25.4.2001, DB 2001, S. 2504). Ein Willkürvorwurf scheidet aus, wenn ein irgendwie einleuchtender Grund für die Rechtsausübung vorliegt.

Stützt sich der Arbeitgeber des Kleinbetriebs auf betriebliche Umstände und kommt eine Auswahl zwischen mehreren Arbeitnehmern in Betracht, so ist die Kündigung auch dann unwirksam, wenn schon auf den ersten Blick zu erkennen ist, dass der Arbeitgeber ohne entgegenstehende betriebliche Interessen einem Arbeitnehmer kündigt, der erheblich schutzwürdiger ist als vergleichbare, nicht gekündigte Arbeitnehmer. Nach diesem Maßstab ist eine Kündigung aber nicht zu beanstanden, wenn die im Betrieb verbleibenden Arbeitnehmer jedenfalls zum Teil andere Tätigkeiten als der Kläger ausüben und deshalb nicht mit ihm vergleichbar sind (BAG vom 6.3.2004 – 2 AZR 672/01). In einem Kündigungsschutzverfahren hat zunächst der Arbeitnehmer die Treuwidrigkeit der Kündigung darzulegen. Ist bei einem Vergleich der grundsätzlich von dem gekündigten Arbeitnehmer vorzutragenden Sozialdaten evident, dass dieser erheblich sozial schutzbedürftiger ist als ein vergleichbarer weiterbeschäftigter Arbeitnehmer, so spricht dies zunächst dafür, dass der Arbeitgeber das gebotene Mindestmaß an sozialer Rücksichtnahme außer Acht gelassen hat. Setzt der Arbeitgeber dem schlüssigen Sachvortrag des Arbeitnehmers weitere (betriebliche, persönliche etc.) Gründe entgegen, die ihn zu der getroffenen Auswahl bewogen haben, so hat unter dem Gesichtspunkt von Treu und Glauben eine Abwägung zu erfolgen. Es ist zu prüfen, ob auch unter Einbeziehung der vom Arbeitgeber geltend gemachten Gründe die Kündigung die sozialen Belange des betroffenen Arbeitnehmers in treuwidriger Weise unberücksichtigt lässt. Der unternehmerischen Freiheit des Arbeitgebers im Kleinbetrieb kommt bei dieser Abwägung ein erhebliches Gewicht zu (BAG vom 21.2.2001, AuA 2001, S. 472).

36. Welcher Kündigungsschutz gilt in der Wartezeit?

Der in Art. 30 GRC geregelte Schutz von Arbeitnehmern vor ungerechtfertigter Entlassung ist nach nationalem Recht für Arbeitnehmer während der gesetzlichen Wartezeit des § 1 KSchG dadurch gewährleistet, dass von den Gerichten für Arbeitssachen überprüft wird, ob die Kündigung gegen die guten Sitten verstößt (§ 138 Abs. 1 BGB) oder ob sie Treu und Glauben (§ 242 BGB) aus Gründen verletzt, die nicht von § 1 KSchG erfasst sind (BAG vom 8.12.2011 – 6 AZN 1371/11).

37. Welche Personen sind von der Anwendung des allgemeinen Kündigungsschutzes ausdrücklich ausgeschlossen?

Ausdrücklich (§ 14 Abs. 1 KSchG) gilt der allgemeine Kündigungsschutz nicht für:

a) Mitglieder des Organs einer juristischen Person, das zur Vertretung der juristischen Person berufen ist, also

   - Vorstandsmitglieder von Aktiengesellschaften, rechtsfähigen Vereinen, Stiftungen und Genossenschaften
   - Geschäftsführer von Gesellschaften mit beschränkter Haftung
   - Organmitglieder der Gemeinden, Kreise, Industrie- und Handelskammern, Kirchengemeinden, Sparkassen, Krankenkassen, Berufsgenossenschaften und Versicherungsanstalten

b) Personen, die durch Gesetz, Satzung oder Gesellschaftsvertrag zur Vertretung einer Personengesamtheit (also einer offenen Handelsgesellschaft, einer Kommanditgesellschaft oder einer Gesellschaft des Bürgerlichen Rechts) berufen sind.

38. Wann ist die Kündigung durch den Arbeitgeber sozial gerechtfertigt?

Eine Kündigung durch den Arbeitgeber ist grundsätzlich nur dann sozial gerechtfertigt und damit rechtswirksam, wenn sie durch Gründe, die in der Person oder in dem Verhalten des Arbeitnehmers liegen, oder durch dringende betriebliche Erfordernisse, die einer Weiterbeschäftigung des Arbeitnehmers in diesem Betrieb entgegenstehen, bedingt ist (§ 1 Abs. 2 Satz 1 KSchG). Die die Kündigung bedingenden Tatsachen muss der Arbeitgeber beweisen (§ 1 Abs. 2 Satz 4 KSchG).

Ist einem Arbeitnehmer aus dringenden betrieblichen Erfordernissen gekündigt worden, so ist die Kündigung trotzdem sozial ungerechtfertigt, wenn der Arbeitgeber bei der Auswahl des Arbeitnehmers die Dauer der Betriebszugehörigkeit, das Lebensalter, die Unterhaltspflichten und die Schwerbehinderung des Arbeitnehmers nicht oder nicht ausreichend berücksichtigt hat (§ 1 Abs. 3 Satz 1 KSchG; vgl. Nr. 62 ff.).

Sozial nicht gerechtfertigt ist die Kündigung auch, wenn ihr der Betriebsrat zu Recht form- und fristgerecht widersprochen hat (vgl. Nrn. 8, 9).

39. Welche Gründe in der Person des Arbeitnehmers rechtfertigen die Kündigung?

Kündigungsgründe in der Person des Arbeitnehmers sind solche, die auf persönlichen Eigenschaften und Fähigkeiten des Arbeitnehmers beruhen. Eine personenbedingte Kündigung setzt hiernach eine Nicht- oder Schlechterfüllung der Arbeitsleistung voraus. Als persönliche Umstände, die die Kündigung durch den Arbeitgeber sozial rechtfertigen können, kommen in Betracht:

a) **mangelnde** körperliche und geistige **Eignung,**

b) dauernde, insbesondere **krankheitsbedingte Unfähigkeit**, die vertraglich geschuldete Arbeitsleistung zu erbringen (BAG vom 28.2.1990, DB 1990, S. 2430),

c) **Abnahme der Leistungsfähigkeit** (z. B. infolge fortgeschrittenen Alters), wenn diese für den Arbeitgeber nicht mehr verwendbar ist (vgl. auch Nr. 40d),

d) **Erkrankungen**, die die Verwendbarkeit des Arbeitnehmers erheblich herabsetzen (im Einzelnen vgl. Nr. 40),

e) Unmöglichkeit der Arbeitsleistung für nicht unerhebliche Zeit infolge einer **Inhaftierung**, die sich konkret nachteilig auf das Arbeitsverhältnis auswirkt, und wenn keine zumutbaren Überbrückungsmaßnahmen bestehen (zum Freigängerstatus vgl. Nr. 24y),

f) **Verlust oder Entzug der Fluglizenz** eines Flugzeugführers, wenn für den Arbeitgeber im Zeitpunkt des Zugangs der Kündigung mit der Erteilung einer Erlaubnis in absehbarer Zeit nicht zu rechnen ist und/oder wenn bei Fehlen einer Erlaubnis eine Weiterbeschäftigung zu geänderten Arbeitsbedingungen nicht möglich ist (BAG vom 31.1.1996, DB 1996, S. 1629).

Zur Beurteilung im Einzelfall bedarf es einer sorgfältigen Abwägung der Interessen des Arbeitnehmers und des Arbeitgebers. So muss der Arbeitgeber eine mangelnde

Eignung hinnehmen, wenn er sie bereits während der ersten sechs Monate des Arbeitsverhältnisses (also vor Beginn des Kündigungsschutzes) hätte erkennen müssen und daraus vorher keine Folgerungen gezogen hat. Bei abnehmender Leistungsfähigkeit ist zugunsten des Arbeitnehmers zu berücksichtigen, ob sie im Laufe einer langjährigen Beschäftigung infolge natürlichen Kräfteverschleißes eingetreten ist und die verbliebene Arbeitsleistung noch verwendbar ist. Schließlich kann auch die personenbedingte Kündigung nur als letztes Mittel in Betracht kommen. Zunächst sind Möglichkeiten einer Versetzung sowie zumutbare Umschulungs- oder Fortbildungsmaßnahmen zu prüfen. Bei der ordentlichen Kündigung eines Arbeitnehmers wegen Arbeitsverhinderung aufgrund Inhaftierung (Untersuchungshaft) hängt es von deren Dauer sowie Art und Ausmaß der betrieblichen Auswirkungen ab, ob die haftbedingte Nichterfüllung der Arbeitspflicht eine ordentliche Kündigung nach § 1 KSchG rechtfertigt (BAG vom 22.9.1994, DB 1995, S. 1716).

Unzulässig ist eine Kündigung einer Arbeitnehmerin aufgrund ihrer **Schwangerschaft** (zum Kündigungsschutz nach § 17 MuSchG vgl. Kapitel 19 Nr. 18–20), weil sie eine unmittelbare Diskriminierung aufgrund des Geschlechts darstellt (EuGH vom 8.11.1990, DB 1991, S. 286).

40. Unter welchen Voraussetzungen kann der Arbeitgeber den Arbeitnehmer wegen Krankheit kündigen?

a) Kündigt der Arbeitgeber das Arbeitsverhältnis wegen Krankheit des Arbeitnehmers, so stellt die Rechtsprechung an die soziale Rechtfertigung einer solchen Kündigung sehr strenge Anforderungen. Eine lediglich **vorübergehende Arbeitsunfähigkeit** wird im Allgemeinen nicht als ein die Kündigung rechtfertigender Grund angesehen. Die Überprüfung einer krankheitsbedingten Kündigung hat daher in drei Stufen zu erfolgen. Danach setzt eine sozial gerechtfertigte Kündigung zunächst eine negative Prognose hinsichtlich des weiteren Gesundheitszustandes voraus. Dieser Sachverhalt ist aber nur geeignet, eine krankheitsbedingte Kündigung sozial zu rechtfertigen, wenn die entstandenen und prognostischen Fehlzeiten zu einer erheblichen Beeinträchtigung der betrieblichen Interessen führen. Erst in einer dritten Stufe wird im Rahmen einer Interessenabwägung geprüft, ob die erhebliche Beeinträchtigung der betrieblichen Interessen zu einer unzumutbaren Belastung führt.

b) Erforderlich ist zunächst, dass zum Zeitpunkt des Kündigungszugangs objektive Anhaltspunkte für ein langfristiges Fortdauern der Arbeitsunfähigkeit oder die Besorgnis künftiger Erkrankungen vorliegen. Entscheidend ist dann, ob die Krankheit für den Arbeitgeber unzumutbare betriebliche und wirtschaftliche Belastungen zur Folge hat und betriebliche Gründe erfordern, den Arbeitsplatz des erkrankten Arbeitnehmers auf Dauer anderweitig zu besetzen. Ist der Arbeitnehmer bereits längere Zeit arbeitsunfähig krank und ist im Zeitpunkt der Kündigung die Wiederherstellung der Arbeitsfähigkeit noch völlig ungewiss, so kann diese Ungewissheit wie eine feststehende dauernde Arbeitsunfähigkeit zu einer erheblichen Beeinträchtigung betrieblicher Interessen führen (BAG vom 21.5.1992, DB 1993, S. 1292). Bei krankheitsbedingter dauernder Leistungsunfähigkeit ist in aller Regel ohne weiteres von einer erheblichen Beeinträchtigung der betrieblichen Interessen auszugehen. Die Ungewissheit der Wiederherstellung der Arbeitsfähigkeit steht einer krankheitsbedingten dauernden Leistungsunfähigkeit dann gleich, wenn in den nächsten 24 Monaten mit einer anderen Prognose nicht gerechnet werden kann (BAG vom 29.4.1999, DB 1999, S. 1861). Auch wenn die bei Zugang der Kündigung bestehende negative Prognose durch spätere Ereignisse in Frage gestellt wird, wird die krankheitsbedingte Kündigung nicht schon dadurch sozial ungerechtfertigt (BAG vom 17.6.1999 - 2 AZR 639/78).

Allgemein gilt, dass wegen der erhöhten sozialen Schutzbedürftigkeit eines erkrankten Arbeitnehmers im Rahmen der notwendigen Interessenabwägung ein strenger Maßstab anzulegen ist. Zu berücksichtigen sind dabei insbesondere: Lebensalter, Dauer der Betriebszugehörigkeit, Unterhaltspflichten, Ursache der Erkrankung (z. B. Betriebsunfall, Wegeunfall, Berufskrankheit, Unfall im privaten Bereich), Stellung im Betrieb, (z. B. Schlüsselposition und leicht ersetzbare Tätigkeitsbereiche), Situation auf dem Arbeitsmarkt, Auswirkungen des krankheitsbedingten Arbeitsausfalls auf den Betrieb (Störungen des Produktionsablaufs, Nichtvorhandensein von Aushilfekräften) sowie auf die Zusammenarbeit der übrigen Arbeitnehmer, Grad der wirtschaftlichen Belastung des Arbeitgebers und der wirtschaftlichen Lage des Unternehmens.

Aber auch eine Kündigung wegen **lang andauernder Krankheit** kommt nur als letztes Mittel in Betracht, wenn dem Arbeitgeber die Durchführung von Überbrückungsmaßnahmen (z. B. Einstellung von Aushilfskräften, Durchführung von Über- oder Mehrarbeit, personelle Umorganisation, organisatorische Umstellung) nicht möglich oder nicht mehr zumutbar ist (BAG vom 25.11.1982, DB 1983, S. 1047, und vom 2.11.1983, DB 1984, S. 831).

Kommt der Arbeitnehmer aufgrund der Erkrankung für den seither innegehabten Arbeitsplatz auf Dauer nicht mehr in Betracht, scheidet eine Kündigung auch dann aus, wenn der Arbeitnehmer anderweitig im Betrieb oder in einem anderen Betrieb des Unternehmens zu geänderten Arbeitsbedingungen weiterbeschäftigt werden kann. Zumutbare Umschulungs- oder Fortbildungsmöglichkeiten sind dabei zu berücksichtigen. Allerdings ist der Arbeitgeber verpflichtet, dem Arbeitnehmer vor einer Beendigungskündigung eine Beschäftigung auf einem anderen Arbeitsplatz nur dann anzubieten, wenn solch ein gleichwertiger oder jedenfalls zumutbarer Arbeitsplatz frei und der Arbeitnehmer für die dort zu leistende Arbeit geeignet ist. Gegebenenfalls hat der Arbeitgeber einen solchen Arbeitsplatz durch Ausübung seines Direktionsrechts frei zu machen und sich auch um die eventuell erforderliche Zustimmung des Betriebsrats zu bemühen. Zu einer weitergehenden Umorganisation oder zur Durchführung eines Zustimmungsersetzungsverfahrens gem. § 99 Abs. 4 BetrVG ist der Arbeitgeber dagegen nicht verpflichtet (BAG vom 29.1.1997, DB 1997, S. 1039). Der Arbeitgeber ist grundsätzlich verpflichtet, einen Vorschlag, auf den sich die Teilnehmer eines betrieblichen Eingliederungsmanagements verständigt haben, auch umzusetzen, ehe er eine Kündigung ausspricht (BAG vom 10.12.2009 – 2 AZR 198/09). Der Arbeitgeber hat vor Ausspruch einer krankheitsbedingten Kündigung eine durch ein betriebliches Eingliederungsmanagement empfohlene Rehabilitationsmaßnahme schon von sich aus in Erwägung zu ziehen und ihre Durchführung in die Wege zu leiten. Bedarf es dazu der Einwilligung oder der Initiative des Arbeitnehmers, muss der Arbeitgeber um diese nachsuchen oder den Arbeitnehmer hierzu auffordern. Dazu kann er dem Arbeitnehmer eine Frist setzen. Der Arbeitgeber muss den Arbeitnehmer dabei deutlich darauf hinweisen, dass er im Weigerungsfall mit einer

Kündigung rechnen müsse. Lehnt der Arbeitnehmer die Maßnahme dennoch ab oder bleibt er trotz Aufforderung untätig, braucht der Arbeitgeber die Maßnahme vor Ausspruch der Kündigung nicht mehr als milderes Mittel berücksichtigen (BAG vom 10.12.2009 – 2 AZR 400/08).

c) Auch an die **Kündigung wegen häufiger Kurzerkrankunge**n stellt die Rechtsprechung die gleichen Anforderungen. Für eine solche Kündigung kommt es darauf an, dass zum Zeitpunkt der Kündigung objektive Anhaltspunkte vorliegen, die die Besorgnis weiterer Erkrankungen rechtfertigen. Dafür können grundsätzlich die häufigen Kurzerkrankungen in der Vergangenheit sprechen. Dies gilt aber nicht, wenn die Krankheiten ausgeheilt sind. Bei einer negativen Indizwertung hat der Arbeitnehmer darzulegen, weshalb mit einer baldigen und endgültigen Genesung zu rechnen ist, und er hat nötigenfalls die behandelnden Ärzte von der Schweigepflicht zu entbinden. Wenn mit immer neuen beträchtlichen Fehlzeiten und entsprechenden Lohnfortzahlungen zu rechnen ist, kann die Kündigung wegen häufiger Kurzerkrankungen gerechtfertigt sein, wenn sie zu einer erheblichen Beeinträchtigung der betrieblichen Interessen führen. Neben Betriebsablaufstörungen kann die erhebliche Beeinträchtigung auch eine erhebliche wirtschaftliche Belastung des Arbeitgebers sein. Bei der Frage, ob der Arbeitgeber wirtschaftlich erheblich belastet ist, können auch besonders hohe Belastungen durch Lohnfortzahlungskosten zu berücksichtigen sein (BAG vom 6.9.1989, DB 1990, S. 429, 431; BAG vom 12.12.1996 – 2 AZR 7/96). Dabei ist auf die Kosten des Arbeitsverhältnisses des gekündigten Arbeitnehmers abzustellen und nicht auf die Gesamtbelastung des Arbeitgebers mit Lohnfortzahlung und seine wirtschaftliche Belastbarkeit. Dies gilt auch dann, wenn der Arbeitgeber Betriebsablaufstörungen nicht darlegt und eine Personalreserve nicht vorhält (BAG vom 29.7.1993, DB 1993, S. 2439). Ob die finanziellen Belastungen dem Arbeitgeber noch zuzumuten sind, hängt insbesondere von der Dauer des ungestörten Bestands des Arbeitsverhältnisses ab (BAG vom 6.9.1989, DB 1990, S. 558) sowie von der Ursache der Erkrankung und davon, ob die Fehlzeiten des gekündigten Arbeitnehmers deutlich höher sind als die der Arbeitnehmer mit vergleichbaren Tätigkeiten, ferner vom Alter und vom Familienstand des Arbeitnehmers.

Es ist Sache des Arbeitgebers, die Initiative zur Durchführung eines gesetzlich gebotenen betrieblichen Eingliederungsmanagements (BEM) zu ergreifen. Dazu gehört, dass er den Arbeitnehmer auf die Ziele des BEM sowie die Art und den Umfang der hierfür erhobenen und verwendeten Daten hinweist. Hat der Arbeitgeber die gebotene Initiative nicht ergriffen, muss er zur Darlegung der Verhältnismäßigkeit einer auf krankheitsbedingte Fehlzeiten gestützten Kündigung nicht nur die objektive Nutzlosigkeit arbeitsplatzbezogener Maßnahmen i. S. v. § 1 Abs. 2 Satz 2 KSchG aufzeigen. Er muss vielmehr auch dartun, dass künftige Fehlzeiten ebenso wenig durch gesetzlich vorgesehene Hilfen oder Leistungen der Rehabilitationsträger in relevantem Umfang hätten vermieden werden können (BAG vom 20.11.2014 – 2 AZR 755/13).

d) Auch eine **krankheitsbedingte Minderung der Leistungsfähigkeit** des Arbeitnehmers kann einen in der Person des Arbeitnehmers liegenden Kündigungsgrund abgeben. Auch hier ist zunächst eine negative Prognose hinsichtlich des voraussichtlichen Gesundheitszustands erforderlich. Die bisherigen und nach der Prognose zu erwartenden Auswirkungen des Gesundheitszustandes des Arbeitnehmers müssen zu einer erheblichen Beeinträchtigung der betrieblichen Interessen führen. Dafür genügt nicht jede geringfügige Minderleistung.

Beispiel für erhebliche Minderleistung:

Der Arbeitnehmer kann im Leistungslohn nicht mehr eingesetzt werden und der Zahlung des vollen Zeitlohns steht keine adäquate Arbeitsleistung gegenüber.

Zudem müssen die erheblichen Beeinträchtigungen zu einer billigerweise nicht mehr hinzunehmenden Belastung des Arbeitgebers führen. Hierbei ist besonders zu berücksichtigen, ob die Erkrankung auf betrieblichen Ursachen beruht, ob bzw. wie lange das Arbeitsverhältnis zunächst störungsfrei verlaufen ist, ferner das Alter des Arbeitnehmers (BAG vom 26.9.1991, DB 1992, S. 2196).

e) Eine **Kündigung wegen krankheitsbedingter Anfälle** (z. B. epileptischer Anfälle) ist grundsätzlich nur dann gerechtfertigt, wenn bei künftigen Anfällen eine Gefahr für den Arbeitnehmer oder seine Arbeitskollegen besteht.

f) Die Gewährung einer Rente auf Zeit und das aus diesem Grund vorgesehene Ruhen des Arbeitsverhältnisses stehen einer personenbedingten Kündigung aus Krankheitsgründen nicht entgegen. Vom Arbeitgeber kann nicht verlangt werden, seinen Kündigungsentschluss, z. B. weil das Arbeitsverhältnis ruht und ihn kaum belastet, so lange zu verschieben, bis das Arbeitsverhältnis nicht mehr ruht, der Kündigungsgrund aber – möglicherweise – wieder entfallen ist (BAG vom 9.9.2010 – 2 AZR 493/09).

41. Unter welchen Voraussetzungen kann der Arbeitgeber wegen Alkoholabhängigkeit oder Drogensucht kündigen?

Wegen Alkoholabhängigkeit oder Drogensucht kommt eine personenbedingte Kündigung in Betracht. Die Beurteilung ihrer sozialen Rechtfertigung richtet sich grundsätzlich nach den Grundsätzen, die die Rechtsprechung für die krankheitsbedingte Kündigung aufgestellt hat.

Aus den **Besonderheiten der Suchtkrankheiten** kann sich aber die Notwendigkeit ergeben, an die Prognose im Hinblick auf die weitere Entwicklung der Suchtkrankheit geringere Anforderungen als bei anderen Krankheiten zu stellen. Für die Suchtkrankheit kommt es entscheidend darauf an, ob der Arbeitnehmer im Zeitpunkt der Kündigung bereit ist, eine Entziehung bzw. eine Therapie durchzuführen. Lehnt er dies ab, kann erfahrungsgemäß davon ausgegangen werden, dass er von seiner Suchtkrankheit in absehbarer Zeit nicht geheilt wird. Eine von ihm nach Ausspruch der Kündigung durchgeführte Therapie und ihr Ergebnis können daher nicht mehr zur Korrektur der Prognose herangezogen werden (BAG vom 9.4.1987, DB 1987, S. 2156).

42. Unter welchen Voraussetzungen kann der Arbeitgeber den Arbeitnehmer wegen einer HIV-Infektion oder AIDS-Erkrankung kündigen?

Für die Kündigung wegen einer HIV-Infektion oder AIDS-Erkrankung gelten keine besonderen Regelungen. Es ist jedoch zu unterscheiden:

a) HIV-Infektion:

Bei Arbeitnehmern, die durch ihre Tätigkeit andere Arbeitnehmer oder Kunden nicht gefährden, da sie nur „normale soziale Kontakte" mit Kollegen oder Kunden haben, kann die HIV-Infektion keinen Kündigungsgrund darstellen, denn allein die Infektion mit HIV-Viren setzt die Arbeitsfähigkeit nicht herab und ist normalerweise keine Infektionsgefahr, die von der Tätigkeit ausgeht (zum Kündigungsverlangen der Belegschaft oder der Kunden vgl. Nr. 61).

Anders ist die Situation jedoch, wenn die Feststellung der HIV-Infektion und die Reaktion des Bekanntenkreises bei dem infizierten Arbeitnehmer eine tiefe psychische Krise hervorruft, die zu erheblichen Fehlzeiten führt. In diesen Fällen kann bei ungünstiger Prognose nach den allgemeinen Grundsätzen der Rechtsprechung zur krankheitsbedingten Kündigung die Kündigung gerechtfertigt sein (LAG Berlin, Urteil vom 10.6.1987 – 10 Sa 11/87), ohne dass es dabei auf die HIV-Infektion entscheidend ankommt.

Auch bei Arbeitnehmern in Bereichen, bei denen eine Infektionsgefahr für Dritte besteht, stellt die HIV-Infektion grundsätzlich keinen Kündigungsgrund dar. Der Gefahr einer Ansteckung Dritter kann und muss zunächst durch Einhaltung der gebotenen Schutzmaßnahmen (s. Kapitel 18 Nr. 13) begegnet werden. Gegebenenfalls kommt auch eine Umsetzung des infizierten Arbeitnehmers in Betracht.

Die Nichteinhaltung solcher Schutzmaßnahmen kann allerdings ein Kündigungsgrund sein. Dem Arbeitgeber muss in diesem Falle die Möglichkeit einer Kündigung zugebilligt werden, weil er ansonsten seinen anderen Arbeitnehmern oder Kunden gegenüber schadensersatzpflichtig werden kann.

b) AIDS-Erkrankung:

Wenn der Arbeitnehmer bereits an AIDS erkrankt ist, wird es je nach Fortschreiten der Erkrankung zu wiederholten bzw. langandauernden Zeiten der Arbeitsunfähigkeit kommen.

Bei einer Kündigung wegen dieser Fehlzeiten durch eine akute AIDS-Erkrankung müssen die allgemeinen Grundsätze der Rechtsprechung für krankheitsbedingte Kündigungen (vgl. Nr. 40) angewendet werden.

43. Kann ein Arbeitgeber Arbeitnehmer, die im Zeitpunkt ihrer Einstellung 55 Jahre und älter sind, nicht mehr kündigen?

Gesetzlich besteht kein besonderer Kündigungsschutz für ältere Arbeitnehmer. Diese Arbeitnehmer werden allerdings wie alle übrigen Arbeitnehmer vom Kündigungsschutzgesetz erfasst, soweit sie dessen Voraussetzungen erfüllen. Danach sind vom Arbeitgeber ausgesprochene Kündigungen rechtsunwirksam, wenn sie nicht sozial gerechtfertigt sind, d. h., nicht durch Gründe, die in der Person oder dem Verhalten des Arbeitnehmers liegen oder durch dringende betriebliche Erfordernisse, die einer Weiterbeschäftigung des Arbeitnehmers in diesem Betrieb entgegenstehen, bedingt sind (§ 1 KSchG). Dabei ist das Erreichen eines bestimmten Alters für sich allein kein personenbedingter Kündigungsgrund. 55 Jahre alte oder ältere Arbeitnehmer sind aber nicht von Gesetzes wegen generell unkündbar.

Jedoch gibt es in den Tarifverträgen für den öffentlichen Dienst und für zahlreiche Wirtschafts- und Dienstleistungszweige der Privatwirtschaft Regelungen über den Schutz älterer Arbeitnehmer. Sie enthalten u. a. Klauseln über den Ausschluss der ordentlichen Kündigung älterer Arbeitnehmer durch den Arbeitgeber. Voraussetzungen sind – je nach Tarifvertrag unterschiedlich – ein Mindestalter von meist 50 bis 55 Jahren und eine Betriebszugehörigkeit von drei bis 25 Jahren. Derartige Tarifverträge haben weite Verbreitung gefunden und gelten heute in Tarifbereichen mit rund 2/3 aller tariflich erfassten Arbeitnehmer.

44. Kann der Arbeitgeber Arbeitnehmern nach Vollendung des 55. Lebensjahres kündigen, weil diese Anspruch auf Altersteilzeitarbeit haben?

Die Tatsache, dass ein Arbeitnehmer nach Vollendung des 55. Lebensjahres gegenüber seinem Arbeitgeber zur Inanspruchnahme von Altersteilzeitarbeit berechtigt ist, ist nicht als ein die Kündigung des Arbeitsverhältnisses durch den Arbeitgeber bedingender Grund im Sinne des § 1 Abs. 2 Satz 1 KSchG anzusehen; sie kann auch nicht bei der sozialen Auswahl nach § 1 Abs. 3 Satz 1 KSchG zum Nachteil des Arbeitnehmers berücksichtigt werden (§ 8 Abs. 1 des Altersteilzeitgesetzes).

45. Kann der Arbeitgeber den Arbeitnehmer durch Kündigung zur Inanspruchnahme der Teilrente zwingen?

Der Arbeitgeber kann nicht erzwingen, dass der Arbeitnehmer die Arbeitszeit reduziert und die Teilrente in Anspruch nimmt; denn nach den flankierenden arbeitsrechtlichen Regelungen des § 41 Satz 1 SGB VI stellt zum einen die Möglichkeit des Rentenbezugs (auch des Teilrentenbezugs) keinen Grund dar, der eine Kündigung des Arbeitsverhältnisses rechtfertigen kann.

46. Kann das Arbeitsverhältnis bei Erreichen der Regelaltersgrenze gekündigt werden?

a) **Rentenalter kein Kündigungsgrund:** Allein die Vollendung des 65. Lebensjahres ist kein personenbedingter Kündigungsgrund, der die Kündigung durch den Arbeitgeber sozial rechtfertigen könnte (BAG vom 28.9.1961, DB 1961, S. 1651). Jedoch kann unter Umständen eine personenbedingte Kündigung in Betracht kommen, wenn sich das Alter nachhaltig auf die Durchführung des Arbeitsverhältnisses – insbesondere durch mangelnde oder fehlende Leistungsfähigkeit des älteren Arbeitnehmers – auswirkt (vgl. Nr. 39).

b) **Rentenberechtigung kein Kündigungsgrund:** Die Vorschrift des § 41 Satz 1 SGB VI bestimmt ausdrücklich, dass der Anspruch des Versicherten auf eine Rente wegen Alters nicht als ein Grund anzusehen ist, der die Kündigung eines Arbeitsverhältnisses durch den Arbeitgeber nach dem Kündigungsschutzgesetz bedingen kann. Erfolgt jedoch eine Kündigung aus dringenden betrieblichen Erfordernissen, verbietet § 41 Satz 1 SGB VI nach Ansicht des BAG (vom 27.4.2017 – 2 AZR 67/16) nicht, die Möglichkeit, eine Regelaltersrente zu beziehen, im Rahmen der Sozialauswahl nach § 1 Abs.3 Satz 1 KSchG zu Lasten des Rentenberechtigten zu berücksichtigen. Ein regelrentenberechtigter Arbeitnehmer ist nach Ansicht des BAG (a.a.O.) in einer Sozialauswahl nach § 1 Abs.3 Satz 1 KSchG hinsichtlich des

Kriteriums „Lebensalter" deutlich weniger schutzbedürftig als ein Arbeitnehmer, der noch keine Altersrente beanspruchen kann.

47. Wann ist Kündigung durch Gründe im Verhalten des Arbeitnehmers gerechtfertigt?

Eine verhaltensbedingte Kündigung kommt grundsätzlich nur dann in Betracht, wenn

a) das Arbeitsverhältnis durch das Verhalten des Arbeitnehmers konkret beeinträchtigt wird (BAG vom 20.9.1984, DB 1985, S. 1192), insbesondere bei schuldhaften Vertragsverletzungen,

b) das Verhalten nicht durch Grundrechte des Arbeitnehmers gerechtfertigt war,

c) eine Abmahnung dieses Verhaltens erfolgt ist,

d) eine Versetzung nicht möglich oder zumutbar ist.

Auch für die verhaltensbedingte Kündigung bedarf es im Einzelfall einer Abwägung der Interessen von Arbeitgeber und Arbeitnehmer.

48. Setzt eine verhaltensbedingte Kündigung eine Abmahnung voraus?

Grundsätzlich ist vor jeder verhaltensbedingten Kündigung eine vergebliche rechtzeitige und deutliche Abmahnung erforderlich. Dies gilt insbesondere bei Pflichtverletzungen des Arbeitnehmers im Leistungsbereich (BAG vom 9.8.1984, DB 1984, S. 2703). Dem Arbeitnehmer muss durch eine vergebliche Abmahnung deutlich gemacht worden sein, welches Verhalten der Arbeitgeber von ihm konkret erwartet und dass bei erneuter Pflichtverletzung der Bestand des Arbeitsverhältnisses gefährdet ist (sog. Warnfunktion).

Entbehrlich ist eine Abmahnung dann, wenn der Arbeitnehmer nicht damit rechnen konnte, dass der Arbeitgeber dieses Verhalten hinnehmen würde (z. B. bei eindeutigen und schweren Pflichtverletzungen) oder wenn das Verhalten des Arbeitnehmers das Vertrauen des Arbeitgebers beeinträchtigt. Eine Abmahnung bleibt im letzteren Fall jedoch erforderlich, wenn der Arbeitnehmer aus vertretbaren Gründen annehmen konnte, sein Verhalten sei nicht rechtswidrig oder werde vom Arbeitgeber zumindest nicht als erhebliches, den Bestand des Arbeitsverhältnisses gefährdendes Fehlverhalten angesehen (BAG vom 13.12.1984, BB 1985, S. 1069).

Eine Abmahnung kann allerdings durch Zeitablauf wirkungslos werden, wenn sie längere Zeit zurückliegt. Insbesondere kann es nach einer längeren Zeit der einwandfreien Führung des Arbeitnehmers dem Arbeitgeber verwehrt sein, sich auf früher abgemahnte Pflichtverstöße des Arbeitnehmers zu berufen. Allerdings lässt sich dazu keine Regelfrist aufstellen. Wann es vor Ausspruch einer verhaltensbedingten Kündigung wieder einer erneuten Abmahnung bedarf, bestimmt sich vielmehr nach den jeweiligen Umständen des Einzelfalls (BAG vom 18.11.1986, DB 1987, S. 1303).

Zahlreiche Abmahnungen wegen gleichartiger Pflichtverletzungen, denen keine weiteren Konsequenzen folgen, können die Warnfunktion der Abmahnungen abschwächen. Der Arbeitgeber muss dann die letzte Abmahnung vor Ausspruch einer Kündigung besonders eindringlich gestalten, um dem Arbeitnehmer klar zu machen, dass weitere derartige Pflichtverletzungen nunmehr zum Ausspruch einer Kündigung führen werden (BAG vom 15.11.2001, DB 2002, S. 689).

Mit der Abmahnung verzichtet der Arbeitgeber gleichzeitig konkludent auf ein Kündigungsrecht wegen der Gründe, die Gegenstand der Abmahnung waren. Er kann eine spätere Kündigung deswegen nicht allein auf die abgemahnten Gründe stützen, sondern hierauf nur dann unterstützend zurückgreifen, wenn weitere kündigungsrechtlich erhebliche Umstände eintreten oder ihm nachträglich bekannt werden (BAG vom 10.11.1988, DB 1989, S. 1427). Dies gilt auch bei einer Abmahnung, die in der Wartezeit des § 1 Abs. 1 KSchG ausgesprochen wird (BAG vom 13.12.2007 – 6 AZR 145/07). Umgekehrt darf ein Arbeitgeber einen Arbeitnehmer nach erfolgloser Kündigung wegen desselben unstreitigen, für eine Kündigung aber allein nicht ausreichenden Sachverhalts abmahnen (BAG vom 7.9.1988, DB 1989, S. 284).

Für den Arbeitnehmer besteht außerdem weder eine arbeitsvertragliche Nebenpflicht noch eine entsprechende Obliegenheit, gegen die Richtigkeit einer Abmahnung gerichtlich vorzugehen. Wenn er davon abgesehen hat, die Berechtigung einer Abmahnung gerichtlich überprüfen zu lassen, so ist er grundsätzlich nicht daran gehindert, die Richtigkeit der abgemahnten Pflichtwidrigkeiten in einem späteren Kündigungsschutzprozess zu bestreiten (BAG vom 13.3.1987, DB 1987, S. 1494).

49. Welche Gründe im Verhalten des Arbeitnehmers rechtfertigen grundsätzlich die Kündigung?

Eine verhaltensbedingte Kündigung durch den Arbeitgeber kommt grundsätzlich nach vorheriger Abmahnung in folgenden Fällen in Betracht:

a) **Verweigerung der** von ihm geschuldeten **Arbeit** (auch zulässiger, nicht aber unzulässiger Überstunden) und Zurückweisung berechtigter Weisungen des Arbeitgebers; nicht aber bei berechtigterweise hinsichtlich der Arbeitskraft ausgeübtem Zurückbehaltungsrecht (BAG vom 9.5.1996, DB 1996, S. 2337); auch nicht bei einem der Arbeitsanweisung entgegenstehenden, ernsthaften inneren Glaubenskonflikt (BAG vom 24.2.2011 – 2 AZR 636/09),

b) häufiges **unbefugtes Verlassen des Arbeitsplatzes,**

c) ständiges **Zuspätkommen,**

d) **unterdurchschnittliche Arbeitsleistung** aufgrund fehlenden Leistungswillens,

e) wiederholte **Verletzung der Pflicht zur Anzeige oder zum Nachweis der Arbeitsunfähigkeit,**

f) **Vortäuschen einer Arbeitsunfähigkeit** oder Erschleichen einer Arbeitsunfähigkeitsbescheinigung oder „Androhung" einer künftigen Arbeitsunfähigkeit,

g) **eigenmächtiges Nehmen oder Überschreiten des Urlaubs,**

h) **Konkurrenztätigkeit oder eine andere schuldhafte Verletzung von Nebenpflichten** (BAG vom 12.5.2010 – 2 AZR 845/08,)

i) **sexuelle Belästigung** von Arbeitskollegen oder **intimes Verhältnis** von Vorgesetzten mit jugendlichen Arbeitnehmern oder Auszubildenden oder Stalking,

j) **Beleidigungen** des Arbeitgebers oder der Vorgesetzten,

k) **Beschimpfen von Vorgesetzten** auf berechtigte Vorhaltungen,

l) ständiges **Provozieren von Streit** mit ausländischen Arbeitnehmern,

m) **tätliche Angriffe** auf Arbeitgeber oder Arbeitskollegen,

n) **Störung des Betriebsfriedens**, z. B. durch parteipolitische Agitation,

o) **verbotswidrige Annahme von Geschenken** (nicht bei gebräuchlichen Gelegenheitsgeschenken),

p) **Manipulationen bei der Zeiterfassung** (Mitstempeln usw.),

q) wiederholte **Mankobeträge,**

r) **Übertretung eines** zur Sicherheit des Betriebes, zum Schutz der Belegschaft oder zur Erleichterung des Verkehrs mit Kunden aufgestellten **Rauchverbots,**

s) **Schwarzfahren** mit dem Arbeitnehmer überlassenen Fahrzeug,

t) **Spesenbetrug** durch vorsätzlich falsche Angaben (BAG vom 11.7.2013 – 2 AZR 994/12),

u) **unerlaubte** private **Telefongespräche**, soweit Ferngespräche oder unverhältnismäßig häufige oder lange Ortsgespräche,

v) **unerlaubte** private **Internetnutzung** (in erheblichem Umfang),

w) vorwerfbares fehlerhaftes Arbeiten mit erheblichen qualitativen Minderleistungen (BAG vom 17.1.2008 – 2 AZR 536/06),

x) **Diebstähle und Unterschlagungen im Betrieb** auch geringwertiger Gegenstände (z. B. Zigarettenpackungen) selbst nach langer Beschäftigungsdauer (BAG vom 26.2012, 2 AZR 153/11).

50. Wann ist eine ordentliche Verdachtskündigung zulässig?

Eine Verdachtskündigung ist auch als ordentliche Kündigung sozial nur gerechtfertigt, wenn Tatsachen vorliegen, die zugleich eine außerordentliche, fristlose Kündigung gerechtfertigt hätten. Ist der Arbeitnehmer eines Verhaltens verdächtig, das selbst als erwiesenes nur eine ordentliche Kündigung zu stützen vermöchte, ist dem Arbeitgeber die Fortsetzung des Arbeitsverhältnisses deshalb trotz entsprechenden Verdachts zuzumuten (BAG vom 21.11.2013 – 2 AZR 797/11).

51. Kann der Arbeitgeber bei einer Arbeitsverweigerung aus Gewissensgründen kündigen?

Kollidiert das Recht des Arbeitgebers, im Rahmen seiner unternehmerischen Betätigungsfreiheit den Inhalt der Arbeitsvertragsverpflichtung des Arbeitnehmers anhand dessen Arbeitsvertrages zu konkretisieren, mit der nach Art. 4 Abs. 1 GG geschützten Gewissensbetätigung des Arbeitnehmers, hat der Arbeitgeber diesen Gewissenskonflikt zu berücksichtigen, und der Arbeitnehmer ist nicht verpflichtet, diese Tätigkeit auszuüben. Dies setzt voraus, dass der Arbeitnehmer darlegt, ihm sei wegen einer aus einer spezifischen Sachlage folgenden Gewissensnot heraus nicht zuzumuten, die an sich vertraglich geschuldete Leistung zu erbringen, sowie, dass sich im konkreten Einzelfall aus den festgestellten Tatsachen ein Gewissenskonflikt ableiten lässt.

Verbietet eine danach erhebliche Gewissensentscheidung dem Arbeitgeber, dem Arbeitnehmer eine an sich geschuldete Arbeit zuzuweisen, kommt eine verhaltensbedingte Kündigung wegen der Arbeitsverweigerung nicht in Betracht. Es kann jedoch ein in der Person des Arbeitnehmers liegender Grund gegeben sein, das Arbeitsverhältnis zu kündigen, wenn eine andere Beschäftigungsmöglichkeit für den Arbeitnehmer nicht besteht (BAG vom 24.5.1989, DB 1989, S. 2538).

52. Kann der Arbeitgeber einen Arbeitnehmer kündigen, der gegen ein betriebliches Alkoholverbot verstößt?

Grundsätzlich rechtfertigt die **Übertretung eines** im Betrieb bestehenden Alkoholverbots nach vorheriger Abmahnung eine verhaltensbedingte Kündigung. Bei der notwendigen Abwägung der Arbeitgeber- und Arbeitnehmerinteressen sind jedoch die Bräuche des Berufszweiges (z. B. Flasche Bier im Baugewerbe) sowie andererseits die notwendige Konzentration bei der Arbeit (z. B. beim Kraftfahrer) zu beachten (BAG vom 22.7.1982, DB 1983, S. 180). Zur Kündigung bei Alkoholabhängigkeit vgl. Nr. 41.

Selbst wenn kein betriebliches Alkoholverbot besteht, kann ein nicht auf Alkoholabhängigkeit beruhender **Alkoholmissbrauch** im Betrieb eine verhaltensbedingte Kündigung rechtfertigen (BAG vom 26.1.1995, DB 1995, S. 1028).

53. Wann kann der Arbeitgeber wegen des außerdienstlichen Verhaltens des Arbeitnehmers kündigen?

Das außerdienstliche Verhalten des Arbeitnehmers kann eine Kündigung nur ausnahmsweise rechtfertigen, wenn dadurch betriebliche Interessen verletzt sind und dieses Verhalten sich auf das Arbeitsverhältnis nachhaltig auswirkt:

a) So können **Straftaten außerhalb des Betriebs** die verhaltensbedingte Kündigung rechtfertigen, wenn sie so schwerwiegend sind, dass das notwendige Vertrauen des Arbeitgebers entscheidend gelitten hat (BAG vom 20.9.1984, DB 1985, S. 1192) oder der Wert der Arbeitsleistung wegen des im Betrieb oder bei Dritten beeinträchtigten Ansehens des Arbeitnehmers gemindert ist (BAG vom 28.8.1958, AP Nr. 1 zu § 1 KSchG Verhaltensbedingte Kündigung) oder bei Arbeitnehmern im öffentlichen Dienst das Ansehen des Arbeitgebers bzw. des Amtes beeinträchtigt ist (BAG vom 20.11.1997 – 2 AZR 643/97) oder wenn die Straftat einen Bezug zur dienstlichen Tätigkeit hat, wenn etwa der Arbeitnehmer die Straftat unter Nutzung von Betriebsmitteln oder betrieblichen Einrichtungen begeht oder wenn sich der Arbeitgeber oder andere Arbeitnehmer staatlichen Ermittlungen ausgesetzt sehen oder in der Öffentlichkeit mit der Straftat in Verbindung gebracht werden (BAG vom 28.10.2010 – 2 AZR 293/09).

   Beispiele:

   - *Diebstahl oder Unterschlagung eines Kassierers außerhalb des Dienstes*
   - *Trunkenheit am Steuer bei privater Fahrt eines Kraftfahrers*

b) Auch übermäßiger **Alkoholgenuss** oder sonstiger **unsolider Lebenswandel** berechtigen nur dann zur Kündigung, wenn dadurch das Vertrauensverhältnis oder das Ansehen der Firma tatsächlich nachhaltig beeinträchtigt wird. Ein besonderer Maßstab an das Privatleben des Arbeitnehmers gilt bei Arbeitsverhältnissen **in Religionsgemeinschaften und Tendenzbetrieben.**

c) **Lohnpfändungen und Schulden** berechtigen grundsätzlich nicht zur verhaltensbedingten Kündigung. Dies gilt insbesondere, wenn der Arbeitnehmer unverschuldet in Not gerät. Jedoch können Schulden, die nicht durch eine Notlage verursacht wurden, die Kündigung eines Arbeitnehmers in besonderer Vertrauensstellung (z. B. leitende Angestellte und Kassierer) rechtfertigen, wenn sich aus der Häufigkeit von Lohnpfändungen in kurzer Zeit und aus der Art und Höhe der Schulden ergibt, dass der Arbeitnehmer noch längere Zeit in ungeordneten Verhältnissen lebt. Darüber hinaus kommt eine verhaltensbedingte Kündigung in Betracht, wenn zahlreiche Lohnpfändungen oder Abtretungen einen derartigen Arbeitsaufwand des Arbeitgebers verursachen, dass dieser zu wesentlichen Störungen im Arbeitsablauf der Lohnbuchhaltung oder Rechtsabteilung oder in der betrieblichen Organisation führt (BAG vom 4.11.1981, DB 1982, S. 498; BAG vom 15.10.1992, EzA § 1 KSchG Verhaltensbedingte Kündigung Nr. 45).

54. Kann der Arbeitgeber wegen einer Nebentätigkeit des Arbeitnehmers kündigen?

Eine verhaltensbedingte Kündigung des Arbeitnehmers kommt grundsätzlich nur in Betracht, wenn die Nebentätigkeit vertraglich berechtigt ausgeschlossen war oder der Arbeitnehmer wegen der Nebentätigkeit seinen arbeitsvertraglichen Pflichten nicht nachkommt. Der Arbeitgeber darf die Nebentätigkeit jedoch nicht längere Zeit allgemein geduldet haben.

Eine Nebentätigkeit während einer Arbeitsunfähigkeit kann die Kündigung des Arbeitnehmers nur rechtfertigen, wenn sie aus Wettbewerbsgründen den Interessen des Arbeitgebers zuwiderläuft (z. B. Tätigkeit bei der Konkurrenz) oder dadurch die Heilung verzögert wird (BAG vom 13.11.1979, DB 1980, S. 741).

55. Kann ein Arbeitnehmer wegen einer Anzeige gegen seinen Arbeitgeber gekündigt werden?

Der Arbeitgeber kann zu einer außerordentlichen oder ordentlichen verhaltensbedingten Kündigung berechtigt sein, wenn der Arbeitnehmer in einer Anzeige gegen den Arbeitgeber oder einen seiner Repräsentanten wissentlich oder leichtfertig falsche Angaben macht. Darüber hinaus kann ein Kündigungsgrund im Einzelfall auch vorliegen, wenn der Arbeitnehmer vor der Anzeige nicht innerbetrieblich Abhilfe verlangt hat. Ein solches Abhilfeverlangen ist dem Arbeitnehmer regelmäßig dann zuzumuten, wenn nicht der Arbeitgeber oder sein gesetzlicher Vertreter, sondern ein Mitarbeiter seine Pflichten verletzt oder strafbar handelt (BAG vom 3.7.2003 – 2 AZR 235/02).

Eine vorherige innerbetriebliche Klärung muss der Arbeitnehmer aber nicht versuchen, wenn

- er Kenntnis von Straftaten erhält, durch deren Nichtanzeige er sich selbst einer Strafverfolgung aussetzen würde,
- schwerwiegende Straftaten vorliegen,
- der Arbeitgeber selbst die Straftaten begangen habe,
- Abhilfe berechtigterweise nicht zu erwarten ist.

56. Wann ist grundsätzlich die Kündigung aus betriebsbedingten Gründen gerechtfertigt?

Eine Kündigung kann sozial gerechtfertigt sein, wenn dringende betriebliche Gründe vorliegen, die einer Weiterbeschäftigung des Arbeitnehmers entgegenstehen (§ 1 Abs. 2 KSchG). Eine betriebsbedingte Kündigung kommt danach in Betracht, wenn bei Ausspruch der Kündigung aufgrund einer vernünftigen betriebswirtschaftlichen Prognose davon auszugehen ist, dass zum Zeitpunkt des Kündigungstermins eine Beschäftigungsmöglichkeit nicht mehr besteht (BAG vom 12.4.2002 – 2 AZR 256/01). **Die Stilllegung des gesamten Betriebes** stellt ein dringendes betriebliches Erfordernis i. S. v. § 1 Abs. 2 KSchG dar, das die Kündigung eines dort beschäftigten Arbeitnehmers bedingt. Dies gilt auch bei beabsichtigter Stilllegung, wenn der Arbeitgeber im Zeitpunkt des Zugangs der Kündigung den ernsthaften und endgültigen Entschluss gefasst hat, den Betrieb endgültig und nicht nur vorrübergehend stillzulegen. Eine vom Arbeitgeber mit einer Stilllegungsabsicht begründete Kündigung ist jedoch nur dann sozial gerechtfertigt, wenn sich die geplante Maßnahme objektiv als Betriebsstillegung und nicht als Betriebsveräußerung darstellt (BAG vom 16.2.2012 – 8 AZR 693/10).

Als **betriebliche Gründe** kommen auch wirtschaftliche, technische oder organisatorische Gründe in Betracht, die eine unternehmerische Entscheidung (z. B. Einstellung, Einschränkung oder Umstellung des Betriebs bzw. der Produktion) erfordern, die wiederum die Kündigung des Arbeitnehmers zur Folge hat. Dabei kommt es nicht auf den Wegfall eines bestimmten Arbeitsplatzes an, sondern darauf, ob für die Tätigkeit des Arbeitnehmers kein Bedarf mehr besteht (BAG vom 30.5.1985, DB 1986, S. 232). Auch wenn ein dauerhafter Umsatzrückgang unmittelbar zu Verringerung einer bestimmten Arbeitsmenge führt, kann der Arbeitgeber die Kündigung eines Arbeitnehmers darauf stützen, durch den Umsatzrückgang sei ein dringendes betriebliches Erfordernis zur Entlassung eines Arbeitnehmers entstanden (BAG vom 15.6.1989, DB 1989, S. 2384). Hängt der Wegfall des Beschäftigungsbedarfs von unternehmerisch-organisatorischen Maßnahmen des Arbeitgebers ab, die bei Zugang der Kündigung faktisch noch nicht umgesetzt worden sind, müssen zumindest die Absicht und der Wille des Arbeitgebers, diese Maßnahmen vorzunehmen, zu diesem Zeitpunkt schon vorhanden und abschließend gebildet worden sein (BAG vom 31.7.2014 – 2 AZR 422/13).

Zwingend sind die betrieblichen Erfordernisse jedoch nach der Rechtsprechung nur dann, wenn die Kündigung unvermeidbar ist (BAG vom 20.2.1986, DB 1986, S. 2236). Dies ist dann nicht gegeben, wenn der Arbeitnehmer auf einem anderen freien, gleichwertigen Arbeitsplatz in demselben Betrieb oder einem anderen Betriebsteil des Unternehmens weiterbeschäftigt werden kann. Eine Weiterbeschäftigungspflicht auf freien Arbeitsplätzen eines anderen Unternehmens kommt in Betracht, wenn das kündigende Unternehmen mit dem anderen Unternehmen einen Gemeinschaftsbetrieb führt. Der Arbeitgeber ist vor Ausspruch einer betriebsbedingten Kündigung grundsätzlich nicht verpflichtet, den Arbeitnehmer in dem Betrieb eines anderen Unternehmens unterzubringen. Die aus § 1 Abs. 2 Satz 2 und 3 KSchG folgende Verpflichtung des Arbeitgebers, den Arbeitnehmer zur Vermeidung einer Beendigungskündigung an einem anderen – freien – Arbeitsplatz zu beschäftigen, erstreckt sich grundsätzlich nicht auf Arbeitsplätze in einem im Ausland gelegenen Betrieb oder Betriebsteil des Unternehmens. Eine über die Vorgaben des KSchG hinausgehende „Selbstbindung" des Arbeitgebers zur Weiterbeschäftigung des Arbeitnehmers in einem im Ausland gelegenen Betrieb des Unternehmens mag sich im Einzelfall aus § 241 BGB, aus § 242 BGB oder aus einem Verzicht auf den Ausspruch einer Beendigungskündigung ergeben können (BAG vom 24.9.2015 – 2 AZR 3/14). Eine konzernbezogene Weiterbeschäftigungspflicht kann ausnahmsweise bestehen, wenn sich ein anderes Konzernunternehmen ausdrücklich zur Übernahme des Arbeitnehmers bereit erklärt hat (BAG vom 18.10.2012 – 6 AZR 41/11). Der Arbeitgeber ist nicht verpflichtet, einen neuen Arbeitsplatz zu schaffen, um die Kündigung zu vermeiden.

Bei der Überprüfung einer betriebsbedingten Kündigung, die auf den Wegfall des bisherigen Arbeitsplatzes gestützt wird, ist für die Frage, ob ein anderer geeigneter Arbeitsplatz frei ist, nicht ausnahmslos der Zeitpunkt der Kündigung maßgebend. Eine Kündigung ist auch dann nicht betriebsbedingt (§ 1 Abs. 2 KSchG), wenn der Arbeitnehmer bei Auslaufen der Kündigungsfrist in demselben Betrieb auf einem anderen freien Arbeitsplatz weiterbeschäftigt werden kann. Dabei sind solche Arbeitsplätze in die Beurteilung einzubeziehen, bei denen im Zeitpunkt der Kündigung bereits feststeht, dass sie in absehbarer Zeit nach Ablauf der Kündigungsfrist frei werden, sofern die Überbrückung dieses Zeitraums dem Arbeitgeber zumutbar ist. Zumutbar ist jedenfalls ein Zeitraum, den ein anderer Stellenwerber zur Einarbeitung benötigen würde (BAG vom 15.12.1994, DB 1995, S. 979).

Gestaltet der Arbeitgeber den Arbeitsablauf um und verlagert bestimmte Arbeiten in eine andere Betriebsabteilung, so rechtfertigt dies allein nach § 1 Abs. 2 KSchG noch keine betriebsbedingte Kündigung der bisher mit diesen Arbeiten beschäftigten Arbeitnehmer; sind nach wie vor im Wesentlichen die gleichen Arbeiten zu verrichten und die bisherigen Arbeitsplatzinhaber zur Erledigung dieser Arbeiten persönlich und fachlich geeignet, so ist eine betriebsbedingte Kündigung auch dann nicht sozial gerechtfertigt, wenn es sich bei den neu eingerichteten Arbeitsplätzen in der anderen Betriebsabteilung um Beförderungsstellen handelt (BAG vom 10.11.1994, BB 1995, S. 1907) oder wenn der Arbeitgeber den Betriebsteil durch eine noch zu gründende, finanziell, wirtschaftlich und organisatorisch in sein Unternehmen voll eingegliederte Organgesellschaft mit von dieser neu einzustellenden Arbeitnehmern weiterbetreiben lassen will (BAG vom 26.9.2002, – 2 AZR 636/01).

Eine Weiterbeschäftigung kommt auch in Betracht, wenn sie eine Einarbeitung oder Umschulung des Arbeitnehmers in vertretbarer Zeit und mit vertretbarem Aufwand erfordert und der Arbeitnehmer auch umschulungsfähig und -willig ist. Außerdem hat der Arbeitgeber dem Arbeitnehmer vor einer Kündigung auch die Möglichkeit der **Weiterbeschäftigung zu geänderten (auch schlechteren) Arbeitsbedingungen** anzubieten (BAG vom 29.8.2013 – 2 AZR 721/12), wenn der Arbeitnehmer diese nicht bereits ausdrücklich abgelehnt hat oder der Arbeitsplatz für den Arbeitnehmer unzumutbar ist (z. B. offensichtlich völlig unterwertige Beschäftigung). Der Arbeitgeber kann Angebot und Kündigung miteinander verbinden, indem er ohne vorherige Verhandlungen mit dem Arbeitnehmer sofort eine Änderungskündigung ausspricht. Macht der Arbeitgeber vor Ausspruch einer Kündigung dem Arbeitnehmer das Angebot, den Vertrag der noch bestehenden Weiterbeschäftigungsmöglichkeit anzupassen, und lehnt der Arbeitnehmer dieses Angebot ab, so ist der Arbeitgeber regelmäßig nach dem Verhältnismäßigkeitsgrundsatz verpflichtet, trotzdem eine Änderungskündigung auszusprechen (vgl. Nr. 68). Eine Beendigungskündigung ist nur dann zulässig, wenn der Arbeitnehmer unmissverständlich zum Ausdruck gebracht hat, er werde die geänderten Arbeitsbedingungen im Fall des Ausspruchs einer Änderungskündigung nicht, auch nicht unter dem Vorbehalt ihrer sozialen Rechtfertigung annehmen. Spricht der Arbeitgeber ohne vorheriges oder gleichzeitiges Angebot der geänderten Arbeitsbedingungen sofort eine Beendigungskündigung aus, so ist diese Kündigung regelmäßig sozialwidrig (BAG vom 21.4.2005, DB 2005, S. 2528). Die aus § 1 Abs. 2 KSchG folgende Verpflichtung des Arbeitgebers, dem Arbeitnehmer zur Vermeidung einer Beendigungskündigung eine Weiterbeschäftigung zu geänderten, möglicherweise auch zu schlechteren Arbeitsbedingungen anzubieten, bezieht sich jedoch grundsätzlich nicht auf freie Arbeitsplätze in einem im Ausland gelegenen Betrieb des Unternehmens (BAG vom 29.8.2013 – 2 AZR 808/12).

Für das Fehlen einer anderweitigen Weiterbeschäftigungsmöglichkeit ist gem. § 1 Abs. 2 Satz 4 KSchG der Arbeitgeber darlegungs- und beweispflichtig. Dabei gilt eine abgestufte Darlegungslast. Bestreitet der Arbeitnehmer lediglich den Wegfall eines bisherigen Arbeitsplatzes, genügt der Vortrag des Arbeitgebers, wegen der betrieblichen Notwendigkeiten sei eine Weiterbeschäftigung zu den gleichen Bedingungen nicht möglich. Macht der Arbeitnehmer gelten, es sei eine Beschäftigung an anderer Stelle möglich, obliegt es ihm darzulegen, wie er sich seine anderweitige Beschäftigung vorstellt. Erst daraufhin muss der Arbeitgeber eingehend erläutern, aus welchen Gründen eine solche Beschäftigung nicht möglich war (BAG vom 29.8.2013 – 2 AZR 721/12).

Sozial nicht gerechtfertigt ist eine Kündigung aus betrieblichen Gründen, die der Arbeitgeber **gegen** den ordnungsgemäßen und begründeten **Widerspruch des Betriebsrats** ausgesprochen hat (§ 1 Abs. 2 Satz 2 KSchG; vgl. auch Nrn. 8, 9). Voraussetzung ist allerdings, dass die vom Betriebsrat angegebenen Gründe tatsächlich gegeben sind.

Die an sich zulässige Kündigung kann auch dann sozial ungerechtfertigt sein, wenn der Arbeitgeber bei der Auswahl unter mehreren Arbeitnehmern, die für eine Entlassung aus dringenden betrieblichen Gründen in Betracht kommen, die soziale **Gesichtspunkte** des § 1 Abs. 3 Satz 1 KSchG **nicht berücksichtigt** hat (vgl. Nr. 62).

57. Welche Umstände sind typischerweise als betriebliche Erfordernisse für die Kündigung anzusehen?

Als betriebliche Gründe, die unter den Voraussetzungen der Nr. 56 eine Kündigung rechtfertigen können, kommen nach der Rechtsprechung folgende außerbetriebliche oder innerbetriebliche Ursachen in Betracht:

a) **fehlende Aufträge,**

b) **Rückgang des Absatzes, Absatzschwierigkeiten,**

c) **Rückgang des Umsatzes,**

d) **nicht ergänzbarer Rohstoff- und Materialmangel**,

e) **fehlende Rentabilität wegen überhöhter Personalkosten,**

f) **Änderung der Arbeits- oder Produktionsmethoden**, wenn der gekündigte Arbeitnehmer bei an sich bestehenden Weiterbeschäftigungsmöglichkeiten die fachlichen Anforderungen der geänderten Arbeitstechniken nicht erfüllt (BAG vom 23.2.2005, DB 2005, S. 2025),

g) **Betriebseinschränkung,**

h) **Einführung arbeitssparender Maschinen oder Techniken** (Rationalisierungsmaßnahmen),

i) **Entschluss** des Arbeitgebers zur **Personalreduzierung** (LAG Köln vom 15.8.1997, BB 1998, S. 1061), auch bei betrieblich bezweckter Leistungsverdichtung (ArbG Köln vom 23.9.1997, DB 1998, S. 626),

j) **Betriebsstilllegung**, wenn es sich um eine endgültige, abschließende Planung handelt, nicht aber, wenn zum Kündigungszeitpunkt über eine Weiterveräußerung verhandelt wird (BAG vom 10.10.1996 – 2 AZR 477/95).

   Der Entschluss des Arbeitgebers, ab sofort keine neuen Aufträge mehr anzunehmen, allen Arbeitnehmern zum nächstmöglichen Kündigungstermin zu kündigen, zur Abarbeitung der vorhandenen Aufträge eigene Arbeitnehmer nur noch während der jeweiligen Kündigungsfristen einzusetzen und so den Betrieb schnellstmöglich stillzulegen, ist als unternehmerische Entscheidung grundsätzlich geeignet, die entsprechenden Kündigungen sozial zu rechtfertigen (BAG vom 18.1.2001 – 2 AZR 514/99). Die unternehmerische Entscheidung zur Stilllegung des Betriebes einer GmbH kann auch dann die Kündigung des Arbeitsverhältnisses eines in dem Betrieb beschäftigten Arbeitnehmers sozial rechtfertigen, wenn ihr kein wirksamer Beschluss der Gesellschafter zugrunde liegt (BAG vom 5.4.2001, DB 2001, S. 1782).

Für diese Gründe können sowohl wirtschaftliche Schwierigkeiten als auch technische Innovationen wie auch persönliche Gründe des Arbeitgebers (z. B. Alter, Krankheit, Arbeitsüberlastung) maßgebend sein.

Wenn einem Entlassungsverlangen des Betriebsrats im Verfahren nach § 104 Satz 2 BetrVG rechtskräftig stattgegeben worden ist, begründet dies ein dringendes betriebliches Erfordernis i. S. d. § 1 Abs. 2 Satz 1 KSchG für eine ordentliche arbeitgeberseitige Kündigung (BAG vom 28.3.2017 – 2 AZR 551/16).

Eine Kündigung „wegen schlechten Wetters" ist dann dringend betrieblich erforderlich i. S. d. § 1 Abs. 2 Satz 1 KSchG, wenn dem Arbeitgeber nicht zuzumuten ist, den witterungsbedingten Arbeitsausfall zu überbrücken (BAG vom 7.3.1996, DB 1996, S. 1523).

58. Ist eine Kündigung aus betrieblichen Gründen gerechtfertigt, wenn der Arbeitgeber einen Halbtagsarbeitsplatz in einen Ganztagsarbeitsplatz umwandeln will und die bisherige Halbtagskraft ein entsprechendes Änderungsangebot ablehnt?

Der Arbeitgeber darf einen Arbeitnehmer, der sich weigert, von einem Vollzeit- in ein Teilzeitarbeitsverhältnis zu wechseln (oder umgekehrt), nicht kündigen. Eine solche Kündigung ist unwirksam. Das Recht des Arbeitgebers, das Arbeitsverhältnis aus anderen Gründen zu kündigen, bleibt unberührt (§ 11 TzBfG). Hierzu gehören wirtschaftliche, technische oder organisatorische Gründe, die zur Änderung oder der Beendigung des Arbeitsverhältnisses führen.

Eine ordentliche Kündigung ist zudem nicht aus „dringenden" betrieblichen Gründen im Sinne von § 1 Abs. 2 Satz 1 KSchG bedingt, wenn der Arbeitgeber einem halbtagsbeschäftigten Arbeitnehmer kündigt, weil er aus betrieblichen Gründen den vom zu kündigenden Arbeitnehmer besetzten Halbtagsarbeitsplatz in einen Ganztagsarbeitsplatz umwandeln will. In diesem Fall hat nämlich der Arbeitgeber zuerst zu versuchen, vor der Kündigung der vorhandenen Halbtagskraft, die aus familiären Gründen nicht ganztags arbeiten kann, eine weitere Halbtagskraft einzustellen. Etwas anderes gilt dann, wenn die Einstellung einer weiteren Halbtagskraft für den Betrieb technisch, organisatorisch oder wirtschaftlich nicht tragbar ist. Solche Gründe hat im Kündigungsschutzprozess der Arbeitgeber darzulegen (LAG Rheinland-Pfalz vom 10.5.1988, DB 1988, S. 2263).

59. Ist eine Kündigung aus betrieblichen Gründen gerechtfertigt, wenn der Arbeitgeber die bisherigen Arbeitnehmer durch Leiharbeitnehmer oder durch nach ausländischem Recht beschäftigte Arbeitnehmer ersetzen will?

Der Entschluss, die formale Arbeitgeberstellung aufzugeben, ist keine die Kündigung bedingende Unternehmerentscheidung, wenn der Unternehmer gegenüber den Beschäftigten im Wesentlichen weiterhin selbst die für die Durchführung der Arbeit erforderlichen Weisungen erteilt. In einem solchen Fall entfällt nicht die Beschäftigungsmöglichkeit im Betrieb, vielmehr sollen nur die eigenen Beschäftigten durch ausgeliehene Arbeitnehmer ersetzt werden. Eine Kündigung aus diesem Grund ist als „Austauschkündigung“ gemäß § 1 Abs. 1 und 2 KSchG sozial ungerechtfertigt und deshalb unwirksam (BAG vom 26.9.1996 – 2 AZR 200/96).

Auch die Absicht des Arbeitgebers, die Lohnkosten zu senken und sich durch eine Beschäftigung von Arbeitnehmern nach ausländischem Recht von den Bindungen des deutschen Arbeits- und Sozialrechts zu lösen, rechtfertigt jedenfalls keine Beendigungskündigung (BAG vom 26.9.1996 – 2 AZR 200/96). Dies gilt nach BAG jedoch nicht für die Unternehmerentscheidung, die Arbeitnehmer durch freie Mitarbeiter zu ersetzen.

60. Kann der Arbeitnehmer die Fortsetzung des Arbeitsverhältnisses verlangen, wenn die dringenden betrieblichen Gründe für seine Kündigung nachträglich wegfallen?

Dem betriebsbedingt gekündigten Arbeitnehmer kann ein Wiedereinstellungsanspruch zustehen, wenn sich zwischen dem Ausspruch der Kündigung und dem Ablauf der Kündigungsfrist unvorhergesehen eine Weiterbeschäftigungsmöglichkeit ergibt. Entsteht diese erst nach Ablauf der Kündigungsfrist, besteht grundsätzlich kein Wiedereinstellungsanspruch. Dem Wiedereinstellungsanspruch können aber berechtigte Interessen des Arbeitgebers entgegenstehen. Diese können auch darin bestehen, dass der Arbeitgeber den in Betracht kommenden Arbeitsplatz bereits wieder besetzt hat. Der Arbeitgeber kann sich auf die Neubesetzung des Arbeitsplatzes nicht berufen, wenn hierdurch der Wiedereinstellungsanspruch treuwidrig vereitelt wird (BAG vom 28.6.2000, DB 2000, S. 2171).

Beruht eine betriebsbedingte Kündigung auf der Prognose des Arbeitgebers, bei Ablauf der Kündigungsfrist könne er den Arbeitnehmer (z. B. wegen Betriebsstilllegung) nicht mehr weiterbeschäftigen, und erweist sich die Prognose noch während des Laufs der Kündigungsfrist als falsch (z. B. weil es doch zu einem Betriebsübergang kommt), so hat der Arbeitnehmer einen Anspruch auf Fortsetzung des Arbeitsverhältnisses, wenn der Arbeitgeber mit Rücksicht auf die Wirksamkeit der Kündigung noch keine Dispositionen getroffen hat und ihm die unveränderte Fortsetzung des Arbeitsverhältnisses zumutbar ist (BAG vom 27.2.1997, DB 1997, S. 1414).

Entscheidet sich der Arbeitgeber, eine Betriebsabteilung stillzulegen und kündigt deshalb den dort beschäftigten Arbeitnehmern, so ist er regelmäßig zur Wiedereinstellung entlassener Arbeitnehmer verpflichtet, wenn er sich noch während der Kündigungsfrist entschließt, die Betriebsabteilung mit einer geringeren Anzahl von Arbeitnehmern doch fortzuführen. Bei der Auswahl der wieder einzustellenden Arbeitnehmer hat der Arbeitgeber soziale Gesichtspunkte (Alter, Betriebszugehörigkeit, Unterhaltspflichten der Arbeitnehmer) zu berücksichtigen (BAG vom 4.12.1997, DB 1998, S. 1087).

Haben die Arbeitsvertragsparteien noch während der Kündigungsfrist durch einen gerichtlichen Vergleich das Arbeitsverhältnis gegen Zahlung einer Abfindung aufgehoben, so kann dieser Vergleich wegen Wegfalls der Geschäftsgrundlage an die geänderte betriebliche Situation anzupassen sein, u.U. mit dem Ergebnis, dass der Arbeitnehmer wieder einzustellen ist und die Abfindung zurückzuzahlen hat (BAG vom 4.12.1997, DB 1998, S. 1087).

61. Ist eine Kündigung aus betrieblichen Gründen gerechtfertigt, wenn der Arbeitgeber damit einem Druck der Belegschaft oder der Kunden nachgibt (Druckkündigung)?

Eine Druckkündigung liegt vor, wenn Dritte unter Androhung von Nachteilen für den Arbeitgeber von diesem die Entlassung eines bestimmten Arbeitnehmers verlangen. Das Verlangen der Belegschaft, der Kunden, der Gewerkschaft oder des Betriebsrats, einen bestimmten Arbeitnehmer zu kündigen, kann aus der Person oder dem Verhalten dieses Arbeitnehmers objektiv gerechtfertigt sein und deshalb auch den Arbeitgeber zur Kündigung berechtigen (sog. unechte Druckkündigung – BAG vom 18.7.2013 – 6 AZR 420/12).

Ist das Verlangen der Belegschaft oder Kunden usw. jedoch objektiv ungerechtfertigt, so kann die Kündigung gleichwohl aus betrieblichen Gründen ausnahmsweise gerechtfertigt sein. An die Zulässigkeit dieser sogenannten „echten Druckkündigung" sind strenge Anforderungen zu stellen. Kann die Drohung nicht dadurch abgewendet werden, dass sich der Arbeitgeber schützend vor den betroffenen Arbeitnehmer stellt, und bei Verwirklichung der Drohung schwere wirtschaftliche Schäden für den Arbeitgeber drohen, kann die Kündigung sozial gerechtfertigt sein (BAG vom 18.7.2013 – 6 AZR 420/12). Wenn dem Arbeitgeber ein erheblicher Teil der Belegschaft unter Androhung von Arbeitsniederlegungen oder Eigenkündigung oder Kunden unter Androhung des Abbruchs der Geschäftsbeziehungen (BAG vom 19.6.1986, BB 1986, S. 2271) die Entlassung verlangen, ist die Kündigung dieses Arbeitnehmers gerechtfertigt, wenn der Arbeitgeber vorher alles ihm Mögliche und Zumutbare versucht hat, um diese Drucksituation zu beseitigen und er anderenfalls unzumutbare Nachteile zu erleiden hätte.

Verweigern Beschäftigte die Arbeit, weil der Arbeitgeber einem – unberechtigten Kündigungsverlangen nicht nachkommt, ist eine Kündigung des Betroffenen nicht als sog. „echte" Druckkündigung sozial gerechtfertigt, wenn der Arbeitgeber den Druck und die dadurch drohenden wirtschaftlichen Nachteile nicht zumindest dadurch abzuwehren versucht, dass er die Beschäftigten auf die Rechtswidrigkeit der

Arbeitsniederlegung hinweist und für weitere Zuwiderhandlungen arbeitsrechtliche Maßnahmen in Aussicht stellt (BAG vom 15.12.2016 – 2 AZR 431/15).

Beispiel:

Wenn die Belegschaft aufgrund falscher Vorstellung über die Ansteckungswege mit der Krankheit AIDS die normale Zusammenarbeit mit einem HIV-infizierten Arbeitnehmer verweigert, hat der Arbeitgeber zunächst zu versuchen, einer unbegründeten Angst vor einer Infektion durch sachliche Gespräche und Informationsmaterial entgegenzuwirken.

Erst wenn die Bemühungen des Arbeitgebers erfolglos geblieben sind, die Belegschaft ernsthaft mit Arbeitsniederlegung oder mit Kündigungen droht und schwere wirtschaftliche Schäden für den Arbeitgeber entstehen, wenn die Androhung wahrgemacht würde, ist die verlangte Kündigung aus betrieblichen Gründen gerechtfertigt. Dasselbe gilt, wenn die Kunden unter Androhung, ansonsten die Geschäftsbeziehungen abzubrechen, die Entlassung verlangen. Auf diese Grundsätze zur Rechtfertigung der Kündigung kann sich der Arbeitgeber nicht berufen, wenn er selbst schuldhaft eine unbegründete Reaktion der Belegschaft oder der Kunden hervorgerufen hat (ArbG Berlin vom 16.6.1987, NZA 1987, S. 637 ff.). Eine vorherige Anhörung des Arbeitnehmers ist keine Wirksamkeitsvoraussetzung für eine Druckkündigung (BAG vom 4.10.1990, DB 1991, S. 2599 f.).

62. Was bedeutet die Pflicht zur sozialen Auswahl bei der betriebsbedingten Kündigung?

a) Wenn für eine Kündigung aus dringenden betrieblichen Erfordernissen mehrere Arbeitnehmer in Betracht kommen, hat der Arbeitgeber bei der Auswahl des oder der zu kündigenden Arbeitnehmer die Dauer der Betriebszugehörigkeit, das Lebensalter, die Unterhaltspflichten und die Schwerbehinderung des Arbeitnehmers ausreichend **zu berücksichtigen** (§ 1 Abs. 3 Satz 1 KSchG), wenn sachlich begründet auch vertraglich vereinbarte Betriebszugehörigkeitszeiten, z. B. frühere Beschäftigungszeiten bei demselben Arbeitgeber oder einem anderen Unternehmen (BAG vom 2.6.2005 – 2 AZR 480/04). Im Rahmen der Sozialauswahl ist eine um drei Jahre längere Betriebszugehörigkeit nicht geeignet, drei Unterhaltspflichten aufzuwiegen, wenn der Unterhaltsverpflichtete seinerseits eine Betriebszugehörigkeit von immerhin sechs Jahren aufzuweisen hat (BAG vom 29.1.2015 – 2 AZR 164/14). Die Berücksichtigung des Lebensalters als Sozialdatum stellt eine an das Alter anknüpfende unterschiedliche Behandlung dar, die jedoch nach § 10 Sätze 1 und 2 AGG gerechtfertigt ist (BAG vom 6.11.2008 – 2 AZR 523/07). Auch innerhalb der Sozialauswahl verstößt die Berücksichtigung eines höheren Lebensalters zugunsten der Betroffenen nicht schon per se gegen das Verbot der Benachteiligung jüngerer Arbeitnehmer wegen ihres Alters. Vielmehr verfolgt eine solche Begünstigung älterer Arbeitnehmer ein i. S. v. § 10 Satz 1 AGG i. V. m. Art. 6 Abs. 1 EGRL 78/2000 legitimes Ziel (BAG vom 20.6.2013 – 2 AZR 295/12). Andererseits hält das BAG (vom 27.4.2017 – 2 AZR 67/16) es für zulässig, die Möglichkeit, eine Regelaltersrente zu beziehen, im Rahmen der Sozialauswahl nach § 1 Abs. 3 Satz 1 KSchG zu Lasten des Rentenberechtigten zu berücksichtigen. Ein regelrentenberechtigter Arbeitnehmer ist nach Ansicht des BAG (a.a.O.) in einer Sozialauswahl nach § 1 Abs. 3 Satz 1 KSchG hinsichtlich des Kriteriums „Lebensalter" deutlich weniger schutzbedürftig als ein Arbeitnehmer, der noch keine Altersrente beanspruchen kann.

Durch die Berücksichtigung der Sozialdaten wird aber die Kündigungsmöglichkeit als solche nicht eingeschränkt. Vielmehr bestimmt sich danach nur, welcher von mehreren vergleichbaren Arbeitnehmern seinen Arbeitsplatz verliert. Unter mehreren vergleichbaren Arbeitnehmern soll zuerst demjenigen gekündigt werden, den die Kündigung bei Berücksichtigung dieser Gesichtspunkte relativ am wenigsten hart trifft. Vergleichbar sind die Arbeitnehmer, die die gleichen oder ähnliche Arbeiten verrichten und gegebenenfalls nach entsprechender Einarbeitungszeit gegenseitig austauschbar sind. Reduziert sich aufgrund einer arbeitgeberseitigen Organisationsentscheidung lediglich das Arbeitsvolumen bzw. das Stundenkontingent im Betrieb oder in der Dienststelle, so sind teilzeit- und vollzeitbeschäftigte Arbeitnehmer im Rahmen der Sozialauswahl miteinander vergleichbar (BAG vom 22.4.2004, AP Nr. 67 zu § 1 KSchG 1969 Soziale Auswahl). Teilzeitbeschäftigte Arbeitnehmer sind jedoch mit vollzeitbeschäftigten Arbeitnehmern nicht vergleichbar, wenn die Vollzeitbeschäftigung auf einer freien Unternehmerentscheidung zur Arbeitszeitgestaltung beruht, die nicht offenbar unsachlich, unvernünftig oder willkürlich ist (BAG vom 3.12.1998, DB 1998, S. 2534). Diese Rechtslage ist auch mit EU-Recht vereinbar (EuGH vom 26.9.2000 – C-322/98; vom 15.7.2004, DB 2004, S. 2375). An der Vergleichbarkeit fehlt es auch, wenn der Arbeitgeber den Arbeitnehmer nicht einseitig auf einen anderen Arbeitsplatz um- oder versetzen kann (BAG vom 17.9.1998, DB 1998, S. 2543).

Zur Objektivierung und besseren Durchschaubarkeit seiner Auswahlentscheidung kann der Arbeitgeber die sozialen Gesichtspunkte mit einem Punktesystem bewerten, sodann anhand der von den einzelnen Arbeitnehmern jeweils erreichten Punktzahlen eine Rangfolge der zur Kündigung anstehenden Arbeitnehmer erstellen und die zu kündigenden Arbeitnehmer nach dieser Rangfolge bestimmen. Entfallen z. B. 50 von 500 Arbeitsplätzen, so sind bei Anwendung eines solchen Punktesystems grundsätzlich die 50 Arbeitnehmer mit den geringsten Punktzahlen zu kündigen. Unterläuft bei der Ermittlung der Punktzahlen ein Fehler mit der Folge, dass auch nur einem Arbeitnehmer, der bei richtiger Ermittlung der Punktzahlen zur Kündigung angestanden hätte, nicht gekündigt wird, so ist die Kündigung desjenigen wegen fehlerhafter Sozialauswahl unwirksam, der bei richtiger Berechnung der Punktzahl ungekündigt geblieben wäre. Wenn jedoch der Arbeitgeber in Fällen der vorliegenden Art im Kündigungsschutzprozess aufzeigen kann, dass der gekündigte Arbeitnehmer auch bei richtiger Erstellung der Rangliste anhand des Punktesystems zur Kündigung angestanden hätte, so ist die Kündigung – entgegen der bisherigen Rechtsprechung – nicht wegen fehlerhafter Sozialauswahl unwirksam (BAG vom 9.11.2006 – 2 AZR 812/05). Die Verwendung einer Punktetabelle zur Sozialauswahl, die eine Bildung von Altersgruppen und auch die Zuteilung von Punkten für das Lebensalter vorsieht, verstößt nicht gegen das europarechtliche Verbot der Altersdiskriminierung (BAG vom 15.12.2011 – 2 AZR 42/10). Auch die Bildung von Altersgruppen ist regelmäßig nach § 10 Abs. 1, 2 AGG durch legitime Ziele gerechtfertigt, wenn sie bei Massenkündigungen aufgrund einer Betriebsänderung erfolgt (BAG vom 6.11.2008 – 2 AZR 523/07).

b) Der Kreis der in die soziale Auswahl einzubeziehenden Arbeitnehmer ist nach den Verhältnissen im Betrieb zum Zeitpunkt der beabsichtigten Kündigung zu bilden.

Arbeitnehmer, denen gegenüber eine ordentliche Kündigung in diesem Zeitpunkt aufgrund von Vorschriften des Sonderkündigungsschutzes ausgeschlossen ist, sind in diesen Personenkreis nicht einzubeziehen. (BAG vom 21.4.2005, DB 2005, S. 2527). Bei beabsichtigter Teilbetriebsstilllegung und Teilbetriebsübergang ist eine auf den gesamten Betrieb, einschließlich des später übergehenden Betriebsteils, bezogene Sozialauswahl durchzuführen (BAG vom 28.10.2004 – 8 AZR 391/03). Arbeitnehmer anderer Betriebe eines Unternehmens oder eines Konzern sind grundsätzlich nicht in die Sozialauswahl einzubeziehen. Die Sozialauswahl hat auch dann grundsätzlich betriebsbezogen zu erfolgen, wenn sich der Arbeitgeber ein betriebsübergreifendes Versetzungsrecht vorbehalten hat (BAG vom 2.6.2005 – 2 AZR 158/04).

c) Gestaltet der Arbeitgeber den Arbeitsablauf um, verlagert bestimmte Arbeiten in eine andere Betriebsabteilung oder in einen anderen Betrieb des Unternehmens und verringert der Arbeitgeber gleichzeitig die Anzahl der Beschäftigungsmöglichkeiten, so hat er zwischen den betroffenen Arbeitnehmern, die nach der Umgestaltung des Arbeitsablaufs für eine Weiterbeschäftigung persönlich und fachlich geeignet sind, eine Sozialauswahl nach den Grundsätzen des § 1 Abs. 3 KSchG vorzunehmen. Die erforderliche Sozialauswahl kann der Arbeitgeber nicht dadurch umgehen, dass er zuerst die verbleibenden Arbeitsplätze ohne Beachtung sozialer Gesichtspunkte besetzt und erst danach den nicht übernommenen Arbeitnehmern kündigt (BAG vom 10.11.1994, BB 1995, S. 1907). Wurde allerdings einem Arbeitnehmer unter Abänderung seines Arbeitsvertrages die Leitung eines konkreten Arbeitsbereiches übertragen und kündigt der Arbeitgeber später betriebsbedingt, so sind die ehemals vergleichbaren, ohne Leitungsfunktion in anderen Arbeitsbereichen beschäftigten Arbeitnehmer i.d.R. nicht in die soziale Auswahl einzubeziehen (BAG vom 17.9.1998, DB 1998, S. 2534).

d) In die Sozialauswahl braucht der Arbeitgeber solche Arbeitnehmer nicht mit einzubeziehen, deren Weiterbeschäftigung, insbesondere wegen ihrer Kenntnisse, Fähigkeiten und Leistungen oder zur Sicherung einer ausgewogenen Personalstruktur des Betriebes im berechtigten betrieblichen Interesse liegt (§ 1 Abs. 3 Satz 2 KSchG). Der geordnete Betriebsablauf, die Rentabilität des Betriebes, erhebliche Leistungsunterschiede der Arbeitnehmer, Spezialkenntnisse von Arbeitnehmern oder die Erhaltung einer ausgewogenen Personalstruktur können ein solches betriebliches Interesse ergeben. Allerdings reicht es für die Herausnahme aus der Sozialauswahl nicht aus, dass die Beschäftigung eines bestimmten Arbeitnehmers für den Arbeitgeber „nützlich" ist. Auch spricht grundsätzlich eine Vermutung dafür, dass die sozialen Gesichtspunkte bei der Auswahl der zu kündigenden Arbeitnehmer nicht ausreichend berücksichtigt worden sind, wenn der Arbeitgeber den überwiegenden Teil der Belegschaft (z. B. 70 % der Arbeitnehmer) aus betriebstechnischen Gründen generell von der Austauschbarkeit ausnimmt und die Sozialauswahl auf den verbliebenen Teil der Restbelegschaft beschränkt (BAG vom 5.12.2002 – 2 AZR 697/01). Auch begründet die besonders hohe Krankheitsanfälligkeit eines Arbeitnehmers bei der Sozialauswahl für sich noch kein berechtigtes Interesse im Sinne von § 1 Abs. 3 Satz 2 KSchG, einen anderen vergleichbaren und nach § 1 Abs. 3 Satz 1 KSchG weniger schutzbedürftigen Arbeitnehmer weiterzubeschäftigen (BAG vom 31.5.2007 – 2 AZR 306/06).

e) Auf Verlangen hat der Arbeitgeber dem gekündigten Arbeitnehmer die Gründe mitzuteilen, die zu der sozialen Auswahl geführt haben (§ 1 Abs. 3 Satz 1 2. Halbsatz KSchG). Der Arbeitgeber genügt dieser Auskunftspflicht nur, wenn er dem Arbeitnehmer neben der Gewichtung der Auswahlkriterien auch die Namen der Arbeitnehmer mitteilt, die nach seiner Ansicht in die soziale Auswahl einzubeziehen sind (BAG vom 21.7.1988, DB 1989, S. 485).

   Stellt sich heraus, dass bei ausreichender Berücksichtigung sozialer Gesichtspunkte ein anderer Arbeitnehmer hätte entlassen werden müssen, ist die Kündigung sozialwidrig. Die Tatsachen, die die Kündigung in diesem Sinne als sozialwidrig erscheinen lassen, hat der gekündigte Arbeitnehmer im Kündigungsschutzprozess darzulegen und zu beweisen (§ 1 Abs. 3 Satz 3 KSchG). Wenn der Arbeitgeber nur eine unvollständige Auskunft erteilt, z. B. indem er die Namen der von ihm für vergleichbar angesehenen Arbeitnehmer nicht nennt, hat der Arbeitnehmer im Kündigungsschutzprozess seiner Darlegungslast nach § 1 Abs. 3 Satz 3 KSchG allein dadurch genügt, dass er pauschal die soziale Auswahl beanstandet (BAG vom 21.7.1988, DB 1989, S. 485).

f) Ist in einem Tarifvertrag, in einer Betriebsvereinbarung nach § 95 BetrVG oder in einer entsprechenden Richtlinie nach den Personalvertretungsgesetzen festgelegt, wie die sozialen Gesichtspunkte im Verhältnis zueinander zu bewerten sind, so kann die soziale Auswahl nur auf die grobe Fehlerhaftigkeit überprüft werden (§ 1 Abs. 4 KSchG). Arbeitgeber und Betriebsrat können diese Auswahlrichtlinien im Sinn von § 1 Abs. 4 KSchG später oder zeitgleich – etwa bei Abschluss eines Interessenausgleichs mit Namensliste – ändern. Setzen sich die Betriebsparteien in einem bestimmten Punkt gemeinsam über die Auswahlrichtlinie hinweg, gilt die Namensliste (BAG vom 24.10.2013 – 6 AZR 854/11).

g) Sind bei einer Kündigung aufgrund einer Betriebsänderung nach § 111 BetrVG die Arbeitnehmer, denen gekündigt werden soll, in einem Interessenausgleich namentlich bezeichnet, so kann die soziale Auswahl nur auf grobe Fehlerhaftigkeit überprüft werden (§ 1 Abs. 5 Sätze 1 und 2 KSchG). Eine Sozialauswahl ist grob fehlerhaft, wenn eine evidente, massive Abweichung von den Grundsätzen des § 1 Abs. 3 KSchG vorliegt und der Interessenausgleich jede soziale Ausgewogenheit vermissen lässt. In eine solche Namensliste dürfen ausschließlich Arbeitnehmer aufgenommen werden, die aus der Sicht der Betriebsparteien aufgrund der dem Interessenausgleich zugrunde liegenden Betriebsänderung zu kündigen sind (BAG vom 19.7.2012 – 2 AZR 386/11). Dann wird in diesem Fall die widerlegbare gesetzliche Vermutung aufgestellt, dass die Kündigung durch dringende betriebliche Erfordernisse bedingt ist (§ 1 Abs. 5 KSchG). Diese Vermutungswirkung erstreckt sich auf das Nichtvorliegen einer anderweitigen Beschäftigungsmöglichkeit (BAG vom 19.7.2012 – 2 AZR 86/11). Die Wirkungen des § 1 Abs. 5 KSchG treten jedoch nur ein, wenn die der Kündigung zugrunde liegende Betriebsänderung vollumfänglich Gegenstand einer Verständigung der Betriebsparteien i. S. v. § 111 Satz 1, § 112 BetrVG ist. Ein Interessenausgleich nur über Teile der Betriebsänderung reicht nicht aus (BAG vom 17.3.2016 – 2 AZR 182/15). Die Vermutungswirkung gilt auch nicht, soweit sich die Sachlage nach Zustandekommen des Interessenausgleichs wesentlich geändert hat (§ 1 Abs. 5 Satz 3 KSchG). Dies gilt alles auch für Änderungskündigungen. Die Reichweite der danach eingreifenden Vermutung erstreckt sich jedenfalls auf den Wegfall des Beschäftigungsbedürfnisses zu den bisherigen Bedingungen und das Fehlen einer anderweitigen Beschäftigungsmöglichkeit im Betrieb (BAG vom 19.6.2007 - 2 AZR 304/06). § 1 Abs. 5 KSchG findet keine Anwendung auf außerordentliche betriebsbedingte Kündigungen (BAG vom 28.5.2009 – 2 AZR 844/07).

63. Welche Besonderheiten gelten für die soziale Auswahl bei betriebsbedingten Kündigungen im Insolvenzverfahren?

Mit Eröffnung des Insolvenzverfahrens über das Vermögen des Arbeitgebers geht nach § 80 Abs. 1 InsO die Verwaltungs- und Verfügungsbefugnis über die bestehenden Arbeitsverhältnisse auf den Insolvenzverwalter über. Eine Kündigungsschutzklage ist dann gegen den Insolvenzverwalter in seiner Eigenschaft als Partei kraft Amtes zu richten, und zwar auch dann, wenn die Kündigung noch vom Insolvenzschuldner erklärt wurde (BAG vom 21.11.2013 – 6 AZR 979/11). Die Kündigung des Insolvenzverwalters mit der Frist des § 113 Satz 2 InsO unterliegt keiner Billigkeitskontrolle nach § 315 Abs. 3 BGB (BAG vom 27.2.2014 – 6 AZR 301/12).

Ein zwischen Insolvenzverwalter und Betriebsrat geschlossener Interessenausgleich, der die infolge einer Betriebsänderung zu entlassenden Arbeitnehmer namentlich bezeichnet, begründet nach § 125 Insolvenzordnung die widerlegbare Vermutung, dass die Kündigungen durch dringende betriebliche Erfordernisse bedingt sind. Die soziale Auswahl der zu entlassenden Arbeitnehmer kann dann in einem sich eventuell anschließenden Kündigungsschutzprozess vom Gericht nur auf die Dauer der Betriebszugehörigkeit, das Lebensalter und die Unterhaltspflichten und auch insoweit nur auf grobe Fehlerhaftigkeit nachgeprüft werden. Die Wirkungen des Interessenausgleichs entfallen, wenn sich die Sachlage nach seinem Zustandekommen wesentlich ändert.

Auch wenn der Betrieb keinen Betriebsrat hat oder ein Interessenausgleich wegen einer Betriebsänderung nicht innerhalb von drei Wochen zustande kommt, kann der Konkursverwalter nach § 126 Insolvenzordnung in einem Beschlussverfahren beim Arbeitsgericht beantragen festzustellen, dass die Kündigung bestimmter, im Antrag bezeichneter Arbeitnehmer durch dringende betriebliche Erfordernisse sozial gerechtfertigt ist. Die soziale Auswahl der Arbeitnehmer kann vom Gericht nur auf die Dauer der Betriebszugehörigkeit, das Lebensalter und die Unterhaltspflichten nachgeprüft werden.

Wenn der Insolvenzverwalter einem in seinem Antrag beim Arbeitsgericht namentlich benannten Arbeitnehmer kündigt, und der Arbeitnehmer die Kündigungsschutzklage erhebt, ist nach § 127 Abs. 1 Insolvenzordnung die Entscheidung im Beschlussverfahren bindend. Die Bindungswirkung entfällt nur, wenn sich die Sachlage nach dem Schluss der letzten mündlichen Verhandlung wesentlich geändert hat.

64. Sind die teilzeitbeschäftigten Arbeitnehmer generell vor den Vollzeitkräften zu kündigen?

Nein, nicht generell.

Die teilzeitbeschäftigten Arbeitnehmer dürfen auch hinsichtlich der Entlassungsbedingungen wegen der Teilzeitarbeit nicht schlechter behandelt werden als vergleichbare vollzeitbeschäftigte Arbeitnehmer, es sei denn, dass sachliche Gründe eine unterschiedliche Behandlung rechtfertigen (§ 4 Abs. 1 Satz 1 TzBfG).

Allerdings können teilzeitbeschäftigte Arbeitnehmer aus betriebsbedingten Gründen in der Regel auch dann gekündigt werden, wenn eine sozial weniger schutzwürdige Vollzeitkraft an ihrer Stelle hätte gekündigt werden können. Nach der bisherigen Rechtsprechung (vgl. Nr. 62 Buchst. a) gelten teilzeitbeschäftigte Arbeitnehmer als nicht immer vergleichbar mit Vollzeitkräften, wenn es um die Sozialauswahl vor einer Kündigung geht.

65. Sind jüngere Arbeitnehmer stets vor den älteren Arbeitnehmern zu kündigen?

Nein, nicht generell; denn das Lebensalter ist einer von mehreren bei der Sozialauswahl zu berücksichtigenden Gesichtspunkten, dem kein zwingender Vorrang zukommt. So dürften ältere Arbeitnehmer, die bereits eine ausreichende Rente aus der gesetzlichen Rentenversicherung beziehen könnten, in der Regel sogar am wenigsten auf die Erhaltung ihres Arbeitsplatzes angewiesen sein.

Zum Nachteil des älteren Arbeitnehmers darf bei der Sozialauswahl allerdings nicht die Tatsache berücksichtigt werden, dass er nach Vollendung des 55. Lebensjahres Anspruch auf Altersteilzeitarbeit gegen den Arbeitgeber (§ 8 Abs. 1 Altersteilzeitgesetz) oder vor Erreichen der Regelaltersgrenze Anspruch auf vorgezogenes Altersruhegeld gegen die Rentenversicherung hat (§ 41 Satz 2 SGB VI).

66. Wie muss der Arbeitnehmer die Unwirksamkeit der Kündigung geltend machen?

a) Will ein Arbeitnehmer geltend machen, dass eine ordentliche Kündigung sozial ungerechtfertigt oder aus anderen Gründen rechtsunwirksam ist, z. B. eine außerordentliche Kündigung unbegründet ist, so muss er innerhalb von drei Wochen nach Zugang der Kündigung Klage beim Arbeitsgericht auf Feststellung erheben, dass das Arbeitsverhältnis durch die Kündigung nicht aufgelöst ist (§ 4 KSchG). Anderenfalls gilt der Mangel der Sozialwidrigkeit der Kündigung als von Anfang an geheilt und bei einer Kündigung, die aus einem anderen Grund rechtsunwirksam ist (z. B. fehlende Anhörung des Betriebsrats), als von Anfang an rechtswirksam (§ 7 KSchG). Die Klagefrist nach § 4 Satz 1 KSchG und die Fiktionswirkung des § 7 KSchG gelten jedoch nur für arbeitgeberseitige Kündigungen und finden auf die Eigenkündigung eines Arbeitnehmers keine Anwendung (BAG vom 21.9.2017 – 2 AZR 57/17).

   Erhebt der Arbeitnehmer binnen drei Wochen nach Zugang einer Kündigung eine allgemeine Feststellungsklage i. S. v. § 256 Abs. 1 ZPO, mit der er den Fortbestand des Arbeitsverhältnisses geltend macht und die Wirksamkeit jeglichen potentiellen Auflösungstatbestands in Abrede stellt, hat er die Frist des § 4 Satz 1 KSchG jedenfalls dann gewahrt, wenn er die fragliche Kündigung noch bis zum Schluss der mündlichen Verhandlung erster Instanz – nunmehr konkret bezeichnet – in den Prozess einführt und auf sie bezogen einen punktuellen Kündigungsschutzantrag stellt (BAG vom 26.9.2013 – 2 AZR 682/12). Eine Kündigungsschutzklage wahrt die Klagefrist des § 4 Satz 1 KSchG auch für eine Folgekündigung, die vor dem oder zeitgleich mit dem Auflösungstermin der ersten Kündigung wirksam werden soll, jedenfalls dann, wenn der Kläger ihre Unwirksamkeit noch vor Schluss der mündlichen Verhandlung erster Instanz explizit geltend macht und mit einem Antrag nach § 4 Satz 1 KSchG erfasst (BAG vom 18.12.2014 – 2 AZR 163/14).

Auch die schwangere Arbeitnehmerin ist gehalten, den gesetzlichen Unwirksamkeitsgrund des § 9 Abs. 1 MuSchG innerhalb der dreiwöchigen Klagefrist des § 4 Satz 1 KSchG vor dem Arbeitsgericht geltend zu machen. Die fehlende Zustimmung der zuständigen Stelle führt nicht zur Nichtigkeit der Kündigung. Auch Unwirksamkeits- und Nichtigkeitsgründe müssen innerhalb der Klagefrist geltend gemacht werden. Voraussetzung für die Anwendbarkeit der Ausnahmeregelung des § 4 Satz 4 KSchG ist die Kenntnis des Arbeitgebers von den den Sonderkündigungsschutz begründenden Tatsachen zum Zeitpunkt des Zugangs der Kündigung (BAG vom 19.2.2009 – 2 AZR 286/07).

Die Klagefrist des § 4 KSchG ist auch einzuhalten, wenn die ordentliche Kündigung gegen das Kündigungsverbot des § 15 Abs. 3 TzBfG verstößt, weil der befristete Vertrag weder die Möglichkeit vorsieht, das Arbeitsverhältnis ordentlich zu kündigen noch die Anwendbarkeit des Tarifvertrages vereinbart ist, der ein solches Kündigungsrecht enthält (BAG vom 22.7.2010 – 6 AZR 480/09).

Auch die Nichteinhaltung der Kündigungsfrist muss innerhalb der Klagefrist des § 4 Satz 1 KSchG geltend gemacht werden, wenn sich nicht durch Auslegung ermitteln lässt, dass eine fristwahrende Kündigung ausgesprochen werden sollte (BAG vom 1.9.2010 – 5 AZR 700/09).

b) Die dreiwöchige Klagefrist gemäß § 4 Satz 1 KSchG findet jedoch trotz des zunächst eindeutig erscheinenden Wortlauts nicht auf sämtliche Unwirksamkeitsgründe Anwendung. Insbesondere bei einer Kündigung durch einen Vertreter ohne Vertretungsmacht ist die dreiwöchige Klagefrist nicht anzuwenden. Dies gilt auch bei einer Kündigung durch den „falschen" Arbeitgeber oder bei einer Kündigung durch einen Nichtberechtigten (BAG vom 26.3.2009 – 2 AZR 403/07). Für die Anwendung der §§ 4 und 7 KSchG ist auch kein Raum, wenn keine Kündigungserklärung vorliegt, sondern Arbeitgeber und Arbeitnehmer um die Änderung des Inhalts des Arbeitsverhältnisses oder seine Beendigung in anderer Weise als durch Kündigung (z. B. Anfechtung, Ausübung eine Widerrufsrechtes usw.) streiten (BAG vom 5.2.2009 – 6 AZR 151/08).

c) Wichtig ist, dass die dreiwöchige Klagefrist mit dem Zugang der Kündigung beginnt, nicht aber mit dem Ablauf der Kündigungsfrist. Die Berechnung dieser Drei-Wochen-Frist erfolgt nach §§ 186 ff. BGB. Ist der Tag, an dem die Frist abläuft, ein Samstag, Sonntag oder Feiertag, dann tritt an seine Stelle der nächste Werktag (§ 193 BGB).

d) War ein Arbeitnehmer nach erfolgter Kündigung trotz Anwendung aller ihm nach Lage der Umstände zuzumutenden Sorgfalt verhindert, die Klage innerhalb von drei Wochen nach Zugang der Kündigung zu erheben, so ist auf seinen Antrag die **Klage nachträglich zuzulassen** (§ 5 Abs. 1 KSchG). Dieser Antrag ist jedoch nur innerhalb von zwei Wochen nach Behebung des Hindernisses zulässig. Sechs Monate nach Ablauf der dreiwöchigen Klagefrist kann dieser Antrag nicht mehr gestellt werden (§ 5 Abs. 3 KSchG).

Verzichtet ein Arbeitnehmer auf die Erhebung einer Kündigungsschutzklage, weil der Arbeitgeber ihm eine Abfindung in Aussicht gestellt hat, die jedoch wegen später gescheiterter Vergleichsverhandlungen nicht gezahlt wird, liegt darin kein Umstand, der eine nachträgliche Klagezulassung rechtfertigen kann. Eine

Kündigungsschutzklage kann ggf. aber nachträglich zugelassen werden, wenn der Arbeitgeber einen Arbeitnehmer arglistig von einer Klageerhebung abhält bzw. wenn der Arbeitnehmer unter Hinweis auf eine Rücknahme der Kündigung veranlasst wird, von einer Klageerhebung, mit der eine Fortsetzung des Arbeitsverhältnisses erstrebt wird, abzusehen. Schreibt der Arbeitgeber an den Arbeitnehmer, er werde aus der Kündigung keine Rechte mehr herleiten und bietet er die Fortsetzung des Arbeitsverhältnisses zu den bisherigen Bedingungen an, hält er durch diese Mitteilung den Arbeitnehmer nicht arglistig von der Erhebung einer Kündigungsschutzklage ab (BAG vom 19.2.2009 – 2 AZR 286/07).

67. Welche Folgen hat die gerichtliche Feststellung der Unwirksamkeit der Kündigung?

a) Wenn das Arbeitsgericht die Unwirksamkeit der Kündigung feststellt, hat es der Kündigungsschutzklage stattzugeben und in dem Klageantrag festzustellen, dass das Arbeitsverhältnis fortbesteht. Arbeitgeber und Arbeitnehmer haben grundsätzlich das Arbeitsverhältnis **fortzusetzen**.

b) Wenn das Arbeitsgericht festgestellt hat, dass das Arbeitsverhältnis durch die Kündigung nicht aufgelöst ist, so hat das Arbeitsgericht jedoch auf Antrag des Arbeitnehmers bzw. des Arbeitgebers das Arbeitsverhältnis **durch Urteil aufzulösen** und den Arbeitgeber zur **Zahlung** einer angemessenen **Abfindung** zu verurteilen, wenn dem Arbeitnehmer die Fortsetzung des Arbeitsverhältnisses nicht zuzumuten bzw. eine den Betriebszwecken dienliche weitere Zusammenarbeit nicht zu erwarten ist (§ 9 KSchG, vgl. Kapitel 25). Hat der Arbeitnehmer gegen den Arbeitgeber, der ihm gekündigt hat, eine Kündigungsschutzklage erhoben und wird nach deren Rechtshängigkeit der Betrieb veräußert, kann der Arbeitnehmer einen bisher nicht gestellten Auflösungsantrag mit Erfolg nur in einem Prozess gegen den ihm bekannten Betriebserwerber stellen (BAG vom 20.3.1997 – 8 AZR 769/95).

c) Wenn das Arbeitsgericht festgestellt hat, dass das Arbeitsverhältnis durch die Kündigung nicht aufgelöst worden ist, und es auch selbst nicht durch Urteil aufgelöst hat, hat der Arbeitgeber das **Arbeitsentgelt** für die Zeit des tatsächlichen Ausscheidens aus dem Betrieb bis zum Wiedereintritt **nachzuzahlen**. Voraussetzung dafür ist, dass der Arbeitgeber sich in dieser Zeit in Annahmeverzug befand (vgl. dazu Kapitel 13 Nr. 41).

Dazu muss der Arbeitnehmer, der bis zum vom Arbeitgeber genannten Kündigungstermin gearbeitet hat, über die Erhebung der Kündigungsschutzklage hinaus nicht auch noch die Arbeitsleistung wörtlich anbieten (BAG vom 14.11.1985, DB 1986, S. 1878).

Der Arbeitgeber, dessen Kündigung „aus sonstigen Gründen" (§ 13 Abs. 3 KSchG) rechtsunwirksam ist, gerät ausnahmsweise nicht in Annahmeverzug, wenn ihm die weitere Beschäftigung des Arbeitnehmers nicht zumutbar ist. Hierfür reicht jedoch nicht jedes Verhalten aus, das zur fristlosen Kündigung aus wichtigem Grund berechtigt, vielmehr ist ein besonders grober Vertragsverstoß erforderlich und die Gefährdung von Rechtsgütern des Arbeitgebers, seiner Familienangehörigen oder anderer Arbeitnehmer, deren Schutz Vorrang vor dem Interesse des Arbeitnehmers an der Erhaltung seines Verdienstes hat (BAG vom 29.10. 1987, DB 1988, S. 866).

d) Besteht nach der Entscheidung des Arbeitsgerichts das Arbeitsverhältnis fort, ist der Arbeitnehmer jedoch inzwischen ein neues Arbeitsverhältnis eingegangen, so hat der Arbeitnehmer ein **Wahlrecht, ob er das alte Arbeitsverhältnis fortsetzen oder das neue aufrechterhalten will.**

   Wenn er das neue Arbeitsverhältnis aufrecht erhalten will, so muss er dem alten Arbeitgeber gegenüber innerhalb einer Woche nach Rechtskraft des Urteils die Fortsetzung des alten Arbeitsverhältnisses verweigern (§ 12 KSchG). Mit dem Zugang dieser Erklärung erlischt dann das alte Arbeitsverhältnis. Nachzahlung des Arbeitsentgelts (vgl. c) kann er in diesem Fall nur für die Zeit zwischen der Entlassung und dem Tag des Eintritts in das neue Arbeitsverhältnis verlangen.

   Wenn der Arbeitnehmer dagegen das alte Arbeitsverhältnis fortsetzen will, muss er das neue Arbeitsverhältnis unter Einhaltung der entsprechenden Kündigungsfrist kündigen und nach Ablauf der Kündigungsfrist die Arbeit im alten Betrieb fortsetzen.

e) Wenn das Arbeitsgericht in 1. Instanz festgestellt hat, dass die Kündigung unwirksam und das Arbeitsverhältnis also nicht aufgelöst ist, hat der Arbeitnehmer während des weiteren Verfahrens grundsätzlich einen Anspruch auf Weiterbeschäftigung (im Einzelnen vgl. Kapitel 17 Nr. 2).

F Änderungskündigung

68. Was bedeutet eine Änderungskündigung?

a) Wenn der Arbeitgeber das Arbeitsverhältnis kündigt und dem Arbeitnehmer im Zusammenhang mit der Kündigung die Fortsetzung des Arbeitsverhältnisses zu geänderten Arbeitsbedingungen anbietet, so handelt es sich um eine Änderungskündigung. Sie dient also in erster Linie der Umgestaltung des Arbeitsverhältnisses (z. B. Versetzung, Zuweisung anderer Arbeiten, Herabgruppierung) und nimmt dessen Beendigung nur in Kauf.

   Beispiel:

   „Wegen des Auftragsrückgangs bin ich nicht mehr in der Lage, den bisherigen Stundenlohn zu zahlen. Ich kündige Ihnen deshalb Ihr Arbeitsverhältnis zum ... Ich bin jedoch bereit, das Arbeitsverhältnis mit Ihnen zu einem um € 1,– geringeren Stundenlohn, d. h. zu einem Stundenlohn von € 15,– fortzusetzen, sofern Sie damit einverstanden sind."

b) Die Änderungskündigung ist in zwei Formen möglich:

   - Der Arbeitgeber spricht eine **unbedingte Kündigung** aus, verbunden mit dem Angebot, das Arbeitsverhältnis unter geänderten Bedingungen fortzusetzen.
   - Der Arbeitgeber kündigt das Arbeitsverhältnis unter der **Bedingung**, dass der Arbeitnehmer die vorgeschlagene **Änderung** der Arbeitsbedingung ablehnt.

c) Aus Gründen der Rechtssicherheit muss für den Empfänger bereits im Zeitpunkt des Zugangs der Kündigung das Änderungsangebot hinreichend klar bestimmt sein bzw. sich dessen Inhalt eindeutig bestimmen lassen. Es reicht weder aus, dass es der Arbeitgeber später klarstellt noch sich der gekündigte Arbeitnehmer die jeweils für ihn günstigeren Teile „heraussuchen“ kann (BAG vom 15.1.2009 – 2 AZR 641/07). Erklärt der Arbeitgeber gegenüber einem Arbeitnehmer zur selben Zeit mehrere Änderungskündigungen, die je für sich das Angebot zur Fortsetzung des Arbeitsverhältnisses unter Änderung lediglich einer bestimmten – jeweils anderen-Vertragsbedingung und unter Hinweis enthalten, der Arbeitnehmer erhalte zugleich weitere Änderungskündigungen, sind die Angebote nicht hinreichend bestimmt im Sinne von § 2 Satz 1 KSchG, § 145 BGB (BAG vom 10.9.2009 – 2 AZR 822/07).

69. Wann ist eine Änderungskündigung nicht sozial gerechtfertigt?

Sozial ungerechtfertigt ist die Änderungskündigung immer dann, wenn die Änderung nicht durch Gründe, die in der Person oder dem Verhalten des Arbeitnehmers liegen oder durch dringende betriebliche Erfordernisse, die einer Weiterbeschäftigung zu unveränderten Bedingungen in diesem Betrieb entgegenstehen, begründet ist. Eine betriebsbedingte Änderungskündigung ist sozial gerechtfertigt, wenn sich der Arbeitgeber bei einem an sich anerkennenswerten Anlass darauf beschränkt hat, lediglich solche Änderungen vorzuschlagen, die der Arbeitnehmer billigerweise hinnehmen muss. Ein anerkennenswerter Anlass ist dann gegeben, wenn das Bedürfnis für die Weiterbeschäftigung des Arbeitnehmers zu den bisherigen Bedingungen entfallen ist. Das kann auf einer nur der Missbrauchskontrolle unterliegenden unternehmerischen Entscheidung zur Umstrukturierung des Betriebes beruhen. Ob der Arbeitnehmer die vorgeschlagenen Änderungen billigerweise hinnehmen muss, richtet sich nach dem Verhältnismäßigkeitsgrundsatz. Keine der angebotenen Änderungen darf sich weiter vom Inhalt des bisherigen Arbeitsverhältnisses entfernen, als zur Anpassung an die geänderten Beschäftigungsmöglichkeiten erforderlich ist (BAG vom 23.6.2005 – 2 AZR 642/04). Sozial ungerechtfertigt ist auch eine Änderungskündigung, die auf einer tarifvertragswidrigen Arbeitszeitgestaltung beruht (BAG vom 18.12. 1997 – 2 AZR 709/96). Ein Änderungsangebot, dessen Inhalt den arbeitsrechtlichen Gleichbehandlungsgrundsatz verletzt, widerspricht dem Grundsatz der Verhältnismäßigkeit. Es muss vom Arbeitnehmer nicht billigerweise hingenommen werden und führt zur Unwirksamkeit der Änderungskündigung. Auch eine ordentliche Änderungskündigung, die auf eine vor Ablauf der Kündigungsfrist des betreffenden Arbeitnehmers wirksam werdende Veschlechterung der Arbeitsbedingungen zielt, ist nach § 1 Abs. 2 § 2 KSchG sozial ungerechterfigt.

Das Gebot ausreichender Berücksichtigung der Dauer der Betriebszugehörigkeit, des Lebensalters, der Unterhaltspflichten und der Schwerbehinderung bei der Auswahl des zu kündigenden Arbeitnehmers gilt auch für betriebsbedingte Änderungskündigungen. Für die Frage der in die Sozialauswahl einzubeziehenden vergleichbaren Arbeitnehmer kommt es bei einer Änderungskündigung nicht nur darauf an, ob die betreffenden Arbeitnehmer nach ihren bisherigen Tätigkeiten miteinander verglichen werden können und damit auf ihren innegehabten Arbeitsplätzen gegeneinander austauschbar sind. Hinzukommen muss, dass diese Arbeitnehmer auch für die Tätigkeit, die Gegenstand des Änderungsangebots ist, wenigstens annähernd gleich geeignet sind. Die Austauschbarkeit muss sich also auch auf den mit der Änderungskündigung angebotenen Arbeitsplatz beziehen.

Auch die nachträgliche Befristung eines zunächst auf unbestimmte Zeit eingegangenen Arbeitsverhältnisses kann im Wege eine Änderungskündigung erfolgen. Diese Änderung der Arbeitsbedingungen ist allerdings unter anderem dann unwirksam, wenn die Befristung nicht aus sachlichen Gründen gerechtfertigt ist (BAG vom 25.4.1996, DB 1996, S. 1780).

70. Wie kann der Arbeitnehmer auf die Änderungskündigung reagieren?

a) **Nimmt** der Arbeitnehmer das Änderungsangebot vorbehaltlos an, so wird die Kündigung hinfällig und zum vorgesehenen Zeitpunkt wird das Arbeitsverhältnis zu den geänderten Arbeitsbedingungen fortgesetzt. Die vorbehaltlose Annahme des in einer Änderungskündigung enthaltenen Änderungsangebots ist an eine Mindestfrist von drei Wochen nach Zugang der Kündigung (§ 2 Abs. 2 KSchG) gebunden (BAG vom 18.5.2006 – 2 AZR 230/05). Die zu kurze Bestimmung der Annahmefrist durch den Arbeitgeber im Änderungsangebot führt nicht zur Unwirksamkeit der Kündigung. Sie setzt vielmehr die gesetzliche Annahmefrist des § 2 Satz 2 KSchG in Lauf (BAG vom 18.5.2006 – 2 AZR 230/05).

b) **Lehnt** der Arbeitnehmer das Änderungsgebot des Arbeitgebers von vornherein **ab**, so führt die Änderungskündigung unter denselben Voraussetzungen wie jede andere Kündigung zur Beendigung des Arbeitsverhältnisses.

c) Als dritte Möglichkeit kann der Arbeitnehmer auch in einem besonderen Verfahren vor den Gerichten für Arbeitssachen die Änderung des Arbeitsvertrags, wenn sie im Zusammenhang mit einer Kündigung erfolgt, überprüfen lassen, ohne dabei Gefahr zu laufen, den Arbeitsplatz zu verlieren (§ 2 KSchG). Dazu kann der Arbeitnehmer innerhalb der Kündigungsfrist, spätestens jedoch innerhalb von drei Wochen nach Zugang der Kündigung, das Änderungsangebot des Arbeitgebers unter dem Vorbehalt annehmen, dass die Änderung der Arbeitsbedingungen nicht sozial ungerechtfertigt ist.

   Innerhalb derselben drei Wochen muss er weiterhin Klage beim Arbeitsgericht auf Feststellung der fehlenden sozialen Rechtfertigung der Änderungskündigung erheben (§ 4 Satz 2 KSchG). Wird die Klage nicht rechtzeitig erhoben, erlischt der vom Arbeitnehmer gegenüber dem Arbeitgeber erklärte Vorbehalt (§ 7 KSchG). Stellt das Gericht fest, dass die Änderung der Arbeitsbedingungen sozial ungerechtfertigt ist, so gilt die Änderungskündigung als von Anfang an rechtsunwirksam (§ 8 KSchG).

d) Ordnet der Arbeitgeber eine Änderung der Arbeitsbedingungen im Wege des Direktionsrechts an und spricht er zusätzlich eine darauf bezogene Änderungskündigung für den Fall aus, dass die Maßnahme nicht ohne eine Änderung des Arbeitsvertrags zulässig ist, kann der Arbeitnehmer – falls er zugleich die einseitige Maßnahme gerichtlich angreift – seinen Änderungsschutzantrag nach § 4 Satz 2 KSchG unter die Bedingung stellen, dass über diesen nur befunden wird, wenn es nach Auffassung des Gerichts für die streitgegenständliche Maßnahme einer Vertragsänderung bedarf (BAG vom 17.12.2015 – 2 AZR 304/15).

e) Nach Zugang einer außerordentlichen Änderungskündigung des Arbeitgebers hat der Arbeitnehmer unverzüglich zu erklären, ob er das Änderungsangebot ablehnt oder es mit oder ohne den in § 2 KSchG bezeichneten Vorbehalten annimmt (BAG vom 27.3.1987, DB 1988, S. 1068).

71. Zu welchen Arbeitsbedingungen ist der Arbeitnehmer während eines Rechtsstreits über die Änderungskündigung zu beschäftigen?

a) Hat der Arbeitnehmer das Änderungsangebot von vornherein abgelehnt und Kündigungsschutzklage erhoben, so gelten die allgemeinen Grundsätze über die Weiterbeschäftigung auch für die Änderungskündigung (BAG vom 28.3.1985, DB 1985, S. 2461). Der gekündigte Arbeitnehmer hat also über die Regelung des § 102 Abs. 5 BetrVG hinaus einen arbeitsvertraglichen Anspruch auf **vertragsgemäße Beschäftigung** über den Ablauf der Kündigungsfrist oder bei einer fristlosen Kündigung über deren Zugang hinaus bis zum rechtskräftigen Abschluss des Kündigungsschutzprozesses, wenn die Kündigung offensichtlich unwirksam ist oder im Kündigungsprozess ein die Unwirksamkeit der Kündigung feststellendes Urteil ergeht und überwiegende schutzwerte Interessen des Arbeitgebers einer solchen Beschäftigung nicht entgegenstehen (vgl. Kapitel 17 Nr. 2).

b) Hat jedoch der Arbeitnehmer im Falle einer Änderungskündigung das Änderungsangebot des Arbeitgebers fristgerecht unter Vorbehalt angenommen (§ 2 Abs. 2 KSchG), so ist der Streitgegenstand der vom Arbeitnehmer fristgerecht erhobenen Änderungsschutzklage (§ 4 Satz 2 KSchG) insgesamt nur die Wirksamkeit der Änderung der Arbeitsbedingungen, nicht aber mehr die Auflösung des Arbeitsverhältnisses durch die Kündigung. Während des laufenden Kündigungsschutzverfahrens ist der Arbeitnehmer dann verpflichtet, nach Ablauf der Kündigungsfrist zu geänderten Arbeitsbedingungen weiterzuarbeiten. Ein Anspruch auf Weiterbeschäftigung zu den unveränderten Bedingungen besteht in diesem Fall nicht.

G Besonderer Kündigungsschutz

72. Für welche Personengruppen besteht ein besonderer Kündigungsschutz?

In der betrieblichen Praxis bedeutsam ist der besondere gesetzliche Kündigungsschutz für:

a) **Schwangere Frauen und Mütter bis vier Monate nach der Entbindung bzw. Fehlgeburt:** Die Kündigung gegenüber einer Frau ist während der Schwangerschaft und bis zum Ablauf von vier Monaten nach der Entbindung bzw. nach einer Fehlgeburt unzulässig, es sei denn, dass die für den Arbeitsschutz zuständige oberste Landesbehörde oder die von ihr bestimmte Stelle die Kündigung vor ihrem Ausspruch in besonderen Fällen ausnahmsweise für zulässig erklärt hat (§ 17 MuSchG; im Einzelnen vgl. dazu Kapitel 19 Nr. 18–20).

b) **Elternzeit:** Der Arbeitgeber darf das Arbeitsverhältnis nach dem Verlangen durch den Arbeitnehmer (höchstens jedoch acht Wochen vor Beginn der Elternzeit) und während der Elternzeit nicht kündigen, es sei denn, dass die für Arbeitsschutz zuständige oberste Landesbehörde oder die von ihr bestimmte Stelle die Kündigung in besonderen Fällen ausnahmsweise für zulässig erklärt hat (§ 18 BEEG; im Einzelnen vgl. Kapitel 19 Nr. 42–45).

c) **Pflegezeit, Familienpflegezeit:** Der Arbeitgeber darf das Beschäftigungsverhältnis in diesen Fällen nicht kündigen. Dieser Kündigungsschutz gilt vom Zeitpunkt der Ankündigung bis zur Beendigung der kurzzeitigen Arbeitsverhinderung oder der Freistellungen nach dem Pflegezeitgesetz (§ 5 PflegeZG) bzw. Familienpflegezeitgesetz (§ 2 Abs. 3 FPfZG). In besonderen Fällen kann jedoch die für Arbeitsschutz zuständige oberste Landesbehörde oder eine von ihr bestimmte Stelle eine Kündigung ausnahmsweise für zulässig erklären (vgl. im einzelnen Kapitel 19 Nr. 54 und Nr. 58).

d) **Schwerbehinderte Menschen:** Die Kündigung eines Arbeitsverhältnisses eines schwerbehinderten Menschen bedarf der vorherigen Zustimmung des Integrationsamtes (§ 168 SGB IX vgl. im einzelnen Kapitel 29 Nr. 12). Sie bedarf jetzt auch der vorherigen ordnungsgemäßen Beteiligung der Schwerbehindertenvertretung (§ 178 Abs. 2 SGB IX). Dies gilt ausdrücklich auch für die außerordentliche Kündigung des schwerbehinderten Menschen (§ 174 SGB IX; im Einzelnen vgl. Kapitel 29 Nr. 13). Nach § 173 Abs. 3 SGB IX findet der Sonderkündigungsschutz für schwerbehinderte Menschen dann keine Anwendung, wenn die Schwerbehinderung im Zeitpunkt der Kündigung nicht nachgewiesen ist. Trotz fehlenden Nachweises bleibt der Sonderkündigungsschutz dagegen dann bestehen, wenn das Fehlen des Nachweises nicht auf fehlender Mitwirkung des Arbeitnehmers beruht. Das Fehlen des Nachweises beruht nach dem Gesetz jedenfalls dann auf fehlender Mitwirkung des Arbeitnehmers, wenn er den Antrag auf Anerkennung oder Gleichstellung nicht mindestens drei Wochen vor der Kündigung gestellt hat (BAG vom 1.3.2007 – 2 AZR 217/06). Der schwerbehinderte Arbeitnehmer hat das Recht, sich gegenüber seinem Arbeitgeber auf den gesetzlichen Sonderkündigungsschutz zu berufen, in der Regel nicht nach § 242 BGB verwirkt, wenn er die Unwirksamkeit der Kündigung innerhalb der Klagefrist des § 4 Satz 1 KSchG gerichtlich geltend gemacht hat (BAG vom 23.2.2010 – 2 AZR 659/08).

e) **Freiwillig Wehrdienstleistende:** Bis zur Beendigung des freiwilligen Wehrdienstes sowie während einer zweijährigen Dienstzeit als Soldat auf Zeit ist eine ordentliche Kündigung durch den Arbeitgeber unzulässig (§§ 2 Abs. 1, 16 Abs. 7, 16a ArbPlSchG; vgl. Kapitel 31).

f) **Betriebsratsmitglieder:** Die ordentliche Kündigung eines Mitglieds eines Betriebsverfassungsorgans (Betriebsrats, Jugend- und Auszubildendenvertretung), eines Wahlvorstandes oder eines Wahlbewerbers (nicht aber Bewerber für den Wahlvorstand) ist grundsätzlich (Ausnahmen im Fall der Stilllegung des Betriebs oder einer Betriebsabteilung) unzulässig (§ 15 Abs. 1 und 3 KSchG); zulässig ist die außerordentliche Kündigung aus wichtigem Grund, die jedoch der Zustimmung des Betriebsrats bedarf (§ 103 BetrVG; § 15 Abs. 3 KSchG; im Einzelnen siehe dazu Kapitel 34 Nr. 13).

g) **Betriebliche Immissionsschutzbeauftragte und Störfallbeauftragte**: Die ordentliche Kündigung eines betrieblichen Immissionsschutzbeauftragten oder Störfallbeauftragten ist während der Zeit seiner Bestellung sowie innerhalb eines Jahres nach Beendigung seiner Bestellung unzulässig; zulässig ist jedoch die außerordentliche Kündigung aus wichtigem Grund (§§ 58 Abs. 2, 58c Abs. 1 Bundes-Immissionsschutzgesetz).

h) **Datenschutzbeauftragte:** Die Kündigung des Arbeitsverhältnisses eines Beauftragten für den Datenschutz, der nach § 4f Abs. 1 BDSG zu bestellen war, ist unzulässig, es sei denn, dass Tatsachen vorliegen, die die verantwortliche Stelle zur Kündigung aus wichtigem Grund ohne Einhaltung einer Kündigungsfrist berechtigen. Nach der Abberufung als Beauftragter für den Datenschutz ist die Kündigung innerhalb eines Jahres nach der Beendigung der Bestellung unzulässig, es sei denn, dass die verantwortliche Stelle zur Kündigung aus wichtigem Grund ohne Einhaltung einer Kündigungsfrist berechtigt ist (§ 4f Abs. 3 BDSG). Beruft eine Stelle, die der Bestellpflicht nach § 4f Abs. 1 BDSG unterliegt, mehrere interne Datenschutzbeauftragte, können diese alle Sonderkündigungsschutz gemäß § 4f Abs. 3 Satz 5, 6 BDSG erwerben (BAG vom 27.7.2017 – 2 AZR 812/16). Ab **25.5.2018** gilt § 38 Abs. 1 und 2 i. V. m. § 6 Abs 4 BDSG n. F.

i) **Sonstige Personengruppen:** In der Praxis von geringerer Bedeutung ist der besondere Kündigungsschutz für Inhaber von Bergmannsversorgungsscheinen in den Ländern Niedersachsen, Nordrhein-Westfalen und Saarland, für Heimkehrer und politisch Verfolgte sowie für Abgeordnete (auch des Europäischen Parlaments).

Darüber hinaus schützen Kündigungsbeschränkungen in einigen Tarifverträgen bestimmte Personengruppen, u. a. ältere Arbeitnehmer (Ausschluss der ordentlichen Kündigung) oder Bauarbeiter (Ausschluss der außerordentlichen Kündigung bei witterungsbedingtem Arbeitsausfall zwischen 1.11. und 31.3.)

25. Abfindung

1. In welchen Fällen hat der Arbeitnehmer bei Beendigung des Arbeitsverhältnisses Anspruch auf eine Abfindung?

Eine Verpflichtung des Arbeitgebers zur Zahlung einer Abfindung bei Beendigung des Arbeitsverhältnisses kann sich aus folgenden Anspruchsgrundlagen ergeben:

a) dem gesetzlichen Abfindungsanspruch bei betriebsbedingter Kündigung (§ 1a KSchG; vgl. Nr. 2),

b) einer gerichtlichen Entscheidung über die Auflösung einer unwirksamen Kündigung(§ 9 KSchG; vgl. Nr. 3 – 5),

c) einer tarifvertraglichen Regelung (macht eine tarifliche Regelung einen Abfindungsanspruch davon abhängig, dass das Arbeitsverhältnis durch eine Arbeitgeberkündigung aus bestimmten Gründen beendet wird, so entsteht für einen aus diesen Gründen gekündigten Arbeitnehmer kein Abfindungsanspruch, wenn er vor Ablauf der Kündigungsfrist stirbt – BAG vom 22.5.1996 – 10 AZR 907/95),

d) einem aus Anlass einer Betriebsänderung zwischen Arbeitgeber und Betriebsrat vereinbarter Sozialplan (§ 112 BetrVG; vgl. Nr. 6),

e) einer betrieblichen Übung oder einer betrieblichen Regelung. Die Erhebung einer Kündigungsschutzklage führt nach solchen kollektiven Regelungen nur dann zum Erlöschen des Abfindungsanspruchs, wenn für den Arbeitnehmer zum Zeitpunkt der Erhebung der Kündigungsschutzklage erkennbar ist, dass er die Wahl zwischen Abfindungs- und Klageerhebung hat (BAG vom 3.5.2006 – 4 AZR 189/05).

f) einer einzelvertraglichen Vereinbarung zwischen Arbeitgeber und Arbeitnehmer, insbesondere in einem Aufhebungsvertrag (vgl. Nr. 10),

g) einem gerichtlichen oder außergerichtlichen Vergleich über die Auflösung des Arbeitsverhältnisses gegen Zahlung einer Abfindung (vgl. Nr. 9).

2. In welchen Fällen besteht ein gesetzlicher Anspruch auf Zahlung einer Abfindung?

Der Arbeitnehmer hat einen gesetzlichen Anspruch auf Zahlung einer Abfindung mit Ablauf der Kündigungsfrist, wenn

a) der Arbeitgeber **wegen dringender betrieblicher Erfordernisse** (vgl. Kapitel 24 Nr. 56) gekündigt hat,

b) der Arbeitgeber in der Kündigungserklärung darauf auch hingewiesen hat, dass die Kündigung auf dringende betriebliche Erfordernisse gestützt ist und der Arbeitnehmer die Abfindung beanspruchen kann, wenn er die Klagefrist verstreichen lässt, und

c) der Arbeitnehmer bis zum Ablauf der Klagefrist keine Klage auf Feststellung erhoben hat, dass das Arbeitsverhältnis durch die Kündigung nicht aufgelöst ist (§ 1a Abs. 1 KSchG), also nicht, wenn der Arbeitnehmer die Kündigung klageweise angreift, oder wenn er nach Ablauf der dreiwöchigen Klagefrist Kündigungsschutzklage und einen Antrag auf nachträgliche Zulassung nach § 5 KSchG einreicht oder den Antrag auf nachträgliche Zulassung deswegen nicht stellt, weil er der

Auffassung ist, die Klagefrist sei gewahrt (BAG vom 20.8.2009 – 2 AZR 267/08). Durch die Rücknahme der Kündigungsschutzklage und/oder die Rücknahme des Antrages auf nachträgliche Klagezulassung können die Voraussetzungen nicht mehr nachträglich erfüllt werden (BAG vom 13.12.2007 – 2 AZR 971/06).

In diesen Fällen kann der Arbeitnehmer zwischen der Kündigungsschutzklage und der Zahlung einer Abfindung wählen. § 1a KSchG ist auch auf eine aus dringenden betrieblichen Gründen ausgesprochene Änderungskündigung anwendbar, soweit diese wegen Nichtannahme oder vorbehaltloser Ablehnung des Änderungsangebots zur Beendigung des Arbeitsverhältnisses führt (BAG vom 13.12.2007 – 2 AZR 663/06).

Die **Höhe** der Abfindung beträgt einen **halben Monatsverdienst** für jedes Jahr des Bestehens des Arbeitsverhältnisses. Als Monatsverdienst gilt, was dem Arbeitnehmer bei der für ihn maßgebenden Arbeitszeit in dem Monat, in dem das Arbeitsverhältnis endet, an Geld und Sachbezügen zusteht. Bei der Ermittlung der Dauer des Arbeitsverhältnisses ist ein Zeitraum von mehr als sechs Monaten auf ein volles Jahr aufzurunden (§ 1a Abs. 2 KSchG). Ein Abfindungsanspruch nach § 1a Abs. 1 KSchG in der gesetzlichen Höhe des § 1a Abs. 2 KSchG entsteht auch dann, wenn der Arbeitgeber dem Arbeitnehmer informatorisch einen niedrigeren Abfindungsbetrag genannt hat. Kollektivrechtliche Regelungen zum Ausgleich wirtschaftlicher Nachteile aus einer Betriebsänderung können die Anrechenbarkeit von Leistungen nach § 1a KSchG vorsehen (BAG vom 19.6.2007 – 1 AZR 340/06).

3. In welchen Fällen kann das Arbeitsgericht dem Arbeitgeber durch Urteil die Zahlung einer angemessenen Abfindung auferlegen?

Das Arbeitsgericht kann bei einer rechtswirksamen Kündigung den Arbeitgeber generell nicht zur Zahlung einer Abfindung verpflichten.

Das Gericht hat den Arbeitgeber zur Zahlung einer angemessenen Abfindung zu verurteilen, wenn

a) der Arbeitnehmer innerhalb von drei Wochen nach Zugang der vom Arbeitgeber ausgesprochenen Kündigung gegen die Kündigung Kündigungsschutzklage beim Arbeitsgericht erhoben hat,

b) das Gericht festgestellt hat, dass das Arbeitsverhältnis durch die Kündigung nicht aufgelöst ist, und

c) das Arbeitsverhältnis auf Antrag des Arbeitnehmers bzw. des Arbeitgebers durch Urteil aufgelöst wird, weil die Fortsetzung des Arbeitsverhältnisses nicht zumutbar bzw. eine den Betriebszwecken dienliche weitere Zusammenarbeit nicht zu erwarten ist (§ 9 KSchG).

Für die Auflösung eines durch eine sozialwidrige Kündigung nicht beendeten Arbeitsverhältnisses durch Urteil muss kein wichtiger Grund i. S. v. § 626 Abs. 1 BGB vorliegen, der dem Arbeitnehmer die Fortsetzung des Arbeitsverhältnisses selbst bis zum Ablauf der Kündigungsfrist unzumutbar machen würde. Es reicht aus, dass ihm die Fortsetzung des Arbeitsverhältnisses auf bestimmte Dauer unzumutbar ist. Dafür wiederum genügt nicht allein die Sozialwidrigkeit der Kündigung. Es bedarf vielmehr zusätzlicher, vom Arbeitnehmer darzulegender Umstände. Diese müssen im Zusammenhang mit der Kündigung oder doch dem Kündigungsschutzprozess stehen (BAG vom 11.7.2013 – 2 AZR 241/12). Diese Regelung des § 9 KSchG gilt jedoch nur für Kündigungen von Arbeitsverhältnissen, auf die der allgemeine Kündigungsschutz Anwendung findet (vgl. Kapitel 24 Nr. 33). Zudem kann der Arbeitgeber die Auflösung des Arbeitsverhältnisses auch im Fall einer sozialwidrigen ordentlichen Kündigung nur verlangen, wenn die Rechtsunwirksamkeit der Kündigung allein auf der Sozialwidrigkeit, nicht jedoch auf anderen Gründen i. S. d. § 13 Abs. 3 KSchG beruht (BAG vom 28.8.2008 – 2 AZR 63/07).

4. Kann das Arbeitsverhältnis noch im Rahmen eines Rechtsstreits über die Sozialwidrigkeit einer Kündigung aufgelöst werden, wenn es bereits durch eine spätere wirksame Kündigung beendet ist?

Eine gerichtliche Auflösung eines Arbeitsverhältnisses ist zwar dann nicht mehr möglich, wenn das Arbeitsverhältnis bereits aus anderem Grund **vor** dem Zeitpunkt sein Ende gefunden hat, an dem es bei sozial gerechtfertigter Kündigung geendet hätte (§ 9 Abs. 2 KSchG); denn der rechtliche Bestand des Arbeitsverhältnisses zum **Auflösungszeitpunkt** gehört zu den materiell-rechtlichen Voraussetzungen des Auflösungsurteils.

Hat das Arbeitsverhältnis allerdings nach dem vom Gericht festzusetzenden Auflösungszeitpunkt (§ 9 Abs. 2 KSchG), aber vor Erlass des Auflösungsurteils geendet, so steht dies einer gerichtlichen Auflösung nicht entgegen. Dies gilt nach der Rechtsprechung sowohl für den Fall, dass der Arbeitnehmer zum Zeitpunkt der letzten Tatsacheninstanz bereits infolge des Erreichens der tariflich vorgesehenen Altersgrenze ausgeschieden war (BAG vom 21.1.1965, DB 1965, S. 708) als auch für den Fall, dass das Arbeitsverhältnis zum Zeitpunkt der letzten mündlichen Verhandlung über den Auflösungsantrag durch eine nach dem Auflösungszeitpunkt erfolgte spätere Kündigung beendet worden ist (BAG vom 17.9.1987 – 2 AZR 2/87).

5. Wie hoch ist die vom Arbeitsgericht festzusetzende Abfindung?

Was bei einer gerichtlichen Auflösung des Arbeitsverhältnisses (§ 9 KSchG) im Einzelfall eine angemessene Abfindung ist, muss das Arbeitsgericht anhand der Gesamtumstände des Einzelfalls beurteilen und entscheiden. § 10 KSchG stellt dafür nur einen Rahmen zur Verfügung. Danach kann grundsätzlich als Abfindung ein Betrag bis zu 12 Monatsverdiensten festgesetzt werden. Hat der Arbeitnehmer das 50. Lebensjahr vollendet und hat das Arbeitsverhältnis mindestens 15 Jahre bestanden, kann ein Betrag bis zu 15 Monatsverdiensten, hat der Arbeitnehmer das 55. Lebensjahr vollendet und hat das Arbeitsverhältnis mindestens 20 Jahre bestanden, kann ein Betrag bis zu 18 Monatsverdiensten festgesetzt werden (§ 10 KSchG).

In der Praxis hat sich zur Berechnung der Abfindung als Faustregel ein halbes bis ein Monatsverdienst pro Dienstjahr durchgesetzt. Zugrunde gelegt wird das Bruttomonatsentgelt einschließlich Zulagen für Schicht-, Nacht- oder Gefahrenarbeit, Prämien oder Provisionen sowie Weihnachtsgeld, Urlaubsgeld oder Tantiemen.

6. Wann besteht Anspruch auf eine Sozialplan-Abfindung?

Anspruchsgrundlage für eine Abfindung kann auch ein zwischen dem Betriebsrat und Arbeitgeber aus Anlass einer Betriebsänderung abgeschlossener **Sozialplan** sein (§ 112 BetrVG). Als eine **Betriebsänderung**, die zum Abschluss eines Sozialplans führen kann, ist insbesondere die Einschränkung oder Stilllegung des gesamten Betriebes oder wesentlicher Betriebsteile anzusehen, aber auch **Personalabbau** aufgrund neuer Technologien, die Entlassung einer ganzen Schicht oder Rationalisierungsmaßnahmen, die vielen Arbeitnehmern den Arbeitsplatz kosten.

Ein Personalabbau kann eine Betriebsänderung i. S. v. § 111 Satz 3 Nr. 1 BetrVG darstellen. Maßgebend sind die Zahlen des § 17 Abs. 1 KSchG; in größeren Betrieben müssen allerdings mindestens 5 % der Belegschaft betroffen sein. Bei einem stufenweisen Personalabbau ist entscheidend, ob er auf einer einheitlichen unternehmerischen Planung beruht. § 112a Abs. 1 BetrVG schränkt die Sozialplanpflicht in Fällen des Personalabbaus ein. Die Vorschrift ist auch anwendbar, wenn zu dem Personalabbau weitere Maßnahmen des Arbeitgebers hinzukommen. Unanwendbar ist sie erst, wenn die sonstigen Maßnahmen allein oder zusammen mit dem Personalabbau eine Betriebsänderung i. S. v. § 111 BetrVG darstellen. Dann ist nach § 112 Abs. 4 BetrVG ein Sozialplan erzwingbar (BAG vom 28.3.2006 – 1 ABR 5/05).

Die Höhe der Abfindung hängt von den Verhandlungen zwischen Betriebsrat und Arbeitgeber ab. Wenn eine Einigung nicht zustande kommt, so entscheidet eine Einigungsstelle über die Aufstellung eines Sozialplans. Der Spruch der Einigungsstelle ersetzt dann die Einigung zwischen Arbeitgeber und Betriebsrat (§ 112 Abs. 4 BetrVG; im Einzelnen vgl. Kapitel 34 Nr. 19). In der Praxis der letzten Jahre lagen die Abfindungssummen zum Teil unter 50 % des Bruttomonatsentgelts, zum Teil aber weit über einem Monatsentgelt pro Beschäftigungsjahr. In einem Sozialplan kann der Anspruch auf eine Abfindung von einer entsprechenden Zweckzuwendung der Treuhandanstalt abhängig gemacht werden (BAG vom 11.8.1993, NZA 1994, S. 94). Die Sozialpläne können bestimmen, dass sich die Abfindungshöhe nach der zuletzt bezogenen Monatsvergütung richtet, und dass in den Fällen, in denen sich die individuelle Arbeitszeit in der näheren Vergangenheit wesentlich geändert hat, nicht das letzte Entgelt, sondern eine die gesamte Betriebszugehörigkeit einbeziehende Durchschnittsberechnung maßgeblich ist (BAG vom 22.9.2009 – 1 AZR 316/08).

Hat der Arbeitgeber mit der Durchführung einer geplanten Betriebsstilllegung durch Kündigung aller Arbeitsverhältnisse begonnen, so entfällt die Geschäftsgrundlage des für die Betriebsstilllegung vereinbarten Sozialplans, wenn alsbald nach Ausspruch der Kündigungen der Betrieb von einem Dritten übernommen wird, der sich bereit erklärt, alle Arbeitsverhältnisse zu den bisherigen Bedingungen fortzuführen. In einem solchen Fall ist der Sozialplan, der allein für den Verlust der Arbeitsplätze Abfindungen vorsah, den veränderten Umständen anzupassen (BAG vom 28.8.1996 – 10 AZR 886/95).

Zudem besteht ein **gesetzlicher Abfindungsanspruch**, wenn ein Unternehmer von einem mit dem Betriebsrat vereinbarten Interessenausgleich über eine Betriebsänderung ohne einen zwingenden Grund abweicht oder eine Betriebsänderung ohne Beachtung der gesetzlichen Beteiligungsrechte des Betriebsrats durchgeführt hat und hierdurch Arbeitnehmer entlassen werden oder andere wirtschaftliche Nachteile erleiden (§ 113 Abs. 3 BetrVG). Entlassen in diesem Sinne wird der Arbeitnehmer auch dann, wenn der Arbeitgeber den Arbeitnehmer mit Rücksicht auf die von ihm geplante Betriebsstilllegung dazu veranlasst, sein Arbeitsverhältnis selbst zu kündigen (BAG vom 23.8.1988, DB 1988, S. 2413).

Diese Vorschriften des Betriebsverfassungsgesetzes gelten nur für Betriebe mit in der Regel mehr als 20 Arbeitnehmern (§ 111 BetrVG).

7. Können Sozialplanabfindungen vererbt werden?

Grundsätzlich ja. Ein Abfindungsanspruch aus einem Sozialplan kann aber nur vererbt werden, wenn er zum Zeitpunkt des Todes des Arbeitnehmers bereits entstanden war. Haben die Betriebsparteien den Zeitpunkt der Entstehung des Abfindungsanspruchs nicht ausdrücklich geregelt, ist er durch Auslegung des Sozialplans zu ermitteln. Dabei ist im Falle einer Betriebsstilllegung insbesondere zu berücksichtigen, dass dem Arbeitnehmer regelmäßig keine wirtschaftlichen Nachteile entstehen, wenn er vor der betriebsbedingten Beendigung des Arbeitsverhältnisses stirbt (BAG vom 27.6.2006 – 1 AZR 322/05).

8. In welchen Fällen dürfen unterschiedliche Sozialplanabfindungen gezahlt werden?

Die Betriebspartner können in einem Sozialplan vereinbaren, dass ein Arbeitnehmer, der im Zusammenhang mit einer Betriebsstilllegung vorzeitig durch Eigenkündigung ausscheidet, eine niedrigere Abfindung erhält (BAG vom 11.8.1993, DB 1994, S. 102).

Eine mit Stichtagsregelungen in Sozialplänen verbundene Gruppenbildung darf nicht gegen den betriebsverfassungsrechtlichen Gleichbehandlungsgrundsatz verstoßen. An Stichtage anknüpfende Differenzierungen bei Grund und Höhe von Abfindungsansprüchen müssen nach dem Zweck eines Sozialplanes sachlich gerechtfertigt sein. Dieser besteht darin, die durch eine Betriebsänderung den Arbeitnehmern drohenden wirtschaftlichen Nachteile auszugleichen oder abzumildern (BAG vom 19.2.2008 – 1 AZR 1004/06).

Die Betriebspartner können in einem Sozialplan vereinbaren, dass Arbeitnehmer, die nach Bekanntwerden eines vom Arbeitgeber zunächst geplanten Personalabbaus einen Aufhebungsvertrag vereinbart haben, eine geringere Abfindung erhalten als diejenigen, welche eine solche Beendigungsvereinbarung erst nach der später erfolgten Mitteilung des Arbeitgebers geschlossen haben, er beabsichtige, den Betrieb stillzulegen (BAG vom 24.11.1993, DB 1994, S. 1043).

Sinn und Zweck der Sozialplanabfindung als Überbrückungshilfe rechtfertigen es, die Abfindung entsprechend der persönlichen Arbeitszeit des Arbeitnehmers zum Zeitpunkt der Beendigung des Arbeitsverhältnisses im Verhältnis zur tariflichen Arbeitszeit zu berechnen. Deshalb können teilzeitbeschäftigte Arbeitnehmer Abfindungen im Verhältnis zur tariflichen Arbeitszeit erhalten (BAG vom 28.10.1992, NZA 1993, S. 515).

Ein Arbeitgeber darf einem zuletzt vollzeitbeschäftigten Arbeitnehmer im Rahmen eines Sozialplans weniger Abfindung zahlen, wenn er früher längere Zeit in Teilzeit (z. B. 15 Jahre halbtags) gearbeitet hat (BAG vom 15.8.2001 – 1 AZR 769/00). Zur Möglichkeit der Durchschnittsberechnung statt des zuletzt verdienten Entgelts in Fällen, in denen sich die individuelle Arbeitszeit in der näheren Vergangenheit wesentlich geändert hat, vgl. Nr. 6.

Sozialplanansprüche sind ihrem Zweck nach keine Entschädigung für den Verlust des Arbeitsplatzes. Es verstößt deshalb nicht gegen § 75 BetrVG, wenn die Betriebspartner in einem Sozialplan diejenigen Arbeitnehmer von Sozialplanansprüchen ausnehmen, die ihre Arbeitsverhältnisse vor der geplanten Stilllegung des Betriebes (eines Hotelbetriebes) selbst kündigen, wenn der Arbeitgeber ein berechtigtes Interesse an der geordneten Weiterführung des Betriebs bis zu dessen Schließung hat und dazu auf das Verbleiben seiner Mitarbeiter angewiesen ist (BAG vom 9.11.1994, DB 1995, S. 782). Die Betriebsparteien können den Anspruch auf eine Sozialplanabfindung im Falle einer vom Arbeitgeber veranlassten Eigenkündigung des Arbeitnehmers an die Voraussetzung knüpfen, dass dem Arbeitnehmer zuvor ein – unzumutbares – Arbeitsplatzangebot gemacht wurde (BAG vom 13.2.2007 – 1 AZR 163/06). Ein Sozialplan kann aber die Kürzung einer Abfindung für den Fall der Ablehnung eines zumutbaren Weiterbeschäftigungsangebots vorsehen. Die Betriebsparteien haben allerdings die Wertungen des Art. 6 Abs. 1 und 2 GG zu beachten. Diese gebieten jedoch nicht, Arbeitnehmer wegen familiärer Bindungen zu bevorzugen (BAG vom 6.11.2007 – 1 AZR 960/06). Die Betriebsparteien können eine Höchstgrenze für eine Sozialplanabfindung vorsehen. Eine solche Kappungsgrenze behandelt alle davon betroffenen Arbeitnehmer gleich. Diese Gruppenbildung ist mit dem betriebsverfassungsrechtlichen Gleichbehandlungsgrundsatz vereinbar (BAG vom 21.7.2009 – 1 AZR 566/08).

Es ist auch sachlich gerechtfertigt und verstößt nicht gegen § 75 BetrVG, wenn ein Sozialplan Arbeitnehmer von seinem Geltungsbereich ausnimmt, die vor dem Scheitern des Interessenausgleichs ihr Arbeitsverhältnis im Hinblick auf eine vom Arbeitgeber angekündigte Betriebsstilllegung selbst gekündigt haben (BAG vom 30.11.1994, BB 1995, S. 620). Auch der Ausschluss eines tariflichen Abfindungsanspruchs für den Fall der Erhebung der Kündigungsschutzklage durch den gekündigten Arbeitnehmer verstößt nicht gegen Art. 3 Abs. 1 GG und nicht gegen § 612a BGB, wenn der Arbeitgeber auf diese Bedingung hingewiesen hat (BAG vom 6.12.2006 – 4 AZR 798/05).

Zu der Frage, ob Sozialpläne eine nach Lebensalter oder Betriebszugehörigkeit gestaffelte Abfindungsregelung vorsehen und für rentenberechtigte Arbeitnehmer Sozialplanleistungen reduzieren oder ganz ausschließen dürfen vgl. Kapitel 20 Nr. 16.

Haben die Arbeitsvertragsparteien im Zuge einer geplanten Personalreduzierung einen Aufhebungsvertrag geschlossen und dabei auf Leistungen eines Sozialplanes verwiesen, nach dem der Arbeitnehmer einen Anspruch auf eine Abfindung hat, so entsteht der Anspruch auf die Abfindung nicht, wenn der Arbeitnehmer nach Abschluss des Aufhebungsvertrages aber vor der vereinbarten Beendigung des Arbeitsverhältnisses stirbt (BAG vom 25.9.1996 – 10 AZR 311/96).

9. Wann empfiehlt sich die Vereinbarung einer Abfindung in einem Vergleich?

Die meisten Kündigungsschutzprozesse werden durch einen Vergleich in der sogenannten Güteverhandlung entschieden. Das Arbeitsgericht hat auf eine gütliche Einigung hinzuwirken; dabei wird auch die Frage einer möglichen Abfindung geklärt und festgelegt. Weder Arbeitgeber noch Arbeitnehmer sind zum Abschluss eines solchen Vergleichs verpflichtet; es unterliegt ihrer alleinigen Entscheidung, ob sie einen solchen Vergleich abschließen wollen oder nicht. Eine solche Auflösungsvereinbarung unter Zahlung einer Abfindung kann zwischen Arbeitgeber und Arbeitnehmer auch außergerichtlich getroffen werden.

Die Auflösungsvereinbarung unter Zahlung einer Abfindung kann sich für den Arbeitgeber empfehlen, wenn dem Arbeitnehmer nach Einschätzung der Richter zu Unrecht gekündigt und ihm durch den Vergleich der Kündigungsschutz „abgekauft" wird, sowie auch wenn der Arbeitgeber den Prozess zwar gewonnen hätte, er sich aber möglichst schnell ohne langes Gerichtsverfahren von einem unliebsamen Arbeitnehmer trennen will.

In der Praxis ist die Rechtslage zwischen Arbeitgeber und Arbeitnehmer auch oft nicht eindeutig. Wenn beide Seiten nicht sicher sind, ob die Kündigung wirksam ausgesprochen wurde, wird es sich empfehlen, den Rechtsstreit zu vermeiden. In diesen Fällen wird grundsätzlich ein halbes Bruttomonatsentgelt pro Beschäftigungsjahr für die Berechnung der Abfindung zugrunde gelegt (vgl. auch Nr. 2). Abweichungen in der Höhe nach oben oder unten ergeben sich, je nachdem, ob die Erfolgsaussichten des Arbeitgebers oder des Arbeitnehmers im Kündigungsschutzprozess größer wären.

10. Was hat der Arbeitgeber bei freiwilliger Zahlung von Abfindungen zu beachten?

a) Zahlt ein Arbeitgeber nach der Schließung seines Betriebes freiwillig an die Mehrzahl seiner ehemaligen Arbeitnehmer Abfindungen, so sind die Leistungen nach dem vom Arbeitgeber bestimmten Verteilungsschlüssel am Gleichbehandlungsgrundsatz zu messen.

b) Sind die rechtlichen und wirtschaftlichen Folgen der Betriebsschließung für verschiedene Arbeitnehmergruppen gleich oder vergleichbar, so darf der Arbeitgeber nicht willkürlich der einen Gruppe eine Abfindung zahlen, während er die andere Gruppe von der Abfindungszahlung ausnimmt.

c) Ein Arbeitgeber verletzt weder den arbeitsrechtlichen Gleichbehandlungsgrundsatz noch verstößt er gegen das Maßregelungsverbot des § 612a BGB, wenn er die Zahlung einer freiwilligen Abfindung davon abhängig macht, dass der Arbeitnehmer gegen die Kündigung nicht gerichtlich vorgeht (BAG vom 15.7.2005 – 9 AZR 116/04). Zahlt bei einem Betriebsübergang der Arbeitgeber Arbeitnehmern, die dem Übergang ihres Arbeitsverhältnisses widersprochen haben, im Zusammenhang mit Aufhebungsverträgen Abfindungen, so kann ein Zahlungsanspruch nur dann auf den arbeitsrechtlichen Gleichbehandlungsgrundsatz gestützt werden, wenn der Anspruchsteller eine vergleichbare Beendigung des Arbeitsverhältnisses angestrebt hat (BAG vom 22.1.2009 – 8 AZR 808/07). Ein Arbeitgeber, der „betriebsbedingt" kündigt, ohne tatsächliche Umstände oder rechtliche Hinweise dafür anzuführen, dass die Kündigung wegen einer Rationalisierungsmaßnahme erfolgt – die bei Nichterhebung einer Kündigungsschutzklage einen Anspruch des gekündigten Arbeitnehmers auf eine tarifliche Entlassungsentschädigung begründet –, handelt rechtsmissbräuchlich, wenn er gegen den Anspruch des Arbeitnehmers auf die Entschädigung einwendet, dieser sei erloschen, weil der Arbeitnehmer zuvor Kündigungsschutzklage erhoben hat. (BAG vom 23.2.2005, DB 2005, S. 2025).

d) Bietet der Arbeitgeber Arbeitnehmern das freiwillige Ausscheiden aus dem Arbeitsverhältnis gegen Abfindungszahlung an, stellt es keine unzulässige Benachteiligung dar, wenn er Teilzeitbeschäftigten nur eine anteilige Abfindung zusagt (BAG vom 13.2.2007 – 9 AZR 729/05).

e) Zahlt der Arbeitgeber wegen der Verlegung seines Betriebs Abfindungen auf vertraglicher Grundlage an ausscheidende Arbeitnehmer, so verstößt er nicht gegen den Gleichbehandlungsgrundsatz, wenn er Arbeitnehmer von Zahlungen ausschließt, die bereits geraume Zeit vor dem Umzugstermin aufgrund von Eigenkündigungen ausscheiden (BAG vom 8.3.1995, DB 1995, S. 1239).

f) Ist der für die Zahlung der Abfindungen zur Verfügung stehende Gesamtbetrag gering und sind die Chancen der ausgeschiedenen Arbeitnehmer auf dem Arbeitsmarkt ungünstig zu beurteilen, so kann es je nach den Umständen gerechtfertigt sein, die Arbeitnehmer ganz von einer Abfindungszahlung auszunehmen, die das Arbeitsverhältnis vorzeitig durch Aufhebungsvertrag gelöst hatten (BAG vom 25.11.1993, DB 1994, S. 1089).

g) Ist in einem Aufhebungsvertrag vereinbart, dem Arbeitnehmer bei Inanspruchnahme des vorgezogenen Altersruhegeldes zur Milderung der Einkommenseinbuße eine Abfindung zu zahlen, so entsteht dieser Anspruch regelmäßig nur, wenn der Arbeitnehmer das vertraglich vereinbarte Ende des Arbeitsverhältnisses erlebt (BAG vom 16.5.2000, DB 2001, S. 50).

11. Welche Konsequenzen hat die Zahlung von Abfindungen für das Arbeitslosengeld?

Abfindungen haben nur dann Auswirkungen auf den Anspruch auf Arbeitslosengeld, wenn bei Beendigung des Arbeits- oder Beschäftigungsverhältnisses die für den Arbeitgeber maßgebliche Kündigungsfrist nicht eingehalten wird. Dies ist regelmäßig die gesetzliche bzw. tarif- oder einzelvertraglich vereinbarte Kündigungsfrist.

Wird die maßgebliche Kündigungsfrist nicht eingehalten, ruht der Anspruch auf Arbeitslosengeld für die (gesamte) Dauer der Kündigungsfrist. Die Zahlung des Arbeitslosengeldes setzt also (erst) zeitlich später ein. Wegen der einzelnen Voraussetzungen und Beschränkungen des Ruhens des Arbeitslosengeldes sollte der Arbeitnehmer an die jeweilige Agentur für Arbeit verwiesen werden.

12. Welche Auswirkung hat die Zahlung von Abfindung auf die Besteuerung?

Zur Besteuerung von Abfindungen wegen der Beendigung des Arbeitsverhältnisses vgl. ausführlich das Handbuch für Lohnsteuer und Sozialversicherung 2018, S. 58 ff.

26. Zeugnis und Arbeitspapiere

1. Welche Pflichten hat der Arbeitgeber bei Beendigung des Arbeitsverhältnisses?

Bei Beendigung des Arbeitsverhältnisses hat der Arbeitgeber die Pflicht,

a) dem Arbeitnehmer noch ausstehendes Arbeitsentgelt zu zahlen,

b) dem Arbeitnehmer zustehenden Urlaub bis zum Beendigungszeitpunkt zu gewähren oder, soweit er ganz oder teilweise nicht mehr in Freizeit gewährt werden kann, in bar abzugelten (§ 7 Abs. 4 BUrlG; vgl. Kapitel 15 Nr. 33),

c) dem Arbeitnehmer angemessene Freizeit zur Stellensuche zu gewähren (§ 629 BGB; vgl. Kapitel 13 Nr. 40),

d) dem Arbeitnehmer ein Zeugnis zu erteilen (§ 109 GewO; vgl. Nr. 2–5) und

e) die Arbeitspapiere auszufüllen und dem Arbeitnehmer auszuhändigen (§§ 242, 241 Abs. 2 BGB; vgl. Nr. 8).

2. Wann hat der Arbeitnehmer Anspruch auf ein Zeugnis?

Der Arbeitnehmer hat nach § 109 Abs. 1 GewO bei Beendigung des Arbeitsverhältnisses Anspruch auf ein schriftliches Zeugnis über Art und Dauer der Tätigkeit (**einfaches Zeugnis**). Auf Verlangen des Arbeitnehmers ist das Zeugnis auf die Leistung und das Verhalten im Arbeitsverhältnis zu erstrecken (**qualifiziertes Zeugnis**). Den Anspruch auf ein qualifiziertes Zeugnis – und nicht nur auf ein Zwischenzeugnis – hat ein fristgerecht entlassener Arbeitnehmer spätestens mit Ablauf der Kündigungsfrist oder bei seinem tatsächlichen Ausscheiden; das gilt auch dann, wenn die Frage der Rechtswirksamkeit der Kündigung Gegenstand eines Kündigungsschutzprozesses ist (BAG vom 27. 2. 1987, DB 1987, S. 1845).

Auch bereits vor Beendigung des Arbeitsverhältnisses kann der Wunsch des Arbeitnehmers nach Erteilung eines **Zwischenzeugnisses** berechtigt sein. Ein typischer Anwendungsfall ist der Wechsel des Vorgesetzten, insbesondere das Ausscheiden eines Vorgesetzten, dem der Arbeitnehmer über mehrere Jahre unmittelbar fachlich unterstellt war (BAG vom 1.10.1998, DB 1999, S. 1120).

3. Welche Grundsätze hat der Arbeitgeber bei der Erteilung des Zeugnisses zu beachten?

a) **Schriftform.** Das Zeugnis muss **schriftlich** erteilt werden. Die Erteilung des Zeugnisses in elektronischer Form ist ausgeschlossen (§ 109 Abs. 3 GewO).

Der Arbeitgeber ist nicht verpflichtet, das dem Arbeitnehmer bei Beendigung des Arbeitsverhältnisses zu erteilende Arbeitszeugnis selbst zu fertigen oder zu unterzeichnen. Es genügt die Unterzeichnung durch einen unternehmensangehörigen Vertreter des Arbeitgebers. Im Zeugnis ist dann deutlich zu machen, dass dieser Vertreter dem Arbeitnehmer gegenüber weisungsbefugt war (BAG vom 26.6.2001, NZA 2002, S. 34). Unzulässig ist jedoch, das Zeugnis durch einen Dritten, z. B. durch einen Rechtsanwalt, ausstellen zulassen (LAG Hamm, DB 1966 Satz 1815).

b) **Zeugnisklarheit:** Das Zeugnis muss **klar und verständlich** formuliert sein. Es darf keine Merkmale oder Formulierungen enthalten, die den Zweck haben, eine andere als aus der äußeren Form oder aus dem Wortlaut ersichtliche Aussage über den Arbeitnehmer zu treffen (§ 109 Abs. 2 GewO). Unzulässig sind deshalb Geheimzeichen oder unklare Formulierungen, durch die der Arbeitnehmer anders beurteilt werden soll, als dies aus dem Zeugniswortlaut ersichtlich ist. Weder die Wortwahl noch Auslassungen dürfen dazu führen, dass bei Lesern des Zeugnisses der Wahrheit nicht entsprechende Vorstellungen entstehen können (BAG vom 21.6.2006 – 9 AZR 352/04). Ein Zeugnis darf deshalb dort keine Auslassungen enthalten, wo der verständige Leser eine positive Hervorhebung erwartet (BAG vom 20.2.2001 – 9 AZR 44/00). Soweit für eine Berufsgruppe oder in einer Branche der allgemeine Brauch besteht, bestimmte Leistungen oder Eigenschaften des Arbeitnehmers im Zeugnis zu erwähnen, ist deren Auslassung regelmäßig ein versteckter Hinweis für den Zeugnisleser, der Arbeitnehmer sei in diesem Merkmal unterdurchschnittlich oder allenfalls durchschnittlich zu bewerten (beredtes Schweigen). Die Auslassung eines bestimmten Inhalts, der von einem einstellenden Arbeitgeber in einem Zeugnis erwartet wird, kann ein unzulässiges Geheimzeichen sein (BAG vom 12.8.2008 – 9 AZR 632/07).

c) **Zeugniswahrheit.** Bei der Erteilung eines Zeugnisses ist der Arbeitgeber darüber hinaus auch an die Grundsätze gebunden, die vom Bundesarbeitsgericht entwickelt worden sind. Nach dieser Rechtsprechung ergibt sich der Inhalt des zu erteilenden Zeugnisses aus seiner zweiseitigen Zielsetzung: Es soll einerseits dem Arbeitnehmer als Unterlage einer neuen Bewerbung dienen, andererseits soll es zur Unterrichtung eines Dritten bestimmt sein, der die Einstellung des Zeugnisinhabers erwägt. Aus dem notwendigen Ausgleich dieser sich möglicherweise widerstreitenden Interessen folgt als oberster Grundsatz der Zeugniserteilung, dass die Auskünfte des Arbeitgebers **richtig** im Sinn einer wahrheitsgemäßen Zeugniserteilung sein müssen (BAG vom 14.10.2003 – 9 AZR 12/03). Hat der Arbeitgeber dem Arbeitnehmer im Zeugnis bescheinigt, er habe seine Leistungen „zur vollen Zufriedenheit" erbracht, hat der Arbeitnehmer im Rechtsstreit vor den Gerichten für Arbeitssachen die Tatsachen vorzutragen und zu beweisen, die eine bessere Schlussbeurteilung rechtfertigen sollen (BAG vom 18.11.2014 – 9 AZR 584/13).

4. Was muss ein einfaches Zeugnis enthalten?

Ein einfaches Zeugnis muss neben den Angaben über die Person (Namen, Titel usw.) und dem Ausstellungsdatum auch Angaben über die Art und Dauer der Tätigkeit (des rechtlichen Bestandes des Arbeitsverhältnisses) enthalten. Art und Grund des Ausscheidens des Arbeitnehmers (z. B. fristlose Kündigung) sind im einfachen Zeugnis nicht anzugeben. Die Art der Tätigkeit ist so vollständig und genau zu beschreiben, dass der künftige Arbeitgeber, der in der Regel den bisherigen Betrieb und die anfallenden Tätigkeiten nicht kennt, sich ein eindeutiges Bild über die bisherige Tätigkeit und den Aufgabenbereich machen kann (BAG vom 12.8.1976, DB 1976, S. 1556).

5. Was muss das qualifizierte Zeugnis enthalten?

a) Wenn neben Art und Dauer auch die Leistung und das Verhalten im Arbeitsverhältnis beurteilt werden soll, muss das Zeugnis alle wesentlichen Tatsachen und Bewertungen enthalten, die für die gesamte Beurteilung des Arbeitnehmers von

Bedeutung und für einen Dritten, einen späteren Arbeitgeber dieses Arbeitnehmers, von Interesse sind. Dabei sollen die Leistung und das Verhalten des Arbeitnehmers während der gesamten Dauer des Arbeitsverhältnisses charakterisiert werden.

Die Angaben über die Leistung sind auf die **Fähigkeit, Fertigkeiten, Kenntnisse, Geschicklichkeit, Sorgfalt** sowie **Einsatzfreude** und **Einstellung zur Arbeit** zu beziehen. Bei den Angaben über die Führung des Arbeitnehmers ist insbesondere seine Pünktlichkeit, sein Verhältnis gegenüber Mitarbeitern und Vorgesetzten sowie sein Einfügen in den betrieblichen Arbeitsablauf zu beurteilen.

b) Das qualifizierte Zeugnis steht ferner unter dem Gebot der **Vollständigkeit**. Wenn ein Arbeitnehmer ein auf Führung und Leistung ausgedehntes Zeugnis verlangt, so muss er damit rechnen, dass bei entsprechend schlechtem Verhalten des Arbeitnehmers der Arbeitgeber sich nach gewissenhafter Prüfung auch dazu äußert. Ungünstige Vorkommnisse können daher durchaus im Zeugnis erwähnt werden. Jedoch soll das Zeugnis von einem **wohlwollenden** Standpunkt aus ausgestellt werden und dem Arbeitnehmer keine unnötigen Schwierigkeiten in seinem Fortkommen bereiten.

Dabei hat der Arbeitnehmer jedoch keinen Anspruch darauf, dass er besser beurteilt wird, als es den Tatsachen entspricht; denn wohlwollende Formulierung des Zeugnisses bedeutet nicht, dass Falsches bescheinigt werden müsste. Ein Urteil über die Führung darf deshalb nicht ganz entfallen, weil es notwendigerweise ungünstig ausfallen müsste. Im Zeugnis anzugeben ist der Entlassungsgrund, jedenfalls dann, wenn er für die Beurteilung von Verhalten und Leistung von Bedeutung ist (ArbG Düsseldorf vom 1.10.1987, DB 1988, S. 508; a.A. LAG Düsseldorf vom 22.1.1988, NZA 1988, S. 399).

Es sind alle Tatsachen erwähnenswert, die für die Gesamtbeurteilung von Bedeutung und für den künftigen Arbeitgeber von Interesse sind. Einmalige Vorfälle und Umstände, die für Verhalten und Leistung des Arbeitnehmers nicht charakteristisch sind, sind jedoch nicht in das Zeugnis aufzunehmen oder zu verallgemeinern. Der Arbeitgeber darf in einem Zeugnis die Elternzeit eines Arbeitnehmers nur erwähnen, sofern sich die Ausfallzeit als eine wesentliche tatsächliche Unterbrechung der Beschäftigung darstellt (BAG vom 10.5.2005 – 9 AZR 261/04).

Vielfach wird das Zeugnis mit Formulierungen abgeschlossen, in denen dem Arbeitnehmer für die gute Zusammenarbeit gedankt und für die Zukunft alles Gute gewünscht wird; gesetzlich ist der Arbeitgeber dazu jedoch nicht verpflichtet (BAG vom 20.2.2001 – 9 AZR 44/00).

6. Welche Folgen hat ein fehlerhaftes Zeugnis?

Hat der Arbeitgeber rechtswidrig ein unrichtiges, unvollständiges oder sonst fehlerhaftes Zeugnis erteilt, kann der Arbeitnehmer den Arbeitgeber auf Berichtigung bzw. Neuausstellung des Zeugnisses verklagen. Das berichtigte Zeugnis muss das Datum des ursprünglichen Zeugnisses, dessen Berichtigung verlangt wird, erhalten (BAG vom 9.9.1992, BB 1993, S. 729). Ein Arbeitgeber, der auf das berechtigte Verlangen des Arbeitnehmers nach einer Berichtigung des Zeugnisses dem Arbeitnehmer ein „neues" Zeugnis zu erteilen hat, ist an seine bisherige Verhaltensbeurteilung gebunden, soweit keine neuen Umstände eine schlechtere Beurteilung rechtfertigen (BAG vom 21.6.2005, BB 2005, S. 2530). Ist dem Arbeitnehmer durch eine unrichtige Zeugniserteilung ein Schaden erwachsen, so haftet der Arbeitgeber, wenn er die falsche Zeugniserteilung zu vertreten hat, auf Schadensersatz.

Der Arbeitnehmer hat jedoch keinen Anspruch auf ein ungeknicktes Zeugnis (BAG vom 21.9.1999, DB 1999, S. 2011).

Bei Auslassung eines bestimmten Inhalts, der von einem einstellenden Arbeitgeber in einem Zeugnis erwartet wird,hat der Arbeitnehmer dann Anspruch darauf, dass ihm ein ergänzendes Zeugnis erteilt wird. Dies gebieten die Grundsätze von Zeugnisklarheit und Zeugniswahrheit (BAG vom 12.8.2008 – 9 AZR 632/07).

7. Wann ist der bisherige Arbeitgeber verpflichtet oder berechtigt, einem neuen Arbeitgeber Auskünfte über den bisherigen Arbeitnehmer zu erteilen?

Der bisherige Arbeitgeber ist nur auf Wunsch des Arbeitnehmers verpflichtet, dem neuen Arbeitgeber Auskünfte zu erteilen. Seine Auskünfte müssen sorgfältig und wahrheitsgemäß sein und den Grundsätzen über die Erteilung des qualifizierten Zeugnisses entsprechen.

Dem neuen Arbeitgeber ist der bisherige Arbeitgeber zur Auskunftserteilung nicht verpflichtet. Berechtigt, dem neuen Arbeitgeber ohne Zustimmung des Arbeitnehmers Auskünfte über diesen zu geben, ist der bisherige Arbeitgeber nur, soweit er sich zur Unterlassung der Auskunft nicht verpflichtet hat, nicht Vorschriften des Datenschutzes, insbesondere § 32 BDSG (ab 25.5.2018 § 26 BDSG n. F.), und nicht das Persönlichkeitsrecht des Arbeitnehmers entgegenstehen. Das Persönlichkeitsrecht des Arbeitnehmers wird u. a. dann verletzt, wenn der bisherige Arbeitgeber einem Dritten, also auch dem neuen Arbeitgeber, die Personalakten des Arbeitnehmers zugänglich macht (BAG vom 18.12.1984, DB 1985, S. 2307).

8. Wann hat der Arbeitgeber die Arbeitspapiere auszufüllen und dem Arbeitnehmer auszuhändigen?

Zu den Pflichten des Arbeitgebers im Zusammenhang mit der Beendigung des Arbeitsverhältnisses gehören das Ausfüllen und die Herausgabe der Arbeitspapiere, von Lohnsteuerkarte, schriftlicher Mitteilung über den Inhalt der Meldung an die Sozialversicherung, Bescheinigung über den im laufenden Kalenderjahr gewährten oder abgegoltenen Urlaub, Zeugnis, Unterlagen über vermögenswirksame Leistungen und Arbeitsbescheinigung. Der Arbeitgeber hat nach tatsächlicher Beendigung des Arbeitsverhältnisses dem Arbeitnehmer die Arbeitspapiere herauszugeben.

Grundsätzlich muss der Arbeitnehmer seine Arbeitspapiere, zu denen auch das Arbeitszeugnis gehört, bei dem Arbeitgeber abholen. Nach § 242 BGB kann der Arbeitgeber im Einzelfall gehalten sein, dem Arbeitnehmer das Arbeitszeugnis nachzuschicken (BAG vom 8.3.1995, DB 1995, S. 1518). Der Arbeitgeber hat noch nicht fertiggestellte Arbeitspapiere auf seine Kosten und Gefahr dem Arbeitnehmer zu übersenden, wenn das Abholen „für den Arbeitnehmer mit unzumutbaren Belastungen verbunden ist". Das muss der Arbeitnehmer allerdings nachweisen (BAG vom 8.3.1995, DB 1995, S. 1518). Ist die sofortige Aushändigung aller Arbeitspapiere am Tag des Ausscheidens aus betriebstechnischen Gründen nicht möglich, so kann der Arbeitnehmer vom Arbeitgeber eine Bescheinigung darüber verlangen, dass sich die Arbeitspapiere noch beim Arbeitgeber befinden und demnächst ausgehändigt werden.

9. Welche Rechte hat der Arbeitnehmer, wenn der Arbeitgeber die Arbeitspapiere unrichtig ausfüllt oder nicht rechtzeitig aushändigt?

Schuldhaft verspätete Rückgabe oder falsche Ausfüllung der Arbeitspapiere führen zum Schadensersatzanspruch des Arbeitnehmers gegenüber dem Arbeitgeber. Ein Zurückbehaltungsrecht an den Arbeitspapieren steht dem Arbeitgeber in keinem Fall zu. Den Arbeitnehmer trifft die Darlegungs- und Beweislast für den Verzug, den Schaden und den ursächlichen Zusammenhang.

Nicht erfüllte Ansprüche aus dem Arbeitsverhältnis müssen vor den Gerichten für Arbeitssachen geltend gemacht werden. Im Streitfall muss der Arbeitnehmer den Arbeitgeber beim zuständigen Arbeitsgericht auf Herausgabe, ordnungsgemäßes Ausfüllen, Ergänzung oder Berichtigung der Arbeitspapiere sowie auf Schadensersatz verklagen. Auch für eine Klage auf Erteilung einer Arbeitsbescheinigung gem. § 312 SGB III ist der Rechtsweg zu den Arbeitsgerichten gegeben (BAG vom 13.3.1991 – 5 AZR 160/90 und 5 AZR 161/90; BAG vom 15.1.1992, DB 1992, S. 2199). Für eine Klage auf Berichtigung einer gem. § 312 SGB III zu erteilenden Arbeitsbescheinigung ist jedoch der Rechtsweg zu den Sozialgerichten und nicht zu den Arbeitsgerichten gegeben (BAG vom 13.7.1988, DB 1989, S. 587, und vom 12.10.1990, NJW 1991, S. 2101; BSG vom 12.12.1990, NZA 1991, S. 696; BAG vom 15.1.1992, DB 1992, S. 2199). Dasselbe gilt auch für ergänzende mündliche oder fernmündliche vom Arbeitgeber gegenüber der Agentur für Arbeit erteilte Auskünfte (LAG Köln vom 2.3.1990, DB 1990, S. 486).

Der Anspruch auf Erteilung eines qualifizierten Zeugnisses unterliegt jedoch, wie jeder schuldrechtliche Anspruch, auch der Verwirkung (BAG vom 17.2.1988, DB 1988, S. 1071): Je nach den Umständen des Einzelfalles (vgl. dazu LAG Düsseldorf vom 11.11.1994, DB 1995, S. 1135) ist dem Arbeitgeber die Zeugniserteilung nicht mehr zumutbar, wenn der Arbeitnehmer sein Recht lange Zeit nicht geltend gemacht hat und der Arbeitgeber dadurch annehmen konnte, der Arbeitnehmer werde sein Recht nicht mehr verfolgen.

10. Welche Bedeutung haben Ausgleichsquittungen/ Ausgleichsklauseln?

Unterzeichnet ein Arbeitnehmer eine vom Arbeitgeber außerhalb eines Aufhebungsvertrags oder eines (Prozess-) Vergleichs vorformulierte „Ausgleichsquittung/ Ausgleichsklausel", nach der sämtliche finanzielle Ansprüche aus dem bisherigen Arbeitsvertrag „abgegolten und erledigt" sind – unabhängig von der Frage, ob eine solche „Erledigungsklausel" überhaupt rechtsgeschäftliche Erklärungen enthält, kommt seiner etwaigen Willenserklärung allenfalls die Bedeutung eines deklaratorischen negativen Schuldanerkenntnisses zu (BAG vom 23.10.2013 – 5 AZR 135/12, vom 28.1.2015 – 5 AZR 122/13). Ein verständiger und redlicher Arbeitgeber, der dem Arbeitnehmer anlässlich der Abholung von Arbeitspapieren und Restlohn eine vorformulierte „Ausgleichsquittung" zur Unterschrift vorlegt, darf regelmäßig nicht davon ausgehen, der Wille des Arbeitnehmers richte sich darauf, alle oder eine bestimmte Gruppe von bekannten oder unbekannten Ansprüchen zum Erlöschen zu bringen (BAG vom 23.10.2013 – 5 AZR 135/12).

Ausgleichsklauseln, in denen Arbeitnehmer im Zusammenhang mit der Beendigung des Arbeitsverhältnisses erklären sollen, dass Ansprüche, gleich aus welchem Rechtsgrund, nicht bestehen, unterliegen als Nebenabreden der Inhaltskontrolle. Ausgleichsklausen, die einseitig nur Ansprüche des Arbeitnehmers erfassen und dafür keine Gegenleistung gewähren, sind unangemessen benachteiligend i. S. d. § 307 Satz 1 BGB (BAG vom 21.6.2011 - 9 AZR 203/10).

11. Kann in einer Ausgleichsquittung auf eine Kündigungsschutzklage verzichtet werden?

Das BAG hat dem formularmäßigen **Klageverzicht** enge Grenzen gesetzt: Ein formularmäßiger Verzicht auf die Erhebung einer Kündigungsschutzklage ohne arbeitgeberseitige kompensierende Gegenleistung – etwa in Bezug auf den Beendigungszeitpunkt, die Beendigungsart, die Zahlung einer Entlassungsentschädigung oder den Verzicht auf eigene Ersatzansprüche – stellt eine unangemessene Benachteiligung im Sinne von § 307 Abs. 1 Satz 1 BGB dar (BAG vom 25.9.2014 – 2 AZR 788/13). Die in einer **Abwicklungsvereinbarung** vom Arbeitgeber übernommene Verpflichtung, dem Arbeitnehmer ein Zeugnis mit einer näher bestimmten (überdurchschnittlichen) Leistungs- und Führungsbeurteilung zu erteilen, stellt jedenfalls keinen Vorteil dar, der geeignet wäre, die mit dem Verzicht auf die Erhebung einer Kündigungsschutzklage verbundene unangemessene Benachteiligung auszugleichen (BAG vom 24.9.2015 – 2 AZR 347/14). Ein formularmäßiger Klageverzicht in einem Aufhebungsvertrag, der zur Vermeidung einer vom Arbeitgeber angedrohten außerordentlichen Kündigung geschlossen wird, benachteiligt den Arbeitnehmer unangemessen im Sinne von § 307 Abs. 1, Abs. 2 Nr. 1 BGB, wenn ein verständiger Arbeitgeber die angedrohte Kündigung nicht ernsthaft in Erwägung ziehen durfte, die Drohung also widerrechtlich im Sinne des § 123 BGB ist (BAG vom 12.3.2015 – 6 AZR 82/14).

27. Arbeitnehmerüberlassung, Leiharbeit

1. Was gilt für die Arbeitnehmerüberlassung?

Für das Recht der Arbeitnehmerüberlassung (im Allgemeinen als Leiharbeit, teilweise auch als Zeitarbeit bezeichnet) gilt das Arbeitnehmerüberlassungsgesetz.

2. Was bedeutet Arbeitnehmerüberlassung?

Nach § 1 Abs. 1 Satz 1 AÜG liegt **Arbeitnehmerüberlassung** vor, wenn ein Arbeitgeber (Verleiher) Arbeitnehmer (Leiharbeitnehmer) einem Dritten (Entleiher) zur Arbeitsleistung überlässt. Arbeitnehmer in diesem Sinne sind zunächst die Personen, zwischen denen und dem Verleiher ein Arbeitsverhältnis besteht (vgl. § 1 Abs. 1 Satz 3 AÜG). Bei europarechtskonformer Auslegung des AÜG sind Arbeitnehmer allerdings nicht nur die Personen, die mit dem Verleiher einen Arbeitsvertrag geschlossen haben, sondern auch diejenigen, die mit einem solchen Unternehmen auf einer anderen Rechtsgrundlage ein „Beschäftigungsverhältnis" eingegangen sind und für dieses Arbeitsleistungen erbringen. Nach der aktuellen Rechtsprechung des EuGH (vom 17.11.2016 – C-216/15) ist der Begriff des Arbeitnehmers allein dahin auszulegen, dass er jede Person erfasst, die eine Arbeitsleistung erbringt, d. h., die während einer bestimmten Zeit für eine andere Person nach deren Weisungen Leistungen erbringt, für die sie als Gegenleistung eine Vergütung erhält und aufgrund dieser Arbeitsleistung geschützt ist. Vom Begriff des Leiharbeitnehmers sind deshalb die Personen nicht ausgeschlossen, die zwar Arbeitsleistung erbringen, zwischen denen und dem Entleiher aber kein formaler Arbeitsvertrag besteht und denen deshalb nach der bisherigen Rechtsprechung des BAG grundsätzlich keine Arbeitnehmereigenschaft zugekommen ist (z. B. Rote-Kreuz-Schwestern; vgl. nunmehr auch BAG vom 21.2.2017 – 1 ABR 62/12). Die Überlassung des Alleingesellschafters und alleinigen Geschäftsführers einer Verleiher-GmbH unterliegt nicht dem Anwendungsbereich des AÜG, da es sich beim ihm nicht um einen Arbeitnehmer handelt (BAG vom 17.1.2017 – 9 AZR 76/16). Arbeitnehmer werden zur Arbeitsleistung überlassen, wenn sie in die Arbeitsorganisation des Entleihers eingegliedert sind und seinen Weisungen unterliegen (§ 1 Abs. 1 Satz 2 AÜG).

3. Wie unterscheidet sich die Arbeitnehmerüberlassung von der Arbeitsvermittlung?

Eine Arbeitnehmerüberlassung liegt nur vor, wenn zwischen dem Verleiher und dem Leiharbeitnehmer ein Arbeitsverhältnis besteht (§ 1 Abs. 1 Satz 3 AÜG) und der Verleiher die üblichen Arbeitgeberpflichten trägt. Werden Arbeitnehmer Dritten zur Arbeitsleistung überlassen und übernimmt der Überlassende nicht die üblichen Arbeitgeberpflichten oder das Arbeitgeberrisiko (§ 3 Abs. 1 Nr. 1 bis 3 AÜG), so wird vermutet, dass der Überlassende Arbeitsvermittlung betreibt (§ 1 Abs. 2 AÜG). Bei der Arbeitsvermittlung kommt ein Arbeitsverhältnis mit dem Dritten zustande.

4. Wie unterscheidet sich die Arbeitnehmerüberlassung vom Personaleinsatz zur Erfüllung von Dienst- oder Werkverträgen?

Die Arbeitnehmerüberlassung unterscheidet sich von einem Drittpersonaleinsatz zur Erfüllung eines Dienst- oder Werkvertrages nach ständiger Rechtsprechung (vgl. u. a. BAG vom 15.1.2014 – 7 AZR 723/10) wie folgt:

Bei der **Arbeitnehmerüberlassung** werden Arbeitnehmer einem Dritten zur Arbeitsleistung in dessen Betrieb überlassen (§ 1 Abs. 1 Satz 1 AÜG), damit der Dritte diese Arbeitskräfte nach seinen Vorstellungen und Zielen vorrübergehend in seinem Betrieb einsetzen und seine Betriebszwecke mit diesen Arbeitskräften wie mit eigenen Arbeitnehmern verfolgen kann. Sind diese Arbeitskräfte nach den tatsächlichen Verhältnissen in die Arbeitsorganisation des Dritten eingegliedert und leisten ihre Arbeit nach den Weisungen des Dritten, so sind sie zur Arbeitsleistung überlassene Arbeitnehmer (§ 1 Abs. 1 Satz 3 AÜG, vgl. bereits BAG vom 13.5.1992, NZA 1993, S. 357). Bei der Arbeitnehmerüberlassung endet die Vertragspflicht des Verleihers gegenüber dem Dritten, wenn er den Arbeitnehmer ausgewählt und dem Dritten zur Verfügung gestellt hat.

Demgegenüber schuldet bei einem **Dienst- oder Werkvertrag** der Unternehmer die Erfüllung der vereinbarten Dienste (z. B. laufende Wartung von Maschinenanlagen, die Durchführung einer Unternehmens- oder Personalberatung oder die Leistung von Buchhaltungsarbeiten) oder die Herstellung des geschuldeten Werkes (z. B. die Montage einer Maschinenanlage oder die Herstellung eines Sachverständigengutachtens). Setzt ein Unternehmer zur Erfüllung eines Dienstvertrages oder Werkvertrages eigene Arbeitnehmer im Betrieb des Vertragspartners ein, bleibt er anders als bei der Arbeitnehmerüberlassung für die ordnungsgemäße und mangelfreie Erfüllung der im Vertrag vorgesehenen Dienste oder die Herstellung des geschuldeten Werkes verantwortlich. Wenn sich ein Unternehmer zur Erfüllung eines Dienst- oder Werkvertrages seiner Arbeitnehmer bedient, organisiert er die zur Erreichung eines wirtschaftlichen Erfolges notwendigen Handlungen selbst. Die im Betrieb des Dritten eingesetzten Arbeitnehmer müssen dann weiterhin den Weisungen des Unternehmers und nicht denen des Dritten unterliegen; sie dürfen nicht in die Arbeitsorganisation des Dritten eingegliedert sein. D. h. es muss sichergestellt sein, dass Repräsentanten des dienstverpflichteten Unternehmers oder Werkunternehmers für die Ausübung der mit dem Weisungsrecht des Arbeitgebers typischerweise verbundenen Befugnisse (insbesondere Zuweisung und Überwachung der Arbeitsleistungen) vorhanden sind.

Wichtig: Für die o. g. rechtliche Einordnung kommt es auf den Vertrag und seine praktische Durchführung an. Wenn der Vertrag und seine tatsächliche Durchführung einander widersprechen, ist die tatsächliche Durchführung maßgebend (§ 12 Abs. 1 Satz 3 AÜG; vgl. auch BAG vom 15.4.2014 – 3 AZR 395/11).

5. Was gilt bei Abordnung von Arbeitnehmern zu einer Arbeitsgemeinschaft?

Die Abordnung von Arbeitnehmern zu einer Arbeitsgemeinschaft ist keine Arbeitnehmerüberlassung, wenn der Arbeitgeber Mitglied der Arbeitsgemeinschaft ist, alle Mitglieder aufgrund des Arbeitsgemeinschaftsvertrages zur selbständigen Erbringung der Leistung verpflichtet sind und für alle Mitglieder der Arbeitsgemeinschaft Tarifverträge desselben Wirtschaftszweigs gelten. Dasselbe gilt für eine Abordnung von einem Arbeitgeber mit Geschäftssitz in einem anderen Mitgliedstaat des europäischen Wirtschaftsraums auch dann, wenn für ihn deutsche Tarifverträge desselben Wirtschaftszweigs wie für die anderen Mitglieder der Arbeitsgemeinschaft nicht gelten (§ 1 Abs. 1a AÜG).

6. Wann ist die Arbeitnehmerüberlassung zulässig?

Die Arbeitnehmerüberlassung und das Tätigwerden als Leiharbeitnehmer sind nach § 1 Abs. 1 AÜG nur zulässig,

- soweit die vorgeschriebene Erlaubnis (vgl. Nr. 7) vorliegt,
- soweit zwischen dem Verleiher und dem Leiharbeitnehmer ein Arbeitsverhältnis besteht (vgl. Nr. 2),
- soweit die Überlassung vorübergehend bis maximal zur vorgeschriebenen Überlassungshöchstdauer erfolgt (vgl. Nr. 8),
- soweit Verleiher und Entleiher die Überlassung von Leiharbeitnehmern in ihrem Vertrag ausdrücklich als Arbeitnehmerüberlassung bezeichnen, bevor sie den Leiharbeitnehmer überlassen oder tätig werden lassen (vgl. Nr. 9) und
- sie vor der Überlassung die Person des Leiharbeitnehmers unter Bezugnahme auf diesen Vertrag konkretisieren (vgl. Nr. 9).

7. Wann bedarf die Arbeitnehmerüberlassung der Erlaubnis?

Arbeitgeber, die als Verleiher Dritten Arbeitnehmer im Rahmen ihrer wirtschaftlichen Tätigkeit überlassen wollen, bedürfen der Erlaubnis der Bundesagentur für Arbeit (§ 1 Abs. 1 Satz 1 AÜG). Unter dem Begriff „wirtschaftliche Tätigkeit" ist nach der ständigen Rechtsprechung des EuGH (vgl. zuletzt EuGH vom 17.11.2016 – C-216/15) jede Tätigkeit anzusehen, die darin besteht, Güter oder Dienstleistungen auf einem bestimmten Markt anzubieten, auch wenn damit keine Gewinnerzielungsabsicht bzw. kein Erwerbszweck verfolgt wird (wie z. B. bei der DRK-Schwesternschaft). Die Fallkonstellationen, bei denen eine Erlaubnis nicht erforderlich ist, ergeben sich aus § 1 Abs. 3 AÜG. Zu den Gründen, bei deren Vorliegen eine erforderliche Erlaubnis von der Bundesagentur für Arbeit zu versagen ist, vgl. § 3 AÜG.

Hat der Verleiher nicht die erforderliche Erlaubnis, so sind Verträge zwischen Verleihern und Entleihern sowie zwischen Verleihern und Leiharbeitnehmern unwirksam (§ 9 Abs. 1 Nr. 1 AÜG). Es gilt dann ein Arbeitsverhältnis zwischen **Entleiher** und dem **Leiharbeitnehmer** als zustande gekommen (§ 10 AÜG). Der Inhalt des fingierten Arbeitsverhältnisses bestimmt sich nach den für den Betrieb des Entleihers geltenden Vorschriften. Dabei muss der Vergütungsanspruch mindestens dem mit dem Verleiher vereinbarten Arbeitsentgelt entsprechen. War die Tätigkeit des Leiharbeitnehmers bei dem Entleiher nur befristet vorgesehen und liegt ein die Befristung des Arbeitsverhältnisses sachlich rechtfertigender Grund vor, so gilt auch das fingierte Arbeitsverhältnis zu dem Entleiher als befristet.

Der Leiharbeitnehmer kann jedoch nach § 9 Abs. 1 Nr. 1, Abs. 2 und 3 AÜG diese Rechtsfolge verhindern, wenn er innerhalb eines Monats nach dem zwischen Verleiher und Entleiher für den Beginn der Überlassung vorgesehenen Zeitpunkt gegenüber dem Verleiher oder dem Entleiher erklärt, dass er an dem Arbeitsvertrag mit dem Verleiher festhält (für diese Festhaltenserklärung sind die detaillierten Voraussetzungen des § 9 Abs. 1 bis 3 AÜG streng zu beachten!).

8. Wie lange ist die Arbeitnehmerüberlassung zulässig?

Die Überlassung von Arbeitnehmern ist nur vorübergehend und nur bis zu einer im AÜG vorgesehenen Überlassungshöchstdauer zulässig (§ 1 Abs. 1 Satz 4 AÜG). Der Verleiher darf denselben Leiharbeitnehmer **nicht länger als 18 aufeinanderfolgende Monate** demselben Entleiher überlassen; der Entleiher darf denselben Leiharbeitnehmer nicht länger als 18 aufeinanderfolgende Monate tätig werden lassen (§ 1 Abs. 1b Satz 1 AÜG). Dabei ist der Zeitraum vorheriger Überlassungen durch denselben oder einen anderen Verleiher an denselben Entleiher vollständig anzurechnen, wenn zwischen den Einsätzen jeweils nicht mehr als drei Monate liegen (§ 1 Abs. 1b Satz 2 AÜG). Eine von der gesetzlichen Überlassungshöchstdauer von 18 Monaten **abweichende Höchstdauer** kann **in einem Tarifvertrag** von Tarifvertragsparteien der Einsatzbranche festgelegt werden (§ 1 Abs. 1b Satz 3 AÜG). Im Geltungsbereich eines solchen Tarifvertrages können diese abweichenden tarifvertraglichen Regelungen auch im Betrieb eines nicht tarifgebundenen Entleihers durch Betriebs- oder Dienstvereinbarungen übernommen werden (§ 1 Abs. 1b Satz 4 AÜG).

Die Tarifvertragsparteien der Einsatzbranche können auch in einem Tarifvertrag bestimmen, dass eine von der gesetzlichen Überlassungshöchstdauer **abweichende Höchstdauer aufgrund dieses Tarifvertrages durch eine Betriebs- oder Dienstvereinbarung** festgelegt werden kann (§ 1 Abs. 1b Satz 5 AÜG). Von diesem im Tarifvertrag eingeräumten Recht zur Festlegung der Höchstüberlassungsdauer durch Betriebs- oder Dienstvereinbarung kann auch in Betrieben eines nicht tarifgebundenen Entleihers bis zu einer Überlassungshöchstdauer von 24 Monaten Gebrauch gemacht werden, soweit nicht durch diesen Tarifvertrag eine von der gesetzlichen abweichende Überlassungshöchstdauer für Betriebs- oder Dienstvereinbarungen festgelegt ist (§ 1 Abs. 1b Satz 6 AÜG). Wenn der Betrieb des nicht tarifgebundenen Entleihers bei Abschluss einer entsprechenden Betriebs- oder Dienstvereinbarung den Geltungsbereichen mehrerer Tarifverträge unterfällt, ist auf den für die Branche des Entleihers repräsentativen Tarifvertrag abzustellen (§ 1 Abs. 1b Satz 7 AÜG). Auch die Kirchen und die öffentlich-rechtlichen Religionsgemeinschaften können eine von der gesetzlichen abweichende Überlassungshöchstdauer in ihren Regelungen vorsehen (§ 1 Abs. 1b Satz 8 AÜG).

Wichtig ist, dass mit dem Überschreiten der zulässigen Überlassungshöchstdauer die Arbeitsverträge zwischen Verleiher und Leiharbeitnehmern unwirksam werden, es sei denn, der Leiharbeitnehmer erklärt schriftlich bis zum Ablauf eines Monats nach Überschreiten der zulässigen Überlassungshöchstdauer gegenüber dem Verleiher oder Entleiher, dass er an dem Arbeitsvertrag mit dem Verleiher festhält (§ 9 Abs. 1 Nr. 1b, Abs. 2 und 3 AÜG). Mit dem Eintritt der Unwirksamkeit gilt dann das Arbeitsverhältnis als zwischen Entleiher und Leiharbeitnehmer zustande gekommen (vgl. § 1 Abs. 1 AÜG, dazu Nr. 7).

9. Was bedeutet die Offenlegungspflicht des AÜG?

Nach § 1 Abs. 1 Satz 5 AÜG sind Verleiher und Entleiher verpflichtet, eine tatsächlich vorliegende Überlassung von Leiharbeitnehmern in ihrem Vertrag auch ausdrücklich als Arbeitnehmerüberlassung zu bezeichnen, bevor sie den Leiharbeitnehmer überlassen oder tätig werden lassen. Soweit in diesem Vertrag die Person des Leiharbeitnehmers nicht bereits bezeichnet ist (z. B. bei Vorliegen eines Rahmenvertrages über ein Arbeitskräftekontingent), haben sie die Person des Leiharbeitnehmers unter Bezugnahme auf ihren Vertrag noch vor der Überlassung zu konkretisieren (§ 1 Abs. 1 Satz 6 AÜG). Wenn der Vertrag und seine tatsächliche Durchführung einander widersprechen, ist für die rechtliche Einordnung des Vertrages die tatsächliche Durchführung maßgebend (§ 12 Abs. 1 Satz 2 AÜG).

Missbräuchliche Gestaltungen des Drittpersonaleinsatzes in Form verdeckter Arbeitnehmerüberlassung (z. B. die formale Bezeichnung einer tatsächlichen Arbeitnehmerüberlassung als Werkvertrag) haben künftig weitreichende Konsequenzen: Verstoßen Verleiher und Entleiher gegen die genannten Offenlegungspflichten, sind die Arbeitsverträge zwischen Verleiher und Leiharbeitnehmer künftig nach § 9 Abs. 1a AÜG unwirksam. Stattdessen gilt nach § 10 Abs. 1 AÜG ein Arbeitsverhältnis zwischen Entleiher und Leiharbeitnehmer als zustande gekommen (vgl. dazu auch Nr. 7). Zudem können bei Verstoß gegen die Offenlegungspflichten der vermeintliche Werkunternehmer (also der tatsächliche Verleiher) und der vermeintliche Werkbesteller (also der tatsächliche Entleiher) jeweils mit einem Bußgeld belegt werden (vgl. § 16 Abs. 1 Nr. 1c und 1d AÜG).

10. Welche Rechtsbeziehungen bestehen zwischen Verleiher und Entleiher?

Der Vertrag zwischen Verleiher und Entleiher, in dem die Offenlegung (vgl. Nr. 9) erfolgen muss und die Einzelheiten der Arbeitnehmerüberlassung, insbesondere das vom Entleiher an den Verleiher zu zahlende Entgelt (siehe unten) und die Dauer der Arbeitnehmerüberlassung, geregelt werden, bedarf der Schriftform (§ 12 AÜG); die elektronische Form (§ 126a BGB) reicht. Der Vertrag muss Angaben des Entleihers enthalten, welche besonderen Merkmale die für den Leiharbeitnehmer vorgesehene Tätigkeit hat und welche berufliche Qualifikation dafür erforderlich ist. Der Verleiher hat in dem Vertrag zu erklären, ob er die Erlaubnis für seine Verleihtätigkeit besitzt. Soweit nichts anderes vereinbart ist, haftet er dem entleihenden Unternehmen dafür, dass die von ihm gestellten Arbeitskräfte für die im Vertrag vorgesehenen Dienstleistungen beruflich, fachlich und persönlich geeignet sind (die durchschnittliche Eignung genügt), nicht aber dafür, dass diese Arbeitskräfte auch ihre gegenüber dem entleihenden Unternehmen bestehenden Vertragspflichten ordnungsgemäß erfüllen. Die Vertragsparteien können vereinbaren, dass eine bestimmte Person oder mehrere namentlich genannte Personen überlassen werden sollen. Sie können sich aber auch in einem Rahmenvertrag darauf beschränken, festzulegen, dass eine bestimmte Anzahl von Personen mit bestimmten Qualifikationen überlassen wird; in diesem Fall müssen Verleiher und Entleiher vor der Überlassung die Personen der Leiharbeitnehmer noch unter Bezug auf den Vertrag konkretisieren (§ 1 Abs. 1 Satz 6 AÜG). Vielfach wird zugleich vereinbart, dass dem Verleiher ein jederzeitiges Austauschrecht zusteht. Unabhängig hiervon können, wenn im Überlassungsvertrag keine besonderen Regelungen, z. B. eine Ankündigungsfrist, vereinbart sind, Verleiher und Entleiher jederzeit die Dauer der Überlassung ändern. Der Leiharbeitnehmer hat keinen eigenen Anspruch, die ursprünglich vorgesehene Zeit auch im Betrieb des entleihenden Arbeitgebers zu verbringen. Bei der Kalkulation der Entgelte, die der Entleiher in Rechnung stellt, wird er neben dem Arbeitsentgelt, das er dem Leiharbeitnehmer für die Dauer der Überlassung zu zahlen hat (vgl. Nr. 12), das an den Leiharbeitnehmer für Zeiten der Nichtüberlassung vereinbarungsgemäß zu zahlende Arbeitsentgelt, seine Verwaltungskosten und seinen Gewinn berücksichtigen.

11. Welche Rechtsbeziehungen bestehen zwischen Verleiher und Leiharbeitnehmer?

Der Verleiher ist **echter Arbeitgeber** des Leiharbeitnehmers mit allen sich hieraus ergebenden Pflichten und Rechten. Er muss insbesondere das vereinbarte Arbeitsentgelt zahlen, auch wenn der Leiharbeitnehmer nicht bei einem Entleiher eingesetzt werden kann, die Sozialversicherungsbeiträge und Steuern abführen, den Urlaub gewähren und im Krankheitsfall das Arbeitsentgelt fortzahlen. Die wichtigste Pflicht des Verleihers ist es, dem Leiharbeitnehmer **für die Zeit der Überlassung** die im Betrieb des Entleihers für einen vergleichbaren Arbeitnehmer des Entleihers geltenden Arbeitsbedingungen, **einschließlich des Arbeitsentgelts**, zu gewähren (vgl. Nr. 12). Der Entleiher ist verpflichtet, dem Verleiher diese Arbeitsbedingungen mitzuteilen, allerdings nur in dem Umfang, wie dies zur Bestimmung der Arbeitsbedingungen des Leiharbeitnehmers im konkreten Fall erforderlich ist, also z. B. nicht bei tariflichen Ansprüchen.

Darüber hinaus ist Folgendes zu berücksichtigen:

a) Vertragliche Abreden, die dem Entleiher oder dem Leiharbeitnehmer eine spätere Einstellung des Leiharbeitnehmers durch den Entleiher untersagen, sind unwirksam. Ebenfalls unzulässig ist die Vereinbarung eines Vermittlungshonorars.

b) Es gilt eine mindestens 4-wöchige Kündigungsfrist zum 15. oder zum Ende des Monats. Die sonst für Aushilfsarbeitsverhältnisse mögliche einzelvertragliche Vereinbarung kürzerer Kündigungsfristen ist verboten.

c) Für befristete Arbeitsverträge zwischen Verleiher und Leiharbeitnehmer gelten die Regelungen des Teilzeit- und Befristungsgesetzes.

d) Eine betriebsbedingte Kündigung zum Ende des Überlassungszeitraums wegen wegfallender Beschäftigungsmöglichkeit ist grundsätzlich zulässig. Allerdings reicht es hierfür nicht aus, dass der bisherige Auftrag, in dessen Rahmen der Arbeitnehmer eingesetzt war, beendet ist und noch kein Anschlussauftrag vorliegt. **Kurzfristige Auftragslücken** gehören zum typischen Unternehmensrisiko eines Verleihers (BAG vom 18.5.2006, DB 2006, S. 1962).

e) Lehnt im Geltungsbereich eines Verbandstarifvertrages, der für Leiharbeitnehmer niedrigere Arbeitsentgelte als die sonst im Betrieb des Entleihers geltenden Entgelte vorsieht, ein Arbeitnehmer es ab, im Gegensatz zu der bisherigen Vertragsgestaltung die Anwendung dieses Tarifvertrages zu vereinbaren, so rechtfertigt dies keine Änderungskündigung durch den Leiharbeitgeber, und zwar auch dann nicht, wenn die anderen Leiharbeitnehmer entsprechende Vereinbarungen getroffen haben (BAG vom 12.1.2006, NZA 2006, S. 587).

f) Der Betriebsrat kann nach § 93 BetrVG verlangen, dass Arbeitsplätze, die besetzt werden sollen, ausgeschrieben werden. Dies gilt auch dann, wenn der Arbeitgeber die Arbeitsplätze mit Leiharbeitnehmern besetzen wollte (BAG vom 15.10.2012 – 1 ABR 25/12). Andererseits ist der Leiharbeitnehmer über freie Arbeitsplätze, die beim Entleiher besetzt werden sollen, zu unterrichten. Die Information kann durch allgemeine Bekanntmachung an geeigneter, dem Leiharbeitnehmer zugänglicher Stelle im Betrieb oder Unternehmen erfolgen (§ 13a AÜG). Der Entleiher hat den Leiharbeitnehmern Zugang zu den Gemeinschaftseinrichtungen zu ermöglichen (§ 13b AÜG).

g) Der Nachweis der wesentlichen Vertragsbedingungen des Leiharbeitsverhältnisses richtet sich nach den Bestimmungen des Nachweisgesetzes (NachwG). Nach § 2 Abs. 1 NachwG sind dem Leiharbeitnehmer allein die Vertragsbedingungen als die in seinem Vertragsverhältnis zum Verleiher geltenden Bedingungen nachzuweisen. Eine Pflicht des Verleihers, die wesentlichen Arbeitsbedingungen des Entleihbetriebs nachzuweisen, ist auch im AÜG nicht normiert (BAG vom 25.3.2015 -5 AZR 368/13). Zusätzlich zu den in § 2 Abs. 1 des Nachweisgesetzes genannten Angaben sind in die Niederschrift aufzunehmen: Firma und Anschrift des Verleihers, die Erlaubnisbehörde sowie Ort und Datum der Erteilung der Erlaubnis nach § 1 AÜG, Art und Höhe der Leistungen für Zeiten, in denen der Leiharbeitnehmer nicht verliehen ist (§ 11 Abs. 1 AÜG; vgl. Kapitel 3 Nr. 11). Der Verleiher ist ferner verpflichtet, dem Leiharbeitnehmer ein **Merkblatt** über den wesentlichen Inhalt des Arbeitnehmerüberlassungsgesetzes auszuhändigen (§ 11 Abs. 2 AÜG). Ausländische Arbeitnehmer erhalten den Nachweis und das Merkblatt auf Verlangen (und auf ihre Kosten) in ihrer Muttersprache.

12. Was bedeutet der Grundsatz der Gleichbehandlung?

Nach § 8 Abs. 1 AÜG ist der Verleiher verpflichtet, dem Leiharbeitnehmer für die Zeit der Überlassung an den Entleiher die im Betrieb des Entleihers für einen vergleichbaren Arbeitnehmer des Entleihers geltenden wesentlichen Arbeitsbedingungen einschließlich des Arbeitsentgelts zu gewähren (Gleichstellungsgrundsatz). Ein Leiharbeitnehmer hat dabei nur dann Anspruch auf den tariflichen Mindestlohn, wenn der Entleiherbetrieb in den betrieblichen Geltungsbereich des entsprechenden Tarifvertrages fällt. Erhält der Leiharbeitnehmer das für einen vergleichbaren Arbeitnehmer des Entleihers im Entleihbetrieb geschuldete tarifvertragliche Arbeitsentgelt oder in Ermangelung eines solchen ein für vergleichbare Arbeitnehmer in der Einsatzbranche geltendes tarifvertraglichen Arbeitsentgelt, wird vermutet, dass der Leiharbeitnehmer hinsichtlich des Arbeitsentgelts im Sinne von Satz 1 gleichgestellt ist. Werden im Betrieb des Entleihers Sachbezüge gewährt, kann ein Wertausgleich in Euro erfolgen.

Die Folgen einer Verletzung des Gleichstellungsgebots regelt das AÜG. Zum einen ist nach § 3 Abs. 1 Nr. 3 AÜG die Erlaubnis zur Arbeitnehmerüberlassung oder deren Verlängerung zu versagen; außerdem kommt nach § 4 Abs. 1 und § 5 Abs. 1 AÜG die Rücknahme oder der Widerruf der Erlaubnis zur Arbeitnehmerüberlassung in Betracht (zu einem Zustimmungsverweigerungsrecht des Betriebsrats vgl. Nr. 16). Über den Anspruch des Leiharbeitnehmers auf die im Betrieb üblichen Arbeitsbedingungen hinaus wird ein Verstoß gegen das Equal-Pay-Gebot als Ordnungswidrigkeit mit erheblichen Geldbußen geahndet. Die Zollbehörden sind mit den entsprechenden Kontrollrechten und der Zuständigkeit für Ahndung der Ordnungswidrigkeit betraut.

Zum anderen sind nach § 9 Nr. 2 AÜG Vereinbarungen, die dem Gleichstellungsgebot widersprechen, unwirksam. Die Rechtsfolge der Unwirksamkeit ist, dass der Leiharbeitnehmer von dem Verleiher die Gewährung der im Betrieb des Entleihers für einen vergleichbaren Arbeitnehmer des Entleihers geltenden wesentlichen Arbeitsbedingungen einschließlich des Entgelts verlangen kann. Der Anspruch des Leiharbeitnehmers auf gleiches Entgelt nach § 8 Abs. 1 AÜG ist ein die vertragliche Vergütungsabrede korrigierender gesetzlicher Entgeltanspruch, der mit der Überlassung entsteht und zu dem im Arbeitsvertrag für die Vergütung bestimmten Zeitpunkt fällig wird. Soweit der Leiharbeitnehmer seit 1.1.2017 Anspruch auf Mindestlohn nach dem MiLoG hat, bestimmt sich die Fälligkeit nach § 2 MiLoG (vgl. auch Kapitel 10). Um zu gewährleisten, dass der Leiharbeitnehmer den Anspruch auf gleiches Entgelt auch dann fristwahrend geltend machen kann, wenn er die Höhe des vergleichbaren Stammarbeitnehmern des Entleihers gewährten Arbeitsentgelts (noch) nicht kennt, muss die erste Stufe einer arbeitsvertraglichen Ausschlussfristenregelung im Leiharbeitsverhältnis es zulassen, dass eine schriftliche Geltendmachung des Anspruchs „dem Grunde nach" ausreicht (BAG vom 13.3.2013 – 5 AZR 954/11). Macht ein Leiharbeitnehmer die im Entleihbetrieb gezahlte Vergütung geltend, genügt es zunächst, wenn er eine Auskunft des entleihenden Unternehmens über den gezahlten Vergleichslohn vorlegt. Es ist dann Sache des Leiharbeitgebers, die Richtigkeit dieser Auskunft, insbesondere die Vergleichbarkeit der Tätigkeit oder die Höhe der dort bestätigten Vergütung substantiiert zu bestreiten. Der Auskunftsanspruch nach § 13 Halbs. 1 AÜG entsteht im Zeitpunkt der Überlassung und kann vom Leiharbeitnehmer ungeachtet § 13 Halbs. 2 AÜG geltend gemacht werden. Er unterliegt der regelmäßigen Verjährungsfrist von drei Jahren. Auf § 13 Halbs. 2 AÜG kann sich der Entleiher gegenüber einem gegen ihn geltend gemachten Anspruch berufen (BAG vom 24.4.2014 – 8 AZR 1081/12). Stützt sich der Leiharbeitnehmer nicht auf eine Auskunft nach § 13 AÜG, muss er zur Darlegung des Anspruchs auf gleiches Entgelt alle für dessen Berechnung erforderlichen Tatsachen vortragen. Dazu gehören die Benennung eines vergleichbaren Stammarbeitnehmers und das diesem vom Entleiher gewährte Entgelt. Beruft sich der Leiharbeitnehmer – alternativ – auf ein allgemeines Entgeltschema, hat er nicht nur dessen Inhalt, sondern auch darzulegen, dass ein solches im Betrieb des Entleihers im Überlassungszeitraum tatsächlich Anwendung fand und wie er danach fiktiv einzugruppieren gewesen wäre (BAG vom 13.3.2013 – 5 AZR 146/12). Maßgeblich für das Vergleichsentgelt ist die Tätigkeit, die der Entleiher dem Leiharbeitnehmer ausdrücklich oder konkludent durch Billigung oder Duldung zugewiesen hat (BAG vom 23.11.2016 – 5 AZR 53/16). Wendet der Entleiher in seinem Betrieb ein allgemeines Entgeltschema an, kann auf die fiktive Eingruppierung des Leiharbeitnehmers in dieses Entgeltschema abgestellt werden. Maßstab ist in diesem Fall das Arbeitsentgelt, das der Leiharbeitnehmer erhalten hätte, wenn er für die gleiche Tätigkeit beim Entleiher eingestellt worden wäre (BAG vom 19.2.2014 – 5 AZR 1046/12). Der Begriff des Arbeitsentgelts in § 8 Abs. 1 AÜG ist national zu bestimmen und, wie die beispielhafte Aufzählung in der Gesetzesbegründung belegt, weit auszulegen. Zu ihm zählt nicht nur das laufende Arbeitsentgelt, sondern jede Vergütung, die aus Anlass des Arbeitsverhältnisses gewährt wird bzw. aufgrund gesetzlicher Entgeltfortzahlungstatbestände gewährt werden muss. In den Gesamtvergleich sind nicht nur die vom Leiharbeitnehmer einbezogenen Vergütungsbestandteile (Lohn für geleistete Stunden, Urlaubsvergütung sowie Entgeltfortzahlung im Krankheitsfall und an Feiertagen) zu berücksichtigen, sondern alle von dem Entleiher geleisteten Bruttovergütungen wie Zulagen und Zuschläge, vermögenswirksame Leistungen sowie (steuerpflichtige) geldwerte Vorteile eines zur privaten Nutzung überlassenen Firmenwagens in die Gesamtberechnung sind einzubeziehen (BAG vom 19.2.2014 – 5 AZR 1047/12). Die Berücksichtigung von Aufwendungsersatz beim Gesamtvergleich zur Ermittlung der Höhe des Anspruchs auf gleiches Entgelt bemisst sich danach, ob damit – wenn auch in pauschalierter Form – ein dem Arbeitnehmer tatsächlich entstandener Aufwand, z. B. für Fahrt-, Übernachtungs- und Verpflegungskosten, erstattet werden soll (echter Aufwandsersatz) oder die Leistung Entgeltcharakter hat. Echter Aufwandsersatz ist kein Arbeitsentgelt (BAG vom 13.3.2013 – 5 AZR 294/12). Ein Leiharbeitnehmer besitzt die nach § 8 Abs. 1 AÜG ausreichende Kenntnis i. S. v. § 199 Abs. 1 Nr. 2 BGB von einem Anspruch auf gleiches Entgelt, wenn er Kenntnis von der Tatsache hat, dass vergleichbare Stammarbeitnehmer des Entleihers mehr verdienen als er (BAG vom 13.3.2013 – 5 AZR 424/12). Erhalten Stammarbeitnehmer auf der Grundlage ihrer Eingruppierung nach dem Tarifvertrag ein Monatsgehalt, richtet sich der Anspruch des Leiharbeitnehmers aus § 8 Abs. 1 AÜG ebenfalls auf ein Monatsgehalt und es verbietet sich dessen Herunterrechnen auf einen – fiktiven – Stundenlohn (BAG vom 19.2.2014 – 5 AZR 1046/12). Kann der Leiharbeitnehmer von seinem Vertragsarbeitgeber, dem Verleiher, nach § 8 Abs. 1 AÜG die Erfüllung der wesentlichen Arbeitsbedingungen verlangen, wie sie der Entleiher vergleichbaren eigenen Arbeitnehmern gewährt, muss er die im Entleiherbetrieb geltenden Ausschlussfristen nicht einhalten (BAG vom 23.3.2011, DB 2011, S. 1526).

13. Wann kann vom Gleichheitsgrundsatz abgewichen werden?

Ein Tarifvertrag kann nach § 8 Abs. 2 AÜG vom Gleichheitsgrundsatz abweichen. Soweit ein solcher Tarifvertrag vom Gleichstellungsgrundsatz abweicht, hat der Verleiher dem Leiharbeitnehmer die nach diesem Tarifvertrag geschuldeten Arbeitsbedingungen zu gewähren. Im Geltungsbereich eines solchen Tarifvertrages können nicht tarifgebundene Arbeitgeber und Arbeitnehmer die Anwendung des Tarifvertrages vereinbaren. Eine solche abweichende Regelung gilt nach § 8 Abs. 3 AÜG nicht für Leiharbeitnehmer, die in den letzten sechs Monaten vor der Überlassung an den Entleiher aus einem Arbeitsverhältnis bei diesem oder einem Arbeitgeber, der mit dem Entleiher einen Konzern im Sinne des § 18 des Aktiengesetzes bildet, ausgeschieden sind.

Hinsichtlich des Arbeitsentgelts kann ein solcher Tarifvertrag nur für die ersten **neun Monate** der Überlassung vom Gleichheitsgrundsatz abweichen (§ 8 Abs. 4 Satz 1 AÜG). Zudem darf ein solcher Tarifvertrag die in einer Rechtsverordnung festgesetzten Mindeststundenentgelte nicht unterschreiten (§ 8 Abs. 2 Satz 1 AÜG).Der Verleiher ist verpflichtet, dem Leiharbeitnehmer mindestens das in der Rechtsverordnung für die Zeit der Überlassung und für Zeiten ohne Überlassung festgesetzte Mindeststundenentgelt zu zahlen (§ 8 Abs. 5 AÜG). Unterschreitet bereits der Tarifvertrag die Mindeststundenentgelte, hat der Verleiher dem Leiharbeitnehmer für jede Arbeitsstunde das im Betrieb des Entleihers für eine Arbeitsstunde einem vergleichbaren Arbeitnehmer zu zahlende Arbeitsentgelt zu gewähren (§ 8 Abs. 2 Satz 4 AÜG).

Eine längere Abweichung (über neun Monate hinaus) durch einen Tarifvertrag ist nach § 8 Abs. 4 AÜG nur zulässig, wenn

a) bereits nach einer Einarbeitungszeit von längstens sechs Wochen eine stufenweise Heranführung an das Arbeitsentgelt vergleichbarer Arbeitnehmer in der Einsatzbranche erfolgt und

b) nach spätestens 15 Monaten einer Überlassung an einen Entleiher ein Arbeitsentgelt erreicht wird, das in dem Tarifvertrag als gleichwertig mit dem tarifvertraglichen Arbeitsentgelt vergleichbarer Arbeitnehmer in der Einsatzbranche festgelegt ist. Im Geltungsbereich solcher Tarifverträge können nicht tarifgebundene Arbeitgeber und Arbeitnehmer die Anwendung der tarifvertraglichen Regelungen vereinbaren.

14. Welche Rechtsbeziehungen bestehen zwischen Entleiher und Leiharbeitnehmer?

Der Leiharbeitnehmer hat dem Entleiher seine volle Arbeitskraft zur Verfügung zu stellen. Er unterliegt dem **Weisungsrecht** des Entleihers. Ob hierzu auch die einseitige Anordnung von Überstunden gehört, kann zweifelhaft sein, sodass zweckmäßigerweise im Überlassungsvertrag eine entsprechende Befugnis des Entleihers vereinbart wird. Umgekehrt treffen den Entleiher die Nebenpflichten des Arbeitgebers einschließlich der sogen. Fürsorgepflicht und der öffentlich-rechtlichen Pflichten des Arbeitsschutzes, einschließlich besonderer Unterrichtungspflichten vor Beginn der Beschäftigung und bei Veränderungen in seinem Arbeitsbereich. Soweit es um die Einhaltung der Diskriminierungsverbote, z. B. hinsichtlich des Geschlechts, des Alters oder einer Behinderung geht, gilt auch der Entleiher als Arbeitgeber (§ 6 Abs. 2 AÜG). Schließlich ist der Entleiher zu Kontrollmeldungen gegenüber der zuständigen Krankenkasse sowie zur subsidiären Haftung für die Sozialversicherungsbeiträge verpflichtet.

Der Entleiher darf Leiharbeitnehmer nicht tätig werden lassen, wenn sein Betrieb unmittelbar durch einen Arbeitskampf betroffen ist. Das gilt nicht, wenn der Entleiher sicherstellt, dass Leiharbeitnehmer keine Tätigkeiten übernehmen, die bisher von Arbeitnehmern erledigt wurden, die sich im Arbeitskampf befinden oder ihrerseits Tätigkeiten von Arbeitnehmern, die sich im Arbeitskampf befinden, übernommen haben. Der Leiharbeitnehmer ist nicht verpflichtet, bei einem Entleiher tätig zu sein, soweit dieser durch einen Arbeitskampf unmittelbar betroffen ist. In den Fällen eines Arbeitskampfes hat der Verleiher den Leiharbeitnehmer auf das Recht, die Arbeitsleistung zu verweigern, hinzuweisen (§ 11 Abs. 5 AÜG).

15. Wie werden Leiharbeitnehmer im Betriebsverfassungsrecht berücksichtigt?

Der Leiharbeitnehmer ist betriebsverfassungsrechtlich sowohl dem Betrieb des Verleihers als auch dem Betrieb des Entleihers zuzuordnen (§ 14 AÜG). Leiharbeitnehmer sind hinsichtlich des aktiven und passiven Wahlrechts zum Betriebsrat Angehörige des entsendenden Betriebs des Verleihers (BAG vom 20.4.2005 NZA 2005, S. 1006). Sie sind dementsprechend im Entleiherbetrieb weder wahlberechtigt noch wählbar; es sei denn sie werden länger als drei Monate im Entleiherbetrieb eingesetzt, dann sind Leiharbeitnehmer zusätzlich auch im Entleiherbetrieb **wahlberechtigt**. Sie sind berechtigt, die Sprechstunden dieser Arbeitnehmervertretungen aufzusuchen und an den Betriebs- und Jugendversammlungen im Entleiherbetrieb teilzunehmen. Die §§ 81, 82 Abs. 1 und die §§ 84 bis 86 des Betriebsverfassungsgesetzes gelten im Entleiherbetrieb auch in Bezug auf die dort tätigen Leiharbeitnehmer. Soweit Bestimmungen des Betriebsverfassungsgesetzes mit Ausnahme des § 112a, des Europäische Betriebsräte-Gesetzes oder der auf Grund der jeweiligen Gesetze erlassenen Wahlordnungen eine bestimmte Anzahl oder einen bestimmten Anteil von Arbeitnehmern voraussetzen, sind Leiharbeitnehmer auch im Entleiherbetrieb zu berücksichtigen (§ 14 Abs. 2 AÜG).

16. Welche Mitwirkungsrechte hat der Betriebsrat?

Ob bei Maßnahmen, die Leiharbeitnehmer betreffen, der Betriebsrat des Verleihbetriebes oder derjenige des Entleihbetriebes mitzubestimmen hat, richtet sich im Einzelfall danach, ob der Vertragsarbeitgeber oder der Entleiher die mitbestimmungspflichtige Entscheidung zu treffen hat (BAG vom 19.6.2001, EzA § 87 BetrVG 1972 Arbeitszeit Nr. 63). Der Betriebsrat ist sowohl im Rahmen seiner allgemeinen Aufgaben (§ 80 BetrVG) als auch in Bezug auf die Personalplanung (§ 92 BetrVG) über die Beschäftigung von Leiharbeitnehmern zu unterrichten; die Unterrichtung umfasst insbesondere den zeitlichen Umfang des Einsatzes von Leiharbeitnehmern, den Einsatzort und die Arbeitsaufgaben. Vor der Übernahme eines Leiharbeitnehmers ist der Betriebsrat des Entleiherbetriebes nach § 99 BetrVG zu beteiligen; insbesondere ist ihm Einsicht in die Arbeitnehmerüberlassungsverträge zu geben (§ 14 Abs. 3 AÜG). Der Betriebsrat kann seine Zustimmung zur Einstellung von Leiharbeitnehmern verweigern, wenn diese im Entleiherbetrieb nicht nur vorübergehend beschäftigt werden sollen (BAG vom 10.7.2013 – 7 ABR 91/11). Er hat allerdings bei der Eingruppierung des Arbeitnehmers kein Mitbestimmungsrecht (BAG vom 17.6.2008, DB 2008, S. 2835). Dementsprechend kann der Betriebsrat seine Zustimmung zur Übernahme eines Leiharbeitnehmers auch nicht unter Berufung auf § 99 Abs. 2 Nr. 4 BetrVG mit der Begründung verweigern, der Leiharbeitnehmer werde schlechter bezahlt als die Stammarbeitnehmer oder verstießen sonst gegen das Gleichstellungsgebot (BAG vom 25.1.2005, DB 2005, S. 1693 und vom 21.7.2009 – 1 AZR 899/08). Bei der Einstellung eines Leiharbeitnehmers ist der Arbeitgeber daher nicht verpflichtet, dem Betriebsrat die Höhe des Arbeitsentgelts der bei ihm als Stamm- und als Leiharbeitnehmer beschäftigten Mitarbeiter mitzuteilen. Der Betriebsrat benötigt diese Informationen nicht, um seine Rechte nach § 99 BetrVG sachgerecht ausüben zu können. Der Arbeitgeber ist auch nicht verpflichtet, den Betriebsrat darüber zu unterrichten, welche teilzeitbeschäftigten Mitarbeiter aufgrund ihres angezeigten Wunsches auf Aufstockung ihrer Arbeitszeit für die zu besetzende Stelle grundsätzlich in Betracht gekommen wären. Diese Information weist keinen hinreichenden Bezug zu der dem Betriebsrat mit der Unterrichtung nach § 99 Abs. 1 Satz 1 und Satz 2 BetrVG zu eröffnenden sachangemessenen Prüfung auf (BAG vom 1.6.2011, NZA 2011, S. 1425). Die Aufnahme von Leiharbeitnehmern in einen Stellenpool, aus dem der Verleiher auf Anforderung des Entleihers Kräfte für den Einsatz im Entleiherbetrieb auswählt, ist noch nicht mitbestimmungspflichtig. Mitbestimmungspflichtig ist erst der konkrete Einsatz im Entleiherbetrieb (BAG vom 23.1.2008 – 1 ABR 74/06). Die Entsendung von Leiharbeitnehmern in Betriebe, deren betriebsübliche Arbeitszeit die vom Leiharbeitnehmer vertraglich geschuldete Arbeitszeit übersteigt, ist nach § 87 Abs. 1 Nr. 3 BetrVG mitbestimmungspflichtig, sofern die Entsendung für eine entsprechend verlängerte Arbeitszeit erfolgt; hier steht das Mitbestimmungsrecht nach dem obigen Grundsatz dem beim Verleiher gebildeten Betriebsrat zu. Folglich kann der Betriebsrat im Entleiherbetrieb seine Zustimmung zur Übernahme eines Leiharbeitnehmers nicht unter Berufung auf § 99 Abs. 2 Nr. 4 BetrVG mit der Begründung verweigern, der Leiharbeitnehmer werde schlechter bezahlt als die Stammarbeitnehmer (vgl. Nr. 12).

17. Welchen besonderen Schutz haben ausländische Leiharbeitnehmer?

Ausländische Arbeitnehmer dürfen im Allgemeinen nur mit einem Aufenthaltstitel, der zur Ausübung einer Beschäftigung berechtigt, oder mit einer Genehmigung der zuständigen Agentur für Arbeit nach § 284 Abs. 1 SGB III eingestellt und beschäftigt werden (vgl. Kapitel 30). Während sonst Zuwiderhandlungen gegen das Arbeitnehmerüberlassungsgesetz lediglich mit Geldbußen geahndet werden, kann die Überlassung von ausländischen Arbeitnehmern ohne Vorliegen der zuvor genannten Voraussetzungen mit Freiheitsstrafen bis zu fünf Jahren geahndet werden (§ 15a AÜG).

28. Jugendliche und Auszubildende

1. Welche Gesetze regeln die Beschäftigung von Jugendlichen und Auszubildenden?

a) Jugendliche bedürfen aufgrund ihrer körperlichen und geistigen Entwicklung eines besonderen Schutzes vor Überbeanspruchung und vor den Gefahren am Arbeits- und Ausbildungsplatz. Diesem Ziel dient das **Jugendarbeitsschutzgesetz**. Es ist öffentlich-rechtliches Arbeitnehmerschutzrecht, kann also nicht abbedungen werden und wird behördlich überwacht. Zugleich hat der Einzelne einen privatrechtlichen Anspruch gegen den Arbeitgeber auf Einhaltung seiner Pflichten.

b) Im Mittelpunkt des normalen Arbeitsverhältnisses steht die Erbringung von Leistungen zum Nutzen des Betriebes. Hiervon sind die Verhältnisse zu unterscheiden, die vorwiegend der individuellen Ausbildung des Eingestellten dienen. Sie sind im **Berufsbildungsgesetz** und, soweit es um ordnungsrechtliche Fragen der Ausbildung im Handwerk geht, in der Handwerksordnung geregelt.

c) Im Berufsbildungsgesetz ist auch die Berufsausbildungsvorbereitung geregelt. Sie dient dem Ziel, durch die Vermittlung von Grundlagen für den Erwerb beruflicher Handlungsfähigkeit an eine Berufsausbildung in einem anerkannten Ausbildungsberuf heranzuführen (§ 1 Abs. 2 BBiG). Die Einzelheiten der Berufsausbildungsvorbereitung sind in den §§ 68–70 BBiG geregelt.

A Jugendarbeitsschutz

2. Was bedeutet das Verbot der Kinderarbeit?

Die Beschäftigung von Personen, die noch nicht 15 Jahre alt sind oder die noch der Vollzeitschulpflicht unterliegen, ist verboten (§ 5 JArbSchG). Ausgenommen ist vor allem die Beschäftigung im Rahmen des **Betriebspraktikums** während der Vollzeitschulpflicht sowie vom 13. Lebensjahr an – nach Einwilligung der Personensorgeberechtigten – die Beschäftigung mit leichten und geeigneten Tätigkeiten. Die Einzelheiten einer zulässigen Kinderarbeit sind in der Kinderarbeitsschutzverordnung geregelt. Danach ist die Beschäftigung von Kindern über 13 Jahre und vollzeitschulpflichtigen Jugendlichen mit den üblichen gesellschaftlich anerkannten Tätigkeiten zugelassen. Dazu zählen z. B. das Austragen von Zeitungen, Zeitschriften und Werbeprospekten, Hilfeleistungen in privaten Haushalten wie das Babysitting, die Erteilung von Nachhilfeunterricht, Einkaufstätigkeiten, mit Ausnahme des Einkaufs von alkoholischen Getränken und Tabakwaren, Handreichungen beim Sport, Hilfeleistungen in der Landwirtschaft und Tätigkeiten bei nichtgewerblichen Veranstaltungen der Kirchen, Verbände, Vereine und Parteien. Nicht erlaubt ist eine Beschäftigung in der gewerblichen Wirtschaft, in der Produktion und im Handel. Soweit die Beschäftigung ausnahmsweise zugelassen ist, sind die für diese Art der Beschäftigung in § 5 JArbSchG festgesetzten zeitlichen Beschränkungen und die sonstigen Schutzvorschriften des Jugendarbeitsschutzgesetzes zu beachten. Danach dürfen Kinder und Vollzeitschulpflichtige u.a.

a) nicht mehr als zwei Stunden täglich, in landwirtschaftlichen Familienbetrieben nicht mehr als drei Stunden täglich,

b) nicht zwischen 18 und 8 Uhr,

c) nicht vor dem Schulunterricht und nicht während des Schulunterrichts,

d) nicht an mehr als fünf Tagen in der Woche,

e) nicht mit gefährlichen und mit unfallgefährdeten Arbeiten, z. B. mit Gefahrstoffen oder biologischen Arbeitsstoffen,

f) nicht mit Akkordarbeiten oder tempoabhängigen Arbeiten

beschäftigt werden.

Weitere Ausnahmen durch die Aufsichtsbehörde sind im künstlerischen Bereich zulässig.

3. Welches Mindestalter gilt für die Beschäftigung?

Eine Beschäftigung ist grundsätzlich erst **ab 15 Jahren** zulässig (§ 7 JArbSchG). Nur die ausnahmsweise der Vollzeitschulpflicht nicht mehr unterliegenden Vierzehnjährigen dürfen entweder in einem Berufsausbildungsverhältnis oder mit leichten und für sie geeigneten Tätigkeiten bis zu sieben Stunden täglich und 35 Stunden wöchentlich beschäftigt werden (z. B. mit dem Austragen von Waren und Zeitungen).

4. Wie lang ist die Arbeitszeit bei Jugendlichen?

Bei Jugendlichen darf die tägliche Arbeitszeit **acht Stunden** und ihre wöchentlich Arbeitszeit 40 Stunden nicht überschreiten (§ 8 JArbSchG). Wird an einzelnen Werktagen die Arbeitszeit auf weniger als 8 Stunden verkürzt, ist eine Beschäftigung an den übrigen Werktagen derselben Woche bis zu **8½ Stunden** erlaubt. In der Landwirtschaft gelten längere Arbeitszeiten. Darüber hinaus kann

a) im **Tarifvertrag** eine Verlängerung der Arbeitszeit bis zu neun Stunden täglich, 44 Stunden wöchentlich und auf 5½ Tage in der Woche (Voraussetzung: Innerhalb von zwei Monaten wird eine durchschnittliche Wochenarbeitszeit von 40 Stunden eingehalten) vereinbart werden; eine Übernahme dieser Regelung durch nicht tarifgebundene Arbeitgeber im Geltungsbereich des Tarifvertrages durch Betriebsvereinbarung oder schriftliche Vereinbarung mit dem Jugendlichen ist zulässig (§ 21a JArbSchG);

b) in Verbindung mit **Feiertagen** an Werktagen ausgefallene Arbeitszeit auf die Werktage von fünf zusammenhängenden, die Ausfalltage einschließenden Wochen verteilt werden (Voraussetzung: Die Wochenarbeitszeit darf im Durchschnitt dieser fünf Wochen 40 Stunden, die tägliche Arbeitszeit 8½ Stunden nicht überschreiten).

Wird der Jugendliche von **mehreren Arbeitgebern** beschäftigt, so sind für die Ermittlung der täglichen und wöchentlichen Höchstarbeitszeit die Arbeitszeiten zusammenzurechnen (§ 4 Abs. 4 JArbSchG).

5. Welche Ruhepausen sind einzuhalten?

Der Jugendliche hat Anspruch auf eine im Voraus feststehende **Ruhepause** von angemessener Dauer. Sie beträgt mindestens

a) 30 Minuten bei einer Arbeitszeit von mindestens 4½ bis zu 6 Stunden,

b) 60 Minuten bei einer Arbeitszeit von mehr als 6 Stunden.

Als Ruhepause gilt eine Arbeitsunterbrechung nur, wenn sie mindestens 15 Minuten beträgt (§ 11 JArbSchG). Sie muss in angemessener zeitlicher Lage gewährt werden, und zwar frühestens eine Stunde nach Beginn und spätestens eine Stunde vor Ende der Arbeitszeit. Länger als 4½ Stunden hintereinander dürfen Jugendliche nicht ohne Ruhepause beschäftigt werden.

Die **Schichtzeit**, d. h. die Arbeitszeit zuzüglich der Pausen und sonstigen Arbeitsunterbrechungen, darf 10 Stunden nicht überschreiten (§ 12 JArbSchG).

6. Welche Freizeit und Nachtruhe müssen Jugendliche mindestens haben?

Jugendliche müssen nach Beendigung ihrer Arbeit eine **ununterbrochene Freizeit** von mindestens **12 Stunden haben** (§ 13 ff. JArbSchG). Diese Freizeit muss in der Regel abends spätestens um 20 Uhr beginnen und darf morgens in der Regel nicht vor 6 Uhr enden (Ausnahmen: Im Gaststätten- und Schaustellergewerbe, in Bäckereien und Konditoreien, in mehrschichtigen Betrieben, in der Landwirtschaft und – nach Anzeige an das zuständige Gewerbeaufsichtsamt – aus verkehrstechnischen Gründen zur Vermeidung unnötiger Wartezeiten).

7. Welche sonstigen Arbeitszeitbeschränkungen gelten für Jugendliche?

a) Jugendliche dürfen nur an **fünf Tagen** in der Woche beschäftigt werden, und zwar in der Regel von Montag bis Freitag. Die beiden Ruhetage sollen möglichst aufeinander folgen. Jugendliche, die ausnahmsweise am Wochenende beschäftigt werden dürfen, haben Anspruch auf Arbeitsfreistellung an einem anderen berufsschulfreien Arbeitstag derselben Woche (§ 15 JArbSchG).

b) An **Samstagen** dürfen Jugendliche nicht beschäftigt werden (§ 16 JArbSchG). Ausnahmen sind zulässig, z. B. in offenen Verkaufsstellen, im Verkehrswesen, in der Landwirtschaft, im Familienhaushalt, im Gaststätten- und Schaustellergewerbe, bei außerbetrieblichen Ausbildungsmaßnahmen und in Reparaturwerkstätten für Kraftfahrzeuge. Aber auch dann sollen mindestens zwei Samstage im Monat beschäftigungsfrei bleiben.

c) An **Sonntagen** und **gesetzlichen Feiertagen** dürfen Jugendliche nicht beschäftigt werden (§§ 17 und 18 JArbSchG). Ausnahmen sind hier nur in sehr beschränktem Umfang, z. B. in Krankenanstalten, in der Landwirtschaft und im Gaststättengewerbe zulässig. Jeder zweite Sonntag soll, mindestens zwei Sonntage im Monat müssen beschäftigungsfrei sein.

8. Was ist in Notfällen zulässig?

Die Regelungen über die Höchstdauer der täglichen und wöchentlichen Arbeitszeit, über die Dauer und Lage der Ruhepausen, über die Dauer der Schichtzeit, über die Dauer der täglichen Freizeit sowie über die Beschäftigungsverbote während der Nacht, an Samstagen, Sonntagen und gesetzlichen Feiertagen gelten nicht für die Beschäftigung Jugendlicher mit vorübergehenden und unaufschiebbaren Arbeiten in Notfällen, sofern erwachsene Arbeitnehmer zur Arbeitsleistung nicht zur Verfügung stehen. Die über acht Stunden täglich oder 40 Stunden wöchentlich hinausgehende Mehrarbeit ist durch entsprechende Verkürzung der Arbeitszeit in den folgenden drei Wochen auszugleichen (§ 21 JArbSchG).

9. Welchen Urlaub haben Jugendliche?

Der jährliche Mindesturlaub für Jugendliche ist **länger** als der für erwachsene Arbeitnehmer (s. Kapitel 15 Nr. 5).

10. Welche medizinischen Untersuchungen gelten für Jugendliche?

Der Arbeitgeber darf den Jugendlichen erst beschäftigen, wenn

a) dieser innerhalb der letzten **14 Monate** von einem Arzt untersucht worden ist (**Erstuntersuchung**) und

b) dem Arbeitgeber eine von diesem Arzt ausgestellte Bescheinigung vorliegt, aus der sich die Tatsache der Untersuchung und die Arbeiten ergeben, durch die die Gesundheit oder Entwicklung des Jugendlichen gefährdet erscheinen (mit diesen Arbeiten darf der Jugendliche grundsätzlich nicht beschäftigt werden).

Dies gilt nur dann nicht, wenn der Jugendliche für eine geringfügige oder eine nicht länger als zwei Monate dauernde Beschäftigung mit leichten Arbeiten, von denen keine gesundheitliche Gefährdung ausgeht, eingestellt ist (§ 32 JArbSchG).

Ein Jahr nach Aufnahme der ersten Beschäftigung hat sich der Arbeitgeber die Bescheinigung eines Arztes vorlegen zu lassen, aus der sich ergibt, dass der Jugendliche **nachuntersucht** worden ist. Die Nachuntersuchung hat sich auch auf die Auswirkungen der Beschäftigung auf die Gesundheit und Entwicklung der Jugendlichen zu erstrecken (§ 33 ff. JArbSchG). Wechselt der Jugendliche den Arbeitgeber, so darf ihn der neue Arbeitgeber nur beschäftigen, wenn ihm die Bescheinigung über die Erstuntersuchung und, falls seit der Aufnahme der Beschäftigung ein Jahr vergangen ist, die Bescheinigung über die erste Nachuntersuchung vorliegen (§ 36 JArbSchG).

11. Welche sonstigen Pflichten hat der Arbeitgeber bei der Beschäftigung Jugendlicher?

a) Jugendliche dürfen u. a. nicht mit folgenden Arbeiten beschäftigt werden (vgl. § 22 JArbSchG):

- Arbeiten, die ihre physische oder psychische Leistungsfähigkeit objektiv übersteigen.
- Arbeiten, bei denen sie sittlichen Gefahren ausgesetzt sind.
- Arbeiten, die mit Unfallgefahren verbunden sind, von denen anzunehmen ist, dass Jugendliche sie wegen mangelnden Sicherheitsbewusstseins oder mangelnder Erfahrung nicht erkennen oder nicht abwenden können. Hierzu gehören insbesondere Arbeiten in gefährlichen Lagen oder mit gefährlichen Maschinen oder Werkzeugen.
- Arbeiten, bei denen die Gesundheit der Jugendlichen durch außergewöhnliche Hitze oder Kälte oder starke Nässe gefährdet wird.

- Arbeiten, bei denen die Jugendlichen schädlichen Einwirkungen von Lärm, Erschütterungen oder Strahlen oder von Gefahrstoffen im Sinne des Chemikaliengesetzes ausgesetzt sind.

Jugendlichen sind diese Arbeiten, soweit sie ihre Leistungsfähigkeit nicht überschreiten und sie keinen sittlichen Gefahren ausgesetzt sind, erlaubt, wenn es zum Erreichen ihres Ausbildungsziels erforderlich und ihr Schutz durch die Aufsicht eines Fachkundigen gewährleistet ist.

Hat der Arbeitgeber aufgrund des Arbeitssicherheitsgesetzes einen Betriebsarzt oder eine Fachkraft für Arbeitssicherheit verpflichtet, muss die betriebsärztliche oder sicherheitstechnische Betreuung des Jugendlichen sichergestellt sein.

b) Jugendliche dürfen grundsätzlich nicht mit **Akkordarbeit** und tempoabhängigen Arbeiten beschäftigt werden, es sei denn, dies geschieht in einer Arbeitsgruppe mit erwachsenen Arbeitnehmern, ist zur Erreichung des Ausbildungsziels erforderlich und der erforderliche Schutz ist durch die Aufsicht eines Fachkundigen gewährleistet (§ 23 JArbSchG).

c) Der Arbeitgeber hat bei der Einrichtung und Unterhaltung der Arbeitsstätte und bei der Regelung der Beschäftigung die zum Schutz von Leben, Gesundheit und Entwicklung des Jugendlichen erforderlichen Vorkehrungen und Maßnahmen zu treffen (§ 28 JArbSchG).

d) **Vor Beginn der Beschäftigung** Jugendlicher und bei wesentlicher Änderung der Arbeitsbedingungen hat der Arbeitgeber die mit der Beschäftigung verbundenen Gefährdungen Jugendlicher zu beurteilen (§ 28a JArbSchG in Verbindung mit dem Arbeitsschutzgesetz; vgl. insbesondere § 5 Arbeitsschutzgesetz). Er hat vor und bei wesentlicher Änderung der Arbeitsbedingungen die Jugendlichen über die Unfall- und Gesundheitsgefahren, denen sie bei der Beschäftigung ausgesetzt sind, sowie über die Einrichtungen und Maßnahmen zur Abwendung dieser Gefahren zu unterrichten (§ 29 Abs. 1 JArbSchG). Bei der erstmaligen Beschäftigung an Maschinen oder gefährlichen Arbeitsstellen oder mit Arbeiten, bei denen die Jugendlichen mit die Gesundheit gefährdenden Stoffen in Berührung kommen, gilt eine erweiterte Unterrichtungspflicht. Die Unterweisungen sind mindestens halbjährlich zu wiederholen (§ 29 Abs. 2 JArbSchG).

e) Der Arbeitgeber darf Jugendliche nicht körperlich züchtigen; er muss sie darüber hinaus vor körperlichen Züchtigungen und Misshandlungen sowie vor sittlicher Gefährdung durch andere bei ihm Beschäftigte schützen. Jugendlichen unter 16 Jahren dürfen keine alkoholischen Getränke und Tabakwaren, Jugendlichen über 16 Jahre darf kein Branntwein gegeben werden (§ 31 JArbSchG).

f) Arbeitgeber mit mindestens einem jugendlichen Beschäftigten müssen einen Abdruck des Jugendarbeitsschutzgesetzes und die Anschrift der zuständigen Aufsichtsbehörde an geeigneter Stelle im Betrieb auslegen oder aushängen (§ 47 JArbSchG). Sie müssen ferner **Verzeichnisse** der bei ihnen beschäftigten Jugendlichen unter Angabe des Vor- und Familiennamens, des Geburtsdatums und der Wohnanschrift führen, in denen das Datum des Beginns der Beschäftigung enthalten ist (§ 49 JArbSchG).

g) Bestimmten Personen, die sich strafbar gemacht haben, z. B. wegen des Verstoßes gegen das Jugendarbeitsschutzgesetz, ist es untersagt, Jugendliche zu beschäftigen, auszubilden oder anzuweisen (§ 25 JArbSchG).

12. Wie werden Verstöße des Arbeitgebers geahndet?

Verstöße des Arbeitgebers gegen die Regelungen des Jugendarbeitsschutzgesetzes sind im Allgemeinen mit Geldbußen, in besonders schweren Fällen mit Geld- und Freiheitsstrafen zu ahnden (§§ 58 ff. JArbSchG).

B Ausbildungsrecht

13. Was versteht man unter einer Berufsausbildung?

Die Berufsausbildung ist die **erste umfassende Ausbildung**; sie hat in einem geordneten Ausbildungsgang die für die Ausübung einer qualifizierten Tätigkeit in einer sich wandelnden Arbeitswelt notwendigen beruflichen Fertigkeiten, Kenntnisse und Fähigkeiten zu vermitteln. Sie hat ferner den Erwerb der erforderlichen Berufserfahrungen zu ermöglichen (§ 1 Abs. 3 BBiG). Die Berufsausbildung wird im Allgemeinen in den Betrieben durchgeführt und ergänzt durch den Berufsschulunterricht. Die Eltern als gesetzliche Vertreter des Minderjährigen sollen bei der Ausbildungswahl insbesondere auf Eignung und Neigung des Minderjährigen Rücksicht nehmen.

14. In welchen Berufen ist eine Ausbildung möglich?

Jugendliche unter 18 Jahren dürfen nach den Regelungen des Berufsbildungsgesetzes und der Handwerksordnung nur in staatlich anerkannten Ausbildungsberufen nach Maßgabe von **Ausbildungsordnungen** ausgebildet werden (§ 4 Abs. 3 BBiG). Dies bedeutet, dass die Ausbildung grundsätzlich in einem Berufsausbildungsverhältnis stattzufinden hat. Soll ein solches nicht vereinbart werden, kann stattdessen auch ein Arbeitsverhältnis begründet werden. Es ist jedoch unzulässig, die Ausbildung in einem anderen Vertragsverhältnis nach § 26 Berufsbildungsgesetz, etwa einem „Anlernverhältnis", durchzuführen (vgl. Nr. 28). Derartige Verträge sind wegen des Gesetzesverstoßes insgesamt nach § 134 BGB nichtig. Trotzdem eingegangene „Anlernverhältnisse" sind für den Zeitraum ihrer Durchführung entsprechend den Regeln über das Arbeitsverhältnis auf fehlerhafter Vertragsgrundlage (sog. faktisches Arbeitsverhältnis) wie ein Arbeitsverhältnis zu behandeln. Zu zahlen ist die im Sinne von § 612 Abs. 2 BGB für Arbeitsverhältnisse übliche Vergütung (BAG vom 27.7.2010 – 3 AZR 317/08). Ob sich der Arbeitgeber in einem solchen Fall ohne weiteres vorzeitig aus dem Rechtsverhältnis lösen kann oder ob dies wegen des Schutzzwecks des Berufsbildungsgesetzes nicht möglich ist, wofür nach Auffassung des Gerichts in der genannten Entscheidung einiges spricht, ist bisher nicht abschließend entschieden worden.

Einen Überblick über die anerkannten Ausbildungsberufe gibt das amtliche Verzeichnis der anerkannten Ausbildungsberufe, das vom Bundesinstitut für Berufsbildung (BIBB) jährlich veröffentlicht wird. Es kann auf der Homepage des BIBB unter www.Bibb.de, bei der Berufsberatung der Agentur für Arbeit oder der zuständigen Kammer eingesehen werden. Die Ausbildungsordnungen legen neben der Berufsbezeichnung fest

a) die Ausbildungsdauer (2–3 Jahre, für qualifizierte Berufe auch länger),

b) die in der Berufsausbildung zu vermittelnden Kenntnisse (Ausbildungsberufsbild),

c) den Ausbildungsrahmenplan,

d) die Prüfungsanforderungen.

Weitere Inhalte können fakultativ geregelt werden, z. B. eine Stufenausbildung, eine Durchführung der Abschlussprüfung in zwei Teilen, die Vermittlung über das Ausbildungsberufsbild hinausgehender Kenntnisse und eine überbetriebliche Berufsausbildung (§ 5 BBiG).

15. Welche Betriebe dürfen ausbilden?

a) Nur derjenige darf Personen zu ihrer Ausbildung einstellen, der **persönlich** geeignet ist (§ 28 BBiG und § 2 HandwO), also insbesondere keine Straftaten gegenüber Jugendlichen begangen oder wiederholt gegen Regelungen des Berufsbildungsgesetzes verstoßen hat.

b) Die Einstellung zum Zwecke der Berufsausbildung ist ferner nur dann zulässig, wenn der Ausbildende selbst **fachlich** geeignet ist oder, wenn er nicht fachlich geeignet ist oder nicht selbst ausbildet, einen Ausbilder bestellt, der sich persönlich und fachlich für die Berufsausbildung eignet (§ 28 BBiG und § 21 HandwO). Fachlich geeignet ist dabei nur derjenige, der die erforderlichen beruflichen sowie die erforderlichen berufs- und arbeitspädagogischen Fertigkeiten, Kenntnisse und Fähigkeiten besitzt. Im Bereich des Handwerks werden diese Kenntnisse innerhalb der Meisterprüfung vermittelt (zu weiteren Einzelheiten vgl. § 30 BBiG). Im Übrigen schreibt die Ausbilder-Eignungsverordnung entsprechend den Vorgaben des § 30 BBiG vor, dass die für die fachliche Eignung des Ausbilders erforderlichen berufs- und arbeitspädagogischen Fertigkeiten, Kenntnisse und Fähigkeiten durch ein Zeugnis oder einen anderen Nachweis zu belegen sind.

c) Die **Ausbildungsstätte** muss nach der Art, Einrichtung und personellen Besetzung zur Ausbildung in dem vereinbarten Beruf geeignet sein (§ 27 BBiG und § 23 HandwO). Eventuelle Mängel können durch Ausbildungsmaßnahmen außerhalb des Betriebes ausgeglichen werden.

16. Kann eine Berufsausbildung auch im Ausland erfolgen?

Teile der Berufsausbildung können im Ausland absolviert werden, wenn dies dem Ausbildungsziel dient. Die Gesamtdauer soll ein Viertel der nach der Ausbildungsordnung vorgeschriebenen Ausbildungsdauer nicht überschreiten.

Der Auslandsaufenthalt ist dem Ausbildungsziel dienlich, wenn die dort vermittelten Ausbildungsinhalte im Wesentlichen dem Gegenstand der heimischen Ausbildung entsprechen, wenn Sprachkenntnisse oder sonstige zusätzliche Kompetenzen erworben werden.

Da der Auslandsaufenthalt das Ausbildungsverhältnis nicht unterbricht und die Verpflichtungen aus dem Ausbildungsverhältnis (z. B. Zahlung der Vergütung) fortbestehen, ist die Abstimmung mit dem Ausbilder erforderlich. Die im Ausland erworbenen Kenntnisse und Fähigkeiten bedürfen keiner besonderen Anerkennung.

Daneben besteht weiterhin für Auszubildende die Möglichkeit, im Rahmen von Beurlaubungen oder Freistellungen Auslandsaufenthalte durchzuführen. Über eine Anrechnung solcher Ausbildungsabschnitte auf die Ausbildungszeit entscheidet die zuständige Stelle.

17. Wie wird ein Ausbildungsvertrag abgeschlossen?

Wie das normale Arbeitsverhältnis entsteht auch das Berufsausbildungsverhältnis durch Abschluss eines privatrechtlichen Vertrages zwischen dem ausbildenden Betrieb und dem Auszubildenden (§ 10 BBiG). Für die Ausbildung von Minderjährigen unter 18 Jahren ist die Zustimmung der gesetzlichen Vertreter erforderlich. Zwar hängt die Wirksamkeit des Ausbildungsvertrages nicht von der Beachtung der Schriftform ab; jedoch hat der ausbildende Betrieb unverzüglich nach Abschluss des Berufsausbildungsvertrages, spätestens vor Beginn der Berufsausbildung den wesentlichen Inhalt des Berufsausbildungsvertrages **schriftlich** niederzulegen (§ 11 BBiG). Hierfür halten die Kammern Vordrucke bereit. Die elektronische Form ist ausgeschlossen. Im Einzelnen müssen folgende Angaben festgehalten werden:

a) Art, sachliche und zeitliche Gliederung sowie Ziel der Berufsausbildung, insbesondere die Berufstätigkeit, für die ausgebildet werden soll,

b) Beginn und Dauer der Berufsausbildung,

c) Ausbildungsmaßnahmen außerhalb der Ausbildungsstätte,

d) Dauer der regelmäßigen täglichen Ausbildungszeit,

e) Dauer der Probezeit,

f) Zahlung und Höhe der Vergütung,

g) Dauer des Urlaubs,

h) Voraussetzungen, unter denen der Berufsausbildungsvertrag gekündigt werden kann,

i) einen in allgemeiner Form gehaltenen Hinweis auf die Tarifverträge und Betriebsvereinbarungen, die auf das Ausbildungsverhältnis anzuwenden sind.

Die Niederschrift ist von dem Arbeitgeber, von dem Auszubildenden und bei Minderjährigkeit des Auszubildenden von dessen gesetzlichen Vertretern zu unterzeichnen. Auszubildende und Vertreter erhalten vom Arbeitgeber unverzüglich eine Ausfertigung der Niederschrift.

18. Wie werden die Ausbildungsverträge überwacht?

Der ausbildende Betrieb hat unverzüglich nach Abschluss des Berufsausbildungsvertrages unter Beifügung einer Ausfertigung die Eintragung in das von den Industrie- und Handelskammern, den Handwerkskammern, den Landwirtschaftskammern, den Rechtsanwalts- und Notarkammern sowie den sonstigen zuständigen Stellen zu führende **Verzeichnis** zu beantragen. Liegen Mängel vor, so wird die Eintragung abgelehnt und die Beseitigung der Mängel gefordert.

19. Wann ist ein Berufsausbildungsvertrag mangelhaft?

Auch beim Abschluss eines Ausbildungsvertrages sind die Diskriminierungsverbote des AGG zu beachten (vgl. Kapitel 20 Nr. 12, 13). Darüber hinaus sind Vereinbarungen nichtig, die

a) den Arbeitnehmer für die Zeit nach Beendigung des Berufsausbildungsverhältnisses in der Ausübung seiner beruflichen Tätigkeit beschränken (z. B. Wettbewerbsverbote),

b) den Auszubildenden verpflichten, für die Berufsausbildung eine Entschädigung zu zahlen,

c) Vertragsstrafen vorsehen,

d) Schadensersatzansprüche ausschließen oder einschränken,

e) die Höhe eines Schadensersatzes in Pauschbeträgen festlegen.

Erst **in den letzten sechs Monaten** des Ausbildungsverhältnisses darf sich der Auszubildende verpflichten, nach dessen Beendigung mit dem ausbildenden Betrieb ein Arbeitsverhältnis auf unbestimmte Zeit oder ein befristetes Arbeitsverhältnis einzugehen (§ 12 BBiG).

20. Gibt es bei Berufsausbildungsverhältnissen eine Probezeit?

Die zwingend vorgeschriebene Probezeit beginnt mit dem Tage, der im Ausbildungsvertrag als Beginn des Berufsausbildungsverhältnisses festgelegt ist. Sie beträgt mindestens einen Monat, höchstens vier Monate (§ 20 BBiG). Die im Ausbildungsvertrag vereinbarte Dauer der Probezeit unterliegt der Inhaltskontrolle nach §§ 307 ff. BGB; die Dauer der Probezeit kann unangemessen benachteiligend sein (BAG vom 12.2.2015 – 6 AZR 831/13). Bei Unterbrechung (z. B. durch längere Krankheit) kann die Probezeit verlängert werden. Die Dauer eines vorausgegangenen Praktikums ist auf die Probezeit nicht anzurechnen (BAG vom 19.11.2015 – 6 AZR 844/14). In der Probezeit kann das Berufsausbildungsverhältnis jederzeit ohne Einhalten einer Kündigungsfrist gekündigt werden.

21. Wie lange dauert das Ausbildungsverhältnis?

Die Dauer des Ausbildungsverhältnisses ergibt sich aus der jeweiligen **Ausbildungsordnung** (im Allgemeinen zwischen zwei und drei Jahren). Im Einzelfall kann die Ausbildungszeit kürzer sein, z. B. wenn bestimmte Schulzeiten angerechnet werden können oder zu erwarten ist, dass das Ausbildungsziel in einer gekürzten Zeit erreicht wird. Auskünfte erteilen die Schulen und die Kammern mit ihren Ausbildungsberatern. Auch eine Teilzeitberufsausbildung durch Verkürzung der täglichen oder wöchentlichen Arbeitszeit ist bei Vorliegen eines berechtigten Interesses möglich. Eine Verlängerung ist nur ausnahmsweise auf Antrag des Auszubildenden zulässig, z. B. bei einer längeren Erkrankung (vgl. §§ 7 und 8 BBiG).

22. Wann endet das Ausbildungsverhältnis?

a) Das Ausbildungsverhältnis endet mit dem Ablauf der festgelegten Ausbildungszeit bzw. im Falle der Stufenausbildung mit Ablauf der letzten Stufe und davor nur dann, wenn der Auszubildende die Abschlussprüfung bestanden hat. Die Abschlussprüfung ist dabei nicht bereits bestanden, wenn die Prüfungsleistung erbracht ist, sondern erst mit deren positiver Bewertung durch einen entsprechenden Beschluss des Prüfungsausschusses und der Bekanntgabe des Prüfungsergebnisses (§ 21 Abs. 1 und 2 BBiG; vgl. BAG vom 16.6.2005 – 6 AZR 411/04, DB 2005, S. 2585). Dagegen verlängert sich das Ausbildungsverhältnis nicht über die vereinbarte Zeit hinaus bis zum Bestehen der Abschlussprüfung, wenn diese erst später stattfindet. Ansonsten kann nur die zuständige Stelle die Ausbildungszeit auf Antrag verlängern, wenn dies erforderlich ist, damit der Auszubildende das Ausbildungsziel erreicht (§ 8 Abs. 2 BBiG; vgl. BAG vom 13.3.2007 – 9 AZR 494/06, DB 2007, S. 2156). Eine erweiternde oder analoge Anwendung der Vorschrift liegt darüber hinaus dann nahe, wenn der Auszubildende die Verlängerung des Berufsausbildungsverhältnisses bis zur Bekanntgabe des Prüfungsergebnisses verlangt. Steht nicht fest, ob die Prüfung bestanden ist, muss der Auszubildende damit rechnen, sie wiederholen zu müssen. Die Verlängerung des Berufsausbildungsverhältnisses würde die lückenlose Fortsetzung ermöglichen und damit die Chance für das Bestehen einer etwa erforderlichen Wiederholungsprüfung erhöhen (BAG vom 14.1.2009 – 3 AZR 427/07, NZA 2009, S. 738).

b) Es bleibt dem ausbildenden Betrieb und dem Auszubildenden überlassen, ob sie anschließend ein Arbeitsverhältnis eingehen. Eine gesetzliche Pflicht zur Übernahme besteht für den Arbeitgeber lediglich bei Auszubildenden, die Mitglieder eines Vertretungsorgans der Betriebsverfassung sind (§ 78a BetrVG; vgl. Kapitel 34 Nr. 15). Darüber hinaus sehen manche Tarifverträge, z. B. in der Metall- und Elektroindustrie NRW, vor, dass der Arbeitgeber – von bestimmten Ausnahmefällen abgesehen – verpflichtet ist, Auszubildende nach erfolgreich bestandener Abschlussprüfung für eine bestimmte Zeit, z. B. mindestens zwölf Monate, in ein Arbeitsverhältnis zu übernehmen und in diesem Zeitraum der Arbeitgeber das Arbeitsverhältnis des Übernommenen nicht ordentlich kündigen darf. Es handelt sich dann um einen tarifvertraglichen Kündigungsausschluss. Dem entgegenstehende einzelvertragliche Abreden zwischen Arbeitgeber und Übernommenem sind unwirksam (BAG vom 6.7.2006 – 2 AZR 587/05). Bei stillschweigender Weiterbeschäftigung entsteht automatisch ein Arbeitsverhältnis auf unbestimmte Zeit (§ 24 BBiG).

c) Besteht der Auszubildende die Prüfung nicht, so verlängert sich auf sein Verlangen hin das Berufsausbildungsverhältnis bis zur nächstmöglichen Wiederholungsprüfung, höchstens um ein Jahr (§ 21 Abs. 3 BBiG).

d) Das Ausbildungsverhältnis kann nach Ablauf der Probezeit vorzeitig von beiden Vertragsparteien nur außerordentlich aus wichtigem Grund und vom Auszubildenden mit einer Frist von vier Wochen gekündigt werden, wenn er die Berufsausbildung aufgibt oder den Ausbildungsberuf wechselt (§ 22 BBiG). Die Kündigung muss schriftlich unter Angabe der konkreten Kündigungsgründe ausgesprochen werden. Bei minderjährigen Auszubildenden muss die Kündigung gegenüber den gesetzlichen Vertretern erklärt werden. Bei der **außerordentlichen** Kündigung dürfen die ihr zugrunde liegenden Tatsachen dem Kündigenden nicht länger als zwei Wochen bekannt sein. Bei ihrer Zulässigkeit spielt ohnehin der besondere Charakter des Ausbildungsverhältnisses eine entscheidende Rolle. Angesichts der dem ausbildenden Betrieb obliegenden erzieherischen Aufgabe ist bei Pflichtverletzungen, schlechten Leistungen, Aufsässigkeit oder leichten Unregelmäßigkeiten eine fristlose Entlassung des Auszubildenden erst dann zulässig, wenn trotz aller Erziehungsmaßnahmen keine Besserung eintritt oder bei ungenügenden Leistungen trotz aller Ermahnungen das Erreichen des Ausbildungsziels völlig ausgeschlossen erscheint. Je weiter die Ausbildungszeit fortgeschritten ist, desto strengere Anforderungen sind an die Zulässigkeit der außerordentlichen Kündigung zu richten. Der dringende Verdacht einer schwerwiegenden Pflichtverletzung kann einen wichtigen Grund zur Kündigung des Ausbildungsverhältnisses nach § 22 Abs. 2 Nr. 1 BBiG darstellen (BAG vom 12.2.2015 – 6 AZR 845/13). Die 3-Wochen-Frist des § 4 KSchG bei der Erhebung der Kündigungsschutzklage ist auch hier einzuhalten (BAG vom 5.7.1990, BB 1991, S. 1199). Bei einer vorzeitigen Auflösung des Ausbildungsverhältnisses kann der ausbildende Betrieb oder der Auszubildende Schadensersatz verlangen, wenn der andere Teil die Auflösung zu vertreten hat (Ausnahme: Kündigung wegen Ausbildungsaufgabe oder Ausbildungswechsel). Der Anspruch ist innerhalb von drei Monaten geltend zu machen (§ 23 BBiG). Zur Höhe des zu ersetzenden Schadens vgl. BAG vom 8.5.2007 – 9 AZR 527/06. Der nach § 23 Abs. 1 Satz 1 BBiG dem Auszubildenden zu ersetzende Schaden umfasst keine Abfindung entsprechend den §§ 9, 10 KSchG. Der Auszubildende kann Ersatz des gesamten Schadens verlangen, der durch das vorzeitige Lösen vom Berufsausbildungsverhältnis verursacht worden ist (BAG vom 16.7.2013 – 9 AZR 784/11).

23. Welche Pflichten hat der Ausbildende?

a) **Ausbildungspflicht**: Der ausbildende Betrieb muss insbesondere

- dafür sorgen, dass dem Auszubildenden die Fertigkeiten und Kenntnisse vermittelt werden, die dieser zum Erreichen des Ausbildungsziels in der vorgesehenen Zeit benötigt,
- selbst ausbilden oder einen Ausbilder ausdrücklich damit beauftragen,
- dem Auszubildenden kostenlos die Mittel zur Verfügung stellen, die dieser zur Berufsausbildung sowie für die vorgesehenen Prüfungen benötigt,
- den Auszubildenden zum Besuch der Berufsschule sowie zum Führen von Berichtsheften anhalten und diese Berichtshefte durchsehen,
- dafür sorgen, dass der Auszubildende charakterlich gefördert sowie körperlich und sittlich nicht gefährdet wird.

Dabei dürfen dem Auszubildenden nur Verrichtungen übertragen werden, die dem Ausbildungszweck dienen und seinen körperlichen Kräften angemessen sind (§ 14 BBiG). Zulässig sind insbesondere Arbeiten, die mit der Sauberkeit des Arbeitsplatzes und der Pflege von Waren, Maschinen, Geräten und Werkzeugen, mit denen der Auszubildende persönlich umzugehen hat, zusammenhängen.

b) **Zahlung einer Ausbildungsvergütung:** Der ausbildende Betrieb hat dem Auszubildenden eine monatlich fällige **angemessene Vergütung** zu zahlen (§ 17 BBiG). Die Vergütung ist nach dem Lebensalter der Auszubildenden so zu bemessen, dass sie mit fortschreitender Ausbildung, mindestens jährlich, ansteigt. Danach hat eine Ausbildungsvergütung regelmäßig drei Funktionen. Sie soll den Auszubildenden und seine unterhaltsverpflichteten Eltern bei der Lebenshaltung finanziell unterstützen, die Heranbildung eines ausreichenden Nachwuchses an qualifizierten Fachkräften gewährleisten und die Leistungen des Auszubildenden in gewissem Umfang „entlohnen" (vgl. BAG vom 17.3.2015 – 9 AZR 732/13). Bei fehlender Tarifbindung ist es zunächst Aufgabe der Vertragsparteien, die Höhe der Vergütung festzulegen. Sie haben einen Spielraum. Die richterliche Überprüfung erstreckt sich nur darauf, ob die vereinbarte Vergütung die Mindesthöhe erreicht, die noch als angemessen anzusehen ist. Ob die Parteien den Spielraum gewahrt haben, ist unter Abwägung ihrer Interessen und unter Berücksichtigung der besonderen Umstände des Einzelfalls festzustellen. Maßgeblich ist die Verkehrsanschauung. Wichtigster Anhaltspunkt für die Verkehrsanschauung sind die einschlägigen Tarifverträge. Bei ihnen ist anzunehmen, dass das Ergebnis der Tarifverhandlungen die Interessen beider Seiten hinreichend berücksichtigt (BAG vom 23.8.2011, NZA 2012, S. 211). Fehlt eine tarifliche Festlegung, kann auf branchenübliche Sätze oder z. B. auf die von Handwerkskammern oder Handwerksinnungen herausgegebenen Empfehlungen zurückgegriffen werden. Eine Ausbildungsvergütung ist in der Regel nicht mehr angemessen im Sinne von § 17 Abs. 1 Satz 1 BBiG, wenn sie die in einem einschlägigen Tarifvertrag enthaltenen Vergütungen um mehr als 20 % unterschreitet. Dies gilt allerdings nicht ausnahmslos. Auch bei deutlichem Unterschreiten dieser Grenze kann die Ausbildungsvergütung noch angemessen sein, wenn die Ausbildung teilweise oder vollständig durch Spenden oder öffentliche Gelder zur Schaffung zusätzlicher Ausbildungsplätze, insbesondere aber durch die Bundesagentur für Arbeit finanziert wird (ständige Rechtsprechung des BAG, vgl. z. B. BAG vom 19.2.2008 – 9 AZR 1091/06). Überstunden sind besonders zu vergüten oder durch Freizeit abzugelten. Kost und Unterkunft können in Höhe der sozialversicherungsrechtlichen Sachbezugswerte bis zu 75 Prozent der Bruttovergütung angerechnet werden. Die Vergütung ist monatlich, spätestens am letzten Arbeitstag des Monats, zu zahlen. Bei unverschuldeter Krankheit sowie in sonstigen Fällen, in denen der Auszubildende unverschuldet verhindert ist, seine Pflichten aus dem Berufsausbildungsvertrag zu erfüllen, ist die Vergütung bis zu sechs Wochen fortzuzahlen (§ 3 Entgeltfortzahlungsgesetz, § 19 BBiG).

c) **Ausstellung eines Zeugnisses:** Bei Beendigung des Berufsausbildungsverhältnisses ist dem Auszubildenden ein Zeugnis auszustellen, in dem Art, Dauer und Ziel der Berufsausbildung sowie die erworbenen Fähigkeiten und Kenntnisse, auf Verlangen auch Führung, Leistung und besondere fachliche Fähigkeiten aufzuführen sind (§ 16 BBiG). Dieser Zeugnisanspruch besteht unabhängig von dem Zeugnis der zuständigen Kammer über die bestandene Abschlussprüfung.

d) **Aushändigung der Ausbildungsordnung:** Vor Beginn der Berufsausbildung soll dem Auszubildenden die zugrunde liegende Ausbildungsordnung kostenlos ausgehändigt werden.

24. Welche Pflichten hat der Auszubildende?

Der Auszubildende (im Handwerk wie früher Lehrling genannt) hat sich neben seinen allgemeinen arbeitsrechtlichen Pflichten (Beispiel: Rechtzeitige Mitteilung einer Erkrankung) zu bemühen, die zum Erreichen des Ausbildungsziels erforderlichen Kenntnisse zu erwerben (§ 13 BBiG). Er muss insbesondere

a) die ihm im Rahmen der Berufsausbildung aufgetragenen Verrichtungen **sorgfältig** ausführen und die für die Ausbildungsstätte geltende Betriebsordnung beachten,

b) am Berufsschulunterricht und an den vorgeschriebenen Prüfungen sowie an außerbetrieblichen Ausbildungsveranstaltungen teilnehmen,

c) den Weisungen seiner Vorgesetzten folgen,

d) Werkzeuge, Maschinen und sonstige Einrichtungen pfleglich behandeln,

e) ein Berichtsheft, soweit dies vorgeschrieben ist, ordnungsgemäß führen und regelmäßig vorlegen,

f) über Betriebs- und Geschäftsgeheimnisse Stillschweigen wahren und während der Dauer des Berufsausbildungsverhältnisses Wettbewerb zu Lasten des Arbeitgebers unterlassen (BAG vom 20.9.2006 –10 AZR 439/05).

25. In welchem Umfang ist der Auszubildende für die Teilnahme am Berufsschulunterricht freizustellen?

Der ausbildende Betrieb muss den Auszubildenden unter Fortzahlung der Ausbildungsvergütung für die Teilnahme am Berufsschulunterricht **freistellen** (§ 15 BBiG und § 9 JArbSchG).

Darüber hinaus darf er den Auszubildenden nicht beschäftigen

a) vor einem vor 9 Uhr beginnenden Unterricht,

b) an Berufsschultagen mit mehr als fünf Unterrichtsstunden von mindestens 45 Minuten, einmal in der Woche (gilt nicht für erwachsene Auszubildende),

c) in Berufsschulwochen mit einem planmäßigen Blockunterricht von mindesten 25 Stunden an mindestens fünf Tagen (gilt nicht für erwachsene Auszubildende); lediglich zu zusätzlichen betrieblichen Ausbildungsveranstaltungen bis zu 12 Stunden in der Woche darf der Jugendliche herangezogen werden.

Der Arbeitgeber muss die **Unterrichtszeit**, einschließlich der Pausen (aber ohne Wegezeiten), auf die Arbeitszeit anrechnen. Berufsschultage mit mehr als fünf Unterrichtsstunden von mindestens je 45 Minuten werden mit acht Stunden, Berufsschulwochen mit einem planmäßigen Unterricht von mindestens 25 Stunden an mindestens fünf Tagen mit 40 Stunden angerechnet. Ist der Berufsschulunterricht an einem sonst für den Jugendlichen arbeitsfreien Samstag, so ist dieser ebenfalls anzurechnen (§ 9 JArbSchG). Bei Berufsschulpflichtigen über 18 Jahren werden lediglich die Freistellungszeiten für den Berufsschulunterricht auf die Arbeitszeit angerechnet (§§ 7 und 19 Abs. 1 Nr. 1 BBiG).

26. In welchem Umfang ist der Jugendliche für Prüfungen und außerbetriebliche Ausbildungsmaßnahmen freizustellen?

Der Arbeitgeber hat den Jugendlichen unter Fortzahlung der Ausbildungsvergütung freizustellen

a) für die Teilnahme an Prüfungen und vorgeschriebenen Ausbildungsmaßnahmen außerhalb der Ausbildungsstätte und

b) an dem Arbeitstag, der der schriftlichen Prüfung, mit der die Berufsausbildung abgeschlossen wird, vorangeht (§ 10 JArbSchG).

Die Teilnahmezeiten, einschließlich der Pausen, sind auf die Arbeitszeit anzurechnen. Der arbeitsfreie Tag vor der Abschlussprüfung ist mit acht Stunden anzurechnen.

Auszubildende **über 18 Jahre** haben lediglich einen Freistellungsanspruch für die Teilnahme an Prüfungen und außerbetrieblichen Ausbildungsmaßnahmen (§ 15 BBiG).

27. Was gilt für Praktika?

a) **Begriff**: Praktikantin oder Praktikant ist, unabhängig von der Bezeichnung des Rechtsverhältnisses, wer sich nach der tatsächlichen Ausgestaltung und Durchführung des Vertragsverhältnisses für eine begrenzte Dauer zum Erwerb praktischer Kenntnisse und Erfahrungen einer bestimmten betrieblichen Tätigkeit zur Vorbereitung auf eine berufliche Tätigkeit unterzieht, ohne dass es sich dabei um eine Berufsausbildung im Sinne des Berufsbildungsgesetzes oder um eine damit vergleichbare praktische Ausbildung handelt (§ 22 Abs. 1 Satz 3 MiLoG).

b) **Schriftlicher Vertrag**: Praktikantinnen und Praktikanten haben Anspruch auf einen schriftlichen Vertrag bzw. eine Niederschrift der Praktikumsbedingungen (§ 2 Abs. 1a NachwG).

c) **Pflichtpraktika**: Praktikanten, die aufgrund einer schulrechtlichen Bestimmung, einer Ausbildungsordnung, einer hochschulrechtlichen Bestimmung oder im Rahmen einer Ausbildung an einer gesetzlich geregelten Berufsakademie verpflichtend ein Praktikum ableisten. Für diese Pflichtpraktikanten gibt es keine arbeitsrechtlichen Vorgaben. Im Praktikantenvertrag muss lediglich die Verpflichtung des Betriebes festgelegt werden, dem Studenten innerhalb des praktischen Studienhalbjahres entsprechend dem Ausbildungsplan der Hochschule Erfahrungen und Kenntnisse des jeweiligen Fachbereiches zu vermitteln. Der Praktikant verpflichtet sich, die ihm gebotenen Ausbildungsmöglichkeiten wahrzunehmen und entsprechend dem Ausbildungsplan die übertragenen Arbeiten sorgfältig auszuführen. Auch für Schüler, die im Rahmen eines sog. **Betriebspraktikums** im Betrieb tätig werden, um in die Arbeitswelt eingeführt zu werden und sich über eine mögliche berufliche Ausbildung zu informieren, gibt es keine arbeitsrechtlichen Vorgaben.

d) **Freiwillige Praktika**: Das Praktikantenverhältnis kann aber auch als ein freiwilliges Praktikum und damit als „anderes Vertragsverhältnis" nach § 26 BBiG ausgestaltet sein. Dann gelten für diese Praktikanten die für Auszubildende geltenden Bestimmungen entsprechend. Insbesondere ist immer eine angemessene Ausbildungsvergütung zu zahlen. Diese Praktikanten gelten nach § 22 Abs. 1 MiLoG als Arbeitnehmer und haben Anspruch auf eine Vergütung mindestens in Höhe des Mindestlohns (vgl. Kapitel 10). Dies gilt jedoch nicht für

- Pflichtpraktikanten (s. o.),
- Praktikanten, die ein Praktikum von bis zu drei Monaten zur Orientierung für eine Berufsausbildung oder für die Aufnahme eines Studiums leisten,

- Praktikanten, die ein Praktikum von bis zu drei Monaten begleitend zu einer Berufs- oder Hochschulausbildung leisten, wenn nicht zuvor ein solches Praktikumsverhältnis mit demselben Ausbildenden bestanden hat, oder
- Praktikanten, die an einer Einstiegsqualifizierung nach § 54a SGB III oder an einer Berufsausbildungsvorbereitung nach §§ 68 bis 70 BBiG teilnehmen.

28. Was gilt für sonstige Berufsbildungsverhältnisse?

a) Vom Ausbildungsverhältnis, das in einem geordneten Ausbildungsgang eine breit angelegte berufliche Grundausbildung vermittelt, sind die **berufliche Fortbildung** und **Umschulung** zu unterscheiden. Die berufliche Fortbildung soll es ermöglichen, die beruflichen Kenntnisse zu erhalten, zu erweitern, der technischen Entwicklung anzupassen oder beruflich aufzusteigen. Die **berufliche Umschulung** soll zu einer anderen beruflichen Tätigkeit befähigen. Für die berufliche Fortbildung und die berufliche Umschulung sind im Berufsbildungsgesetz **keine besonderen vertragsrechtlichen Bestimmungen vorgesehen**. Die entsprechenden Bildungsmaßnahmen können auch im Rahmen eines normalen Arbeitsverhältnisses durchgeführt werden; nur in diesem Fall bedarf die Aufhebung des Umschulungsvertrages der Schriftform des § 623 BGB (BAG, Urteil vom 19.1.2006 - 6 AZR 638/04). Dasselbe gilt für die Beschäftigungsverhältnisse, **in denen keine breit angelegte berufliche Grundausbildung**, sondern lediglich bestimmte berufliche Kenntnisse und Fertigkeiten vermittelt werden, z. B. als Anlernling oder Volontär Liegt kein Arbeitsverhältnis vor, gelten für das dann bestehende Verhältnis als unabdingbare Mindestnormen grundsätzlich die vertraglichen Vorschriften des Berufsbildungsgesetzes mit der Maßgabe, dass die gesetzliche Probezeit abgekürzt, auf die Vertragsniederschrift – außer bei Praktikanten (s. o.) – verzichtet und bei vorzeitiger Lösung des Vertragsverhältnisses nach Ablauf der Probezeit Schadensersatz nicht verlangt werden kann (§ 26 BBiG). Dies bedeutet insbesondere, dass auch dem Volontär usw. eine angemessene Vergütung gezahlt werden muss.

b) **Rückzahlungsklauseln:** Während bei einem echten Ausbildungsverhältnis (vgl. Nr. 13) oder bei einem nach § 19 BBiG gleichgestellten Bildungsverhältnis, z. B. als Praktikant (vgl. Nr. 27), der ausbildende Arbeitgeber die Kosten zu tragen hat, können bei **sonstigen Bildungsmaßnahmen**, z. B. bei der Teilnahme an Meister- oder Technikerkursen, an EDV-Schulungen oder Lehrgängen zum Führerscheinerwerb, Arbeitgeber und Arbeitnehmer frei vereinbaren, wer die Kosten zu tragen hat. Auch Rückzahlungsvereinbarungen für den Fall eines vorzeitigen Ausscheidens des Arbeitnehmers aus dem Betrieb nach dem Ende des Lehrgangs sind grundsätzlich zulässig. Sie sind aber nur wirksam, wenn sie als Allgemeine Geschäftsbedingungen der Billigkeitskontrolle nach § 305 ff. BGB entsprechen (vgl. dazu Kapitel 3 Nr. 18).

   Im Allgemeinen gilt bei einer Fortzahlung der Bezüge während der Bildungsmaßnahme zur **zulässigen Bindungsdauer** Folgendes:

   - Fortbildungsdauer bis zu einem Monat Bindung bis zu sechs Monaten,
   - Fortbildungsdauer von einem Monat bis zu zwei Monaten Bindung bis zu einem Jahr,

- Fortbildungsdauer von drei bis vier Monaten Bindung bis zu zwei Jahren,
- Fortbildungsdauer von sechs Monaten bis zu einem Jahr Bindung bis zu drei Jahren und
- bei einer mehr als zweijährigen Dauer Bindung bis zu fünf Jahren zulässig.

Abweichungen davon sind entsprechend den genannten Grundsätzen jedoch möglich. Eine verhältnismäßig lange Bindung kann auch bei kürzerer Ausbildung gerechtfertigt sein, wenn der Arbeitgeber ganz erhebliche Mittel aufwendet oder die Teilnahme an der Fortbildung dem Arbeitnehmer überdurchschnittlich große Vorteile bringt. Es geht nicht um rechnerische Gesetzmäßigkeiten, sondern um richterrechtlich entwickelte Regelwerte, die einzelfallbezogenen Abweichungen zugänglich sind. Ist eine zu lange Bindungsdauer vereinbart, führt dies grundsätzlich zur Unwirksamkeit der Rückzahlungsklausel insgesamt; ein Rückzahlungsanspruch besteht dann nicht (z. B. BAG vom 14.1.2009 – 3 AZR 900/07). Ob dies grundsätzlich auch für den Fall gilt, dass die Rückzahlungsvereinbarung erst nach Abschluss der Fortbildungsmaßnahme getroffen wurde, hat das Bundesarbeitsgericht bisher offen gelassen. Ist der Arbeitgeber zur Fortzahlung des Arbeitsentgelts während der Schulungsmaßnahme verpflichtet, verweigert er aber die Zahlung trotz eindeutiger Rechtslage und kommt daraufhin eine Vereinbarung zustande, nach der der Arbeitgeber die Teilnahme an der Maßnahme zu vergüten und der Arbeitnehmer unter bestimmten Umständen die Kosten zu erstatten hat, so ist diese Vereinbarung an den allgemeinen Grundsätzen über die zulässige Bindungsdauer zu messen (BAG vom 15.9.2009 – 3 AZR 173/08).

Es kann sich eine nach der Dauer der anschließenden Betriebszugehörigkeit gestaffelte Rückzahlungspflicht empfehlen, z. B. bei einer dreijährigen Bindung in Form einer Minderung der Rückzahlungspflicht für jeden Monat der Betriebszugehörigkeit um $\frac{1}{36}$ oder für jedes Jahr der Betriebszugehörigkeit um $\frac{1}{3}$.

Haben die Parteien in einem vom Arbeitgeber vorformulierten Arbeitsvertrag vereinbart, dass ein Arbeitnehmer bei Beendigung des Arbeitsverhältnisses vor Ablauf einer bestimmten Frist vom Arbeitgeber übernommene Ausbildungskosten zurückzahlen muss, ohne dass es auf den Grund der Beendigung des Arbeitsverhältnisses ankommt, also auch im Falle einer **Kündigung durch den Arbeitgeber**, ist diese Rückzahlungsklausel unwirksam. Es liegt nicht am Arbeitnehmer, dass sich die Bildungsinvestition des Arbeitgebers nicht amortisiert und benachteiligt ihn damit entgegen den Geboten von Treu und Glauben unangemessen. Eine Auslegung der Klausel dahingehend, dass sie nur für den Fall gilt, dass das Arbeitsverhältnis durch den Arbeitnehmer selbst oder wegen eines von ihm zu vertretenden Grundes durch den Arbeitgeber beendet wird (geltungserhaltende Reduktion) scheidet aus.

29. Wie werden Verstöße des Ausbildenden geahndet?

Nur einige, insbesondere ordnungsrechtliche Verstöße des Arbeitgebers bei der Ausbildung werden als Ordnungswidrigkeiten mit Geldbußen geahndet (§ 102 BBiG).

29. Behinderte Menschen

1. Durch welche Regelungen sind behinderte und schwerbehinderte Menschen geschützt?

Nach Art. 3 Abs. 3 GG darf niemand wegen seiner Behinderung benachteiligt werden; dies gilt auch im Arbeitsleben. Im Einzelnen ist der arbeitsrechtliche Schutz der schwerbehinderten Menschen in den §§ 151 ff. SGB IX geregelt (vgl. Nr. 3 ff.). Darüber hinaus besteht ein im Allgemeinen Gleichbehandlungsgesetz (vgl. Kapitel 20 Nr. 11 ff.) geregeltes umfassendes Diskriminierungsverbot im Arbeits- und Berufsleben; es verbietet die Benachteiligung **aller behinderten Menschen** unabhängig vom Grad der Behinderung. Für die behinderten Menschen, soweit sie nicht schwerbehindert sind, gilt damit ausschließlich das allgemeine Diskriminierungsverbot (vgl. Nr. 2), für die schwerbehinderten Menschen gelten noch zusätzlich die allerdings teilweise identischen Bestimmungen in §§ 151 ff. SGB IX (vgl. im Folgenden Nrn. 3 ff.). Eine entsprechende Anwendung der Regelungen des SGB IX auf behinderte Menschen, die nicht schwerbehindert sind, scheidet aus (BAG vom 27.1.2011 – 8 AZR 580/09).

Das Diskriminierungsverbot schließt auch Fragen bei der Einstellung nach einer Behinderung aus. Eine Ausnahme gilt, wenn körperliche Einschränkungen die Eignung des Bewerbers für die vorgesehene Tätigkeit wesentlich und entscheidend beeinträchtigen und daher auch die Nichtberücksichtigung keine Diskriminierung gewesen wäre (vgl. Kapitel 3 Nr. 5). Nach sechsmonatigem Bestand des Arbeitsverhältnisses ist die Frage nach einer Schwerbehinderung bzw. einem diesbezüglich gestellten Antrag, d. h. ggfls nach Erwerb des Behindertenschutzes gemäß §§ 168 ff. SGB IX, zulässig. Antwortet der Arbeitnehmer wahrheitswidrig auf die ihm rechtmäßig gestellte Frage nach seiner Schwerbehinderung, ist es ihm unter dem Gesichtspunkt des widersprüchlichen Verhaltens verwehrt, sich auf seine Schwerbehinderung zu berufen (BAG vom 16.2.2012, DB 2012, S. 1042).

2. Wie sind die Behinderten durch das Diskriminierungsverbot geschützt?

a) Benachteiligungen **wegen einer Behinderung** sind in allen Phasen des Arbeitsverhältnisses zu unterlassen, und zwar von der Anbahnung des Arbeitsverhältnisses, der Bewerberauswahl und der Vereinbarung der Einstellungs- und Beschäftigungsbedingungen an bis hin zur Durchführung des Arbeitsverhältnisses, z. B. bei einer Weisung oder beim beruflichen Aufstieg, und der Beendigung des Arbeitsverhältnisses (§ 2 Abs. 1 Nr. 1 und 2 AGG; vgl. ausführlich Kapitel 20 Nr. 11 ff.). Soweit die Schwerbehinderteneigenschaft dem Arbeitgeber nicht nachweislich schon bekannt ist oder – etwa bei einem Vorstellungsgespräch – eine körperliche Behinderung offensichtlich bekannt wird, muss ein Bewerber den Arbeitgeber über seine Schwerbehinderteneigenschaft informieren (BAG vom 26.9.2013 – 8 AZR 650/12). Kündigungen **allein wegen** einer Behinderung sind damit trotz der missverständlichen Formulierung in § 2 Abs. 4 AGG ausgeschlossen (vgl. BAG vom 6.11.2008 – 2 AZR 701/07 – und zum besonderen Kündigungsschutz schwerbehinderter Menschen Nr. 12).

b) Für den **Begriff der Behinderung** kann auf § 2 Abs. 1 SGB IX zurückgegriffen werden. Danach sind Menschen behindert, wenn ihre körperlichen Funktion, geistige Fähigkeit oder seelische Gesundheit mit hoher Wahrscheinlichkeit länger als sechs Monate von dem für das Lebensalter typischen Zustand abweicht und daher die

Teilnahme am Leben der Gesellschaft beeinträchtigt ist; eine Krankheit als solche ist keine Behinderung. Eine symptomlose HIV-Infektion hat eine Behinderung im Sinn des Allgemeinen Gleichbehandlungsgesetzes zur Folge. Das gilt solange, wie das gegenwärtig auf eine solche Infektion zurückzuführende soziale Vermeidungsverhalten sowie die darauf beruhenden Stigmatisierungen andauern (BAG vom 19.12.2013 – 6 AZR 190/12).

3. Wer fällt unter den besonderen Schutz des Schwerbehindertenrechts?

Schwerbehinderte Menschen im Sinne der §§ 151 ff. SGB IX sind alle Personen, die in ihrer Erwerbsfähigkeit gemindert sind, ohne Rücksicht auf die Ursache der Behinderteneigenschaft. Zu unterscheiden sind die schwerbehinderten Menschen und die ihnen Gleichgestellten:

a) **Schwerbehinderte Menschen** sind alle Personen mit einem Grad der nicht nur vorübergehenden körperlichen, geistigen oder seelischen Behinderung um mindestens 50 Prozent (§ 2 Abs. 1 und 2 SGB IX). Auf diesen Personenkreis finden alle Vorschriften des Schwerbehindertenrechts Anwendung.

b) Den schwerbehinderten Menschen können Personen mit einem Grad der Behinderung von weniger als 50 Prozent, aber wenigstens 30 Prozent **gleichgestellt** werden, wenn sie ohne diese Gleichstellung einen geeigneten Arbeitsplatz nicht erlangen oder behalten können. Die Gleichstellung kann vom behinderten Menschen bei der Agentur für Arbeit beantragt werden. Ihre zeitliche Befristung ist zulässig (§ 2 Abs. 3 SGB IX). Auf Gleichgestellte findet das Schwerbehindertenrecht, z. B. der Kündigungsschutz, mit Ausnahme der Regelungen über den Zusatzurlaub Anwendung. Der Gleichgestellte erwirbt den Schutz des Schwerbehindertenrechts rückwirkend vom Zeitpunkt der Antragstellung an. Bei der Gleichstellung muss der Arbeitgeber zwar angehört werden. Er hat aber kein Widerspruchs- oder Klagerecht.

   Die Behinderung des schwerbehinderten Menschen oder Gleichgestellten muss auf einem regelwidrigen gesundheitlichen, geistigen oder seelischen Zustand beruhen, der voraussichtlich **sechs Monate überschreitet**. Dabei besagt der Begriff „Behinderung" im Einzelfall noch nichts über die Einsatzmöglichkeiten in einem bestimmten Beruf oder für eine bestimmte Tätigkeit. So kann ein als 100 %ig behindert eingestufter Arbeitnehmer bei einer Verwaltungstätigkeit oder auch mit entsprechenden Arbeitshilfen an einem anderen Arbeitsplatz voll einsatzfähig sein (Beispiel: Querschnittgelähmter Telefonist im Rollstuhl).

4. Wie wird die Schwerbehinderung festgestellt und nachgewiesen?

Die jeweils in den einzelnen Bundesländern zuständigen Behörden, z. B. die Versorgungsämter, stellen das Vorliegen einer Behinderung und den Grad der Behinderung fest. Sie stellen auch den entsprechenden Schwerbehindertenausweis aus, der als Nachweis für die Rechte aus dem Schwerbehindertenrecht dient (§ 152 SGB IX). Zum Teil kann der Schwerbehindertenausweis bereits per Internet bestellt werden, z. B. in NRW und Bayern.

5. Wann entfällt der Schwerbehindertenschutz?

Der Schwerbehindertenschutz kann auf Dauer entfallen oder auch nur zeitweilig entzogen werden. Bei schwerbehinderten Menschen entfällt der Schwerbehindertenschutz zum Ende des dritten Monats, nachdem die Versorgungsbehörden unanfechtbar festgestellt haben, dass die Behinderung auf unter 50 % gesunken ist (§ 199 Abs. 1 SGB X). Bei Gleichgestellten muss die Gleichstellung durch die Agentur für Arbeit unanfechtbar widerrufen sein, z. B. weil der Grad der Behinderung sich auf weniger als 30 % verringert hat, bevor ebenfalls nach drei Monaten der Schutz entfällt (vgl. §§ 151, 199 Abs. 2 und 3 SGB IX).

6. Welche Pflichten hat der Arbeitgeber bei der Einstellung von schwerbehinderten Menschen?

a) Der Arbeitgeber muss bei freien Stellen unter Beteiligung der Schwerbehindertenvertretung und des Betriebsrats prüfen, ob er sie mit schwerbehinderten Menschen, insbesondere bei der Agentur für Arbeit als arbeitslos oder arbeitsuchend gemeldeten Schwerbehinderten, besetzen kann (§ 164 Abs. 1 SGB IX). Die Besetzungspflicht beschränkt sich dabei nicht auf den arbeitslosen oder arbeitsuchend gemeldeten Personenkreis, sondern bezieht sich auch auf bereits beim Arbeitgeber beschäftigte Personen (BAG vom 17.8.2010 – 9 AZR 839/08). Die Prüfpflicht zur Berücksichtigung schwerbehinderter Menschen bei der Besetzung freier Stellen besteht immer und für alle Arbeitgeber und unabhängig davon, ob sich ein schwerbehinderter Mensch beworben hat oder bei seiner Bewerbung diesen Status offenbart hat. Verletzt ein Arbeitgeber diese Prüfpflicht, so stellt dies ein Indiz dafür dar, dass er einen abgelehnten schwerbehinderten Menschen wegen der Behinderung benachteiligt hat, weil er seine Förderungspflichten unbeachtet gelassen hatte. Diese Vermutung muss der Arbeitgeber widerlegen (BAG vom 13.10.2011 – 8 AZR 608/10). Der Arbeitgeber hat frühzeitig Verbindung mit der Agentur für Arbeit aufzunehmen. Über die Vermittlungsvorschläge der Agentur für Arbeit und vorliegende Bewerbungen von schwerbehinderten Menschen haben die Arbeitgeber die **Schwerbehindertenvertretung** und den **Betriebsrat** unmittelbar nach Eingang zu unterrichten. Erfüllt der Arbeitgeber seine Beschäftigungsquote nicht oder ist die Schwerbehindertenvertretung oder der Betriebsrat mit der beabsichtigten Entscheidung nicht einverstanden, ist dies unter Darlegung der Gründe mit ihnen zu erörtern. Dabei ist der betroffene schwerbehinderte Mensch zu hören. Die Beteiligten sind vom Arbeitgeber über die getroffene Entscheidung unter Darlegung der Gründe unverzüglich zu unterrichten. Erfüllt der Arbeitgeber die Beschäftigungsquote nach § 154 Abs. 1 SGB IX, ist er nicht verpflichtet, die Beteiligten unverzüglich i. S. d. § 164 Abs. 1 Satz 9 SGB IX über die Gründe seiner Auswahlentscheidung bei Bewerbungen zu unterrichten (BAG vom 21.2.2013, BB 2013, S. 563). Bei der Entscheidung über die Bewerbung von schwerbehinderten Menschen ist die Schwerbehindertenvertretung selbst dann zu beteiligen, wenn die Vertrauensperson der Schwerbehinderten ebenfalls zu den Bewerbern gehört (BAG vom 22.8.2013 – 8 AZR 574/12).

b) Hat der Arbeitgeber vor der Einstellung nicht geprüft, ob der freie Arbeitsplatz mit einem schwerbehinderten – arbeitslosen – Arbeitnehmer besetzt werden kann, so stellt sich dies als potentielle Benachteiligung der Gruppe arbeitsloser schwerbehinderter Menschen dar und kann damit das Benachteiligungsverbot des § 7

Abs. 1 AGG i. V. m. § 1 AGG verletzen. Die Nichteinschaltung der Agentur für Arbeit ist geeignet, die Vermutung einer Benachteiligung wegen der Schwerbehinderung zu begründen (BAG vom17.6.2008, DB 2008, S. 2200). Die in § 164 Abs. 1 Satz 1 und 2 SGB IX normierte Prüf- und Konsultationspflicht des Arbeitgebers besteht auch dann, wenn der Arbeitgeber beabsichtigt, einen frei werdenden oder neu geschaffenen Arbeitsplatz mit einem Leiharbeitnehmer zu besetzen. Verstößt der Arbeitgeber gegen seine Pflichten aus § 164 Abs. 1 Satz 1 und 2 SGB IX, berechtigt dies den Betriebsrat, die Zustimmung zur Einstellung des Leiharbeitnehmers nach § 99 Abs. 2 Nr. 1 BetrVG zu verweigern (BAG vom 23.6.2010 – 7 ABR 3/09). Die §§ 164 ff. SGB IX gelten nur für Schwerbehinderte und diesen gleichgestellte behinderte Menschen, § 151 Abs. 1 SGB IX. Ein einfach behinderter Bewerber kann sich daher nicht im Sinne von Vermutungstatsachen auf Verstöße des Arbeitgebers im Bewerbungsverfahren gegen die §§ 164 ff. SGB IX berufen (BAG vom 28.1.2011, NZA 2011, S. 737).

c) Bei einem öffentlichen Arbeitgeber ist zusätzlich zu beachten, dass er den schwerbehinderten Bewerber nach § 165 SGB IX zu einem Vorstellungsgespräch einladen muss; diese Pflicht besteht nur dann nicht, wenn dem schwerbehinderten Menschen die fachliche Eignung offensichtlich fehlt. Ein schwerbehinderter Bewerber muss bei einem öffentlichen Arbeitgeber die Chance eines Vorstellungsgesprächs bekommen, wenn seine fachliche Eignung zweifelhaft, aber nicht offensichtlich ausgeschlossen ist. Auch dann, wenn sich der öffentliche Arbeitgeber aufgrund der Bewerbungsunterlagen schon die Meinung gebildet hat, dass der schwerbehinderte Bewerber nicht mehr in die nähere Auswahl komme, muss er den schwerbehinderten Bewerber nach dem Gesetzesziel einladen. Der schwerbehinderte Bewerber soll den öffentlichen Arbeitgeber im Vorstellungsgespräch von seiner Eignung überzeugen können. Der Ausschluss aus dem weiteren Bewerbungsverfahren ist eine Benachteiligung, die in einem ursächlichen Zusammenhang mit der Behinderung steht, vgl. BAG vom 22.8.2013 – 8 AZR 563/12 (zu den Folgen vgl. Kapitel 20 Nr. 11 ff.).

d) Jeder Arbeitgeber, der jahresdurchschnittlich im Monat über mindestens **20 Arbeitsplätze** und weniger als 40 Arbeitsplätze verfügt, muss einen schwerbehinderten Menschen, ein Arbeitgeber mit zwischen 40 und weniger als 60 Arbeitsplätzen zwei schwerbehinderte Menschen und bei mehr Arbeitsplätzen auf wenigstens **5 Prozent** der Arbeitsplätze schwerbehinderte Menschen beschäftigen, und zwar durchschnittlich je Monat. Dabei sind **schwerbehinderte Frauen** besonders zu berücksichtigen. Im Übrigen ist ihm allerdings überlassen, welchen behinderten Menschen er auswählt und welche Arbeitsplätze er in Erfüllung seiner Beschäftigungspflicht mit behinderten Menschen besetzt (§ 154 SGB IX). Für jeden nicht besetzten Arbeitsplatz ist eine Ausgleichsabgabe zu zahlen (vgl. Nr. 8). Die schuldhafte Verletzung der Beschäftigungspflicht kann zudem mit Geldbußen belegt werden.

e) Unter den vom Arbeitgeber zu beschäftigenden schwerbehinderten Menschen müssen sich in angemessenem Umfang schwerbehinderte Menschen befinden, die nach Art oder Schwere ihrer Behinderung im Arbeits- oder Berufsleben **besonders betroffen** sind (Beispiele: Schwerbehinderte Menschen, deren Beschäftigung außergewöhnliche Aufwendungen erfordert oder die nur eine wesentlich verminderte Arbeitsleistung erbringen können) oder die das 50. Lebensjahr vollendet haben; hierüber ist mit der Schwerbehindertenvertretung und dem Betriebsrat zu beraten (§ 155 Abs. 1 SGB IX).

f) Arbeitgeber, die über Stellen für **Auszubildende** verfügen, müssen einen angemessenen Anteil dieser Stellen mit schwerbehinderten Menschen besetzen; hierüber ist mit der Schwerbehindertenvertretung und dem Betriebsrat zu beraten (§ 155 Abs. 2 SGB IX).

7. Wie werden die Pflichtplätze berechnet?

a) Entscheidend sind **alle Arbeitsplätze**, über die der Arbeitgeber in den Betrieben seines Unternehmens im Inland verfügt. Ausgenommen sind beispielsweise Stellen, auf denen Auszubildende beschäftigt werden, ferner Stellen in Arbeitsbeschaffungsmaßnahmen nach SGB III, Stellen, die nach der Natur der zu leistenden Arbeiten vereinbarungsgemäß nur auf die Dauer von acht Wochen besetzt sind oder auf denen Arbeitnehmer an weniger als 18 Wochenstunden beschäftigt werden sowie schließlich Stellen, auf denen Arbeitnehmer beschäftigt sind, deren Arbeitsverhältnis z. B. wegen Elternzeit ruht oder bei Altersteilzeit im Blockmodell während der Freistellungsphase, solange für sie eine Vertretung eingestellt ist (§ 156 SGB IX).

b) Der Arbeitgeber hat die Zahl der aufgrund seiner Arbeitsplätze in jedem Monat zu beschäftigenden schwerbehinderten Menschen in eigener Verantwortung zu errechnen. Bruchteile von 50 % und mehr werden **aufgerundet**, bei Arbeitgebern mit jahresdurchschnittlich weniger als 60 Arbeitsplätzen **abgerundet** (§ 157 Abs. 2 SGB IX).

c) Jeder an wenigstens 18 Stunden in der Woche beschäftigte schwerbehinderte Mensch, einschließlich des Arbeitgebers selbst und der Teilnehmer an Arbeitsbeschaffungsmaßnahmen nach dem SGB III, wird auf einen Pflichtplatz angerechnet. Bei einer kürzeren Arbeitszeit kann die Agentur für Arbeit die Anrechnung zulassen, wenn die kürzere Arbeitszeit wegen der Art der Schwere der Behinderung notwendig erscheint. Die Anrechnung durch die Agentur für Arbeit auf mehr als einen Pflichtplatz, höchstens aber auf drei Pflichtplätze, ist zulässig, wenn die Unterbringung des schwerbehinderten Menschen in einem Arbeitsverhältnis besondere Schwierigkeiten macht. **Ein zur Ausbildung** beschäftigter schwerbehinderter Mensch wird immer auf zwei Pflichtplätze angerechnet. Eine Anrechnung auf drei Pflichtplätze ist möglich (§§ 158 und 159 SGB IX). Zur Anrechnung auf zwei Pflichtplätze im ersten Jahr nach abgeschlossener Ausbildung vgl. § 159 Abs. 2 Satz 4 SGB IX.

8. Wann und in welcher Höhe ist eine Ausgleichsabgabe zu zahlen?

Der Arbeitgeber hat bei Nichterfüllung seiner Beschäftigungspflicht für jeden nicht besetzten Pflichtplatz eine **Ausgleichsabgabe** zu zahlen. Er hat diese Ausgleichsabgabe selbst zu errechnen und bis zum 31.3. des folgenden Jahres an das für ihn zuständige Integrationsamt abzuführen (§ 160 SGB IX).

Die **Ausgleichsabgabe** wird auf der Grundlage einer jahresdurchschnittlichen Beschäftigungsquote ermittelt. Sie beträgt je **Monat und unbesetzten Pflichtplatz**

a) 125 Euro bei einer jahresdurchschnittlichen Beschäftigungsquote von 3–5 %,

b) 220 Euro bei einer Beschäftigungsquote von 2 % bis weniger als 3 % und

c) 320 Euro bei einer Beschäftigungsquote von weniger als 2 %.

Abweichend hiervon beträgt die Ausgleichsabgabe

a) für Arbeitgeber mit jahresdurchschnittlich weniger als 40 zu berücksichtigenden Arbeitsplätzen bei einer jahresdurchschnittlichen Beschäftigung von weniger als einem schwerbehinderten Menschen 125 Euro und

b) für Arbeitgeber mit jahresdurchschnittlich weniger als 60 zu berücksichtigenden Arbeitsplätzen bei einer Beschäftigung von weniger als zwei schwerbehinderten Menschen 125 Euro und bei einer Beschäftigung von weniger als einem schwerbehinderten Menschen 220 Euro (§ 160 Abs. 2 SGB IX).

Die Ausgleichsabgabe ist entsprechend der Lohnentwicklung dynamisiert (§ 160 Abs. 3 SGB IX).

9. Wozu kann die Ausgleichsabgabe verwendet werden?

Die Ausgleichsabgabe darf nur für Leistungen zur Förderung der Teilhabe schwerbehinderter Menschen am Arbeitsleben, einschließlich der begleitenden Hilfe im Arbeitsleben, verwendet werden (§ 160 Abs. 5 SGB IX). Einzelheiten sind in einer besonderen **Schwerbehinderten-Ausgleichsabgabeverordnung** geregelt, in der neben Leistungen an die **schwerbehinderten Menschen** (z. B. zur Teilnahme an Maßnahmen zur Erhaltung und Erweiterung beruflicher Kenntnisse und Fertigkeiten) auch Leistungen an die **Arbeitgeber** zur Schaffung und Bereitstellung von Arbeits- und Ausbildungsplätzen für schwerbehinderte Menschen vorgesehen sind. Zuständig für die Gewährung der Leistungen sind die Integrationsämter (vgl. Nr. 17) und die örtlichen Agenturen für Arbeit.

10. Welche Anzeigepflichten hat der Arbeitgeber?

Der Arbeitgeber hat gesondert für jeden Betrieb ein **Verzeichnis** der bei ihm beschäftigten schwerbehinderten Menschen und Gleichgestellten zu führen und darüber hinaus **einmal jährlich** bis zum 31.3. der zuständigen Agentur für Arbeit für das vergangene Jahr die Daten anzuzeigen, die zur Berechnung des Umfangs der Beschäftigungspflicht und der Ausgleichsabgabe sowie zur Überwachung ihrer Erfüllung erforderlich sind, also insbesondere die Zahl der Arbeitsplätze, die Zahl der beschäftigten schwerbehinderten Menschen und Gleichgestellten und die Zahl der zu ihrer beruflichen Bildung beschäftigten schwerbehinderten Menschen (§ 163 Abs. 2 SGB IX).

11. Welche sonstigen besonderen Pflichten treffen den Arbeitgeber?

a) Der Arbeitgeber ist verpflichtet, durch geeignete Maßnahmen sicherzustellen, dass in seinem Betrieb wenigstens die vorgeschriebene Zahl schwerbehinderter Menschen eine möglichst dauerhafte behindertengerechte Beschäftigung finden kann (§ 164 Abs. 3 SGB IX).

b) Der Arbeitgeber hat den schwerbehinderten Menschen so zu beschäftigen, dass dieser seine Fähigkeiten und Kenntnisse möglichst voll verwerten und weiterentwickeln kann (§ 164 Abs. 4 SGB IX). Der Arbeitgeber erfüllt diesen Anspruch regelmäßig dadurch, dass er dem Arbeitnehmer die im Arbeitsvertrag vereinbarte Arbeit zuweist. Kann der schwerbehinderte Arbeitnehmer die damit verbundenen Tätigkeiten wegen seiner Behinderung nicht mehr wahrnehmen, so führt dieser Verlust nicht ohne weiteres zum Wegfall des Beschäftigungsanspruches. Der Arbeitnehmer kann Anspruch auf eine anderweitige Beschäftigung haben und, soweit der bisherige Arbeitsvertrag diese Beschäftigungsmöglichkeit nicht abdeckt, auf eine entsprechende Vertragsänderung (BAG vom 14.3.2006, DB 2006, S. 1624). Soweit eine Versetzung des Schwerbehinderten erforderlich ist, hat der Schwerbehinderte Anspruch darauf, dass der Arbeitgeber die Zustimmung des Betriebsrats gemäß § 99 Abs. 2 BetrVG einholt und auch das Zustimmungsersetzungsverfahren (vgl. Kapitel 34 Nr. 25) einleitet (BAG vom 3.12.2002, EzA § 81 SGB IX Nr. 1).

c) Der Arbeitgeber hat den schwerbehinderten Menschen zur Förderung seines beruflichen Fortkommens bei innerbetrieblichen Maßnahmen der beruflichen Bildung bevorzugt zu berücksichtigen und ihm die Teilnahme an außerbetrieblichen Bildungsmaßnahmen in zumutbarem Umfang zu erleichtern (§ 164 Abs. 4 SGB IX).

d) Ist ein Arbeitnehmer außerstande, die an dem zugewiesenen Arbeitsplatz anfallenden Tätigkeiten zu verrichten, ist der Arbeitgeber, um den Arbeitnehmer beschäftigen zu können, regelmäßig nicht gehalten, seine Arbeitsorganisation zu ändern oder den Arbeitsplatz des Arbeitnehmers mit technischen Arbeitshilfen auszustatten (BAG vom 4.10.2005, NZA 2006, S. 422). Anders ist es bei Schwerbehinderten. Hier muss der Arbeitgeber Arbeitsstätten, Betriebseinrichtungen, Maschinen und Gerätschaften sowie Arbeitszeit (z. B. keine Nachtarbeit) und Arbeitsorganisation (z. B. nach Möglichkeit Beschäftigung nur mit leichteren Aufgaben) **behindertengerecht** einrichten und unterhalten sowie mit den erforderlichen technischen Arbeitshilfen ausstatten (§ 164 Abs. 4 SGB IX). Die schuldhafte Verletzung dieser Pflicht zur behinderungsgerechten Gestaltung des Arbeitsplatzes kann Schadensersatzansprüche des Arbeitnehmers aus § 280 Abs. 1 BGB und § 823 Abs. 2 BGB in Verbindung mit § 164 Abs. 4 Satz 1 SGB IX begründen. Diese sind auf Ersatz der entgangenen Vergütung gerichtet. Eine vollständige oder teilweise Übernahme der Kosten für Arbeitshilfen aus Mitteln der Ausgleichsabgabe ist möglich.

e) Der Arbeitgeber hat die Einrichtung von Teilzeitarbeitsplätzen zu fördern. Er ist dabei von den Integrationsämtern zu unterstützen. Schwerbehinderte Menschen haben einen **Anspruch auf Teilzeitbeschäftigung**, wenn die kürzere Arbeitszeit wegen Art oder Schwere der Behinderung notwendig ist (§ 164 Abs. 5 SGB IX).

f) Die Ansprüche nach den Buchst. a–e, insbesondere auch der Anspruch auf behindertengerechte Einrichtung der Arbeitsstätte und auf Teilzeitarbeit, finden die Grenze dort, wo ihre Erfüllung für den Arbeitgeber **nicht zumutbar** oder mit **unverhältnismäßigen Aufwendungen** verbunden wäre. Ist ein schwerbehinderter Arbeitnehmer außerstande, die arbeitsvertraglich geschuldete Arbeitsleistung zu erbringen, so gerät der Arbeitgeber nicht mit der Annahme der Dienste in Verzug und ist damit auch nicht zur Entgeltzahlung verpflichtet (BAG vom 23.1.2001, EzA § 615 BGB Nr. 103).

g) Der Arbeitgeber hat mit der Schwerbehindertenvertretung und mit dem Betriebsrat eine **Inklusionsvereinbarung** in Zusammenarbeit mit dem Beauftragten der

Arbeitgeber zu treffen; diese enthält Regelungen im Zusammenhang mit der Eingliederung schwerbehinderter Menschen (§ 166 SGB IX).

h) Der Arbeitgeber hat beim Eintreten von personen-, verhaltens- oder betriebsbedingten Schwierigkeiten im Arbeitsverhältnis, die zur Gefährdung des Arbeitsverhältnisses mit dem schwerbehinderten Menschen führen können, möglichst frühzeitig das Integrationsamt, die Schwerbehindertenvertretung und den Betriebsrat einzuschalten, um mit ihnen alle Möglichkeiten und alle zur Verfügung stehenden Hilfen zur Beratung und mögliche finanzielle Leistungen zu erörtern, damit das Arbeitsverhältnis dauerhaft fortgeführt werden kann; dies gilt insbesondere auch bei längerer oder wiederholter Arbeitsunfähigkeit des Schwerbehinderten (sogen. Prävention und betriebliches Eingliederungsmanagement; § 167 SGB IX. Kündigt der Arbeitgeber einem schwerbehinderten Arbeitnehmer, ohne zuvor das Präventionsverfahren durchlaufen zu haben, so führt dies für sich genommen aber nicht zur Unwirksamkeit der Kündigung. Die Einhaltung des Präventionsverfahrens nach § 167 SGB IX ist keine formelle Wirksamkeitsvoraussetzung für Kündigungen gegenüber Schwerbehinderten. Ebenso wenig ist die Durchführung eines betrieblichen Eingliederungsmanagements formelle Voraussetzung für die Wirksamkeit einer Versetzung (vgl. BAG vom 18.10.2017 – 10 AZR 47/17 zu § 84 Abs. 2 SGB IX a. F.). Steht die Pflichtverletzung in keinem Zusammenhang mit der Behinderung und verspricht das Verfahren von vornherein keinen Erfolg, so braucht es nicht durchgeführt zu werden. Kann dagegen das Präventionsverfahren im Arbeitsverhältnis des Schwerbehinderten auftretende Schwierigkeiten beseitigen, so kann die Unterlassung des Verfahrens zu Lasten des Arbeitgebers bei der Bewertung des Kündigungsgrundes Berücksichtigung finden (BAG vom 7.12.2006 – 2 AZR 182/06). Es gelten verschärfte Anforderungen z. B. für die Zulässigkeit einer krankheitsbedingten Kündigung. So darf sich der Arbeitgeber dann nicht darauf beschränken, pauschal vorzutragen, er kenne keine alternativen Einsatzmöglichkeiten für den erkrankten Arbeitnehmer und es gebe keine „freien Arbeitsplätze", die der erkrankte Arbeitnehmer trotz seiner Erkrankung noch ausfüllen könne. Es bedarf vielmehr einer umfassenden, konkreten Darlegung des Arbeitgebers, dass und warum der Einsatz des Arbeitnehmers auf dem bisher innegehabten Arbeitsplatz nicht mehr möglich ist und warum auch eine leidensgerechte Anpassung und Veränderung ausgeschlossen ist oder der Arbeitnehmer nicht auf einem anderen Arbeitsplatz bei geänderter Tätigkeit eingesetzt werden kann.

§ 167 Abs. 2 SGB IX schreibt allerdings weder konkrete inhaltliche Anforderungen noch bestimmte Verfahrensschritte für das Eingliederungsmanagement vor. Es benennt lediglich die zu beteiligenden Personen und Stellen und fordert vom Arbeitgeber, mit diesen die Möglichkeiten zu „klären", „wie die Arbeitsunfähigkeit möglichst überwunden werden und mit welchen Leistungen oder Hilfen erneuter Arbeitsunfähigkeit vorgebeugt und der Arbeitsplatz erhalten werden kann. Es gilt kein formalisiertes Verfahren, sondern es ist den Beteiligten jeder denkbare Spielraum gelassen. Das Gesetz schreibt weder bestimmte Mittel vor, die auf jeden – oder auf gar keinen – Fall in Erwägung zu ziehen sind, noch beschreibt es bestimmte Ergebnisse, die das Eingliederungsmanagement haben muss oder nicht haben darf. Es besteht keine Verpflichtung, eine Verfahrensordnung aufzustellen, wenn dies auch sinnvoll sein mag. § 167 Abs. 2 SGB IX vertraut vielmehr darauf, dass die Einbeziehung von Arbeitgeber, Arbeitnehmer, Betriebsrat und externen Stellen sowie die abstrakte Beschreibung des Ziels ausreichen, um die Vorstellungen der Betroffenen sowie internen und externen Sachverstand in ein faires und sachorientiertes Gespräch einzubringen, dessen Verlauf im Einzelnen und dessen Ergebnis sich nach den – einer allgemeinen Beschreibung nicht zugänglichen – Erfordernissen des jeweiligen Einzelfalls zu richten haben. Das Gesetz benennt auch keine Personen oder Stellen, denen die Leitung des Eingliederungsmanagements anvertraut wäre. Demnach geht es um die Etablierung eines verlaufs- und ergebnisoffenen Suchprozesses nach einer möglichen Integration des Behinderten (BAG vom 10.12.2009 – 2 AZR 198/09).

i) Der schwerbehinderte Mensch schuldet keine **Mehrarbeit** (§ 207 SGB IX). Unter Mehrarbeit ist die die werktägliche Dauer von acht Stunden nach § 3 ArbZG (vgl. Kapitel 6 Nr. 11) überschreitende Arbeitszeit zu verstehen (BAG vom 8.11.1989, BB 1990, S. 560); als solche gilt auch der Bereitschaftsdienst (BAG, Urteil vom 21.11.2006 – 9 AZR 176/06).

j) Der Arbeitgeber hat dem schwerbehinderten Menschen einen auf den normalen Urlaub (nicht nur auf den gesetzlichen Urlaub) aufzustockenden (vgl. BAG vom 24.10.2006 – 9 AZR 669/05) **zusätzlichen Urlaub** von einer Woche im Jahr zu gewähren; je vollem Monat der Schwerbehinderteneigenschaft besteht Anspruch auf ein Zwölftel des Jahresurlaubs (§ 208 SGB IX). Der Urlaub ist normaler Erholungsurlaub und teilt damit dessen rechtliches Schicksal, z. B. hinsichtlich der Wartezeit, der Zwölftelung im Eintrittsjahr (vgl. BAG vom 21.2.1995, BB 1995, S. 1410), des Ausschlusses von Doppelansprüchen, des Zeitpunkts, der Übertragbarkeit und Abgeltung des Urlaubs (vgl. BAG vom 13.2.1996, DB 1996, S. 1345), der Erwerbstätigkeit und der Erkrankung während des Urlaubs und des Urlaubsentgelts (vgl. auch Kapitel 15 Nr. 6). Zu den Auswirkungen von Arbeitsunfähigkeit infolge Krankheit auf Urlaubsansprüche schwerbehinderter Menschen vgl. Kapitel 15 Nr. 21, 25, 26, 33.

12. Welchen besonderen Kündigungsschutz haben schwerbehinderte Menschen?

a) Der Sonderkündigungsschutz des § 168 SGB IX gilt nicht nur für schwerbehinderte Menschen, sondern auch für ihnen nach § 151 SGB IX gleichgestellte Menschen. **Jede ordentliche Kündigung** des Arbeitsverhältnisses des genannten Personenkreises durch den Arbeitgeber bedarf daher der **vorherigen Zustimmung des Integrationsamtes**. Voraussetzung ist, dass die Behinderteneigenschaft offenkundig oder im Allgemeinen durch einen Schwerbehindertenausweis oder Feststellungsbescheid nachgewiesen ist (§ 173 Abs. 2a SGB IX). Gleiches gilt für Arbeitnehmer, die einem schwerbehinderten Menschen gleichgestellt sind. Auch sie sind vom Sonderkündigungsschutz ausgeschlossen, wenn sie den Gleichstellungsantrag nicht mindestens drei Wochen vor der Kündigung gestellt haben (vgl. BAG vom 1.3.2007 – 2 AZR 217/06). Wenn die schriftlich zu beantragende Zustimmung des Integrationsamtes zur Kündigung zugestellt ist (Rechtskraft ist nicht erforderlich), kann der Arbeitgeber innerhalb eines Monats kündigen. Ist für die ordentliche Kündigung eines Schwerbehinderten neben der Zustimmung des Integrationsamts auch die Zulassungserklärung nach § 18 Abs. 1 Satz 2 BEEG erforderlich und hat der Arbeitgeber diese vor dem Ablauf der Monatsfrist des § 171 Abs. 3 SGB IX beantragt, kann die Kündigung noch nach Fristablauf wirksam ausgesprochen werden. Das gilt jedenfalls dann, wenn der Arbeitgeber die Kündigung unverzüglich erklärt, nach dem die Zulässigkeitserklärung nach § 18 BEEG vorliegt (BAG vom 24.11.2011, DB 2012, S. 1390). Die dann einzuhaltende Kündigungsfrist beträgt vier Wochen, soweit keine längeren gesetzlichen, tarifvertraglichen oder einzelvertraglichen Kündigungsfristen gelten (§ 169 SGB IX). Die Kündigung kann bei unverändertem Kündigungsgrund auch mehrfach ausgesprochen werden, ohne dass die Zustimmung des Integrationsamtes erneut beantragt werden muss (BAG vom 8.11.2007, DB 2008, S. 763).

b) Eine ohne die Zustimmung ausgesprochene Kündigung ist **unwirksam** (168 SGB IX in Verbindung mit § 134 BGB); nach § 4 Satz 4 KSchG beginnt in derartigen Fällen die dreiwöchige Klagefrist gemäß § 4 Satz 1 KSchG erst ab der Bekanntgabe der Entscheidung des Integrationsamtes an den Arbeitnehmer (BAG vom 13.2.2008 – 2 AZR 864/06). **Wichtig** ist, dass dabei die Kenntnis des Arbeitgebers von der Schwerbehinderung oder Gleichstellung grundsätzlich ohne Bedeutung ist. Allerdings unterliegt das Recht des Arbeitnehmers, sich nachträglich auf eine Schwerbehinderung zu berufen und die Zustimmungsbedürftigkeit der Kündigung geltend zu machen, der Verwirkung (§ 242 BGB). Mit der Verwirkung wird ausgeschlossen, Rechte illoyal verspätet geltend zu machen. Nach den vom Bundesarbeitsgericht hierzu aufgestellten Grundsätzen muss sich daher der Arbeitnehmer, wenn er sich den Sonderkündigungsschutz nach § 168 SGB IX erhalten will, nach Zugang der Kündigung innerhalb einer angemessenen Frist, die im Regelfall nach der Rechtsprechung des Bundesarbeitsgerichts drei Wochen beträgt (z. B. Urteile vom 13.2. 2008 – 2 AZR 864/06 – BAGE 125, 345 und vom 23.2.2010 – 2 AZR 659/08, AP SGB IX § 85 Nr. 8) gegenüber dem Arbeitgeber auf seine bereits festgestellte oder zur Feststellung beantragte Schwerbehinderteneigenschaft berufen. Unterlässt der Arbeitnehmer die entsprechende Mitteilung, so hat er den besonderen Kündigungsschutz verwirkt. Ein Arbeitnehmer kann sich auf den besonderen Kündigungsschutz auch dann nicht berufen, wenn er die zulässige Frage des Arbeitgebers (vgl. Nr. 1) nach einer Schwerbehinderung wahrheitswidrig beantwortet (BAG vom 16.2.2012, NZA 2012, S. 555). Ein sogen. Negativattest beseitigt die Kündigungssperre, wenn es vor Ausspruch der Kündigungserklärung vorliegt (BAG vom 6.9.2007, DB 2008, S. 1105)

c) Das Integrationsamt **muss** seine Zustimmung in Betrieben erteilen, die – nicht nur vorübergehend – stillgelegt oder aufgelöst werden, vorausgesetzt zwischen dem Tag der Kündigung und dem Tag, bis zu dem das Arbeitsentgelt bezahlt wird, liegen mindestens drei Monate; unter den gleichen Voraussetzungen soll das Integrationsamt die Zustimmung zu Kündigungen in Betrieben erteilen, die wesentlich eingeschränkt werden, wenn die Gesamtzahl der verbleibenden Schwerbehinderten zur Erfüllung der Pflichtquote an zu beschäftigenden Schwerbehinderten (vgl. Nr. 4) ausreicht. Beides gilt nur dann nicht, wenn eine Weiterbeschäftigung auf einem anderen Arbeitsplatz desselben Betriebes oder auf einem freien Arbeitsplatz in einem anderen Betrieb desselben Arbeitgebers mit Einverständnis des schwerbehinderten Menschen möglich und für den Arbeitgeber zumutbar ist. Schließlich soll das Integrationsamt die Zustimmung erteilen, wenn dem schwerbehinderten Menschen ein anderer angemessener und zumutbarer Arbeitsplatz gesichert ist (§ 172 Abs. 2 SGB IX). Entscheidet das Integrationsamt nicht innerhalb von vier Wochen, gilt in Fällen der Betriebsschließung und Insolvenz die Zustimmung als erteilt (§ 171 Abs. 5 SGB IX).

d) Die Erteilung der Zustimmung und ihre Versagung sind Verwaltungsakte, die vor den Verwaltungsgerichten angegriffen werden können.

e) Die **außerordentliche Kündigung** eines schwerbehinderten Menschen bedarf ebenfalls der **vorherigen Zustimmung** durch das Integrationsamt, die vom Arbeitgeber innerhalb von zwei Wochen, nachdem er von den entscheidenden Tatsachen Kenntnis erlangt hat, beantragt werden muss (§ 174 SGB IX). Nach erteilter Zustimmung muss die Kündigung unverzüglich erklärt werden. Nach erteilter Zustimmung beginnt keine neue Ausschlussfrist i. S. v. § 626 Abs. 2 BGB zu laufen (BAG vom 18.4.2012, NZA 2013, S. 507). Liegt die Zustimmung des Integrationsamtes vor Ablauf der Zwei-Wochen-Frist des § 626 Abs. 2 BGB (vgl. Kapitel 24 Nr. 30) vor, so kann der Arbeitgeber diese Kündigungserklärungsfrist voll ausschöpfen und muss nicht unverzüglich kündigen; dies ist nur erforderlich, wenn die Frist schon abgelaufen war (z. B. BAG vom 15.11.2001, DB 2002, S.1509). Das Integrationsamt hat seine Entscheidung innerhalb von zwei Wochen zu treffen. Anderenfalls gilt sie als **erteilt**. Wird dem Arbeitgeber die Zustimmung innerhalb der Zwei-Wochen-Frist mündlich oder telefonisch mitgeteilt, kann er kündigen; einer vorherigen Zustellung bedarf es nicht. Sie muss nicht einmal in schriftlicher Form vorliegen; es reicht, wenn die Zustimmung zur Kündigung durch das Integrationsamt im Verhandlungstermin mündlich erteilt wird (BAG vom 12.5.2005, NZA 2005, S. 1173). Es besteht eine Obliegenheit des Arbeitgebers, sich beim Integrationsamt zu erkundigen, ob es innerhalb der Frist des § 174 Abs. 3 Satz 1 SGB IX eine Entscheidung getroffen hat, weil andernfalls die Zustimmung fingiert wird. Dem Arbeitgeber ist es aber nicht zuzumuten, darauf zu dringen, ggfls auch über den Inhalt der getroffenen Entscheidung schon vorab in Kenntnis gesetzt zu werden. Zu einer solchen Auskunft ist das Integrationsamt nicht verpflichtet. Die Bekanntgabe der Entscheidung hat vielmehr durch Zustellung zu erfolgen (§ 171 Abs. 2, § 174 Abs. 1 SGB IX). Teilt das Integrationsamt lediglich mit, dass es innerhalb der Frist eine Entscheidung getroffen habe, darf der Arbeitgeber die Zustellung des entsprechenden Bescheids eine – nicht gänzlich ungewöhnliche – Zeit lang abwarten (BAG vom 19.4.2012, NZA 2013, S. 507). Das Integrationsamt **soll** zustimmen, wenn die außerordentliche Kündigung aus einem Grunde ausgesprochen wird, der nicht im Zusammenhang mit der Behinderung steht.

f) Die Beendigung des Arbeitsverhältnisses eines schwerbehinderten Menschen bedarf auch dann der vorherigen Zustimmung des Integrationsamtes, wenn sie im Falle des Eintritts der teilweisen Erwerbsminderung erfolgt, ohne dass eine besondere Kündigung erforderlich ist (§ 175 SGB IX).

g) Die Zustimmung des Integrationsamtes ist nicht erforderlich, wenn das Arbeitsverhältnis im Zeitpunkt des Zugangs **nicht länger als sechs Monate besteht** (§ 173 Abs. 1 SGB IX).

h) Ist eine ordentliche oder außerordentliche Kündigung wegen fehlender Zustimmung des Integrationsamtes unwirksam, muss dies innerhalb von drei Wochen nach Zugang der schriftlichen Kündigungserklärung geltend gemacht werden (§§ 4 Satz 1 und 13 Abs. 1 KSchG).

i) Unabhängig vom besonderen Kündigungsschutz des § 168 SGB IX stellt sich die Frage nach der Unwirksamkeit einer mit der Behinderung zusammenhängenden Kündigung nach dem Kündigungsschutzgesetz. Zum Verhältnis von Kündigungsschutz und AGG vgl. Kapitel 20 Nr. 15.

13. Welche Aufgaben hat die Schwerbehindertenvertretung?

Die Schwerbehindertenvertretung hat insbesondere die **Eingliederung schwerbehinderter Menschen** in den Betrieb zu fördern, die Interessen der schwerbehinderten Menschen im Betrieb zu vertreten und den schwerbehinderten Menschen beratend und helfend zur Seite zu stehen (§ 178 SGB IX). Der Arbeitgeber hat die Schwerbehindertenvertretung in Angelegenheiten, die die schwerbehinderten Menschen als Gruppe berühren, rechtzeitig und umfassend zu unterrichten und vor einer Entscheidung anzuhoren. Die Kündigung eines schwerbehinderten Menschen, die der Arbeitgeber ohne eine Beteiligung der Schwerbehindertenvertretung ausspricht, ist unwirksam (§ 178 Abs. 2 Satz 3 SGB IX). Der Abschluss eines Aufhebungsvertrags mit einem schwerbehinderten Menschen ist eine „Angelegenheit" i. S. v. § 178 Abs. 2 Satz 1, Halbs. 1 SGB IX. Der Arbeitgeber muss daher den Schwerbehindertenvertreter unverzüglich unterrichten. Der Zeitpunkt der Unterrichtung liegt aber nicht notwendig vor dem Abschluss des Aufhebungsvertrags. Der Arbeitgeber ist nach § 178 Abs. 2 Satz 1, Halbs. 1 SGB IX nicht verpflichtet, die Schwerbehindertenvertretung vor Abschluss eines Aufhebungsvertrags mit einem schwerbehinderten Menschen anzuhören. Der Abschluss eines Aufhebungsvertrags mit einem schwerbehinderten Menschen ist keine „Entscheidung" i. S. v. § 178 Abs. 2 Satz 1, Halbs. 1 SGB IX (BAG vom 14.2.2012, DB 2012, S. 1760). Ist die Beteiligung unterblieben, so ist sie innerhalb von sieben Tagen nachzuholen; bis dahin ist die Durchführung oder Vollziehung der getroffenen Entscheidung auszusetzen. Die Beteiligungsrechte der Schwerbehindertenvertretung bestehen nur, wenn die Angelegenheit schwerbehinderte Menschen in ihrer tatsächlichen oder rechtlichen Stellung **in anderer Weise** berührt als nicht behinderte Arbeitnehmer. Wirkt sich die Maßnahme z. B. bei der Besetzung der Führungsposition – in gleicher Weise auf schwerbehinderte und nicht behinderte Arbeitnehmer aus, besteht kein Unterrichtungs- und Anhörungsrecht der Schwerbehindertenvertretung. Dagegen muss die Schwerbehindertenvertretung dann am Besetzungsverfahren beteiligt werden, wenn die Aufgabe besondere schwerbehindertenspezifische Führungsanforderungen stellt. Das kann z. B. der Fall sein, wenn es zu den Aufgaben der Führungskraft gehört, Arbeitsplätze behinderungsgerecht zu gestalten(vgl. BAG vom17. 8. 2010 – 9 ABR 83/09). Die bei dem Träger einer gemeinsamen Einrichtung i. S. v. § 44b SGB II bestehende Schwerbehindertenvertretung hat ein Unterrichtungs- und Anhörungsrecht nach § 178 Abs. 2 Satz 1 SGB IX bei der Begründung eines Arbeitsverhältnisses mit einem Arbeitnehmer, der der gemeinsamen Einrichtung zugewiesen werden soll, wenn sich unter den Bewerbern mindestens ein schwerbehinderter Mensch befindet. Das Beteiligungsrecht erstreckt sich auch auf die Teilnahme an dem für die Begründung des Arbeitsverhältnisses maßgeblichen Auswahlverfahren einschließlich dazu geführter Vorstellungsgespräche (§ 178 Abs. 2 Satz 4 SGB IX) (BAG vom 15.10.2014 – 7 ABR 71/12).

Die Schwerbehindertenvertretung darf an allen Sitzungen des Betriebsrats und seiner Ausschüsse sowie an den Sitzungen des Arbeitsschutzausschusses beratend teilnehmen. Sie kann die Aussetzung von Beschlüssen des Betriebsrats für die Dauer von einer Woche verlangen. Schließlich hat sie das Recht, mindestens einmal im Kalenderjahr eine Versammlung aller schwerbehinderten Menschen des Betriebes durchzuführen (§ 178 Abs. 6 SGB IX).

14. Wann wird eine Schwerbehindertenvertretung gewählt?

In Betrieben, in denen wenigstens **fünf schwerbehinderte Menschen** nicht nur vorübergehend beschäftigt sind, werden eine Vertrauensperson und wenigstens ein Stellvertreter gewählt, der die Vertrauensperson im Falle der Abwesenheit oder Verhinderung durch andere Aufgaben vertritt (§ 177 SGB IX). Wahlberechtigt sind alle Schwerbehinderten des Betriebes, einschließlich der Schwerbehinderten, die an Maßnahmen zur Rehabilitation in einem privatwirtschaftlichen Berufsbildungswerk teilnehmen (BAG vom 27.6.2001, SAE 2002, S. 328). Wählbar sind alle nicht nur vorübergehend Beschäftigten, die am Wahltag das 18. Lebensjahr vollendet haben und dem Betrieb seit sechs Monaten angehören. Die Einzelheiten der Wahl, die alle vier Jahre in der Zeit von 1.10. bis 30.11. (das nächste Mal 2018) stattfindet, sind in einer besonderen Wahlordnung geregelt.

15. Welche Rechtsstellung hat die Schwerbehindertenvertretung?

Die Vertrauensperson übt ein **unentgeltliches Ehrenamt** aus; sie genießt ebenso Kündigungs- und Versetzungsschutz wie ein Mitglied des Betriebsrats (§ 179 SGB IX). Die Vertrauensperson ist in Betrieben mit in der Regel wenigstens 200 Beschäftigten auf Wunsch und im Übrigen dann von ihrer beruflichen Tätigkeit ohne Minderung des Arbeitsentgelts **freizustellen**, wenn und soweit es zur Durchführung ihrer Aufgaben erforderlich ist. Die durch die Schwerbehindertenvertretung entstehenden und von ihr nachzuweisenden Kosten trägt der **Arbeitgeber**. Ein Anspruch auf eine pauschale Aufwandsentschädigung besteht nicht.

16. Welche Funktion hat der Inklusionsbeauftragte des Arbeitgebers?

Der Arbeitgeber hat einen Beauftragten zu bestellen, der ihn in Angelegenheiten der schwerbehinderten Menschen **verantwortlich** vertritt, insbesondere aber darauf achtet, dass die dem Arbeitgeber obliegenden Verpflichtungen aus dem Schwerbehindertenrecht erfüllt werden (§ 181 SGB IX). Der Beauftragte ist an die Weisungen des Arbeitgebers gebunden und kann jederzeit abberufen werden. Er sollte nach Möglichkeit selbst schwerbehindert sein. Arbeitgeber, Inklusionsbeauftragter, Schwerbehindertenvertretung und Betriebsrat sollen zur Teilhabe schwerbehinderter Menschen am Arbeitsleben eng zusammenarbeiten (§ 182 Abs. 1 SGB IX).

17. Wer führt das Schwerbehindertengesetz durch?

Im Wesentlichen wird das Schwerbehindertengesetz durch die jeweils örtlich zuständigen **Integrationsämter** in enger Zusammenarbeit mit der Bundesagentur für Arbeit und den Agenturen für Arbeit durchgeführt. Sie sind neben der Arbeitsverwaltung die Ansprechpartner für Arbeitgeber und Arbeitnehmer, auch soweit es um finanzielle Hilfen bei der Einstellung und Beschäftigung schwerbehinderter Menschen geht (vgl. § 185 SGB IX).

18. Was bedeutet das Klagerecht der Verbände?

Werden behinderte Menschen in **ihren Rechten** nach dem SGB IX verletzt, können an ihrer Stelle und mit **ihrem Einverständnis** Verbände klagen, die nach ihrer Satzung behinderte Menschen auf Bundes- oder Landesebene vertreten und nicht selbst am Prozess beteiligt sind. In diesem Fall müssen alle Verfahrensvoraussetzungen wie bei einem Rechtsschutzersuchen durch den behinderten Menschen selbst vorliegen (§ 185 SGB IX). Es handelt sich um eine **gesetzliche Prozessstandschaft** für behinderte Menschen, die nicht selbst prozessieren wollen oder das Kostenrisiko scheuen und stattdessen ihren Behindertenverband zur Führung des Prozesses ermächtigen.

19. Was versteht man unter einer Werkstatt für behinderte Menschen?

In den Werkstätten für behinderte Menschen soll den behinderten Menschen, die nicht auf dem allgemeinen Arbeitsmarkt beschäftigt werden können, ein Arbeitsplatz oder Gelegenheit zur Ausübung einer geeigneten Tätigkeit geboten werden. Behinderte Menschen im Arbeitsbereich anerkannter Werkstätten stehen, wenn sie nicht Arbeitnehmer sind, in einem arbeitnehmerähnlichen Verhältnis. Arbeitgeber, die an Werkstätten für behinderte Menschen Aufträge erteilen, können 50 % des auf die Arbeitsleistung entfallenden Rechnungsbetrages auf die jeweils zu zahlende Ausgleichsabgabe anrechnen (§§ 219 ff. SGB IX).

30. Ausländische Arbeitnehmer

1. Ist die Beschäftigung von Angehörigen der Europäischen Union ohne weiteres zulässig?

Angehörige aus der Europäischen Union (sowie aus der Schweiz, Norwegen, Liechtenstein und Island), haben **Anspruch auf Zugang** zu einer Tätigkeit in einem anderen Mitgliedstaat. Die Aufnahme einer Beschäftigung erfordert keine Arbeitsgenehmigung. Auch eine Aufenthaltserlaubnis ist **nicht erforderlich** (vgl. § 2 des Gesetzes über die allgemeine Freizügigkeit von Unionsbürgern). Sie erhalten von Amts wegen eine Bescheinigung über ihr Aufenthaltsrecht (§ 5 FreizügigkeitsG). Freizügigkeitsberechtigt sind Unionsbürger, die sich zu Erwerbszwecken in Deutschland aufhalten oder über ausreichenden Krankenversicherungsschutz und ausreichende Existenzmittel verfügen (§§ 2, 4 FreizügigkeitsG). Der Arbeitnehmer darf seine engere Familie (Ehegatten, Kinder unter 21 Jahren) mitbringen oder nachkommen lassen.

Zur **Europäischen Union** gehören Deutschland, Italien, Frankreich, Belgien, Niederlande, Luxemburg, Irland, Dänemark, Großbritannien, Griechenland, Spanien, Portugal, Österreich, Finnland, Schweden, die Tschechische Republik, Estland, Zypern, Lettland, Litauen, Malta, Ungarn, Polen, Slowenien, die Slowakische Republik, Rumänien, Bulgarien und Kroatien.

Weitere Informationen zur Beschäftigung von Ausländern aus EU-Staaten, insbesondere auch zur Saisonbeschäftigung, sind ebenfalls auf den Internetseiten der Bundesagentur für Arbeit sowie in einer Informationsbroschüre des Bundesministeriums für Arbeit und Soziales zu finden.

Bei der Beauftragten der Bundesregierung für Migration, Flüchtlinge und Integration ist seit 21.5.2016 die Gleichbehandlungsstelle (www.eu-gleichbehandlungsstelle.de) für EU-Arbeitnehmer eingerichtet. Sie unterstützt Arbeitnehmer aus der EU sowie ihre Familienangehörigen mit Informationen über das Recht der Arbeitnehmerfreizügigkeit.

Schließlich gelten für türkische Arbeitnehmer aufgrund von Vereinbarungen zwischen der (früheren) Europäischen Gemeinschaft und der Türkei ebenfalls gewisse Einstellungserleichterungen.

2. Ist die Beschäftigung von ausländischen Arbeitnehmern aus Nicht-EU-Ländern ohne weiteres zulässig?

Ausländer aus Staaten außerhalb der EU dürfen eine Beschäftigung nur ausüben, wenn der Aufenthaltstitel es erlaubt. Von Arbeitgebern dürfen sie nur beschäftigt werden, wenn sie über einen solchen Aufenthaltstitel verfügen. Der Aufenthaltstitel muss erkennen lassen, ob die Ausübung einer Tätigkeit erlaubt ist (§ 4 AufenthG). Grundsätzlich berechtigt ein Recht zum Aufenthalt auch zur Arbeitsaufnahme. Aufenthalt und Aufnahme einer Beschäftigung im Bundesgebiet wird in einem Akt durch die Ausländerbehörde (§ 71 AufenthG) zugelassen, sofern die Bundesagentur für Arbeit/Zentrale Auslands- und Fachvermittlung (ZAV) intern gemäß § 39 ff. AufenthG zugestimmt hat. Es ist zu unterscheiden zwischen der befristeten und beschränkbaren Aufenthaltserlaubnis (§ 7 AufenthG), der Blauen Karte EU (§ 19a AufenthG), der ICT – Karte (§ 19b AufenthG), der Mobilen ICT – Karte (§ 19d AufenthG), der unbefristeten und unbeschränkbaren Niederlassungserlaubnis (§ 9 AufenthG), inhaltlich ausgerichtet an dem jeweiligen Aufenthaltszweck: hier Ausbildung/Weiterbildung und Erwerbstätigkeit oder der Erlaubnis zum Daueraufenthalt in Deutschland (§ 9a AufenthG).

Ob ein ausländischer Staatsbürger zum deutschen Arbeitsmarkt zugelassen wird, ist im Wesentlichen von seiner beruflichen Qualifikation und Stellung abhängig.

Grundsätzlich gilt:

- Fachkräfte mit Hochschulausbildung, leitende Angestellte und Führungskräfte haben allgemein unter bestimmten Voraussetzungen Zugang zum Arbeitsmarkt. Sie erhalten dann den Aufenthaltstitel „Blaue Karte EU".
- Führungskräfte, Spezialisten oder Trainees, die im Rahmen eines unternehmensinternen Transfers in eine deutsche Niederlassung abgeordnet werden, haben ebenfalls einen leichteren Zugang zum Arbeitsmarkt. Unter bestimmten Voraussetzungen können sie den Aufenthaltstitel ICT-Karte erhalten.
- Forscher/Wissenschaftler haben ebenfalls einen leichteren Zugang zum Zwecke der Forschung.
- Für Beschäftigungen in Ausbildungsberufen ist ein Zugang möglich, sofern es sich um Mangelberufe handelt.
- Bei anderen Beschäftigungen ist ein Zugang nur befristet in eng begrenzten Bereichen möglich. Hauptsächlich sind dies Beschäftigungen als Au-Pair, im Rahmen eines Praktikums zur beruflichen Weiterbildung, als Saisonkraft im Hotel- und Gaststättengewerbe, in der Land- und Forstwirtschaft sowie in der Obst- und Gemüseverarbeitung, Beschäftigungen als Schaustellergehilfe, als Haushaltshilfe in Haushalten mit Pflegebedürftigen.
- Unabhängig von ihrer Qualifikation haben Angehörige bestimmter Staaten Arbeitsmarktzugang zu jeder Tätigkeit. Staatsangehörige von Andorra, Australien, Israel, Japan, Kanada, Südkorea, Monaco, Neuseeland, San Marino und den USA haben Zugang zu jeder Art von Beschäftigung, wenn die Bundesagentur zustimmt. Staatsangehörigen der sog. Westbalkanstaaten (Albanien, Bosnien-Herzegowina, Kosovo, Mazedonien, Montenegro und Serbien) kann die Bundesagentur für die Zeit bis zum 31.12.2020 eine Zustimmung für jede Beschäftigung erteilen, wenn sie in den letzten 24 Monaten vor der Antragstellung in Deutschland keine Leistungen nach dem Asylbewerberleistungsgesetz bezogen haben.

Die Bundesagentur für Arbeit hat Informationen über die Beschäftigung ausländischer Arbeitnehmer herausgegeben, die regelmäßig aktualisiert werden. Sie sind unter www.make-it-in-germany.com abzurufen. Dabei dient die Informationsbroschüre nur der allgemeinen Information und kann deshalb auch nicht alle Bestimmungen, vor allem auch nicht die zahlreichen Ausnahmen von dem Verbot der Ausländerbeschäftigung, erschöpfend darstellen. Daher sollte man unbedingt vor der Beschäftigung ausländischer Arbeitnehmer Kontakt auch mit den zuständigen Agenturen für Arbeit aufnehmen.

3. Welche Folgen treten bei einer Beschäftigung ohne Aufenthaltstitel ein?

a) Eine ohne Aufenthaltstitel ausgeübte Beschäftigung eines Ausländers stellt eine Ordnungswidrigkeit dar, die beim Arbeitgeber mit einer Geldbuße bis zu

25.000 Euro geahndet werden kann (§ 404 SGB III). In besonders schweren Fällen der illegalen Ausländerbeschäftigung sind Freiheitsstrafen bis zu fünf Jahren möglich (§ 407 SGB III).

b) Aus dem **Beschäftigungsverbot** des § 4 AufenthG ergibt sich die Nichtigkeit des ohne Aufenthaltstitel, der die Ausübung einer Tätigkeit erlaubt, abgeschlossenen Arbeitsvertrages. Diese Rechtsfolge wird allerdings, weil lediglich ein Abschlussverbot vorliege, vielfach abgelehnt und dem Arbeitgeber nur ein Kündigungsrecht eingeräumt mit dem Recht, den Arbeitnehmer während einer eventuell einzuhaltenden Kündigungsfrist unbezahlt von der Arbeit freizustellen. Wird die Aufenthaltserlaubnis zum Zwecke der Beschäftigung nicht verlängert, muss der Arbeitgeber je nach den Umständen ohnehin ordentlich oder außerordentlich kündigen.

c) Nach § 98a Abs. 1 AufenthG ist der Arbeitgeber zudem verpflichtet, auch dem Ausländer, den er ohne die erforderliche Genehmigung oder ohne die erforderliche Berechtigung zur Erwerbstätigkeit beschäftigt hat, die vereinbarte Vergütung zu zahlen. Um die Durchsetzung dieser Vergütungsansprüche zu erleichtern, enthalten § 98a Abs. 1 und 2 AufenthG zwei widerlegbare Vermutungen: Es wird davon ausgegangen, dass der Ausländer erstens drei Monate beschäftigt worden ist und ihm zweitens die für die Beschäftigung übliche Vergütung zusteht.

   Neben dem Arbeitgeber haften grundsätzlich nach § 98a Abs. 3 bis 5 AufenthG alle beteiligten Unternehmer, in deren Auftrag der Arbeitgeber tätig ist, für die ausstehenden Vergütungsansprüche des illegal beschäftigten Drittstaatsangehörigen.

d) Weitere mögliche Rechtsfolgen: Besondere Straftatbestände regeln die Strafbarkeit der Beschäftigung von Ausländern unter Ausnutzung einer Zwangslage und die Strafbarkeit der Beschäftigung ausländischer Minderjähriger. Damit besteht auch die Möglichkeit, Arbeitgeber von Subventionen und von der Vergabe öffentlicher Aufträge für bis zu fünf Jahre auszuschließen (nach § 98b und § 98c AufenthG). Die Arbeitgeber sind verpflichtet, zur Erleichterung von Kontrollen Kopien der Aufenthaltserlaubnisse beschäftigter Ausländer aufzubewahren.

4. Was ist sonst bei der Beschäftigung ausländischer Arbeitnehmer zu beachten?

a) Für ausländische Arbeitnehmer, die gewöhnlich in der Bundesrepublik ihre Arbeit erbringen, gilt das deutsche Arbeitsrecht, und zwar auch dann, wenn sie vorübergehend ins Ausland entsandt sind. Zwar kann für ausländische Arbeitnehmer, die in der Bundesrepublik arbeiten, auch die Anwendung des Arbeitsrechts des Landes vereinbart werden, aus dem sie stammen; dadurch darf ihnen aber nicht der Schutz entzogen werden, der sich durch die zwingenden Vorschriften der Bundesrepublik Deutschland ergibt (Art. 30 Abs. 1 EGBGB). Geht es um öffentliches Recht, z. B. beim Feiertagsrecht, gilt ohnehin deutsches Recht.

b) Bei Beginn, Durchführung und Beendigung eines Arbeitsverhältnisses mit einem ausländischen Arbeitnehmer kann es immer wieder zu Verständigungsschwierigkeiten kommen. Im Allgemeinen kann der Arbeitgeber davon ausgehen, dass der ausländische Arbeitnehmer die **erforderlichen deutschen Sprachkenntnisse** hat. Die Unterzeichnung eines in deutscher Sprache abgefassten schriftlichen

Arbeitsvertrags darf der Arbeitgeber auch dann als Annahmeerklärung verstehen, wenn der Arbeitnehmer der deutschen Sprache nicht oder nicht ausreichend mächtig ist (BAG vom 19.3.2014 – 5 AZR 252/12 (B)). Den Arbeitgeber trifft nur dann eine erhöhte Fürsorgepflicht und damit das Sprachrisiko, wenn er aufgrund konkreter Tatsachen hätte erkennen müssen, dass ihn der ausländische Arbeitnehmer nicht versteht oder z. B. nicht weiß, welchen Inhalt die Erklärung hat, die er unterschreibt. Dies hat Bedeutung insbesondere bei den sogen. Ausgleichsquittungen, in denen der Arbeitnehmer beim Ausscheiden aus dem Arbeitsverhältnis erklärt, dass er keine arbeitsrechtlichen Ansprüche mehr gegen den Arbeitgeber hat.

c) Ausländische Arbeitnehmer aus Staaten der Europäischen Union haben aufgrund des Rechts der Europäischen Union Anspruch auf Anrechnung der Wehrdienstzeit, die sie in ihrem Heimatstaat verbracht haben, auf ihre Betriebszugehörigkeit. Andere ausländische Arbeitnehmer können nicht verlangen, dass ihnen für die Zeit der Ableistung des Wehrdienstes in ihrem Heimatland Sonderurlaub gewährt wird (Ausnahme: Türkische Arbeitnehmer, die einen zweimonatigen Kurzwehrdienst ableisten, wenn betriebliche Belange nicht entgegenstehen (vgl. BAG vom 22.12.1982, DB 1983, S. 1602).

   Die Ableistung des Wehrdienstes berechtigt den Arbeitgeber zur Kündigung des ausländischen Arbeitnehmers, wenn die Fehlzeit zu einer erheblichen Beeinträchtigung der betrieblichen Interessen führt und der Ausfall nicht durch zumutbare Maßnahmen, z. B. eine befristete Vertretungsregelung, zu überbrücken ist (BAG vom 20.5.1988, DB 1989, S. 985).

d) Wird einem ausländischen Arbeitnehmer während seines Urlaubs gekündigt, so geht die Kündigungserklärung mit dem Einwurf in den Briefkasten an seiner Wohnung in der Bundesrepublik auch dann zu, wenn sich der Arbeitnehmer im Ausland befindet. Eine Ausnahme gilt vor allem dann, wenn dem Arbeitgeber der Auslandsaufenthalt bekannt war und der Arbeitnehmer ihm auch die Urlaubsanschrift mitgeteilt hat.

e) Im Übrigen sind ausländische Arbeitnehmer vom Arbeitgeber arbeitsrechtlich ebenso zu behandeln wie ihre deutschen Arbeitskollegen. Diskriminierungen wegen der Rasse oder ethnischen Herkunft sind durch das Allgemeine Gleichbehandlungsgesetz verboten (vgl. Kapitel 20 Nr. 11 ff.). Arbeitgeber und Betriebsrat haben darüber zu wachen, dass jede Benachteiligung von Personen aus Gründen ihrer Rasse oder wegen ihrer ethnischen Herkunft, ihrer Abstammung oder sonstigen Herkunft oder ihrer Nationalität unterbleibt (§ 75 BetrVG). Darüber hinaus hat nach § 80 Abs. 1 Nr. 7 BetrVG der Betriebsrat die Eingliederung ausländischer Arbeitnehmer in den Betrieb und das Verständnis zwischen ihnen und den deutschen Arbeitnehmern zu fördern.

f) Nach der Rechtsprechung des Bundesarbeitsgerichts kann die Befristung des Aufenthaltstitels dann einen **sachlichen Grund** für die Befristung des Arbeitsverhältnisses darstellen, wenn im Zeitpunkt des Vertragsabschlusses eine hinreichend zuverlässige Prognose erstellt werden kann, eine Verlängerung der Aufenthaltserlaubnis werde nicht erfolgen. Erforderlich hierfür sind konkrete Anhaltspunkte, wobei der Arbeitgeber für den Fall, dass sich die Prognose nicht bestätigt, im Rechtsstreit die Tatsachen vortragen muss, die ihm jedenfalls zum Zeitpunkt des

Vertragsabschlusses den hinreichend sicheren Schluss auf die Prognose erlaubten (Urteil vom 12.1.2000, BB 2000, S. 933).

g) Auch für ausländische Arbeitnehmer sind die nach dem Arbeitnehmer-Entsendegesetz festgesetzten Mindestlöhne bzw. der allgemeine Mindestlohn nach dem Mindestlohngesetz von Bedeutung (vgl. Kapitel 10). Die Kontrolle ist den Hauptzollämtern übertragen. Ihnen müssen die ausländischen Arbeitgeber zuvor schriftlich mitteilen, ob sie ihre Arbeitnehmer auf deutsche Baustellen entsenden wollen, und zugleich versichern, dass sie die vorgeschriebenen Arbeitsbedingungen einhalten. Neben der Verhängung von Bußgeldern ist bei Verstößen der Ausschluss von der Vergabe öffentlicher Aufträge zulässig.

h) Von der Frage nach dem auf ein Arbeitsverhältnis anzuwendendem Arbeitsrecht ist es zu unterscheiden, ob und inwieweit ein ausländischer Arbeitnehmer in Deutschland oder ein deutscher Arbeitnehmer im Ausland bei Auseinandersetzungen mit seinem Arbeitgeber der **deutschen Arbeitsgerichtsbarkei**t unterliegt. Für Klagen von ausländischen Arbeitnehmern und gegen ausländische Arbeitnehmer, die im Inland tätig sind, sind im Allgemeinen die deutschen Arbeitsgerichte international zuständig, weil der Erfüllungsort der Arbeitsleistung oder die Zahlung des Arbeitsentgelts in der Bundesrepublik liegt.

31. Freiwilligen-Wehrdienst

1. Was gilt nach dem Aussetzen der Wehrpflicht?

Seit dem 1.7.2011 ist die Pflicht zur Ableistung eines Wehrdienstes oder Zivildienstes ausgesetzt (sie gilt nur noch im Spannungs- und Verteidigungsfall; vgl. § 2 WPflG) und durch einen Freiwilligen-Wehrdienst ersetzt worden. Der Freiwilligen-Wehrdienst besteht aus einem Männern und Frauen offenstehenden 6-monatigen Grundwehrdienst als Probezeit und einem anschließenden bis 17 Monate dauernden Wehrdienst (§ 54 WpflG).Der Freiwilligendienst soll den bisherigen Zivildienst ersetzen.

2. Welche arbeitsrechtlichen Regelungen gelten?

a) Gemäß § 16 Abs. 7 des Arbeitsplatzschutzgesetzes gilt das Arbeitsplatzschutzgesetz mit seinen arbeitsrechtlichen Regelungen beim freiwilligen Wehrdienst mit der Maßgabe weiter, dass die Vorschriften über den Grundwehrdienst anzuwenden sind. Dies bedeutet insbesondere, dass durch den Freiwilligen-Wehrdienst das bisherige Arbeitsverhältnis des Arbeitnehmers nicht aufgelöst ist. Vielmehr ruhen während dieser Zeit lediglich die gegenseitigen Rechte und Pflichten (§ 1 Abs. 1 ArbPlSchG). Der Arbeitnehmer ist also nicht zur Arbeitsleistung verpflichtet, und umgekehrt der Arbeitgeber nicht zur Zahlung des Arbeitsentgelts. Der Arbeitnehmer muss sich unverzüglich nach dem Ende des Dienstes bei seinem Arbeitgeber zurückmelden. Auf den Ablauf eines befristeten Arbeitsvertrags hat der Dienst keinen Einfluss. Das Arbeitsverhältnis endet zu dem vorgesehenen Zeitpunkt also auch dann, wenn dieser Zeitpunkt in den Dienst fällt (§ 1 Abs. 4 ArbPlSchG).

b) Wird der Dienst vorzeitig beendet und muss der Arbeitgeber vorübergehend für zwei Personen am selben Arbeitsplatz das Arbeitsentgelt zahlen, so werden ihm die hierdurch ohne sein Verschulden entstandenen Mehraufwendungen vom Bund auf Antrag erstattet (§ 1 Abs. 5 ArbPlSchG).

c) Bis zur Beendigung des Freiwilligen-Wehrdienstes ist eine ordentliche Kündigung des Arbeitsverhältnisses durch den Arbeitgeber unzulässig (§ 2 Abs. 1 ArbPlSchG). Eine außerordentliche Kündigung aus wichtigem Grund ist zwar möglich, sie darf jedoch nicht auf die Ableistung des Dienstes gestützt werden. Nur ausnahmsweise gilt in Kleinbetrieben, in denen i. d. R. fünf oder weniger Arbeitnehmer ohne die zu ihrer Berufsbildung Beschäftigten (Teilzeitbeschäftigte zählen anteilig, und zwar bei einer wöchentlichen Stundenzahl von nicht mehr als 20 mit 0,5 und nicht mehr als 30 mit 0,75) tätig sind, die Ableistung des Dienstes als wichtiger Kündigungsgrund, wenn die übrigen in § 2 Abs. 3 ArbPlSchG genannten Voraussetzungen vorliegen. Wird dem Arbeitnehmer während des Dienstes gekündigt, so beginnt die dreiwöchige Frist für die Erhebung der Kündigungsschutzklage erst zwei Wochen nach dem Ende des Dienstes (§ 2 Abs. 4 ArbPlSchG).

d) Ein weiterer Schutz des Arbeitnehmers ergibt sich daraus, dass vor und nach dem Dienst der Arbeitgeber das Arbeitsverhältnis nicht aus Gründen, die mit dem Dienst des Arbeitnehmers im Zusammenhang stehen, kündigen darf. Muss der Arbeitgeber aus dringenden betrieblichen Erfordernissen Arbeitnehmer entlassen, darf bei der Auswahl der Dienst nicht zu Ungunsten des Arbeitnehmers berücksichtigt werden. Die Beweislast trifft den Arbeitgeber. Schließlich darf der Arbeitgeber nicht allein aus Anlass des bevorstehenden Dienstes die Übernahme eines Auszubildenden in ein Arbeitsverhältnis ablehnen; es müssen also andere Gründe für die Nichtübernahme vorliegen (§ 2 Abs. 2 und Abs. 5 ArbPlSchG).

e) Sachbezüge sind nur auf Verlangen des Arbeitnehmers weiter zu gewähren, wenn die Sachbezüge Teil des Arbeitsentgelts sind (§ 3 ArbPlSchG). Der Arbeitgeber darf den Erholungsurlaub, der dem Arbeitnehmer in einem Urlaubsjahr zusteht, für jeden vollen Kalendermonat des Dienstes um 1/12 kürzen (§ 4 ArbPlSchG). Der Urlaub ist vor Beginn des freiwilligen Wehrdienstes zu gewähren.

f) Nimmt der Arbeitnehmer im Anschluss an den Dienst in seinem bisherigen Betrieb die Arbeit wieder auf, so darf ihm aus der Abwesenheit in beruflicher und betrieblicher Hinsicht kein Nachteil entstehen (§ 6 ArbPlSchG). Die Zeiten des Dienstes werden auf die Betriebszugehörigkeit angerechnet.

3. Was gilt für Soldaten und Soldatinnen auf Zeit?

Dieser Personenkreis genießt denselben Schutz wie die Personen, die den Freiwilligen-Wehrdienst leisten, für die zunächst auf sechs Monate festgesetzte Dienstzeit (Probezeit) und für die endgültig und insgesamt nicht auf mehr als zwei Jahre festgesetzte Dienstzeit (§ 16a ArbPlSchG).

32. In Heimarbeit Beschäftigte

1. Wer fällt unter den Schutz des Heimarbeitsgesetzes?

a) Automatisch unter den Schutz des Heimarbeitsgesetzes fallen die in Heimarbeit Beschäftigten. Dies sind die Heimarbeiter sowie die Hausgewerbetreibenden, die mit nicht mehr als zwei fremden Hilfskräften oder Heimarbeitern arbeiten. Heimarbeiter ist dabei derjenige, der in selbst gewählter Arbeitsstätte allein oder mit seinen Familienangehörigen im Auftrag von Gewerbetreibenden oder Zwischenmeistern erwerbsmäßig arbeitet und die Verwertung der Arbeitsergebnisse dem auftraggebenden Gewerbetreibenden überlässt (§ 2 Abs. 1 HAG). Nicht entscheidend ist, ob der Heimarbeiter gewerbliche Arbeiten oder Büroarbeiten erbringt. Vom Heimarbeiter unterscheidet sich der Hausgewerbetreibende dadurch, dass er zwar selbst wesentlich am Stück mitarbeiten muss, sich aber fremder Hilfskräfte oder Heimarbeiter bedienen kann (§ 2 Abs. 2 HAG).

b) Den in Heimarbeit Beschäftigten können folgende Personengruppen gleichgestellt werden, wenn dies wegen ihrer Schutzbedürftigkeit (entscheidend ist der Umfang der wirtschaftlichen Abhängigkeit) gerechtfertigt erscheint:

- Personen, deren Arbeitsweise derjenigen der Heimarbeiter entspricht, bei denen die Tätigkeit aber nicht als gewerblich anzusehen ist oder deren Auftraggeber kein Gewerbetreibender oder Zwischenmeister ist,
- Hausgewerbetreibende, die mit mehr als zwei fremden Hilfskräften oder Heimarbeitern arbeiten,
- andere im Lohnauftrag arbeitende Gewerbetreibende, die infolge ihrer wirtschaftlichen Abhängigkeit eine ähnliche Stellung wie Hausgewerbetreibende haben,
- Zwischenmeister, also Personen, die als Selbstständige ihnen vom Gewerbetreibenden übertragene Arbeiten an Heimarbeiter oder Hausgewerbetreibende weitergeben.

Über die Gleichstellung entscheidet der zuständige Heimarbeitsausschuss. Sie bedarf der Zustimmung der zuständigen Arbeitsbehörde und ist, wenn sie nicht nur eine Person betrifft, zu veröffentlichen. Die Feststellung der Schutzbedürftigkeit im Rahmen der Gleichstellungsentscheidung nach § 1 Abs. 2 HAG obliegt allein dem Heimarbeitsausschuss und nicht den Arbeitsgerichten (LAG Köln vom 14.2.2012 – 11 Sa 1380/10). Die Gleichstellung, soweit sie nicht erweitert oder eingeschränkt ist, erstreckt sich vor allem auf die Schutzvorschriften des Heimarbeitsgesetzes, die Entgeltregelung und den Entgeltschutz.

Der Gleichgestellte hat bei der Entgegennahme von Heimarbeit auf Befragen des Arbeitgebers die Gleichstellung mitzuteilen (§ 1 Abs. 2 HAG).

2. Welche Aufgaben haben die Heimarbeitsausschüsse?

Die Heimarbeitsausschüsse werden für solche Bereiche errichtet, in denen in nennenswertem Umfang Heimarbeit anfällt. Sie bestehen aus Beisitzern aus Kreisen der Auftraggeber und Beschäftigten und einem von der zuständigen Arbeitsbehörde bestimmten Vorsitzenden (§§ 4 und 5 HAG). Ihre Aufgaben liegen vor allem im Bereich der Gleichstellung und der Regelung der Entgelte und sonstigen Vertragsbedingungen der in Heimarbeit Beschäftigten.

3. Was muss der Auftraggeber bei der Ausgabe von Heimarbeit beachten?

a) Die erstmalige Beschäftigung von Personen in Heimarbeit ist der obersten Arbeitsbehörde des Landes oder der von ihr bestimmten Stelle (mit zwei Abschriften) mitzuteilen (§ 7 HAG).

b) Über die in Heimarbeit Beschäftigten, die Gleichgestellten und die Zwischenmeister sind jeweils besondere Listen zu führen, die Einzelheiten über den Beschäftigten, insbesondere seinen Namen, die Art der Beschäftigung sowie den Zeitpunkt und das Ende der Beschäftigung enthalten. Die Listen sind in den Ausgaberäumen an gut sichtbarer Stelle auszuhängen (§ 6 HAG in Verbindung mit § 9 DVO zum Heimarbeitsgesetz).

c) Vor Aufnahme der Beschäftigung sind die Personen, die Heimarbeit entgegennehmen, über die Art und Weise der zu verrichtenden Arbeit, die Unfall- und Gesundheitsgefahren sowie die Maßnahmen zu ihrer Abwendung zu unterrichten. Der Auftraggeber hat sich dies schriftlich bestätigen zu lassen (§ 7a HAG).

d) In den Räumen der Ausgabe und Abnahme von Heimarbeit sind Entgeltverzeichnisse und Nachweise über die sonstigen Vertragsbedingungen auszulegen. Wird die Heimarbeit den Beschäftigten in die Wohnung oder Betriebsstätte gebracht, so sind die Entgeltverzeichnisse zur Einsichtnahme vorzulegen (§ 8 HAG).

e) Bei der erstmaligen Ausgabe von Heimarbeit, spätestens bei der ersten Abrechnung sind dem Beschäftigten kostenfrei die Entgeltbelege auszuhändigen. In diese Entgeltbelege, die bei dem Beschäftigten verbleiben und von ihm ordnungsgemäß aufzubewahren sind, sind jeweils Art und Umfang der Arbeit, Entgelte sowie die Tage der Ausgabe und der Lieferung einzutragen (§ 9 HAG).

f) Die Arbeitsstätten der in Heimarbeit Beschäftigten, einschließlich der Maschinen und Werkzeuge, müssen so beschaffen, eingerichtet und unterhalten sein und die Heimarbeit muss so ausgeführt werden, dass keine gesundheitlichen und sittlichen Gefährdungen entstehen (§§ 12 ff. HAG). Im Übrigen gilt auch der Arbeitsschutz zum Teil für die Heimarbeit.

4. Wie werden die Entgelte in der Heimarbeit festgesetzt?

Tarifvertragliche Entgeltregelungen sind in der Heimarbeit sehr selten. Überwiegend werden die Entgelte durch sogen. Bindende Festsetzungen festgelegt (§ 19 HAG). Hierbei handelt es sich um Rechtsetzungsakte der Heimarbeitsausschüsse, die zu ihrer Wirksamkeit der Zustimmung der zuständigen Arbeitsbehörde des Bundes oder der Länder bedürfen. Sie sind zu veröffentlichen, z. B. im Bereich des Bundes im Bundes-Anzeiger. Diese bindenden Festsetzungen haben die Wirkung eines allgemeinverbindlichen Tarifvertrags. Von den Vorschriften einer solchen bindenden Festsetzung kann nur zugunsten des Beschäftigten abgewichen werden. Ein Verzicht auf Rechte aufgrund einer bindenden Festsetzung ist nur unter erschwerten Voraussetzungen zulässig, selbst eine Verwirkung solcher Rechte ist ausgeschlossen (§ 19 Abs. 3 Satz 1 bis 4 HAG, LAG Köln vom 4.9.2012 – 12 Sa 1482/10, RN. 47). In der Regel werden die

Entgelte so berechnet, dass für jedes fehlerfrei abgelieferte oder abgenommene Stück ein bestimmter, auf der Grundlage von Stückzeiten ermittelter Preis gezahlt wird. Ist die Festsetzung von Stückentgelten nicht möglich, z. B. weil ein Stück aus einer größeren Anzahl von Arbeitsgängen besteht, die sich erheblich voneinander unterscheiden, so sind Zeitentgelte festzusetzen, die der Stückentgeltberechnung im Einzelfall zugrunde gelegt werden können (§ 20 HAG).

5. Wie sind die Entgelte geschützt?

Die obersten Arbeitsbehörden der Länder überwachen die Entgelte und sonstigen Vertragsbedingungen durch Entgeltprüfer, die in der Regel den bestehenden Gewerbeaufsichtsämtern zugeordnet sind. Die Entgeltprüfer leisten auch Hilfe bei der Errechnung der tatsächlichen Stückentgelte. Ergeben sich im Rahmen der Entgeltüberprüfung Nachzahlungsansprüche, so kann die oberste Arbeitsbehörde oder die von ihr bestimmte Stelle den Auftraggeber zur Nachzahlung des Minderbetrages auffordern und ggfls. den Minderbetrag anstelle des Beschäftigten im eigenen Namen beim Arbeitsgericht einklagen (§§ 23 ff. HAG).

6. Wie ist der in Heimarbeit Beschäftigte vor einer Kündigung geschützt?

In Heimarbeit Beschäftigte haben keinen Kündigungsschutz nach dem Kündigungsschutzgesetz, für sie gelten die Kündigungsregelungen des Heimarbeitsgesetzes.

Diese erfassen die in Heimarbeit Beschäftigten automatisch; die Gleichgestellten dagegen nur dann, wenn die Gleichstellung ausdrücklich die Kündigungsvorschriften einbezieht. Im Einzelnen gilt Folgendes:

a) Kündigungsfristen: Wird der in Heimarbeit Beschäftigte länger als vier Wochen beschäftigt, so ist eine Kündigungsfrist von zwei Wochen einzuhalten. Bei kürzerer Beschäftigungsdauer ist eine Kündigung zum Ablauf des folgenden Tages zulässig. Bei in Heimarbeit Beschäftigten, die überwiegend von einem Auftraggeber oder Zwischenmeister beschäftigt werden, beträgt die von beiden Seiten einzuhaltende Kündigungsfrist während der Probezeit, die bis zu sechs Monate dauern darf, 2 Wochen, danach vier Wochen zum 15. oder zum Ende eines Kalendermonats. Danach erhöht sich die Kündigungsfrist für den Auftraggeber auf

   - einen Monat zum Monatsende, wenn das Beschäftigungsverhältnis 2 Jahre
   - 2 Monate zum Monatsende, wenn das Beschäftigungsverhältnis 5 Jahre,
   - 3 Monate zum Monatsende, wenn das Beschäftigungsverhältnis 8 Jahre,
   - 4 Monate zum Monatsende, wenn das Beschäftigungsverhältnis 10 Jahre,
   - 5 Monate zum Monatsende, wenn das Beschäftigungsverhältnis 12 Jahre,
   - 6 Monate zum Monatsende, wenn das Beschäftigungsverhältnis 15 Jahre und
   - 7 Monate zum Monatsende, wenn das Beschäftigungsverhältnis 20 Jahre bestanden hat.

b) Arbeitsentgelt während der Kündigungsfristen: Für die Dauer der Kündigungsfrist hat der Beschäftigte auch bei Ausgabe einer geringeren Arbeitsmenge Anspruch auf Arbeitsentgelt in Höhe von

- einem Zwölftel bei einer Kündigungsfrist von 2 Wochen,
- zwei Zwölftel bei einer Kündigungsfrist von 4 Wochen,
- drei Zwölftel bei einer Kündigungsfrist von einem Monat,
- vier Zwölftel bei einer Kündigungsfrist von 2 Monaten,
- sechs Zwölftel bei einer Kündigungsfrist von 3 Monaten
- acht Zwölftel bei einer Kündigungsfrist von 4 Monaten,
- zehn Zwölftel bei einer Kündigungsfrist von 5 Monaten,
- zwölf Zwölftel bei einer Kündigungsfrist von 6 Monaten,
- vierzehn Zwölftel bei einer Kündigungsfrist von 7 Monaten

des Gesamtbetrages, den er in den der Kündigung vorausgegangenen 24 Wochen als Entgelt erhalten hat.

c) Schutz bei Minderung der Arbeitsmenge: Um eine Umgehung der Kündigungsschutzbestimmungen zu verhindern, sind die den in Heimarbeit Beschäftigten während der Kündigungsfristen zustehenden abgestuften Arbeitsentgelte auch dann zu zahlen, wenn ein Auftraggeber einem Beschäftigten, der länger als vier Wochen bei ihm beschäftigt war, die Arbeitsmenge, die er mindestens ein Jahr lang regelmäßig ausgegeben hat, um mindestens ein Viertel verringert. Hat das Beschäftigungsverhältnis noch kein Jahr bestanden, so ist von der während seiner Dauer ausgegebenen Arbeitsmenge auszugehen. Dies gilt lediglich dann nicht, wenn die Verringerung der Arbeitsmenge auf rechtswirksam eingeführter Kurzarbeit beruht.

d) Kündigungsschutz: Vor der Kündigung des Rechtsverhältnisses eines Heimarbeiters, der hauptsächlich für den Betrieb arbeitet, ist der Betriebsrat nach § 102 BetrVG anzuhören (vgl. Kapitel 34 Nr. 26). Verletzt der Arbeitgeber seine Pflicht zur ordnungsgemäßen Anhörung des Betriebsrats, ist die Kündigung des Heimarbeitsverhältnisses nach § 102 Abs. 1 Satz 3 BetrVG unwirksam (BAG vom 7.11.1995, BB 1996, S. 592).

e) Besonderer Kündigungsschutz: Die besonderen Kündigungsschutzregelungen zugunsten erwerbstätiger schwangerer Frauen und Frauen, die entbunden haben (§ 17 MuSchG, schwerbehinderter Menschen und Personen, die freiwilligen Wehrdienst ableisten, gelten im Allgemeinen für die in Heimarbeit Beschäftigten und die ihnen Gleichgestellten (auch ohne besondere Feststellung des Heimarbeitsausschusses). Dagegen ist § 613a BGB und damit das Kündigungsverbot (wegen des Betriebsübergangs) in Abs. 4 nicht auf Heimarbeitsverhältnisse anwendbar (BAG vom 24.3.1998 – 9 AZR 218/97).

7. Welche Schutzregelungen außerhalb des Heimarbeitsgesetzes gelten?

Neben dem Heimarbeitsgesetz ist der Schutz der in Heimarbeit Beschäftigten auch in anderen arbeits- und arbeitsschutzrechtlichen Gesetzen gesichert. So sind die in Heimarbeit Beschäftigten vor Diskriminierungen geschützt (§ 6 Abs. 1 Nr. 3 AGG). Sie sind ebenfalls durch das MuSchG geschützt (§ 1 Abs. 2 Nr. 6 MuSchG). Für sie gelten die Schutzfristen vor und nach der Entbindung (§ 3 MuSchG), Ausgabebeschränkungen nach § 8 MuSchG, die Regelungen über unzulässige Tätigkeiten und Arbeitsbedingungen (§§ 11,12 MuSchG) sowie Beschäftigungsverbote nach § 13 Abs. 2 und § 16 MuSchG. Sie haben Anspruch auf Eltern- und Pflegezeit. Die in Heimarbeit Beschäftigten und Gleichgestellten bekommen ferner für ihren Urlaub, für die infolge gesetzlicher Feiertage ausgefallene Arbeit und für die Lohnfortzahlung im Krankheitsfall prozentuale Zuschläge zum Arbeitsentgelt. Diese Zuschläge betragen:

a) Für den gesetzlichen Mindesturlaub von 24 Werktagen bei Heimarbeitern oder ihnen Gleichgestellten 9,1 % des in der Zeit vom 1. Mai bis 30. April des folgenden Jahres oder bis zur Beendigung des Beschäftigungsverhältnisses verdienten Bruttoarbeitsentgelts und für Hausgewerbetreibende und ihnen Gleichgestellte 9,1 % des an sie ausgezahlten Arbeitsentgelts (§ 12 BUrlG). Die bindenden Festsetzungen enthalten allerdings häufig entsprechend dem in dem jeweiligen Tarifgebiet geltenden Urlaubsanspruch auch höhere Zuschläge. Für schwerbehinderte Menschen und Jugendliche gelten ohnehin höhere Zuschläge.

b) Für jeden gesetzlichen Feiertag, der nicht auf einen Sonntag fällt, 0,72 % des in einem Zeitraum von sechs Monaten ausgezahlten Arbeitsentgelts ohne Unkostenzuschläge (§ 11 Entgeltfortzahlungsgesetz).

c) Als Ausgleich für eine Krankheit bei Heimarbeitern, Hausgewerbetreibenden ohne fremde Hilfskräfte und Gleichgestellten 3,4 %, bei Hausgewerbetreibenden mit nicht mehr als zwei fremden Hilfskräften oder Heimarbeitern und die ihnen Gleichgestellten 6,4 % des Bruttoarbeitsentgelts (§ 10 Entgeltfortzahlungsgesetz).

33. Tarifrecht, Arbeitskampfrecht

1. Was bedeutet die Koalitionsfreiheit?

a) Jeder Einzelne hat das Recht, einer **Gewerkschaft** oder einem **Arbeitgeberverband** beizutreten oder einer solchen Vereinigung fernzubleiben. Alle Abreden, die dies einschränken, sind unwirksam, z. B. die vertragliche Verpflichtung des Arbeitnehmers gegenüber dem Arbeitgeber, keiner Gewerkschaft beizutreten, oder eine Vereinbarung, in der sich der Arbeitgeber gegenüber anderen Arbeitgebern verpflichtet, keinen gewerkschaftlich organisierten Arbeitnehmer einzustellen. Ebenso sind sonstige rechtliche Maßnahmen (z. B. eine Kündigung, die auf die Gewerkschaftszugehörigkeit des Arbeitnehmers gestützt wird) unzulässig.

b) Die Koalitionsfreiheit des Art. 9 Abs. 3 GG umfasst zugleich das Recht, sich im Rahmen einer Gewerkschaft oder eines Arbeitgeberverbandes zu betätigen, z. B. in der Form, dass sich der Einzelne werbend für den Verband einsetzt. Dies gilt grundsätzlich auch für Mitglieder des Betriebsrats, wobei allerdings eine nach außen erkennbare Trennung zwischen gewerkschaftlichem Einsatz und der Betätigung als Betriebsratsmitglied erforderlich ist. Die Grenzen zulässiger Werbung werden überschritten, wenn sie mit unlauteren Mitteln erfolgt oder auf die Existenzvernichtung einer konkurrierenden Gewerkschaft gerichtet ist (BAG vom 31.5.2005, AP GG Art. 9 Nr. 124).

c) Gewerkschaften können in Betrieben auch durch betriebsfremde Beauftragte um Mitglieder werben. Dies gilt unabhängig davon, ob sie in dem Betrieb bereits Mitglieder haben. Ihr betriebliches Zutrittsrecht zu Werbezwecken besteht allerdings nicht uneingeschränkt. Maßgeblich sind die Umstände des Einzelfalls (BAG, Urteil vom 28.2.2006, DB 2006, S. 1381). Die Gewerkschaft hat den Besuchstermin angemessene Zeit zuvor anzukündigen, wobei im Hinblick auf etwaige organisatorische Maßnahmen von einer Regelfrist von einer Woche auszugehen ist (BAG vom 22.6.2010 – 1 AZR 179/09). Ebenso darf eine tarifzuständige Gewerkschaft sich an die Arbeitnehmer auch über deren betriebliche E-Mail-Adressen mit Werbung und Informationen wenden. Dies gilt selbst dann, wenn der Arbeitgeber den Gebrauch der E-Mail-Adressen zu privaten Zwecken untersagt hat (BAG vom 20.1.2009 – 1 AZR 515/08). Ein Arbeitnehmer ist allerdings nicht berechtigt, einen vom Arbeitgeber für dienstliche Zwecke zur Verfügung gestellten personenbezogenen E-Mail-Account (Vorname.Nachname@Arbeitgeber.de) für die betriebsinterne Verbreitung eines Streikaufrufs seiner Gewerkschaft an die Belegschaft zu nutzen (BAG vom 15.10.2013 – 1 ABR 31/12).

2. Was sind gewerkschaftliche Vertrauensleute?

In vielen Betrieben bestehen unabhängig von den Betriebsräten **gewerkschaftliche Vertrauensleute**. Sie sind zuständig einerseits für die Wahrnehmung der Interessen der Gewerkschaftsmitglieder im Betrieb, andererseits für die Information der Gewerkschaften über Wünsche der Arbeitnehmerschaft. Ein Anspruch gegen den Arbeitgeber, dass die Wahlen für die gewerkschaftlichen Vertrauensleute im Betrieb durchgeführt werden, besteht nicht (BAG vom 8.12.1978, DB 1979, S. 143). Vielfach sehen Tarifverträge für gewerkschaftliche Vertrauensleute ein allgemeines Benachteiligungsverbot vor.

3. Was sind Tarifverträge? Wo kann man sie einsehen?

a) Der Tarifvertrag ist ein Vertrag zur Regelung der Pflichten und Rechte der Tarifvertragsparteien **(schuldrechtlicher Teil)** und zur Festlegung von Rechtsnormen, insbesondere über den Abschluss, den Inhalt und die Beendigung der erfassten Arbeitsverhältnisse **(normativer Teil)**. Er kann auf Arbeitnehmerseite nur von tariffähigen Gewerkschaften oder einem Zusammenschluss solcher Gewerkschaften (Spitzenorganisation), auf Arbeitgeberseite dagegen sowohl von tariffähigen Arbeitgeberverbänden (Verbandstarifvertrag) als auch von jedem einzelnen Arbeitgeber (Firmen-, Werk- oder Haustarifvertrag) abgeschlossen werden. Auch eine Handwerksinnung kann trotz ihres teilweisen öffentlich-rechtlichen Charakters auf Arbeitgeberseite tariffähig sein (BAG vom 6.5.2003 – 1 AZR 241/02). Andererseits ist es einem Arbeitgeberverband grundsätzlich nicht verwehrt, eine Form der Mitgliedschaft vorzusehen, die nicht zur Tarifbindung führt (sogen. OT Mitgliedschaft; vgl. BAG, Urteil vom 18.7.2006 – 1 ABR 36/05). Der Wechsel in eine OT Mitgliedschaft beendet die Tarifbindung allerdings nur, wenn die Verbandsatzung klar zwischen den Mitgliedschaften unterscheidet (BAG vom 21.11.2012 – 4 AZR 27/11). Insbesondere darf es keine satzungsgemäße Möglichkeit der Einflussnahme der OT Mitglieder auf Entscheidungen des Arbeitgeberverbandes im Rahmen eines Arbeitskampfes oder bei den Verhandlungen über einen Tarifvertrag geben (BVerfG vom 2.12.2010 – 1 BvR 2593/09).

Nimmt ein Arbeitgeber oder eine Vereinigung von Arbeitgebern mit einer Gewerkschaft Verhandlungen über den Abschluss eines Tarifvertrags auf, so ist der Arbeitgeber oder die Vereinigung von Arbeitgebern nach § 4a Abs. 5 TVG verpflichtet, dies rechtzeitig und in geeigneter Weise bekannt zu geben. Eine andere Gewerkschaft, zu deren satzungsgemäßen Aufgaben der Abschluss eines Tarifvertrags nach Satz 1 gehört, ist berechtigt, dem Arbeitgeber oder der Vereinigung von Arbeitgebern ihre Vorstellungen und Forderungen mündlich vorzutragen. Eine gerichtliche Verurteilung einer Tarifvertragspartei zum Abschluss eines bestimmten vom klagenden Tarifpartner vorgelegten Entwurfs eines Tarifvertrages kann allerdings nur erfolgen, wenn eine rechtlich verbindliche Verpflichtung hierzu besteht. Diese muss sich ebenso zweifelsfrei wie der Inhalt der eingeklagten Erklärung aus der Verpflichtungsgrundlage (bspw. einem Vorvertrag oder einer tariflichen Regelung) ergeben. Ansonsten besteht allenfalls ein Verhandlungsanspruch der Tarifparteien gegeneinander (BAG vom 25.9.2013 – 4 AZR 173/12).

Die Tariffähigkeit einer Gewerkschaft setzt voraus, dass die Arbeitnehmervereinigung sich als satzungsgemäße Aufgabe die Wahrnehmung der Interessen ihrer Mitglieder gesetzt hat und willens ist, Tarifverträge abzuschließen. Sie muss frei gebildet, gegnerfrei, auf überbetrieblicher Grundlage organisiert, strukturell unabhängig sein und das geltende Tarifrecht anerkennen. Darüber hinaus muss sie hinreichend mächtig sein, um Druck auf die Arbeitgeberseite auszuüben. Sie muss organisatorisch in der Lage sein, die Aufgaben einer Tarifvertragspartei zu erfüllen. Die Tariffähigkeit kommt dabei in erster Linie in der Zahl der Mitglieder und der Leistungsfähigkeit der Organisation zum Ausdruck. Bei Zweifeln an der Durchsetzungs- und Leistungsfähigkeit einer Arbeitnehmervereinigung kann eine nennenswerte Zahl eigenständig abgeschlossener Tarifverträge ihre Tariffähigkeit indizieren (BAG vom 5.10.2010 – 1 ABR 88/09). Soll eine Spitzenorganisation selbst als Partei Tarifverträge abschließen, muss das zu ihren satzungsmäßigen

Aufgaben gehören. Dazu müssen die sich zusammenschließenden Gewerkschaften ihrerseits tariffähig sein und der Spitzenorganisation ihre Tariffähigkeit vollständig vermitteln. Dies ist nicht der Fall, wenn die Befugnis zum Abschluss von Tarifverträgen durch die Spitzenorganisation auf einen Teil des Organisationsbereichs der Mitgliedsgewerkschaften beschränkt wird. Zudem darf der Organisationsbereich einer Spitzenorganisation nicht über den ihrer Mitgliedsgewerkschaften hinausgehen. Daher ist z. B. die Tarifgemeinschaft Christlicher Gewerkschaften für Zeitarbeit und Personalserviceagenturen (CGZP) keine Spitzenorganisation, die in eigenem Namen Tarifverträge abschließen kann (BAG vom 14.12.2010 – 1 ABR 19/10). Es besteht kein Vertrauensschutz in den Bestand eines von einer nichttariffähigen Gewerkschaft abgeschlossenen Tarifvertrages. Einzelheiten sind im **Tarifvertragsgesetz** und der dazu ergangenen Durchführungsverordnung geregelt.

b) Abschluss, Änderung, Beendigung und Allgemeinverbindlicherklärung von Tarifverträgen sind in einem beim Bundesministerium für Arbeit und Soziales geführten Tarifregister einzutragen. Auch von einigen Landesarbeitsministerien werden Tarifregister geführt. Die Tarifverträge können von jedermann kostenlos eingesehen werden. Darüber hinaus müssen die Arbeitgeber die in ihrem Betrieb maßgebenden Tarifverträge für jeden Arbeitnehmer einsehbar **im Betrieb auslegen**. Die Praxis unterscheidet Lohntarifverträge und Manteltarifverträge, die die Einzelheiten des Arbeitsverhältnisses außerhalb des Entgeltbereichs regeln, z. B. Arbeitszeit-, Urlaubs- und Kündigungsfragen.

c) Auch die Tarifverträge sind an die Diskriminierungsverbote des Allgemeinen Gleichbehandlungsgesetzes gebunden (vgl. Kapitel 20 Nr. 21). Der Arbeitgeber ist bei der Anwendung einer diskriminierenden tariflichen Regelung aber nur dann zur Entschädigung verpflichtet, wenn er vorsätzlich oder grob fahrlässig handelt (§ 15 Abs. 3 AGG).

4. Für wen gelten die Tarifverträge?

a) Tarifliche Regelungen, die den Abschluss, den Inhalt und die Beendigung der Arbeitsverhältnisse betreffen, erfassen nur solche Arbeitsverhältnisse, die zwischen Arbeitgebern und Arbeitnehmern abgeschlossen werden, die Mitglied der jeweiligen vertragsschließenden Gewerkschaft und des vertragsschließenden Arbeitgeberverbandes sind (Ausnahme: Allgemeinverbindlicherklärung des Tarifvertrages).

Regelungen über betriebliche, insbesondere auch betriebsverfassungsrechtliche Fragen in Tarifverträgen gelten bereits dann, wenn allein der Arbeitgeber Mitglied des vertragsschließenden Arbeitgeberverbandes ist (§ 3 TVG). Eine Betriebsnorm setzt aber voraus, dass sie eine über das einzelne Arbeitsverhältnis hinausgehende unmittelbare und zwingende Geltung auch gegenüber den Arbeitnehmern beansprucht (BAG vom 26.1.2011 – 4 AZR 159/09). Die Wirksamkeit von betriebsverfassungsrechtlichen Normen setzt die Tarifzuständigkeit der abschließenden Gewerkschaft für alle Arbeitsverhältnisse der erfassten betrieblichen Einheiten voraus (BAG vom 14.1.2014 – 1 ABR 66/12).

b) Für den **betrieblichen Geltungsbereich** des Tarifvertrages ist entscheidend, welcher Wirtschaftszweig nach dem Willen der Tarifvertragsparteien erfasst werden soll und ob der Betrieb zu diesem Wirtschaftszweig gehört. Da nach dem Willen der Tarifvertragsparteien in einem Betrieb im Allgemeinen nur ein Tarifvertrag zur Anwendung kommt, gilt z. B. auch für den Werkzeugmacher, Dreher oder Maurer in einem Betrieb der chemischen Industrie der Chemietarif. Der Lohnanspruch richtet sich dann nach der dem Facharbeiter entsprechenden Tarifgruppe.

5. Was regelt das Tarifeinheitsgesetz?

Der Arbeitgeber kann nach § 3 TVG an mehrere Tarifverträge unterschiedlicher Gewerkschaften gebunden sein. Dabei kann es zu Tarifkollisionen kommen, soweit sich die Geltungsbereiche nicht inhaltsgleicher Tarifverträge verschiedener Gewerkschaften überschneiden (kollidierende Tarifverträge). Es ist Aufgabe der Tarifvertragsparteien, durch autonome Entscheidungen, solche Tarifkollisionen zu vermeiden. Kommt es jedoch zu Tarifkollisionen, sind nach § 4a Abs. 2 TVG im Betrieb nur die Rechtsnormen des Tarifvertrages derjenigen Gewerkschaft anwendbar, die zum Zeitpunkt des Abschlusses des zuletzt abgeschlossenen kollidierenden Tarifvertrags im Betrieb die meisten in einem Arbeitsverhältnis stehenden Mitglieder hat. In diesem Fall kann nach § 4a Abs. 4 TVG eine Gewerkschaft vom Arbeitgeber oder von der Vereinigung der Arbeitgeber die Nachzeichnung der Rechtsnormen eines mit ihrem Tarifvertrag kollidierenden Tarifvertrags verlangen. Der Anspruch auf Nachzeichnung beinhaltet den Abschluss eines die Rechtsnormen des kollidierenden Tarifvertrags enthaltenden Tarifvertrags, aber nur soweit sich die Geltungsbereiche und Rechtsnormen der Tarifverträge überschneiden. Die Rechtsnormen eines so nachgezeichneten Tarifvertrags gelten unmittelbar und zwingend, soweit der Tarifvertrag der nachzeichnenden Gewerkschaft nicht zur Anwendung kommt.

Das Tarifeinheitsgesetz ist grundsätzlich mit dem Grundgesetz vereinbar. Das Bundesverfassungsgericht hat jedoch eine ergänzende Neuregelung zum Schutz einzelner Berufsgruppen und Branchen gefordert. Unvereinbar ist das Gesetz mit der Verfassung nur insoweit, als Vorkehrungen dagegen fehlen, dass Belange der Angehörigen einzelner Berufsgruppen oder Branchen bei der Verdrängung bestehender Tarifverträge einseitig vernachlässigt werden. Der Gesetzgeber muss insofern Abhilfe schaffen. Bis zur Neuregelung darf ein Tarifvertrag im Fall einer Kollision im Betrieb nur verdrängt werden, wenn plausibel dargelegt ist, dass die Mehrheitsgewerkschaft die Belange der Angerhörigen der Minderheitsgewerkschaft ernsthaft und wirksam in ihrem Tarifvertrag berücksichtigt hat (vgl. BVerfG vom 11.07.2017 – 1 BvR 1571/15 u.a.).

6. Was bedeutet die Allgemeinverbindlicherklärung von Tarifverträgen?

Durch eine Allgemeinverbindlicherklärung kann der Anwendungsbereich eines Tarifvertrages auch auf **nicht tarifgebundene Arbeitnehmer und Arbeitgeber** erstreckt werden (§ 5 TVG). Die Allgemeinverbindlicherklärung wird auf gemeinsamen Antrag der Tarifvertragsparteien entweder durch das Bundesministerium für Arbeit und Soziales oder durch die zuständige oberste Landesbehörde im Einvernehmen mit einem paritätisch besetzten Tarifausschuss ausgesprochen. Wenn der Tarifausschuss also nicht einverstanden ist (Ablehnung durch eine Seite reicht), entfällt die Allgemeinverbindlicherklärung. Die Allgemeinverbindlicherklärung hat vor allem dann Bedeutung, wenn ein Tarifvertrag erst dann zweckmäßig ist, wenn alle Arbeitsverhältnisse eines Wirtschaftszweiges erfasst sind, z. B. bei der Errichtung von gemeinsamen Einrichtungen. Seit der am 16.8.2014 mit dem Tarifautonomiestärkungsgesetz in Kraft getretenen Änderung des TVG setzt die Allgemeinverbindlicherklärung nur noch voraus, dass an der Allgemeinverbindlicherklärung ein öffentliches Interesse besteht. Ein öffentliches Interesse besteht in der Regel, wenn der Tarifvertrag in seinem Geltungsbereich für die Gestaltung der Arbeitsbedingungen überwiegende Bedeutung erlangt hat oder die Absicherung der Wirksamkeit der tarifvertraglichen Normsetzung gegen die Folgen wirtschaftlicher Fehlentwicklung eine Allgemeinverbindlicherklärung verlangt (§ 5 Abs. 1 TVG). Sie ist nebst den von der Allgemeinverbindlicherklärung erfassten Rechtsnormen des Tarifvertrags im Bundesanzeiger zu veröffentlichen. Zur Wirksamkeit von nach altem Recht ausgesprochenen Allgemeinverbindlicherklärungen vgl. BAG vom 21.9.2016 – 10 ABR 33/15 und 10 ABR 48/15.

Wird ein Tarifvertrag, durch den ein früherer Tarifvertrag erneuert oder geändert wird, rückwirkend für allgemeinverbindlich erklärt, müssen die Tarifgebundenen mit einer Rückbeziehung der Allgemeinverbindlichkeit auf den Zeitpunkt des Inkrafttretens rechnen. Bei der erstmaligen Allgemeinverbindlicherklärung eines Tarifvertrags in einer Berufssparte kommt eine Rückwirkung nur in Betracht, wenn auf diese Möglichkeit bereits bei der Veröffentlichung des Antrags der Tarifvertragsparteien hingewiesen worden ist. Eine Rückwirkung ist in diesen Fällen nur bis zum Zeitpunkt der Veröffentlichung im Bundesanzeiger möglich (BAG vom 20.3.2013 – 10 AZR 744/11).

Zu den durch Rechtsverordnung nach AEntG für verbindlich erklärten Tarifverträgen vgl. Kapitel 10 Nr. 6.

7. Welche Wirkung haben die tarifvertraglichen Regelungen für das einzelne Arbeitsverhältnis?

a) Tarifvertragliche Regelungen gelten unmittelbar und zwingend für die vom Tarifvertrag erfassten Arbeitsverhältnisse und zwar unabhängig davon, ob Arbeitnehmer und Arbeitgeber die einzelne Regelung kennen. Der Arbeitnehmer hat daher z. B. Anspruch auf den tarifvertraglichen Lohn, auch wenn er ausdrücklich mit dem Arbeitgeber eine geringere Vergütung vereinbart hat. Von den Bestimmungen des Tarifvertrages kann zum **Nachteil der Arbeitnehmer** nicht abgewichen werden, es sei denn, der Tarifvertrag findet keine Anwendung mehr (BAG vom 3.9.2014 – 5 AZR 1020/12). Zulässig ist es jedoch, im Einzelarbeitsvertrag günstigere Arbeitsbedingungen zu vereinbaren, als sie der Tarifvertrag enthält. Dabei sind bei dem Günstigkeitsvergleich von tariflichen und vertraglichen Regelungen nur sachlich zusammenhängende Arbeitsbedingungen vergleichbar (z. B. BAG vom 20.4.1999, BB 1999, S. 1657).

   Beispiel:

   Eine Beschäftigungsgarantie ist nicht geeignet, Verschlechterungen beim Arbeitsentgelt oder bei der Arbeitszeit zu rechtfertigen, weil es hiefür keinen gemeinsamen Bewertungsmaßstab gibt.

   Auch kann ein Tarifvertrag die Möglichkeit, günstigere Arbeitsbedingungen einzelvertraglich zu vereinbaren, nicht einschränken – auch nicht für tarifgebundene Arbeitsverhältnisse (BAG vom 22.2.2012 – 4 AZR 24/10).

   Bei abweichenden Regelungen in Betriebsvereinbarungen ist zu berücksichtigen, dass Arbeitsentgelte und sonstige Arbeitsbedingungen, die durch Tarifvertrag geregelt sind oder üblicherweise geregelt werden, nur ausnahmsweise vereinbart werden dürfen, wenn der Tarifvertrag ausdrücklich den Abschluss ergänzender Betriebsvereinbarungen zulässt (§ 77 Abs. 3 BetrVG). Enthält der Tarifvertrag eine sogen. Abschlussnorm, so führt das Prinzip der Unmittelbarkeit dazu, dass die Arbeitsvertragsparteien die einzelnen Formvorschriften oder sonstigen Gebote, z. B. die vorgeschriebene Schriftform für den Arbeitsvertrag, zu beachten haben.

Nach Ablauf des Tarifvertrages gelten nach § 4 Abs. 5 TVG seine Rechtsnormen weiter, bis sie durch eine andere Abmachung ersetzt werden. Diese Nachwirkung von Tarifnormen erfasst nur solche Arbeitsverhältnisse, für die der betreffende Tarifvertrag zuvor i. S. v. § 4 Abs. 1 TVG unmittelbar und zwingend galt. D. h. es gibt keine Nachwirkung für erst im Nachwirkungszeitraum begründete Arbeitsverhältnisse und auch nicht für Fälle, in denen die Tarifgebundenheit – z. B. durch Gewerkschaftsbeitritt des Arbeitnehmers – erst im Nachwirkungszeitraum begründet wird (BAG vom 27.9.2017 – 4 AZR 630/15).

b) Da in der Praxis häufig **übertarifliche Arbeitsentgelte** oder **übertarifliche Zulagen** gezahlt werden, stellt sich die Frage, wie sich **spätere tarifliche Entgelterhöhungen** auf die bisherigen übertariflichen Entgeltbestandteile auswirken. Eine Anrechnung der bisher übertariflichen Zulage auf den neuen Tariflohn ist grundsätzlich möglich, sofern dem Arbeitnehmer nicht vertraglich ein selbständiger Entgeltbestandteil neben dem jeweiligen Tarifentgelt zugesagt worden ist (z. B. BAG vom 27.8.2008, AP BGB § 307 Nr. 36). Erhöht sich die tarifliche Vergütung, entspricht die Zulässigkeit der Anrechnung auch regelmäßig dem Parteiwillen, weil sich die Gesamtvergütung nicht verringert (BAG 21. 1. 2003, AP BetrVG 1972 § 87 Lohngestaltung Nr. 118). Dabei kommt es nicht darauf an, ob übertarifliche Vergütungsbestandteile als freiwillig oder anrechenbar bezeichnet worden sind. Es reicht schon aus, dass das Gesamtentgelt **übertariflich** ist.

Macht der Arbeitnehmer geltend, dass das vertraglich vereinbarte Arbeitsentgelt sich in Wahrheit aus dem Tarifentgelt und einer anrechnungsfesten übertariflichen Zulage zusammensetzt, hat er tatsächliche Umstände vorzutragen, die den Schluss auf eine solche Vereinbarung erlauben. Andernfalls kann die Erhöhung des Tarifentgelts nur dann zu einem effektiv erhöhten Zahlungsanspruch des Arbeitnehmers führen, wenn das Tarifentgelt das vereinbarte Entgelt übersteigt (BAG vom 23.9.2009 – 5 AZR 973/08).

Dringend anzuraten ist eine ausdrückliche Regelung z. B. dahin, dass der übertarifliche Entgeltbestandteil zum **jeweiligen** Tariflohn hinzutreten soll oder umgekehrt – so der Regelfall –, dass es sich um eine **jederzeit anrechenbare** übertarifliche Zulage handelt. Eine entsprechende Anrechnungsregelung hält einer Inhaltskontrolle nach den §§ 307 ff. BGB stand (vgl. Kapitel 3 Nr. 18). Dies gilt auch, wenn in einem vom Arbeitgeber vorformulierten Arbeitsvertrag die Zulage unter dem Vorbehalt der Anrechnung gewährt wird, ohne dass die Anrechnungsgründe näher bestimmt sind.

Zur Gleichbehandlung bei Lohnerhöhungen vgl. Kapitel 10 Nr. 28 c.

c) Die Betriebsparteien können wegen des Tarifvorbehalts in § 77 Abs. 3 Satz 1 BetrVG keine Regelungen über die Weitergabe von Tariferhöhungen treffen. Sie sind jedoch nicht gehindert zu regeln, ob und inwieweit Tariferhöhungen auf übertarifliche Zulagen angerechnet werden können. Dabei haben sie die Grundsätze von Recht und Billigkeit, insbesondere den betriebsverfassungsrechtlichen Gleichbehandlungsgrundsatz zu beachten (BAG, Urteil vom 30.5.2006, DB 2006, S. 1795). Im Übrigen gilt zur Beteiligung des Betriebsrats bei der Anrechnung übertariflicher Arbeitsentgelte oder beim vorbehaltenen Widerruf übertariflicher Zulagen Folgendes (vgl. Großer Senat des BAG vom 3.12.1991, NZA 1992, S. 749):

- Die Anrechnung einer Tariflohnerhöhung auf übertarifliche Zulagen kann auch dann der Mitbestimmung des Betriebsrats unterliegen, wenn sich der Arbeitgeber die Anrechnung bzw. den Widerruf vorbehalten hat.
- Das Mitbestimmungsrecht des Betriebsrats bei der Anrechnung einer Tariflohnerhöhung auf übertarifliche Zulagen besteht nur dann, wenn sich durch die Anrechnung die bisherigen Verteilungsgrundsätze ändern; das ist der Fall, wenn sich das Verhältnis der Zulagenbeträge zueinander verschiebt. Weiter ist das Mitbestimmungsrecht davon abhängig, dass für eine anderweitige Regelung der Anrechnung innerhalb des vom Arbeitgeber mitbestimmungsfrei vorgegebenen Dotierungsrahmens ein Gestaltungsspielraum verbleibt (vgl. z. B. BAG vom 5.3.1996 – 1 ABR 49/95 – und vom 22.4.1997, DB 1997, S. 2081).
- Das Mitbestimmungsrecht entfällt bei der Reduzierung des Zulagevolumens auf Null sowie bei einer vollständigen und gleichmäßigen Anrechnung der Tariflohnerhöhung auf übertarifliche Zulagen.
- Bis zur Einigung mit dem Betriebsrat kann der Arbeitgeber das Zulagevolumen und – unter Beibehaltung der bisherigen Verteilungsgrundsätze – auch entsprechend die einzelnen Zulagen kürzen.

d) Ein **Verzicht** des Arbeitnehmers auf künftige tarifvertragliche Ansprüche oder eine Verwirkung tarifvertraglicher Ansprüche ist ausgeschlossen (§ 4 TVG). Eine Ausnahme ist nur für den Fall zugelassen, dass der Arbeitnehmer in einem von den Tarifvertragsparteien gebilligten Vergleich auf seine tarifvertraglichen Ansprüche verzichtet. Auch ein einzelvertraglicher Verzicht auf einen bereits entstandenen tarifvertraglichen Anspruch ist wegen eines Verstoßes gegen § 4 Abs. 4 Satz 1 TVG nichtig, auch dann wenn dieser erst nach einem Betriebsübergang gegenüber dem Betriebsveräußerer oder dem Betriebserwerber erklärt wird. Der Betriebsübergang ist für die Unverzichtbarkeit tariflich begründeter Ansprüche ohne Bedeutung (BAG vom 12.2.2014 – 4 AZR 317/12). Zulässig sind jedoch **Ausschlussfristen**. Dies sind Klauseln, die vorsehen, dass die tarifvertraglichen (ggf. auch außertarifvertraglichen) Ansprüche innerhalb einer angemessenen Frist geltend gemacht werden müssen. Tarifliche Ausschlussfristen sind ohne Rücksicht auf die Kenntnis der Arbeitsvertragsparteien wirksam (BAG vom 3.12.1987, BB 1988, S. 1465). Zu arbeitsvertraglichen Ausschlussfristen vgl. Kapitel 3 Nr. 18 und Kapitel 10 Nr. 50. Vielfach wird zur Wahrung des Anspruchs im Tarifvertrag eine schriftliche Geltendmachung gefordert. Dabei ist eine entsprechende Anwendung von § 126 BGB (eigenhändige Unterzeichnung der schriftlichen Erklärung durch Namensunterschrift des Beschäftigten) nicht geboten. Hierzu reichen auch E-Mails (BAG vom 7.7.2010 – 4 AZR 549/08). Eine tarifvertragliche Ausschlussfrist kann ausnahmsweise durch Geltendmachung des Anspruchs vor dessen Entstehung gewahrt werden (BAG vom 16.1.2013 – 19 AZR 863/11).

8. Kann die Anwendung eines Tarifvertrages auf nicht tarifgebundene Arbeitsverhältnisse vereinbart werden?

a) Sind beide Parteien des Arbeitsvertrages oder ist eine der beiden Parteien nicht tarifgebunden, so kann zwischen den Vertragsparteien **vereinbart** werden, dass die tarifvertraglichen Bestimmungen auch für ihr Arbeitsverhältnis **zur Anwendung** kommen sollen. In einem solchen Fall gestalten die Rechtsnormen des Tarifvertrages das Arbeitsverhältnis aber lediglich als vertragliche Bestimmungen. Der Arbeitnehmer kann also – anders als bei tarifvertraglichen Ansprüchen – auf seine Ansprüche, z. B. durch eine Ausgleichsquittung, verzichten.

b) Die Anwendung des Tarifvertrags auf nicht gebundene Arbeitsverhältnisse kann durch den Tarifvertrag nicht ausgeschlossen werden. Nicht wenige Tarifverträge enthalten Regelungen, die nur Mitgliedern der tarifschließenden Gewerkschaft Rechte einräumen sollen (sog. Differenzierungsklauseln). Zwei Grundmodelle sind zu unterscheiden: Zunächst die Regelungen („qualifizierte **Differenzierungsklauseln**"), die auf die individualrechtlichen Gestaltungsbefugnisse des Arbeitgebers einwirken wollen, indem sie auf verschiedene Weise sicherzustellen versuchen, dass im Ergebnis dem gewerkschaftlich organisierten Mitarbeiter in jedem Falle mehr zusteht als demjenigen, der nicht Mitglied der tarifschließenden Gewerkschaft ist. Weniger weit gehen sog. einfache Differenzierungsklauseln, welche die Gewerkschaftszugehörigkeit des Arbeitnehmers zwar zur Voraussetzung für einen bestimmten materiellen Anspruch machen, die aber keine rechtlichen Schranken dafür aufstellen, dass der Arbeitgeber auf individualvertraglicher Ebene die tariflich vorgesehene Ungleichbehandlung beseitigt. Die letztgenannten Regelungen können nach Auffassung des Bundesarbeitsgerichts rechtswirksam sein (Urteil vom 18.3.2009 – 4 AZR 64/08). Eine tarifvertragliche Inhaltsnorm, die eine den Gewerkschaftsmitgliedern vorbehaltene Leistung dadurch absichert, dass sie für den Fall einer Kompensationsleistung des Arbeitgebers an nicht oder anders organisierte Arbeitnehmer das Entstehen eines entsprechend erhöhten Anspruchs für die Gewerkschaftsmitglieder vorsieht (sog. **Spannenklausel**) ist jedoch wegen Überschreitung der Tarifmacht unwirksam (BAG vom 23.3.2011 – 4 AZR 366/09).

c) In der Praxis wird von der **Übernahme** der tarifrechtlichen Regelungen auf die nicht tarifgebundenen Arbeitsverhältnisse weitgehend Gebrauch gemacht. Möglich ist es dabei auch, nur auf einzelne Regelungen des einschlägigen Tarifvertrages Bezug zu nehmen, z. B. auf die Urlaubsregelungen oder das Arbeitsentgelt. Üblich sind solche teilweisen Bezugnahmen aber ebenso wenig wie die statische Bezugnahme auf einen bestimmten zurzeit laufenden Tarifvertrag. Zur Annahme einer statischen Bezugnahme reicht jedenfalls nicht das Fehlen des Zusatzes „in seiner jeweiligen Fassung" aus (BAG vom 20.4.2012 – 9 AZR 504/10). Das Ziel, durch eine Bindung an den Tarifvertrag eine gleichmäßige Behandlung der tarifgebundenen und der nicht tarifgebundenen Arbeitnehmer des Betriebes zu erreichen, wird nämlich nur dann gesichert, wenn die Bezugnahme **gleitend** ist, also sich nicht auf einen bestimmten, an seine Laufzeit gebundenen Tarifvertrag, sondern auf den jeweils für den Arbeitgeber kraft eigener Tarifgebundenheit (wegen der Zugehörigkeit zum Tarifträger) geltenden Tarifvertrag bezieht. Diese sogen. **Gleichstellungsabrede** ist damit eine typisierte vertragliche Abrede, von der man gemeinhin ausgeht, wenn die Arbeitsvertragsparteien vereinbaren, dass das

Arbeitsverhältnis sich nach einem im Arbeitsvertrag bezeichneten Tarifvertag richten soll, solange der Arbeitgeber selbst normativ an diesen Tarifvertrag gebunden ist, unabhängig davon, ob auch der Arbeitnehmer normativ an diesen Tarifvertag gebunden ist.

Denkbar ist auch eine sogen. **große dynamische Verweisungsklausel.** Durch einen solchen Verweis auf die **für den Betrieb** jeweils gültigen Tarifverträge in ihrer jeweiligen Fassung wird erreicht, dass später, z. B. bei einem Betriebsübergang, auch Tarifverträge aus anderen Wirtschaftsbereichen zur Anwendung kommen. Auch bei einem Verbandswechsel oder Verbandsaustritt hat die Klausel Bedeutung. Wird in einem seit dem 1.1.2002 abgeschlossenen Arbeitsvertrag auf das einschlägige Tarifwerk in der jeweils geltenden Fassung verwiesen, ist der Arbeitgeber auch nach dem Austritt aus dem tarifschließenden Verband verpflichtet, die nach dem Ende der Verbandsmitgliedschaft abgeschlossenen Tarifverträge anzuwenden. Das gilt jedenfalls dann, wenn sich aus dem Vertragswortlaut und den Umständen des Vertragsschlusses keine konkreten Anhaltspunkte für den Willen der Parteien ergeben, es soll nur eine Gleichstellung nicht organisierter mit organisierten Arbeitnehmern erfolgen und die vereinbarte Dynamik bei Wegfall der Tarifgebundenheit des Arbeitgebers entfallen – sog. Gleichstellungsabrede (siehe unter Buchst. d).

d) Für die vor dem 1.1.2002 abgeschlossenen Arbeitsverträge ist grundsätzlich noch davon auszugehen, dass bereits die allgemeine Bezugnahme in einem Arbeitsvertrag auf die für das Arbeitsverhältnis inhaltlich einschlägigen Tarifverträge regelmäßig eine Gleichstellungsabrede war, ohne dass die Tarifgebundenheit des Arbeitgebers im Vertragstext oder sonst aufgrund für den Arbeitnehmer erkennbarer Umstände zum Ausdruck kam (BAG vom 14.12.2005, NZA 2006, S. 607). Der Auslegung einer vor dem 1.1.2002 arbeitsvertraglich vereinbarten Bezugnahmeklausel als sog. Gleichstellungsabrede i. S. d. früheren Rechtsprechung des Senats steht nicht entgegen, dass die Bezugnahme nicht ein ganzes Tarifwerk umfasst, sondern lediglich einen einzelnen Tarifvertrag oder Teile hiervon (BAG vom 11.12.2013 – 4 AZR 473/12). Für die nach dem 1.1.2002 geänderten Altverträge kommt es für die Beurteilung, ob es sich hinsichtlich der Auslegung dieser Klausel um einen Neu- oder Altvertrag handelt, darauf an, ob die Klausel zum Gegenstand der rechtsgeschäftlichen Willensbildung der Vertragsparteien gemacht worden ist (BAG vom18.11.2009 – 4 AZR 514/08).

   Eine Gleichstellungsklausel muss dem Erfordernis der Klarheit und Eindeutigkeit gerecht werden.

e) Die Bindung des nicht tarifgebundenen Erwerbers eines Betriebes an die vom Arbeitnehmer mit dem Veräußerer arbeitsvertraglich vereinbarte Dynamik einer Verweisungsklausel auf einen Tarifvertrag verletzt nicht seine negative Koalitionsfreiheit und begegnet weder verfassungs- noch gemeinschaftsrechtlichen Bedenken (BAG vom 23.9.2009 – 4 AZR 331/08).

9. Was müssen Sie zur Zulässigkeit eines Arbeitskampfes wissen?

Unter einem **Streik** als Arbeitskampfmittel der Arbeitnehmer ist die gemeinsame und planmäßig durchgeführte Einstellung der Arbeit durch mehrere Arbeitnehmer zu verstehen, die in der Absicht erfolgt, nach erfolgreicher Durchsetzung der gestellten

Forderungen in Form des Abschlusses eines neuen Tarifvertrages die Arbeit wieder aufzunehmen. Auch die nur teilweise Verweigerung der Arbeitsleistung, sogen. Bummelstreik, ist ein Streik. Der Streik steht unter dem Gebot der Verhältnismäßigkeit, d. h., er darf nur als letztes Mittel nach Ausschöpfung aller Verständigungsmöglichkeiten eingeleitet werden (ultima-ratio-Prinzip, vgl. BAG vom 12.9.1984, NZA 1984, S. 393).

a) Im Einzelnen gilt Folgendes:

- Träger des Streiks können nur die **Gewerkschaften** sein.
- Streiks, die sich gegen einen noch **geltenden Tarifvertrag** richten, sind wegen Verstoßes gegen die Friedenspflicht unzulässig. Eine Gewerkschaft kann grundsätzlich nicht mehr zur Durchsetzung ausschließlich verbandsbezogener Tarifforderungen zu einem Warnstreik aufrufen, wenn sie rechtzeitig vor Beginn der Arbeitskampfmaßnahmen über den wirksamen Wechsel des zu bestreikenden Unternehmens von einer Verbandsmitgliedschaft mit Tarifbindung in eine OT-Mitgliedschaft unterrichtet wurde (BAG vom 19.6.2012 – 1 AZR 775/10).
- An zulässigen Streikarten sind zu unterscheiden: Beim **Vollstreik** werden alle Arbeitgeber eines Wirtschaftszweiges von den organisierten Arbeitnehmern bestreikt oder alle Arbeitnehmer eines Betriebes legen die Arbeit nieder. Bei **Schwerpunktstreiks** werden nur bestimmte Abteilungen eines Betriebes oder bestimmte Schlüsselbetriebe eines Wirtschaftszweiges bestreikt. **Warnstreiks** dienen der Unterstützung von Tarifforderungen. Sie sind keine gegenüber anderen Arbeitskampfformen privilegierten Arbeitskampfformen und sind daher ebenfalls nur zulässig, wenn alle Verhandlungsmöglichkeiten ausgeschöpft sind (BAG vom 21.6.1988, BB 1988, S. 2461). Zulässig sind auch **Sympathiestreiks**, (BAG vom 19.6.2007, DB 2007, S. 2038) d. h. Streiks zur Unterstützung der Kampfforderungen einer anderen Gewerkschaft, soweit die Verhältnismäßigkeit gewahrt ist. Bereits am 24.4.2007, NZA 2007, S. 987 – hat das Bundesarbeitsgericht entschieden, dass ein Arbeitgeber firmenbezogene Verbandstarifverträge schließen kann, mit denen Nachteile aus konkreten Betriebsänderungen ausgeglichen oder gemildert werden sollen (Tarifsozialpläne), und dass für den Abschluss solcher Tarifverträge die Gewerkschaft zum Streik aufrufen kann. Das Bundesarbeitsgericht hat auch begrenzte streikbegleitende Aktionen (sog. „Flashmob"-Aktionen) für zulässig erklärt, mit der die Gewerkschaft kurzfristig z. B. Gewerkschaftsmitglieder dazu aufruft, durch den Kauf geringwertiger Waren oder das Befüllen und Stehenlassen von Einkaufswagen in einem Einzelhandelsgeschäft eine Störung betrieblicher Abläufe herbeizuführen (Urteil vom 22.9.2009 – 1 AZR 972/08). Die gegen diese Entscheidung eingelegte Verfassungsbeschwerde ist vom Bundesverfassungsgericht (BVerfG) nicht zur Entscheidung angenommen worden. Das BVerfG hat festgestellt, dass sich eine Verletzung des Beschwerdeführers in seiner Koalitionsfreiheit aus Art. 9 Abs. 3 GG durch die angegriffenen Urteile nicht feststellen lässt. Gewerkschaftlich getragene, auf Tarifverhandlungen bezogene sog. Flashmob-Aktionen fallen in den Schutzbereich der Koalitionsfreiheit aus Art. 9 Abs. 3 GG (BVerfG vom 26.3.2014 – 1 BvR 3185/09).
- Die bei einem Streik im Allgemeinen vor den Betrieben stehenden **Streikposten** dürfen lediglich in Form des Appells und der Überredung auf arbeitswilli-

ge Arbeitnehmer Einfluss nehmen. Ein angemessener und menschenwürdiger Zugang zum Betrieb muss den Arbeitswilligen ermöglicht werden (z. B. BAG vom 21.6.1988, DB 1988, S. 1952 und 2647, und vom 8.11.1988, DB 1989, S. 1087).

- **Erhaltungs- und Notarbeiten** sind auch während eines Streiks durchzuführen. Es ist in erster Linie Aufgabe der Tarifvertragsparteien, dies sicherzustellen (vgl. BAG vom 31.5.1995, ArbuR 1995, S. 374). Dabei ist es auch möglich, dass der Arbeitgeber im Rahmen einer Notdienstvereinbarung mit der streikführenden Gewerkschaft festlegt, in welchem Umfang der bestreikte Betrieb oder Betriebsteil weitergeführt wird (BAG vom 22.3.1994, ArbuR 1995, S. 36). Können sich die Beteiligten nicht über Inhalt und Durchführung von Notarbeiten und die Herausnahme lebensnotwendiger Betriebe einigen, so müssen die Arbeitsgerichte, ggf. im einstweiligen Verfügungsverfahren, entscheiden. Bei der konkreten Ausgestaltung, z. B. von Schichtplänen für den Notdienst, ist das Mitbestimmungsrecht des Betriebsrats nach § 87 Abs. 1 Nr. 2 BetrVG zu beachten.

b) Unter einer Aussperrung als Arbeitskampfmittel der Arbeitgeber ist die von einem Arbeitgeber oder mehreren Arbeitgebern planmäßig vorgenommene Nichtzulassung von Arbeitnehmern zur Arbeit unter Verweigerung der Lohnzahlung mit dem Willen der Wiedereinstellung nach Erreichen des Kampfziels zu verstehen. Das Bundesarbeitsgericht hat zumindest die Abwehraussperrung – nur diese ist bisher in der Bundesrepublik zur Anwendung gekommen – auf begrenzte Teil- und Schwerpunktstreiks als zulässig angesehen, wenn bestimmte zahlenmäßige Begrenzungen vorliegen (Urteil vom 10.6.1980, DB 1980, S. 1274) und dementsprechend das Aussperrungsverbot der hessischen Landesverfassung für nichtig erklärt. Das Bundesverfassungsgericht hat am 26.6.1991 (BB 1991, S. 1565) diese Rechtsprechung bestätigt.

10. Was gilt für einen Arbeitskampf in kirchlichen Einrichtungen ?

Verfügt eine Religionsgesellschaft über ein am Leitbild der Dienstgemeinschaft ausgerichtetes Arbeitsrechtsregelungsverfahren, bei dem Dienstnehmerseite und die Dienstgeberseite in einer paritätisch besetzen Kommission die Arbeitsbedingungen der Beschäftigten gemeinsam aushandeln und einen Konflikt durch den neutralen Vorsitzenden einer Schlichtungskommission lösen (sog. **Dritter Weg**), dürfen Gewerkschaften nicht zu einem Streik aufrufen. Dies gilt jedoch nur, soweit Gewerkschaften in dieses Verfahren organisatorisch eingebunden sind und das Verhandlungsergebnis für die Dienstgeberseite als Mindestarbeitsbedingung verbindlich ist (BAG vom 20.11.2012 – 1 AZR 179/11).

Entscheidet sich die Kirche, die Arbeitsbedingungen der Beschäftigten ihrer Einrichtungen zwar durch Tarifverträge auszugestalten (sog. **Zweiter Weg**) – aber nur dann, wenn eine Gewerkschaft zuvor eine absolute Friedenspflicht vereinbart und einem Schlichtungsabkommen zustimmt, sind Streikmaßnahmen zur Durchsetzung von Tarifforderungen unzulässig (BAG vom 20.11.2012 – 1 AZR 611/11).

11. Welche Auswirkungen hat der Arbeitskampf auf das einzelne Arbeitsverhältnis und die Betriebsverfassung?

Ein Arbeitnehmer, der an einer Streikkundgebung teilnimmt, nachdem er sich im Rahmen einer betrieblichen Gleitzeitregelung zulässigerweise aus dem Zeiterfassungssystem abgemeldet hat, streikt im Rechtssinne nicht (BAG vom 26.7.2005 – 1 AZR 133/04). Im Übrigen sind die Auswirkungen auf die **unmittelbar** am Arbeitskampf teilnehmenden Arbeitnehmer und die Wirkungen für die **mittelbar** vom Arbeitskampf betroffenen Arbeitnehmer zu unterscheiden.

a) Die Teilnahme an einem rechtmäßigen Arbeitskampf stellt weder für die Mitglieder der Tarifvertragsparteien noch für die Außenseiter eine Verletzung des Arbeitsvertrages dar. Der bestreikte Arbeitgeber darf daher insbesondere nicht dem streikenden Arbeitnehmer wegen Vertragsbruchs **kündigen**. Nur wenn sich der einzelne Arbeitnehmer eines durch den Streik nicht mehr gerechtfertigten Übergriffs schuldig macht, z. B. indem er arbeitswillige Arbeitnehmer etwa mit körperlicher Gewalt am Betreten des Betriebes hindert, ist je nach den Umständen des Einzelfalls eine ordentliche oder eine außerordentliche Kündigung zulässig. Sonderzahlungen, die nur an Nichtstreikende gewährt werden, sind unzulässig, wenn die Tarifvertragsparteien bei Abschluss des neuen Tarifvertrages ein allgemeines Maßregelungsverbot vereinbart haben (vgl. Nr. 13 Buchst. b). Im Übrigen ist die sogen. Streikprämie aber als zulässiges Kampfmittel des Arbeitgebers anzusehen (BAG vom 13.7.1993, BB 1993, S. 1479). Darüber hinaus sind Sonderzahlungen an nicht streikende Arbeitnehmer zulässig, wenn sie Belastungen ausgesetzt sind, die erheblich über das Maß hinausgehen, das mit jeder Streikarbeit verbunden ist, z. B. wenn Tätigkeiten ausgeübt werden, die nach dem Arbeitsvertrag nicht geschuldet sind (BAG vom 28.7.1992 – 1 AZR 87/92). Sieht ein Tarifvertrag die anteilige Kürzung einer Jahressonderzuwendung für alle Zeiten vor, in denen das Arbeitsverhältnis kraft Gesetzes oder Vereinbarung oder aus anderen Gründen ruht, erfasst eine solche Regelung auch das Ruhen während eines Streiks.

b) Bei ausdrücklich oder schlüssig erklärter Teilnahme an einem rechtmäßigen Arbeitskampf **ruhen** die gegenseitigen Rechte und Pflichten aus den Arbeitsverhältnissen. Der Arbeitnehmer braucht einerseits keine Arbeitsleistungen zu erbringen, hat andererseits aber auch keinen Anspruch auf Arbeitsentgelt (Gewerkschaftsmitglieder erhalten im Allgemeinen von ihrer Gewerkschaft **Streikunterstützung** in Höhe von etwa 2/3 des Bruttoverdienstes). Der vor Beginn des Arbeitskampfes unter Fortzahlung des Arbeitsentgeltes freigestellte Arbeitnehmer behält seinen Lohnanspruch, solange er sich nicht am Streik beteiligt (BAG vom 15.1.1991, DB 1991, S. 1465, und 7.4.1992, BB 1992, S. 1855). Der Arbeitgeber ist während des Arbeitskampfes nicht verpflichtet, einem Verlangen des Arbeitnehmers auf Gewährung oder Abgeltung von Urlaub zu entsprechen (BAG vom 24.9.1996, BB 1996, S. 2149). Ein zuvor bereits beantragter Urlaub muss dagegen einem nicht am Arbeitskampf beteiligten Arbeitnehmer gewährt werden. Auch die Aussperrung lässt einen bereits bewilligten Urlaub unberührt (BAG vom 31.5.1988, DB 1988, S. 2262). Erkrankt der Arbeitnehmer während des Arbeitskampfes, an dem er teilnimmt, so hat er keinen Anspruch auf Fortzahlung des Arbeitsentgelts. War der Arbeitnehmer dagegen bereits vor Beginn des Arbeitskampfes arbeitsunfähig erkrankt, so hängt sein Entgeltfortzahlungsanspruch davon ab, ob in dem Betrieb wenigstens teilweise gearbeitet wird und er auch hätte beschäftigt werden können.

c) Der gewerkschaftliche Streikbeschluss berechtigt unabhängig von der Organisationszugehörigkeit **alle Arbeitnehmer** des bestreikten Betriebes oder Betriebsteils, jederzeit an den Arbeitskampfmaßnahmen teilzunehmen. Umgekehrt kann auch vom Arbeitgeber nicht verlangt werden, dass er den Betrieb im Rahmen des Möglichen wenigstens teilweise aufrecht erhält. Er darf den bestreikten Betrieb oder Betriebsteil für die Dauer des Streiks mit der Folge stilllegen, dass seine Lohnzahlungspflicht auch gegenüber arbeitswilligen Arbeitnehmern entfällt (BAG vom 22.3.1994, DB 1994, S. 738, und vom 11.7.1995, DB 1996, S. 224). Eine suspendierende Betriebsstilllegung während eines Arbeitskampfes muss gegenüber den Arbeitnehmern erklärt werden. Hierfür genügt die Bekanntgabe der Stilllegungsentscheidung in betriebsüblicher Weise (BAG vom 13.12.2011 – 1 AZR 495/10). Auch können Arbeitnehmer, die an Kurzstreiks teilnehmen, ihre Lohnansprüche für den Rest der Schicht verlieren, wenn der Arbeitgeber für diese Schicht ein Notprogramm eingeführt hat, um streikbedingte Betriebsstörungen möglichst gering zu halten, z. B. durch Vergabe der ausgefallenen Arbeiten an Dritte oder durch Hilfe arbeitswilliger, erforderlichenfalls auch neu eingestellter Arbeitnehmer (BAG vom 12.11.1996, DB 1996, S. 2392). Seit 1.4.2017 ist es Arbeitgebern nach einer Neuregelung im AÜG (§ 11 Abs. 5) verboten, Leiharbeitnehmer als Streikbrecher einzusetzen (im Einzelnen vgl. Kapitel 27 Nr. 14). Greift der Arbeitgeber aber lediglich deshalb auf eine Ersatzmannschaft zurück oder vergibt er die Arbeit an Fremdunternehmer, weil er möglichen Arbeitsniederlegungen seiner streikanfälligen Stammbelegschaft vorbeugen will, so befreit ihn das nicht von seiner Lohnzahlungspflicht, wenn der Streikaufruf unterbleibt; dies gilt auch, wenn der Arbeitgeber bereits von überraschenden Kurzstreiks (Wellenstreiks) betroffen war (BAG vom 15.12.1998, DB 1999, S. 1022). Der Arbeitgeber, der im Tarifkonflikt Arbeitnehmer nach Hause schickt, muss wegen der unterschiedlichen Rechtsfolgen **deutlich** zu erkennen geben, ob er aussperren, den Betrieb stilllegen oder Unmöglichkeit oder Unzumutbarkeit der Weiterbeschäftigung geltend machen will (BAG vom 27.6.1995, BB 1996, S. 218). Entscheidet sich der Arbeitgeber dafür, einen bestreikten Betrieb (Betriebsteil) nicht stillzulegen, sondern so weit wie möglich aufrecht zu erhalten, so verlieren Arbeitswillige, die dennoch nicht beschäftigt werden, ihren Entgeltanspruch nur, wenn die Beschäftigung dem Arbeitgeber infolge des Streiks unmöglich oder unzumutbar wird. Nicht am Streik beteiligte Arbeitnehmer können direkte **Streikarbeiten**, d. h. solche Arbeiten, die nicht zu ihren normalen Aufgaben gehören und die ohne den Streik von den streikenden Arbeitskollegen zu verrichten gewesen wären, als unzumutbar verweigern, das gilt auch für Leiharbeitnehmer (vgl. Kapitel 27 Nr. 14).

d) Vielfach führen die mittelbaren Auswirkungen eines Streiks, z. B. weil erforderliche Materialien nicht zugeliefert oder hergestellte Waren nicht abgenommen werden, dazu, dass eine Beschäftigung der Arbeitnehmer auch in nicht bestreikten Unternehmen nicht mehr möglich ist. Diese Arbeitnehmer haben jedenfalls dann keinen Anspruch auf Entgeltzahlung, wenn der Drittbetrieb demselben Verband, der den Arbeitskampf führt, angehört oder mit diesem organisatorisch, z. B. über einen gemeinsamen Dachverband, verbunden ist (vgl. im Einzelnen Kapitel 13 Nr. 46).

Auch während eines Arbeitskampfes bleibt der Betriebsrat nach der ständigen Rechtsprechung des Bundesarbeitsgerichts als Organ funktionsfähig; er ist lediglich gehindert, einzelne Beteiligungsrechte, insbesondere in personellen Angelegenheiten, die durch das Arbeitskampfgeschehen bedingt sind oder deren Ausübung Einfluss auf den Arbeitskampf hätten, auszuüben. Z. B. entfällt das Zustimmungserfordernis bei der Versetzung in einen bestreikten Betrieb oder Betriebsteil.

12. Welche sozialversicherungsrechtlichen Auswirkungen hat der Arbeitskampf?

a) Im Bereich der **Kranken- und Rentenversicherung** ergeben sich im Allgemeinen keine Auswirkungen.

b) Auch in der Arbeitslosenversicherung ergeben sich im Regelfall keine Folgen. Arbeitnehmer, die in **mittelbarer Auswirkung** eines Arbeitskampfes arbeitslos werden oder Kurzarbeit leisten, erhalten dann kein Arbeitslosen- oder Kurzarbeitergeld, wenn sie am Arbeitskampfergebnis partizipieren, d. h., wenn sie innerhalb des fachlichen und räumlichen Geltungsbereichs des umkämpften Tarifvertrags tätig sind (§§ 146 und 174 SGB III). Mittelbar betroffene Arbeitnehmer außerhalb des räumlichen, aber innerhalb des fachlichen Geltungsbereichs erhalten dagegen im Allgemeinen Arbeitslosen- oder Kurzarbeitergeld, es sei denn, der Arbeitskampf wird stellvertretend auch für die Änderung der Arbeitsbedingungen des mittelbar betroffenen Arbeitnehmers geführt und der arbeitslose oder Kurzarbeit leistende Arbeitnehmer ist deshalb als beteiligt anzusehen. Das Bundesverfassungsgericht hat die entsprechenden gesetzlichen Regelungen für verfassungsgemäß erklärt (Urteil vom 4.7.1995, BB 1995, S. 1817).

13. Was geschieht nach Beendigung des Arbeitskampfes?

a) Nach Beendigung des Arbeitskampfes kann der Arbeitnehmer seine Weiterbeschäftigung verlangen. Das Arbeitsverhältnis lebt mit allen Rechten und Pflichten wieder auf. Dem Arbeitgeber steht jedoch, wenn der Tarifvertrag nicht ausdrücklich die sofortige Arbeitsaufnahme vorsieht, ein angemessener Zeitraum zur Verfügung, um die Produktion als Voraussetzung für eine Beschäftigung der Arbeitnehmer wieder in Gang zu bringen.

b) Im Allgemeinen enthalten die neu abgeschlossenen Tarifverträge ein **Benachteiligungsverbot** oder **Maßregelungsverbot**, sodass sich die Zeit des Arbeitskampfes nicht mindernd bei betrieblichen Sozialleistungen auswirkt.

14. Was bedeutet Verbandsklage der Gewerkschaften?

Die Gewerkschaften können bei Rechtsstreitigkeiten aus dem Tarifvertrag oder über das Bestehen oder Nichtbestehen des Tarifvertrages Klage vor den Gerichten für Arbeitssachen erheben (Feststellungsklage – Verbandsklage nach § 9 TVG). Geht es bei einer solchen Verbandsklage um die Auslegung eines Tarifvertrages, sind im Antrag der einschlägige Tarifvertrag, die betreffende Tarifnorm sowie der umstrittene Tarifbegriff zu benennen. Weiterhin ist die zu entscheidende Rechtsfrage in abstrakter fallübergreifender Weise zu formulieren (BAG vom 18.4.2012 – 4 AZR 371/10).

Den Gewerkschaften steht gegen **tarifwidrige** Betriebsvereinbarungen und arbeitsvertragliche Einheitsregelungen, die durch eine Regelungsabrede vorgegeben sind, auch ein Unterlassungsanspruch nach § 1004 BGB zu, den sie im Beschlussverfahren gegenüber dem Arbeitgeber durchsetzen können (BAG vom 20.4.1999, BB 1999, S. 1657). Voraussetzung ist allerdings, dass (noch) eine unmittelbare und zwingende Bindung des in Anspruch genommenen Arbeitgebers nach § 3 Abs. 1 oder Abs. 3 TVG an die maßgebenden Tarifbestimmungen besteht (BAG vom 7.6.2017 – 1 ABR 32/15).

34. Betriebsverfassungsrecht

A Betriebsverfassung

1. Was regelt das Betriebsverfassungsgesetz?

a) Das Betriebsverfassungsgesetz regelt die Errichtung von Betriebsräten, die Rechtsstellung der Betriebsratsmitglieder und die Rechte des Betriebsrats im Betrieb. Es besteht **kein gerichtlich durchsetzbarer Zwang** zur Errichtung von Betriebsräten, wenn die Arbeitnehmer passiv bleiben, jedoch erleichtern seit 2001 insbesondere die Vorschriften über den Wahlvorstand sowie in kleineren Betrieben ein vereinfachtes Wahlverfahren die Bildung eines Betriebsrats in an sich betriebsratsfähigen Betrieben, in denen bisher kein Betriebsrat besteht (§§ 16 Abs. 2, 17 Abs. 3 und § 17a BetrVG). Es ist davon auszugehen, dass künftig auch in kleineren Betrieben Betriebsräte errichtet werden.

b) Ist in einem betriebsratsfähigen Betrieb **kein Betriebsrat** vorhanden, sind die Fragen, die an sich der Mitbestimmung des Betriebsrats unterliegen, durch Einzelvertrag oder einseitig durch den Arbeitgeber aufgrund seines Weisungsrechts zu regeln. Schwierigkeiten können sich daher durch das Fehlen eines Betriebsrats für den Arbeitgeber in den Fällen ergeben, in denen er kein einseitiges Weisungsrecht hat und daher die anstehenden Fragen in Einzelabmachungen mit allen Arbeitnehmern geregelt werden müssen.

2. Wo können Betriebsräte errichtet werden?

a) In **Betrieben** mit in der Regel mindestens fünf ständigen wahlberechtigten Arbeitnehmern, von denen drei wählbar sind, werden Betriebsräte gewählt. Mit Inkrafttreten der Änderungen des AÜG am 1.4.2017 sind bei dieser Schwelle im Entleiherbetrieb auch die Leiharbeitnehmer mit zu zählen. Auch in gemeinsamen Betrieben mehrerer Unternehmen (§ 1 BetrVG) werden Betriebsräte gewählt. Mit § 1 Abs. 1 Satz 2 BetrVG werden zwar die Unternehmensgrenzen überwunden, nicht aber die Strukturen der Betriebsverfassung im Übrigen aufgehoben. Führen mehrere Unternehmen gemeinsam mehrere Betriebe, werden die Betriebe durch die gemeinsame Führung nicht zu einem einheitlichen Betrieb. § 1 Abs. 1 Satz 1, Abs. 2 BetrVG ist nicht geeignet, mehrere betriebsratsfähige Einheiten eines Arbeitgebers zu einem Betrieb zu machen (BAG vom 18.1.2012, DB 2012, S. 1754).

b) Bezugspunkt für das Betriebsverfassungsrecht ist der **Betrieb**. Räumlich weit vom Hauptbetrieb getrennte **Betriebsteile** gelten betriebsverfassungsrechtlich als selbstständige Betriebe, wenn sie die Voraussetzung der Mindestgröße von in der Regel fünf wahlberechtigten Arbeitnehmern erfüllen. Dasselbe gilt für Betriebsteile, die nach Aufgabenbereich und Organisation eigenständig, d. h. insoweit deutlich abgegrenzt sind, als sie in der Regel einen eigenen Arbeitnehmerstamm, eigene technische Betriebsmittel sowie eine eigene fachliche Leitung haben. Kleinstbetriebe sind dem Hauptbetrieb zuzuordnen.

c) Die Arbeitnehmer eines Betriebsteils, in dem kein eigener Betriebsrat besteht, können nach § 4 Abs. 1 Satz 2 BetrVG mit Stimmenmehrheit formlos beschließen, an der Wahl des Betriebsrats im Hauptbetrieb teilzunehmen (vgl. BAG vom 17.9.2013 – 1 ABR 21/12).

d) Durch Tarifvertrag, hilfsweise durch Betriebsvereinbarung, können andere betriebsratsfähige Einheiten oder auch andere oder zusätzliche Arbeitnehmervertretungen gebildet werden (vgl. § 3 BetrVG). So kann nach § 3 Abs. 1 Nr. 1 BetrVG durch einen Tarifvertrag u. a. die Bildung eines unternehmenseinheitlichen Betriebsrats bestimmt werden, wenn dies die Bildung von Betriebsräten erleichtert oder einer sachgerechten Wahrnehmung der Interessen der Arbeitnehmer dient. So kann ein Tarifvertrag, durch den Betriebe gemäß § 3 Abs. 1 Nr. 1 Buchst. b BetrVG zusammengefasst werden, dynamisch regeln, dass Betriebsräte jeweils in den Regionen zu wählen sind, in denen nach den organisatorischen Vorgaben des Arbeitgebers Bezirksleitungen bestehen. Dies entspricht dem Grundsatz, dass Interessenvertretungen der Arbeitnehmer dort gebildet werden, wo sich unternehmerische Leitungsmacht konkret entfaltet (BAG vom 21.9.2011, DB 2012, S. 700). Der Abschluss eines Tarifvertrags über eine vom Gesetz abweichende Zuordnung der betriebsverfassungsrechtlichen Einheiten muss dabei nicht gemeinsam durch alle im Unternehmen vertretenen Gewerkschaften erfolgen. (BAG vom 29.7.2009 –7 ABR 27/08). Nach Abschluss, Änderung oder Ende eines Tarifvertrages nach § 3 Abs. 1 Nr. 1 bis 3 BetrVG neu gewählte Betriebsräte werden jeweils Funktionsnachfolger der Betriebsräte, die diese Einheiten zuvor repräsentiert haben, sofern die vor und nach der Änderung von den Betriebsräten jeweils repräsentierten organisatorischen Einheiten zuverlässig voneinander abgegrenzt werden können (BAG vom 22.8.2017 – 1 ABR 52/14). Durch Tarifvertrag kann aber keine vom Betriebsverfassungsgesetz abweichende Zuständigkeit für die Ausübung der Beteiligungsrechte bestimmt werden (BAG vom 18.11.2014 – 1 ABR 21/13).

3. Unter welchen Voraussetzungen haben Gewerkschaftsbeauftragte Zutritt zum Betrieb?

Arbeitgeber und Betriebsrat müssen mit den im Betrieb vertretenen Gewerkschaften (zum Begriff vgl. Nr. 16) und Arbeitgebervereinigungen **zusammenarbeiten**. Dem Beauftragten der Gewerkschaft ist für Aufgaben, die in einem inneren Zusammenhang mit dem Betriebsverfassungsrecht stehen, u. a. zur Vorbereitung der Betriebsratswahl oder zur Erörterung von Fragen der Leistungsentlohnung (BAG vom 17.1.1989, DB 1989, S. 1528), Zutritt zum Betrieb zu gewähren, es sei denn, unumgängliche Notwendigkeiten des Betriebsablaufs, zwingende Sicherheitsvorschriften oder der Schutz von Betriebsgeheimnissen stehen dem entgegen (§ 2 BetrVG). Der Arbeitgeber ist von dem Besuch rechtzeitig zu unterrichten. Auch eine Mitgliederwerbung durch die Koalition und ihre Mitglieder im Betrieb (während der Arbeitszeit) ist grundsätzlich zulässig (BVerfG vom 14.11.1995, BB 1996, S. 590).

4. Wer ist wahlberechtigt?

a) **Wahlberechtigt** sind alle betriebszugehörigen deutschen und ausländischen Arbeitnehmer, die das 18. Lebensjahr vollendet haben. Hierzu gehören auch die geringfügig Beschäftigten, die im Außendienst oder mit Telearbeit Beschäftigten, die Leiharbeitnehmer, die zu ihrer Berufsausbildung Beschäftigten, z. B. auch die Praktikanten, sowie die in Heimarbeit Beschäftigten, die in der Hauptsache für den Betrieb arbeiten (§ 5 BetrVG). Keinen Einfluss auf das Wahlrecht hat eine durch Krankheit, Urlaub, Sonderurlaub, Mutterschutz, Elternzeit, Außenarbeit, Kurzarbeit oder Wehrdienst bedingte zeitweilige Abwesenheit vom Betrieb. Arbeitnehmer in der abschließenden Freistellungsphase bei Altersteilzeit sind nicht wahlberechtigt. Auszubildende in reinen Ausbildungsbetrieben gelten nicht als Arbeitnehmer im Sinne des § 5 BetrVG und sind deshalb gemäß § 7 BetrVG nicht wahlberechtigt. Sie sind nicht in den Betrieb eingegliedert und gehören betriebsverfassungsrechtlich nicht zu den Arbeitnehmern dieses Betriebs (BAG vom 16.11.2011 - 7 ABR 48/10).

Werden Arbeitnehmer eines anderen Arbeitgebers im Rahmen einer echten oder unechten Arbeitnehmerüberlassung zur Arbeitsleistung überlassen, sind diese **wahlberechtigt**, wenn sie länger als drei Monate im dortigen Betrieb eingesetzt sind.

b) **Nicht wahlberechtigt** sind die leitenden Angestellten (§ 5 Abs.3 BetrVG). Das Sprecherausschussgesetz sieht mit den Sprecherausschüssen eigene Vertretungsorgane der leitenden Angestellten vor (vgl. Nr. 30). Das Betriebsverfassungsgesetz findet auf leitende Angestellte nur Anwendung, soweit dies ausdrücklich bestimmt ist (§ 105 BetrVG).

5. Wer ist wählbar?

Wählbar sind alle wahlberechtigten deutschen und nichtdeutschen Arbeitnehmer (Arbeitnehmer, die in einem Arbeitsverhältnis zum Betriebsinhaber stehen und in dessen Betriebsorganisation eingegliedert sind), die am Wahltag oder, wenn an mehreren Tagen gewählt wird, am letzten Wahltag seit sechs Monaten dem Betrieb angehören (§ 8 BetrVG). In Betrieben, die noch keine sechs Monate bestehen, reicht die Betriebszugehörigkeit bei Einleitung der Betriebsratswahl. Auch ordentlich gekündigte Arbeitnehmer, die Kündigungsschutzklage erhoben haben, aber nicht weiterbeschäftigt werden, bleiben, obwohl sie nicht wahlberechtigt sind, wählbar (BAG vom 10.11.2004, NZA 2005, S. 707). Leiharbeitnehmer sind im eingesetzten Betrieb ebenso wenig wählbar wie Altersteilzeitarbeitnehmer in der Freistellungsphase. Dies gilt auch in Fällen nicht gewerbsmäßiger Arbeitnehmerüberlassung (BAG vom 17.2.2010, 7 ABR 51/08).

6. Wie groß ist der Betriebsrat?

Der Betriebsrat besteht mit in der Regel

a) 5 bis 20 wahlberechtigten Arbeitnehmern aus einer Person,
b) 21 bis 50 wahlberechtigten Arbeitnehmern aus 3 Mitgliedern,
c) 51 bis 100 Arbeitnehmern aus 5 Mitgliedern,
d) 101 bis 200 Arbeitnehmern aus 7 Mitgliedern,
e) 201 bis 400 Arbeitnehmern aus 9 Mitgliedern,
f) 401 bis 700 Arbeitnehmern aus 11 Mitgliedern.

Mit zunehmender Beschäftigtenzahl erhöht sich die Zahl der Betriebsratsmitglieder (vgl. im Einzelnen § 9 BetrVG). Entscheidend ist die Zahl der beim Erlass des Wahlausschreibens in der Regel beschäftigten Arbeitnehmer. Abzustellen ist daher auf die Beschäftigungslage, die bei normalem Betriebsablauf für den Betrieb kennzeichnend ist. Zu ihrer Feststellung bedarf es eines Rückblicks auf die bisherige personelle Stärke des Betriebes sowie einer Einschätzung der künftigen personellen Entwicklung. Bis zum Wahltag eintretende, aufgrund konkreter Entscheidungen des Arbeitgebers vorhersehbare Veränderungen sind zu berücksichtigen. (BAG vom 25.11.1992, DB 1993, S. 2084).

Teilzeitbeschäftigte zählen voll mit, ebenso wie im Entleiherbetrieb regelmäßig beschäftigte Leiharbeitnehmer bei der Größe des Betriebsrats grundsätzlich zu berücksichtigen sind (BAG vom 13.3.2013 – 7 ABR 69/11). Auch in Privatbetrieben tätige Arbeitnehmer des öffentlichen Dienstes (§ 5 Abs. 1 Satz 3 BetrVG) zählen bei den Schwellenwerten der organisatorischen Vorschriften des Betriebsverfassungsgesetzes mit (BAG vom 15.12.2011, NZA 2012, S. 519). Dagegen zählen nicht mit Arbeitnehmer in Elternzeit, solange für sie ein Vertreter eingestellt ist (§ 21 Abs. 7 BEEG) und Arbeitnehmer in Altersteilzeit ab Beginn der Freistellungsphase.

7. Wie setzt sich der Betriebsrat zusammen?

a) Der Betriebsrat soll sich möglichst aus Arbeitnehmern der einzelnen Organisationsbereiche und der verschiedenen Beschäftigungsarten der im Betrieb tätigen Arbeitnehmer zusammensetzen.

b) Das Geschlecht, das in der Belegschaft in der Minderheit ist, **muss** entsprechend seinem **zahlenmäßigen Verhältnis** im Betriebsrat vertreten sein, wenn dieser aus mindestens drei Mitgliedern besteht (§ 15 BetrVG). Lediglich, wenn über sämtliche Wahlvorschlagslisten nicht genügend Vertreter des Minderheitengeschlechts gewählt worden sind, gehen die Betriebsratssitze auf das andere Geschlecht über. Die entsprechende Mindestzahl der Betriebsratssitze für das Geschlecht in der Minderheit wird nach dem sogen. Höchstzahlensystem ermittelt. Dies bedeutet: Der Wahlvorstand hat die Zahlen der im Betrieb beschäftigten Männer und Frauen nebeneinander zu stellen und beide durch 1,2,3,4,5 usw. zu teilen. Die ermittelten Teilzahlen sind nacheinander reihenweise unter die Zahlen der ersten Reihe zu setzen, bis höhere Teilzahlen, als sie aus früheren Reihen für die Zuweisung von Sitzen in Betracht kommen, nicht mehr entstehen. Unter diesen Teilzahlen werden so viele Höchstzahlen nach der Größe ausgesondert, als Betriebsratsmitglieder zu wählen sind. Das Geschlecht, das in der Minderheit ist, erhält so viele Plätze zugeteilt, wie Höchstzahlen auf es entfallen. Wenn die niedrigste in Betracht kommende Höchstzahl auf beide Geschlechter zugleich entfällt, entscheidet das Los.

Beispiel:
In einem Betrieb mit 150 Arbeitnehmern sind sieben Betriebsratsmitglieder zu wählen. Im Betrieb sind 110 Männer und 40 Frauen beschäftigt.

	110 Männer		***40 Frauen***	
:1	*110*	*(1)*	*40*	*(3)*
:2	*55*	*(2)*	*20*	*(7)*
:3	*36,60*	*(4)*	*13,33*	
:4	*27,50*	*(5)*		
:5	*22,00*	*(6)*		

Durch den Minderheitenschutz werden zwei Pflichtplätze den Frauen zugewiesen. Wenn die Quote aufgrund des Wahlergebnisses nicht erfüllt sein sollte, erfolgt eine Korrektur zugunsten der Frauen als Minderheit.

8. Wann und wie werden Betriebsräte gewählt?

Die regelmäßigen Betriebsratswahlen finden alle vier Jahre in der Zeit vom 1.3. bis 31.5. statt (§ 13 BetrVG), und zwar das nächste Mal 2018 (zum Zeitplan für Betriebsratswahlen vgl. die Checkliste im Anhang (www.weissverlag.de/pdf/Mustervertraege.pdf)).

Mit der Vorbereitung der Wahl kann schon vor dem 1.3. begonnen werden. Welche allgemeinen Wahlgrundsätze gelten?

a) Der Betriebsrat wird in **geheimer und unmittelbarer** Wahl gewählt (§ 14 Abs. 1 BetrVG).

b) Gewählt wird nach den Grundsätzen der **Verhältniswahl**, wenn mehrere Wahlvorschläge vorliegen und wenn das vereinfachte Wahlverfahren nicht zur Anwendung kommt. Es findet das sogen. Höchstzahlensystem statt. Die den einzelnen Vorschlagslisten bei der Wahl zugefallenen Zahlen werden solange durch 1,2,3,4, usw. geteilt, bis höhere Teilzahlen, als sie für die Zuweisung von Sitzen in Betracht kommen, nicht mehr entstehen. Jede Vorschlagsliste enthält nunmehr so viele Mitgliedersitze zugeteilt als Höchstzahlen auf sie entfallen. Vorher sind die dem Geschlecht in der Minderheit zustehenden Sitze zu beachten und ggfs. entsprechende Korrekturen vorzunehmen.

Beispiel:
Es sind 9 Betriebsratsmitglieder zu wählen. Zwei Listen liegen vor. Für die erste Liste haben 150, für die zweite Liste 130 Arbeitnehmer gestimmt. Das Höchstzahlensystem führt zu folgendem Ergebnis:

	Liste 1		***Liste 2***	
: 1	*150*	*(1)*	*130*	*(2)*
: 2	*75*	*(3)*	*65*	*(4)*
: 3	*50*	*(5)*	*43,33*	*(6)*
: 4	*37,5*	*(7)*	*32,5*	*(8)*
: 5	*30*	*(9)*	*26*	

Von der ersten Liste sind fünf Betriebsratsmitglieder und von der zweiten Liste vier Betriebsratsmitglieder gewählt, wobei unterstellt ist, dass unter den Gewählten das Geschlecht in der Minderheit entsprechend vertreten ist; sonst erfolgt eine entsprechende Korrektur. Diesen listenübergreifenden Geschlechtersprung hat das BAG für verfassungsgemäß gehalten (Beschluss vom 16.3. 2005 – 7 ABR 40/04).

Der Wähler ist an die vorliegenden Listen gebunden. Er kann sie nur geschlossen wählen oder ablehnen, ohne die Möglichkeit, einen auf der Liste stehenden Bewerber zu streichen oder einen nicht auf ihr stehenden Bewerber hinzuzufügen.

Liegt nur ein Wahlvorschlag vor oder wird im vereinfachten Wahlverfahren nach § 14a BetrVG gewählt, gilt die **Mehrheitswahl**. Der Wähler kreuzt die von ihm gewählten Bewerber an der hierfür im Stimmzettel vorgesehenen Stelle an, und zwar nicht mehr Bewerber als Betriebsratsmitglieder zu wählen sind. Die Ermittlung der Gewählten erfolgt in der Weise, dass zunächst die dem Geschlecht in der Minderheit zustehende Mindestzahl an Betriebsratssitzen verteilt wird, und zwar in der Reihenfolge der jeweils höchsten auf sie entfallenden Stimmenzahl. Die weiteren Sitze werden mit den Bewerbern, unabhängig von ihrem Geschlecht, in der Reihenfolge der jeweils höchsten auf sie entfallenden Stimmenzahlen besetzt.

c) Zur Wahl des Betriebsrats können die wahlberechtigen Arbeitnehmer **Wahlvorschläge** machen, die jeweils mindestens von einem Zwanzigstel der wahlberechtigten Arbeitnehmer, jedoch mindestens von drei Wahlberechtigten unterzeichnet sein müssen; in Betrieben mit bis zu 20 wahlberechtigten Arbeitnehmern genügt die Unterzeichnung durch zwei Wahlberechtigte. In jedem Fall genügt die Unterzeichnung von 50 wahlberechtigten Arbeitnehmern (§ 14 Abs. 4 BetrVG). Die im **Betrieb vertretenen Gewerkschaften** können zur Wahl des Betriebsrats ebenfalls Vorschläge machen. Diese Vorschläge müssen durch zwei Beauftragte unterzeichnet sein (§ 14 Abs. 5 BetrVG). Eine Gewerkschaft ist im Betrieb vertreten, wenn ihr mindestens ein Arbeitnehmer des Betriebs als Mitglied angehört und dieser nach der Satzung nicht offensichtlich zu Unrecht als Mitglied aufgenommen wurde. Die Tarifzuständigkeit der Gewerkschaft für den Betrieb oder das Unternehmen des Arbeitgebers ist dazu nicht erforderlich (BAG vom 10.11.2004 – 7 ABR 19/04).

d) Die Leitung der Wahl obliegt dem im Normalfall aus drei Wahlberechtigten bestehenden **Wahlvorstand**, der durch den Betriebsrat spätestens 10 Wochen vor Ablauf seiner Amtszeit (ausnahmsweise auch durch das Arbeitsgericht) zu bestellen ist (§ 16 BetrVG). Besteht in einem betriebsratsfähigen Betrieb **kein Betriebsrat**, so wird der Wahlvorstand vom Gesamtbetriebsrat bzw. Konzernbetriebsrat bestellt. Der Gesamtbetriebsrat ist nicht berechtigt, zum Zwecke der Bestellung eines Wahlvorstands für die Durchführung einer Betriebsratswahl Informationsveranstaltungen durchzuführen, die den Charakter von Belegschaftsversammlungen haben (BAG vom 16.11.2011, DB 2012, S. 582). Besteht kein Gesamt- oder Konzernbetriebsrat oder unterlässt der Gesamt- oder Konzernbetriebsrat die Bestellung, wird der Wahlvorstand in in einer Betriebsversammlung von der Mehrheit der anwesenden Arbeitnehmer gewählt. Zu dieser Betriebsversammlung können drei wahlberechtigte Arbeitnehmer des Betriebes oder eine im Betrieb vertretene Gewerkschaft einladen und Wahlvorschläge machen. Findet trotz Einladung keine Betriebsversammlung statt oder wählt die Betriebsversammlung keinen Wahlvorstand, so bestellt ihn das Arbeitsgericht auf Antrag von mindestens drei wahlberechtigten Arbeitnehmern oder einer im Betrieb vertretenen Gewerkschaft (§ 17 BetrVG). Die **Aufgaben des Wahlvorstandes** umfassen vor allem das Aufstellen der Wählerliste, den Erlass des Wahlausschreibens (die Bekanntmachung des Wahlausschreibens ausschließlich in elektronischer Form ist nur zulässig, wenn alle Arbeitnehmer von der Bekanntmachung Kenntnis erlangen können und Vorkehrungen getroffen werden, dass Änderungen der Bekanntmachung nur vom Wahlvorstand vorgenommen werden können), die Berechnung der Betriebsratssitze für das Geschlecht in der Minderheit, die Prüfung und Bekanntmachung der Vorschlagslisten, die Überwachung der Wahl, die Ermittlung der gewählten Betriebsratsmitglieder, die Benachrichtigung der Gewählten und den Aushang des Wahlergebnisses. Der Wahlvorstand darf Änderungen und Ergänzungen der Wählerliste nur bis zum Tag vor der Stimmabgabe vornehmen. Wird die Wählerliste durch den Wahlvorstand noch am Wahltag um bislang nicht in der Wählerliste aufgeführte wahlberechtigte Arbeitnehmer ergänzt und nehmen dies Arbeitnehmer an der Wahl teil, kann dies die Anfechtung der Wahl rechtfertigen, wenn dadurch das Wahlergebnis beeinflusst werden konnte (BAG vom 21.3.2017 – 7 ABR 19/15).

e) In Betrieben mit in der Regel 5 bis 50 wahlberechtigten Arbeitnehmern wird der Betriebsrat zwingend in einem vereinfachten **zweistufigen Verfahren** gewählt (vgl. §§ 14a und 17a BetrVG). Auf einer **ersten Wahlversammlung** wird der Wahlvorstand gewählt, auf einer **zweiten Wahlversammlung** wird der Betriebsrat in geheimer und unmittelbarer Wahl gewählt. Diese Wahlversammlung findet eine

Woche nach der Wahlversammlung zur Wahl des Wahlvorstandes statt. Wahlvorschläge können bis zum Ende der Wahlversammlung zur Wahl des Wahlvorstandes gemacht werden, wobei in diesem Fall keine Schriftform erforderlich ist. Ist der Wahlvorstand bereits bestellt, wird der Betriebsrat auf nur **einer Wahlversammlung** in geheimer und unmittelbarer Wahl gewählt.

In Betrieben mit in der Regel 51 bis 100 wahlberechtigten Arbeitnehmern können der Wahlvorstand und der Arbeitgeber die Anwendung des vereinfachten Wahlverfahrens vereinbaren (§ 14a Abs. 5 BetrVG).

f) Die Einzelheiten des Wahlverfahrens sind in einer besonderen **Wahlordnung** geregelt.

g) Die Kosten der Betriebsratswahl trägt der Arbeitgeber. Hierzu gehört in erster Linie die Ausstattung des Wahlvorstandes mit den erforderlichen Sachmitteln, z. B. Schreibmaterial, Briefmarken, Stimmzettel, Wahlumschläge, Wahlurnen (BAG vom 27.4.1988, BB 1988, S. 1894). Das **Versäumnis von Arbeitszeit**, die zur Vorbereitung und Durchführung der Betriebsratswahl erforderlich ist, darf bei Wahlvorstandsmitgliedern und Wahlhelfern zu keiner Lohnminderung führen. Für erforderliche Wahlvorstandstätigkeiten, die aus betrieblichen Gründen außerhalb der Arbeitszeit zu führen sind, bestehen Ausgleichsansprüche in entsprechender Anwendung des § 37 Abs. 3 BetrVG (BAG vom 26.4.1995, BB 1995, S. 2536). Den **an der Wahl teilnehmenden Arbeitnehmern** ist die dadurch versäumte Arbeitszeit mit dem vollen Lohn zu vergüten.

h) Nach § 19 WO BetrVG besteht grundsätzlich auch ohne Darlegung eines besonderen rechtlichen Interesses und unabhängig von einem Wahlanfechtungs- oder Nichtigkeitsfeststellungsverfahren ein Anspruch des Arbeitgebers auf Einsichtnahme in die vom Betriebsrat aufbewahrten Wahlakten. Das gilt jedoch nicht für Bestandteile der Wahlakte, die Rückschlüsse auf das Wahlverhalten einzelner wahlberechtigter Arbeitnehmer zulassen, z. B. die mit Stimmabgabevermerken des Wahlvorstands versehenen Wählerlisten. Die Einsichtnahme in derartige Unterlagen durch den Arbeitgeber ist nur zulässig, wenn gerade dies zur Überprüfung der Ordnungsmäßigkeit der Wahl erforderlich ist. Das hat der Arbeitgeber darzulegen (BAG vom 27.7.2005, DB 2005, S. 2823).

9. Wie lang ist die Amtszeit des Betriebsrats?

Die regelmäßige Amtszeit des Betriebsrats beträgt **vier Jahre**. Sie beginnt mit der Bekanntgabe des Wahlergebnisses oder, wenn zu diesem Zeitpunkt noch ein Betriebsrat besteht, mit Ablauf von dessen Amtszeit. Die Amtszeit endet spätestens am 31.5. des Jahres, in dem die regelmäßigen Betriebsratswahlen, die nächsten im Jahr 2018, stattfinden (§ 21 BetrVG). Zum **Übergangsmandat** im Falle der Spaltung eines Betriebes vgl. § 21a BetrVG und zum **Restmandat** bei Untergang eines Betriebes durch Stilllegung, Spaltung oder Zusammenlegung vgl. § 21b BetrVG.

10. Wer führt die Geschäfte des Betriebsrats?

a) Besteht der Betriebsrat aus mehreren Mitgliedern, so wählt er aus seiner Mitte einen **Vorsitzenden** und einen Stellvertreter (§ 26 BetrVG). Der Betriebsratsvorsitzende (im Verhinderungsfall sein Stellvertreter) vertritt den Betriebsrat im Rahmen der gefassten Beschlüsse. In Betriebsräten mit weniger als neun Mitgliedern führt er zumeist auch die laufenden Geschäfte. Der Betriebsratsvorsitzende beruft die Sitzungen des Betriebsrats ein, setzt die Tagesordnung fest und leitet die Sitzungen. Er ist zur Entgegennahme der Erklärungen berechtigt, die dem Betriebsrat gegenüber abzugeben sind. Jeder Arbeitnehmer hat das Recht, dem Betriebsrat Themen zur Beratung vorzuschlagen. Wird der Vorschlag von mindestens 5 % der Arbeitnehmer unterstützt, hat der Betriebsrat diesen innerhalb von zwei Monaten auf die Tagesordnung zu setzen (§ 86a BetrVG).

b) In Betriebsräten mit neun oder mehr Mitgliedern ist zur Führung der laufenden Geschäfte ein **Betriebsausschuss** zu bilden (§ 27 BetrVG). Seine Größe ist von der Zahl der Mitglieder des Betriebsrats abhängig. Der Betriebsratsvorsitzende und sein Vertreter sind kraft Gesetzes Ausschussmitglieder. Die weiteren Ausschussmitglieder werden vom Betriebsrat aus seiner Mitte geheim und bei nur einem Vorschlag in Mehrheitswahl, sonst nach den Grundsätzen der Verhältniswahl gewählt. In Betrieben mit mehr als 100 Arbeitnehmern kann der Betriebsrat **weitere Ausschüsse** bilden und ihnen bestimmte Aufgaben, z. B. die Beteiligungsrechte des Betriebsrats in personellen Angelegenheiten, übertragen, und zwar, wenn ein Betriebsratsausschuss gebildet ist, auch zur **selbstständigen Erledigung** (§ 28 BetrVG). Beschließt der Betriebsrat während seiner Amtszeit, einen Ausschuss, dessen Mitglieder nach den Grundsätzen der Verhältniswahl gewählt wurden, um ein zusätzliches Mitglied zu erweitern, sind sämtliche Ausschussmitglieder neu zu wählen (BAG vom 16.3.2005, NZA 2005, S. 1072).

c) In Betrieben mit mehr als 100 Arbeitnehmern kann der Betriebsrat mit der Mehrheit seiner Stimmen in schriftlicher Form bestimmte Aufgaben auf Arbeitsgruppen übertragen. Dies kommt vor allem bei der Gruppenarbeit (vgl. Nr. 21), aber auch bei sonstigen Team- und Projektarbeiten in Betracht. Erforderlich ist eine zwischen Arbeitgeber und Betriebsrat abzuschließende Rahmenvereinbarung. Es muss sich um Gegenstände handeln, die nur die Gruppen bzw. alle Gruppenmitglieder angehen, also z. B. Fragen der Arbeitszeit, des Urlaubs oder des Sprechers der Gruppe (§ 28a BetrVG). Die Arbeitsgruppe kann im Rahmen der ihr übertragenen Aufgaben mit dem Arbeitgeber Vereinbarungen abschließen, die den Charakter von Betriebsvereinbarungen haben. Können sich Arbeitgeber und Arbeitsgruppe in einer Angelegenheit nicht einigen, fällt die Zuständigkeit wieder auf den Betriebsrat zurück. Eine Einigungsstelle ist nicht vorgesehen.

d) Die **Sitzungen des Betriebsrats** und der **Betriebsausschüsse** finden in der Regel während der Arbeitszeit statt, wobei bei der Ansetzung des Termins auf die betrieblichen Notwendigkeiten Rücksicht zu nehmen ist. Der Arbeitgeber ist vorher rechtzeitig vom Zeitpunkt der Sitzung zu verständigen (§ 30 BetrVG). Ein Betriebsratsmitglied, das an seinem Arbeitsplatz während seiner Arbeitszeit Betriebsratsaufgaben erledigt, ist ebenfalls grundsätzlich verpflichtet, sich beim Arbeitgeber abzumelden und die voraussichtliche Dauer der Betriebsratstätigkeit mitzuteilen. Zweck der Meldepflicht ist es, dem Arbeitgeber die Überbrückung des Arbeitsausfalls zu ermöglichen. Daher besteht keine vorherige Meldepflicht in Fällen, in denen eine vorübergehende Umorganisation der Arbeitseinteilung nicht ernsthaft in Betracht kommt. In Fällen, in denen sich das Betriebsratsmitglied nicht vorher abmeldet, ist es aber jedenfalls verpflichtet, dem Arbeitgeber auf dessen Verlangen nachträglich die Gesamtdauer der in einem bestimmten Zeitraum geleisteten Betriebsratstätigkeit mitzuteilen (BAG vom 29.6.2011 – 7 ABR 135/09).

Der Arbeitgeber kann an einer Sitzung des Betriebsrats beratend teilnehmen, wenn diese auf sein Verlangen anberaumt oder wenn er vom Betriebsrat eingeladen worden ist (§ 29 Abs. 4 BetrVG). Ebenso können Beauftragte einer im Betrieb vertretenen Gewerkschaft teilnehmen, wenn in der Geschäftsordnung des Betriebsrats mit absoluter Mehrheit ein generelles Teilnahmerecht vorgesehen (BAG vom 28.2.1990, DB 1990, S. 1288) oder dies im Einzelfall von einem Viertel der Betriebsratsmitglieder beantragt worden ist (§ 31 BetrVG). Der Betriebsrat fasst seine Beschlüsse im Allgemeinen mit der Mehrheit der Stimmen der anwesenden Mitglieder. Bei Stimmengleichheit gilt der Antrag als abgelehnt (§ 33 BetrVG). Der Betriebsrat ist nur beschlussfähig, wenn mindestens die Hälfte der Betriebsratsmitglieder an der Beschlussfassung teilnimmt (Stellvertretung durch Ersatzmitglieder ist zulässig). Über jede Verhandlung des Betriebsrats ist eine Niederschrift aufzunehmen (§ 34 BetrVG). Die Mitglieder des Betriebsrats haben das Recht, jederzeit die Unterlagen des Betriebsrats und seiner Ausschüsse einzusehen. Zu den Unterlagen des Betriebsrats im Sinne des § 34 Abs. 3 BetrVG gehören dabei nicht nur die Sitzungsniederschriften, sondern sämtliche Aufzeichnungen und Materialien, die der Betriebsrat oder ein Ausschuss angefertigt hat und die ständig zur Verfügung stehen. Das gilt unabhängig davon, ob diese Aufzeichnungen in Papierform verkörpert oder in Dateiform elektronisch auf Datenträgern gespeichert sind. Das Einsichtsrecht umfasst auch das Leserecht auf elektronischem Weg (BAG vom 21.7.2009 – 1 ABR 35/08).

e) Sieht die Mehrheit der Jugend- und Auszubildendenvertretung oder die Schwerbehindertenvertretung in einem Beschluss des Betriebsrats eine erhebliche Beeinträchtigung wichtiger Interessen der von ihr vertretenen Arbeitnehmer, so ist auf entsprechenden Antrag hin der Beschluss auf die Dauer von einer Woche mit dem Ziel der zwischenzeitlichen Verständigung auszusetzen (§ 35 BetrVG).

f) Einzelheiten der Geschäftsführung des Betriebsrats sollen in einer schriftlichen **Geschäftsordnung** festgelegt werden, die der Betriebsrat mit der Mehrheit der Stimmen seiner Mitglieder beschließt (§ 36 BetrVG).

11. Wer trägt die Kosten des Betriebsrats?

Die Kosten, die zu einer sachgerechten und ordnungsgemäßen Durchführung der Aufgaben des Betriebsrats erforderlich sind, trägt der Arbeitgeber; er darf hierfür keine Umlage erheben (§§ 40 und 41 BetrVG). Zwar führt der Betriebsrat seine Geschäfte eigenständig und eigenverantwortlich. Er hat sich aber auf den Standpunkt eines vernünftigen Dritten zu stellen, der auch die Interessen des Arbeitgebers berücksichtigen muss; er hat einerseits die betriebsratsbezogenen Notwendigkeiten, andererseits die betrieblichen Belange, z. B. bei den entstehenden Kosten, zu berücksichtigen (z. B. BAG vom 25.1.1995, NZA 1995, S. 591 und vom 25.5.2005, AP BetrVG 1972 § 24 Nr. 13). Der Betriebsrat ist befugt, die seinen Mitgliedern anlässlich der Durchführung von Betriebsratstätigkeit entstandenen Kosten gegenüber dem Arbeitgeber geltend zu machen. Er kann daher den Arbeitgeber auf Zahlung von Reisekosten, die einem seiner Mitglieder bei der Wahrnehmung betriebsverfassungsrechtlicher Aufgaben entstanden sind, an dieses Mitglied in Anspruch nehmen. Auch das einzelne Betriebsratsmitglied kann im arbeitsgerichtlichen Beschlussverfahren vom Arbeitgeber den Ersatz von Aufwendungen verlangen, welche ihm wegen seiner Tätigkeit als Betriebsratsmitglied entstanden sind. Es kommt für den Kostenerstattungsanspruch nicht darauf an, ob

z. B. eine Betriebsausschusssitzung aus betriebsbedingten Gründen i. S. v. § 37 Abs. 3 BetrVG außerhalb der Arbeitszeit des Betriebsausschussmitglieds stattgefunden hat. Für Fahrtkosten aus Anlass von Fahrten zwischen der Wohnung des Betriebsratsmitglieds und dem Betrieb gilt dies allerdings nur, wenn das Betriebsratsmitglied ohne die konkret zu erledigende Betriebsratstätigkeit den Betrieb nicht hätte aufsuchen müssen. Fahrtkosten, die das Betriebsratsmitglied auch ohne Rücksicht auf die Erledigung konkreter Betriebsratstätigkeit hätte aufwenden müssen, um seiner Pflicht zu genügen, sich im Betrieb zur Arbeit bereit zu stellen, sind keine Kosten, die durch die Tätigkeit des Betriebsrats entstanden sind (BAG vom 13.6.2007, DB 2007, S. 2604). Grundsätzlich nicht erstattungsfähig sind daher insbesondere Aufwendungen, die der persönlichen Lebensführung zuzuordnen sind. Vom Arbeitgeber zu tragen sind dagegen Kosten, die einem Betriebsratsmitglied dadurch entstehen, dass es die Betreuung seiner minderjährigen Kinder für Zeiten sicherstellen muss, in denen es außerhalb seiner persönlichen Arbeitszeit Betriebsratsaufgaben wahrzunehmen hat. Das ergibt die verfassungskonforme Auslegung des § 40 Abs. 1 BetrVG. Das Betriebsratsmitglied befindet sich in einem solchen Fall in einer Pflichtenkollision zwischen seinen betriebsverfassungsrechtlichen Aufgaben und der Pflicht zur elterlichen Personensorge. Nach Art. 6 Abs. 2 GG sind Pflege und Erziehung der Kinder nicht nur „das natürliche Recht der Eltern", sondern auch „die zuvörderst ihnen obliegende Pflicht". Dementsprechend darf dem Betriebsratsmitglied durch die gleichzeitige Erfüllung beider Pflichten kein Vermögensopfer entstehen (BAG vom 29.6.2010 – 7 ABR 103/08).

Beispiele für eine Kostenerstattung:
Kosten für

- *die Teilnahme an Schulungs- und Bildungsveranstaltungen,*
- *erforderliche Reisen einzelner Betriebsratsmitglieder (Erstattung entsprechend der im Betrieb geltenden Reisekostenordnung) oder*
- *gerichtliche Verfolgung von Rechten des Betriebsrats.*

Der Arbeitgeber hat insbesondere auch für die Sitzungen, Sprechstunden und laufende Geschäftsführung des Betriebsrats im erforderlichen Umfang Räume, sachliche Mittel (Beispiele: Büro- und Informationsmaterial, Schreibmaschinen, Fachliteratur, Telefon) und Büropersonal zur Verfügung zu stellen (§§ 40, 41 BetrVG). Hierzu können einerseits auch die Überlassung eines PC mit Zubehör und Software und andererseits der Zugang zu Internet und Intranet sowie die Einrichtung eigener E-Mail-Adressen auch für die einzelnen Betriebsratsmitglieder gehören. Die Beurteilung, ob ein Mittel der Informations- und Kommunikationstechnik der Erfüllung von Betriebsratsaufgaben dient, ist Sache des Betriebsrats. Er hat dabei einen Beurteilungsspielraum. Bei seiner Entscheidung muss er auch hier die entgegenstehenden Belange des Arbeitgebers, darunter insbesondere die diesem entstehenden Kosten berücksichtigen. Wie das Bundesarbeitsgericht bereits wiederholt entschieden hat, kann der Betriebsrat die Einholung von Informationen aus dem Internet als zur Erfüllung seiner Aufgaben erforderlich ansehen. In Wahrnehmung seines Beurteilungsspielraums darf er auch davon ausgehen, dass die Eröffnung von Internetanschlüssen für die einzelnen Mitglieder – etwa zu deren Vorbereitung auf Betriebsratssitzungen – der Aufgabenerfüllung des Betriebsrats dient. Auch durch die Entscheidung, seinen Mitgliedern eigene E-Mail-Adressen zum Zwecke der externen Kommunikation einzurichten, überschreitet der Betriebsrat seinen Beurteilungsspielraum nicht. Der Betriebsrat kann auch die Errichtung eines nicht personalisierten Internetzugangs über den ihm zur

Verfügung gestellten PC verlangen. Der Betriebsrat bestimmt eigenständig, ob beim Zugang einzelner Betriebsratsmitglieder zum Internet über einen gemeinsamen PC des Betriebsrats eine Personalisierung stattfinden soll oder nicht (BAG vom 18.7.2012, DB 2012, S. 2524). Ebenso wie die Informationsbeschaffung kann die Kommunikation einzelner Betriebsratsmitglieder mit nicht zum Betrieb gehörenden Dritten Teil der Betriebsratstätigkeit sein. Berechtigte Kosteninteressen des Arbeitgebers stehen dem Verlangen insbesondere dann nicht entgegen, wenn die Betriebsratsmitglieder alle an PC-Arbeitsplätzen beschäftigt sind, so dass es lediglich der Freischaltung des Internets und der Einrichtung einer E-Mail-Adresse bedarf (z. B. BAG vom 20.1.2010 – 7 ABR 79/08 NZA 2010, S. 709 und vom 14.7.2010 – 7 ABR 103/08, AUR 2010, S. 397). Darüber hinaus ist der Arbeitgeber verpflichtet, eine am Arbeitsplatz des Betriebsratsmitglieds vorhandene Telefonanlage so einzurichten, dass die Arbeitnehmer des Betriebes dort anrufen können. Der Arbeitgeber ist jedoch grundsätzlich nicht verpflichtet, dem Betriebsrat einen von seinem Netzwerk unabhängigen Internetzugang oder einen von seiner Telefonanlage unabhängigen Telefonanschluss einzurichten (BAG vom 20.4.2016 – 7 ABR 50/14).

12. Welche Stellung hat das einzelne Betriebsratsmitglied?

a) Das Amt des Betriebsrats ist ein **Ehrenamt** (§ 37 Abs. 1 BetrVG). Die Betriebsratsmitglieder sollen einerseits keine finanziellen Vorteile aus ihrer Tätigkeit ziehen, andererseits aber auch keine Nachteile haben. Zum Ausgleich für Betriebsratstätigkeit, die aus betrieblich bedingten Gründen außerhalb der Arbeitszeit durchzuführen ist, haben sie Anspruch auf eine entsprechend bezahlte Arbeitsbefreiung innerhalb des nächsten Monats. Ist dies aus betriebsbedingten Gründen nicht möglich, so ist die aufgewendete Zeit wie Mehrarbeit zu vergüten; dies gilt auch, wenn die Betriebsratstätigkeit wegen der unterschiedlichen Arbeitszeiten der Betriebsratsmitglieder nicht innerhalb der persönlichen Arbeitszeit erfolgen kann (§ 37 Abs. 3 BetrVG). Für Betriebsratsmitglieder im Restmandat (vgl. Nr. 9) beseht dagegen kein entsprechender Anspruch (BAG vom 5.5.2010 – 7 ABR 728/08).

b) Der Arbeitgeber ist verpflichtet, die Betriebsratsmitglieder während ihrer Mitgliedschaft und innerhalb eines Zeitraums von einem Jahr nach der Beendigung der Amtszeit finanziell vergleichbaren Arbeitnehmern mit betriebsüblicher beruflicher Entwicklung gleichzustellen (§ 37 Abs. 4 BetrVG). Bei drei vollen Amtszeiten, in denen das Betriebsratsmitglied freigestellt war, erhöht sich der Zeitraum auf zwei Jahre nach Beendigung der Amtszeit (§ 38 Abs. 3 BetrVG). Zudem dürfen die Betriebsratsmitglieder innerhalb des gleichen Zeitraums nur mit solchen Tätigkeiten beschäftigt werden, die den Tätigkeiten vergleichbarer Arbeitnehmer entsprechen (Ausnahme: Bei zwingenden betrieblichen Gründen; vgl. § 37 Abs. 5 BetrVG). Hinsichtlich des Auskunftsanspruchs zur Gehaltsentwicklung vergleichbarer Arbeitnehmer vgl. BAG vom 19.1.2005 – 7 AZR 208/04.

c) Betriebsratsmitglieder haben Anspruch auf **bezahlte Arbeitsbefreiung**, wenn und soweit dies zur Durchführung ihrer Aufgaben erforderlich ist (§ 37 Abs. 2 BetrVG). Dies gilt auch für Fahrzeiten, die mit der Betriebstätigkeit in unmittelbaren Zusammenhang stehen. Ein Betriebsratsmitglied, das an einer außerhalb seiner persönlichen Arbeitszeit stattfindenden Betriebsratssitzung teilnimmt und es ihm deswegen unmöglich oder unzumutbar ist, seine vor oder nach der Betriebsratssitzung liegende Arbeitszeit einzuhalten, hat insoweit gemäß § 37 Abs. 2 BetrVG einen

Anspruch auf bezahlte Arbeitsbefreiung (BAG vom 18.1.2017 – 7 AZR 224/15). Die Prüfung der Frage, ob die Versäumung der Arbeitszeit zur ordnungsgemäßen Durchführung der Aufgaben des Betriebsrats erforderlich ist, obliegt sowohl dem Betriebsrat als Gremium als auch dem einzelnen Betriebsratsmitglied. Ihnen steht insoweit ein Beurteilungsspielraum zu. Sie dürfen die Frage der Erforderlichkeit allerdings nicht allein nach ihrem subjektiven Ermessen beantworten, sondern müssen die Interessen des Betriebs einerseits und des Betriebsrats und der Belegschaft andererseits gegeneinander abwägen (BAG vom 21.6.2006 – 7 AZR 418/05). Das Betriebsratsmitglied hat sich jeweils vom Arbeitsplatz abzumelden und dabei Ort und voraussichtliche Dauer der beabsichtigten Betriebsratstätigkeit mitzuteilen; dies kann auch durch ein anderes Betriebsratsmitglied erfolgen (BAG vom 13.5.1997, DB 1997, S. 2131). Detaillierte Angaben zur Art der Betriebsratstätigkeit sind erst bei begründeten Zweifeln des Arbeitgebers geboten. Macht der Arbeitgeber geltend, dass das Betriebsratsmitglied zum genannten Zeitraum unabkömmlich ist, ist dieses gehalten zu prüfen, ob und inwieweit die geplante Wahrnehmung der Betriebsratstätigkeit verschoben werden kann (BAG vom 15.3.1995, DB 1995, S. 1514). Darüber hinaus besteht ein nach der Größe des Betriebes gestaffelter Anspruch auf **völlige Freistellung** von Betriebsratsmitgliedern (§ 38 BetrVG). So sind z. B. ab 200 Arbeitnehmern mindestens ein Betriebsratsmitglied und ab 501 Arbeitnehmern mindestens zwei Betriebsratsmitglieder von der Arbeit ganz freizustellen; Teilfreistellungen sind möglich, wobei diese zusammengenommen den Umfang der zuvor genannten Freistellungen nicht überschreiten dürfen. Leiharbeitnehmer sind zur Ermittlung der Anzahl der freizustellenden Betriebsratsmitglieder bei den für die Freistellung maßgeblichen Schwellenwerten nach § 38 BetrVG mitzuzählen, wenn sie zu dem regelmäßigen Personalbestand des Betriebs gehören (BAG vom 18.1.2017 – 7 ABR 60/15). Der Betriebsrat hat die freizustellenden Betriebsratsmitglieder nach Beratung mit dem Arbeitgeber geheim und in Verhältniswahl, bei nur einem Vorschlag oder nur einem freizustellenden Mitglied in Mehrheitswahl zu wählen. Die Erhöhung der Anzahl freizustellender Betriebsratsmitglieder während der laufenden Amtszeit des Betriebsrats erfordert die Neuwahl aller freizustellenden Betriebsratsmitglieder, wenn die ursprüngliche Freistellungswahl nach den Grundsätzen der Verhältniswahl erfolgt ist. Einer vorherigen Abberufung der bisher Freigestellten bedarf es dazu nicht (BAG vom 16.3.2005 – 7 ABR 43/04). Der Arbeitgeber kann innerhalb von zwei Wochen die Einigungsstelle zur verbindlichen Entscheidung anrufen. Freigestellte Betriebsratsmitglieder sind verpflichtet, sich beim Arbeitgeber unter Angabe der voraussichtlichen Dauer der Betriebsratstätigkeit abzumelden, wenn sie außerhalb des Betriebs erforderlichen Betriebsratsaufgaben nachgehen, und sich bei der Rückkehr in den Betrieb zurückzumelden (BAG vom 24.2.2016 – 7 ABR 20/14). Den freigestellten Betriebsratsmitgliedern ist im Rahmen der betrieblichen Möglichkeiten Gelegenheit zu geben, eine wegen der Freistellung unterbliebene berufliche Entwicklung nachzuholen.

d) Jedes Betriebsratsmitglied hat während seiner regelmäßigen Amtszeit Anspruch auf bezahlte Arbeitsbefreiung für die Dauer von drei Wochen zur Teilnahme an solchen **Schulungs- und Bildungsveranstaltungen**, die von der zuständigen obersten Arbeitsbehörde des Landes als **geeignet** anerkannt sind (§ 37 Abs. 7 BetrVG). Dieser Anspruch erhöht sich für Arbeitnehmer, die erstmals das Amt übernehmen, auf vier Wochen. Außerdem sind Mitglieder des Betriebsrats für solche Schulungs-

und Bildungsveranstaltungen freizustellen, die Kenntnisse vermitteln, die für eine sach- und fachgerechte Erfüllung der derzeitigen und anstehenden Aufgaben des Betriebsrats **erforderlich** sind (§ 37 Abs. 6 BetrVG); für die Betriebsratsarbeit lediglich nützliche Kenntnisse, z. B. wirtschafts- oder sozialpolitischer Art, genügen nicht. Auch eine Schulung zum Thema Mobbing ist nur erforderlich, wenn im Betrieb eine tatsächliche Konfliktlage hierzu besteht; die bloße Möglichkeit des Eintretens solcher Konflikte genügt nicht (BAG vom 15.1.1997, BB 1997, S. 1480). Im Einzelfall kann es erforderlich sein, dass sich Betriebsratsmitglieder über die aktuelle Rechtsprechung des Bundesarbeitsgerichts durch den Besuch einer entsprechenden Schulungsveranstaltung informieren (BAG vom 18.1.2012, NZA 2012, S. 813). Bei erforderlichen Bildungsveranstaltungen ist keine Höchstdauer für die Teilnahme vorgesehen. Der Betriebsrat entscheidet in eigener Verantwortung darüber, welche seiner Mitglieder an der Veranstaltung teilnehmen sollen. Bei der zeitlichen Lage der Teilnahme hat er die betrieblichen Notwendigkeiten zu berücksichtigen. Der Arbeitgeber kann hierzu die Einigungsstelle zur verbindlichen Entscheidung anrufen. Die Teilnahmekosten bei einer notwendigen Schulungsveranstaltung (Fahrtkosten, Verpflegungs- und Übernachtungskosten sowie Teilnehmergebühren) sind vom Arbeitgeber zu tragen. Sie müssen verhältnismäßig sein, d. h., in angemessenem Verhältnis zur Größe und Leistungsfähigkeit des Betriebes stehen. Bei der Teilnahme an geeigneten Bildungsveranstaltungen entstehen dem Arbeitgeber über die Entgeltfortzahlungsverpflichtung hinaus keine zusätzlichen Kosten. Findet die Schulung einschließlich der Reisezeiten wegen der **Besonderheiten der betrieblichen Arbeitszeitgestaltung** außerhalb der Arbeitszeit des Betriebsratsmitglieds statt, besteht ein Anspruch auf Freizeitausgleich, allerdings unter Einbeziehung der Arbeitsbefreiung während der Arbeitszeit pro Schulungstag begrenzt auf die Arbeitszeit eines vollzeitbeschäftigten Arbeitnehmers (§ 37 Abs. 6 Satz 2 BetrVG). Dabei ist grundsätzlich die betriebsübliche Dauer und Lage der Arbeitszeit eines vollzeitbeschäftigten Arbeitnehmers maßgeblich. Die Begrenzung auf einen Schulungstag gilt auch für teilzeitbeschäftigte Betriebsratsmitglieder (BAG, Urteil vom 16.2.2005 – 7 AZR 330/04). Zu der ausgleichspflichtigen Schulungszeit zählen während eines Schulungstags anfallende Pausen. Die Kosten müssen ausreichend nachgewiesen werden (BAG vom 30.3.1994, DB 1994, S. 2347).

e) Die Mitglieder des Betriebsrats sind verpflichtet, **Geschäftsgeheimnisse**, die ihnen wegen ihrer Zugehörigkeit zum Betriebsrat bekannt geworden und vom Arbeitgeber ausdrücklich als geheimhaltungsbedürftig bezeichnet worden sind, nicht zu offenbaren und nicht zu verwerten (§ 79 BetrVG).

13. Welchen Kündigungsschutz und Versetzungsschutz haben Betriebsratsmitglieder?

a) Die **ordentliche Kündigung** gegenüber Mitgliedern des Betriebsrats, der Jugend- und Auszubildendenvertretung und des Wahlvorstandes sowie gegenüber Wahlbewerbern ist **unzulässig** (§ 15 KSchG). Der besondere Kündigungsschutz nach § 15 Abs. 3 KSchG beginnt für gerichtlich bestellte Mitglieder des Wahlvorstands mit der Verkündung und nicht erst mit der formellen Rechtskraft des Einsetzungsbeschlusses (BAG vom 26.11.2009 – 2 AZR 185/08). **Ausnahmen** vom Kündigungsschutz bestehen für den Fall der Betriebsstillegung. Bei einem Mandatsträger, der aufgrund einer tarifvertraglichen Bestimmung ordentlich unkündbar ist, tritt an die Stelle der ordentlichen Kündigungsmöglichkeit die grundsätzlich mögliche außerordentliche Kündigung (vgl. unter b). Das Kündigungsverbot gilt bei Mitgliedern des Betriebsrats auch noch für ein Jahr nach Ende ihrer Amtszeit und bei Mitgliedern des Wahlvorstandes und Wahlbewerbern für sechs Monate nach Ende ihrer Funktionen. Ersatzmitglieder des Betriebsrats genießen den Kündigungsschutz, wenn sie an die Stelle eines verhinderten oder ausgeschiedenen Betriebsratsmitglieds treten. Das Ersatzmitglied erwirbt den Sonderkündigungsschutz nach § 15 Abs. 1 Satz 1 KSchG für die Dauer der Verhinderung des Betriebsratsmitglieds. Der Schutz hängt nicht davon ab, dass das Ersatzmitglied während der Vertretungszeit tatsächlich Betriebsratsaufgaben erledigt (BAG vom 8.9.2011 – 2 AZR 388/10). Darüber hinaus haben auch die Arbeitnehmer, die zu einer Wahlversammlung einladen oder die Bestellung eines Wahlvorstandes beantragen, Kündigungsschutz (§ 15 Abs. 3a KSchG).

Auch die Arbeitsverträge von Betriebsratsmitgliedern können nach Maßgabe des § 14 Abs. 2 TzBfG wirksam ohne Sachgrund befristet werden (BAG vom 5.12.2012 – 7 AZR 698/12). Das Betriebsratsamt steht der Anwendung des TzBfG nicht entgegen. Nach § 78 Satz 2 BetrVG dürfen aber Betriebsratsmitglieder wegen ihrer Tätigkeit nicht benachteiligt oder begünstigt werden. Eine hiernach verbotene Benachteiligung liegt vor, wenn dem Betriebsratsmitglied im Anschluss an die **Befristung** wegen seiner Betriebsratstätigkeit der Abschluss eines Folgevertrags verweigert wird. Das Betriebsratsmitglied hat dann gegen den Arbeitgeber einen gerichtlich durchsetzbaren Anspruch auf Abschluss eines entsprechenden Vertrags (BAG vom 25.6.2014 – 7 AZR 847/12).

b) Die **außerordentliche Kündigung** der betriebsverfassungsrechtlichen Funktionsträger ist zulässig. Sie bedarf jedoch der **vorherigen Zustimmung** des Betriebsrats, die nur durch das Arbeitsgericht ersetzt werden kann (§ 15 Abs. 1 und 3 KSchG in Verbindung mit § 103 BetrVG). Die gerichtliche Entscheidung im Verfahren nach § 103 Abs. 2 BetrVG ersetzt die Zustimmung des Betriebsrats im Hinblick auf die vom Arbeitsgeber geltend gemachten Kündigungsgründe (BAG vom 16.11.2017 – 2 AZR 14/17). Die außerordentliche Kündigung setzt einen wichtigen Grund voraus. Hierfür reicht die reine Verletzung betriebsverfassungsrechtlicher Pflichten nicht aus. Diese führt nur zur Entbindung von den Funktionen als Betriebsratsmitglied (§ 23 BetrVG). Ohnehin darf die Stellung des Arbeitnehmers als Betriebsratsmitglied weder erschwerend noch erleichternd berücksichtigt werden.

c) Die **Versetzung** der in Buchstabe a genannten Personen, die zu einem Verlust des Amtes oder der Wählbarkeit führen würde, bedarf der Zustimmung des Betriebsrats (Ausnahme: Der Betroffene ist einverstanden). Das Beteiligungsverfahren nach § 103 Abs. 3 BetrVG geht demjenigen zur Versetzung nach § 99 Abs. 1 und 4 BetrVG im abgebenden Betrieb als das speziellere vor. Der Betriebsrat kann die Zustimmung nach § 103 Abs. 3 BetrVG auch unter Berufung auf die in § 99 Abs. 2 BetrVG genannten Gründe verweigern (BAG vom 27.7.2016 – 7 ABR 55/14). Das Arbeitsgericht kann die Zustimmung ersetzen, wenn die Versetzung unter Berücksichtigung der betriebsverfassungsrechtlichen Stellung des Arbeitnehmers aus **dringenden betrieblichen Gründen** notwendig ist (§ 103 Abs. 3 BetrVG).

14. Wann wird ein Gesamtbetriebsrat errichtet?

In einem Unternehmen mit mehreren Betrieben ist aus bis zu je zwei Vertretern der einzelnen Betriebsräte ein Gesamtbetriebsrat zu errichten (§ 47 BetrVG). Für Betriebe verschiedener Rechtsträger kann kein gemeinsamer Betriebsrat errichtet werden (BAG vom 13.2.2007 – 1 AZR 184/06). Das Amt des Gesamtbetriebsrats endet nicht schon, wenn die Voraussetzungen für seine Errichtung vorübergehend entfallen, sondern erst, wenn von dem dauerhaften Wegfall der Errichtungsvoraussetzungen auszugehen ist (BAG vom 15.10.2014 – 7 ABR 53/12). Der **Gesamtbetriebsrat** ist nur zuständig für Angelegenheiten, die das Gesamtunternehmen oder wenigstens mehrere Betriebe des Unternehmens betreffen und von den einzelnen Betriebsräten nicht geregelt werden können (§ 50 BetrVG), z. B. bei Festlegung einer unternehmenseinheitlichen Gratifikationsordnung oder bei der Einführung eines elektronischen Datenverarbeitungssystems, das zur Verhaltens- und Leistungskontrolle bestimmt ist, wenn das System betriebsübergreifend eingeführt werden soll und eine unterschiedliche Ausgestaltung in den einzelnen Betrieben mit der einheitlichen Funktion des Systems nicht vereinbar wäre (vgl. BAG vom 14.11.2006 AP Nr. 43 zu § 87 BetrVG 1972 – 1 ABR 4/06). Die originäre Zuständigkeit des Gesamtbetriebsrats nach § 50 Abs. 1 Satz 1 BetrVG bezieht sich einerseits nur auf die Behandlung von Angelegenheiten, die das Gesamtunternehmen oder mehrere Betriebe betreffen und die andererseits objektiv zwingend unternehmenseinheitliche oder betriebsübergreifende Regelungen erfordern. Betreffen Regelungsmaterien unterschiedliche Mitbestimmungstatbestände, begründet die Zuständigkeit des Gesamtbetriebsrats für die eine Angelegenheit nicht automatisch seine Zuständigkeit für die andere. Allein der Wunsch des Arbeitgebers nach einer unternehmenseinheitlichen oder betriebsübergreifenden Regelung oder reine Zweckmäßigkeitsgesichtspunkte genügen nicht, um in Angelegenheiten der zwingenden Mitbestimmung die Zustimmung des Gesamtbetriebsrats zu begründen (BAG vom 18.7.2017 – 1 ABR 59/15). Der Gesamtbetriebsrat kann auch für einen Schichtrahmenplan zuständig sein, wenn der Arbeitgeber in mehreren Betrieben eine Dienstleistung erbringt, deren Arbeitsabläufe technisch-organisatorisch miteinander verknüpft sind (BAG vom 19.6.2012, NZA 2012, S. 1237). Er ist insoweit auch zuständig für Betriebe ohne Betriebsrat. Der Gesamtbetriebsrat hat jährlich einmal eine Betriebsräteversammlung abzuhalten, auf der er einen Tätigkeitsbericht und der Unternehmer einen Bericht über das Personal- und Sozialwesen und die wirtschaftliche Lage und Entwicklung des Unternehmens erstatten muss. Er kann nach § 51 Abs. 1 i. V. mit § 40 Abs. 2 BetrVG vom Arbeitgeber die Freischaltung der in seinem Büro und der in betriebsratslosen Verkaufsstellen vorhandenen Telefone zum Zwecke der wechselseitigen Erreichbarkeit verlangen (BAG vom 9.12.2009 – 7 ABR 46/08).

15. Welche Besonderheiten gelten für Jugend- und Auszubildendenvertretungen?

a) In Betrieben, in denen in der Regel mindestens fünf jugendliche Arbeitnehmer oder Auszubildende beschäftigt sind, die das 25. Lebensjahr noch nicht vollendet haben, werden **Jugend- und Auszubildendenvertretungen** gewählt (§ 60 BetrVG). Die Größe der Jugend- und Auszubildendenvertretung ist nach der Zahl der beschäftigten jugendlichen Arbeitnehmer und Auszubildenden gestaffelt (bei 5 bis 20 jugendlichen Arbeitnehmern und Auszubildenden ein Jugend- und Auszubildendenvertreter, bei 21 bis 50 jugendlichen Arbeitnehmern und Auszubildenden drei Jugend- und Auszubildendenvertreter, bei 51 bis 150 jugendlichen Arbeitnehmern und Auszubildenden fünf Jugend- und Auszubildendenvertreter usw.). Das Geschlecht, das in der Minderheit ist, **muss** mindestens entsprechend seinem zahlenmäßigen Verhältnis vertreten sein, wenn die Vertretung aus mindestens drei Personen besteht.

Wahlberechtigt sind alle jugendlichen Arbeitnehmer und Auszubildenden unter 25 Jahren, wählbar alle Arbeitnehmer des Betriebes, die das 25. Lebensjahr noch nicht vollendet haben. In reinen Ausbildungsbetrieben sind zu ihrer Berufsausbildung Beschäftigte keine Arbeitnehmer im Sinne des BetrVG (BAG vom 20.3.1996, BB 1996, S. 2100; vgl. Buchstabe f). Die nächsten Wahlen zu der Jugend- und Auszubildendenvertretung sind im **Oktober/November 2018**. Wie bei der Betriebsratswahl gilt auch hier das Verhältniswahlrecht. Die Amtszeit der Jugend- und Auszubildendenvertretung beträgt für den Regelfall **zwei Jahre.**

b) Für die Geschäftsführung der Jugend- und Auszubildendenvertretung, für ihre Ansprüche auf Arbeitsfreistellung (Hinweis: Eine völlige Freistellung von der Arbeit ist nicht möglich), für die Teilnahme an Schulungs- und Bildungsveranstaltungen sowie für den Kündigungsschutz gelten die Regelungen über den Betriebsrat entsprechend.

c) Ein **besonderer Schutz der Jugend- und Auszubildendenvertreter** ergibt sich daraus, dass der Arbeitgeber verpflichtet ist, den Auszubildenden, der Mitglied der Jugend- und Auszubildendenvertretung oder des Betriebsrats ist oder in den letzten 12 Monaten vor Beendigung der Ausbildung war, drei Monate vor Beendigung des Ausbildungsverhältnisses zu informieren, falls er ihn nicht in ein Arbeitsverhältnis übernehmen will (§ 78a BetrVG). Unabhängig davon, ob der Arbeitgeber seiner Mitteilungspflicht nachkommt, ist er verpflichtet, den Funktionsträger im Anschluss an das Ausbildungsverhältnis als Arbeitnehmer weiter zu beschäftigen, wenn der Auszubildende innerhalb der letzten drei Monate vor Beendigung des Ausbildungsverhältnisses ein entsprechendes schriftliches Verlangen stellt. Ein Weiterbeschäftigungsverlangen i. S. v. § 78a Abs. 2 Satz 1 BetrVG, das früher als drei Monate vor Beendigung des Berufsausbildungsverhältnisses gestellt wird, ist unwirksam (BAG vom 15.12.2011, DB 2012, S. 1693). Der Übernahmeanspruch setzt voraus, dass sich der Jugend- und Auszubildendenvertreter in einem Berufsausbildungsverhältnis nach dem Berufsbildungsgesetz oder in einem vergleichbaren durch Tarifvertrag geregelten Rechtsverhältnis befindet. Die Mitgliedschaft in einer durch Tarifvertrag errichteten Jugend- und Auszubildendenvertretung reicht aus (BAG vom 8.8.2007, DB 2008, S. 471). Liegen Tatsachen vor, die dem Arbeitgeber ausnahmsweise die Weiterbeschäftigung nicht **zumutbar** erscheinen lassen, so kann er durch das Arbeitsgericht entweder vor der Beendigung des Berufsausbildungsverhältnisses feststellen lassen, dass ein Arbeitsverhältnis nicht entsteht, oder innerhalb von zwei Wochen nach Beendigung der Berufsausbildung die Auflösung des Arbeitsverhältnisses beantragen. Die Weiterbeschäftigung ist dem Arbeitgeber regelmäßig zumutbar, wenn zum Zeitpunkt der Beendigung des Berufsausbildungsverhältnisses im Ausbildungsbetrieb ein freier Arbeitsplatz vorhanden ist, auf dem der Auszubildende mit seinen durch die Ausbildung erworbenen Qualifikationen dauerhaft beschäftigt werden kann. Dies gilt auch, wenn eine anderweitige unbefristete Beschäftigungsmöglichkeit im Ausbildungsbetrieb besteht, mit deren Ausübung sich der Amtsträger zuvor rechtzeitig einverstanden erklärt hat. Hingegen sind Beschäftigungsmöglichkeiten in anderen Betrieben des Unternehmens bei der Beurteilung der Zumutbarkeit nicht zu berücksichtigen (BAG vom 15.11.2006 – 7 ABR 15/06). Beschäftigt er auf dauerhaft eingerichteten, ausbildungsadäquaten Arbeitsplätzen Leiharbeitnehmer, so kann es ihm zumutbar sein, einen solchen Arbeitsplatz für den zu übernehmenden Jugend- und Auszubildendenvertreter freizumachen. Dabei können das berechtigte betriebliche Interesse an der Weiterbeschäftigung des Leiharbeitnehmers oder vertragliche Verpflichtungen des Arbeitgebers gegenüber dem Verleiher von Bedeutung sein. (BAG vom 17.2.2010 – 7 ABR 89/08).

d) Die Jugend- und Auszubildendenvertretung nimmt die **besonderen Belange** der jugendlichen Arbeitnehmer und Auszubildenden wahr. Sie hat dabei keine eigenen Mitbestimmungsrechte, sondern ist in ihren Rechten auf die **Zusammenarbeit mit dem Betriebsrat** angewiesen. Die Durchführung ihrer Anregungen ist im Einzelnen Aufgabe des Betriebsrats. Folgende Aufgaben sind zu unterscheiden (§ 70 BetrVG):

  - Die Jugend- und Auszubildendenvertretung kann beim Betriebsrat alle Maßnahmen beantragen, die den jugendlichen Arbeitnehmern des Betriebes dienen, insbesondere auch in Fragen der Berufsbildung und bei der Übernahme in ein Arbeitsverhältnis.
  - Die Jugend- und Auszubildendenvertretung hat darüber zu wachen, dass die zugunsten der Jugendlichen und Auszubildenden geltenden Vorschriften, Tarifverträge und Betriebsvereinbarungen durchgeführt werden.
  - Die Jugend- und Auszubildendenvertretung hat Anregungen von jugendlichen Arbeitnehmern und Auszubildenden entgegenzunehmen und, falls sie ihr berechtigt erscheinen, auf eine Erledigung beim Betriebsrat hinzuwirken.
  - Die Jugend- und Auszubildendenvertreter haben in Angelegenheiten, die besonders und überwiegend jugendliche Arbeitnehmer und Auszubildende betreffen, ein Teilnahme- und Stimmrecht an **Betriebsratssitzungen**. Sieht die Mehrheit der Jugend- und Auszubildendenvertretung in einem Beschluss des Betriebsrats eine erhebliche Beeinträchtigung wichtiger Interessen jugendlicher Arbeitnehmer und Auszubildender, so ist auf ihren Antrag hin der Beschluss für eine Woche auszusetzen.
  - Die Jugend- und Auszubildendenvertretung kann zur Beratung betrieblicher Jugendfragen **eigene Sitzungen** abhalten. Die Sitzungen finden in der Regel während der Arbeitszeit statt.
  - Die Jugend- und Auszubildendenvertretung hat in Betrieben mit regelmäßig mehr als 50 jugendlichen Arbeitnehmern und Auszubildenden das Recht, **eigene Sprechstunden** während der Arbeitszeit einzurichten. Jeder jugendliche Arbeitnehmer und Auszubildende des Betriebes kann die Sprechstunden der Jugend- und Auszubildendenvertretung aufsuchen.

e) Gibt es in einem Unternehmen mehrere Jugend- und Auszubildendenvertretungen, ist eine **Gesamtjugend- und Auszubildendenvertretung** zu errichten (§ 72 BetrVG).

f) Außerbetriebliche Auszubildende in einer Berufsbildungseinrichtung mit mindestens fünf Auszubildenden wählen eine besondere Interessenvertretung (§ 51f. BBiG und die diese Regelung ausfüllende Verordnung).

16. Wann finden Betriebs- und Abteilungsversammlungen statt?

a) In Betrieben mit einem Betriebsrat sind für die Arbeitnehmer des Betriebes Betriebsversammlungen durchzuführen. Sie sind von den Belegschaftsversammlungen, die auf die Initiative des Arbeitgebers oder der Arbeitnehmer zurückgehen, zu unterscheiden. Die **Betriebsversammlung** dient der Aussprache zwischen Betriebsrat und Belegschaft und der Unterrichtung der Belegschaft über wichtige sie berührende Fragen. Auf ihr hat einerseits der Betriebsrat Rechenschaft abzulegen, andererseits der Arbeitgeber über das Personal- und Sozialwesen (einschließlich der Gleichstellung von Männern und Frauen und der Integration ausländischer Arbeitnehmer) des Betriebes und dessen wirtschaftliche Lage und Entwicklung sowie über den betrieblichen Umweltschutz zu berichten (§§ 42 ff. BetrVG). Der Arbeitgeber und die im Betrieb vertretenen Gewerkschaften haben ein Teilnahmerecht.

b) Kann wegen der Eigenart des Betriebes eine Betriebsversammlung aller Arbeitnehmer zum gleichen Zeitpunkt nicht stattfinden, sind **Teilversammlungen** durchzuführen. Zwei der vier nach Buchst. c durchzuführenden Betriebsversammlungen sind für Arbeitnehmer organisatorisch oder räumlich abgegrenzter Betriebsteile als **Abteilungsversammlungen** durchzuführen, wenn dies für die Erörterung der besonderen Belange der Arbeitnehmer erforderlich ist.

c) Zu unterscheiden sind die **regelmäßigen** Betriebsversammlungen, zu denen der Betriebsrat in jedem Kalendervierteljahr einzuladen hat, und die **außerordentlichen** Betriebsversammlungen, die unter anderem dann einzuberufen sind, wenn ein Viertel der wahlberechtigten Arbeitnehmer oder der Arbeitgeber ein entsprechendes Verlangen stellt.

d) Im Einvernehmen mit Betriebsrat und Arbeitgeber kann zeitlich getrennt von der Betriebsversammlung oder im Einvernehmen mit dem Betriebsrat vor oder nach ihr eine Jugend- und **Auszubildendenversammlung** durchgeführt werden (§ 71 BetrVG).

Von Ausnahmen, die sich aus der Eigenart des Betriebes zwingend ergeben müssen, abgesehen, finden die Versammlungen in der Arbeitszeit statt. Sie werden vom **Vorsitzenden des Betriebsrats** geleitet. Parteipolitische Betätigungen auf der Betriebsversammlung sind zu unterlassen. Ebenso dürfen keine Themen aufgegriffen werden, die den Betriebsfrieden und den Arbeitsablauf beeinträchtigen könnten. Der Arbeitgeber und seine Vertreter sind grundsätzlich berechtigt, an den Betriebsversammlungen teilzunehmen; der Arbeitgeber kann zudem einen Beauftragten des zuständigen Arbeitgeberverbandes hinzuziehen. Beauftragte der im Betrieb vertretenen Gewerkschaften können ebenfalls beratend teilnehmen. Eine Gewerkschaft im Sinne des Betriebsverfassungsgesetzes ist nur eine tariffähige Arbeitnehmervereinigung. Die Rechte, die das Betriebsverfassungsgesetz den „Gewerkschaften" einräumt, können deshalb nicht von Arbeitnehmervereinigungen in Anspruch genommen werden, denen es an der zur Tariffähigkeit erforderlichen sozialen Mächtigkeit fehlt (BAG vom 19.9.2006 – 1 ABR 53/05). Die Zeit der Teilnahme an den regelmäßigen Betriebsversammlungen ist den Arbeitnehmern so zu vergüten, als wenn sie gearbeitet hätten, z. B. auch bei Teilnahme während der Elternzeit. Überschreitet die Versammlungsdauer die betriebliche Arbeitszeit oder die persönliche Arbeitszeit des Teilnehmers, muss der Arbeitgeber nur die Grundvergütung und keinen Mehrarbeitszuschlag zahlen.

17. Wie haben Arbeitgeber und Betriebsrat zusammenzuarbeiten?

a) Arbeitgeber und Betriebsrat haben **vertrauensvoll** zum Wohle des Betriebes und der Arbeitnehmer zusammenzuarbeiten (§ 2 Abs. 1 BetrVG). Dies soll nicht die natürlichen Interessengegensätze aufheben, bedeutet aber einerseits, dass der Betriebsrat auch solche Umstände berücksichtigen muss, die für die Wirtschaftlichkeit des Betriebs Bedeutung haben, andererseits, dass der Arbeitgeber die sozialen Belange der Arbeitnehmer nicht außer Acht lassen darf. Insgesamt sollen die gegenseitigen Beziehungen offen und frei von unangebrachtem Misstrauen sein. Arbeitgeber und Betriebsrat sollen mindestens einmal im Monat zu einer Besprechung zusammentreffen. Sie haben über strittige Fragen mit dem ernsten Willen zur Einigung zu verhandeln und Vorschläge für die Beilegung von Meinungsverschiedenheiten zu machen (§ 74 Abs. 1 BetrVG).

Wichtig ist, dass Arbeitgeber und Betriebsrat Betätigungen zu unterlassen haben, durch die der Arbeitsablauf und der Frieden im Betrieb beeinträchtigt werden. Der Betriebsrat darf daher z. B. nicht als solcher zu einer Beteiligung am Streik aufrufen. Arbeitgeber und Betriebsrat haben darüber hinaus jede parteipolitische Betätigung im Betrieb zu unterlassen, selbst wenn eine konkrete Gefährdung des Betriebsfriedens nicht zu erwarten ist (BAG vom 21.2.1978, DB 1978, S. 1547). Unter dieses Verbot fällt allerdings nicht die Behandlung von Angelegenheiten tarifpolitischer, sozialpolitischer, umweltpolitischer und wirtschaftlicher Art, die den Betrieb oder seine Arbeitnehmer unmittelbar betreffen (§ 74 Abs. 2 BetrVG). Ebenso wenig wird jede allgemeinpolitische Äußerung erfasst. So hat das Bundesarbeitsgericht Anträge eines Arbeitgebers abgewiesen, die darauf gerichtet waren, dem Betriebsrat bestimmte allgemein politische Äußerungen zu untersagen. Der Betriebsrat hatte im Jahr 2003 anlässlich des Irak-Kriegs ein mit „Nein zum Krieg" überschriebenes Schriftstück im Betrieb ausgehängt. Im Jahr 2007 hatte er die Mitarbeiter des Betriebs zur Beteiligung an einem Volksentscheid in Hamburg aufgerufen (BAG vom 17.3. 2010 – 7 ABR 95/08, NJW 2010, S. 3322). Dagegen fällt das Tragen von parteipolitischen Meinungsplaketten oder das Verteilen von parteipolitischen Flugblättern innerhalb des Betriebes oder vor dem Fabriktor unter das Verbot. Verstößt der Betriebsrat gegen das parteipolitische Neutralitätsgebot, begründet dies keinen Unterlassungsanspruch des Arbeitgebers. Die Rechte des Arbeitgebers bei groben Verstößen des Betriebsrats gegen seine gesetzlichen Pflichten ergeben sich aus § 23 Abs. 1 BetrVG. Danach kann der Arbeitgeber in einem solchen Fall beim Arbeitsgericht die Auflösung des Betriebsrats beantragen. Ein Unterlassungsanspruch gegen den Betriebsrat ist dagegen gesetzlich nicht vorgesehen. Er wäre wegen der Vermögenslosigkeit des Betriebsrats auch nicht vollstreckbar. Streitigkeiten über die Zulässigkeit einer bestimmten Betätigung des Betriebsrats kann der Arbeitgeber im Wege eines Feststellungsantrags klären lassen. Eine entsprechende gerichtliche Feststellung ist im Falle einer späteren Pflichtverletzung des Betriebsrats von entscheidender Bedeutung für einen Auflösungsantrag des Arbeitgebers. Voraussetzung für einen Feststellungsantrag ist allerdings, dass der Arbeitgeber zum Zeitpunkt der begehrten gerichtlichen Entscheidung noch ein berechtigtes Interesse an der Klärung der Streitfrage hat. Ein Betriebsratsmitglied kann nach der Neuwahl des Betriebsrats nicht wegen einer in der abgelaufenen Amtszeit begangenen groben Verletzung betriebsverfassungsrechtlicher Pflichten nach § 23 Abs. 1 BetrVG aus dem neu gewählten Betriebsrat ausgeschlossen werden (BAG vom 27.7.2016 – 7 ABR 14/15).

Beschäftigt ein Arbeitgeber (Entleiher) Arbeitnehmer, die ihm von einem anderen Unternehmen (Verleiher) zur Arbeitsleistung überlassen werden, ist er nicht verpflichtet, den Mitgliedern des in dem Betrieb des Verleihers gebildeten Betriebsrats jederzeit und unabhängig von einem konkreten Anlass Zutritt zu seinem Betrieb zu gewähren (BAG vom 15.10.2014 – 7 ABR 74/12).

b) Der Betriebsrat ist zur Durchführung seiner Aufgaben rechtzeitig und umfassend vom **Arbeitgeber** zu unterrichten, z. B. auch hinsichtlich der Beschäftigung der Personen, die nicht in einem Arbeitsverhältnis zum Arbeitgeber stehen, z. B. Leiharbeitnehmer, Werkvertragsarbeitnehmer. Seit dem 1.4.2017 hat der Betriebsrat ein gesetzlich festgeschriebenes Recht, über den zeitlichen Umfang, den Einsatzort und die Arbeitsaufgaben des Drittpersonals unterrichtet zu werden. Dem Betriebsrat sind auf Verlangen jederzeit die zur Durchführung seiner Aufgaben erforderlichen Unterlagen zur Verfügung zu stellen (§ 80 Abs. 2 BetrVG). Zu den im Rahmen dieses Unterrichtungsrechts vom Arbeitgeber vorzulegenden Unterlagen gehören auch die dem Drittpersonaleinsatz zugrunde liegenden Verträge. Der Betriebsrat kann auch verlangen, dass ihm der Arbeitgeber die Arbeitnehmer benennt, welche nach § 167 Abs. 2 SGB IX die Voraussetzungen für die Durchführung des betrieblichen Eingliederungsmanagements erfüllen (BAG vom 7.2.2012 DB 2012, S. 1517). Der Unterrichtungsanspruch besteht auch während der Dauer von Arbeitskampfmaßnahmen im Betrieb (BAG vom 20.12.2002, NZA 2004, S. 223). Nach näherer Vereinbarung mit dem Arbeitgeber kann die Hinzuziehung von Sachverständigen in Betracht kommen (§ 80 Abs. 3 BetrVG). Darüber hinaus hat der Arbeitgeber dem Betriebsrat, falls erforderlich, sachkundige Arbeitnehmer des Betriebes als **Auskunftspersonen** zur Verfügung zu stellen (§ 80 Abs. 2 BetrVG). Sachkundige Arbeitnehmer i. S. d. § 80 Abs. 2 Satz 3 BetrVG können vom Betriebsrat in Abwesenheit des Arbeitgebers oder von ihm bestimmter Personen befragt werden (BAG vom 21.1.2015 – 1 ABR 25/13).

c) Schließlich haben Arbeitgeber und Betriebsrat darüber zu wachen, dass alle im Betrieb tätigen Personen nach den Grundsätzen von **Recht und Billigkeit** behandelt und nur sachlich begründete Differenzierungen vorgenommen werden, insbesondere also darauf zu achten, dass jede unterschiedliche Behandlung des einzelnen Arbeitnehmers aus sachwidrigen Gründen, wie Abstammung, Religion, Nationalität, politische oder gewerkschaftliche Betätigung oder Einstellung, Geschlecht, sexuelle Identität oder Alter, unterbleibt. Sie haben darauf zu achten, dass Arbeitnehmer nicht wegen Überschreitung bestimmter Altersgrenzen benachteiligt werden und haben die freie Entfaltung der Persönlichkeit sowie die Selbstständigkeit und Eigeninitiative der im Betrieb beschäftigten Arbeitnehmer zu schützen und zu fördern (§ 75 BetrVG). Die genannten sachwidrigen Gründe entsprechen im Wesentlichen den Diskriminierungsverboten des Allgemeinen Gleichbehandlungsgesetzes (vgl. Kapitel 20 Nr. 11ff).

18. Welche allgemeinen Aufgaben hat der Betriebsrat?

a) Dem Betriebsrat steht ein sehr weit gefasster allgemeiner Aufgabenkatalog zur Verfügung (vgl. § 80 BetrVG). Er hat insbesondere darüber zu wachen, dass die zugunsten der Arbeitnehmer geltenden Vorschriften, Tarifverträge und Betriebsvereinbarungen durchgeführt werden. Träger des Überwachungsrechts aus § 80 Abs. 1 Nr. 1 BetrVG ist nicht der Gesamtbetriebsrat. Für dessen Wahrnehmung ist allein der Betriebsrat zuständig (BAG vom 16.8.2011, NZA 2012, S. 342). Der Betriebsrat hat beim Arbeitgeber die Maßnahmen zu beantragen, die dem Betrieb und der Belegschaft dienen. Er muss die Gleichstellung von Männern und Frauen sowie die Vereinbarkeit von Familie und Erwerbstätigkeit fördern und Anregungen von Arbeitnehmern und der Jugendvertretung entgegennehmen und, falls sie berechtigt erscheinen, durch Verhandlungen mit dem Arbeitgeber auf eine Erledigung hinwirken. Er hat die Eingliederung schwerbehinderter Menschen einschließlich der Förderung des Abschlusses von Inklusionsvereinbarungen nach § 166 SGB IX, die Integration ausländischer Arbeitnehmer, die Beschäftigung älterer Arbeitnehmer und allgemein die Beschäftigung im Betrieb zu fördern und zu sichern. Um auf Lohngerechtigkeit und Gleichbehandlung achten zu können sowie insbesondere seine Aufgaben nach §§ 13 ff. EntgTranspG wahrnehmen zu können vgl. Kapitel 20 Nr. 30, steht ihm auch ein Einblicksrecht in die Listen der Bruttolöhne und -gehälter (nicht dagegen der Nettolohnlisten) zu, einschließlich der außertariflichen Vergütungen. Bei der Einsichtnahme dürfen keine Personen anwesend sein, die den Betriebsrat überwachen. Jedoch kann der Betriebsrat nicht verlangen, dass die dort üblicherweise arbeitenden Arbeitnehmer den Raum verlassen (BAG vom 16.8.1995, BB 1996, S. 485). Nach Vereinbarung mit dem Arbeitgeber kann der Betriebsrat Sachverständige hinzuziehen. Er muss aber zuvor alle ihm zur Verfügung stehenden Erkenntnisquellen nutzen, um sich das notwendige Wissen anzueignen. Die Beauftragung eines Sachverständigen ist daher nicht erforderlich, wenn sich der Betriebsrat nicht zuvor bei dem Arbeitgeber um die Klärung der offenen Fragen bemüht hat.

b) Es zählt zu den gesetzlichen Aufgaben des Betriebsrats nach § 80 BetrVG, die in Formulararbeitsverträgen enthaltenen Bestimmungen auf ihre Vereinbarkeit mit den Vorgaben des Nachweisgesetzes sowie dem Recht der Allgemeinen Geschäftsbedingungen zu überwachen. Das Überwachungsrecht umfasst keine Zweckmäßigkeitskontrolle, sondern nur eine Rechtskontrolle der in den Formularverträgen enthaltenen Vertragsklauseln (BAG vom 16.11.2005, NZA 2006, S. 553).

c) Der Betriebsrat kann während der Arbeitszeit **Sprechstunden** einrichten. Zeit und Ort sind mit dem Arbeitgeber zu vereinbaren. Kommt eine Einigung nicht zustande, entscheidet die Einigungsstelle. Führt die Jugend- und Auszubildendenvertretung keine eigenen Sprechstunden durch, so kann an den Sprechstunden des Betriebsrats ein Mitglied der Jugend- und Auszubildendenvertretung zur Beratung jugendlicher Arbeitnehmer und Auszubildender unter 25 Jahren teilnehmen. In größeren Betrieben werden die Sprechstunden als laufende Geschäfte des Betriebsrats vom Betriebsausschuss wahrgenommen. Arbeitsversäumnis infolge des Besuchs von Sprechstunden berechtigt den Arbeitgeber nicht zur Kürzung des Arbeitsentgelts (§ 39 BetrVG).

d) Dem Betriebsratsmitglied steht bei der Prüfung der Frage, ob die Befreiung von der Arbeitspflicht zur Erfüllung einer Betriebsratsaufgabe erforderlich ist, ein Beurteilungsspielraum zu. Dabei hat das Betriebsratsmitglied nicht nur die Interessen des Betriebsrats, sondern auch die des Arbeitgebers zu berücksichtigen (BAG, Urteil vom 21.6.2006, AuA 2007, S. 120).

19. Welche Mitbestimmungs- und Mitwirkungsrechte stehen dem Betriebsrat zu?

Die gesetzlichen Beteiligungsrechte des Betriebsrats bei Maßnahmen des Arbeitgebers unterscheiden sich in **Mitwirkungsrechte** und die weiter gehenden **Mitbestimmungsrechte**; sie können durch Tarifvertrag erweitert und verstärkt werden (BAG vom 10.2.1988, DB 1988, S. 1397).

a) Das **Recht zur Mitwirkung** gibt dem Betriebsrat eine Mitsprache bei der Entscheidung des Arbeitgebers, die letztlich aber **auch ohne Zustimmung** des Betriebsrats rechtswirksam ist. Die Mitwirkungsrechte lassen sich im Einzelnen unterteilen in Unterrichtungsrechte, Anhörungsrechte und Beratungsrechte, wobei allerdings vielfach eine strenge Trennung nicht möglich oder z. B. das Unterrichtungsrecht nur die Vorstufe zu einem weiter gehenden Mitbestimmungsrecht des Betriebsrats ist.

b) Die **Mitbestimmung** ist die stärkste Form der Beteiligung des Betriebsrats. Eine mitbestimmungspflichtige Maßnahme kann rechtswirksam **nur mit Zustimmung** des Betriebsrats getroffen werden, wobei im Streitfall je nach Art der Maßnahme das Arbeitsgericht oder die Einigungsstelle verbindlich entscheidet. Das Mitbestimmungsrecht gibt auch dem Betriebsrat das Recht, die Initiative zur Regelung mitbestimmungspflichtiger Maßnahmen zu ergreifen und seinerseits die Einigungsstelle zur verbindlichen Entscheidung anzurufen.

   Der Betriebsrat hat in sozialen Angelegenheiten **kein erzwingbares Mitbestimmungsrecht**, soweit es sich um Einzelfallgestaltungen (z. B. Abänderung der Arbeitszeit aus persönlichen Gründen etwa wegen der Verkehrsverbindungen oder der Betreuung von Kindern) handelt oder soweit eine gesetzliche oder – bei tarifgebundenen Arbeitgebern (vgl. BAG vom 24.2.1987, DB 1987, S. 1435, und vom 20.12.1988, DB 1988, S. 1340) – abschließende **tarifliche Regelung** besteht. Sind z. B. die Voraussetzungen für die Einführung von Kurzarbeit in einem den Arbeitgeber erfassenden Tarifvertrag geregelt, entfällt das Mitbestimmungsrecht des Betriebsrats. Freiwillige Vereinbarungen, die günstigere Regelungen als die des Gesetzes oder Tarifvertrages vorsehen, bleiben zulässig. Betriebsvereinbarungen über **Arbeitsentgelte** und **materielle Arbeitsbedingungen** die durch Tarifvertrag geregelt sind oder üblicherweise geregelt werden, sind unzulässig (§ 77 Abs. 3 BetrVG). Nach der herrschenden, insbesondere vom Bundesarbeitsgericht vertretenen sogen. Vorrangtheorie gilt der Tarifvorbehalt allerdings nicht in den der Mitbestimmung des Betriebsrats nach § 87 BetrVG unterliegenden Angelegenheiten, z. B. bei der Gestaltung der Arbeitszeit (z. B. BAG vom 3.12.1991, DB 1992, S. 1579). Der Tarifvertrag kann im Übrigen den Abschluss ergänzender Betriebsvereinbarungen zulassen.

   Die **Einigungsstelle**, die über mitbestimmungspflichtige Angelegenheiten im Allgemeinen verbindlich entscheidet, ist entweder nach Bedarf oder durch Betriebsvereinbarung als ständige Einrichtung zu bilden (§ 76 BetrVG). Sie ist paritätisch mit Beisitzern der Arbeitgeber- und Arbeitnehmerseite und einem unparteiischen Vorsitzenden (im Streitfall Bestellung durch das Arbeitsgericht) zu besetzen und entscheidet nach billigem Ermessen, wobei nur eine begrenzte Überprüfung durch das Arbeitsgericht möglich ist. Die Kosten der Einigungsstelle trägt der Arbeitgeber (§ 76a BetrVG). Eine Vergütungsordnung, die die Kosten im Einzelnen regelt (§ 76a Abs. 4 BetrVG), ist bisher nicht erlassen. Eine gerichtliche Festsetzung der Vergütung kommt nur in Betracht, wenn die Vergütungsbestimmung durch das Einigungsstellenmitglied (bei Fehlen einer vertraglichen Regelung) unbillig ist (BAG vom 28.8.1996, BB 1997, S. 158).

c) Mitbestimmungs- und Mitwirkungsrechte des Betriebsrats bestehen in sozialen Angelegenheiten, beim Arbeitsschutz, bei der Gestaltung von Arbeitsplatz, Arbeitsablauf und Arbeitsumgebung, in personellen Angelegenheiten, bei der Berufsbildung und – eingeschränkt – in wirtschaftlichen Angelegenheiten.

20. Wie vollzieht sich die Mitbestimmung des Betriebsrats?

a) Im Allgemeinen schließen Arbeitgeber und Betriebsrat über die zu regelnden Angelegenheiten eine **Betriebsvereinbarung** ab (§ 77 BetrVG). Diese ist schriftlich niederzulegen, von beiden Seiten zu unterzeichnen und vom Arbeitgeber an geeigneter Stelle im Betrieb auszulegen. Der wirksame Abschluss einer Betriebsvereinbarung setzt einen darauf bezogenen Betriebsratsbeschluss voraus (BAG vom 9.12.2014 – 1 ABR 19/13). In einer Betriebsvereinbarung können neben der Einigung in den der Mitbestimmung des Betriebsrats unterliegenden Fällen auch nicht mitbestimmungspflichtige Fragen (sogen. **freiwillige Betriebsvereinbarungen**, § 88 BetrVG) geregelt werden. Dazu gehören insbesondere zusätzliche Maßnahmen zur Verhütung von Arbeitsunfällen und zum Gesundheitsschutz, Maßnahmen des betrieblichen Umweltschutzes, die Errichtung von Sozialeinrichtungen, Maßnahmen zur Förderung der Vermögensbildung, Maßnahmen zur Integration ausländischer Arbeitnehmer, sowie auch Maßnahmen zur Eingliederung schwerbehinderter Menschen. Die Betriebsparteien besitzen eine umfassende Kompetenz, durch freiwillige Betriebsvereinbarungen Regelungen über Arbeitsbedingungen zu treffen. Sie sind aber beim Abschluss von Betriebsvereinbarungen gemäß § 75 Abs. 1, Abs. 2 Satz 1 BetrVG zur Wahrung der durch Art. 2 Abs. 1 GG geschützten allgemeinen Handlungsfreiheit der Arbeitnehmer verpflichtet. Sie dürfen diese nur beschränken, wenn die getroffene Regelung zur Erreichung Ihres Zweckes geeignet, erforderlich und verhältnismäßig ist (BAG vom 12.12.2006 – 1 AZR 96/06).

Die Betriebsvereinbarung hat – wie der Tarifvertrag – normative Wirkung und kann daher einzelvertraglich nur **zugunsten** der Arbeitnehmer abbedungen werden. Ein Verzicht auf die in der Betriebsvereinbarung festgelegten Rechte durch den Arbeitnehmer ist nur mit Zustimmung des Betriebsrats zulässig (vgl. BAG vom 15.10.2013 – 1 AZR 405/12). Ausschlussfristen für die Geltendmachung der Ansprüche aus der Betriebsvereinbarung sind ebenfalls nur insoweit zulässig, als sie in einem Tarifvertrag oder in der Betriebsvereinbarung selbst vereinbart werden; dasselbe gilt für eine Abkürzung der Verjährungsfrist. Die Betriebsvereinbarung kann mit dreimonatiger Frist gekündigt werden, und zwar auch, wenn sie Regelungen über freiwillige Zulagen zur Belohnung langfristiger Betriebstreue enthält (BAG vom 26.4.1990, DB 1990, S. 1871). Nach Ablauf einer Betriebsvereinbarung gelten ihre Regelungen in Angelegenheiten, in denen der Spruch der Einigungsstelle die Einigung zwischen Arbeitgeber und Betriebsrat ersetzen kann, weiter, bis sie durch eine andere Abmachung ersetzt werden.

b) Die Betriebsparteien haben bei Betriebsvereinbarungen gemäß § 75 Abs. 1 BetrVG die Grundsätze von Recht und Billigkeit, den betriebsverfassungsrechtlichen Gleichbehandlungsgrundsatz und darüber hinaus die Diskriminierungsverbote des Allgemeinen Gleichbehandlungsgesetzes (vgl. Kapitel 20 Nr. 18) zu beachten. Verstößt eine Betriebsvereinbarung gegen ein Diskriminierungsverbot, ist der Arbeitgeber, der die Regelung anwendet, nur dann zur Entschädigung verpflichtet, wenn er vorsätzlich oder grob fahrlässig handelt (§ 15 Abs. 3 AGG). Der betriebsverfassungsrechtliche Gleichbehandlungsgrundsatz des § 75 Abs. 1 zielt darauf ab, eine Gleichbehandlung von Personen in vergleichbaren Sachverhalten sicherzustellen und eine gleichheitswidrige Gruppenbildung auszuschließen. Maßgeblich für das Vorliegen eines die Bildung unterschiedlicher Gruppen rechtfertigenden Sachgrundes ist vor allem der mit der Regelung verfolgte Zweck (BAG 19.2.2008, BAGE 125, S. 366, BAG vom 30.9.2014 – 1 AZR 1083/12). Erfolgt die Gruppenbildung durch eine Stichtagsregelung, muss auch diese mit dem betriebsverfassungsrechtlichen Gleichbehandlungsgrundsatz vereinbar sein. Dabei kommt den Betriebsparteien sowohl bei der Gruppenbildung als auch bei der Bestimmung des darauf bezogenen Stichtags ein erheblicher Ermessensspielraum zu. Die durch eine Stichtagsregelung verursachten Härten müssen hingenommen werden, wenn sich unter Berücksichtigung des Regelungszwecks die Wahl des Stichtags am gegebenen Sachverhalt orientiert und somit sachlich vertretbar ist.

c) Die **Durchführung der Betriebsvereinbarung** obliegt dem Arbeitgeber, sofern nicht im Einzelfall etwas anderes vereinbart ist. Dem Betriebsrat ist es ausdrücklich untersagt, durch einseitige Handlungen in die Leitung des Betriebes einzugreifen. Zur Durchführungspflicht des Arbeitgebers gehört, dass er betriebsverfassungswidrige Maßnahmen unterlässt und etwa auch dafür sorgt, dass sich die Arbeitnehmer in seinem Betrieb an die Regelungen einer Betriebsvereinbarung halten z. B. den in der Betriebsvereinbarung vorgesehenen Gleitzeitrahmen nicht überschreiten (BAG vom 29.4.2004, NZA 2004, S. 671). Führt der Arbeitgeber eine Betriebsvereinbarung nicht ordnungsgemäß durch, kann der Betriebsrat die Unterlassung der vereinbarungswidrigen Maßnahmen verlangen, wenn er selbst Partei der Betriebsvereinbarung ist oder ihm durch die Betriebsvereinbarung eigene betriebsverfassungsrechtliche Rechte eingeräumt werden. Auf Antrag kann das Arbeitsgericht im Falle einer Zuwiderhandlung ein Ordnungsgeld in Höhe von bis zu 10.000 Euro androhen.

d) Insbesondere in Fällen, in denen keine Dauerregelungen mit normativer Wirkung beabsichtigt sind, treffen Arbeitgeber und Betriebsrat häufig lediglich formlose **Regelungsabreden**. Der Arbeitgeber muss dann diese Regelungsabrede in Weisungen und/oder einzelvertragliche Vereinbarungen umsetzen.

e) Das Betriebsverfassungsgesetz sieht je nach Art der Beteiligungsrechte des Betriebsrats unterschiedliche Möglichkeiten vor, um den Arbeitgeber zur Einhaltung seiner Pflichten zu veranlassen, z. B. nach § 121 BetrVG in Form von gerichtlich verhängten Bußgeldern oder nach § 23 Abs. 3 BetrVG bei groben Pflichtverletzungen in Form der Androhung von Ordnungs- und Zwangsgeldern, nicht dagegen durch Androhung einer Ordnungshaft (vgl. BAG vom 5.10.2010 – 1 ABR 71/09, NZA 2011,174).

21. Wann ist der Betriebsrat in sozialen Angelegenheiten zu beteiligen?

Dem Betriebsrat steht nach § 87 BetrVG in folgenden **sozialen Angelegenheiten** ein Mitbestimmungsrecht zu (vgl. Nr. 19):

a) **Ordnung des Betriebes**

Beispiele für Mitbestimmung:

- *Regelungen über das Verhalten am Arbeitsplatz,*
- *die Führung formalisierter Krankengespräche (BAG vom 8.11.1994, BB 1995, S. 1188),*
- *generelle Anordnungen über die Vorlage ärztlicher Bescheinigungen zum Nachweis der Arbeitsunfähigkeit (BAG vom 25.1.2000, BB 2000, S. 362),*
- *die Einführung eines Formulars zur Bescheinigung der Notwendigkeit von Arztbesuchen während der Arbeitszeit (BAG vom 21.1.1997, DB 1997, S. 282),*
- *die Aufstellung von Zeiterfassungsgeräten,*
- *die Behandlung von Werkzeugen und Maschinen,*
- *die Benutzung von Abstellplätzen für Fahrräder und Personenkraftwagen,*
- *die Bekleidung, einschließlich des Tragens von Schutzkleidung,*
- *Torkontrollen, Leibesvisitationen,*
- *die Festlegung von Betriebsbußen für betriebliche Vergehen (z. B. BAG vom 17.10.1989, DB 1990, S. 483),*
- *die Aufstellung von Ethikrichtlinien (BAG vom 22.7.2008, DB 2008, S. 2485) und*
- *die Einführung und Ausgestaltung des Verfahrens, in dem Arbeitnehmer ihr Beschwerderecht nach § 13 Abs. 1 Satz 1 AGG wahrnehmen können, nicht dagegen die Frage, wo der Arbeitgeber die Beschwerdestelle errichtet und wie er diese personell besetzt (BAG vom 21.7.2009, DB 2009, S. 1993).*

Nicht mitbestimmungspflichtig sind Maßnahmen, die das Verhalten des einzelnen Arbeitnehmers bei Ausführung seiner dienstlichen Tätigkeit konkretisieren; dazu gehört auch die Erklärung des Arbeitgebers, dass mit der Ausgabe eines mobilen Arbeitsmittels nicht die Erwartung verbunden ist, dieses in der Freizeit zu dienstlichen Zwecken zu nutzen (BAG vom 22.8.2017 – 1 ABR 52714); auch das Verlangen des Arbeitgebers nach der Abgabe inhaltlich standardisierter Erklärungen, in denen sich Arbeitnehmer zum Stillschweigen über bestimmte betriebliche Vorgänge verpflichten, unterliegt nicht in jedem Fall der Mitbestimmung des Betriebsrats. Diese kommt nur in Betracht, wenn sich die Verschwiegenheitspflicht auf das sogen. Ordnungsverhalten der Arbeitnehmer bezieht und nicht schon wie nach § 17 UWG gesetzlich geregelt ist (BAG vom 10.3.2009, DB 2009, S. 2275).

b) (Innerhalb der mitbestimmungsfreien Dauer der z. B. wöchentlichen Arbeitszeit) **Beginn** und **Ende der täglichen Arbeitszeit** der voll- und teilzeitbeschäftigten Arbeitnehmer, einschließlich der Pausen, der Schichtzeiten, des Bereitschaftsdienstes und der Verteilung der Arbeitszeit auf die einzelnen Wochentage, auch wenn dies dazu führt, dass z. B. im Handel die zulässigen Ladenöffnungszeiten nicht voll ausgeschöpft werden (z. B. BAG vom 18.8.1987, DB 1987, S. 2257, und vom 27.6.1989, DB 1989, S. 2386). Das Mitbestimmungsrecht aus § 87 Abs. 1 Nr. 2 BetrVG umfasst auch die Festlegung von unbezahlten Ruhepausen, die über die in § 4 Satz 1 ArbZG bestimmte Dauer hinausgehen (BAG vom 25.2.2015 – 1 AZR 642/13). Auch die mit der Anweisung des Arbeitgebers, sich vor Beginn bzw. nach dem Ende der durch die Zeiterfassungsanlage erfassten Arbeitszeit umzuziehen, einhergehende Änderung der zeitlichen Lage der Arbeitszeit unterliegt nach § 87 Abs. 1 Nr. 2 BetrVG dem Mitbestimmungsrecht des Betriebsrats. Das An- und Ausziehen der Firmenkleidung ist Arbeitszeit im Sinne dieses Mitbestimmungstatbestands (BAG vom 10.11.2009 – 1 ABR 54/08, vom 12.11.2013 – 1 ABR 59/12) und vom 17.11.2015 – 1 ABR 76/13). Das Mitbestimmungsrecht nach § 87 Abs. 1 Nr. 2 BetrVG erfasst nicht nur der Vereinbarung von Dienstplänen für bestimmte innerbetriebliche Fallgestaltungen, sondern darüber hinaus auch die Zuordnung der einzelnen Arbeitnehmer zu einem solchen mitbestimmten Dienstplan (BAG vom 22.8.2017 – 1 ABR 4/16). Auch die Festlegung eines Ausgleichszeitraums der regelmäßigen durchschnittlichen wöchentlichen Arbeitszeit sowie der Schwankungsbreite eines Arbeitszeitkontos betreffen die Lage der Arbeitszeit iSd. § 87 Abs. 1 Nr. 2 BetrVG und stehen mit dieser in einem untrennbaren Zusammenhang. Diese einheitliche mitbestimmungspflichtige Angelegenheit kann nicht aufgespalten werden, auch wenn sie weitergehende vergütungsrechtliche Folgen haben kann (BAG vom 26.9.2017 – 1 ABR 57/15).

c) **Vorübergehende Verkürzung oder Verlängerung der betriebsüblichen Arbeitszeit;** das Mitbestimmungsrecht besteht dabei nicht nur bei einer einseitigen Anordnung der vorübergehenden Verlängerung der Arbeitszeit durch den Arbeitgeber, sondern auch dann, wenn sie mit dem Arbeitnehmer vereinbart ist (BAG vom 24.4.2007, NZA 2007, S. 818). Bei der Anordnung von Überstunden kommt es für den kollektiven Bezug nicht auf die Zahl der betroffenen Arbeitnehmer an, sondern darauf, dass ein betriebliches Regelungsbedürfnis besteht. Davon ist bei einem zusätzlichen Arbeitsbedarf immer auszugehen; es ist nämlich zu regeln, ob Mehrarbeit geleistet werden soll oder ob die Neueinstellung eines Arbeitnehmers zweckmäßiger ist (vgl. die obige Entscheidung).

d) **Zeit, Ort und Art der Auszahlung der Arbeitsentgelte,** einschließlich der Regelungen über eine bargeldlose Lohnzahlung. Der Mitbestimmungstatbestand nach § 87 Abs. 1 Nr. 4 BetrVG erfasst die Umstände bei der Auszahlung des Arbeitsentgelts. Dazu gehören nicht die Voraussetzungen, unter denen der Entgeltanspruch untergeht (BAG vom 12.4.2011, NZA 2011, S. 989).

e) **Aufstellung allgemeiner Urlaubsgrundsätze** und des Urlaubsplans; Festsetzung der zeitlichen Lage des Urlaubs für einzelne Arbeitnehmer, wenn zwischen Arbeitgeber und den beteiligten Arbeitnehmern kein Einverständnis erzielt wird.

f) **Einführung und Anwendung von technischen Überwachungseinrichtungen**; ob eine technische Einrichtung zur Überwachung des Verhaltens oder der Leistungen des Arbeitnehmers bestimmt ist, richtet sich nicht nach der Überwachungsabsicht des Arbeitgebers, sondern allein danach, ob die Einrichtung objektiv zu einer solchen Überwachung geeignet ist (BAG u. a. vom 6.12.1983, DB 1984, S. 725); die Erfassung von Daten über die vom Arbeitnehmer geführten Telefongespräche unterliegen der Mitbestimmung des Betriebsrats; dagegen sind durch menschliches Handeln bestimmte Stoppuhren keine technischen Einrichtungen (BAG vom 8.11.1994, NZA 1995, S. 313).

g) **Regelungen über die Verhütung von Arbeitsunfällen und Berufskrankheiten** sowie über den Gesundheitsschutz, soweit dem Arbeitgeber im Rahmen der gesetzlichen Vorschriften oder Unfallverhütungsvorschriften ein Regelungsspielraum bleibt; dies ist vielfach der Fall, weil die Arbeitsschutzregelungen häufig nur Ziele festlegen und deshalb der Ausfüllung durch Maßnahmen des Arbeitgebers bedürfen (vgl. Kapitel 18 Nr. 4 sowie BAG vom 26.8.1997, NZA 1998, S. 441, und vom 16.6.1998, DB 1999, S. 438). Hierzu gehört auch die durch § 12 ArbSchG dem Arbeitgeber auferlegte Verpflichtung, den Beschäftigten über Sicherheit und Gesundheitsschutz bei der Arbeit zu unterweisen. Bei einer fehlenden Einigung über Art und Inhalt der Unterweisung hat die Einigungsstelle die Erkenntnisse einer Gefährdungsanalyse zu berücksichtigen und die konkrete arbeitsplatz- oder aufgabenbezogene Unterweisung daran auszurichten. Sie darf sich nicht darauf beschränken, allgemeine Bestimmungen über die Unterweisung zu Gefahren am Arbeitsplatz aufzustellen (BAG vom 11.1.2011 – 1 ABR 104/09, NZA 2011, S. 651). Beabsichtigt der Arbeitgeber zur Planung und Durchführung erforderlicher Maßnahmen des Arbeitsschutzes nach § 3 Abs. 2 ArbSchG eine geeignete Organisation aufzubauen und ausgewählten Arbeitnehmern hierbei näher bezeichnete Aufgaben zu übertragen, hat der Betriebsrat nach § 87 Abs. 1 Nr. 7 BetrVG mitzubestimmen (BAG vom 18.3.2014 – 1 ABR 73/12). Das Mitbestimmungsrecht des Betriebsrats bei Maßnahmen des Gesundheitsschutzes nach § 87 Abs. 1 Nr. 7 BetrVG erfasst aufgrund der Rahmenvorschrift des § 167 Abs. 2 Satz 1 SGB IX nur die Aufstellung von Verfahrensgrundsätzen zur Klärung der Möglichkeiten, wie die Arbeitsunfähigkeit eines Arbeitnehmers überwunden und mit welchen Leistungen oder Hilfen einer erneuten Arbeitsunfähigkeit vorgebeugt werden kann (BAG vom 22.3.2016 – 1 ABR 4/14).

h) **Ausgestaltung und Verwaltung von Sozialeinrichtungen**, deren Wirkungsbereich auf den Betrieb, das Unternehmen oder den Konzern beschränkt ist;

Beispiele für Mitbestimmung:

- *Pensions- und Unterstützungskassen*
- *Erholungs- und Ferienheime*

Mitbestimmungsfrei ist die Entscheidung des Arbeitgebers, ob er überhaupt solche Einrichtungen errichten und welche Zuschüsse er erbringen will.

i) **Zuweisung, Kündigung und Festlegung der Nutzungsbedingungen bei Werkswohnungen.**

j) Fragen der **betrieblichen Lohngestaltung**, insbesondere die Aufstellung von Entlohnungsgrundsätzen und die Einführung und Anwendung von neuen Entlohnungsmethoden sowie deren Änderung. Das Beteiligungsrecht soll die Arbeitnehmer vor einer einseitig an den Interessen des Arbeitgebers orientierten Lohngestaltung schützen. Zugleich soll die Einbeziehung des Betriebsrats zur Wahrung der innerbetrieblichen Lohngerechtigkeit sowie zur Sicherung der Angemessenheit und Durchsichtigkeit des Lohngefüges beitragen (BAG vom 23.3.2010, DB 2010, S. 1765). Mitbestimmungspflichtig sind die Strukturformen des Arbeitsentgelts einschließlich ihrer näheren Vollzugsformen. Die betriebliche Lohngestaltung betrifft damit die Festlegung abstrakter Kriterien zur Bemessung der Leistung des Arbeitgebers, die dieser zur Abgeltung der Arbeitsleistung des Arbeitnehmers oder sonst mit Rücksicht auf das Arbeitsverhältnis insgesamt erbringt (BAG vom 28.3.2006, BAGE 117, S. 337). Gegenstand des Mitbestimmungsrechts ist nicht dagegen die **konkrete Höhe des Arbeitsentgelts**. Der Mitbestimmung steht allerdings nicht entgegen, wenn sich durch die Regelung der Entlohnungsgrundsätze, also des Systems, nach welchem das Arbeitsentgelt für die Belegschaft ermittelt und bemessen wird, mittelbar auch Auswirkungen auf die Höhe der Vergütung ergeben (z. B. BAG vom 28.4.2009 – 1 ABR 97/07, NZA 2009, S. 1102). Eine solche Wirkung kann mit der Regelung von Entlohnungsgrundsätzen untrennbar verbunden sein. Insoweit besteht auch ein Initiativrecht des Betriebsrats. Das Beteiligungsrecht kann in Betrieben ohne Tarifbindung das gesamte Entgeltsystem erfassen, da bei diesen die Mitbestimmung durch eine bestehende tarifliche Regelung i. S. d. § 87 Abs. 1 BetrVG nicht beschränkt wird (z. B. BAG vom 8.12.2009, AP BGB § 613a Nr. 380). Da die Verletzung von Mitbestimmungsrechten des Betriebsrats im Verhältnis zwischen Arbeitgeber und Arbeitnehmer zur Unwirksamkeit von Maßnahmen oder Rechtsgeschäften führen, die den Arbeitnehmer belasten, kann der Arbeitnehmer bei einer unter Verstoß gegen das Beteiligungsrecht des Betriebsrats vorgenommenen Änderung der im Betrieb geltenden Entlohnungsgrundsätze eine Vergütung auf der Grundlage der zuletzt mitbestimmten Entlohnungsgrundsätze fordern (BAG vom 15.4.2008, BAGE 126, 237).

Bei freiwilligen Zuwendungen (z. B. Gratifikationen oder Leistungen der betrieblichen Altersversorgung) entscheidet der Arbeitgeber, welche Mittel er einsetzt, welchen Zweck er mit ihnen verfolgen und wie er daher den Personenkreis abgrenzen will. Der Betriebsrat hat aber im Rahmen dieser Vorgaben über die Modalitäten mitzubestimmen. Eine Betriebsvereinbarung über die Begründung und Ausgestaltung von Altersteilzeitarbeitsverhältnissen unterliegt hinsichtlich der Verteilung der vom Arbeitgeber für Aufstockungsleistungen vorgesehenen finanziellen Leistungen dem Mitbestimmungsrecht aus § 87 Abs. 1 Nr. 10 BetrVG. Eine Nachwirkung nach § 77 Abs. 6 BetrVG tritt jedoch nicht ein, wenn der Arbeitgeber nach Ablauf der Kündigungsfrist keine Mittel mehr für Aufstockungsleistungen zur Verfügung stellt (BAG vom 10.12.2013 – 1 ABR 39/12). Bestehen für Teile der Belegschaft verschiedenartige Entgeltsysteme, die durch Unterschiede der Tätigkeiten bedingt sind, so erstreckt sich das Mitbestimmungsrecht nicht auf das Verhältnis der einzelnen Entgeltsysteme zueinander (BAG vom 19.9.1995, BB 1996, S. 1113). Auch Spesenregelungen unterliegen nicht dem Mitbestimmungsrecht des Betriebsrats (BAG vom 27.10.1998 – 1 ABR 3/98). Zur Anrechnung von Tariflohnerhöhungen auf übertarifliche Zulagen vgl. Kapitel 33 Nr. 7.

k) **Festlegung der Akkord- und Prämiensätze** und vergleichbarer leistungsbezogener Entgelte.

l) **Grundsätze über das betriebliche Vorschlagswesen.**

m) **Grundsätze über Durchführung von Gruppenarbeit**; Gruppenarbeit liegt vor, wenn im Rahmen des betrieblichen Arbeitsablaufs eine Gruppe von Arbeitnehmern eine ihr übertragene Gesamtaufgabe im Wesentlichen **eigenverantwortlich** erledigt.

22. Welche Aufgaben hat der Betriebsrat beim Arbeitsschutz und beim betrieblichen Umweltschutz?

a) Der Betriebsrat hat bei der Bekämpfung von **Unfall- und Gesundheitsgefahren** die für den Arbeitsschutz zuständigen Stellen zu unterstützen und sich für die Durchführung der Vorschriften über den Arbeitsschutz und die Unfallverhütung im Betrieb einzusetzen. Für diesen Zweck ist er insbesondere vom Arbeitgeber umfassend zu informieren und bei im Zusammenhang mit dem Arbeitsschutz oder der Unfallverhütung stehenden Besichtigungen und Untersuchungen hinzuzuziehen (§ 89 BetrVG).

b) Entsprechende Aufgaben und Rechte hat der Betriebsrat beim **betrieblichen Umweltschutz**. Als betrieblicher Umweltschutz sind alle personellen und organisatorischen Maßnahmen sowie alle die betrieblichen Bauten, Räume, technische Anlagen, Arbeitsverfahren, Arbeitsabläufe und Arbeitsplätze betreffenden Maßnahmen zu verstehen, die dem Umweltschutz dienen (§ 89 BetrVG).

23. Welche Aufgaben hat der Betriebsrat bei der Ausgestaltung von Arbeitsplatz, Arbeitsablauf und Arbeitsumgebung?

Der Arbeitgeber hat den Betriebsrat rechtzeitig über Planungsentscheidungen zu unterrichten, die die Gestaltung von Arbeitsplatz, Arbeitsverfahren, Arbeitsablauf und Arbeitsumgebung, z. B. den Neu- oder Umbau von Fabrikationsräumen oder die Einrichtung von Montagebändern, sowie die Auswirkungen auf die Arbeitnehmer betreffen (§ 90 BetrVG). Der Arbeitgeber hat zugleich von sich aus die entsprechenden Unterlagen vorzulegen. Werden die Arbeitnehmer durch Änderungen, die den gesicherten arbeitswissenschaftlichen Erkenntnissen über die **menschengerechte Gestaltung** der Arbeit offensichtlich widersprechen, in besonderer Weise belastet, steht dem Betriebsrat ein **Mitbestimmungsrecht** zu (§ 91 BetrVG). Er kann angemessene Maßnahmen zur Abwendung, zur Milderung oder zum Ausgleich der Belastungen verlangen (§ 91 BetrVG).

24. Wann ist der Betriebsrat bei allgemeinen personellen Maßnahmen zu beteiligen?

Dem Betriebsrat steht bereits bei der Gestaltung allgemeiner personeller Maßnahmen ein Mitbestimmungsrecht zu. Dies bedeutet im Einzelnen:

a) **Personalplanung:** Der Arbeitgeber hat den Betriebsrat insbesondere über den gegenwärtigen und künftigen Personalbedarf sowie über die sich daraus ergebenden personellen Maßnahmen und Maßnahmen der Berufsbildung anhand von Unterlagen rechtzeitig und umfassend zu unterrichten (§ 92 BetrVG). Seit 1.4.2017 ist gesetzlich klargestellt, dass diese Unterrichtungspflicht auch die geplante Beschäftigung von Personen, die nicht in einem Arbeitsverhältnis zum Arbeitgeber stehen (Leiharbeitnehmer, Werkvertragsarbeitnehmer), umfasst. Der Arbeitgeber ist verpflichtet, über Art und Umfang der erforderlichen Maßnahmen und über die Vermeidung von Härten mit dem Betriebsrat zu beraten. Der Betriebsrat kann auch von sich aus dem Arbeitgeber Vorschläge für die Einführung einer Personalplanung und ihre Durchführung machen. Ein wichtiger Bereich der Personalplanung ist insbesondere auch die Förderung der Gleichstellung von Männern und Frauen und der Vereinbarkeit von Familie und Erwerbstätigkeit, sowie die Eingliederung schwerbehinderter Menschen.

b) **Ausschreibung von Arbeitsplätzen:** Der Betriebsrat hat das Recht, die Ausschreibung von Arbeitsplätzen im Betrieb allgemein oder nur für bestimmte Arten von Tätigkeiten zu verlangen (§ 93 BetrVG). Hat der Betriebsrat die innerbetriebliche Stellenausschreibung verlangt, besteht die Ausschreibungspflicht auch für Arbeitsplätze, die mit Leiharbeitnehmern besetzt werden sollen und deren Einsatzzeit zumindest vier Wochen betragen soll (BAG vom 15.10. 2013 – 1 ABR 25/12). Unterbleibt trotz des Verlangens des Betriebsrats die innerbetriebliche Ausschreibung, so kann der Betriebsrat der späteren Einstellung widersprechen (§ 99 Abs. 2 Nr. 5 BetrVG). Ist in einer vom Betriebsrat verlangten Ausschreibung ein Datum für eine Stellenbesetzung angegeben, ist regelmäßig keine neue Ausschreibung erforderlich, wenn zwischen diesem Datum und dem tatsächlichen Besetzungszeitpunkt nicht mehr als sechs Monate vergangen sind (BAG vom 30.4.2014 – 7 ABR 51/12).

c) **Personalfragebogen:** Personalfragebögen bedürfen der Zustimmung des Betriebsrats. Kommt eine Einigung über ihren Inhalt nicht zustande, so entscheidet die Einigungsstelle verbindlich (§ 94 Abs. 1 BetrVG). Der Betriebsrat kann allerdings nicht gegen den Willen des Arbeitgebers die Einführung von Personalfragebögen erzwingen.

d) **Formulararbeitsverträge:** Bei der Aufstellung von schriftlichen Arbeitsverträgen, die allgemein für den Betrieb verwendet werden, ist dann die Zustimmung des Betriebsrats erforderlich, wenn in den Verträgen persönliche Angaben enthalten sind (§ 94 Abs. 2 BetrVG). Verwendet der Arbeitgeber mit dem Betriebsrat abgestimmte Formulararbeitsverträge, kann der Betriebsrat im Allgemeinen keine Vorlage der ausgefüllten Arbeitsverträge verlangen.

e) **Allgemeine Beurteilungsgrundsätze:** Richtlinien, die für die Beurteilung von Leistung und Verhalten der Arbeitnehmer einheitliche Maßstäbe festlegen, bedürfen der nur über den Spruch der Einigungsstelle zu ersetzenden Zustimmung des Betriebsrats. Die Mitbestimmung des Betriebsrats bei der Aufstellung allgemeiner Beurteilungsgrundsätze nach § 94 Abs. 2 BetrVG erstreckt sich auch auf die Ausgestaltung des Beurteilungsverfahrens. Vollzieht sich dieses auf der Grundlage von Mitarbeitergesprächen, werden diese vom Mitbestimmungsrecht erfasst (BAG vom 17.3.2015 – 1 ABR 48/13). Die Beurteilung selbst bleibt Sache des Arbeitgebers.

f) **Auswahlrichtlinien:** Hier geht es um die Aufstellung einheitlicher Maßstäbe für die personelle Auswahl bei Einstellungen, Versetzungen (Zuweisung eines anderen Arbeitsbereichs, die voraussichtlich die Dauer von einem Monat übersteigt oder mit einer erheblichen Veränderung der Arbeitsbedingungen verbunden ist, z. B. Übergang vom Einzel- zum Gruppenakkord, BAG vom 22.4.1997, DB 1998,

S. 208), Umgruppierungen und Kündigungen. Ein Punkteschema für die soziale Auswahl ist auch dann eine mitbestimmungspflichtige Auswahlrichtlinie, wenn es der Arbeitgeber nicht generell, z. B. auf alle künftigen betriebsbedingten Kündigungen, sondern nur auf konkret bevorstehende Kündigungen anwenden will (BAG vom 26.7.2005, BB 2005, S. 2819). Kommt es zu keiner Einigung, so entscheidet auf Antrag des Arbeitgebers die Einigungsstelle. In Betrieben von mehr als 500 Arbeitnehmern kann der Betriebsrat die Aufstellung von Auswahlrichtlinien verlangen (§ 95 BetrVG). Zu Auswahlrichtlinien bei Kündigungen vgl. Kapitel 24 Nr. 62.

g) **Beschäftigungssicherung:** Der Betriebsrat kann dem Arbeitgeber Vorschläge zur **Sicherung und Förderung der Beschäftigung** machen. Diese können insbesondere eine flexible Gestaltung der Arbeitszeit, die Förderung von Teilzeitarbeit und Altersteilzeit, neue Formen der Arbeitsorganisation, Änderungen der Arbeitsverfahren und Arbeitsabläufe, die Qualifizierung der Arbeitnehmer, Alternativen zur Ausgliederung von Arbeit oder ihrer Vergabe an andere Unternehmen sowie zum Produktions- und Investitionsprogramm zum Gegenstand haben. Der Arbeitgeber hat die Vorschläge mit dem Betriebsrat zu beraten. Hält er die Vorschläge des Betriebsrats für ungeeignet, hat er dies zu begründen, und zwar in Betrieben mit mehr als **100 Arbeitnehmern** in schriftlicher Form. Der Arbeitgeber oder der Betriebsrat kann zu den Beratungen einen Vertreter der Arbeitsverwaltung hinzuziehen (§ 92a BetrVG).

25. Wie ist der Betriebsrat bei personellen Einzelmaßnahmen zu beteiligen?

a) In **Unternehmen** mit in der Regel mehr als **20 wahlberechtigten Arbeitnehmern** hat der Arbeitgeber den Betriebsrat vor jeder **Einstellung** (zum Begriff siehe unten), **Eingruppierung**, **Umgruppierung** oder **Versetzung** (zum Begriff vgl. Nr. 24 Buchst. f) eines Arbeitnehmers oder Auszubildenden zu unterrichten, ihm die erforderlichen Bewerbungsunterlagen, einschließlich der Unterlagen, die der Arbeitgeber anlässlich der Bewerbung über die Person des Bewerbers erstellt hat, vorzulegen und Auskunft über die Person der Beteiligten zu geben. Er hat ferner dem Betriebsrat unter Vorlage der erforderlichen Unterlagen Auskunft über die Auswirkungen der geplanten Maßnahme zu geben und die Zustimmung des Betriebsrats zu der geplanten Maßnahme einzuholen. Bei der Einstellung eines Leiharbeitnehmers ist der Arbeitgeber nicht verpflichtet, dem Betriebsrat die Höhe des Entgelts der bei ihm als Stamm- und als Leiharbeitnehmer beschäftigten Mitarbeiter mitzuteilen. Der Arbeitgeber ist bei der Einstellung eines Leiharbeitnehmers auch nicht verpflichtet, den Betriebsrat darüber zu unterrichten, welche teilzeitbeschäftigten Mitarbeiter aufgrund ihres angezeigten Wunsches auf Aufstockung ihrer Arbeitszeit für die zu besetzende Stelle grundsätzlich in Betracht gekommen wären (BAG vom 1.6.2011, NZA 2011, S. 1435). Bei Einstellungen und Versetzungen hat der Arbeitgeber insbesondere den in Aussicht genommenen Arbeitsplatz und die vorgesehene Eingruppierung (nicht dagegen die Höhe des Gehalts, vgl. BAG vom 3.10.1989, NZA 1990, S. 231) mitzuteilen (§ 99 Abs. 1 BetrVG). Bei einer dauerhaften Versetzung haben sowohl der Betriebsrat des aufnehmenden als auch des abgebenden Betriebs Beteiligungsrechte. Beim Einsatz von Fremdpersonal hat der Betriebsrat nur mitzubestimmen, wenn es in den Betrieb eingegliedert wird (BAG vom 18.10.1994, BB 1995, S. 518). Die Beendigung des Einsatzes eines zur Arbeitsleistung gestellten Arbeitnehmers infolge der Kündigung des ihn betreffenden Personalüberlassungsvertrags durch den Einsatzarbeitgeber ist keine Versetzung i. S. v. § 95 Abs. 3 BetrVG. Sie unterliegt nicht der Mitbestimmung des Betriebsrats des Einsatzbetriebs nach § 99 Abs. 1 Satz 1 BetrVG (BAG vom 17.2.2015 – 1 ABR 45/13). Bei der Beschäftigung eines freien Mitarbeiters oder Handelsvertreters ist diese Voraussetzung nicht gegeben (BAG vom 30.8.1994, NZA 1995, S. 649). Auch die Freistellung von der Arbeit, z. B. nach einer Kündigung, ist keine mitbestimmungspflichtige Versetzung. Mängel im Zuständigkeitsbereich des Betriebsrats, z. B. bei seiner Beschlussfassung (vgl. BAG vom 24.6.2004, NZA 2004, S. 1330), haben auf die Wirksamkeit der Beteiligung des Betriebsrats durch den Arbeitgeber keinen Einfluss. In den Fällen der Ein- und Umgruppierung besteht das Mitbestimmungsrecht des Betriebsrats nach § 99 Abs. 1 und 2 BetrVG in einem Recht auf Mitbeurteilung der Rechtslage im Sinne einer Richtigkeitskontrolle (BAG vom 27.6.2000, AP BetrVG 1972 § 99 Eingruppierung Nr. 23). Die Beteiligung des Betriebsrats nach § 99 BetrVG soll dazu beitragen, dass dabei möglichst zutreffende Ergebnisse erzielt werden. Eine Ein- oder Umgruppierung nach § 99 Abs. 1 BetrVG liegt nur dann vor, wenn es sich um die erstmalige Einreihung oder die Änderung der Zuordnung einer Tätigkeit des Arbeitnehmers in das kollektive betriebliche Entgeltschema handelt (BAG vom 19.10.2011 – 4 ABR 119/09). Die Beendigung einer vorläufigen personellen Maßnahme unterliegt nicht der Zustimmung des Betriebsrats nach § 99 Abs. 1 Satz 1 BetrVG (BAG vom 15.4.2014 – 1 ABR 101/12).

b) Eine sowohl nach Dauer (länger als ein Monat) als auch nach Umfang nicht unerhebliche Erweiterung des Volumens der arbeitsvertraglich geschuldeten regelmäßigen Arbeitszeit schon beschäftigter Arbeitnehmer des Betriebs stellt eine neuerliche Einstellung nach § 99 Abs. 1 Satz 1 BetrVG dar. Für die Verminderung des Arbeitszeitvolumens gilt dies nicht; in ihr liegt weder eine Einstellung noch eine Versetzung (BAG vom 25.1.2005, BB 2006, S. 1421).

c) Der Arbeitgeber darf die personelle Maßnahme **ohne Zustimmung** des Betriebsrats grundsätzlich nicht durchführen. Allerdings ist das Recht des Betriebsrats, seine Zustimmung zu verweigern, an folgende Gründe gebunden (§ 99 Abs. 2 BetrVG):

- Die personelle Maßnahme, z. B. die Einstellung, verstößt gegen ein Gesetz, eine Vorschrift in einem Tarifvertrag oder einer Betriebsvereinbarung oder eine gerichtliche Entscheidung. Ein Gesetz i. S. v. § 99 Abs. 2 Nr. 1 BetrVG ist auch § 1 Abs. 1 Satz 2 AÜG. Danach erfolgt die Überlassung von Arbeitnehmern an Entleiher „vorübergehend". Die Bestimmung enthält nicht lediglich einen unverbindlichen Programmsatz, sondern untersagt die nicht nur vorübergehende Arbeitnehmerüberlassung. Der Betriebsrat des Entleiherbetriebs kann daher seine Zustimmung zur Einstellung von Leiharbeitnehmern verweigern, wenn diese im Entleiherbetrieb nicht nur vorübergehend beschäftigt werden sollen (BAG vom 10.7.2013 – 7 ABR 91/11).

Beispiel:

Beschäftigung eines Ausländers ohne Aufenthaltstitel, der die Aufnahme einer Beschäftigung zulässt. Verstößt dagegen allein der Arbeitsvertrag oder eine einzelne Vertragsbestimmung gegen zwingendes Recht, z. B. in Form einer unzulässigen Be-

fristung, besteht kein Zustimmungsverweigerungsrecht des Betriebsrats (BAG vom 28.6.1994, NZA 1995, S, 387, und vom 9.7.1996, DB 1996, S. 2551).

- Die personelle Maßnahme verstößt gegen eine Auswahlrichtlinie.
- Es besteht die durch Tatsachen begründete Besorgnis, dass infolge der personellen Maßnahmen im Betrieb beschäftigte Arbeitnehmer benachteiligt werden, ohne dass dies aus betrieblichen oder persönlichen Gründen gerechtfertigt ist.

Beispiel:

Zuweisung von Belegschaftsangehörigen auf Arbeitsplätze mit schlechteren Arbeitsbedingungen; der Verlust einer bloßen Aufstiegschance reicht nicht (z. B. BAG vom 18.9.2002, EzA § 99 BetrVG 1972 Nr. 140).

- Der durch die personelle Maßnahme betroffene Arbeitnehmer wird benachteiligt, ohne dass dies aus betrieblichen oder in der Person des Arbeitnehmers liegenden Gründen gerechtfertigt ist.
- Eine vom Betriebsrat vor dem Zustimmungsersuchen des Arbeitgebers verlangte Stellenausschreibung ist unterblieben.
- Es besteht die begründete Besorgnis, dass der für die personelle Maßnahme in Aussicht genommene Bewerber den Betriebsfrieden stören wird.

Die Betriebsparteien können in einer freiwilligen Betriebsvereinbarung vereinbaren, dass der Betriebsrat bei einer Versetzung i. S. d. § 99 Abs. 1 BetrVG nicht auf die gesetzlichen Zustimmungsverweigerungsgründe des § 99 Abs. 2 BetrVG beschränkt ist (BAG vom 23.8.2016 – 1 ABR 22/14).

d) Verweigert der Betriebsrat seine Zustimmung, so hat er dies unter Angabe der Gründe innerhalb **einer Woche** nach Unterrichtung durch den Arbeitgeber diesem schriftlich mitzuteilen; Telefax (BAG vom 11.6.2002, EzA § 99 BetrVG 1972 Nr. 139) oder Textform des § 126b BGB (BAG vom 9.12.2008, ArbRB 2009, S. 199) reichen. Die Betriebsparteien sind nicht befugt, den Betriebsrat von seiner gesetzlichen Verpflichtung zur Nennung konkreter Zustimmungsverweigerungsgründe freizustellen (BAG vom 23.8.2016 – 1 ABR 22/14). Anderenfalls gilt die Zustimmung als erteilt. Verweigert der Betriebsrat seine Zustimmung, so kann der Arbeitgeber beim Arbeitsgericht beantragen, die Zustimmung zu ersetzen (§ 99 Abs. 3 und 4 BetrVG). Bindet der Arbeitgeber sich bei der Ausübung seines Weisungsrechts dahingehend, den Arbeitnehmer bei Vorliegen der fachlichen und persönlichen Voraussetzungen in bestimmter Weise einzusetzen, ist er nicht gehindert, von dem Einsatz abzusehen, falls der Betriebsrat formal wirksam seine erforderliche Zustimmung zu einer damit verbundenen Versetzung verweigert. Der Arbeitgeber ist nicht verpflichtet, ein Zustimmungsersetzungsverfahren durchzuführen (BAG vom 16.3.2010 – 3 AZR 31/09)

e) Nur wenn es aus sachlichen Gründen dringend erforderlich ist, kann der Arbeitgeber eine personelle Maßnahme durchführen, **bevor** der Betriebsrat sich geäußert oder wenn er die Zustimmung verweigert hat. Der Arbeitgeber hat einerseits den Arbeitnehmer über die noch fehlende Zustimmung aufzuklären, andererseits den Betriebsrat unverzüglich von der vorläufigen Maßnahme zu unterrichten. Bei

Widerspruch des Betriebsrats, der ebenfalls unverzüglich erfolgen muss, hat der Arbeitgeber innerhalb von drei Tagen beim Arbeitsgericht die Ersetzung der Zustimmung des Betriebsrats und die Feststellung seiner Befugnis zur Durchführung der vorläufigen personellen Maßnahme zu beantragen (§ 100 BetrVG). Kommt es zu einer ablehnenden Entscheidung des Gerichts, so endet die Maßnahme mit Ablauf von zwei Wochen nach Rechtskraft der Entscheidung. Hält sich der Arbeitgeber hieran nicht, kann der Betriebsrat das Arbeitsgericht einschalten und gegebenenfalls ein Zwangsgeld gegen den Arbeitgeber festsetzen lassen (§ 101 BetrVG). Dem Betriebsrat steht allerdings kein allgemeiner, von den Voraussetzungen des § 23 Abs. 3 BetrVG unabhängiger Unterlassungsanspruch zur Seite, um eine gegen § 99 Abs. 1 Satz 1 BetrVG oder § 100 Abs. 2 BetrVG verstoßende personelle Einzelmaßnahme zu verhindern (BAG vom 23.6.2009, AP Nr. 39 zu § 99 Eingruppierung BetrVG 1972).

26. Wie ist der Betriebsrat bei Kündigungen zu beteiligen?

Besonders weit gehende Beteiligungsrechte hat der Betriebsrat bei der Kündigung von Arbeitnehmern. Er ist vor jeder Kündigung, also auch vor einer außerordentlichen Kündigung, zu hören (§ 102 BetrVG). Eine ohne vorherige Anhörung ausgesprochene Kündigung ist **rechtsunwirksam** (vgl. im Einzelnen Kapitel 24 Nr. 6 ff.).

27. Welche Beteiligungsrechte hat der Betriebsrat bei der Berufsbildung?

In allen Fragen der beruflichen Bildung (zum Begriff vgl. BAG vom 4.12.1990, DB 1991, S. 971) hat der Betriebsrat ein **Förderungs- und Beratungsrecht** (§ 96 BetrVG). Dies gilt auch für die Errichtung und Ausstattung betrieblicher Berufsbildungseinrichtungen, für die Einführung betrieblicher Berufsbildungsmaßnahmen und die Teilnahme an außerbetrieblichen Berufsbildungsmaßnahmen (§ 97 BetrVG). Schließlich steht dem Betriebsrat bei der **Durchführung von Maßnahmen** der betrieblichen Berufsbildung ein echtes Mitbestimmungsrecht zu; dies gilt auch hinsichtlich der Dauer der Ausbildung sowie bei der Einführung von Maßnahmen der betrieblichen Berufsbildung, wenn der Arbeitgeber Maßnahmen plant oder durchführt, die dazu führen, dass sich die Tätigkeiten der betroffenen Arbeitnehmer ändern und ihre beruflichen Kenntnisse und Fähigkeiten zur Erfüllung ihrer Aufgaben nicht mehr ausreichen.

Hält der Betriebsrat eine mit der Durchführung von betrieblichen Bildungsmaßnahmen beauftragte Person für persönlich oder fachlich nicht geeignet, so kann er ihrer Bestellung widersprechen oder ihre Abberufung verlangen (§ 98 BetrVG). Kommt es zu keiner Einigung, so kann der Betriebsrat das Arbeitsgericht zur verbindlichen Entscheidung anrufen.

28. Welche Beteiligungsrechte hat der Betriebsrat in wirtschaftlichen Angelegenheiten?

a) In Unternehmen mit in der Regel mehr als 100 ständig beschäftigten Arbeitnehmern ist ein **Wirtschaftsausschuss** zu bilden, dessen Mitgliederzahl von der Größe des Unternehmens abhängt und dessen Mitglieder vom Betriebsrat bestimmt werden (§§ 106 ff. BetrVG). Bilden zwei Unternehmen einen Gemeinschaftsbetrieb und beschäftigt lediglich eines dieser Unternehmen in der Regel mehr als 100 Arbeitnehmer und ist dieses zugleich Alleineigentümer des anderen beteiligten Unternehmens, ist der Wirtschaftsausschuss ausschließlich bei dem herrschenden Unternehmen zu errichten (BAG vom 22.3.2016 – 1 ABR 10/14). Der Ausschuss hat die Aufgabe, wirtschaftliche Angelegenheiten mit dem Unternehmer zu beraten und den Betriebsrat zu unterrichten. Der Unternehmer hat den Wirtschaftsausschuss rechtzeitig und umfassend über wirtschaftliche Angelegenheiten des Unternehmens sowie die sich daraus ergebenden Auswirkungen auf die Personalplanung zu informieren.

Mit dem Risikobegrenzungsgesetz, dessen Ziel es ist, unerwünschten Entwicklungen in Bereichen entgegenzuwirken, in denen Finanzinvestoren tätig sind, ist in § 106 Abs. 3 BetrVG eine Nr. 9a eingefügt worden: Soweit dadurch keine Betriebs- und Geschäftsgeheimnisse gefährdet werden, ist der Wirtschaftsausschuss oder für den Fall, dass ein solcher nicht besteht, der Betriebsrat über die Übernahme eines Unternehmens zu unterrichten, wenn hiermit der Erwerb der Kontrolle verbunden ist, d. h. nach der vorgesehenen Definition, wenn mindestens 30 Prozent der Stimmrechte gehalten werden. Zu den vorzulegenden Unterlagen gehört insbesondere die Angabe über den potentiellen Erwerber und dessen Absichten im Hinblick auf die künftige Geschäftstätigkeit des Unternehmens sowie die sich daraus ergebenden Auswirkungen auf die Arbeitnehmer; gleiches gilt, wenn im Vorfeld der Übernahme des Unternehmens ein Bieterverfahren durchgeführt wird.

b) In **Unternehmen** mit in der Regel mehr als **20 wahlberechtigten Arbeitnehmern** (entscheidend ist die normale, den Betrieb im Allgemeinen kennzeichnende Beschäftigtenzahl) muss der Unternehmer bei geplanten **Betriebsänderungen**, die wesentliche Nachteile für die Belegschaft oder erhebliche Teile der Belegschaft zur Folge haben können, den Betriebsrat rechtzeitig und umfassend unterrichten und sich mit ihm **beraten** (§ 111 BetrVG). Wird in einem Betrieb ein System durchgeführt, das die Strukturierung, Vereinheitlichung und Optimierung von Arbeitsprozessen sowie deren Rationalisierung zum Ziel hat, kann das mit einer Betriebsänderung i. S. v. § 111 BetrVG einhergehen. Es kommt insoweit aber auf die konkreten Maßnahmen und deren Umsetzung an (BAG vom 22.3.2016 – 1 ABR 12/14). Bei der Ermittlung der maßgeblichen Unternehmensgröße in § 111 Satz 1 BetrVG sind Leiharbeitnehmer, die länger als drei Monate im Unternehmen eingesetzt sind, mitzuzählen (BAG vom 18.10.2011, DB 2012, S. 408). In Unternehmen mit mehr als 300 Arbeitnehmern kann der Betriebsrat zu seiner Unterstützung einen **Berater** hinzuziehen. Als eine die Beratungspflicht auslösende Betriebsänderung gilt dabei auch ein erheblicher **Personalabbau**. Dieser liegt dann vor, wenn die Voraussetzungen für eine anzeigepflichtige Massenentlassung nach § 17 KSchG erfüllt sind, z. B. in Betrieben mit in der Regel mehr als 20 und weniger als 60 Arbeitnehmern mehr als fünf Arbeitnehmer entlassen werden; den Entlassungen stehen andere Beendigungen gleich, die vom Arbeitgeber veranlasst sind. Eine Stellungnahme nach § 17 Abs. 3 Satz 2 KSchG liegt nur vor, wenn sich der Erklärung entnehmen lässt, dass der Betriebsrat seine Beteiligungsrechte als gewahrt ansieht und er eine abschließende Meinung zu den vom Arbeitgeber beabsichtigen Kündigungen geäußert hat (BAG vom 26.2.2015 – 2 AZR 371/14). Bei einem stufenweisen Personalabbau ist entscheidend, ob er auf einer einheitlichen unternehmerischen Planung beruht (BAG, Beschluss vom 28.3.2006 – 1 ABR 5/05). Keine Betriebsänderung ist für sich allein der Übergang des Betriebes auf einen neuen Inhaber.

Die **Beratung** mit dem Betriebsrat hat das Ziel, einen (schriftlich niederzulegenden und von beiden Seiten zu unterschreibenden) **Interessenausgleich** über die geplante Betriebsänderung zu erreichen, insbesondere also darüber, ob, wann und in welcher Weise die Betriebsänderung durchgeführt werden soll (§ 111 BetrVG). Kommt der Interessenausgleich zustande und weicht der Arbeitgeber davon ab oder versucht der Arbeitgeber den Interessenausgleich nicht, so hat der infolge der Betriebsänderung entlassene Arbeitnehmer Anspruch auf eine **Abfindung** entsprechend den Regelungen des Kündigungsschutzgesetzes und auf einen **Nachteilsausgleich** (vgl. § 113 BetrVG).

Wenn zwischen den Betriebsparteien kein wirksamer Interessensausgleich zu Stande kommt, muss der Arbeitgeber vor der tatsächlichen Durchführung der Betriebsänderung alle Möglichkeiten einer Einigung ausschöpfen und erforderlichenfalls die Einigungsstelle anrufen. Hiervon können ihn formlose Mitteilungen des Betriebsratsvorsitzenden nicht entbinden. Kommt der Arbeitgeber seiner Verpflichtung nicht nach, schuldet er den Arbeitnehmern, die infolge der Betriebsänderung entlassen werden, ebenfalls einen Nachteilsausgleich (BAG vom 26.10.2004, NZA 2005, S. 237).

c) Neben dem Interessenausgleich, bei dem zwar die Einigungsstelle eingeschaltet werden kann, aber eine verbindliche Entscheidung nicht möglich ist, besteht, um die wirtschaftlichen Nachteile für die Arbeitnehmer infolge der geplanten Betriebsänderung auszugleichen oder zu mildern, die Möglichkeit der Aufstellung eines **Sozialplans** (§§ 112, 112a BetrVG). Hier hat der Betriebsrat ein **echtes Mitbestimmungsrecht** (Ausnahme: In neu gegründeten Unternehmen besteht in den ersten vier Jahren keine Sozialplanpflicht). Zwar sollen sich zunächst Betriebsrat und Unternehmer einigen, gelingt dies aber nicht, kann die Einigungsstelle letzthin verbindlich entscheiden. Ihr sind dabei konkrete Leitlinien vorgegeben. Sie soll die Gegebenheiten **des Einzelfalls** beim Ausgleich oder bei der Milderung wirtschaftlicher Nachteile berücksichtigen, insbesondere, soweit sie durch Einkommensminderungen oder Verlust von Anwartschaften oder erhöhten Fahrtkosten entstehen. Sie hat die Aussichten der betroffenen Arbeitnehmer auf ein neues Arbeitsverhältnis zu berücksichtigen und soll Arbeitnehmer von Sozialplanleistungen ausschließen, wenn sie in einem zumutbaren Arbeitsverhältnis im selben Betrieb oder in einem anderen Betrieb des Unternehmens oder Konzerns weiterbeschäftigt werden können und die Weiterbeschäftigung ablehnen. Auch die im SGB III vorgesehenen Förderungsmöglichkeiten durch die Bundesagentur für Arbeit zur Vermeidung von Arbeitslosigkeit sollen berücksichtigt werden (vgl. unten).

Wichtig: Der auf den Gleichheitssatz des Art. 3 Abs. 1 GG zurückzuführende allgemeine arbeitsrechtliche **Gleichbehandlungsgrundsatz** ist auch bei den Sozialplänen zu beachten. Er zielt darauf ab, eine Gleichstellung von Personen in vergleichbarer Lage sicherzustellen und eine gleichheitswidrige Gruppenbildung auszuschließen. Maßgeblicher Sachgrund für eine Gruppenbildung ist regelmäßig der mit der jeweiligen Regelung verfolgte Zweck. Dementsprechend müssen sich Gruppenbildungen in Sozialplänen an deren Funktion orientieren (BAG vom 20.1.2009, NZA 2009, 495). Sozialpläne haben eine zukunftsbezogene Ausgleichs- und Überbrückungsfunktion. Die in ihnen vorgesehenen Leistungen stellen kein zusätzliches Entgelt für die in der Vergangenheit erbrachten Dienste dar, sondern sollen gemäß § 112 Abs. 1 Satz 2 BetrVG die künftigen Nachteile ausgleichen oder abmildern, die den Arbeitnehmern durch die Betriebsänderung entstehen können (11.11.2008, AP BetrVG 1972 § 112 Nr. 196). Bei der Ausgestaltung von Sozialplänen haben die Betriebsparteien Beurteilungs- und Gestaltungsspielräume. Diese schließen Typisierungen und Pauschalierungen ein. Gleiches gilt für Stichtagsregelungen oder für Höchstgrenzen bei einer Sozialplanabfindung (BAG vom 21.7.2009 – 1 AZR 899/08). Die mit diesen häufig verbundenen Härten müssen nach Auffassung des Bundesarbeitsgerichts im Interesse der Rechtssicherheit hingenommen werden, wenn dies sachlich vertretbar ist und das auch auf die zwischen den Gruppen gezogenen Grenzen zutrifft (Urteil vom 18.8.2009 – 1 ABR 43/08). Es verstößt nicht gegen den Gleichbehandlungsgrundsatz, wenn im Sozialplan zwischen Arbeitnehmern unterschieden wird, deren Arbeitsverhältnis aufgrund der Betriebsänderung gekündigt wird, und solchen, die ihr Arbeitsverhältnis durch eine Eigenkündigung oder durch einen Aufhebungsvertrag beenden (z. B. BAG vom 19.7.1995, BB 1995, S. 2534, und vom 24.1.1996, BB 1996, S. 912). Dagegen ist der Gleichbehandlungsgrundsatz verletzt, wenn Arbeitnehmer, die dem Übergang ihres Arbeitsverhältnisses widersprochen haben und deshalb betriebsbedingt entlassen worden sind, von Abfindungen ausgenommen werden, falls der Sozialplan generell Abfindungen bei betriebsbedingten Kündigungen vorsieht (BAG vom 15.12.1998, AP Nr. 126 zu § 112 BetrVG 1972). **Pauschale Abfindungszahlungen**, die lediglich auf die Dauer der Betriebszugehörigkeit abstellen, entsprechen den zuvor genannten Forderungen ebenfalls nicht.

Schließlich dürfen Sozialpläne auch eine nach Lebensalter oder Betriebszugehörigkeit gestaffelte Abfindungsregelung vorsehen oder rentenberechtigte Arbeitnehmer von Sozialplanleistungen ganz ausschließen, auch wenn der Rentenbezug mit Abschlägen verbunden ist. Die damit verbundene unterschiedliche Behandlung wegen des Alters ist von § 10 Satz 3 Nr. 6 AGG gedeckt. Diese Regelung verstößt nicht gegen das gemeinschaftsrechtliche Verbot der Altersdiskriminierung; sie ist durch das legitime Ziel gerechtfertigt, danach unterscheiden zu können, welche wirtschaftlichen Nachteile den Arbeitnehmern drohen, die durch eine Betriebsänderung ihren Arbeitsplatz verlieren. Diese Nachteile können mit steigendem Lebensalter zunächst zunehmen, weil damit die Gefahr längerer Arbeitslosigkeit typischerweise wächst, und können geringer sein, wenn Arbeitnehmer nach dem Bezug von Arbeitslosengeld in der Lage sind, Altersrente in Anspruch zu nehmen (BAG vom 11.11.2008 – 1 AZR 475/07 vom 26.5.2009 – 1 AZR 198/08 und vom 26.3.2013 – 1 AZR 813/11). Arbeitnehmer können von Sozialplanleistungen auch ausgenommen werden, wenn sie wegen des Bezugs einer befristeten vollen Erwerbsminderungsrente nicht beschäftigt sind und mit der Wiederherstellung ihrer Arbeitsfähigkeit auch nicht zu rechnen ist (BAG vom 7.6.2011 – 1 AZR 34/10).

d) Wann bei einem **reinen Personalabbau** Sozialplanpflicht besteht (zur Beratungspflicht über einen Interessenausgleich vgl. Buchst. b), zeigt die folgende Tabelle (vgl. § 112a Abs. 1 BetrVG):

in Betrieben mit einer Belegschaft von		Sozialplanpflicht bei Entlassung von Arbeitnehmern	
mehr als	weniger als	Prozent der Belegschaft	mindestens (Anzahl)
	60	20	6
59	250	20	37
249	500	15	60
499	—	10	60

Die Regelung schränkt also die Sozialplanpflicht in Fällen des Personalabbaus ein. Die Einschränkung greift auch dann, wenn zu dem Personalabbau weitere Maßnahmen des Arbeitgebers hinzukommen. Unanwendbar ist sie erst, wenn die sonstigen Maßnahmen allein oder zusammen mit dem Personalabbau eine Betriebsänderung nach § 111 BetrVG darstellen. Dann ist nach § 112 Abs. 4 BetrVG ein Sozialplan erzwingbar.

e) Der Fortbestand des Unternehmens oder die verbleibenden Arbeitsplätze dürfen durch das Aufstellen eines Sozialplans nicht gefährdet werden. Andererseits kann die Agentur für Arbeit die in einem Sozialplan vorgesehenen Maßnahmen, die der Eingliederung von ohne Förderung nicht oder nicht dauerhaft in den Arbeitsmarkt einzugliedernden Arbeitnehmern dienen, durch **Zuschüsse** fördern (§ 216a SGB III). Arbeitgeber und Betriebsrat ist daher zu empfehlen, bereits im Rahmen der Sozialplanverhandlungen sich über die Förderungsmöglichkeiten beraten zu lassen. Hierzu ist die Bundesagentur für Arbeit verpflichtet (§ 216a Abs. 4 SGB III).

29. Welche Mitwirkungs- und Beschwerderechte hat der einzelne Arbeitnehmer?

Das Betriebsverfassungsgesetz gibt dem einzelnen Arbeitnehmer gegenüber dem Arbeitgeber in Angelegenheiten, die seine Person und Arbeit betreffen, ein Recht auf Unterrichtung, Anhörung und Erörterung sowie Beschwerde.

a) **Unterrichtungspflicht des Arbeitgebers**: Der Arbeitgeber hat den Arbeitnehmer über dessen Aufgabe und Verantwortung sowie über die Art seiner Tätigkeit und ihre Einordnung in den Arbeitsablauf des Betriebes zu unterrichten. Dies gilt vor Aufnahme der Beschäftigung insbesondere über mögliche Unfall- und Gesundheitsgefahren sowie über die Maßnahmen und Einrichtungen zur Abwendung dieser Gefahren (§ 81 BetrVG; vgl. auch Kapitel 18 Nr. 4).

b) **Anhörungs- und Erörterungsrecht:** Der Arbeitnehmer hat das Recht, in betrieblichen Angelegenheiten, die seine Person betreffen, von seinem Vorgesetzten gehört zu werden, zu Maßnahmen des Arbeitgebers, die konkrete Auswirkungen auf seinen Arbeitsbereich und seine persönliche Stellung im Betrieb haben, Stellung zu nehmen und Vorschläge für die Gestaltung des Arbeitsplatzes und Arbeitsablaufs zu machen. Er kann darüber hinaus verlangen, dass ihm die Berechnung und Zusammensetzung seines Arbeitsentgelts erläutert und die Beurteilung seiner Leistungen und seine beruflichen Aufstiegschancen mit ihm erörtert werden (auf Antrag des Arbeitnehmers unter Hinzuziehung eines Betriebsratsmitglieds, vgl. § 82 BetrVG). Ein genereller Anspruch des Arbeitnehmers darauf, bei jedem mit dem Arbeitgeber geführten Gespräch ein Betriebsratsmitglied hinzuzuziehen, folgt aus dem Betriebsverfassungsgesetz dagegen nicht. Der Arbeitnehmer hat das Recht, in seine **Personalakten** Einsicht zu nehmen (§ 83 BetrVG).

c) **Beschwerderecht:** Jeder Arbeitnehmer kann sich bei der zuständigen Stelle, z. B. seinem unmittelbaren Vorgesetzten, beschweren, wenn er sich vom Arbeitgeber oder von anderen Arbeitnehmern des Betriebes benachteiligt oder ungerecht behandelt fühlt. Der Arbeitgeber hat den Arbeitnehmer über die Behandlung der Beschwerde zu unterrichten und, wenn er sie für berechtigt hält, ihr abzuhelfen. Dem Arbeitnehmer dürfen wegen der Erhebung der Beschwerde keine Nachteile entstehen (§ 84 BetrVG). Zum Maßregelungsverbot nach § 612a BGB vgl. Kapitel 18 Nrn. 39 und 40.

   Auch der **Betriebsrat** hat Beschwerden von Arbeitnehmern entgegenzunehmen und – falls er sie für berechtigt erachtet – beim Arbeitgeber auf Abhilfe hinzuwirken. Bestehen zwischen Betriebsrat und Arbeitgeber Meinungsverschiedenheiten über die Berechtigung der Beschwerde, kann der Betriebsrat die Einigungsstelle anrufen. Der Spruch der Einigungsstelle ersetzt die Einigung zwischen Arbeitgeber und Betriebsrat. Dies gilt aber nicht, soweit Gegenstand der Beschwerde ein Rechtsanspruch ist (z. B. weil der Arbeitgeber im Arbeitsvertrag zugesagt hat, das Arbeitsentgelt jährlich zu erhöhen). Ein Spruch der betrieblichen Einigungsstelle, mit dem die Berechtigung einer Beschwerde von Arbeitnehmern festgestellt wird, verpflichtet den Arbeitgeber, geeignete Maßnahmen zur Abhilfe zu ergreifen. Aus dem Spruch muss deshalb hervorgehen, welche tatsächlichen Umstände die Einigungsstelle als zu vermeidende Beeinträchtigung der Arbeitnehmer angesehen hat. Andernfalls ist der Spruch mangels hinreichender Bestimmtheit unwirksam. (BAG vom 22.11.2005 – 1 ABR 50/04). Der Arbeitgeber hat den Betriebsrat über die Behandlung der Beschwerde zu unterrichten.

B Sprecherausschuss der leitenden Angestellten

30. Wer ist leitender Angestellter?

Leitender Angestellter ist zunächst, wer nach Arbeitsvertrag und Stellung im Unternehmen oder im Betrieb

a) zur selbstständigen Einstellung und Entlassung von im Betrieb oder in der Betriebsabteilung beschäftigten Arbeitnehmern berechtigt ist oder

b) Generalvollmacht oder Prokura hat; die Vertretungsmacht der Prokuristen darf zwar im Innenverhältnis beschränkt, aber dennoch im Verhältnis zum Arbeitgeber nicht unbedeutend sein, sodass Titularprokuristen (Titel ohne Ausüben einer Prokuristentätigkeit) nicht zu den leitenden Angestellten gehören (§ 5 Abs. 3 Nr. 1 und 2 BetrVG). Als leitender Angestellter i. S. d. § 5Abs. 3 Satz 2 Nr. 2 BetrVG muss ein Prokurist unternehmerische Führungsaufgaben wahrnehmen. Die dem Prokuristen obliegenden unternehmerischen Führungsaufgaben dürfen sich – anders als bei leitenden Angestellten nach § 5 Abs. 3 Satz 2 Nr. 3 BetrVG – nicht in der Wahrnehmung sog. Stabsfunktionen erschöpfen (BAG vom 29.6.2011 – 7 ABR 5/10).

Für den ganz überwiegenden Teil der leitenden Angestellten, die weder über eine formalisierte Vorgesetztenstellung noch über formalisierte Vertretungsbefugnisse verfügen, ist entscheidend, dass diese Angestellten regelmäßig sonstige Aufgaben wahrnehmen, die für den Bestand und die Entwicklung des Unternehmens oder eines Betriebs von Bedeutung sind und deren Erfüllung besondere Erfahrung und Kenntnisse voraussetzen, wenn sie dabei entweder die Entscheidungen im Wesentlichen frei von Weisungen treffen oder sie maßgeblich beeinflussen. **Für Zweifelsfälle sind** in § 5 Abs. 4 BetrVG formale, schnell feststellbare Auslegungsregelungen vorgesehen, z. B. ob der Angestellte einer Leitungsebene angehört, auf der im Unternehmen überwiegend leitende Angestellte vertreten sind, ob er ein regelmäßiges Jahresarbeitsentgelt erhält, das für leitende Angestellte in dem Unternehmen üblich ist; und wenn dann noch Zweifel bestehen, kommt es darauf an, ob das regelmäßige Jahresarbeitsentgelt das Dreifache der Bezugsgröße nach § 18 SGB IV überschreitet.

31. Was regelt das Gesetz über Sprecherausschüsse der leitenden Angestellten?

In Betrieben mit **in der Regel 10** leitenden Angestellten können zeitgleich mit den regelmäßigen Betriebsratswahlen – das nächste Mal zwischen dem 1.3. und 31.5.2018 – alle vier Jahre **Sprecherausschüsse der leitenden Angestellten** gewählt werden. Bindeglied zwischen Sprecherausschuss und leitenden Angestellten ist die Versammlung der leitenden Angestellten. Die Mitwirkung des Sprecherausschusses betrifft vor allem die Arbeitsbedingungen der leitenden Angestellten. Nach § 28 Abs. 2 Satz 1 SprAuG können Sprecherausschuss und Arbeitgeber die unmittelbare und zwingende Geltung des Inhalts von zwischen ihnen vereinbarten Richtlinien herbeiführen. Dann wirken die Richtlinien, ohne dass es noch einer Transformation bedürfte, normativ auf die Arbeitsverhältnisse der leitenden Angestellten ein.

35. Arbeitsgerichte, Schiedsgerichte und vorgerichtliche Rechtsberatung

A Arbeitsgerichte

1. Für welche Rechtsstreitigkeiten sind die Arbeitsgerichte zuständig?

Das arbeitsgerichtliche Verfahren ist im Arbeitsgerichtsgesetz, das vielfach auf die Zivilprozessordnung verweist, geregelt. Zu unterscheiden sind das normale Urteilsverfahren, bei dem sich die Parteien gleichberechtigt gegenüber stehen und das am Untersuchungsgrundsatz ausgerichtete Beschlussverfahren.

a) Im Urteilsverfahren sind die Arbeitsgerichte u. a. zuständig für

- alle Rechtsstreitigkeiten zwischen Tarifvertragsparteien oder zwischen diesen und Dritten aus Tarifverträgen und aus Maßnahmen zum Zwecke des Arbeitskampfes;
- alle Rechtsstreitigkeiten zwischen Arbeitnehmern untereinander und Arbeitnehmern und Arbeitgebern aus dem Arbeitsverhältnis und den hiermit im Zusammenhang stehenden Ansprüchen;
- fakultativ neben den ordentlichen Gerichten für die Vergütungsansprüche bei Arbeitnehmererfindungen, technischen Verbesserungsvorschlägen und bei arbeitsrechtlichen Urheberstreitigkeiten.

Als Arbeitnehmer, die ihre Ansprüche vor den Arbeitsgerichten geltend machen können, gelten dabei auch die in Heimarbeit Beschäftigten und die ihnen Gleichgestellten sowie die sonstigen Personen, die aufgrund ihrer wirtschaftlichen Unselbstständigkeit als arbeitnehmerähnliche Personen anzusehen sind. Handelsvertreter gelten als Arbeitnehmer, wenn sie u. a. im Durchschnitt monatlich nicht mehr als 1.000 Euro verdienen.

Aufgrund einer Vereinbarung können auch die Mitglieder des Vertretungsorgans einer juristischen Person ihre Rechtsstreitigkeiten mit der juristischen Person vor die Arbeitsgerichte bringen (§ 2 ArbGG).

b) Im Beschlussverfahren sind die Gerichte für Arbeitssachen zuständig für

- Streitigkeiten aus dem Betriebsverfassungsgesetz und dem Sprecherausschussgesetz;
- die meisten Streitigkeiten aus dem Mitbestimmungsgesetz;
- Entscheidungen über die Tariffähigkeit oder Tarifzuständigkeit einer Vereinigung (§ 2a ArbGG);
- Entscheidungen über die Wirksamkeit einer Allgemeinverbindlicherklärung nach § 5 TVG, einer Rechtsverordnung nach § 7 oder § 7a des AEntG und einer Rechtsverordnung nach § 3a AÜG; sowie für
- Entscheidungen über den nach § 4a Abs. 2 Satz 2 TVG im Betrieb anwendbaren Tarifvertrag.

c) Die Zuständigkeit der Arbeitsgerichte ist eine ausschließliche. Die Zuständigkeit anderer Gerichtsbarkeiten kann auch nicht durch Vereinbarung begründet werden.

2. Welches Gericht ist örtlich zuständig?

a) Im Urteilsverfahren kann der Arbeitnehmer im Allgemeinen dort klagen, wo der Arbeitgeber seinen Wohnsitz oder, wenn der Arbeitgeber eine juristische Person (z. B. eine Aktiengesellschaft) ist, seinen Sitz hat. Vor allem aber kann er bei Ansprüchen aus dem Arbeitsverhältnis und bei Ansprüchen, die mit dem Arbeitsverhältnis in rechtlichem und unmittelbar wirtschaftlichen Zusammenhang stehen, vor dem Arbeitsgericht klagen, in dessen Bezirk er gewöhnlich seine Arbeit verrichtet (vgl. § 2 Abs. 1 Nr. 3, 4a, 7, 8 und 10 sowie Abs. 2 ArbGG). Darüberhinaus können die Tarifvertragsparteien die Zuständigkeit eines an sich örtlich unzuständigen Arbeitsgerichts festlegen (§ 48 ArbGG).

b) Im Beschlussverfahren ist bei betriebsverfassungsrechtlichen Streitigkeiten das Arbeitsgericht zuständig, in dessen Bezirk der Betrieb liegt; sonst ist der Sitz des Unternehmens bzw. der Sitz der Vereinigung entscheidend (§ 82 ArbGG).

3. Wie sind die Arbeitsgerichte zusammengesetzt?

Die Arbeitsgerichtsbarkeit ist dreistufig aufgebaut.

a) Die **Arbeitsgerichte** entscheiden in der Besetzung mit einem Berufsrichter als Vorsitzendem und zwei **ehrenamtlichen Richtern** aus Kreisen der Arbeitnehmer und Arbeitgeber, die auf die Dauer von fünf Jahren berufen werden. Die ehrenamtlichen Richter haben dieselben rechtlichen Befugnisse wie die Berufsrichter und genießen dieselbe sachliche Unabhängigkeit. Der ehrenamtliche Richter ist vom Arbeitgeber für die zur Wahrnehmung des Amtes erforderliche Zeit, einschließlich der Zeit, die der notwendigen Unterrichtung oder Schulung dient, freizustellen. Er erhält eine Entschädigung für Zeitversäumnisse, Fahrtkosten und sonstigen Aufwand. Vor den Arbeitsgerichten kann jede Partei selbst auftreten oder sich durch einen Rechtsanwalt oder einen Vertreter ihrer Gewerkschaft oder ihres Arbeitgeberverbandes vertreten lassen. Der Deutsche Gewerkschaftsbund hat seinen Rechtsschutz in Form einer Rechtsschutz-GmbH verselbstständigt.

b) In der zweiten Instanz sowie in den Fällen des § 2a Nr. 4 (Entscheidungen über die Tariffähigkeit und Tarifzuständigkeit) und der neuen Nr. 5 (Entscheidungen über die Wirksamkeit einer Allgemeinverbindlicherklärung, einer Rechtsverordnung nach AEntG und einer Rechtsverordnung nach AÜG) entscheiden die **Landesarbeitsgerichte** ebenfalls in der Besetzung mit einem Berufsrichter als Vorsitzenden und zwei ehrenamtlichen Richtern aus Kreisen der Arbeitnehmer und Arbeitgeber. Im Urteilsverfahren müssen sich die Parteien durch den Vertreter einer Gewerkschaft oder eines Arbeitgeberverbandes oder durch Rechtsanwälte vertreten lassen. Sie können nicht selbst auftreten.

c) Die zehn Senate des **Bundesarbeitsgerichts** als der obersten Instanz bestehen aus drei Berufsrichtern und zwei ehrenamtlichen Richtern aus Kreisen der Arbeitnehmer und der Arbeitgeber. Im Urteilsverfahren muss sich der Einzelne durch einen Rechtsanwalt oder Verbandsvertreter, der die Befähigung zum Richteramt besitzt, vertreten lassen (§§ 14 ff., 33 ff. und 40 ff. ArbGG).

4. Welche Kosten entstehen?

Jedes gerichtliche Verfahren, zumal wenn Rechtsanwälte eingeschaltet werden, bringt Kosten mit sich (§§ 12 f. ArbGG).

Grundsätzlich hat die unterliegende Partei die Kosten, und zwar auch die der Gegenseite, zu tragen, soweit sie zur zweckentsprechenden Rechtsverfolgung oder Rechtsverteidigung notwendig waren. Das arbeitsgerichtliche Verfahren ist auf eine gewisse **Kostengünstigkeit** angelegt:

a) Das Beschlussverfahren ist gerichtskostenfrei.

b) Die Gerichtskosten sind geringer als in anderen Verfahren.

c) Es bestehen Kostenprivilegien, z. B. wenn der Rechtsstreit durch einen Vergleich beendet wird.

d) Es werden keine Kostenvorschüsse erhoben. Gebühren und Auslagen werden erst dann fällig, wenn das Verfahren in dem Rechtszug beendet oder das Ruhen des Verfahrens angeordnet wird.

e) Ein Anspruch der obsiegenden Partei auf Entschädigung wegen Zeitversäumnis oder auf Erstattung der Kosten für die Hinzuziehung eines Prozessbevollmächtigten besteht im Urteilsverfahren des ersten Rechtszugs nicht. Das bedeutet, dass jede Partei ihre außergerichtlichen Kosten selbst tragen muss, unabhängig davon, ob sie den Rechtsstreit gewinnt oder verliert. Hierdurch soll erreicht werden, dass insbesondere die Arbeitnehmer, die im Allgemeinen vor den Arbeitsgerichten als Kläger auftreten, ihre Ansprüche ohne Furcht davor geltend machen können, dass sie im Falle des Unterliegens die häufig sehr hohen Rechtsanwaltsgebühren der Gegenseite tragen müssen. Der Rechtsanwalt hat den Klienten auf den **Ausschluss der Kostenerstattung** hinzuweisen. In der Berufungs- und der Revisionsinstanz findet diese Regelung keine Anwendung; es gelten insoweit die allgemeinen Regelungen der §§ 91 ff. ZPO, vorbehaltlich der abweichenden Regelung in § 12a Abs. 2 ArbGG.

f) Um dem Rechtssuchenden die gerichtliche Durchsetzung seiner Ansprüche zu ermöglichen, kann – ebenso wie bei anderen Gerichtsbarkeiten – Prozesskostenhilfe bewilligt werden. Hierdurch erlangt die Partei insbesondere die Befreiung von den Gerichtskosten und das Recht, dass ihr ggfs. ein von ihr ausgesuchter Rechtsanwalt beigeordnet wird.

   Für das arbeitsgerichtliche Verfahren gilt zudem die Besonderheit, dass das Gericht einer Partei auf ihren Antrag hin dann einen Rechtsanwalt beiordnen kann, wenn die Gegenseite durch einen Rechtsanwalt vertreten ist (§ 11a ArbGG). Damit wird dem Grundsatz der Chancengleichheit Rechnung getragen.

   Sowohl im Fall der Bewilligung von Prozesskostenhilfe als auch im Fall der Beiordnung eines Rechtsanwalts nach § 11a ArbGG trägt zunächst die Staatskasse die Prozess- bzw. Anwaltskosten. Die persönlichen und wirtschaftlichen Verhältnisse des Hilfeempfängers werden aber in regelmäßigen Abständen geprüft. Tritt innerhalb von vier Jahren nach rechtskräftigem Abschluss des Verfahrens eine Verbesserung der persönlichen und wirtschaftlichen Verhältnisse des Hilfeempfängers ein, kann er zur – ggfls. auch ratenweisen – Tilgung der entstandenen Kosten herangezogen werden.

5. Wie verläuft das arbeitsgerichtliche (Urteils)Verfahren?

a) **Erste Instanz (Arbeitsgerichte):** Das Verfahren wird durch eine schriftliche oder zu Protokoll der Geschäftsstelle des zuständigen Arbeitsgerichts erklärte Klage eingeleitet (§ 46 ff. ArbGG). Bei der Aufsetzung der Klage sind sachkundige Beamte des Arbeitsgerichts behilflich. Damit die Klage zulässig ist, muss sie die Angabe des Klagegegenstands, des Grundes des erhobenen Anspruchs sowie einen bestimmten Klageantrag enthalten. Das Verfahren beginnt mit der Güteverhandlung vor dem Vorsitzenden des Arbeitsgerichts. Die streitige Verhandlung selbst findet im Allgemeinen vor der mit dem Vorsitzenden und den ehrenamtlichen Richtern besetzten Kammer statt. Sie ist möglichst in einem Termin zu Ende zu führen. Kündigungsschutzverfahren sind vorrangig zu erledigen (§ 6a ArbGG).

Seit 26.7.2012 (Art. 4 des Gesetzes zur Förderung der Mediation und anderer Verfahren der außergerichtlichen Konfliktbeilegung) ist die Möglichkeit der **Mediation** mit dem Ziel einer gütlichen Einigung im arbeitsgerichtlichen Verfahren verankert (§ 54 Abs. 6 und § 54a ArbGG). Die Mediation ist ein vertrauliches und strukturiertes Verfahren, in dem die Parteien unter Mithilfe eines oder mehrerer Mediatoren freiwillig und eigenverantwortlich eine einvernehmliche Lösung ihres Konflikts anstreben.

b) **Berufungsverfahren**: Gegen die Urteile der Arbeitsgerichte kann Berufung beim Landesarbeitsgericht eingelegt werden, wenn sie im Urteil insbesondere wegen grundsätzlicher Bedeutung zugelassen ist, der Wert des Beschwerdegegenstandes 600 Euro übersteigt, oder es sich um Bestandsschutzstreitigkeiten, z. B. über die Zulässigkeit einer Kündigung, handelt (§ 64 ArbGG). Die Frist für die Einlegung der Berufung beträgt einen Monat, die Frist für die Begründung zwei Monate und die Frist für die Beantwortung der Begründung durch den Beklagten wiederum einen Monat.

c) **Revision:** Gegen Urteile des Landesarbeitsgerichts kann Revision beim Bundesarbeitsgericht eingelegt werden, wenn sie entweder durch das Landesarbeitsgericht oder aufgrund einer Nichtzulassungsbeschwerde durch das Bundesarbeitsgericht zugelassen worden ist (§ 72 ArbGG). Im Einzelnen gilt Folgendes:

- Das Landesarbeitsgericht hat die Revision zuzulassen, wenn die Rechtssache grundsätzliche Bedeutung hat oder ein Fall der sogenannten Divergenz vorliegt. Die Divergenz ist dann anzunehmen, wenn die Entscheidung des Landesarbeitsgerichts von einer Entscheidung des Bundesarbeitsgerichts oder in Fällen, in denen eine Entscheidung des Bundesarbeitsgerichts nicht vorliegt, von einer Entscheidung eines anderen Landesarbeitsgerichts abweicht. Das Berufungsgericht kann die Zulassung der Revision auf einen tatsächlich oder rechtlich selbständigen Teil des Gesamtstreitstoffs beschränken, nicht aber auf einzelne Anspruchsgrundlagen, Rechtsfragen oder Elemente des geltend gemachten Anspruchs (BAG vom 15.1.2015 – 5 AZN 798/14).
- Gegen die Nichtzulassung der Revision durch das Landesarbeitsgericht kann **Nichtzulassungsbeschwerde** beim Bundesarbeitsgericht eingelegt werden. Eine Nichtzulassungsbeschwerde gegen den Beschluss, durch den das Landesarbeitsgericht eine Berufung als unzulässig verwirft, ist gemäß § 77 Satz 1 ArbGG nicht statthaft (BAG vom 6.1.2015 – 6 AZB 105/14). Das Bun-

desarbeitsgericht lässt die Revision aber nur zu, wenn ein absoluter Revisionsgrund vorliegt, eine entscheidungserhebliche Verletzung des rechtlichen Gehörs geltend gemacht wird und vorliegt oder eine entscheidungserhebliche Rechtsfrage grundsätzliche Bedeutung hat. Die Beantwortung einer die Auslegung einer Tarifnorm betreffenden Rechtsfrage hat nicht schon deshalb grundsätzliche Bedeutung iSd. § 72 Abs. 2 Nr. 1 ArbGG, weil eine rechtskräftige Entscheidung im Ausgangsverfahren die Bindungswirkung nach § 9 TVG auslöst (BAG vom 10.7.2014 – 10 AZN 307/14). Weiterhin kann gegen die Nichtzulassung der Revision Beschwerde dann eingelegt werden, wenn ein Fall der Divergenz vorliegt.

- Die Frist für die Einlegung der Revision beträgt einen Monat und die Frist für die Begründung zwei Monate. Die Revision kann dabei nur darauf gestützt werden, dass das Urteil des Landesarbeitsgerichts auf der Verletzung einer Rechtsnorm beruht. Dies bedeutet, es findet keine Nachprüfung der durch das Landesarbeitsgericht festgestellten Tatsachen statt. Im Revisionsverfahren können neue prozessuale Ansprüche grundsätzlich nicht zur gerichtlichen Entscheidung gestellt werden. Eine Klageerweiterung, mit der anstelle des rechtshängigen Anspruchs oder daneben ein neuer Anspruch erhoben wird, ist in der Revisionsinstanz grundsätzlich nicht möglich. Klageänderungen und Klageerweiterungen werden in der Revisionsinstanz aus prozessökonomischen Gründen nur dann ausnahmsweise zugelassen, wenn der neue Sachantrag sich auf den vom Landesarbeitsgericht festgestellten Sachverhalt und den unstreitigen Parteivortrag stützt (BAG vom 23.9.2014 – 9 AZR 1025/12).

In allen drei Instanzen gilt der Verhandlungs-, Unmittelbarkeits- und Mündlichkeitsgrundsatz.

d) Die nach § 9 Abs. 5 Satz 1 und 2 ArbGG bestehende Verpflichtung der Gerichte für Arbeitssachen, alle mit einem befristeten Rechtsmittel anfechtbaren Entscheidungen mit einer Belehrung über das Rechtsmittel zu versehen, verfolgt den Zweck, die rechtsunkundige Partei ohne weiteres in die Lage zu versetzen, die für die Wahrnehmung und eventuelle Weiterverfolgung ihrer Rechte erforderlichen Schritte zu unternehmen. Erst mit der Belehrung beginnt die Rechtsmittelfrist.

e) Für die Zwangsvollstreckung und den einstweiligen Rechtsschutz gelten im Grundsatz die allgemeinen Regelungen der Zivilprozessordnung.

6. Kommt das Mahnverfahren zur Anwendung?

Vor den Gerichten für Arbeitssachen gibt es ebenso wie in der Zivilgerichtsbarkeit insbesondere zur schnelleren Geltendmachung von Geldforderungen, das Mahnverfahren (§ 46a ArbGG). Für die Durchführung des Mahnverfahrens ist das Arbeitsgericht zuständig, das auch für die im Urteilsverfahren erhobene Klage zuständig sein würde. Die Landesregierungen können einem Arbeitsgericht durch Rechtsverordnung Mahnverfahren für die Bezirke mehrerer Arbeitsgerichte zuweisen. Die Zuweisung kann auf Mahnverfahren beschränkt werden, die maschinell bearbeitet werden. Mehrere Länder können die Zuständigkeit eines Arbeitsgerichts auch über die Landesgrenzen hinaus vereinbaren. Der Gläubiger erhebt hier keine Klage, sondern stellt den Antrag auf Erlass eines Mahnbescheides. Die Arbeitsgerichte stellen die erforderlichen

Vordrucke zur Verfügung. Gegen den Mahnbescheid kann innerhalb einer Woche Widerspruch erhoben werden. Auf Antrag einer Partei findet dann das normale Urteilsverfahren statt.

7. Welche Besonderheiten gelten für das Beschlussverfahren?

Das Beschlussverfahren unterscheidet sich zum Teil nicht unwesentlich vom Urteilsverfahren (§ 78 ff. ArbGG). Es wird auf Antrag eingeleitet, wobei das Gericht sodann den Sachverhalt im Rahmen der gestellten Anträge von **Amts wegen** erforscht. Die an dem Verfahren Beteiligten sind zu hören, wobei die schriftliche Anhörung möglich ist. Mit Einverständnis der Beteiligten kann das Gericht auch ohne mündliche Verhandlung entscheiden. Gegen die das Verfahren beendenden Beschlüsse der Arbeitsgerichte findet die **Beschwerde** an das Landesarbeitsgericht statt. Die **Rechtsbeschwerde** an das Bundesarbeitsgericht gegen Beschlüsse des Landesarbeitsgerichts setzt außer in den Fällen der durch Art. 2 des Tarifautonomiestärkungsgesetzes eingeführten Verfahren nach § 97 Abs. 2 und § 98 Abs. 2 ArbGG die Zulassung wegen grundsätzlicher Bedeutung oder wegen Divergenz voraus.

B Schiedsverfahren

8. Wann kommt ein schiedsgerichtliches Verfahren in Betracht?

a) Die Tarifvertragsparteien können in bestimmten Fällen (§ 101 ff. ArbGG) die Arbeitsgerichtsbarkeit ausschließen und in Streitfällen die Entscheidung durch ein Schiedsgericht vorsehen.

b) Zur Beilegung von Streitigkeiten zwischen den Arbeitgebern und den Auszubildenden (Lehrlingen) aus einem Berufsausbildungsverhältnis können im Bereich des Handwerks die Handwerksinnungen, in den übrigen Bereichen die Industrie- und Handelskammern sowie die sonst für die Überwachung der Berufsbildung zuständigen Stellen mit Arbeitgebern und Arbeitnehmern paritätisch besetzte Schlichtungsausschüsse bilden (§ 111 ArbGG). Wird der von ihnen gefällte Spruch nicht innerhalb einer Woche von beiden Seiten anerkannt, so kann binnen zwei Wochen nach dem Spruch Klage beim zuständigen Arbeitsgericht erhoben werden. Die Anrufung eines bestehenden Schlichtungsausschusses ist Prozessvoraussetzung einer arbeitsgerichtlichen Klage.

C Vorgerichtliche Rechtsberatung

9. Wo kann sich der Einzelne in arbeitsrechtlichen Fragen beraten lassen?

Vor dem Weg zum Gericht sollten sich Arbeitgeber und Arbeitnehmer zunächst um eine gütliche Einigung bemühen und versuchen, Missverständnisse auszuräumen. Ferner sollte insbesondere bei Arbeitnehmerbeschwerden der Betriebsrat eingeschaltet werden. Darüber hinaus gilt Folgendes:

a) Beim Bundesministerium für Arbeit und Soziales in Bonn und bei den Arbeitsministern einiger Länder werden Register über die abgeschlossenen Tarifverträge geführt, die auch von Interessenten eingesehen werden können.

b) Bei jedem Arbeitsgericht gibt es **Rechtsantragsstellen.** Sie sind kostenlos bei der Formulierung von Klagen und Anträgen sowie deren Begründung behilflich; zur Rechtsberatung sind sie nicht befugt.

c) **Gewerkschaften** (im Allgemeinen durch Angestellte der gewerkschaftseigenen Rechtsschutz-GmbH) und **Arbeitgeberverbände** beraten gemäß ihrer Satzung ihre Mitglieder in allen arbeitsrechtlichen Fragen kostenlos.

d) Das auch für arbeitsrechtliche Auseinandersetzungen geltende Beratungshilfegesetz sieht unter bestimmten Voraussetzungen, **insbesondere bei fehlenden finanziellen Mitteln**, eine im Wesentlichen unentgeltliche Rechtsberatung vor. Anzusprechen ist zunächst das zuständige Amtsgericht. Wenn der dort Zuständige dem Anliegen mit einer sofortigen Auskunft, einem Hinweis auf sonstige Beratungsmöglichkeiten oder der Aufnahme eines Antrags entsprechen kann, gewährt er selbst Beratungshilfe. Sonst stellt er einen Berechtigungsschein aus, mit dem der Auskunftsuchende einen Rechtsanwalt eigener Wahl aufsuchen kann. Es ist aber auch möglich, einen Rechtsanwalt unmittelbar aufzusuchen, der dann nachträglich den Antrag auf Bewilligung der Beratungshilfe stellt. Zur Beratungshilfe ist grundsätzlich jeder Rechtsanwalt **verpflichtet**. Auch im Fall der Bewilligung von Beratungshilfe trägt zunächst die Staatskasse die Kosten der Beratung (vgl. Nr. 4f).

e) Für jeden Bürger besteht die Möglichkeit, kostenpflichtigen Rechtsrat bei einem Rechtsanwalt einzuholen. Mit dem Arbeitsrecht besonders vertraute Rechtsanwälte können die Bezeichnung „Fachanwalt für Arbeitsrecht" führen.

Stichwortverzeichnis

A

Abfindung
- durch gerichtliche Festsetzung 423
- freiwillige Zahlung 428
- Ruhen des Anspruchs auf Arbeitslosengeld 429

Abfindung bei Beendigung des Arbeitsverhältnisses
- aufgrund eines Sozialplans 424
- aufgrund eines Vergleichs 427
- bei Altersversorgung 199
- durch gerichtliche Festsetzung 423
- Höhe 424
- rechtliche Grundlagen 422

Abmahnung 259
Abstellplätze für Autos und Fahrräder 262
Abteilungsversammlung 521
Abwehraussperrung 499
Adoptivmütter 267
Akkordarbeit Jugendlicher 451
Akkordlohn 129
Alkoholverbot 243
Allgemeine Beurteilungsgrundsätze, Beteiligung des Betriebsrats 533
Altersgrenze
- betriebliche Rente 194
- flexible 365

Ämter für Arbeitsschutz 237, 242
Änderungskündigung
- Bedeutung 416
- Reaktionsmöglichkeiten des Arbeitnehmers 418
- soziale Rechtfertigung 417
- Weiterbeschäftigung während des Kündigungsstreits 419

Anfechtung des Arbeitsvertrages 23
Angestellter
- leitender 542

Anlernverhältnis 461
Annahmeverzug
- Anrechnung von Vorteilen 183
- nach unwirksamer Kündigung 184
- Zahlung des Arbeitsentgelts 182

Anrechnung von übertariflichen Löhnen 495
Anwesenheitsprämie 130
Arbeit auf Abruf 96
Arbeitgeber 13
Arbeitgeberausgleichsgesetz 178
Arbeitgeberverband 489
Arbeitgeberzuschuss zum Mutterschaftsgeld 276
Arbeitnehmer 10
- Begriff des 10
- jugendliche 27
- minderjährige 27

Arbeitnehmerähnliche Person 13
Arbeitnehmererfindungen 334
Arbeitnehmerhaftung 107
Arbeitnehmer-Sparzulage 149
Arbeitnehmerüberlassung
- siehe Leiharbeit

Arbeitsbedingungen 28, 31
Arbeitsbereitschaft 74
Arbeitsbeschaffungsmaßnahmen 467
Arbeitschutzgesetz 237
Arbeitseinkommen
- Insolvenzschutz 152
- Pfändungsschutz 152
- Sicherung des 152

Arbeitsentgelt
- Abtretungsverbot 152
- Akkordlohn 129
- Anspruch auf Umwandlung in Altersversorgung 189, 195
- Aufrechnungsverbot 152
- Auszahlung 139
- bargeldlose Zahlung 140
- bei Überstunden 137
- Berechnung 139
- Beteiligung des Betriebsrats bei der Auszahlung 529
- Bonuszahlung 138
- Fälligkeit 140
- Formen des 112
- Gewinnbeteiligung 131
- Gleichbehandlung 125
- Gratifikation 131, 136
- Höhe des 113
- Mitbestimmungsrechte 142
- Prämien 130
- Provision 129
- Rückzahlung zu viel bezahlten 141
- Sachbezüge 128

- Schutz vor Pfändung 152
- Sicherung bei Insolvenz 152
- Sondervergütung 131, 136
- Umsatzbeteiligung 131
- Verjährung 142
- Zahlungsort 141
- Zulagen 136
- Zuschläge 137

Arbeitsgenehmigung 477

Arbeitsgerichte
- Ablauf des Verfahrens 547
- Aufbau 545
- Berufungsverfahren 547
- Beschlussverfahren 544, 549
- Bundesarbeitsgericht 545
- Kosten 546
- Landesarbeitsgerichte 545
- Mahnverfahren 548
- Nichtzulassungsbeschwerde 547
- örtliche Zuständigkeit 545
- Revision 547
- Urteilsverfahren 544
- Zuständigkeit 544

Arbeitskampf
- Arbeitslosen- und Kurzarbeitergeld 502
- Auswirkungen 500
- Bedeutung 497
- in kirchlichen Einrichtungen 499

Arbeitsleistung
- Übertragung der 63
- Vertretung bei der 62

Arbeitsort 64

Arbeitspapiere
- Ausfüllen der 433
- Aushändigen 433
- Berichtigung 434
- Ergänzung 434
- Herausgabe 433
- verspätete Rückgabe 434

Arbeitspflicht
- Änderung der 61
- bei einem anderen Arbeitgeber 63
- Entfallen der 63
- Intensität 61
- Konkretisierung 60
- persönliche 62
- Umfang 61

Arbeitsplatzteilung 62, 96

Arbeitsrechtlicher Gleichbehandlungsgrundsatz 299

Arbeitsschutz 237
- allgemeine Pflichten
  - des Arbeitgebers 238
  - des Arbeitnehmers 240
- arbeitsmedizinische Vorsorge 240
- Arbeitsstättenverordnung 242
- Bedeutung 237
- Berufsgenossenschaften 237
- besondere Gefahren 239
- Betriebsärzte 241
- Chemikaliengesetz 242
- Dokumentation 239
- Fachkräfte für Arbeitssicherheit 241
- Geräte- und Produktsicherheitsgesetz 242
- Pflicht des Arbeitgebers zur Einhaltung 237
- Rechte des Arbeitnehmers 237
- Sicherheitsbeauftragte 241
- Sicherheitsingenieure 241
- Übertragung von Aufgaben 239
- Überwachung durch Gewerbeaufsicht und Berufsgenossenschaften 237
- Unterweisung 239
- Verantwortlichkeit 240

Arbeitsschutzausschuss 242

Arbeitsschutzgesetz 237

Arbeitsstättenverordnung 281

Arbeitsunfähigkeit
- als Folge einer Krankheit 162
- als Ursache der Arbeitsverhinderung 163
- Benachrichtigungspflicht 170
- im Ausland 173
- Nachweispflicht 170, 171
- selbst verschuldete 164
- Zweifel an der 172

Arbeitsunfähigkeitsbescheinigung
- ausländische 174
- Beweiswert der 174
- unbegründete 173
- Vorlage der 170

Arbeitsunfall 110

Arbeitsverhältnis
- Begriff 9
- mittelbares 63
- rechtliche Grundlagen 15

- Tod des Arbeitnehmers 364
Arbeitsverhinderung
- für nicht erhebliche Zeit 180
- objektive 179
- persönliche 178
Arbeitsvertrag
- Abschlussfreiheit 25
- Anfechtung des 23
- auflösend bedingter 59, 355
- befristeter 28
- Begriff des 9
- Form des 27
- Inhalt des 32
- Kettenarbeitsvertrag 55
- mit minderjährigem Arbeitnehmer 27
- schriftlicher 29
- Vertragsklauseln 34
Arbeitszeit
- Berechnung 73, 74
- Beteiligung des Betriebsrats 529
- Dauer und Lage 67, 73
- flexible 85
- Gleitzeit 69
- Kurzarbeit 71
- regelmäßige 67
- Teilzeitarbeit 85
- Überstunden 70
Arbeitszeitgesetz 73
Arbeitszeitkonten 68
Arbeitszeitschutz
- Arbeitsbereitschaft 74
- Arbeitszeitverlängerungen 76
- Ausnahmen 76, 80, 84
- Bedeutung 73
- Beginn und Ende der täglichen Arbeitszeit 74
- Bereitschaftsdienst 75
- Ersatzruhetage 83
- Handel 84
- Jugendliche 84
- Kraftfahrer 84
- Nachtarbeit 78
- Rufbereitschaft 75
- Ruhepausen 77, 449
- Ruhezeiten 77, 449
- Schichtarbeit 78
- tägliche Höchstarbeitszeit 73
- Verbot der Sonntags- und Feiertagsarbeit 80
Arglistige Täuschung 23
Aufhebungsvertrag
- Anfechtung 362
- Bedeutung 359
- Folgen für den Arbeitgeber 364
- Folgen für den Arbeitnehmer 363
- Schriftform 360
- Unterrichtungspflichten des Arbeitgebers 363
- Wirksamkeit 361
Auflösend bedingter Arbeitsvertrag 355
Auflösungsvertrag 359
Aufrechnung 152
Ausbildungskosten, Rückzahlungsklauseln 461
Ausbildungsordnungen 452, 458
Ausbildungsverhältnis 11, 461
- Kostentragung 461
Ausbildungsvertrag
- Ende 456
- Fehlerhaftigkeit 455
- Inhalt 454
- Kündigung 456
- Niederschrift 454
- Probezeit 455
- Überwachung 454
- Verlängerung 456
Ausbildungsvorbereitung 447
Ausgleichsabgabe 468
- Bezahlung 467
- Verwendung 468
Ausgleichsabgabeverordnung 468
Ausgleichsverfahren 178
Ausgleich von Arbeitgeberaufwendungen 178
Aushändigung der Arbeitspapiere
- Anspruch auf 433
- Schadensersatz 434
Aushang
- Mutterschutzgesetz 280
Aushangspflicht des Jugendarbeitsschutzgesetzes 451
Aushilfstätigkeit 46
Auskunftsanspruch 330
Auskunft über den bisherigen Arbeitnehmer 433
Ausländische Arbeitnehmer
- Ausgleichsquittung 480

– Behandlung der, durch Arbeitgeber 479
– Beschäftigung 477, 479
– deutsche Gerichtsbarkeit 481
– Folgen bei fehlendem Aufenthaltstitel 478
– Gleichbehandlung 480
– Sprachkenntnisse 479
– Vereinbarung des Rechts des Heimatstaates 479
Ausschlussklauseln 142, 495
Ausschreibung von Arbeitsplätzen 533
Aussperrung 499
Auswahlrichtlinien, Beteiligung des Betriebsrats 533
Automatisierte Datenverarbeitung
– Ausdruck für den Arbeitnehmer 258
– Berichtigung der Daten 259

B

Bäckereien und Konditoreien 79, 82, 449
Beamter 11
Beendigung des Arbeitsverhältnisses
– Anfechtung des Arbeitsvertrages 359
– Aufhebungsvertrag 359
– Eintritt einer Bedingung 355
– Erreichen des Rentenalters 364
– Erwerbsunfähigkeitsrente 355
– Fristablauf 353
– Gründe 353
– Nichtigkeit des Arbeitsvertrages 358
– Pflichten des Arbeitgebers 430
Befristetes Arbeitsverhältnis
– als Probearbeitsverhältnis 43
– Begriff 45
– bei Schwangerschaft 45
– Besonderheiten beim Abschluss 57
– Dauer 47
– erleichterte Befristung bei Unternehmensgründungen 55
– Frist für Geltendmachung der Unzulässigkeit 56
– für die Dauer der Elternzeit 59, 291, 292
– Hochschulrahmengesetz 58
– im Haushalt 47
– kalendermäßige Befristung 45
– Kettenverträge 55
– kurzfristige Beschäftigungsverhältnisse 86
– mit Ärzten in der Weiterbildung 59
– mit wissenschaftlichem Personal 58
– Nachweis der Arbeitsbedingungen 46
– Nennung des Sachgrundes 46, 54
– ordentliche Kündigung 47
– Rechtsfolgen bei Unzulässigkeit 56
– sachliche Gründe 47
– Schriftform für Befristungsabrede 46
– stillschweigende Fortsetzung 43
– unzulässige Befristung 56
– Verlängerung 58
– zeitliche Befristung 45
– Zulässigkeit 47
  • mit sachlichem Grund 47
  • ohne sachlichen Grund 47
– Zweckbefristung 46
Behinderte Menschen 463
Behinderung
– Begriff 463
– Fragerecht des Arbeitgebers 22
– Schwerbehinderung 464
Benachteiligungsverbot 502
– Aufgaben der Arbeitnehmervertretungen 326
– Bedeutung 306
– Beweislast 325
– mittelbare Benachteiligung 310
– Pflichten des Arbeitgebers 319
– Rechte der Beschäftigten 321
– unmittelbare Benachteiligung 306
– zulässige unterschiedliche Behandlung 314
Bereitschaftsdienst 74
Berufliche Fortbildung 461
Berufliche Umschulung 461
Berufsausbildung
– Ausbildungsbefugnis 453
– Ausbildungsberufe 452
– Ausbildungsordnungen 452, 458
  • Aushändigung der 458
– Ausbildungsvergütung 457
– Ausbildungsvertrag 453, 454
  • Niederschrift 454
– Begriff 452
– Dauer 455
– Ende 455

- Freistellung
  - für Berufsschule 459
  - für Prüfungen und außerbetriebliche Bildungsmaßnahmen 459
- Pflichten
  - des Ausbildenden 457
  - des Auszubildenden 458
- Probezeit 455
- Schwerbehinderte Menschen 467
- sonstige Berufsbildungsverhältnisse 461
- Verbot ausbildungsfremder Arbeiten 457
- Verstöße der Ausbildenden 462

Berufsausbildung im Ausland 453
Berufsausbildungsvorbereitung 447
Berufsbildungsgesetz 447
Berufsgenossenschaften 237
Berufsschulunterricht 459
Beschäftigte 12
Beschäftigtendaten 247, 259
- Korrektur 259

Beschäftigungspflicht 232
Beschäftigungsverbot für bestimmte Arbeitgeber 26
Bescheinigung der Notwendigkeit von Arztbesuchen 528
Beschränkung der Arbeitnehmerhaftung
- bei Mitverschulden 108
- Voraussetzungen 107

Beschwerderecht des Arbeitnehmers 542
Betrieb 13
Betriebliche Ordnung 100
Betrieblicher Datenschutzbeauftragter 26
Betriebliche Renten 188
- Abfindung 199
- Anpassung an wirtschaftliche Entwicklung 204
- Anrechnung von Sozialversicherungsrenten 203
- Anspruch auf Entgeltumwandlung in Renten 195
- Anspruchsgrundlage 193
- Beitragsorientierte Leistungszusage 191
- Beitragszusage mit Mindestleistung 192
- Direktversicherung 190
- Direktzusage 190
- Durchführungsformen 190
- Entgeltumwandlung 191
- Fälligkeit 201
- Hinterbliebenen- und Invalidenrente 199
- Pensionsfonds 191
- Pensions- und Unterstützungskassen 190
- Reine Beitragszusage 197
- Rückdeckungsversicherung 190
- Schutz bei Zahlungsunfähigkeit des Arbeitgebers 206
- subsidiäre Haftung des Arbeitgebers 190
- Umfassungszusage 192
- unverfallbare 198
- Versorgungsanwartschaft
  - Auskunft über 200
  - Übernahme der 200
- Versorgungsmodelle 191
- Versorgungszusagen
  - an Ehegatten 207
  - Widerruf von 201
- Wartezeiten 198
- Zielsetzung 188

Betriebliche Übung 17
Betriebsänderung, Beteiligung des Betriebsrats 538
Betriebsarzt 26, 241
Betriebsbußen 528
Betriebsferien 210, 218
Betriebsgeheimnis 100
Betriebsinhaberwechsel
- Betriebsübergang 337

Betriebsrat
- allgemeine Aufgaben 524
- Amtszeit 510
- Anspruch auf Freistellung 515
- Arbeitsgruppen 511, 532
- Auskunftspersonen 523
- Aussetzung von Beschlüssen 512
- Begriff 14
- Benachteiligungsverbot 514
- Betrieb 504
- Betriebsausschuss 511
- Betriebsratsvorsitzender 510
- Betriebsteil 504
- Betriebs- und Abteilungsversammlungen 521

- Betriebsverfassungsgesetz 504
- Errichtung 504
- Geschäftsführung 510
- Geschäftsordnung 512
- Größe 506
- Interessenausgleich 539
- Jugend- und Auszubildendenvertretung 518
- Kosten 512
- Kündigungsschutz 420, 516
- Mitbestimmungs- und Mitwirkungsrechte 525
  - bei allgemeinen personellen Angelegenheiten 532
  - bei der Arbeitsplatzgestaltung 532
  - bei der Beschäftigungssicherung 534
  - bei der Lohngestaltung 530
  - bei Kündigungen 370, 537
  - beim Arbeitsschutz 532
  - beim betrieblichen Umweltschutz 532
  - bei personellen Einzelmaßnahmen 534
  - in sozialen Angelegenheiten 528
  - in wirtschaftlichen Angelegenheiten 537
- Rechtsstellung 514
- Regelungsabrede 527
- Sitzungen 511
- Sprechstunden 524
- Teilnahme an Bildungsveranstaltungen 515
- vereinfachtes Wahlverfahren 508
- Verschwiegenheitspflicht 516
- Versetzungsschutz 516
- Wahl 507
- Wählbarkeit 506
- Wahlberechtigung 505
- Wahlvorstand 509
- Zusammenarbeit
  - mit Arbeitgeber 522
  - mit Gewerkschaften 505
- Zusammensetzung 507

Betriebsstörungen
- Lohnzahlung bei 185
- Mitteilungspflicht 106

Betriebsübergang
- Aufhebungsverträge 351
- Befristung 351
- Begriff 339
- bei Betriebsaufspaltung 342
- bei Fremdvergabe von Kundendienstleistungen 342
- bei Insolvenz 343
- bei Neuvergabe eines Catering-Vertrages 342
- bei Neuvergabe eines Dienstleistungsauftrags 341
- bei Verkauf oder Verpachtung 341
- Haftung des alten Arbeitgebers 349
- in Einzelhandelsgeschäften 343
- Informationsrechte der Arbeitnehmer 345
- Inhaberwechsel 337
- in Produktionsbetrieben 343
- Kündigungsverbot 350
- Rechte in Betriebsvereinbarungen oder Tarifvertrag 344
- Rückübertragung von Betrieben 352
- Übergang der Arbeitsverhältnisse 337
- Widerspruchsrecht des Arbeitnehmers 346

Betriebsvereinbarung 14, 16, 526, 527
Betriebsverfassungsrecht 504
Betriebsversammlung 521
Beurteilungsgrundsätze, Beteiligung des Betriebsrats 533
Bewerberdaten 20
Bewerbungsunterlagen 20
Bildungsurlaub 230
- Betriebsärzte und Fachkräfte für Arbeitssicherheit 230
- ehrenamtliche Mitarbeiter in der Jugendarbeit 230
- Mitglieder
  - der Auszubildendenvertretung 230
  - der Jugendvertretung 230
- tarifvertraglicher Anspruch 230

Billigkeitskontrolle 522
Blockunterricht 459
Bonusmeilen 105
Bonuszahlungen 138
Bundesurlaubsgesetz 208

D

Datenschutz 246
Diensterfindung 335

Dienstreisen, Ersatz der Aufwendungen 139
Dienstvereinbarung 14
Dienstvertrag 10
Direktionsrecht 61, 99
Diskriminierungsverbot 88
Dritter Weg 499
Drittschuldnererklärung 157

E

Eingliederungsmanagement, betriebliches 237, 470
Einigungsstellen
- Zuständigkeit 549
Einstellungsverhandlungen 19
- Beteiligung des Betriebsrats 533
- Bewerbungsunterlagen 20
- Einstellungsuntersuchung 24
- Informationspflichten
  - des Arbeitgebers 19
  - des Arbeitnehmers 21
- Personalfragebogen 21
- Verarbeitung von Bewerberdaten 20
- Vorstellungsgespräch 21
- Vorstellungskosten 24
- zulässige Fragen an den Bewerber 21
Elternzeit
- Anspruch auf Teilzeit 286
- Anspruchsvoraussetzungen 282
- Bedeutung 281
- Befreiung vom Kündigungsverbot 290
- befristete Einstellung einer Ersatzkraft 291
- bei Nichterwerbstätigkeit des Ehegatten 284
- Dauer 282
- für angenommene Kinder 283
- für ausländische Arbeitnehmer 284
- Geltendmachen des Anspruchs 284
- gleichzeitige Inanspruchnahme 284
- Inhalt des Antrags 284
- Kündigungsverbot 288
- Kürzung des Erholungsurlaubs 287
- Nachgewährung des Erholungsurlaubs 288
- Sonderkündigungsrecht des Arbeitnehmers 288
- und Teilzeitarbeit 286, 289
- Verlängerung der 285
- vorzeitige Beendigung der 285
- während der Mutterschutzfristen 284
Entgeltbenachteiligung 329
Entgeltfortzahlung
- Abweichen von der gesetzlichen Regelung 177
- an Feiertagen 158
- Ausgleich der Kosten 178
- befristet Beschäftigte 162
- bei Annahmeverzug 182
- bei Arztbesuch 180
- bei Beendigung des Arbeitsverhältnisses 162, 166
- bei Betreuung erkrankter Kinder 180
- bei Dienstgeberwechsel 166
- bei Erkrankung 161, 169
- bei Kuren 176
- bei Organspende 175
- bei persönlicher Arbeitsverhinderung 178
- bei Schadensersatz eines Dritten 175
- bei Schonungszeiten 177
- bei Schwangerschaftsabbruch und Sterilisation 175
- bei Stellensuche 181
- bei Unmöglichkeit der Arbeitsleistung 185
- bei wiederholter Arbeitsunfähigkeit 165
- Berechnung der 167
- geringfügig Beschäftigte 162
- Unabdingbarkeit 177
- Wartezeit 161
Entgelttransparenz 328
Entgeltumwandlung 193
Entwicklungshelfer 11
Erfindungen des Arbeitnehmers
- Inanspruchnahme durch den Arbeitgeber 335
- Meldepflicht des Arbeitnehmers 334
- rechtliche Grundlagen 334
- Vergütungsanspruch des Arbeitnehmers 335
Erhaltungs- und Notarbeiten 499
Erholungsurlaub
- Abgeltung des 221
- Abweichen von der gesetzlichen Regelung 227

- Anrechnung von Kuren 223
- bei Nichterteilung durch den Arbeitgeber 221
- bei Streik 210
- Betriebsferien 210, 218
- Erkrankung während des 222
- Ersatzurlaub 221
- Erteilung des 216
- Erwerbstätigkeit während des 221
- gesetzlicher Anspruch 208
- Inanspruchnahme 216
- Jugendliche 211, 450
- Mitbestimmung des Betriebsrats 218
- nach einer Kur 217
- Seeleute 212
- Sondervorschriften 208
- Teilung des 218
- Teilurlaub 214
- Teilzeitbeschäftigte 212
- Übertragung ins folgende Jahr 219
- Unabdingbarkeit 228
- und Arbeitgeberwechsel 215
- und Arbeitsplatzwechsel 215
- und Krankheit 222
- Urlaubsabgeltung 225
- Urlaubsentgelt 223
- Urlaubsgeld 225
- Urlaubsjahr 213
- Urlaubskürzung 215
- Urlaubsliste 218
- Urlaubstag 209
- Vererblichkeit 227
- Verfallen des 219
- während der Kündigungsfrist 217
- Wartezeit 213
- Zusatzurlaub für schwerbehinderte Menschen 211, 471

Erkrankung 161
Ermittlungsverfahren 23

F

Fachkräfte für Arbeitssicherheit 241
Familienbedingte Freistellungsansprüche 297
Familienpflegezeit 296
- Rechte der Arbeitnehmer 297

Familienstand 22
Fehlzeiten
- Gratifikation 134
- Sondervergütung 134

Feiertage, gesetzliche 81
Feiertagsarbeit 80, 160
Feiertagsarbeitsverbot 449
Feiertagsvergütung
- Anspruch 158
- bei Streik 159
- Höhe 160

Fiktion des Zugangs 37
Fingierte Erklärungen 37
Flexible Arbeitszeiten 97
Formulararbeitsverträge
- Beteiligung des Betriebsrats 533

Fragerecht des Arbeitgebers 21
Frauenquote 19
Freistellung
- für Betreuung eines kranken Kindes 180
- zur Stellensuche 181

Freiwilligen-Wehrdienst 482
Freiwilliges ökologisches Jahr 11
Freiwilliges soziales Jahr 11
Fremdpersonal 534
Friedenspflicht 498
Fristlose Kündigung
- bei schuldlosen Pflichtverletzungen 379
- Beweislast für das Vorliegen eines wichtigen Grundes 384
- Kündigungsgründe für den Arbeitgeber 379
- Kündigungsgründe für den Arbeitnehmer 383
- Kündigungsschutz 386
- vertragliche Einschränkung 384
- vertragliche Erweiterung 384
- Zulässigkeit 378
- Zwei-Wochen-Frist 384

G

Gaststätten 449
- Sonn- und Feiertagsarbeit 82, 83

Gefahrstoffverordnung 281
Genetische Untersuchungen 24
Geringfügige Beschäftigung 85, 86
Gesamtbetriebsrat 518

Gesamtjugend- und Auszubildendenvertretung 520
Geschäftsführer 11
Geschäftsgeheimnis 100, 516
Gesundheitliche Untersuchung 24
Gesundheitsschutz
- Schutzpflichten 235
Gewerbeaufsichtsamt 237, 242
Gewerkschaften 489
- Zugehörigkeit 23
Gewerkschaftliche Vertrauensleute 489
Gewerkschaftsbeauftragte
- Zutritt zum Betrieb 505
Gewinnbeteiligung 131
Gleichbehandlung im Unternehmen
- Aufgaben des Betriebsrats 304
- Bedeutung 299
- bei der Einstellung 302
- bei der Kündigung 304
- bei dienstlichen Anordnungen 303
- bei freiwilligen Zulagen od. Sonderleistungen 302
- bei Lohnerhöhungen 126, 302
- beim Arbeitsentgelt 125, 302
- Teilzeitbeschäftigte 87, 125
- zwischen deutschen und ausländischen Arbeitnehmern 304
Gleichbehandlungsgrundsatz, arbeitsrechtlicher 299
Gleichbehandlung von Mann und Frau
- Beweislast im Streitfall 325
- Entgeltbenachteiligung 329
- Entgelttransparenz 328
Gleichgestellte schwerbehinderte Menschen 464
Gratifikation
- Anspruch auf 131
- Bedeutung 131
- Fehlzeiten 134
- Pflicht zur Rückzahlung 136
- Zweck der 131
Gruppenarbeit 62

H

Haftung des Arbeitnehmers
- bei betrieblicher Tätigkeit 108
- bei einem Unfall 110
- bei Mitverschulden des Arbeitgebers 108
- bei Schädigung
  - eines Kollegen 110
  - eines Kunden 110
- Beschränkung der 107, 110
- Mankohaftung 111
Handelsvertreter
- Abgrenzung des selbstständigen vom unselbstständigen 12
Heimarbeit
- Ausgabe der Heimarbeit 485
- Ausgleich für Krankheit 488
- Ausstattung der Arbeitsstätten 485
- Begriff 484
- besondere Listen 485
- Entgeltbelege 485
- Entgeltregelungen 485
- Entgeltschutz 486
- geschützter Personenkreis 484
- gesetzliche Feiertage 488
- Gleichgestellte 484
- Heimarbeitsausschuss 484
- Heimarbeitsgesetz 484
- Kündigungsschutz 486
- Pflichten des Auftraggebers 485
- Urlaub 488
HIV/AIDS 243

I

Inklusionsvereinbarung 469
Insolvenzgeld 152
Insolvenzordnung 152
Insolvenzverfahren 152
- Kündigung im 412
Integrationsamt 467, 472
Interessenausgleich 539

J

Jahresarbeitsvertrag 97
Jobsharing
- Pflicht zur Vertretung 62, 96
Jugendarbeitsschutz
- 5-Tage-Woche 449
- Akkordarbeiten 451
- Arbeitszeit Jugendlicher 448
- Beginn der Beschäftigung 451
- Bußgelder 452

- medizinische Untersuchungen 450
- Mindestalter für Beschäftigung 448
- Mindestruhezeiten 448
- Nachtruhe 449
- Notfälle 449
- Pflichten des Arbeitgebers 450
- Ruhepausen 448
- Samstagsarbeitsverbot 449
- Sonn- und Feiertagsarbeitsverbot 449
- Urlaub 450
- Verbot der Kinderarbeit 447
- verbotene Arbeiten 450

Jugendarbeitsschutzgesetz 447, 452
Jugendliche Arbeitnehmer 27, 447
Jugend- und Auszubildendenvertretungen 518

K

Kettenarbeitsverhältnis 55
Kinder 447
Kinderarbeit
- Betriebspraktikum 447
- Verbot der 447

Kinderarbeitsschutzverordnung 447
Kircheneigene Arbeitsvertragsregelungen 18
Koalitionsfreiheit 489
Kontrolleinrichtungen 74
Krankengespräche 528
Krankenhäuser, Sonn- und Feiertagsarbeit 81
Krankheiten 22
- Fragerecht des Arbeitgebers 22

Kündigung
- allgemeiner Kündigungsschutz 386
- älterer Arbeitnehmer 395
- Änderungskündigung 416
- Arbeitsplatzteilung 97
- außerordentliche (fristlose) 378
- Bedeutung 366
- Beteiligung des Betriebsrats 369, 370, 537
- betriebsbedingte 402
- Druckkündigung 407
- Form 366
- Mitteilen des Kündigungsgrundes 368
- ordentliche 374
- personenbedingte 390
- Unwirksamkeit 368, 386, 413, 415
- verhaltensbedingte 397
- Widerspruch des Betriebsrats 372, 404
- Zugang 367

Kündigungserklärung
- Anfechtung der 368
- durch eingeschriebenen Brief 367
- schriftlich 366

Kündigungsfristen 374
- bei Aushilfe 377
- Berechnung 374
- eines Elternzeitberechtigten 377
- eines schwerbehinderten Menschen 377
- einzelvertragliche 376
- gesetzliche für Angestellte 374
- im Insolvenzfall 378
- in der Probezeit 377
- tarifvertragliche 376
- verlängerte 375
- vor Arbeitsantritt 377

Kündigungsgrund
- Abnahme der Leistungsfähigkeit 390
- Absatzschwierigkeiten 404
- Abwerbung 379
- Alkoholabhängigkeit 394
- Alkoholmissbrauch 400
- Änderung der Arbeits- und Produktionsmethoden 404
- Androhung von erheblichen Nachteilen 382
- Angabe des 368
- Anspruch auf Vorruhestandsleistungen 396
- Anstellungsbetrug 380
- Anzeige gegen den Arbeitgeber 380, 401
- Arbeitsverweigerung aus Gewissensgründen 399
- außerdienstliches Verhalten 380
- beharrliche Arbeitsverweigerung 380
- beharrliche Verweigerung sonstiger Vertragspflichten 380
- Beleidigungen des Arbeitgebers 380, 398
- Beschimpfen von Vorgesetzten 399
- Bestechung 380
- Betriebsstilllegung 405
- Beweispflicht 384

- Drogensucht 394
- eigenmächtiges Nehmen oder Überschreiten des Urlaubs 398
- fehlende Aufträge 404
- für außerordentliche (fristlose) Kündigung 378
- für ordentliche Kündigung 390
- Gefährdung von Leben und Gesundheit 383
- im Verhalten des Arbeitnehmers 397
- Inanspruchnahme der Teilrente 396
- in der Person des Arbeitnehmers 390
- Inhaftierung 390
- intimes Verhältnis 398
- Konkurrenztätigkeit 398
- Krankheit 391
- krankheitsbedingte Unfähigkeit zur Arbeitsleistung 390
- Lohnpfändungen und Schulden 401
- mangelnde körperliche und geistige Eignung 390
- Manipulationen bei der Zeiterfassung 399
- Mankobeträge 399
- nachträglicher Wegfall 406
- Nebentätigkeit des Arbeitnehmers 401
- Provozieren von Streit 399
- Rationalisierung 405
- Rentenalter 396
- Schmiergeldannahme 399
- Schwarzfahren 399
- sittliche Verfehlungen 380
- Spesenbetrug 399
- Störung von Ordnung und Frieden im Betrieb 381, 399
- Strafhaft 382
- Straftaten
  - außerhalb des Arbeitsverhältnisses 381
  - außerhalb des Betriebs 400
  - des Arbeitgebers 383
  - gegen den Arbeitgeber 381
  - im Betrieb 398, 399
- tätliche Angriffe 399
- tätliche Auseinandersetzungen im Betrieb 381
- Trunkenheit im Betrieb 381
- Überschreiten der Höchstarbeitszeiten 383
- Übertreten des Rauchverbots 380, 399
- Umsatzrückgang 404
- Umwandlung eines Halbtagsarbeitsplatzes 405
- unbefugtes Verlassen des Arbeitsplatzes 398
- unerlaubte Telefongespräche 381, 399
- unkorrekte Spesenabrechnung 381
- unsolider Lebenswandel 400
- unterdurchschnittliche Arbeitsleistung 398
- Verdacht einer schweren Vertragsverletzung 381
- Verdacht einer schwerwiegenden strafbaren Handlung 381
- Verlangen der Belegschaft oder der Kunden 407
- Verletzung der Pflicht zur Anzeige oder zum Nachweis der Arbeitsunfähigkeit 398
- Verrat von Betriebs- und Geschäftsgeheimnissen 381
- Verstoß gegen Alkoholverbot 400
- Verstoß gegen das Wettbewerbsverbot 381
- Vertragsverletzungen des Arbeitgebers 383
- Vortäuschen der Arbeitsunfähigkeit 380, 398
- Zahlungsverzug 383
- Zuspätkommen 398
- zwingende betriebliche Erfordernisse 402

Kündigungsschutz
- allgemeiner 386
- ältere Arbeitnehmer 395, 413
- Ausschlussfrist 386
- bei AIDS/HIV-Infektion 394
- bei Alkoholabhängigkeit 394
- bei der Änderungskündigung 417
- bei Drogensucht 394
- bei Krankheit 391
- besonderer 419
- für betriebliche Immissionsschutzbeauftragte und Störfallbeauftragte 420
- für Betriebsratsmitglieder 420
- für Datenschutzbeauftragte 420
- für freiwillig Wehrdienst Leistende 420

– für Inhaber von Bergmannsversorungsscheinen 421
– für in Heimarbeit Beschäftigte 486
– für schwangere Frauen und junge Mütter 419
– für schwerbehinderte Menschen 420
– Geltung des Kündigungsschutzgesetzes 386
– in Kleinbetrieben 387
– in Tarifverträgen 421
– nach der Elternzeit 290
– soziale Auswahl 408
– soziale Rechtfertigung 390
– während der Elternzeit 288, 419
– während der Familienpflegezeit 419
– während der Pflegezeit 419
– während einer nach BErzGG zulässigen Teilzeitarbeit 289
Kündigungsverbot 278, 288, 296, 297
Kuren 161, 177, 223
Kurzarbeit 72, 525
– Begriff 71
– Einführung von 71
Kurzarbeitergeld 72
Kurzfristiges Beschäftigungsverhältnis 85, 86

L

Landwirtschaft 449
Leiharbeit
– Arbeitnehmerüberlassungsgesetz, Regelung im 436
– Begriff 436
– Gleichbehandlung 442
– Mitwirkung des Betriebsrats 445
– Offenlegungspflicht 439
– Rechtsbeziehung
  • zwischen Entleiher und Leiharbeitnehmer 445
  • zwischen Verleiher und Entleiher 440
  • zwischen Verleiher und Leiharbeitnehmer 441
– Übertragbarkeit der Arbeitsleistung 63
– Zulässigkeit 438
Lohnfortzahlung
– bei Schwangerschaftsabbruch und Sterilisation 175
– im Krankheitsfall
  • Abweichen von der gesetzlichen Regelung 177
  • bei Beendigung des Arbeitsverhältnisses vor 6 Wochen 166
  • bei wiederholter Arbeitsunfähigkeit 165
  • und Schadensersatz eines Dritten 175
  • Voraussetzungen 162
Lohnfortzahlungskosten, Ausgleich der 178
Lohnpfändungstabelle 155
Lohnzahlung
– bei Absatz- oder Auftragsmangel 186
– bei Fernwirkungen eines Arbeitskampfes 186
– bei Unmöglichkeit der Arbeitsleistung 185
– im bestreikten Betrieb 187

M

Mahnverfahren 548
Mankohaftung 38, 111
Massenentlassungen 373
Maßregelungsverbot
– nach dem BGB 263
– nach dem Teilzeit- und Befristungsgesetz 264
Mediation 547
Medizinische Untersuchungen, Jugendliche 450
Menschengerechte Gestaltung der Arbeit 532
Minderjährige Arbeitnehmer 27
Mindestlohn
– Anrechnung von Aufwendungsersatz 122
– Anrechnung von Kost und Logis 122
– Anrechnung von Mankovergütung 122
– Anrechnung von Sonderzahlungen 122
– Anrechnung von Trinkgeld 122
– Anrechnung von Zulagen, Zuschlägen 122
– Anspruch 116
– Anspruchsberechtigte 116

- Arbeitszeitkonten 119
- Aufzeichnungspflichten 123
- Berufsausbildung 117
- Fälligkeit 119
- Generalunternehmerhaftung 124
- Höhe des 118
- Jugendliche 117
- Kontrollen 124
- Langzeitarbeitslose 117
- Ordnungswidrigkeit 124
- Praktikanten 117
- Unabdingbarkeit 120
- Verjährung 121
- Verwirkung 121
- Verzicht 121
- Zahlungspflicht 121

Mindestruhezeiten 77, 448
Mini-Jobs (ab 1.4.2003) 85
- Gleitzone 85
- Haushaltsnahe Dienstleistungen 86
- Nebentätigkeiten 86

Missbilligende Äußerung 259
Mitbestimmungsrechte des Betriebsrats
- Betriebsrat 495

Mitbestimmungs- und Mitwirkungsrechte
- bei personellen Einzelmaßnahmen 532

Mithelfende Familienangehörige 12
Mobbing 261, 516
Mutterschaftsgeld
- Berechnung 275
- Voraussetzungen 276

Mutterschutz
- Arbeitgeberzuschuss während der Schutzfristen 276
- Ausgleich der Arbeitgeberaufwendungen 277
- Aushang- und Auskunftspflichten des Arbeitgebers 280
- Beschäftigungsverbot aufgrund eines ärztlichen Zeugnisses 273
- Beschäftigungsverbote 267, 269
- Erholungsurlaub 280
- Fragen nach der Schwangerschaft 22
- Freistellungsansprüche 277
- Frühgeburt 268
- Geltungsbereich 266
- Gestaltung des Arbeitsplatzes 271
- Kündigung durch Arbeitnehmerin 280
- Kündigungsschutz 278
- Lohnausgleichsverfahren für kleinere Betriebe 277
- Mitteilungspflichten
  - der Schwangeren 267
  - des Arbeitgebers 270
- Mutterschaftsgeld während der Schutzfristen 275
- Pflichten des Arbeitgebers 271
- Schutzfrist nach der Entbindung 268
- Schutzfrist vor der Entbindung 267
- stillende Mütter 273
- unverantwortbare Gefährdung 271
- unzulässige Tätigkeiten 272

Mutterschutzgesetz 266
Mutterschutzlohn 274
- Berechnung 274

N

Nachtarbeit 78, 449
- ärztliche Betreuung 78
- Ausgleichszeitraum 78
- Dauer der Arbeitszeit 78
- gesicherte arbeitswissenschaftliche Erkenntnisse 78
- Umsetzungsanspruch 79

Nachweis
- bei Änderung der Arbeitsbedingungen 31
- bei Auslandseinsatz 31
- der Arbeitsbedingungen 28, 46
- Folgen bei Nichtbeachtung der Pflicht 31
- schriftlicher 28

Nebenpflichten 99
Nebentätigkeit, Zulässigkeit der 62
Nichtigkeit des Arbeitsvertrages
- bei fehlender Einwilligung 358
- bei Formmangel 358
- bei Geschäftsunfähigkeit 358
- bei Gesetzesverstoß 358
- bei Sittenwidrigkeit 358

Niederschrift
- bei Änderung der Arbeitsbedingungen 31
- bei Auslandseinsatz 31
- Folgen bei Nichterstellen 31
- Mindestinhalt 29

Notfälle 449

O

Ordnung des Betriebes
- Beteiligung des Betriebsrats 100, 528
- Verhaltensanordnungen und Regeln 99

Ordnungs- und Zwangsgelder 527
Outsourcing 337

P

Parteizugehörigkeit 23
Pensionsfonds 191
Pensionskasse 190
Pensions-Sicherungsverein 153, 206
Personalakten
- Berichtigung 259
- Entfernung einer Abmahnung 259
- Erklärung des Arbeitnehmers 259
- Recht auf Einsicht 258, 542

Personalfragebogen
- Beteiligung des Betriebsrats 533
- Inhalt 21

Personalplanung, Beteiligung des Betriebsrats 532
Pfändung des Arbeitseinkommens
- Drittschuldnererklärung durch Arbeitgeber 156
- Errechnung des Nettoeinkommens 153
- Lohnpfändungstabelle 155
- Pflichten des Arbeitgebers 156
- unpfändbarer Teil des Arbeitsentgelts 155

Pflegezeit
- Bedeutung 293, 294
- Einstellung einer Ersatzkraft 296
- Freistellungsansprüche 293
- Kündigungsverbot 296
- Pflegeunterstützungsgeld 295

Pflichten des Arbeitgebers 238
Pflichtverletzung des Arbeitnehmers 107
Praktika
- freiwillige 460
- Pflichtpraktika 460
- schriftlicher Vertrag 460

Prämien 130
Probearbeitsverhältnis
- abgekürzte Kündigungsfristen 44
- als vorgeschaltete Probearbeitszeit 44
- im Ausbildungsverhältnis 455

Provision 129
Psychologischer Test 25

Q

Quotenregelung 19, 318

R

Rechtsberatung 549
Richter 11
Rückdeckungsversicherung 190
Rückzahlungsklauseln 461
Rufbereitschaft 74
Rüge 259
Ruhepausen 77
Ruhezeiten 77, 81, 83
- an Sonn- und Feiertagen 81
- Ausnahmen 81

S

Sachbezüge 128
Sachschäden des Arbeitnehmers 263
Scheinselbstständigkeit 13
- Begriff 13

Schichtarbeit 78
Schiedsverfahren 549
Schlechtleistung
- als Grund zur Lohnminderung 107
- als Kündigungsgrund 107
- Begriff 107
- Schadensersatz bei 107

Schmiergelder
- Folgen bei Annahme von 105
- Verbot der Annahme von 105

Schriftform 41
Schriftform des Arbeitsvertrages 27
Schulungs- und Bildungsveranstaltungen für Betriebsratsmitglieder 515
Schutz des Arbeitnehmereigentums
- bei Autos und Fahrrädern 262
- bei mitgebrachten Sachen 262
- Haftung des Arbeitgebers 263

Schutz des Persönlichkeitsrechts
- bei ungerechter Behandlung 261
- Datenschutz 246
- Schutzpflichten 244

Schutz für Leben und Gesundheit des Arbeitnehmers 235

Schutzpflichten 235
Schutz vor ungerechter Behandlung 261
Schwangerschaft 22, 26, 45
Schwerbehinderte Menschen
- Anspruch auf Teilzeitarbeit 469
- Anzeigepflichten des Arbeitgebers 468
- Art der Beschäftigung 468
- Ausgleichsabgabe 467
- Auszubildende 467
- Beauftragte des Arbeitgebers 475
- Begriff 464
- behindertengerechte Ausstattung des Betriebes 469
- Berechnung der Pflichtplätze 467
- Berücksichtigung von Frauen 466
- Beschäftigung entsprechend den Fähigkeiten 468
- besondere Pflichten des Arbeitgebers 468
- Durchführung des Gesetzes 475
- Feststellung der Behinderteneigenschaft 464
- Fragerecht des Arbeitgebers 22
- Gleichgestellte 464
- Inklusionsbeauftragte 475
- Integrationsvereinbarung 469
- Klagerecht der Verbände 476
- Kündigungsschutz 420, 471
- Mehrarbeit 471
- Nachweis der Behinderung 464
- Pflichten des Arbeitgebers bei der Einstellung 26, 465
- Prävention 470
- Schutz des Schwerbehindertenrechts 464
- Schwerbehindertenausweis 464
- Schwerbehindertenvertretung 474
- Teilzeitbeschäftigte 467
- Verbandklagerecht 476
- Wegfall des Schwerbehindertenschutzes 465
- Werkstatt für behinderte Menschen 476
- zusätzlicher Urlaub 211, 471
Schwerbehindertenrecht 464
Schwerbehindertenvertretung
- Aufgaben 474
- Rechtsstellung 475
- Wahl 475
Sicherheitsbeauftragte 241
Sicherheitsingenieure 241
Soldat 11
Sondervergütung 131
- Anspruch auf 131
- Bedeutung 131
- Fehlzeiten 134
- Gleichbehandlung 134
- Minderung 134
- Pflicht zur Rückzahlung 136
- Rückzahlung 136
Sonntagsarbeitsverbot 449
Sonn- und Feiertagsarbeit
- Arbeitsverbot 80
- Ausnahmen 84
  • vom Arbeitsverbot 81
- Mindestschutz für Arbeitnehmer 83
Soziale Angelegenheiten, Mitbestimmung des Betriebsrats 528
Soziale Auswahl
- Kriterien 408
- zwischen jüngeren und älteren Arbeitnehmern 413
- zwischen Teilzeit- und Vollzeitbeschäftigten 412
Sozialeinrichtungen, Beteiligung des Betriebsrats 530
Sozialplan 539
Spannenklausel 496
Sportunfall 165
Sprecherausschuss der leitenden Angestellten 542, 543
Sprechstunden
- Betriebsrat 524
- Jugend- und Auszubildendenvertretung 513
Stellenausschreibung 19
- als Teilzeitarbeitsplatz 19
- Beteiligung des Betriebsrats 533
- Quotenregelung 19, 318
Strafgefangene 11
Streik
- Auswirkungen für das Arbeitsverhältnis 500
- Beendigung 502
- Benachteiligungsverbot 502
- Erhaltungs- und Notarbeiten 499
- Erholungsurlaub 210
- Feiertagsvergütung 159

- sozialversicherungsrechtliche Auswirkungen 502
- Streikposten 498
- Zulässigkeit 497

Streikunterstützung 500

T

Tägliche Höchstarbeitszeit, Ausnahmen 76
Täglicher Höchstarbeitszeitschutz, Schichtbetriebe 78
Tantieme 131
Tarifeinheitsgesetz 492
Tarifverträge
- allgemein verbindliche 15
- Allgemeinverbindlicherklärung 492
- Anwendung der 15
- Ausschlussklauseln 495
- Begriff 14, 490
- Eintragung ins Tarifregister 491
- einzelvertragliche Bezugnahme 16, 496
- Geltungsbereich 15, 491
- Tarifkollision 492
- Tarifvertragsgesetz 491
- übertarifliche Arbeitsentgelte 494
- übertarifliche Zulagen 494
- unmittelbare Wirkung 15, 493
- Verzicht auf tarifliche Ansprüche 495

Tätigkeit
- Änderung 61
- Regelung im Arbeitsvertrag 60

Teilzeitarbeit
- Anspruch auf Teilzeitarbeit 90
- Arbeit auf Abruf 96
- Arbeitsplatzteilung 96
- Begriff 85
- besondere Pflichten des Arbeitgebers 89
- Diskriminierungsverbot 88
- geringfügiges Beschäftigungsverhältnis 85
- Gleichbehandlung mit Vollzeitbeschäftigten 87
- Inhalt des Arbeitsvertrages 97
- Jahresarbeitsvertrag 97
- pro-rata-temporis-Grundsatz 87
- Schwerbehinderte Menschen 467
- Teilrente und 98
- Teilzeitarbeitsvertrag 97
- Überstunden 89
- Überstundenvergütung 89
- unregelmäßige Arbeitszeit 97
- Urlaubsanspruch 86, 89
- Verlängerung der Arbeitszeit 94
- Vertretung bei Arbeitsplatzteilung 62, 96
- während der Elternzeit 286

Teilzeitbeschäftigte
- Teilzeitarbeit 87

Telefongespräche 530
Trinkgeld 112

U

Überlassung von Vermögensbeteiligungen
- gesetzliche Grundlagen 144
- neue Werte vom 1.1.2004 an 149
- Steuer- und Sozialabgabenfreiheit 151
- Verhältnis zum 5. VermBG 151
- Voraussetzungen 150

Übernahme der Versorgungsanwartschaft 199
Überstunden
- Befugnis zum Anordnen 71
- Teilzeitbeschäftigte 89
- Vergütung 137
- Verpflichtung zur Leistung 70

Überwachung des Arbeitnehmers
- durch Alkohol- oder Drogenkontrolle 257
- durch Telefonüberwachung 255
- durch Torkontrollen 257
- mit Einsatz von Keylogger 254
- mit technischer Einrichtung 254
- mit verdeckter Kamera 254
- über Belastungsstatistik 254
- über Facebookseite 254

Umgruppierung, Beteiligung des Betriebsrats 534
Umsatzbeteiligung 131
Umsatzprämie 134
Umwandlung 341
Unfallverhütungsvorschriften 237
Unternehmen 13
Unterstützungskasse 190
Urlaub
- Erholungsurlaub 208

Urlaubsabgeltung 221, 225, 227

Urlaubsdauer
- des Teilzeitbeschäftigten 212
- für Erwachsene 208
- für Jugendliche 211
- für schwerbehinderte Menschen 211
Urlaubsentgelt
- des Teilzeitbeschäftigten 224
- Höhe des 223
Urlaubsgeld 225
Urlaubsjahr 213
Urlaubskürzung
- bei Erziehungsurlaub 215
- bei langdauernder Arbeitsunfähigkeit 222
- wegen Elternzeit 287
Urlaubstag 209

V

Verbandsklage der Gewerkschaften 254, 502
Verbesserungsvorschlag des Arbeitnehmers
- kaufmännischer 336
- organisatorischer 336
- technischer 335
Vergütung, siehe auch Arbeitsentgelt 23, 112
- Formen der 112
- Höhe der 113
- Mindestvergütung 115
- sittenwidrige 114
- Überstunden 137
Verjährung des Arbeitsentgelts 142
Verkehrsbetriebe, Sonn- und Feiertagsarbeit 82
Vermögensverhältnisse 23
Vermögenswirksame Leistungen
- Anlage
  - auf Antrag des Arbeitnehmers 148
  - nach dem Wohnungsbau-Prämiengesetz 147
- Anlagemöglichkeiten 145
- Anspruchsgrundlage 148
- Arbeitnehmer-Sparzulage 149
  - Auszahlung der 150
  - Rückzahlung der 150
- Begriff 145
- begünstigter Personenkreis 144
- Behandlung durch Arbeitgeber 149
- besondere Förderung des Beteiligungssparens 149
- Beteiligungs-Kaufvertrag 147
- Beteiligungs-Vertrag 146
- Einkommensgrenzen 149
- Einzahlung
  - auf einen Sparvertrag 145
  - auf Lebensversicherungsvertrag 147
- Erwerb von Wertpapieren und Beteiligungen 145
- gesetzliche Grundlagen 144
- Sparvertrag über Wertpapiere und Beteiligungen 146
- Sparzulage 150
- Überlassung von Vermögensbeteiligungen 150
- unterschiedliche Förderungsbeträge und Zulagensätze 149
- Verwendung zum Wohnungsbau 147
- Vorteile für Arbeitgeber 151
- Wertpapier-Kaufvertrag 146
- zusätzliche Leistungen 148
Verschwiegenheitspflicht des Arbeitgebers 253
Verschwiegenheitspflicht des Arbeitnehmers
- Anzeige gegen den Arbeitgeber 101
- Bedeutung 100
- Verletzung der 101
Versetzung
- an einen anderen Arbeitsplatz 65
- an einen anderen Ort 66
- Beteiligung des Betriebsrats 66, 534
Versicherungsvertreter
- Abgrenzung des selbstständigen vom unselbstständigen 12
Versorgungsanwartschaft 199
Versorgungsmodelle 191
- beitragsorientierte Leistungszusage 191
- Beitragszusage mit Mindestleistung 192
- Gesamtversorgungsmodell 191
- Zusage bestimmter Renten oder eines Kapitalbetrages 191
Vertragsklauseln 34
Vertragsstrafe 42
Vertretung bei der Arbeitsleistung 62

Verwarnung 259
Videoüberwachung 254
Vollzeitschulpflichtige 447
Volontärverhältnis 461
Vorschüsse 152
Vorstellungskosten 24
Vorstrafen
- Fragerecht des Arbeitgebers 23

W

Wegezeiten 74
Wehrpflicht 482
Weisungsrecht 61, 99
Weiterbeschäftigung
- Ansprüche während der 233
- Anspruchsvoraussetzungen 232
Werkswohnungen, Beteiligung des Betriebsrats 530
Werkvertrag 10
Wettbewerbsverbot
- Anrechnung auf die Karenzentschädigung 104
- Folgen bei Verstoß gegen das 102, 105
- nach Beendigung des Arbeitsverhältnisses 103
- während des Arbeitsverhältnisses 102
Wiedereinstellungsanspruch 406

Z

Zeitarbeit
- siehe Leiharbeit 436
Zeugnis 458
- Anspruch auf 430
- Berichtigung des 432
- einfaches 431
- Grundsätze 430
- qualifiziertes 431
- Schadensersatzanspruch 433
Zulagen 136
Zuschläge 137
Zweckbefristung 46
- Anforderungen 46
Zweiter Weg 499